ESTUDOS EM MEMÓRIA
DO PROFESSOR DOUTOR
ANTÓNIO MARQUES DOS SANTOS

Prof. Doutor António Marques dos Santos retratado por Luís Guimarães (1997)

ESTUDOS EM MEMÓRIA
DO PROFESSOR DOUTOR ANTÓNIO MARQUES DOS SANTOS

COORDENADORES
JORGE MIRANDA
LUÍS DE LIMA PINHEIRO
DÁRIO MOURA VICENTE

EDITOR
EDIÇÕES ALMEDINA, SA
Rua da Estrela, n.° 6
3000-161 Coimbra
Tel.: 239 851 904
Fax: 239 851 901
www.almedina.net
editora@almedina.net

EXECUÇÃO GRÁFICA
G.C. – GRÁFICA DE COIMBRA, LDA.
Palheira – Assafarge
3001-453 Coimbra
producao@graficadecoimbra.pt

Setembro, 2005

DEPÓSITO LEGAL
232614/05

PLANO DA OBRA

VOLUME I

I
Direito Internacional Privado

II
Direito Civil

III
Direito Comercial

IV
Direito do Trabalho

V
Direito Processual Civil

VOLUME II

VI
Direito Constitucional

VII
Direito Internacional Público e Direito da União Europeia

VIII
Economia, Finanças e Direito Fiscal

IX
Direitos emergentes

X
História do Direito

XI
Vária

VI
DIREITO CONSTITUCIONAL

AS CONVENÇÕES DE FILADÉLFIA E DE BRUXELAS

CONVERGÊNCIAS E DIVERGÊNCIAS DO PROCESSO DE FORMAÇÃO DAS CONSTITUIÇÕES AMERICANA E EUROPEIA*

ANA MARIA GUERRA MARTINS
Professora da Faculdade de Direito de Lisboa

1. Introdução

O presente estudo tem por objecto a comparação do processo de formação da Constituição norte-americana[1] com o processo de elaboração da Constituição europeia[2].

---

* Este texto baseia-se na comunicação proferida pela Autora, no Colóquio Luso-Americano, que teve lugar na Faculdade de Direito da Universidade de Lisboa em colaboração com a Universidade Católica de Washington, em Maio de 2004, em memória do Prof. Doutor Marques dos Santos. Tudo o que se possa dizer a propósito daquele Professor será sempre pouco, por isso, singelamente, manifestamos, com a nossa participação nos Estudos em sua Memória, uma profunda saudade do colega e amigo, que tão cedo nos deixou.

1 A Constituição norte-americana foi aprovada, em 17 de Setembro de 1787, pela Convenção de Filadélfia, tendo, posteriormente, sido ratificada pelos então treze Estados.

2 Designa-se abreviadamente por Constituição Europeia o Projecto de Tratado que estabelece uma Constituição para a Europa, aprovado, em 18 de Junho de 2004, na CIG e que será assinado no próximo dia 29 de Outubro.

Trata-se de duas experiências integracionistas que, apesar de terem surgido em momentos muito distintos da História Mundial, apresentam semelhanças e diferenças, que justificam plenamente o seu estudo comparado. As dificuldades desse estudo são óbvias. Como bem salienta ERNST A. YOUNG[3], os estudos comparativos a este nível implicam vastos conhecimentos em três domínios: o Direito Comparado, o Direito Europeu e o Direito Americano, o que representa um problema para a maioria dos académicos, cujos interesses não são tão diversificados. Em consequência, escasseiam os trabalhos desta natureza, que seriam, sem dúvida, muito enriquecedores, quer para os europeus quer para os americanos.

Sem qualquer pretensão de abrangência do conhecimento jurídico, importa referir que o nosso interesse pelo estudo comparativo da experiência constitucional norte-americana com o processo de integração europeia não é de hoje. Já em 1994 tivemos ocasião de nos debruçar sobre o tema, tendo publicado um pequeno livro sobre as lições que a Europa poderia retirar da experiência norte-americana[4]. Então, como agora, a Europa vivia uma época de acalorados debates[5] sobre o rumo a seguir no futuro mais próximo ou mais longínquo, pelo que só o tratamento objectivo e desapaixonado das questões contribuirá para o seu esclarecimento. É isso que vamos tentar nas páginas que se seguem.

2. **Pressupostos de que se parte**

Antes de avançar, há que esclarecer os pressupostos de que se parte neste estudo, com o intuito de não deixar qualquer margem para dúvida quanto aos objectivos e aos resultados que se pretendem atingir com ele.

Em primeiro lugar, cumpre afirmar que, segundo o Dicionário da Língua Portuguesa[6] comparar vem do latim *comparare* e significa «examinar simultaneamente duas ou mais coisas para lhes determinar as semelhanças,

[3] ERNST A. YOUNG, *Protecting Member State Autonomy in the European Union: Some Cautionary Tales from American Federalism,* New York Univ. Law Rev., 2002, p. 1616.

[4] ANA MARIA GUERRA MARTINS, *As origens da Constituição Norte-americana – uma lição para a Europa*, Lisboa, 1994.

[5] Referimo-nos aos debates que ocorreram antes, durante e após as negociações e a entrada em vigor do Tratado de Maastricht.

[6] 8ª ed., Porto, Porto Editora, 1998.

as diferenças ou as relações, cotejar, confrontar». Não significa, portanto, a busca de um modelo de referência nem, muito menos, a sua importação.

Importa até deixar claro que, em nosso entender, é impossível, e não é sequer desejável, a transposição para a Europa do modelo constitucional norte-americano.

Como melhor se verá adiante, as duas experiências constitucionais são completamente distintas, desde logo, quanto à origem. Do outro lado do Atlântico, temos treze colónias acabadas de sair da independência, com uma língua comum, com crenças religiosas comuns, com um inimigo comum (o Império Britânico, os Índios, etc.), o que, naturalmente, gerou um sentimento nacional forte, não isento de crises, como o demonstrou a Guerra da Secessão. Do lado de cá, temos Estados seculares, independentes, com diferentes línguas, que ao longo da História se têm vindo a degladiar entre si e que não querem perder a qualidade de Estado nem construir um Estado-Nação ou um Super Estado. Pelo contrário, pretendem unir-se em torno de uma entidade à escala transnacional.

Em segundo lugar, a afirmação de que vamos comparar duas experiências constitucionais – a dos Estados Unidos da América e a da União Europeia – necessita de um esclarecimento prévio, que se prende com o facto de, como temos vindo a defender nos nossos últimos trabalhos[7], considerarmos que os conceitos de constituição e de Estado nem sempre caminham lado a lado, sendo possível encontrar o fenómeno constitucional em qualquer forma de agregação do poder político, mesmo que seja transnacional. Isto porque o fenómeno constitucional se pode verificar desde que se crie Direito, que se aplique directa e coercivamente aos indivíduos. Ou seja, é possível a existência da constituição fora do quadro estadual.

Em terceiro lugar, deve sublinhar-se que o método da convenção não é o único método susceptível de elaboração de uma constituição. Pelo contrário, é apenas um dos métodos possíveis[8].

---

[7] Ana Maria Guerra Martins, *Curso de Direito Constitucional da União Europeia*, Coimbra, Almedina, 2004, p. 123 e ss.; *Idem, O projecto de constituição europeia – contributo para o debate sobre o futuro da União,* 2ª ed., Coimbra, Almedina, 2004, p. 19 e ss.; *Idem, A natureza jurídica da revisão do Tratado da União Europeia,* Lisboa, 2000, p. 303 e ss.

[8] Sobre os diversos métodos de elaboração da Constituição, ver, por todos, Jorge Miranda, *Manual de Direito Constitucional,* tomo II, 4ª ed., Coimbra, Coimbra Editora, 2000, p. 91 e ss.

Partindo destes pressupostos vamos tentar apurar os pontos de aproximação e de divergência entre a Convenção de Filadélfia de 1787 e a Convenção sobre o Futuro da Europa de 2002/2003[9].

3. Divergências e convergências entre a Convenção de Filadélfia e a Convenção de Bruxelas

3.1. *Os objectivos das duas Convenções*

A Convenção de Filadélfia reúne, na sequência do fracasso da Convenção de Annapolis de 1786, para rever os Artigos da Confederação, não para elaborar uma nova constituição. É já no decurso dos trabalhos que vence a tese de que se deveria elaborar uma nova Constituição.

O sistema constitucional previsto nos Artigos da Confederação partia do princípio da soberania absoluta e indivisível dos Estados, o qual em si mesmo continha o gérmen da sua destruição. As regras de repartição de atribuições entre a Confederação – entidade central – e os Estados, a dependência do Congresso em relação aos Estados, o carácter disperso do Poder Executivo, a ausência de um aparelho coercivo da Confederação para aplicar o Direito por ela produzido, a regra de votação no seio do Congresso e a exigência da unanimidade para modificar os Artigos acabaram por inviabilizar a Confederação. Em consequência, começou a crescer um movimento constitucional, com um pendor nacionalista, mesmo antes de os Artigos da Confederação entrarem em vigor[10].

---

[9] A Convenção sobre o Futuro da Europa iniciou os seus trabalhos em 1 de Março de 2002 e culminou com a aprovação, em 13 de Junho e 10 de Julho de 2003 de um texto, que foi entregue ao presidente do Conselho Europeu, em Roma, em 18 de Julho de 2003.

[10] Sobre as razões do fracasso da Confederação ver, entre outros, ANA MARIA GUERRA MARTINS, *As origens…*, p. 39 e ss.; MICHEL P. ZUCKERT, *Federalism and the Founding: Toward a Reintepretation of the Constitutional Convention*, Rev. Politics, 1986, 168 e ss.; ROBERT G. FERRIS e. a., *The Signers of the Constitution*, Flagstaff, 1986, p. 15 e ss.; CHRISTOPHER COLLIER e. a., *Decision in Philadelphia – The Constitutional Convention of 1787*, Nova Iorque, 1986, p. 11 e ss.; C. HERMAN PRITCHETT, *The American Constitution*, 3ª ed., Nova Iorque, 1977, p. 6 e ss.; CHARLES WARREN, *Fears of Desunion, in* LEORNARD W. LEVY, Essays on the Making of the Constitution, Nova Iorque, 1969, p. 33 e ss.; EDWARD DUMBAULD, *The Constitution of the United States*, Norman, 1964, p. 32 e ss.; MAX FARRAND, *The Framing of the Constitution of the United States*, New Haven, 1930, p. 4 e ss e 42 e ss.; CHARLES A. BEARD, *An Economic Interpretation of the Constitution of the United States*, Nova Iorque, 1896, p. 53 e ss.; ALEXANDER HAMILTON, *Federalist Papers* n.º 15, 21 e 22.

A Convenção de Filadélfia foi convocada para a segunda segunda-feira de Maio, dia 14, mas só iniciou os seus trabalhos em 25 de Maio de 1787, altura em que se conseguiu o quórum de deliberação, ou seja, o número de representantes mínimo de sete Estados.

A Convenção sobre o Futuro da Europa surge na sequência do quase fracasso do Tratado de Nice. Efectivamente, tendo em conta que o principal objectivo do Tratado de Nice tinha sido a realização da tão esperada reforma institucional da União Europeia, nele se jogou tudo por tudo para resolver esta questão. Trata-se, porém, de uma das questões mais controversas do Direito da União europeia, a saber, a questão da distribuição do Poder pelos Estados dentro da União Europeia. Daí que as suas negociações tenham sido das mais duras da História da integração europeia[11]. Por diversas vezes se pensou que não iria ser possível chegar a um acordo.

Tendo-se esgotado na reforma institucional, decidiu-se incorporar no Tratado uma Declaração – a Declaração n.° 23[12] – na qual se consi-

---

[11] Sobre as dificuldades de obter consensos em Nice, ver, entre outros, ANA MARIA GUERRA MARTINS, *Portugal and the Treaty of Nice: the Fight against the «Big» Ones, in* Estudos de Direito Público, Vol. I, Lisboa, 2003, p. 141 e ss.; *Idem, O Tratado de Nice de Nice – a reforma institucional e o futuro da Europa, in* RUI MANUEL DE MOURA RAMOS e. a. (org.), Estudos em homenagem à Professora Doutora Magalhães Collaço, vol. I, Coimbra, 2002, p. 779 e ss.; FRANCISCO SEIXAS DA COSTA, *Portugal e o Tratado de Nice – Notas sobre a estratégia negocial portuguesa,* Neg. Estr., 2001, n. 1, p. 45 e ss.; CLAUDE BLUMANN, *La conférence intergouvernementale 2000 et le traité de Nice, in* Les procédures de révision des traités communautaires: du droit international au droit communautaire, Bruxelas, 2001, p. 88 e ss.; CESÁREO GUTIÉRREZ ESPADA, *Una reforma «difícil pero productiva»: la revision institucional en el Tratado de Niza,* Rev. Der. Com. Eur., 2001, p. 28 e ss.; XENOPHON A. YATAGANAS, *The Treaty of Nice: The Sharing of Power and the Institutional Balance in the European Union – A Continental Perspective,* ELJ, 2001, p. 243 e ss.; PIETER VAN NUFFEL, *Le traité de Nice – un commentaire,* RDUE, 2001, p. 332 e ss.; THOMAS WIEDMANN, *Der Vertrag von Nizza – Genesis einer Reform,* EuR, 2001, p. 185 e ss.; FRANCISCO J. FONSECA MORILLO, *De Berlín a Niza: panorama y lecciones,* BEUR, 2001, p. 2 e ss.; FRANCISCO ALDECOA LUZARRAGA, *La apertura del processo constituyente,* BEUR, 2001, p. 7 e ss.

[12] Sobre esta Declaração, ver ANA MARIA GUERRA MARTINS, *O Tratado de Nice...*, p. 812 e ss.; BRUNO DE WITTE, *The Nice Declaration: Time for a Constitutional Treaty of the European Union,* The Int. Spect., 2001, p. 21 e ss.; ROBERT TOULEMON, *Quelle Constitution pour quelle Europe?* RMCUE, 2001, p. 293 e ss.; JÜRGEN SCHWARZE, *Perspektiven für die Reform der europäischen Gemeinschaftsverträge nach Beschlüssen von Niza,* EuZ, 2001, p. 76 e ss.; JAN WOUTERS, *Institutional and Constitutional Challenges of the European Union,* ELR, 2001, p. 353 e ss.; PIETER VAN NUFFEL, *Le traité de Nice – un commentaire,* RDUE, 2001, p. 385; MICHEL PETITE, *Nice, traité existentiel, non essentiel,* RDUE, 2001, p. 887.

dera que se deve convocar uma conferência intergovernamental em 2004 para se debruçar sobre os pontos que não tinham conseguido obter um acordo satisfatório em Nice. A Declaração refere, entre outras, as seguintes questões:

– o estabelecimento e a manutenção de uma delimitação mais precisa das competências entre a União Europeia e os Estados membros, que respeite o princípio da subsidiariedade;

– o estatuto da Carta dos Direitos Fundamentais da União Europeia proclamada em Nice, de acordo com as conclusões do Conselho Europeu de Colónia;

– a simplificação dos Tratados a fim de os tornar mais claros e mais compreensíveis, sem alterar o seu significado;

– o papel dos parlamentos nacionais na arquitectura europeia.

Na sequência desta Declaração, o Conselho Europeu de Laeken, de 15 de Dezembro de 2001, decidiu convocar uma convenção para assegurar uma preparação tão ampla e transparente quanto possível da próxima conferência intergovernamental, tendo nomeado como seu Presidente Valéry Giscard d'Estaing e como Vice-Presidentes Giuliano Amato e Jean-Luc Dehaene[13].

A Convenção sobre o futuro da Europa foi encarregue, pelo Conselho Europeu de Laeken, de formular propostas sobre três matérias:

– a aproximação dos cidadãos do projecto europeu e das instituições europeias;

– a estruturação da vida política e do espaço político europeu numa União alargada;

– a consagração da União num factor de estabilização e numa referência na nova ordem mundial.

De acordo com o mandato do Conselho Europeu, que consta do anexo I das Conclusões da Presidência, sob o título Declaração de Laeken sobre o futuro da União Europeia, a Convenção tem por missão examinar as questões essenciais que se colocam ao desenvolvimento futuro da União e procurar as diferentes respostas possíveis, para o que estabelecerá um documento final que poderá compreender tanto diferentes opções, precisando o apoio que cada uma delas recolheu, como recomendações em caso de consenso.

---

[13] Ver conclusões da Presidência no servidor Europa da Internet http://europa-eu.int.

O Conselho Europeu de Laeken não conferiu, portanto, qualquer mandato expresso à Convenção para elaborar uma constituição para a Europa. O anexo I das Conclusões mencionado, apenas refere o termo «texto constitucional» e «constituição» a propósito da simplificação e da reorganização dos Tratados, mas sempre ao lado do termo «tratado», sem nunca manifestar preferência por um ou por outro. Além disso, as referências aos termos «tratado constitucional» e «constituição» aparecem sempre em jeito de interrogação, nunca de afirmação[14].

A Convenção inclinou-se, desde muito cedo, no sentido da adopção de um projecto de constituição europeia ou de tratado constitucional[15], pois gerou-se um certo consenso no sentido da inclusão da Carta dos Direitos Fundamentais no texto do projecto[16]. Essa inclusão teve como consequência a natureza constitucional do texto que saiu dessa convenção.

---

14 A utilização de um ou de outro termo não é isenta de consequências, isto porque os conceitos de constituição e de tratado são dos mais controversos da teoria do Direito Público e, além disso, a distinção entre tratado e constituição nem sempre é inequívoca. Basta lembrar que há casos de constituições aprovadas por tratado e de tratados que criam Estados. O exemplo mais citado – principalmente na doutrina alemã – é o da constituição do Império alemão de 1871. Os tratados foram ratificados pelas partes contratantes (os princípes e as cidades livres) e, por fim, codificados no acto de constituição do Império Alemão, de 16 de Abril de 1871. Mais recentemente, pode referir-se o caso dos acordos de Dayton que aprovaram a constituição da Bósnia-Herzegovina em 1995. Sobre as dificuldades de distinguir as duas realidades, ver, por todos, LUIS MARÍA DIEZ-PICAZO, *Tratados y Constitutción, in* Constitucionalismo de la Unión Europea, Madrid, 2002, p. 81 e ss.

15 Sobre as diversas formas possíveis de incorporação da Carta, ver, por todos, GRÁINNE DE BÚRCA, *Fundamental Rights and Citizenship, in* BRUNO DE WITTE (Ed.), Ten Reflections on the Constitutional Treaty for Europe, E. book publicado em Abril de 2003 pelo Robert Schuman Centre for Advanced Studies and European University Institute, San Domenico di Fiesole, p. 14 e ss.

16 No sentido de que a Carta deveria possuir carácter vinculativo e ser incorporada numa futura constituição europeia, ver KOEN LENAERTS/MARLIES DESORMER, *Bricks for a Constitutional Treaty of the European Union: Values, Objectives and Means,* ELR, 2002, p. 379 e ss.; JEAN-FRANÇOIS FLAUSS, *Les droits fondamentaux dans la Constitution européenne: la constitutionnalisation de la Charte des droits fondamentaux,* REA-LEA, 2001-2002, p. 703 e ss.; ANA MARIA GUERRA MARTINS, *A revisão do Tratado e a constitucionalização da União Europeia, in* Estudos de Direito Público, vol. I, Coimbra, 2003, p. 186; JEAN-PAUL JACQUÉ, *La Charte des droits fondamentaux de l'Union européenne – aspects juridiques généraux,* REDP/ERPL, 2002, p. 119 e ss.; P. CRAIG, *The Community Rights and the Charter*, REDP/ERPL, 2002, p. 221 e ss.; J. DUTHEIL DE LA ROCHÈRE, *Les droits fondamentaux reconnus par la Charte et leurs applications,* REDP/ERPL, 2002, p. 234 e ss.; FLORENCE BENOÎT-ROHMER, *La Charte des droits fondamentaux de l'Union européenne,* Rec. Dalloz, 2001, p. 1492; JUAN ANTONIO CARRILLO SALCEDO, *Notas sobre el significado político y jurídico de la Carta de Derechos fundamentales de la Unión Europea,*

Deve sublinhar-se que a convenção de Bruxelas reúne para elaborar um projecto de revisão do Tratado da União Europeia.

Assim, as Convenções de Filadélfia e de Bruxelas são ambas convocadas em período de crise[17] e nenhuma delas tem como objectivo principal e expresso a feitura de uma constituição, mas antes no primeiro caso a revisão dos Artigos da Confederação e no segundo a alteração do Tratado da União Europeia.

3.2. *A composição das duas convenções*

A Convenção de Filadélfia foi composta por delegados designados pelos legislativos nacionais de doze Estados[18], que constituíram um grupo de eminentes políticos, dos mais hábeis e experimentados da época.

A Convenção de Bruxelas foi composta por 105 convencionais, provenientes de 28 Estados, com uma grande diversidade, quanto à designação, à família política ou à origem geográfica. Na sua maioria são também políticos experimentados, pois foram designados pelos Governos nacionais, pelos Parlamentos nacionais ou pelo PE. Não têm, todavia, uma base directa no povo.

Do ponto de vista da teoria da representação e da legitimidade democrática, ambas as convenções, por razões diferentes, estão muito longe de atingirem um patamar satisfatório.

Os delegados da Convenção de Filadélfia representavam uma parcela muito pouco significativa da população – os homens e grandes proprietários brancos. Excluíam-se as mulheres e os negros e implicitamente legitimava-se a escravatura. Na época não existia ainda um povo americano[19].

Rev. Der. Com. Eur., 2001, p. 7 e ss.; LORD GOLDSMITH Q. C., *A Charter of Rights, Freedoms and Principles,* CMLR, 2001, p. 1214 e ss.; MELCHIOR WATHELET, *La Charte des droits fondamentaux: un bon pas dans une course qui reste longue,* CDE, 2001, p. 589.

Para uma visão muito céptica, ver J.H.H. WEILER, *A Constitution for Europe ? Some Hard Choices*, JCMS, 2002, p. 574 e ss.

17 Como afirma GUY SCOFFONI, «estas convenções são muitas vezes convocadas em períodos de crise». *In Convention pour l'avenir de l'Europe et Convention de Philadelphia: la question du mode de production d'une constitution,* RAE, 2001-2002, p. 684.

18 Rhode Island não esteve representado.

19 V. MICHEL ROSENFELD, *The European Convention and Constitution Making in Philadelphia,* Int. J. Const. Law, 2003, p. 375; GUY SCOFFONI, *Convention...*, p. 685.

Na Convenção de Bruxelas também não está representado o povo europeu. Verifica-se antes uma diversidade de representação. Os delegados originários dos parlamentos nacionais representam os vários povos dos Estados membros e os delegados dos Governos dos Estados membros representam os Estados. Só os delegados originários do Parlamento Europeu poderão representar o povo europeu. Além disso, os delegados a Bruxelas não estavam mandatados pelo povo ou povos europeus para elaborarem uma constituição europeia.

3.3. *O funcionamento das duas convenções*

Como já se mencionou, a Convenção de Filadélfia começou uns dias mais tarde (de 14 de Maio a 25 de Maio de 1787), porque não conseguiu antes o *quorum* de sete Estados.

A sua primeira tarefa foi a eleição do seu Presidente – GEORGE WASHINGTON – por unanimidade. A Convenção elegeu também o secretário – WILLIAM JACKSON – e nomeou um Comité de Regras (*Commitee on Rules*). Este Comité recomendou que a votação fosse feita por Estados e que a maioria dos Estados presentes tivesse poderes para decidir qualquer questão. Isto implicava que cada Estado decidisse a votação dentro da sua própria delegação; no caso de a delegação se encontrar dividida, então não contava o voto desse Estado para o apuramento final.

Toda a organização da Convenção teve por base a regra da igualdade de representação dos Estados, não se tendo tomado em consideração a diferente dimensão territorial e demográfica dos Estados entre si.

Além disso, foram constituídas algumas comissões de trabalho, como a das questões em espera (*postponed matters*), a das questões de estilo e de acordos (*style and arrangements*), a das questões de detalhe (*Detail commitee*). Muitas das soluções que acabaram por ficar consagradas na Constituição americana deveram-se mais ao trabalho destas comissões do que às opiniões dos congressistas. Com efeito, as comissões extravasavam muitas vezes do seu mandato, tendo chegado a conclusões completamente diferentes das que tinham sido discutidas no plenário.

A convenção reuniu, intensivamente, em Filadélfia em sessões de muitas horas cada uma[20].

---

[20] Sobre as regras de organização e funcionamento da Convenção de Filadélfia ver, entre outros, ANA MARIA GUERRA MARTINS, *As origens*..., p. 51 e ss.; ROBERT G. FERRIS

Este não foi o caminho seguido pela Convenção de Bruxelas. Como já se mencionou, a Presidência ou *Praesidium* da Convenção sobre o Futuro da Europa foi designada pelo Conselho Europeu de Laeken, o que, à partida, a enfraqueceu.

A Convenção reúne em plenário apenas uma vez por mês e não, como em Filadélfia, em sessões contínuas.

Ao contrário do que aconteceu em Filadélfia, onde os convencionais se sentaram por delegação, em Bruxelas sentaram-se por ordem alfabética.

A Convenção de Bruxelas definiu o seu regulamento interno, tendo estabelecido a sua própria agenda, bem como um tempo muito curto para o uso de palavra no plenário.

A Convenção de Bruxelas também constituiu grupos de trabalho[21] sobre os diferentes assuntos, que tinham em vista discutir as várias questões e, por fim, apresentar um relatório final[22] a submeter ao plenário da convenção. Nem sempre esses relatórios propuseram apenas uma solução, ou até mesmo alguma solução, pois ela dependia, em muitos casos, de outros problemas conexos.

A Convenção sobre o Futuro da Europa iniciou os seus trabalhos em Março de 2002 e funcionou em três fases distintas, de acordo com a agenda que ela própria estabeleceu. É certo que essas fases não se podem demarcar no tempo de uma forma absolutamente nítida, nem rígida, uma vez que, em certos casos, coexistiram, mas podem-se distinguir do seguinte modo:

- a fase das audições;
- a fase do exame;
- a fase das propostas.

---

e. a., *The Signers...*, p. 41 e ss.; Wiliam Peters, *A More Perfect Union,* Nova Iorque 1987, p. 21 e ss.; Christopher Collier e. a., *Decision ...*, p. 102 e ss.; Ralph Mitchell, *C Q'Guide to the USA Constitution – History, Text, Índex, Glossary*, Washington, 1986, p. 8 e ss.; Clinton Rossiter, *1787 – The Grand Convention,* Nova Iorque, 1966, p. 166 e ss.; Max Farrand, *The Framing...*, p. 54 e ss.;

[21] Grupo I – Subsidiariedade; Grupo II – Carta; Grupo III – Personalidade jurídica; Grupo IV – Parlamentos nacionais; Grupo V – Competências complementares; Grupo VI – Governação económica; Grupo VII – Acção Externa; Grupo VIII – Defesa; Grupo IX – Simplificação; Grupo X – Liberdade, Segurança e Justiça. Os primeiros seis operaram entre Junho e Outubro de 2002 e os restantes seis entre Outubro e Dezembro do mesmo ano. Entre Dezembro de 2002 e Janeiro de 2003 foi criado um último grupo sobre a Europa Social por pressão do plenário.

[22] Os relatórios estão disponíveis em http://europa.eu.int/futurum/index.

A *fase das audições* decorreu, principalmente, entre Março e Junho de 2002, e desenvolveu os seus trabalhos no plenário. Segundo o *Praesidium*, o debate a travar sobre a União Europeia e o seu futuro deveria ser aberto e nele poderiam participar não só os membros da convenção, como a sociedade civil em geral (organizações não governamentais, associações, universidades, sindicatos, colectividades locais e territoriais), através do envio de textos, designadamente, pela Internet[23].

A *fase do exame* iniciou-se, em Junho de 2002, e caracterizou-se pelo trabalho em grupo e em círculos de discussão. Tendo em conta as dificuldades de funcionamento em plenário, devido ao elevado número dos seus membros, a convenção, por iniciativa do seu Presidente, optou, como já se salientou, por constituir grupos de trabalho sectoriais, que apresentaram os respectivos relatórios finais, tendo em vista facilitar a prossecução dos trabalhos. Alguns desses grupos exerceram uma profunda influência no texto final do projecto de constituição, como foi o caso dos Grupos I, II, VII, IX e X.

A *fase das propostas* decorreu durante toda a primeira metade do ano de 2003, no plenário, tendo-se então discutido os projectos concretos de revisão dos Tratados, na base de um primeiro anteprojecto do *Praesidium* apresentado, em 29 de Outubro de 2002[24].

Em seguida, foram submetidas emendas a esse anteprojecto por parte dos convencionais em diferentes períodos, seguidas de diversos debates em plenário.

Este procedimento foi utilizado, essencialmente, para a Parte I, excluindo os preceitos relativos aos órgãos[25], para a Parte IV e para os artigos da Parte III, respeitantes à acção externa da União e ao espaço de liberdade, segurança e justiça. Já o mesmo não se verificou em relação aos artigos da Parte III sobre as políticas, que foram redigidos por um grupo de peritos dos três órgãos comunitários, que comunicou os seus trabalhos à

[23] O Grupo de Direito Público Europeu, ao qual pertencemos, efectuou várias reuniões subordinadas ao tema a constituição europeia, tendo enviado as suas propostas à Convenção. AAVV, *European Group of Public Law – Proposal on the Debate on the European Constitution,* Londres, 2003.

[24] CONV 369/02.

[25] A primeira leitura destes preceitos deu-se em 15 e 16 de Maio e ficou imediatamente clara a falta de consenso neste domínio. Assim, não houve segunda leitura em plenário, mas sim um dia de consultas com os quatro componentes, isto é, os representantes dos Governos, os parlamentares nacionais, os membros do PE e os dois comissários, com o objectivo de conseguir um compromisso que pudesse ser aceite globalmente no plenário.

convenção, em 27 de Maio de 2003. A utilização deste método deveu-se ao facto de se ter considerado que se tratava de meras adaptações impostas pelas decisões tomadas quanto à Parte I, que, por isso, não necessitavam de tanta discussão no plenário. Todavia, assim não sucedeu, tendo o plenário introduzido inúmeras emendas, nomeadamente, no que diz respeito à qualificação das bases jurídicas como legislativas ou executivas e em relação à votação por maioria qualificada[26].

O projecto de Tratado que estabelece uma constituição para a Europa[27] acabou por ser adoptado por consenso, isto é, não foi votado na convenção.

Deve ainda sublinhar-se que um dos aspectos em que as Convenções de Filadélfia e de Bruxelas mais divergiram foi quanto à publicidade das reuniões. Enquanto os trabalhos da Convenção de Filadélfia foram secretos (os delegados juraram mesmo guardar segredo), os trabalhos da Convenção de Bruxelas foram muito mais transparentes. As reuniões, como se referiu, foram públicas. Todos os trabalhos foram publicitados na *Internet*. Foram chamados a participar os meios sociais, profissionais e até académicos.

Esta divergência quanto à abertura, à publicidade e à transparência reflecte a evolução ocorrida em matéria de exigência da participação

---

[26] Sobre os trabalhos da Convenção de Bruxelas, ver, entre outros, Paulo de Pitta e Cunha, *Direito Institucional da União Europeia*, Coimbra, 2004, p. 141 e ss.; Ana Maria Guerra Martins, *O Projecto...*, p. 36 e ss.; Alberto Costa, *Na Convenção Europeia – Posições, Argumentos, Debates*, Lisboa, 2004, p. 3 e ss.; Maria Eduarda Azevedo, *Convenção sobre o Futuro da Europa – Reflexões e Testemunhos*, Lisboa, 2004, p. 20 e ss.; Guilherme d'Oliveira Martins, *Que Constituição para a União Europeia – Análise do Projecto da Convenção*, Lisboa, 2003, p. 23 e ss.; Valéry Giscard d'Astaing, *The Convention and the Future of Europe: Issues and Goals*, Int. J. Const. Law, 2003, p. 346 e ss.; Robert Badinter, *A European Constitution: Perspectives of a French Delegate to the Convention*, Int. J. Const. Law, 2003, p. 363 e ss.; Giuliano Amato, *The European Convention: First Achievements and Open Dilemas*, Int. J. Const. Law, 2003, p. 355 e ss.; C. Ladenburger, *Towards a Post-national Constitution – Federal, Confederal or Genuinely sui generis? Introductory Remarks on the Convention Method, and Some Features of an Improved Constitutional Charter*, ERPL/REDP, 2003, p. 75 e ss.; Ana Maria Guerra Martins, *Vers une Constitution post-nationale – fédérale, confédérale ou vraiment sui generis?*, ERPL/REDP, 2003, p. 39 e ss.; Jan Wouters, *Exit the Convention, Come the ICG. Some Reflections on the Convention as a Method for Constitutional Change in the EU*, MJ, 2003, p. 225 e ss.

[27] O texto a que nos referimos é designado como CONV 850/03 e está publicado pelo serviço de publicações da União Europeia, podendo ser consultado no servidor Europa na Internet – http://european-convention.eu.int/docsTreaty/cv00850.pt03.pdf.

popular e da legitimidade democrática no processo de feitura das leis, designadamente das leis constitucionais, do séc. XVIII até à actualidade. No fundo, a diferença entre as duas convenções, neste domínio, justifica-se mais pelos dois séculos que as separam do que por outras razões.

Em suma, em matéria de organização e funcionamento das duas Convenções também se encontram pontos de convergência e pontos de divergência.

3.4. *O modo de votação*

Como já se viu, em Filadélfia adoptou-se um sistema de votação maioritário, em que cada delegação nacional tinha um voto, o que impulsionava o acordo dentro da delegação.

Também já se mencionou, que em Bruxelas não houve pura e simplesmente votação. O projecto foi adoptado por consenso[28], o que tem sido esgrimido por alguns como argumento contra o carácter democrático da Convenção. Ora, a ausência de votação final não significa que a Convenção tenha sido dirigida segundo métodos autoritários, pois para se chegar a uma solução consensual foram introduzidas tantas alterações quanto as necessárias.

3.5. *As discussões de fundo nas duas Convenções*

Os mais de dois séculos que separam a elaboração da constituição norte-americana da elaboração do projecto de constituição europeia poderiam fazer supor que os problemas que se discutiram nas duas convenções foram muito diferentes. Mas assim não é. Os pontos em comum são mais do que à primeira vista se poderia pensar. Passemos, pois, a enumerar de alguns deles:

(i) Tanto num caso como no outro, os convencionais se depararam com a dificuldade de os modelos políticos conhecidos não poderem ser transpostos, *ipsis verbis*, para as novas entidades.

---

[28] A decisão, por consenso, é comum nas negociações internacionais, nas quais há interesses muito divergentes em confronto e não é desejável colocar certos Estados na situação de vencidos, enquanto outros vão ficar na situação de vencedores. Este modo de decisão está normalmente associado à negociação em sistema de *package deal*, ou seja, negociação por conjuntos de normas.

(ii) Ambas as Convenções estiveram à beira de fracassar em diversos momentos. Na Convenção de Filadélfia, basta pensar nas discussões acerca da representação nas Câmaras em que os pequenos Estados ameaçaram abandonar a Convenção[29] ou nas acaloradas discussões acerca da escravatura[30]. Na Convenção de Bruxelas, até ao último momento não se sabia se se conseguia chegar a um texto final.

(iii) Um dos principais problemas com que a Convenção de Filadélfia se defrontou foi com a procura de um equilíbrio entre a representação dos Estados e a representação dos povos no ou nos órgãos legislativos, tendo-se verificado uma luta muito grande entre Estados Grandes e Estados Pequenos. Ora, na União Europeia esta é a questão em torno da qual todas as outras giram. Aliás, ela já se arrasta desde o Tratado de Maastricht. O projecto de constituição europeia tenta solucioná-la a partir da ideia da União de Estados e de cidadãos, retirando daí consequências em matéria de composição dos órgãos, de regras de votação e de competências, que estão longe da perfeição[31].

(iv) O problema do Presidente foi dos que mais dividiu a Convenção de Filadélfia. Também na Convenção de Bruxelas o fim das presidências rotativas e a criação da figura do Presidente do Conselho Europeu foram uma questão muito controversa.

(v) Em relação à problemática da repartição de atribuições entre os Estados membros e a União, na Convenção de Filadélfia defrontaram-se duas correntes: os que defendiam fortes poderes para a União (chamados então nacionalistas e hoje federalistas) e os que defendiam fortes poderes para os Estados (diríamos hoje nacionalistas). Trata-se de um problema clássico quando o Poder político se encontra repartido entre várias entidades. Este problema também ocupou a Convenção de Bruxelas, que o resolveu através da consagração dos princípios clássicos da competência de atribuição, da subsidiariedade e da proporcionalidade, que já vêm de anteriores versões do TUE e da consagração, pela primeira vez, de uma cláusula de repartição de atribuições, bem como da enumeração das matérias que correspondem a cada grupo[32].

---

29 Ver Ana Maria Guerra Martins, *As origens...*, p. 62 e ss.

30 Sobre a questão da escravatura, ver Ana Maria Guerra Martins, *As origens...*, p. 80 e ss.

31 Para maiores desenvolvimentos ver o nosso estudo *O projecto...*, p. 68 e ss.

32 Sobre a repartição de poderes e a estrutura orgânica da União no projecto de constituição europeia ver, entre outros, Dominik Hanf/Tristan Baumé, *Vers une clarification*

(vi) Outros princípios que fazem parte da constituição americana, mas também das tradições constitucionais dos Estados membros da União, como o princípio da separação de poderes obtêm uma maior consagração no projecto de constituição europeia, na medida em que se afirma expressamente que são o Parlamento e o Conselho que exercem o poder legislativo, ao mesmo tempo que se procede a uma modificação dos instrumentos jurídicos que os órgãos da União podem produzir, na qual se procede a uma distinção mais clara entre os actos legislativos e os actos de execução, sendo que os segundos devem respeitar os primeiros.

(vii) A inserção ou não de uma declaração de direitos na Constituição americana quase fez abortar todo o trabalho da convenção de Filadélfia, tendo constituído um dos principais argumentos aduzidos pelos opositores da ratificação da Constituição. Também na Convenção de Bruxelas a inserção de uma declaração de direitos – a Carta dos Direitos Fundamentais da União Europeia – no texto que se estava a negociar constituiu um ponto de viragem no sentido constitucional. Efectivamente, foi a partir do momento em que se aceitou que a Carta deveria fazer parte do novo texto[33], que se considerou

de la répartition des compétences entre l'Union et ses États membres? – Une analyse du projet d'articles du Présidium de la Convention, CDE, 2003, p. 135 e ss.; P. Craig, *Competence: Clarity, Containment and Consideration,* ERPL/REDP, 2003, p. 143 e ss.; Cesáreo Gutíerrez Espada, *La reforma de las instituciones en el proyecto de Tratado constitucional presentado por la Convención (2003),* Rev. Der. Com. Eur., 2003, p. 897 e ss.; Claudia Morviducci, *Convenzione europea e ruolo dei parlamenti nazionali: le scelte definitive,* Riv. Ital. Dir. Pub. Com., 2003, p. 1061 e ss.; Jean Touscoz, *Brèves remarques juridiques sur les institutions de l'Union européenne après le Conseil européen de Thessalonique,* RMCUE, 2003, p. 420 e ss.; Adele Anzon, *La delimitazione delle competenze dell'Unione Europea,* Dir. Pub., 2003, p. 787 e ss.; Anne Peters, *European Democracy After the 2003 Convention,* CMLR, 2004, p. 37 e ss.

33 Sobre este assunto ver, entre outros, Javier Roldán Barbero, *La Carta de Derechos Fundamentales de la UE: su estatuto constitucional,* Rev. Der. Com. Eur., 2003, p. 943 e ss.; Juliane Kokott/Alexandra Rüth, *The European Convention and its Draft Treaty establishing a Constitution for Europe: Appropriate Answers to the Laeken Questions?,* CMLR, 2003, p. 1327 e ss.; Antonio Tizzano, *Prime note sul progetto di Costituzione europea,* Dir. Un. Eur., 2003, p. 268 e ss.; Fabienne Turpin, *L'intégration de la Charte des droits fondamentaux dans la Constitution européenne,* RTDE, 2003, p. 615 e ss.; José Martín Pérez de Nanclares, *El proyecto de constitución europea: reflexiones sobre los trabajos de la Convención,* Rev. Der. Com. Eur., 2003, p. 541 e ss.; S. Koukoulis-Spiliotopoulos, *Which Charter of Fundamental Rights was Incorporated in the Draft European Convention?,* ERPL/REDP, 2003, p. 295 e ss.

que a Convenção deveria apresentar um projecto de tratado que estabelece uma constituição para a Europa e não apenas um projecto de revisão do TUE.

(viii) Muitos outros paralelismos poderiam ser chamados à colação, como a importância que os Tribunais tiveram na aplicação da Constituição americana e a importância que o Tribunal de Justiça Europeu terá na aplicação do projecto de constituição europeia se ele vier a ser aprovado. Todavia, há uma diferença fundamental: o Tribunal de Justiça europeu não tem competência para anular ou declarar inválido direito nacional dos Estados membros, embora se consagre, pela primeira vez, expressamente, uma cláusula de supremacia do Direito da União em relação ao Direito nacional[34].

3.6. *A ratificação dos trabalhos das convenções*

Embora não se tivesse previsto *ab initio* qualquer processo de ratificação da Constituição norte-americana, considerou-se que a mesma só teria verdadeiramente legitimidade se viesse a ser ratificada pelos Legislativos dos Estados. E assim veio a suceder. Esse processo não foi fácil, tendo dado lugar a um dos mais profundos debates que a História da Humanidade já conheceu. Um dos mais interessantes trabalhos, neste domínio, foi *The Federalist Papers,* que corresponde a uma série de artigos de opinião publicados na imprensa Nova-Iorquina, sob o pseudónimo de *Publius*.

Na União Europeia, a situação é um pouco diferente. Porque se trata de uma revisão do Tratado da União Europeia, tem de ser seguido o procedimento previsto no art. 48.° do Tratado[35], o qual prevê que as altera-

---

[34] Sobre o problema do primado no projecto de constituição, ver, na doutrina portuguesa, JORGE MIRANDA, *A Constituição Europeia e a Ordem Jurídica Portuguesa,* O Direito, n.°s 134 e 135, 2002/2003, p. 9 e ss.; PAULO DE PITTA E CUNHA, *A Constituição Europeia. Um Olhar Crítico sobre o Projecto,* Coimbra, 2004, p. 55 e ss.; ANA MARIA GUERRA MARTINS, *O projecto...*, p. 60 e ss.

[35] Sobre o procedimento de revisão no art. 48.° TUE, ver, AAVV, *Les procédures de révision des traités communautaires: du droit international au droit communautaire*, Bruxelas, 2001; ANA MARIA GUERRA MARTINS, *A natureza...*, p. 431 e ss.; CHRISTIAN KOENIG/ /MATTHIAS PECHSTEIN, *EU-Vertragsänderungen*, EuR, 1998, p. 144 e ss.; MAR CAMPINS ERITJA, *La revisione del Tratado de la Union Europea*, GJ, 1995 (Oct.), p. 9 e ss.; B. DE WITTE, *Rules of Change in International Law: How Special is the European Community?,* NYIL, 1994, p. 310 e ss.; ROLAND BIEBER, *Les limites matérielles et formelles à la révision*

ções devem, em primeiro lugar, ser aprovadas numa Conferência Intergovernamental, constituída pelos representantes dos Estados, por unanimidade, e, devem, posteriormente, ser ratificadas segundo os processos previstos nas Constituições de todos os Estados membros.

Deste modo, o projecto da Convenção de Bruxelas já sofreu alterações na CIG 2004, onde, como já se disse, foi aprovado por todos os Estados membros, em 18 de Junho de 2004. Após a assinatura pelos representantes dos Estados membros, o projecto terá de ser aprovado pelos parlamentos nacionais, podendo ainda ser sujeito a referendo em alguns Estados.

4. **Conclusão**

Em conclusão, os pontos de convergência entre as duas Convenções são mais do que o observador menos atento poderia esperar. Todavia, não devem fazer obnubilar as diferenças, que também são muito significativas.

Enquanto o poder constituinte se manifestou de uma forma muito clara na Convenção de Filadélfia e nos processos de ratificação pelos Legislativos dos Estados, que imediatamente se lhe seguiram[36], o mesmo não sucedeu na Convenção de Bruxelas. O poder constituinte na União Europeia é lento, não actua de uma só vez e não pode, por enquanto, prescindir dos poderes constituintes nacionais. Actua, antes, numa rede de interconstitucionalidade[37].

---

des traités établissant la Communauté européenne, RMCUE, 1993, p. 343 e ss.; ARACELI MANGAS MARTIN, *La dinámica de las revisiones de los tratados y los déficits estructurales de la Unión Europea: reflexiones generales criticas, in* Estudios in homenaje al Professor M. DIEZ VELASCO, Madrid, 1993, p. 1055 e ss.; J. L. CRUZ VILAÇA/NUNO PIÇARRA, *Y a-t-il des limites materielles à la revision des traités instituant les CE?*, CDE, 1993, p. 3 e ss.; JEAN-VICTOR LOUIS, *La révision des traités et l'Union européenne, in* Hommage à GEORGES GORIELY, Bruxelas, 1989, p. 193 e ss.; ULRICH EVERLING, *Sind die Mitgliedstaaten der Europäischen Gemeinschaft noch Herren der Verträge?*, Festschrift für HERMANN MOSLER, Berlim, 1983, p. 173 e ss.; MARGUERITE DELIEGE-SEQUARIS, *Révision des traités européens en dehors des procédures prévues*, CDE, 1980, p. 539 e ss.; JEAN-VICTOR LOUIS, *Quelques considérations sur la révision des traités instituant les Communautés*, CDE, 1980, p. 553 e ss.

36 Sobre a intervenção dos Estados federados no procedimento de revisão constitucional e no procedimento constituinte, ver PAULO CASTRO RANGEL, *Introdução ao Federalismo contemporâneo*, ROA, 2001, p. 814 e ss.

37 V., por todos, J. J. GOMES CANOTILHO, *Direito Constitucional e Teoria da Constituição*, 6ª ed.., Coimbra, 2002, p. 1407 e ss.

Assim sendo, em muitos casos, os mais de duzentos anos que separam as duas Convenções justificam as divergências, mas noutros só as diferentes realidades que lhe estão subjacentes as permitem explicar.

Na verdade, o modelo de desenvolvimento dos Estados Unidos da América tem-se revelado muito atractivo para a Europa, mas há que ter consciência de que, do ponto de vista político, a União Europeia está longe do grau de integração americano.

Ao contrário do que BENJAMIN FRANKLIN vaticinava, em carta dirigida a amigos seus na Europa, logo a seguir à Convenção de Filadélfia, o exemplo americano não preparou o caminho federal na Europa[38].

Lisboa, 15 de Outubro de 2004

---

[38] V. MICHEL ROSENFELD, *The European...*, p. 376.

DEMOCRACIA LOCAL

ANTÓNIO CÂNDIDO DE OLIVEIRA
Professor da Escola de Direito do Minho

SUMÁRIO: **I – Introdução**; 1. Sobre a democracia local. a) Bases jurídicas. b) Raízes históricas da actual democracia local. c) A noção. 2. A democracia local e noções próximas. 3. Estrutura organizativa territorial: o caso português. a) A freguesia como autarquia local mais próxima dos cidadãos. b) O município como a autarquia local mais importante. c) Os problemas de uma eventual mudança desta situação. d) A ausência de uma autarquia local de nível superior ao município. **II – Os cidadãos**. 1. O papel dos cidadãos na democracia local. 2. A informação. 3. O debate. 4. A decisão. 5. A destituição de órgãos eleitos. **III – Eleições e referendos locais**. A) Eleições. 1. O direito de eleger e de ser eleito. 2. Candidaturas. 3. Campanhas eleitorais. 4. Organização do processo de votação, votação e apuramento dos resultados. B) Referendo local. 1. O objecto e a convocação do referendo local. 2. Campanha, votação e apuramento dos resultados. 3. A prática dos referendos em Portugal. **IV – Sistemas de governo local e órgãos representativos das autarquias locais**. 1. Uma perspectiva geral sobre os sistemas de governo local e o caso português. 2. Os órgãos representativos: eleição, composição e competências. a) Aspectos comuns. b) Aspectos peculiares: i) Assembleias deliberativas. ii) Órgãos executivos. iii) O problema das maiorias. 3. O funcionamento dos órgãos e a relação entre eles. a) O funcionamento dos órgãos deliberativos. b) O funcionamento dos órgão executivos. c) O peso do executivo local e o presidencialismo municipal. **V – Breve conclusão**

I – INTRODUÇÃO

1. Sobre a democracia local

a) *Bases jurídicas*

O presente artigo tem por objecto a democracia local em Portugal à luz da Constituição da República Portuguesa, da Carta Europeia da Autonomia Local e da legislação actualmente em vigor.

A democracia local não é um conceito expressamente utilizado pela nossa Constituição ou pela Carta Europeia, mas está bem presente nestes dois textos como veremos já de seguida.

A Constituição da República Portuguesa de 1976 consagra, em sede de princípios fundamentais, a autonomia das autarquias locais: «O Estado é unitário e respeita na sua organização e funcionamento o regime autonómico insular e os princípios da subsidiariedade, *da autonomia das autarquias locais* e da descentralização democrática da administração pública» (artigo 6.°, n.° 1). Por sua vez, o artigo 235.° a abrir o Título VIII da Parte III com a epígrafe *"Poder Local"* prescreve, no seu n.° 1, que: «a *organização democrática do Estado* compreende a existência de autarquias locais".

As autarquias locais são, nos termos do n.° 2 do artigo 235.° da CRP, "pessoas colectivas territoriais *dotadas de órgãos representativos*, que visam a prossecução de interesses próprios das populações respectivas». Apresentando uma noção mais precisa, o Professor Freitas do Amaral define-as como " pessoas colectivas públicas de população e território, correspondentes aos agregados de residentes em diversas circunscrições do território nacional, e que asseguram a prossecução dos interesses comuns resultantes da vizinhança, mediante órgãos próprios, representativos dos respectivos habitantes"[1].

Em todo o território português as autarquias locais são as *freguesias e os municípios*, prevendo-se ainda a existência, no continente, de regiões administrativas[2] e nas grandes áreas urbanas e nas ilhas "outras formas de

---

[1] D. FREITAS DO AMARAL – *Curso de Direito Administrativo*, vol. I, 2ª ed., Coimbra, 1994, p. 418.

[2] As regiões administrativas não existem ainda, pois teve resultado negativo um referendo realizado em 8 de Novembro de 1998 que visava a instituição em concreto das regiões administrativas criadas pela Lei n.° 19/98, de 28 de Abril.

organização territorial autárquica" nos termos da lei e de acordo com as suas condições específicas (artigo 236.° da CRP).

O artigo 237.° da CRP estabelece, no seu n.°1, que "as atribuições e a organização das autarquias locais, bem como a competência dos seus órgãos, serão reguladas por lei, de harmonia com o *princípio da descentralização administrativa*" e no, n.° 2, que "compete à *assembleia da autarquia local* o exercício dos poderes atribuídos pela lei, incluindo aprovar as opções do plano e o orçamento".

A democracia local está bem presente no artigo 239.° da CRP ao prescrever, no n.°1, que "a organização das autarquias locais compreende uma *assembleia eleita dotada de poderes deliberativos* e um *órgão executivo colegial perante ela responsável*"[3] e, no n.° 2, que "a assembleia é eleita por *sufrágio universal, directo e secreto dos cidadãos recenseados na área da respectiva autarquia*, segundo o sistema da representação proporcional".

Por sua vez, o artigo 240.° da CRP reforça também a democracia local ao prever o *referendo* e assim determinar que os cidadãos eleitores das autarquias locais podem votar sobre matérias incluídas na competência dos seus órgãos, nos termos e com a eficácia que a lei estabelecer.

Não pode passar despercebido ainda o n.° 2 do artigo 245.° da CRP ao estabelecer que a lei pode determinar que, nas freguesias de população diminuta, a assembleia de freguesia (órgão deliberativo) seja substituída pelo *plenário dos cidadãos eleitores.*

A Carta Europeia da Autonomia Local (CEAL) de 1985[4] dá também especial relevo à democracia local.

Esta convenção internacional, elaborada no âmbito do Conselho da Europa, depois de estabelecer, no artigo 2.°, que «o princípio da autonomia local deve ser reconhecido pela legislação interna e, tanto quanto possível, pela Constituição" e de explicitar, no n.° 1 do artigo 3.°, que por autonomia local se entende "o direito e a capacidade efectiva de as autarquias locais regulamentarem e gerirem, nos termos da lei, sob sua responsabilidade e no interesse das respectivas populações, uma parte importante dos assuntos públicos", decreta, no n.° 2 do artigo 3.°, que este direito é

[3] Nos capítulos que dedica à freguesia e ao município, a CRP nomeia expressamente esses órgãos.

[4] Portugal assinou a Carta Europeia da Autonomia Local, em 15 de Outubro de 1985 (foi um dos primeiros Estados a assinar), ratificou-a em 18 de Dezembro de 1990, tendo entrado em vigor, em 1 de Abril de 1991, sem nenhuma declaração nem reserva particular.

exercido por "conselhos ou assembleias compostos de membros *eleitos por sufrágio livre, secreto, igualitário, directo e universal*, podendo dispor de órgãos executivos que respondem perante eles", tudo sem prejuízo do "*recurso às assembleias de cidadãos, ao referendo ou a qualquer outra forma de participação directa dos cidadãos* permitida por lei".

Aliás, ao nível do Conselho da Europa, a democracia local tem sido objecto de particular atenção por parte do Congresso dos Poderes Locais e Regionais. Para além de um estudo sistemático sobre a situação da democracia local nos diversos Estados membros do Conselho da Europa[5], foi elaborado, em 2002, um relatório geral sobre a aplicação da Carta neste aspecto[6].

As referências que fizemos à Constituição e à Carta Europeia permitem-nos compreender o que queremos dizer quando falamos de democracia local. Trata-se fundamentalmente de afirmar que o poder, ao nível das autarquias locais, pertence aos cidadãos que o exercem directamente[7] ou através de representantes eleitos.

b) *Raízes históricas da actual democracia local*

Não cabe, neste âmbito, dissertar sobre a democracia[8], pois isso levar-nos-ia muito longe, bastando salientar que está aqui presente a ideia fundamental de que a democracia é uma forma de governar que não pres-

---

[5] Sobre Portugal foi feito um relatório que tem a data de 25 de Maio de 2003 do qual foram relatores Kathryn Smith (Reino-Unido) e Miljenko Doric (Croácia). Na elaboração deste relatório teve um importante papel o Prof. Eivind Smith da Universidade de Oslo da Noruega (n.° 3). Pode ser consultado no "site" do do Conselho da Europa (http://www.coe.fr/cplre/).

[6] CONSEIL DE L'EUROPE – *Rapport sur les relations entre les citoyens, l'assemblée et l'exécutif dans la démocratie locale (le cadre institutionnel de la démocratie locale) – Rapporteur: M. Anders KNAPE (Suède)* – Strasbourg, 4-6 juin 2002 – policopiado (ver também o «site» referido na nota anterior).

[7] Nas autarquias locais de população diminuta.

[8] Sobre Teorias da Constituição e Teorias da Democracia, cfr. J.J. GOMES CANOTILHO – *Direito Constitucional e Teoria da Constituição*, 6ª ed., 2002, pp. 1391 e ss.. A literatura sobre a democracia é inabarcável. Cfr., entre tantos outros, A. ARBLASTER – A Democracia, Lisboa, 2004; R. DAHL – *La democracia – una guía para los ciudadanos*, trad., Madrid, 1999; N. BOBBIO – *Il futuro della democrazia*, Turim, 1995; J. HABERMAS – *L'intégration républicaine – Essais de théorie politique*, trad., Paris, 1998, espec. pp. 259-286; KARL POPPER – Em Busca de Um Mundo Melhor, trad. do alemão, 1989.

cinde da vontade dos cidadãos livremente expressa. Aliás, os complexos problemas da democracia a nível nacional ligados às diversas funções do Estado estão, em boa parte, ausentes da democracia local ocupada que está com o exercício da função administrativa dentro dos princípios constitucionais e legais.

Como sabemos, a democracia tem raízes históricas antigas, sendo obrigatório fazer, a este propósito, referência ao regime político das cidades gregas do século V a. C.[9], mas a democracia dos nossos dias, aplicada às comunidades locais no quadro dos Estados nacionais, desenvolve-se principalmente no século XIX.

Ela surge, no continente europeu, em luta contra o Estado centralizado herdado do Estado absoluto e continuado, após a Revolução francesa, com a experiência centralizadora napoleónica, que se estendeu a vários países da Europa. Defende-se então a descentralização e com ela as "liberdades locais"[10] traduzidas em autarquias locais com órgãos eleitos pelos residentes.

Alexis de Tocqueville, um aristocrata francês que viveu intensamente os problemas subsequentes à Revolução francesa, procurando compreender o sentido desta ("pretender interromper o curso da democracia seria como que lutar contra o próprio Deus"[11]), enfrentou o sério problema da conciliação da vontade da maioria com a liberdade dos cidadãos. A vontade da maioria, inerente à democracia, poderia degenerar em tirania da maioria e era necessário evitar, a todo o custo, que tal sucedesse. É nesta linha que deve ser encarada a visão que tinha do município. Este era um meio, entre outros, de colocar um travão a esse perigo. Apontava como exemplo a vida municipal da América que visitou e descreveu no primeiro volume da obra "Da Democracia na América" (1835). Depois de dizer, referindo-se ao carácter natural do município que este "parece sair directamente das mãos de Deus" acrescenta de imediato que se o município existe desde que haja pessoas vivendo em sociedade já "a liberdade municipal é coisa rara e frágil" sempre exposta aos ataques do poder central[12]. O município que Tocqueville tomou como modelo foi o do Estado de Mas-

---

[9] J. DUNN (org.) – *Democracia – El viaje inacabado (508 a. C. – 1993 d. C.)*, trad. espanhola, Barcelona, 1995.

[10] F. BURDEAU – *Liberté. Libertés Locales Chéries !*, Paris, 1983.

[11] A. de TOCQUEVILLE – *De la Démocratie en Amérique I*, in De la Démocratie en Amérique. Souvenirs. L'Ancien Régime et la Révolution, Paris, ed. Robert Laffont, 1986, p. 45.

[12] A. de TOCQUEVILLE – *De la Démocratie en Amérique I* ..., 85

sachussets da Nova-Inglaterra situado, pela sua dimensão, entre o município e o cantão franceses. Possuía entre dois a três mil habitantes, não sendo assim demasiado grande e possuindo, por outro lado, suficiente população para se encontrar dentro dela elementos para uma boa administração. O sistema de administração municipal aproximava-se da democracia directa, pois não havia uma assembleia municipal eleita pelos cidadãos. Estes, reunidos em assembleia, elegiam todos anos um pequeno número de indivíduos que eram chamados "select-men" encarregados de executar a vontade dos eleitores. Na mesma altura, um conjunto de outros magistrados municipais eram também eleitos para executar certas tarefas administrativas importantes. Quem tomava as deliberações era a assembleia dos eleitores do município que reunia para o efeito, sempre que necessário, por convocação feita pelos "select-men" ou por iniciativa de um certo número dos próprios eleitores. Os municípios apenas se encontravam submetidos ao Estado quando se tratasse de interesses que partilhassem com outros; no restante, no que só a eles dissesse respeito, os municípios permaneciam independentes, não se admitindo ao governo do Estado o direito de intervir na direcção dos interesses puramente municipais[13].

Em França, a autonomia dos municípios, conquistada através da descentralização, nunca se aproximou do modelo descrito por Tocqueville, mas foi percorrendo lentamente caminho ao longo do século XIX, primeiro pelas leis de 1831 e 1834 e depois pelas leis de 1871 e 1884 da III República[14]. É certo que então o sufrágio não era universal, dele estando excluídas as mulheres e os homens não proprietários, mas o princípio da eleição dos órgãos das comunidades locais pelos cidadãos nelas residentes foi acolhido e fazia a diferença.

Na própria Inglaterra, onde o problema da centralização à volta do Estado não se colocava como no Continente, o governo local assentava, ainda no início do século XIX, essencialmente nos "justices of peace" que não eram eleitos e acumulavam funções judiciais e administrativas[15] e só nos fins do século XIX surgiu o moderno sistema de governo local ("local

[13] A. de TOCQUEVILLE – *De la Démocratie en Amérique I...*, p. 89

[14] Cfr. A. CÂNDIDO DE OLIVEIRA – *Direito das Autarquias Locais*, Coimbra, 1993, pp. 71 e ss.

[15] H.W.R. WADE & C. F. FORSYTH – *Administrative Law*, 8ª ed., Londres, 2000, p. 116. A incomodidade perante esta situação era manifestada, em Portugal por Alexandre Herculano em meados do século XIX, ao atacar a centralização francesa, cfr. A. HERCULANO – Opúsculos, Tomo I, Questões Públicas – Política, in *Obras Completas de Alexandre Herculano*, org. por Joel Serrão, 1983, p. 420

government")[16] para o qual contribuiu decisivamente John Stuart Mill (1806-1873). Este autor liberal do século XIX, depois de afirmar que na Inglaterra sempre houve mais liberdade mas pior organização, enquanto noutros países havia melhor organização mas menos liberdade, considerava necessário que, para além da representação nacional, existissem representações municipais e provinciais e lembrava que o governo local proporcionava uma educação «in democracy» para os eleitores e para os políticos locais. Para Mill, um princípio muito importante era também o de que deveria haver, em cada circunscrição local, apenas um corpo eleito para todas as tarefas locais, e não corpos diferentes para as diferentes partes delas, como era costume suceder, e lembrava a este propósito que o governo da Coroa consistia em um grande número de departamentos, existindo um grande número de ministros para dirigi-los, mas, acrescentava, estes ministros não dispõem de um Parlamento cada um para os obrigar a cumprir o seu dever. E continuava: "a assembleia local, assim como o Parlamento nacional, tem como obrigação considerar os interesses da comunidade como um todo, cujas partes se devem harmonizar entre si e exigem um cuidado proporcional à sua importância"[17].

Em Portugal, o problema da eleição dos órgãos das comunidades locais colocou-se, tal como em França, em oposição à centralização administrativa e importa salientar, a este propósito, o pensamento de Lobo d'Ávila, sem esquecer o de Henriques Nogueira.

José Félix Henriques Nogueira (1823-1858) depois de lembrar, em 1851, que "o sistema administrativo que hoje triunfa por toda a parte é o da centralização"[18] e de criticar que na luta entre o absolutismo e a democracia se tenham mantido, depois do triunfo desta, os vícios de concentração do poder do primeiro[19] defende, sem cair em exageros, como ele próprio previne, a descentralização assente fundamentalmente no município, que devia ser "independente, grande e rico". *Independente*, pois só com

[16] M. Cuchillo Foix – *La Reforma del régimen local en Inglaterra y Gales*, IEAL, Madrid, 1987, p. 39.

[17] J. S. Mill – *Considerations on Representative Government*, in Utilitarianism, On Liberty and Considerations on Representative Government, Londres, 1976, p. 346 e ss e especialmente p. 347 e p. 351.; J. S. Mill – *O Governo Representativo*, ed. Arcádia, s/d., p. 335 e ss.; D.M. HILL – *Teoría Democrática y régimen local,* Madrid, 1980, p. 31 e ss.

[18] J.F. Henriques Nogueira – Estudos sobre a Reforma em Portugal, Lisboa, 1851, in *Obra Completa, Tomo I*, organizada por A.C. Leal da Silva, Lisboa, 1976, p. 135.

[19] J.F. Henriques Nogueira – O Município no Século XIX, Lisboa, 1856, in *Obra Completa, Tomo II*, organizada por A.C. Leal da Silva, Lisboa, 1976, p. 15.

"os braços livres de estranhas e maléficas contrariedades é que ele pode desenvolver o seu vasto e difícil programa", referindo-se deste modo à autonomia necessária perante o poder central. *Grande* em extensão, porque os seus recursos aumentam na proporção da grandeza territorial ("o que era empresa impossível para um concelho, quando separado e pobre, torna-se coisa facílima para três ou quatro concelhos unidos formando um só município"). *Rico*, porque "sem meios e meios suficientes" não seria possível custear as despesas que resultariam das numerosas tarefas que deveria desempenhar e que abrangiam, nomeadamente, a segurança, a saúde, a assistência, a educação e a cultura, as actividades económicas (agricultura, indústria, comércio) e a viação[20]. Henriques Nogueira esboçou um projecto de reforma municipal (bases orgânicas) que compreendia municípios administrados por uma câmara municipal composta por vereadores eleitos por dois anos, elegendo cada freguesia do município, pelo menos um (as que tivessem mais de 500 fogos elegeriam dois). Cada freguesia, por sua vez, teria uma junta de paróquia (entre 3 e 7 membros de acordo com o número de fogos) eleita, de dois em dois anos, pelos moradores[21].

Por sua vez, nos seus "Estudos de Administração"[22] Joaquim Thomaz Lobo d'Ávila enquadra, mais detalhadamente do que o faz Henriques Nogueira, o problema da democracia local no contexto europeu e, depois de afastar soluções inglesas ou norte-americanas, situa-se na discussão continental entre a centralização e a descentralização, mostrando conhecer bem o pensamento de J. S. Mill, de Tocqueville e dos doutrinários franceses, defendendo uma descentralização assente na eleição dos órgãos (a câmara ou junta municipal deveria ser uma assembleia de eleição directa, cujo número de membros fosse calculado sobre a base da população e da área e não fixado *a priori* por lei). Estas juntas municipais deveriam eleger no seu seio uma comissão executiva permanente a qual escolheria de entre os seus membros o presidente[23]. Há também uma preocupação constante, neste autor, em limitar a tutela sobre as autarquias locais.

No século XX – principalmente depois da II Guerra Mundial e, mais tarde, da queda do muro de Berlim – o triunfo, a nível nacional, das democracias de tipo ocidental foi acompanhado pela consagração, frequente-

[20] J.F. Henriques Nogueira – *O Município no Século XIX...*, p. 71/72 e 77 e ss..

[21] J.F. Henriques Nogueira – *O Município no Século XIX...*, p. 97 e ss..

[22] J. T. Lobo d'Ávila – *Estudos de Administração*, Lisboa, 1874

[23] J. T. Lobo d'Ávila – *Estudos...*, pp. 189-190

mente a nível constitucional, da democracia a nível das comunidades locais. Estão ambas ligadas e o Conselho da Europa considera "a democracia local uma das pedras angulares da democracia nos países da Europa e que o seu reforço é factor de estabilidade"[24].

c) *A noção*

À luz do que foi dito do ponto de vista jurídico e histórico, por democracia local deve entender-se o direito dos cidadãos eleitores das comunidades locais (organizadas em autarquias locais, no âmbito do Estado de direito democrático) de deliberar directamente ou através de órgãos por eles eleitos e perante eles responsáveis, sobre os assuntos relativos às respectivas comunidades (de acordo com o princípio da subsidiariedade)[25].

Efectivamente, a democracia local sempre esteve ligada à existência de comunidades locais, um facto social constante ao longo de todos os tempos. O que não foi constante, nem sequer regra, foi a organização democrática dessas comunidades e, salvo as experiências limitadas das cidades-Estado gregas e dos municípios em certos períodos da Idade Média, essa organização surge apenas em pleno século XIX no âmbito do Estado, acompanhando a organização deste em princípios de inspiração democrática.

Não houve uma simultaneidade entre a organização democrática a nível nacional e a nível local, mas à medida que avançava o século XIX e depois, mais seguramente, ao longo da segunda metade do século XX, foi-se firmando a ideia de que a democracia a nível nacional implicava também a democracia a nível local.

Considerou-se mesmo que era a nível local que havia a possibilidade de aprofundar mais a democracia dada a proximidade dos cidadãos em relação aos órgãos do poder. Esta proximidade permitia o recurso à democracia directa nas comunidades mais pequenas e permitia também, mais

---

[24] Recomendação Rec(2001) 19) do Comité de Ministros dos Estados-Membros do Conselho da Europa sobre a participação dos cidadãos na vida local aprovada em 6 de Dezembro de 2001.

[25] Este direito exerce-se de forma muito clara nas comunidades locais pequenas nas quais as deliberações são tomadas pelo plenário dos cidadãos eleitores (democracia directa) e também nas comunidades locais de maior dimensão nas quais as deliberações são tomadas por representantes eleitos pelos cidadãos, actuando em nome destes (democracia representativa); note-se ainda que, frequentemente, nas comunidades maiores os cidadãos conservam o direito de tomar directamente deliberações sobre assuntos relevantes para as comunidades respectivas através de referendos locais.

facilmente, o recurso a instrumentos de democracia directa como o referendo local. Se uma característica fundamental da democracia é o papel decisivo que nela desempenham os cidadãos, então é na democracia local que esse papel melhor pode ser desempenhado. Vêm ao espírito as ideias de Tocqueville e de Mill sobre a democracia local como "escola de democracia" com efeitos positivos também para a democracia a nível nacional.

A eleição de órgãos, que é uma exigência da democracia local[26], não implica que todos eles resultem de eleições por sufrágio universal directo e secreto. Este exige-se para a assembleia representativa dos cidadãos, mas pode haver outros órgãos, nomeadamente executivos, cuja legitimidade resulte da escolha pela assembleia representativa[27].

A responsabilidade dos órgãos eleitos directa ou indirectamente perante os eleitores é um princípio fundamental da democracia local, devendo criar-se mecanismos que permitam uma participação activa dos eleitores na deliberação sobre os assuntos da comunidade local.

Uma nota ainda para dizer que a democracia local não é necessariamente uma democracia apenas a nível de pequenas comunidades. Ela não trata dos problemas nacionais ou regionais[28], mas não se restringe necessariamente aos problemas de comunidades com algumas centenas ou alguns milhares de habitantes. Pode afirmar-se mesmo que quanto mais pequenas forem essas comunidades menor é o significado da democracia local. Esta só se manifesta verdadeiramente em termos de poder dos cidadãos (motivando inclusive uma maior participação destes) quando eles são chamados a resolver, dentro do princípio da subsidariedade, problemas relevantes de comunidades locais extensas e populosas como são, por exemplo, os do urbanismo e ordenamento do território, do saneamento e dos equipamentos da mais variada natureza.

2. A democracia local e noções próximas

A democracia local não é um conceito muito utilizado, já o dissemos, e importa dizer que só entrou no direito positivo francês na reforma da administração local de 1992[29].

---

[26] Salvo quando há a possibilidade de estabelecer a democracia directa.

[27] E não exclui órgão consultivos representativos de interesses culturais, sociais, económicos e profissionais das autarquias locais compostos por representantes escolhidos pelas entidades que actuam nesses domínios.

[28] Ainda que a nossa Constituição preveja como autarquia local a região administrativa.

[29] Lei de 6 de Fevereiro de 1992.

Em França, escreve A. Mabileau, "a democracia foi sempre considerada como um assunto do governo central, contrariamente aos americanos cuja ligação às instituições democráticas repousa sobre a *Grass Roots Democracy*"[30] e, assim, ver a democracia local abrir um título de um texto legislativo não é de modo nenhum secundário.

Os conceitos mais utilizados no domínio da administração local são os de descentralização, autonomia das autarquias locais (autonomia local) e poder local[31]. Deve dizer-se que estes conceitos estão hoje muito próximos dos de democracia local, podendo dizer-se que constituem de certo modo ângulos diversos de observação da mesma realidade. Deve acrescentar-se, porém, que nem sempre assim foi, que cada um destes conceitos tem uma história muito própria e que acentuam, ainda hoje, aspectos diferentes.

Isto é muito claro no que toca à descentralização administrativa[32] que surgiu como forma de combater a centralização e cujo conceito tem sido objecto de muita controvérsia. É certo que a descentralização tem estado historicamente ligada a períodos de maior abertura democrática, mas ela não implica necessariamente democracia local como Charles Eisenmann, entre outros, teve o cuidado de demonstrar[33]. A descentralização é antes de tudo conceito técnico e jurídico relativo à organização do Estado, tendo em vista a repartição de funções entre os níveis central e local. A descentralização não tem, pois, por corolário imediato um aprofundamento da democracia local, podendo ser tanto democrática como autocrática[34]. Em

---

[30] A. Mabileau – Démocratie locale, in *Dictionnaire constitutionnel*, Paris, 1992, p. 291.

[31] Ainda de referir, embora menos utilizados, os de auto-governo local (de origem inglesa), de administração autónoma territorial (de origem alemã) e de liberdades locais (de raiz francesa).

[32] Sobre outras formas de descentralização para além da administrativa, cfr. F. Quadros – A Descentralização das Funções do Estado nas Províncias Ultramarinas Portuguesas, in *Scientia Iuridica*, n.° 107, Novembro-Dezembro de 1970, Tomo XIX, pp. 499-520 e n.°s 108-109, Tomo XX, Janeiro-Abril de 1971, pp. 8 e ss., esp. p. 10 e ss.

[33] Ch. Eisenmann – Problèmes d'Organisation de la Administration, in *Cours de droit administratif, Tomo I*, Paris, 1982, p. 275. Ver neste mesmo sentido J. Caillosse – Éléments pour un bilan juridique de la démocratie locale en France – AAVV – *La démocratie locale-Répresentation,participation et espace public*, Paris, 1999, p. 71 e ss.; F. Baudin-Cullière – *Principe de subsidiarité et administration locale*, Paris, 1995, p. 32 e ss.

[34] S. Flogaitis – *La notion de décentralisation en France, en Allemagne et en Italie*, Paris, 1979, p. 56.

Portugal, a descentralização é também um conceito muito amplo[35] e não tem um sentido unívoco na própria Constituição da República Portuguesa, falando Vital Moreira a este propósito de "um sentido minoritário no discurso constitucional e conceitualmente impróprio"[36]. Existe, no entanto, uma firme tendência na doutrina portuguesa para ligar o conceito de descentralização territorial, principalmente depois da entrada em vigor da Constituição de 1976, a autarquias locais dotadas de órgãos eleitos. Liga-se também muito a descentralização territorial a devolução de atribuições do Estado para as autarquias locais, particularmente para os municípios.

Por sua vez, o conceito de autonomia[37] local basta-se com a possibilidade de as comunidades locais poderem gerir, sem interferência do poder central, os assuntos que são da sua competência. Está aqui presente um reduto de actuação reservado à comunidade local, à sua "autodeterminação nos assuntos próprios"[38]. Mas também aqui pode haver autonomia sem democracia, bastando, por exemplo, que as comunidades locais sejam geridas, a título de exemplo, por aristocracias locais. De qualquer modo a Constituição da República Portuguesa acolheu o conceito de autonomia local como autonomia das autarquias locais, ligando-o à democracia local, através da noção que delas dá no artigo 235.°

O conceito de poder local salienta a existência, ao nível das comunidades locais, de um poder que se afirma e que limita o poder central, chamando a atenção para outros centros de poder a nível territorial. É, neste sentido, uma "manifestação moderna" do princípio da separação dos poderes em sentido vertical[39]. Por vezes, adjectiva-se este conceito, falando em poder local *democrático*, querendo com isso afastar-se um poder local que poderia existir, mas não ter por fundamento a democracia. Aliás, o poder

---

[35] M. Rebelo de Sousa – *Lições de Direito Administrativo, vol. I*, Lisboa, 1999, pp. 223 e ss.; Vital Moreira – *Administração Autónoma e Associações Públicas*, Coimbra, 1997, p. 142 e ss.; Paulo Otero – *O Poder de Substituição em Direito Administrativo – Enquadramento Dogmático-Constitucional,* vol. II, Lisboa, 1995, pp. 704 e ss.; e D. Freitas do Amaral – *Curso de Direito Administrativo*, vol. I, Coimbra, 1994, p. 693 e ss.

[36] Vital Moreira – *Administração Autónoma e Associações Públicas*, Coimbra, 1997, p. 160 e ss.

[37] A noção de "autonomia" isoladamente considerada é também polissémica (cfr. Vital Moreira – *Administração Autónoma*..., p. 69).

[38] J. Baptista Machado – *Participação e Descentralização. Democratização e Neutralidade na Constituição de 1976,* Coimbra, 1982, p. 121.

[39] J.J. Gomes Canotilho – *Direito Constitutcional e Teoria da Constituição*..., p. 557.

local pelo seu teor literal remete mais para o exercício do poder e para os titulares dos cargos e parece admitir um mínimo de democracia traduzido na realização de eleições de 4 em 4 anos. O que abre um lugar próprio para a democracia local, ao lado do poder local, é exactamente o acentuar do papel dos cidadãos na gestão dos assuntos das comunidades locais.

3. **Estrutura organizativa territorial: o caso português**

A democracia local assenta numa organização das comunidades locais em vários níveis, tendo um lugar especial o mais próximo dos cidadãos que toma, em regra, uma designação que poderemos traduzir por município. Como escreve Alain Delcamp, o município é o único escalão da administração territorial comum ao conjunto dos países da Europa. É ao mesmo tempo o mais vivo e o mais simbólico[40].

Assim em Espanha temos, na base, o município, na França e na Bélgica ("la commune"), na Itália ("il commune"), na Alemanha e na Áustria ("die Gemeinde"). Estas estruturas organizativas territoriais constitucionalmente consagradas são as mais próximas dos cidadãos.

Depois, a um nível superior, temos, na Espanha, na Bélgica e na Itália, a província, na França, o departamento e, na Alemanha, o "Kreis". Ainda a um nível mais superior, temos, em França e na Itália, a região administrativa. Noutros países, esse nível superior tem características já muito especiais que o aproximam dos Estados federados e que por isso saem deste âmbito. É o que sucede com as "comunidades autónomas" na Espanha, com as recentes regiões na Bélgica e com os "Länder" na Alemanha.

Em Portugal, a estrutura territorial da democracia local em Portugal tem particularidades que importa ter em atenção.

a) *A freguesia como autarquia local mais próxima dos cidadãos*

O município não é em Portugal, ao contrário do que sucede noutros países já referidos, a autarquia local de base. Esta é a freguesia que tem, a nível constitucional, a mesma dignidade que o município. No entanto, a

---

[40] A. DELCAMP – La démocratie municipale chez nos voisins: une typologie, in *Pouvoirs – La démocratie municipale*, n.° 73 – 1995.

freguesia, em Portugal, não se pode comparar com o município espanhol, nem com os municípios franceses ou italianos ou as "Gemeinde" alemãs, porque não têm atribuições semelhantes, mas antes muito mais reduzidas.

A freguesia portuguesa, que resulta directamente da paróquia religiosa, só tem equivalente, pela origem e pelas atribuições, e mesmo assim de forma aproximada, nas "parishes" da Inglaterra que tiveram também origem nas paróquias religiosas e se tornaram "paróquias civis" no fim do século XIX, com a reforma de 1894[41]. No entanto, e apesar de um elevado número destas entidades (mais de 10.000), nem todo o território da Inglaterra está coberto com "parishes" dotadas de órgãos eleitos, faltando esta estrutura principalmente nas áreas urbanas[42]. Tal como sucede entre nós, elas não são, nomeadamente pelas suas atribuições, as entidades locais de maior importância.

O relatório sobre a democracia local e regional em Portugal do Conselho da Europa considera que as freguesias representam uma das contribuições mais originais de Portugal à tradição da autonomia das autarquias locais na Europa e compreende e aceita a proeminência dos municípios dado o grande número de paróquias e a fraca população da grande maioria delas[43].

b) *O município como a autarquia local mais significativa*

Em Portugal, a autarquia local mais significativa é, efectivamente, o município que, pelas suas atribuições deve ser comparado às estruturas de base já referidas de Espanha, França, Bélgica, Itália, Alemanha e Áustria.

Verifica-se, no entanto, que o município português, por efeito da reforma ocorrida em 1836, tem em média muito mais população e território que os destes países, só tendo correspondência em alguns países nórdicos e, em certa medida, na Inglaterra. Neste aspecto, o nosso mu-

---

[41] J. Greenwood/D. Wilson – *Public Administration in Britain Today*, 1990, p. 146; S. Troilo – *Il* Local Government *Britannico, Britannico – L'Ente Locale tra Rappresentanza della Comunità e Amministrazione dei Servizi Pubblici*, Padova, 1997, p. 34.

[42] Já no País de Gales esta estrutura com o nome de "community" cobre todo o território. Cfr. D. Wilson/Ch. Game – *Local Government in the United Kingdom*, 3.ª ed., Londres, 2002, pp. 79-80

[43] Conseil de l'Europe – CG(10) 5 – Partie II rev – La démocratie locale et régionale au Portugal (25/5/03) – Rapporteurs Mme Kathryn Smith (Royaume-Uni) et M. Miljenko DORIC (Croatie), n.°s 21, 22 e 23.

nicípio está relativamente mais próximo dos "districts" da Inglaterra e do País de Gales[44].

A semelhança com a Inglaterra e o País de Gales verifica-se assim em dois planos: a existência de uma autarquia local de base paroquial e uma autarquia local mais ampla e com mais poderes a nível superior.

Uma outra pecularidade é o facto de, apesar de a freguesia e o município serem autarquias locais diferentes, gozando ambas de igual dignidade constitucional, existir uma forte relação entre ambas, pois os presidentes de junta integram por inerência um órgão do município (a assembleia) e, por outro lado, o município tem um grande influência sobre as freguesias, delegando-lhe tarefas e proporcionando-lhes importantes meios financeiros.

c) *Os problemas de uma eventual mudança desta situação*

Poderia pensar-se pôr fim a esta situação dando mais poderes às freguesias como unidade mais próxima dos cidadãos, actuando o princípio constitucional da subsidariedade consagrado no artigo 6.°, n.° 1, e tornando-a a autarquia mais importante, comparável com as unidades de base de outros países. Transformaríamos as nossas freguesias em municípios. Mas se assim se procedesse teríamos os problemas que a França (e também a Espanha, a Itália) têm com uma pulverização territorial que tantos problemas administrativos causa. Efectivamente, a pequenez de muitos municípios franceses, espanhóis e italianos impede que eles possam desenvolver devidamente as tarefas que a lei põe a seu cargo, obrigando-os a associarem-se e formando entidades de natureza variada que não têm uma legitimidade democrática directa.

A freguesia não tem, na verdade, nem território, nem população para exercer a um nível adequado as atribuições urbanísticas e de construção de equipamentos, bem como as de prestação de serviços (entre os quais a recolha do lixo, a distribuição de água e o tratamento de águas residuais), além de outras, que exigem autarquias com uma dimensão maior. Teríamos estruturas locais inadequadas para desenvolver as actividades locais.

A democracia local para ter significado e poder levar a cabo as atribuições que o legislador põe a seu cargo exige uma base adequada de

[44] D. Wilson e Ch. Game – *Local Government in the United Kingdom...*, pp. 58 e 247.

população e território. Foi essa a tarefa levada, em boa parte, a cabo na Alemanha, nos anos 60, e também na Bélgica e nos países nórdicos e que, pelo contrário a França não conseguiu executar apesar de repetidas tentativas feitas. Neste país, a maior parte dos municípios (de um total de 36.600, mais de 25.000 têm menos de 700 habitantes[45]) não tem peso político-administrativo e precisa de associar-se com outros para levar a cabo as principais tarefas municipais. Esses pequenos municípios acabam por delegar as suas competências em associações de municípios e outras entidades de que formam parte, vendo os seus poderes muito diminuídos.

Em Portugal, se quiséssemos fazer das freguesias a unidade base da administração local teríamos de, paralelamente, fazer necessariamente associações de freguesias para criar organizações próximas dos municípios, com o inconveniente de não terem órgãos eleitos directamente pela população. Andaríamos para trás. Por outro lado, os municípios passariam, porventura, a exercer as funções que na Espanha e na Itália exercem as províncias, na França os departamentos, na Alemanha os "Kreise", sendo que pecaríamos então pela exiguidade que teriam.

Nestas condições deve manter-se a estrutura portuguesa de freguesias (elas têm as vantagens de uma administração de proximidade e por isso não devem ser suprimidas) sem deixar de considerar o município como a unidade fundamental da administração local e sem prejuízo de ajustamentos quanto a atribuições. Neste domínio, devem ser entregues às freguesias, de acordo com o princípio da subsidariedade, aquelas que elas podem exercer melhor que os municípios e estes devem manter aquelas que exigem uma escala maior, actuando também aqui o mesmo princípio[46].

O município, para bem desempenhar as tarefas que a lei põe a seu cargo, deve ser um município grande como já, em meados do século XIX, defendia Henriques Nogueira. A este propósito é de ponderar seriamente a fusão de municípios com população diminuta por não serem capazes de desenvolver devidamente as tarefas que lhes devem caber. O nosso país, apesar de ter em média municípios com uma população relativamente elevada tem actualmente um bom número de municípios muito despovoados como se poderá ver através do número de eleitores (de um total de 308 municípios existem 118 com menos de 10.000 eleitores)[47].

---

[45] J-F. LACHAUME – La commune, Paris, 1997, p. 12.

[46] Ainda, de acordo com o princípio da subsidiariedade, os municípios devem ver reforçadas as suas atribuições, exercendo tarefas que actualmente são desempenhadas a nível estadual ou regional autónomo.

[47] Ver adiante quadro relativo a municípios e eleitores.

c) *A ausência de uma autarquia local de nível territorial superior ao município*

É de assinalar ainda, no contexto europeu, como uma particularidade portuguesa, ainda que constitucionalmente não desejada, a ausência de uma autarquia local situada a nível superior do município. A Constituição continua a prever a existência de regiões administrativas como autarquias locais no continente europeu (artigo 236.° n.° 1 e 255.° da CRP), abolindo os distritos que chegaram a ser uma autarquia local, mas elas ainda não estão estabelecidas depois de uma tentativa falhada, através do referendo efectuado em 1998.

A inexistência deste nível territorial de administração cria um vazio que impede o Governo da República de tratar os problemas regionais do continente com uma instância democraticamente legitimada[48]. Existem em substituição entidades desconcentradas designadas comissões de coordenação e desenvolvimento regional que têm desempenhado, no entanto, um papel muito secundário, com grande carência de meios financeiros e técnicos numa demonstração clara da grande debilidade da nossa administração estadual periférica.

II – OS CIDADÃOS

1. **O papel dos cidadãos na democracia local**

Os cidadãos estão na base da democracia local (artigo 239.° da CRP e artigo 3.° da CEAL) e por isso a eles devemos dar, no âmbito deste artigo, o relevo devido.

Cidadãos são aqui todos os residentes das comunidades locais dotados de capacidade para cuidar dos assuntos destas, estando excluídas apenas as crianças e adolescentes. Em regra todos os cidadãos adultos[49], homens e mulheres, têm direito de participação política, salvo incapacidade psíquica ou outras razões devidamente definidas por lei. Falamos em cidadãos, pressupondo, assim, a nacionalidade, mas deve ter-se em conta que, principalmente no que respeita às eleições locais, o princípio da

[48] Esta situação não se verifica nos Açores e na Madeira, pois aí existem regiões autónomas.

[49] São adultos, para este efeito, os cidadãos que atingem 18 anos de idade.

nacionalidade vai cedendo perante o princípio da residência, alargando-se progressivamente os direitos de participação política dos estrangeiros desde que residentes na comunidade local (artigo 5.° da Lei Orgânica n.° 1/2001, de 14 de Agosto).

Ora, qual é o papel que os cidadãos desempenham na democracia local?

O problema coloca-se fundamentalmente porque as democracias locais do nosso tempo são democracias representativas e não democracias directas. Nas democracias directas puras, o papel dos cidadãos (de todos os cidadãos) não se discute e é grande, pois cabe-lhes tomar as deliberações relativas à comunidade local e assegurar a execução das mesmas através de pessoas que designam para o efeito e que podem destituir a qualquer momento. Como é fácil de concluir, a concretização da democracia directa só é possível em comunidades relativamente pequenas, pois só estas permitem reunir os cidadãos para discutir e deliberar sobre os assuntos da comunidade local.

Mas qual será o papel dos cidadãos nas democracias representativas nas quais os cidadãos (todos os cidadãos) elegem um órgão ou órgãos representativos por um determinado período de tempo (mandato) para tomarem as deliberações relativas à comunidade e para as executar?

Poderíamos conceber que, neste modelo de democracia, o papel dos cidadãos ficava reduzido a votar, uma vez terminada a duração do mandato, para escolher de novo os representantes, recolhendo novamente a uma situação passiva até próximas eleições. E outro não era o pensamento de J. J. Rousseau ao escrever, em 1762, no Livro III do Capítulo XV do seu livro "Do Contrato Social": "O povo inglês pensa ser livre; ele engana-se completamente, ele não o é senão durante a eleição dos membros do parlamento; logo que eles são eleitos, ele é escravo, ele não é nada"[50].

Esta concepção da representação que ainda hoje tem eco, quer no pensamento daqueles que afirmam que é perante os eleitores que os eleitos locais respondem (o que sucede actualmente de 4 em 4 anos), quer numa prática de passividade de muitos cidadãos que entendem que outra coisa não lhes resta que não seja esperar a data das eleições para exprimirem a sua opinião, não deve ser aceite.

---

[50] J. J. Rousseau – *Du Contrat Social* – Livre III – Chapitre XV, Paris, Garnier-Flammarion, 1966, p. 134; J. Miranda – Representação Política, in *Polis – Enciclopédia Verbo, Tomo 5*, p. 398 e ss.

Não podemos ignorar que o problema da representação é complicado e sobre ele Hannah Arendt escreveu que "a alternativa tradicional entre representação-substituição pura e simples da acção directa da população e representação-poder controlado pelo povo dos representantes do povo sobre o povo é um dilema sem saída" e explicava dizendo que se os representantes eleitos estivessem vinculados pelas instruções recebidas de tal forma que não se reunissem senão para exprimir a voz dos seus donos pobre seria o seu papel e, se pelo contrário, os representantes fossem aqueles que por um período limitado se tornassem os dirigentes nomeados pelos eleitores, então a representação significaria que os votantes entregariam todo o seu poder, ainda que o fizessem voluntariamente, e então o velho adágio «tout pouvoir réside dans le peuple» não seria verdadeiro senão no dia das eleições[51].

Para ultrapassar estas dificuldades considera-se que, mantendo-se a representação sem mandato imperativo, deve haver uma comunicação continuada entre os representantes e os representados, devendo aqueles prestar contas aos eleitores – e não só no dia das eleições – e que estes devem poder utilizar meios de intervenção directa como o referendo e ter até a possibilidade de destituir antes do termo do mandato os eleitos tal como sucede, em certas circunstâncias, na América (*recall*) e na Alemanha (*Abwahl*). O papel dos eleitores nunca é meramente passivo.

Os representantes, uma vez eleitos, não só actuam em nome dos representados como têm o dever de estar atentos às opiniões destes e prestar contas perante eles. São do maior interesse neste aspecto as perguntas (imaginárias) que Carl Friederich faz a Burke a propósito do famoso discurso aos eleitores de Bristol (1774), em que este defendia que "o deputado só é responsável perante a sua consciência"[52].

A este propósito importa desfazer um equívoco que tem a ver com o conceito de democracia participativa que, costuma dizer-se, se opõe a democracia representativa. Esta, afirma-se, bastar-se-ia com a eleição dos órgãos representativos pelos cidadãos, aquela exigiria uma continuada participação dos cidadãos na vida política local. Deve, porém, ter-se em conta que o conceito de democracia representativa se opõe ao de democracia directa e não ao de democracia participativa[53].

---

[51] H. ARENDT – *Essai sur la révolution*, trad, Paris, 1967, p. 350-351.

[52] C. FRIEDERICH – *Gobierno Constitucional y Democracia*, t. II, trad., Madrid, 1975, p. 26 e ss.

[53] E, por isso, se costuma dizer também que a democracia participativa é complementar da democracia representativa. Deixamos aqui de lado, note-se, um conceito amplo

Efectivamente, pode conceber-se uma democracia directa com pouca participação dos cidadãos, bastando para tal que estes não acorram às assembleias onde se discutem os assuntos da comunidade local. Aliás, mesmo nos nossos dias, temos exemplo disso em Portugal, pois nas freguesias pequenas em que as principais deliberações da comunidade são tomadas por um plenário dos cidadãos eleitores (todos os cidadãos eleitores) e não por uma assembleia representativa a lei fixa em 10% o mínimo de presenças necessário para tomar deliberações[54] e 10% numa freguesia com 150 eleitores são 15 pessoas[55]. Desfazendo assim o equívoco, devemos dizer que a democracia directa exclui apenas a eleição de órgãos representativos, mas não garante a alta participação dos cidadãos.

Retomemos as considerações sobre o papel dos cidadãos na democracia local representativa. A resposta a esta pergunta implica ter sempre bem presente que a democracia é, desde logo, e a própria etimologia da palavra o diz, um sistema de governo em que a fonte do poder reside nos cidadãos. Não é só isso – e sabemos bem como a democracia é mais complexa e exige sempre e antes de mais o respeito pelos direitos fundamentais da pessoa humana, a liberdade e a separação dos poderes, a nível nacional – mas também é isso. E, mesmo nas democracias representativas, esse poder dos cidadãos não pode ser expropriado.

E se assim é, podemos concluir que a democracia exige a participação dos cidadãos e que se os cidadãos não participam (mesmo na democracia directa) então podemos dizer que a democracia está, pelo menos, em crise. Talvez não se possa dizer que ela não existe, pois há sempre a possibilidade de os cidadãos participarem, continuando intactos os seus direitos, mas está muito debilitada, porque não se manifesta a vontade dos cidadãos, mas apenas a de um número muito limitado deles. E se é verdade que vemos em democracias bem consolidadas, como a dos Estados Unidos da América, na Suíça ou na Inglaterra[56], baixos níveis de participação nas eleições, este facto não é visto como positivo mas como motivo de preocupação[57].

A participação e poder dos cidadãos na democracia directa vê-se nos plenários de cidadãos e, na democracia representativa, vê-se, desde logo,

---

de participação democrática que abrange múltiplos aspectos da vida em sociedade (Cfr. J.J. Gomes Canotilho – Direito Constitucional..., p. 426 e ss.)

[54] Cfr., artigo 21.°, n.° 2 da Lei n.° 169/99.

[55] As freguesias com 150 eleitores ou menos são em Portugal 127.

[56] D. Wilson/Ch. Game – *Local Government in the United Kingdom...*, p. 220 e ss.

[57] A. Arblaster – *A Democracia....*, p. 137.

nos actos eleitorais e nos referendos que, pela sua importância, vão merecer adiante um tratamento destacado neste trabalho.

O papel dos cidadãos nas democracias representativas não se esgota, porém, nos actos em que os cidadãos são chamados a votar (eleições ou referendos). A eleição dos órgãos representativos deve ser vista como um expediente necessário para governar comunidades com grande população sem que implique a perda de importantes direitos que caberiam aos cidadãos em democracia directa.

Os órgãos representativos são isso mesmo: representativos e não titulares de poder próprio. Isso significa que têm o dever de prestar contas dos seus actos perante quem os elegeu (e depois das eleições a prestação de contas faz-se perante todos os cidadãos votantes, qualquer que tenha sido o sentido de voto, e não votantes) e nada diz que essa prestação de contas tenha de ser feita apenas no fim do mandato. Se assim fosse, os cidadãos eleitores teriam perdido, durante o período do mandato, os seus poderes. A democracia representativa não é uma democracia de segunda ordem[58] e exige uma continuada troca entre os representantes e os representados.

A democracia, seja directa ou representativa, não se esgota em fórmulas (assembleias de todos os cidadãos, numa; órgãos representativos, noutra). A democracia revela-se fundamentalmente na presença dos cidadãos na vida da comunidade local.

As dificuldades maiores residem, de qualquer modo, nas democracias de natureza representativa e, por isso, vejamos como as coisas devem funcionar no plano dos princípios.

Depois das eleições, os órgãos eleitos têm o dever de informar continuadamente os cidadãos sobre os actos que vão praticando; têm o dever também de pôr à discussão dos cidadãos aquelas questões de interesse mais relevante e que devem merecer uma reflexão mais geral da comunidade. Por sua vez, e quanto aos cidadãos, boa parte dos ordenamentos jurídicos reconhece-lhes o direito de votar directamente questões de relevante interesse (referendo local), e alguns até o poder de destituir os órgãos eleitos, antes do termo do mandato.

Alguns destes princípios têm sido proclamados insistentemente pelo Conselho da Europa, merecendo realce, a este respeito, a Recomendação Rec (2001)19 do Comité de Ministros, aprovada em 6 de Dezembro de 2001, que depois de considerar nomeadamente que a "participação dos cidadãos está no seio da ideia de democracia e que os cidadãos unidos aos

---

58 F-L. KNEMEYER – *Bürgerbeteilung und Kommunal Politik*, 2.ª ed., 1997, p. 32.

valores democráticos, conscientes das suas responsabilidades cívicas e que se comprometem na vida política são a força viva de qualquer sistema democrático" e ainda que "em certas circunstâncias, o nível de confiança dos cidadãos nas suas instituições eleitas reduziu-se e que é necessário que as instituições públicas restabeleçam o contacto com a população e lhe respondam de uma maneira nova a fim de manter a legitimidade do processo de decisão" recomenda, por um lado, "uma política de promoção da participação dos cidadãos na vida pública a nível local, a partir dos princípios contidos na Carta Europeia de Autonomia Local" e dos princípios que constam do anexo I junto a esta recomendação e, por outro lado, a adopção de medidas "com vista a melhorar o quadro legal da participação" de acordo com o anexo II da mesma recomendação.

Dos "princípios essenciais de uma política de participação democrática a nível local" constantes do anexo I cumpre salientar "o *direito de os cidadãos terem acesso a uma informação clara e completa relativa às diferentes questões que interessam às autarquias locais* e de *participarem nas decisões importantes que comprometem o futuro destas últimas*"; o reforço do "espírito de cidadania" e a promoção de uma "cultura da participação democrática"; o desenvolvimento da "consciência de pertença a uma colectividade", incentivando "os cidadãos a aceitar a responsabilidade que lhes incumbe de contribuir para a vida das suas colectividades"; conceder "uma importância essencial à comunicação entre as autoridades públicas e os cidadãos e encorajar os responsáveis locais a valorizarem a participação dos cidadãos"; encarar "a questão da participação dos cidadãos como um todo, tendo em conta ao mesmo tempo os mecanismos da democracia representativa e as formas de participação directa no processo de decisão e na gestão dos assuntos locais"; "tornar possíveis as trocas de informação sobre as melhores práticas de participação entre os cidadãos de um mesmo país e de diferentes países; apoiar a aprendizagem recíproca das autarquias locais no que respeita à eficácia dos diversos métodos de participação e assegurar que o público seja informado plenamente de toda a gama de oportunidades disponíveis"; "reconhecer e valorizar o papel das associações e grupos de cidadãos como parceiros essenciais do desenvolvimento e da manutenção de uma cultura da participação e como força de exaltação para a prática da participação democrática".

Por sua vez, entre as "acções e medidas que visam favorecer e reforçar a participação dos cidadãos na vida pública a nível local", constantes do extenso e rico anexo II, importa destacar as seguintes "melhorar a *educação para a cidadania* e integrar nos programas escolares e de formação o objectivo de promover a consciência das responsabilidades que cada indivíduo deve assumir numa sociedade democrática, nomeadamente na sua colectividade, seja na qualidade de eleito, gestor local, funcionário público ou simples cidadão"; "melhorar a *transparência do funcionamento das instituições e das administrações locais*" assegurando "o carácter público do processo de decisão local", favorecendo "*o acesso de qualquer cidadão às informações relativas aos assuntos locais*" e garantindo "uma informação adequada sobre as estruturas administrativas e os seus organigramas"; "levar a efeito uma *verdadeira política de comunicação*, a fim de oferecer aos cidadãos a possibilidade de melhor compreenderem as principais questões que interessam à colectividade e os desafios das escolhas políticas mais importantes que os seus órgãos são chamados a tomar, bem como informar sobre as possibilidades e as formas de participação na vida pública local"; "avaliar o funcionamento dos sistemas eleitorais locais a fim de verificar se contêm defeitos essenciais ou arranjos eleitorais susceptíveis de dissuadir certos grupos da população a votar; se for caso disso, estudar a possibilidade de rectificar estes defeitos ou estes arranjos"; utilizar as "novas tecnologias da informação e da comunicação e empenhar-se para que as autoridades locais, bem como os outros organismos públicos utilizem (além das formas tradicionais e sempre válidas como a afixação pública e as brochuras oficiais) todo o leque dos meios de comunicação (páginas da *web* interactivas, meios audiovisuais multicanal, etc.)".

Explicitemos um pouco mais estes princípios e vejamos se estão – e como estão – consagrados no direito português.

2. **A informação**

A informação, sem a qual não é possível a participação, é um direito dos cidadãos e um dever dos poderes públicos locais. Deve existir não apenas quando é solicitada, mas como forma normal de exercício do poder a nível local. Não se trata sequer de fazer valer o direito à informação contra obstáculos que os órgãos locais a ele ponham, trata-se de a integrar no âmbito da política local como um dever jurídico.

O direito de informação resulta do n.° 2 do artigo 48.° da CRP que estabelece o direito dos cidadãos (de todos os cidadãos) de serem esclarecidos objectivamente sobre actos do Estado e demais entidades públicas e de serem informados pelo Governo e outras autoridades acerca da gestão dos assuntos públicos. Deve entender-se que os direitos estabelecidos neste preceito não valem apenas perante o Estado mas também perante as autarquias locais, tendo em conta a referência nele feitas às "demais entidades públicas" (para além do Estado) e a "outras autoridades" (para além do Governo). A exigência de uma "prática habitual de informação" por parte dos poderes públicos decorre deste preceito[59].

O direito fundamental de ser informado, sem impedimentos nem discriminações está ainda estabelecido, ao lado de outros direitos relativos à expressão de pensamento e informação, no n.° 1 do artigo 37.° da Constituição da República Portuguesa, devendo entender-se que cabe também aos poderes públicos dar satisfação a este direito.

Devendo considerar-se da maior importância a informação dos cidadãos, é de questionar se não deveriam estabelecer-se regras jurídicas ao nível do nosso direito das autarquias locais que lhe dessem uma concretização mais detalhada. É certo que essas regras estão previstas já para certos domínios, nomeadamente os do urbanismo e do ambiente, através de avisos, inquéritos públicos e outras formas, mas falta, muitas vezes, uma informação mais geral.

Interessa, apesar de tudo, ter presente, neste aspecto, o artigo 91.° da Lei n.° 169/99 que determina a publicidade das deliberações dos órgãos autárquicos, bem como as decisões dos respectivos titulares destinadas a ter eficácia externa, a qual deve ser feita no Diário da República quando a lei expressamente o determine, em edital afixado nos lugares de estilo e ainda em boletim da autarquia local e nos jornais regionais editados na área do respectivo município, nos 30 dias subsequentes à tomada de decisão.

Também são de ter em conta as regras estabelecidas sobre o direito da oposição que inclui o direito de as forças políticas da oposição serem informadas regular e directamente pelos correspondentes órgãos executivos sobre o andamento dos principais assuntos de interesse público relacionados com a sua actividade, informações que devem ser prestadas directamente e em prazo razoável aos órgãos ou estruturas representativas dos partidos políticos e demais titulares do direito de oposição (artigo 4.° da Lei n.° 24/98, de 26 de Maio).

A informação que interessa não é a informação bruta, mas a dada em forma acessível aos cidadãos e que, por isso, com integral respeito pela

---

[59] Cfr. J.J. GOMES CANOTILHO/VITAL MOREIRA – *Constituição da República Portuguesa Anotada*, 3ª ed.. revista, Coimbra, 1993, p. 268.

imparcialidade, deve ser devidamente tratada. De acordo com documentos do Conselho da Europa recentemente elaborados e já referidos, justificava-se plenamente a consagração não só do dever de informação dos cidadãos como a existência de um política pública de informação a eles dirigida. No direito das autarquias locais em Portugal tal não sucede ainda.

Entretanto, este dever faz já parte do direito positivo de Espanha, estabelecendo o artigo 69.° da Lei de Bases do Regime Local que «as autarquias locais facilitarão a mais ampla informação sobre a actividade e a participação de todos os cidadãos na vida local». De qualquer modo, nos termos do n.° 2 do mesmo artigo, as formas, meios e procedimentos de participação que as autarquias locais estabeleçam não podem limitar os poderes de decisão dos órgãos representativos. Também em França o "direito dos habitantes do município a serem informados dos respectivos assuntos e a serem consultados sobre as decisões que lhes dizem respeito, indissociável da livre administração das autarquias locais, é um princípio essencial da democracia local" (art. L.2141-1 do Código Geral das Autarquias Locais).

Ainda em termos de informação aos cidadãos, a nível local, importa ter em conta a que resulta ou pode resultar do normal desenvolvimento da actividade dos órgãos representativos e que veremos com mais detalhe no lugar próprio.

Adiante-se, contudo e desde já, que, para além da obrigação resultante do artigo 91.° da Lei n.° 169/99 já referida, deve ter-se em conta a importância da "informação escrita do presidente da câmara acerca da actividade do município, bem como da situação financeira do mesmo" que deve ser enviada antes de cada sessão ordinária da assembleia municipal para efeitos de apreciação por esta (artigo 53.° n.° 1 al. e) da Lei n.° 169/99, de 18 de Setembro). Repare-se que esta informação deve ser acompanhada, nos termos da al. cc) do n.° 1 do artigo 68.° da mesma lei, de toda a documentação pertinente, designadamente "relatórios, pareceres, memos e documentos de igual natureza".

Esta informação do presidente da câmara acompanhada de documentação, ainda que tendo como destinatários os membros do órgão deliberativo representativo, revestindo-se da maior importância para que estes possam acompanhar e fiscalizar a actividade da câmara, permite, dada a publicidade das sessões, que os cidadãos dela tomem conhecimento.

É dever ainda do presidente da câmara remeter à assembleia municipal a minuta das actas e as actas das reuniões da câmara municipal, logo que aprovadas (artigo 68.° n.° 1, al. bb) da Lei n.° 169/99).

Dentro da política de informação pode desempenhar um papel de primeiro plano o boletim da autarquia, nomeadamente o boletim municipal, desde que elaborado com a preocupação de informar objectivamente. A existência de um boletim informativo mensal deveria ser obrigatória, pelo menos para os municípios mais populosos, devendo conter, para além das deliberações com eficácia externa, uma informação do presidente sobre a actividade desenvolvida no período em causa.

Os cidadãos têm o direito de assistir às sessões dos órgãos deliberativos das autarquias locais que são públicas, bem como às reuniões públicas dos órgãos executivos colegiais (deve haver pelo menos uma reunião pública por mês), podendo durante elas solicitar os esclarecimentos que entenderem no período que para o efeito será obrigatoriamente fixado (artigo 84.° da Lei n.° 169/99). O n.° 7 deste artigo obriga a que as actas das sessões ou reuniões, terminada a menção aos assuntos incluídos na ordem do dia, façam referência sumária às eventuais intervenções do público na solicitação de esclarecimentos e às respostas dadas[60].

Em termos do direito à informação, importa distinguir a informação obtida por acção dos poderes públicos e a obtida pelos cidadãos mesmo contra a vontade dos poderes públicos. Sabe-se que, neste domínio, existem frequentemente problemas logo ao nível do direito da informação e que muitas vezes esta é sonegada. O direito coloca ao dispor dos cidadãos alguns instrumentos que permitem ultrapassar este obstáculo.

Não se trata aqui, note-se, apenas da informação sobre os assuntos que lhes dizem respeito e assim mais concretamente sobre o andamento dos processos em que sejam directamente interessados e que está garantida na Constituição, no n.° 1 do artigo 268.° e mais detalhadamente e maior amplitude nos artigo 61.° a 65.° do Código de Procedimento Administrativo (CPA). Trata-se antes da informação sobre os assuntos da comunidade local, mesmo que não lhes digam directamente respeito (no sentido de não terem em relação a eles um interesse particular). Assim, nos termos do n.° 2 do artigo 268.° da CRP, os cidadãos têm o direito de acesso aos arquivos e registos administrativos, salvo se estiverem em causa matérias relativas à segurança interna e externa do país, à investigação criminal e à intimidade das pessoas. A limitação do acesso será sempre regulada por lei. Por sua vez, também o CPA regula este princípio constitucional da administração aberta, determinando, no artigo 65.°, que "todas as pessoas têm o direito de acesso aos arquivos e registos administrativos" e acres-

[60] Este período de intervenção do público tem sido pouco cuidado.

centando que tal sucede mesmo que não se encontre em curso "qualquer procedimento que lhes diga directamente respeito". O n.° 2 do mesmo artigo remete para diploma próprio tal acesso.

Esse diploma é a Lei n.° 65/93, de 26 de Agosto, denominada Lei de Acesso aos Documentos Administrativos à qual damos merecida atenção pelas possibilidades que veio abrir. Nos termos do n.° 1 desta lei, o acesso dos cidadãos aos documentos administrativos é assegurado pela Administração Pública de acordo com os princípios da publicidade, da transparência, da igualdade, da justiça e da imparcialidade (princípio da administração aberta). O artigo 4.° da lei consagra um conceito muito amplo de documentos administrativos (quaisquer suportes de informação gráficos, sonoros, visuais, informáticos ou registos de outra natureza, elaborados ou detidos pela Administração Pública, designadamente processos, relatórios, estudos, pareceres, actas, autos, circulares, ofícios-circulares, ordens de serviço, despachos normativos internos, instruções e orientações de interpretação legal ou de enquadramento da actividade ou outros elementos de informação). Excluem-se do conceito de documento administrativo para este efeito as "notas pessoais, esboços, apontamentos e outros registos de natureza semelhante".

Os cidadãos têm acesso não só aos documentos que têm origem ou são detidos pelos órgãos das autarquias locais, suas associações e federações, bem como os que têm origem ou são detidos pelos órgãos da Administração directa e indirecta do Estado, pelas associações públicas e por outras entidades no exercício de poderes de autoridade, nos termos da lei (artigo 3.°). É de ter em conta que podem estar na posse do Estado documentos do maior interesse para as comunidades locais.

O direito à informação mediante o acesso a documentos administrativos exclui os de carácter nominativo, considerando-se nominativos apenas os que contenham dados pessoais, ou seja, informações sobre pessoa singular, identificada ou identificável, que impliquem apreciações, juízos de valor ou que sejam abrangidas pela reserva da intimidade da vida privada (artigo 7.°). Excluem-se também os documentos referentes a matérias em segredo de justiça e os que contenham informações cujo conhecimento seja avaliado como podendo pôr em risco ou causar dano à segurança interna e externa do Estado, tendo esta limitação no caso de documentos em posse das autarquias locais, em regra, pouca relevância (artigo 5.°).

O direito de acesso aos documentos administrativos compreende não só o direito de obter a sua reprodução, bem como o direito de ser informado sobre a sua existência e conteúdo (artigo 7.°, n.° 2).

Merece particular atenção a limitação que resulta do facto de o acesso a documentos constantes de processos não concluídos ou a documentos preparatórios de uma decisão ser diferido até à tomada da decisão, ao arquivamento do processo ou ao decurso de um ano após a sua elaboração (artigo 7.°, n.° 2). Esta limitação pode impedir os cidadãos do acesso a informações que são do maior interesse para a actuação das autarquias locais, principalmente dos seus órgãos executivos[61]. Há aqui o cuidado de resguardar a actividade administrativa (dos olhares de terceiros que não dos interessados no procedimento) até à decisão, mas que não vale para o caso de os documentos terem já mais de um ano.

O acesso aos documentos deve ser solicitado por escrito através de requerimento do qual constem os elementos essenciais à sua identificação, bem como o nome, morada e assinatura do interessado (artigo 13.°) e em cada autarquia deve existir uma entidade responsável pelo cumprimento das disposições desta lei (artigo 14.°).

A entidade a quem foi dirigido o requerimento de acesso a um documento deve dar uma resposta, no prazo de 10 dias, positiva ou negativa, ou ainda requerer a intervenção da Comissão de Acesso aos Documentos Administrativos (CADA), para apreciação da possibilidade de acesso à informação registada no documento visado se sobre isso tiver dúvidas (artigo 15.°). A CADA é uma entidade pública independente, que funciona junto da Assembleia da República e dispõe de serviços próprios de apoio técnico e administrativo (artigo 18.°). O interessado pode dirigir à Comissão de Acesso aos Documentos Administrativos, no prazo de 20 dias, queixa contra o indeferimento expresso, a falta de decisão ou decisão limitadora do exercício do direito de acesso, tendo a CADA o prazo de 30 dias para elaborar o correspondente relatório de apreciação da situação, enviando-o, com as devidas conclusões, a todos os interessados (artigo 16.°). Recebido o relatório referido no número anterior, a Administração deve comunicar ao interessado a sua decisão final, fundamentada, no prazo de 15 dias, sem o que se considera haver falta de decisão (artigo 16.°, n.° 3).

A decisão ou a falta dela podem ser impugnadas pelo interessado junto dos tribunais administrativos, aplicando-se, com as devidas adaptações, as regras do processo de intimação para consulta de documentos ou passagem de certidões (artigo 17.°), agora denominado "intimação para a prestação de informações, consulta de processos ou passagem de certi-

---

[61] Como veremos adiante, a CADA tem entendido que esta limitação de acesso não abrange os eleitos locais.

dões" e regulado pelos artigos 104.° e seguintes do Código de Processo nos Tribunais Administrativos.

Nunca será excessivo destacar a relevância deste meio de acesso à informação posto à disposição de qualquer cidadão, lembrando apenas que ele não pode substituir o dever geral e regular de informação sobre os assuntos relevantes da comunidade local por parte dos poderes públicos, permanecendo sempre como um recurso ao dispor dos cidadãos para utilizar em casos excepcionais.

3. **O debate**

Os cidadãos, devidamente informados sobre os problemas das comunidades locais estão em condições de os debater, revelando-se aqui da maior importância quer a discussão organizada a partir dos órgãos de poder, quer ainda a que decorre através dos meios de comunicação social, bem como as discussões mais ou menos informais levadas a cabo por partidos, associações cívicas ou cidadãos. De ter em conta ainda como meios de auscultação a realização de inquéritos públicos, sondagens ou recolhas de opinião.

A discussão sobre assuntos relevantes das autarquias locais é a sequência natural de uma informação dos cidadãos bem sucedida e uma boa preparação para decisões devidamente fundamentadas. Essa discussão deve, aliás, ser fomentada pelos órgãos das autarquias locais como recomenda o Conselho da Europa[62].

Têm aqui um papel importante também os eleitos locais membros do órgão deliberativo que devem ter um contacto regular com os eleitores, dando-lhes conta dos problemas existentes.

A discussão de assuntos pode ser suscitada também pelos eleitores que têm o direito de requerer, observando as formalidades exigidas pelo artigo 98.° da Lei n.° 169/99, sessões extraordinárias da assembleia de freguesia nos termos do artigo 14.° da Lei n.° 169/99 e da assembleia municipal nos termos do artigo 50.° da mesma lei. Estas sessões serão convocadas, conforme os casos, pelo presidente da mesa da assembleia de freguesia ou pelo presidente da mesa da assembleia municipal e se a convocatória não for efectuada podem os eleitores requerentes efectuá-la

[62] Recomendação Rec(2001)19 do Comité de Ministros, aprovada em 6 de Dezembro de 2001.

directamente, invocando essa circunstância. Há aqui um importante direito de iniciativa que obriga as assembleias representativas a deliberar sobre matérias da sua competência por exigência dos cidadãos.

Nestas sessões extraordinárias têm direito de participar dois representantes dos requerentes, sem direito a voto, mas podendo formular sugestões ou propostas que serão votadas se a assembleia assim o decidir (artigos 15.° e 51.° da Lei n.° 169/99).

Os cidadãos têm ainda não só o direito de assistir às reuniões públicas dos órgãos das autarquias locais como o de intervir, como vimos, em períodos previstos para o efeito (artigo 84.°, n.°s 1 e 2 da Lei n.° 169/99). Se a assistência às reuniões se relaciona mais com a informação já a intervenção pode levar ao conhecimento dos poderes públicos através de pedidos de esclarecimentos posições dos cidadãos e constituir também um contributo para o debate sobre os assuntos da comunidade local.

Acresce que os cidadãos podem ainda ter uma palavra sobre assuntos relevantes nos mais diversos assuntos das autarquias locais respectivas, através da participação em órgãos consultivos ou comissões permanentes ou temporárias que se constituam dentro da autonomia organizativa interna que lhes cabe.

E não pode ser, finalmente, ignorado o papel que a própria Constituição atribui aos cidadãos, a nível das freguesias, através das organizações de moradores previstas nos artigos 263.° e seguintes da Constituição da República Portuguesa. Pena é que esta peculiar participação dos cidadãos esteja constitucionalmente tão limitada.

4. **A decisão**

A informação e o debate dos assuntos têm em vista a decisão[63]. É através da decisão (e posterior execução) que a democracia local se manifesta.

A decisão cabe, em regra, aos órgãos representativos com competência para o efeito. Aqui não há, em princípio, lugar para a intervenção directa dos cidadãos. É esta uma característica própria da democracia representativa. De qualquer modo, uma coisa é a decisão tomada depois de uma

[63] Tomamos aqui a palavra decisão em sentido amplo, não fazendo, para este efeito a distinção entre deliberação (órgãos colegiais) e decisão propriamente dita (órgãos individuais).

adequada informação e ampla discussão pública, outra a decisão de gabinete, sem qualquer participação. Naquela, essa informação e discussão não podem deixar de estar presentes, ainda que implicitamente, no momento da decisão e da respectiva fundamentação.

Em matéria de decisão não se pode esquecer, porém, que a democracia representativa não exclui um instrumento próprio da democracia directa, que é o referendo local[64].

Através do referendo, introduzido em Portugal pela revisão constitucional de 1982, a decisão é tomada pelos cidadãos e não pelos órgãos representativos destes. O referendo local deve ter por objecto «questões de relevante interesse local» que devam ser decididas pelos órgãos autárquicos municipais ou de freguesia e que se integrem nas suas competências, quer exclusivas quer partilhadas com o Estado ou com as Regiões Autónomas (art. 3.° da Lei Orgânica n.° 4/2000, de 24 de Agosto).

A importância que o referendo local tem como instrumento ao dispor dos cidadãos, dada a sua força vinculativa em certas circunstâncias, abrindo uma possibilidade de intervenção que vai muito para além da informação e da participação na discussão dos assuntos, justifica que lhe dediquemos adiante uma atenção especial, colocando-o ao lado da eleição dos órgãos.

5. **A destituição dos órgãos eleitos**

E poderá caber aos cidadão o poder de destituir os órgãos representativos?

O poder dos cidadãos de, findo o mandato, poder eleger os novos órgãos representativos não está em causa, fazendo parte da essência da democracia representativa. Mas o poder de destituir os órgãos eleitos, antes de findo o mandato?

Não cuidamos aqui da destituição que resulta da falta de cumprimento, por parte dos órgãos, dos deveres constitucionais e legais que lhes são impostos e que acarretam essa sanção. Do que cuidamos é de saber se existe ou pode existir um poder de destituição dos órgãos antes de findo o

---

[64] O referendo local não chega a descaracterizar a democracia representativa não só pela sua utilização limitada, como pelo poder que os órgãos representativos continuam a deter sobre ele, mesmo quando tem força vinculativa (ver adiante).

mandato, porque os cidadãos não se sentem devidamente representados pelos órgãos que elegeram.

Esta questão põe-se mais agudamente, tendo em conta a tendência, que se compreende, de alargar o período de mandato dos órgãos representativos para poderem levar a cabo um programa de governo[65].

No plano dos princípios, nada parece que se possa opor a esse poder de destituição. Desde que o representante perca a confiança do representado, deixa de o representar.

Esse instituto não está previsto no nosso direito, mas não podemos deixar de o referir, pois ele está presente noutros países como os Estados Unidos da América e a Alemanha. Nos Estados Unidos da América, o *recall*, estabelecido na legislação de alguns Estados federados, é um procedimento que dá aos cidadãos o direito de destituir, pelo voto, autoridades eleitas antes de expirar o respectivo mandato. O fundamento deste procedimento de destituição é claro: "as autoridades públicas devem estar sujeitas a um controlo contínuo dos eleitores"[66]. Por sua vez, na maior parte dos Länder da Alemanha, a modalidade de eleição directa dos presidentes de câmara complementa-se com a introdução de procedimentos directos de destituição (*Abwahl*)[67] pelos quais a população tem o direito de destituir o presidente da câmara por referendo local. No Estado de Brandenburgo, 10% dos presidentes de câmara (Bürgermeister) foram destituídos desde 1993[68].

Repare-se que este procedimento, nestes países, está dirigido à destituição de uma autoridade individual e não tanto de uma assembleia, embora possa ter esse efeito quando a destituição do presidente acarretar, porventura, a dissolução da assembleia e a convocação de novas eleições[69].

---

65 Esta é uma exigência de quem pretende uma maior eficiência da acção dos órgãos das autarquias locais.

66 BOWMAN/KEARNEY – *State & Local Government*, 2ª ed., Boston, 1993, p. 121 e 127.

67 H. MAURER – *Allgemeines Verwaltungsrecht*, 12.ª ed., 1999, p. 562. R. STOBER – *Kommunalrecht*, 1992, 2ª ed., p. 88; H. WOLLMANN – Le système local en Allemagne: vers un nouveau modèle de démocratie locale? – AAVV – *La démocratie locale...*, pp. 103 e ss.

68 H. WOLLMANN – Local Government Modernization in Germany: Between Incrementalism and Reform Waves, in *Public Administration*, 2000, p. 915 e ss. – p. 929; e H. WOLLMANN – El gobierno local en Alemania: continuidad y cambio, in *Gestión y Análisis de Políticas Públicas*, n.° 24 – Mayo/Agosto 2002, pp. 74 e ss.

69 Na Itália, a queda do "Sindaco" (órgão executivo) implica sempre a queda do " Consiglio Communale" (órgão deliberativo).

Será de instituir um procedimento como este no nosso direito?

Ele seria interessante e tornaria mais evidente o poder dos cidadãos, mesmo na democracia representativa, num país como o nosso em que, muito frequentemente, se entende que, uma vez eleitos, os órgãos representativos são "donos" do poder até novas eleições. Acresce que a manter-se, entre nós, o entendimento de que a aprovação de uma moção de censura pela assembleia não tem como efeito a destituição do órgão executivo, então haveria aqui um meio de ultrapassar conflitos entre o órgão deliberativo e o executivo. A ser estabelecido deveria, no entanto, obrigar também à dissolução da assembleia e conduzir a novas eleições.

Quando desencadeado por iniciativa dos eleitores, deveria ser rodeado de exigências particulares nomeadamente quanto ao número de proponentes que deveria ser mais elevado do que o número exigido para os referendos e não deveria ocorrer em data próxima das eleições ou do fim do mandato.

Para além de outras, este instituto teria, porém, algumas dificuldades práticas, nomeadamente a nível das assembleias municipais pelo menos enquanto elas integrarem presidentes de junta (tornava-se difícil justificar a demissão destes, pois a sua legitimidade provinha doutro acto eleitoral que não a eleição directa da assembleia).

É este um assunto que não deve continuar a ser ignorado entre nós.

III – ELEIÇÕES E REFERENDOS LOCAIS

Em democracia local, o poder dos cidadãos tem a sua mais evidente expressão nas eleições para os órgãos representativos e na votação sobre questões de relevante interesse local.

Através das eleições, por sufrágio universal, directo e secreto, os cidadãos escolhem aqueles que os representam no exercício do poder local; através da votação em referendo, os cidadãos exercem o poder, que originariamente lhes pertence, de decisão sobre os assuntos da vida local e que, em democracia representativa, delegam nos eleitos[70].

[70] Importa, como diremos adiante, distinguir referendos locais propriamente ditos de consulta locais. Naqueles a decisão, reunidas certas condições é vinculativa; nestas, tem apenas um valor indicativo não se sobrepondo à vontade dos eleitos locais.

Quer em eleições, quer em consultas populares os cidadãos manifestam de modo directo a sua vontade e não através de representantes. O voto dos cidadãos é um elemento fundamental da democracia e importa que ele seja devidamente regulado, quer para escolha dos representantes, quer para a realização de referendos locais.

A) *Eleições*

1. **O direito de eleger e de ser eleito**

A existência de eleições livres, iguais, universais, secretas e directas com intervalos regulares é uma condição *sine qua non* para o reconhecimento de um sistema político como democrático como se diz na Resolução 1320(2003) da Assembleia Parlamentar do Conselho da Europa[71].

A democracia exige que as eleições decorram de tal forma que não se ponham em causa, desde logo, os resultados apurados e isso implica uma organização e regulação cuidadosa e minuciosa de todo o procedimento eleitoral[72].

A lei actual determina uma ampla capacidade eleitoral activa (artigo 2.° da Lei n.° 1/2001, de 14 de Agosto)[73] e assim podem votar para os órgãos das autarquias locais, desde logo, todos os cidadãos portugueses maiores de 18 anos inscritos no recenseamento da área da respectiva autarquia local. Podem votar ainda cidadãos estrangeiros maiores de 18 anos, inscritos no recenseamento da área da respectiva autarquia local. Quanto aos cidadãos estrangeiros importa que haja reciprocidade e assim que sejam nacionais de países que atribuam direito de voto aos portugueses nele residentes. A lei portuguesa dá particular atenção aos nacionais dos Estados membros da União Europeia[74] e aos de países de língua oficial portuguesa.

---

[71] Conseil de l'Europe – *Assemblée Parlementaire – Résolution 1320(2003) – Code de bonne conduite en matière électorale* – 30 de Janeiro de 2003

[72] O mesmo se deve dizer da realização dos referendos locais.

[73] Sobre as incapacidades eleitorais activas que, aliás, determinam necessariamente a incapacidade eleitoral passiva, cfr. artigo 3.° da mesma lei.

[74] Foi transposta para a lei eleitoral portuguesa a Directiva n.° 94/80/CE do Conselho da União Europeia de 19 de Dezembro sobre as regras de exercício do direito de voto e de elegibilidade nas eleições autárquicas dos cidadãos da União residentes num Estado-membro de que não tenham a nacionalidade.

A Carta de Direitos Fundamentais da União Europeia, "proclamação solene" aprovada no Conselho Europeu de Nice, em 7 de Dezembro de 2000, prevê no artigo 40.° o direito dos cidadãos da União "de eleger e de ser eleitos nas eleições municipais do Estado-membro de residência, nas mesmas condições que os nacionais desse Estado". Apesar da restrição literal deste artigo a "eleições municipais"[75] deve entender-se que este direito abrange todas as eleições de nível local do Estado-membro de residência, pois não se encontra fundamento sério para a restrição que decorre do teor literal[76].

Quanto ao direito de ser eleito (capacidade eleitoral passiva) a lei confere-o aos que são eleitores, exigindo, no entanto, para os estrangeiros, um maior período de residência no país (quando se trate de cidadãos de países de língua oficial portuguesa)[77]. Note-se que não se exige, no direito português, a residência na área da autarquia local em causa, daqui resultando que pode ser eleito para os órgãos de uma autarquia uma pessoa que nela não reside e, por isso, nela não pode votar.

Apesar de a lei atribuir com largueza o direito de ser eleito importa ter em conta situações em que esse direito não é concedido a certas pessoas, seja para garantir a liberdade de escolha dos cidadãos, para preservar a isenção, independência e prestígio de determinados cargos, para assegurar a independência e imparcialidade de determinados funcionários da administração central ou para impedir, nomeadamente, a *captatio benevolentiae*.[78]

Um problema que tem sido objecto de discussão é o da limitação de mandatos. Até agora invocava-se, contra a limitação de mandatos, o direito fundamental de acesso aos cargos públicos estabelecido no artigo 50.° da Constituição.

Em 1991, houve uma tentativa de introduzir a limitação de mandatos através de lei aprovada na Assembleia da República, mas o Tribunal Constitucional considerou inconstitucional, em sede de fiscalização preventiva suscitada pelo Presidente da República, a norma do então Decreto n.° 356/V

[75] É de notar que a versão francesa utiliza a expressão "elections municipales" e a inglesa a expressão "municipal elections".

[76] Neste sentido amplo, Ana Luísa Riquito – O Conteúdo da Carta de Direitos Fundamentais da União Europeia, in *Carta de Direitos Fundamentais da União Europeia*, Coimbra, 2001, p. 61

[77] Cfr., artigo 5.° da Lei n.° 1/2001, de 14 de Agosto.

[78] M. Fátima Abrantes Mendes/Jorge Miguéis – *Lei Eleitoral dos Órgãos das Autarquias Locais – Anotada e Comentada*, Lisboa, 2001, artigos 6.° e 7.°, pp. 15 e ss.

da Assembleia da República, relativo à alteração da lei eleitoral das autarquias locais que prescrevia do seguinte modo: "são inelegíveis para um executivo municipal durante o quadriénio imediatamente subsequente ao terceiro mandato, os cidadãos que nesse executivo tenham exercido o cargo de presidente durante três mandatos consecutivos". O Tribunal considerou que este preceito violava nomeadamente o n.° 2 do artigo 18.° da CRP nos termos do qual " a lei só pode restringir os direitos liberdades e garantias nos casos expressamente previstos na Constituição, devendo as restrições limitar-se ao necessário para salvaguardar outros direitos ou interesses constitucionalmente protegidos" e que violava ainda os n.°s 1 e 3 do artigo 50.° do mesmo diploma que estabeleciam que os cidadãos, todos os cidadãos, têm o direito de acesso aos cargos públicos (n.° 1) e que, no acesso a cargos electivos, "a lei só pode estabelecer as inelegibilidades necessárias para garantir a liberdade de escolha dos eleitores e independência do exercício dos respectivos cargos" (n.° 2)[79].

Em anotação a este acórdão, o Professor Jorge Miranda discordou desta decisão em dois planos. No plano dos princípios, defendendo que " a limitação da designação para novos mandatos (ou do número de mandatos que a mesma pessoa pode exercer sucessivamente)" era um postulado do princípio republicano, prevenindo a renovação assim propiciada a personalização e o abuso do poder e abrindo as respectivas magistraturas a maior número de cidadãos. No plano normativo, invocava explicitamente o artigo 121.° da Constituição, nos termos do qual "ninguém pode exercer a título vitalício qualquer cargo político de âmbito nacional, regional ou local" (princípio da renovação)[80].

Na última revisão constitucional (2004), ficou aberto o caminho para a consagração dessa limitação através de lei ordinária que precisará, no entanto, de aprovação por maioria de dois terços dos deputados. Assim, nos termos do n.° 2 do artigo 118.° do texto revisto, " a lei pode determinar limites à renovação sucessiva de mandatos dos titulares de cargos políticos executivos", estabelecendo a alínea b) do n.° 6 do artigo 168.° que precisam de aprovação, por maioria de dois terços dos deputados presen-

[79] Acórdão do Tribunal Constitucional n.° 364/91, de 31 de Julho de 1991, publicado no Diário da República, 1ª série-A, n.° 193, de 23 de Agosto.

[80] JORGE MIRANDA – Princípio Republicano e Poder Local – Acórdão n.° 364/91 do Tribunal Constitucional, separata da Revista *"O Direito"*, ano 124.°, 1992, III, pp. 451 e ss. Cfr. também do mesmo autor – *Manual de Direito Constitucional, Tomo V*, 1997, p. 60

tes, desde que superior à maioria absoluta dos deputados em efectividade de funções, as normas que disciplinam o disposto no n.° 2 do artigo 118.°. A limitação de mandatos reforça, a nosso ver, a democracia local não só pelas razões invocadas por Jorge Miranda como ainda pelo facto de a prática política demonstrar que a permanência em cargos de poder (nomeadamente presidente de junta de freguesia e presidente de câmara) por largos períodos de tempo tende a desvalorizar as regras de funcionamento democrático das instituições em favor de relações meramente pessoais. Estas, por sua vez, criam muitas vezes situações de dependência por parte dos eleitores e dificultam, em termos inaceitáveis, o trabalho da oposição.

Diferentes das situações de inelegibilidade, são as de incompatibilidade. Neste caso o cidadão pode ser eleito mas depois não pode exercer as funções por serem consideradas incompatíveis com outras que igualmente exerce. Esta situação só pode ser ultrapassada desde que a pessoa em causa ponha termo à situação que provoca a incompatibilidade.

Para além da capacidade eleitoral activa e passiva, a lei regula, com todo o cuidado, a marcação das eleições, a apresentação de candidaturas (direito que concede aos partidos políticos, a coligações de partidos políticos e a grupos de cidadãos eleitores), o contencioso da apresentação de candidaturas; regula também a "propaganda eleitoral", estabelecendo princípios gerais de liberdade e igualdade de oportunidades, regula a campanha eleitoral, o direito de antena, a organização do processo de votação, os boletins de voto, a votação, o apuramento dos resultados, o contencioso da votação e do apuramento (Lei Orgânica n.° 1/2001, de 14 de Agosto). Trataremos de seguida, ainda que brevemente, alguns aspectos que, na economia deste trabalho, devem ser destacados.

2. Candidaturas

Através das eleições locais os cidadãos tomam uma decisão da maior importância que é a de escolher aqueles que, em seu nome, vão tomar deliberações sobre os assuntos da comunidade local. E porque assim é, interessa que os eleitores tenham a possibilidade de escolher entre duas ou mais listas, que estas sejam compostas por cidadãos capazes e conhecedores dos problemas locais e que sejam apresentados programas eleitorais devidamente elaborados, representando um compromisso sério perante quem tem o poder de eleger. Se assim não suceder, todos os passos seguintes perdem significado. Pode dizer-se que sem possibilidade de escolha entre várias listas, sem bons candidatos e programas para executar não pode haver eleições a sério e a democracia local sai prejudicada.

Um problema que desde logo se coloca é o da apresentação das candidaturas e é da maior importância que haja uma liberdade que permita aos cidadãos, que tal pretendam, concorrer. A restrição da apresentação de candidaturas aos partidos políticos pode limitar seriamente essa liberdade, principalmente quando estes são, como frequentemente sucede a nível local, organizações fechadas e deficientemente organizadas. Deve ter-se, como muito positivo, o alargamento, só muito recentemente efectuado, do direito de apresentação de listas a órgãos do município por grupos de cidadãos eleitores[81].

A apresentação de listas por parte de grupos de cidadãos eleitores implica uma mobilização destes, pois a apresentação exige uma propositura feita por um número relativamente elevado de cidadãos. Neste aspecto, deve haver a ponderação suficiente de modo a evitar, por um lado, o aparecimento de candidaturas sem uma base de apoio mínima e, por outro, a colocação de dificuldades pela exigência de um número demasiado elevado de proponentes e de complicados procedimentos burocráticos.

A lei portuguesa estabelece uma fórmula que tem em conta o número de eleitores (n) e o número de membros (m) da câmara municipal (se a candidatura se destina aos órgãos do município) ou da assembleia de freguesia (se a candidatura se destina às eleições da freguesia). Os resultados da fórmula (n/3xm) são corrigidos se necessário por forma a que o número de proponentes não seja inferior a 250 no caso de eleições para o município e 50 no caso de eleições para a freguesia, nem superior a 4.000 para candidaturas aos órgãos do município e 2000 para candidaturas à freguesia (artigo 19.° da Lei Orgânica n.° 1/2001, de 4 de Agosto).

A exigência de 4.000 proponentes nos municípios mais populosos (tal como de 2000 nas freguesias maiores) parece excessiva, obrigando a um enorme trabalho de recolha de elementos (nome completo; número do bilhete de identidade; número do cartão de eleitor e respectiva unidade geográfica de recenseamento; e assinatura do proponente conforme ao bilhete de identidade). Estas dificuldades aumentam se o grupo de cidadãos eleitores quiser concorrer ao mesmo tempo às eleições para o município e para a freguesia, vontade que se compreende tendo em conta a participação por inerência dos presidentes de junta de freguesia na assembleia municipal. Nesse caso, e se o número de freguesias for elevado, as dificuldades aumentam muito.

---

[81] Até 2001, tal só era permitido para a assembleia de freguesia.

Outro problema diferente mas de não pouco significado é o da possibilidade de os eleitores poderem, dentro das listas, manifestar a sua preferência por um ou outro candidato e haver meios legais para que tal preferência se manifeste. Há neste domínio, no direito comparado, várias possibilidades de escolha o que não sucede entre nós, estando os eleitores obrigados a votar em listas fechadas não em nomes.

3. **Campanhas eleitorais**

A Lei Orgânica n.° 1/2001 sobre o regime das eleições autárquicas insere o capítulo relativo à campanha eleitoral no título sobre a propaganda eleitoral, entendendo por esta "toda a actividade que vise directa ou indirectamente promover candidaturas, seja dos candidatos, dos partidos políticos, dos titulares dos seus órgãos ou agentes, das coligações, dos grupos de cidadãos proponentes ou de quaisquer outras pessoas, nomeadamente a publicação de textos ou imagens que exprimam ou reproduzam o conteúdo dessa actividade".

Não é muito feliz a expressão "propaganda eleitoral" e é significativa a ausência de uma referência explícita a programas, pois do que se deve tratar no período que antecede o dia da eleição é do esclarecimento dos cidadãos sobre o que pretendem fazer os candidatos, se eleitos, para lhes permitir uma escolha fundamentada.

Ocorre frequentemente que esse tempo de campanha é muito pobre de conteúdo em termos de esclarecimento e apresentação de propostas concretas de actuação, vivendo antes de propaganda quase publicitária em que é mais importante o balão, a camisola, a caneta e a distribuição de outros brindes que nada têm a ver com a escolha eleitoral propriamente dita do que o esclarecimento político sobre os problemas locais e a sua solução. E se é verdade que a lei não pode interferir aqui muito (salvo a sempre difícil fiscalização dos gastos de campanha) algo poderia fazer nomeadamente impondo a apresentação de um programa eleitoral e acentuando o dever de esclarecimento por parte dos candidatos e das candidaturas. Também a apresentação e distribuição de uma publicação, contendo a indicação dos candidatos e um resumo do seu programa (o espaço seria previamente determinado, mas o conteúdo seria da responsabilidade de cada candidatura) permitiria atenuar as desigualdades de campanha que resultam da desigualdade de meios financeiros[82].

[82] Para a eleição (directa) do "Mayor" de Londres é entregue, no domicílio dos eleitores, no período de campanha eleitoral uma publicação, contendo informação sobre o acto

Nesta matéria exige-se dos poderes públicos que, por um lado, mantenham uma atitude de neutralidade e imparcialidade e, por outro, assegurem às candidaturas meios que permitam desenvolver a campanha nomeadamente o direito de antena nas rádios locais e o uso de espaços públicos.

4. **Organização do processo de votação, votação e apuramento dos resultados**

Apresentadas as candidaturas, feita a campanha, assegurado o "dia de reflexão" (é vedada a "propaganda" no dia anterior às eleições) segue-se a votação.

Entretanto – e à margem da campanha eleitoral – houve que organizar as assembleias de voto compostas por um presidente, um vice-presidente, um secretário e dois escrutinadores (artigo 73.° n.° 2), escolhidos por acordo de entre os representantes das candidaturas ou, na falta de acordo, por sorteio, tendo ainda cada entidade proponente das candidaturas concorrentes o direito de designar um delegado efectivo e um suplente para cada assembleia de voto. Houve também que preparar cuidadosamente os boletins de voto impressos em papel liso e não transparente e fazer a sua distribuição pelas mesas.

O voto constitui um direito e um dever cívico exercido, em regra pessoalmente, no dia das eleições na mesa eleitoral onde o nome do votante consta (no respectivo caderno eleitoral). O modo de votação está também minuciosamente regulado (artigo 112.° e ss.) por forma a que não haja dúvidas quanto à identificação do eleitor e ao facto de ter votado e assegurando também que o acto de votar decorra com plena liberdade e em segredo. Encerrada a votação, segue-se o apuramento local feito de imediato em cada mesa de voto, decorrendo um conjunto de operações também detalhadamente reguladas e que tem o seu ponto alto na afixação de um edital à porta do local de voto, contendo os resultados da contagem (artigos 129.° e ss.).

Este modo de apuramento local que implica também uma comunicação imediata dos resultados ao governador civil no continente ou ao Ministro da República nas regiões autónomas e, por sua vez, uma transmissão ao STAPE (Secretariado Técnico dos Assuntos para o Processo

---

em causa, o modo de votar e um brevíssimo manifesto eleitoral de cada candidato, permitindo assim ao eleitor a informação, a comparação e a melhor fundamentação da escolha.

Eleitoral) permite que, poucas horas depois das eleições, haja já resultados oficiosos que em muito pouco irão divergir dos resultados definitivos, objecto estes de um conjunto de operações que competem à assembleia de apuramento geral, funcionando junto da câmara municipal.

A votação e apuramento dos resultados é um dos aspectos mais conseguidos do processo eleitoral em Portugal de tal modo que estes não são, em regra, objecto de contestação o que é uma característica apenas de democracias bem consolidadas.

Por contraste, o problema da fiscalização do financiamento das campanhas, objecto de diploma especial (Lei n.° 19/2003, de 20 de Junho, que vem revogar a Lei n.° 56/98, de 18 de Agosto) não está devidamente resolvido, havendo continuadamente suspeitas não só sobre a ultrapassagem dos limites das despesas permitidas como sobre a existência de financiamentos ilegais. A fiscalização compete ao Tribunal Constitucional (artigos 23.°e ss.), mas este não dispõe actualmente dos meios adequados para exercer devidamente uma tarefa que é muito complexa.

B) *Referendo local*

1. **O objecto e a convocação do referendo local**

Outra manifestação da importância que os cidadãos têm na democracia local é a possibilidade de se efectuarem referendos sobre questões de relevante interesse local.

É este um instrumento próprio da democracia directa que entre nós tem sido pouco utilizado, apesar de ter efeito vinculativo desde que a participação dos eleitores seja superior a 50%.

A força vinculativa dos referendos é da maior importância e de tal modo que se justifica plenamente que se distinga este conceito do de consultas locais (com valor meramente consultivo). Estas, em vez de serem uma manifestação do poder dos cidadãos eleitores, são antes expressão da supremacia da vontade dos órgãos representativos.

É o que sucedia até há pouco em França[83] e era objecto de críticas, considerando-se imprópria a designação de referendo[84]. No entanto, a

83 A consulta dos habitantes foi introduzida pela lei de 6 de Fevereiro de 1992 sob a forma do referendo local consultivo. A iniciativa era do *maire* ou do terço dos membros do conselho municipal

84 P. DEMAYE – La recherche de la démocratie intercommunale, in *AAVV – La démocratie locale-...*, p. 249.

revisão constitucional de 2003 veio reforçar o poder dos cidadãos a nível das autarquias locais e permitir nomeadamente a realização de referendos locais com efeito vinculativo[85].

Também em Espanha, a consulta local não tem efeitos vinculativos e está rodeada de várias limitações. Nos termos do artigo 71.° da Lei de Bases do Regime Local, a "consulta popular" necessita de deliberação por maioria absoluta do "pleno do ayuntamiento" e ainda de autorização do Governo da Nação, devendo incidir sobre matérias de especial relevância para os interesses dos habitantes, exceptuados os relativos a finanças[86].

Na Itália, o "referendum" previsto na lei, no âmbito da participação popular, é do mesmo modo apenas o consultivo[87].

O referendo local na Alemanha tem efeito vinculativo desde que ocorra um determinado mínimo de participação dos eleitores[88]. Existia inicialmente e desde os anos 50 apenas no Estado de Baden-Wurtemberg, mas a partir dos anos 90 e depois da reunificação não só todos os Estados da antiga Alemanha do Leste o acolheram, como foi introduzido em outros Estados da Alemanha do Oeste. De qualquer modo é um instituto ainda pouco utilizado e estão dele excluídas algumas matérias importantes[89].

Também merece crítica, a meu ver, o facto de o referendo não poder ter lugar sem deliberação favorável do órgão deliberativo da autarquia onde ele deverá ocorrer. É o que sucede em Portugal, exigindo-se uma deliberação da assembleia municipal ou da assembleia de freguesia, consoante o seu âmbito, sobre a realização do referendo (artigo 23.° da Lei Orgânica n.° 4/2000, de 24 de Agosto). Esta deliberação representa um limite à expressão da vontade do eleitorado, uma vez que a convocação do referendo pode ser recusada por razões de mera oportunidade. Neste aspecto, em Espanha, há quem entenda que o "Pleno" só pode rejeitar o pedido de consulta popular por razões de ilegalidade do mesmo[90].

---

[85] P. DOLLAT – Le principe d'indivisibilité et la loi constitutionnelle relative à l'organisation décentralisée de la République française: de l'État unitaire à l'État uni?, in *RFDA*, juillet-août 2003, p. 674

[86] F. SOSA WAGNER – *Manual de Derecho Local*, 7.ª ed., Navarra, 2002, p. 170; J. L. RIVERO YSERN – *Manual de Derecho Local*, 3ª ed., Madrid,1997, pp. 91 e ss.; F. LLISET BORREL – *Manual de Derecho Local*, 2001, p. 430

[87] F. STADERINI – *Diritto degli Enti Locali…*, p. 190

[88] H. MAURER – *Allgemeines Verwaltungsrecht…*, p. 565

[89] H. WOLLMANN – Le système local en Allemagne: vers un nouveau modèle de démocratie locale? – AAVV – *La démocratie locale…*, pp. 110-111

[90] J.L. RIVERO YSERN – *Manual de Derecho Local…*, p. 93

O referendo local tem por objecto "questões de relevante interesse local que devam ser decididas pelos órgãos autárquicos municipais ou de freguesia e que se integrem nas suas competências, quer exclusivas, quer partilhadas com o Estado ou com as Regiões Autónomas" (artigo 3.° da Lei Orgânica n.° 4/2000, de 24 de Agosto). Cada referendo tem como objecto uma só matéria, mas é admissível a cumulação numa mesma data de vários referendos dentro da mesma autarquia, desde que formal e substancialmente autonomizados entre si (artigo 6.°).

O referendo não surge espontaneamente, exigindo um procedimento para a sua convocação que começa com a iniciativa que pode partir dos órgãos deliberativos (ou dos seus membros) ou executivos das autarquias locais, ocorrendo então aquilo a que a lei chama "iniciativa representativa" ou de grupos de cidadãos recenseados na área da autarquia em causa e teremos então a "iniciativa popular".

O procedimento de convocação por iniciativa popular é mais complicado e exige um número mínimo[91] de 5.000 eleitores a não ser que este número seja superior a 8% dos cidadãos eleitores recenseados na área da autarquia. Neste caso bastará que 8% do número de eleitores proponham a realização do referendo. Assim, numa autarquia com 20.000 eleitores bastará um mínimo de 1.600 proponentes[92]. A iniciativa popular deve ser reduzida a escrito, incluindo a pergunta ou perguntas a submeter a referendo e conter o nome, número de bilhete de identidade e assinatura conforme a este de todos os promotores. Um conjunto de outras obrigações estão previstas na lei entre as quais, se a iniciativa não for rejeitada liminarmente pelo presidente da assembleia municipal ou de freguesia, com fundamento em falta de preenchimento dos requisitos legais, a constituição de uma comissão executiva dentro da assembleia municipal ou de freguesia para apreciação da mesma, devendo apresentar sobre ela relatório fundamentado.

A iniciativa popular é apreciada pela assembleia da autarquia em causa que, nos termos do artigo 18.° da Lei, a pode arquivar, rejeitar ou ainda convertê-la em deliberação. Só neste caso segue o caminho subsequente que passa a ser semelhante ao de uma iniciativa de origem representativa.

---

[91] Há também um número máximo que é o número mínimo mais 50%.

[92] Para os municípios com 3.750 eleitores ou menos há regra própria quanto ao número de eleitores necessário para provocar a iniciativa popular (n.° 2 do artigo 13.° da Lei Orgânica n.° 4/2000).

Nesse caminho é de assinalar a passagem pelo Tribunal Constitucional para efeito de fiscalização preventiva da constitucionalidade e da legalidade da deliberação da realização do referendo (artigos 25.° e ss.). Verificada a constitucionalidade e a legalidade do referendo local cabe ao órgão executivo da autarquia em causa marcar a data de realização do mesmo.

2. **Campanha, votação e apuramento dos resultados**

Marcado o referendo, decorre uma campanha devidamente regulada pela Lei Orgânica n.° 4/2000 que consiste na justificação e no esclarecimento das questões formuladas e na promoção das correspondentes opções e cujas regras se assemelham em linhas gerais às que estão reguladas para as eleições locais.

Também quanto à organização do processo de votação (constituição das assembleias de voto, boletins de voto e votação) e ao apuramento dos resultados as regras são as previstas para as eleições locais com as devidas adaptações.

Os referendos, desde que o número de votantes seja superior a metade dos inscritos, têm, como dissemos, efeito vinculativo e a não observância do resultado do referendo pelas assembleias das autarquias implica a sua dissolução (artigo 220.° da Lei Orgânica n.° 4/2000).

3. **A prática dos referendos locais em Portugal**

O Conselho da Europa procura fomentar o recurso a estas acções de participação directa dos cidadãos no processo de decisão a nível local e à gestão dos assuntos locais. No conjunto de medidas constantes do anexo II à Recomendação Rec (2001)19 do Comité de Ministros do Conselho da Europa, já mencionada, constam as "iniciativas populares, fazendo apelo aos órgãos eleitos para tratarem das questões que são objecto da iniciativa com o objectivo de darem aos cidadãos uma resposta ou de iniciarem o procedimento referendário".

Em Portugal a prática dos referendos, previstos constitucionalmente desde 1982, tem sido muito baixa, tendo-se realizado até ao momento apenas dois referendos locais.

No primeiro desses referendos, a adesão ao acto eleitoral foi superior a 76%. Os cidadãos de Serreleis, freguesia do concelho de Viana do Castelo, disseram «Não» à construção de um pavilhão polidesportivo num terreno contíguo ao salão paroquial. O segundo referendo local foi, ao mesmo tempo, o primeiro de âmbito municipal e ocorreu em Tavira. Neste, a pergunta formulada era: "Concorda com a demolição do antigo reservatório de água do Alto de Santa Maria?". Num universo de 20.948 eleitores votaram apenas 7.585 (36,2%) e o número de respostas afirmativas ("Sim") foi de 35,2% e o de respostas negativas ("Não") foi de 54,4%.

No entanto, tem havido iniciativas de realização de referendos locais e o Tribunal Constitucional proferiu, até Maio de 2004, 22 acórdãos sobre fiscalização preventiva de consultas locais, tendo quase todos tido decisão desfavorável à realização do referendo por motivos vários que vão desde a ilegalidade do objecto do referendo (violação do artigo 3.° da Lei Orgânica n.° 4/2000) até à infracção dos limites temporais mencionados no artigo 8.° desta mesma lei.

IV – SISTEMAS DE GOVERNO LOCAL E ÓRGÃOS REPRESENTATIVOS DAS AUTARQUIAS LOCAIS

1. Uma perspectiva geral sobre alguns sistemas de governo local e o caso português

Em sede de organização da democracia local – e salvo os casos de democracia directa das comunidades locais mais pequenas – há uma ideia fundamental, já mencionada, que é a da existência de uma assembleia representativa dos cidadãos eleita por sufrágio universal directo e secreto[93].

Mas não basta uma assembleia para deliberar sobre os assuntos das comunidades locais, é preciso exercer muita outra actividade que a assembleia não pode só por si desempenhar. Tal sucede, em regra, através de um órgão executivo que deverá ser responsável perante aquela. E aliás, por sua vez, o órgão executivo vai precisar de diversos serviços dele dependentes para levar à prática muita da actividade que a autarquia local precisa de executar (deste aspecto não curamos aqui).

---

[93] Artigo 3.°, n.° 2 da Carta Europeia da Autonomia Local e artigo 239.°, n.°s 1 e 2 da CRP.

A existência de um órgão executivo coloca o problema da sua constituição e da articulação com o órgão deliberativo.

Há duas formas mais correntes no continente europeu de escolher o órgão executivo[94]: por eleição feita pela assembleia representativa e então temos um sistema que se aproxima do que, a nível nacional, chamamos parlamentar; ou por eleição directa dos membros da comunidade local e temos um sistema que se aproxima do presidencial[95].

Devemos ter ainda em conta o modelo tradicional inglês segundo o qual a assembleia designa de entre os seus membros comissões para tratar de assuntos agrupados por matérias, prescindindo de um órgão executivo propriamente dito("committee system")[96]. Este modelo apresenta vários inconvenientes e foi recentemente alterado por uma lei (Local Government Act 2000) que permite diversas possibilidades de organização entre elas a eleição directa do "mayor"[97].

O problema da responsabilidade do órgão executivo perante o deliberativo julgar-se-ia resolvido, pelo menos aparentemente, no sistema de tipo parlamentar por se dever entender que a assembleia que tem o poder de eleger, tem também o poder de destituir, por moção de censura, o órgão executivo. Já no sistema de eleição directa do órgão executivo, este reclama-se de uma legitimidade que torna mais difícil a destituição por moção de censura e assim pensar-se-ia que ela não ocorreria.

Porém, ao falarmos do modelo parlamentar ou presidencial estamos a falar de tipos ideais que não podemos transpor do plano nacional para o plano local sem mais, existindo, nomeadamente nos países europeus, uma enorme variedade de organizações concretas com as mais variadas particularidades. Aliás, dentro de cada país, vamos encontrar sistemas diferentes consoante o tipo de autarquias locais nele existentes.

Vejamos, apenas a título de exemplo e ao nível dos municípios, por ser esta a instituição local mais emblemática, a organização de países que nos estão próximos.

---

94 Em certos países da Europa, como a Holanda e a Bélgica, ainda há a nomeação pelo Governo ou por outra entidade estranha à comunidade local.

95 Como veremos de seguida estas designações devem ser usadas com todo o cuidado.

96 J. GREENWOOD/D. WILSON – *Public Administration in Britain Today*, London, 1990, pp. 166/167. H.W.R. WADE & C. F. FORSYTH – *Administrative Law*.., p.123.

97 P.P. CRAIG – *Administrative Law*, 5ª ed., Londres, 2003, pp. 170 e ss; D. WILSON/Ch. GAME – *Local Government in the United Kingdom*…, p. 350 e ss..

Em Espanha, os cidadãos das comunidades locais elegem, por sufrágio universal, directo e secreto, uma assembleia com funções deliberativas ("ayuntamiento") composta por um número de membros que depende do número de habitantes[98]. Esta assembleia elege de entre os seus membros o "alcalde" (orgão executivo individual). No caso de não haver uma maioria que permita eleger um "alcalde" este será o primeiro da lista mais votada nas eleições por sufrágio universal. O "alcalde" é responsável perante o "pleno do ayuntamiento" e pode ser destituído através de uma moção de censura construtiva. Note-se que o "alcalde" faz parte e preside ao "ayuntamiento", participando e votando na sessão onde se discute a moção de censura[99]. A queda do "alcalde" pode ocorrer também se não prosperar uma moção de confiança que este apresente vinculada à aprovação de determinados assuntos importantes definidos por lei como, por exemplo, o orçamento, regulamentos tributários, ou a aprovação final de instrumentos de planeamento urbanístico (artigo 197 bis da Lei Orgânica n.° 5/1985, de 19 de Junho). Também aqui o "alcalde" participa e vota, tornando de novo menos clara a separação entre o órgão deliberativo e o órgão executivo. No caso de a moção de confiança não prosperar, o "pleno do ayuntamiento" reúne-se para eleger novo "alcalde", não podendo o cessante concorrer de novo[100].

Em França, os eleitores locais também elegem, por sufrágio universal, directo e secreto uma assembleia deliberativa ("conseil municipal"), com um número de membros variável em função do número de habitantes, que por sua vez elege o "maire" (órgão executivo). O "maire" faz parte e preside ao "conseil municipal". No entanto, o conselho municipal não tem o poder de destituir o "maire" através de moção de censura[101]. Não funciona aqui o esquema do sistema parlamentar. Esta situação tem sido

---

[98] Os municípios com menos de 100 habitantes funcionam em "conselho aberto", bem como aqueles que tenham tradicionalmente este singular regime de governo e administração ou que tenham uma localização geográfica que o tornem aconselhável (artigo 29.°, n.° 1 da Lei de Bases do Regime Local de 1985). Nestes municípios em vez do "ayuntamiento" eleito temos uma "assembleia vicinal" formada por todos os eleitores que nos faz lembrar o "plenário dos cidadãos eleitores" nas freguesias em Portugal.

[99] Durante a discussão e votação da moção de censura, a mesa será presidida composta pelo conselheiro mais velho e mais novo dos presentes, excluídos o "alcalde" e o candidato a "alcalde" (artigo 197.°, n.° 1 al. d) da Lei Orgânica n.° 5/1985, de 19 de Junho).

[100] Código de la Administración Local, org. F. SOSA WAGNER/M. FUERTES LÓPEZ, Madrid, 2001.

[101] R. CHAPUS, *Droit administratif général*, t. 1, 14ª ed., Paris, 2001, p. 280.

objecto de crítica, havendo quem defenda não só uma separação clara entre o órgão deliberativo e o executivo, como a responsabilidade deste perante aquele através nomeadamente da instituição da moção de censura construtiva[102].

Por sua vez, na Itália, os munícipes elegem por sufrágio universal, directo e secreto uma assembleia deliberativa ("consiglio communale") e um "sindaco" (órgão executivo). O "sindaco" apenas faz parte e preside ao "consiglio communale" nos municípios com população inferior a 15.000 habitantes, notando-se aqui também um vestígio do "carácter substancialmente unitário e de assembleia da administração local" existente no tempo da eleição do órgão executivo singular pela própria assembleia[103]. Nos municípios com população superior a 15.000 habitantes, a assembleia municipal tem um presidente próprio que, nos termos do estatuto do município[104], será o membro do conselho mais votado nas eleições ou o que for eleito pelo conselho. O "sindaco" responde, independentemente da maior ou menor população do município, perante o conselho municipal e, no caso de prosperar uma moção de censura, ela determina a queda dos dois órgãos e a realização de novas eleições. Aliás, a cessação de funções do "sindaco" por renúncia, doença ou outro motivo determina sempre a queda da assembleia e o recurso a eleições directas.

Como se vê, temos, nestes três países, situações bem diferentes. Em França, e ao contrário do que sucede em Espanha, o sistema de escolha pela assembleia ("conseil municipal") do órgão executivo não implica a destituição do "maire" e, em Itália, a eleição directa do órgão executivo ("sindaco") não impede a queda deste através de moção de censura.

O sistema de governo local português é muito peculiar, afastando-se de qualquer dos que referimos. Existe, é certo, nas freguesias e municípios, uma assembleia deliberativa e um órgão executivo colegial perante ela responsável, apresentando aqui traços do regime parlamentar. Mas, desde logo, essa responsabilidade é limitada, pois se tem entendido que a moção de censura que a lei ordinária prevê não acarreta a dissolução do órgão executivo. Por outro lado, o presidente do órgão executivo colegial resulta sempre de eleições por sufrágio universal dos eleitores da respec-

---

[102] I. MULLER-QUOY – *Droit des assemblées locales*, Paris, 2001, pp. 90 e 175.

[103] F. STADERINI – *Diritto degli enti locali*..., p. 313.

[104] Depois da reforma dos anos 90 os municípios e províncias de Itália possuem autonomia estatutária.

tiva autarquia, apresentando deste modo elementos do regime presidencial e, no caso do município, todo o órgão executivo colegial resulta, aliás, de eleições por sufrágio universal. Temos assim um sistema estranho[105], combinando elementos e soluções de origem diversa que analisaremos de seguida com mais detalhe através dos órgãos representativos.

2. **Os órgãos representativos: eleição, composição e competências**

a) *Aspectos comuns*

Em Portugal, o sistema de governo local, que já é muito peculiar pela sua estrutura organizativa composta de freguesias e municípios, é singular também pela eleição, composição e relação entre os órgãos locais[106].

Comecemos por ver, quanto a estes, os aspectos que são comuns aos órgãos das freguesias e dos municípios para, depois, apreciarmos as especialidades de uns e outros, dando particular atenção ao município.

O princípio fundamental consta do n.° 1 do artigo 239.° da CRP e encontra tradução na Lei n.° 169/99, de 18 de Setembro, segundo a qual a organização das autarquias locais compreende uma assembleia eleita dotada de poderes deliberativos e um órgão executivo colegial perante ela responsável.

A assembleia com poderes deliberativos (assembleia municipal ou assembleia de freguesia, conforme a autarquia local) reúne ordinariamente várias vezes por ano em meses determinados por lei (5 vezes a assembleia municipal e 4 vezes a assembleia de freguesia) e, extraordinariamente, sempre que a mesa da assembleia tomar tal iniciativa ou quando a convocação for requerida pelo presidente do órgão executivo respectivo (em execução da deliberação deste), por um terço dos seus membros ou ainda por um determinado número fixado na lei de cidadãos eleitores recenseados na autarquia em causa.

Cabe a estas assembleias acompanhar e fiscalizar a actividade dos órgãos executivos perante elas responsáveis, para o que dispõem de diversos poderes entre os quais o de obter destes a informação necessária e o de

---

105 Sistema híbrido, misto, confuso no entender de M. REBELO DE SOUSA – *O sistema do governo municipal*, ATAM, Santarém, 1997, p. 12.

106 M. REBELO DE SOUSA – *Lições de Direito Administrativo,* vol. I, Lisboa, 1999, pp. 361 e ss.

apreciar, em cada uma das sessões ordinárias, uma informação escrita do presidente do órgão executivo acerca da actividade exercida pelo órgão a que preside.

Neste domínio importa ainda referir o poder das assembleias de votar moções de censura aos órgãos executivos respectivos, com base na acção desenvolvida por estes ou por qualquer dos seus membros. De notar, no entanto, que se tem entendido maioritariamente[107] que esta moção, mesmo obtendo a maioria dos votos favoráveis dos membros que compõem a assembleia não determina a queda do órgão executivo[108]. O argumento mais forte invocado nesse sentido é a eleição directa do presidente da junta e da câmara municipal, facto que lhes confere uma legitimidade igual à das assembleias perante as quais respondem. Este argumento, no entanto, não vale para as freguesias onde existe plenário de cidadãos eleitores. Aqui a junta é eleita pelo plenário e é perante ele responsável. De qualquer modo, a lei não prevê a destituição como resultado da moção de censura e seria natural que se pretendesse esse efeito tivesse, pelo menos, o cuidado de regular os procedimentos subsequentes à queda do executivo, o que não faz.

Em todo o caso, a falta deste efeito pode ocasionar situações indesejáveis como a de uma assembleia ser desrespeitada pelo órgão executivo sem que possa pôr termo a essa situação e ver até posta em causa a sua supremacia perante este[109]. Uma nova lei das autarquias locais deverá equacionar em novos termos os efeitos da moção de censura, devendo o exemplo de Itália ser devidamente ponderado.

Para além de acompanhar e fiscalizar a acção do órgão executivo, cabe às assembleias deliberar sobre todos os assuntos de maior importância para a autarquia tais como o plano de actividades e o orçamento, os documentos de prestação de contas, a contracção de empréstimos, a alienação de bens, os quadros de pessoal e a organização dos serviços da autarquia, posturas e regulamentos. Deve ainda considerar-se integrada nos poderes das assembleias uma competência residual para deliberar

---

[107] Em sentido diferente, D. FREITAS DO AMARAL – *Curso de Direito Administrativo*, vol. I..., pp. 489 e ss.

[108] VITAL MOREIRA/F. PAULA OLIVEIRA – Podem as Assembleias Municipais Reprovar Reiteradamente o Orçamento Municipal?, in *Scientia Iuridica*, Setembro-Dezembro de 2002, Tomo LI, n.° 294, pp. 430-431; J.J. GOMES CANOTILHO/VITAL MOREIRA – *Constituição da República Portuguesa Anotada*, 3.ª ed., Coimbra, 1993, p. 892.

[109] VITAL MOREIRA/F. PAULA OLIVEIRA – Podem as Assembleias Municipais..., pp. 423 e ss.

sobre os assuntos de interesse para a autarquia dentro da prossecução das suas atribuições (artigo 17.°, n.° 1, al. r) e 53.°, n.° 1, al. q) da Lei n.° 169/99).

Temos assim assembleias que fiscalizam os órgãos executivos dela dependentes e tomam, ainda que quase sempre por iniciativa destes, as mais importantes deliberações relativas às autarquias locais.

Os órgãos executivos (junta de freguesia e câmara municipal) têm um número de membros que segue o número de eleitores. Cabe-lhes executar as deliberações das assembleias respectivas e prestar contas perante elas, dado o princípio da responsabilidade política do órgão executivo perante o deliberativo.

Nas duas autarquias o presidente (o da junta de freguesia e o da câmara municipal) é eleito directamente, pois é, por força da Constituição, o primeiro nome da lista mais votada, facto que lhes dá uma legitimidade acrescida.

Os órgãos executivos colegiais têm, pelo menos, uma reunião pública mensal (artigo 84.° da Lei n.° 169/99, de 18 de Setembro).

A Constituição e, na sequência dela, a legislação ordinária continua a omitir a referência aos presidentes dos órgãos executivos como órgãos das autarquias. É uma omissão que não tem sentido uma vez que a lei ordinária lhes atribui importantes poderes próprios que permitem caracterizá-los como órgãos. Se entendermos, como devemos, órgãos como centros autónomos institucionalizados de emanação de uma vontade que lhe é atribuída, sejam quais forem a relevância, o alcance, os efeitos (externos ou mesmo internos) que ela assuma[110], os presidentes dos órgãos executivos são também órgãos. Efectivamente, a lei ordinária atribui aos presidentes das juntas de freguesia (artigo 38.° da Lei n.° 169/99) e aos presidentes da câmara (artigo 68.° e 69.° da mesma lei) um conjunto de importantes poderes próprios. A defesa do presidente da câmara como órgão do município é, desde há muito tempo, feita por Freitas do Amaral, tendo em conta não só os poderes próprios que possui como a posição que efectivamente ocupa na administração municipal e que fazem dele a "figura emblemática" do município[111].

De notar, quanto a este, que os poderes do presidente da câmara são até mais amplos do que os que correspondem ao presidente da junta de fre-

---

[110] J. Miranda – *Manual de Direito Constitucional – Tomo V – Actividade Constitucional do Estado*, Coimbra, 1997, p. 45

[111] D. Freitas do Amaral – *Curso de Direito Administrativo*.vol. I ...., p. 496 e ss.

guesia, cabendo-lhe decidir os assuntos relacionados com a gestão e direcção do pessoal do município (artigo 68.°, n.° 2, al. a)), tarefa que nas freguesias cabe à junta de freguesia (artigo 34.°, n.° 1, al. d)); também tem importantes poderes em matéria urbanística nomeadamente a concessão de licenças ou autorizações de utilização de edifícios, o poder de embargar e ordenar a demolição de obras ilegais ou em desconformidade com a licença concedida e ainda o poder de conceder licenças policiais ou fiscais.

A este ponto de vista, que alarga o número de órgãos das autarquias locais, poderia opor-se que a Constituição e a lei ordinária prevêem um órgão deliberativo e um órgão executivo dentro de cada autarquia local e que o presidente da junta e o presidente da câmara fazem parte do órgão executivo, não se compreendendo que as autarquias tenham mais de um órgão deste tipo. No entanto, não se trata de haver mais de um órgão executivo, mas de considerar que os das autarquias locais são órgãos complexos, podendo assim desdobrar-se em órgãos singulares[112].

Aliás, nessa linha mais aberta seguem também a lei espanhola ao considerar órgãos necessários do município[113] nomeadamente o "alcalde", os "tenientes de alcalde", o "pleno do ayuntamiento", a "Comisión de Gobierno"[114], a francesa, ao estabelecer três órgãos ao nível do município (o "conseil municipal", o "maire" e a "municipalité")[115] e a italiana ("consiglio communale", "giunta" e "sindaco")[116].

b) *Aspectos peculiares*

i) *Assembleias deliberativas*

Determina a Constituição[117] que as assembleias com poderes deliberativos das autarquias locais são eleitas por sufrágio universal, directo e

[112] J. MIRANDA – *Manual de Direito Constitucional – Tomo V..., p. 65.*

[113] E o mesmo sucede quanto às outras autarquias locais neste e nos demais países a seguir citados.

[114] F. SOSA WAGNER – *Manual...*, pp. 88 e ss.

[115] A "municipalité" é o conjunto formado pelo "maire" e pelos "adjoints", sendo estes eleitos pelo "conseil municipal" (J.-B. AUBY-J.-F. AUBY – *Droit des collectivités locales*, Paris, 1990, pp. 80 e ss).

[116] F. STADERINI – *Diritto degli enti locali...*, pp. 291 e ss.

[117] O mesmo sucede com o n.° 2 do artigo 3.° da Carta Europeia da Autonomia Local.

secreto dos cidadãos recenseados na área da respectiva autarquia, segundo o sistema da representação proporcional (artigo 239.°, n.° 2 da CRP). E, efectivamente, assim sucede quanto à assembleia de freguesia, mas já não, por força da própria Constituição, quanto à assembleia municipal. Nos termos do artigo 251.° da CRP, a assembleia é constituída por membros eleitos directamente em número superior ao dos presidentes de junta de freguesia que a integram.

Nos termos da redacção anterior deste artigo, a assembleia era constituída pelos presidentes das juntas de freguesia e por membros, em número não inferior ao daqueles, eleitos directamente. A redacção actual, ao colocar em primeiro lugar os membros eleitos directamente e ao dizer apenas que estes devem ser em número superior ao dos presidentes de freguesia, permite uma interpretação que exclui a obrigatoriedade da presença de todos os presidentes de junta. É verdade que faz referência aos presidentes de junta de freguesia que integram o município, mas isso pode entender-se no sentido apenas de que dela não podem fazer parte presidentes de junta de freguesia de outro município. No entanto, temos de aceitar que a redacção deste artigo não é clara e que também permite uma outra leitura que é a de considerar que os membros eleitos devem ser sempre em número superior ao dos presidentes de junta de freguesia que a integram e assim pressupor que estes fazem naturalmente parte da assembleia.

De qualquer modo, o mais relevante neste artigo é a manutenção da inclusão, na assembleia municipal, de presidentes do órgão executivo de uma outra autarquia local, a freguesia, limitando o alcance do n.° 2 do artigo 239.° da Constituição que estabelece a eleição por sufrágio universal, directo e secreto dos cidadãos recenseados na área da respectiva autarquia, segundo o sistema da representação proporcional.

Passando da Constituição para a lei ordinária, verificamos que, enquanto a assembleia de freguesia é constituída exclusivamente por membros eleitos por sufrágio universal, directo e secreto dos cidadãos recenseados na área da freguesia, segundo o sistema de representação proporcional em função do número de eleitores (artigos 4.° e 5.° da Lei n.° 169/99), a assembleia municipal é constituída por membros eleitos directamente em número superior ao dos presidentes de junta de freguesia que a integram, devendo o número de eleitos directamente ser, pelo menos, o triplo do número de membros do órgão executivo, a câmara municipal (artigo 42.° da Lei n.° 169/99).

Daqui resulta que a assembleia municipal será composta, uma vez que a grande maioria dos municípios tem um número de presidentes de junta que é inferior ao triplo do número de membros da câmara municipal (*ver quadro*), pelos membros eleitos directamente (3 vezes o número de membros da câmara municipal) e pelos presidentes de junta de freguesia existentes no município. Esta regra apenas não funciona quando o número de presidentes de junta dentro do município for igual ou superior ao número dos membros eleitos directamente pela regra do triplo já referida Nesse caso o número de membros eleitos directamente aumenta, para além do triplo, por forma a ser igual ao número daqueles mais um.

Quadro do número de freguesias por município:

Até 5 freguesias	– 84
De 6 a 10 freguesias	– 82
De 11 a 20 freguesias	– 85
De 21 a 30 freguesias	– 28
De 31 a 40 freguesias	– 18
De 41 a 50 freguesias	– 2
De 51 a 60 freguesias	– 6
Mais de 61 freguesias	– 3

Dando exemplos: se um município tiver uma câmara municipal com 11 membros e 12 freguesias, a assembleia será composta por 45 membros dos quais 33 são eleitos directamente e 12 são os presidentes das juntas de freguesia; porém, se um município tiver uma câmara municipal com 11 membros e 49 freguesias, a assembleia será composta por 99 membros, dos quais 50 são eleitos directamente e 49 são presidentes de junta de freguesia.

O artigo 42.° da Lei n.° 169/99 não é claro quanto a esta superioridade de apenas um elemento eleito directamente, mas deve entender-se que é esta a interpretação mais adequada. A lei anterior estabelecia que a assembleia municipal era constituída pelos presidentes de junta de freguesia e por membros eleitos directamente em número igual ao daqueles mais um (artigo 31.°, n.° 1 do Decreto-Lei n.° 100/84, de 29 de Março). Esta redacção não era feliz, pois na maior parte dos municípios o número de membros eleitos directamente era muito superior ao de presidentes de junta de freguesia e só quando o número destas era muito elevado vigorava a regra de mais um membro eleito directamente. Na redacção actual, ultrapassou-se este problema ao dizer apenas que o número de membros eleitos será superior ao dos presidentes de junta de freguesia. Mas não se diz em que medida deve ser superior. No entanto, nada justifica que se considere ultrapassada a regra de "mais um" membro eleito directamente, pois de outro modo aumentar-se-ia ainda mais o já elevado número de membros da assembleia municipal e o que se pretende é apenas que o número de membros eleitos directamente não seja igual ou inferior ao de presidentes de junta de freguesia.

A assembleia municipal, por força da sua especial composição, tem assim um número de membros muito variado, independentemente da população e pode, em certos casos, atingir um número muito alto de membros. Se não fosse a integração dos presidentes de junta de freguesia e, por força da regra do triplo de membros da câmara municipal, a assembleia municipal teria, em Portugal, entre 15 e 33 membros[118]. Dada a integração dos presidentes de junta o número de membros chega em alguns casos a superar os 100.

Esta integração dos presidentes de junta põe também em causa a regra da eleição por sufrágio universal, directo e secreto dos munícipes, segundo o sistema da representação proporcional, pois os presidentes da junta são apenas eleitos pelos cidadãos da respectiva freguesia e podem distorcer essa representação. Pode suceder, efectivamente, que a composição proporcional, que resulta da eleição directa dos membros, seja distorcida pela junção dos presidentes de junta que são sempre os cabeças das listas mais votadas e podem pertencer maioritariamente a uma mesma força política, baralhando a representação proporcional.

Uma outra particularidade da assembleia municipal em relação à assembleia de freguesia é a sua organização em grupos de eleitos, designados grupos municipais (artigo 46-B da Lei n.° 169/99) um pouco à semelhança do parlamento a nível nacional.

A lei prevê a existência de grupos municipais que são constituídos pelos membros da assembleia (eleitos directamente ou presidentes de junta) que se associarem para esse efeito. Correspondem normalmente aos eleitos por um partido, por uma coligação partidária ou por um grupo de cidadãos eleitores. O grupo constitui-se mediante comunicação dirigida ao presidente da assembleia municipal, assinada pelos membros que o compõem, indicando a sua designação bem como a respectiva direcção. Qualquer alteração na composição ou direcção do grupo municipal deve ser comunicada ao presidente da assembleia municipal. Os membros que não integrem qualquer grupo municipal exercem o mandato como independentes (artigo 46.°-B, n.° 4).

[118] Salvo os casos de Lisboa, que teria 51 membros, e do Porto, que teria 45 membros.

A assembleia de freguesia tem, por força da lei, um número de membros (todos eleitos directamente) que varia, em função do número de eleitores, entre 7 e 19 membros. Serão 7 quando o número de eleitores for superior a 150[119] e igual ou inferior a 1.000; 9 quando for superior a 1.000 e até 5.000 eleitores; 13 membros quando o número de eleitores for superior a 5.000 e até 20.000; e 19 membros quando o número de eleitores for superior a 20.000. Nas freguesias com mais de 30.000 eleitores, o número de membros (19) é aumentado de mais um por cada 10.000 eleitores para além daquele número, salvo se o número que daí resultar for par, caso em que é aumentado de mais um (artigo 5.° da Lei n.° 69/99).

Quadro de número de eleitores por freguesia

Total de freguesias	– 4.252
Até 150 eleitores	– 127 (a)
De 151 a 1.000 eleitores	– 2.224
De 1.001 a 5.000 eleitores	– 1518
De 5.001 a 20.000 eleitores	– 340
Mais de 20.000 eleitores	– 61 (b)

(a) Freguesias com 100 eleitores ou menos – 44
(b) Freguesias com mais de 30.000 eleitores – 18

ii) *Órgãos executivos*

Existem também diferenças entre as freguesias e os municípios quanto ao órgão executivo colegial que ambas possuem, com um número de membros que tem em conta o número de eleitores.

No município, a câmara municipal, constituída pelo presidente e vereadores, é eleita directamente pelos cidadãos eleitores recenseados na área do município, segundo o sistema da representação proporcional, em acto simultâneo com a eleição da assembleia municipal, salvo no caso de eleição intercalar (artigo 56.°, n.° 2 da Lei n.° 169/99). O presidente da câmara é o primeiro candidato da lista mais votada e o número de vereadores depende do número de eleitores recenseados no município (artigo 57.°, n.° 2, alíneas c) a f), da Lei n.° 169/99)[120].

[119] Se o número de eleitores for igual ou inferior a 150 haverá, como vimos, um plenário de cidadãos eleitores.

[120] Nos termos das alínas a) e b) do n.° 2 do mesmo artigo, o município de Lisboa tem 16 vereadores e o do Porto tem 12.

Quadro de número de eleitores por municípios

Total de municípios	– 308
Até 10.000 eleitores	– 118 (4 vereadores)
De 10.001 até 49.999	– 150 (6 vereadores)
De 50.000 até 99.999 eleitores	– 22 (8 vereadores)
Com 100.000 ou mais eleitores	– 18 (10 vereadores)

Na freguesia, a junta de freguesia, constituída pelo presidente e por vogais, é eleita pela assembleia de freguesia, salvo o presidente da junta, como vimos. O número de membros da junta de freguesia depende do número de cidadãos eleitores, sendo três o número mínimo (presidente e dois vogais), nas freguesias mais pequenas; nas freguesias com mais de 5.000 eleitores e menos de 20.000 eleitores há quatro vogais; e nas freguesias com 20.000 ou mais eleitores há seis vogais (artigo 24.° da Lei n.° 169/99).

iii) *O problema das maiorias*

Este sistema de eleições e de composição dos órgãos não resolve, em qualquer das autarquias, o problema da falta de maiorias absolutas, requisito importante para pôr em prática um programa político sufragado em eleições.

Na câmara municipal, bem pode suceder que o presidente da câmara tenha apenas uma maioria relativa e assim se defronte, dentro do órgão executivo, com uma oposição que lhe dificulte o exercício normal de funções. E pode suceder ainda que, mesmo tendo maioria absoluta dentro da câmara, não a tenha dentro da assembleia com os problemas daí decorrentes[121].

São vários os cenários possíveis:

a) maioria absoluta dentro da câmara e dentro da assembleia;

b) maioria absoluta dentro da câmara, mas não dentro da assembleia;

c) falta de maioria absoluta dentro da câmara, mas existência dela dentro da assembleia;

d) falta de maioria absoluta dentro da câmara e da assembleia.

[121] Sobre os diversos problemas resultantes da composição da câmara municipal, cfr. João Caupers – Governo Municipal – Na Fronteira da Legitimidade com a Eficiência, in *THEMIS – Revista da Faculdade de Direito da Universidade de Lisboa*, Ano V, n.° 8 – 2004, pp. 264-265.

Quanto à junta de freguesia, pode suceder também que haja problemas semelhantes, mas os cenários são um pouco diferentes. Uma vez que há apenas eleição directa para a assembleia de freguesia, se a lista do presidente obtiver maioria absoluta, então tem a possibilidade de constituir uma junta de freguesia de acordo com essa maioria, estando afastados, em princípio e com as devidas adaptações, os cenários b) e c). Se não tiver maioria absoluta, corre então o risco de ver eleita uma junta adversa.

Estes problemas provocam instabilidade a que se procura obviar, no plano do direito a constituir e de acordo com experiências de outros países, garantindo à força política vencedora das eleições uma maioria absoluta no órgão deliberativo e a subsequente constituição do órgão executivo de acordo com essa maioria.

A CRP sofreu recentemente modificações para possibilitar soluções de maior estabilidade. No entanto, a manutenção (aliás desejável) do sistema da representação proporcional para a assembleia deliberativa, a manutenção de uma dualidade de órgãos colegiais, a garantia de que o presidente do órgão executivo será sempre o primeiro da lista mais votada para a assembleia ou para o órgão executivo, conforme a solução eleitoral adoptada na lei, e ainda a manutenção da presença dos presidentes da junta na assembleia municipal tornam difícil esse objectivo.

Assim, a representação proporcional não poderá ser a do método d'Hondt e terá de conviver com a atribuição à lista mais votada para o órgão directamente eleito da maioria dos lugares (prémio de vitória). Os restantes poderão então ser repartidos proporcionalmente. As dificuldades não param aqui e uma vez que a CRP admite no n.° 3 do artigo 239.° que possa haver eleições directas para o órgão executivo colegial, então é de prever a possibilidade de a maioria verificada na assembleia deliberativa não coincidir com a maioria ocorrida na eleição do órgão executivo. Nesse caso, torna-se difícil, salvo um artifício complicado, dar estabilidade ao órgão executivo. Vai retirar-se a maioria ocorrida na assembleia, dando-a à força política que venceu no órgão executivo? Ou procede-se ao contrário, atribuindo à força política maioritária na assembleia a maioria que não obteve nas eleições para o órgão executivo?

Acrescente-se, finalmente, que a manutenção da presença dos presidentes de junta na assembleia municipal, principalmente se for entendida como a presença de todos eles nesse órgão, pode implicar, para garantir uma maioria absoluta, aumentar ainda mais o já, por vezes, excessivo número de membros deste órgão.

Aparentemente, o sistema que garantiria mais estabilidade seria o que previsse eleição apenas para a assembleia deliberativa[122] e concedesse sempre à força política mais votada uma maioria absoluta de lugares, repartindo-se os restantes de modo proporcional.

3. O funcionamento dos órgãos e a relação entre eles

a) *O funcionamento dos órgãos deliberativos*

Feita a descrição dos órgãos das autarquias e mencionados os poderes respectivos, vejamos agora o respectivo funcionamento, começando pelos órgãos deliberativos e dando uma particular atenção à assembleia municipal pela composição mais complexa deste órgão. O modo de funcionamento pode ser transposto, porém, em grande medida para a assembleia de freguesia.

Cabe à assembleia municipal acompanhar e fiscalizar a acção da câmara municipal e tomar as principais deliberações de interesse para o município. O desempenho destas missões não pode fazer-se apenas durante as reuniões ordinárias ou extraordinárias da assembleia. O acompanhamento e a fiscalização da acção da câmara implicam, desde logo, a recolha contínua de informação e a respectiva análise para uma intervenção adequada.

A lei confere aos membros da assembleia o direito de requerer, através da mesa, informação sobre assuntos de interesse para a autarquia e sobre a execução de deliberações anteriores (artigo 53.°, n.° 1, al. f), da Lei n.° 169/99)[123].

Esta informação é fundamental e, embora o nosso direito não consagre explicitamente, como sucede com o espanhol, o direito de acesso aos documentos administrativos por parte dos eleitos locais[124], esse direito é reconhecido com grande amplitude, em Portugal, pela Comissão de Acesso aos Documentos Administrativos (CADA).

A CADA tem entendido que os eleitos locais gozam não só dos direitos que a lei prevê para os cidadãos no acesso aos documentos adminis-

---

[122] O presidente do órgão executivo seria o primeiro da lista mais votada.

[123] Cfr. o artigo 17.°, n.° 1, al g), da Lei n.° 169/99 quanto aos membros da assembleia de freguesia.

[124] J.L. Rivero Ysern – *Manual de Derecho Local* ..., p. 104. Ver também artigos 14.° e ss. do Real Decreto 2568/1986, de 28 de Novembro.

trativos como considera que a excepção de acesso aos documentos preparatórios não lhes é aplicável, pois neste caso o direito de acesso está ligado ao direito e dever do eleito local de exercício das funções para cujo desempenho foi eleito, funções que incluem a fiscalização da actividade dos órgãos executivos (CADA, Parecer n.° 2/2001, de 10.1.2001 – Junta de Freguesia de São João de Rei)[125].

A informação não basta e é preciso estudar e analisar a documentação obtida para o devido acompanhamento e fiscalização da acção do órgão executivo.

Uma vez que os membros da assembleia municipal desempenham as suas funções a título gratuito, tendo apenas direito a senhas de presença nomeadamente pela participação nas reuniões[126] precisam de apoio para poderem cumprir devidamente as suas funções.

Ao lado da função de fiscalização e acompanhamento, cabe à assembleia municipal tomar deliberações sobre os assuntos de maior relevância para o município. Aqui também se colocam sérios problemas para a acção da assembleia se esta não se limitar a uma função de dizer sim ou não às propostas que lhes são apresentadas. Com efeito, as decisões mais relevantes aparecem sob a forma de propostas que já foram preparadas em sede da câmara municipal e quando chegam à assembleia é para esta dar o assentimento (ou não) às mesmas. Em caso de maioria absoluta a assembleia corre o risco de se limitar simplesmente a confirmar as propostas.

Para ter uma intervenção significativa nas decisões mais importantes, é necessário, por um lado, que a assembleia acompanhe a elaboração das propostas, desde o início, tendo informação sobre elas, pois é aí que se podem ver com mais clareza as diversas alternativas e, por outro lado, que antes da deliberação elas sejam estudadas em comissões sectoriais da assembleia previamente constituídas e onde estejam representadas proporcionalmente os grupos municipais existentes. Em Espanha, por exemplo, nenhuma proposta vai ao "pleno do ayuntamiento" sem passar pela comissão respectiva que dará sobre ela parecer[127].

Este trabalho da assembleia a montante das propostas e imediatamente antes da discussão e votação destas implica um esforço que só é

---

[125] Comissão de Acesso aos Documentos Administrativos – 7.° Relatório de Actividades – 2001,s/d, pp. 163 e ss.

[126] Cfr. artigo 10.° da Lei n.° 29/87, de 30 de Junho, com as alterações que lhe foram introduzidas.

[127] J.L. Rivero Ysern – *Manual*..., pp. 138-139; F. Sosa Wagner – *Manual*..., p. 93.

possível por um lado com um número de membros razoável e com um apoio técnico de qualidade.

Aqui poderá ser de muito préstimo a organização da assembleia municipal em grupos municipais, pois na impossibilidade de um apoio a cada membro em concreto da assembleia municipal ele poderá advir através dos grupos municipais. Para o efeito importa que eles tenham um apoio que a lei portuguesa ainda não prevê de modo expresso.

Não é isso o que sucede noutros países e assim em França, ainda que de um modo tímido, mas cada vez mais amplo, prevê-se que os grupos de eleitos da oposição nos municípios de mais de 3.500 habitantes possam utilizar um local[128] que o "maire" deve atribuir; nos municípios com mais de 100.000 habitantes, a lei permite que os grupos de eleitos possam dispor não só de local mas também de meios para o seu funcionamento e ainda de uma ou mais pessoas que a autoridade executiva deverá colocar ao dispor[129]. Em Espanha, o apoio aos grupos de eleitos ("grupos políticos") sejam da maioria ou da oposição está previsto com mais largueza, tendo à sua disposição meios materiais e pessoais[130]. Nos municípios mais importantes, os grupos municipais têm ao seu dispor funcionários eventuais da sua confiança (estarão em funções durante o tempo do mandato) que lhe prestarão o apoio necessário.

No nosso país, a ajuda aos grupos municipais resulta implicitamente do artigo 52.°-A da Lei n.° 169/99, ao estabelecer que a assembleia dispõe de um núcleo de apoio próprio, composto por funcionários do município, de instalações e equipamento necessário ao seu funcionamento e que, no orçamento municipal, devem ser inscritas verbas para aquisição dos bens e serviços correntes necessários ao seu funcionamento. Este artigo permite uma interpretação ampla a partir da qual os grupos municipais podem receber o apoio de que carecem[131]. No entanto, este mesmo preceito contém fortes limitações ao determinar que esse núcleo está sob orientação do

[128] Nos municípios com mais de 10.000 habitantes esse lugar deve ser permanente (D. LAMY – *Vade-mecum de l'action municipale*,Paris, 1997, p. 33)

[129] MICHEL RASERA – *La démocratie locale*, Paris, 2002, p. 53; I. MULLER-QUOY – *Le droit des assemblées locales...*, p. 49; G. MARCOU – La démocratie locale en France:aspects juridiques, in AAVV – *La démocratie locale-Répresentation,participation et espace public...*, p. 21 e ss.

[130] J.L. RIVERO YSERN – *Manual...*, p. 106.

[131] A Assembleia Municipal de Lisboa é um bom exemplo de utilização das possibilidades que a lei oferece com atribuição de local próprio e pessoal a cada grupo municipal.

presidente da mesa da assembleia municipal e que os respectivos funcionários são afectados pelo presidente da câmara municipal, que as instalações e equipamento necessário ao seu funcionamento devem ser disponibilizados pela câmara e que as verbas para aquisição dos bens e serviços são inscritos no orçamento, sob proposta da mesa.

O trabalho dos membros da assembleia será muito facilitado se tiver, pois, apoio qualificado. Também ajudará muito o trabalho dos grupos municipais da oposição que têm sempre, dentro da assembleia, a tarefa mais difícil, se for devidamente cumprido o "estatuto da oposição". Este dá nomeadamente aos partidos políticos e aos grupos de cidadãos eleitores da oposição representados nos órgãos deliberativos das autarquias locais[132] o direito de serem informados regular e directamente pelos órgãos executivos das autarquias sobre o andamento dos principais assuntos de interesse público relacionados com a sua actividade e o direito de serem ouvidos sobre as propostas dos respectivos orçamentos e planos de actividade (artigos 4.° e 5.° da Lei 24/98, de 26 Maio).

Importante ainda é a formação dos eleitos locais fortemente recomendada pelo Conselho da Europa e estabelecida como um direito na lei francesa desde 1992[133].

b) *O funcionamento dos órgãos executivos colegiais*

Quanto ao funcionamento dos órgãos executivos daremos atenção especial aos colegiais e, dentro destes, particular atenção ao órgão executivo do município, ainda que o que sobre este for dito se possa transpor em grande medida para igual órgão da freguesia.

A câmara municipal, ao contrário da assembleia, dispõe da informação e de todo o apoio técnico existente no município, tendo sob as suas ordens os funcionários municipais e o restante pessoal por vezes altamente qualificado que utiliza através de contratos de avença e outros. Isto confere-lhe uma posição de clara proeminência dentro do município.

É uma posição que se deve compreender, aliás, tendo em conta as tarefas que cabem à câmara tais como a preparação do orçamento e das contas, a elaboração dos planos urbanísticos, a elaboração dos regulamen-

---

132 E ainda aos representados nas câmaras municipais.

133 J. Bourdon – La formation des élus locaux – in *RFDA*, nov.-déc., 1992, pp. 959 e ss.

tos e tantos outros assuntos. A câmara prepara as principais deliberações que, por força de lei, a assembleia terá de tomar, e depois executa-as. A vida municipal está muito centrada na actividade desenvolvida pela câmara, um pouco à imitação do que sucede com o governo a nível nacional e também isso explica aquilo que se tem chamado o "peso do executivo local" que adiante mencionaremos.

Também se compreende, à luz destas tarefas, que os seus membros desempenhem funções a tempo inteiro ou meio tempo, podendo ainda o presidente da câmara dispor de um apoio muito especial proveniente de gabinetes de apoio pessoal que incluem sempre um chefe de gabinete, um ou dois adjuntos e um ou dois secretários, conforme o número de eleitores do município. Também os vereadores a tempo inteiro podem ter gabinetes de apoio pessoal ainda que mais reduzidos e sem chefe de gabinete (artigo 73.° da Lei n.° 169/99).

Vejamos um problema relativo à organização interna da câmara que introduz alguma perturbação no funcionamento deste órgão executivo colegial.

Eleito por sufrágio universal, directo e secreto dos munícipes, segundo o sistema de representação proporcional, daí resulta que este órgão executivo não é homogéneo e podendo acontecer até, pelo facto de o presidente da câmara ser sempre o primeiro nome da lista mais votada, que não tenha maioria dentro da câmara. Trata-se de uma situação indesejável, particularmente num órgão executivo, até porque a nível de município as separações ideológicas ou até pessoais fazem-se sentir muitas vezes e dificultam entendimentos.

Nas situações de maioria absoluta, o problema que se coloca é o da existência dentro da câmara (órgão executivo) de uma minoria de vereadores cujo papel é complicado, pois, por um lado, como membros do órgão executivo, cabe-lhes cumprir as deliberações da assembleia e, por outro, como eleitos por uma força política detentora de um projecto alternativo diferente do que venceu, tendem a funcionar como oposição.

Esta função de oposição tem sido encarada por algumas forças políticas como positiva pois permite uma fiscalização à acção do presidente e da maioria na câmara que a assembleia teria mais dificuldade em fazer. Diz-se até que, de certo modo, a verdadeira oposição se faz dentro da câmara, acompanhando e fiscalizando a actividade desta.

Mas é uma situação anómala que se desenvolve à margem da Lei n.° 169/99, pois esta não atribui funções de fiscalização aos membros da câmara municipal antes os considera como elementos do órgão executivo.

Curiosamente, no entanto, esta função é, porém, acolhida pelo estatuto da oposição que confere aos vereadores municipais[134] sem pelouro e sem outras formas de responsabilidade directa e imediata (os vereadores da oposição) a titularidade dos direitos de oposição (n.° 2 do artigo 3.° da Lei n.° 24/98, de 3 de Maio).

No entanto, a função dos vereadores da oposição também não é fácil, pois exercem as suas funções a título gratuito e não dispõem em regra de meios para exercer uma função de acompanhamento e fiscalização (não têm pessoal de apoio nem sequer, por vezes instalações). E se é verdade que a lei obriga os presidentes da câmara a disponibilizar a todos os vereadores espaço físico, meios e apoio pessoal necessários ao exercício do respectivo mandato (artigo 73.°, n.° 5 da Lei n.° 169/99) o certo é que frequentemente tal não sucede e as instalações e apoio acabam por ser concedidos apenas aos vereadores que exercem funções a tempo inteiro ou a meio tempo.

Repare-se que, por via desta fiscalização dentro da câmara e dentro da assembleia, o presidente da câmara e a maioria que o acompanha estão sujeitos a uma dupla fiscalização. A situação agrava-se ainda quando o presidente não dispõe de maioria absoluta dentro da câmara. Nesse caso os vereadores podem formar, desde que se entendam para o efeito, uma maioria diferente da do presidente, criando uma situação estranha. São maioria mas não dominam o executivo, pois o chefe deste opõe-se-lhes. Cria-se uma situação de conflito de resolução difícil. A prática política tem demonstrado que estas situações têm sido muitas vezes ultrapassadas por entendimentos que resultam de cedências mútuas. Quando o entendimento é conseguido o funcionamento da câmara deixa de ser muitas vezes o de uma relação de maioria – oposição, mas algo que se assemelha mais a um governo de coligação[135]. Há ainda uma outra via, ainda que mais complicada, para ultrapassar estas dificuldades que é a de entendimentos pontuais.

---

[134] Já não aos vogais da junta de freguesia.

[135] Repare-se, no entanto, que pode haver forças políticas que ficaram fora do entendimento e essas assumem então o papel de oposição.

c) *O peso do executivo local e o presidencialismo municipal*

Por sua vez, dentro da câmara o presidente assume um papel central[136], também à semelhança do governo da república ou do governo das regiões autónomas.

Esse papel resulta não só da eleição directa como dos poderes que a lei ordinária lhe atribui. Um dos poderes mais importantes, para além do de estabelecer a ordem do dia das reuniões, é o de não só decidir sobre a existência de vereadores em regime de tempo inteiro e meio tempo, como fixar o seu número dentro dos limites legais (um, nos municípios com 20.000 eleitores ou menos, dois, nos municípios entre 20.001 eleitores e menos de 100.000, três, nos municípios com 100.000 eleitores ou mais e quatro, nos municípios de Lisboa e Porto). Este número pode ser aumentado por deliberação da câmara municipal, sob proposta do presidente (artigo 58.° da Lei n.° 169/99). Os poderes do presidente nesta matéria não terminam aqui, cabendo-lhe escolher livremente, dentro do número estabelecido, os vereadores a tempo inteiro e meio tempo e fixar as respectivas funções. Mesmo em câmaras onde não tenha maioria é o presidente quem nomeia os vereadores a tempo inteiro ou meio tempo e lhes fixa funções, tendo também o poder de pôr termo a essa nomeação e fixação de funções.

A proeminência do presidente da câmara resulta ainda do facto de a lei estabelecer que este é coadjuvado pelos vereadores no exercício da sua competência e no da própria câmara, podendo incumbi-los de tarefas específicas. Pode também delegar ou subdelegar nos vereadores o exercício da sua competência própria ou delegada. Os vereadores têm a obrigação de dar conta ao presidente sobre o desempenho das tarefas de que tenham sido incumbidos (artigo 69.° da Lei n.° 169/99).

Tudo isto permite falar de um "presidencialismo municipal" (ocorre um fenómeno semelhante nas freguesias) que a prática política se tem encarregado de reforçar.

Esse "presidencialismo municipal" não é uma particularidade portuguesa encontrando-se igualmente nas autarquias dos países que nos estão mais próximos, seguindo-se aqui também a tendência que existe a nível nacional para o presidencialismo de primeiro-ministro.

É exactamente na França, país em que o "maire" é escolhido pelo órgão deliberativo ("conseil municipal") e em que se poderia esperar, pelo

[136] O mesmo sucede dentro da junta de freguesia.

menos, um equilíbrio de poderes entre o poder da assembleia representativa e o poder do órgão executivo que se fala abertamente do "peso do executivo local" e do "presidencialismo municipal"[137].

V – BREVE CONCLUSÃO

A democracia local, que deve ainda hoje ser considerada uma "escola de democracia" no sentido que A. de Tocqueville e J. S. Mill lhe davam, manifesta-se por diversas formas no direito positivo português, embora não esteja nele explicitamente consagrada ao contrário do que sucede, como dissemos, no direito francês, desde 1992.

Nesta breve conclusão, teremos em atenção, em primeiro lugar, algumas dessas manifestações apreciadas pelo lado do direito dos cidadãos e dos eleitos locais e, depois, alguns dos aperfeiçoamentos que devem ser introduzidos, porque a democracia nunca é um projecto acabado.

Os cidadãos são o fundamento da democracia local e integram, em Portugal, duas autarquias locais, a freguesia e o município, possuindo actualmente, a esse título, um conjunto de direitos (que implicam quase sempre também deveres) que importa destacar e que a seguir enumeramos.

a) O direito, desde logo, de eleger as assembleia deliberativas das autarquias locais a que pertencem (assembleia municipal e assembleia de freguesia) e ainda os respectivos órgãos executivos (a câmara municipal, incluindo o seu presidente, nos municípios; e o presidente da junta, na freguesia), bem como o direito de ser eleitos, através de um processo devidamente regulado, que assegura a liberdade e a rectidão das eleições (artigo 239.° da CRP e Lei Orgânica n.° 1/2001, de 14 de Agosto).

b) O direito de tomar directamente as deliberações nas comunidades locais mais pequenas (freguesias com 150 eleitores ou menos), através do plenário dos cidadãos eleitores (artigo 245.°, n.° 2 da CRP e artigos 21.° e 22.° da Lei n.° 169/99, de 18 de Setembro).

c) O direito de criar organização de moradores, a nível de freguesias, em áreas destas (artigos 263.° a 265.° da CRP).

---

137 M. Rasèra – *La démocratie locale...*, p. 54 e ss; A. Mabileau – *Le système local en France*, 2.ª ed., 1994, p. 109 e ss.

d) O direito de votar em referendo sobre questões de relevante interesse local (artigo 240.° da CRP e Lei Orgânica n.° 4/2000, de 24 de Agosto).

e) O direito de apresentar listas para as eleições das autarquias locais, reunindo para o efeito um determinado número de proponentes; este direito estava, até há pouco tempo, reservado aos partidos políticos nas eleições para os municípios (artigo 239.° n.° 4 da CRP e artigo 16.° da Lei Orgânica n.° 1/2001, de 14 de Agosto).

f) O direito de tomar a iniciativa de propor a realização de referendos nos municípios e nas freguesias, ainda que este direito esteja actualmente dependente de deliberação concordante do órgão deliberativo da autarquia em causa (artigo 240.°, n.° 2 da CRP e artigo 10.° e ss. da Lei Orgânica n.° 4/2000, de 24 de Agosto).

g) O direito de tomar a iniciativa, que só pode ser travada por razões legais, de convocar reuniões extraordinárias das assembleias deliberativas (assembleia municipal e de freguesia) para tratar de assuntos da competência destas, devendo para o efeito reunir um determinado número de proponentes. Nestas sessões têm o direito de participar, sem direito a voto, mas podendo formular sugestões ou propostas, dois representantes dos requerentes (artigos 14.°, n.° 1, al. c) e 50.°, n.° 1, al. c), da Lei n.° 169/99, de 18 de Setembro).

h) O direito de assistir às reuniões públicas dos órgãos das autarquias locais (são públicas as reuniões dos órgãos deliberativos e os órgãos executivos devem ter pelo menos um reunião pública mensal) e de intervir nas mesmas em período reservado à intervenção do público (artigo 84.° da Lei n.° 169/99, de 18 de Setembro).

i) Os cidadãos têm ainda o direito de ser informados sobre os assuntos da comunidade local (ainda que não esteja legalmente consagrado de forma expressa, como sucede noutros países, um dever geral de informação) e têm o direito de participar na discussão a eles relativa (artigo 48.° da CRP).

Para além dos direitos dos cidadãos, importa ter ainda em conta os direitos dos eleitos locais, cujo papel é essencial para o bom funcionamento da democracia local. Assim:

i) O direito dos membros das assembleias deliberativas (assembleia municipal ou assembleia de freguesia) de obter toda a informação de que carecem sobre a actividade dos órgão executivos (câmara municipal ou junta de freguesia), que são responsáveis perante elas.

ii) O direito desses mesmos membros de propor e votar moções de censura ao respectivo órgão executivo (câmara municipal ou junta de freguesia), ainda que se entenda que a aprovação de tais moções não determina a destituição deste órgão (artigos 17.°, n.° 1, al. p) e 53.°, n.° 1, al. l) da Lei n.° 169/99, de 18 de Setembro).

iii) O direito, mesmo que não assegurado de forma satisfatória, de dispor de um estatuto e de meios que permitam o adequado funcionamento do órgão (locais, meios materiais e pessoal), nomeadamente através do apoio aos grupos de eleitos, particularmente aos grupos municipais (Lei n.° 29/87, de 30 de Junho, com as alterações que lhe foram introduzidas).

iv) O direito de apreciar, em cada reunião ordinária das assembleias deliberativas de que fazem parte, uma informação escrita do presidente do órgão executivo (presidente da câmara ou presidente da junta de freguesia) acerca da actividade desenvolvida no período entre sessões, obrigatoriamente enviada com a antecedência mínima de 5 dias (artigos 17.°, n.° 1, al. o) e 53.°, n.° 1, al. e) da Lei n.° 169/99, de 18 de Setembro).

v) O direito de requerer a convocação de reuniões extraordinárias das assembleias deliberativas de que sejam membros, desde que o requerimento seja subscrito também por, pelo menos, 1/3 dos membros respectivos (artigo 14.°, n.° 1, al. b) e 50.°, n.° 1, al. b) da Lei n.° 169/99, de 18 de Setembro). Os órgãos executivos colegiais podem ser também convocados extraordinariamente a requerimento dos respectivos membros, exigindo-se a maioria destes para a convocação da junta de freguesia e 1/3 dos membros para a convocação da câmara municipal (artigos 32.°, n.° 1 e 63.° n.° 1 da mesma lei).

vi) Os membros dos órgãos deliberativos ou executivos das autarquias locais têm o direito de propor a inclusão na ordem do dia de assuntos que sejam da competência do órgão de que fazem parte (artigo 87.° da Lei n.° 169/99, de 18 de Setembro).

Entre os aperfeiçoamentos que devem ser introduzidos contam-se:

1) a consagração legal do dever geral de informação à população sobre os assuntos da autarquia local por parte dos órgãos representativos e alargamento da participação dos cidadãos na discussão dos respectivos assuntos.

2) A atribuição de efeito pleno à moção de censura aprovada pela assembleia deliberativa mesmo quando o órgão executivo seja eleito directamente (e, neste último caso, subsequente realização

de eleições abrangendo os dois órgãos, tal como sucede actualmente em Itália).

3) Uma composição mais operacional das assembleias municipais, com exclusão da integração dos presidentes de junta de freguesia ou, pelo menos, diminuição do respectivo número, nos municípios que têm muitas freguesias.

4) A atribuição aos grupos municipais dos meios necessários (locais e pessoal) para exercer devidamente as suas funções.

5) O direito de iniciativa dos cidadãos em matéria de referendo local que só deverá ser travado por ilegalidade e não por deliberação, baseada em razões de mera oportunidade, tomada pela assembleia deliberativa.

6) A câmara municipal, como órgão executivo, deverá ter uma composição mais homogénea, excluindo-se a presença, dentro dela, de membros da oposição ou, pelo menos, evitando que estes possam constituir maioria.

7) Deve ser abolido o princípio da uniformidade na organização das autarquias locais, possibilitando a adaptação à diversidade que resulta das diferenças de população, território e número de freguesias (no caso dos municípios).

A apreciação que fazemos da situação actual e os aperfeiçoamentos sugeridos representam apenas um pequeno contributo para o trabalho que precisa de ser feito sobre o estudo da organização e funcionamento da democracia local em Portugal. Só a realização de trabalhos baseados na experiência destes últimos quase trinta anos possibilitará tirar conclusões sobre os aspectos positivos e negativos, permitindo apresentar soluções mais adequadas.

FONTES DO DIREITO E PROCEDIMENTO LEGISLATIVO NA REPÚBLICA DEMOCRÁTICA DE TIMOR-LESTE

ALGUNS PROBLEMAS

FORBELA PIRES
Assistente da Faculdade de Direito da Universidade de Lisboa

ABREVIATURAS

ABP	– Autoridade Bancária e de Pagamentos de Timor-Leste;
CRP	– Constituição da República Portuguesa;
CRDTL	– Constituição da República Democrática de Timor-Leste;
DL	– Decreto-lei
JR	– Jornal da República Democrática de Timor-Leste;
PN	– Parlamento Nacional;
RDTL	– República Democrática de Timor Leste;
UNMISET	– United Nations Mission of Support in East Timor;
UNTAET	– United Nations Transitional Administration in East Timor/ Administração Transitória das Nações Unidas em Timor-Leste;

INTRODUÇÃO

"A land of amazing variety, of crumbling Portuguese churches, misty mountains, pristine reefs, translucent seas rich with fish, and an inspiring people who wouldn't accept anything less than an independent homeland[1]", é a apresentação do novo e primeiro guia *Lonely Planet* dedicado a Timor-Leste, publicado em Novembro de 2004. Por esta altura, o I Governu Konstitusional Repúblika Demokrátika Timór Leste nian[2] aprovava a proposta de Lei relativa à criação do Conselho de Estado e, no final do mesmo mês, acontecia o fenómeno de Tasi-tolu[3], que originou evidentemente notícia: "Aparição em Tacitolo[4] ou mera ilusão de óptica? – «Nossa Senhora não aparece de qualquer maneira, como no cinema ou no filme» afirma o Bispo de Díli(...)[5]. Particularidades de um país onde vários idiomas convivem de modo surpreendente: "Obrigado" tanto é destino de táxi[6]

---

[1] www.lonelyplanet.com

[2] I Governo Constitucional da República Democrática de Timor-Leste, em tétum.

[3] Nome pelo qual é conhecida a zona periférica no limite Oeste da cidade de Díli. Tasi-tolu significa literalmente "os três mares" (tasi = mar e tolu = três) ou, neste caso, as três lagoas que se formam na mesma zona.

[4] Sic. A redacção utilizada não está de acordo com o padrão oficial do tétum, tal como aprovado pelo Decreto n.° 1/2004, de 14 de Abril.

[5] Jornal Nacional Semanário, n.° 46, de 4 de Dezembro de 2004, página 7.

[6] As instalações da UNMISET em Díli são designadas por "Obrigado barracks". Embora a expressão se refira às "casernas", ela evoluiu para uma outra que, em tétum, significa apenas "Muito obrigado" ou seja "Obrigado barak".

como agradecimento, mulheres "malae"[7] são brindadas com um asfixiante "Hello Missus"[8], mora-se em "pantai kelapa"[9]ou no bairro do farol e vai-se à praia do dólar.

É sobre este material cultural e linguístico que vai nascendo o direito para o Estado de Direito em Timor-Leste. A par das antigas heranças, das penas do passado recente e das opções do novo país, a presença dos funcionários públicos do mundo[10] e de consultores *ad hoc* revela-se intensamente sobre o sistema jurídico, gerando dificuldades, no mínimo, peculiares.

No que respeita às fontes do direito, o sistema jurídico-constitucional adoptado, bem como as leis que se dedicam a este tema[11] atribuem à *lei* um papel preponderante. Sem prejuízo das referências às demais fontes, muitos dos problemas que se irão descrever tomam como padrão os aspectos atinentes à criação de actos legislativos ou à relação da *lei* com as outras fontes.

Para bem compreender os meios de criação e revelação do direito da *mais nova nação do mundo* é fundamental tomar contacto com aqueles aspectos do sistema jurídico-constitucional que, propositadamente ou não, têm incidência na matéria. Outros haverá merecedores de afecto, mas estes não deixarão de obter consenso. São eles: uma espécie de essencial sobre as funções, órgãos e actos do Estado, uma passagem sobre a importante problemática da língua e suas repercussões na criação do direito legislado, a análise das regras sobre a repartição da competência legislativa entre o Parlamento Nacional e o Governo e uma breve descrição do sistema de fiscalização da constitucionalidade das normas. Segue-se a análise de alguns problemas relativos à identificação do *direito anterior*.

Na parte relativa às fontes propriamente ditas existem imperativos constitucionais em matéria de direito internacional e de direito consuetudinário, embora o regime dos actos legislativos e demais actos normativos

---

7 "Malae" significa "estrangeiro".

8 "Hello Missus: a girl's own guide to foreign affairs" é o título do romance autobiográfico da australiana Lynne Minion, publicado em Janeiro de 2004, que revela aspectos da sua passagem por Timor-Leste ao serviço das Nações Unidas.

9 "Praia dos coqueiros" em bahasa indonésio.

10 Expressão utilizada em meios reservados para designar o pessoal contratado pelas várias instituições e missões das Nações Unidas.

11 V. Lei n.° 1/2002, de 7 de Agosto, relativa à *publicação dos actos*, Lei n.° 2/2002, de 7 de Agosto, sobre a *interpretação do direito vigente a 19 de Maio de 2002* e a Lei n.° 10/2003, de 10 de Dezembro, sobre a *interpretação do artigo 1.° da Lei n.° 2/2002, de 7 de Agosto e fontes do direito.*

e não normativos seja escasso e lacunoso. O regime destes actos terá que construir-se a partir das poucas regras existentes e das práticas que, no dia a dia, vêm sendo adoptadas.

Finalmente, deixam-se algumas notas sobre o procedimento legislativo no âmbito do Governo, tendo especialmente em consideração o regimento do Conselho de Ministros de Timor-Leste[12].

E porque todo o jurista traz consigo uma forma de ver o mundo, a nota comparativa estará também presente ao longo desta exposição.

"This is your ticket to a brand-new journey[13]".

I. FONTES DO DIREITO

II.1. **Opções fundamentais do sistema**

II.1.1. ***Aspectos gerais da Constituição timorense***

A Constituição timorense encontra-se dividida em sete partes. A primeira parte respeita aos princípos fundamentais e contempla as regras identificadoras de Timor-Leste enquanto nação independente: A República Democrática de Timor-Leste *é um Estado de Direito democrático, soberano, independente e unitário, baseado na vontade popular e no respeito pela dignidade da pessoa humana*[14]. *O povo exerce o poder político através do sufrágio universal, livre, igual, directo, secreto e periódico*[15] e o Estado *reconhece e respeita as diferentes confissões religiosas*[16]. É também na parte dos princípios fundamentais que se encontram as regras relativas à cidadania, ao território, aos objectivos do Estado, às relações internacionais, às línguas oficiais, à bandeira nacional, entre outras regras não menos importantes.

Segue-se a parte relativa aos direitos, deveres, liberdades e garantias fundamentais. Esta parte é bastante extensa e está, por sua vez dividida, em três títulos. O primeiro trata dos princípios gerais, o segundo dos direitos, liberdades e garantias pessoais e o terceiro dos direitos e deveres eco-

---

12 Resolução do Governo n.° 1/2002, de 14 de Novembro.

13 www.lonelyplanet.com

14 N.° 1 do artigo 1.° da CRDTL.

15 N.° 1 do artigo 7.° da CRDTL.

16 N.° 1 do artigo 12.° da CRDTL.

nómicos sociais e culturais. Quer o regime dos direitos fundamentais, quer o seu elenco, são claramente inspirados na Constituição portuguesa. Por exemplo, o importantíssimo regime previsto no artigo 24.° sobre as leis restritivas dos direitos, liberdades e garantias é semelhante ao do artigo 18.° da Constituição portuguesa. Outra semelhança está no artigo 23.° que se refere reconhecimento dos direitos fundamentais constantes da lei, impondo que todos sejam interpretados em consonância com a Declaração Universal dos Direitos do Homem[17]. Há, por outro lado, diferenças que resultam da específica situação timorense. É o caso, por exemplo, do estabelecido no n.° 4 do artigo 54.°, segundo o qual só os cidadãos nacionais têm direito à propriedade privada da terra. É também nesta parte que se prevê, no artigo 27.°, a criação do Provedor dos Direitos Humanos e Justiça.

A parte relativa à organização do poder político está também subdividida. Primeiro trata-se dos princípios gerais, depois do Presidente da República, seguido do Parlamento Nacional, depois do Governo, ao qual se seguem os títulos relativos aos tribunais e à administração pública. Também aqui se verificam enormes semelhanças com o sistema constitucional português. Os órgãos de soberania são o Presidente da República, o Parlamento Nacional, o Governo e os tribunais[18], observando-se o princípio da separação e interdependência dos poderes[19]. As funções do Estado são repartidas pelos órgãos de soberania, cabendo a função política ao Presidente da República, ao Parlamento Nacional e ao Governo, a função legislativa ao Parlamento Nacional e ao Governo, a função executiva ao Governo e a função jurisdicional aos tribunais. O sistema de Governo é semi-presidencialista: o Presidente da República é o Chefe do Estado[20], sendo eleito por sufrágio universal e directo[21]. O Presidente pode, em certas condições, dissolver o Parlamento Nacional, demitir o Governo e exonerar o Primeiro-Ministro[22]. Em matéria de actos legislativos, o Presidente

---

[17] A regra da Constituição portuguesa correspondente é o artigo 16.°. O conteúdo dos dois artigos não é coincidente: o artigo 16.° da CRP refere-se também aos direitos fundamentais constantes de regras de direito internacional e, no n.° 2, impõe que não apenas a interpretação, como também a integração dos preceitos constitucionais e legais seja feita de acordo com a Declaração Universal dos Direitos do Homem.

[18] V. artigo 67.° da CRDTL.

[19] V. artigo 69.° da CRDTL.

[20] V. artigo 74.° da CRDTL.

[21] V. artigo 76.° da CRDTL.

[22] V. alíneas f) e g) do artigo 86.° da CRDTL.

tem competência para *promulgar os diplomas legislativos e mandar publicar as resoluções do Parlamento Nacional que aprovem acordos e ratifiquem tratados e convenções internacionais*[23], *exercer o direito de veto relativamente a qualquer diploma legislativo*[24] *e requerer ao Supremo Tribunal de Justiça a apreciação preventiva e a fiscalização abstracta da constitucionalidade das normas, bem como a verificação da inconstitucionalidade por omissão*[25]. Como notas particulares não pode deixar de notar-se o texto do juramento previsto no n.° 3 do artigo 77.°[26] e ainda o facto de o Presidente responder perante o Supremo Tribunal de Justiça pela *violação clara e grave das suas obrigações constitucionais*[27].

O Parlamento Nacional é *o órgão representativo de todos os cidadãos timorenses com poderes legislativos, de fiscalização e de decisão política*[28]. Os deputados são também eleitos por sufrágio directo e universal[29]. Relativamente à criação de actos legislativos, o n.° 1 do artigo 95.° estabelece a regra segundo a qual *compete ao Parlamento Nacional legislar sobre as questões básicas da política interna e externa do país*[30]. O n.° 2 do mesmo artigo contém um elenco de matérias cuja competência para legislar é exclusiva do Parlamento Nacional e o artigo 96.° prevê o mecanismo das autorizações legislativas. Nas matérias previstas no n.° 1 deste último artigo, o Parlamento Nacional pode autorizar o Governo a legislar. Presume-se então que tais matérias estão também incluídas na esfera de competência reservada ao Parlamento Nacional, apesar de tal reserva não se encontrar ali expressamente afirmada[31]. Na Constituição timorense está também consagrado o instituto da apreciação parlamentar

---

[23] Alínea a) do artigo 85.° da CRDTL.

[24] Alínea c) do artigo 85.° da CRDTL. Esta alínea refere que o exercício do direito de veto deve ocorrer no prazo de trinta dias a contar da recepção do diploma. Porém, no artigo 88.°, relativo em particular à promulgação e veto, encontram-se dois prazos: o prazo de trinta dias para os diplomas recebidos do Parlamento Nacional e o prazo de quarenta dias, para os diplomas recebidos do Governo (v. n.° 4).

[25] Sic. Alínea e) do artigo 85.° da CRDTL.

[26] O texto é o seguinte: *Juro, por Deus, pelo Povo e por minha honra, cumprir com lealdade as funções em que sou investido, cumprir e fazer cumprir a Constituição e as leis e dedicar todas as minhas energias e capacidades à defesa e consolidação da independência e da unidade nacionais.*

[27] Parte final do n.° 2 do artigo 79.° da CRDTL.

[28] Artigo 92.° da CRDTL.

[29] V. artigo 93.° da CRDTL.

[30] N.° 1 do artigo 95.° da CRDTL.

[31] V. *infra* II.1.3.

de diplomas legislativos do Governo, previsto no artigo 98.°[32]. De acordo com este artigo, os *diplomas legislativos do Governo, salvo os aprovados no exercício da sua competência legislativa exclusiva, podem ser submetidos a apreciação do Parlamento Nacional, para efeitos de cessação de vigência ou de alteração*[33].

O Governo é o órgão responsável pela *condução e execução da política geral do país e o órgão superior da Administração Pública*[34]. O Primeiro-Ministro é nomeado pelo Presidente da República, de acordo com os resultados das eleições para o Parlamento Nacional, sendo os restantes membros do Governo propostos pelo Primeiro-Ministro[35]. O Governo responde, consequentemente, perante o Presidente da República e o Parlamento Nacional[36]. No que respeita aos actos legislativos, não existe uma regra que expressamente atribua ao Governo a competência geral para a sua criação. Apenas o n.° 3 do artigo 115.° da Constituição se refere a uma *exclusiva competência legislativa do Governo,* após consagrar um conjunto de competências de natureza não legislativa, vindo depois a alínea d) do artigo 116.° esclarecer que compete ao Conselho de Ministros *aprovar os diplomas legislativos, bem como os acordos internacionais não submetidos ao Parlamento Nacional*[37-38].

Aos tribunais compete a administração da justiça, sendo independentes com sujeição apenas à Constituição e à lei[39]. Aos tribunais é vedado *aplicar normas contrárias à Constituição ou aos princípios nela consagrados*[40]. O Supremo Tribunal de Justiça é o mais alto órgão da hierarquia dos tribunais judiciais, tendo também competências em matéria jurídico-constitucional e eleitoral[41]. O título relativo aos tribunais contém ainda disposições essenciais sobre o Ministério Público[42] e sobre o exercício da advocacia[43]. Já o título VI, relativo à administração pública, apenas tem um artigo.

---

32 Este regime corresponde ao previsto actualmente no artigo 169.° da CRP, anteriormente designado por *ratificação dos decretos-leis* (sic).

33 N.° 1 do artigo 98.° da CRDTL.

34 Artigo 103.° da CRDTL.

35 V. artigo 106.° da CRDTL.

36 V. artigo 107.° da CRDTL.

37 Alínea d) do artigo 116.° da CRDTL.

38 V. *infra* II.1.3.

39 V. n.° 1 do artigo 118.° e artigo 119.° da CRDTL.

40 Artigo 120.° da CRDTL.

41 V. artigo 124.° da CRDTL.

42 V. artigos 132.° a 134.° da CRDTL.

43 V. artigos 135.°e 136.° da CRDTL.

A parte IV da Constituição dispõe sobre organização económica e financeira. Encontram-se aqui, por exemplo, a disposição relativa à criação do banco central nacional[44], as normas sobre o sistema fiscal[45] e o orçamento geral do Estado[46].

A parte relativa à defesa e segurança nacionais prevê a criação de um Conselho Superior de Defesa e Segurança, órgão consultivo do Presidente da República para os assuntos relativos à defesa e soberania[47].

A parte VI, sobre garantia e revisão da Constituição contém o sistema de fiscalização da constitucionalidade, fazendo intervir o Presidente da República em sede de fiscalização preventiva[48] e, em sede de fiscalização sucessiva abstracta, o Presidente da República, o Presidente do Parlamento Nacional, o Procurador-Geral da República, o Primeiro-Ministro, um quinto dos deputados e o Provedor dos Direitos Humanos e Justiça[49]. A decisão cabe sempre ao Supremo Tribunal de Justiça. Seguem-se as regras relativas à revisão constitucional.

Na parte consagrada às disposições finais e transitórias importam especialmente aqui as regras sobre línguas de trabalho[50] e o direito anterior[51]. Quanto ao direito anterior, há uma distinção importante entre as leis gerais e os tratados e acordos. A solução é a da não vigência automática dos tratados ou acordos celebrados antes da entrada em vigor da Constituição, em particular a afirmação expressa de que não são reconhecidos os actos relativos a certos recursos naturais, salvo confirmação pelas autoridades competentes do país[52]. Esta solução prende-se sobretudo com os actos relativos à exploração dos recursos petrolíferos no mar de Timor. Relativamente à problemática das línguas, ela será abordada já de seguida.

---

[44] V. artigo 143.° da CRDTL. Neste momento, as funções de banco central são exercidas pela Autoridade Bancária e de Pagamentos de Timor-Leste (ABP), cujo regime é o do Regulamento da UNTAET n.° 2001/30, de 30 de Novembro. Os trabalhos tendentes à criação do Banco Central e aprovação da sua lei orgânica estão bastante avançados.

[45] V. artigo 144.° da CRDTL.

[46] V. artigo 145.° da CRDTL.

[47] V. artigo 148.° da CRDTL. O Governo apresentou, em Dezembro de 2004, uma proposta de Lei ao Parlamento Nacional sobre o Conselho Superior de Defesa e Segurança. Esta proposta foi aprovada em Fevereiro de 2005.

[48] V. artigo 149.° da CRDTL.

[49] V. artigo 150.° da CRDTL.

[50] V. artigo 159.° da CRDTL.

[51] V. artigo 165.° da CRDTL.

[52] V. artigo 158.° da CRDTL e *infra* II.2.

II.1.2. *Línguas oficiais e línguas de trabalho*

II.1.2.1. *Imperativos constitucionais*

O *tétum e o português são as línguas oficiais da República Democrática de Timor-Leste*[53]. Embora contestada por alguns, seja por razões práticas ou por incompreensão da identidade nacional timorense, a opção do novo Estado é clara no n.° 1 do artigo 13.° da Constituição. No mesmo artigo é declarada a necessidade de valorizar e desenvolver as línguas nacionais[54]. Ou seja, as línguas nacionais, específicas de Timor-Leste, não assumem todas o estatuto de línguas oficiais. De entre elas, apenas o tétum tem tal estatuto.

Ao tétum não correspondia, à partida, apenas um modo de falar ou uma forma de escrever o que levou à uniformização ortográfica e ao estabelecimento dos demais padrões da língua. O Decreto n.° 1/2004, de 14 de Abril, veio adoptar o *Padrão Ortográfico do Tétum Oficial*, desenvolvido pelo Instituto Nacional de Linguística da Universidade Nacional de Timor-Leste. Declara-se ali que *a variedade do tétum afirmada como língua oficial é o Tétum Oficial, uma forma literária moderna do vernáculo mais comum no país, baseado no Tétum-Praça*[55]. De acordo com o mesmo decreto, o *Padrão Ortográfico do Tétum Oficial* deve ser seguido *no sistema geral de educação, nas publicações oficiais e na comunicação social*[56]. O decreto tem ainda outras regras sobre a utilização do *Tétum Oficial* e do português, na iconografia e sinalização públicas[57].

O legislador constituinte reconheceu também espaço, embora com carácter transitório, à utilização de outras línguas, conferindo-lhes o estatuto de línguas de trabalho. A regra faz parte das disposições transitórias da Constituição, mais precisamente do artigo 159.°. Nele se afirma que a *língua indonésia e a inglesa são línguas de trabalho em uso na administração pública a par das línguas oficiais, enquanto tal se mostrar necessário*.

Muito haveria para dizer sobre o chamado "problema da língua" em Timor-Leste. O papel da língua portuguesa parece ser simultaneamente o

---

53 N.° 1 do artigo 13.° da CRDTL.

54 N.° 2 do artigo 13.° da CRDTL.

55 N.° 2 do artigo 2.° do Decreto n.° 1/2004, de 14 de Abril.

56 N.° 1 do artigo 3.° do Decreto n.° 1/2004, de 14 de Abril.

57 N.° 2 do artigo 3.° do Decreto n.° 1/2004, de 14 de Abril.

de língua de contacto exterior e o de fonte para vocábulos em falta no idioma tétum. Quanto a este, não é demais salientar a necessidade de usar como *oficial* uma variedade efectivamente compreendida pelos timorenses, ainda que em detrimento do rigor e da lógica. Se foi esta ou não a solução adoptada é matéria que merece a atenção e o cuidado dos especialistas.

II.1.2.2. *Aprovação do padrão ortográfico da língua tétum através de Decreto do Governo*

O direito trabalha com palavras[58], e o acima exposto tem enormes repercussões na construção do sistema jurídico timorense. Um primeiro problema jurídico respeita à aprovação do padrão ortográfico da língua tétum, pelo Governo, através de Decreto.

Sem prejuízo de considerações ulteriores sobre a tipologia dos actos e sobre a repartição de competências entre o Parlamento Nacional e o Governo, o Decreto n.° 1/2004, de 14 de Abril, padece de duas inconstitucionalidades, uma orgânica, outra formal *stricto sensu*.

Ao adoptar um padrão para a língua oficial, este decreto veio rejeitar outras variantes da língua, sendo certo também que pretende obrigar, não apenas a Administração, mas também terceiros. A imposição é directamente imposta sobre o *sistema geral de educação,* que incluirá o ensino público e o ensino privado, e sobre a comunicação social. Não se trata, portanto, de mera autovinculação da Administração. Note-se também que o decreto invoca directamente, quer no preâmbulo, quer na habilitação do diploma, as normas constitucionais sobre a matéria.

Estes elementos conduzem-nos à verdadeira natureza do acto. Tudo apontando sentido de se tratar de um acto legislativo, cujo objecto é a língua oficial. Mas qual será o órgão do sistema constitucional timorense com competência para legislar nesta matéria?

A competência legislativa encontra-se, como referido, atribuída ao Parlamento Nacional e ao Governo[59]. Existem matérias relativamente às quais a competência para legislar é exclusivamente atribuída a um destes órgãos, sendo a reserva parlamentar sensivelmente mais vasta do que a reserva de competência legislativa do Governo, que apenas respeita à sua organização e funcionamento e à *administração directa e indirecta do*

[58] Que, em tétum são *liafuan* ou, à letra, os frutos da língua.

[59] Este tema é desenvolvido *infra* em II.1.3.

Estado[60]. No caso do Parlamento Nacional, a reserva incide sobre as matérias expressamente referidas no artigo 95.° da Constituição (com o n.° 1 a determinar a competência do parlamento para todas as *questões básicas da política interna e externa do país*[61]) e também sobre as do n.° 1 do artigo 96.° da Constituição, já que este prevê uma autorização ao Governo para legislar. Em qualquer dos casos, as línguas oficiais não constam do elenco e também não parece de incluí-las na cláusula geral do n.° 1 do artigo 95.°. A definição da língua ou da variante oficial da língua parece ser mais do que uma transitória *questão básica de política interna.* Ela é uma *questão* essencial do Estado, um elemento caracterizador. Também no n.° 1 do artigo 156.° da Constituição, que se refere aos limites materiais de revisão constitucional, não é feita referência às línguas oficiais.

Significa então que não só Governo pode livremente legislar sobre a padronização e utilização das línguas oficiais, como também pode o Parlamento Nacional, em lei de revisão constitucional, alterar o conteúdo do artigo 13.°, mudando as línguas oficiais do país, sem lesar a sua identidade constitucional? A resposta deve ser negativa.

As opções relativas à língua representam um dos pilares essenciais da identidade nacional e, por isso mesmo, o artigo 13.° está sistematicamente inserido na Parte I da Constituição, reservada aos *princípios fundamentais*. O artigo 13.° é ladeado por duas outras normas que caracterizam o sistema jurídico-constitucional timorense: a relação entre o Estado e as confissões religiosas, no artigo 12.°, e os símbolos nacionais, no artigo 14.°. O carácter essencial e identificador da nação, assumido pela língua, conduz à defesa da sua integração na reserva parlamentar de competência. O n.° 1 do artigo 95.° da Constituição fundamenta até um argumento de maioria de razão: a língua suplanta as *questões básicas da política interna e externa do país,* ela é pressuposto ou elemento desse *país*. Mas mais, a definição das línguas oficiais deve também integrar-se no conjunto dos limites materiais implícitos de revisão constitucional. E é por todas estas razões que, mesmo na falta de uma reserva de competência expressamente consagrada, é possível afirmar que há regras implícitas e princípios constitucionais que apontam para a sua existência e que, sendo violados, geram inconstitucionalidade[62]. Quando o Governo legisla em matéria de línguas

60 N.° 3 do artigo 115.° da CRDTL.

61 N.° 1 do artigo 95.° da CRDTL.

62 V. artigo 120.° da CRDTL que corresponde ao artigo 204.° da CRP. Na Constituição timorense não existe definição geral de inconstitucionalidade como a prevista no n.° 1 do artigo 277.° da Constituição portuguesa.

oficiais, nomeadamente adoptando um padrão para a língua, está a invadir a competência parlamentar, sendo o seu acto ferido de inconstitucionalidade orgânica.

No caso, o Governo agiu através de decreto, forma também inadequada para a natureza legislativa do acto. Com efeito, no sistema jurídico timorense, a forma de decreto respeita a actos de natureza regulamentar[63]. A Constituição não se pronuncia directamente sobre a tipologia dos actos, mas os decretos são efectivamente reconhecidos como categoria autónoma na Lei n.° 1/2002, de 7 de Agosto, relativa à *publicação dos actos*. Na alínea e) do n.° 2 do artigo 5.° desta lei determina-se a publicação na 1.ª série do *Jornal da República* dos decretos do Governo, o n.° 5 do artigo 6.° estabelece a sua numeração distinta e o artigo 12.° consagra o seu formulário: *"O Governo decreta, ao abrigo do previsto no artigo... da Lei n.°... – ou do Decreto-Lei n.°..., conforme os casos –, para valer como regulamento, o seguinte:"*.

Ora, o Decreto n.° 1/2004, de 14 de Abril, não veio regulamentar um acto legislativo, como seria normal, mas a própria Constituição, invocando, por isso, a alínea p) do n.° 1 do artigo 115.°[64] que se refere, no âmbito das competências gerais[65] do Governo, a *quaisquer outras competências que lhe sejam atribuídas pela Constituição ou pela lei*[66], e *inovando* verdadeiramente no ordenamento jurídico ao impor essa solução a toda a Administração e a terceiros. E, porque a forma está ligada ao procedimento, o acto não foi submetido a promulgação por parte do Presidente da República, por esta incidir sobre os *diplomas legislativos* oriundos do Parlamento Nacional e do Governo[67], nem pôde ser sujeito ao mecanismo da apreciação parlamentar[68].

A inadequação formal e, consequentemente, procedimental levam também à inconstitucionalidade do acto.

---

[63] A noção de decreto não é coincidente com a existente no direito português em que o decreto é a forma dos actos de aprovação, pelo Governo, de acordos internacionais (v. n.° 2 do artigo 197.° da CRP), sem prejuízo de o decreto ser também a forma comum dos actos intercalares do procedimento legislativo.

[64] O número do artigo 115.° está omisso, mas a alínea p) só existe no n.° 1.

[65] Não legislativas.

[66] Alínea p) do n.° 1 do artigo 115.° da CRDTL.

[67] V. alínea a) do artigo 85.° e sobretudo os n.°s 1 e 4 do artigo 88.° da CRDTL.

[68] Previsto no artigo 96.° da CRDTL. A menos que a interpretação da regra constitucional vá no sentido de atribuir relevância ao conteúdo dos actos do Governo, em detrimento da sua forma.Só assim o PN poderá invocar a sua legitimidade para apreciar um decreto do Governo.

II.1.2.3. *Tradução jurídica*

Ainda em matéria de idiomas, a pluralidade linguística tem provocado problemas sensíveis de tradução jurídica no procedimento legislativo e no sistema judiciário.

De acordo com o disposto no artigo 3.° da Lei n.° 1/2002, de 7 de Agosto, pretende-se que o *Jornal da República* seja publicado em ambas as línguas oficiais, devendo as versões portuguesa e tétum ser publicadas lado a lado e, em caso de divergência entre os textos, prevalece a versão portuguesa.

Em termos práticos, actualmente, no Conselho de Ministros, bem como no Parlamento Nacional, os diplomas são aprovados em língua portuguesa. Tendo em conta as actuais condições sociais de compreensão da língua portuguesa, quer pelo público em geral, quer mesmo pelos profissionais do direito, além da imposição legal, a questão da tradução das leis para tétum deve ser tratada como pioritária.

E aqui são patentes duas dificuldades: a primeira de compreensão da redacção jurídica portuguesa, que necessita de ser combatida quer através do aumento e da formação das equipas de tradutores actualmente existentes quer, correspondentemente, da divulgação junto dos autores materiais dos projectos da necessidade de utilizarem linguagem simples, despretensiosa e que evite o uso excessivo de orações relativas e de vocábulos pouco conhecidos.

A segunda dificuldade é a da necessidade de criação e consolidação de um vocabulário jurídico em tétum, de modo a evitar que a um mesmo conceito português venham a corresponder traduções diversas, criando um sistema afinal incompreensível. Há também a considerar a integração do vocabulário jurídico, nos casos em que não seja possível encontrar a palavra adequada na língua nacional.

A isto há que aditar os problemas trazidos pela utilização das línguas de trabalho na redacção dos diplomas. A que frequentemente causa problemas ao procedimento legislativo é a língua inglesa. Os projectos que são originariamente redigidos em inglês com o estilo de redacção típico do *common law*, seguidos de uma tradução para língua portuguesa, com vista à sua submissão ao órgão de aprovação, dão origem a verdadeiras *missões impossíveis*. Os resultados deste método são sem excepção inaceitáveis, variando entre articulados totalmente incompreensíveis e outros perceptíveis, mas com uma linguagem inadequada e não jurídica[69]. Juntam-se

69 Vejam-se alguns exemplos na legislação vigente, em matérias tão importantes quanto o estatuto da ABP, o Código Laboral e o estatuto da função pública:

também os inevitáveis problemas de estilo e de coordenação. É frequente a pretensão de regular integralmente não apenas o objecto do diploma mas todos os aspectos que com ele se relacionam, esquecendo-se as soluções gerais que constam das leis já existentes[70], precisamente em virtude

---

No Regulamento da UNTAET n.° 30/2001, de 30 de Novembro, sobre a ABP, encontramos as seguintes traduções: *official of a ministry*, como *oficial de um ministério* (artigo 20.°); *a member of the Governing Board shall be removed (...) if he or she (...) has been found (...) to have engaged in illegal activity or serious misconduct in office* como *um membro do Conselho de Direcção será destituído (...) se o membro (...) ter sido constatado (...) o seu envolvimento em actividade ilegal ou má conduta grave no desempenho do cargo* (alínea e) do artigo 21.°).

No Regulamento da UNTAET n.° 2002/5, de 1 de Maio, sobre a Criação de um Código Laboral para Timor-Leste, existem também vários problemas de concepção e tradução. As licenças de maternidade chegam a ser traduzidas por *férias* por confusão com a palavra inglesa *leave* (v. artigo 11.19 e 11.20) e revelam-se, mais uma vez, as dificuldades com expressões como *enforceable, claim*, entre outras. *The decision (...) shall be deemed final and enforceable* foi traduzido por *a decisão será considerada final e aplicável como se fosse uma decisão do Tribunal. If no party files a claim before de competent court*, é traduzido por *se nenhuma das partes der entrada a uma reivindicação junto do tribunal competente.*

Já, por exemplo, no estatuto da função pública, aprovado pela Lei n.° 8/2004, de 5 de Maio, os funcionários não têm direito a *férias*, mas apenas a gozar das licenças previstas no estatuto (alínea f) do artigo 49.°), sendo uma delas a *licença anual* (do inglês *annual leave* que deveria ter sido traduzido por *férias*), com a agravante, esta já não de teor linguístico, de a duração das *licenças* ser remetida para um mero decreto do Governo (v. n.° 2 do artigo 53.°).

Quanto a regras absolutamente inaceitáveis, resultantes simultaneamente de uma redacção originária em inglês e de difuldades de tradução, seguem exemplos da versão inicial de um projecto de proposta de lei sobre a actividade seguradora. Em matéria de retirada do mercado e de reclamação de créditos, a regra dispunha: *com excepção das companhias de seguros do ramo vida, nem as companhias de seguros que se retirem de Timor-Leste nem a ABP/BPA podem ser requeridas a honrar responsabilidades reclamadas por segurados que não tenham apresentado as mesmas durante um período determinado pela ABP/BPA e comunicado pela companhia de seguros que se deseja retirar através de publicação num jornal de circulação generalizada em Timor-Leste, pelo menos quatro vezes espaçadas por um intervalo não inferior a uma semana.*

Sobre os corretores *(brokers)* estabelecia-se, textualmente: *os correctores tem a obrigação de obter a apólice de seguro que seja mais adequada às necessidades de um segurado*, devendo os mesmos *ter justificativas imediatas para os fundamentos da recomendação oferecida a um potencial segurado*. Em matéria de governação interna, deveriam *ser comunicados imediatamente à ABP/BPA eventuais não cumprimentos aparentes ou concretos de responsabilidades fiduciárias por interesse pessoal ou em favor de outras pessoas*. Este projecto foi objecto de reformulação integral.

[70] Aparecem projectos que tentam definir *administração pública, ministro, companhia* (em vez de *sociedade*), *responsabilidade* (com o sentido de *competência*), criar cri-

da falta de noção de sistema, tão necessária ao pensar nos quadros mentais do *civil law*.

II.1.3. *Competência legislativa do Parlamento Nacional e do Governo*

II.1.3.1. *Competência legislativa em geral*

No sistema timorense, quer o Parlamento Nacional, quer o Governo têm competência para a aprovação de actos legislativos. Estas competências encontram-se previstas nos artigos 95.° e 96.° da Constituição, quanto ao Parlamento Nacional, e nos artigos 115.° e 116.°, no tocante ao Governo. Em ambos os casos existem esferas de competência reservadas. Fora do âmbito das reservas, a afirmação de que a competência entre os dois órgãos será, por assim dizer, concorrente, requer algum esforço interpretativo.

Com efeito, o n.° 1 do artigo 95.° da Constituição determina que compete ao Parlamento Nacional *legislar sobre as questões básicas da política interna e externa do país*[71]. Esta formulação ampla e vaga aponta, numa primeira leitura, no sentido da atribuição exclusiva, ao Parlamento Nacional, da competênica legislativa geral (fora dos casos especialmente reservados ao Governo), pois mesmo a referência às *questões básicas*, por contraposição às *questões não básicas,* não é decisiva. Esta distinção poderia constituir afinal um critério para diferenciar os actos legislativos dos actos regulamentares: o parlamento aprovaria os actos legislativos[72], restando ao Governo o poder de *regulamentar* as *questões não básicas*.

Sucede assim, também, em virtude da ausência de uma norma que atribua competência legislativa (em geral) ao Governo, no elenco do artigo 115.° da Constituição. Este artigo, algo subitamente, apenas no n.° 3 prevê a aprovação de actos legislativos pelo Governo, ao abrigo de uma competência legislativa exclusiva e naturalmente específica.

Por sua vez, a alínea d) do artigo 116.°, que atribui ao *Conselho de Ministros* a competência para *aprovar os diplomas legislativos, bem como*

---

mes sem penas, formas de organização de sociedades diversas das previstas na Lei n.° 4/2004, de 21 de Abril, sobre *sociedades comerciais* e outros exemplos do género.

[71] N.° 1 do artigo 95.° da CRDTL.

[72] V. *infra* II.3.3.

os acordos internacionais não submetidos ao Parlamento Nacional[73] não é também decisiva. Primeiro porque o objectivo do artigo 116.° é o de identificar, dentro do Governo, qual o órgão competente para a prática de certos actos e não fundamentar a atribuição de competências novas ao Governo[74] e segundo, porque a "exegese da vírgula", ou, neste caso, da falta dela, só leva à conclusão de que os *não submetidos ao Parlamento Nacional,* previstos nesta alínea, são apenas os acordos internacionais, sobrando, assim, singelos, os *diplomas legislativos* que bem poderiam ser tão só os da competência exclusiva do Governo, prevista no n.° 3 do artigo 115.°.

Porém, não será este o melhor caminho. E a resposta é consequência lógica de outras regras do sistema. Resulta, desde logo, da identificação de um conjunto de matérias na área da reserva absoluta do Parlamento Nacional (n.° 2 do artigo 95.° da CRDTL). Se o Governo só pudesse legislar em matérias da sua competência exclusiva (n.° 3 do artigo 115.° da CRDTL) e em competência legislativa delegada ou autorizada (artigo 96.° da CRDTL) não faria sentido identificar como parlamentarmente *reservado* apenas uma parte de *todo o restante acervo* de matérias que podem ser objecto de acto legislativo. Mas mais. Também a consagração, no artigo 98.° da Constituição, do instituto da apreciação parlamentar revela mais do que parece. Neste tipo de sistema, a apreciação parlamentar justifica-se quando e porque o Governo legisla fora das suas competências exclusivas, tal como está, aliás, determinado no próprio artigo 98.°: são os *diplomas legislativos do Governo, salvo os aprovados no exercício da sua competência legislativa exclusiva*, que *podem ser submetidos a apreciação do Parlamento Nacional, para efeitos de cessação de vigência ou de alteração*[75]. A apreciação parlamentar que, na prática, resolve uma divergência institucional quanto ao acto legislativo em favor do Parlamento Nacional, significa que ambos, Parlamento Nacional e Governo, têm competência legislativa na matéria[76]. Finalmente, este é também o entendimento adop-

---

[73] Alínea d) do artigo 116.° da CRDTL.

[74] Este aspecto é também demonstrado pela existência de repetições nos dois artigos. Assim, a alínea a) do n.° 2 do artigo 115.° atribui ao Governo competência para *apresentar propostas de lei e de resolução ao Parlamento Nacional,* e a alínea c) do artigo 116.° esclarece que as mesmas propostas são *aprovadas* pelo Conselho de Ministros.

[75] N.° 1 do artigo 98.° da CRDTL.

[76] A não ser que a apreciação parlamentar seja suscitada com fundamento na inconstitucionalidade orgânica do diploma aprovado pelo Governo. Porém, a apreciação parlamentar não constitui um mecanismo de garantida da Constituição: nem a apreciação

tado pelos órgãos de soberania de Timor-Leste, tendo o I Governo Constitucional aprovado já decretos-lei fora da sua competência exclusiva.

O formulário dos decretos-lei, previsto no n.° 1 do artigo 10.° da Lei n.° 1/2002, de 7 de Agosto[77], suscita por isso observações. Esse formulário é o seguinte: *"O Governo decreta, nos termos do n.° 3 do artigo 115.° - ou da alínea... do n.° 1 do artigo 115.°, ou de outros que se indiquem – da Constituição da República, para valer como lei, o seguinte:"*. A referência ao n.° 3 do artigo 115.° não é de estranhar. Trata-se da competência legislativa exclusiva do Governo. Já o mesmo não pode dizer-se das alíneas do n.° 1 do artigo 115.°. Na verdade, estas alíneas referem-se a competências claramente *não legislativas* e a sua inclusão no formulário do acto legislativo pode gerar, erradamente, a convicção de que o Governo tem competência para legislar em todas as matérias relativamente às quais tem competências executivas, o que, efectivamente, não acontece, ou que só tem competência para legislar em concretização destas tarefas, o que também não é correcto.

Por exemplo, de acordo com a alínea b) do n.° 1 do artigo 115.° da Constituição, compete ao Governo *garantir o gozo dos direitos e liberdades fundamentais dos cidadãos*[78]. Tal não significa, no entanto, que o Governo possa legislar em matéria de tais direitos, pois essa competência está exclusivamente reservada ao Parlamento Nacional, na alínea e) do n.° 2 do artigo 95.° da CRDTL. Por outro lado, o no n.° 1 do artigo 115.° da CRDTL, não contempla todas as áreas de possível intervenção governativa, por isso contém até uma cláusula aberta[79].

Fundamental, por isso, é não esquecer que o formulário não pode aqui ser decisivo, além de também ele permitir a invocação de outras regras constitucionais[80]. Acima de tudo porque a ausência de uma norma

em si, nem o seu resultado (cessação de vigência ou alteração) necessitam de se fundamentar em inconstitucionalidade.

77 Este formulário não se refere aos decretos-lei aprovados no uso de autorização legislativa. Para estes o formulário é o previsto no n.° 2 do artigo 10.° da Lei n.° 1/2002, de 7 de Agosto.

78 Alínea b) do n.° 1 do artigo 115.° da CRDTL.

79 A da alínea p) do n.° 1 do artigo 115.° da CRDTL, segundo a qual o Governo pode *exercer quaisquer outras competências que lhe sejam atribuídas pela Constituição e pela lei.*

80 Mas não da alínea c) do n.° 1 do artigo 97.° da CRDTL, como sucede no Decreto-lei n.° 11/2004, de 11 de Maio. Esta referência é claramente errada. O artigo 97.° da CRDTL trata da *iniciativa de Lei* do Parlamento Nacional, estatuindo que a mesma pertence aos deputados, às bancadas parlamentares e ao Governo. Quando o Governo aprova um decreto-lei não exerce qualquer iniciativa de Lei junto do Parlamento Nacional.

sobre a competência legislativa (geral) do Governo, no artigo 115.° da Constituição, é uma imperfeição técnica e não uma solução.

II.1.3.2. *Competência reservada do Parlamento Nacional*

Não é possível proceder aqui à análise exaustiva de todas as matérias que constituem a reserva de competência legislativa do Parlamento Nacional e das múltiplas questões a elas associadas.

Tal como sucede na Constituição portuguesa, pode efectuar-se a distinção entre reserva absoluta e reserva relativa de competência legislativa do Parlamento Nacional. Porém a mesma não é referida nas epígrafes dos artigos, como sucede nos artigos 164.° e 165.° da CRP. As matérias que constituem a reserva absoluta são descritas no n.° 2 do artigo 95.° da CRDTL e as que constituem a reserva relativa no n.° 1 do artigo 96.° da CRDTL. Deixa-se, por ora, de lado o n.° 1 do artigo 95.° da CRDTL.

No elenco das matérias que constituem a reserva absoluta do Parlamento Nacional encontram-se as que se revestem de importância fundamental para o Estado timorense ou que se prendem directamente com o sistema de Governo: é o caso, por exemplo, das fronteiras[81], dos limites das águas territoriais e da zona económica exclusiva[82], dos símbolos nacionais[83], da cidadania[84], da lei eleitoral e do regime do referendo[85], dos partidos e associações políticas[86], do estatuto dos deputados e dos titulares de órgãos do Estado[87], da declaração do estado de sítio e do estado de emergência[88], da *política* de defesa e segurança[89] e do regime orçamental[90].

O mesmo artigo reserva também ao Parlamento Nacional a competência para legislar em matéria de direitos, liberdades e garantias[91], estado, capacidade das pessoas e direito da família e das sucessões[92], a divisão ter-

[81] Na alínea a) do n.° 2 do artigo 95.° da CRDTL.
[82] Na alínea b) do n.° 2 do artigo 95.° da CRDTL.
[83] Na alínea c) do n.° 2 do artigo 95.° da CRDTL.
[84] Na alínea d) do n.° 2 do artigo 95.° da CRDTL.
[85] Na alínea h) do n.° 2 do artigo 95.° da CRDTL.
[86] Na alínea i) do n.° 2 do artigo 95.° da CRDTL.
[87] Na alínea k) do n.° 2 do artigo 95.° da CRDTL.
[88] Na alínea n) do n.° 2 do artigo 95.° da CRDTL.
[89] Na alínea o) do n.° 2 do artigo 95.° da CRDTL.
[90] Na alínea q) do n.° 2 do artigo 95.° da CRDTL.
[91] Na alínea e) do n.° 2 do artigo 95.° da CRDTL.
[92] Na alínea f) do n.° 2 do artigo 95.° da CRDTL.

ritorial[93] e a política fiscal[94]. A inserção destas matérias no âmbito da reserva absoluta de competência não é coerente com o elenco de matérias que, no n.° 1 do artigo 96.° da CRDTL, estão apenas sujeitas a reserva relativa.

Assim, das alíneas e) e f) do n.° 2 do artigo 95.° da CRDTL resulta que o Parlamento Nacional não pode autorizar o Governo a legislar em matéria de direitos, liberdades e garantias ou estado, capacidade das pessoas e direito da família e das sucessões. Já as alíneas a) e b) do n.° 1 do artigo 96.° da CRDTL estabelecem a possibilidade de o Parlamento Nacional conceder ao Governo autorização legislativa para a definição de crimes e o processo criminal. A solução não é coerente porque a definição dos crimes e o processo criminal são matérias nucleares no elenco dos direitos, liberdades e garantias. Com uma solução deste tipo, o Governo *pode fazer o mais, sem poder fazer o menos* e ser autorizado a aprovar, por decreto-lei, o Código Penal, mas não a legislar, por exemplo, sobre a protecção de dados pessoais[95] ou a liberdade de expressão[96].

De igual modo, a reserva absoluta para legislar sobre a *divisão territorial* (alínea g) do n.° 2 do artigo 95.° da CRDTL), que parece ligada, numa dada perspectiva, à organização da administração pública, está sobreposicionada em relação às reservas *relativas* em matéria de bases gerais da organização da administração pública[97], definição das políticas de ambiente e do desenvolvimento sustentável[98] ou até à organização judiciária e estatuto dos magistrados[99] que se referem à regulação de outro órgão de soberania.

Quanto à exclusiva competência para legislar em matéria de *política* fiscal (alínea p) do n.° 2 do artigo 95.° da CRDTL) é legítimo começar por questionar por que razão a mesma não acompanha regime orgânico idêntico ao do sistema monetário[100] e ao do sistema financeiro e bancário[101] (sujeitos apenas a uma reserva relativa), matérias sistematicamente ligadas no Título II, da Parte IV da Constituição, sobre a organização económica

---

93 Na alínea g) do n.° 2 do artigo 95.° da CRDTL.

94 Na alínea p) do n.° 2 do artigo 95.° da CRDTL.

95 V. artigo 38.° da CRDTL.

96 V. artigo 40.° da CRDTL.

97 Na alínea e) do n.° 1 do artigo 96.° da CRDTL.

98 V. alínea h) do n.° 1 do artigo 96.° da CRDTL.

99 V. alínea c) do n.° 1 do artigo 96.° da CRDTL.

100 V. alínea f) do n.° 1 do artigo 96.° e também artigo 143.° da CRDTL.

101 V alínea g) do n.° 1 do artigo 96.° e artigo 142.° da CRDTL.

e financeira. Outra questão colocada por esta alínea respeita ao seu verdadeiro alcance em virtude da utilização da expressão *política* na definição da matéria.

Esta questão é, na verdade, parte de um problema mais vasto, que é o do alcance das cláusulas de reserva parlamentar: saber se as mesmas se referem a todos os aspectos de um regime, apenas ao regime geral, às bases, às bases gerais etc.

Quer na Constituição portuguesa, quer na Constituição timorense é possível encontrar vários graus de densidade no estabelecimento da reserva parlamentar. Assim, quando as regras se referem apenas uma determinada matéria deve entender-se que todos os diplomas que versem sobre a referida matéria estão sujeitos à reserva parlamentar, ainda que essa matéria não venha a unir-se sob um único regime. É o caso, por exemplo, da reserva de competência em matéria de direitos, liberdades e garantias[102] cuja incidência pode verificar-se em diplomas de variadíssima ordem.

Quando a regra constitucional se refere a um determinado *regime* deve entender-se que a reserva parlamentar se estende a todos os aspectos do regime. Nestes casos, o Governo fica impedido de legislar, podendo eventualmente e apenas regulamentar certos aspectos incidentais, complementares ou adjectivos do regime em causa. É o caso, por exemplo, do *regime* do referendo[103] e do *regime* orçamental[104].

Outras vezes a reserva parlamentar apenas respeita ao *regime geral* deixando liberdade ao Governo para legislar sobre um ou mais *regimes especiais*. É o caso, por exemplo, do *regime geral* da função pública[105], do *regime geral* de radiodifusão, televisão e demais meios de comunicação de massas[106] ou do *regime geral* da requisição e da expropriação por utilidade pública[107].

Já quando a reserva se refere às *bases* de uma matéria ou de um regime, está estabelecer uma hierarquia material entre os actos legislativos que venham a aprovar-se. As Leis ou decretos-leis que futuramente desenvolvam as referidas *bases* devem conformar-se com elas.

---

[102] V. alínea e) do n.° 2 do artigo 95.° da CRDTL.

[103] V. alínea h) do n.° 2 do artigo 95.° da CRDTL.

[104] V. alínea q) do n.° 2 do artigo 95.° da CRDTL.

[105] V. alínea d) do n.° 1 do artigo 96.° da CRDTL.

[106] V. alínea i) do n.° 1 do artigo 96.° da CRDTL.

[107] V. alínea k) do n.° 1 do artigo 96.° da CRDTL.

Mas existem outras fórmulas ainda, como sucede nos seguintes casos: as *bases gerais* da organização da administração pública[108], as *bases de uma política* para a defesa do meio ambiente[109] e ainda a *política* propriamente dita, como é caso da *política* fiscal. Ora, a partir de determinado ponto torna-se extremamente complexo estabelecer um único critério para abstractamente determinar o alcance das reservas. Dir-se-á que a *política* não estará muito afastada das *bases*, sendo acima de tudo uma questão de perspectiva (a não ser que se admita a criação das *bases* de um regime sem opções *de política*). As grandes investigações etimológicas parecem desadequadas para este efeito. A aplicação destas normas viverá sem elas, caminhando seguramente nalgum sentido. O caso concreto trará a solução e a Constituição fornece um, pronto a dar o primeiro passo: precisamente o da *política* fiscal.

No artigo 144.° da CRDTL, estabelece-se a obrigação de o Estado *criar um sistema fiscal que satisfaça as necessidades financeiras e contribua para a justa repartição da riqueza e dos rendimentos nacionais*[110] e ainda que *os impostos e as taxas são criados por lei, que fixa a sua incidência, os benefícios fiscais e as garantias dos contribuintes*[111]. Este artigo estabelece, em primeira linha, uma reserva de lei e não uma reserva de competência e, na ausência de uma regra que especialmente se refira à criação de impostos, de taxas e afins, a questão concreta está precisamente em saber se essa matéria está ou não abrangida pela reserva absoluta de competência, mais precisamente na parte que se refere à *política* fiscal. E a resposta deve ser afirmativa não apenas em virtude da alínea p) do n.° 2 do artigo 95.° da CRDTL sobre a política fiscal, mas também em virtude da alínea e) do mesmo artigo, sobre os direitos, liberdades e garantias[112], do n.° 1 do artigo 95.° sobre as *questões básicas* da política interna e, finalmente, em virtude do princípio *no taxation without representation*,

---

108 V. alínea e) do n.° 1 do artigo 96.° da CRDTL.

109 V. alínea h) do n.° 1 do artigo 96.° da CRDTL.

110 N.° 1 do artigo 144.° da CRDTL.

111 N.° 2 do artigo 144.° da CRDTL.

112 Na Constituição timorense, os direitos (e deveres) económicos, sociais e culturais, entre eles o direito à propriedade privada, estão integrados na parte II, genericamente designada por *direitos, deveres, liberdades e garantias fundamentais*. Não se coloca aqui então o problema da eventual distinção entre o regime orgânico dos direitos, liberdades e garantias e o dos direitos económicos, sociais e culturais, como sucede no caso da Constituição portuguesa. A reserva parlmentar timorense, estabelecida na alínea e) do n.° 2 do artigo 95.° parece assim abranger todos os direitos incluídos na Parte II.

que é corolário do Estado de Direito democrático. Esta solução não resolve, porém, totalmente o problema das taxas. Por exemplo, se as taxas dos impostos devem ser definidas por lei, já não será de exigir que uma taxa meramente administrativa como a de emissão de um passaporte tenha que ser aprovada por acto do parlamento. Há ainda aqueles casos de *taxas* que, embora num certo sentido pressuponham a prestação de serviços por parte da administração, se identificam mais com *impostos,* caso em que devem ser criadas por Lei[113]. No sistema timorense tem-se tentado evitar este problema através da fixação de *tarifas*. No entanto, a mudança de palavra não poderá esconder a questão substancial uma vez colocada a questão junto dos tribunais.

Finalmente, o n.° 1 do artigo 95.° da Constituição afirma que é da competência do Parlamento Nacional *legislar sobre as questões básicas da política interna e externa do país.* Conforme ficou demonstrado, não pode retirar-se deste artigo a conclusão de que, fora das esferas de competência reservada do parlamento e do Governo a *restante* competência para legislar compete ao Parlamento Nacional. Não é assim. Esta regra não pode valer como norma de competência residual. Pelas razões enunciadas no ponto anterior, é forçoso reconhecer uma zona de competência legislativa concorrente entre o parlamento e o Governo. Há então que conferir-lhe outro sentido. Contrariamente ao n.° 2 do mesmo artigo, o n.° 1 não se refere propriamente a uma competência exclusiva. No entanto, a atribuição de competência a um órgão preclude que um outro a exerça, por isso *a legislação* sobre *as questões básicas da política interna e externa do país* tem que ser aprovada pelo Parlamento Nacional. Saber quais serão essas questões, é resposta que não pode estabelecer-se em abstracto. A regra é propositadamente *aberta*. O caminho para a identificação dessas questões encontrar-se-á ao longo da Constituição, com grande relevo para as pistas trazidas pelo próprio elenco do n.° 2 do artigo 95.° e do n.° 1 do artigo 96.° da CRDTL. As *questões básicas* da política interna e externa serão, pelo menos, correspondentes ou análogas a estas[114]. Afinal, o n.° 1 do artigo 95.° traduz o princípio que lhes está subjacente: o do primado do parlamento no exercício da função legislativa.

---

[113] V. Decreto-lei n.° 19/2003, de 8 de Outubro, que aprovou o regulamento das tarifas dos portos de Timor-Leste.

[114] Sendo que outras haverá que ultrapassam mesmo o patamar das *questões básicas* da política.

II.1.3.3. *Competência reservada do Governo*

O n.° 3 do artigo 115.° da Constituição timorense reserva ao Governo a competência exclusiva para produzir legislação no que respeita *à sua própria organização e funcionamento, bem como à da administração directa e indirecta do Estado*[115]. Esta regra é equivalente à do n.° 2 do artigo 198.° da Constituição portuguesa com uma diferença substancial: neste último apenas se reserva ao Governo a competência respeitante à sua organização e funcionamento. Suspeita-se que a nota comparativa seja essencial para compreender o exacto alcance da solução contida no n.° 3 do artigo 115.° da CRDTL.

A *organização e funcionamento do Governo* inclui, por exemplo e sem dúvidas, a faculdade exclusiva de criar e extinguir ministérios e secretarias de Estado, de estabelecer tutelas, delegações de competências, transições de serviços e outras habitualmente definidas nas chamadas leis orgânicas dos Governos. Já no tocante às leis orgânicas dos próprios ministérios, direcções-gerais, institutos e afins a questão é duvidosa. Em Portugal, o entendimento da reserva contida no n.° 2 do artigo 198.° da CRP tem sido restritivo e, consequentemente, os decretos-lei sobre as matérias acima referidas (ministérios, direcções-gerais, institutos, etc) invocam a alínea a) do n.° 1 artigo 198.° da CRP que se refere à competência não reservada da Assembleia da Repúlica[116], e não à competência reservada do Governo.

Tudo indica que o legislador constituinte timorense visou claramente afastar-se da concessão ao Governo de uma reserva de competência legislativa circunscrita à aprovação da sua lei orgânica, tendo então necessidade de acrescentar a parte relativa à *administração directa e indirecta do Estado*[117]. A questão que se coloca agora é a de saber se não terá havido um *pecado por excesso,* pois têm sido algumas as críticas a este artigo.

A reserva de competência legislativa atribuída pelo n.° 3 do artigo 115.° da CRDTL ao Governo não é, de facto, tão ampla quanto aparenta e, com a devida atenção, não gera qualquer desequilíbrio no sistema, nem transforma o Governo simultaneamente em executante e legislador de

---

[115] N.° 3 do artigo 115.° da CRDTL.

[116] Diz assim esta alínea: *1. Compete ao Governo, no exercício de funções legislativas: a) Fazer descretos-leis em matérias não reservadas à Assembleia da República.*

[117] No entanto, e erradamente, as leis orgânicas dos ministérios têm sido aprovadas por mero decreto do Governo.

todos os seus actos. As razões são três: uma histórico-comparativa, outra literal e uma outra sistemática.

A primeira está implícita no que se referiu acima sobre a origem do preceito e sobre a interpretação restritiva adoptada e vigente da norma que lhe serviu de inspiração. É claro que se pretendeu que o Governo timorense fosse dotado de uma reserva de competência mais ampla do que a do Governo português, permitindo-lhe legislar, com carácter de exclusividade, sobre outros órgãos e serviços da Administração, que não o próprio Governo.

A segunda prende-se com a leitura correcta do artigo: o Governo não fica investido do poder exclusivo de legislar em matéria de administração directa e indirecta. O Governo apenas tem competência exclusiva para legislar sobre *a organização e funcionamento (...) da administração directa e indirecta do Estado*[118].

E assim é demonstrado pela terceira razão. É que a norma do n.° 3 do artigo 115.° da CRDTL tem que ser lida em conjunto com as demais disposições da Constituição em matéria de actos legislativos, entre elas, as que estabelecem reservas parlamentares de competência em áreas que, directa ou indirectamente, limitam a administração directa e indirecta do Estado. É o caso da *divisão territorial*[119], das *bases do sistema de ensino*[120], das *bases do sistema de segurança social e de saúde*[121], da *política fiscal*[122], do *regime geral da função pública, do estatuto dos funcionários e da responsabilidade do Estado*[123], das *bases de uma política para a defesa do meio ambiente e o desenvolvimento sustentável*[124] e, particularmente, das *bases gerais da organização da administração pública*, previstas na alínea e) do n.° 1 do artigo 96.° da CRDTL, que constituem a limitação material fundamental do âmbito do n.° 3 do artigo 115.° da CRDTL.

---

118 N.° 3 do artigo 115.° da CRDTL.

119 Alínea g) do n.° 2 do artigo 95.° da CRDTL.

120 Alínea l) do n.° 2 do artigo 95.° da CRDTL.

121 Alínea m) do n.° 2 do artigo 95.° da CRDTL.

122 Alínea p) do n.° 2 do artigo 95.° da CRDTL.

123 Alínea d) do n.° 1 do artigo 96.° da CRDTL.

124 Alínea h) do n.° 1 do artigo 96.° da CRDTL.

II.1.4. *Sistema de fiscalização da constitucionalidade das normas*

No sistema jurídico-constitucional timorense existem mecanismos preventivos e sucessivos de fiscalização da constitucionalidade das normas e ainda da inconstitucionalidade por omissão de medidas legislativas.

A fiscalização preventiva da constitucionalidade dos *diplomas* é requerida pelo Presidente da República, ao Supremo Tribunal de Justiça[125]. No caso de pronúncia pela inconstitucionalidade, o Presidente da República solicita ao Parlamento Nacional ou ao Governo, consoante se trate de projecto de Lei ou de decreto-lei, a reformulação do projecto[126]. Porém, o Parlamento Nacional poderá ultrapassar o veto por inconstitucionalidade por dois terços dos deputados presentes desde que superior à maioria absoluta dos deputados em efectividade de funções, no caso de se tratar das matérias da sua reserva absoluta de competência[127], ou por maioria absoluta dos deputados em efectividade de funções, nos demais casos[128].

A fiscalização sucessiva é exercida de modo concreto e difuso, através da proibição aos tribunais comuns de aplicarem normas contrárias à Constituição e aos princípios nela consagrados[129], com possibilidade de recurso para o Supremo Tribunal de Justiça[130]. E de modo abstracto, ainda pelo Supremo Tribunal de Justiça, a requerimento do Presidente da República, do Presidente do Parlamento Nacional, do Procurador-Geral da República, com base na desaplicação pelos tribunais em três casos concretos, do Primeiro-Ministro, de um quinto dos deputados e do Provedor de Direitos Humanos e Justiça[131].

Relativamente à *verificação* da inconstitucionalidade por omissão de medidas legislativas, pode ser suscitada pelo Presidente da República, pelo Procurador-Geral da República e pelo Provedor de Direitos Humanos e Justiça[132].

Tal como em Portugal, em geral os órgãos da Administração não são investidos de poderes de garantia da Constituição, estando submetidos à

---

[125] V. n.° 1 do artigo 149.° da CRDTL.

[126] V. n.° 3 do artigo 149.° da CRDTL.

[127] V. n.° 3 do artigo 88.° *ex vi* do n.° 4 do artigo 149.° da CRDTL.

[128] V. n.° 2 do artigo 88.° *ex vi* do n.° 4 do artigo 149.° da CRDTL.

[129] V. artigo 120.° da CRDTL.

[130] V. artigo 152.° da CRDTL.

[131] V. artigo 150.° da CRDTL.

[132] V. artigo 151.° da CRDTL.

Constituição e às leis. Pode admitir-se, contudo, um desvio a esta regra no caso de normas que sejam manifestamente contrárias ao núcleo essencial dos direitos fundamentais. É o caso, por exemplo, dos direitos que não podem ser suspensos mesmo em caso de estado de excepção, conforme referido no artigo 25.° da Constituição.

II.2. **Direito anterior**

II.2.1. ***Determinação do direito anterior***

II.2.1.1. *Actos de direito internacional e leis*

Um dos mais importantes problemas a resolver pelo novo Estado foi o da escolha do sistema jurídico aplicável após a entrada em vigor da Constituição e no período necessário à concepção e criação do direito nacional. A este respeito a Constituição apresenta duas soluções distintas: uma de ruptura e uma de continuidade.

A solução de ruptura resulta do artigo 158.° da Constituição e refere-se às *convenções, tratados, acordos ou alianças, bilaterais ou multilaterais anteriores à entrada em vigor da Constituição*[133]. A República Democrática de Timor-Leste não se considera, à partida, vinculada por nenhum destes instrumentos do direito internacional, remetendo a solução final para decisões casuísticas a tomar pelos órgãos competentes. De igual modo, não são reconhecidos *quaisquer actos ou contratos relativos aos recursos naturais referidos no n.° 1 do artigo 139.° celebrados ou praticados antes da entrada em vigor da Constituição que não sejam confirmados, subsequentemente a esta, pelos órgãos competentes*[134]. As soluções adoptadas no artigo 158.° prendem-se com o problema da definição das fronteiras e a exploração dos recursos petrolíferos no mar de Timor.

Pelo contrário, a solução de continuidade consta do artigo 165.° da Constituição que dispõe que *são aplicáveis, enquanto não forem alterados ou revogados, as leis e os regulamentos vigentes em Timor-Leste em*

[133] N.° 1 do artigo 158.° da CRDTL.

[134] N.° 3 do artigo 158.° da CRDTL. Os recursos naturais, referidos no n.° 1 do artigo 139.°, são os *do solo, do subsolo, das águas territoriais, da plataforma continental e da zona económica exclusiva.*

tudo o que não se mostrar constrário à Constituição e aos princípios nela consignados[135].

A solução deste artigo é apenas aparentemente evidente. As *leis e os regulamentos* vigentes haveriam de ser aqueles que efectivamente vigoravam a 19 de Maio de 2002, já que a Constituição entrou em vigor no dia 20 de Maio de 2002[136]. Porém, não é tão simples. A própria Constituição declara, no n.° 2 do artigo 1.°, que *o dia 28 de Novembro de 1975 é o dia da Proclamação da Independência da República Democrática de Timor--Leste*[137], podendo esta data suscitar alguma dúvida quanto à identificação do direito anterior. Paralelamente, o sistema de normas vigente a 19 de Maio de 2002 é composto por direito indonésio e por um conjunto de actos, denominados *regulamentos e directivas* e aprovados pela UNTAET[138].

II.2.1.2. *Regulamentos e directivas da UNTAET*

A subsistência dos regulamentos aprovados pela UNTAET resulta clara do artigo 165.° da Constituição, quando se refere aos *regulamentos vigentes*. Também as várias leis relativas às fontes do direito se referem aos *regulamentos* ou aos *regulamentos e às directivas* da UNTAET. Quanto a estes actos, não existem propriamente dúvidas quanto à sua vigência notando-se apenas alguma inconsistência nas várias leis que a eles se referem. Assim, a Lei n.° 1/2002, de 7 de Agosto, relativa à publicação dos actos, vem estabelecer, no artigo 20.°, uma distinção entre os regulamentos em vigor a 19 de Maio de 2002[139] *que foram aprovados pela Assembleia Constituinte*[140], atribuindo-lhes valor igual ao das leis, e os demais regulamentos que passam a ter *valor igual aos decretos do*

[135] Artigo 165.° da CRDTL.

[136] V. artigo 170.° da CRDTL.

[137] N.° 2 do artigo 1.° da CRDTL.

[138] V. artigos 4.° e 6.° do Regulamento da UNTAET n.° 1999/1, de 27 de Novembro.

[139] A referência à data de 19 de Maio de 2002 tem sobretudo relevância para excluir os regulamentos que não se encontravam já em vigor àquela data. Contrariamente ao que se verá a respeito do direito indonésio, não se trata de evitar a vigência de regulamentos posteriores porque estes, como a própria UNTAET, deixaram de existir.

[140] N.° 1 do artigo 20.° da Lei n.° 1/2002, de 7 de Agosto.

Governo[141]. O mesmo artigo 20.° esclarece depois que *as directivas da UNTAET, em vigor em 19 de Maio de 2002, têm valor igual aos diplomas ministeriais*[142]. A questão do valor das fontes é implicitamente retomada na Lei n.° 10/2003, de 10 de Dezembro, que, na alínea c) do n.° 3 do artigo 2.°, após a Constituição e as leis, se refere, sem qualquer distinção, aos *regulamentos e demais diplomas legais da UNTAET, enquanto não forem revogados, assim como a legislação indonésia (...)*[143]. Paralelamente, não existe qualquer acto da assembleia constituinte que fundamente a distinção operada nos números 1 e 2 do artigo 20.° da Lei n.° 1/2002, de 7 de Agosto.

Como interpretar estas regras? A questão é relevante, pois importa esclarecer qual o papel assumido pelos actos da UNTAET, sobretudo em face da legislação indonésia.

Os regulamentos e as directivas da UNTAET foram criados ao abrigo do Regulamento da UNTAET n.° 1999/1, de 27 de Novembro, que era, aliás, *uma espécie de* direito constitucional *da Administração transitória*. O artigo 1.° tratava dos poderes da Administração transitória em Timor-Leste, atribuindo os poderes legislativo, executivo e a administração do sistema judicial à UNTAET, sendo exercidos pelo Administrador Transitório, o artigo 2.° impunha sobre todas as pessoas que exerciam funções públicas ou que fossem titulares de cargos públicos o dever de observar normas sobre direitos humanos reconhecidas internacionalmente, tal como reflectidas num conjunto de instrumentos que passava depois a elencar[144], o artigo 4.° referia-se à emissão de regulamentos, o artigo 5.° à sua entrada em vigor, o artigo 6.° tratava das directivas, o artigo 7.° da administração do património público e o artigo 8.° da entrada em vigor.

---

141 N.° 2 do artigo 20.° da Lei n.° 1/2002, de 7 de Agosto.

142 N.° 3 do artigo 20.° da Lei n.° 1/2002, de 7 de Agosto.

143 Alínea c) do n.° 3 do artigo 2.° da Lei n.° 10/2003, de 10 de Dezembro.

144 São eles, tal como traduzidos no texto do artigo 2.° do Regulamento da UNTAET n.° 1999/1: a Declaração Universal sobre os Direitos Humanos de 10 de Dezembro de 1948; a Convenção Internacional sobre os Direitos Civis e Políticos de 16 de Dezembro de 1966 e seus Protocolos; a Convenção Internacional sobre Direitos Económicos, Sociais e Culturais de 16 de Dezembro de 1966; a Convenção sobre a Erradicação de Todas as Formas de Discriminação Racial de 21 de Dezembro de 1965; a Convenção sobre a Erradicação de Todas as Formas de Discriminação contra Mulheres de 17 de Dezembro de 1979; a Convenção contra Tortura e Outro Tratamento ou Castigo Cruel, Desumano e Degradante de 17 de Dezembro de 1984 e a Convenção Internacional sobre os Direitos da Criança de 20 de Novembro de 1989.

Sobre os regulamentos dizia-se, em particular, que constituiam *diplomas legislativos*, emitidos pelo *Administrador Transitório*, quando necessário[145]. Os regulamentos deveriam ser aprovados e assinados pelo Administrador Transitório, devendo entrar em vigor na data neles fixada[146]. De acordo com o n.° 5.2, os regulamentos da UNTAET eram emitidos em inglês, português e indonésio prevalecendo, em caso de divergência, o texto em inglês. Quanto às directivas, dizia o artigo 6.°, que elas seriam *directivas administrativas referentes à aplicação dos regulamentos promulgados*[147].

Do exposto, resulta evidente que, no contexto da Administração Transitória, os regulamentos assumiam o papel de actos legislativos, ao passo que as directivas eram meros actos regulamentares, cujo objectivo era o de facilitar a aplicação dos *regulamentos*. O elenco das directivas da UNTAET confirma esse facto, havendo muitas cujo conteúdo melhor caberia num acto com dignidade legislativa, se bem que atendendo à concentração de poderes no Administrador Transitório, a questão não pareça relevante[148]. No plano das decisões, havia ainda as ordens executivas e as notificações, ambas emitidas igualmente ao abrigo dos poderes conferidos ao *Administrador* Transitório, pelo Regulamento da UNTAET n.° 1999/1, de 27 de Novembro, embora este não se lhes refira especialmente.

Neste cenário, a solução consagrada nos números 1 e 2 do artigo 20.° da Lei n.° 1/2002, de 7 de Agosto, revela-se estranha, sobretudo em face da ausência do acto legitimidor da Assembleia Constituinte e do caminho tomado pela Lei n.° 10/2003, de 10 de Dezembro, que é lei posterior. No

---

[145] Artigo 4.° do Regulamento da UNTAET n.° 1999/1, de 27 de Novembro.

[146] N.° 5.1 do artigo 5.° do Regulamento da UNTAET n.° 1999/1, de 27 de Novembro.

[147] N.° 6.1. do artigo 6.° do Regulamento da UNTAET n.° 1999/1, de 27 de Novembro.

[148] Em 2002, por exemplo, encontramos directivas sobre: *os Termos de Contratação de Funcionários Públicos, Certas Isenções Ao Regulamento 2000/17 (De 8 de Junho de 2000) Sobre a Proibição Da Exportação de Madeira de Timor-Leste, Isenção Temporária de Imposto Sobre Certos Bens Importados para Efeitos da Eleição do Primeiro Presidente de um Timor-Leste Independente e Democrático, Mobilização de Recursos Monetários e Não Monetários Pela Comissão de Acolhimento, Verdade e Reconciliação Em Timor-Leste, Remuneração dos Comissários e Funcionários Da Comissão de Acolhimento, Verdade e Reconciliação Em Timor-Leste, Emenda À Pauta de Tarifas e Taxas de Electricidade e Serviços Afins, Estrutura Orgânica dos Ministérios e Secretarias de Estado do Segundo Governo Transitório de Timor-Leste, Emenda os Critérios Para Determinar Se Um Crime Foi Devidamente Tratado No Quadro de Um Processo de Reconciliação Comunitária.*

artigo 2.° desta, depois da afirmação do primado da *lei* entre as fontes, em termos discutíveis como se verá[149], da tentativa de uma definição de lei, segue-se um elenco dos actos legislativos, encimado pela Constituição. E aí aparecem os *regulamentos e demais diplomas legais da UNTAET*[150].

Atendendo à natureza legislativa dos regulamentos e à natureza regulamentar das directivas da UNTAET, à referência expressa a *regulamentos* no artigo 165.° da Constituição, à ausência de um acto que dê conteúdo útil à distinção estabelecida pelos números 1 e 2 do artigo 20.° da Lei n.° 1/2002, de 7 de Agosto e, sobretudo, ao teor do n.° 3 do artigo 2.° da Lei n.° 10/2003, de 10 de Dezembro, é de considerar que os regulamentos da UNTAET que vigoravam em 19 de Maio de 2002, permanecem em vigor em Timor-Leste, com valor idêntico aos dos demais actos legislativos a menos que tenham entretanto sido expressa ou tacitamente revogados. Quanto aos *demais diplomas legais da UNTAET* a que se refere a alínea c) do n.° 3 do artigo 2.° da Lei n.° 10/2003, de 10 de Dezembro, desconhece-se o seu paradeiro.

II.2.1.3. *Circunscrição temporal do direito anterior*

Por razões atinentes à soberania interna do novo Estado, a aplicação do direito anterior, independentemente da sua origem, não poderia deixar de estar circunscrita no tempo[151]. Essa é a solução geralmente adoptada em casos deste tipo. E sendo de crer que se tratava de adoptar, além dos regulamentos da UNTAET, o direito indonésio, em virtude da solução aprovada pela própria UNTAET quanto ao direito subsidiário[152], o problema colocava-se essencialmente na definição do momento a partir do qual este direito subsidiário não poderia produzir efeitos.

A questão da circunscrição temporal do direito anterior foi, por isso, objecto de regras complementares, embora ela fosse clara relativamente aos regulamentos e directivas da UNTAET.

---

149 V. *infra* II.3.

150 Alínea c) do n.° 3 do artigo 2.° da Lei n.° 10/2003, de 10 de Dezembro.

151 Sob pena de se admitir que, através da aprovação contínua de nova legislação, um Estado estrangeiro, neste caso a própria Indonésia, interviesse directamente no sistema jurídico timorense.

152 V. artigo 3.° do Regulamento da UNTAET n.° 1999/1, de 27 de Novembro.

A Lei n.° 2/2002, de 7 de Agosto, invocando embora a independência proclamada em 1975 e simultaneamente a necessidade de *uma lei facilitadora da interpretação do direito recebido*[153], estabelece que *a legislação vigente em Timor-Leste em 19 de Maio de 2002 mantém-se em vigor, com as necessárias adaptações, em tudo o que não se mostrar contrário à Constituição e aos princípios nela consignados*[154]. Posteriormente, a Lei n.° 10/2003, de 10 de Dezembro, sobre a *interpretação do artigo 1.° da Lei n.° 2/2002, de 7 de Agosto e fontes do direito*[155] veio esclarecer que deve entender-se por legislação vigente a 19 de Maio de 2002: *toda a legislação indonésia que era aplicada e vigorava "de facto" em Timor-Leste antes do dia 25 de Outubro de 1999, nos termos estatuídos no Regulamento n.° 1/1999 da UNTAET*[156].

Esta regra, que consta do artigo 1.° da referida lei, resolveu definitivamente a questão da circunscrição temporal do direito indonésio mas contém a imperfeição de identificar a *legislação vigente* a 19 de Maio de 2002 *apenas* com a *legislação indonésia,* esquecendo todos os regulamentos da UNTAET. A questão não chega a ser relevante porque, no artigo 2.° da mesma lei, a alínea c) do n.° 3 dispõe que são também fontes, *supletivamente, os regulamentos (...) da UNTAET enquanto não forem revogados, assim como a legislação indonésia nos termos do artigo 1.°*[157]. Esta era também a solução que podia já inferir-se do artigo 20.° da Lei n.° 1/2002, de 7 de Agosto, anteriormente analisado[158].

O aspecto interessante suscitado pelo artigo 1.° Lei n.° 10/2003, de 10 de Dezembro, tem a ver com a remissão operada para os termos estatuídos no Regulamento 1999/1 da UNTAET. Esta remissão deve ser entendida com as necessárias adaptações pois a generalidade das normas do referido regulamento caducaram com o termo da UNTAET. Só o artigo 3.° e, em certa medida, o artigo 2.°, mantêm a sua utilidade.

---

153 Preâmbulo da Lei n.° 2/2002, de 7 de Agosto.

154 Artigo 1.° da Lei n.° 2/2002, de 7 de Agosto. Esta Lei pronuncia-se ainda sobre: a transferência de poderes do Administrador Transitório para as autoridades competentes da RDTL (artigo 2.°), a validade das nomeações (artigo 3.°), a validade de documentos emitidos pela UNTAET (artigo 4.°) e o estatuto das missões de representação estrangeiras (artigo 5.°).

155 Sumário da Lei n.° 10/2003, de 10 de Dezembro.

156 Artigo 1.° da Lei n.° 10/2003, de 10 de Dezembro.

157 Alínea c) do n.° 3 do artigo 3.° da Lei n.° 10/2003, de 10 de Dezembro.

158 *Supra* II.2.1.2.

E é assim o artigo 3.° deste regulamento:

ARTIGO 3.°

Lei vigente em Timor Leste

3.1. Enquanto não forem substituídas por regulamentos da UNTAET ou posterior legislação de instituições timorenses democraticamente criadas, as leis vigentes em Timor Leste antes de 25 de Outubro de 1999 manter-se-ão válidas neste território desde que não entrem em conflito com as normas evocadas no artigo 2.°, nem com o cumprimento do mandato conferido à UNTAET à luz da resolução 1272 (1999) do Conselho de Segurança das Nações Unidas ou com o presente e outros regulamentos e directivas emitidas pelo Administrador Transitório.

3.2. Sem prejudicar a possibilidade de rever as outras leis, as leis que se seguem, que não observam as normas evocadas nos Artigos 2.° e 3.° do presente regulamento, assim como quaisquer posteriores emendas às mesmas e seus regulamentos administrativos, deixarão de vigorar em Timor Leste:

Lei das Organizações Sociais;

Lei da Segurança Nacional;

Lei da Protecção e Defesa Nacional;

Lei da Mobilização e Desmobilização;

Lei da Defesa e Segurança;

Lei da Polícia.

3.3. É abolida a pena capital[159].

Conforme referido, deve entender-se que caducaram as normas com menções à aprovação de regulamentos pela UNTAET ou ao mandato conferido pelas Nações Unidas. Mas, para a compreensão do sistema jurídico,

---

[159] Texto do artigo 3.° do Regulamento da UNTAET n.° 1999/1. O texto inglês do artigo 3.° do Regulamento da UNTAET n.° 1999/1, de 27 de Novembro, é o seguinte: *Applicable law in East Timor: 3.1. Until replaced by UNTAET regulations or subsequent legislation of democratically established institutions of East Timor, the laws applied in East Timor prior to 25 October 1999 shall apply in East Timor insofar as they do not conflict with the standards referred to in section 2, the fulfillment of the mandate given to UNTAET under United Nations Security Council resolution 1272 (1999), or the present or any other regulation and directive issued by the Transitional Administrator. 3.2. Without prejudice to the review of other legislation, the following laws, which do not comply with the standards referred to in section 2 and 3 of the present regulation, as well as any subsequent amendments to these laws and their administrative regulations, shall no longer be applied in East Timor: Law Anti-Subversion; Law on Social Organizations; Law on National Security; Law on National Protection and Defense; Law on Mobilization and Demobilization; Law on Defense and Security. 3.3. Capital punishment is abolished.*

timorense, há importantes consequências a extrair deste artigo: a primeira é a de que os regulamentos da UNTAET prevalecem ainda actualmente sobre quaisquer regras do direito indonésio. Assim mesmo também resulta da alínea c) do n.° 3 do artigo 2.° da Lei n.° 10/2003, de 10 de Dezembro, acima referida. A segunda é a identificação de um conjunto de leis que estão, por assim dizer, revogadas sem ter havido necessidade de aguardar pela sua substituição quer por regulamento da UNTAET quer, actualmente, por diploma do Parlamento Nacional ou do Governo.

Portanto, o direito anterior vigente em Timor-Leste corresponde: em primeiro lugar, aos regulamentos da UNTAET e supletivamente ao direito indonésio efectivamente aplicado antes do dia 25 de Outubro de 1999, excepto as leis que foram expressamente revogadas pelo n.° 3.2 do Regulamento da UNTAET n.° 1999/1, de 27 de Novembro, e as normas que consagram a pena de morte, em virtude da abolição prevista no n.° 3.3 do mesmo regulamento.

II.2.2. *Direito anterior contrário à Constituição*

O artigo 3.° do Regulamento da UNTAET n.° 1999/1, de 27 de Novembro, faz uma recepção condicionada do direito indonésio, o que coloca ainda um problema que se relaciona também com o artigo 165.° da Constituição, na parte em que apenas permite a vigência do direito anterior que não se mostre contrário à Constituição e aos princípios nela consignados.

O artigo 3.° do Regulamento apenas permitia a vigência do direito indonésio na medida em que o mesmo não fosse contrário aos direitos humanos, reconhecidos internacionalmente e tal como reflectidos nas várias convenções e instrumentos referidos no artigo 2.° do mesmo Regulamento.

Do ponto de vista do sistema jurídico da UNTAET, criado pelo próprio Regulamento n.° 1999/1 a solução não só é compreensível, como não colocava problemas técnicos de maior. Como se disse, este regulamento assumia o papel de uma Constituição da Administração Transitória. A interpretação que parece correcta vai no sentido de que qualquer pessoa, incluindo a própria Administração, podia recusar-se a aplicar uma norma ou um conjunto de normas do direito indonésio com o fundamento de que tal norma ou normas não se encontravam em vigor por serem contrárias aos direitos humanos.

Após a entrada em vigor da Constituição timorense a questão torna-se mais complexa, há outros elementos a considerar: a relação entre os direitos humanos e a (in)constitucionalidade, o facto de o artigo 3.° do Regulamento da UNTAET n.° 1999/1 ser aplicável por mera remissão do artigo 1.° da Lei n.° 10/2003, de 10 de Dezembro, o sistema de garantia da constitucionalidade adoptado e até os fundamentos subjacentes à solução do artigo 165.°. Na verdade, os problemas aqui são dois. O primeiro resulta da ligação efectuada, no artigo 165.°, entre a vigência e a inconstitucionalidade. O segundo prende-se com a articulação a fazer entre a recepção condicionada para o direito indonésio e, precisamente, o regime do artigo 165.° da Constituição.

Para bem entender o tipo de questões que estão aqui em causa imaginem-se três situações. Na situação A, o Governo timorense cria, por decreto-lei, um regime que estabelece fortes limitações ao exercício de artes marciais[160], incluindo a autorização, o pagamento de taxas e o estabelecimento de um registo obrigatório. Na situação B esse mesmo regime foi criado por regulamento da UNTAET e na situação C o mesmo regime resulta de uma lei especial indonésia que não consta do elenco revogado no artigo 3.2 do Regulamento da UNTAET n.° 1999/1, de 27 de Novembro. Em qualquer dos casos, em 2005, os praticantes de artes marciais sentem-se prejudicados. Consideram que o diploma viola os seus direitos, além de invocarem uma situação de discriminação relativamente aos praticantes de outras modalidades desportivas.

Na situação A, não haverá dúvidas de que a inconstitucionalidade do decreto-lei terá que ser declarada pelo Supremo Tribunal de Justiça, após um processo de fiscalização abstracta, se suscitada pelas entidades referidas no artigo 150.° da Constituição, ou por um tribunal de primeira instância, em recurso que os interessado interponham contra a Administração aquando da aplicação do diploma. Até aí, a Administração está obrigada a aplicá-lo, pois não dispõe, em geral, do poder de não aplicar a lei com fundamento na sua inconstitucionalidade[161].

---

[160] O exemplo é inspirado em notícias reais sobre distúrbios causados por grupos de artes marciais. O problema de segurança criado por estes grupos e a necessidade de identificar os seus membros poderiam legitimar uma intervenção legislativa.

[161] Com a ressalva que acima (II.1.4.) se referiu. A Administração não poderá estar obrigada a cumprir uma lei que consagra a pena de morte, por exemplo. V. o n.° 5 do artigo 25.° da CRDTL. A declaração do estado de sítio não pode afectar os direitos à vida, integridade física, cidadania, não retroactividade da lei penal, defesa em processo criminal, liberdade de consciência, liberdade de religião, não sujeição a tortura, escravatura ou ser-

Já na situação B, a suposta inconstitucionalidade do diploma poderá constituir fundamento para a sua não vigência, dado o teor da parte final do artigo 165.° da Constituição? E se um diploma não vigora, a Administração não está obrigada a aplicá-lo. Algo paralelo se passa na situação C. Poder-se-á dizer que esta lei indonésia não vigora desde 25 de Outubro de 1999, data de entrada em vigor do Regulamento da UNTAET n.° 1999/1, pois, por ser contrária aos direitos humanos, entrou em conflito com o artigo 2.° do Regulamento e, por isso, não foi incluída na recepção operada pelo artigo 3.° do Regulamento? Também neste caso, a Administração não teria que aplicar a lei.

Além da incongruência que a ligação entre inconstitucionalidade e vigência provoca na resolução destas questões, pense-se na insegurança jurídica que daqui resulta. Se, na maior parte dos casos, a inconstitucionalidade não é evidente mas sim duvidosa e a Administração nunca tem o poder de a analisar e sobre ela proferir, com carácter geral, a última palavra, por que leis devem afinal reger-se os cidadãos?

A solução correcta para o problema colocado nas situações B e C não pode deixar passar por uma interpretação do artigo 165.° da Constituição que tenha em conta de um lado, os objectivos da solução de continuidade com o direito anterior e, do outro, o sistema constitucionalmente adoptado quanto à fiscalização da constitucionalidade das leis.

Em abono do artigo 165.° ter-se-á que reconhecer que, apesar do problema colocado pela ligação entre a (in)constitucionalidade e a vigência do direito anterior, não podia ser outra a solução. Com efeito, estranho seria que a própria Constituição proclamasse a vigência do direito anterior ainda que contrário às suas normas e aos seus princípios. A afirmação é assim evidente. A questão está *apenas* em determinar o seu exacto alcance. Não vigoram, por serem incompatíveis com a Constituição, todas as disposições do direito anterior, quer se trate de regulamentos da UNTAET, quer se trate de leis indonésias, que confiram a determinadas entidades os poderes que hoje são exercidos pelos órgãos de soberania timorenses, por exemplo. Aliás, independentemente do artigo 165.°, a não vigência de disposições deste tipo resulta mais da sua caducidade do que

---

vidão, não sujeição a tratamento ou punição cruel, desumano ou degradante e a garantia de não discriminação. No caso descrito no texto, a discriminação não é clara, pois pode o regime diferente fundamentar-se na necessidade de segurança geral, em face de situações de perigo efectivamente existentes.

de uma verdadeira e própria inconstitucionalidade. E com elas, todas as normas contrárias à independência de Timor-Leste.

Já no que respeita à generalidade dos regulamentos e leis, o artigo 165.° pretendeu que não houvesse mudança das leis aplicáveis com a passagem da Administração da UNTAET para a Administração timorense, solução que também é confirmada pelas Leis n.° 2/2002, de 7 de Agosto, e n.° 10/2003, de 10 de Dezembro. E não parece que tenha visado mais do que isso, criando um duplo sistema de garantia da Constituição em que, quanto ao direito anterior, a sanção da inconstitucionalidade seria a não vigência e a Administração teria ela mesma o poder de não aplicar regras inconstitucionais.

É a esta luz que deve ler-se o artigo 3.° do Regulamento da UNTAET n.° 1999/1. Com a entrada em vigor da Constituição timorense, ele deve ser re-interpretado, tendo em conta o novo sistema. As disposições do direito indonésio que violarem o artigo 2.° do regulamento serão também inconstitucionais, não por qualquer posição de supremacia deste artigo, mas devido ao elenco dos direitos fundamentais da Constituição timorense e ao seu regime. Consequentemente, tais inconstitucionalidades devem estar sujeitas à intervenção dos órgãos que constitucionalmente tenham competência para o efeito. Em suma, a solução das situações B e C deveria ser idêntica à da situação A.

Mas o recurso ao direito subsidiário diminuirá com a progressiva aprovação de leis e decretos-lei em matérias actualmente objecto de regulamentos da UNTAET ou de leis indonésias, bem como com a aprovação de leis e de códigos que estabeleçam o recurso ao próprio sistema para resolução dos casos não expressamente previstos.

II.3. **Fontes imediatas do direito**

II.3.1. *Direito internacional*

O sistema timorense de fontes do direito pode organizar-se de modo semelhante ao português. Ao nível das fontes imediatas, a lei ocupa um lugar privilegiado, entre o costume e o direito internacional. Relativamente às fontes fontes mediatas, como a jurisprudência e a doutrina, elas são ainda pouco relevantes.

No que respeita ao direito internacional geral ou comum, o n.° 1 do artigo 9.° da Constituição declara expressamente que os mesmos são adoptados pela ordem jurídica timorense. Quanto às normas constantes de convenções, tratados e acordos internacionais, elas *vigoram na ordem jurídica interna mediante aprovação, ratificação ou adesão pelos respectivos órgãos competentes e depois de publicadas no jornal oficial*[162]. Tendo em conta o disposto no artigo 158.° da Constituição, a necessidade de um acto próprio, por parte dos órgãos competentes aplica-se também no caso dos instrumentos de direito internacional anteriores à entrada em vigor da Constituição.

A ratificação de tratados e de convenções é da competência do Parlamento Nacional, podendo o mesmo também aprovar e denunciar acordos em forma simplificada, quer em matérias da sua competência reservada, quer em matérias da área de competência concorrente entre o Parlamento Nacional e o Governo[163]. No caso do Governo, é-lhe atribuída competência para *preparar e negociar tratados e acordos e celebrar, aprovar, aderir e denunciar acordos internacionais que não sejam da competência do Parlamento Nacional ou do Presidente da República*[164]. Parece claro, portanto, que não obstante os poderes de *preparação* e de *negociação* de tratados e convenções, o Governo não dispõe de competência para proceder à sua *ratificação* e relativamente aos acordos, apenas poderá aprovar, aderir e denunciar aqueles que respeitem a áreas não integradas na reserva de competência parlamentar. A parte final da alínea f) do n.° 1 do artigo 115.° parece referir-se também a uma competência própria do Presidente da República para aprovar, aderir e negociar acordos. Porém, tal competência não se encontra prevista na Constituição. A parte final desta alínea só pode ler-se em coordenação com o disposto no artigo 87.°, que trata da competência do Presidente da República nas relações internacionais. De acordo com a alínea d) deste artigo, compete ao Presidente da República apenas *conduzir, em concertação com o Governo, todo o processo negocial para a conclusão de acordos internacionais na área da defesa e segurança*[165]. A limitação constante da parte final da alínea f) do n.° 1 do artigo 115.° da Constituição refere-se então à condução dos processos negociais de quaisquer acordos, sejam eles tratados, convenções ou acordos em forma simplificada, que respeitem às áreas da defesa e da segurança, caso em que o Governo terá que colaborar com o Presidente da República. Nos demais

---

162 N.° 2 do artigo 9.° da CRDTL.

163 V. alínea f) do n.° 3 do artigo 95.° da CRDTL.

164 Alínea f) do n.° 1 do artigo 115.° da CRDTL.

165 Alínea d) do artigo 87.° da CRDTL.

casos, a negociação, ainda que em matérias da competência reservada do Parlamento Nacional, pode ser conduzida pelo Governo. Quanto à ratificação, aprovação ou adesão propriamente ditas, nenhuma delas é reservada ao Presidente da República.

A forma externa dos actos de ratificação e de aprovação de tratados, convenções e acordos é a *resolução*, nuns casos do Parlamento Nacional, noutros do Governo. A Lei n.° 1/2002, de 7 de Agosto, na alínea b) do n.° 2 do artigo 5.°, autonomiza, erradamente, entre os actos sujeitos a publicação na 1.ª série do Jornal da República *os acordos, tratados e convenções internacionais*[166], como se os mesmos constituíssem categoria a publicar diversa da dos actos dos órgãos de soberania que lhes deram título de aplicação na ordem jurídica interna. As resoluções do Parlamento Nacional e do Governo, aparecem referidas nas alíneas h) e i) do mesmo número. A questão da publicação dos acordos, tratados e convenções é depois resolvida no formulário das resoluções, nos artigos 14.° e 15.° da Lei n.° 1/2002, de 7 de Agosto.

O artigo 14.° trata das resoluções do Parlamento Nacional. O n.° 3 dispõe que as *resoluções previstas na alínea a) do artigo 85.° da Constituição, às quais é anexado o respectivo instrumento de direito internacional, contêm após o texto* a data da aprovação, a assinatura do Presidente do Parlamento Nacional, a ordem de publicação e a assinatura do Presidente da República. A invocação da alínea a) do artigo 85.° da CRDTL é incorrecta também. É certo que nesta alínea são referidas as resoluções do Parlamento Nacional que *aprovem acordos e ratifiquem tratados*. Porém, a alínea dispõe sobre a competência do Presidente da República para mandar publicar tais resoluções, pois faz parte do artigo 85.° da Constituição que se refere à competência própria do Presidente da República. Ora, o acto que se regula no n.° 3 do artigo 14.° da Lei n.° 1/2002, de 7 de Agosto, não é a ordem de publicação do Presidente da República, mas a própria resolução do Parlamento Nacional. A fonte da competência para aprovar tal resolução, não é a alínea a) do artigo 85.°, mas sim a alínea f) do n.° 3 do artigo 95.° da Constituição. Ainda de criticar neste artigo é o carácter meramente incidental da referência ao instrumento de direito internacional, sobretudo após o problema criado pela autonomização constante da referida alínea b) do n.° 2 do artigo 5.° da Lei n.° 1/2002, de 7 de Agosto.

[166] Alínea b) do n.° 2 do artigo 5.° da Lei n.° 1/2002, de 7 de Agosto.

O artigo 15.°, que trata do formulário das resoluções do Governo, impõe também no n.° 3 a publicação anexa do acordo aprovado. Mais uma vez, a norma invocada não é a melhor. O n.° 3 invoca as resoluções previstas na alínea d) do artigo 116.°. Este artigo trata da competência do Conselho de Ministros, no seio do Governo. A norma correcta é a da alínea f) do n.° 1 do artigo 115.° da Constituição, que efectivamente dispõe sobre a competência do Governo[167].

Ainda sobre a publicação de tratados, convenções e acordos internacionais é de salientar que os mesmos devem *sempre* ser publicados nas suas versões oficiais e não apenas a sua tradução. Infelizmente esta não tem sido sempre a prática seguida em Timor-Leste. Além do problema relativo ao efectivo cumprimento do imperativo constitucional de publicação, as versões oficiais dos instrumentos de direito internacional são fundamentais para proceder à correcta interpretação e aplicação das suas normas.

Finalmente, uma vez cumpridas as regras de aprovação e de publicação, as normas constantes de convenções, tratados e acordos internacionais vigoram na ordem jurídica interna, não podendo ser afastadas por normas constantes de leis ordinárias. Assim determina o n.° 3 do artigo 9.° da Constituição que considera tais normas como *inválidas*.

A supremacia das normas constantes de convenções, tratados e acordos internacionais suscita duas observações. A primeira é de crítica ao disposto no artigo 2.° da Lei n.° 10/2003, de 10 de Dezembro. Este artigo, que visa tratar as fontes do direito em Timor-Leste, declara no n.° 1 que a *lei é a única fonte imediata de direito em Timor-Leste*. Por sua vez, o n.° 3, ao elencar as fontes do direito coloca *as leis emanadas do Parlamento Nacional e do Governo da República*[168] no grau seguinte ao da Constituição, ignorando o que determina o n.° 3 do artigo 9.° da própria Constituição. A segunda reside na verificação de que inexiste na Constituição um sistema de fiscalização da invalidade prevista no n.° 3 do artigo 9.° da Constituição. É defensável que se apliquem as disposições previstas nos artigos 149.° e seguintes para a garantia da Constituição.

---

[167] O autor do acto (resolução) é o Governo, embora aja através do Conselho de Ministros.

[168] Alínea b) do n.° 3 do artigo 2.° da Lei n.° 10/2003, de 10 de Dezembro.

II.3.2. *Costume*

A questão do reconhecimento e do valor do costume não é específica de Timor-Leste. Ela coloca-se provavelmente em todas as ordens jurídicas, com especial incidência naquelas em que coexistem, a par dos mecanismos constitucionalmente estabelecidos, sistemas tradicionais de resolução de litígios efectivamente utilizados pelas comunidades e nos quais são aplicadas regras por todos reconhecidas como obrigatórias e geralmente cumpridas. E o direito consuetudinário, quando existe, revela-se independentemente de uma posição de recusa legalmente afirmada. Ele constitui a maior demonstração da prevalência do direito real sobre a hipótese legal, muitas vezes teórica, racional e distante. A partir daqui, porém, a questão complica-se. Deve o sistema reconhecer todo o direito consuetudinário, deve ceder espaço a algum reconhecimento ou deve recusar a sua existência e decretar o seu desaparecimento em favor da aplicação exclusiva da lei criada pelos órgãos estaduais?

Numa ordem jurídica com fortes manifestações de direito consuetudinário, qualquer posição extrema é impossível. O costume, ao mesmo tempo que não pode admitir-se, também não pode recusar-se. O reconhecimento puro e simples do direito consuetudinário, em todas as suas manifestações, provocaria uma enorme contradição em qualquer país que se afirme como Estado de Direito, baseado no respeito pela dignidade da pessoa humana e contemplando um certo modelo de repartição e exercício dos poderes. Deixando agora de lado o problema prático da identificação e prova do costume e da sua diferenciação dos usos ou regras religiosos, sucede muitas vezes que as regras de direito consuetudinário não são materialmente compatíveis com as regras e os princípios constitucionais. É assim frequentemente no direito da família ou no direito das sucessões, em que certos costumes violam a liberdade de contrair casamento, a igualdade dos cônjuges, o direito a suceder ou a dignidade da pessoa humana. Além disso, os costumes também são, por definição, incompatíveis com os processos legítimos de criação do direito, tal como constitucionalmente concebidos. Inversamente, a recusa de qualquer valor ao costume tem o seu preço. Tratando-e de novos países com pouca tradição de recurso aos tribunais, o que não é exactamente o caso de Timor-Leste, a aplicação de leis que não correspondem a valores efectivamente sentidos pela população pode levar à total descredibilização, não apenas dos tribunais, mas também das leis, transformando o sistema numa ficção. Os efeitos ulteriores de situações deste tipo dependem do caso concreto mas, como solução geral, um caminho realista e pragmático, de reconhecimento do costume, dentro de certos limites, parece o melhor.

A este propósito, a Constituição timorense, depois de afirmar que o Estado se subordina à Constituição e às leis, estabelece, no n.° 4 do artigo 2.°, que o *Estado reconhece e valoriza as normas e os usos costumeiros de Timor-Leste que não contrariem a Constituição e a legislação que trate especialmente do direito costumeiro*[169]. A regra constitucional consagra um princípio geral de reconhecimento e atribuição de valor ao costume, remetendo para a lei a resolução de questões como a da relação, por exemplo, entre uma norma costumeira e uma regra legal ou entre uma norma costumeira e um regulamento da UNTAET.

Neste contexto, não se compreende, mais uma vez, a solução adoptada pela Lei n.° 10/2003, de 10 de Dezembro, na parte em que disciplina as fontes do direito.

Com efeito, o n.° 1 do artigo 2.° afirma que *a lei é a única fonte imediata de direito em Timor-Leste*[170], e o n.° 3 apenas identifica como fontes a *Constituição da República*[171], *as leis emanadas do Parlamento Nacional e do Governo da República*[172] e *supletivamente os regulamentos e os demais diplomas legais da UNTAET, enquanto não forem revogados, assim como a legislação indonésia nos termos do artigo 1.°*[173]. Ora, no que ao costume diz respeito, a Constituição timorense expressamente impede o seu não reconhecimento e valorização.

O n.° 1 do artigo 2.° da Lei n.° 10/2003, de 10 de Dezembro, não escapa por isso à inconstitucionalidade. Já o n.° 3 do mesmo artigo, na medida em que possa resumir-se a um mero elenco do que se considera incluído no conjunto das leis de Timor-Leste, talvez comporte uma interpretação conforme ao n.° 4 do artigo 2.° da Constituição e mesmo ao n.° 3 do artigo 9.° acima referido a propósito do direito internacional.

No contexto jurídico timorense, a opção natural quanto ao valor do costume seria a de reconhecer a sua submissão à Constituição material, a prevalência das soluções contidas em tratados, convenções e acordos e nas leis aprovadas pelos órgãos de soberania. Ou seja, a não aplicação do costume *contra legem* mas o reconhecimento do *costume praeter legem* e

[169] N.° 4 do artigo 2.° da CRDTL.
[170] N.° 1 do artigo 2.° da Lei n.° 10/2003, de 10 de Dezembro.
[171] Alínea a) do n.° 3 do artigo 2.° da Lei n.° 10/2003, de 10 de Dezembro.
[172] Alínea b) do n.° 3 do artigo 2.° da Lei n.° 10/2003, de 10 de Dezembro.
[173] Alínea c) do n.° 3 do artigo 2.° da Lei n.° 10/2003, de 10 de Dezembro.

eventualmente mesmo do contrário às soluções constantes dos regulamentos da UNTAET e do direito indonésio. É que as normas costumeiras constituem direito nacional ao passo que os regulamentos da UNTAET e o direito indonésio são apenas o *direito anterior*, cuja aplicação se pretende transitória.

Esta solução não está, porém consagrada em *legislação que trate especialmente o direito costumeiro*. Pelo contrário, ela é dificilmente compatível com a listagem prevista no n.° 3 do artigo 2.° da Lei n.° 10/2003, de 10 de Dezembro, acima referida, e sobretudo com a equiparação entre leis e regulamentos[174].

II.3.3. *Leis*

Conforme referido, na Constituição timorense, quer o Parlamento Nacional, quer o Governo, têm *competência legislativa*. Para a compreensão do papel das *leis* enquanto fontes do direito em Timor-Leste pouco mais se encontra na Constituição. A Constituição não define o que deve entender-se por *lei*, questão que é fundamental para distinguir as *leis* dos meros regulamentos, e também não se pronuncia sobre a forma externa dos actos praticados pelo Parlamento Nacional e pelo Governo no exercício das competências legislativas. Além da regra relativa à publicidade dos actos, que consta do artigo 73.°, também os demais aspectos do regime dos actos legislativos são deixados por resolver. Neste domínio estão questões tão significativas quanto o seu valor em face das demais fontes ou mesmo entre si.

A noção de lei (em sentido material) é abordada no n.° 2 do artigo 2.° da Lei n.° 10/2003, de 10 de Dezembro, sobre as fontes do direito. Numa formulação claramente inspirada no n.° 2 do artigo 1.° do Código Civil português, diz-se ali que as *leis são as disposições genéricas provindas dos órgãos estaduais competentes*. Esta definição é claramente insuficiente, não só considerando o conteúdo e a estrutura típica dos actos legis-

---

[174] A equiparação entre leis e regulamentos começou por ser estabelecida no n.° 1 artigo 20.° da Lei n.° 1/2002, de 7 de Agosto, segundo o qual *os regulamentos da Administração transitória das Nações Unidas em Timor-Leste (...) em vigor a 19 de Maio de 2002 e que foram aprovados pela Assembleia Constituinte, têm valor igual às leis*. Esta regra, em conjunto com o n.° 2 do mesmo artigo, segundo o qual, os demais regulamentos da UNTAET têm valor igual aos decretos do Governo, também não está de acordo com o n.° 3 do artigo 2.° da Lei n.° 10/2003, de 10 de Dezembro, na qual não é efectuada qualquer distinção entre os regulamentos da UNTAET. V. *supra* II.2.1.2.

lativos (que se diz serem compostos por comandos gerais e abstractos, portanto, por normas), mas sobretudo para fornecer um critério de distinção entre a *lei* e o mero regulamento. A questão também não está legalmente resolvida no direito português. Talvez não seja mesmo possível definir algo de tão complexo e profundamente humano como uma *lei* e o melhor seja retirá-la do domínio conceptual em que vivem as definições e trazê-la para o plano dos *tipos*, variáveis, com *centros* e *periferias* e muitos *casos duvidosos*. Os critérios geralmente utilizados prendem-se, além do carácter geral e abstracto, com a importância da matéria regulada, o seu carácter inovatório no sistema jurídico, a eficácia externa, o grau de densidade normativa e, com papel auxiliar, os factores externos.

Referem-se à lei em sentido material todas as regras constitucionais que tratam da competência legislativa[175] do Parlamento Nacional e do Governo e ainda as disposições que consagram reservas de lei, como sejam: a restrição aos direitos, liberdades e garantias[176], o direito de legítima defesa[177], a regulação da detenção e da prisão[178], a submissão a julgamento[179], a criação de taxas e de impostos[180], e outras disposições constitucionais do género.

Em matéria de forma externa dos actos legislativos aprovados pelo Parlamento Nacional e pelo Governo, a Constituição não vai além da utilização da expressão *diplomas* ou *diplomas legislativos*. É assim quando regula as competências do Presidente da República para promulgar *os diplomas legislativos*[181], exercer o direito de veto ou suscitar a apreciação da constitucionalidade dos *diplomas*[182]. O mesmo acontece também a propósito da apreciação parlamentar dos *diplomas legislativos* do Governo[183], de regular a competência do Conselho de Ministros para aprovar os *diplomas legislativos*[184] ou a sua assinatura[185].

---

175 A reserva de competência não se identifica com a reserva de lei. A reserva de competência refere-se ao órgão de aprovação, ao passo que a reserva de lei se refere ao tipo de acto, impondo que a criação de um acto legislativo.

176 V. n.° 1 do artigo 24.° da CRDTL.

177 V. n.° 2 do artigo 28.° da CRDTL.

178 V. n.° 2 do artigo 30.° da CRDTL.

179 V. n.° 1 do artigo 31.° da CRDTL.

180 V. n.° 2 do artigo 144.° da CRDTL.

181 V. alínea a) do artigo 85.° da CRDTL.

182 V. n.°s 1 e 4 do artigo 88.° e n.°s 1 e 2 do artigo 149.° da CRDTL.

183 V. artigo 98.° da CRDTL.

184 V. alínea d) do artigo 116.° da CRDTL.

185 V. n.° 3 do artigo 117.° da CRDTL.

A divisão dos actos legislativos do Parlamento Nacional e do Governo em Leis e decretos-lei, respectivamente, resulta da Lei n.° 1/2002, de 7 de Agosto, relativa à *publicação dos actos*[186]. Esta lei, cujo objectivo primordial foi o de criar o jornal oficial e regular a publicação dos actos prevista no artigo 73.° da Constituição, tornou-se o diploma base para a construção do regime formal e material dos actos legislativos e mesmo não legislativos, sendo depois complementada em aspectos particulares por duas outras também já aqui referidas: a Lei n.° 2/2002, de 7 de Agosto, denominada *interpretação do direito vigente em 19 de Maio de 2002*[187] e a Lei n.° 10/2003, de 10 de Dezembro, que se refere à *interpretação do artigo 1.° da Lei n.° 2/2002, de 7 de Agosto e fontes do direito*[188].

Como todo o sistema da Lei n.° 1/2002, de 7 de Agosto, se encontra organizado em função das regras relativas à publicação e ao formulário dos actos, questões tão importantes quanto a sua forma externa ou o seu valor aparecem resolvidas de modo implícito ou incidental. Assim, de acordo com o n.° 2 do artigo 5.°, são publicados na 1.ª série do Jornal da República, as Leis do Parlamento Nacional, incluindo as de autorização legislativa[189] e os *decretos-leis*[190] do Governo. Como correspondem a duas categorias distintas, estes actos são identificados e numerados separadamente, sendo que a sua data é a data da publicação[191]. Após a identificação e numeração, as Leis e os decretos-lei devem conter um preâmbulo, descrevendo as razões justificativas da sua elaboração e referindo, no final, a participação de outros órgãos na sua elaboração[192]. O artigo 9.° da Lei n.° 1/2002, de 7 de Agosto, trata em particular do formulário das Leis do Parlamento Nacional, onde faz referência ao n.° 1 do artigo 95.° ou, no caso de autorização legislativa, ao n.° 1 do artigo 96.° da Constituição. O artigo 10.° da Lei n.° 1/2002, de 7 de Agosto, por sua vez, contém o formulário dos decretos-lei do Governo, distinguindo também o exercício da competência reservada, prevista no n.° 3 do artigo 115.° da Constituição, o exercício do poder legislativo geral, invocando, erradamente, o n.° 1 do

[186] Título da Lei n.° 1/2002, de 7 de Agosto. Em Timor-Leste, as leis têm um título, como impõe o n.° 2 do artigo 6.° da Lei n.° 1/2002, de 7 de Agosto.

[187] Título da Lei n.° 2/2002, de 7 de Agosto.

[188] Título da Lei n.° 10/2003, de 10 de Dezembro.

[189] V. alínea c) do n.° 2 do artigo 5.° da Lei n.° 1/2002, de 7 de Agosto.

[190] Sic. V. alínea d) do n.° 2 do artigo 5.° da Lei n.° 1/2002, de 7 de Agosto.

[191] V. n.°s 1 e 5 do artigo 6.° da Lei n.° 1/2002, de 7 de Agosto.

[192] V. artigo 7.° da Lei n.° 1/2002, de 7 de Agosto.

artigo 115.°[193] e o exercício de poder conferido por Lei de autorização legislativa. No artigo 16.° da Lei n.° 1/2002, de 7 de Agosto, estabelecem-se as regras relativas à vigência dos *actos normativos*. São elas a de que os mesmos entram em vigor na data neles fixada[194] ou, na sua falta, no décimo dia útil após sua publicação[195].

Restam algumas observações relativas ao regime dos actos legislativos. Na Constituição timorense não existe norma correspondente à do artigo 112.° da CRP e por isso, o regime dos actos legislativos tem que construir-se a partir das regras e princípios constitucionais e das leis que os complementam, como é o caso da Lei n.° 1/2002, de 7 de Agosto.

Se apenas o Parlamento Nacional e o Governo são constitucionalmente dotados do poder legislativo e se os actos praticados ao abrigo desse poder revestem a forma de Leis e de decretos-lei, por força do estabelecido na Lei n.° 1/2002, de 7 de Agosto, então pode afirmar-se que as Leis e os decretos-lei são os únicos actos legislativos da República Democrática de Timor-Leste, além das particularidades, claro está, referidas a propósito do direito anterior.

É então constitucionalmente impossível:

a) Atribuir a outras entidades o poder de emitir actos legislativos;

b) Criar outras categorias de actos legislativos. A criação de novas categorias de actos legislativos corresponde à atribuição do poder legislativo a outras entidades[196];

c) Atribuir a actos não legislativos o poder de conter normas de natureza legislativa. Esta *atribuição* seria inconstitucional por equivaler à transferência do poder legislativo[197] ou a uma fraude ao procedimento legislativo[198];

---

193 V. *supra* n.° II.1.3.1.

194 Sendo proibida a fixação da entrada em vigor no próprio dia da publicação. V. n.° 1 do artigo 16.° da Lei n.° 1/2002, de 7 de Agosto.

195 V. n.° 2 do artigo 16.° da Lei n.° 1/2002, de 7 de Agosto. Caso a distribuição ocorra posteriormente à data da publicação será aquela a relevante. V. n.° 3 do artigo 16.° da Lei n.° 1/2002, de 7 de Agosto.

196 A não ser que se criem outras categorias de actos legislativos a praticar pelo Parlamento Nacional e pelo Governo. Neste caso, porém, há que questionar a utilidade da nova categoria.

197 Por exemplo, permitir a uma entidade reguladora o poder de, através dos regulamentos por ela emitidos, identificar as condutas integradas em determinada infracção administrativa.

198 Por exemplo, determinar que a competência dos tribunais será fixada por decreto para evitar a sujeição do acto a promulgação.

d) Atribuir a actos não legislativos o poder de, com eficácia externa, interpretar, integrar, modificar, suspender ou revogar qualquer preceito constante de acto legislativo. Neste caso, a norma seria inconstitucional porque o acto não legislativo estaria a violar a hierarquia das fontes, tendo um conteúdo legislativo[199].

No que respeita à posição hierárquica das Leis e dos decretos-lei, já pode concluir-se que as mesmas se encontram subordinadas, em primeiro lugar, às regras e aos princípios constitucionais e aos princípios de direito internacional, geral ou comum e, em segundo lugar, às normas constantes de tratados, convenções e acordos internacionais. A relação entre os actos legislativos e o costume não se encontra realmente resolvida, vista a inconstitucionalidade do n.° 1 do artigo 2.° da Lei n.° 10/2003, de 10 de Dezembro, em face da imposição de reconhecimento e valorização do costume contida no n.° 4 do artigo 2.° da Constituição. Seguem-se depois, com a posição de direito subsidiário, os regulamentos da UNTAET e as leis indonésias vigentes antes de 25 de Outubro de 1999.

Não existe hierarquia entre Leis e decretos-lei excepto nos casos em que um decreto-lei é aprovado no exercício de autorização legislativa, tal como se prevê no artigo 96.° da Constituição, ou nos casos em que exista uma relação de subordinação material entre os actos legislativos. É o que se passa quando uma Lei ou um decreto-lei visam desenvolver princípios gerais, bases gerais ou as políticas adoptadas em Lei anterior.

Abaixo dos actos legislativos encontramos ainda outros actos normativos, como é o caso dos actos de carácter regulamentar e certos actos não normativos que se destinam a executar as leis.

II.3.4. *Outros actos normativos e não normativos*

Quanto aos demais actos normativos e não normativos, o vazio é ainda maior. As únicas soluções existentes são as que se retiram da Lei n.° 1/2002, de 7 de Agosto, ou aquelas que resultam já da vida diária de Timor-Leste.

Assim, no plano dos actos com conteúdo normativo existem, subordinados às leis que visam regulamentar, os decretos do Governo. A alínea

[199] Seria o caso, por exemplo, da regra que estabelecesse que determinado aspecto de um decreto-lei poderia ser interpretado, integrado ou alterado por decreto.

e) do n.° 2 do artigo 5.° da Lei n.° 1/2002, de 7 de Agosto, prevê a sua publicação, na 1.ª série do *Jornal da República*, logo após a dos decretos-lei. Os decretos são sujeitos a numeração distinta e são dotados de um preâmbulo *que descreve as razões justificativas sucintas da sua elaboração*[200]. A natureza regulamentar dos decretos do Governo é expressamente reconhecida no seu formulário, onde se impõe que invoquem a Lei ou o decreto-lei que visam regulamentar. Diz-se no artigo 12.° que os *decretos obedecem, na sua parte inicial, ao formulário seguinte: "O Governo decreta, ao abrigo do previsto no artigo... da Lei n.°... – ou do Decreto-Lei n.°..., conforme os casos -, para valer como regulamento, o seguinte:"*. Em virtude da sua natureza regulamentar, os decretos do Governo não estão sujeitos a promulgação ou a apreciação parlamentar, sendo mandados publicar após a sua aprovação e assinatura pelo Primeiro-Ministro e pelos ministros competentes em razão da matéria. A forma de decreto é inadequada para a aprovação de actos de natureza legislativa, como sucede, por razões diversas, com o padrão ortográfico da língua ou com as orgânicas dos ministérios.

Também com conteúdo normativo e carácter regulamentar são de considerar os chamados *diplomas ministeriais* que parecem corresponder ao que em Portugal se designa por portarias. Os diplomas ministeriais são publicados na 1.ª série do *Jornal da República*, como determina a alínea f) do n.° 2 do artigo 5.° da Lei n.° 1/2002, de 7 de Agosto, e são aprovados por um ou mais ministros. Têm também numeração distinta e preâmbulo[201], e devem invocar o acto ou actos legislativos ao abrigo do qual são aprovados[202]. É no conjunto dos diplomas ministeriais que se encontram, actualmente, as regras relativas, por exemplo, a: modelos de certidões, uniformes, normas de boas práticas de farmácias, rotulagem e folhetos informativos, etc[203]. A existência destes actos regulamentares não exclui outros, a emitir por entidades reguladoras, como as *instruções* da ABP.

No plano dos actos não normativos, há a referir os decretos do Presidente da República, cuja habilitação deve ser directamente fundada numa norma constitucional[204]. Estes decretos são também publicados na 1.ª série

---

200 V. artigos 6.° e 7.° da Lei n.° 1/2002, de 7 de Agosto.

201 *Idem*.

202 V. artigo 13.° da Lei n.° 1/2002, de 7 de Agosto.

203 V. www.jornal.gov-rdtl.org

204 V. formulário previsto no artigo 8.° da Lei n.° 1/2002, de 7 de Agosto.

do *Jornal da República*[205]. Os decretos actualmente publicados tratam todos de nomeações dos membros do Governo, nomeações de embaixadores, nomeação de um vogal para o Conselho Superior da Magistratura, nomeação do Presidente do Tribunal de Recurso e de indultos.

As resoluções correspondem aos actos não normativos aprovados pelo Parlamento Nacional e pelo Conselho de Ministros e são igualmente publicadas na 1.ª série do *Jornal da República*[206]. Além das que se destinam a ratificar ou a aprovar acordos e que já foram referidas, as resoluções do Parlamento Nacional e do Governo podem ter um conteúdo variadíssimo mas geralmente mantêm-se como forma dos actos políticos praticados por estes órgãos.

A realidade timorense ainda conhece os *despachos* quer do Presidente da República, quer de membros do Governo, as *ordens* da ABP, as *decisões de uniformização de jurisprudência*, e os *demais actos que, por lei, devam ser publicitados*.

III. ASPECTOS DO PROCEDIMENTO LEGISLATIVO NO ÂMBITO DO CONSELHO DE MINISTROS

Em virtude das semelhanças ao nível do sistema constitucional, os procedimentos de aprovação de propostas de Lei, propostas de resolução, decretos-lei, decretos e resoluções do Governo são muito similares aos encontrados em Portugal. O essencial dessas regras procedimentais é fixado na Resolução do Governo n.° 1/2002, de 14 de Novembro, que aprovou o *regimento do Conselho de Ministros*.

Em Timor-Leste, o Conselho de Ministros reúne habitualmente à quarta-feira, às 14h30m[207]. No interior do Conselho de Ministros as línguas de trabalho são apenas o português e o tétum, portanto, as línguas oficiais[208]. A organização da agenda de cada reunião compete ao Primeiro-Ministro, sendo coadjuvado pelo Secretário de Estado do Conselho de Ministros[209].

---

205 V. alínea g) do n.° 2 do artigo 5.° da Lei n.° 1/2002, de 7 de Agosto.

206 V. alineas h) e i) do n.° 2 do artigo 5.° da Lei n.° 1/2002, de 7 de Agosto.

207 O n.° 1 do artigo 5.° do Regimento determina que as reuniões se realizem às 8h, mas essa não é a prática actualmente seguida por determinação do Primeiro-Ministro.

208 V. n.° 6 do artigo 5.° do Regimento.

209 V. n.° 1 do artigo 7.° do Regimento.

A elaboração de projectos a aprovar em Conselho de Ministros compete a cada ministério que deverá, nessa altura, coordenar-se com outros ministérios cujas áreas de tutela estejam relacionadas com a matéria em que se pretende intervir bem como proceder à recolha dos pareceres obrigatórios. Existem pareceres obrigatórios por parte do Ministro do Plano e das Finanças[210], do Ministro da Justiça[211], do Ministro da Administração Interna[212], do Ministro do Desenvolvimento e Ambiente[213] e do Ministro dos Negócios Estrangeiros e da Cooperação[214].

Após a finalização do projecto, o mesmo deve ser acompanhado de dois documentos. Um é denominado *submissão* que é *o meio pelo qual são apresentados a Conselho de Ministros, para sua apreciação e deliberação, os assuntos da sua competência*[215]. A *submissão* obedece também ela a uma espécie de formulário que se inicia com uma recomendação ao Conselho de Ministros no sentido de aprovar o acto, seguindo-se a descrição dos antecedentes relativos à elaboração do acto, a justificação para a intervenção, as implicações financeiras, legais e na opinião pública e as consultas efectuadas[216]. O outro, que apenas se exige nos projectos de actos normativos, é a *nota justificativa* contendo o sumário a publicar no *Jornal da República*, a síntese do conteúdo do projecto, a indicação expressa da legislação a alterar ou a revogar e a eventual legislação complementar, a articulação com o programa do Governo e o fundamento para a forma proposta[217]. Em termos práticos estes dois documentos apresentam-se geralmente fundidos num só, sob a designação genérica de *submissão*.

O artigo 18.° do Regimento do Conselho de Ministros contém algumas regras formais sobre a elaboração dos actos normativos. São elas, em termos resumidos, a obrigação de elaboração de um prêambulo, a referência à negociação ou participação de entidades, a forma articulada do projecto e, se necessário, a sua repartição por títulos, capítulos, secções e subsecções, a colocação de epígrafes, a divisão em números e alíneas, através de algarismos e letras, a ordem das matérias no projecto, a imposição de revogações expressas, etc.

---

210 V. artigo 19.° do Regimento.
211 V. artigo 20.° do Regimento.
212 V. artigo 21.° do Regimento.
213 V. artigo 22.° do Regimento.
214 V. artigo 23.° do Regimento.
215 N.° 1 do artigo 15.° do Regimento.
216 V. artigo 16.° do Regimento.
217 V. artigo 17.° do Regimento.

Uma vez submetidos os projectos ao Conselho de Ministros, todo o procedimento relativo à execução das suas decisões está sujeito a acompanhamento por parte do Secretário de Estado do Conselho de Ministros, nomeadamente no tocante à introdução de alterações ou correcções.

Após a aprovação final, é também ao Secretário de Estado do Conselho de Ministros que compete a condução do processo de recolha de assinaturas dos diplomas, da respectiva promulgação, se for o caso, e posterior envio para publicação.

REFERÊNCIAS BIBLIOGRÁFICAS

(Indicam-se apenas algumas das muitas obras que se pronunciam sobre os temas tratados neste trabalho)

ABREU, Jorge Manuel, Coutinho de, *Sobre os Regulamentos Administrativos e o Princípio da Legalidade*, Coimbra, 1987;

AMARAL, Diogo Freitas do, *Curso de direito Administrativo*, Coimbra, 2001;

ANDRADE, José Carlos Vieira de, *Os direitos fundamentais na Constituição Portuguesa de 1976*, Coimbra, 1998;

CANOTILHO, J.J. Gomes, *Direito constitucional e teoria da constituição*, Coimbra, 2004;

CANOTILHO, J.J.Gomes, Vital Moreira, *Fundamentos da Constituição*, Coimbra, 1991;

CAUPERS, João "Um dever de regulamentar?", *Legislação, Cadernos de Ciência de Legislação*, Oeiras, n.° 18 (Jan-Março 1997), p. 7-22;

COUTINHO, Luís Pereira "Regulamentos independentes do Governo", *Perspectivas Constitucionais nos 20 Anos da Constituição de 1976*, 1998, p. 979 ss;

CUNHA, Paulo de Pitta e, Xavier de Basto, António Lobo Xavier, "Os conceitos de taxa e imposto a propósito das licenças municipais", *Revista Fisco*, n.° 51-52, 1993;

DOURADO, Ana Paula, "O princípio da legalidade fiscal na Constituição Portuguesa", *Ciência e Técnica Fiscal*, n.° 379, 1996;

GOMES, Nuno de Sá, *Manual de Direito Fiscal*, Vol. I e Vol. II, Lisboa, 2000;

GOUVEIA, Jorge Bacelar, *O Estado de excepção no direito constitucional, Entre a eficiência e a normatividade das estruturas de defesa extraordinária da Constituição*, Coimbra, 1999;

MARTINEZ, Pedro Soares, *Direito Fiscal*, Coimbra, 2000;

MIRANDA, Jorge, "Uma constituição para Timor: textos vários", *Separata da Revista da Faculdade de Direito da Universidade de Lisboa*, Vol. XLI, n.° 2, 2000, p. 935-1031;

– "Timor e o direito constitucional", *Separata da revista "O Direito"*, 2000, p. 349-360;

– *Manual de Direito Constitucional*, Tomo I, Coimbra, 2003;

– *Manual de Direito Constitucional*, Tomo II, Coimbra, 2003;

– *Manual de Direito Constitucional*, Tomo III, Coimbra, 2004;

– *Manual de Direito Constitucional*, Tomo IV, Coimbra, 2000;

– *Manual de Direito Constitucional*, Tomo V, Coimbra, 2004;

– *Manual de Direito Constitucional,* Tomo VI, Coimbra, 2001;
MIRANDA, J.J Gomes Canotilho, *Direito Constitucional e Teoria da Constituição*, Coimbra, 2003;
MONCADA, Luís Cabral, *Lei e regulamento,* Coimbra, 2002;
NABAIS, José Casalta, *Direito Fiscal*, Coimbra, 2005;
– *O Dever Fundamental de Pagar Impostos*, Coimbra, 1998;
NOVAIS, Jorge Reis, *Separação de poderes e limites de competência da Assembleia da República,* Lisboa, 1997;
OTERO, Paulo, *O desenvolvimento de leis de bases pelo Governo,* Lisboa, 1997;
PIÇARRA, Nuno, *A separação de poderes como doutrina e princípio constitucional,* Coimbra, 1989;
PINHEIRO, Alexandre Sousa, "O Governo: organização e funcionamento, Reserva legislativa e procedimento legislativo", *Revista Jurídica,* n.° 23, 1999, p. 191 e ss;
PINHEIRO, Alexandre Sousa, Mário João de Brito Fernandes, *Comentário à IV revisão constitucional,* Lisboa, 1999;
QUEIRÓ, Afonso Rodrigues,"Teoria dos Regulamentos", *Revista de Direito e Estudos Sociais*, 1980, p. 1 ss;
RIBEIRO, Teixeira, "Noção jurídica de taxa", *Revista de Legislação e Jurisprudência*, ano 117, 1985;
SANCHES, J.L. Saldanha, *Manual de Direito Fiscal*, Coimbra, 2002;
SILVA, Jorge Pereira da, *Dever de legislar e protecção jurisdicional contra omissões legislativas: contributo para uma teoria da inconstitucionalidade por omissão*, Lisboa, 2003;
SOUSA, Marcelo Rebelo de, José de Melo Alexandrino, *Constituição da República Portuguesa – Comentada,* Lisboa, 2000;
TELES, Miguel Galvão, "Timor Leste", *Separata do II suplemento do dicionário jurídico da Administração Pública,* s.d.;
VASCONCELOS, Pedro Pais de, *Contratos Atípicos*, Almedina, Coimbra, 1995;
XAVIER, Alberto, *Manual de Direito Fiscal*, Vol. I, Lisboa, 1981;

ANEXOS

Lei n.° 1 /2002, de 7 de Agosto, publicação dos actos

A Constituição da República deixa ao legislador ordinário a definição de diversas matérias relacionadas com os actos normativos que compõem o ordenamento jurídico da República.

Considerando que a lei deve definir, o mais brevemente possível, os tipos de diplomas existentes e aprovar os respectivos formulários bem como as regras pertinentes à identificação, publicação, entrada em vigor, rectificação e alteração dos mesmos; e

Que, nos termos constitucionais, a falta de publicidade dos actos normativos implica a sua ineficácia jurídica e, por consequente, a necessidade da criação de um jornal oficial que permita efectivamente publicitar a lei;

O Parlamento Nacional decreta, nos termos do n.° 1 do art.° 95.° e do n.° 3 do art.° 73.° da Constituição da República, para valer como lei, o seguinte:

ARTIGO 1.°
Jornal oficial

1. É criado o *Jornal da República Democrática de Timor-Leste*, doravante designado abreviadamente por *Jornal da República*, que é o jornal oficial destinado a publicar todos os actos que a lei mande publicar ou que devam ser publicitados.
2. O *Jornal da República* é também editado em versão electrónica, cujo acesso é regulamentado por decreto do Governo.
3. O rosto do *Jornal da República* apresenta o emblema da República Democrática de Timor-Leste, a sua denominação em ambas as línguas oficiais, o respectivo número e ano, a série, a data da edição e o índice do seu conteúdo bem como os demais elementos que sejam considerados necessários.
4. O preço de venda do *Jornal da República* deve cobrir o seu custo.

ARTIGO 2.°
Edição

1. O *Jornal da República* tem numeração anual, compreende as 1.ª e 2.ª séries e é editado semanalmente, às quartas e sextas-feiras, respectivamente, excepto quando coincidirem com um dia feriado, caso em que a edição é feita no primeiro dia útil seguinte.
2. O *Jornal da República* é editado no dia correspondente ao da sua data.
3. As publicações que, pela sua extensão, dificuldade ou natureza urgente ou especial, não possam ser editadas no dia normal são incluídas em suplemento ao *Jornal da República* da correspondente semana ou em número extraordinário.

ARTIGO 3.°
Publicação nas línguas oficiais

1. O *Jornal da República* é publicado em ambas as línguas oficiais.
2. As versões em português e em tétum são publicadas lado a lado, ocupando a primeira o lado esquerdo.
3. Em caso de divergência entre ambos os textos, prevalecerá o texto em língua portuguesa.

ARTIGO 4.°
Envio dos textos para publicação

1. O texto dos actos para publicação no *Jornal da República* é enviado ao serviço competente pela sua edição, pela entidade donde provenha, depois de cumpridos os requisitos legais.
2. Para efeitos de publicação, o texto original dos actos é entregue ao serviço competente, acompanhado do respectivo suporte informático, até ao

quinto dia útil anterior ao dia da edição da respectiva série, devendo ser publicado nessa edição.

3. Excepcionalmente, quando a publicação dos actos, face à data da sua entrada em vigor, se revele urgente, o disposto no número anterior pode deixar de ser observado, devendo a entidade donde provenham apresentar a devida fundamentação.

Artigo 5.°
Actos publicados

1. Os actos a que se refere a presente lei são publicados no *Jornal da República*, sob pena de ineficácia jurídica.

2. São publicados na 1.ª série do *Jornal da República* os seguintes actos:

a) A Constituição da República, as leis constitucionais, bem como as propostas de revisão constitucional;

b) Os acordos, tratados e convenções internacionais;

c) As leis do Parlamento Nacional, incluindo as de autorização legislativa;

d) Os decretos-leis do Governo;

e) Os decretos do Governo;

f) Os diplomas ministeriais;

g) Os decretos do Presidente da República;

h) As resoluções do Parlamento Nacional, incluindo aquelas que aprovem ou rejeitem moções;

i) As resoluções do Governo;

j) Os regimentos do Parlamento Nacional e do Conselho de Estado;

k) As decisões de uniformização de jurisprudência e aquelas a que a lei confira força obrigatória geral;

l) Os resultados finais das eleições para a Presidência da República, o Parlamento Nacional e os órgãos locais;

m) Os resultados finais dos referendos;

n) O Programa de Governo, após apreciação pelo Parlamento Nacional, sem rejeição;

o) O Plano, o Orçamento Geral do Estado e os orçamentos rectificativos aprovados pelo Parlamento Nacional, bem como as transferências de verbas;

p) O relatório de Actividades do Governo e o relatório de execução do Orçamento Geral do Estado;

q) A nomeação, exoneração e demais actos relativos ao Presidente da República;

r) A nomeação, exonerações e demais actos relativos aos deputados ao Parlamento Nacional, aos membros do Governo e aos membros do Conselho de Estado;

s) A nomeação, exonerações e demais actos relativos aos presidentes e juízes dos tribunais superiores, ao Procurador-Geral da República e aos seus Adjuntos; e

t) Os demais actos que, por lei, devam ser publicados na 1.ª série do *Jornal da República*.

3. São publicados na 2.ª série do *Jornal da República* os seguintes actos:

a) Os pareceres, avisos e declarações que, por lei, devam ser publicados;

b) As nomeações e exonerações que, por lei, devam ser publicadas; e

c) Os demais actos que, por lei, devam ser publicitados.

Artigo 6.°
Identificação e numeração dos actos publicados

1. Os actos publicados são identificados, pela sua categoria, número, ano e pela data de publicação, por essa ordem, sendo que a data do acto é a data da edição do *Jornal da República* onde ele é publicado.

2. Os actos são encimados pela designação do órgão do qual provenham e contêm, após as rubricas referidas no número anterior, um título que traduza sinteticamente o seu objecto.

3. Os decretos ministeriais contêm, logo após a indicação da categoria do acto, a identificação da entidade ou das entidades donde provêm.

4. A numeração dos actos reporta-se a cada ano e é da responsabilidade do serviço competente pela sua edição, sendo, para o efeito, colocados os números do acto e do ano separados por uma barra.

5. Há numeração distinta para cada uma das categorias de actos previstos nas alíneas a), c), d), e), f), g), h) e i) do n.° 2 do artigo 5.° da presente lei, bem como para as decisões de cada tribunal e para os demais actos cuja natureza assim o permita.

Artigo 7.°
Regras gerais sobre formulário dos actos

1. Após a identificação e numeração dos actos referidos nas alíneas a), c), d), e), f), h) e i) do n.° 2 do art.° 5.°, segue-se um preâmbulo que descreve as razões justificativas sucintas da sua elaboração.

2. Quando no procedimento legislativo tenham participado, a título consultivo ou deliberativo, por força da lei, outro ou outros órgãos além do órgão de aprovação final, faz-se referência expressa a tal facto.

Artigo 8.°
Decretos do Presidente da República

1. Os decretos do Presidente da República obedecem, na sua parte inicial, ao formulário seguinte:

"O Presidente da República decreta, nos termos do artigo ... da Constituição, o seguinte:"

2. Tratando-se de acto que seja precedido de uma proposta, nomeadamente para a nomeação ou exoneração de titular de cargo público ou caso o titular tenha sido indigitado, deve ser feita menção a tal facto.

3. Os decretos do Presidente da República contêm após o texto e por ordem, a ordem de publicação, a assinatura do Presidente da República, com a respectiva data e local.

Artigo 9.°
Leis

1. As leis obedecem, na sua parte inicial, ao formulário seguinte:

"O Parlamento Nacional decreta, nos termos do n.° 1 do artigo 95.° – ou de outros que se indiquem – da Constituição da República, para valer como lei, o seguinte:"

2. Tratando-se de lei constitucional, deve referir-se essa natureza na parte final da fórmula.

3. As leis de autorização legislativa obedecem, na sua parte inicial, ao formulário seguinte:

"O Parlamento Nacional decreta, ao abrigo do previsto na alínea ...) do n.° 1 do artigo 96.° da Constituição da República, para valer como lei, o seguinte:"

4. As leis contêm após o texto e por ordem:

a) A data da aprovação;
b) A assinatura do Presidente do Parlamento Nacional;
c) A data de promulgação do Presidente da República;
d) A ordem de publicação; e
e) A assinatura do Presidente da República.

Artigo 10.°
Decretos-leis

1. Os decretos-leis obedecem, na sua parte inicial, ao formulário seguinte:

"O Governo decreta, nos termos do n.° 3 do artigo 115.° – ou da alínea ...) do n.° 1 do artigo 115.°, ou de outros que se indiquem – da Constituição da República, para valer como lei, o seguinte:"

2. Os decretos-leis previstos no artigo 96.° da Constituição obedecem, na sua parte inicial, ao formulário seguinte:

"No uso da autorização legislativa concedida ao abrigo do artigo ... da Lei n.° ..., e nos termos do previsto no artigo 96.° da Constituição, o Governo decreta, para valer como lei, o seguinte:"

3. Os decretos-leis contêm após o texto e por ordem:

a) A data da aprovação em Conselho de Ministros;

b) A assinatura do Primeiro-Ministro e do(s) Ministro(s) competente(s) em razão da matéria;

c) A data de promulgação do Presidente da República;

d) A ordem de publicação; e

e) A assinatura do Presidente da República.

ARTIGO 11.°

Propostas do Governo ao Parlamento Nacional

1. As propostas de lei do Governo ao Parlamento Nacional, às quais é junto uma exposição de motivos, obedecem, na sua parte inicial, ao formulário seguinte:

"O Governo apresenta ao Parlamento Nacional, ao abrigo da alínea c) do n.° 1 do artigo 97.° e da alínea a) do n.° 2 do artigo 115.° da Constituição da República – com pedido de prioridade e urgência, se for o caso -, a seguinte proposta de lei:"

2. As propostas de resolução do Governo ao Parlamento Nacional obedecem, na sua parte inicial, ao formulário seguinte:

"O Governo apresenta ao Parlamento Nacional, ao abrigo da alínea a) do n.° 2 do artigo 115.° da Constituição da República – com pedido de prioridade e urgência, se for o caso -, a seguinte proposta de resolução:"

3. As propostas de lei ou de resolução do Governo ao Parlamento Nacional contêm após o texto e por ordem:

a) A data da aprovação em Conselho de Ministros; e

b) A assinatura do Primeiro-Ministro e do(s) Ministro(s) competente(s) em razão da matéria.

ARTIGO 12.°

Decretos do Governo

1. Os decretos do Governo obedecem, na sua parte inicial, ao formulário seguinte:

"O Governo decreta, ao abrigo do previsto no artigo ... da Lei n.° ... – ou do Decreto-Lei n.° ..., conforme os casos -, para valer como regulamento, o seguinte:"

2. Os decretos do Governo contêm após o texto e por ordem:

a) A data da aprovação em Conselho de Ministros;

b) A ordem de publicação; e

c) A assinatura do Primeiro-Ministro e do(s) Ministro(s) competente(s) em razão da matéria.

ARTIGO 13.°

Diplomas ministeriais

1. Os diplomas ministeriais obedecem, na sua parte inicial, ao formulário seguinte:

"O Governo, pelo(s) Ministro(s) ..., manda, ao abrigo no previsto no artigo ... do Decreto-Lei n.° ... – ou do Decreto do Governo n.° ...-, publicar o seguinte diploma:"

2. Os diplomas ministeriais contêm após o texto e por ordem:
   a) A assinatura do(s) Ministro(s) competente(s); e
   b) A data da respectiva assinatura.

3. Entende-se por Ministro(s) competente(s) aqueles cujos serviços tenham, em razão da matéria, interferência na execução do diploma ministerial.

4. Sendo vários os Ministros competentes, é ao primeiro mencionado que compete remeter o diploma para publicação.

ARTIGO 14.°
Resoluções do Parlamento Nacional

1. As resoluções do Parlamento Nacional obedecem, na sua parte inicial, ao formulário seguinte:

"O Parlamento Nacional resolve – sob proposta do Governo, se for o caso –, nos termos da alínea ...) do n.° 3 do artigo 95.° – ou, se for o caso, de outros que se indiquem – da Constituição da República, o seguinte:"

2. As resoluções contêm após o texto e por ordem:
   a) a data da aprovação;
   b) a ordem de publicação; e
   c) a assinatura do Presidente do Parlamento Nacional.

3. As resoluções previstas na alínea a) do artigo 85.° da Constituição, às quais é anexado o respectivo instrumento de direito internacional, contêm após o texto e por ordem:
   a) a data da aprovação;
   b) a assinatura do Presidente do Parlamento Nacional;
   c) a ordem de publicação; e
   d) a assinatura do Presidente da República.

ARTIGO 15.°
Resoluções do Governo

1. As resoluções do Governo obedecem, na sua parte inicial, ao formulário seguinte:

"O Governo resolve, nos termos da alínea ...) do n.° 2 do artigo 115.° – ou da alínea d) do artigo 116.°, ou de outros que se indiquem – da Constituição da República, o seguinte:"

2. As resoluções contêm após o texto e por ordem:
   a) a data da aprovação em Conselho de Ministros;
   b) a ordem de publicação; e
   c) a assinatura do Primeiro-Ministro.

3. Em anexo às resoluções previstas na alínea d) do artigo 116.° da Constituição é publicado o respectivo instrumento de direito internacional.

Artigo 16.°

Início de vigência

1. Os actos normativos entram em vigor no dia neles fixado, não podendo o início da vigência verificar-se no próprio dia da publicação.

2. Na falta de fixação do dia, os actos normativos entram em vigor no décimo dia útil após a sua publicação no *Jornal da República.*

3. Os prazos previstos no número anterior contam-se a partir do dia imediato ao da publicação do acto ou ao da distribuição do *Jornal da República*, quando esta tenha sido posterior.

Artigo 17.°

Rectificações

1. As rectificações são admissíveis exclusivamente para correcção de erros materiais provenientes de divergências entre o texto original e o texto impresso no *Jornal da República* e são feitas mediante declaração do órgão que aprovou o texto original.

2. Caso as divergências sejam da responsabilidade do serviço competente pela edição do *Jornal da República*, a rectificação deve ser promovida, mediante declaração, por esse serviço.

3. A declaração, contendo o respectivo texto rectificado, é publicada na série do *Jornal da República* onde foi publicado o texto a rectificar.

4. Caso possam resultar dificuldades na compreensão do texto rectificado, este deve ser republicado, total ou parcialmente.

5. As rectificações só são admitidas até sessenta dias após a publicação do texto a rectificar.

6. A não observância do prazo previsto no número anterior determina a nulidade da rectificação.

7. As rectificações produzem efeitos desde a data da entrada em vigor do acto a rectificar, sem prejuízo dos direitos adquiridos de boa-fé até à data da sua publicação.

Artigo 18.°

Alterações e republicação

1. Os actos que alterem outros devem indicar o número de ordem da alteração introduzida e, quando tenha havido alterações anteriores, identificar os actos que procederam a tais alterações, ainda que incidam sobre normas diferentes do acto alterado.

2. Quando a natureza ou a extensão da alteração o justifique, procede-se, em anexo, à republicação integral do acto.

Artigo 19.°

Assinatura e divulgação obrigatória

Os órgãos judiciais, os serviços públicos, incluindo as entidades autónomas, os órgãos locais, bem como as empresas concessionárias, são obrigados a assinar a 1.ª série do *Jornal da República* e a promover a sua divulgação e circulação interna.

ARTIGO 20.º
Actos da Administração Transitória das Nações Unidas em Timor-Leste

1. Os regulamentos da Administração Transitória das Nações Unidas em Timor-Leste, doravante designada abreviadamente por UNTAET, em vigor em 19 de Maio de 2002 e que foram aprovados pela Assembleia Constituinte, têm valor igual às leis.
2. Os demais regulamentos da UNTAET, em vigor em 19 de Maio de 2002, têm valor igual aos decretos do Governo.
3. As directivas da UNTAET, em vigor em 19 de Maio de 2002, têm valor igual aos diplomas ministeriais.
4. As ordens executivas e as notificações emitidas pela UNTAET, em vigor em 19 de Maio de 2002, têm o valor que a sua natureza implicar.

ARTIGO 21.º
Regulamentação

A presente lei é regulamentada por decreto do Governo.

ARTIGO 22.º
Regime transitório

1. Até 31 de Dezembro de 2002, o *Jornal da República* pode ser editado somente numa das versões previstas nos números 1 e 2 do artigo 1.º e compreende unicamente a 1.ª série, que pode ser editada somente em língua portuguesa.
2. Caso os actos sejam publicados somente em língua portuguesa, uma súmula informativa desses actos, em língua tétum, pode ser elaborada e publicada no *Jornal da República*, sem prejuízo da sua posterior publicação integral nessa língua.
3. O *Jornal da República* pode ser editado por uma entidade a designar pelo Governo até à instalação e funcionamento do serviço competente para a sua edição.
4. Enquanto não for materialmente possível publicar o *Jornal da República* sob qualquer das formas previstas na presente lei, a sua publicitação deve ser feita por edital, a afixar em locais públicos, ou mediante publicação num dos periódicos de maior divulgação em Timor-Leste.
5. Compete ao Governo definir as condições de execução do disposto no número anterior bem como a forma de permitir que seja facultado cópia dos actos publicitados a quem o solicitar.
6. Até à publicação de normas relativas à feitura dos actos previstos na presente lei, a presente lei serve de referência para a sua elaboração.

ARTIGO 23.°
Revogações

É revogado o Regulamento da UNTAET n.° 1999/4, de 29 de Dezembro, bem como toda as normas que sejam contrárias ao previsto na presente lei.

ARTIGO 24.°
Efeitos

A presente lei produz efeitos desde o dia 20 de Maio de 2002.

Aprovada em 28 de Junho de 2002

O Presidente do Parlamento Nacional, Francisco Guterres 'Lú-Olo'

Promulgada em 29 de Junho de 2002

Publique-se.

O Presidente da República José Alexandre Gusmão 'Kay Rala Xanana Gusmão'

Lei n.° 2/2002 de 7 de Agosto, Interpretação do direito vigente em 19 de Maio de 2002

O reconhecimento internacional da independência proclamada a 28 de Novembro de 1975, com a consequente transferência dos poderes de soberania, aconselha a aprovação de uma lei facilitadora da interpretação do direito recebido, já que é a própria Constituição da República que determina que o direito anteriormente vigente no país é aplicável "....enquanto não forem alterados ou revogados, as leis e os regulamentos vigentes em Timor-Leste, em tudo o que se não mostrar contrário à Constituição e aos princípios nela consignados".

O Parlamento Nacional decreta, nos termos do n.° 1 do art.° 95.° e do art.° 165.° da Constituição da República, para valer como lei, o seguinte:

ARTIGO 1.°
Direito aplicável

A legislação vigente em Timor-Leste em 19 de Maio de 2002 mantém-se em vigor, com as necessárias adaptações, em tudo o que se não mostrar contrário à Constituição e aos princípios nela consignados.

ARTIGO 2.°
Transferência de poderes

Os poderes atribuídos ao Administrador de Transição pela legislação vigente em Timor-Leste em 19 de Maio de 2002 passam a ser exercidos pelas autoridades competentes da República Democrática de Timor-Leste, em conformidade com a Constituição e os princípios nela consignados.

ARTIGO 3.°
Validade das nomeações

As nomeações vigentes em Timor-Leste em 19 de Maio de 2002 mantém transitoriamente a sua validade até que novas nomeações tenham lugar, em conformidade com a lei.

ARTIGO 4.°
Validade dos documentos

Quaisquer documentos, certificados, licenças ou autorizações, emitidos pela Administração Transitória das Nações Unidas em Timor-Leste, doravante designada abreviadamente por UNTAET, e válidos em Timor-Leste em 19 de Maio de 2002, são válidos, sem prejuízo do prazo de caducidade dos mesmos ser anterior a esta data e de poderem ser, entretanto, substituídos por novos documentos, em conformidade com a lei.

ARTIGO 5.°
Missões estrangeiras

As missões de representação estrangeiras estabelecidas em Timor-Leste em 19 de Maio de 2002, nos termos do Regulamento da UNTAET n.° 2000/31, de 27 de Setembro, mantêm o seu estatuto até que sejam acreditadas como missões diplomáticas ou consulares junto da República Democrática de Timor-Leste.

ARTIGO 6.°
Efeitos

A presente lei produz efeitos desde o dia 20 de Maio de 2002.

Aprovada em 8 de Julho de 2002

O Presidente do Parlamento Nacional, Francisco Guterres 'Lú-Olo'

Promulgada em 10 de Julho de 2002

Publique-se.

O Presidente da República, José Alexandre Gusmão 'Kay Rala Xanana Gusmão'

Lei n.° 10/2003, de 10 de Dezembro, Interpretação do artigo 1.° da Lei n.° 2/2002, de 7 de Agosto, e fontes do direito

As interpretações legais feitas à letra, fora do contexto e do sistema, desgarradas da realidade, com violação das regras mais elementares da hermenêutica jurídica conduzem a situações absurdas, que podem pôr em causa a estabilidade do País ao provocarem tendecialmente situações de crise institucional, que de outra forma não existiriam.

O Parlamento Nacional decreta, nos termos do artigo 92.° e do n.° 1 do artigo 95.° da Constituição da República, para valer como lei, o seguinte:

Artigo 1.°
Interpretação autêntica

Entende-se por legislação vigente em Timor-Leste em 19 de Maio de 2002, nos termos do disposto no artigo 1.° da Lei n.° 2/2002, de 7 de Agosto, toda a legislação indonésia que era aplicada e vigorava "de facto" em Timor-Leste, antes do dia 25 de Outubro de 1999, nos termos estatuidos no Regulamento n.° 1/1999 da UNTAET.

Artigo 2.°
Fontes do direito

1. A lei é única fonte imediata de direito em Timor-Leste.

2. Leis são as disposições genéricas provindas dos órgãos estaduais competentes.

3. São fontes de direito na República Democrática de Timor-Leste:

a) A Constituição da República;

b) As leis emanadas do Parlamento Nacional e do Governo da República;

c) Supletivamente os regulamentos e demais diplomas legais da UNTAET enquanto não forem revogados, assim como a legislação indonésia nos termos do artigo 1.° da presente lei.

Artigo 3.°
Efeitos

A presente lei produz efeitos desde o dia 20 de Maio de 2002.

Aprovada em 06 de Outubro de 2003.

O Presidente do Parlamento Nacional, Francisco Guterres "Lu-Olo"

Promulgada em 20 de Novembro de 2003

Publique-se

O Presidente da República, Kay Rala Xanana Gusmão

Resolução do Governo n° 1/2002, de 14 de Novembro, Aprovação do regimento do Conselho de Ministros

O Conselho de Ministros é o órgão colegial e decisório do Governo, formado pelo Primeiro-Ministro e pelos Ministros, contando ainda com a participação de outros membros do Governo, e exerce as competências que lhe são cometidas pela Constituição e pela lei.

Nestes termos, o Regimento do Conselho de Ministros constitui um instrumento essencial ao bom funcionamento do Governo e é a sede própria para a execução das opções tomadas quanto à sua organização e funcionamento, constantes do Decreto-Lei n.° 3/2002, de 20 de Setembro, que aprova a estrutura orgânica do I Governo Constitucional da República Democrática de Timor-Leste.

Com a aprovação do presente Regimento pretende-se disciplinar a organização e o funcionamento das reuniões ordinárias e extraordinárias do Conselho de Ministros, em moldes que permitam um correcto e expedito exercício das suas competências (capítulo II), bem como regular o processo de elaboração e aprovação de submissões, por forma a estabelecer uma eficaz coordenação entre os diferentes membros do Governo (capítulo III), em proveito da própria actuação governativa, que se pretende célere e eficiente.

A experiência e os ensinamentos colhidos com os Manuais do Conselho de Ministros dos I e II Governos de Transição de Timor-Leste revelaram-se de extrema utilidade, por terem permitido aferir da bondade de algumas soluções organizatórias e procedimentais então utilizadas, que ora se aperfeiçoam, ao mesmo tempo que permitiram estabelecer como regras regimentais alguma das práticas então adoptadas, em proveito do bom funcionamento do Governo.

Assim:

O Governo resolve, nos termos do n.° 3 do artigo 115.° da Constituição da República, e do n.° 2 do artigo 2.° do Decreto-Lei n.° 3/2002, de 20 de Setembro, o seguinte:

Aprovar o Regimento do Conselho de Ministros do I Governo Constitucional, que consta de anexo à presente resolução, da qual faz parte integrante.

Aprovado em Conselho de Ministros, aos 27 de Agosto de 2002.

Publique-se.

O Primeiro-Ministro, *Mari Bim Amude Alkatiri*

ANEXO

REGIMENTO DO CONSELHO DE MINISTROS DO I GOVERNO CONSTITUCIONAL

CAPÍTULO I

Disposições Gerais

ARTIGO 1.°

Natureza e função

O Conselho de Ministros rege-se, na sua organização e funcionamento, pelo presente Regimento.

ARTIGO 2.°

Local das reuniões

1. As reuniões do Conselho realizam-se no Palácio do Governo, em Díli.

2. O Conselho de Ministros pode, se assim o deliberar, reunir em qualquer outra localidade do território nacional.

CAPÍTULO II

Do Conselho de Ministros

ARTIGO 3.°

Composição

1. O Conselho de Ministros é composto pelo Primeiro-Ministro, que preside, e pelos ministros.

2. Participam ainda nas reuniões do Conselho de Ministros os membros do Governo referidos nos n.°s 2 e 3 do artigo 3.° do Decreto-Lei n.° 3/2002, de 20 de Setembro, nos exactos termos e condições ali previstos.

ARTIGO 4.°

Ausência ou impedimento

1. Os membros do Conselho de Ministros são substituídos, nas suas ausências e impedimentos, de acordo com o estabelecido no Decreto-Lei n.° 3/2002, de 20 de Setembro.

2. Para efeitos do disposto no número anterior, as ausências e impedimentos devem ser comunicadas ao Primeiro-Ministro, através da Secretaria de Estado do Conselho de Ministros, com indicação do respectivo substituto.

3. A comunicação referida na alínea anterior é assinada pelo membro do Conselho de Ministros.

ARTIGO 5.°

Reuniões

1. O Conselho de Ministros reúne ordinariamente todas as semanas, à quarta-feira, pelas 8 horas.

2. A alteração da data e da hora das reuniões pode ocorrer sempre que, por motivo justificado, o Primeiro-Ministro o determine.

3. A alteração prevista no número anterior não deve comprometer a realização de uma reunião semanal do Conselho de Ministros.

4. O Conselho de Ministros reúne extraordinariamente sempre que para o efeito for convocado pelo Primeiro-Ministro ou, na ausência ou impedimento deste, pelo ministro que o substituir, mediante prévia autorização do Primeiro-Ministro.

5. Às reuniões extraordinárias do Conselho de Ministros aplica-se, com as devidas adaptações, o disposto no presente Regimento.

6. As línguas de trabalho do Conselho de Ministros são o português e o tétum.

ARTIGO 6.°

Ordem do dia

1. As reuniões do Conselho de Ministros obedecem a uma ordem do dia, fixada na respectiva agenda.

2. Só o Primeiro-Ministro pode sujeitar à apreciação do Conselho de Ministros submissões que não constem da respectiva agenda.

ARTIGO 7.°

Agenda do Conselho de Ministros

1. A organização da agenda do Conselho de Ministros cabe ao Primeiro-Ministro, de acordo com as submissões apresentadas, sendo coadjuvado nessa função pelo Secretário de Estado do Conselho de Ministros.

2. A agenda do Conselho de Ministros é remetida aos gabinetes de todos os seus membros, bem como aos gabinetes do Secretário de Estado da Defesa, do Secretário de Estado do Trabalho e da Solidariedade, do Secretário de Estado do Comércio e Indústria e do Secretário de Estado para os Assuntos Parlamentares, pela Secretaria de Estado do Conselho de Ministros, de modo a ser recebida na segunda-feira imediatamente anterior à respectiva reunião.

3. A agenda do Conselho de Ministros comporta quatro partes:

a) A primeira, relativa à aprovação da agenda e da acta da reunião anterior;

b) A segunda, relativa a estudos, projectos, documentos ou qualquer outra forma de apresentação de assuntos ou matérias, por qualquer dos seus membros;

c) A terceira, relativa à apreciação das submissões constantes da ordem do dia;

d) A quarta, relativa à análise da situação política, à prestação de informações relativas a cada departamento governamental e ao debate de assuntos trazidos pelos seus membros.

ARTIGO 8.°

Deliberações

1. O Conselho de Ministros delibera validamente desde que esteja presente a maioria dos seus membros com direito a voto.

2. As deliberações do Conselho de Ministros são tomadas por consenso ou, na sua falta, por maioria de votos dos seus membros presentes.

3. Dispõem de direito a voto o Primeiro-Ministro e os ministros, bem como os membros do Governo em substituição de um membro do Conselho de Ministros, nos termos do previsto no artigo 4.°.

4. Em caso de empate na votação, o Primeiro-Ministro, na qualidade de presidente do Conselho de Ministros, dispõe de voto de qualidade.

5. As submissões apresentadas a Conselho de Ministros são objecto de uma das seguintes deliberações:

a) De aprovação;
b) De aprovação na generalidade com remessa para correcções ou alterações;
c) De rejeição; ou
d) De adiamento para apreciação posterior noutra reunião.

6. As submissões objecto da deliberação referida na al. b) do número anterior são sempre apresentadas, de novo, a Conselho de Ministros, para aprovação das correcções ou alterações efectuadas.

7. As submissões podem ser retiradas, a qualquer altura, pelos respectivos proponentes.

Artigo 9.°
Comunicado à imprensa

1. De cada reunião do Conselho de Ministros é elaborado pela Secretaria de Estado do Conselho de Ministros, em colaboração com o Gabinete de Assessoria para a Imagem e Comunicação Social, um comunicado à imprensa, que é transmitido à comunicação social.

2. A elaboração do comunicado à imprensa deve contar com a cooperação de todos os departamentos governamentais, através do fornecimento, quando se revele necessário, de dados estatísticos e informações técnicas ou de qualquer outra natureza, relativas às medidas a anunciar.

3. O comunicado à imprensa é lido no final da reunião do Conselho de Ministros a que diz respeito, para aprovação.

4. A transmissão do comunicado à imprensa à comunicação social compete ao porta-voz do Conselho de Ministros.

5. Quando a natureza da matéria o justifique, pode participar na transmissão referida no número anterior, por indicação do Primeiro-Ministro, qualquer membro do Governo.

6. Para efeitos do disposto no presente artigo, o comunicado à imprensa é redigido e transmitido em língua portuguesa, sem prejuízo de posterior envio, quando tal se revele possível, aos meios de comunicação social, em tétum.

Artigo 10.°
Acta da reunião

1. De cada reunião do Conselho de Ministros é elaborada, pela Secretaria de Estado do Conselho de Ministros, uma acta da qual conste o relato da mesma, com referência à respectiva agenda e, em especial, o resultado da apreciação das submissões apresentadas e as deliberações tomadas, nos termos do n.° 5 do artigo 8.°.

2. A acta da reunião do Conselho de Ministros é apresentada, para aprovação, na reunião imediatamente posterior àquela a que diga respeito.

3. De cada acta existirão dois exemplares, assinados por todos os membros do Conselho, sendo um conservado no Gabinete do Primeiro-Ministro, outro na Secretaria de Estado do Conselho de Ministros.

4. O acesso aos exemplares previstos no número anterior será facultado a qualquer membro do Conselho de Ministros que o solicite, bem como aos membros do Governo referidos no n.° 2 do artigo 3.° do Decreto-Lei n.° 3/2002, de 20 de Setembro.

5. Para efeitos do disposto no n.° 1, o apoio técnico e administrativo às reuniões do Conselho de Ministros é prestado por funcionários da Secretaria de Estado do Conselho de Ministros, indicados pelo respectivo Secretário de Estado, após prévia autorização do Primeiro-Ministro.

ARTIGO 11.°
Tramitação subsequente

1. O acompanhamento da execução das deliberações tomadas em Conselho de Ministros é feita pelo Secretário de Estado do Conselho de Ministros, a quem cabe, nomeadamente:

a) Promover, junto do Ministro proponente, a introdução das correcções ou alterações na redacção dos diplomas aprovados nos termos da al. b) n.° 5 do artigo 8.°;

b) Conduzir o processo de recolha das assinaturas ministeriais nos diplomas aprovados e, quando for caso disso, da respectiva promulgação ou assinatura pelo Presidente da República e posterior envio ao serviço competente pela publicação do *Jornal da República*.

2. Efectuadas as alterações referidas na al. a) do número anterior, devem estas ser objecto de uma nova submissão, a qual será enviada à Secretaria de Estado do Conselho de Ministros, nos termos e para os efeitos do disposto no n.° 6 do artigo 8.°.

3. Os diplomas aprovados devem ser assinados pelos ministros competentes em razão da matéria, nos termos do n.° 3 do artigo 117.° da Constituição, num prazo razoável que, não deve exceder três dias.

4. Em casos de urgência, o Secretário de Estado do Conselho de Ministros pode promover a assinatura dos diplomas na própria reunião do Conselho de Ministros em que os mesmos são aprovados.

5. Após o processo de recolha de assinaturas, as propostas de lei ou de resolução do Parlamento Nacional são enviadas pelo Secretário de Estado do Conselho de Ministros ao Secretário de Estado dos Assuntos Parlamentares, que conduzirá o respectivo processo de apresentação ao Parlamento Nacional.

6. Em sede de promulgação ou assinatura dos diplomas pelo Presidente da República, no caso de ser necessária a recolha de informações complementares, serão as mesmas prestadas à Presidência da República, através do Ministro na Presidência do Conselho de Ministros.

7. Provisoriamente, e até à nomeação do Ministro na Presidência do Conselho de Ministros, as funções referidas no número anterior serão exercidas pelo gabinete do Primeiro-Ministro, através do Secretário de Estado do Conselho de Ministros.

8. Os actos normativos que não careçam de aprovação em Conselho de Ministros serão remetidos ao Secretário de Estado do Conselho de Ministros para que seja promovido o seu envio ao serviço competente pela publicação do *Jornal da República*.

ARTIGO 12.°
Confidencialidade

1. Salvo para efeitos de negociação ou audição a efectuar nos termos da lei, é vedada a divulgação de quaisquer submissões apresentadas ou a apresentar à apreciação do Conselho de Ministros.

2. Com excepção do previsto no artigo 9.°, as agendas, as apreciações, os debates, as deliberações e as actas do Conselho de Ministros são confidenciais.

3. Os gabinetes dos membros do Governo devem adoptar as providências necessárias para obstar a qualquer violação da referida confidencialidade.

ARTIGO 13.°

Solidariedade

Todos os membros do Governo estão vinculados às deliberações tomadas em Conselho de Ministros, devendo, nomeadamente, absterem-se de qualquer dissonância, como ainda defender e apoiar tais deliberações, quer tenham estado presentes ou não, e independentemente da respectiva posição pessoal ou sentido de voto.

ARTIGO 14.°

Comissões

1. Por deliberação do Conselho de Ministros, podem ser criadas comissões *ad-hoc*, em razão da matéria, de carácter permanente ou temporário, com a função de coordenação ou análise das submissões ou de apresentação de recomendações ao Conselho de Ministros.

2. A composição, a natureza, as atribuições, a organização e o funcionamento das comissões são definidas na resolução do Conselho de Ministros que determina a sua criação.

CAPÍTULO III
Da preparação de submissões

SECÇÃO I
Das submissões

ARTIGO 15.°

Natureza das submissões

1. A submissão é o meio pelo qual são apresentados a Conselho de Ministros, para sua apreciação e deliberação, os assuntos da sua competência.

2. Apenas os membros do Conselho de Ministros, ou os seus substitutos, nos termos do artigo 4.°, podem apresentar submissões.

3. As submissões têm de ser assinadas pelo membro do Conselho proponente, ou pelo seu substituto, nos termos do artigo 4.°.

4. Como documento interno do Governo, as submissões não carecem de comunicação a outro órgão ou entidade, pública ou privada.

ARTIGO 16.°

Regras técnicas para a elaboração de submissões

1. A submissão obedece a um formato único, composto, de forma ordenada, pelas seguintes cinco partes:

a) A recomendação, na qual é apresentada a proposta da deliberação a tomar pelo Conselho de Ministros;

b) Os antecedentes, na qual é descrito o enquadramento histórico e o enquadramento actual da situação ou matéria objecto da recomendação apresentada, bem como informação sobre anteriores deliberações do Conselho de Ministros com relevância para a sua análise e apreciação;

c) A justificação, na qual são expostas as razões que aconselham a alteração da situação existente, nos termos da recomendação apresentada;

d) As implicações, na qual são indicadas as consequências de natureza financeira e orçamental, de natureza legal, e ao nível da opinião pública, que a recomendação apresentada possa suscitar;

e) As consultas, na qual são referenciados todos os organismos e entidades, públicos ou privados, auscultados na elaboração da submissão, com indicação do respectivo entendimento, bem como, quando seja o caso, as propostas alternativas existentes, com indicação precisa dos proponentes e justificação, devidamente fundamentada, pela sua não adopção.

2. Nas implicações deve, igualmente, incluir-se uma nota para o comunicado à imprensa.

ARTIGO 17.°

Documentos que acompanham os projectos de actos normativos

As submissões que consistam num projecto de acto normativo são ainda acompanhadas de uma nota justificativa, da qual constem, sempre, os seguintes elementos:

a) Sumário a publicar no *Jornal da República*;

b) Síntese do conteúdo do projecto;

c) Indicação expressa da legislação a alterar ou a revogar e eventual legislação complementar;

d) Articulação com o Programa do Governo;

e) Fundamento para a forma proposta para o projecto de acto normativo.

ARTIGO 18.°

Regras técnicas para a elaboração de projectos de actos normativos

Todos os projectos de diploma legislativo constantes de submissões a apresentar ao Conselho de Ministros obedecem ao seguinte formalismo:

a) Iniciam-se com um preâmbulo, que se apresente como introdução, para efeito de conhecimento do público, formando um corpo único com o respectivo articulado;

b) Na parte final do preâmbulo deve incluir-se a referência à negociação, participação ou audição de entidades cujo parecer prévio tenha sido solicitado pelo Governo ou seja legalmente exigido;

c) Os projectos têm forma articulada e, sempre que se justifique, devido à sua extensão ou âmbito temático, devem ser sistematizados em títulos, capítulos, secções e subsecções;

d) A cada um dos títulos, capítulos e secções, assim como a cada artigo, deve ser atribuída uma epígrafe que explicite o seu conteúdo;

e) Cada artigo deve dispor sobre uma única matéria, podendo os respectivos números ser subdivididos em alíneas;

f) A identificação dos artigos faz-se através de algarismos, enquanto as alíneas são referidas por letras constantes do alfabeto português, não devendo em caso algum ser numeradas;

g) Os princípios gerais do projecto devem ser inseridos no início, contendo o seu objecto e âmbito e as definições necessárias à sua compreensão;

h) As normas substantivas devem preceder as normas adjectivas.

i) As disposições finais e transitórias encerram o projecto e devem conter o regime de transição, a entrada em vigor, quando se justifique, e as revogações;

j) As revogações devem ser sempre expressas;

l) Os mapas, gráficos, quadros, modelos ou outros elementos acessórios devem constar de anexos numerados e referenciados no articulado;

m) As convenções internacionais devem identificar expressamente todos os instrumentos de vinculação do Estado timorense;

n) Devem cumprir-se as disposições constantes da Lei n.° 1/2002, de 7 de Agosto, relativa à publicação, identificação e formulário dos actos.

SECÇÃO II
Pareceres

ARTIGO 19.°
Parecer do Ministro do Plano e das Finanças

1. Todos os actos do Governo que envolvam aumento de despesas ou diminuição de receitas serão obrigatoriamente aprovados pelo Ministro do Plano e das Finanças.
2. Carecem de parecer do Ministério do Plano e das Finanças todas as submissões que envolvam implicações financeiras ou orçamentais.
3. Compete ao ministro proponente da submissão solicitar ao Ministro do Plano e das Finanças a emissão do parecer.

ARTIGO 20.°
Parecer do Ministro da Justiça

1. Carecem de parecer do Ministério da Justiça todas as submissões que envolvam a alteração de legislação existente ou a elaboração de nova legislação.
2. Compete ao ministro proponente da submissão solicitar ao Ministro da Justiça a emissão do parecer.

ARTIGO 21.°
Parecer do Ministro da Administração Interna

1. Carecem de parecer do Ministro da Administração Interna os projectos de diplomas que versem sobre a organização e funcionamento da Administração Pública e funcionalismo público.
2. Compete ao ministro proponente da submissão solicitar ao Ministro da Administração Interna a emissão do parecer.

ARTIGO 22.°
Parecer do Ministério do Desenvolvimento e do Ambiente

1. Carecem de parecer do Ministro do Desenvolvimento e do Ambiente as submissões que envolvam matéria relativa à promoção e apoio ao investimento, desenvolvimento

e turismo, e ainda matérias relativas às áreas da energia, dos recursos naturais e minerais e da protecção ambiental.

2. Compete ao ministro proponente da submissão solicitar ao Ministro do Desenvolvimento e do Ambiente a emissão do parecer.

ARTIGO 23.°

Parecer do Ministério dos Negócios Estrangeiros e Cooperação

1. Carecem de parecer do Ministro de Estado, dos Negócios Estrangeiros e Cooperação as submissões com implicações nas áreas das relações internacionais e da cooperação internacional, e ainda nas áreas da promoção e defesa dos interesses dos timorenses no exterior.

2. Compete ao ministro proponente da submissão solicitar ao Ministro de Estado, dos Negócios Estrangeiros e Cooperação a emissão do parecer.

ARTIGO 24.°

Prazo para a emissão de parecer

Os pareceres referidos nos artigos anteriores devem ser emitidos no prazo de oito dias ou, em casos de urgência, de três dias, contados a partir da data da sua solicitação pelo ministro responsável pela submissão.

SECÇÃO III

Envio de submissões para agendamento e circulação

ARTIGO 25.°

Remessa da submissão

1. As submissões são remetidas ao gabinete do Secretário de Estado do Conselho de Ministros, por parte do gabinete do ministro proponente.

2. Os projectos de actos normativos são remetidos juntamente com o respectivo suporte informático.

ARTIGO 26.°

Devolução, agendamento e circulação

1. Compete ao Secretário de Estado do Conselho de Ministros a apreciação das submissões que lhe sejam remetidas, após o que, consoante os casos:

a) Determina a sua devolução às entidades proponentes, caso não tenham sido respeitados os requisitos e formalidades previstos neste Regimento, não tenha sido observada forma adequada ou existam quaisquer inconstitucionalidades, ilegalidades, irregularidades ou deficiências grosseiras ou flagrantes, sempre que tais vícios não possam ser desde logo supridos;

b) Propõe, ao Primeiro-Ministro, o seu agendamento.

2. A circulação das submissões agendadas é feita nos termos do disposto no n.° 2 do artigo 7.°, sendo a entrega feita contra recibo, onde consta a data e a hora da recepção e a assinatura do membro do gabinete que receber a agenda.

Artigo 27.°
Impossibilidade de agendamento

A apresentação da submissão sem observância de todas as formalidades exigidas nos artigos 15.° a 18.°, bem como dos pareceres referidos nos artigos 19.° a 21.°, impede o seu agendamento em reunião do Conselho de Ministros.

A AUSÊNCIA GERAL DE POSITIVAÇÃO DAS LIBERDADES DE REUNIÃO E DE ASSOCIAÇÃO NO DIREITO PORTUGUÊS, ENTRE 1820 E 1870

IVO MIGUEL BARROSO
Assistente-estagiário da Faculdade de Direito da Universidade de Lisboa

SUMÁRIO. 0. Subdivisão temporal. 0.1. Época compreendida entre 1842 e 1870 (ausência global de reconhecimento no Direito Positivo). **Capítulo I. A ausência das liberdades de reunião e de associação da Constituição de 1822 e da Carta Constitucional de 1826**. 1. Ausência da liberdade de reunião e de associação das "*Bases da Constituição*" e da Constituição de 1822. 1.1. A rejeição da proposta de positivação, apresentada pelo Deputado BAETA NEVES. 2. As razões da omissão de positivação da liberdade de reunião e de associação. 2.1. As fontes da Constituição de 1822. 2.1.1. A projecção na Carta Constitucional. 2.2 A influência da tradição liberal contrária à consagração de direitos de acção colectiva (plasmada na Declaração dos Direitos do Homem e do Cidadão). **Capítulo II. A integração da lacuna do artigo 145.° da Carta Constitucional. § 1.ª** A dedução a partir de outros direitos. 1. A progressiva extensão doutrinária da liberdade de expressão à liberdade de reunião. 1.1. Durante a segunda vigência da Carta Constitucional. 1.2. Durante a terceira vigência da Carta Constitucional, até ao ano de 1870. 2. A dedução por via do direito de petição. **§ 2.ª** A conveniência da positivação no texto constitucional. 1. Os limites dos processos lógico-dedutivos. 2. A tese de António de Sousa Silva Costa Lobo. 3. A positivação da liberdade de associação no Código de Seabra. 4. Os apelos à positivação da liberdade de reunião na Carta Constitucional. Conclusão.

Conheci o Professor António Marques dos Santos *no meu 2.° ano de licenciatura, em 1998.*

No primeiro semestre do ano lectivo de 2002/2003, fui seu Assistente na disciplina de Direito Comparado. Nessa qualidade, assisti às suas aulas, o que levou a que tivéssemos tido um contacto mais próximo.

Recordo-o essas prelecções, que eram bastante cativantes, dadas de forma viva e dinâmica, na maioria do tempo, de pé, orientando os alunos com as palavras-chave que ia anotando no quadro.

A morte leva as pessoas, mas não nos leva as recordações.

É com saudade e emoção que relembro o meu Mestre, cujo exemplo me acompanha. Foi um grande Professor; ao nível pessoal, honesto, generoso, uma das pessoas mais correctas que conheci na vida. Um grande ser humano.

O tema do presente artigo é a análise do período de não consagração e obnubilamento das liberdades de reunião e de associação, preteritamente. Analisaremos a as duas primeiras Constituições portuguesas – Constituição de 1822 e, em seguida, na Carta Constitucional de 1826, considerando as duas primeiras vigências desta, bem como a terceira, parcelarmente, até ao ano de 1870.

0. **Subdivisão temporal**

A parcela temporal, compreendida entre os anos de 1822 e 1836, primeiramente, e entre 1842 e 1870, é susceptível de ser dividida em vários períodos:

a) o período compreendido entre 1822 e 1836, para além de acentuadamente turbulento[1], é de ausência de consagração das liberdades de reunião e de associação;

---

[1] Basta notar a sucessão dos regimes (seguindo as designações tipológicas de José Adelino Maltez) para se ter uma percepção da instabilidade:

a) Desde a aprovação das "Bases da Constituição", em 9 de Maio de 1921, como Constituição provisória, e, seguidamente, o primeiro período de vigência da Constituição de 1822 (vintismo), até ao movimento da Vilafrancada, ocorrido em Maio de 1823 (cfr. Paulo Otero, *Legalidade e Administração Pública: O sentido da vinculação administrativa à juridicidade*, Almedina, Coimbra, 2003, pg. 111);

b) Após o movimento da Vilafrancada, em Maio de 1823, até à entrada em vigor da Carta Constitucional de 1826 (*rectius*, até à data da abertura das Cortes, em 30 de Outubro de 1826), período dominado pela continuação do reinado de D. João VI, até à sua morte (joanismo);

b) O período iniciado em 1842, coincidindo com os prolegómenos da terceira vigência da Carta Constitucional, é de ausência global de reconhecimento no Direito positivo.

Com a restauração da Carta, não subsistiu a referência à liberdade de reunião. Nas palavras duras de LOPES PRAÇA, desse modo "*passou-se a esponja do arbítrio sobre um direito tão sagrado. (...) depois dessa desgraçada e cega restauração cartista determinada antes pelas paixões, que pela justiça e conveniências públicas, o direito de reunião desapareceu das nossas leis orgânicas posteriores.*"[2].

---

c) a primeira vigência da Carta, entre 1826 e 1828, não excedendo dois anos (cartismo);

d) a interrupção do regime constitucional, com o período de governo de D. MIGUEL (PAULO OTERO, *Legalidade e Administração Pública*, pg. 112), entre 1828 e 1834 (o miguelismo);

e) terminada a guerra civil, no ano de 1834, o segundo cartismo (ou «devorismo») (1834-1836).

No Estado português, entre 1820 e 1834, as Constituições escritas apenas estiveram em vigor durante 29 meses. Nos restantes 141 meses, vigorou a interpretação absolutista da Constituição histórica (JORGE BRAGA DE MACEDO/JOSÉ ADELINO MALTEZ/MENDO CASTRO HENRIQUES, *Bem Comum dos Portugueses*, 2.ª ed., Vega, Lisboa, 1999, pg. 99).

É de registar que, no período compreendido entre 1828 e 1834, vigorava um regime restritivo para a liberdade de reunião (*v. g.*, o MARQUÊS DE FRONTEIRA E D'ALORNA relata um episódio ilustrativo: tendo sido convidado para um baile, as donas da casa "*[o]rganizaram uma contradança; porém, eu via tudo menos piano ou rabecas e fiquei surpreendido ao ver as duas senhoras principiarem a cantar e os pares a dançar com o maior entusiasmo e gosto: soube então que fôra um sistema que aquelas boas senhoras tinham adoptado durante o reinado de D. Miguel quando davam as suas* soirées, *porque as rabecas e piano denunciavam uma reunião e as reuniões faziam tremer o despótico Governo, tendo como consequência certa a prisão de todos os que se reuniam.*" (MARQUÊS DE FRONTEIRA E D'ALORNA (D. JOSÉ TRAZIMUNDO MASCARENHAS BARRETO), *Memórias do Marquês de Fronteira e d'Alorna. Ditadas por êle próprio em 1861*, revistas e coordenadas por ERNESTO DE CAMPOS DE ANDRADA, Parte quinta e sexta (1833 a 1842), reimpressão fac-similada da edição da Imprensa da Universidade, Coimbra, 1929, Imprensa Nacional – Casa da Moeda, Lisboa, 1986, Parte V, Cap. II, pg. 19)).

Finalmente, temos ainda os dois primeiros anos do Setembrismo, com a segunda vigência, embora meramente teórica e aparente, da Constituição de 1822.

2 JOSÉ JOAQUIM LOPES PRAÇA, *Direito constitucional portuguez*, vol. I, Studia Iuridica, Universidade de Coimbra, Coimbra Ed., 1997 (original: *Direito constitucional portuguez. Estudos sobre a Carta Constitucional de 1826 e Acto Addicional de 1852*, Imprensa Litteraria, Coimbra, 1878), pg. 83 (nota).

0.1. A época compreendida **entre 1842 e 1870** é susceptível de ser subdidivida em várias subfases:

i) a da ausência completa de consagração das liberdades de reunião e de associação, entre 1842 e 1859; teve como marco a renovação da **criminalização** no art.° 282.° (aplicável parcelarmente à liberdade de reunião) (bem como, num aspecto menos lato, o art.° 283.°) (a par da previsão de outros certos comportamentos relacionados com reuniões, em especial, os plasmados nos artigos 177.° a 180.°).

ii) Um segundo subperíodo foi inaugurado em 1859.

Na segunda subfase, apesar da ausência de reconhecimento geral das liberdades de reunião e de associação no Direito Positivo, houve uma atenuação devido à existência de um reconhecimento específico da liberdade de reunião, mas apenas com carácter parcelar, no que respeita às reuniões eleitorais. A ausência deixou de ser total, passando a ser uma ausência, ainda assim, genérica.

CAPÍTULO I
A ausência de das liberdades de reunião e de associação da Constituição de 1822 e da Carta Constitucional de 1826

1. Ausência das liberdades de reunião e de associação das "Bases da Constituição" e da Constituição de 1822

As liberdades de reunião e de associação foram direitos esquecidos. Esta asserção é comprovada pela ausência dos trabalhos preparatórios Cortes Extraordinárias e Constituintes de 1821/1822, de preparação da primeira Constituição portuguesa. Essas liberdades não eram inicialmente previstas no "*Projecto das Bases da Constituição Portugueza para ser discutido*"[3-4], estando ausentes da Secção I, epigrafada "*Dos Direitos individuais do Cidadão*" (artigos 1.° a 13.°).

[3] O "*Projecto das Bases da Constituição Portugueza para ser discutido*" foi apresentado em 8 de Janeiro de 1821, sendo assinado por BENTO PEREIRA DO CARMO, JOSÉ JOAQUIM FERREIRA DE MOURA, MANOEL BORGES CARNEIRO, JOÃO MARIA SOARES CASTELLO-BRANCO, MANOEL FERNANDES THOMAZ (*Sessão do dia 8 de Fevereiro. Lisboa, 9 de Fevereiro de 1821*, num. 10, in *Diario das Cortes Geraes e Extraordinarias da Nação*

Em contraponto, no aludido Projecto, foi dada relevância acentuada à liberdade de expressão[5] e, particularizando esta, à liberdade de imprensa[6].

1.1. Apesar de as liberdades de reunião e de associação terem sido referenciadas nos trabalhos preparatórios das Bases da primeira Constituição portuguesa, em 1821, não chegaram a ser consagrada nos textos finais dessas Bases e do texto final da Constituição de 1822.

Com efeito, foi apresentada uma **proposta de positivação, apresentada pelo Deputado Baeta Neves**; contudo, foi **rejeitada**.

Após a proposta de aditamento foi enviada para ser impressa, para, seguidamente, ser discutida, logo na sessão n.° 17[7], segundo reza o registo dessa sessão, "*Discutiram-se os artigos 14.° e 15.° da Sessão 2.ª do Projecto das Bases da Constituição. Foram aprovados tais como estão lavrados no mesmo Projecto, sem discrepância*"[8].

Portuguesa, I, 1821, pgs. 60-61). O Projecto das Bases, após larga discussão, foi convertido no Decreto de 9 de Março de 1821.

4 O processo constituinte compreendeu dois momentos: i) numa primeira etapa, foram definidas as «Bases da Constituição»; ii) só muito depois (até porque as Cortes eram também ordinárias) foram elaborados e redigidos os preceitos constitucionais (Jorge Miranda, "*Manual de Direito constitucional*, tomo I, Preliminares. O Estado e os Sistemas Constitucionais", 7.ª ed., revista e actualizada, Coimbra Ed., 2003, pg. 267).

Para além de terem servido de orientação para os trabalhos da Assembleia, as Bases condicionaram materialmente as grandes opções político-constitucionais; foram juradas pelo Rei e por todas as autoridades, tanto em Portugal como no Brasil.

A Constituição de 1822 é singular, no Direito constitucional português, por ter sido a única que beneficiou da elaboração das designadas "*Bases*", não tendo essa técnica sido retomada por qualquer outra Assembleia Constituinte portuguesa (neste sentido, cfr. Jorge Miranda, *Manual*..., I, 7.ª ed., 2003, pg. 268).

5 Correspondente ao art.° 8.° do "*Projecto das Bases da Constituição Portugueza para ser discutido*".

6 Seria também aprovada uma Lei sobre a liberdade de imprensa, em 4 de Julho de 1821, afastando um regime de carácter preventivo, de censura prévia (art.° 1.°), sendo adoptado um regime meramente repressivo, enunciando os crimes correspondentes aos abusos da liberdade de imprensa nos artigos 8.° e seguintes.

7 *Sessão do dia 16 de Fevereiro* de 1821, in *Diario das Cortes Geraes*..., I, 1821, pgs. 109-114.

8 *Sessão do dia 16 de Fevereiro* de 1821, in *Diario das Cortes Geraes*..., I, 1821, pg. 113.

1.2. Dado que as Bases foram o referencial doutrinário concreto no período de 1821-1822[9], a rejeição aludida nessa sede gerou a omissão das liberdades de reunião e de associação no Projecto da Constituição[10] e na sua versão final[11].

As liberdades de reunião e de associação não chegaram a "*ocupar um lugar*" na primeira Constituição portuguesa[12].

2. As razões da omissão de positivação das liberdades de reunião e de associação

Apesar do carácter assaz diverso de ambos os textos, as razões da ausência de consagração são, em parte, comuns na Constituição de 1822 e na Carta Constitucional, apesar de corporizarem correntes diversas do Liberalismo:

– o liberalismo radical, independentista e nacionalista, a primeira vaga liberal, ligada aos desencadeadores do movimento de 20 de Agosto de 1820, à maneira de MANUEL FERNANDES THOMAZ e de FERREIRA BORGES[13];

– na vigência do primeiro cartismo, o liberalismo moderado, à maneira do que, já anteriormente, era propugnado por SILVESTRE PINHEIRO FERREIRA e pelo DUQUE DE PALMELA[14] (que, então, apostavam em transformar D. JOÃO VI num rei-filósofo que, através de uma Carta, constitucionalizasse as estruturas representativas tradicionais[15]).

---

[9] Na expressão de BENEDICTA MARIA DUQUE VIEIRA (in *O problema político português no tempo das primeiras Cortes liberais. Estudos e documentos*, volume I, Centro de Estudos de História Contemporânea Portuguesa/ISCTE, João Sá da Costa, Lisboa, 1992, pg. 52).

[10] O Projecto da Constituição não contemplou as liberdades de reunião e de associação, positivando apenas a liberdade de expressão no art.° 7.° (*Projecto da Constituição politica da Monarchia portugueza* in *Collecção de Leis e Subsidios para o Estudo do Direito constitucional portuguez*, por J. J. LOPES PRAÇA, vol. II, Constituições Politicas de Portugal, Imprensa da Universidade, Coimbra, 1894, pg. 167 (166-198) (= in *Diario das Cortes Geraes e Extraordinarias da Nação Portuguesa*, V, 1821, pgs. 3-18)).

[11] Cfr. MARNOCO E SOUZA, "*Constituição Politica da República Portuguêsa*. Commentario", F. França Amado, Coimbra, 1913, pg. 112.

[12] Cfr. LOPES PRAÇA, *Direito constitucional*..., I, pg. 83 (nota)).

[13] JOSÉ ADELINO MALTEZ, *Liberalismo* (fonte: http://www.iscsp.utl.pt/~cepp/).

[14] JOSÉ ADELINO MALTEZ, *Liberalismo* (fonte: http://www.iscsp.utl.pt/~cepp/).

[15] Era a doutrina do primeiro romantismo, católico, tradicionalista, monárquico, aristocrático (OLIVEIRA MARTINS), educado no crepúsculo do século XVIII pelas "luzes da

2.1. No intuito de compreender as razões da omissão da positivação das liberdades de reunião e de associação, importa analisar as **fontes** que influenciaram, em primeiro lugar, a **Constituição de 1822**[16].

Esta, para além de influências de textos estrangeiros já existentes e da doutrina dos teóricos do liberalismo[17] (*infra*), foi influenciada directa e principalmente pela Constituição espanhola de Cádis de 1812 (*v. g.*, invocada por diversas vezes, ao longo dos debates parlamentares)[18].

A ausência das liberdades de reunião e de associação foi coadjuvada pelas influências do país vizinho projectadas sobre a Constituição portuguesa.

A Constituição de Cádis, por sua vez, havia sido nomeadamente influenciado pela Constituições francesas de 1791 e de 1795, pelo que, indirectamente, também estas foram fontes da Constituição de 1822.

Ora, nos primórdios do liberalismo espanhol, os liberais e, em geral, o liberalismo moderado contemplavam com receio toda a instância intermediária entre o Estado e as liberdades individuais. O Estado apenas se

---

razão", especialmente nos termos da separação de poderes de MONTESQUIEU (JOSÉ ADELINO MALTEZ). Este produziu o projecto de Novo Código de 1823, que seria abortado.

[16] Fizeram-se eleições, em Dezembro de 1820. "*[A]s Cortes foram (...) as mais respeitáveis. Todas as classes da sociedade estavam nelas representadas e pelo que havia de melhor*" (MARQUÊS DE FRONTEIRA E D'ALORNA, *Memórias do Marquês de Fronteira e d'Alorna. Ditadas por êle próprio em 1861*, revistas e coordenadas por ERNESTO DE CAMPOS DE ANDRADA, Parte primeira e segunda (1802 a 1824), reimpressão fac-similada da edição da Imprensa da Universidade, Coimbra, 1926, Imprensa Nacional – Casa da Moeda, Lisboa, 1986, Parte II, Cap. VI, pg. 229).

"*A Câmara era a mais conservadora e monárquica, mas, com maravilha de todos, votou uma constituição inteiramente democrática*" (IDEM, *ibidem*, pg. 230).

Contudo, nas Cortes Constituintes de 1821-1822, "*a aristocracia da Corte não foi contemplada, tendo sido excluída, com o pretexto de exercer cargos no Paço, e isto, por exigências dos clubs revolucionários*" (IDEM, *ibidem*, pgs. 229-230).

[17] ALBERTO MARTINS DE CARVALHO, *Conspecto histórico-social* in *Jurisconsultos portugueses do século XIX*, volume I, direcção e colaboração de JOSÉ PINTO LOUREIRO, Edição do Conselho Geral da Ordem dos Advogados, Lisboa, 1947, pg. 144.

[18] Não obstante, as Bases continham em embrião o que seria a mais patente originalidade da Constituição portuguesa de 1822 em relação ao seu modelo espanhol comparativo: a inclusão do Título I, Capítulo único (Dos direitos e deveres individuais), omisso na Constituição espanhola (BENEDICTA MARIA DUQUE VIEIRA, *O problema político português no tempo das primeiras Cortes liberais...*, I, pg. 52).

Para a menção das diferenças entre a Constituição de Cádis e a Constituição de 1822, v. as enunciadas por JORGE MIRANDA, in *Manual...*, I, 7.ª ed., 2003, pg. 266.

justificava como instância de protecção do exercício dos direitos individuais do cidadãos[19].

As liberdades de reunião e de associação encontravam-se vedadas por essa concepção liberal dos direitos, que os contemplava através de uma relação específica do Estado com cada cidadão.

Naquela época, o poder político era "*concebido como um instrumento social para garantir o gozo pacífico dos direitos individuais e para ele se organiza mediante normação que tende a evitar a concentração do poder, para expandir e proteger o reino da liberdade e tornar previsível e calculável a acção dos poderes públicos.*". Essa normação era a Constituição[20].

Assim, os constituintes de Cádis (de 1812) não poderiam acolher liberdades de exercício colectivo, que, como as de reunião e de associação, eram consideradas na perspectiva liberal como uma ameaça para esse novo Estado garante dos direitos individuais que se pretendiam implantar na nova Constituição[21-22] (apenas era reconhecida a liberdade de expressão).

2.1.1. Por outro lado, "*a Constituição de 1822, era de certo muitíssimo falha*" na declaração de direitos[23]; "*porque as garantias que nela se declaravam para os cidadãos portugueses, eram muitíssimo inferiores às que se lhes não podem deixar de reconhecer.*"[24].

---

19 ANTONIO COLOMER VIADEL/LÓPEZ GONZÁLEZ, *Las garantias jurisdiccionales del derecho de reunión y manifestación* in *Los derechos fundamentales y libertades publicas (I)*, XII Jornadas de Estudio, vol. II, obra colectiva, Dirección General del Servicio Jurídico del Estado, Ministerio de Justicia, Madrid, 1992, pg. 1407.

20 MARTÍNEZ SOSPEDRA, *La Constitución española de 1812 y el primer liberalismo español*, Cátedra Fadrrique Fuió Ceriol, Facultad de Derecho, Valencia, 1978, *apud* LÓPEZ GONZÁLEZ, *El derecho de reunión y manifestación en el ordenamiento constitucional espanol*, Ministerio de Justicia e Interior, Madrid, 1995, pg. 19.

21 LÓPEZ GONZÁLEZ, *El derecho de reunión...*, pg. 19.

22 Não obstante, a manifestação foi um fenómeno muito frequente na história do século XIX.

A história espanhola contemporânea, pode dizer-se, começa com um motim – o de Aranjuez (LÓPEZ GONZÁLEZ, *El derecho de reunión...*, pg. 19) (no século XIX decorreram fenómenos colectivos, como o motim da Granja e a Noite de San Daniel).

23 SILVA SANCHES, sessão de 26 de Abril, in *Diario das Cortes Geraes Extraordinarias, e Constituintes da Nação Portugueza. Reunidas no anno de mil oitocentos e trinta e sete*, volume II, Imprensa Nacional, Lisboa, 1837, pg. 69.

24 SILVA SANCHES, sessão de 26 de Abril, in *Diario das Cortes Geraes...*, II, 1837, pg. 69.

2.1.2. A não consagração das liberdades de reunião e de associação na Constituição de 1822 projectou-se na **Carta Constitucional**. A Carta de 1826 foi "*cópia fiel da Constituição*" de 1822[25].

Com efeito, uma das razões específicas para a não consagração foi certamente a que provinha da Constituição de 1822. Com efeito, os artigos 16.° e 17.° da Constituição de 1822 terão sido "*fielmente transcritos no § 28.° do artigo 145.° da carta*"[26-27].

2.1.3. A hipótese, colocada de modo implícito por Lopes Praça, de a Constituição dos Estados Unidos da América e dos seus primeiros dez Aditamentos terem influenciado as restantes nações do continente americano[28], incluindo a Constituição brasileira de 1824[29], e, por esta via indirecta, a Carta Constitucional

---

25 Silva Sanches, sessão de 26 de Abril, in *Diario das Cortes Geraes...*, II, 1837, pg. 68. "*Tire-se da Carta de 26 o modo da discussão, que não existia na Constituição de 22; tire-se a prerrogativa do veto absoluto, e da dissolução; tire-se o estabelecimento duma segunda Câmara, e ver-se-á se acaso não contém o mesmo que a Constituição de 22.*" (Silva Sanches, sessão de 26 de Abril, in *Diario das Cortes Geraes...*, II, 1837, pg. 68).

26 Segundo, mais tarde, se declarou no Parecer n.° 239 da "*commissão especial*" nomeada pela Câmara dos Pares, Sessão *n.° 27.°. Sessão de 12 de Março de 1884* in *Diario da Camara dos Dignos Pares do Reino*, Imprensa Nacional, Lisboa, 1884, pg. 158.

27 Embora os princípios em que assentavam fossem bastante diversos (*v. g.*, com influências de Direito Comparado diversas, bem como tendo sido influenciada pelo contributo de Benjamin Constant (sobre este, cfr., por último, Paulo Otero, *Legalidade e Administração Pública*, pgs. 85-89, bem como a sua influência em Portugal (Idem, *ibidem*, pgs. 116-118)), segundo Alberto Martins de Carvalho, a Carta que D. Pedro IV outorgou em 1826 aproximava-se da Constituição de 1822 em alguns pormenores, como nas garantias e direitos do cidadão, embora os catálogos de direitos fundamentais tivessem uma diferente inserção sistemática (in *Conspecto histórico-social...*, pg. 145) (*supra*).

28 A passagem é a seguinte:

"*O que D. João VI não conseguiu obter em Portugal, realizou-o D. Pedro no Brasil, outorgando uma lei fundamental acomodada à civilização do povo que se destinava a reger. O meio era diverso; as velhas tradições actuam menos poderosamente em sociedades de variada procedência reunidas sobre um solo vasto, fecundo e inculto. A Constituição dos Estados Unidos (...) não podia deixar de influir nas outras nações do continente americano.*

"*Foi no Brasil que nasceu a carta constitucional de 1826; facto este indispensável para a sua explicação (...)*" (J. J. Lopes Praça, *Introducção* in *Collecção de Leis e Subsidios para o Estudo do direito constitucional Portuguez*, por J. J. Lopes Praça, volume II, Constituições Politicas de Portugal, Imprensa da Universidade, Coimbra, 1894 (= edição fac simile, Coimbra Ed., Junho de 2000), pg. XXII).

29 Atente-se na similitude da inserção do catálogo dos direitos fundamentais: no último art.° da Constituição brasileira, nos primeiros dez Aditamentos à Constituição norte-americana.

portuguesa –, apesar de o primeiro aditamento à Constituição estadunidense ter previsto a liberdade de reunião, não se concretizou na positivação da liberdade de reunião (diversamente da liberdade de expressão e de imprensa, bem como do direito de petição, que eram positivados pelo Primeiro Aditamento e que vieram a constar da Constituição brasileira de 1824).

2.2. *A influência da tradição liberal contrária à consagração de direitos de acção colectiva (plasmada na Declaração dos Direitos do Homem e do Cidadão)*

A fonte genética da introdução do constitucionalismo em Portugal foi consubstanciada pela filosofia liberal e pelo ordenamento jurídico francês[30], pelo menos, no tocante às liberdades de reunião e de associação, pela Declaração dos Direitos do Homem e do Cidadão, de 26 de Agosto de 1789, como se demonstrará seguidamente.

Dada a importância da tradição liberal francesa da Declaração de 1789, a transplantação mecânica e simples desta permite explicar a não inserção das liberdades de reunião e de associação na Constituição de 1822[31].

Assim se explica a exclusão de reconhecimento dos direitos colectivos, positivando somente a liberdade de expressão.

A nível sistemático, este dado é coadjuvado pela presunção de que o Título I ("*Direitos e deveres individuais dos portugueses*") da Constitui-

---

[30] PAULO OTERO, *O Poder de Substituição em Direito Administrativo. Enquadramento dogmático-constitucional*, volume I, Lex, Lisboa, 1995, pg. 326.

A ideologia que triunfou em 1820 continha muitas das linhas de força do Liberalismo internacional, embora incluísse originalidades meramente portuguesas (A. H. DE OLIVEIRA MARQUES, *História de Portugal. Desde os tempos mais antigos à Presidência do Sr. General Eanes. Manual para uso de estudantes e outros curiosos por assuntos do passado pátrio*, volume III, Das Revoluções Liberais aos nossos dias, 3.ª ed., Palas Editores, Lisboa, 1986, pg. 53).

Na origem da Constituição de 1822, acham-se as grandes linhas do constitucionalismo francês, atenuadas ou interpretadas, na linha de utilitarismo de JEREMY BENTHAM, com procura do equilíbrio entre o poder do Estado e os direitos e deveres individuais (assim, JORGE MIRANDA, *Manual...*, I, 7.ª ed., 2003, pg. 265).

[31] Neste sentido, SOARES MARTÍNEZ (in *Comentários à Constituição Portuguesa de 1976*, Verbo, Lisboa, 1978, pg. 67): por reflexo da Declaração de 1789, a Constituição de 1822 e a Carta Constitucional omitiram o direito de reunião.

ção portuguesa de 1822 correspondia, na intenção dos constituintes, a qualquer das declarações de direitos francesa[32].

Não foi tida em conta, contudo, a evolução subsequente, quer no pensamento liberal quer no Direito constitucional francês, logo em 1789 e em 1791, reconhecendo a liberdade de reunião; esta evolução subsequente não se projectou nos primórdios do constitucionalismo português.

2.3. *"Occasio legis". As sociedades patrióticas e os clubes*

2.3.1. No período anterior à Revolução de 1820, são detectáveis realidades fluidas, como correntes de opinião, clubes secretos, clubes maçónicos, clubes políticos, associações secretas, sociedades secretas (não exclusivamente maçónicas), sociedades patrióticas[33].

---

32 Neste sentido, JORGE MIRANDA, *Manual...*, I, 7.ª ed., 2003, pg. 268.

33 MARIA CARLOS RADICH, *Formas de organização política: sociedades patrióticas e clubes políticos. 1820-1836* in *O Liberalismo na Península Ibérica na primeira metade do século XIX. Comunicações ao Colóquio organizado pelo Centro de Estudos de História Contemporânea. 1981*, coord. de MIRIAM HALPERN PEREIRA/MARIA DE FÁTIMA SÁ E MELO FERREIRA/JOÃO B. SERRA, 1.° volume, Sá da Costa, Lisboa, 1982, pg. 120.

Segundo o relato de A. H. DE OLIVEIRA MARQUES, "*a Maçonaria actua no mundo profano em grande parte através de instituições que fomenta, cria ou dirige, mas que têm a sua vida própria, desligada da vida maçónica interna.*" (in *História da Maçonaria em Portugal. Política e Maçonaria. 1820-1869 (2.ª parte)*, vol. III, Presença, Lisboa, 1997, pg. 235). Nem todos os membros pertencem à Maçonaria (cfr. IDEM, *ibidem*).

Na falta de partidos organizados, as Obediências e as Lojas maçónicas serviram-lhes de sucedâneos durante toda a primeira metade do século XIX (A. H. DE OLIVEIRA MARQUES, *História da Maçonaria em Portugal*, III, pg. 265). Mas as lojas maçónicas, com o lento e complexo ritual que caracterizava as suas sessões e com as limitações regulamentares que envolviam a sua estrutura, não podiam responder às conveniências de uma acção pronta e de uma discussão sem peias (cfr. IDEM, *ibidem*). Houve, assim, a necessidade de criar organismos que, enquadrados embora pela organização maçónica, satisfizessem melhor as condições impostas por situações revolucionárias ou afins (cfr. IDEM, *ibidem*). Tal foi a origem dos «grémios» e das instituições paramaçónicas:

a) os grémios eram compostos exclusivamente por maçons, mas reunindo-se e actuando de acordo com regulamentações profanas;

b) as instituições paramaçónicas, saídas da Maçonaria, dirigidas por maçons; contudo, aceitavam a participação de "profanos" e "regulamentos profanos" (cfr. IDEM, *ibidem*).

As sociedades patrióticas eram estruturas propagadoras do liberalismo junto das "massas", sendo, simultaneamente, lugares de convívio e de acrisolamento dos liberais[34].

As sociedades patrióticas terão constituído "*uma alavanca poderosa de condução da opinião pública e de mobilização de massas para manifestações de rua.*"[35].

2.3.2. Após a Revolução Liberal de 1820, no quadro das amplas transformações que a sociedade portuguesa conheceu no século XIX[36], e apesar do individualismo, característico da época, não houve uma obliteração completa do sentido organizativo dos cidadãos que os conduzisse a uma atomização total[37].

Com efeito, as sociedades patrióticas portuguesas (com dois faróis[38]: o antecedente dos clubs franceses de finais do século XVIII, e com inspiração nas congéneres espanholas) andavam em gestação em Lisboa desde 26 de Setembro de 1820[39].

Logo nesse mês de Setembro, iniciou-se em Lisboa a formação de um gabinete de leitura, tendo como objectivo reunir, em local adequado, um fundo de livros, jornais e outras publicações que pudessem facultar à "nação" os conhecimentos indispensáveis para compreender e acompanhar os negócios públi-

---

34 Cfr. Graça da Silva Dias/J.S. da Silva Dias, *Os primórdios da Maçonaria em Portugal*, volume I, tomo II, 2.ª ed., Instituto Nacional de Investigação Científica, Lisboa, 1986, pgs. 791-792.

35 Graça da Silva Dias/J.S. da Silva Dias, *Os primórdios...*, I, tomo II, 2.ª ed., pg. 798.

"*Facilitava-lhes a tarefa o facto de aparecerem como grémios não-partidários e com uma larga participação de médios e pequenos intelectuais, de médios e pequenos burgueses, de jovens e pessoas maduras. A sua voz autorizava-se mais ainda pela constância pública no reconhecimento da religião católica e da dinastia de Bragança, como bases incomovíveis do regime constitucional*" (Graça Silva Dias/J. S. da Silva Dias, *Os primórdios...*, I, tomo II, 2.ª ed., pg. 798).

A maioria das chamadas sociedades patrióticas que surgiu em Portugal em 1820-1823 (e, depois, em 1834-1842), teve origem maçónica e correspondeu à segunda daquelas duas categorias (cfr. Idem, *ibidem*, pgs. 265-266).

36 Maria Carlos Radich, *Formas de organização política...*, pg. 117.

37 Cfr. Maria Carlos Radich, *Formas de organização política...*, pg. 119.

38 A. H. de Oliveira Marques, *História da Maçonaria em Portugal*, III, pg. 266.

39 Teve muita relevância na génese da Revolução:

Como relata o Marquês de Fronteira e d'Alorna, no Porto, os coronéis Sepúlveda e Sebastião Drago Cabreira "*Depuseram as autoridades civis e militares e, de acordo com os seus colegas do Club Revolucionário, que existia havia tempos, constituíram um Governo, organizaram a administração e proclamaram ao povo.*" (in *Memórias...*, Parte II, Cap. III, pg. 197).

cos em geral e que, em particular, ajudassem à feitura de uma Constituição adequada[40].

Contudo, o verdadeiro impulso à sua criação data da efervescência política subsequente à Martinhada[41]. Assim, em Novembro, estava em formação uma outra sociedade.

No final deste ano de 1820 e durante o ano de 1821, surgiram os primeiros esboços de sociedades patrióticas, efémeras, mal estruturadas e pouco conhecidas[42]. Uma das primeiras terá sido a Associação Patriótica (referida pelo MARQUÊS DE FRONTEIRA E D'ALORNA (*infra*)).

Outras sociedades constituíram-se igulmente em Lisboa[43].

O movimento de constituição das sociedades patrióticas extravasou a capital – as sociedades surgiram no Porto[44] e noutras localidades[45].

---

[40] MARIA CARLOS RADICH, *Formas de organização política...*, pg. 122, seguindo JOSÉ DE ARRIAGA, *História da Revolução Portuguesa de 1820*, Livraria Portuense, Porto, 1886, tomo III, cap. IV.

[41] GRAÇA SILVA DIAS/J. S. DA SILVA DIAS, *Os primórdios...*, I, tomo II, 2.ª ed., pg. 792. (A *Martinhada* – a *pavorosa* ou *imbróglio* de 11 de Novembro de 1820 – foi o primeiro golpe de Estado da nova situação, promovido pelo grupo militar dominante (JOSÉ ADELINO MALTEZ, *Regimes Políticos Portugueses, Vintismo. Sinopse histórica* (fonte: http://www.iscsp.utl.pt/~cepp/regimes_politicos/reg_pol_vint_2_2.htm)).

[42] A. H. DE OLIVEIRA MARQUES, *História da Maçonaria em Portugal*, III, pg. 269.

[43] Em 2 de Janeiro de 1822, surgiu oficialmente em Lisboa a Sociedade Literária Patriótica, a mais importante e mais numerosa durante o Vintismo (A. H. DE OLIVEIRA MARQUES, *História da Maçonaria em Portugal*, III, pg. 269) (v. MARIA DE FÁTIMA NUNES, *O Liberalismo Português: Ideários e Ciências. O universo de Marino Miguel Franzini (1800-1860)*, Instituto Nacional de Investigação Científica, Centro de História da Cultura da Universidade Nova de Lisboa, 1988, pgs. 39 ss.)

Em Lisboa, fundadas em 1821, temos a Associação Patriótica e a Sociedade Patriótica da Casa do Risco; foram fundadas em 1822, para além da Sociedade Literária Patriótica, a Sociedade Patriótica Promotora da Indústria Nacional, a Sociedade Filarmónica, a Sociedade Patriótica Constituição, a Sociedade Patriótica Constitucional (O Gabinete de Minerva); em 1823, na mesma cidade, temos a Sociedade Patriótica Vigilante e a Sociedade patriótica Fortaleza (A. H. DE OLIVEIRA MARQUES, *História da Maçonaria em Portugal*, III, pg. 268).

[44] No Porto, de 1822, é de referir a Sociedade Patriótica Portuense, e, em 1823, a Sociedade Patriótica Instrutiva da Juventude Portuense e a Sociedade Patriótica de Marte (A. H. DE OLIVEIRA MARQUES, *História da Maçonaria em Portugal*, III, pg. 268).

[45] Durante o ano de 1822, temos: em Coimbra, a Sociedade Literária; em Setúbal, a Sociedade Patriótica; em Santarém, a Sociedade Patriótica Agricultura; na Covilhã, a Sociedade Literária Patriótica da Covilhã; na Alfândega da Fé, a Sociedade Patriótica; no Funchal, a Sociedade Funchalense dos Amigos das Ciências e Artes. Em 1821, em Angra (1821), a Sociedade Patriótica Filantropia (A. H. DE OLIVEIRA MARQUES, *História da Maçonaria em Portugal*, III, pg. 269).

2.3.2.1. A importância fulcral destas sociedades era dar resposta a que houvesse uma preparação para participar politicamente na nova ordem liberal[46].

Estas sociedades eram um misto de centros de animação político-cultural, de formação de militantes liberais, e de intervenção «unitária» nos acontecimentos que envolviam a segurança ou a reputação do regime vintista[47].

Os objectivos das sociedades constituídas durante o vintismo eram:

a) defender o sistema constitucional,

b) contribuir para formar a opinião pública e agir sobre ela[48].

Nesse sentido, pretendiam:

i) a formação de oradores (pois, neste dealbar da época parlamentar, a capacidade de expressão em público (ou, pelo menos, o gosto pela polémica) constituía uma qualidade valiosa e apreciada[49]), facultando aos sócios o exercício de falar em público.

ii) fomentar os debates: no desempenho da sua missão promoveram numerosas sessões de esclarecimento e exortação «patriótica», a propósito dos mais variados acontecimentos[50]. As sociedades patrióticas participaram amplamente nas primeiras comemorações da Revolução de 1820, tomando várias iniciativas[51]; tomavam a iniciativa de bailes comemorativos, de jantares políticos, de sessões de teatro alegórico ou intervencionista[52].

---

46 Cfr. MARIA CARLOS RADICH, *Formas de organização política...*, pg. 122.

47 GRAÇA SILVA DIAS/J. S. DA SILVA DIAS, *Os primórdios...*, I, tomo II, 2.ª ed., pg. 794.

48 "*organizaram-se imediatamente as sociedades patrióticas, com o fim de conduzirem a opinião pública e de a ilustrarem na nova ordem das coisas e nos modernos princípios.*" (JOSÉ DE ARRIAGA, *História da Revolução Portuguesa de 1820*, tomo III, pg. 225, *apud* MARIA CARLOS RADICH, *Formas de organização política...*, pg. 122). No juízo de JOSÉ DE ARRIAGA, as sociedades patrióticas conseguiram ser "*Uma das grandes forças impulsivas da opinião pública*" (IDEM, *ibidem*).

Agir sobre a opinião pública foi mesmo a finalidade expressa por duas importantes sociedades, logo nos primeiros artigos dos respectivos estatutos. Por exemplo, a sociedade patriótica portuense tinha "*por objecto dirigir, por meio dos seus escritos e de suas discussões públicas acerca de assuntos políticos, a opinião pública sobre o sistema constitucional que (...) governa a heróica nação portuguesa.*".

49 Cfr. MARIA CARLOS RADICH, *Formas de organização política...*, pg. 126.

50 GRAÇA SILVA DIAS/J. S. DA SILVA DIAS, *Os primórdios...*, I, tomo II, 2.ª ed., pgs. 794-795.

51 Nomeadamente os aniversários do 24 de Agosto, do 15 de Setembro e do juramento das Bases da Constituição; a promulgação da Constituição vintista; o fracasso do golpe de Estado tentado em Madrid, em Julho de 1822, e do levantamento do conde de Amarante, em Trás-os-Montes, entre Fevereiro e Março de 1823; a morte de FERNANDES THOMAZ; a proximidade da eleição de deputados às Cortes de 1822-1823 e a preparação

iii) aproximar as discussões parlamentares do público. Atentas ao desenrolar da vida política, as eleições não escapavam à vigilâncias das sociedades patrióticas (*v. g.*, discussões sobre o modo de proceder à eleição dos deputados, na Sociedade Literária, em Lisboa). Faziam sessões de esclarecimento e de exortação[53];

iv) esclarecer e discutir, de uma forma geral, os negócios do Reino, promovendo o bem da Pátria[54].

As sociedades patrióticas lançaram também alguns empreendimentos editoriais (por exemplo, a Sociedade Literária Patriótica, de Lisboa, editou, pelo menos durante dois semestres, a partir de Abril de 1822, um jornal seu (o *Jornal da Sociedade Literária Patriótica*).

2.3.2.2. A organização interna das sociedades não era muito variável: uma mesa directiva, composta por um presidente, um ou dois vice-presidentes, um ou dois secretários e vice-secretários. Em todos os casos, tratava-se de um órgão eleito "todos os meses". Havia ainda diversas comissões permanentes e, eventualmente, algumas temporárias: comissões administrativas, de censura, de indústria, de revisão, de negócios estrangeiros, de informação aos sócios,...[55]. As sessões ordinárias eram semanais ou bissemanais.

Nos estatutos, poderiam incluir-se algumas particularidades, como a de proibir que se entrasse armado na sala das sessões.

2.3.2.3. Segundo a opinião de A. H. de Oliveira Marques, "*[a] acção das sociedades patrióticas, para lá de muita retórica e discussão inútil, foi meritosa na defesa do liberalismo e na manutenção do sistema constitucional durante quase três anos*"[56].

Contudo, desagradava a alguns deputados que a Sociedade Literária Patriótica criticasse resoluções do Congresso. Aventou-se, mesmo, a hipótese de se coibir a sua implantação na província. Em Lisboa, porém, a vitalidade desse organismo estava em progresso, contando não só muitos aderentes, mas também admitindo o público às suas sessões[57].

---

do acto do eleitorado; a inscrição na Guarda Nacional (Graça Silva Dias/J. S. da Silva Dias, *Os primórdios...*, I, tomo II, 2.ª ed., pg. 795).

52 Graça Silva Dias/J. S. da Silva Dias, *Os primórdios...*, I, tomo II, 2.ª ed., pg. 797.

53 Graça Silva Dias/J. S. da Silva Dias, *Os primórdios...*, I, tomo II, 2.ª ed., pg. 797.

54 Cfr. Maria Carlos Radich, *Formas de organização política...*, pgs. 122, 123.

55 Maria Carlos Radich, *Formas de organização política...*, pg. 123.

56 A. H. de Oliveira Marques, *História da Maçonaria em Portugal*, III, pg. 275.

57 Cfr. Graça Silva Dias/J. S. da Silva Dias, *Os primórdios...*, I, tomo II, 2.ª ed., pg. 798.

2.3.2.4. Na Junta Provisional do Governo Supremo do Reino, "*O Ministro da Justiça, o bem conhecido José da Silva Carvalho, era o ministro influente e o instrumento, então, das sociedades secretas, de que era o chefe.*"[58].

Também o Ministro dos Negócios Estrangeiros, ANSELMO JOSÉ BRAANCAMP, era "*um instrumento fiel dos clubs a que pertencia.*"[59].

2.3.2.4.1. Quando D. JOÃO VI desembarcou, em Lisboa, em 4 de Julho de 1821, "*[d]ecidiram que El-Rei não desembarcasse senão vinte e quatro horas depois, que fosse acompanhado, ou antes vigiado, por alguns membros da Regência e por uma deputação da Câmara dos Deputados*"[60].

"*A famosa "Associação Patriótica" achava-se reunida e as sociedades secretas nos seus trabalhos ocultos. A influência destas para os corpos do Estado e os receios que os mesmos corpos tinham do Rei e da alta aristocracia, produziram as medidas mais humilhantes, para uma testa coroada, que até hoje têm aparecido em uma monarquia.*"[61].

2.3.2.5. A Vilafrancada (27 a 31 de Maio de 1823) pôs fim às sociedades patrióticas[62].

2.3.3. No pólo oposto do ponto de vista ideológico, desde o princípio do ano de 1822, após a invasão de Nápoles, foram também constituídos clubes apostólicos (referidos como "reaccionários", contando com apoio estrangeiro, sobretudo francês[63]) (tendo sido contraditados pela Sociedade Literária Patriótica).

O âmbito geográfico e a esfera de influência desses clubes parecem consideráveis. Foram criados primeiro em Coimbra; surgiram depois em Lisboa e nas proximidades; e também em Braga e no Brasil, em Coimbra e em Vouzela, a missionação terá sido feita do próprio púlpito.

2.3.4. Apesar de, na "*occasio legis*" vintista, terem existido clubes e "*Sociedades Patrióticas*", este facto não teve um peso decisivo na positi-

---

58 MARQUÊS DE FRONTEIRA E D'ALORNA, *Memórias...*, Parte II, Cap. VII, pg. 238.

59 MARQUÊS DE FRONTEIRA E D'ALORNA, *Memórias...*, Parte II, Cap. VII, pg. 238.

60 MARQUÊS DE FRONTEIRA E D'ALORNA, *Memórias...*, Parte II, Cap. VII, pg. 237.

61 MARQUÊS DE FRONTEIRA E D'ALORNA, *Memórias...*, Parte II, Cap. VII, pg. 237. "*Um bando de patriotas invadiu o Arsenal, dando vivas à deputação e ao Governo, esquecendo o primeiro personagem da festa, que era o Soberano que chegara.*" (IDEM, *ibidem*, pg. 239).

62 A. H. DE OLIVEIRA MARQUES, *História da Maçonaria em Portugal*, III, pg. 275.

63 JOSÉ DE ARRIAGA, *História da Revolução Portuguesa de 1820*, tomo III, cap. "*A fundação dos clubes reaccionários*".

vação das liberdades de reunião e de associação (ao invés do que sucederia na Constituição de 1838).

Para além das aludidas razões jurídicas, as razões politológicas terão consistido em que, não obstante a constituição das sociedades patrióticas, em 1820, aparentemente, ter colhido vasto apoio na opinião liberal, não houve, todavia, unanimidade[64]. Receava-se, nomeadamente, que esses órgãos se radicalizassem e agitava-se o exemplo da França, para dar corpo a esses receios[65].

Com efeito, existiam receios dos abusos "*(...) que tais ajuntamentos*" podiam causar, sendo "*o principal motivo que se*" opunha "*à sua criação*"[66].

2.3.4.1. A questão foi debatida nas Cortes, na sessão de 9 de Fevereiro de 1822, a propósito de uma dita sociedade patriótica da vila da Covilhã, que discutia "*as leis das Cortes depois de terem sido por elas sancionadas.*"[67].

Manoel Borges Carneiro[68] discordava dessa "*discussão em público*":

> "*Ora disputar em público sobre o merecimento de uma lei, que é senão uma disputa anárquica? Quem ignora que para as comoções populares de Espanha têm cooperado muito os efervescentes discursos das tertúlias ou sociedades patrióticas?*"[69].

---

[64] Cfr. Maria Carlos Radich, *Formas de organização política...*, pg. 132.

[65] Maria Carlos Radich, *Formas de organização política...*, pg. 132.

[66] *Astro da Lusitania*, n.° 272, de 20 de Out. de 1821, *apud* Graça Silva Dias/J. S. da Silva Dias, *Os primórdios...*, I, tomo II, 2.ª ed., pg. 793; acrescentando que "*este receio tira toda a sua força do que se passou em França e principalmente em Paris, nos primeiros anos da Revolução...*" (*ibidem*).

[67] Borges Carneiro, sessão de 9 de Fevereiro de 1822 in *Diario das Cortes Geraes...*, V, 1822, pg. 132.

[68] Manoel Borges Carneiro publicou a obra *Direito Civil de Portugal* (sendo o primeiro volume publicado em 1826, o segundo, a título póstumo, em 1840), o primeiro manual que conferia "*um retrato sistemático, sintético e científico da organização administrativa local anterior ao liberalismo*" (Paulo Otero, *Direito Administrativo – Relatório de uma disciplina apresentado no concurso para professor associado na Faculdade de Direito da Universidade de Lisboa*, 2.ª ed., suplemento da Revista da Faculdade de Direito da Universidade de Lisboa, Lisboa, 2001, pgs. 40, 39).

[69] Borges Carneiro, sessão de 9 de Fevereiro de 1822 in *Diario das Cortes Geraes...*, V, 1822, pg. 132. "*Em se vendo lá alguma cidade começar a conflagrar-se,*

Borges Carneiro manifestou-se contra a formação das sociedades patrióticas cujos estatutos não fossem aprovados pelo Governo:

> "*por direito são proibidos todos os* colégios ilícitos, *isto é, quaisquer corpos ou sociedades que não sejam aprovados pelo governo.*"[70].

O referido Deputado referia também que as Cortes e o Governo seriam suficientes para propagar o sistema constitucional.

Seria necessário "*muita circunspecção sobre permitirem-se estas sociedades.*"[71].

Segundo o mesmo político, seria impróprio e anárquico que se discutissem, nas sessões dessas sociedades, leis já aprovadas pelas Cortes, não escondendo os seus receios sobre o extremismo a que poderiam chegar (a exemplo da Espanha), acrescentando:

> "*A nossa causa regeneratriz tem progredido até agora com muita sisudeza; mas não afiançarei que continue assim, se se permitem essas sociedades com as suas públicas declamações.*"[72].

Se "*essas sociedades públicas*" mereceriam "*desaprovação*", também a deveriam "*merecer outras particulares e clandestinas*" (que deveriam ser tomadas em consideração[73]).

---

logo dizem: "*certamente chegou aqui algum* fontanista *(assim chamam aos sócios da* fontana d'oro*), ou algum dos do* café del turco *de Sevilha.*" (Idem, *ibidem*).

[70] Borges Carneiro, sessão de 9 de Fevereiro de 1822 in *Diario das Cortes Geraes...*, V, 1822, pg. 132.

[71] Borges Carneiro, sessão de 9 de Fevereiro de 1822 in *Diario das Cortes Geraes...*, V, 1822, pg. 132; no mesmo sentido se pronunciou o Deputado Sarmento, pois tinha sido informado que, numa dessas sociedades, houvera "*quem proferisse que era indiferente a execução deste Congresso, como, por exemplo, se se devia dar a El-Rei somente o título de Rei, ou o de Rei Constitucional*", como já estava "*decidido por determinação deste augusto Congresso.*" (in sessão de 9 de Fevereiro de 1822 in *Diario das Cortes Geraes...*, V, 1822, pg. 132.

[72] Borges Carneiro, sessão de 9 de Fevereiro de 1822 in *Diario das Cortes Geraes...*, V, 1822, pg. 132.

O jornal *Astro da Lusitânia* (n.° 5, 11 de Fev. de 1822, e n.° 15, 23 de Fev. de 1822) insurgiu-se contra estas opiniões, chamando a atenção para a inconveniência de atacar associações indubitavelmente liberais, numa época em que os "absolutistas" começavam a organizar núcleos secretos, "*muito mais perigosos*".

[73] Vilela, sessão de 9 de Fevereiro de 1822 in *Diario das Cortes Geraes...*, V, 1822, pg. 132.

A explicação da tomada de posição de Borges Carneiro, sendo "*maçon*"[74], indicia uma clivagem ideológica[75].

2.4.2. Nas Cortes Constituintes de 1821/1822, prevaleceu uma filosofia individualista dos direitos. Assim, no âmbito das liberdades de direitos políticos, na sessão de 23 de Julho de 1821, Manuel Gonçalves de Miranda continuou a máxima: "*[t]oda a liberdade ao indivíduo, nenhuma à multidão*", enquadrando-se no espírito liberal assumido pelas Cortes.

2.5. As liberdades de reunião e de associação poderiam, contudo, ser reconhecidas, hipoteticamente, por via da liberdade de expressão e do direito de petição.

CAPÍTULO II
A integração da lacuna do artigo 145.° da Carta Constitucional

A omissão de consagração da liberdade de reunião era considerada uma **lacuna da Carta Constitucional**[76]. Lopes Praça considerava que essa lacuna deveria ser entendida "*com grande conveniência pública por ter a seu favor a experiência e a teoria.*"[77].

Na época, o método utilizado não foi o de averiguar, "*ab initio*", a existência de costume, mas, primeiramente, o de integrar a lacuna por

[74] De acordo com A. H. de Oliveira Marques, no elenco constante no final de *História da Maçonaria em Portugal*, III, pg. 545.

[75] Por um lado, as sociedades patrióticas representavam o liberalismo mais esquerdista e militante (A. H. de Oliveira Marques, *História da Maçonaria em Portugal*, III, pg. 266), "*exercendo uma função de vigilância anti-reaccionária contínua e de defesa das ideias liberais mais puras*" (Idem, *ibidem*). Sendo assim, a Maçonaria não se esgotava na composição das sociedades patrióticas, pelo menos durante o Vintismo (Idem, *ibidem*).

Contudo, muitos "maçons", porventura a maioria, professavam ideais conservadores e não viam com bons olhos ou presenciavam com indiferença os objectivos das sociedades (Idem, *ibidem*). Não se tornavam, por isso, seus sócios ou abandonam-nas quando elas assumiam atitudes demasiado radicais para seu gosto (Idem, *ibidem*) (por exemplo, Luz Soriano abunda nas mesmas ideias).

[76] Sobre as liberdades de reunião e de associação, na História do Direito português, na vigência da Carta Constitucional até ao 2.° Acto Adicional de 1885, v., nomeadamente, Lopes Praça, *Direito Constitucional...*, I, pgs. 77-78, 82, 82-84 (nota).

[77] Lopes Praça, *Direito Constitucional...*, pg. 77.

meio de processos lógico-dedutivos. A questão era colocada sob o ponto de vista da integração das lacunas da lei[78].

§ 1.ª A dedução a partir de outros direitos

Será que, não obstante a ausência de garantia expressa na Carta, poderia ser deduzido de outros direitos?

A Doutrina vislumbrava duas possibilidades de as liberdades de reunião e de associação poderem ser derivadas:

a) A dedução por via da liberdade de expressão, já entrevista anteriormente;

b) A dedução por via do direito de petição.

Também no Direito brasileiro, na vigência da Constituição de 1824 (muito similar, como é sabido, à Carta portuguesa de 1826), a Doutrina vislumbrava essa a possibilidade, por via de outros direitos[79]:

---

[78] Em sentido contrário, na Doutrina portuguesa da actualidade, referindo que o que interessa são as lacunas do direito ou do ordenamento jurídico, v. José de Oliveira Ascensão, *O Direito. Introdução e Teoria Geral. Uma perspectiva Luso-Brasileira*, 11.ª ed., revista, reimpressão, Almedina, Coimbra, 2003, pgs. 433-434:

No que respeita especificamente à matéria da integração, "*a própria colocação dada à questão não pode ser aceite.*" (Idem, *ibidem*, pg. 433).

A verdadeira lacuna só se suscita, e só se pode pôr a hipótese duma integração por analogia ou por outro processo, quando uma determinada situação não for coberta por nenhuma fonte vigente (Idem, *ibidem*, pg. 434).

O costume "*praeter legem*" – *i.e.*, aquele que respeita a matérias não cobertas por disposições legais – não pode ser considerado meio de integração de lacunas.

Quando não há lei mas há costume, o costume aplica-se pura e simplesmente, e se há fonte aplicável não há lacuna, pois há lacuna quando determinada situação não é regulada por regra positiva, assente em fonte de direito vigente – e quando há um costume há uma regra (costumeira), por definição. A matéria não é, pois, lacunosa (cfr. Idem, *ibidem*).

[79] Outro direito fundamental, a liberdade de associação, poderia ser implicitamente incluída no art.° 145.° da Carta Constitucional. Como refere Lopes Praça, "*[a] argumentação seria fácil.*": "*A Carta garante a liberdade de indústria (art.° 145.°, § 23), ora não haveria verdadeira liberdade de indústria, senão houvesse liberdade de reunir os esforços individuais para produzir. A Carta garante o direito de propriedade (art.° 145.°, § 21), ora não haveria tal liberdade se não fossemos senhores de reunir os esforços das nossas faculdades e os nossos instrumentos de trabalho para aumentar a produção, etc.*" (in *Direito Constitucional...*, I, pgs. 79-80).

Também neste sentido se pronunciou Pimenta Bueno, no comentário ao art.° 179.° da Constituição brasileira de 1824:

1. A progressiva extensão doutrinária da liberdade de expressão às liberdades de reunião e de associação

1.1. *Durante a segunda vigência da Carta Constitucional*

Nos inícios da segunda vigência da Carta Constitucional[80], a liberdade de reunião começou a ser considerada, embrionária e timidamente[81], como uma extensão da liberdade de expressão, consagrada no § 3.° do artigo 145.° da Carta[82], por influência externa, mormente adveniente do Direito francês.

Nesta linha de pensamento, SILVESTRE PINHEIRO FERREIRA escrevia, em 1834, sobre o que se entendia por liberdade de "*manifestação de opiniões*"[83]:

"*O direito de associação é virtual e logicamente reconhecido pelo art.° 179.° da Constituição, por isso mesmo que ele tem por base a natureza racional, a liberdade e propriedade individual, assim como o direito de trabalho livre, e de contratar....*" (*apud* LOPES PRAÇA, *Direito Constitucional...*, I, pg. 80).

[80] O ano de 1834 foi aquele em que o liberalismo efectivamente foi implantado, o período em que no campo da reforma das estruturas foram aplicadas as leis açorianas de MOUZINHO DA SILVEIRA.

As eleições para a Câmara dos Deputados tiveram lugar em Julho de 1834. Em 15 de Agosto, as Cortes cartistas reuniram de novo; iniciou-se a **segunda vigência da Carta Constitucional**, embora esse regime não representasse uma linha contínua do liberalismo, mas uma segunda fase do liberalismo.

Este **segundo liberalismo** foi definido por uma conjuntura muito diversa do quadro histórico de 1820. Com efeito, não se estabeleceu por via de uma revolução, mas no termo de uma guerra civil. Mais do que a crítica ao antigo regime, impunha-se consolidar o Estado que a sorte das armas favorecera (JOAQUIM VERÍSSIMO SERRÃO, *História de Portugal*, vol. VIII, Do Mindelo à Regeneração (1832-1851), 2.ª ed., corrigida e aumentada, reimpressão, Verbo, Lisboa, 2003, pg. 13).

[81] Relembre-se que "*Todo o começo é involuntário/Deus é o agente/O herói a si assiste, vário/E inconsciente.*" (FERNANDO PESSOA, Poema "*O Conde D. Henrique*" in IDEM, *Mensagem*).

[82] O § 3.° do art.° 145.° da Carta Constitucional foi decalcado "*ipsis verbis*" do n.° 4 do art.° 179.° da Constituição brasileira de 1824, preceituando:

"*Todos podem comunicar os seus pensamentos por palavras, escritos, e publicá-los pela imprensa sem dependência de censura, com tanto que hajam de responder pelos abusos, que cometerem no exercício deste direito, nos casos, e pela forma que a lei determinar.*".

[83] "*A manifestação de opiniões pode ser considerada ou quanto às opiniões em si mesmas, ou quanto aos modos de se manifestarem. Debaixo do primeiro ponto de vista essas opiniões podem ser doutrinas de política, religião, moral, etc., ou asserções relativas a determinadas pessoas.* (SILVESTRE PINHEIRO FERREIRA, *Manual do cidadão em um governo representativo ou princípios de direito constitucional, administrativo e das gentes*, tomo I, Direito constitucional, Paris, 1834, pg. 33).

A formulação continha um âmbito um pouco mais amplo – embrionário da teorização da relação de instrumentalidade da liberdade de reunião em relação a outros direitos –, abrindo o ensejo da proferição de discursos públicos ou particulares, no âmbito da liberdade de expressão:

> "*Quanto ao modo de manifestação, ele pode consistir em* ***discursos públicos ou particulares*** *(...).*"[84].

SILVESTRE PINHEIRO FERREIRA referia que "as *práticas e cerimónias de um culto*" pertenciam também à liberdade de expressão.

Contudo, o referido juspublicista português não chegou a autonomizar a liberdade de reunião no seu "*Projecto de Codigo Geral*"[85].

1.2. *Durante a terceira vigência da Carta Constitucional, até ao ano de 1870*

SILVA FERRÃO considerava que as liberdades de reunião e de associação estavam envolvidas na liberdade de pensamento:

> "*A Carta disse no artigo 145.°, § 3.°: «todos podem comunicar os seus pensamentos por palavras (...)». E comunicar a quem senão aos outros homens? O direito pois consignado na Carta importa a consequência necessária do direito de associação e de reunião.*" (*sic*)[86].

---

[84] SILVESTRE PINHEIRO FERREIRA, *Manual do cidadão...*, I, 1834, pg. 33 (sublinhado nosso). Continuava do seguinte modo: "*escritos destinados a ficarem em um pequeno circulo de pessoas somente, ou a circularem no público, em manuscrito, ou por via de imprensa, litografia, etc.*" (IDEM, *ibidem*).

[85] Cfr. o n.° 6 do Capítulo I do Título Primeiro ("*Do exercício e garantias dos direitos civis e políticos*"), da obra de SILVESTRE PINHEIRO FERREIRA, *Manual do cidadão em um governo representativo ou principios de direito constitucional, administrativo e das gentes*, tomo III, Projecto de Codigo Geral, Paris, 1834, pgs. 2-3.

[86] F. A. DA SILVA FERRÃO, *Theoria do Direito Penal Applicada ao Código Penal Portuguez. Comparado com o Código do Brazil, Leis pátrias e leis criminais dos povos antigos e modernos. Offerecida a S. M. I. o Sr. D. Pedro II, Imperador do Brazil*, volume VI, Imprensa Nacional, Lisboa, 1857, pg. 48.

2. A dedução por via do direito de petição

A reconhecer ao direito de reunião "*um lugar especial*", seria "*tão somente por nos acomodarmos às nossas tradições liberais.*"[87].

Com efeito, tendo a Constituição de 1822 como a Carta Constitucional reconhecido o direito de petição[88], neste "*(...) estava implicitamente incluído o de reunião, todas as vezes que o objecto da petição fosse de interesse público, por isso que a faculdade de pedir colectivamente importa a necessidade de se reunirem os peticionários para acordarem no objecto e forma da petição.*"[89].

Dado que este § 28 do artigo 145.° permitia o direito de petição, a reunião prévia "*poderia ser restritamente para (...) fim*" de petição, de reclamação e de queixa[90].

---

[87] LOPES PRAÇA, *Direito Constitucional...*, I, pg. 82 (nota).

[88] a) A Base XIV da Constituição de 1822 referia, na redacção final: "*Todo Cidadão poderá apresentar por escrito às Cortes e ao Poder Executivo reclamações, queixas, ou petições, que deverão ser examinadas.*". No texto da Constituição de 1822, o direito de petição viria a ser consagrado no art.° 16, que preceituava: "*Todo o português poderá apresentar por escrito às Cortes e ao Poder Executivo reclamações, queixas ou petições que deverão ser examinadas.*". O art.° 17.° preceituava: "*Todo o Português tem igualmente o direito de expor qualquer infracção da Constituição, e de requerer perante a competente Autoridade a efectiva responsabilidade do infractor.*".

Curiosamente, no tocante ao funcionamento das Cortes, não houve outro direito que sobrelevasse em importância o direito de petição (BENEDICTA MARIA DUQUE VIEIRA, *O problema político português no tempo das primeiras Cortes liberais...*, I, pg. 52). O direito de petição veio condicionar, dificultar e enriquecer de forma ímpar a actividade das Cortes Constituintes, de maneira geral em todos os seus ramos de actividade e, de modo particular, no campo da política propriamente dita (IDEM, *ibidem*).

O material de trabalho depositado nas várias Comissões permanentes das Cortes e, em especial, da Constituição, foi, em grande parte, o resultado do exercício desse direito (IDEM, *ibidem*).

b) O § 28.° do art.° 145.° da Carta Constitucional – idêntico ao § 30.° do art.° 179.° da Constituição brasileira de 1824 – preceituava:

"*Todo o Cidadão poderá apresentar por escrito ao Poder Legislativo, e ao Executivo reclamações, queixas ou petições, e até expor qualquer infracção da Constituição, requerendo perante a competente Autoridade a efectiva responsabilidade dos infractores.*".

[89] TRINDADE COELHO, *Manual Politico do Cidadão Portuguez*, 2.ª edição, actualisada e muito augmentada, Typographia a Vap. da Emprêsa Litteraria e Typographica, Porto, 1908, pgs. 401-402.

[90] Proposta de lei n.° 13-B, apresentada na *Sessão de 30 de Janeiro de 1883*, in *Diario da Camara dos Senhores Deputados. Sessão legislativa de 1883*, Imprensa Nacional, Lisboa, 1883, pg. 209 (= Proposta de lei do governo para a lei a que respeitam os artigos

Assim, na fórmula do § 28.° do art.° 145.° da Carta, a liberdade de reunião estaria implícita[91].

§ 2.ª A conveniência da positivação no texto constitucional

1. **Os limites dos processos lógico-dedutivos**

Apesar da positivação no Código Civil (*infra*), LOPES PRAÇA não deixava de salientar que as referidas "*deduções lógicas são úteis, são indispensáveis e necessárias nos domínios da ciência, mas são lamentáveis quando servem a encobrir verdadeiras lacunas nas leis fundamentais, especialmente se essas deduções aspiram a suprir a falta de garantia para direitos tão importantes, como os de reunião e associação.*"[92]

O referido constitucionalista assinalava lapidarmente os limites das deduções:

> "*o texto da lei deve ser conciso mas expresso e claro, as deduções podem levar-nos ao descobrimento da verdade, mas só as leis criam direitos; se deduções bastassem devíamos limitar-nos a garantir na lei qualquer dos direitos primitivos, porque a lógica e o raciocínio se prestariam facilmente a deduzir a ajuntar os outros.*"[93].
>
> "*É que entre a disposição expressa e clara de um direito na lei, e a sua dedução lógica, e mais ou menos legítima, vai uma distância infinita.*"[94].

140.° a 142.° da Carta, apresentada na sessão da Câmara dos Deputados de 30 de Janeiro de 1883, in *Collecção de Leis e Subsidios para o Estudo do Direito constitucional portuguez*, por J. J. LOPES PRAÇA, vol. II, Constituições Politicas de Portugal, Imprensa da Universidade, Coimbra, 1894, pg. 309 (302-310)).

[91] O art.° 10.° do Segundo Acto Adicional de 1885 (quase meio século depois do início da primeira vigência da Carta Constitucional), referir-se-ia ao § 28.° do art.° 145.°, ao prever o direito de reunião, aditando-o à Carta.

[92] LOPES PRAÇA, *Direito Constitucional...*, I, pg. 80.

[93] LOPES PRAÇA, *Direito Constitucional...*, I, pg. 80.

[94] LOPES PRAÇA, *Direito Constitucional...*, I, pg. 82.

2. A tese de António de Sousa Silva Costa Lobo

António de Sousa Silva Costa Lobo (1840-1913) – o mais eloquente e fiel discípulo português de Krause[95], reproduzindo todos os momentos essenciais dessa filosofia no campo social, político e filosófico-histórico[96] –, na sua dissertação intitulada "*O Estado e a liberdade de associação*", publicada em 1864, considerava a liberdade de associação "*um dos mais preciosos direitos cívicos*"[97]; a associação seria "*condição de todo o progresso e a mais enérgica força da moderna civilização.*"[98]:

> "*se a liberdade de pensamento é o pulso da sociedade, indicador dos males que a afligem, é a livre associação o mais eficaz preservativo contra perturbações e revoluções violentas*"[99]; "*pois não só impede a formação de sociedades secretas, que surdamente lhe minam as bases, senão que manifesta à autoridade pública verdadeira importância dos interesses, que reclamam sua protecção.*"[100].

3. A positivação da liberdade de associação no Código de Seabra

António Luiz de Seabra inseriu no projecto que viria a ser o primeiro Código Civil português, um título relativo a direitos originários (artigos 359.° a 368.°)[101]). Na redacção final, o Código Civil portu-

---

[95] Luís Cabral de Moncada, *Subsídios para a História da Filosofia do Direito em Portugal*, Imprensa Nacional – Casa da Moeda, Lisboa, 2003, pg. 98.

[96] Luís Cabral de Moncada, *Subsídios para a História da Filosofia do Direito...*, pg. 98.

[97] António de Sousa Silva Costa Lobo, *O Estado e a liberdade de associação. Dissertação inaugural para o acto de conclusões magnas*, Imprensa da Universidade, Coimbra, 1864, pg. 74.

[98] António Costa Lobo, *O Estado e a liberdade de associação*, pg. 74.

[99] António Costa Lobo, *O Estado e a liberdade de associação*, pg. 75.

[100] António Costa Lobo, *O Estado e a liberdade de associação*, pg. 75.

[101] Fê-lo um tanto surpreendentemente, perante elementos algo escassos, segundo a opinião de António Menezes Cordeiro (in *Os direitos de personalidade na civilística portuguesa* in *Estudos em Homenagem ao Professor Doutor Inocêncio Galvão Telles*, volume I, Direito Privado e Vária, Estudos organizados pelos Professores Doutores António Menezes Cordeiro/Luís Menezes Leitão/Januário da Costa Gomes, Almedina, Coimbra, 2002, pg. 24).

O Código organizou uma espécie de tutela de direitos que constituem parte integrante da personalidade humana, e que são origem primordial e o princípio gerador de

guês[102] foi aquele que, no século XIX, maior relevo deu aos hoje designados direitos "direitos de personalidade"[103].

Um dos direitos originários era o direito de associação (artigo 359.°[104]), definido como a "*faculdade de pôr em comum os meios ou*

---

todas as obrigações jurídicas e de todas as responsabilidades (José Dias Ferreira, *Codigo Civil Portuguez. Annotado*, 2.ª ed., volume I, Imprensa da Universidade, Coimbra, 1894, pg. 253).

O elenco dos "direitos originários" de Seabra prestou-se a uma série de críticas. Logo na fase da discussão do projecto, por considerar inúteis no Código Civil disposições, das quais apenas algumas teriam cabimento nas Constituições políticas em épocas em que os direitos naturais do homem não eram devidamente reconhecidos e respeitados, Alexandre Herculano votou pela supressão deste Título (apenas o empenho pessoal de Seabra levou a que os "direitos originários" aí se conservassem).

Segundo José Dias Ferreira, em verdade, "*um Código Civil deve limitar-se a regular as relações jurídicas de carácter privado, e uma das primeiras condições da lei civil é a concisão*" (in *Codigo Civil Portuguez*, 2.ª ed., I, pg. 254). Em todo o caso, a disposição das matérias do Código seria consequência do plano da obra (Idem, *ibidem*).

Os direitos enumerados no art.° 359.° corresponderiam às qualidades fundamentais da existência humana (Idem, *ibidem*). "*Impossível seria ao homem conservar a sua existência, e aperfeiçoar as suas qualidades e tendências, se não pudesse exercer livremente as suas faculdades, associar-se com o seu semelhante para vencer as dificuldades levantadas à satisfação das suas necessidades, apropriar-se das coisas externas para os diferentes usos da vida, e defender-se de qualquer atentado contra os produtos do exercício da actividade.*" (Idem, *ibidem*).

102 Aprovado pela carta de lei de 1 de Julho de 1867.

O Código Civil de 1867, jusnaturalista e liberal, foi o ponto de encontro do direito positivo tradicional (romano, canónico, escolástico, racionalista e sobretudo o que se constituiu a partir do constitucionalismo), com a doutrina (Coelho da Rocha, Correia Telles, Marcadé, Demolombe,...) e com o direito codificado (o *Code Civil*, o *Allgemeines Landrecht* prussiano, os códigos austríaco e sardo (Mário Reis Marques, *História do Direito Português Medieval e Moderno*, 2.ª ed., Almedina, Coimbra, 2002, pgs. 214-215).

103 António Menezes Cordeiro, *Os direitos de personalidade na civilística portuguesa*, pg. 26.

104 As disposições estavam inseridas na abertura do Título I ("*Dos direitos originários*") do Livro I ("*Dos direitos originários e dos que se adquirem por facto e vontade própria e independentemente da cooperação de outrem*") da Parte II ("*Da aquisição dos direitos*").

Os direitos originários eram os que resultavam "*da própria natureza do homem, e que a lei civil reconhece, e protege como fonte e origem de todos os outros*" (art.° 359.° do Código de Seabra, proémio); seriam "*inalienáveis*" e apenas limitáveis "*por lei formal e expressa.*" (art.° 368.°, 1.ª parte).

A violação dos direitos originários produziria "*obrigação de reparar a ofensa*" (art.° 368.°, 2.ª parte).

esforços individuais, para qualquer fim, que não prejudique os direitos de outrem ou da sociedade." (artigo 365.°)[105].

Não obstante, um dos defeitos apontados ao Código de Seabra foi o da completa subordinação das normas codificadas aos princípios da Escola individualista[106], embora a sua promulgação tenha operado uma completa revolução no mundo jurídico português[107].

4. **Os apelos à positivação das liberdades de reunião e de associação na Carta Constitucional**

Se, em geral, a teoria liberal entendia que seria necessário discriminar os direitos, uma vez que seriam um "*ponto de firmeza*" que sustentaria "*a dignidade humana contra as tentativas de usurpadores*"[108] (BENJAMIN CONSTANT), em particular, a "*garantia preciosa*" do direito de reunião e de associação "*deveria ser consignada no nosso pacto fundamental*"[109], sendo considerada "*uma das mais atendíveis reformas a introduzir-lhe.*"[110].

> "*As Constituições dos povos cultos e a boa razão (...) estão de acordo em reconhecer a necessidade de inscrever no capítulo dos direitos individuais os direitos de reunião e associação.*"[111].

---

105 Tratava-se de um desenvolvimento que não tem reflexos nos códigos civis da primeira geração, que o antecederam.

Na lição de ANTÓNIO MENEZES CORDEIRO, esta opção acolheu, na lei civil portuguesa:

– as influências constitucionais dos "direitos do homem";

– o pensamento filosófico abstracto jusracionalista;

– a tradição escolástica naturalista (ANTÓNIO MENEZES CORDEIRO, *Os direitos de personalidade na civilística portuguesa*, pg. 24).

As influências constitucionais dos direitos do homem eram patentes: a própria enumeração era próxima dos elencos das constituições oitocentistas. Por outro lado, a categoria dos "direitos originários" estava necessariamente próxima da dos direitos do homem (IDEM, *ibidem*).

106 MÁRIO REIS MARQUES, *História do Direito Português Medieval e Moderno*, 2.ª ed., pg. 216.

107 Neste sentido, MÁRIO REIS MARQUES, *História do Direito Português Medieval e Moderno*, 2.ª ed., pg. 215.

108 LOPES PRAÇA, *Direito Constitucional...*, I, pg. 23.

109 LOPES PRAÇA, *Direito Constitucional...*, I, pg. 79.

110 LOPES PRAÇA, *Direito Constitucional...*, I, pg. 79.

111 LOPES PRAÇA, *Direito Constitucional...*, I, pg. 80.

"*As leis secundárias podem garanti-los, é verdade, mas esse argumento provaria de mais, porque nos levaria à supressão das Constituições, cujas disposições poderiam facil-*

"Assim como os poderes políticos são ciosos em aumentar as suas regalias, ou em as não deixar restringir, por igual as liberdades populares e dos cidadãos merecem especial respeito e consideração. Os direitos individuais são o mais elevado património dos cidadãos, e no interesse de todos convém não lhes recusar o que por direito e justiça lhes compete.". Deveria existir a positivação constitucional, ainda que já pudesse existir a garantia pelas leis ordinárias[112].

Assim, a "*teoria e o direito constitucional comparado*" pugnavam "*(...) a favor do direito de associação*"[113].

Citando o Direito inglês, devido às liberdades de reunião e de associação se terem radicado nos costumes da Inglaterra, seria uma das causas para a sociedade desta encontrar em parte "*melhores condições de estabilidade*"[114].

4.1. A positivação teria um efeito garantístico:

"*Se o direito de reunião e associação estivesse garantido expressamente na Carta, ninguém escreveria, ninguém aprovaria, ninguém executaria*" o art.° 282.° do Código Penal[115].

Assim, as leis secundárias prestavam um argumento adicional para "*justificar a conveniência de inscrever numa reforma do nosso código fundamental o direito de reunião e associação*"[116].

CONCLUSÕES

O período é caracterizado, em geral, por uma longa ausência quer da legislação ordinária. No período da terceira vigência da Carta Constitucional, em particular, existiu por uma longa ausência quer da legislação

mente trasladar-se em beneficio dos povos, e não como baluarte de privilégios incompatíveis com a civilização e com as justas e demonstradas regalias dos cidadãos." (LOPES PRAÇA, *Direito Constitucional...*, I, pg. 80).

112 LOPES PRAÇA, *Direito Constitucional...*, I, pg. 79.

113 LOPES PRAÇA, *Direito Constitucional...*, I, pg. 79.

114 Cfr. JOSEPH GARNEER *apud* LOPES PRAÇA, *Direito Constitucional...*, I, pg. 79.

115 LOPES PRAÇA, *Direito Constitucional...*, I, pg. 82.

116 LOPES PRAÇA, *Direito Constitucional...*, I, pg. 82.

ordinária, total, no subperíodo compreendido entre 1842 e 1859, ou com carácter geral, no segundo subperíodo (1859-1870).

CAPÍTULO I

A ausência das liberdades de reunião e de associação da Constituição de 1822 e da Carta Constitucional de 1826

Apesar da existência da declarações de vários direitos fundamentais, nomeadamente da liberdade de expressão, as Constituições liberais oitocentistas não positivaram a liberdade de reunião e de associação.

Data de 1859 a excepção da previsão na alteração à lei eleitoral, contribuindo para uma atenuação da ausência no Direito positivo.

A liberdade de reunião e de associação não foi consagrada no "*Projecto das Bases da Constituição Portugueza (...)*" de 1822, tendo sido rejeitada uma proposta de positivação, apresentada pelo Deputado BAETA NEVES. Esta rejeição gerou a omissão da liberdade de reunião no Projecto da Constituição.

Uma razão susceptível de fornecer a explicação resulta do facto de a Constituição de Cádis, que exerceu forte influência sobre a Constituição de 1822, não ter estatuído a liberdade de reunião expressamente.

Outro factor explicativo da omissão da liberdade de reunião e de associação encontra-se, *v. g.*, na importância da tradição liberal francesa da Declaração dos Direitos do Homem e do Cidadão, não tendo em conta a evolução subsequente, quer no pensamento liberal quer no Direito constitucional francês.

Devido a ter existido uma transcrição fiel dos artigos 16.° e 17.° da Constituição de 1822 na Carta Constitucional, a Constituição de 1822 projectou a sua influência no não reconhecimento constitucional, nos §§ do artigo 145.° do segundo texto constitucional (coadjuvada por pelas razões gerais imanentes à natureza da «Carta Constitucional»).

As condições sociológicas favoráveis, da existência de sociedades patrióticas e de clubes, durante o vintismo, não se reflectiram na positivação constitucional.

CAPÍTULO II
A integração da lacuna do artigo 145.° da Carta Constitucional

A integração da lacuna do art.° 145.° da Carta Constitucional foi realizada, primeiramente, lançando mão de processos lógico-dedutivos. Nos começos da segunda vigência da Carta Constitucional, a liberdade de reunião começou a ser considerada, embrionária e timidamente, como uma extensão da liberdade de expressão, por influência externa, por SILVESTRE PINHEIRO FERREIRA; o mesmo sucedeu durante a terceira vigência da Carta Constitucional.

A liberdade de reunião poderia ainda ser deduzida a partir do direito de petição, sempre que a reunião dele fosse preparatória.

As deduções tinham, contudo, limites em relação à positivação numa disposição expressa e clara na Lei Fundamental, existindo apelos à positivação da liberdade de reunião na Carta Constitucional, que teria um efeito garantístico.

Na Doutrina eram feitos apelos à positivação; a liberdade de associação foi prevista no Código Civil de 1867.

GRUPOS DE SOCIEDADES E PRINCÍPIO DA IGUALDADE

PARECER

JORGE MIRANDA
Professor das Faculdades de Direito da Universidade de Lisboa e da Universidade Católica Portuguesa

CONSULTA

No âmbito de dois processos judiciais que correram termos no Tribunal de Santa Maria da Feira relativos à mesma operação de aquisição potestativa, promovida por INTERFAMÍLIAS II SGPS, S.A., foram proferidos dois despachos saneadores-sentença, em tudo idênticos (não obstante provenientes de juízos diferentes), os quais julgaram ferido de inconstitucionalidade material o artigo 490.° do Código das Sociedades Comerciais, na parte em que permite à sociedade dominante tornar-se proprietária, por acto unilateral, das participações dos sócios minoritários (n.° 3 do referido preceito).

Aí se concluiu que o mecanismo de aquisição tendente ao domínio total colidia com os fundamentais direitos de propriedade, de iniciativa privada e de igualdade, sem que tal encontrasse sustentação ao nível da lei constitucional e de princípios constitucionais ou se destinasse a salvaguardar outros direitos ou interesses constitucionalmente garantidos.

Pretende-se saber se são procedentes as razões assim invocadas ou se, pelo contrário, a norma em causa deve ter-se por conforme com a Constituição.

PARECER

I

1. Pode, de certo ângulo, resumir-se a evolução do Direito comercial como a passagem sucessiva – por força de prementes necessidades técnicas, financeiras e de gestão – das empresas individuais para as sociedades comerciais e destas para os grupos de sociedades. É a resposta do Direito a imperativos de racionalidade e competitividade mais prementes no mundo globalizado dos nossos dias.

Como escreve um Autor, a empresa moderna tende à expansão e, quando deixa de ser possível ou suficiente o próprio crescimento interno, volta-se para outras empresas que dela ficam dependentes. Nisto consiste o fenómeno dos grupos de sociedades, através do qual um conjunto mais ou menos vasto de sociedades comerciais, conservando embora autonomia jurídica, patrimonial e organizativa, é subordinado a uma direcção económica unitária exercida por outra sociedade, de acordo com a estratégia e interesses comuns do todo[1].

Portugal foi um dos primeiros países a consagrar formalmente a figura, com o Código das Sociedades Comerciais de 1986. E é no seu âmbito que se situa e deve ser apercebida a problemática do art. 490.° do Código (complementado pelos arts. 194.° e segs. do Código dos Valores Mobiliários), por força do qual uma sociedade que tenha 90% do capital de outra recebe um verdadeiro direito potestativo de aquisição das restantes fracções do capital da segunda.

2. A doutrina especializada tem vindo a explicar o regime do art. 490.°, justamente com base em razões económico-jurídicas. Vale a pena convocá-la.

---

[1] JOSÉ ENGRÁCIA ANTUNES, *Grupos de Sociedades*, Coimbra, 1993, pág. 12. Cfr. também, entre tantos, RAÚL VENTURA, *Participações dominantes: alguns aspectos do domínio de sociedades por sociedades*, in *Revista da Ordem dos Advogados*, 1979, págs. 5 e segs. e 241 e segs.; *Grupos de Sociedades – uma introdução comparativa a propósito de um projecto preliminar de directiva da C.E.E.*, *ibidem*, 1981, págs. 23 e segs. e 305 e segs.; *Estudos Vários sobre Sociedades Anónimas*, Coimbra, 1992; LUÍS BRITO CORREIA, *Grupos de sociedades*, in *Novas Perspectivas de Direito Comercial*, obra colectiva, Lisboa, 1988, págs. 379 e segs.; MARIA DA GRAÇA TRIGO, *Grupos de sociedades*, in *O Direito*, 1991, págs. 41 e segs.

Assim, para RAÚL VENTURA (a quem se deve a elaboração do Código das Sociedades Comerciais), não se trata de retirar aos sócios minoritários um bem para dele fazer beneficiar os sócios maioritários, mas sim de permitir que a sociedade siga a sua vida sem os potenciais conflitos entre tão larga maioria e tão fraca minoria, designadamente que os interesses específicos desta minoria não se oponham à congregação de interesses entre a sociedade dominante e a sociedade dependente. Acresce que o art. 490.° confere aos sócios minoritários o direito de se apartarem da sociedade, impondo à sociedade dominante a aquisição das suas acções. Mal se compreenderia que este direito não tivesse contrapartida no afastamento por parte dos sócios minoritários[2].

Na mesma linha, segundo JOSÉ ENGRÁCIA ANTUNES, o legislador visa garantir de antemão que o estabelecimento de relações de grupo por domínio total não se veja dificultado, ou mesmo frustrado, pela oposição de sócios minoritários dissidentes, detentores de pequenas ou mesmo insignificantes fracções de capital. Outrossim, e inversamente a figura representa um importante mecanismo de tutela dos próprios sócios minoritários: ao investir também os titulares das fracções minoritárias de capital num correspectivo direito potestativo de alienação das mesmas à sociedade maioritariamente participante, o mesmo legislador assegura àqueles sócios uma protecção especial em face do típico risco de desvalorização e iliquidez dos respectivos títulos, conferindo-lhes uma real possibilidade de "êxito", a ser realizada no quadro de um processo de compensação patrimonial orientada pelos princípios da equidade das contrapartidas e da igualdade de tratamento, além de subordinada ao controlo judicial[3].

Numa perspectiva algo diferente, para MARIA DA GRAÇA TRIGO, o objectivo deste regime especial é evitar a fraude à lei, que aconteceria se existisse uma participação muito elevada no capital de uma sociedade, não atingindo, porém, a totalidade, para não incorrer no regime de grupo com todas as consequências a este inerentes. O novo regime legal favorece, pois, a titularidade de 100% do capital social, dispondo de um sistema de protecção dos sócios livres que apresenta algumas semelhanças com o regime previsto para os grupos constituídos por contrato de subordinação[4].

---

2 RAÚL VENTURA, *Estudos* ..., cit., págs. 168 e 169.

3 *Os grupos* ..., cit., pág. 730; *A aquisição tendente ao domínio total – da sua constitucionalidade*, Coimbra, 2001, pág. 8.

4 *Grupos de Sociedades*, cit., *loc.cit.*, pág. 77.

Por último, fazendo uma síntese, sustenta António Menezes Cordeiro que o art. 490.° prossegue o interesse geral, por assegurar a responsabilidade pelas dívidas da sociedade dominada; prossegue o interesse da sociedade dominante, não sujeita ao bloqueio dos sócios minoritários; e prossegue o interesse destes, porque, indiferente em termos de administração efectiva, uma participação da ordem de 10% iria colocar, em última análise, na disponibilidade da maioria o capital social a ela correspondente. Ambos os intervenientes – maioria e minoria recebem o poder de provocar a aquisição da posição minoritária e quem se decida nesse sentido irá defender o interesse geral e o interesse empresarial[5].

De resto, este tipo de conversão patrimonial é comum no Direito das Sociedades Comerciais; verifica-se na fusão de sociedades, deliberada por maioria (art. 103.°, n.° 1 do Código), na cisão (art. 120.°), na transformação (art. 133.°) e na dissolução [arts. 141.°, n.° 1, alínea *b*), 270.°, n.° 1 e 383.°, n.° 2]. Assim como, por outro lado, também o Direito Civil impõe sujeições ao proprietário, através da usucapião (arts. 55.° do respectivo Código), da acessão (arts. 1325.° e segs.), da comunhão forçada (art. 1370.°), da acção de preferência (art. 141.°) ou das servidões legais (arts. 1550.° e segs.)[6].

Mostra, por outro lado, a doutrina como a solução encontrada entre nós encontra antecedentes e paralelos mais ou menos próximos em legislações da Europa e da América do Norte[7-8].

3. Uma coisa vem a ser, porém, a adequação económica de um instituto ou, no caso, a sua congruência lógica no contexto do Código das

---

[5] *Da constitucionalide das aquisições tendentes ao domínio total (art. 490.°, n.° 3, do Código das Sociedades Comerciais)*, in *Boletim do Ministério da Justiça*, 480, 1998, págs. 13 e 23 e segs.

[6] *Ibidem*, págs. 27 e 29.

[7] Cfr., por todos, Raúl Ventura, *Participações dominantes ...*, cit., *loc.cit.*, págs. 241 e segs. e 283 e segs.; José Engrácia Antunes, *A aquisição ...*, cit., *loc.cit.*, págs. 39 e segs.

[8] Sobre o art. 490.°, v. ainda João Labareda, *Das acções das sociedades anónimas*, Lisboa, 1988, págs. 276 e segs.; Nelson Raposo Bernardo, *A aquisição do domínio total nas sociedades comerciais*, dissertação policopiada, Lisboa, 1997; José Pedro Fazenda Martins, *Bloqueio de valores mobiliários e aquisição potestativa ao abrigo do art. 490.° do Código das Sociedades Comerciais*, in *Cadernos do Mercado dos Valores Mobiliários*, n.° 6, Setembro-Dezembro de 1999, págs. 253 e segs.; Paulo Câmara, *Direito dos Valores Mobiliários*, policopiado, Lisboa, 2000, págs. 286-287; António Pereira de Almeida, *Sociedades Comerciais*, 3ª ed., Coimbra, 2003, págs. 480 e segs.

Sociedades Comerciais; outra coisa a conformidade das normas que o prevêem com a Constituição.

E efectivamente ela tem sido já contestada com vários argumentos; designadamente em requerimento do Provedor de Justiça dirigido ao Tribunal Constitucional e que esteve na origem do acórdão n.° 491/2002, de 26 de Novembro[9].

Aí se disse que:

a) O objecto do direito fundamental de propriedade privada não se circunscreve às coisas, no seu âmbito compreendem-se outrossim as participações sociais;

b) Gozando o direito de propriedade privada, nos termos do art. 17.° da Constituição, do regime dos direitos, liberdades e garantias, as restrições que sofra têm de respeitar os requisitos do art. 18.°, n.°s 2 e 3;

c) A restrição ao direito de propriedade operada pela aquisição forçada de participações sociais desrespeita o princípio da proporcionalidade, por o objectivo de reforço dos grupos societários poder ser atingido por outros meios como o controlo do grupo paritário e o de subordinação (arts. 492.° e 493.° do Código das Sociedades), pelo que falta o requisito de necessidade;

d) É manifesta a desproporção entre o benefício auferido pela sociedade dominante e a desvantagem suportada pelos sócios minoritários, por ser muito mais gravosa para eles a perda forçada dos seus direitos sobre o capital social do que seria para a sociedade maioritária a dificuldade em atingir a unanimidade nas deliberações sociais;

e) Não existe qualquer conexão normativa entre os n.°s 3 e 5 do art. 490.° e a especificidade da posição dos sócios minoritários deveria suscitar uma maior protecção pelo ordenamento jurídico.

Antes do requerimento do Provedor de Justiça, já o Supremo Tribunal de Justiça, por acórdão de 2 de Outubro de 1997[10] se havia pronunciado em igual sentido. O art. 490.° violaria os arts. 62.°, n.°s 1 e 2, 61.°, n.° 1 e 13.° da Constituição. Pois, só por ser minoritário um sócio vem a ser eliminado e corrido da sociedade, sem contribuir para a formação do preço correspectivo segundo as leis de mercado que regem a iniciativa privada e perdendo o direito de transmitir as participações em vida ou por

---

[9] *Diário da República*, 2ª série, n.° 18, de 22 de Janeiro de 2003.

[10] *Boletim do Ministério da Justiça*, n.° 470, págs. 619 e segs.

morte. Da concentração poderia decorrer a redução ou a eliminação dos sócios minoritários, mas não nesses termos constitucionalmente injustos.

Além disso, como se lê em declaração de voto do juiz LUÍS NUNES DE ALMEIDA, anexa àquele aresto do Tribunal Constitucional que, abrangendo a reserva relativa de competência legislativa da Assembleia da República, igualmente os direitos de natureza análoga aos direitos, liberdades e garantias [art. 165.°, n.° 1, alínea *b*) da Constituição, idêntico ao art. 168.°, n.° 1, alínea *b*) em 1986], o art. 490.° padeceria de inconstitucionalidade orgânica, por o Código das Sociedades Comerciais ter sido emitido pelo Governo (pelo Decreto-lei n.° 262/86, de 2 de Setembro) sem autorização legislativa.

4. Não foi essa a tese que vingou no Tribunal Constitucional, cuja retórica discursiva assentou, no essencial, na destrinça entre *proprietas rerum* e participação social, necessariamente mediatizada pela organização própria de corporação social.

O acórdão n.° 491/2002 distingue (n.° 12) a posição do sócio nas relações externas e nas relações internas. Nas primeiras, o sócio dispõe de um poder de livre disposição das quotas ou acções, garantido contra privações arbitrárias. Nas segundas, o direito de participação tem o conteúdo e o alcance que resultam do próprio quadro institucional da corporação social.

Nas sociedades de capitais prevalece o princípio da maioria (arts. 250.°, n.° 3 e 386.°, n.° 1 do Código), pelo que esse direito de participação depende das vicissitudes emergentes da vontade colectiva maioritariamente formada. Daí a sua vulnerabilidade em face dessas vicissitudes. E, por isso (n.° 13), no art. 490.° não há uma medida expropriativa. O que está em causa é, antes, a conformação pelo legislador do alcance da titularidade das participações. De resto, a maioria de 90% do capital social exigida pela norma impugnada é sempre superior às maiorias, ainda que supletivas, previstas para a dissolução das sociedades anónimas e por quotas (arts. 270.° e 464.°), podendo a amortização forçada de quotas e acções, quando constante de cláusula estatutária, dar-se por mera deliberação maioritária (arts. 233.° e 347.°).

Na esteira de jurisprudência anterior (n.° 16), o Tribunal Constitucional afasta depois a ideia de que os únicos actos ablativos do direito de propriedade sejam os consentidos no art. 62.°, n.° 2, a expropriação e a requisição por utilidade pública. Pode haver outros, inclusive no interesse de privados. De igual sorte, os limites constitucionais estabelecidos para a iniciativa económica implicam uma autorização constitucional para as necessárias restrições ao uso e à fruição da propriedade.

Não se está perante uma consequência atinente à garantia do direito de propriedade enquanto considerada análogo aos direitos, liberdades e garantias, nem perante uma "expropriação" vinda de fora ou uma restrição "ab extra" da garantia de não desapropriação. Está-se, insiste o acórdão (n.° 19), perante a conformação pelo legislador do próprio alcance da "propriedade corporativa" no plano das relações privadas entre os accionistas.

Por outro lado (n.° 20)[11], o domínio protectivo da norma do artigo 62.°, n.° 1 da Constituição jamais poderia ser estendido, no caso de propriedade corporativa em sociedades comerciais, até aí onde se reconhecessem aos respectivos titulares faculdades ou direitos que descaracterizassem de tal forma o próprio bem objecto de tutela a ponto de colocarem em causa as próprias características "naturais" da entidade corporativa que o gerou. O instituto da aquisição forçada (n.° 22) surge como uma "sujeição" inerente ao estatuto da "propriedade corporativa".

Tão pouco o instituto em apreço (ainda n.° 22) afecta a liberdade de iniciativa económica privada; pelo contrário, pode mesmo dizer-se que ela se inscreve no quadro da sua efectivação. A dinâmica de tal direito justifica ou mesmo requer um regime como o do art. 490.° (n.° 22, ainda).

Menos ainda se verifica violação do princípio da igualdade (n.° 23), visto que se trata de sociedades de capitais, sociedades cujo funcionamento interno assenta no princípio da maioria definida em função e na proporção das fracções detidas no capital social. Aliás, a norma do art. 490.°, n.° 5 confere ao accionista minoritário tratamento simétrico ao concedido ao sócio maioritário. Só haveria violação daquele princípio, se se permitisse à sociedade dominante fazer uso da faculdade do art. 490.°, n.° 3 em relação apenas a um ou alguns, e não a todos os sócios minoritários.

Enfim, e seguindo uma anterior decisão sua (o acórdão n.° 187/ /2001), o Tribunal nega preterição do princípio da proporcionalidade (n.° 24). O legislador não pode deixar de gozar, sobretudo frente a relações social e economicamente complexas, de uma "prerrogativa de avaliação" dos objectivos assumidos com certa medida legislativa e dos respectivos resultados. Por isso, não faria sentido aqui perguntar se o objecto visado pela norma do art. 490.°, n.° 3 poderia ser prosseguido através de outro

---

[11] Aqui citando José Engrácia Antunes, *A aquisição* ..., cit., págs. 104 e segs. e 150-151.

meio, porque a viabilidade de tal pergunta dependeria da possibilidade de demonstrar um erro grave e manifesto na escolha do meio escolhido pelo legislador para alcançar o fim visado, o que está por demonstrar.

5. Consideradas as implicações da consulta e reunidos os elementos diversos acabados de apresentar, é altura de tomarmos posição.

Fá-lo-emos, num amplo relance tendo em conta o sentido constitucional do direito de propriedade, de iniciativa económica e de igualdade perante a lei.

Concluiremos pela não inconstitucionalidade do art. 490.°, n.° 3 do Código das Sociedades Comerciais, se bem que não aderindo a todas as linhas de força do acabado de resumir acórdão do Tribunal Constitucional.

II

6. Do direito de propriedade privada pode e deve dizer-se que, se aparece em quase todas as Constituições, em formulações mais ou menos aproximadas, o seu sentido e o seu alcance profundo variam extraordinariamente de umas para outras[12]. E conhecem-se bem as diferenças entre os nossos textos constitucionais de 1822, 1826, 1838 e 1911, e os de 1933 e 1976.

Localizada entre os direitos, liberdades e garantias naquelas Constituições (arts. 1.° e 6.° da Constituição de 1822; art. 145.°, corpo e § 21.°, da Carta; art. 23.° da Constituição de 1838; art. 3.°, corpo e n.° 25, da Constituição de 1911), a propriedade é definida na primeira como "um

[12] Cfr., entre tantos, JACQUES DE LANSERVIN, *La proprieté. Une nouvelle régle du jeu*, Paris, 1975; STEFANO RODOTÀ, *Il terribile diritto – Studi sulla proprietà privata*, Bolonha, 1981; ANGEL LOPEZ Y LOPEZ, *La disciplina constitucional de la propriedad privada*, Madrid, 1988; FRANÇOIS COLLY, *Le Conseil Constitutionnel et le droit de proprieté*, in *Revue du droit public*, 1988, págs. 135 e segs.; STELIO MANCONIAMELI, *Contenuto, garanzie e limiti costituzionali della proprietà privata*, in *Jus*, 1989, págs. 262 e segs.; ALBRECHT WEBER, *La proteccion de la propriedad en el Derecho Comparado*, in *Civitas – Revista Española de Derecho Administrativo*, 1991, págs. 477 e segs.; ISABEL VAZ, *Direito Económico das Propriedades*, Rio de Janeiro, 1992; FERNANDO REY MARTINEZ, *La propriedad privada en la Constitución española*, Madrid, 1994; GUSTAVO TEPEDINO, *Contornos constitucionais da propriedade privada*, in *Estudos em homenagem ao Prof. Caio Tácito*, obra colectiva, Rio de Janeiro, 1997, págs. 309 e segs.; LOUIS FAVOREU *et alii*, *Droit Constitutionnel*, 6ª ed., Paris, 2003 págs. 799 e segs.

direito sagrado e inviolável que tem qualquer português de dispor à vontade de todos os seus bens, segundo as leis" (art. 6.°, 2.ª parte).

Nas Constituições de 1933 ocorre um desdobramento. No catálogo de direitos e garantias individuais dos cidadãos continua a figurar a propriedade privada (art. 8.°, n.° 15) – conquanto não haja uma disposição genérica a impor a indemnização em caso de expropriação por utilidade como dantes e a regra apenas venha a propósito do domínio público (art. 49.°, § único). Por outra banda, no art. 35.°, não só se proclama que a propriedade desempenha "uma função social, em regime da cooperação económica e solidariedade" como se diz que a lei pode determinar "as condições do seu emprego e exploração conformes com a finalidade colectiva"[13].

Finalmente, na Constituição de 1976 avultam três aspectos[14]:

1.°) O direito de propriedade é deslocado do elenco dos direitos, liberdades e garantias para o dos direitos económicos, sociais e culturais – o que, sem bulir com a sua estrutura essencial, tem assinaláveis repercussões sistemáticas[15];

2.°) Para lá da definição ampla e genérica do art. 62.° – semelhante à das Constituições anteriores, inclusive quanto ao direito de

---

[13] Sobre a propriedade nas Constituições anteriores, v. *Manual de Direito Constitucional*, IV, 3ª ed., Coimbra, 2000, pág. 524 e autores citados.

[14] Sobre o direito de propriedade na Constituição de 1976, v. Jorge Miranda, *A Constituição de 1976*, cit., págs. 350 e 357, e *Propriedade e Constituição*, in *O Direito*, 1974-1987, págs. 75 e segs.; Menezes Cordeiro, *A Constituição Patrimonial Privada*, in *Estudos de Direito Constitucional*, II, obra colectiva, Lisboa, 1978, págs. 365 e segs.; Fernando Alves Correia, *As garantias do particular na expropriação por utilidade pública*, Coimbra, 1982, págs. 43 e segs. e 125 e segs., e *O plano urbanístico e o princípio da igualdade*, Coimbra, 1989, págs. 301 e segs.; Mota Pinto, *Teoria Geral do Direito Civil*, 2ª ed., Coimbra, 1983, págs. 138 e segs.; Oliveira Ascensão, *Estudos sobre expropriações e nacionalizações*, Lisboa, 1989, págs. 206 e segs.; Rui Medeiros, *Ensaio sobre a responsabilidade civil do Estado por actos legislativos*, Coimbra, 1992, págs. 138 e segs.; Gomes Canotilho e Vital Moreira, *Constituição da República Portuguesa Anotada*, 3ª ed., Coimbra, 1993, págs. 330 e segs.; Manuel Afonso Vaz, *Direito Económico*, Coimbra, 1998, págs. 203 e segs.; Maria Lúcia Amaral, *Responsabilidade do Estado e dever de indemnizar do legislador*, Coimbra, 1998, págs. 324 e segs.

[15] Separam também a propriedade da liberdade Constituições como a de Weimar (art. 153.°); a italiana (art. 42.°); a indiana (art. 300.°-A); a venezuelana (art. 59.°); a equatoriana (arts. 48.° e segs.); até certo ponto, a espanhola (art. 33.°); a colombiana (art. 58.°); a cabo-verdiana (art. 66.°); ou a eslovena (art. 67.°). Tratam-na, simultaneamente em sede de direitos e de ordem económica, por exemplo, a brasileira (arts. 5.°-XXII a XXXI, 170.°-III e 184.° e segs.) e a peruana (arts. 2.°, n.° 16, e 70.° a 72.°).

indemnização – a Constituição como que decompõe o seu tratamento ou recorta estatutos parcelares da propriedade em diversos momentos e em razão de diferentes finalidades a prosseguir – assim, a propriedade da habitação [art. 65.°, n.° 2, alínea *c*)], a propriedade dos solos urbanos (art. 65.°, n.° 4), a propriedade dos meios de produção [arts. 80.°, alíneas *b*) e *c*), 82.° e 83.°] e a propriedade agrícola (arts. 94.°, 95.° e 96.°);

3.°) É conferida uma relevância específica à propriedade quando produto ou consequência de aplicação do trabalho ou como instrumento de trabalho[16], conforme sucede nos preceitos sobre protecção legal dos direitos de autor (art. 42.°, n.° 2), sobre acesso a habitação própria [art. 65.°, n.° 2, alínea *c*)] e sobre acesso à propriedade da terra daqueles que trabalham ou exploram a terra [arts. 93.°, n.° 1, alínea *b*), e 94.°, n.° 2][17].

7. Naquilo que representa de espaço de autonomia perante o Estado, o direito de propriedade reconduz-se a um direito de natureza análoga à dos direitos, liberdades e garantias do título II da parte I. Oferece, porém, particularidades notórias e pode ser encarado ainda de um prisma mais vasto.

Em primeiro lugar, consignando a propriedade privada, a Constituição garante o direito de apropriação, o direito de aquisição de bens ou, mais amplamente, de direitos patrimoniais.

Os particulares, sejam pessoas singulares ou colectivas, gozam do direito de ter bens em propriedade e, em geral, do direito de se tornar, por actos *inter vivos* ou *mortis causa*, titulares de quaisquer direitos de valor pecuniário – direitos reais, direitos de crédito, direitos de autor, direitos societários ou outros[18-19]. Os direitos patrimoniais não ficam reservados ao Estado ou à comunidade, podem ser também dos cidadãos.

Não se trata (ou não se trata principalmente) da previsão de um regime ou de uma relação na base da atribuição de bens a uma pessoa com

---

[16] Fernando Alves Correia, *O plano urbanístico* ..., cit., págs. 309 e 310.

[17] E, antes de 1997, sobre propriedades dos trabalhadores emigrantes (art. 89.°, n.° 1, 2ª parte).

[18] Cfr. acórdãos do Tribunal Constitucional n.° 494/94, de 12 de Julho, e n.° 182//96, de 28 de Fevereiro, in *Diário da República*, 2ª série, n.° 290, de 17 de Dezembro de 1994 e de 18 de Maio de 1996, respectivamente.

[19] Sobre "propriedade corporativa", cfr. José Engrácia Antunes, *A aquisição* ..., cit., págs. 109 e segs.

exclusão das demais ou da colectividade, e que tanto poderia respeitar aos particulares como ao próprio Estado (em contraposição ao domínio público). Trata-se, antes, do reconhecimento de que as pessoas, assim como têm direitos de liberdade, de associação ou de defesa[20], têm também o direito de ter coisas ou mais amplamente, direitos de significado económico.

Contudo, afora a propriedade, no sentido do direito real máximo e os direitos materiais do autor (art. 42.°, n.° 2), a Constituição não consagra mais nenhum dos tipos de direitos de carácter patrimonial existentes na ordem jurídica portuguesa.

Há uma garantia institucional da propriedade e seria inconstitucional a lei ordinária reduzir os direitos das pessoas sobre as coisas ao usufruto ou a outros direitos reais menores; a lei civil tem de conter um direito de propriedade com o feixe de poderes de uso, fruição e disposição que lhe são inerentes (art. 2167.° do Código Civil de 1867 e art. 1305.° do Código de 1966). Mas, para lá disso, a Constituição não impõe ao legislador a conservação deste ou daqueloutro direito em abstracto; não confirma os tipos de direitos reais e as categorias de outros direitos patrimoniais subsístentes à data da sua entrada em vigor; não tolhe o desaparecimento de quaisquer desses tipos ou figuras ou o aparecimento de novos tipos ou categorias.

O direito de propriedade, direito real máximo, é uma garantia institucional e um direito fundamental. Já não quaisquer direitos reais, de crédito e societários ou de participação social que constem da lei civil ou da lei comercial. Uma coisa é o princípio da capacidade patrimonial privada ou da susceptibilidade de, salvo algumas excepções, os particulares serem titulares de direitos patrimoniais; outra coisa seria erigir em direitos fundamentais todos os tipos de direitos patrimoniais que, com maior ou menor relevância e mais ou menos duradouramente, a lei ordinária tenha instituído ou venha a instituir[21].

---

20 Para retomar os direitos originários do Código Civil de 1867.

21 Cfr., em termos algo diferentes, OLIVEIRA ASCENSÃO, *A violação da garantia constitucional da propriedade por disposição retroactiva*, Porto, 1974, págs. 14 e segs.; MENEZES CORDEIRO, *A Constituição ...*, cit., *loc.cit.*, págs. 371-372; FERNANDO ALVES CORREIA, *A garantia ...*, cit., págs. 43 e seg.; MOTA PINTO, *op.cit.*, pág. 159, nota; GOMES CANOTILHO e VITAL MOREIRA, *Constituição ...*, cit., pág. 333; RUI MEDEIROS, *Ensaio ...*, cit., pág. 271; FAUSTO DE QUADROS, *A protecção da propriedade privada em Direito Internacional Público*, Lisboa 1998, págs. 555 e segs.

8. O art. 18.°, n.° 1 da Constituição vincula também os particulares. E não se cuida só de eficácia externa, envolvendo um dever universal de respeito; cuida-se também de relações bilaterais sobre as quais se projectam ou em que podem ser afectados especificamente certos e determinados direitos[22].

No entanto, os direitos com estrutura de direitos, liberdades e garantias incorporam interesses e valorações diversas (os direitos respeitantes ao *ser* da pessoa *valem* mais que os direitos respeitantes ao *ter*)[23] e têm de conviver com outros interesses também consignados na Constituição, explícita ou implicitamente. Daí uma tarefa de harmonização, de equilíbrio, de concordância prática cujo alcance apenas em concreto pode apreender-se devidamente.

Assim, a garantia constitucional da propriedade ou dos direitos patrimoniais não se esgota na defesa perante o Estado e quaisquer outras entidades públicas. Manifesta-se outrossim nas relações entre particulares, embora não do mesmo modo, com o mesmo sentido e com a mesma extensão. Importa ter aí presentes as tradições culturais enformadoras do Direito privado e que perduram na consciência jurídica colectiva, bem como iniludíveis condicionantes jurídico-económicas.

9. Da circunstância de o art. 62.° não estabelecer restrições explícitas à propriedade privada não pode extrair-se que elas sejam vedadas. Apenas assim seria numa visão fechada e absolutizante da propriedade à margem do sistema constitucional.

Somente numa quimérica Constituição liberal radical se pretenderia que a propriedade não pudesse ser restringida senão nos casos nela directa e expressamente contemplados e se entenderiam proibidas quaisquer normas legais restritivas que lhes não correspondessem. Pelo contrário, qualquer Constituição positiva, ainda que imbuída de respeito pela propriedade, tem de admitir que a lei declare outras restrições – até por não poder prevê-las ou inseri-las todas no texto constitucional[24]. O que a lei, também aqui, tem de respeitar é o feixe de normas do art. 18.° (reserva de lei geral,

---

[22] Sobre a vinculação das entidades privadas aos direitos, liberdades e garantias, v. *Manual...*, IV, cit., págs. 320 e segs. e Autores citados.

[23] *Ibidem*, págs. 191 e 192.

[24] Foi o que sucedeu, significativamente, com a Constituição de 1911: v. MARNOCO E SOUSA, *Constituição Política da República Portuguesa – Comentário*, Coimbra, 1913, pág. 163.

abstracta e não retroactiva, princípio da proporcionalidade, reserva de conteúdo essencial).

Mais ainda: o art. 62.° contempla a propriedade, "nos termos da Constituição". Isto implica não tanto que ela só seja garantida dentro dos limites e dos termos previstos e definidos noutros lugares da Constituição[25] quanto que ela não é reconhecida aprioristicamente, como princípio independente e auto-suficiente; ela é reconhecida e salvaguardada no âmbito da Constituição e em sintonia com os princípios, valores e critérios que a estruturam[26].

10. Qualquer pessoa tem o direito de não ser privada arbitrariamente da sua propriedade (art. 17.°, n.° 2, da Declaração Universal – fonte de interpretação e de integração dos preceitos constitucionais e legais sobre direitos fundamentais, segundo o art. 16.°, n.° 2 da Constituição) e a requisição e a expropriação por utilidade pública só podem ser efectuadas com base na lei e mediante pagamento de justa indemnização (art. 62.°, n.° 2)[27].

Se a Constituição a todos confere o direito de adquirir a propriedade e outros direitos patrimoniais, não pode deixar de a todos igualmente conceder a segurança contra privações arbitrárias. Não poderia, naturalmente, oferecer a conservação *ad aeternum* de todos os direitos subjectivos de propriedade ou de todos os direitos patrimoniais em concreto dos particulares; o que lhes concede é consistência e garantia, não pennitindo que a sua ablação ocorra a não ser por motivos de utilidade pública, nos termos da lei e mediante justa indemnização. Nisto consiste o segundo elemento ínsito no art. 62.° da Constituição.

O n.° 2 do art. 62.° refere-se a requisição e a expropriação apenas. A sua *ratio* não pode deixar de ser mais abrangente. Quaisquer figuras afins que afectem a propriedade ou os direitos patrimoniais dos cidadãos devem submeter-se a limites similares; e isto vale, com as devidas adaptações, para actos de Direito privado com efeitos análogos.

Todo o acto ablativo ou restritivo de propriedade ou de outro direito patrimonial por parte de uma entidade pública envolve indemnização.

---

25 Cfr., algo diversamente, Gomes Canotilho e Vital Moreira, *Constituição ...*, cit., pág. 332.

26 Cfr. o parecer n.° 4/80 da Comissão Constitucional, de 14 de Fevereiro, in *Pareceres*, XI, pág. 109, bem como os acórdãos do Tribunal Constitucional n.° 340/87, de 10 de Julho, in *Diário da República*, 2ª série, n.° 220, de 24 de Setembro de 1987; e n.° 404/87, de 29 de Julho, *ibidem*, 2ª série, n.° 292, de 21 de Dezembro de 1987.

27 Cfr., por todos, Maria Lúcia Amaral, *op.cit.*, págs. 561 e segs. e 581 e segs.

E quando se trate de acto em benefício de uma entidade privada, também não pode deixar de haver uma adequada forma de compensação.

11. Que retirar destas considerações para o caso da consulta?

Como se viu, o acórdão 491/2002 do Tribunal Constitucional procedeu a uma contraposição muito acentuada entre *proprietas rerum* e participações sociais. Não a perfilhamos inteiramente, por a termos por excessiva. E também não aderimos ao raciocínio segundo o qual no art. 490.°, n.° 2 não haveria uma restrição e apenas um evento conformador de determinada situação societária. Pelo contrário, à luz do conceito de propriedade da Constituição como equivalente a direito patrimonial, não vemos como possa ser negado que o direito dos sócios minoritários é atingido pela decisão dos sócios maioritários autorizada pela lei.

Isto não significa, entretanto, que se dê aí uma privação arbitrária desse direito. Não se dá, visto que – agora seguindo o acórdão – tudo se passa no desenvolvimento normal e previsível do fenómeno de formação de grupos de sociedades. Poderá, porventura, não haver necessidade em sentido estrito, mas há seguramente razões de adequação em que a norma se arrima.

É certo que, por força do art. 490.°, n.° 3, o sócio minoritário perde o gozo de certo direito e vê prejudicado o programa que tenha estabelecido acerca da respectiva usufruição ou eventual alienação, no âmbito da sua vida económica. Todavia, esse seu programa sempre estava limitado ou condicionado à partida em virtude do jogo da maioria de capital inerente às sociedades por quotas e anónimas[28]. E também por isso não caberia apelar a quebra de segurança jurídica ou de protecção de confiança enquanto exigências de Estado de Direito[29].

12. Ao mesmo tempo, o sócio minoritário recebe uma contrapartida em dinheiro ou em quotas, acções e obrigações em que é justo que se

---

[28] Recordem-se os arts. 250.°, n.° 3, e 386.°, n.° 1 do Código das Sociedades Comerciais. Cfr. MENEZES CORDEIRO (*Da constitucionalidade* ..., cit., *loc.cit.*, pág. 28): se o art. 62.°, n.° 1 fosse interpretado como cristalizando as diversas posições, todas as deliberações maioritárias ficariam paralisadas.

[29] Sobre segurança jurídica e protecção da confiança, v., por exemplo, JORGE MIRANDA, *Manual* ..., IV, cit., págs. 195 e segs., e autores citados; BLANCO DE MORAIS, *Segurança jurídica e justiça constitucional*, in *Revista da Faculdade de Direito da Universidade de Lisboa*, 2000, n.° 2, págs. 619 e segs.; GOMES CANOTILHO, *Direito Constitucional e Teoria da Constituição*, 6ª ed., Coimbra, 2003, págs. 257 e segs.

atenda também ao acréscimo de vantagem que representa para o titular do direito potestativo de aquisição o domínio total em que fica, doravante, investido.

Pois bem: essa contrapartida, longe de ser estabelecida livremente pela sociedade dominante, tem de ser fundamentada em relatório elaborado por revisor oficial de contas, depositado no registo e patenteado aos interessados nas sedes das duas sociedades (art. 490.°, n.° 1). Prevê-se um *procedimento*[30] e atende-se ao *valor mais alto* das quotas e acções constante do relatório (art. 490.°, n.° 4, 2.ª parte).

Por outro lado, não se afigura de excluir a possibilidade de o sócio minoritário requerer a intervenção de tribunal na hipótese de inobservância das regras procedimentais e, no limite, de fixação desrazoável do montante da contrapartida. Para lá de uma extensão analógica da norma do art. 490.°, n.° 6[31], pode sempre convocar-se o princípio da tutela jurisdicional efectiva consignada no art. 20.° da Constituição e de aplicação imediata.

13. Nem se verifica inconstitucionalidade orgânica (por o Código das Sociedades ter sido aprovado pelo Governo ao abrigo da sua competência legislativa originária), porque direitos com estrutura análoga à dos direitos liberdades e garantias do título II da parte I da Constituição – como é, insistimos, o direito de propriedade – não beneficiam da reserva de competência da Assembleia da República.

Sempre temos defendido[32] – e mantemos – que o art. 17.° da Constituição não se reporta senão ao regime material. Situado numa parte de Direito constitucional substantivo e a preceder imediatamente princípios dessa índole, não se vê como o art. 17.° pudesse cobrir também regras orgânicas e de revisão constitucional com a sua função e a sua lógica próprias; o contrário equivaleria a um dilatar destas regras à margem da *ratio* de cada uma.

---

[30] Sobre a função garantística dos procedimentos (estudada principalmente no campo do Direito público), cfr., por todos, PEDRO MACHETE, *A audiência dos interessados no procedimento administrativo*, Lisboa, 1995; JOÃO LOUREIRO, *O procedimento administrativo entre a eficiência e a garantia dos particulares*, Coimbra, 1995; DAVID DUARTE, *Procedimento, participação e fundamentação: para uma concretização do princípio da imparcialidade*, Coimbra, 1996.

[31] Cfr., neste sentido, JOSÉ ENGRÁCIA ANTUNES, *Grupos ...*, cit., págs. 737 e 738.

[32] Cfr. já *Artigos 167.° e 17.°*, in *Estudos sobre a Constituição*, I, obra colectiva, Lisboa, 1977, págs. 392-393. Mas a doutrina está dividida: v. autores citados e *Manual ...*, IV, cit., pág. 150.

De resto, se esses direitos estivessem compreendidos na reserva de competência legislativa do art. 165.°, n.° 1, alínea *b*), não se compreenderia que no mesmo art. 165.°, n.° 1, se previssem o regime da requisição e da expropriação por utilidade pública, a vedação de sectores básicos da economia a empresas privadas, meios e formas de intervenção, expropriação, nacionalização e privatização de meios de produção e solos, a fixação dos limites máximos e mínimos das unidades de exploração agrícola privadas, a participação das organizações de moradores no exercício do poder local, as associações públicas, as garantias dos administrados e a responsabilidade civil de Administração [alíneas *e*), *j*); *l*), *n*), *r*) e *s*)]. Seriam redundantes frente à cláusula geral.

Menos aceitável ainda seria admitir que direitos fundamentais criados por lei, de natureza análoga à dos direitos, liberdades e garantias, tivessem de ser regulados por lei da Assembleia da República, sendo certo que leis formais em Portugal hoje são também o decreto-lei e o decreto legislativo regional (art. 112.°).

12. Também a observação mostra que são raríssimos os momentos ou os países em que não tenha havido, duma sorte ou doutra, com estes ou aqueles móbeis, iniciativa económica vinda de particulares, iniciativa ligada a comunidades relativamente autónomas e iniciativa proveniente do Estado – naturalmente, à face dos princípios constitucionais adoptados, da sua concretização legislativa e jurisprudencial e de factores objectivos, de ordem interna e externa[33].

---

[33] Cfr. António de Sousa Franco, *Nota sobre o princípio da liberdade económica*, Lisboa, 1986, págs. 12 e segs. Contrapõe dois grandes princípios quanto à actividade económica em geral, o da liberdade e o da competência; e, no primeiro, distingue entre princípio de liberdade capitalista ou privada (privilégio absoluto da iniciativa privada) e princípio de liberdade pluralista ou de liberdade com complexidade e pluralidade de sectores (a regra da liberdade aplica-se quer a pessoas e associações de tipo essencialmente privado quer a sujeitos sociais e, eventualmente, a sujeitos públicos).

Na doutrina de outros países, v., por exemplo, Francesco Galgano, *La libertà di iniziativa economica privata nel sistema delle libertà costituzionali*, in *Trattato di Diritto Commerciale e di Diritto dell'Economia*, I, 1977, págs. 511 e segs., e estudo, in *Commentario alla Costituzione a cura di Giuseppe Branca – Rapporti Economici*, obra colectiva, II, Bolonha, 1982, págs. 1 e segs.; André de Laubadère, *Droit Public Économique*, 3ª ed., Paris, 1979, págs. 235 e segs.; Oscar de Juan Asenjo, *La Constitución Ecomomica Española*, Madrid, 1984; Francisco Amaral Neto, *As garantias constitucionais da liberdade de iniciativa económica na Constituição brasileira*, in *Revista de Direito Comparado*

Na evolução do Direito constitucional económico português, encontramos sempre a iniciativa privada como um dos alicerces da organização económica do país, mas em moldes algo diferentes: princípio quase exclusivo nas Constituições de 1822, 1826, 1838 e 1911; já atenuado na Constituição de 1933; e concorrente com outros na Constituição de 1976. Também uma concepção puramente estatista e centralizadora da economia está em todas as épocas arredada, mas não menos flagrantes são as diferenças entre a visão agnóstica e de neutralidade (ou de neutralidade aparente) do Estado nas quatro primeiras Constituições e a ênfase posta no papel do Estado nas duas últimas ou as diferenças entre a "economia nacional corporativa" da Constituição de 1933 e a "a democracia económica, social e cultural" da Constituição de 1976, após 1982[34].

Apesar dos condicionalismos do período revolucionário e constituinte, a Constituição de 1976 logo declarou, no seu primitivo art. 85.°, que nos quadros definidos pela Constituição, pela lei e pelo Plano "podia exercer-se livremente a iniciativa económica privada enquanto instrumento do progresso colectivo". E as revisões constitucionais subsequentes reforçaram consideravelmente o seu estatuto: a de 1982 deslocando-a da parte II (da organização económica) do texto constitucional para o catálogo de direitos fundamentais da parte I (art. 61.°, n.° 1) e a revisão constitucional de 1997 inserindo, entre os princípios da organização económica-social, a liberdade de iniciativa e de organização empresarial e a participação das organizações representativas das actividades económicas na definição das principais medidas económicas e sociais [art. 80.°, alíneas *c*) e *g*)][35].

Luso-Brasileiro, n.° 4, Janeiro de 1985, págs. 135 e segs.; FRITZ OSSENBÜHL, *Las libertades dei empresario según la Ley Fundamental de Bonn*, in *Revista Española de Derecho Constitucional*, Maio-Agosto de 1991, págs. 9 e segs.

[34] Sobre a evolução do Direito constitucional económico português, v. JORGE MIRANDA, *Direito da Economia*, Lisboa, 1982-1983, págs. 119 e segs.; ou ANTÓNIO DE SOUSA FRANCO e GUILHERME D'OLIVEIRA MARTINS, *A Constituição Económica Portuguesa – Ensaio Interpretativo*, Coimbra, 1993, págs. 108 e segs.

[35] Sobre a Constituição económica após 1989 e 1997, v. JORGE MIRANDA, *A Constituição e as suas revisões*, in *Brotéria*, 1989, págs. 495-496, 498 e 500, e *Manual* ..., I, 7ª ed., Coimbra, 2003, págs. 419-420; VITAL MOREIRA, *A segunda revisão constitucional*, in *Revista de Direito Público*, ano IV, n.° 7, 1990, págs. 9 e segs.; EDUARDO PAZ FERREIRA, *A Constituição económica de 1976: "que reste-t-il de nos amours?"*, in *Perspectivas Constitucionais*, obra colectiva, I, págs. 383 e segs.; MANUEL AFONSO VAZ, *op.cit.*, págs. 127 e segs.

Como pano de fundo, desde a adesão de Portugal à Comunidade Europeia regista-se a paulatina substituição do Direito comunitário ao Direito legislado interno na regulamentação da economia[36] continuando, porém, a Constituição – e esse ficará sendo o seu cunho singularizador – a salvaguardar os direitos dos trabalhadores, os direitos económicos, sociais e culturais e o pluralismo de iniciativas.

14. A iniciativa económica privada vem a ser outro dos direitos situados fora do título II da parte I da Constituição, análoga aos direitos, liberdades e garantias expressas nesse título. A inserção sistemática não é despicienda, mas não prejudica a natureza do direito fundamental[37].

A iniciativa económica privada (como, aliás, a iniciativa cooperativa do art. 61.°, n.°s 2 e 3) traduz autonomia de pessoas e de grupos formados na sociedade civil frente ao Estado; o cerne da sua estrutura está na actividade dessas pessoas e desses grupos, não na actividade do Estado – o que nem significa (tal como noutros direitos de liberdade) que se reduza a um mero direito negativo, nem impede que, para o seu exercício (ou para o seu exercício em melhores condições), se torne conveniente a intervenção reguladora e correctiva do poder público, longe da mera abstenção como no século XIX.

Num primeiro momento, iniciativa económica privada significa liberdade de iniciativa em sentido estrito ou, sob certo prisma, liberdade de estabelecimento ou de criação de empresas. Refere-se ao direito de abrir uma actividade económica; ao direito de constituir uma empresa; ao direito, que pode ser individual e que pode ser institucional, de organização de certos meios de produção para um determinado fim económico.

Num segundo momento, é o resultado da iniciativa e, do mesmo passo, a condição da sua prossecução – a empresa – que ressalta. Trata-se agora da liberdade de empresa, da sua gestão e direcção, do direito da empresa de praticar os actos correspondentes aos meios e fins predispostos e de reger livremente a organização em que tem de assentar. E este direito tem um carácter fundamentalmente institucional, mesmo quando, porventura, seja uma empresa constituída por uma só pessoa.

---

[36] De resto, já tem sido observado que a integração por si só não afecta a regulação da economia, apenas a transfere do Estado para a Comunidade: cfr. EDUARDO PAZ FERREIRA, *op.cit.*, *loc.cit.*, págs. 409 e segs.

[37] Outros direitos de natureza análoga também fora do título II são, como se sabe o de não pagar impostos não criados por lei anterior (art. 103.°, n.° 3) e os direitos dos administrados (arts. 268.°).

Mas a iniciativa económica privada exerce-se "nos quadros definidos pela Constituição e pela lei e tendo em conta o interesse geral" (art. 61.°, n.° 1) – o que implica, por uma banda, o poder de fiscalização do seu respeito pelo Estado (art. 86.°, n.° 1)[38] e o que, por outra banda, permite ou impõe ao Estado e a outras entidades públicas incumbências de promoção: incentivo das actividades empresariais (art. 86.°, 1.ª parte), com vista à plena utilização das forças produtivas [art. 81.°, alínea *c*)], ao crescimento equilibrado de todos os sectores e regiões [art. 81.°, alínea *d*)], ao funcionamento efectivo dos mercados [art. 81.°, alínea *e*)], ao desenvolvimento e à diversificação das relações económicas externas [arts. 81.°, alínea *f*) e 99.°, alínea *d*)], ao ajustamento de interesses económicos e sociais à integração internacional da economia portuguesa [art. 100.°, alínea *a*)], ao reforço da inovação industrial e tecnológica [art. 100.°, alínea *b*)], ao aumento da competitividade [art. 100.°, alínea *c*)].

15. Relembrado, deste modo, o lugar da iniciativa económica privada no contexto geral da Constituição, não se vislumbra como possa a norma do art. 490.°, n.° 3 agredir o art. 61.°, n.° 1 daquela Lei Fundamental, porque não contende nem o livre acesso à actividade económica, nem com a livre gestão das empresas.

Poderá objectar-se que, seja como for, a situação dos sócios minoritários fica aqui inexoravelmente afectada. Por certo que fica. Mas, em contrapartida, quando a sociedade dominante não faça oportunamente a oferta de aquisição, tem, conforme o art. 490.°, n.° 5, cada sócio ou accionista minoritário o direito de lha exigir e, neste caso, é a livre margem de iniciativa e disposição dos sócios maioritários que aparece diminuída. Também aqui há um direito potestativo.

Seja como for, do prisma da iniciativa económica, não se antolha sequer que seja esse o ponto essencial. Em sociedades de capital o essencial consiste na existência de condições objectivas para a optimização do seu funcionamento; donde, o privilegiar a lei o domínio total. A livre iniciativa económica converte-se então em livre iniciativa económica das sociedades, e não de qualquer dos seus sócios.

Quanto às normas da Constituição económica incentivadoras da inovação, da competitividade, da diversificação, da defesa dos interesses

[38] Cfr. Jorge Coutinho de Abreu, *Limites à iniciativa económica privada*, in *Estudos em Homenagem ao Prof. Doutor Afonso Rodrigues Queiró*, obra colectiva, III, 1991, págs. 411 e segs.

nacionais na economia aberta e mundializada do nosso tempo, torna-se patente como com elas joga bem melhor esse favorecimento de grupos de sociedades do que uma concepção atomística e individualística da iniciativa económica. A norma preceptiva do art. 61.°, n.° 1 tem de ser lida em conjunto com essas normas programáticas[39].

16. No tocante à autoria do Código das Sociedades, vale para a iniciativa económica privada o que se disse acerca do direito de propriedade. Não há reserva de competência do Parlamento e, portanto, não há inconstitucionalidade orgânica.

III

17. Todas as Constituições portuguesas, como as da generalidade dos países desde 1789, têm consagrado o princípio da igualdade perante a lei (Constituição de 1822, art. 9; Carta Constitucional, art. 14.°, § 12.°; Constituição de 1838, art. 10.°; Constituição de 1911, art. 3.°, n.° 2; Constituição de 1933, art. 5.°; Constituição de 1976, art. 13.°).

Sem entrar nos complexos problemas que tal fórmula, aparentemente simples, suscita e que têm ocupado jurisprudência e doutrina[40], três pon-

---

[39] Sobre o papel das normas programáticas na interpretação sistemática da Constituição, v. *Manual* ..., II, 5ª ed., Coimbra, 2003, págs. 270 e segs.

[40] A bibliografia é inabarcável.

Da portuguesa, salientam-se CASTANHEIRA NEVES, *O instituto dos "assentos" e a função jurídica dos Supremos Tribunais*, Coimbra, 1983, págs. 118 e segs.; JOÃO MARTINS CLARO, *O princípio da igualdade*, in *Nos dez anos da Constituição*, obra colectiva, Lisboa, 1987, págs. 31 e segs.; MARIA DA GLÓRIA FERREIRA PINTO GARCIA, *Princípio da igualdade – fórmula vazia ou "carregada de sentido"?*, Lisboa, 1987 (separata do *Boletim do Ministério da Justiça*, n.° 358); FERNANDO ALVES CORREIA, *O plano* ..., cit., págs. 393 e segs.; GOMES CANOTILHO e VITAL MOREIRA, *Constituição da República Portuguesa Anotada*, 3ª ed., Coimbra, 1993, págs. 125 e segs.; MARTIM DE ALBUQUERQUE, *Da igualdade – introdução à jurisprudência*, Coimbra, 1993; RUI MEDEIROS, *A decisão de inconstitucionalidade*, Lisboa, 1999, págs. 456 e segs.; GOMES CANOTILHO, *op.cit.*, págs. 426 e segs.

Da bibliografia de outros países refiram-se, a título exemplificativo, CARLO ESPOSITO, *Eguaglianza e giustizia nell'art. 3 della Costituzione*, in *La Costituzione Italiana – Saggi*, Pádua, 1954, págs. 17 e segs.; LIVIO PALADIN, *Il principio costituzionale d'eguaglianza*, Milão, 1965; JOHN REES, *Equality*, Londres, 1971; VINIT HAKSAR, *Equality, Liberty and Perfectionism*, Nova Iorque, 1979; CELSO ANTÓNIO BANDEIRA DE MELO, *O conteúdo jurídico do princípio da igualdade*, São Paulo, 1984; CHRISTIAN STARK, *L'ap-*

tos firmes são os seguintes: 1.°) que igualdade não é identidade e igualdade jurídica não é igualdade natural ou naturalística; 2.°) que igualdade significa intenção de racionalidade e, em último termo, intenção de justiça; 3.°) que a igualdade não é uma "ilha", encontra-se conexa com outros princípios, tem de ser entendida – também ela – no plano global dos valores, critérios e opções da Constituição material.

O sentido primário do princípio é negativo: consiste na vedação de privilégios e de discriminações. Mais rico e exigente vem a ser o sentido positivo:

a) Tratamento igual de situações iguais (ou tratamento semelhante de situações semelhantes);

b) Tratamento desigual de situações desiguais, mas substancial e objectivamente desiguais e não criadas ou mantidas artificialmente pelo legislador;

c) Tratamento em moldes de proporcionalidade das situações relativamente iguais ou desiguais e que, consoante os casos, se converte para o legislador ora em mera faculdade, ora em obrigação;

d) Tratamento das situações não apenas como existem mas também como *devem* existir, de harmonia com os padrões da Constituição material (acrescentando-se, assim, uma componente activa ao princípio e fazendo da igualdade perante a lei uma verdadeira igualdade *através* da lei).

18. Interessados no princípio são todos os portadores de interesses próprios em relação.

Não obstante o art. 13.° da Constituição, na esteira das fórmulas oitocentistas, falar em igualdade dos cidadãos, é óbvio que o princípio não pode deixar de se projectar sobre as pessoas colectivas e sobre os grupos não personalizados; e, inclusive, projecta-se nas relações entre entidades públicas e privadas.

Por outra parte, o princípio rege não apenas as relações dos cidadãos com o Estado ou no âmbito da comunidade política em geral mas também

---

plicazione dell principio d'eguaglianza, in *Diritto e Società*, 1985, 2, págs. 293 e segs.; ROBERT ALEXY, *Theorie der Grundrechte*, 1986, trad. castelhana *Teoria de los Derechos Fundamentales*, Madrid, 1993, págs. 381 e segs.; OLIVIER JOUANJAN, *Le principe d'égalité devant la loi en droit allemand*, Paris, 1992 FRANCISCO RUBIO LLORENTE, *Juez y ley desde el punto de vista del principio de igualdad*, in *La forma del poder – Estudios sobre la Constitución*, Madrid, 1997, págs. 633 e segs.; o vol. II, n.° 2, de 1999, da *Revue Européenne de Droit Public*.

as relações das pessoas singulares no interior de quaisquer instituições, associações ou grupos. Não teria sentido que a igualdade – como os demais valores jurídicos – tivesse relevância frente ao Estado e não também frente a quaisquer sociedades menores ou a quaisquer grupos em que as pessoas se encontrem inseridas (sejam os sócios nas associações, os militantes nos partidos, os trabalhadores nas empresas ou nos sindicatos, etc.). O que poderá variar será o modo de garantir a sua observância ou o modo de a articular com outros princípios.

19. Igualdade perante a lei não é igualdade exterior à lei. É, antes de tudo, igualdade *na* lei. Tem por destinatários, desde logo, os próprios órgãos de criação do Direito.

Para se julgar da constitucionalidade das normas legais há que apurar, por conseguinte, quer os critérios da lei ordinária quer os da lei constitucional. O órgão de fiscalização da constitucionalidade terá de os procurar com rigor, utilizando todo o arsenal de interpretação e construção de que dispõe.

Ora, isso mesmo têm feito os órgãos centrais de fiscalização da constitucionalidade criados, entre nós, após 1976; primeiro a Comissão Constitucional e, desde 1982, o Tribunal Constitucional, como se comprova pela transcrição de alguns passos de arestos mais elucidativos:

> – "Onde a lei considerar que determinada situação apresenta um particularismo suficientemente distinto e relevante para justificar um tratamento legal diverso do concedido a situações equiparáveis (sob outros pontos de vista) e onde erigir esse particularismo, por conseguinte, como fundamento duma desigualdade de regime jurídico, semelhante juízo legal tem por si uma presunção de racionalidade – justamente porque provindo da instância que detém a primazia da "conformação constitucional". E de tal modo que, em sede de controlo da constitucionalidade, não cabe aos respectivos órgãos emitir propriamente um juízo "positivo" sobre a solução legal: ou, seja, um juízo em que o órgão de controlo comece por ponderar a situação como se fora o legislador (e como que "substituindo-se" a este) para depois aferir da racionalidade da solução legislativa pela sua própria ideia do que seria, no caso, a solução "razoável", "justa" ou "ideal". Os órgãos de controlo da constitucional idade não podem ir tão longe: o que lhes cabe é tão-somente um juízo "negativo", que afaste aquelas soluções legais de todo o ponto insusceptíveis de credenciar-se racionalmente. Onde tal não aconteça – onde não possa afirmar-se

que a um determinado regime jurídico especial falta toda a justificação – não deverá, em sede de fiscalização da constitucionalidade, considerar-se violado o princípio da igualdade"[41].

– "O princípio da igualdade não funciona por forma geral e abstracta, mas perante situações ou termos de comparação que devam reputar-se concretamente iguais – e, antes de tudo, à luz de padrões valorativos ou da ordem axiológica constitucional"[42].

– "Os factores materiais determinantes de um tratamento normativo desigual devem comportar, designadamente, uma justificação que busque suporte na consonância entre os critérios adaptados pelo legislador e os objectivos da lei, por um lado, e entre estes e os fins cuja prossecução o texto constitucional comete ao Estado, por outro. – A desigualdade de tratamento será consentida quando, depois de adquirido que os critérios de distinção exigidos pelo legislador se compatibilizam com os objectivos da lei, se concluir no sentido de a Constituição, à luz dos princípios que adopta e dos fins que comete ao Estado, autorizar o tratamento diferenciado das situações delimitadas na lei ordinária"[43].

– "Enquanto conceito relacional, a medida do que é igual e deva ser tratado como igual depende da matéria a tratar e do ponto de vista de quem estabelece a comparação, em termos de determinar quais são os elementos essenciais e os não essenciais num juízo acerca da admissibilidade ou inadmissibilidade de soluções jurídicas dissemelhantes e eventualmente mesmo discriminatórias. Ou seja, quando é que duas situações reais da vida são equiparáveis, quando as similitudes entre elas sobrelevam das diferenças e, por isso, o juízo de valor sobre a materialidade que lhes serve de suporte conduz à necessidade de um igual tratamento jurídico.

"A essência da aplicação do princípio da igualdade encontra o seu ponto de apoio na determinação dos fundamentos fácticos e valorativos da diferenciação jurídica consagrada no ordenamento. O que significa que a prevalência da igualdade como valor supremo do ordenamento tem de ser

---

41 Parecer n.° 26/82 da Comissão Constitucional, de 28 de Julho, in *Pareceres*, XX, págs. 223-224.

42 Parecer n.° 32/82, de 16 de Setembro, *ibidem*, XXI, pág. 73.

43 Acórdão n.° 76/85 do Tribunal Constitucional, de 6 de Maio, in *Diário da República*, 2ª série, n.° 131, de 8 de Junho de 1985, pág. 5365.

caso a caso compaginada com a liberdade que assiste ao legislador de ponderar os diversos interesses em jogo e diferenciar o seu tratamento no caso de entender que tal se justifica. Pelo que se pode afirmar que dentro do princípio da igualdade cabem diferenças de tratamento (...)"[44].

20. Confrontando os dados normativos do art. 490.° do Código das Sociedades Comerciais com os elementos acabados de reproduzir, não pode pretender-se que aqueles revelem preterição do princípio da igualdade.

Ao contrário do que pode parecer, os sócios minoritários gozam, à partida, de um direito de aquisição idêntico ou análogo ao que vêm a gozar os maioritários. Antes de aqueles atingirem a divisa de 90% do capital, poderiam exercê-lo, justamente para impedir esta situação. Se o não tiverem exercido, é porque não quiseram ou não puderam; e então a titularidade das suas quotas ou acções fica dependente da decisão de aquisição por parte da sociedade agora dominante.

A diferença entre os sócios minoritários e os maioritários reside aqui no seguinte: a eventual aquisição de quotas ou acções pelos primeiros está sujeita a uma condição resolutiva; a aquisição pelos segundos a termo, por força dos prazos legais – trinta dias para comunicação do facto de terem chegado aos 90%, seis meses, depois, para oferta de aquisição, sessenta dias, por último, para celebração da escritura pública (arts. 490.°, n.°s 1, 2 e 3); e escritura pública que só poderá ser lavrada se a sociedade dominante tiver consignado em depósito a contrapartida patrimonial das participações adquiridas (art. 490.°, n.° 4, 1.ª parte).

No entanto, se, acaso, a sociedade dominante não fizer a oferta dentro do prazo de seis meses, cada sócio ou accionista minoritário poderá – ajuizando do seu interesse em permanecer ou não uma sociedade de domínio total exigir, em qualquer altura, que a sociedade dominante lhe faça, em prazo não inferior a trinta dias, oferta de aquisição das suas quotas ou acções; e, na falta de oferta ou de ela ser considerada insatisfatória, poderá ainda requerer ao tribunal que declare as quotas ou acções como adquiridas pela sociedade dominante desde a propositura da acção (art. 490.°, n.°s 5 e 6). Invertem-se agora as circunstâncias: é agora a sociedade dominante que fica adstrita a uma sujeição.

Como se verifica, o legislador conseguiu encontrar um equilíbrio razoável e adequado ao seu objectivo de racionalidade de funcionamento

---

44 Acórdão n.° 231/94, de 9 de Março, *ibidem*, 1ª série-A, n.° 98, de 28 de Abril de 1994, págs. 2056 e 2057.

da sociedade e, com isso, de competitividade no mercado. Ao direito potestativo de aquisição dos sócios maioritários corresponde um direito potestativo de alienação dos sócios minoritários. O direito de aquisição dos sócios maioritários caduca ao fim de certo tempo; o direito de alienação dos sócios minoritários pode ser exercido a todo o tempo (embora o direito de obter judicialmente a sua concretização também esteja ligado a um prazo de caducidade).

21. Objectar-se-á, ainda assim, que a lei consente diferença de tratamento.

Sim, ela existe, mas decorre da natureza das coisas. Decorre da lógica própria das sociedades que não são sociedades de pessoas[45]; e, sobretudo, desigualdade de participações de uns e outros sócios[46] e que à lei não cabe ser indiferente. A essa desigualdade de capacidade económica em estruturas nas quais prevalece o factor económico, pode a lei – não sem o cuidado de contemplar um conjunto considerável de garantias – atribuir consequências jurídicas diferenciadas.

Porque o princípio da igualdade consiste em tratar igualmente o que é igual e desigualmente o que é desigual, o regime do art. 490.° do Código das Sociedades Comerciais não ofende a Constituição.

Resumo e conclusões

Resumindo e concluindo:

1.°) É no âmbito dos grupos de sociedades, produto da evolução económica e jurídica das últimas décadas, que deve ser apercebida a problemática suscitada pelo art. 490.° do Código das Sociedades Comerciais.

2.°) Seja qual for a configuração que se dê às participações societárias ou, como por vezes se diz, à propriedade corporativa, ela encontra-se garantida pelo art. 62.° da Constituição, pois o direito de propriedade aqui consignado abrange todos os direitos patrimoniais.

---

[45] Por isso, seria absurdo contra-argumentar invocando a proibição de discriminações e privilégios em razão de situação económico a que alude o art. 13.° da Lei Fundamental.

[46] Cfr. RAÚL VENTURA, *Estudos* ..., cit., pág. 168; JOSÉ ENGRÁCIA ANTUNES, *A aquisição* ..., cit., págs. 127 e segs.

3.°) Mas o direito de propriedade não só é garantido "nos termos da Constituição" como pode ser restringido por lei, desde que observadas as normas do art. 18.° (reserva de lei geral, abstracta e não retroactiva, proporcionalidade, reserva do conteúdo essencial).

4.°) O preceito constitucional vincula também os particulares, embora não do mesmo modo, com o mesmo sentido e com a mesma extensão com que vincula as entidades públicas e tendo, necessariamente, presentes as tradições culturais informadoras do Direito privado e iniludíveis condicionantes económicas.

5.°) Se não se admitem, em nenhum caso, privações arbitrárias de direitos patrimoniais e se qualquer acto ablativo ou restritivo envolve uma contrapartida patrimonial, isso não impede adaptações e regimes especiais impostos pela diversidade de estruturas e de circunstâncias.

6.°) A aquisição potestativa pela sociedade dominante das participações de sócios minoritários, ao abrigo do art. 490.° do Código das Sociedades Comerciais não é uma privação arbitrária, porque se passa no desenvolvi-mento normal e previsível do fenómeno da formação de grupos de sociedades.

7.°) Os sócios minoritários recebem uma contrapartida em dinheiro ou em quotas, acções e obrigações, fundamentada em relatório elaborado por revisor oficial de contas independente pelo valor mais alto dele constante e mediante um rigoroso procedimento, não sendo ainda de excluir a intervenção do tribunal.

8.°) Na falta de proposta de aquisição por parte da sociedade dominante nos prazos legais, confere-se aos sócios minoritários – ajuizando do seu interesse em continuar ou não na sociedade dominada – um simétrico direito de alienação potestativa.

9.°) Tão pouco o art. 490.° agride o direito de iniciativa económica privada do art. 61.°, n.° 1 da Constituição, visto que, para além da reciprocidade de situações de sócios maioritários e minoritários, o essencial em sociedades de capitais consiste na existência de condições objectivas de optimização do seu funcionamento.

10.°) A livre iniciativa económica privada converte-se aí em livre iniciativa das sociedades, em razão do critério da maioria de capital.

11.°) Acresce que a Constituição, em mais de um preceito [art. 86.°, n.° 1, 1.ª parte, e arts. 81.°, alíneas *c*), *d*), *e*) e *f*), 99.°, alínea *d*), e 100.°, alínea *a*)] aponta para a competitividade, a diversificação e a defesa dos interesses nacionais na economia aberta e mundializada do nosso tempo, o que bem melhor se coaduna com o favorecimento de grupos de sociedades do que com uma concepção atomística de iniciativa económica.

12.°) Não se verifica um sacrifício desrazoável dos interesses dos sócios minoritários, porque tanto através da contrapartida patrimonial como do direito potestativo de alienação eles podem sempre reorganizar os seus programas de actividade.

13.°) Em última análise, a diferença de tratamento que, não obstante, existe entre sócios maioritários e minoritários radica em desigualdades de facto a que não cabe à lei ser indiferente.

14.°) E porque o princípio da igualdade consiste em tratar igualmente o que é igual e desigualmente o que é desigual, o regime do art. 490.° do Código das Sociedades Comerciais não ofende a Constituição.

15.°) Finalmente, apesar de este Código ter sido aprovado pelo Governo ao abrigo da sua competência legislativa originária, ele não está inquinado de inconstitucionalidade orgânica, pois os direitos de natureza análoga aos direitos, liberdades e garantias do título II da parte I do texto constitucional apenas beneficiam do regime material, e não também da reserva de competência legislativa parlamentar.

Tal é, salvo melhor, o meu parecer.

Lisboa, 3 de Novembro de 2003.

A CONSTITUIÇÃO E O ARTIGO 4.º DO CÓDIGO DO TRABALHO

José João Abrantes
Professor da Faculdade de Direito da Universidade Nova de Lisboa

1. O modo e as circunstâncias em que o Direito do Trabalho surgiu marcam naturalmente as suas regras e princípios próprios. Foi a situação jurídica dos trabalhadores subordinados que levou à criação de técnicas próprias para lhe dar resposta, isto é, de instrumentos específicos de protecção – *maxime* a liberdade sindical, a negociação colectiva e a greve, cujo conjunto é, na verdade, condição necessária de todas as outras liberdades dos trabalhadores.

A relação laboral é ainda hoje, tal como ontem, uma *relação de poder-sujeição*, em que a liberdade de uma das partes aparece susceptível de ser feita perigar pelo maior poder da outra, daí derivando a necessidade de protecção da parte relativamente à qual a sua liberdade e dignidade se podem encontrar em perigo face a esse maior poder económico e social do outro contraente. Existe, de facto, um desequilíbrio entre os poderes do empregador e do trabalhador – que não dispõem de igual liberdade quanto à celebração ou não do negócio, nem detêm iguais possibilidades quanto à estipulação das cláusulas negociais ou quanto à exigência do seu cumprimento, sendo precisamente o reconhecimento dessa inferioridade substancial dos trabalhadores que está na base do quadro juslaboral actual, que inclui a própria relevância dada pela Constituição aos seus direitos.

O Direito do Trabalho nasceu e desenvolveu-se porque a igualdade entre o empregador e o trabalhador não passava, nem passa, de uma *ficção*. A sua história é a história da progressiva protecção jurídica dos trabalhadores face aos empregadores. O facto de o trabalhador aparecer como a parte mais fraca e a possibilidade real de o empregador abusar dos poderes que o próprio quadro contratual lhe confere estiveram na sua génese enquanto segmento da ordem jurídico de fortíssima feição *proteccionista*[1] – que se foi afirmando fundamentalmente através da conjugação entre a *autonomia colectiva* e a lei, a primeira corrigindo a situação em que o empregador impunha sozinho as suas condições e representando, no fundo, "*um regresso à bilateralidade, à paridade, logo ao contrato*"[2] e a segunda subtraindo à autonomia da vontade e definindo imperativamente matérias cada vez mais extensas do conteúdo do contrato, para, no essencial, assegurar a igualdade substancial entre os contraentes e a protecção do trabalhador[3].

---

[1] Para HANAU/ADOMEIT, *Arbeitsrecht*, 11ª ed. (1994), p. 47, o Direito do Trabalho – ramo do Direito que «desconfia do contrato individual» – pode mesmo ser concebido como um sistema muito amplo de controlo da liberdade contratual, inspirado no princípio do *favor laboratoris*.

[2] Gérard LYON-CAEN, "Défense et illustration do contrat de travail", Archives de Philosophie du Droit XIII (1968), p. 59 ss. (62).

[3] Só essa conjugação pode conseguir o equilíbrio entre os poderes dos contraentes ao qual deve corresponder a disciplina contratual, constituindo assim a base da autonomia desta disciplina jurídica. Esta ideia de autonomia do Direito do Trabalho é hoje praticamente incontestada. V., por ex., a posição de B. LOBO XAVIER, in *III Congresso Nacional de Direito do Trabalho. Memórias*, 2001, p. 95 ss. [p. 100 e nota (7)], que escreve que essa autonomia "deve ser exaltada, relativamente ao direito comum dos contratos" e cita Radbruch, num texto com mais de setenta anos, em que é dito que "o direito do trabalho focaliza (as relações económicas) segundo o critério da protecção do economicamente mais débil contra o economicamente forte. (...) (O direito civil) nada sabe ... da solidariedade do conjunto dos trabalhadores, que compensa esta inferioridade de poder do trabalhador individual relativamente ao patrão; nem sabe das grandes associações profissionais que, mediante as convenções colectivas de trabalho, são quem realmente conclui os contratos de trabalho. (...) A essência do direito do trabalho (é precisamente) a sua maior proximidade à vida. Não vê só pessoas, como o abstracto direito civil, mas empresários, operários, empregados; não só pessoas individuais, mas associações e empresas; não apenas contratos livres, mas também as duras lutas económicas de poder que constituem o pano de fundo destes supostos contratos livres". Acrescenta ainda, após referir "o sistema de liberdade sindical, de contratação colectiva robustecida pela greve e de intervenção dos trabalhadores na empresa, como expressão de equilíbrio, de integração e de justiça", que "neste último e decisivo tópico da relação colectiva, pese embora a um civilismo irrealista, reside o traço mais saliente da radical autonomia do Direito do Trabalho".

Também para Cássio MESQUITA BARROS, in I Congresso Internacional de Direito Constitucional do Trabalho, realizado em Natal (Brasil), em 1990, o intervencionismo protector do Estado, "através da intervenção da lei, que atinge o ápice na Constituição, complementa e corrige os direitos individuais e colectivos do trabalho, enquanto se desenvolve paralelamente a acção autónoma das partes, regulando as relações de seu mútuo interesse prévio da reformação colectiva" [cfr. Aluísio RODRIGUES (coord.), *Direito Constitucional do Trabalho*, S. Paulo, 1993, p. 12 s.].

Foram a valorização da autonomia colectiva e a imposição de limitações aos poderes do empregador que conduziram ao quadro juslaboral actual e à própria constitucionalização do Direito do Trabalho, i.é, à elevação à dignidade constitucional dos seus grandes temas e princípios, em termos de se poder falar de uma "*Constituição laboral*"[4].

2. A relevância da Constituição para o direito do trabalho, de que é (também) a fonte suprema, resulta fundamentalmente[5] das normas sobre direitos fundamentais, *maxime* dos seus artigos 53.°-57.°. Nelas se contém os princípios fundamentais do Direito do Trabalho, tendo obviamente a lei ordinária[6] que ser sempre lida a essa luz.

A constitucionalização do Direito do Trabalho, com a outorga aos trabalhadores de uma especial tutela, surge como sequência natural da feição proteccionista que sempre o caracterizou. É também o reconhecimento do manifesto desequilíbrio de poderes entre o empregador e o trabalhador, ou seja, da inferioridade em que este se encontra – e que o coloca em condições muito deficientes no que toca "à plena expansão da personalidade humana"[7], em condições em que até o pleno exercício dos seus direitos fundamentais se encontra sob ameaça[8] – que se encontra na base dessa relevância dada pela Constituição aos seus direitos.

Os princípios fundamentais do Direito do Trabalho, tal como se encontram constitucionalizados, recolhem em si o património genético definidor deste ramo do Direito, traduzindo-se, no fundo, na ideia de que o Direito Laboral tem no seu cerne a *pessoa* do trabalhador e os seus direitos, quer individuais quer colectivos.

---

[4] "Tomada como conjunto de normas e de «princípios gerais ou fundamentais» [cfr. António Nunes de Carvalho, "Reflexões sobre a Constituição e o Direito do Trabalho", Prontuário de Direito do Trabalho n.° 57 (1998), p. 35 ss. (58; v., também, 53 ss.)]. Sobre o conceito, o qual já aparece referido por Hugo Sinzheimer, *Grundzüge des Arbeitsrechts*, p. 207 ss., cfr. Jorge Miranda, *A constituição portuguesa de 1976*, p. 520; em geral, sobre o tema das relações do Direito do Trabalho com o Direito Constitucional, *maxime* com os direitos fundamentais, José João Abrantes, *Contrat de travail et droits fondamentaux* (2000).

[5] Mas não só. Também a nível da organização económica e da competência legislativa é possível encontrar regras que relevam para o quadro juslaboral.

[6] E as outras fontes de direito.

[7] Scognamiglio, *Il lavoro nella giurisprudenza costituzionale*, Milano (1978), p. 32.

[8] Cfr. Ramm, «Grundrechte und Arbeitsrecht», JZ 1991, p. 1 ss. (4).

Face à CRP, o Direito do Trabalho não pode ignorar que o conjunto dos direitos fundamentais especificamente laborais – o direito à segurança no emprego (art.° 53.°) e os direitos colectivos (*v.g.*, à constituição de comissões de trabalhadores, à liberdade sindical, à contratação colectiva e à greve, garantidos nos artigos 54.° a 57.°) – é condição necessária de todas as outras liberdades dos trabalhadores e que, encontrando-se a *pessoa* do trabalhador intrinsecamente envolvida na troca contratual[9] e sendo o trabalho um valor essencial para a dignidade do homem e o livre desenvolvimento da sua personalidade, os direitos fundamentais (tanto aqueles direitos fundamentais específicos dos trabalhadores como os direitos fundamentais não especificamente laborais) devem ser encarados como componentes estruturais básicas do contrato de trabalho[10].

A Constituição, no seu todo, estabelece uma *ordem de valores*, que tem o seu cerne na dignidade da pessoa humana[11], garantida pelos direitos

---

[9] A característica principal do contrato de trabalho é a de que, como escreve Kurt BALLERSTEDT, «Probleme einer Dogmatik des Arbeitsrechts», RdA 1976, p. 5 ss. (8), "*er in die Persönlichkeitssphäre des Arbeitnehmers einwirkt*". O mesmo autor (p. 7) define o trabalhador como "eine Person, die sich einem andern aufgrund eines privatrechtlichen Vertrages in einem Verhältnis *persönlicher Abhängigkeit* Arbeit zu leisten verpflichtet". Cfr., em sentido idêntico, Otfried WLOTZKE, «Leistungspflicht und Person des Arbeitnehmers in der Dogmatik des Arbeitsvertrages», RdA 1965, p. 180 ss., Alfred HUECK/Hans Carl NIPPERDEY, *Lehrbuch des Arbeitsrechts*, 1. Vol., 7. ed., Berlin (1963), p. 34 ss., e Arthur NIKISCH, *Arbeitsrecht*, Vol. I, 3. ed., Tübingen (1961), p. 91 ss., e, já em 1922, Heinz POTTHOFF, "Ist das Arbeitsverhältnis ein Schuldverhältnis?", ArbR 1922, p. 267 ss. (275).

[10] Aparecendo esse contrato, como diz del REY GUANTER «Diritti fondamentali della persona e contratto di lavoro: appunti per una teoria generale», in *Quaderni di Diritto del Lavoro e delle Relazioni Industriali. Diritti della persona e contratto di lavoro*, 1994, p. 31, provavelmente como nenhum outro, constitucionalmente condicionado, por valores assentes na ideia de dignidade humana.

[11] O primeiro e o mais imprescritível dos valores, nas palavras de Orlando de CARVALHO, *A teoria geral da relação jurídica – seu sentido e limites* (1981), p. 91.

O primado do humano na ordem económica e social é também o princípio fundamental de toda a doutrina social da Igreja, reafirmado por sucessivas encíclicas. Cfr., a título meramente exemplificativo, a *Gaudium et Spes*, de 7-12-1965, do Papa Paulo VI, onde se escreve que "a finalidade fundamental da produção (...) é (...) *o serviço do homem*", sendo, por isso, necessário "adaptar todo o processo de trabalho produtivo às necessidades da pessoa", ou, já do actual Papa, João Paulo II, a *Laborem Exercens*, de 14-09-1981, onde se pode ler que "fazer com que se tornem realidade *os direitos do homem do trabalho* não pode constituir apenas um elemento derivado dos sistemas económicos, que, em maior ou menor escala, sejam guiados principalmente pelo critério do maior lucro. Pelo contrário, é precisamente a consideração dos direitos objectivos do homem do trabalho – de todo o tipo de trabalhador, braçal, intelectual, industrial, agrícola, etc. – que deve

fundamentais[12], e que, como tal, tem de valer como estatuição fundamental para *todos* os ramos de direito, designadamente para o Direito do Trabalho.

Sem menosprezar a importância de um mínimo de flexibilidade em qualquer sistema produtivo, a Constituição laboral portuguesa repudia de forma clara a lógica de que as exigências económicas devam obter resposta, se necessário, à custa desses direitos dos trabalhadores.

O respeito por esses direitos – quer pelos direitos fundamentais especificamente laborais, com destaque para os direitos colectivos[13], quer pelos direitos fundamentais da pessoa humana – é, por conseguinte, o grande tema, a questão central, do Direito do Trabalho, enquanto direito de protecção do trabalhador, constituindo os seus princípios fundamentais, que, tendo dignidade constitucional, condicionam a relação laboral, impondo limites aos poderes patronais[14], e não podendo ser contrariados pela legislação ordinária e pelas outras fontes de direito.

É na linha desses princípios, tal como se encontram constitucionalizados, que é preciso descobrir o *sentido* e a *função social* do Direito do Trabalho hodierno.

São eles, pois, que constituem os vectores por que há-de ser aferida a conformidade das leis do trabalho à Lei Fundamental.

3. Ora, em nossa opinião, o *Código do Trabalho* afasta-se nalguns aspectos dos parâmetros constitucionalmente definidos. Já por diversas vezes[15] tivemos oportunidade de nos pronunciar quer sobre aquela que pensamos ser a filosofia-base do diploma – que claramente contém uma alteração estrutural das leis laborais em favor do empregador – quer ainda sobre muitas das concretas soluções normativas nele adoptadas. Entendemos que, por exemplo, no que toca à dimensão colectiva da relação laboral, ela é substancialmente enfraquecida pelo código, pondo-se assim em

---

constituir *o critério adequado e fundamental para a formação de toda a economia*" e, ainda, que "o trabalho é para o homem e não o homem para o trabalho".

12 Jean-Maurice VERDIER, "Travail et libertés", DS 1982, p. 418 ss. (419).

13 Que consubstanciam a dimensão colectiva da relação laboral, sem a qual, aliás, o Direito do Trabalho não existiria como ramo autónomo, pois não preencheria a sua própria função social.

14 José João ABRANTES, *Contrat de travail ..., cit.*, p. 173 ss.

15 V., por exemplo, "O Código do Trabalho e a Constituição", in Questões Laborais n.° 22 (2003), p. 123-154 [= THEMIS (Revista da Faculdade de Direito da UNL), n.° 10 (2005), p. 121-149].

causa, de certa forma, a própria essência e a função social deste ramo de direito, no qual é *o colectivo* que reequilibra uma relação que é originariamente desequilibrada em favor do empregador[16].

Um pouco por todo o diploma verifica-se o que podemos definir como uma quase-"obsessão" do legislador pela aproximação ao direito civil, procurando fazer subjazer à regulamentação respectiva a ideia de *igualdade* entre as partes e, de uma forma geral, os quadros da dogmática civilista, que sempre foi, e continua a ser, incapaz de apreender o verdadeiro sentido da relação de trabalho.

O código aposta claramente na liberdade contratual, o que, nesta relação, representa a aposta no acréscimo de poder do empregador – contrariando, assim, o desígnio natural do Direito do Trabalho enquanto instrumento que regula uma relação em que a liberdade e os direitos de uma das partes aparecem susceptíveis de ser feitos perigar pelo maior poder económico e social da outra.

Ora, não é verdade que a essência e a função social deste ramo do Direito tenham perdido a sua razão de ser. A sua feição proteccionista e as suas características próprias continuam a justificar-se, dado o pressuposto de promoção da igualdade material e de protecção do contraente débil que esteve na sua génese ainda hoje se manter. Surgido como resultado de uma determinada evolução histórica, este ramo do direito possui regras e princípios especiais, afastando-se de certos dogmas contratualistas, de modo a proteger a parte contratual mais débil, e tendo como técnica específica a desigualdade jurídica em favor desse contraente, princípio basilar que se verifica desde logo com a própria determinação colectiva das condições de trabalho.

Porém, o novo código não teve suficientemente em conta as especiais características de uma relação no cerne da qual se encontra a pessoa humana, a *pessoa* do trabalhador e os seus direitos, havendo, pois, que procurar o equilíbrio entre interesses legítimos do empregador e a garantia destes direitos.

4. Paradigmático disto é o art.° 4.° do diploma, de acordo com o qual, contrariamente ao regime constante do art.° 13.°, n.° 1, da LCT, se permite o afastamento de normas legais, desde que delas não resulte o contrário, por instrumentos de regulamentação colectiva de trabalho, sem

---

[16] Sendo que isto é tutelado, *nestes precisos termos*, pela Constituição.

explicitar que esse afastamento só é consentido quando se estabeleçam condições mais favoráveis para o trabalhador.

O novo preceito[17], ao fazer com que as normas legais de trabalho deixem de ser, por regra, dotadas de uma *imperatividade mínima* em relação à regulamentação colectiva, passando agora a ter um valor meramente supletivo, suscita-nos muitas dúvidas quanto à sua constitucionalidade.

Como escreveu a Conselheira Fernanda Palma, na declaração de voto do acórdão do Tribunal Constitucional n.° 306/03 (p. 4184 ss.), a admissibilidade de regimes menos favoráveis descaracteriza o direito de contratação colectiva, enquanto "direito fundamental dos trabalhadores (...) e expressão do Estado social" e não "pura decorrência da autonomia privada" (p. 4185), e parifica a posição dos trabalhadores e empregadores "como se, tendencialmente, a lei não atribuísse quaisquer direitos aos primeiros" (p. 4186).

Também a Conselheira M. Helena Brito, na declaração de voto do mesmo acórdão (p. 4183 s.), entendeu o referido preceito como susceptível de ser considerado inconstitucional "por violação do princípio do tratamento mais favorável do trabalhador", que, "embora não tenha consagração num preceito constitucional determinado", "não pode deixar de se considerar um elemento estrurante da Constituição laboral portuguesa", "inerente ao princípio do Estado social" (p. 4183). No dizer desta Juíza, as injunções constitucionais no domínio laboral devem interpretar-se no sentido de que estabelecem uma tutela mínima: ao Estado cabe definir e garantir um programa, que os destinatários podem concretizar, melhorando, mas não piorando, as condições que derivam da lei" (p. 4184)[18].

---

17 Curiosamente, com a epígrafe "princípio do tratamento mais favorável".

18 Diz ainda a referida Conselheira que, da análise de certos preceitos constitucionais ("designadamente, o artigo 2.°, o artigo 9.°, alíneas *b*) e *d*), os artigos 58.° e 59.° e o artigo 81.°, alíneas *a*) e *b*), da Constituição"), "resulta portanto que, quanto a diversos aspectos relacionados com a situação dos trabalhadores, compete ao Estado estabelecer um *standard* mínimo de protecção, a partir do qual os trabalhadores e os empregadores podem, no exercício da autonomia colectiva, concretizar os seus equilíbrios, mas sem desvirtuar o nível de protecção atribuído pela lei". (...) "A Constituição da República Portuguesa assenta assim na concepção que desde sempre inspirou o direito do trabalho", (que) "surgiu como disciplina jurídica autónoma contra o liberalismo económico, tendo como objecto fundamental a protecção dos trabalhadores. Daí a sua «unilateralidade», cujo sentido se traduz na «procura da realização, por via normativa, do reequilíbrio numa relação originariamente desnivelada» (Monteiro Fernandes, *Direito do Trabalho*, 11ª ed., Coimbra, 1999, p. 21)". (...) "No contexto da Constituição laboral portuguesa, (...) para que o direito de contratação colectiva preencha plenamente a sua função social e económica –

Ora, admitindo, sem limitação, o afastamento das normas do Código por instrumentos de regulamentação colectiva de trabalho, "o preceito em análise (...) permite a aplicação de instrumentos de regulamentação colectiva de trabalho (quer negociais, quer não negociais) que estaleçam um tratamento menos favorável para os trabalhadores e possibilita o afastamento do *standard* mínimo de protecção dos trabalhadores legalmente estabelecido" (p. 4184).

Por isso, numa posição que julgamos correcta, qualquer uma destas Juízas afirmou, na declaração de voto do mencionado acórdão, que, no caso de o tribunal ter decidido apreciar a questão[19], teria votado pela inconstitucionalidade do art.° 4.°.

É certo que a Lei Fundamental garante o direito de contratação colectiva apenas "*nos termos da lei*", mas esta "não pode deixar de delimitá-lo de modo a garantir-lhe um mínimo de eficácia constitucionalmente relevante"[20].

Qualquer lei regulamentadora desse direito tem, nos termos do art.° 18.° da CRP, que respeitar o seu conteúdo essencial, que é intangível.

Ora, o direito de contratação colectiva só preenche a sua função social e económica – que se traduz em assegurar que a disciplina contratual corresponda a um *ponto de equilíbrio* entre os poderes das partes –, se forem mantidos determinados princípios, como, entre outros, o do *tratamento mais favorável*, que são princípios fundamentais de uma *ordem pública social*[21], que não pode deixar de levar em conta uma Lei Funda-

---

que se traduz em garantir que a disciplina contratual corresponda a um ponto de equilíbrio entre as posições dos contraentes – há que respeitar determinados princípios, desde logo o «princípio do tratamento mais favorável do trabalhador»".

[19] O art.° 4.° foi uma das normas, objecto de apreciação pelo Tribunal Constitucional em sede de fiscalização preventiva da constitucionalidade. Mas o Tribunal Constitucional, ao proferir o acórdão n.° 306/2003, considerou, por maioria, que a questão da constitucionalidade suscitada pelo PR em relação à norma desse artigo não abrangia as convenções colectivas, mas apenas os regulamentos administrativos – pelo que entendeu não dever apreciar a questão da eventual inconstitucionalidade (da parte) da norma que admite que as convenções colectivas de trabalho prevaleçam sobre normas legais com regimes mais favoráveis (p. 4158 e 4165).

[20] Gomes Canotilho e Vital Moreira, *Constituição da República Portuguesa. Anotada*, 3ª ed. (1993), p. 307.

[21] Os princípios fundamentais que formam a ordem pública – aqueles que correspondem a "superiores interesses da comunidade" – podem adquirir expressão positiva quer nas Constituições quer nas leis imperativas, contra as quais não podem prevalecer os interesses individuais ou os interesses particulares de certas classes através da auto-regulamentação privada, individual ou colectiva. Sobre o ponto, J. Barros Moura, *A convenção colectiva entre as fontes de Direito do Trabalho*, Coimbra (1984), p. 169.

mental para a qual a promoção do bem-estar e da qualidade de vida do povo e da igualdade real entre os portugueses, "bem como a efectivação dos direitos económicos, sociais, culturais e ambientais, mediante a transformação e modernização das estruturas económicas e sociais", fazem parte das "tarefas fundamentais do Estado" [al. *d*) do art. 9.°].

Julgamos que, sendo por referência à Constituição que se deverá determinar o âmbito dessa ordem pública social, no nosso ordenamento, em que a igualdade entre os portugueses e a efectivação dos direitos económicos, sociais e culturais são objectivos do Estado, a possibilidade de melhoria da situação dos trabalhadores relativamente ao que dispõe a lei depara com limitações menores do que na generalidade dos outros Estados.

A ordem pública social significa, no essencial (desde que se respeitem outros eventuais limites fixados pela ordem jurídica), a admissibilidade de melhoria das condições de trabalho e dos direitos dos trabalhadores em medida e em qualidade apenas dependentes da autonomia colectiva, no fundo, da correlação das forças sociais em presença[22].

Ela caracteriza-se pelo reconhecimento, por um lado, de uma desigualdade económica e social entre as partes da relação de trabalho e, por outro, dos conflitos colectivos entre trabalhadores e empregadores e dos meios de acção colectiva dos trabalhadores tendentes a influenciar a determinação das condições de trabalho.

Face à natureza jurídica do direito de contratação colectiva, direito fundamental dos trabalhadores, inerente ao princípio do Estado social de direito, só acompanhado de regras como a que constava do artigo 13.°, n.° 1, da LCT é que ele desempenha cabalmente a sua função económica e social, enquanto instrumento apto a promover o progresso das condições de trabalho.

Pelo contrário, o enfraquecimento da dimensão colectiva da relação de trabalho, em que o art.° 4.° do *Código do Trabalho* se traduz, descaracteriza o direito fundamental de contratação colectiva e colide, segundo cremos, com a função social deste ramo do direito, tal como ela é recortada pela Constituição – a qual eleva à dignidade constitucional o respeito pela *pessoa* do trabalhador e pelos seus direitos, quer individuais quer colectivos, estes consubstanciando essa dimensão colectiva, que reequilibra uma relação originariamente desequilibrada em favor do empregador.

É essa a razão por que o referido artigo – isto é, a nova formulação por ele dada ao princípio (dito) do tratamento mais favorável, que faz com

---

22 J. Barros Moura, *A convenção colectiva* ..., p. 173.

que as normas legais de regulamentação do trabalho deixem de ser, por regra, normas *imperativas mínimas* em relação à regulamentação colectiva, passando a ter um valor meramente supletivo (admitindo-se, assim, que as convenções colectivas prevaleçam sobre normas legais, ainda que, relativamente a estas, contenham regimes menos favoráveis) – nos suscita sérias dúvidas quanto à sua conformidade com a Lei Fundamental.

Lisboa, Janeiro de 2005

SINAIS DE IDENTIFICAÇÃO E SIMBOLOGIA RELIGIOSA NA ESCOLA PÚBLICA

UM OLHAR SOBRE A RECENTE EVOLUÇÃO JURISPRUDENCIAL EUROPEIA

PEDRO DELGADO ALVES
Assistente-Estagiário da Faculdade de Direito da Universidade de Lisboa

1. **A não-confessionalidade do Ensino Público: novos desafios**

A temática das manifestações religiosas nas instituições de ensino público europeias tem dado origem a diversas intervenções jurisprudenciais na última década e meia. Mesmo nos casos em que ocorreu uma alteração dos quadros legislativos vigentes destinada a solucionar os problemas colocados pela utilização de símbolos e sinais de identificação religiosa nas escolas públicas, essa alteração foi precedida de um considerável labor jurisprudencial. Não só as soluções normativas passaram muitas vezes pela recepção das conclusões a que haviam chegado os tribunais, como os contributos doutrinais para a discussão foram, em grande medida, suscitados e provocados pelos diversos arestos produzidos ao longo dos anos.

Trata-se, contudo, de um conjunto de matérias até agora ausente da jurisprudência e doutrina portuguesas. Não é de estranhar tal alheamento da realidade jurídica nacional em relação ao problema, uma vez que a maioria dos casos que mereceram a atenção dos ordenamentos jurídicos estrangeiros se prende com as dificuldades de integração de comunidades imigrantes de origem islâmica[1].

---

[1] Não só o nosso país constitui um destino recente de fluxos migratórios, sendo por isso ainda relativamente impermeável aos problemas de integração dos descendentes da primeira geração de imigrantes, como a maioria dos cidadãos estrangeiros residentes em

De todos os aspectos que compõem a teia de relações entre o Estado e as Confissões Religiosas, aquele que assume maior relevância para o nosso estudo é indubitavelmente o princípio da não confessionalidade do ensino público. Podemos, sem grande temeridade, identificar aqui a existência de um património jurídico comum à esmagadora maioria dos Estados modernos, não obstante a grande variedade de modelos de relacionamento entre os Estados e Confissões.

Entre nós, a única questão debatida nos quadros da não-confessionalidade da escola respeita ao ensino da disciplina de religião e moral[2]. A realidade jurídica portuguesa tem sido poupada aos problemas com que se têm deparado jurisprudência, doutrina e legisladores de outros países comunitários, com particular destaque para a Alemanha e para a França.

Os novos desafios que se apresentam à não confessionalidade do ensino público estão na sua maioria associados aos fenómenos de imigração em massa e de consequente crescimento das minorias religiosas nas sociedades europeias, tradicionalmente de matriz cristã. Os quadros mentais tradicionais da laicidade, idealizados para relações com a Igreja Católica ou com as diversas Igrejas Protestantes, são agora postos à prova e sujeitos a um escrutínio completamente diferente.

Neste contexto, surge, em primeira linha, a questão da fixação de regras de vestuário de alunas e professoras de confissão muçulmana, interessadas em seguir as orientações religiosas do seu credo.

Noutros casos deparamos com as dificuldades sentidas pelas confissões maioritárias em lidar com o desaparecimento de algum tratamento favorável de que beneficiaram no passado: a colocação de crucifixos nas

---

Portugal provém de países cultural e religiosamente aparentados com Portugal (o caso do Brasil e dos PALOP) ou de países de matriz cristã, ainda que ortodoxa (Ucrânia, Moldávia e Roménia). Quanto à população originariamente portuguesa, apesar de se verificar um crescimento considerável da população não católica, não há um correspondente crescimento do número de crentes das demais confissões.

[2] A este respeito vide MIRANDA, Jorge, *Manual de Direito Constitucional, Tomo IV*, 3ª edição, 2000, p. 438 ss., CANOTILHO, J.J. Gomes, *Anotação ao Acórdão do Tribunal Constitucional n.° 174/93*, Revista de Legislação e Jurisprudência, Ano 126, n.°s 3832 a 3834, pp. 277 ss., MACHADO, Jónatas, *Liberdade religiosa numa comunidade constitucional inclusiva,* 1996, pp. 378 ss., ADRAGÃO, Paulo Pulido, *A Liberdade Religiosa e o Estado,* Coimbra, 2002, pp. 455 ss., CHORÃO, Mário Bigotte, *Ensino da Religião e Moral* in Concordata entre a Santa Sé e a República Portuguesa, 2001, pp. 204 ss., SANTOS, António Marques dos, *Citoyens et fideles dans les pays de l'Union Européene – Rapport Portugais,* pp. 268 ss., VAZ, Manuel Afonso, *Regime das Confissões Religiosas* in Perspectivas Constitucionais, org. Jorge Miranda, vol. III, 1998, pp. 391 ss.

salas de aula e a realização de períodos de oração durante o tempo lectivo constituem dois exemplos paradigmáticos dessa realidade.

Apesar de não se tratar de uma dificuldade sentida apenas nas escolas públicas, a justificação de faltas por ocasião de festividades religiosas que não coincidam com dias de descanso oficiais desafia as autoridades escolares a harmonizar o calendário escolar por forma a conciliar as exigências de todos os credos. Também no que respeita aos requisitos alimentares de algumas confissões, as escolas de pequena dimensão enfrentam um novo desafio logístico.

Finalmente, outro foco de tensão resulta da resistência à introdução de novas disciplinas nos currículos escolares por motivos de natureza religiosa, sendo caso paradigmático o da educação sexual. Próximo deste problema encontramos o da contestação dos conteúdos de algumas disciplinas tradicionais como a Biologia[3], a História ou a Geografia[4].

Perante a impossibilidade de nos dedicarmos exaustivamente a toda uma nova geração de reptos levantados pela articulação do fenómeno religoso com a escola pública, optámos por tentar unificar alguns aspectos parcelares sob a égide da simbologia religiosa na escola pública. Assim sendo, abordaremos problemas recentes cuja causa social não é necessariamente homogénea, mas que são susceptíveis de se reconduzir a um mesmo enquadramento sistemático.

2. **A evolução da jurisprudência europeia desde a década de 80**

A temática da simbologia religiosa nas escolas públicas pode ser decomposta em quatro tópicos de análise, se optarmos por estudar separadamente os problemas jurídicos suscitados em relação a cada um dos principais sujeitos da vida escolar: a própria escola, os alunos, os docentes e os funcionários. Apesar de nos debatermos com problemas essencialmente análogos, a diferente posição relativa de cada um dos intervenientes mencionados face às exigências de laicidade e à tutela da

---

[3] Veja-se a discussão travada nos E.U.A. desde o início do século XX em torno dos conteúdos desta disciplina. Certos grupos cristãos mais radicais em alguns Estados continuam a contestar a leccionação da teoria da evolução das espécies e defendem o regresso às concepções criacionistas plasmadas no Livro de Génesis, ou pelo menos a sua equiparação ao darwinismo enquanto explicação plausível para o aparecimento do Homem.

[4] Vide COMMISSION DE REFLEXION SUR L'APPLICATION DU PRINCIPE DE LAÏCITÉ DANS LA RÉPUBLIQUE (*Commission Stasi*) – *Rapport au Président de la République*, p. 41.

liberdade religiosa justificam uma abordagem distinta e podem conduzir a soluções diferentes.

Acresce ainda que a diversidade de modelos de relação entre o Estado e as Confissões também pode implicar diferenças na valoração a conceder aos vários interesses em presença. Todavia, o facto de depararmos sempre com Estados membros do Conselho da Europa e, consequentemente, partes contratantes da Convenção Europeia dos Direitos do Homem (CEDH) fornece um factor de aproximação de regimes jurídicos a ter em conta.

2.1. *A Instituição escolar*

2.1.1. O primeiro grupo de questões que abordaremos prende-se com a afixação de símbolos religiosos pelas próprias autoridades escolares. Apesar de nos irmos dedicar à jurisprudência de dois países distintos (Alemanha e Suíça), a matéria de facto que esteve na origem de ambos os lítigos é praticamente idêntica: a afixação de crucifixos nas salas de aula por decisão da escola.

O primeiro caso ocorreu na Suíça[5], onde a Administração escolar do Município de Cadro decidiu colocar crucifixos em todas as salas de aula do novo complexo escolar elementar. Após uma decisão de não acolhimento pelo Conselho de Estado do Cantão de Ticino, o Tribunal Cantonal Administrativo de Ticino anulou o referido acto do Município. Chamado a pronunciar-se sobre a matéria, o Tribunal Federal concluiu, em decisão de 26 de Setembro de 1990, que a colocação de um crucifixo na sala de aula não corresponde às exigências da neutralidade religiosa nas escolas públicas, exigida pelo n.° 3 do artigo 27.° da Constituição Federal de 1874.

O Tribunal afirma que a liberdade religiosa e de consciência não envolve necessariamente uma neutralidade absoluta por parte do Estado, sublinhando mesmo que muitas das Constituições cantonais reconhecem a personalidade jurídica de direito público às confissões maioritárias. Contudo, o Tribunal sublinha que quer o Estado Federal quer os Cantões são Estados laicos com o especial dever de assegurar a paz confessional e de

[5] A propósito das relações entre escola e religião no ordenamento jurídico suíço, vide Blaise KNAPP, *École et religion en Suisse*, Revue Française de Droit Administratif, 7, Jan.-Fev. 1991, pp. 80 ss.

se absterem de tecer quaisquer considerações confessionais, particularmente no âmbito da escola pública obrigatória.

2.1.2. Antes de procedermos à análise da jurisprudência do Tribunal Constitucional Alemão sobre a mesma questão[6], cumpre assinalar alguns dados quanto às especificidades do sistema escolar germânico. O quadro jurídico das manifestações do fenómeno religioso na escola pública é objecto de uma regulação particular na Lei Fundamental Alemã, agravada pelas diferentes concepções vigentes em cada *Land* a respeito do problema[7-8].

Quanto às relações entre o Estado e as Confissões, estas podem qualificar-se como marcadas por uma influência e interconexão recíprocas[9], sem a consagração de uma separação estrita. A doutrina refere-se especificamente ao princípio ordenador das relações entre o Estado e as Confissões como dever de neutralidade do Estado[10].

No que toca à organização do ensino, o modelo maioritário é o das escolas "comunitárias", nas quais os alunos não são agrupados de acordo com a sua confissão religiosa. Todavia, as escolas "comunitárias" podem apresentar-se sob uma variante confessional, em que a vida escolar é organizada em função de princípios cristãos, ou sob uma variante não-confessional *(Bekenntinisfreie)*. Nalguns *Länder*, chega a ser possível a consti-

---

6 Em 1973, o Tribunal Constitucional Federal pronunciara-se em caso semelhante, a propósito da colocação de um crucifixo na sala de audiências de um tribunal administrativo. (BVerfGE 35, 366).

7 O artigo 7.° da Lei Fundamental Alemã de 1949 estabelece os princípios fundamentais no que respeita à confessionalidade do ensino, à existência e obrigatoriedade de ensino religioso e à criação de escolas particulares. Contudo, o preceito do artigo 141.° abre uma excepção no que toca à obrigatoriedade do ensino religioso para os Länder onde vigorava um regime distinto em 1949 (Bremen). Releva ainda nesta matéria o artigo 4.° da Lei Fundamental, onde se encontra plasmada a liberdade religiosa e de consciência. Contudo, nos termos do artigo 140.° da Lei Fundamental, este preceito deve ainda ser articulado com algumas normas da Constituição de Weimar de 1919, mantidas em vigor pelo legislador constituinte de 1949 (artigos 136.°, 137.°, 138.°, 139.° e 141.°).

8 Vide Christian AUTEXIER, *Les manifestations d'appartenence religieuse dans les établissements d'enseignement scolaire allemands*, Revue Française de Droit Administratif, Jan.-Fev. 1991, pp. 58 ss.

9 Albert WEBER/Constance GREWE, L'arrêt de la Cour constitutionelle allemande du 16 mai 1995 relatif au crucifix, Revue Française de Droit Constitutionnel, 25, 1994, p. 183

10 Paulo ADRAGÃO decompõe o princípio em três corolários: não identificação, não indiferença e não intervenção. in *op. cit.*, p. 196

tuição de escolas inteiramente confessionais em que alunos e docentes pertencem ao mesmo credo e nas quais o programa é moldado de acordo com o cânones da respectiva religião[11].

É perante este quadro jurídico-constitucional que o Tribunal Constitucional Federal (*Bundesverfassungsgerciht*) foi chamado a pronunciar-se sobre a validade de uma disposição do Regulamento Escolar Bávaro de 1983, que determinava a colocação de crucifixos nas salas de aula das escolas públicas daquele *Land*. Tendo as decisões das instâncias administrativas competentes sido desfavoráveis à pretensão dos autores do pedido, o *Bundesverfassungsgericht*[12] entendeu que a colocação de um crucifixo ou de uma cruz na sala de aula de uma escola estatal de ensino obrigatório, não confessional, viola o princípio da neutralidade do Estado em matéria religiosa e ofende a liberdade religiosa negativa dos alunos e encarregados de educação que professem outra ou nenhuma fé.

O Tribunal destaca na sua decisão que, sendo a escolaridade obrigatória, os alunos que não professem uma fé cristã estariam sujeitos a ser confrontados com um símbolo religioso, sem qualquer possibilidade de se auto-excluirem da sua presença[13]: seriam forçados a aprender sob a influência da cruz ("*unter dem Kreuz*"). O Tribunal considerou também não existir qualquer dúvida quanto à recondução da cruz ao conceito de símbolo representativo de uma confissão determinada, não colhendo por isso os argumentos aduzidos no sentido de que se trataria de uma mera expressão da cultura ocidental.

Finalmente, há que realçar ainda uma outra importante afirmação do *Bundesverfassungsgericht* quanto à tutela da liberdade religiosa positiva dos demais alunos. O Tribunal não hesita em recusar a validade deste argumento invocado em defesa do regulamento escolar, afirmando com toda a clareza que é inadmissível qualquer solução assente em considerações de natureza exclusivamente maioritária.

---

[11] As referidas escolas tanto podem ser estabelecimentos públicos (*v.g.* Baixa-Saxónia, Renânia do Norte-Vestefália,) como escolas privadas com estatuto privilegiado (*v.g.* Baviera, Baden-Würtemberg, Sarre e Baixa-Saxónia).

[12] BVerfGE de 16/5/1995 in DVbl. 1 Outubro de 1995 págs. 1069 e segs

[13] Na sua jurisprudência anterior a propósito da oração escolar (BVerfG 52, 223), o Tribunal entendeu que os alunos se poderiam ausentar da sala no momento da oração, evitando deste modo ser confrontados com uma manifestação religiosa indesejada. O Tribunal procurou desta forma alcança um equilíbrio entre os vários interesses em presença e evitar declarar a inconstitucionalidade da oração colectiva nas escolas públicas.

Atentas as características do sistema de ensino alemão, a decisão do Tribunal Constitucional Federal apenas se refere às escolas públicas "comunitárias" não-confessionais *(Bekenntnisfreie)*. O *Bundesverfassungsgericht* faz questão de o afirmar expressamente declarando a desconformidade da norma impugnada com o artigo 4.° da Lei Fundamental, *desde que não se trate de escolas confessionais de matriz cristã (christiliche Bekenntnisschulen)*.

Sublinhe-se, para terminar, que o referido acórdão registou um voto de vencido subscrito por três dos juízes e conheceu considerável contestação pela doutrina[14], que denunciou a presença de uma tendência "laicizante" na decisão do Tribunal Constitucional Federal, estranha ao modelo alemão de relações entre Estado e Confissões.

2.1.3. De certa forma, esta primeira espécie de problemas ainda se joga no âmbito dos litígios "clássicos" em torno do princípio da laicidade, uma vez que se trata de limar algumas arestas para concluir o processo de separação entre os Estados e as Confissões Religiosas. Assegurada a separação jurídica, cumpre retirar quaisquer possibilidades de identificação entre a escola pública e um determinado credo religioso maioritário ainda que no plano meramente simbólico. Os problemas que analisaremos nos pontos seguintes apresentam já uma série de novos desafios aos clássicos princípios da laicidade e neutralidade nas sociedades europeias modernas, uma vez que estão no âmago do processo de adaptção cultural e de integração de novos fenómenos religiosos no tecido social.

Curiosamente, verificaremos que a Alemanha e a Suíça, países onde a Administração escolar procurou introduzir símbolos religiosos nas salas de aula, são precisamente os Estados cujos tribunais foram chamados pelas Administrações escolares a pronunciar-se sobre a exclusão de docentes e candidatas devido à utilização de um véu islâmico.

2.2. *Alunos*

2.2.1. Ao problema dos sinais de identificação religiosa entre os alunos da escola pública tem cabido a fatia de leão da cobertura mediática desde finais da década de 80, quando a questão da utilização do *lenço islâ-*

[14] Vide Paulo ADRAGÃO, *op. cit.*, p. 200 e autores aí citados.

mico[15] por alunas do ensino secundário público se começou a colocar em França. O mais recente desenvolvimento quanto a esta matéria encontra também a sua sede nos textos legislativos gauleses, com a aprovação da Lei de 15 de Março de 2004, sobre o uso de símbolos religiosos na escola pública laica. Apesar da maior parte da atenção da comunidade jurídica se centrar na evolução francesa e na sua configuração particular, quase ideológica, da laicidade, cumprirá aludir ainda ao tratamento da questão pelo Tribunal Constitucional turco e pelo Tribunal Europeu dos Direitos do Homem.

2.2.2. Face ao problema suscitado pela expulsão de uma aluna de uma escola pública em 1989 com fundamento na sua recusa em retirar o seu lenço durante as aulas, o então Ministro da Educação, Lionel Jospin, requereu um parecer ao *Conseil d'État* sobre a matéria. Esta primeira intervenção da instância administrativa máxima discute aprofundadamente o alcance da laicidade do Estado e as suas implicações no quadro escolar, acabando por concluir que a utilização de sinais de identificação religiosa (entre os quais se deve incluir o *lenço islâmico*) nos estabelecimentos de ensino não é incompatível *de per si* com o princípio da laicidade[16].

Logo de seguida o *Conseil d'État* estabelece os limites de exercício deste direito: a liberdade de utilização destes sinais de identificação religiosa deve cessar logo que "*pela sua natureza, pelas condições da sua utilização (individual ou colectiva) ou pelo seu carácter ostentatório ou reivindicativo constituirem um acto de pressão, provocação, proselitismo ou propaganda, atentarem contra a dignidade ou a liberdade do aluno ou de outros membros da comunidade educativa, comprometerem a sua saúde ou segurança, perturbarem o desenrolar das actividades de ensino e o papel educativo dos estabelecimentos de ensino ou ainda se perturbarem a ordem no estabelecimento ou o funcionamento normal do serviço público*".

---

[15] A expressão francesa utilizada é *foulard* e não *voile*, uma vez que estamos na esmagadora maioria dos casos perante alunas de filiação religiosa muçulmana que apenas pretendem cobrir o cabelo com um lenço e não perante qualquer tipo de véu destinado a cobrir parcial ou totalmente o rosto. A equivalente expressão alemã *Kopftuch* (lenço para a cabeça) é mais clara, evidenciando que o que se pretende é cobrir o cabelo, e não o rosto.

[16] Avis du Conseil d'État (Assemblée Générale) 27/11/1989 in RFDA 6, Jan./Fev. 1990.

Como realça JEAN RIVERO[17], é possível reagrupar estas condições em quatro grupos: as que respeitam ao próprio símbolo, aquelas que são relativas às condições da sua utilização, as que se prendem com os comportamentos que acompanham a sua utilização e, finalmente, as que incidem sobre as reacções suscitadas em terceiros. Em qualquer caso, sublinha RIVERO, apesar da margem de apreciação ser ampla, deixando a cada estabelecimento de ensino uma grande liberdade na elaboração dos seus regulamentos de disciplina internos, a elaboração de tais regulamentos está sujeita ao escrutínio do juiz administrativo. A posição de RIVERO foca ainda um outro aspecto relevante: o fundo do problema respeita ao problema da integração dos imigrantes na comunidade nacional, agravado pela existência de elementos integristas nos quais a maioria dos fiéis do Islão não se revê. Sendo certo que a escola pública não pode "*integrar o integrismo*[18]", nas palavras do eminente juspublicista francês, recusar em absoluto a utlização do lenço poderia produzir o resultado contraproducente de dar aos mais radicais um argumento de peso, transformando a recusa de utilização do lenço numa recusa de todo o Islão[19].

Apesar das críticas de que foi alvo[20], quer por aqueles que procuravam uma exclusão *tout court* dos lenços islâmicos das escolas públicas, quer pelos defensores da primazia absoluta da liberdade religiosa dos discentes, a solução do *Conseil d'État* é bastante equilibrada, ponderando as exigências objectivas da laicidade, sem descurar a tutlea dos direitos fundamentais individuais dos alunos. Para além disso, o parecer do *Conseil d'État* configura-se como perfeitamente adequado às disposições do artigo 9.° da Convenção Europeia dos Direitos do Homem[21] e à jurisprudência

---

[17] Jean RIVERO, *Laïcité scolaire et signes d'appartenance religieuse* in RFDA 6, Jan./Fev. 1990 págs. 1 segs.

[18] Jean RIVERO, *op. cit.*, p. 6.

[19] *Laïcité* cit. pp. 5-6.

[20] Vide Paulo ADRAGÃO, *op. cit.*, pp. 175-178.

[21] O artigo 9.° da Convenção Europeia dos Direitos do Homem tem a seguinte redacção: 1. *Qualquer pessoa tem direito à liberdade de pensamento, de consciência e de religião; este direito implica a liberdade de mudar de religião ou de crença, assim como a liberdade de manifestar a sua religião ou a sua crença, individual ou colectivamente, em público e em privado, por meio do culto, do ensino, de práticas e da celebração de ritos. 2. A liberdade de manifestar a sua religião ou convicções, individual ou colectivamente, não pode ser objecto de outras restrições senão as que, previstas na lei, constituírem disposições necessárias, numa sociedade democrática, à segurança pública, à protecção da ordem, da saúde e moral públicas, ou à protecção dos direitos e liberdades de outrem.*

da Comissão e do Tribunal Europeu, já que indica com clareza quais os valores que podem justificar uma restrição às liberdades religiosa e de consciência.

À intervenção do Conselho de Estado seguiu-se a emissão de uma circular do Ministro da Educação (a famosa *circular Jospin*) adoptando, no essencial, os argumentos e a solução avançados pelo parecer[22] e insistindo particularmente na concessão inequívoca de direitos de participação e de recurso aos interessados e suas famílias.

Nos anos que se seguiram à emissão do primeiro parecer e da *circular* Jospin, o Conselho de Estado seria chamado a pronunciar-se em sede de recurso contencioso de anulação: em 1992[23] a propósito da ilegalidade de medidas de expulsão decretadas com base num regulamento interno, o *Conseil d' État* concluiu pela invalidade de proibições de utilização de lenço dotadas de carácter genérico e sem ponderação dos elementos de cada caso concreto; em 1994, anulou uma decisão de exclusão[24].

Em 20 de Setembro de 1994, nova circular do Ministro da Educação (*circular Bayrou*) vem precisar o âmbito de actuação lícita das escolas na elaboração dos seus regulamentos internos, rigidificando os critérios anteriores e introduzindo a distinção entre sinais "ostentatórios" e sinais "discretos". A circular propõe que os regulamentos internos dos estabelecimentos de ensino adoptem uma norma com um teor próximo do seguinte: "*A utilização de símbolos discretos pelos alunos, manifestando a sua ligação pessoal a determinadas convicções, designadamente convicções religiosas, é admitida no estabelecimento escolar. Contudo, os sinais ostentatórios, que constituem por si mesmos elementos de proselitismo ou de discriminação são interditos*".

Como bem frisa DURAND-PRINBORGNE[25], a circular padece de um defeito essencial que passa pela introdução de elementos tendencialmente

---

22 A propósito da circular Jospin, *vide* Claude DURAND-PRINBORGNE, *La "circulaire Jospin" du 12 décembre 1989,* in Revue Française de Droit Administratif, 6, Jan.-Fev. 1990, p. 10.

23 Decisão de 2 de Novembro de 1992 (casos *Kherouaa, Kachour, Balo, Kizic)* A este respeito *vide* David KESSLER *Neutralité de l'enseignement public et liberté d'opinion des élèves,* in Revue Française de Droit Administratif, 9, Jan.-Fev. 1993, pp. 112 ss.

24 Decisão de 14 de Março de 1994 (caso *Yilmaz)*

25 Claude DURAND-PINBORGNE, *Le port des signes extérieurs de convictions religieuses à l'école: une jurisprudence affirmée...,une jurisprudence contestée* in RFDA 13, Jan./Fev. 1997, págs. 162.

discriminatórios, na medida em que incita a uma distinção entre a cruz discreta, a *kippa* judaica ainda aceitavelmente indiscreta e o lenço "islâmico" ostentatório.

Apesar disso, a jurisprudência do *Conseil d'État* rejeitou em 10 de Julho de 1995 o recurso interposto contra a circular Bayrou (apoiando-se, é certo, em questões formais relativas à natureza jurídica da mesma). De forma algo salomónica, o Conselho decidiu no mesmo dia conceder a anulação de uma expulsão (caso *Slagamer)*[26]. Desta forma o *Conseil d'État* parecia fazer passar a mensagem de que as expulsões merecem uma análise *in casu,* sem contudo dar o passo mais radical de invalidar a circular.

Os desenvolvimentos seguintes acabam por empurrar o problema para fora da esfera dos tribunais, onde a consolidação da jurisprudência lentamente conduz a uma diminuição de litigiosidade. Ainda assim, e como já sublinhava DURAND-PRINBORGNE em 1997[27], a pressão das autoridades escolares e de vários sectores da sociedade civil no sentido de uma intervenção legislativa acabaria por ser determinante para a aprovação da lei de 15 de Março de 2004.

Meses antes, em Julho de 2003, o Presidente da República nomeia uma Comissão de reflexão sobre a aplicação do princípio da laicidade na República Francesa, presidida por Bernard Stasi, que apresenta o seu relatório final em Dezembro de 2003. Para além de outras medidas destinadas a assegurar o pleno desenvolvimento da liberdade religiosa na sociedade civil e a separação entre o Estado e as Confissões, a Comissão Stasi conclui pela necessidade de uma intervenção legislativa em relação ao problema dos *lenços islâmicos*. Curiosamente, o relatório final da Comissão afirma que, em grande parte, a questão deixara já de ser uma questão de liberdade de consciência e se tornara um problema de ordem pública, atentas a polémica, a discussão tensa na sociedade civil e o potencial de conflitualidade nas escolas e famílias de todo o país[28].

A referida lei introduz um novo preceito no Código de Educação, com o seguinte teor: "*Nas escolas, colégios e liceus públicos, a utilização de símbolos e vestuário através dos quais os alunos manifestem ostensivamente uma filiação religiosa são interditos. O regulamento interior deve*

---

[26] A respeito destas duas decisões, Arnaud de LAJATERRE, *Le port ostentatoire des signes religieux à l'école,* in Droit Administratif (Juris-Classeur), Fevereiro 1996, p. 1 ss.

[27] Claude DURAND-PINBORGNE, *Le port...*, p. 167.

[28] COMMISSION DE REFLEXION SUR L'APPLICATION DU PRINCIPE DE LAÏCITÉ DANS LA RÉPUBLIQUE (*Commission Stasi) – Rapport au Président de la République*, p. 58.

realçar que a instauração de um processo disciplinar é precedida de um diálogo com o aluno."

A introdução da norma citada é criticável a vários níveis. Desde logo, e como vários autores continuam a sublinhar, a nova lei apresenta-se como desnecessária para solucionar a polémica dos lenços. Face a uma jurisprudência firme dos tribunais administrativos, bastaria reproduzi-la num regulamento ministerial que conferisse aos directores das instituições escolares a norma por que tanto clamavam e permitisse adequar as respostas aos casos concretos[29] (de certa forma, seguindo o exemplo da *circular Jospin,* mas emitindo um regulamento formal). Para além disso, a nova lei peca também por se mostrar pouco flexível, na medida em que vem retirar a margem de apreciação de que ainda dispunham as administrações escolares e os tribunais no rescaldo da circular *Bayrou.*

Todavia, são também significativas as vozes que aplaudem a medida, saudando a emissão de um norma legislativa de carácter nacional, uniformizando as decisões e travando o desenvolvimento de lógicas locais na solução para o problema[30]. Acima de tudo, teme-se a comunitarização da República, o seu desmantelamento em pequenos grupos corporativizados em torno de interesses particulares. Parece-nos, contudo, que tal perigo seria mais convincentemente afastado com recurso ao modelo propugnado pelo parecer do *Conseil d'État* e da *circular Jospin.*

A derradeira intervenção do *Conseil d'État,* até ao momento, data de finais de 2004. Em decisão de 8 de Outubro daquele ano, o Conselho de Estado francês rejeita a impugnação da circular de 18 de Maio de 2004, que contém instruções do Ministro da Educação quanto à aplicação da Lei de 15 de Março. Os autores do pedido fundamentam a invalidade da circular no facto de esta fixar especificamente alguns dos símbolos proibidos, designadamente o véu islâmico, a *kippa* judaica e uma cruz de grande dimensão. Na opinião dos requerentes, tratar-se-ia de matéria que apenas poderia ser disciplinada por lei formal. Para além disso, invocam também a desconformidade da circular com as convenções internacionais a que a França se encontra vinculada. O *Conseil d'État* considerou ambos os argumentos improcedentes, afirmando que a circular se limita a concretizar os conceitos adoptados pela Lei, em pleno respeito quer pela Convenção

---

29 Neste sentido, Jacques ROBERT, *Cacophonie,* in Revue du Droit Public, n.° 2 – 2004, p. 309 ss.

30 Assim, Pascal JAN, *La laïcité à l'école: le droit national contre le « droit local » – La loi plutôt que la négociation.* in Revue du Droit Public, n.° 2 – 2004, p. 301 ss.

Europeia dos Direitos do Homem, quer pelo Pacto Internacional de Direitos Civis e Políticos.

2.2.3. Para além da França, o único país europeu que apresenta uma jurisprudência relevante sobre a matéria da utilização de sinais de identificação religiosa por discentes é a Turquia. Todavia, se tivermos em conta que o laicismo turco, enquanto princípio fundamental da República kemalista, foi beber uma considerável influência ao modelo francês e se lhe assemelha em muitos dos seus traços, talvez este facto não se mostre surpreendente.

Contudo, a distância que separa as duas realidades sociais é evidente: enquanto que em França as dificuldades passam por integrar a fé islâmica num contexto maioritariamente cristão e adaptar os quadros tradicionais da laicidade à nova realidade, numa Turquia maioritariamente islâmica a laicidade representa uma fatia considerável do projecto político-ideológico e modernizador do fundador da República.

No que respeita à principal decisão do Tribunal Constitucional Turco a respeito desta matéria, são de assinalar duas diferenças fundamentais face à jurisprudência francesa. Em primeiro lugar, o problema coloca-se no plano do ensino superior, nível de ensino praticamente excluído do debate público em França[31]. Em segundo lugar, o Tribunal não se pronuncia no âmbito de um caso concreto de exclusão de uma aluna do ensino superior, mas nos quadros de um processo de fiscalização da constitucionalidade de uma norma que autoriza a utilização do véu islâmico nas universidades[32].

A argumentação apresentada no arresto oscila entre considerações estritamente jurídicas, em torno dos princípios da laicidade, igualdade e unidade do Estado e reflexões de natureza quase ideológica e propagandística, a respeito do nacionalismo da Atatürk, da edificação de uma sociedade renovada através dos princípios da Revolução kemalista e da tarefa civilizadora da República Turca. Ainda assim, o Tribunal consegue construir uma linha argumentativa juridicamente convincente[33] quanto à ne-

---

[31] A própria Comissão Stasi aponta para a diferente natureza do ensino superior, apenas fazendo uma breve alusão à necessidade de assegurar o regular funcionamento das instituições em caso de conflitos análogos, *Rapport...*, p. 59.

[32] Acórdão de 7 de Março de 1989, in Europäische Grundrechtszeitschrifft (EuGRZ), 1990, pp. 146 ss.

[33] O Tribunal Constitucional Turco entendeu que a referida norma violava o Preâmbulo da Constituição de 1982, bem como os artigos 2.° (Princípios estruturantes), 10.° (Princípio da Igualdade) e 24.° (Liberdade religiosa e separação do Estado e Confissões).

cessidade de preservar a total separação entre o religioso e o político, afastando as manifestações de integrismo dos estabelecimentos de ensino e preservando a emancipação da mulher na sociedade turca.

2.2.4. O tipo de argumentos apresentados pelo Tribunal Constitucional Turco viria a ser posto à prova junto da Comissão e do Tribunal Europeu dos Direitos do Homem (ComEDH e TEDH) por diversas vezes. O primeiro caso decidido a este respeito, a 3 de Maio de 1993[34], apenas se reportava indirectamente ao problema, uma vez que a aluna em causa contestava a necessidade de entregar uma fotografia em que surgisse sem o seu lenço, para efeitos de emissão de um certificado de licenciatura[35]. Apesar de ter recusado a admissibilidade do pedido, a Comissão pronunciou-se brevemente sobre o fundo da causa e considerou que a frequência de uma universidade laica implica a aceitação de determinadas regras de conduta destinadas a assegurar os direitos e liberdades de terceiros.

Mais recentemente, a 29 de Junho de 2004[36], o TEDH julgou um pedido formulado por uma aluna excluída da frequência de aulas na Universidade de Istanbul por se recusar a tirar o seu lenço. O Tribunal entendeu estarem reunidos os requisitos enunciados no n.° 2 do artigo 9.° da Convenção, necessários à imposição de uma restrição ao direito à liberdade religiosa consagrado no n.° 1 daquele preceito, tendo atendido à concepção turca da laicidade como indispensável para a protecção do sistema democrático e para a preservação da igualdade dos sexos prosseguida pelo ordenamento jurídico turco.

A orientação seguida em Estrasburgo resulta em grande parte do facto de o Tribunal Europeu ter tido em conta as especificidades da situação político-social turca, designadamente a necessidade de preservar uma sociedade democrática contra investidas fundamentalistas e radicais de inspiração religiosa. Aliás, o TEDH pronunciara-se favoravelmente quanto à proibição de um partido político com um programa político desta natureza, no seu arresto *Refah Partisi c. Turquia*. Também o facto de a utilização do lenço islâmico na Turquia ser tida em muitos casos como veículo de transmissão de uma mensagem política integrista, terá certamente pesado na decisão dos juízes de Estrasburgo.

---

[34] *Karaduman c. Turquia*

[35] Apesar da proibição legal, a tolerância de alguns estabelecimentos permite às alunas frquentar o curso superior sem que lhes seja requerido que retirem o seu lenço.

[36] *Sahyn c. Turquia*, in Droit Administratif (Juris Classeur), Outubro 2004, pp. 33 ss.

Parece-nos, todavia, que mal se verifique uma alteração significativa das condições sociais e políticas que sustentam o entendimento do TEDH e permitem justificar uma restrição à liberdade religiosa nos termos do n.° 2 do artigo 9.° da Convenção Europeia, será imperativa uma reponderação da resposta a dar pelo Tribunal. Se, e quando tal se verificar, parece-nos que a linha a seguir deverá ser análoga à da jurisprudência inicial do *Conseil d'État* francês.

2.2.5. Para concluir a nossa análise, é de realçar o facto de a França ser o único dos actuais membros da União Europeia em que o problema se tem posto com tamanha intensidade. A centralidade do problema no debate público deve-se, em parte, ao peso histórico do princípio da separação entre o Estado e as Confissões, elemento estruturante do Estado republicano desde a lei da separação de 1905. Igualmente relevantes parecem ser as dificuldades em adaptar a laicidade às exigências de integração das comunidades islâmicas francesas.

Na Alemanha, não só a questão da utlização de lenço pelas alunas de religião muçulmana nunca foi posta em causa, como se admite com naturalidade a dispensa das aulas de educação física mista das alunas cujos cânones de vestuário não possam ser respeitados[37]. Vai-se bem mais longe do que é admissível em França, já que se derroga a obrigatoriedade de frequência daquela disciplina para tutelar a liberdade religiosa das alunas. O equilíbrio entre as situações em conflito apenas pode ser resolvido, no entendimento do Tribunal Federal Administrativo, com a total dispensa das alunas das aulas, sempre que não seja possível formar turmas do mesmo sexo[38]. O Tribunal tem concluido que sempre que as demais medidas sejam insusceptíveis de assegurar a liberdade religiosa das alunas deve proceder-se à dispensa. A solução jurisprudencial alemã deve-se em, grande parte, à diferente configuração da laicidade e das relações entre Estado e Confissões, como vimos.

Como já referimos anteriormente, a jurisprudência do *Conseil d'État* de 1989 é particularmente feliz, uma vez que, recorrendo a conceitos indeterminados e afirmando a compatibilidade entre a laicidade e a utilização de alguns sinais de identificação religiosa, deixa espaço ao aplicador para uma resolução adequada ao caso concreto. A tendência para rigidificar a

---

[37] VGH München de 6/5/1987 (NJW, 1987, 38, pág. 2398) e BVerwGE de 25/8/1993 (DVBl. 1/2/1994, págs. 163 e segs.)

[38] DVBl. 1/2/1994, pág. 165.

resposta inicial da jurisprudência acaba por contribuir mais para o agravar do problema do que para o serenar dos ânimos.

Se é inegável o carácter estruturante do princípio da laicidade numa sociedade democrática moderna, não se pode pretender que o Estado possa exigir aos alunos que se comportem com a mesma neutralidade a que ele próprio se encontra vinculado. O aluno não tem poderes de autoridade e não dispõe de uma influência decisiva sobre os colegas como um docente. O facto de professar outra fé e de o expressar publicamente deve até servir de pretexto para que os docentes fomentem a tolerância e a paz religiosa na escola, demonstrando aos vários alunos de diferentes credos como coexistir na sociedade plural em que vivem. Para tanto, é naturalmente indispensável que o docente seja um agente do Estado dotado de uma aura de total neutralidade, mas esse é um tópico que deixamos para o próximo ponto da nossa investigação.

Por seu lado, também os pais e alunos não podem exigir uma fruição absoluta da sua liberdade religiosa positiva sem atender aos direitos e interesses dos demais membros da comunidade educativa, designadamente a liberdade religiosa negativa dos demais alunos. A possibilidade de utilização de um sinal de identificação religiosa deve ser permitida quando motivada por motivos de natureza espiritual ou religiosa de carácter individual, mas deve ser cerceada logo que assuma um carácter missionário ou atentatória da paz religiosa escolar – o segredo para a obtenção de uma reposta proporcionada passa por saber traçar a fronteira entre ambas as situações.

Daí que a utilização do *lenço islâmico* ou de outros sinais de identificação religiosa não possa ser reconduzida a uma solução apriorística, antes devendo ser submetida a um juízo concreto de compatibilidade com o princípio da laicidade, mediante recurso a cláusulas gerais e conceitos indeterminados como aqueles que se encontram plasmados no parecer do *Conseil d'État* e na *circular Jospin*[39].

As especificidades do caso turco obstam a que a jurisprudência das instâncias europeias se possa ter por imediatamente aplicável em relação a um eventual caso francês. Ainda assim, há quem aponte que o legislador francês se pode confortar, pelo menos, com o facto da decisão do TEDH não ter considerado ilegítima uma intervenção legislativa neste domínio[40].

[39] Conclusões do Comissário do Governo DAVID KESSLER, in RFDA 9, Jan./Fev. 1993, págs. 112 e segs. e Acórdão de 2/11/1992 in RFDA 9, Jan./Fev. 1993, pás. 118-119.

[40] Assim, Martine LOMBARD, *Anotação a Sahin c. Turquia*, in Droit Administratif (Juris Classeur), Outubro 2004, pp. 35 ss.

2.3. *Docentes*

2.3.1. Passemos de seguida à discussão do problema na esfera jurídica dos docentes das escolas públicas. Apesar da dimensão subjectiva, relativa à liberdade religiosa individual do utilizador do sinal de identificação se poder colocar em termos globalmente idênticos aos que acabámos de analisar quanto aos discentes, o facto de o docente ser titular de uma posição de autoridade que lhe é conferida pelo Estado impele-nos a reponderar os vários interesses em presença. Para além da harmonização de direitos em conflito e da necessidade de preservar a escola como local de paz religiosa, coloca-se agora ainda o problema de assegurar a posição de neutralidade do professor e da escola.

2.3.2. Ao nível das experiências europeias nesta matéria destaca-se, em primeiro lugar, o tratamento da questão na República Federal da Alemanha, onde a problemática da utilização de sinais exteriores de identificação religiosa por docentes se colocou pela primeira vez ainda na década de 80 do século XX. O Tribunal Administrativo Superior de Hamburgo (OVG Hamburg)[41] e o Tribunal Administrativo Superior da Baviera (BayVGH)[42] confirmaram a proibição imposta a um professor de utilizar o traje e colares característicos do movimento Bhagvan Shree Rajneeah, considerando-os contrários ao princípio da neutralidade do ensino, uma vez que traduziriam uma intenção propagandística[43-44].

No entanto, a questão não viria ainda a adquirir projecção mediática ou a dedicação científica da comunidade jurídica alemã. Tal facto ter-se-á ficando a dever em grande parte à reduzida expressão daquele movimento religioso, desligado de uma questão social de fundo como é a integração de comunidades imigrantes que professam uma fé minoritária.

As decisões jurisprudenciais a respeito deste tipo de questões só viriam a atrair a atenção generalizada da doutrina em finais da década de 90 do século passado. O problema prendia-se agora com a intenção mani-

---

[41] Decisão do OVG Hamburg de 26/11/1985, in DVBl., 1985, p. 456.

[42] Decisão do BayVGH de 9/9/1985 in NJW 1985, pp. 721-723.

[43] Cfr. JOHANNES RUX, Das Kopftuch, der Sportunterricht und die Glaubensfreiheit, in Bildung & Wissenschaft, Maio 1993, pp. 39-44.

[44] Curiosamente, como vimos anteriormente, a Baviera é o Land alemão onde em 1995 o Tribunal Constitucional viria a debater a admissibilidade da colocação de crucifixos nas salas de aula pela própria instituição escolar.

festado por duas candidatas à docência em instituições públicas de não abdicar do seu *lenço islâmico* durante as aulas.

O primeiro destes casos colocou-se perante o Tribunal Administrativo de Lüneburg, no *Land* de Niedersachsen (*Verwaltungsgericht – VG Lüneburg*)[45]. Em primeira instância, este Tribunal entendeu que o mero uso do lenço islâmico não constituía em si mesmo um indício da falta de aptidão da candidata para o exercício de funções com professora, acrescentando que, apenas quando são claramente ultrapassadas as fronteiras da tolerância e ocorre uma perturbação da paz religiosa escolar, pode haver lugar a uma restrição ao direito do docente em usar um traço de identificação com conotação religiosa.

Contudo, o Tribunal Administrativo Superior (*Oberverwaltungsgericht – OVG Lüneburg*)[46] viria a decidir em sentido contrário, concluindo que a Administração ainda se encontra dentro da sua margem de livre apreciação permitida ao declarar a inaptidão de uma candidata a docente que declara pretender utilizar o seu lenço por motivos religiosos. O *OVG Lüneberg* sublinha ainda que o facto de a legislação escolar de Niedersachsen consagrar uma componente religiosa na definição do ensino a ministrar não é fundamento suficiente para permitir a utilização do lenço.

O segundo caso é, sem dúvida, aquele que mais atenção suscitou e aquele que tem dado azo a um maior número de intervenções da jurisprudência administrativa e, pela primeira vez, da jurisprudência constitucional alemã. No que toca à configuração da matéria de facto, o segundo processo apresenta-se muito semelhante ao anterior, tratando-se da impugnação de uma decisão desfavorável da administração escolar do *Land* de Baden-Würtemberg no âmbito de um concurso de recrutamento de docentes. Todavia, o percurso do processo foi algo diferente.

Aquele que ficaria conhecido como caso *Ludin*, mereceria uma resposta idêntica de todas as instâncias administrativas chamadas a pronunciar-se. O Tribunal Administrativo de Stuttgart (*Verwaltungsgericht – VG Stuttgart*)[47] confirmou em primeira instância a decisão da Administração quanto à inaptidão da candidata para as funções em causa e sublinhou a necessidade de serem atendidos os direitos dos alunos e pais, bem como o dever de neutralidade do Estado. O Tribunal Administrativo Superior de

---

[45] Decisão do VG Lüneburg, de 16/10/2000, in NJW, 2001, pp. 767 ss.

[46] Decisão do OVG Lüneburg, de 13/3/2002, in NVwZ, 2002, pp. 658 ss.

[47] VG Stuttgart, decisão de 24/3/2000 in NVwZ, 2000, pp. 959 ss.

Baden-Würtemberg (*Verwaltungsgerichtshof – VGH Mannheim*)[48] destacou tratar-se de um caso evidente de recurso aos mecanismos de concordância prática, mas concluiu pela impossibilidade de alcançar uma satisfação mínima de todos os direitos em presença: ao dever de neutralidade e aos direitos dos alunos e pais deveria ser dada primazia.

Finalmente, o Tribunal Administrativo Federal (*Bundesverwaltungsgericht – BVerwG*), confirmou em terceira instância a exclusão da candidata em Acórdão de 4 de Julho de 2002[49]. O *Bundesverwaltungsgericht* invoca uma vez mais o carácter influenciável das crianças em idade escolar e os direitos dos pais a escolher o tipo de educação religiosa dos filhos (particularmente o direito de os manter afastados de qualquer convicção religiosa) como fundamentos bastantes para a exclusão. A neutralidade do Estado prevalece neste caso em absoluto, o que se retira expressamente da passagem do Acórdão em que se reitera o facto de ser inatingível qualquer tipo de equilíbrio harmonizador.

Todavia, a questão viria ainda a ser apreciada pela jurisdição constitucional e conheceria aí o seu desfecho, pelo menos ao nível jurisprudencial. Tendo sido chamado a pronunciar-se sobre a constitucionalidade das decisões jurisdicionais de confirmação da decisão da Administração escolar de Baden-Würtenberg, o Tribunal Constitucional Federal (*Bundesverfassungsgericht – BVerfG)* entendeu dar razão à recorrente, em acórdão de 24 de Setembro de 2003[50]. Contudo, os argumentos que pesaram em favor da queixosa constituiram um desvio em relação ao caminho apontado pelos tribunais administrativos. Apesar de ter afirmado que é duvidosa a qualificação do lenço como um símbolo religioso em si mesmo e de que a situação não é equiparável à colocação de símbolos religiosos nas salas pela própria escola, o *Bundesverfassungsgericht* realçou que não era possível identificar uma base legal suficiente na legislação do *Land* Baden-Württemberg para excluir uma candidata a professora apenas com fundamento no seu desejo de utilizar um lenço durante as aulas. Ao fazê-lo, porém, o Tribunal indica que é possível proceder a essa restrição à liberdade religiosa da autora, desde que de forma clara e com fundamento em valores constitucionais.

[48] VGH Mannheim, decisão de 26/6/2001 in NJW, 2001, pp. 2899 ss.

[49] BVerwGE 4/6/2002 in DVBl. 1/15 Dezembro de 2002, pp. 1645-1647.

[50] BVerfGE in EuGRZ, ano 30, 2003, n.° 17/20, pp. 621 e ss. vide Comentário de Klaas Engelken in DVBl. 2003, n.°s 23/24, pp. 1539 ss.

O Tribunal deixou ainda uma porta aberta a uma futura intervenção legislativa definidora de uma solução diferente para o problema, sugerindo mesmo que face às recentes mutações sociais provocadas pelo crescimento do pluralismo religioso, o legislador poderia repensar o impacto do fenómeno confessional nas escolas.

A 1 de Abril de 2004, o legislador do *Land* em causa seguiu a sugestão do Tribunal Constitucional Federal e adoptou uma alteração à Lei Escolar, introduzindo uma disposição que recolhe os principais argumentos expendidos ao longo de quatro anos nas instâncias jurisdicionais. O n.° 2 do § 38 da referida Lei determina que "*os docentes nas escolas públicas [...]não podem emitir declarações políticas, religiosas, ideológicas ou análogas aptas a perturbar ou colocar em risco a neutralidade do* Land *face aos alunos e pais ou a paz política, religiosa ou ideológica da escola. Um comportamento é particularmente inadmissível se transmitir junto de alunos e pais a impressão de que o docente se manifesta contra a dignidade humana, a igualdade entre as pessoas [...], as liberdades fundamentais ou a ordem democrática fundamental [...]*".

Na sequência desta alteração legislativa, o Tribunal Administrativo Federal *(BVerwG)* viria a pronunciar-se uma última vez sobre a matéria, em 24 de Junho de 2004, aplicando as novas disposições normativas. Assim sendo, uma vez que a base legal exigida pelo Acórdão do Tribunal Constitucional Federal *(BVerfG)* havia entretanto entrado em vigor, o Tribunal Administrativo Federal *(BVerwG)* confirmou a decisão de exclusão da candidata.

Expostos os principais dados em jogo nos processo apresentados, detenhamo-nos um pouco nos argumentos apresentados pelas várias instâncias e pela doutrina, chamada posteriormente a comentar os resultados jurisprudenciais alcançados.

De facto, ao procurarmos chegar a uma solução harmonizadora e proporcionada para o caso, no âmbito de um esforço de concordância prática, temos de ter presente que estamos perante uma verdadeira relação jurídica multipolar[51], onde pontuam direitos subjectivos fundamentais da can-

---

[51] Neste sentido, Ernst-Wolfgang BÖCKENFÖRDE, *"Kopftuchstreit" auf dem richtigen Weg?*, in NJW, 2001, n.° 10, p. 723 ss. e Martin MORLOCK/Julian KRÜPER, *Auf dem Weg zum "forum neutrum"? – Die "Kopftuch-Entscheidung" des BVerwG*, in NJW, 2003, n.° 14, p. 1020.

didata, dos alunos e seus pais, bem como o dever objectivo de neutralidade do Estado[52].

Na esfera da candidata a docente há que atender à liberdade religiosa positiva, na vertente de livre expressão das suas convicções religiosas. Na esfera jurídica dos alunos deparamos com a tutela da sua liberdade religiosa negativa, ou seja, o direito a não ser exposto a manifestações religiosas indesejadas. Em ambos os casos a sede constitucional encontra-se no artigo 4.° da Lei Fundamental de 1949.

Para além da liberdade religiosa dos alunos, há ainda que considerar o direito dos pais a conduzir a educação dos filhos, designadamente a sua educação religiosa (artigo 6.° da Lei Fundamental). Sendo forçados a ceder parte desse direito em benefício do Estado por força da existência de um sistema de escolaridade obrigatória, os pais não podem ser totalmente privados desta componente essencial do desenvolvimento dos filhos.

Finalmente, joga-se ainda o dever de neutralidade religiosa do Estado. Apesar de serem possíveis numerosas leituras desta neutralidade[53], será sempre possível descortinar um sentido mínimo, que passa pela não-identificação do Estado com qualquer Confissão.

Já no que toca à invocação pela candidata de um direito de acesso à função pública livre de discriminações fundadas na sua filiação religiosa (artigo 33.° II e III da Lei Fundamental), parece-nos que a questão não se pode verdadeiramente colocar nestes termos. O que leva a Administração a concluir pela falta de aptidão para o desempenho de funções de docência não é o facto de a candidata professar a fé islâmica, mas sim a sua recusa em abdicar do lenço no contexto escolar. É inegável que há um conflito entre o livre exercício do direito à liberdade religiosa e a abstenção exigida pela Administração escolar. Contudo, não nos parece ser possível

[52] Daí que para alguns autores a comparação com a decisão do Tribunal Constitucional a respeito dos crucifixos não seja muito exacta: naquele caso não deparávamos senão com a contraposição de uma violação do dever de neutralidade ao direito à liberdade religiosa na sua vertente negativa de alguns alunos. MORLOCK e KRÜPER, *Auf dem Weg...*. p. 1020.

[53] Lothar MICHAEL entende que a neutralidade não é um princípio dinâmico, não se encontrando sequer consagrada expressamente na Lei Fundamental. Em última consequência, a sua invocação redundará num regime de laicismo estranho a Direito Constitucional Alemão. Comentário ao Acórdão do BVerwG de 4/7/2002, in Juristen Zeitung, 5/2003, p. 256 ss. Alguns autores sublinham particularmente a distinção em relação aos modelos laicos francês e turco. Neste sentido Helmut GOERLICH, *Distanz und Neutralität um Lehrberuf – zum Kopftuch und anderen religiösen Symbolen*, NJW, 1999, n.° 40, p. 2931 e BÖCKENFÖRDE, *"Kopftuchstreit...*, p. 726.

retirar daí uma discriminação fundada em motivos religiosos[54]. Assim como não é permitido a uma docente muçulmana leccionar com o lenço islâmico, também não é permitido a um adepto do movimento Bhagvan Shree Rajneeah leccionar com os tradicionais trajes rosa e alaranjados.

Muitos autores criticam a tendência laicizante revelada pelos vários tribunais administrativos[55], acusando-os de abdicarem de realizar um exercício de concordância prática e de resolverem a questão em termos puramente abstractos. Pensamos, todavia, que a critíca é algo injusta. O facto de não ser possível alcançar uma solução harmonizadora não significa que não se tenha verificado um esforço nesse sentido[56].

Acreditamos que a ponderação dos vários interesses em presença só pode conduzir à solução defendida pelas instâncias administrativas. Apesar da docente pretender usar o lenço enquanto manifestação de uma crença individual, o que é facto é que ela se identifica necessariamente com o Estado ao exercer funções públicas dotadas de poderes de autoridade[57]. Ao candidatar-se a uma vaga no ensino público, o candidato está ciente de que vai assumir uma série de restrições no exercício de funções, decorrentes da sua inserção numa instituição que prossegue as suas atribuições enquadrada por determinados princípios constitucionais. Mesmo que a candidata não queira transmitir qualquer mensagem subjectiva de missionação através da utilização do lenço, este tem um conteúdo objectivo mínimo inegável e inultrapassável: a identificação com um credo determinado.

Para além da necessidade de assegurar a neutralidade da escola constituir já um obstáculo às pretensões das queixosas, a tutela do direito subjectivo dos alunos à sua liberdade religiosa negativa vem desequilibrar os pratos da balança decisivamente no sentido da proibição da identificação evidente e permanente do docente com um determinado credo.

A invocação da idade dos alunos[58] como possível critério para traçar a fronteira dos casos em que é possível utilizar o véu daqueles em que não o é, também não nos parece ser de acolher: para além do carácter mais ou

---

[54] Em sentido idêntico, Helmut GOERLICH, *Distanz...*2929-2930.

[55] MORLOCK e KRÜPER, *Auf dem Weg*.... p. 1021.

[56] De acordo com GOERLICH, os direitos de terceiros funcionam como limites imanentes ao direito da docente, *Distanz...*, p. 2932.

[57] Em sentido contrário, MICHAEL, *op. cit.*, p. 256 e BÖCKENFÖRDE, "*Kopftuchstreit...*, p. 726.

[58] MORLOCK e KRÜPER, *Auf dem Weg*.... p. 1021.

menos influenciável dos discentes, está em causa a edificação de uma escola neutra e imparcial perante um conjunto de alunos religiosamente heterogéneo. A promoção da tolerância entre credos carece de um agente neutro para arbitrar potenciais conflitos e para conduzir o navio escolar ao bom porto da harmonia e paz religiosas.

Finalmente, acrescente-se apenas que a tentação da doutrina[59] e jurisprudência em avaliar os possíveis significados da utilização do lenço e emitir um juízo acerca da mensagem que este transmite se encontram já para além do que a neutralidade do Estado em matéria religiosa permite. Na medida em que se trata de uma opção religiosa de quem o utiliza, qualquer consideração da Administração escolar ou de um tribunal sobre os valores intrínsecos à utilização do lenço constituem já a emissão de um juízo sobre uma questão religiosa, vedada ao Estado: este não pode pretender quebrar o seu dever de abstenção em relação à mensagem religiosa para defender a sua neutralidade no contexto da escola pública[60-61].

Não deixa, contudo, de ser uma questão jurídico-axiológica fundamental: pode o Estado, em nome da defesa dos valores democráticos essenciais, como a igualdade entre os sexos, quebrar o seu dever de neutralidade em matéria religiosa? Tratar-se-á de matéria de tal forma atentatória à dignidade humana que mereça essa intervenção? Ou estaremos na presença de uma opção individual das mulheres que usam o lenço e em relação à qual o Estado não se pode imiscuir?

2.3.3. Para além do exemplo alemão que acabámos de analisar, o outro país europeu que se debateu com uma questão semelhante em relação à utilização de sinais de identificação religiosa por um docente foi a Suíça. O caso reveste-se ainda de um interesse acrescido, uma vez que suscitou a intervenção do Tribunal Europeu dos Direitos do Homem, a única

---

59 Michael BERTRAMS afirma que o lenço simboliza uma determinada ordem social em que a mulher se encontra subordinada. Uma vez que essa ordem social é contrária aos valores da Lei Fundamental, o Estado encontra aí fundamento para impedi-la de aceder ao exercício da docência numa escola pública. *Lehrerin mit Kopftuch? Islamismus und Menschenbild des Grundgesetzes,* in DVBl., 2003, n.° 19, pp. 1230-1234.

60 Neste sentido, MICHAEL, *op. cit.*, p. 258.

61 De qualquer forma, Rüdiger ZUCK questiona mesmo a possibilidade de atribuir uma mensagem clara à utilização do lenço: propagação da fé, símbolo da opressão da mulher na sociedade islâmica, mensagem política anti-oeste, identificação cultural, afirmação individual? in *Nur ein Kopftuch? Die Schavan-Ludin Deabtte*, in NJW, 1999, n.° 40, p. 2948.

até ao momento a propósito da utilização do véu islâmico por uma professora no ensino público (Caso Dahlab contra Suíça).

A matéria de facto relevante neste caso é ligeiramente distinta daquela que marcou as decisões dos tribunais alemães. Em primeiro lugar, a docente em causa já leccionava numa escola pública do cantão de Genebra desde 1989. Só com a sua conversão ao Islão em 1991 é que a professora adequa os seus trajes aos preceitos corânicos, passando a usar o referido *lenço islâmico*. Ainda assim, a administração escolar apenas intervirá quase cinco anos depois dessa alteração de comportamento, exigindo à docente que abandone o vestuário incompatível com o carácter laico do ensino, em 1996[62].

Já no que respeita à configuração do sistema de ensino suíço, e particularmente no que respeita ao grau de admissibilidade de laços com o fenómeno religioso, é de assinalar uma diferença considerável face ao modelo da República Federal da Alemanha. Como sublinham alguns autores[63], o quadro de relações Estado-Confissões religiosas consagrada na Lei Fundamental Alemã impede a comparação com soluções desenvolvidas à luz de "*modelos de laicisimo*". De facto, o artigo 27.° n.° 3 da anterior Constituição Federal Suíça (de 1874), garantia a neutralidade religiosa na escola pública de forma expressa e inequívoca, ao invés do que pudemos constatar quanto à relativa margem de manobra concedida aos *Länder* alemães. No caso vertente, pode ainda sublinhar-se que a separação entre Estado e Confissões no Cantão de Genebra é particularmente vincada[64].

Tendo procurado sem sucesso impugnar a decisão da Administração escolar junto do Conselho de Estado[65], a docente recorreu para o Tribunal Federal. A 12 de Novembro de 1997, o órgão jurisdicional superior confirmou a anterior decisão do Conselho de Estado, reconhecendo quer a existência de base legal suficiente para a adopção da medida pela Administração escolar[66], quer sublinhando a presença e a primazia de

[62] Curiosamente, este facto, acrescido da ausência de protestos dos pais e alunos e do desinteresse aparente das autoridades da escola em agir inicialmente, não pesou na ponderação feita pelos tribunais suíços.

[63] Lothar MICHAEL, Anotação ao Acórdão do BVerfG de 24/9/2003, in Juristen Zeitung, 5/2003, p. 256 e Johannes RUX, *Das Kopftuch als Missionsinstrument*, DVBl. 2001, p. 1545.

[64] Ou não se tratasse da cidade de Rousseau...

[65] O Conselho de Estado recusou o recurso em Acórdão de 16 de Outubro de 1996.

[66] Os artigos 6.° e 120.° da Lei Cantonal sobre instrução pública e o artigo 164.° da Constituição Cantonal.

interesses públicos relevantes: a neutralidade confessional e a paz religiosa na escola pública.

Os juízes do Tribunal Federal não deixaram ainda de aludir à difícil compatibilização entre a utilização e o significado do lenço e o princípio constitucional da igualdade de tratamento dos sexos, plasmado no artigo 4.° n.° 2 da Constituição Federal de 1874[67]. Ainda cumpre realçar que o Tribunal Federal recorre ao seu acórdão relativo aos crucifixos nas salas de aula para daí retirar algumas ilações para o caso vertente, uma vez que, no seu entendimento, se depara com "*simbolos religiosos fortes*" em ambos os casos.

2.3.4. Como já referimos, à decisão do Tribunal Federal Suíço seguiu-se uma decisão do Tribunal Europeu dos Direitos do Homem[68]. Esta decisão, em linha com a jurisprudência anterior do Tribunal relativa à proibição do uso do véu islâmico por alunas universitárias na Turquia, vem limitar-se a transpôr essa sua orientação para um caso em que o queixoso é um docente.

O TEDH vai concluir pela admissibilidade da restrição ao direito à liberdade religiosa, nos termos do n.° 2 do artigo 9.° da Convenção Europeia dos Direitos do Homem: há no caso concreto uma previsão legal clara e conforme com as exigências da jurisprudência anterior do Tribunal, os fins prosseguidos pela medida são atendíveis (salvaguarda dos direitos e liberdades de terceiros e garantia da paz religiosa na escola através da manutenção do seu carácter laico) e necessários ao desenvolvimento de uma sociedade democrática em que é imperativo assegurar a coexistência de uma pluralidade de credos.

Como podemos constatar, trata-se de uma via argumentativa perfeitamente compatível com as conclusões a que tem chegado a jurisprudência alemã. Alguns autores franceses, porém, manifestam a sua apreensão quanto a possíveis efeitos da decisão do Tribunal Europeu dos Direitos do Homem em relação ao caso francês[69]. Por uma lado, aponta-se uma diver-

---

[67] Quanto à nossa posição a propósito da validade deste argumento, remetemos para as considerações que tecemos anteriormente.

[68] Acórdão do TEDH de 15/2/2001, in NJW, 2001, n.° 39, pp. 2871 ss. e Revue Française de Droit Administratif, Ano 19, n.° 3 2003, Maio-Junho, pp. 542 ss.

[69] Neste sentido, Nicolas CHAUVIN – *Le port du foulard islamique par une enseignante*, in Revue Française de Droit Administratif (RFDA), Ano 19, n.° 3, Maio-Junho 2003, pp. 536 ss.

gência entre a concepção de laicidade dos juízes de Estrasburgo e a que é habitualmente apresentada em França[70]. Enquanto em França a laicidade seria concebida como um princípio essencial para a garantia da liberdade religiosa e de consciência, o Tribunal Europeu teria negligenciado esta visão, optando por desenhar a laicidade como instrumento ao serviço da protecção dos valores democráticos, da tolerância e da igualdade. Assim sendo, estaria aberta a porta à contestação da via francesa em relação aos alunos e funcionários (matéria que abordaremos no ponto seguinte), forçando uma maior abertura à possibilidade de utilização de símbolos religiosos pelos vários actores escolares em França.

Apesar desta leitura alarmante para os mais dogmáticos defensores da recente solução francesa, também encontramos vozes na doutrina que apontam para a plena compatibilidade com a jurisprudência europeia[71]. Em primeiro lugar, o TEDH reporta-se à maior parte dos argumentos apresentados pelo Tribunal Federal suíço, designadamente o papel da laicidade do Estado enquanto princípio estruturante, a necessidade de garantir a laicidade de todos os funcionários dos serviços públicos e a preservação da paz religiosa. Por outro lado, a jurisprudência do Tribunal, concluindo pela admissibilidade da proibição do lenço islâmico nas Universidades da Turquia revelaria de forma ainda mais evidente a compatibilidade entre as duas concepções, como tivemos ocasião de frisar.

Realçamos, contudo, que a questão não pode ser posta em termos idênticos para docentes e discentes e que a ponderação de interesses a realizar em cada caso é distinta. Enquanto admitir que um professor utilize um sinal que o identifique imediata e expresssivamente com um determinado credo religioso atenta necessariamente com o dever de neutralidade do Estado, a utilização de um sinal idêntico por um aluno não compromete a laicidade do ensino público[72].

---

70 Idem, op. cit., p. 540.

71 Jean-François FLAUSS, *Laïcité et Convention européenne des droits de l'homme*, in Revue du Droit Public, n.° 2, 2004, p. 320.

72 Curiosamente, é na *circular Jospin*, que encontramos expressamente consagrada uma orientação a respeito deste problema: "*no exercício das suas funções, os docentes devem evitar todo e qualquer sinal distintitvo de natureza [...] religiosa [...] que acarrete uma lesão da liberdade de consciência dos alunos e do papel educativo recohecido à família*". Claude DURAND-PRINBORGNE afirma mesmo tratar-se de uma proibição absoluta para os docentes, *La "circulaire...*, p. 12.

2.4. *Funcionários não-docentes*

Regressamos agora a França para analisar um problema análogo aos anteriores, mas em que o sujeito envolvido é um funcionário administrativo. Em parecer de Maio de 2000 (caso Marteaux), o Conselho de Estado reconhece carácter de violação das funções à manifestação de convicções religiosas através da utilização do lenço por uma vigilante numa escola pública[73]. O Conselho de Estado afirma expressamente que não se justifica proceder a qualquer distinção baseada no tipo de função exercida pelo agente, nomeadamente no que respeita ao facto de a funcionária em causa não exercer funções de docência. Desta forma, a instância administrativa superior francesa determina a unidade do regime aplicável em matéria de laicidade do Estado na escola.

Chamando à colação o acervo argumentativo esgrimido nos casos que já analisámos, somos compelidos a discordar da posição sustentada pelo *Conseil d'État*. De facto, as exigências de neutralidade religiosa na escola pública não podem colocar-se em termos idênticos para um docente, que assume responsabilidades lectivas e pedagógicas e que contribui directamente para a formação dos alunos, e para um auxiliar administrativo, desprovido dos poderes de autoridade e do grau de influência do professor. Não se verifica, portanto, a sujeição dos alunos à influência constante de um símbolo religioso susceptível de atentar contra a sua liberdade religiosa negativa, nem uma potencial ingerência no direito dos pais a orientar a formação religiosa dos seus filhos. No fundo, a questão remete-se apenas à articulação entre a garantia da laicidade pelo Estado e a liberdade religiosa positiva do agente administrativo.

De certa forma, atenta a ausência da maioria das especificidades derivadas das relações entre o fenómeno religioso e a vida escolar, a questão assume contornos semelhantes aos que se colocam no mundo laboral ou, quanto muito, encontra-se a meio caminho entre a utilização de sinais de identificação por docentes e por discentes.

Daí que nos pareça ser possível alcançar uma posição de equilíbrio neste caso, não sendo necessário sacrificar totalmente a liberdade religiosa dos funcionários em causa. A solução equilibrada da jurisprudência francesa de 1989 em relação aos alunos parece ser a mais adequada para dar resposta também a este caso: apenas deve ser interditada a utilização de sinais de identificação religosa quando essa utilização for ostensiva e pros-

---

[73] Parecer de 3 de Maio de 2000, RFDA 17, Jan/Fev. 2001 pág.146 e segs.

seguir finalidades missionárias ou proselitistas. Naturalmente, deve também atender-se ao tipo de funções desempenhadas, ao tipo e intensidade do contacto com os alunos e ao grau escolar do estabelcimento de ensino.

3. **Notas finais**

Tendo em conta as diferentes tradições em matéria de relações entre Estado e Confissões e a distinta configuração dos sistemas educativos nos ordenamentos jurídicos analisados, bem como as especificidades sócio-políticas de cada Estado, é ainda cedo para nos podermos reportar a uma tendência jurisprudencial europeia uniforme neste domínio. É, todavia, possível identificar um processo argumentativo análogo, assente numa preocupação de alcançar um equilíbrio entre as posições em confronto, através de mecanismos de concordância prática.

A essa aproximação não é certamente alheio o papel unificador da Convenção Europeia dos Direitos do Homem, particularmente os requisitos preceituados no n.° 2 do artigo 9.° da CEDH em matéria de restrições à liberdade religiosa. Apesar de até ao momento as instituições jurisdicionais de Estrasburgo não se terem pronunciado a respeito das soluções jurisprudenciais mais ricas, a francesa e a alemã, a doutrina de ambos os países aguarda com atenção por esse momento e vai antecipando juízos quanto à compatibilidade das "suas" jurisprudências nacionais com uma eventual decisão do TEDH. Até lá, as decisões proferidas nos processos contra a Suíça e a Turquia continuarão a servir de referência aos decisores.

Apesar do início auspicioso e ponderado marcado pelo parecer do *Conseil d'État,* a tendência francesa tem sido no sentido de uma maior rigidificação dos critérios de aferição da admissibilidade de lenços islâmicos nas escolas públicas. Todavia, tal não é consequência de uma inflexão da jurisprudência, resultando sim das intervenções administrativa e legislativa na matéria.

No caso alemão, a evolução recente tem vindo a confirmar a existência de uma corrente jurisprudencial firme junto dos tribunais administrativos. A própria decisão do Tribunal Constitucional Federal não se afasta drasticamente do percurso anterior, realçando apenas a necessidade de previsão legislativa expressa para que as autoridades escolares possam exigir aos docentes que abdiquem de sinais de identificação religiosa. Contudo, no que respeita aos alunos, o fosso com a realidade francesa ainda é grande.

Cumpre ainda notar que enquanto a proibição de colocação de símbolos religiosos pelas escolas se tornou pacificamente parte do acervo jurisprudencial nos países onde foi proferida, a matéria da utilização de sinais de identificação religiosa por funcionários não-docentes levanta ainda diversas interrogações e pode representar o próximo foco de atenção da comunidade jurídica.

BIBLIOGRAFIA CITADA

AUTEXIER, Christian – *Les manifestations d'appartenence religieuse dans les établissements d'enseignement scolaire allemands,* Revue Française de Droit Administratif, Jan.-Fev. 1991, pp. 58 **ss.**

ADRAGÃO, Paulo Pulido – *A Liberdade Religiosa e o Estado,* Coimbra, 2002

BERTRAMS, Michael – *Lehrerin mit Kopftuch? Islamismus und Menschenbild des Grundgesetzes,* in Deutsches Verwaltungsblatt (DVBl.) 2003, n.° 19, pp. 1225 ss.

BÖCKENFÖRDE, Ernst-Wolfgang – *„Kopftuchstreit" auf dem richtigen Weg?,* in Neue Juristische Wochenschriftt (NJW), 2001, n.° 10, pp. 723 ss.

CANOTILHO, J.J. Gomes, *Anotação ao Acórdão do Tribunal Constitucional n.° 174/93,* Revista de Legislação e Jurisprudência, Ano 126, n.°s 3832 a 3834, pp. 277 ss.

CHAUVIN, Nicolas – *Le port du foulard islamique par une enseignante,* in Revue Française de Droit Administratif (RFDA), Ano 19, n.° 3Maio-Junho 2003, pp. 536 ss.

CHORÃO, Mário Bigotte – *Ensino da Religião e Moral* in Concordata entre a Santa Sé e a República Portuguesa, 2001, pp. 204 ss.

COMMISSION DE REFLEXION SUR L'APPLICATION DU PRINCIPE DE LAÏCITÉ DANS LA RÉPUBLIQUE *(Commission Stasi) – Rapport au Président de la République,*

DURAND-PRINBORGNE, Claude
- *La "circulaire Jospin" du 12 décembre 1989* in RFDA 6, 1990
- *Le port des signes extérieurs de convictions religieuses à l'école: une jurisprudence affirmée..., une jurisprudence contestée,* in RFDA 13, 1997

ENGELKEN, Klaus – *Comentário ao Acórdão do Bundesverfassungsgericht de 24/9/2003,* in Deutsches Verwaltungsblatt, 2003, n.°s 23/24, pp. 1539 ss.

FLAUSS, Jean-François, *Laïcité et Convention européenne des droits de l'homme,* in Revue du Droit Public, n.° 2, 2004, pp. 317 ss.

GOERLICH, Helmut – *Distanz und Neutralität im Lehrberuf – zum Kopftuch und anderen religiösen Symbolen,* in Neue Juristische Wochenschriftt (NJW), 1999, n.° 40, pp. 2929 ss.

JAN, Pascal – *La laïcité à l'école: le droit national contre le «droit local» – La loi plutôt que la négociation,* in Revue du Droit Public, n.° 2 – 2004, p. 301 ss.

KESSLER, David – *Neutralité de l'enseignement public et liberté d'opinion des élèves,* in Revue Française de Droit Administratif, 9, Jan.-Fev. 1993, pp. 112 ss.

KNAPP, Blaise – *École et religion en Suisse,* Revue Française de Droit Administratif, 7, Jan.-Fev. 1991, pp. 80 ss.

LAJATERRE, Arnaud – *Le port ostentatoire des signes religieux à l'école,* in Droit Administratif (Juris-Classeur), Fevereiro 1996, p. 1 ss.

LOMBARD, Martine *Anotação a Sahin c. Turquia,* in Droit Administratif (Juris Classeur), Outubro 2004, pp. 35 ss

MACHADO, Jónatas – *Liberdade religiosa numa comunidade constitucional inclusiva,* 1996

MICHAEL, Lothar – *Comentário ao Acórdão do Bundesverwaltungsgericht de 4/7/2002*, in Juristen Zeitung (JZ), 2003, n.° 5, pp. 256 ss.

MIRANDA, Jorge – *Manual de Direito Constitucional, Tomo IV,* 1998, p. 438 ss.

MORLOK, Martin/KRÜPER, Julian – *Auf dem Weg zum „forum neutrum"? – Die „Kopftuch-Entscheidung" des BVerwG,* in Neue Juristische Wochenschrifft (NJW), 2003, n.° 14, pp. 1020 ss.

RIVERO, Jean – *L'avis de l'Assemblée générale du Conseil d'État en date d 27novembre 1989,* in RFDA 6, 1990

ROBERT, Jacques – *Cacophonie,* in Revue du Droit Public, n.°2 – 2004, p. 309 ss.

RUX, Johannes – *Das Kopftuch als Missionsinstrument,* DVBl. 2001, pp. 1542 ss.

VAZ, Manuel Afonso – *Regime das Confissões Religiosas* in Perspectivas Constitucionais, org. Jorge Miranda, vol. III, 1998, pp. 391 ss.

WEBER, Albert/GREWE, Constance – *L'arrêt de la Cour constitutionelle allemande du 16 mai 1995 relatif au crucifix,* Revue Française de Droit Constitutionnel, 25, 1994, p. 183

ZUCK, Rüdiger – *Nur ein Kopftuch? Die Schavan-Ludin Debatte*, in Neue Juristische Wochenschriftt (NJW), 1999, n.° 40, pp. 2948 ss.

AINDA A SUBMISSÃO DO JUIZ À LEI

BREVE APONTAMENTO SOBRE OS PARADIGMAS CLÁSSICOS DA RESOLUÇÃO DO PROBLEMA E SOBRE O MODO COMO SE COLOCA NO DIREITO PORTUGUÊS[1]

RICARDO BRANCO
Monitor da Faculdade de Direito da Universidade de Lisboa

Se há tema com relevo no domínio do jurídico que concita frequentes e profusas reflexões – algumas, inclusivamente, caracterizadas por aquilo a que se poderia chamar uma certa "leveza" ou "descontracção" – é o das relações entre o legislador e o juiz. Desde a franca condenação, hoje comummente propalada, do papel do juiz enquanto "boca que pronuncia as palavras da lei", até a um não menos raro medo de fenómenos de fervorosa judicialização dos sistemas, vários tópicos servem para colocar em crise a medida em que a Lei deve adstringir o juiz e em que o juiz se faz presa ou se liberta da Lei, quando não chega mesmo a substituir-se aos criadores "naturais" desta.

---

[1] O texto que agora se publica corresponde, com significativas adaptações e reformulações, ao primeiro capítulo do relatório de Mestrado apresentado em Setembro de 2004, na cadeira de Direitos Fundamentais, ministrada ao Curso de Mestrado de Jurídico-Políticas iniciado no ano 2003/2004, e intitulado "A Demarcação dos Papéis do Juiz e do Legislador na Definição de Restrições a Direitos Fundamentais Não Autorizadas pela Constituição. Ao Senhor Professor Doutor JORGE REIS NOVAIS, regente da referida cadeira, muito se agradece a atenção, a disponibilidade e a amabilidade empenhadas no acompanhamento da elaboração e na crítica ao referido trabalho, bem como todos os ensinamentos que a inspiraram. Igual agradecimento, em amizade e respeito, é devido ao Senhor Professor Doutor DÁRIO MOURA VICENTE, por tão generosamente ter incitado o autor destas páginas a publicá-las, e ainda por nelas estar também tão patente o que o mesmo autor colheu da sua lição, nos anos em que dela beneficiou como aluno e colaborador.

O presente texto apenas pretende encerrar um brevíssimo lance de olhos sobre algumas reflexões em torno do problema descrito, quase à laia de modesta recordação didáctica útil, como ponto prévio, aos que pretendam fundar ideias novas em campo da Teoria do Direito e do Direito Constitucional tão cheio de tradições e alicerces.

1. Coordenadas históricas gerais da equação das relações entre juiz e legislador

1.1. *A tradição histórica francesa*

A tradição histórica francesa é, indubitavelmente, afirmativa de todo um lastro de subordinação do exercício da função jurisdicional ao parâmetro fornecido pelos actos do legislador. Semelhante lastro evidencia-se, desde logo, na definição material de jurisdição atribuível a MONTESQUIEU.

São por demais conhecidas as impostações deste teórico da separação de poderes, de acordo com as quais "os juízes da nação são apenas a boca que pronuncia as palavras da lei, seres inanimados que lhe não podem moderar nem a força nem o rigor», "as sentenças devem ser a tal ponto fixas que não sejam nunca mais do que um texto preciso da lei» e "o poder judicial há-de ser, de certa maneira, invisível e nulo".

Semelhantes impostações vão, desde logo, estar na origem de uma doutrina que concebe a aplicação do Direito pelos tribunais como um verdadeiro silogismo judiciário, cuja premissa maior é a lei, "absoluta e autosuficiente no fornecimento de critérios jurídicos genérico-abstractamente formulados"[2].

Uma tal doutrina reduz os tribunais a meros aplicadores mecânicos do texto legal, segundo uma lógica silogística absolutamente consistente[3].

---

[2] Cfr. NUNO PIÇARRA, *A Separação de Poderes Como Doutrina e Princípio Constitucional*, Coimbra, 1989, p. 96. Sobre o silogismo judiciário em geral, cfr., ainda, CASTANHEIRA NEVES, *Questão-de-facto-Questão-de-direito ou o Problema Metodológico da Juridicidade*, I, Coimbra, 1967, p. 105 e ss., em especial, pp. 108-109; IDEM, *O Instituto dos «Assentos» e a Função Jurídica dos Supremos Tribunais*, Coimbra, 1983, pp. 80 e ss. e 573 e ss..

[3] Cfr. CASTANHEIRA NEVES, *O Instituto...* cit., p. 81; NUNO PIÇARRA, *A Separação de Poderes Como Doutrina...* e loc cits. na nota anterior. Porém, como assinalam BARBOSA DE MELO (cfr. "Introdução às Formas de Concertação Social", in Boletim da Faculdade de Direito da Universidade de Coimbra, LIX, 1983, pp. 81-82) e NUNO PIÇARRA (ibidem, nota 26), MONTESQUIEU confina este entendimento de lei e de função judicial às

Do mesmo passo, surge ainda uma concepção da lei enquanto acto dotado de generalidade formal[4] e como reacção ao arbítrio do "legislador-juiz" do antigo regime, contra o qual se travou a luta por uma separação orgânico-funcional das funções legislativa e jurisdicional, justamente através da vedação ao último de qualquer poder criador do Direito[5].

A concepção montesquevina da função jurisdicional e suas consequentes derivações inspiram, por exemplo, a proibição revolucionária da interpretação judicial das leis[6] e a instituição do "*référé législatif*, em cujos moldes, se uma orientação decisória anulada duas vezes pelo Tribunal de Cassação fosse retomada terceira vez por um tribunal ordinário, a questão era imediatamente submetida ao corpo legislativo, o qual aprovaria um decreto interpretativo da lei aplicável ao litígio"[7].

A marca francesa na história das relações entre juiz e legislador evidencia-se, por outro lado, no papel central que em tal experiência jurídica ocupa a concepção, atribuível a RROUSSEAU, da lei enquanto expressão da vontade geral[8].

ROUSSEAU, colocado ante a necessidade de «encontrar uma forma de associação que defenda e proteja com toda a força comum a pessoa e os bens de cada associado, e pela qual cada um, unindo-se a todos, só obedeça contudo a si próprio e permaneça tão livre como antes»[9], apresenta como solução o caminho em de acordo com o qual «cada um de nós põe em comum a sua pessoa e todo o seu poder sob a suprema direcção da vontade geral; e nós recebemos em corpo cada membro como parte individual

---

repúblicas e à constituição de Inglaterra, pois em sede de forma de governo monárquico, é outra a sua descrição da função judicial, desta feita inspirada na sua condição de paradigmático cultor da tradição tópico-retórica que ainda dominava o pensamento jurídico do seu tempo.

4 Cfr. NUNO PIÇARRA, *A Separação de Poderes Como Doutrina*... Cit., p. 98.

5 Cfr. CASTANHEIRA NEVES, *Questão*... cit., pp. 108 e ss; NUNO PIÇARRA, *A Separação de Poderes Como Doutrina*... e loc. cits. Na nota anterior.

6 Introduzida pelo artigo 12.° da Lei de 16-24 de Agosto de 1790. Cfr., a propósito, MICHEL TROPER, *La separation des pouvoirs et l'histoire constitutionnelle française*, Paris, 1980, pp. 60 e ss.

7 Cfr., por último, o artigo 21.° da Constituição Francesa de 1791. Sobre o assunto, cfr. MICHEL TROPER, op. cit., pp. 58-59.

8 Sobre o contributo de ROUSSEAU para a teoria da lei, cfr. NUNO PIÇARRA, *A Separação de Poderes Como Doutrina*... cit., p. 130.

9 Cfr. Du Contrat Social (1762), Paris, 1967, Livro I, Capítulo 6, p. 51.

do todo»[10], sendo que, a partir de tal momento, "só há uma lei que, por sua natureza, exige um consentimento unânime e que é o pacto social"[11].

Ainda segundo o filósofo genebrino, "...não há vontade geral sobre um objecto particular..."[12] e "...a lei bem pode estatuir que haverá privilégios, mas não os pode conceder normalmente a ninguém; pode estabelecer várias classes de cidadãos», designar mesmo as qualidades que darão direito a tais classes, mas não pode nomear **tais e tais** cidadãos para que nelas sejam admitidos; pode estabelecer um governo real e uma sucessão hereditária, mas não pode escolher um rei, nem nomear uma família real..."[13]; pelo que "não cabe perguntar se uma lei é injusta, pois ninguém é injusto para si mesmo..."[14].

Em vários domínios da teoria política e da experiência constitucional francesas se identifica, com facilidade, o influxo do pensamento Rousseauneano ao nível das relações entre legislação e jurisdição, sendo que, desde logo e como escreve Nuno Piçarra, "Montesquieu e Rousseau surgem aqui em total consonância: o primeiro é «o oráculo sempre citado» a propósito da concepção de função judicial, que é o corolário lógico preciso de um conceito de lei, de que o segundo foi o pai espiritual de um dos seus traços identificadores: a generalidade formal"[15].

Assim, derivação do conceito de lei inspirador do constitucionalismo francês, situada no campo das relações entre legislador e juiz, pode ser vista, por exemplo[16], na "proibição do controlo da constitucionalidade das leis", a qual, seguramente, "decorreu muito menos do facto de, em França, a separação dos poderes ter sido entendida em sentido rígido ou mecanicista do que do facto de ser um corolário lógico do conceito de lei de que se partia e do de poder judicial como poder «nulo», no preciso sentido de não dever ter qualquer autonomia decisória ou constitutiva perante a lei[17].

---

10 Ibidem, Livro I, Capítulo 6, pp. 51 e 52. Na esteira de Carré de Malberg, afirma Nuno Piçarra que se torna já, a partir deste excerto, visível que não há lugar na teoria do Estado de Rousseau à ideia de direitos individuais de liberdade-autonomia perante o poder soberano...".

11 Ibidem, Livro IV, Capítulo 2, p. 148.

12 Ibidem, Livro II, Capítulo 6, p. 75.

13 Ibidem.

14 Ibidem.

15 Cfr. Nuno Piçarra, *A Separação de Poderes Como Doutrina*... cit., p. 98.

16 Cfr. infra.

17 Cfr. Nuno Piçarra, *A Separação de Poderes Como Doutrina*... cit., p. 169.

De facto, a todo o liberalismo, estavam associados "o dualismo-positivista «função teórica (ou cognitiva) e função de poder» (ou volitiva), pelo qual se pensasse caber unicamente a primeira à função jurisdicional, que também por ela se definiria"[18], "a ilusão, não menos positivista, tanto de reduzir o poder político a relações jurídicas através do domínio total e anónimo da lei, como de anular o poder da função judicial considerando-a mera aplicadora mecânica ou dedutiva da mesma lei"[19], e o "postulado [consequentemente] positivista de que a criação do direito é uma função política que deve ser subtraída à função jurisdicional"[20].

Há ainda um outro aspecto de relevância suprema para o estudo das relações entre juiz e legislador, aspecto esse encontrado na confluência, originariamente francesa, das concepções de poder legislativo e de poder judicial. Trata-se de um modelo de estruturação da jurisdição, nascido no pós-Revolução Francesa em reacção ao protagonismo dos "*parlements*" no Antigo Regime, e continuado por força do autoritarismo napoleónico, a que podemos chamar modelo de juiz-burocrata ou funcionário[21].

Neste modelo avulta a presença de um juiz aplicador do silogismo judiciário, em cuja estrutura argumentativa a mecanicidade da dedução prima sobre o conteúdo dos fundamentos, e a necessidade lógica da conclusão sobre a sua justiça substancial[22], na linha de um conceito de administração da justiça enquanto aplicação de normas concebidas como preceitos gerais, abstractos e, por conseguinte, não carecidos de interpretação ou integração[23].

Em síntese, pode afirmar-se que a tradição francesa, no capítulo das relações entre legislador e juiz, resulta numa total confluência de factores determinantes de indubitável prevalência do primeiro face ao último.

1.2. *A tradição histórica dos países de "common law"*

Balanço bem diferente do que encerrou a rubrica anterior é, em matéria de relações entre o legislador e o juiz, o resultante da tradição histórica dos países de "*common law*".

---

[18] Cfr. Castanheira Neves, *O Instituto...* cit., pp. 420-421.

[19] Ibidem, p. 421.

[20] Ibidem, p. 428.

[21] Cfr. Michelli Taruffo, «Il Modello Burocratico di Amministrazione della Giustizia», in Democrazia e Diritto, n.' 3, 1993, p. 249.

[22] Cfr. Cfr. Michelli Taruffo, op. cit., p. 252.

[23] Ibidem, p. 253.

A identificação, tanto em termos históricos como actuais, dos sistemas jurídicos de matriz anglo-saxónica como sistemas de «*common law*» traduz a supremacia, a um primeiro tempo consolidada na Grã-Bretanha, de um conjunto de normas jurídicas de criação judicial, originariamente respeitantes «ao lançamento de impostos, à proibição da violação da legalidade mesmo pelo próprio Rei e, acima de tudo, à protecção do indivíduo contra a prisão, o confisco e outras penas arbitrárias»[24], mas hoje produzidas em todos os sectores da vida jurídica.[25]

Logo a partir desta definição se apercebe, como característica essencial dos sistemas jurídicos anglo-saxónicos no que toca às relações entre legislador e juiz, algo que, conforme se assinalou há pouco, surge como impensável na tradição revolucionária francesa: a criação jurisprudencial do Direito, completamente refractária à tendencial identificação continental do Direito com a lei.

Os sistemas caracterizam-se, então, por serem o fruto de uma experiência jurisprudencial, "não obstante crescer também no âmbito desses sistemas a importância da *statutory law*, do Direito legislativo"[26].

Melhor concretizando, as normas e princípios integrantes dos sistemas de "*common law*" revelam-se na observância de precedentes judiciais obrigatórios "e não na legislação, que se manteve praticamente inexistente durante séculos"[27].

Trata-se, nestes termos, de "sistemas jurídicos fundamentalmente de criação jurisdicional, ou de Direito judicial, (...) de tal modo que o próprio Direito legislativo tende a ser absorvido por esse jurisdicional *common law*, pois uma vez interpretada e aplicada jurisdicionalmente a *statutory law*, são os precedentes dessa interpretação e aplicação, e não directamente os textos legislativos, que passam a ser referidos"[28].

A ideia de "*common law*" cujos fundamentos vem de se descrever desempenha um papel central na análise das relações entre o legislador e

---

[24] Cfr. NUNO PIÇARRA, *A Separação de Poderes Como Doutrina...* cit., p. 46.

[25] Cfr. MARTIN KRIELE, *Introducción a la teoría del Estado: fundamentos históricos de la legitimidad del estado constitucional democrático,* Trad., Buenos Aires, 1980, p. 142-143.

[26] Cfr. CASTANHEIRA NEVES, "Fontes do Direito", in Polis, II, 1984, p. 1524; e ainda, no mesmo sentido, KRIELE, op. cit., p. 143.

[27] Cfr. a referência da nota anterior e ainda, no mesmo sentido, RENÉ DAVID, *Les Grands Systèmes de Droit Contemporains*, Paris, 2002, p. 281 e ss.

[28] Cfr. CASTANHEIRA NEVES, "Fontes..." cit., p. 1525; no mesmo sentido, cfr. RENÉ DAVID, op. cit., p. 271 e ss..

o juiz segundo a tradição anglo-saxónica e situa essa análise muito para além de um predomínio estatístico, ou em termos de jurídica-positividade, do Direito judicial sobre o Direito escrito. Em rigor, das experiências de "*common law*" flui uma ideia de Direito enquanto desenvolvimento dialecticamente conforme às regras do processo judicial, enraizado à medida em que adquire experiências em torno do Direito existente[29].

Sendo a dialéctica processual o fundamento da criação do Direito, ela terá, de algum modo e em termos lógicos, de se transferir para o campo da génese do Direito não judicial. Assim, nos Estados de "*common law*", "a democracia parlamentar deve entender-se histórica e teoricamente como transposição da ideia de processo judicial para o processo político de legislação"[30]. À imagem do poder judicial, "o poder político canaliza os conflitos de interesses, de poder e de opinião para uma controvérsia processualmente regulada, de onde resulta uma decisão obrigatória"[31]. Segundo a explicação que deste fenómeno dá KRIELE, o começo da elaboração do Direito está no facto de alguém ter uma experiência de injustiça num caso não regulado pela lei e apelar ao juiz no sentido de afirmar determinada hipótese normativa de resolução do seu caso[32], sendo o objecto da controvérsia "a questão de saber se se justifica converter esta hipótese, mediante uma decisão, em norma, seja por meio do efeito da *ratio decidendi* como precedente, no caso do Direito judicial, seja mediante a Lei"[33].

A experiência jurídica jurisprudencial dos países de "*common law*" afirma-se noutros pontos para além da sua frequência estatisticamente superior à da experiência legislativa parlamentar, ou do carácter inspirador do *iter* procedimental a observar na decisão legislativa. Ela faz emergir da própria aplicação do Direito um conjunto de regras com efeitos decisivos em zonas nodais da estrutura da comunidade politicamente organizada, como as dos direitos fundamentais e dos conflitos de competência entre o legislativo e o executivo[34], regras essas a partir das quais se forma uma

---

29 Cfr. KRIELE, op. cit., p. 142.

30 Cfr. a referência da nota anterior. A este propósito, KRIELE chama a atenção para o facto de o Parlamento Britânico encontrar a sua raiz histórica na "*curia regis*", órgão que detinha originariamente a função jurisdicional e integradora do Direito, entre outras; cfr. ibidem, p. 143.

31 Cfr. KRIELE, op. cit., p. 143.

32 Cfr. referência da nota anterior.

33 Ibidem.

34 Cfr. KRIELE, op. cit., p. 167.

verdadeira consciência jurídica de liberdade[35]. A por demais conhecida expressão "*rule of law*" designa, precisamente, o conjunto «dos princípios, das instituições e dos processos que a tradição e a experiência dos juristas e dos tribunais mostraram ser essenciais para a salvaguarda da dignidade das pessoas frente ao Estado, à luz da ideia de que o Direito deve dar aos indivíduos a necessária protecção contra qualquer exercício arbitrário do poder»[36], *maxime*, acrescentaríamos nós com referência ao objecto do presente trabalho, do poder legislativo.

A incidência da "*rule of law*" descreve-se, pelo menos, na Supremacia absoluta ou predominante da lei elaborada segundo o processo ordinário – em contraposição à influência do poder arbitrário, da prerrogativa ou do poder discricionário do governo –, na igualdade perante a lei, no carácter prévio e inviolável dos direitos pessoais, tais como definidos e defendidos pelos tribunais, e na determinação da posição da Coroa "pela extensão dos princípios de direito privado levada a cabo pelos tribunais e pelo Parlamento»[37].

Dir-se-ia, em síntese, que a "*rule of law*" compreende um conjunto de regras constitucionais, originariamente de "*common law*", referentes, "sobretudo, à participação do parlamento na tarefa legislativa, especialmente em matéria de impostos, à proibição de violações da lei pelo Rei, e (...) à protecção do indivíduo contra detenções, castigos, confiscos e assassinatos arbitrários"[38].

Dentro da tradição anglo-saxónica, *maxime* na própria Grã-Bretanha, onde não existe Constituição escrita, a *rule of law* surge, por conseguinte, como uma espécie de Direito Constitucional jurisprudencial limitativo da acção quer do poder legislativo, quer dos demais poderes públicos; um pouco à imagem da força enquadrante do princípio do Estado de Direito ou do Estado Constitucional, respectivamente na Alemanha e em

---

[35] Ibidem, pp. 168-169.

[36] Cfr. Jorge Miranda, *Manual de Direito Constitucional,* I, Coimbra, 5.ª Ed., Coimbra, 1996, p. 130; Nuno Piçarra, *A Separação de Poderes como Doutrina...* cit., p. 44. Jorge Reis Novais define mais sinteticamente a "*rule of law*" como "experiência de limitação do poder e reconhecimento dos direitos fundamentais"; cfr. Contributo Para uma Teoria do Estado de Direito, Coimbra, 1987, p. 47.

[37] É este o mínimo material da "*rule of law*" a cuja identificação procede DICEY, citado por Jorge Reis Novais, in Contributo... cit., p. 48.

[38] Cfr. Kriele, op. cit., p. 166.

França[39], mas produzindo como resultado prático, nos sistemas jurídicos em que vigora, a adstrição dos órgãos políticos, no exercício dos seus poderes normativos, ao respeito de limites formais e substanciais impostos pelo Direito jurisprudencial[40].

Diga-se ainda que, no mesmo contexto de "common law", nem sequer a existência de Constituição escrita obsta à centralidade do papel do juiz face à Lei. A *judicial review* americana, associada à vigência de Constituição em sentido formal e instrumental, desde logo, significou "a integração do poder judicial no «processo equilibrante» entre os órgãos estaduais, processo esse que, de acordo com o esquema da balança dos poderes, apenas englobava até então o poder legislativo e o poder executivo"[41].

Contrariamente ao que sucedeu no Estado de Legislação parlamentar, como frisa NUNO PIÇARRA em comentário à citação do parágrafo anterior, "não só são aqui claramente concebíveis leis «injustas e parciais» e «maus legisladores» eleitos, como à função judicial é reconhecido um carácter claramente constitutivo e criador de Direito"[42], do qual ressaltam "um poder de interpretação – que em França se chegou a pretender proibir aos tribunais – e, especialmente, um poder de ponderação entre normas de diferente força jurídica"[43], atribuídos a um juiz que "está longe, nesta óptica, de poder ser identificado com a viva *vox legis* ou boca que profere as palavras da lei, sobretudo quando não é evidente ou automática a desconformidade de uma lei com a Constituição, – o que, aliás, sucede na grande maioria dos casos"[44].

Sem tradução expressa na Constituição Americana, por não ter prevalecido na constituinte com a força suficiente[45], este ideário da *judicial*

---

39 Entre a génese da "*rule of law*", ligada à experiência jurídica comunitária jurisprudencial de um povo, e o princípio do Estado de Direito, filosoficamente elaborado numa posição de relativo alheamento da experiência jurídica comum, há significativas diferenças; para o seu elenco, cfr., por todos, KRIELE, op. cit., pp. 146 e ss.. Identificando "*rule of law*" com "*État Constitutionnel*", cfr. JORGE MIRANDA, *A Constituição de 1976 – Formação, Estrutura, Princípios*, Lisboa, 1978, p. 473-474, nota 1.

40 Cfr., neste sentido, LUIGI MOCCIA, "Diritto giurisprudenziale, legislazione e principio di legalità nel mondo di common law", in Rivista trimestrale di diritto e procedura civile, n.° 3, 1988), p. 897-912.

41 Cfr. NUNO PIÇARRA, *A Separação de Poderes como Doutrina*... cit., cit., p. 202.

42 Cfr. *A separação de Poderes como Doutrina*... cit., p. 203.

43 Ibidem, p. 204.

44 Ibidem.

45 Cfr. MAURO CAPPELLETTI, *Il controllo giudiziario di costituzionalità delle leggi nel diritto comparato*, Milano, 1968, pp. 41 ss; GUSTAVO ZAGREBELSKY, La Giustizia Costituzionale, Bologna, 1988, p. 17.

review acabou por se implantar, em termos definitivos, com a decisão do caso *Madison v Marbury*, onde MARSHALL escreveu: «É, sem dúvida, da competência e dever do poder judiciário interpretar a lei. Aqueles que a aplicam aos casos particulares devem, necessariamente, explaná-la, interpretá-la. Se duas leis se contrariam, os tribunais devem decidir sobre o seu âmbito de aplicação. Assim, se uma lei estiver em contradição com a Constituição, e se tanto uma como outra forem aplicáveis ao caso, de modo a que o tribunal tenha de decidir de acordo com a lei desatendendo à constituição, ou de acordo com a constituição rejeitando a lei, ele terá, inevitavelmente, de escolher dentre os dois preceitos opostos aquele que regulará a matéria. Isto é da essência do dever judicial. Se, portanto, os tribunais devem observar a Constituição, e se esta é superior a qualquer lei ordinária do poder legislativo, é a Constituição e não a lei ordinária que há-de regular o caso a que ambos dizem respeito».

Para implantação definitiva da *judicial review* nos Estados Unidos da América foi, em última análise, decisiva a tradição inglesa do carácter constitutivo da jurisdição, enquanto instância de criação de normas mais importante do que o Parlamento"[46].

2. Actuais coordenadas da definição das funções legislativa e jurisdicional: em especial, o caso Português

Feito um breve excurso em torno das soluções apresentadas para o problema em análise, cumpre agora, tendo por base fundamental o Direito Constitucional Português, descobrir o modo como, na actualidade, juiz e legislador se podem relacionar, à luz das doutrinas contemporâneas da separação de poderes e das funções do Estado.

2.1. *Do problema em geral*

2.1.1. *Função legislativa e função jurisdicional*

Reportando-nos directamente ao caso português, a importância do contributo da definição material das funções do Estado para a determinação das relações constitucionalmente admissíveis entre juiz e legislador

[46] NUNO PIÇARRA, *A Separação de Poderes como Doutrina...*, pp. 207-208.

parece de relativizar quando se atende, por exemplo, a debilidade ontológica da função legislativa na Constituição. Assim, para além de o campo de actuação da função legislativa só se mostrar com contornos definidos "no conjunto de matérias sujeitas a reserva de lei e a tipicidade legal"[47], o próprio sentido da lei na Constituição, enquanto resultante do exercício dessa função, é objecto de discussão que opõe os autores favoráveis à categorização da lei como acto dotado de generalidade e abstracção[48] a quantos, ante a indefinição normativa das opções constitucionais nesta sede e tendo por único norte o elenco de actos legislativos previsto no n.° 4 do artigo 112.°, adoptam um conceito eminentemente "decisionista" ou formal de lei[49].

Já no tocante à definição material da função jurisdicional e dos actos resultantes do respectivo exercício, a Constituição é bem menos parca a fornecer critérios de orientação do que foi a propósito da função legislativa.

O maior grau de clareza na definição constitucional da função jurisdicional é desde logo sensível por ocasião da leitura do artigo 202.° da Constituição, no qual, sob a epígrafe "função jurisdicional", se dispõe que "os tribunais são os órgãos de soberania com competência para administrar a justiça em nome do povo" e que "na administração da justiça incumbe aos tribunais assegurar a defesa dos direitos e interesses legalmente protegidos dos cidadãos, reprimir a violação da legalidade democrática e dirimir os conflitos de interesses públicos e privados». Com todo o propósito para a definição dos moldes do exercício da função jurisdicional, encontra-se preceituada no artigo 203.° a independência dos tribunais, os quais, segundo o mesmo artigo, "apenas estão sujeitos à lei". A norma do artigo 204.°, por seu turno, prevê que, "nos feitos submetidos a julgamento não podem os tri-

---

[47] Cfr. Jorge Miranda, Manual... cit., V, 1998, p. 146.

[48] Cfr., neste sentido, Jorge Miranda, "Sentido e Conteúdo da Lei como Acto da Função Legislativa", in Nos 10 Anos da Constituição, Lisboa, 1986, p. 187; idem, Manual... cit., V, p. 143 e ss., com os argumentos essenciais a pp. 146-147; Manuel Afonso Vaz, "O conceito de lei na Constituição portuguesa, uma perspectiva de reflexão", in Direito e Justiça, III, 1987-1988, p. 204 e 216; Luís Pereira Coutinho, "As Duas Subtracções. «As Duas Subtracções. Esboço de uma reconstrução da separação entre as Funções de Legislar e de Administrar», *in Revista da Faculdade de Direito da Universidade de Lisboa*, XLI, 1, 2000, pp. 109 e ss.

[49] Neste outro sentido, cfr. Marcelo Rebelo de Sousa, op. cit., p. 256; Nuno Piçarra, "A Separação de Poderes na Constituição de 76", in Nos 10 Anos... cit., p. 167; David Duarte, *Da Lei Medida na Democracia Social,* Lisboa, versão inédita, 1992, pp. 70 e ss.; Carlos Blanco de Morais, *As Leis Reforçadas no Âmbito dos Critérios Estruturantes das Relações Entre Actos Legislativos,* Coimbra, 1997, pp. 131 e ss.; Gomes Canotilho, *Direito Constitucional e Teoria da Constituição,* 7.ª Ed., Coimbra, 2003, p.

bunais aplicar normas que infrinjam o disposto na Constituição ou os princípios nela consignados"; e, nos termos do n.° 2 do artigo 205.°, "as decisões dos tribunais são obrigatórias para todas as entidades públicas e privadas e prevalecem sobre as de quaisquer outras autoridades.

A partir deste núcleo de normas constitucionais, têm sido ensaiadas várias definições de função jurisdicional, as quais, todavia, só diferem umas das outras na completude com que abordam o tema ou em pressupostos de pormenor.

Assim, Afonso Queiró, por exemplo, escreve que «Ao cabo e ao resto, o *quid specificum* do acto jurisdicional reside em que ele não apenas pressupõe mas é necessariamente praticado para resolver uma «questão de direito»[50]; e que "se, ao tomar-se uma decisão, a partir de uma situação-de-facto traduzida numa «questão de direito» (na violação do direito objectivo ou na ofensa de um direito subjectivo), se actua, por força da lei, para se conseguir a produção de um resultado prático diferente da paz jurídica decorrente da resolução dessa «questão de direito», então não estaremos perante um acto jurisdicional...»[51].

Castanheira Neves, por seu turno, mantendo um contraponto constante entre jurisdição e legislação, é o autor que procede a uma mais completa caracterização material da função jurisdicional, fazendo-a decorrer de considerações relativas ao "objecto de decisão, ao critério normativo, ao modo metodológico e à intencionalidade axiológica..."[52] do juízo jurisdicional, e empreendendo-a com o objectivo de não forçar os tribunais, apesar da sua dimensão criadora de normas jurídicas, "a abandonar o domínio do Direito ou da intenção específica do Direito, para terem que cair no domínio geral do político ou da específica intenção política"[53].

Ao propósito de distinguir a jurisdição da actividade estadual de cunho político importam fundamentalmente, no que diz respeito ao juízo jurisdicional, o seu critério normativo, plenamente identificado com o Direito objectivo em si mesmo e não com outros fins cuja prossecução, por força da norma, o juízo haja de efectivar[54]; o seu modo metodológico, no contexto do qual a "solução-decisão não se traduzirá (...) na prescrição de uma alternativa solução programática em vista do futuro e sim na afirma-

---

[50] Cfr. Afonso Queiró, «*A Função Administrativa*», in Revista de Direito e Estudos Sociais, Ano XXIV, n.°s 1-2-3, Janeiro-Setembro de 1977, p. 31.

[51] Ibidem.

[52] Cfr., *O Instituto...* cit., p. 438.

[53] Idem.

[54] Ibidem, pp. 442-443.

ção de um juízo de validade normativa que há-de ser assimilada por aquela situação e no seu presente histórico-social"[55]; e a sua intencionalidade, que é a intencionalidade "material do direito e não (...) qualquer outra que seja também dimensão do sistema político-jurídico"[56], designadamente a da legislação, enquanto determinação política do jurídico[57].

2.1.2. *A distinção entre legislação e jurisdição como corolário do princípio da separação de poderes*

Atentos os diferentes graus de densidade das definições constitucionais de legislação e de jurisdição, há quem afirme que "se a Constituição actual não define a função legislativa, nem a lei, não se coíbe de definir a função jurisdicional, reservando-a, em exclusivo, aos tribunais (art. 202.°) (...) logo, a função legislativa não pode confundir-se com a jurisdicional ou absorvê-la; não pode ser praticado, sob a forma de lei, um acto da função jurisdicional (...); e, mesmo quando por força de lei retroactiva, porventura, se afectassem casos julgados – se tal fosse constitucionalmente possível – teria de se interpor sempre uma nova decisão jurisdicional"[58].

Na decorrência de tal afirmação, tem a doutrina sustentado a inconstitucionalidade material, por violação do princípio da separação e interdependência de poderes e do artigo 202.° da Constituição, de normas jurídicas, constantes de actos legislativos, que, designadamente, invalidem retroactivamente negócios jurídicos[59] ou revoguem decisões normativas de tribunais superiores[60].

Quanto a possíveis actos jurisdicionais usurpadores do poder legislativo ou a leis materialmente jurisdicionais por conterem a previsão da prática desses actos, em contrariedade com o princípio da separação e interdependência dos órgãos de soberania, a sua aparição é, mesmo na história recente, por demais conhecida. Os assentos, por exemplo, na medida em que resolviam, com força obrigatória geral e futura, conflitos de jurispru-

---

[55] Ibidem, p. 439.

[56] Ibidem, p. 453.

[57] Ibidem, p. 452.

[58] Cfr. Jorge Miranda, Manual... cit., V, pp. 142-143.

[59] Cfr., por todos, Jorge Miranda, "Anotação ao Acórdão do Tribunal Constitucional n.° 365/91, de 7 de Agosto, in O Direito, 1992, pág. 668.

[60] Cfr., por todos, Menezes Cordeiro, "Da Inconstitucionalidade da Revogação dos Assentos", in Perspectivas Constitucionais, I, Coimbra, 1996, pp. 804 e ss..

dência sobre determinada matéria, foram considerados, por Castanheira Neves, como actos materialmente legislativos, precisamente por encerrarem «uma prescrição jurídica (imperativo ou critério normativo-jurídico obrigatório) que se constitui no modo de uma norma geral e abstracta, proposta à pré-determinação normativa de uma aplicação futura, susceptível de garantir a segurança e a igualdade jurídicas, e que não só se impõe com a força ou a eficácia de uma vinculação normativa universal como se reconhece legalmente com o carácter de fonte de direito»[61].

De forma até mais interessante para o presente excurso, sustentava Marcello Caetano, ainda na vigência da Constituição de 1933 mas dentro de pressupostos coincidentes, *mutatis mutandis*, com os do texto constitucional de 1976, que dispondo a Constituição que os tribunais estão limitados à função judicial, isto é, à actividade de julgamento de casos concretos segundo as formas processuais tendentes à aplicação do direito constituído (artigo 116.°), e que a função de fazer leis e interpretá-las pertence à Assembleia Nacional (artigo 91.°, n.° 2) e ao Governo (artigo 109.°, n.° 2), a atribuição cometida por lei ordinária a um tribunal de função legislativa é inconstitucional"[62-63].

Nos dois pontos anteriores e noutros análogos, a fronteira entre legislação e jurisdição haverá de ser traçada com recurso aos tópicos fornecidos pelo princípio da separação e interdependência dos órgãos de soberania, plasmado, enquanto método de análise das relações entre órgãos e

[61] Cfr. O Instituto... cit., p. 315.

[62] Cfr. *Manual de Direito Administrativo*, I, 10.ª Ed. Coimbra, 1983, pp. 122 e ss.

[63] O argumento que levou ao julgamento de inconstitucionalidade do artigo 2.° do Código Civil, na parte em que identificava como fontes de Direito os assentos, bem como das normas processuais correspondentes, é todavia outro e vem bem sintetizado na explicação de Gomes Canotilho e Vital Moreira, em cujos termos do actual n.° 6 do artigo 112.° deriva, entre outras coisas, a inconstitucionalidade dos assentos em relação a normas legais, porque, independentemente da sua caracterização dogmática como *legislatio* ou *jurisdictio*, eles se arrogam ao direito de interpretação (ou integração) autêntica da lei, de forma vinculativa para terceiros; de resto, eles sempre estariam por natureza excluídos em matéria de reserva de lei, pois aí só a lei pode estabelecer normas»; cfr. Constituição da República Portuguesa Anotada, 3.ª Ed., Coimbra, 1993, p. 511 e, em sentido coincidente, o Acórdão do Tribunal Constitucional n.° 810/93, de 7/12, publicado no Diário da República, n.° 51, II Série, de02/03/94, p. 1984. Contra, Barbosa de Melo, Sobre o problema da competência para assentar, Coimbra, 1988, pp. 48-49; Assunção Esteves, em voto de vencido junto ao Acórdão n.° 810/93; Jorge Miranda, Manual... cit., V, pp. 213-214; todos sustentando que o congelamento do grau hierárquico previsto no n.° 6 do artigo 112.° se aplica, unicamente, aos regulamentos, proibindo-os quando interpretativos ou integrativos, e não a actos normativos da função jurisdicional.

funções do Estado, no artigo 111.° da Constituição, onde se dispõe que «os órgãos de soberania devem observar a separação e a interdependência estabelecidas na Constituição».

O primeiro postulado a extrair do enunciado do artigo 111.° da Constituição, com relevo para a análise das relações entre legislador e juiz, é o de que essa análise terá de fazer-se "a partir da elaboração dos preceitos da constituição concreta que o acolheu, precisamente dos preceitos que estabelecem a ordenação de competências jurídico-constitucionais (...) o que passa pela indagação das funções e das tarefas que a Constituição atribui a cada um dos órgãos que cria, da legitimação, do procedimento e da responsabilidade que lhes assinala e dos meios de recíproco controlo de que os dota"[64].

Feita semelhante precisão, cumpre então partir para uma caracterização de Direito Constitucional positivo dos elementos de relação entre legislação e jurisdição. Como já se deixou entrever, dentro da pressuposição, pelo princípio da separação de poderes, de "uma teoria das funções do Estado material ou intrinsecamente caracterizadas, a Constituição fala de uma função legislativa (artigos 161.°, 164.°, 165.° e 198.°, n.° 1) cujo exercício é atribuído à Assembleia da República e ao Governo (...)[65]; e de uma função jurisdicional (art. 202.°) atribuída exclusivamente aos Tribunais"[66].

Por outro lado, no universo de controlos secundários ou objectivos constitucionalmente previstos, avultam, de forma decisiva, mecanismos de controlo jurisdicional, como o da constitucionalidade, atribuído ao Tribunal Constitucional e aos demais tribunais (artigos 204.° e 277.°/1), e o da actuação administrativa, subordinado à tutela jurisdicional dos direitos e interesses legalmente protegidos dos particulares, conforme resulta dos artigos 212.°, n.° 3 e 268.°[67].

De resto são, quer a possibilidade de separar materialmente ambas as funções, quer a determinação do papel desempenhado por cada um dos actos praticados no respectivo exercício que melhor permitem demarcar, com arrimo no princípio da separação de poderes, as áreas de actuação preferencial do legislador e dos tribunais.

---

[64] Cfr., por todos, NUNO PIÇARRA, *A Separação de Poderes na Constituição...* cit., p. 156.

[65] E ainda nas três primeiras alíneas do n.° 1 do artigo 227.° quanto às Assembleias Regionais.

[66] Cfr. NUNO PIÇARRA, *A Separação de Poderes na Constituição...* cit., p. 158.

[67] Ibidem.

Mas para além da repartição de poderes entre o legislador e os tribunais resultante da Constituição, o peso relativo de cada uma das funções face à outra mede-se, igualmente, pelo grau de densidade e de força determinante do exercício de funções alheias que os actos de uma ou outra contêm.

Nesta sede, foi importantíssima a constatação de DWORKIN, segundo a qual os casos particulares carecidos de regulação jurídica podem encontrar, no Direito, não só soluções normativas incondicionalmente subsumíveis na respectiva situação de facto, entre outras que o não são, e automaticamente desencadeadoras de um competente efeito jurídico, como também soluções a serem ponderadas quando tal se mostre pertinente, enquanto razão que aponta para uma determinada consequência, entre outras que apontam para consequências distintas[68]. Estas últimas soluções são por DWORKIN identificadas como provenientes dos princípios, os quais diferem das regras na medida em que estas ou se aplicam ao caso ou não se lhe aplicam, isto é, quando os factos nelas previstos têm lugar, ou bem que são válidas, caso em que a solução delas decorrente deve ter lugar, ou são inválidas e em nada contribuem para a decisão do caso[69].

Ora o princípio jurídico, porque falho de uma pré-determinação tão forte como a da regra, ganha todo o seu significado no caso concreto, porquanto, "resolvido o litígio, pode dizer-se que o julgado comporta, ele próprio, o significado de uma regra especial, (...) regra que não existe antes de (...) o tribunal lançar mão de princípios jurídicos para a criar e aplicar *ex novo*"[70]. Assim, recorrendo a um dos casos apresentados por DWORKIN como exemplo da função jurígena dos princípios, "em 1889, no célebre caso «*Riggs contra Palmer*», um tribunal de Nova Yorque teve que decidir se determinado herdeiro, instituído no testamento de seu avô, podia herdar nos termos da disposição testamentária, mesmo se tivesse assassinado o avô com o fim de ficar com o respectivo património. Afirmou o tribunal: "É verdade que as leis referentes à feitura, à prova e aos efeitos dos testamentos, como as referentes à transmissão da propriedade, se analisadas literalmente e aplicadas de forma absoluta, conferem a propriedade ao assassino. Mas todas as leis e todos os contratos podem ser restritos,

---

[68] Cfr. DWORKIN, *Taking Right Seriously*, 3.ª ed., London, 1982, capítulo II; consultámos a tradução francesa deste capítulo, a cargo de MICHEL TROPER, publicada sob o título "Le Positivisme", in Droit et société, n.° 1, 1985, in casu pp. 35 e ss..

[69] Ibidem, p. 37.

[70] Ibidem, p. 41.

nos seus efeitos, segundo máximas gerais da *common law*. Ninguém pode tirar vantagem da fraude ou do mal por si praticados"[71]. DWORKIN vem justamente a concluir que "da decisão emerge a regra específica segundo a qual o assassino não pode herdar por virtude do testamento da sua vítima"[72].

Deste modo, pode afirmar-se, com ESSER, que "o aumento de importância (...) da legislação judicial no continente corre parelho com o reconhecimento de que o centro de gravidade se vai deslocando progressivamente do sistema codificado para uma casuística orientada segundo princípios"[73]. Afirmando que "o pensamento jurídico (...) deve atrever-se a tomar como base da sua argumentação princípios que muito dificilmente podem fundamentar-se na lei, mas que, segundo a *communis opinio doctorum*, formam parte do conjunto do Direito"[74], ESSER atribui, na definição destes tópicos, um papel central ao poder judicial[75].

Assiste-se, desta forma, ao enraizamento de um condomínio de elaboração normativa pertencente quer ao legislador, quer ao juiz, sendo já hoje de afastar doutrinas de clara inspiração montesquevina que, entre outras coisas, reconduzem a administração da justiça em nome do povo, cometida aos tribunais, ao estrito respeito pelas normas gerais e abstractas provindas dos órgãos representativos[76].

Em síntese, "o actual reconhecimento de princípios normativos a transcenderem também a lei, a legalidade, convocados como fundamentos normativos da juridicidade e que a própria lei terá de respeitar e cumprir"[77], a adequação da função jurisdicional à operacionalização das normas jurídicas translegais[78], o facto de o novo sentido da juridicidade translegal implicar uma intencionalidade concreta, tendo a sua normatividade de se assumir como necessariamente realizável na praxis histórico-social

[71] Ibidem, pp. 36-37.

[72] Ibidem, p. 41.

[73] Cfr. *Principio y norma en la elaboración jurisprudencial del derecho privado*, trad., Barcelona, 1961, p. 31.

[74] Ibidem, p. 32.

[75] Ibidem, p. 72.

[76] Para a defesa de semelhante tese, algo anacrónica talvez, cfr., ainda recentemente, RICARDO GUASTINI, "Il Giudice e la Legge", in Studi in Onore di MANLIO MAZZIOTTI DI CELSO, I, Padova, 1995, 830 e ss..

[77] Cfr. CASTANHEIRA NEVES, "Entre o legislador, a sociedade e o juiz ou entre sistema, função e problema", in Revista de legislação e de jurisprudência, ano 130, n.°s 3883, 1998, p. 292.

[78] Ibidem, p. 294.

do caso concreto e o seu sentido autêntico de se ter como atingido apenas na realização daquela normatividade[79], bem como o consequente concurso do poder criativo da jurisdição na constituição e na manifestação de uma ordem jurídica translegal[80], vão constituindo factores de redistribuição de poder normativo entre a legislação e a jurisdição dos quais as normas constitucionais respeitantes não são expressa consagração mas, em todo o caso, importante ponto de partida.

Fruto deste influxo prevalentemente doutrinal e, de natureza complementar face às normas constitucionais de delimitação das funções do Estado, é a interpretação da estrita obediência dos tribunais à lei, prescrita pelo artigo 203.° da Constituição, como obediência ao Direito considerado no seu todo[81].

Finalmente, impõe-se retirar uma conclusão, aparentemente com relevância apenas axiológica mas muito importante para o equilíbrio de poderes entre os dois pólos, que é a da necessidade da emergência da índole estritamente jurídica da jurisdição, como contraponto da passagem das leis da categoria de «estatuto jurídico» à condição de «instrumento político ou de Governo» ao dispor das maiorias circunstanciais[82].

Essa índole, bem longe de se afirmar por relação com o Direito escrito, desponta, ao invés, na "liberdade de cada tribunal ou juiz na concreta decisão jurídica ou na normativa apreciação dos casos concretos que seja chamado a julgar (...), porque os tribunais são chamados a uma intenção e a uma tarefa – a intenção e a tarefa da verdade e da justiça, a intenção e a tarefa do direito – (...) assumida e realizada com a independência, com a liberdade de decisão de cada um[83].

Por outro lado, a afirmação de tal índole deixa à lei a abertura de todo o campo político, situado ao nível da determinação das opções estruturantes da comunidade[84]. E, constrita a esse campo, dela se pode dizer que já pelo poder de que emana e a legitima – referimo-nos ao poder legislativo,

---

79 Ibidem, p. 293.

80 Ibidem, p. 296.

81 Cfr., neste sentido e por todos, CASTANHEIRA NEVES, *O Instituto*... cit., p. 108, e ANTÓNIO FRANCISCO DE SOUSA, «*Estado de Direito – Estado de Justiça*», in Estado e Direito, Lisboa, n.° 12-1993, pp. 95 e ss.

82 Cfr. CASTANHEIRA NEVES, "Entre o Legislador..." cit., p. 297; O Instituto... cit., pp. 604 e ss.; NUNO PIÇARRA, *A Separação de Poderes como Doutrina*... cit., pp. 259-260.

83 Cfr. CASTANHEIRA NEVES, O Instituto... cit., p. 110.

84 Inserindo a função legislativa no domínio mais vasto da função política, cfr., por todos, em Portugal, JORGE MIRANDA, *Manual*... cit., V, pp. 23 e ss.

em sentido estrito e constitucionalmente imputado –, e pelas intenções político-jurídicas que exprime – enquanto em regra produto de coordenação ou de transacção de diversas intenções político-jurídicas – e sujeita que seja a um suficiente controlo também político-juridico na sua elaboração e aceitação, mas sobretudo à crítica da sua constitucionalidade (jurídico-material) –, já pelo processo jurídico da sua formação, já mesmo pelo modo como o pensamento jurídico a trabalha dogmática e metodologicamente na sua concretização histórica, se impõe (...) como um instrumento privilegiado para a realização do direito"[85].

2.2. *Actuais perspectivas funcionais e metodológicas das relações entre legislador e juiz no domínio da fiscalização da constitucionalidade; remissão*

A emergência da fiscalização jurisdicional da constitucionalidade representou um factor de reequilíbrio das interferências correlativas entre juiz e legislador, em claro favor do segundo e, ao menos na Europa, por reacção ao já descrito contexto de hegemonia da lei.

Com efeito, a génese da fiscalização jurisdicional da constitucionalidade das leis significa o rompimento com o entendimento da estrita subordinação dos tribunais à lei atribuído aos tribunais na teoria clássica da separação de poderes e da natureza das questões de constitucionalidade como necessariamente política e alheia ao *quid specificum* da jurisdição[86], passando "pela consideração da Constituição como suprema lei do país, pela distinção entre os poderes vinculados e os poderes constitucionalmente discricionários do legislador e pela própria configuração dos tribunais constitucionais como órgãos distintos e autónomos em relação à jurisdição comum, particularmente concebidos para lidarem com as especificidades da justiça constitucional"[87].

Contudo, as afirmações precedentes não cobram toda a validade, seguramente, sem uma determinação dos limites jurídico-funcionais recíprocos da actividade legislativa e da fiscalização jurisdicional da constitu-

[85] Ibidem, p. 109.

[86] Cfr., neste sentido, VITAL MOREIRA, "Princípio da Maioria e Princípio da Constitucionalidade: Legitimação e Limites da Justiça Constitucional", in *Legitimidade e Legitimação da Justiça Constitucional*, Coimbra, 1993, p. 179, p. 179, nota 6.

[87] Ibidem.

cionalidade, sendo que, em nossa opinião, a descoberta desses limites muito pouco longe anda daquela que se empreendeu relativamente à destrinça entre jurisdição comum e função legislativa.

É por isso que, abreviando razões, se deve afirmar, com recurso à clara lição de GOMES CANOTILHO, que é preferível "discutir os limites da jurisdição constitucional numa perspectiva de direito constitucional material e não segundo critérios relacionais, funcionalmente orientados, ou segundo esquemas optimizadores que não tenham na devida conta o carácter de norma jurídica da Constituição"[88]. À luz de semelhante perspectiva, buscar-se-á "o estabelecimento de limites funcionais materialmente ajustados e constitucionalmente adequados das várias funções do Estado"[89].

A esta luz, deverá entender-se que "tal como os outros tribunais, o TC é um órgão jurisdicional que tem como tarefa aplicar, de acordo com um processo juridicamente regulado, o direito constitucional, não devendo ir para além dos limites interpretativo-aplicadores", embora com a consciência de que "as soluções entre legislador e jurisdição constitucional não se reconduzem inteiramente às relações gerais entre legislação e jurisdição", porquanto "nestas, o legislador se perfila como órgão exclusivamente subordinado à Constituição, enquanto a jurisdição está vinculada à Constituição e à lei", e nestas "é a própria lei o objecto da fiscalização jurisdicional; não é medida do controlo, é objecto do controlo"[90].

Por conseguinte, os tribunais encontram, na medida em que sejam órgãos da justiça constitucional, mais um esteio afirmativo de alguma da sua "libertação" face às prescrições do legislador. E curioso é observar que esse esteio, tal como aquele que suporta a fuga do juiz ordinário ao estrito cumprimento da lei escrita, arranca da estrita definição constitucional de função jurisdicional e, sem nunca assentar numa razão anti-positivista, afirma-se a propósito da circunstância de a norma constitucional, como qualquer norma jurídica, ao trazer consigo uma vocação enquadradora dos comportamentos de quantos surjam como seus destinatários, carecer, por definição, de um conjunto de meios que reforcem a respectiva observância, para além da força já inerente ao seu enunciado[91].

---

88 Cfr. "A Concretização da Constituição pelo Legislador e pelo Tribunal Constitucional", in Nos Dez Anos da Constituição, Lisboa, 1986, pp. 363-364.

89 Idem, p. 363.

90 Ibidem.

91 Semelhante afirmação genérica, figurando como introdução a textos sobre a garantia da constitucionalidade, pode retirar-se, em termos lapidares, de KELSEN, "A garantia jurisdicional da Constituição", in Sub Judice, n.ºs 20 e 21, 2001, pp. 9-10 (tradução do

Ora, a Lei ordinária, ao ver a sua validade interrogada pelo juiz da respectiva constitucionalidade, está a ceder, nada mais nada menos do que perante um complexo de órgãos e actos que exprimam adjectivamente o lastro de força normativa da Constituição, complexo esse que passou a designar-se "justiça constitucional" desde o momento em que se viu agregado à jurisdição[92].

3. **Síntese conclusiva**

Da presente nota, cumpre concluir, em primeiro lugar, pela existência de duas soluções clássicas para o problema das relações entre o juiz e o legislador: a via de "common law", marcada por uma paridade hierárquica entre legislativo e judiciário, com prevalência do segundo em termos de jurídica-positividade; a via romano-germânica ou continental, centrada numa inicial sobrevalorização do legislador face ao juiz, mas onde avulta, designadamente com a emergência da Constituição e de significativos postulados anti-positivistas, uma tendência de igualação das posições jurídicas relativas de ambos.

A outra conclusão que se impõe retirar neste momento é a de que a diagnosticada "libertação" do juiz face à lei ordinária jamais representa o ocaso da perspectiva político-constitucional das fontes do Direito[93], antes

original em língua francesa, publicado na *Revue du droit public et de la science politique en France et a l'etranger*, tomo XLV, 1928, pp. 197-257; e de JORGE MIRANDA, *Contributo para uma Teoria da Inconstitucionalidade*, Reimpressão da ed. De 1968, Coimbra, 1997, pp. 209-210; e Manual... VI, 2001, p. 45.

92 Para uma expressa qualificação da jurisdição constitucional como expressão adjectiva da força normativa da Constituição, v. KELSEN, "A Garantia..." cit., pp. 29-31; GARCÍA DE ENTERRÍA, *La Constitución como Norma y el Tribunal Constitucional*, Madrid, 1982, pp. 175 e ss.; IGNACIO DE OTTO, *Derecho Constitucional, Sistema de fuentes*, Barcelona, 1987, pp. 18 e ss.; PEDRO CRUZ VILLALÓN, *La Formación del sistema europeo de control de Constitucionalidad* (1918/1939), Madrid, 1987, pp. 26 e ss.; ZAGREBELSKY, *La Giustizia Costituzionale*, cit., pp. 11-14; HELMUT SIMON, *La Jurisdicción Constitucional*, in BENDA/MAIHOFER/VOGEL/HESSE/HEYDE, *Manual de Derecho Constitucional*, 2.ª Ed., Madrid – Barcelona, 2001, p. 823.

Considerando a justiça constitucional, enquanto sistema em que a constitucionalidade dos actos é aferida por um terceiro face ao próprio órgão que os pratica, o sistema mais apto à real garantia da constitucionalidade, cfr. Já KELSEN, op. cit. pp. 18 e ss.

93 Cfr. GOMES CANOTILHO, *Direito Constitucional...* cit., p. 861. Para uma descrição exaustiva dos pressupostos desta perspectiva, integrada na teoria tradicional das fontes de Direito, cfr. CASTANHEIRA NEVES, *Fontes...* cit., p. 1519.

promanando da estrita interpretação das normas que, em Constituições como a Portuguesa, cometem ao juiz a eminente tarefa da realização e do ajuste do Direito pré-estabelecido no caso concreto.

Por conseguinte, a emergência de um juiz menos normativista não vale, ao contrário de quanto tendiam a afirmar alguns autores recenseados por HABERMAS[94], pela emergência de uma *jurisdictio*, enquanto poder baseado no Direito suprapositivo que assistia ao Príncipe, na sua qualidade de juiz supremo, alheio à distinção, característica do Estado de Direito, entre produção e aplicação do Direito.

[94] Cfr. Facticidad y validez sobre el derecho y el Estado democrático de derecho en términos de teoría del discurso; Madrid,1998., p. 321.

VII
DIREITO INTERNACIONAL PÚBLICO
E
DIREITO DA UNIÃO EUROPEIA

UMA CONVERSA INACABADA COM O PROFESSOR DOUTOR ANTÓNIO MARQUES DOS SANTOS: A FACETA JUSINTERNACIONALISTA DO PROFESSOR DOUTOR JOSÉ MARIA VILHENA BARBOSA DE MAGALHÃES

FERNANDO LOUREIRO BASTOS
Professor da Faculdade de Direito da Universidade de Lisboa

"Nunca esqueço o que devo a mim próprio, e sei e posso acatar os dictames da minha consciência – que coloco acima de quaisquer outros –, para ser verdadeiro, leal e justo".

JOSÉ MARIA VILHENA BARBOSA DE MAGALHÃES, *Elogio histórico de D. António Mendes Belo,* 1931, p. 18

1. **Introdução**

A escolha da faceta jusinternacionalista do Professor Barbosa de Magalhães como tema de uma contribuição para os *Estudos em memória do*

Professor Doutor António Marques dos Santos tem na sua origem uma série de diálogos breves sobre a questão com o insigne e saudoso Mestre do Direito Internacional Privado.

Num primeiro momento, a surpresa mencionada, em conversa de corredor, de ter encontrado o nome de um português, professor da Faculdade de Direito da Universidade de Lisboa, entre os autores citados por Gilbert Gidel, na sua obra *Le Droit International Public de la Mer*[1], a propósito das contribuições para a falhada Conferência da Haia de 1930, no âmbito da codificação do Direito do Mar, quando associava o seu nome apenas ao curso de Direito Internacional Privado proferido, em 1928, na Academia de Direito Internacional da Haia[2]. Num segundo momento, a gentil oferta, em 19 de Junho de 2002 (conforme a data da dedicatória), pelo Professor Doutor Marques dos Santos da sua monografia *Defesa e ilustração do Direito Internacional Privado,* correspondente ao relatório apresentado para o preenchimento de uma vaga de Professor Associado do 4.° Grupo – Ciências Jurídicas, onde, além de ser referenciada a actividade do Professor Barbosa de Magalhães no domínio dessa disciplina jurídica, são mencionados alguns factos significativos da sua carreira como professor da Faculdade de Direito da Universidade de Lisboa[3], nomeadamente a sua eleição como Director interino na primeira reunião do Conselho da Faculdade de Estudos Sociais e de Direito da Universidade de Lisboa, em 15 de Dezembro de 1913, e o seu afastamento do serviço por motivos políticos em 1941. Num terceiro momento, o diálogo entabulado a propósito dessas referências e a conclusão de que seria interessante, em ocasião futura, proceder a um estudo aprofundado da obra do Professor Barbosa de Magalhães no domínio do Direito do Mar.

No decurso destes breves diálogos a conversa foi incidindo igualmente sobre o curso que o Professor Doutor Marques dos Santos iria proferir na Academia de Direito Internacional da Haia, em 2003, na área do Direito Internacional Privado. Era manifesta a sua satisfação pelo reconhecimento internacional que representava, dado que é muito reduzido o

---

[1] Essa referência pode ser encontrada, nomeadamente, no terceiro volume, *La Mer Territoriale et la Zone Contigue,* publicado em 1934 (com reimpressão em 1981), pp. 301 e 469 e seguintes.

[2] «La doctrine du domicile en droit international privé», Recueil des Cours, 1928, III, pp. 5 a 143. Nesta publicação Barbosa de Magalhães é apresentado como "Professeur à la Faculté de Droit de Lisbonne. Membre du Comité d'experts de la Sociéte des Nations pour la codification progressive du droit international".

[3] *Defesa e ilustração do Direito Internacional Privado,* 1998, pp. 119 e 120 (publicado em Suplemento da Revista da Faculdade de Direito da Universidade de Lisboa).

número de autores portugueses[4] que para tal foram convidados após o Professor Barbosa de Magalhães.

O súbito e inesperado falecimento do Professor Doutor Marques dos Santos não permitiu, no entanto, que o diálogo pudesse continuar com a comunicação de algumas descobertas que foram sendo posteriormente feitas. Nestes termos, as presentes notas sobre uma parte relativamente desconhecida da multifacetada carreira do Professor Barbosa de Magalhães correspondem aos dados sobre a matéria que foram sendo acumulados ao longo dos dois últimos anos, em particular quando a vaga ideia de uma investigação sobre a matéria se transformou na necessidade de prestar uma homenagem personalizada e sentida à memória do saudoso Professor.

Em conformidade, as presentes notas são o resultado de uma pesquisa que se gostaria que fosse exaustiva e definitiva sobre a matéria, mas de que se tem a consciência de corresponder provavelmente apenas a uma etapa de um percurso que não se encontra ainda definitivamente concluído. Com efeito, apesar da buscas efectuadas na Biblioteca da Academia das Ciências de Lisboa, na Biblioteca da Ordem dos Advogados e na Biblioteca Nacional[5], algumas das suas publicações de menor extensão só se deixaram revelar após uma morosa consulta manual e cronologicamente sequencial na Biblioteca da Faculdade de Direito da Universidade de Lisboa de algumas das publicações periódicas em que colaborou[6], com des-

---

[4] Vasco TABORDA FERREIRA, «La conception du droit international privé d'après la doctrine et la pratique au Portugal», Recueil des Cours, 1956, II, pp. 605 a 702; e António FERRER CORREIA, «Les problèmes de codification en droit international privé», Recueil des Cours, 1975, II, pp. 57 a 204.

[5] Na Biblioteca Nacional, além da bibliografia catalogada e de alguns documentos inventariados (262), deve ser referenciada a existência de um vasto conjunto de documentos respeitantes à vida política e pessoal do Professor Barbosa de Magalhães (BN Esp. E29), em 33 caixas não inventariadas, que podem ser objecto de consulta.

[6] Segundo Fernando ABRANCHES-FERRÃO, «Lembrança de Barbosa de Magalhães», Jornal do Foro, Ano 23, 1959, p. 216, o Professor Barbosa de Magalhães "colaborou nas seguintes revistas e publicações: *Il Diritto Maritimo,* de Génova; *Rivista di Diritto Privato,* de Pádua; *Revue de Droit International et de Législation Comparée,* de Bruxelas; *Assicurazioni*, de Roma; *Nouvelle Revue de Droit International Privé*, de Paris; *Annual Digest of International Law Cases,* de Londres; *Revue International de Radio-Electricité,* de Paris; *Anuário Legislativo do Instituto de Derecho Comparado Hispano-Português-Americano,* de Madrid; *Dictionnaire Diplomatique,* de Paris; *Revista de Derecho Privado,* de Madrid; *Revue International Française du Droit des Gens,* de Paris; *Revista de Direito Comercial,* do Rio de Janeiro; *Revista da Faculdade de Direito da Universidade de S. Paulo; O Direito, Revista dos Tribunais, Mundo Legal e Judiciário, Jornal de Seguros, Revista da Faculdade de Direito de Lisboa, Revista da Ordem dos Advogados, Procural,*

taque para a Gazeta da Relação de Lisboa[7], de que foi proprietário e director, e para a Revista da Ordem dos Advogados. O indício mais relevante de não ter sido possível completar a bibliografia do Professor Barbosa de Magalhães[8] nesta área resulta, contudo, da extrema dificuldade em conseguir encontrar alguns dos títulos expressamente referenciados na extensa nota biográfica de ABRANCHES-FERRÃO[9]. Tratava-se, por um lado, das monografias, editadas pela Imprensa Nacional, *Réplique du Gouvernement Portugais au Mémoire du Government Allemand. Rélatif aux réclamations portugaises sur les dommages auxquels se rapporte le § 4 de l'annexe à l'article 298e du Traité de Versailles,* de 1924, e *Plaidoiries du délégue du Gouvernement de la République Portugaise. Audiences du Tribunal Arbitral, à Lausanne, les 20, 21, 22, 23 et 24 septembre 1926, pour le jugement du différend portugais-allemand sur les dommages auxquels se rapporte le § 4e de l'annexe à l'article 298e du Traité de Versailles,* de 1928, e do título, sem outra referência, Avis consultatif concernant le différend entre le Roumanie et la Hongrie relativement à la réforme agraire roumaine donné à l'Etat Roumain, de 1928, que foi possível encontrar na

Vida Judiciária, Revista de Contabilidade e Comércio, Revista do Fôro Português, Revista Judiciária, Seara Nova, Justiça Portuguesa, Grande Enciclopédia Portuguesa e Brasileira e Jornal do Fôro, todos de Lisboa". Esta lista também se encontra reproduzida, com gralhas, em Jaime LOPES DIAS, *Elogio histórico de José Maria Vilhena Maria Barbosa de Magalhães,* Lisboa, 1964, p. 31 (Separata das «Memórias» (Classe de Letras – Tomo VIII).

[7] Sobre o colaboração do Professor Barbosa de Magalhães na Gazeta da Relação de Lisboa afirma significativamente em 1931, Luís da CUNHA GONÇALVES, «Discurso do sócio electivo Dr. Luís da Cunha Gonçalves. Na recepção solene do sócio electivo da Academia das Ciências de Lisboa Dr. José Maria Vilhena Barbosa de Magalhães», Boletim da Academia das Ciências de Lisboa, Nova Série, Vol. III, Imprensa da Universidade, Coimbra, 1931, p. 247, que "o Professor Barbosa de Magalhães tem realizado, durante mais de 20 anos, um valioso trabalho de crítica jurídica, relevando vastos conhecimentos da doutrina e da jurisprudência. As suas anotações aos acórdãos dos tribunais superiores dariam, só por si, matéria para grossos volumes".

[8] Para a elaboração de uma nota bibliográfica do Professor Barbosa de Magalhães devem ser tidos em considerações, além de ABRANCHES-FERRÃO, a bibliografia citada como publicações principais na "notice biographique" introdutória ao curso proferido na Academia de Direito Internacional da Haia e os elementos constantes do *Annuaire de l'Institut de Droit International, Session d'Oslo. Aout 1932*, pp. 573 e 574; *Session de Paris. Octobre 1934*, p. 739; *Session de Bruxelles. Juillet-Aout 1948*, p. 322; *Session de Sienne. Avril 1952, Tome II*, p. 507; *Session d'Aix-en-Provence. Avril/Mai 1954*, *Tome II,* p. 330; e *Session de Grenade. Avril 1956*, p. 413.

[9] «Lembrança de Barbosa de Magalhães», pp. 211 a 216.

Biblioteca da Faculdade de Direito da Universidade de Lisboa, tirando partido das vantagens do acesso directo ao espólio, na medida em que não se encontravam citadas no exaustivo catálogo informatizado com referência expressa a Barbosa de Magalhães. Trata-se, por outro lado, das obras *Rapporte sur le statut juridique des navies d'Etat affectés à des operations de commerce,* Génova, 1925, e *Observations au rapport du Prof. Schucking sur les eaux territoriales,* Lisboa, 1926, que ainda não foram encontradas. Neste último caso, porém, o problema foi ultrapassado por recurso à versão inglesa do estudo, com a indicação de se tratar de uma tradução, que foi publicada, em 1926, num suplemento do American Journal of International Law, como documentação do Committee of Experts for the Progressive Codification of International Law[10].

Deve ser, no entanto, referido que o problema da organização de uma bibliografia completa do Professor Barbosa de Magalhães tem pela frente dois problemas de natureza distinta. Por um lado, a dispersão das obras pelas bibliotecas relacionadas com o seu percurso pessoal. Por outro lado, a quantidade e a variedade dos temas que abordou no recurso da sua longa vida de jurista.

No primeiro caso, o problema é comum a muitos outros Autores, não obstante se estar em presença de um professor universitário, advogado e político da primeira metade do século XX, que desempenhou cargos de relevo e pertenceu às mais prestigiadas associações científicas nacionais e estrangeiras[11]. Nesse sentido, não são muito numerosas as obras que podem ser encontradas na biblioteca da Academia das Ciências de Lisboa, onde foi eleito sócio correspondente em 12 de Fevereiro de 1925 e sócio efectivo em 13 de Fevereiro de 1930. Da mesma forma que é relativamente pouco extenso o espólio passível de ser encontrado na Biblioteca da Ordem dos Advogados, apesar do Professor Barbosa de Magalhães ter desempenhado o cargo de Bastonário da Ordem dos Advogados entre

---

[10] «Observations by M. Barbosa de Magalhaes», Documents from the League of Nations. Committee of Experts for the Progressive Codification of International Law. Supplement to the American Journal of International Law. Oficial Documents. Special numbers, July and October, vol. 20, 1926, pp. 120 a 134.

[11] Segundo ABRANCHES-FERRÃO, «Lembrança de Barbosa de Magalhães», pp. 212 e 213, «[e]ra sócio efectivo da Academia de Ciências de Lisboa e pertencia, entre outras, às seguintes agremiações científicas: Institut de Droit International, International Law Association, Instituto de Direito Internacional de Kiel, Associação Internacional Vitória-Suarez, Société de Legislation Comparée, Instituto de Coimbra, Instituto dos Advogados Brasileiros, Academie Diplomatique Internationale".

1933 e 1936 e existir uma doação de livros feita pela sua família a esta instituição[12]. Na Biblioteca da Faculdade de Direito da Universidade de Lisboa, onde foi professor cerca de 30 anos, as referências bibliográficas ultrapassavam as duas dezenas no final de 2004, devendo ser tido em consideração que as obras anteriores a 1913[13], assinadas como José Maria Barbosa de Magalhães, são da autoria do seu pai.

No segundo caso, de forma distinta, é o resultado da quantidade e da variedade da obra publicada pelo Professor Barbosa de Magalhães[14-15-16],

---

[12] Nesse sentido, a monografia *Os direitos fundamentais do homem sob o ponto de vista internacional,* «Seara Nova», 1950, compilação de um conjunto de artigos publicados no ano XXVIII da Seara Nova, porta um carimbo com a indicação de "Oferta da Família do Prof. Dr. Barbosa de Magalhães à Biblioteca da Ordem dos Advogados".

[13] O ano de 1913 corresponde à publicação da monografia *Seguro contra acidentes de trabalho.* I. *Da responsabilidade civil pelos acidentes de trabalho e da sua efectivação pelo seguro,* apresentada como dissertação para concurso a professor do grupo de ciências jurídicas na Faculdade dos Estudos Sociais e de Direito da Universidade de Lisboa.

[14] Neste domínio, é interessante mencionar o testemunho de Pedro PITTA, «Discurso de homenagem a José Maria Barbosa de Magalhães», Revista da Ordem dos Advogados, Ano 20, 1960, p. 8, na qualidade de Bastonário da Ordem dos Advogados, na Sessão solene de homenagem ao antigo Presidente da Ordem Professor Doutor Barbosa de Magalhães, ao afirmar que "Barbosa de Magalhães cortara com o cigarro, que muito contribuíra para o ensurdecer; e, livre desse vício, só outro lhe ficou, que o venceu quase até morrer: o trabalho. Uma só noite, em cada semana, reservava para seu descanso; e nessa, ainda por vezes pagava com o cansaço da madrugada o descanso a que se destinara". No mesmo sentido, CUNHA GONÇALVES, «Discurso do sócio...», p. 244, referia que o "Professor Barbosa de Magalhães é um denotado trabalhador".

[15] Podem ser apresentados dois exemplos interessantes dessa diversidade. Por um lado, o artigo «A T. S. F. e o Direito. Tese apresentada no I Congresso Nacional de Radiotelefonia em Maio de 1932», Gazeta da Relação de Lisboa, Ano 46, 1932-1933, n.° 5, pp. 65 a 71, em que são sumariados os principais aspectos envolvidos na regulação da radiodifusão, tanto ao nível da legislação interna, como ao nível da regulamentação internacional (sobre a participação do Professor Barbosa de Magalhães no I Congresso de Radiotelefonia, Lisboa, Maio de 1932, a nota publicada na Revista da Faculdade de Direito da Universidade de Lisboa, Ano 2, 1934, pp. 508 e 509). Por outro lado, o pequeno artigo «Filosofia do direito (notícia bibliográfica)», publicado na Gazeta da Relação de Lisboa, Ano 54, n.° 12, pp. 177 a 180, onde, ao analisar a escassez de estudos dedicados à questão em Portugal, nomeadamente pela sua inexistência no plano de estudos da licenciatura em Direito, afirma que "[o]s portugueses têm-se mostrado sempre pouco atreitos a estudos e trabalhos especulativos (...); para vencer essa falha há que instruir e educar. Mas há que começar êste trabalho no ensino secundário, donde os alunos saem, não apenas privados de formação filosófica, mas mesmo dos conhecimentos elementares necessários a essa formação.(...) Se é preciso – *pensar* pela própria cabeça e não pela cabeça dos outros, isso só se pode conseguir tendo o espírito devidamente apetrechado".

[16] Além dos estudos publicados, importa ainda referir que no âmbito do Direito Internacional Público permanece inédito um estudo sobre o tratamento dos prisioneiros de

em particular a dispersa por numerosas publicações científicas períodicas, tanto em Portugal, como no estrangeiro. Nesse sentido, refere ABRANCHES-FERRÃO que "[a] sua bibliografia é vastíssima. Grande parte dos seus trabalhos foram insertos em revistas e deles não se tiraram separatas"[17]. No mesmo sentido, em termos gerais, PALMA CARLOS, no seu elogio histórico, diz que "[e]mbora o direito mercantil e o direito processual fossem os temas da sua preferência, as suas incursões por outros ramos do Direito não eram raras e sempre proficientes. Basta ler, para verificá-lo os seus estudos sobre a *Codificação do Direito Internacional,* a *Venda a prestações,* os *Problemas Jurídicos da Rádio,* o *Crime de Falsificação,* a *História do Supremo Tribunal de Justiça,* as *Imunidades Parlamentares...*"[18].

Assim, como seria de esperar de um professor de ciências jurídicas[19], podem ser encontradas obras no domínio do direito comercial, do processo civil[20] e do direito internacional privado[21]. Da mesma forma que, em resultado da sua intensa actividade como advogado ou árbitro[22], em

---

guerra, de 1920, apresentado à International Law Association, a que o Professor Barbosa de Magalhães se refere em *O Padre Francisco Suárez («Doctor Eximius») e o Direito das Gentes,* 1948, p. 59.

17 «Lembrança de Barbosa de Magalhães», p. 213.

18 Adelino da PALMA CARLOS, *Elogio histórico do Dr. José Maria Vilhena Barbosa de Magalhães. Discurso proferido na Ordem dos Advogados em 26 de Novembro de 1959,* Lisboa, 1960, separata da Revista da Ordem dos Advogados, Ano 20, 1960, pp. 17 a 45.

19 Nesse âmbito é relevante a nota biográfica de ABRANCHES-FERRÃO, «Lembrança de Barbosa de Magalhães», p. 216, ao referir que "[a]lguns dos seus cursos na Faculdade de Direito de Lisboa foram coligidos por alunos, e estão publicados os seguintes: *Lições de direito comercial português,* por Raúl Bessone de Abreu, 1917; *Direito Comercial,* por Adelino da Palma Carlos, 1924; *Resumo de direito comercial,* por Fernando de Abranches-Ferrão, 1928; *Direito Comercial prático,* Luís Pinto Coelho, Joaquim Macedo de Barros e Joaquim da Silva Pinto, 1932; *Processos especiais,* por António Figueiredo, António Mesquita e Fernando Calheiros, 1932-1933; *Direito comercial marítimo,* por Ramos de Sousa e Silva Pinto, 1934; *Direito comercial português,* por José Lourenço Júnior, 1936; *Actos objectivos do comércio,* por Alberto Ribeiro Queirós e Emídio Pires da Cruz, 1936; *Apontamentos de processo civil e comercial ordinário, sumário e sumaríssimo,* por Oliveira Reboredo, 1937-1938; *Lições de processo civil e comercial,* Júlio Salceda, Raúl Ventura e Amaral Marques, 1938-1939; e *Processo civil comercial,* por Jorge Santos Vieira e António Folgado da Silveira".

20 Sobre a questão, Miguel TEIXEIRA DE SOUSA, «Aspectos metodológicos e didácticos do Direito Processual Civil», Revista da Faculdade de Direito da Universidade de Lisboa, vol. XXXV, 1994, n.° 2, pp. 395, 403 e 404.

21 Sobre a questão, MARQUES DOS SANTOS, *Defesa e ilustração...,* p. 129.

22 Sobre a sua conduta em alguns desses casos, PALMA CARLOS, *Elogio histórico...,* pp. 53 a 56.

alguns dos mais importantes e polémicos casos ocorridos nas décadas de vinte a cinquenta do século passado[23], são muitas as peças processuais e as consultas jurídicas que foram dadas à estampa.

Surpreendente é, por isso, que paralelamente a essa intensa actividade de docente, de advogado e de jurisconsulto em domínios diversos do direito privado, o Professor Barbosa de Magalhães tenha tido interesse e tempo para investigar e produzir obra relevante e original nos, no Portugal de então, praticamente inexplorados domínios do Direito Internacional Público e do Direito do Mar[24]. Principalmente quando essas incursões não se circunscrevem a pontuais reflexões para uma audiência exclusivamente nacional, mas antes representam colaborações significativas no âmbito de instituições internacionais como a Sociedade das Nações, no âmbito do Comité de Peritos para a Codificação Progressiva do Direito Internacional, o Instituto de Direito Internacional ou a International Law Association.

Aliás, como foi referido anteriormente, não tivesse existido uma repercussão internacional da obra do Professor Barbosa de Magalhães no domínio do Direito do Mar e o mais natural é que este estudo não estivesse a ser elaborado, ficando a sua imagem para o presente autor circunscrita ao retrato a óleo, de Henrique Medina, datado de 1937, de um distinto e

---

[23] Nesse sentido, ABRANCHES-FERRÃO, «Lembrança de Barbosa de Magalhães», p. 213, refere que "[c]omo advogado interveio nos principais processos que correram nos nossos tribunais durante os últimos decénios. Entre outros: no caso do crime de Serrazes; no caso do Banco Angola e Metrópole em que representava (...), o Banco de Portugal; no processo que os obrigacionistas franceses da Companhia dos Caminhos de Ferro Portugueses propuseram contra ela em Paris; no processo que correu perante o Conselho da Sociedade das Nações sobre o conhecido caso dos optantes húngaros perante a reforma agrária na Roménia; no processo que correu em Bruxelas e em que se discutia a responsabilidade dos bens dotais da viúva de Francisco Rodrigues Gomes, que foi dono da Quinta das Canas em Coimbra. Funcionou como árbitro em muitíssimos e importantes processos, entre os quais: Estado contra Companhia dos Tabacos de Portugal; Estado contra Anglo-Portuguese Telephone Co., Ltd; Estado contra Companhia dos Caminhos de Ferro Peninsulares; Sociedade Estoril contra Estoril-Plage; Comissão Liquidatária dos Transportes Marítimos do Estado contra Empresa Nacional de Navegação; Banco Burnay contra Manuel Cardoso Pinto". No mesmo sentido, Haroldo VALLADÃO, «José Maria Vilhena Barbosa de Magalhães (1879-1959)», *Annuaire de l'Institut de Droit International*, 1959, vol. II, p. 461, ao afirmar "[a]vocat à Lisbonne, il a été *primus inter pares* pour sa compétence, son dévouement et surtout pour son courage et il l'a été pendant toute sa vie. Il plaidait, encore, à la veille de sa mort".

[24] Sobre a questão, Fernando LOUREIRO BASTOS, «Contributo para o estudo da doutrina de Direito do Mar publicada em Portugal no século XIX e no século XX até 1945», in *Estudos em homenagem ao Professor Doutor Joaquim da Silva Cunha*, 2005, pp. 289 a 328.

elegante[25] professor da primeira metade do século XX, conforme pode ser apreciado numa sala de professores do primeiro andar (sala 11.17) da Faculdade de Direito da Universidade de Lisboa. A verdade é que a referência de Gidel determinou que o seu nome e obra passasse a ter, de uma forma irreversível, uma ressonância que a presente investigação tem vindo a confirmar, não obstante estar circunscrita a uma parcela limitada da sua existência: a actividade como jusinternacionalista nos domínios do Direito Internacional Público e do Direito do Mar[26].

Antes de avançar nesse sentido, importa referir alguns dos seus dados biográficos mais relevantes, em particular aqueles aspectos que ajudam a situar no tempo a obra de Direito Internacional Público e de Direito do Mar produzida.

2. **Nota biográfica**[27-28]

José Maria Vilhena Barbosa de Magalhães nasceu em Aveiro em 31

---

[25] Nesse sentido, confirmando a impressão que resulta do retrato a óleo em causa, e também da fotografia que aparece na p. 3 do Recueil des Cours da Academia de Direito Internacional da Haia anteriormente citado, PALMA CARLOS, *Elogio histórico...*, p. 31, afirma que "o Homem era de raro aprumo, moral e físico. Numa época em que o desalinho e o mal-cuidado eram tidos por alguns como mostras de intelectualidade e até de convicções políticas, ele tinha o hábito – poderemos dizer a coragem – de manter uma elegância discreta, mas impecável. A poucos, como a Barbosa de Magalhães, caberia o epíteto, que para os ingleses é dos mais honrosos, de perfeito *gentleman*".

[26] Devem ser, por isso, lembradas as palavras do Professor Barbosa de Magalhães, em *A obra do espanhol Fray Francisco de Vitória, a fundação do direito das gentes e o actual direito internacional (A-propósito duma missão universitária). Conferência realizada na noite de 17 de Março de 1928 no salão da Academia de Sciências de Lisboa*, 1928, pp. 16 e 17, quando referia que "uma tal homenagem trouxe ao meu espírito e ao meu coração, como modesto homem de estudo e como professor, uma satisfação enorme. Como homem de estudo, apreciei êsse preito de justiça a quem tanto honrou a sciência, porque vi assim mais uma vez o domínio que ela exerce nos homens e nas suas acções, e como aqueles que se lhe sacrificam, que lhe dedicam todo o seu esfôrço físico e intelectual, e até, por vezes, todo o calor do seu coração, se não teem em vida o prémio, moral ou material, que lhes é devido, teem mais tarde, a todo o tempo, a sua justa consagração".

[27] A elaboração da presente nota biográfica tem na sua base os elementos publicados em: CUNHA GONÇALVES, «Discurso do sócio...»; ABRANCHES-FERRÃO, «Lembrança de Barbosa de Magalhães»; PALMA CARLOS, *Elogio histórico...*; LOPES DIAS, *Elogio histórico...*; e VALLADÃO, «José Maria Vilhena Barbosa de Magalhães (1879-1959)».

[28] Para a compreensão da personalidade do Professor Barbosa de Magalhães, é relevante a consulta do discurso de elogio histórico que proferiu na sessão solene da Acade-

de Dezembro de 1879[29], falecendo em Lisboa, aos setenta e nove anos, a 5 de Abril de 1959[30].

Entra na Faculdade de Direito da Universidade de Coimbra, em Outubro de 1894, sem ter ainda completado os quinze anos. Concluiu a formatura em Direito, em Julho de 1899, aos dezanove anos, ocasião em que inicia a prática da advocacia, em Lisboa, com o pai José Maria Barbosa de Magalhães.

Em 1913, após concurso de provas públicas, é nomeado Professor Ordinário da Faculdade de Estudos Sociais e de Direito de Lisboa[31]. Em 1927, representou a Faculdade na inauguração da Cadeira de Direito Internacional Francisco de Vitória na Universidade de Salamanca[32]. Em 1935,

---

mia das Ciências de Lisboa, em 26 de Fevereiro de 1931, ao ocupar a vaga de sócio efectivo (cadeira n.° 36) deixada vaga pelo falecimento do seu antecessor Cardeal António Mendes Belo, e que foi publicado com o título de *Elogio histórico de D. António Mendes Belo,* sem data de edição. São particularmente significativas as pp. 7 a 19, 26 a 32, 67 a 72, e 97 a 100, nomeadamente quando afirma a sua fé na ciência como motor da transformação das sociedades e como forma de alcançar o "fim primacial" dos Estados "que é o bem estar do homem". No mesmo sentido, tendo por base este discurso, afirma LOPES DIAS, *Elogio histórico...*, pp. 13 e 14, que "[s]e não tivéssemos outros elementos para ajuizarmos da personalidade do Dr. Barbosa de Magalhães, bastaria este seu discurso, o elogio histórico do Cardeal Mendes Belo, adepto de ideias que não eram as suas, de princípios que não eram os seus, para no-lo revelar em toda a sua grandeza. Lealmente, convictamente, correctamente, em plena situação política de que, em princípios fundamentais, discordava, disse o que pensava, foi justo, foi sincero, foi respeitador e, ainda, para maior honra e glória dos seus méritos, foi brilhante".

29 Sobre a infância e juventude as sentidas considerações de PALMA CARLOS, *Elogio histórico...*, pp. 23 a 26.

30 Sobre o acontecimento foi incluída a seguinte nota, respeitante ao ano lectivo, no volume XIII, de 1959, da Revista da Faculdade de Direito da Universidade de Lisboa, pp. 268 e 269: "21. *Falecimento do Professor José Maria Vilhena Barbosa de Magalhães.* – No dia 5 de Abril de 1959 ocorreu o falecimento do professor aposentado Doutor José Maria de Vilhena Barbosa de Magalhães. A Faculdade associou-se às manifestações de pesar pelo desaparecimento do que fora um dos seus distintos membros; e nomeadamente, por proposta do seu Director, fez exarar na acta da primeira reunião efectuada após o triste acontecimento, um voto de profundo pesar que foi transmitido à Família do ilustre extinto. No volume XIV da *Revista* da Faculdade inserir-se-à notícia necrológica mais desenvolvida". Deve ser referido que o desenvolvimento da notícia necrológica anunciado não chegou a ser posteriormente publicado.

31 Sobre a questão, Marcello Caetano, *Apontamentos para a história da Faculdade de Direito de Lisboa*, Lisboa, 1961, pp. 15 a 21; e Mário Júlio de Almeida Costa, *História do Direito Português*, 3.ª edição, Coimbra, 1996, pp. 459 e 460.

32 Sobre a questão, a descrição do acontecimento feita pelo Professor Barbosa de Magalhães, *A obra do espanhol Fray Francisco de Vitória...*, em especial nas páginas 7 a 16.

na qualidade de professor da cadeira de processo civil e comercial, é nomeado membro da Comissão Revisora do projecto do código de processo civil. Em 1941, é aposentado compulsivamente do lugar de Professor Catedrático, em resultado da aplicação do artigo 1.° do Decreto-Lei n.° 25317, de 13 de Maio de 1935[33-34].

Durante a Primeira República desenvolveu uma intensa actividade política, tendo sido: deputado entre 1911 e 1921, com participação na Assembleia Nacional Constituinte; Ministro da Justiça em 1914/1915 (no Governo presidido por Vitor Hugo de Azevedo Coutinho, entre 21 de Dezembro de 1914 e 25 de Janeiro de 1915)[35]; Ministro da Instrução Pública em 1917 (no Governo presidido por Augusto da Costa entre 25 de Abril de 1917 e 10 de Dezembro de 1917); Ministro dos Negócios Estrangeiros em 1922 (no Governo presidido por António Maria da Silva, entre 6 de Fevereiro de 1922 e 30 de Novembro de 1922), cargo em que acompanhou o Presidente da República, Dr. António José de Almeida, ao Brasil, por ocasião das comemorações do primeiro centenário da sua independência[36-37]. Nos anos quarenta, pertenceu à Comissão Directiva do Movimento de Unidade Democrática (MUD).

---

[33] A questão é referida em ABRANCHES-FERRÃO, «Lembrança de Barbosa de Magalhães», p. 212; em MARCELLO CAETANO, *Apontamentos para a História...*, pp. 139; e em LOPES DIAS, *Elogio histórico...*, p. 23, com referência errada à disposição aplicada. Com efeito, não se trata do artigo 1.° do Decreto n.° 25317, de 13 de Março de 1945, o que seria temporalmente impossível, mas antes do artigo 1.° do Decreto-Lei n.° 25317, de 13 de Maio de 1935, nos termos do qual "[o]s funcionários ou empregados, civis ou militares, que tenham revelado ou revelem espírito de oposição aos princípios fundamentais da Constituição Política, ou não dêem garantia de cooperar na realização dos fins superiores do Estado, serão aposentados ou reformados, se a isso tiverem lugar, ou demitidos em caso contrário".

[34] Conforme informa MARQUES DOS SANTOS, *Defesa e ilustração...*, p. 119, nota 653, "o Professor J. M. Barbosa de Magalhães, bem como os Profs. Afonso Costa, fundador da Faculdade, Marcelo Caetano e Alberto Xavier, todos afastados por motivos políticos, foram reintegrados como professores da Faculdade [cf. Acta de 29.7.1992, VII Livro de Actas do Conselho Científico da Faculdade de Direito da Universidade de Lisboa (1990-1991-1992), n.° 9]".

[35] Anteriormente, como o refere, CUNHA GONÇALVES, «Discurso do sócio...», p. 245, o Professor Barbosa de Magalhães tinha sido "Chefe da 2ª Repartição dos Negócios da Justiça desde 1911 até 1914".

[36] Sobre a questão, LOPES DIAS, *Elogio histórico...*, pp. 13 a 19, que apresenta um resumo dos acontecimentos e dos resultados da viagem, nomeadamente da "assinatura, na mesa tradicional da sala do Império, das convenções respeitantes à isenção do serviço militar e dupla nacionalidade, emigração, trabalho, e intercâmbio artístico e literário", cujos textos transcreve em nota de rodapé. O Professor Barbosa de Magalhães refere o episódio da homenagem a Rui Barbosa, no âmbito dessa visita, em *Rui Barbosa internacionalista*, pp. 44 e 45.

[37] Sobre o prestígio do Professor Barbosa de Magalhães no Brasil, a nota de "Homenagem do Instituto dos Advogados Brasileiros à memória de Barbosa de Maga

Entre 1910 e 1941, dirige a Gazeta da Relação de Lisboa, revista jurídica periódica fundada em 1885, que tinha sido adquirida e reorganizada em 1905 pelo seu pai, que falece prematuramente em 1910. A Gazeta da Relação de Lisboa é suspensa em Julho de 1941, por ter sido criticada a produção legislativa da Assembleia Nacional do ano anterior em termos considerados abrangidos na categoria das publicações periódicas sujeitas a censura prévia[38].

Após a Primeira Guerra Mundial e durante a década de vinte do século XX desenvolve uma intensa actividade internacional, nos domínios da negociação internacional, da litigância internacional e da codificação do Direito Internacional Público e do Direito do Mar. Entre 1919 e 1929, trabalha como delegado de Portugal na arbitragem com a Alemanha para a fixação das indemnizações devidas por prejuízos causados antes da declaração de guerra. Em 1920, presta serviço na Delegação portuguesa à Conferência de Paz e representa Portugal numa conferência organizada para a distribuição da frota alemã que teve lugar em Londres. Em 1924, é escolhido pelo Conselho da Sociedade das Nações para integrar o Comité d'Experts pour la Codification Progressive du Droit International[39]. Em 1925 e 1930, representou a Comis-

---

lhães", publicada na Revista da Ordem dos Advogados, Ano 19, 1959, p. 232; o artigo de elogio de WALDEMAR FERREIRA, «Barbosa de Magalhães», publicado no Jornal do Fôro, Ano 23, 1959, pp. 217 a 224; a referência de PALMA CARLOS, *Elogio histórico...*, p. 60, de que "[d]epois dos profundíssimos golpes que o feriram, ele poderia (...) partir para algum país distante – o Brasil, por exemplo – onde o seu nome estava aureolado do maior prestígio e onde os seus méritos seriam devidamente apreciados. Muitas vezes lho disse e mo disse o nosso grande amigo Haroldo Valadão, professor da Universidade Nacional do Rio de Janeiro, antigo presidente da Ordem dos Advogados do país irmão, e advogado honorário da nossa Ordem".

38 A situação é descrita em LOPES DIAS, *Elogio histórico...*, pp. 19 a 23, que transcreve uma circular que o Professor Barbosa de Magalhães distribuiu aos assinantes da Gazeta da Relação de Lisboa, em 14 de Julho de 1941, com o objectivo de lhes explicar as razões que conduziram à sua suspensão. Sobre a questão, em termos menos discritivos, PALMA CARLOS, *Elogio histórico...*, pp. 37 a 45, que sintetiza o problema da seguinte forma (p. 44) "ao fazer o balanço da vida jurídica do ano anterior, no primeiro número da *Gazeta* relativa ao ano de 1941/1942, depois de acentuar que só uma ideia podia dominar o seu espírito e o seu coração de patriota – a de que o incêndio que lavrava por tantos países não atingisse o nosso e que o nome de Portugal continuasse a designar uma país livre e independente – referiu, com uma vivacidade que ao Poder pareceu excessiva, a «quase inanição» da Assembleia Nacional, e escreveu que ela, ao apreciar a Concordata, havia aceitado com entusiasmo a supremacia da Igreja Católica sobre o Poder Civil".

39 O Comité de Peritos para a Codificação Progressiva do Direito Internacional tinha a seguinte composição, nos termos da Resolução aprovada pela Assembleia da Sociedade das Nações, em 22 de Setembro de 1924: "*Chairman*: M. HAMMARSKJÖLD

são Permanente do Direito Marítimo Internacional, de que era vogal, nas Conferências de Génova e de Anvers do Comité Maritime International, nas quais foi um dos vice-presidentes eleitos. Em 1930, como Professor de Direito Comercial da Faculdade de Direito da Universidade de Lisboa, representa Portugal na primeira conferência para a Codificação do Direito Internacional, tendo sido eleito presidente da subcomissão encarregada de redigir um anteprojecto de regulamento das águas territoriais. Em 1931, integra a lista de árbitros do Tribunal Permanente de Arbitragem.

No âmbito do Comité de Peritos para a Codificação Progressiva do Direito Internacional foi nomeado relator, na primeira reunião, que teve lugar em Abril de 1925, do estudo da questão do "estatuto jurídico dos navios de Estado afectados a operações de comércio". Na segunda reunião, que decorreu de 12 a 29 de Janeiro de 1926[40], em Genebra, foi encarregado, como rela-

---

(Sweden), Governor of the Province of Upsala; *Vice-Chairman*: Professor DIENA (Italy), Professor of International Law at the University of Pavia, Member of the Conseil du Contentieux diplomatique at the Italian Ministry of Foreign Affairs; *Members* Professor BRIERLY (Great Britain) Professor of International Law at the University of Oxford; M. FROMAGEOT (France), Legal Adviser to the Ministry of Foreign Affairs of the French Republic; His Excellency Dr. Gustavo GUERRERO (Salvador), Minister for Foreign Affairs of the Republic of Salvador; Representative of Salvador on the Council of the League of Nations; Dr. B. C. L. LODER (Netherlands), former Member of the Supreme Court of the Netherlands, Judge and late President of the Permanent Court of International Justice; Dr. BARBOSA DE MAGALHAES (Portugal), Professor of Law at the University of Lisbon, Barrister, former Minister of Foreign Affairs, Justice and Education; His Excellency Dr. Adalbert MASTNY (Czechoslovakia), Czechoslovak Minister in Rome, President of the Czechoslovak Group of the International Law Association; His Excellency M. MATSUDA (Japan), Doctor of Law, Japonese Ambassador in Rome; Sir Muhammad RAFIQUE (India), former Judge at the High Court of the United Provinces; Dr. Szymon RUNDSTEIN (Poland), Barrister at the Court of Appeal at Warsaw, Legal Adviser to the Ministry of Foreign Affairs; Professor Walter SCHÜCKING (Germany), Professor at the University of Kiel; Dr. José León SUAREZ (Argentine), Dean of the Faculty of Political Science at the University of Buenos Ayres; Professor Charles DE VISSCHER (Belgium), Professor in the Faculty of Law at the University of Ghent, Legal Adviser to the Belgien Ministry of Foreign Affairs; Dr. WANG CHUNG-HUI (China), Deputy Judge of the Permanent Court of International Justice; Mr. George W. WICHERSHAM (United States of America), formerly Attorney-General of the United States, Member of the International Law Committee of the American Bar Association, and President of the American Law Institute" (Supplement to the American Journal of International Law, vol. 22, Special number, January, 1928, pp. v e vi).

[40] Sobre a questão, a nota que o Professor Barbosa de Magalhães publicou na Gazeta da Relação de Lisboa, Ano 39, n.° 19, pp. 290 e 291. No caso dos "conflitos de leis em matéria de domicílio" o vogal seria o Prof. Brierly, enquanto na matéria dos "efeitos da cláusula da nação mais favorecida", o relator seria o Dr. Wickersham. Da terceira reunião, que teve lugar em Genebra, de 22 de Março a 2 de Abril de 1927, também foi ela-

tor, da análise dos "conflitos de leis em matéria de domicílio"[41] e, como vogal, da apreciação dos "efeitos da cláusula da nação mais favorecida"[42].

Em 1932, na qualidade de presidente do Comité português da Academia Internacional de Direito Comparado, participou[43] no 1.° Congresso Internacional de Direito Comparado, que se realizou na Haia de 2 a 8 de Agosto, como um dos vice-presidentes adjuntos[44].

---

borada uma síntese pelo Professor Barbosa de Magalhães, objecto de publicação na Gazeta da Relação de Lisboa, Ano 41, n.° 7, pp. 98 a 100.

41 A matéria foi estudada com base na seguinte questão: "Are there questions concerning the conflict of laws in the matter of domicile of which a solution by way of a convention could be contemplated without encountering political obstacles? In the affirmative what are these questions and what solutions might be found for them?", Supplement to the American Journal of International Law. Official Documents. Special numbers, vol. 20, July and October 1926, p. 17.

42 A matéria foi estudada com base na seguinte questão: "Is it possible to reach an international agreement determining, in the absence of special provisions, the effect of the "most favoured nations" clause?", Supplement to the American Journal of International Law. Official Documents. Special numbers, vol. 20, July and October 1926, p. 17.

43 Nas palavras do Professor Barbosa de Magalhães, «Congresso Internacional de Direito Comparado (Haia – Agosto de 1932)», Gazeta da Relação de Lisboa, Ano 46, 1932-1933, n.° 9, p. 134, "[t]ivemos a honra e o prazer de tomar parte no Congresso, por nós e como Presidente do Comité português da Academia Internacional de Direito Comparado, tendo apresentado um relatório sôbre – *a nacionalidade das sociedades de comércio segundo a legislação portuguesa*, e intervindo na discussão dessa e de outras matérias". Sobre a participação do Professor Barbosa de Magalhães, a nota publicada na Revista da Faculdade de Direito da Universidade de Lisboa, Ano 2, 1934, pp. 509 e 510, nos termos da qual "[d]istinguiu-se a colaboração do Professor Barbosa de Magalhães nos trabalhos do Congresso, intervindo frequentemente nas discussões e apresentando um relatório intitulao *La Nationalité des sociétés du commerce d'après la Législation portuguuaise*, trabalho notável pela interpretação das disposições legais sôbre o assunto e, ainda, porque a doutrina nele sustentada sôbre a nacionalidade das sociedades comerciais foi fundamentalmente aceite pelo Congresso".

44 O relevo dessa participação é manifesto no elenco dos nomes que aparece transcrito em «Congresso Internacional...», p. 130, "[o] Congresso tinha como Presidentes de honra os ministros dos Negócios Estrangeiros e da Justiça, da Holanda; como Presidente efectivo o Prof. Bustamante; como Presidentes adjuntos: o Presidente do Tribunal Permanente de Justiça Internacional, Adatci; os Juízes do mesmo Trib. Altamira, Anzilotti, Guerrero, Schuking, Wang Chung-Hui, Michel Rostworowski, e Urrutia; Loder, antigo Presidente do mesmo Trib.; Lord Hauworth, Master of the Rolls; Heymann, secretário perpétuo da Academia Prussiana; P. Matter, do Instituto de França e Procurador Geral junto da Cour de Cassation de França; Prof. Rodrigo Octavio, Presidente do Sup. Trib. Federal do Brasil; Prof. Alfredo Rocco, de Roma; Prof. Brown Scott, Presidente do American Institute of International Law; e Prof. Wigmore, da Universidade de Chicago; como vice-presidente o Prof. Levy-Ullman, vice-presidente da Academia Internacional de Direito Comparado de Paris; como vice-presidentes adjuntos: – Prof. Barbosa de Magalhães, de Lisboa; Prof.

Entre 1933 e 1936, exerce o cargo de Bastonário da Ordem dos Advogados. Entre 1945 e 1947, presidiu ao Instituto da Conferência da Ordem dos Advogados[45].

Desta sucinta nota biográfica resulta que, durante a década de vinte do século XX, a actividade do Professor Barbosa de Magalhães nos domínios do Direito Internacional Público e do Direito do Mar tem uma dimensão eminentemente prática, nomeadamente na representação e na defesa dos interesses do Estado português. As razões que determinaram a sua cessação posterior não aparecem explicitadas em qualquer dos elementos biográficos consultados, mas é concebível tratar-se de justificações de natureza política semelhantes às que conduziram, em 1941, à sua aponsentação compulsiva de Professor da Faculdade de Direito da Universidade de Lisboa, na medida em que na época era excepcionalmente reduzido o número de juristas cultores destas matérias. Não parecem resultar, por isso, de um seu desinteresse posterior por semelhante temática, na medida em que a sua actividade no âmbito do Instituto de Direito Internacional se centrou essencialmente nesses domínios[46].

O Professor Barbosa de Magalhães foi eleito membro associado do Instituto de Direito Internacional em 1932, na Sessão de Oslo, que teve lugar em Agosto desse ano. Na lista de membros associados publicada no *Annuaire de l'Institut de Droit International* de 1932 aparece referenciado como "professeur à la Faculté de Droit de Lisbonne, ancien ministre des Affaires étrangères"[47]. Em termos mais desenvolvidos a nota biográfica inserta por ocasião da sua eleição identifica-o como "Professeur à la Faculté de Droit de Lisbonne; membre de l'Académie de Sciences de Lisbonne; de l'Institut de Coimbra; de l'Institut de droit international de Kiel; de

Henri Capitant, de Paris; Prof. G. Cornil, de Bruxelas; Alexandre Costin, Presidente da Cour d'Appel de Bucarest; Prof. Holdsnorth, de Varsóvia; Prof. Lambert, de Lyon; Prof. Nabert, de Utrecht; Prof. Roscoe Pound, da Harvard Law School, de Cambridge; Prof. Claudius von Schevering, de Friburgo; Prof. Cesare Vivante, de Roma; Prof. Walten, de Oxford; – como secretários gerais: – Prof. E. Balogh, de Berlim; e Prof. R. W. Lee, de Oxford; e como secretários gerais adjuntos: – Prof. Milton Coloin, de New-Orleans; H. Daniëls, Director do Ministério dos Negócios Estrangeiros da Holanda; Prof. J. Scarra, de Paris; Prof. Xavier Janne, de Liège; Prof. Lundstedt, de Upsala; Righetti, secretário geral da Comissão Nacional Italiana para a Cooperação Intelectual; Prof. El-Sanhoury, do Cairo; Dr. Raymond Weiss, conselheiro jurídico do Instituto Internacional de Cooperação Intelectual; Vaughan Williams, do Conselho do Rei, Londres".

[45] Sobre a questão, PALMA CARLOS, *Elogio histórico...*, pp. 57 a 60.

[46] Segundo a informação fornecida pela notícia necrológica subscrita por Haroldo VALLADÃO, *Annuaire de l'Institut de Droit International*, 1959, p. 461, o Professor Barbosa de Magalhães esteve presente nas sessões do Instituto de Direito Internacional que tiveram lugar em Paris, 1934, Bruxelas, 1936, Luxemburgo, 1937, Bruxelas, 1948, e Bath, 1950.

[47] *Annuaire de l'Institut de Droit International*, 1932, p. xix.

l'International Law Association; de l'Académie diplomatique internationale; de l'Association Francisco de Vitoria; Membre du Comité d'experts de la Société des Nations pour la codification progressive du droit international; délégué du Portugal dans l'arbitrage avec l'Allemagne relatif aux dommages de guerre; Membre de la Commission portugaise de droit maritime international; Membre du Conseil de direction du Comité international de la T. S. F.; Président du Comité portugais de l'Instituto de Derecho Comparado Hispano-Português-Americano; Président du Comité portugais de l'Académie Internationale de Droit comparé; Ancien ministre de la Justice, de l'Instruction publique et des Affaires étrangères; Ancien député; Avocat à Lisbonne"[48]. Nesse momento é designado membro da Segunda Comissão encarregada de estudar o "Estatuto jurídico dos apátridas" (Statut juridique des Apatrides (Staatlosen)), que tinha a seguinte composição: Raestad como relator; Arminjon, Audinet, Borel, Kebedgy, Mac Nair, Mahaim, Niboyet, Reuterskjold, Salvioli, Trias de Bes e J. Brown Scott como membros.

Na Sessão de Paris de 1934, o seu nome aparece ligado a três comissões de trabalho[49]: à segunda, dedicada ao "Estatuto jurídico dos apátridas"; à décima terceira, sobre a temática dos "Conflitos de leis relativos à prova em direito privado" (Les conflits de lois relatifs à la preuve en droit privé (Revision des résolutions de Zurich, 1877)[50], que permanece activa na Sessão de Bruxelas de 1936[51] e na Sessão do Luxemburgo de 1937[52]; e à décima sétima, encarregada de apreciar "A cláusula jurisdicional nas convenções da união, nomeadamente as relativas à propriedade industrial, artística e literária" (La clause juridictionnelle dans les conventions d'union, notamment celles relatives à la propriété industrielle, artistique et littéraire)[53].

Na Sessão do Luxemburgo de 1937[54], numa ocasião em que o Professor Barbosa de Magalhães já tinha deixado de ter contacto prático

[48] *Annuaire de l'Institut de Droit International*, 1932, pp. 573 e 574.

[49] *Annuaire de l'Institut de Droit International*, 1934, pp. 757 a 761.

[50] A Décima Terceira Comissão, Les conflits de lois relatifs à la preuve en droit privé, tinha a seguinte composição: Arminjon, relator; de Boeck, Coudert, Diena, Donnedieu de Vabres, Sir Cecil Hurst, Kosters, Baron Nolde, Sauser, Hall, Trias de Bes e Sir John Fischer Williams, membros (*Annuaire de l'Institut de Droit International*, 1934, p. 757).

[51] *Annuaire de l'Institut de Droit International*, vol. II, 1936, p. 357.

[52] *Annuaire de l'Institut de Droit International*, 1937, p. 332.

[53] A Décima Sétima Comissão, La clause jurisdictionnelle dans les conventions d'union, notamment celles relatives à la propriété industrielle, artistique et littéraire, tinha a seguinte composição: Gidel, relator; Basdevant, Dumas, Muûls, Raestad, Schucking, Trias de Bes, Vallotton d'Erlach, Charles De Visscher (*Annuaire de l'Institut de Droit International*, 1934, p. 759).

[54] Sobre esta Sessão o Professor Barbosa de Magalhães publicou uma nota na Gazeta da Relação de Lisboa, Ano 51, n.° 22, pp. 337 e 338.

directo com as matérias do Direito Internacional Público, integra uma comissão especificamente dedicada ao estudo de uma das suas matérias clássicas: "o asilo diplomático" (L'asile en droit international), que passou a ser apreciado pela sétima comissão[55], o que é particularmente demonstrativo do seu interesse por esta temática.

Em 1947, na Sessão de Lausana, que retoma os trabalhos após o longo interregno provocado pela Segunda Guerra Mundial, o Professor Barbosa de Magalhães foi eleito, por unanimidade[56], membro do Instituto de Direito Internacional.

O interesse demonstrado pelas matérias do Direito Internacional Público e do Direito do Mar intensifica-se após a sua eleição como membro. Na Sessão de Bruxelas de 1948, continua a integrar a comissão dedicada à análise do asilo em Direito Internacional[57], mas passa igualmente a fazer parte das duas comissões encarregadas de apreciar matérias de Direito do Mar: a nona, sobre "As condições jurídicas da plataforma continental" (Les conditions juridiques du plateau continental)[58], e a décima, sobre "A distinção entre as águas territoriais e interiores" (La distinction entre les eaux territoriales et intérieures)[59], cujos trabalhos se prolonga-

---

[55] A Sétima Comissão, L'asile en droit international, tinha a seguinte composição: Raestad, relator; de la Barra, Basdevant, Hammarskjöld, Hudson, Kebedgy Mahaim, Perassi, Henri Rolin, Schindler, Yanguas Messia (*Annuaire de l'Institut de Droit International*, 1937, p. 330).

[56] Nesse sentido, o *Annuaire de l'Institut de Droit International*, 1947, p. 85, refere que "[s]ont proclamés élus: MM. Barbosa de Magalhães, Barcia Trelles, Calonder, Mc Nair, Perassi, Salvioli, Sauder-Hall, Scelle et Unden, à l'unanimité des membres présents et absents; Klaestad et Muuls, par 22 voix, dont 16 des membres présents; Cruchaga Tocornal, par 22 voix, dont 15 des membres présents; Niboyet, par 21 voix, dont 14 des membres présents; Winiarski, par 20 voix, dont 14 des membres présents; Lemonon, par 19 voix, dont 12 des membres présents".

[57] Quinta Comissão, L'Asile en Droit international public, com a seguinte composição: Perassi, relator; Basdevant, Donnedieu de Vabres, Gajzago, Hudson, Sir Cecil Hurst, Hyde, Idman, Visscher (F. De) e Yanguas Messia, membros (*Annuaire de l'Institut de Droit International*, 1948, p. 347).

[58] Nona Comissão, Les conditions juridiques du plateau continental, com a seguinte composição: Gidel, relator; Alvarez, Bailey, Balladore Pallieri, Castberg, Dickinson, François, Sir Cecil Hurst, Hyde, Laun, Podesta Costa e Salvioli, membros (*Annuaire de l'Institut de Droit International*, 1948, p. 348).

[59] Décima Comissão, La distinction entre les eaux territoriales et intérieures, com a seguinte composição: Castberg, relator; Barcia Trelles, Fenwick, Fitzmaurice, François, Guggenheim, Laun, Podesta Costa e Rousseau, membros (*Annuaire de l'Institut de Droit International*, 1948, p. 349).

ram pela Sessão de Bath de 1950[60], pela Sessão de Siena de 1952[61], pela Sessão de Aix-en-Provence de 1954[62] e pela Sessão de Granada de 1956[63].

Na Sessão de Bath de 1950, integra os trabalhos da primeira comissão relativos à "Imunidade dos Estados e dos Governos estrangeiros em matéria de jurisdição e de execução" (Les immunités des Etats et des Gouvernements étrangers en matière de jurisdiction et d'exécution)[64], que continua em actividade na Sessão de Siena de 1952[65]. Na Sessão de Aix-en-Provence de 1954, passa a pertencer à vigésima quarta comissão sobre a "Competência obrigatória das instâncias judiciais e arbitrais internacionais" (Competence obligatoire des instances judiciaires et arbitrales internationales)[66], que se mantém em funcionamento na Sessão de Granada de 1956[67] e na Sessão de Amesterdão de 1957[68]. Na Sessão de Granada de 1956, integra a comissão dedicada ao estudo da "Utilização das águas internacionais não marítimas (não incluindo a navegação)" (Utilisation des eaux internationales non maritimes (en dehors de la navigation)[69], em funcionamento na Sessão de Amesterdão de 1957[70], e uma comissão fora da área do Direito Internacional Público: a vigésima oitava dedicada às "Sociedades anónimas em Direito Internacional Privado" (Les sociétés

---

[60] *Annuaire de l'Institut de Droit International*, 1950, vol. II, p. 532.

[61] *Annuaire de l'Institut de Droit International*, vol. II, 1952, p. 580.

[62] *Annuaire de l'Institut de Droit International*, vol, II, 1954, p. 398.

[63] *Annuaire de l'Institut de Droit International*, vol, II, 1956, p. 498.

[64] Primeira Comissão, Les immunités des Etats et des Gouvernements étrangers en matière de jurisdiction et d'exécution, com a seguinte composição: Lémonon, relator; Bastid, Sir Eric Beckett, Castberg, Dickinson, Fitzmaurice, Idman, A. de La Pradelle, Lauterpacht, Morelli, Niboyet e Ch. de Visscher, membros (*Annuaire de l'Institut de Droit International*, 1950, p. 530).

[65] *Annuaire de l'Institut de Droit International*, 1952, p. 579.

[66] Vigésima Quarta Comissão, Compétence obligatoire des instances judiciaires et arbitrales internationales, com a seguinte composição: Jenks, relator; Accioly, Cavaré, Dickinson, Giraud, Guerrero, Hambro, Max Huber, de Luna, Morelli, von Verdross e Paul De Visscher, membros (*Annuaire de l'Institut de Droit International*, 1954, p. 400).

[67] *Annuaire de l'Institut de Droit International*, 1956, p. 499.

[68] *Annuaire de l'Institut de Droit International*, 1957, p. 593.

[69] Nona Comissão, Utilisation des eaux internationales non maritimes (en dehors de la navigation), com a seguinte composição: Andrassy, relator; Bastid, Briggs, Castrén, Colombos, Feinberg, baron von der Heydte, Kraus, Liang, Muûls, Sauser-Hall e Quincy Wright, membros (*Annuaire de l'Institut de Droit International*, 1956, p. 497).

[70] *Annuaire de l'Institut de Droit International*, 1957, p. 592.

anonymes en droit international privé)[71], cujos trabalhos se prolongam pela Sessão de Amesterdão de 1957[72].

Tendo em consideração os dados biográficos que foram avançados é natural que a maioria das publicações do Professor Barbosa de Magalhães nas áreas do Direito Internacional e do Direito do Mar estejam temporalmente concentradas na década de vinte do século passado. Posteriormente, até ao final da década de quarenta, são pontuais as incursões nesses domínios dadas à estampa. Na década de cinquenta devem ser, no entanto, tidas em consideração as contribuições publicitadas no âmbito da sua participação nos trabalhos do Instituto de Direito Internacional.

Nestes termos, embora a abordagem da sua obra pudesse ser feita seguindo uma ordem estritamente cronológica, iremos proceder à sua apresentação e apreciação tendo por base um agrupamento temático, na medida em que podem ser encontrados estudos de Direito Internacional Público, de história do Direito Internacional Público, de Direito do Mar e algumas peças processuais no âmbito de uma arbitragem internacional.

3. A obra do Professor Barbosa de Magalhães publicada nos domínios do Direito Internacional Público e do Direito do Mar

A obra do Professor Barbosa de Magalhães publicada nos domínios do Direito Internacional Público e do Direito do Mar pode ser apreciada tendo por base quatro grupos distintos: i) Direito do Mar; ii) Direito Internacional Público; iii) história do Direito Internacional Público; e iv) peças processuais no âmbito de uma arbitragem internacional.

3.1. *Direito do Mar*

O primeiro estudo publicado pelo Professor Barbosa de Magalhães no domínio do Direito do Mar é o «Da condição jurídica dos navios do Estado», surgido em vários números da Gazeta da Relação de Lisboa,

---

[71] Vigésima Oitava Comissão, Les sociétés anonymes en droit international privé, com a seguinte composição: Ripert, relator; Arminjon, Bolla, Egawa, Idman, Lewald, Offerhaus, Wortley e Yepes, membros (*Annuaire de l'Institut de Droit International*, 1956, p. 501).

[72] *Annuaire de l'Institut de Droit International*, 1957, p. 595.

entre 1924 e 1928. Seguindo uma prática comum na época, a sua publicitação foi dividida entre os n.°s 6 (16 de Julho de 1924), 7 (1 de Agosto de 1924) e 24 (16 de Abril de 1925) do Ano 38, os n.°s 3 (1 de Junho de 1925), 6 (16 de Julho de 1925) e 19 (1 de Fevereiro de 1926) do Ano 39, e o n.° 19 do Ano 41 (1 de Fevereiro de 1928).

Na sua origem deve ter estado o título *Rapport sur le statut juridique des navires d'État affectés à des operations de commerce*, referenciado em ABRANCHES-FERRÃO[73], como tendo sido apresentado ao Comité d'Experts pour la Codification Progressive du Droit International, e objecto de publicação em Génova, em 1925[74]. Nesse sentido, o próprio Professor Barbosa de Magalhães refere, no ponto 12 do estudo em referência[75], que "[o] problema da imunidade dos navios de Estado fazia parte, como dissemos, da ordem do dia da reunião do Comité Maritime International, que se realizou em Génova no fim de Setembro", enquanto no ponto 13 esclarece que "em Janeiro último, reuniu em Genève a Comissão para a Codificação progressiva do direito international, que, como dissemos, encarregara uma sub-comissão de estudar o estatuto jurídico dos navios de Estado afectados a operações de comércio. E a essa reunião foi presente o relatório, que, como relator da sub-comissão, elaborámos, e que foi também subscrito pelo outro membro da sub-comissão, o Prof. Brierly, da Universidade de Oxford"[76].

O estudo, dividido em 14 pontos, aprecia a questão dos navios de Estado com recurso à doutrina surgida sobre a matéria no início da década de vinte e à jurisprudência relevante. Nos pontos 5 e 6, é analisada a problemática dos navios de Estado em Portugal, quer dos navios nacionais, quer dos navios estrangeiros, com o objectivo de chamar a atenção para as lacunas existentes na lei portuguesa relativamente a um tratamento adequado do segundo aspecto[77]. No ponto 14, é reproduzida a Convenção

[73] «Lembrança de Barbosa de Magalhães», p. 214.

[74] Embora a sua publicação em Portugal tivesse sido planeada pelo Professor Barbosa de Magalhães para as páginas da Gazeta da Relação de Lisboa, no n.° 19 do Ano 41, p. 293, explicita que "[n]o nosso último artigo sôbre êste assunto prometemos publicar nesta *Gaz.* o relatório que apresentámos à «Comissão para a Codificação progressiva do direito internacional», da Sociedade das Nações, e que ela aprovou e deliberou que fôsse enviado a todos os Governos e à Conferência Diplomática, que dentro em pouco deveria realizar-se em Bruxelas; esse relatório, porém, é muito extenso, e porisso nunca nos foi possível, nem é ainda, cumprir essa promessa".

[75] Gazeta da Relação de Lisboa, Ano 39, n.° 19, p. 279.

[76] Gazeta da Relação de Lisboa, Ano 39, n.° 19, p. 279.

[77] Gazeta da Relação de Lisboa, Ano 38, n.° 7, p. 97 a 99.

internacional para a unificação de certas regras relativas às imunidades dos navios de Estado, que foi assinada em Bruxelas em Abril de 1926.

Em segundo lugar, deve ser tida em consideração a publicação dos comentários do Professor Barbosa de Magalhães ao relatório do Professor Walther Schücking sobre águas territoriais, no âmbito da 2.ª sessão do Comité de Peritos para a Codificação Progressiva do Direito Internacional. Segundo ABRANCHES-FERRÃO[78], o estudo tem uma edição dada à estampa em Lisboa no ano de 1926, em língua francesa, que não foi possível localizar. Existe, no entanto, como referido anteriormente, uma tradução dessas observações para a língua inglesa, feita pelo American Journal of Internacional Law, em 1926, com o título de "II. Observations by M. Barbosa de Magalhaes", que aparecem referenciadas à data de 10 de Janeiro de 1926[79].

As "Observations by M. Barbosa de Magalhaes", estão divididas em VI partes (I. Introduction; II. The legal status of territorial waters; III. The extent of the territorial sea under the dominion of the coastal state; V. Bays; VI. Islands; e VII. Regulations), seguindo a ordem dos problemas[80] que tinham sido apreciados por Schücking no relatório e no projecto de articulado que tinha apresentado ao Comité de Peritos.

A parte mais extensa e original dos comentários apresentados é a relativa à questão da extensão do mar territorial. Por um lado, na medida em que sustenta a existência de uma única zona de mar territorial, com largura adequada a permitir a protecção das espécies marinhas pelo Estado costeiro, em particular para efeitos de pesca. Por outro lado, dado que considera a possibilidade de serem permitidas situações de ocupação do alto mar para prosseguir actividades específicas e expressamente elencadas de natureza estritamente pacífica. Finalmente, ao pretender avançar com uma regra jurídica para a questão da delimitação lateral dos mares territoriais.

---

[78] «Lembrança de Barbosa de Magalhães», p. 214.

[79] «Observations by M. Barbosa de Magalhaes», Documents from the League of Nations. Committee of Experts for the Progressive Codification of International Law. Supplement to the American Journal of International Law. Oficial Documents. Special numbers, July and October, vol. 20, 1926, pp. 120 a 134.

[80] Nesse sentido, afirma, «Observations by M. Barbosa de Magalhaes», p. 120, que "I propose to take in the same order the problems which are considered and discussed in the report, and solutions for which are proposed in the project accompanying it, but I shall only touch upon those in respect of which I feel that an explanation of my views is necessary".

No primeiro caso, sustenta que o mar territorial deverá ter a extensão de 12 milhas marítimas, com a previsão de que o limite externo deve ser calculado a partir da linha de baixa-mar ao longo da costa. Nesse sentido, propõe que "[t]he zone of the coastal sea shall extend for twelve marine miles (60 to the degree of latitude) from the low-water mark along the whole of the coast"[81]. Para justificar essa extensão, em alternativa às seis milhas propostas, avança com a necessidade de permitir que os Estados costeiros possam proteger as espécies marinhas existentes no espaço adjacente ao seu território terrestre. Em conformidade, em termos particularmente originais e prefigurando preocupações que só vão compreendidas décadas depois, afirma que "[a]part from the question of exclusive fishing rights[82], it is the duty of all coastal States, both in their own interests, in order that they may obtain the greatest possible benefit from these exclusive rights, and in the general interest of world trade, to take the necessary steps for the protection of fish"[83]. Além disso, defende que a protecção das espécies deve ser levada a cabo pelos Estados e não por uma organização internacional, não obstante defender a relevância da actuação de entidades internacionais em outras circunstâncias.

No segundo caso, aceita que os Estados costeiros, que tenham armada ou marinha comercial, possam ocupar zonas específicas do alto mar para a prossecução de determinadas actividades de carácter exclusivamente pacífico[84]: "(1) As bases for non-military aircraft; (2) For wire-

---

[81] «Observations...», p. 129.

[82] Nesta matéria recorre a uma extensa citação, de cerca de duas páginas, da obra de Vicente ALMEIDA D'EÇA, *As águas territoriais e as pescas*, que tinha sido elaborada como comunicação ao VII Congresso Internacional de Pesca, a realizar em Santander em 1921. A originalidade do tratamento da questão por ALMEIDA D'EÇA é posta em relevo por Lawrence JUDA, *International Law and Ocean Use Management. The evolution of ocean governance,* Routledge, London and New York, que refere, p. 52, transcrevendo um extenso passo do relatório, que "[w]hile understanding the need for regulation of fishing activity, given modern fishing technology and procedures, he also comprehended very well the problems posed by the limitations of the existing framework". Sobre a obra de ALMEIDA D'EÇA e a sua importância para o desenvolvimento do Direito do Mar em Portugal, em particular como Professor da Escola Naval entre 1885 e 1929, LOUREIRO BASTOS, «Contributo para o estudo da doutrina...», em particular os pontos 3.2.3. As décadas de oitenta e de noventa do século XIX; 3.2.4. O século XX até 1945; e 3.3. O contributo fundamental de autores ligados à Marinha, com particular destaque para Carlos Testa e Vicente Almeida d'Eça.

[83] «Observations...», p. 127.

[84] Nesse sentido, propõe a inclusão de um artigo (Artigo 2 (a)) nos termos do qual: "[i]t is expressly forbidden to fortify the constructions referred to in the preceding article,

less stations; (3) For submarine-cable stations; (4) For scientific research; (5) To provide assistence for shipwrecked mariners; (6) For searches for wrecks or treasures". Na regulação desta matéria, em termos distintos do que sucedia com a questão da pesca, já vai atribuir um papel fundamental à actividade de uma entidade internacional distinta dos Estados, na medida em que defende que as construções em causa, sejam permanentes ou temporárias, devem ser previamente aprovadas e posteriormente controladas pelo International Waters Office, com poderes para a aplicação de sanções. Nesse sentido, propõe a inclusão de um novo artigo, no qual é previsto que: "[t]hese constructions must be approved in advance by the International Waters Office, and shall be under its immediate control. The Office shall order the immediate demolition of any works set up in contravention of the provisions of the preceding article", ao que acrescenta que "[t]he State committing such infringement may further be sentenced to a fine to be determined by the Commission".

No terceiro caso, avança com duas regras gerais para a delimitação lateral dos mares territoriais, em alternativa à regra do acordo ou dos direitos históricos que era proposta no relatório, na medida em que entende que a questão não tinha sido suficiente e adequadamente tratada por Schücking. Assim, em termos gerais, propõe que a delimitação seja feita "by a line drawn perpendicular to the coast from the point at which the frontier between the two States meets the coast". Além disso, nos casos especiais em que a fronteira entre os Estados costeiros seja um rio, defende que a delimitação seja feita tendo por base a linha do "exterior thalweg"[85].

Nas "Observations by M. Barbosa de Magalhaes", ainda pode ser encontrada uma arguta análise do problema dos arquipélagos, a propósito do artigo 5.° do projecto de articulado dedicado às ilhas, em termos que se aproximam da sua posterior regulamentação no âmbito da Convenção das Nações Unidas sobre do Direito do Mar de 1982. Com efeito, com base na ideia de unidade das ilhas que integram um arquipélago, vai defender que deveria ser incluída uma regra específica sobre a matéria, com a seguinte

or to use them even indirectly as bases of supply for warships or war aircraft or for submarines".

[85] Nesse sentido, propõe a inclusão de um artigo (Artigo 2 (c)) nos termos do qual: "[w]hen the frontier between two contiguous States is formed by a river which touches both of them and is common to both where it reaches the coast, the line of demarcation between the territorial waters of the two States is formed by the line of the exterior thalweg of the river as far as it can be traced, and thereafter by a line perpendicular to the coast as the outer limit of the territorial waters".

redacção: "[i]n the case of archipelagoes the component islands are considered as forming a whole, and the width of the territorial sea shall be measured from the islands most distant from the centre of the archipelago".

Em terceiro lugar, nas obras na área do Direito do Mar, deve ser referenciada uma publicação conjunta do Professor Barbosa de Magalhães com o Capitão de Fragata Marcelino Carlos, na qualidade de membros da Comissão Permanente de Direito Marítimo Internacional[86]. Trata-se do contributo português[87] para a discussão do projecto de Convenção sobre as leis de jurisdição marítima em tempo de paz e sobre a neutralidade marítima, elaborado pelo Comité de Neutralidade da International Law Association, a ser discutido na Conferência de Viena desta entidade em 1926.

Podem ser encontradas duas versões. Uma versão francesa, de 1926, dada à estampa em Lisboa, com o título de *Observations au projet de convention du Comité de la Neutralité de l'«International Law Association» sur les lois de jurisdiction maritime en temps de paix et sur la neutralité maritime, par les réprésentants de la Commission Permanente de Droit Maritime International (Portugal) a la Conférence de Vienne – 1926 Prof. Dr. Barbosa de Magalhães et Capitaine de Frégate Marcelino Carlos.* E uma versão em língua inglesa, do ano seguinte, com a designação de *Observations by the delegates of the C.P.D.M.I. (Portugal) Professor Dr. Barbosa de Magalhães and Commander Marcelino Carlos concerning the draft conventions entitled respectively "Laws of maritime jurisdiction in time of peace" and "Maritime neutrality" submitted by the Neutrality Committee of the International Law Association for the discussion at the Vienna Conference 1926.*

---

[86] Sobre a actividade da Comissão Permanente de Direito Marítimo Internacional no domínio da reformulação da legislação comercial relativa ao direito marítimo e a sua composição no início da década de trinta do século XX, a breve nota do Professor Barbosa de Magalhães, «Direito marítimo», publicada na Gazeta da Relação de Lisboa, Ano 45, n.° 16, de 16 de Dezembro de 1931, pp. 241 a 243.

[87] Na sua base esteve o relatório sobre o problema das águas territoriais, relatado por Vicente ALMEIDA D'EÇA, que tinha sido aprovado pela Comissão Permanente de Direito Marítimo Internacional, em 28 de Julho de 1925. Este relatório pode ser encontrado em duas edições distintas: i) autonomamente como: COMISSÃO PERMANENTE DE DIREITO MARÍTIMO INTERNACIONAL, *Relatório sobre o problema das aguas territoriais. Aprovado pela Comissão em sessão de 28 de Julho de 1925,* Offic. da Soc. Nacional de Tipografia, Lisboa, 1926; e ii) com referência expressa a Vicente ALMEIDA D'EÇA, no Boletim da Faculdade de Direito da Universidade de Coimbra, Ano VII, 1923-25, pp. 381 a 416.

Trata-se, na sua quase totalidade, de uma crítica à posição assumida pelo projecto da International Law Association de fixar a largura do mar territorial em três milhas marítimas, com a tentativa de demonstração de que este limite externo não corresponde ao direito internacional vigente na matéria, não obstante ser referenciado como subscrito pelas principais potências marítimas[88]. Além disso, ainda aborda, de forma resumida, em consonância com o pensamento anteriormente expresso pelo Professor Barbosa de Magalhães, as questões da fixação das águas territoriais das ilhas, dos arquipélagos e das baías, e a delimitação lateral das águas territoriais.

Os restantes títulos publicados pelo Professor Barbosa de Magalhães no âmbito do Direito do Mar correspondem a colaborações desenvolvidas no âmbito dos trabalhos do Instituto de Direito Internacional, no final da década de trinta e na década de cinquenta.

Por um lado, deve ser mencionada uma pequena nota, com o título de «Fundamento jurídico da exploração das riquezas do mar», publicada na Gazeta da Relação de Lisboa, Ano 51, n.° 23, de 1 de Abril de 1938. Trata-se do enquadramento da publicação de uma resolução do Instituto de Direito Internacional, aprovada em 1937, sobre o enquadramento institucional internacional da exploração e da conservação dos recursos marinhos, com destaque para os recursos vivos, com uma referência ao historial das propostas de criação de uma entidade internacional nessa área.

Por outro lado, no *Annuaire de l'Institut de Droit International,* de 1954, podem ser encontradas umas observações do Professor Barbosa de Magalhães ao relatório preliminar e ao questionário de 9 de Dezembro de 1949, sobre a matéria das águas territoriais e das águas interiores. Nessas observações, datadas de 10 de Fevereiro de 1950, deve ser posta em destaque a defesa de uma clara autonomização entre águas territoriais e águas interiores, em termos tais que "l'Etat fixe la ligne de base d'après laquelle on mesurera l'étendue des eaux territoriales, en définissant aussi de cette façon leur limite extérieure"[89].

Finalmente, no *Annuaire de l'Institut de Droit International,* de 1956, podem ser encontrados os comentários do Professor Barbosa de Maga-

[88] Nesse sentido, *Observations au projet...*, p. 8.

[89] Première partie: travaux préparatoires. Les eaux territoriales et les eaux intérieures. Observations des membres de la dixième Commission au sujet du rapport préliminaire et du Questionnaire du 9 décembre 1949. «Observations de M. Barbosa de Magalhães», *Annuaire de l'Institut de Droit International,* vol. I, 1954, p. 182.

lhães a uma circular de 20 de Outubro de 1954, identicamente sobre a matéria das águas territoriais e das águas interiores. Nesses comentários, datados de 23 de Novembro de 1954, é de pôr em destaque uma intenção de clareza e de precisão nas regras propostas, nomeadamente tendo em consideração os resultados de trabalhos anteriores sobre a matéria, como os da Conferência da Haia de 1930 em que tinha participado.

3.2. *Direito Internacional Público*

No âmbito do Direito Internacional Público, a primeira publicação que merece referência corresponde à redução a escrito[90] do contributo oral do Professor Barbosa de Magalhães para a discussão do relatório de Wickersham sobre a cláusula da nação mais favorecida no âmbito da décima reunião do Comité de Peritos para a Codificação Progressiva do Direito Internacional, que teve lugar em 28 de Março de 1927. Embora corresponda apenas a algumas observações sobre a questão, deve ser posto em destaque que, em contraponto à posição defendida pelo relator, a proposta do Professor Barbosa de Magalhães era no sentido da criação de regras não vinculativas sobre a matéria que pudessem orientar os Estados. Nesse sentido, defendia que "it would be better to lay down certain general rules for the interpretation and application of the most-favoured-nation which, being purely of a supplementary character and devoid of any binding force as regards the use of the clause, its application, its form or its scope, would be of great value for the guidance of States by determining the interpretation, meaning, scope and application of the clause when it was not clearly expressed". Esta proposta representa uma manifestação de grande flexibilidade e pragmatismo jurídico, sendo uma prefiguração das regras de *soft law* que podem ser actualmente encontradas em domínios do Direito Internacional com relevância económica.

O principal estudo do Professor Barbosa de Magalhães no âmbito do Direito Internacional Público é o parecer dado à Roménia, no final da

[90] «Observations by Professor Barbosa de Magalhães (Extract from Minutes of the Tenth Meeting, March 28 th, 1927.)», Documents from the League of Nations. Committee of Experts for the Progressive Codification of International Law. Projects prepared by the International Commission of Jurists at Rio de Janeiro, 1927. Resolutions of the Institute of International Law adopted at Lausanne, 1927. Supplement to the American Journal of International Law. Special number, vol. 22, January, 1928, pp. 153 a 156.

década de vinte, na questão dos optantes húngaros relativamente à reforma agrária que teve lugar nesse Estado[91]. O estudo foi publicado num dos dois volumes que procederam à compilação dos numerosos estudos que foram elaborados sobre a matéria, com a designação de *La réforme agraire en Roumanie et les optants hongrois de Transylvanie*[92].

A questão foi apreciada pelos mais importantes jusinternacionalistas da época, nuns casos através de artigos publicados em publicações científicas periódicas[93], noutros casos através de consultas solicitadas directamente pelo Governo da Roménia ou por outros Estados com interesse na matéria[94].

No segundo grupo deve ser incluído o parecer do Professor Barbosa de Magalhães, denominado «Avis consultatif concernant le différend entre le Roumanie et la Hongrie relativement à la réforme agraire roumaine donné à l'Etat Roumain», datado de 4 de Fevereiro de 1928, que pretende fornecer uma resposta às duas questões formuladas pela Roménia: i) "Le Conseil saisi de l'article 11 du Pacte et de l'article 239 du Traité de Versailles, peut-il refuser la nomnation d'un juge suppléant?";

---

[91] A problemática da repartição da propriedade fundiária na Roménia é resumida pelo Professor Barbosa de Magalhães da seguinte forma: "en 1914, la situation était encore la suivante: presque la moitié des terres cultivables (3.810.315 hectares) était possédée par 5.385 grands propriétaires qui constituaient à peine la moitié de la population agricole du pays; 920.929 paysans avaient 40% de ces terres et le reste était constitué par les propriétés moyennes; il y avait de nombreuses propriétés de 5.000 hectares et quelques propriétaires avaient 30.000, 50.000 et plus; c'était, en un mot un veritable régime de *latifundia*".

[92] Sobre a matéria também pode ser encontrado na Biblioteca da Faculdade de Direito da Universidade de Lisboa, a monografia *La réforme agraire en Roumanie et les optants hongrois de Transylvanie devant la Société des Nations. Mémoire du Gouvernment Royal de Roumanie concernant la proposition du 9 Mars 1928,* Jouve & Cie, Éditeurs, Paris, 1928.

[93] Nessa categoria incluem-se os estudos de: Alejandro ALVAREZ, Jean APPLETON, Etienne BARTIN, Léon DUGUIT, Louis LE FUR, Maurice PICARD, André PRUDHOMME, Nicolas POLITIS, Albéric ROLIN, Marcel SILBERT, A. SOTTILE, H. DONNEDIEU DE VABRES, Albert WAHL, Henri CAPITANT e Louis TROTABAS, e Arrigo CAVAGLIERI.

[94] Nessa categoria incluem-se os estudos de: M. H. BERTHELEMY, René CASSIN, Giulio DIENA, Charles LYON-CAEN, J.E.C. de MONTMORENCY, Paul PIC, Robert REDSLOB, Karl STRUPP, Charles DE VISSCHER, Jules BASDEVANT, Gaston JÈZE, Nicolas POLITIS, Edouard HIS, J. LIMBURG, J. L. BRIERLY, A. PEARCE HIGGINS, Walter SCHUCKING, Yves de la BRIÈRE, Arrigo CAVAGLIERI, Baron DESCAMPS, Prospero FEDOZZI, Henri de la FONTAINE, Scipione GEMMA, Gaston JÈZE, André LÉNARD, BARBOSA DE MAGALHÃES, Antonio SALANDRA, Quintiliano SALDANA, Gabriele SALVIOLI, Marcel SILBERT, Baron M. de TAUBE, e José de YANGUAS.

e ii) "Le Conseil doit-il renvoyer à la Cour de la Haye, pour avis, les règles qu'il a suggérées aux parties?".

Tratava-se, no essencial, de uma questão de apreciação da competência do Tribunal Arbitral Misto romeno-húngaro para decidir sobre as reclamações que os optantes húngaros tinham feito contra a aplicação das leis de 1918 e de 1921 relativas à reforma agrária[95]. Tinha na sua base um problema de sucessão de Estados relativamente à propriedade privada de cidadãos anteriormente húngaros, a que tinha sido dado um idêntico tratamento na aplicação da lei.

A posição do Professor Barbosa de Magalhães, em consonância com a restante doutrina consultada, foi no sentido de entender que a posição do Tribunal Arbitral Mixto romeno-húngaro de se considerar competente para apreciar a questão era "*contraire à la lettre et à l'esprit du Traité [de Trainon] et constitue un excès, ou usurpation de pouvoir*"[96]. Em termos consonantes, defendeu que o Conselho da Sociedade das Nações não deveria solicitar um parecer ao Tribunal Permanente de Justiça Internacional sobre a matéria[97].

No âmbito do Direito Internacional Público[98] devem ser ainda referenciados dois contributos para os trabalhos do Instituto de Direito Internacional. Por um lado, as observações relativas ao "asilo em direito internacional", com data de 1 de Dezembro de 1949 e de 24 de Janeiro de 1950, nas quais defende que a regulamentação da matéria deveria ser feita tendo

[95] Nesse sentido, pondo em destaque os contornos originais do lítigio em análise, o Professor Barbosa de Magalhães, no âmbito do enquadramento que faz da questão nas páginas 218 a 227, refere que "mettand à profit la faculté que (contre la doctrine dominante que seuls les Estats et non, également, les individus sont sujets du droit international) les traités de paix ont donné aux propres ressortissants des Etats le droit d'introduire directement leurs réclamations devant les Tribunaux Arbitraux Mixtes, quelques optants hongrois ont présenté au Tribunal Arbitral Mixte roumano-hongrois (créé par l'article 239 du Traité de Trianon) des réclamations contre la Roumanie, en se fondant sur ce que la loi roumaine était contraire aux articles 63, 232 et 250 de ce Traité et en demandant que les expropriations de leurs biens, fussent déclarées nulles, la Roumanie étant condamnée à leur restituer les immeubles expropriés en nature, ou pour leur valeur, fixée *ex aequo et bono* et à leur verser des indemnités à titre de dommages-intérêts".

[96] «Avis consultatif...», p. 247, itálico no original.

[97] «Avis consultatif...», p. 249.

[98] Neste âmbito ainda pode ser referido o prefácio do Professor Barbosa de Magalhães à publicação em livro, com o título de *Algumas considerações acêrca do fenómeno jurídico internacional e da ciência da vida internacional,* Lisboa, 1940, dos artigos de Marcel GRUNSPAN, com a mesma designação, anteriormente publicados no Jornal do Fôro.

na sua base o princípio inspirador dos Direitos do Homem, em conformidade com a Declaração Universal dos Direitos do Homem, e a atribuição de legitimidade aos particulares no âmbito do Tribunal Internacional de Justiça para suscitar a apreciação dos litígios sobre a matéria[99-100]. Por outro lado, os comentários proferidos em relação à "imunidade dos Estados estrangeiros", com data de 14 de Setembro de 1951, nos quais aprecia o projecto provisório de "convention sur l'immunité de jurisdiction et d'exécution forcée des Etats étrangers (23 juin 1951)"[101].

É ainda neste domínio que deve ser feita referência à compilação de artigos publicados na *Seara Nova*, ano XXVIII, e que foram dados à estampa com o título *Os direitos fundamentais do homem sob o ponto de vista internacional,* com a referência de que a impressão se concluiu a 6 de Setembro de 1951.

Trata-se de um resumo e de um comentário ao livro *Autour de la nouvelle déclaration universelle des droits de l'homme*[102], publicado pela UNESCO, que reunia um conjunto de 31 depoimentos sobre a matéria dos direitos do homem, escritos por várias personalidades das mais variadas nacionalidades e especialidades. Na sua síntese final, afirmava de forma preclara, que "[d]esta nova declaração devem derivar, para que ela não fique letra morta, duas tarefas, que podem ir-se realizando ao mesmo

---

99 Première partie: travaux préparatoires. L'asile en droit international public. Observations des membres de la Commission en réponse à la circulaire de M. Perassi du 12 septembre 1949. «Observations de M. Barbosa de Magalhães», *Annuaire de l'Institut de Droit International,* vol. I, 1950, pp. 173 a 174; e Première partie: travaux préparatoires. L'asile en droit international public. Observations des membres de la Commission en réponse à la circulaire du 2 janvier 1950 et relatives au projet de Résolutions du même jour. «Observations de M. Barbosa de Magalhães», *Annuaire de l'Institut de Droit International,* vol. I, 1950, pp. 200 a 201.

100 Este comentário representa uma significativa evolução do pensamento do Professor Barbosa de Magalhães na matéria, em relação à posição crítica que tinha sido expressa aquando do enquadramento do parecer sobre os optantes húngaros, em 1928, em conformidade com a transcrição feita na nota 95 deste estudo.

101 Première partie: travaux préparatoires. Les immunités des états étrangers. Observations des membres de la première Commission. «Observations de M. Barbosa de Magalhães», *Annuaire de l'Institut de Droit International,* vol. I, 1952, pp. 44 a 50.

102 Nesse sentido, diz o Professor Barbosa de Magalhães, no posfácio à obra que "[*n*]*ão vimos nos escaparates das livrarias em Lisboa o livro*", "[*d*]*aí, e instigado por alguns amigos, e para corresponder à amabilidade de quem enviou o livro à* Seara Nova, *resolvemos apresentar ao público português um resumo do inquérito feito – depoimentos e conclusões da respectiva Comissão, que a ele procedeu – fazendo-o acompanhar de algumas breves e despretensiosas considerações*".

tempo: – confiar a órgãos de *contrôle* e jurisdição a efectivação, *dentro de cada Estado e dentro da O.N.U.*, dos direitos nela mencionados". Tendo, como é referido no posfácio, "um intuito de informação e de propaganda", não foi incluída, nem nos artigos, nem na sua compilação final, qualquer análise jurídica da Declaração Universal dos Direitos do Homem.

3.3. *História do Direito Internacional Público*

O primeiro estudo de história do Direito Internacional Público da autoria do Professor Barbosa de Magalhães é dedicado a Francisco de Vitória. Trata-se de algumas notas sobre este fundador do Direito Internacional Público e os jusinternacionalistas anteriores a Grócio[103], incluídas numa conferência, realizada em 17 de Março de 1928, na Academia das Ciências de Lisboa, a propósito da sua presença na inauguração da Cadeira de Direito Internacional Francisco de Vitória na Universidade de Salamanca, em 10 de Novembro de 1927. Em conformidade, o opúsculo denominado *A obra do espanhol Fray Francisco de Vitória, a fundação do direito das gentes e o actual direito internacional,* de 1928, tem como subtítulo *A-propósito duma missão universitária.*

Trata-se de uma sumariação das relevantes contribuições de Francisco de Vitória para os primórdios do Direito Internacional, com destaque para as suas contribuições no tratamento da origem e fundamento da autoridade internacional e para a necessária regulamentação jurídica da guerra. É, por isso, que expressando a sua admiração por Vitória, o Professor Barbosa de Magalhães proclama que "[n]a obra de Vitória nós encontramos já a consignação e a defesa dos grandes princípios, que estão ainda e estarão sempre na base do direito internacional, apesar do trabalho de renovação, por que êle está passando, e das novas tendências, que nêle continuadamente se manifestam: – os da liberdade, da igualdade e da solidariedade dos Estados; – e até mesmo nela – nessa excelente obra – nós poderemos encontrar os fundamentos, em que actualmente com tanto afinco se procura assentar o direito penal internacional".

O segundo estudo no âmbito da história do Direito Internacional Público, em contrapartida, é uma obra maior da bibliografia jusinternacionalista do Professor Barbosa de Magalhães. Trata-se de uma investigação sobre a vida e a obra de Francisco Suárez, dada à estampa em duas ver-

[103] *A obra do espanhol Fray Francisco de Vitória...*, pp. 24 a 39.

sões, em 1948 e em 1950. A primeira, com o título de *O Padre Francisco Suarez («Doctor Eximius») e o Direito das Gentes,* corresponde à "oração pronunciada na Sessão Plenária de homenagem ao Doutor Francisco Suárez («Doctor Eximius»), em 4 de Novembro de 1948. Foi publicada em separata ao Boletim da Academia das Ciências de Lisboa, volume XX, Outubro a Dezembro de 1948, e, com um título praticamente idêntico, na Revista da Ordem dos Advogados, nos números 1 e 2 do Ano 8, correspondente a 1948. A segunda, com o título de *Algumas palavras sobre a vida e obras do Padre Francisco Suárez (Doctor eximius) no 4.° centenário do seu nascimento,* é o desenvolvimento da anterior, saída sob a chancela da Academia das Ciências de Lisboa, em 1950, como separata das «Memórias» (Classe de Letras – Tomo V).

O interesse do Professor Barbosa de Magalhães pela figura de Francisco Suárez resulta, numa primeira linha, da sua relação com Portugal, dado que, apesar de ter nascido em Granada em 5 de Janeiro de 1548, foi professor da Universidade de Coimbra durante 20 anos, entre 1597 e 1616, doutorou-se na Universidade de Évora, e morreu em Lisboa em 25 de Setembro de 1617.

Mas é a sua obra, vasta e brilhante, principalmente a que foi produzida no domínio do direito internacional, que entusiasma o Professor Barbosa de Magalhães. Nesse sentido, afirma que "[o] P.e Francisco Suárez foi professor de teologia – então considerada a rainha das ciências, – e de filosofia – então considerada *ancilla theologiae;* foi um grande filósofo e um grande teólogo, por ventura o maior filósofo e o maior teólogo do seu tempo. Mas, na história das ideias, é na filosofia jurídica e no direito público que o seu nome deve ser lembrado e é, principalmente, no direito internacional que a sua personalidade avulta como um dos seus fundadores, um dos mais notáveis precursores de Grócio"[104].

Assim, na primeira versão, após dedicar algumas páginas a referenciar o estado do desenvolvimento dos estudos dedicados a Suárez, com destaque para a obra de James Brown Scott e Camilo Barcia Trelles, expõe e aprecia as suas doutrinas no âmbito do direito internacional. Nestes termos, aprecia, sequencialmente, a posição do direito internacional no ordenamento jurídico[105], o fundamento do *jus inter gentes*[106], e o en-

[104] *O Padre Francisco Suárez...*., p. 13.

[105] *O Padre Francisco Suárez...*., pp. 22 a 25.

[106] *O Padre Francisco Suárez...*., pp. 25 a 30.

quadramento moral e jurídico da guerra, em particular a questão da guerra justa[107].

Na segunda versão, procede primacialmente ao desenvolvimento da parte dedicada aos dados biográficos de Suárez, nomeadamente no que respeita ao período da sua formação na Companhia de Jesus, onde aos dezasseis anos era surpreendentemente qualificado como "noviço indiferente" ou mediano, aos primeiros anos de ensino no Colégio de Segóvia, em Roma[108], em Alcalá e em Salamanca, à sua nomeação para a mais importante cátedra da Universidade de Coimbra, ao ensino nela proferido, aos litígios que a sua nomeação para a Universidade de Coimbra provocou, e ao período passado em Lisboa até à sua morte. Na parte dedicada à obra, por seu turno, limita-se a aprofundar as questões relacionadas com o direito natural[109], a soberania e o fundamento do poder político[110], e o direito internacional privado[111], na medida em que mantêm, no essencial, o anterior tratamento das matérias relacionadas com o Direito Internacional Público.

Finalmente, no presente domínio da história do Direito Internacional Público, ainda deve ser referido o estudo dedicado à faceta internacionalista de Rui Barbosa, que foi publicado com o título de *Rui Barbosa internacionalista,* como separata do Boletim da Academia das Ciências de Lisboa, volume XXI, de Novembro de 1949, e que corresponde à oração proferida na Sessão Plenária comemorativa do 1.° centenário do nascimento de Rui Barbosa, em 5 de Novembro de 1949.

Após um breve historial do contributo do Direito Internacional para a regulação das relações internacionais após a paz de Westefália de 1648, o estudo é fundamentalmente dedicado à apreciação da actuação do brasileiro Rui Barbosa na Segunda Conferência da Paz, que teve lugar na Haia em 1907, e à conferência que pronunciou em Buenos Aires sobre "Os modernos conceitos do direito internacional", em que defendeu o direito de neutralidade[112].

---

107 *O Padre Francisco Suárez...*, pp. 30 a 52.

108 Sobre o reconhecimento da obra de Suárez, aquando da sua nomeação como catedrático de prima do Colégio dessa cidade, diz o Professor Barbosa de Magalhães, *Algumas palavras sobre a vida...*, p. 10, que "quando Suárez foi para Roma, a sua reputação era já tão grande que alguns cardiais e o próprio Papa foram assistir à sua primeira lição".

109 *Algumas palavras sobre a vida...*, pp. 36 a 39.

110 *Algumas palavras sobre a vida...*, pp. 39 a 45.

111 *Algumas palavras sobre a vida...*, pp. 85 a 88.

112 Um extracto da conferência da Ruy Barbosa foi publicado pela Scientia Ivridica, Tomo II, 1952/1953, pp. 7 a 23, com o título, «Fundamento jurídico internacional».

Na apreciação dos trabalhos da Conferência de Paz de 1907, convocada para apreciar os problemas relacionados com a arbitragem, a criação de um tribunal judicial internacional e de um tribunal internacional de presas, a limitação do emprego da força em matéria de dívidas de Estado, a revisão das convenções internacionais que disciplinavam os conflitos internacionais e a guerra terrestre e marítima, é posta em destaque a actuação da delegação portuguesa, integrada pelo Marquês de Soveral, pelo Conde de Selir e pelo Dr. Alberto de Oliveira, na discussão da matéria da arbitragem obrigatória, e as intervenções de Rui Barbosa na apreciação da limitação do emprego da força em matéria de dívidas de Estado, na criação de um tribunal judicial internacional e de um tribunal internacional de presas, e na negociação das convenções sobre o direito da guerra.

No primeiro caso, tendo por base a doutrina anteriormente proposta por Drago, em 1902, presente na Conferência como delegado da Venezuela, e a proposta do General Porter, delegado dos Estados Unidos da América, Rui Barbosa defendeu que não deveria ser permitida a utilização da força em nenhuma situação para a cobrança das dívidas de Estado. No segundo caso, em oposição à proposta dos Estados Unidos da América, que avançava com um regime diversificado de nomeação dos juízes em função da importância relativa de cada Estado, defendeu com veemência o princípio da igualdade dos Estados e a desnecessidade da criação de um tribunal judicial internacional, na medida em que iria constituir uma limitação à soberania dos Estados.

3.4. *Peças processuais produzidas no âmbito de uma arbitragem internacional*

A apreciação da faceta jusinternacionalista do Professor Barbosa de Magalhães deve terminar com a referência às peças processuais que elaborou na década de vinte no âmbito de uma arbitragem internacional entre Portugal e a Alemanha.

A arbitragem entre Portugal e a Alemanha pretendia fixar o montante das indemnizações a serem pagas pela Alemanha a Portugal em consequência dos danos provocados entre o início da guerra, em Agosto de 1914, e a entrada de Portugal no conflito em 9 de Março de 1916. A decisão seria tomada por um único árbitro, Gustave Ador, em conformidade com o § 4 do anexo ao artigo 298 do Tratado de Versalhes[113]. As peças

[113] A decisão acabou por ser tomada por um conjunto de três árbitros – Alöis de Meuron, Robert Fazy e Robert Guex –, em duas ocasiões: 31 de Julho de 1928 e 30 de Junho de 1930. Na primeira, foi decidido que "l'Allemagne doit réparer les dommages

processuais produzidas no âmbito da arbitragem relativa aos danos provocados antes da declaração de guerra, foram subscritas pelo Professor Barbosa de Magalhães, na qualidade de delegado do Governo português[114].

As peças processuais foram publicadas pela Imprensa Nacional, em francês, em 1923 e 1924, com a referência de se tratar de uma edição do Ministério dos Negócios Estrangeiros. Comissão Executiva da Conferência da Paz.

A primeira peça processual, com edição em 1923, é a *Mémoire justificatif des réclamations portugaises. Sur les dommages auxquels se rapporte le § 4.° de l'annexe à l'article 298e du Traité de Versailles.* No pedido formulado por Portugal, após o enquadramento histórico das relações entre Portugal e a Alemanha no espaço colonial africano entre 1885 e 1914[115], são descritos um conjunto de acontecimentos que justificam o núcleo fundamental das indemnizações reclamadas: os incidentes de

causés par les agressions de Maziua, Cuangar, Bunga, Sambio, Dirico, Mucusso et Naulilaa" (*Arbitrage entre le Portugal et l'Allemagne. Sentence arbitrale du 31 juillet 1928 concernant la responsabilité de l'Allemagne à raison des dommages causés dans les colonies portugaises du Sud de l'Afrique,* Imprimerie de la société de la Gazette de Lausanne et Journal Suisse, 1928, p. 36). Na segunda, em consonância com a primeira, foi fixado em "48 226 468.30 mk or l'indemnité à payer par l'Allemagne au Portugal en vertu du § 4 de l'annexe aux articles 297-298 du Traité de Versailles (*Arbitrage entre le Portugal et l'Allemagne. Sentece arbitrale définitive du 30 juin 1930 concernant la responsabilité de l'Allemagne en raison des actes commis postérieurment au 31 juillet 1914 et avant que le Portugal ne participât à la guerre,* Imprimerie de la société de la Gazette de Lausanne et Journal Suisse, 1930, p. 68).

114 Numa fase posterior, relativamente ao pagamento da indemnização fixada pela sentença arbitral de 30 de Junho de 1930, a representação dos interesses portugueses foi confiada a Lobo d'Ávila Lima (*Mémoire du Gouvernment Portugais (concernant la question soumise au Tribunal Arbitral chargé de l'interprétation du Nouveau Plan ou Plan-Young)*, Imprensa Nacional, Lisboa, 1932). A questão acabou por ser decidida, contra a posição defendida por Portugal, por um tribunal arbitral de 16 de Fevereiro de 1933, em que se determinava que "[t]he claim of Portugal to the payment by Germany of the amount fixed by the arbitral sentece of the 30th June 1930 above referred to is covered by the stipulations of Articles II and III B (b) of the Hague Agreement of January 20, 1930 – The New Plan – and Germany is not obliged to make such payment separately and over and above all the other obligations accepted in the New Plan as definite settlement of the financial questions resultiong from the war" (Arbitral Tribunal provided for in article XV of the agreement made with Germany on January 20, 1930 and referred to in the final act of the Hague Conference of 1929 and 1930 – Award n.° I (second series) delivered on February 16, 1933, p. 9). Sobre a questão, o Avant-propos de Caeiro da Mata, em *Le différend luso-allemand soumis au Tribunal Arbitral dInterpretation de Paris,* Lisbonne, 1934, em que se inclui a sua sentença alternativa; e Francisco de Castro Caldas, *Portugal e a arbitragem internacional,* Lisboa, 1935, pp. 87 e 88, 93, e 102 e 103.

115 *Mémoire justificatif...,* pp. 7 a 26.

Maziua, de 24 de Agosto de 1914[116], e de Naulila, de 17 de Outubro do mesmo ano[117], o massacre de Cuangar, de 31 de Outubro de 1914[118], os ataques aos postos de Bunga, Sambio, Dirico e Mucusso, de Novembro de 1914[119], e o combate de Naulila, de Outubro de 1914[120], ocorridos nos territórios das colónias de Angola e de Moçambique, com baixas humanas de 154.412 mortos[121]. O pedido de Portugal, orçado em cerca de 5 biliões de marcos-ouro na sua totalidade[122], tinha ainda em consideração um conjunto de outros danos ocorridos na Bélgica e no mar, resultantes de actuações da marinha de guerra alemã e da perda de cargas a bordo de navios mercantes alemães, e uma indemnização genérica por violações da soberania portuguesa nos territórios coloniais portugueses[123].

A segunda peça processual, com edição em 1924, é a *Réplique du Gouvernement Portugais au Mémoire du Government Allemand. Rélatif aux réclamations portugaises sur les dommages auxquels se rapporte le § 4 de l'annexe à l'article 298e du Traité de Versailles*. Após observações genéricas relativas ao montante da indemnização solicitada, a réplica é sistematizada em função dos factos e pedidos anteriormente formulados: incidentes nas colónias[124], danos causados na Bélgica[125], danos causados

---

116 *Mémoire justificatif...*, pp. 26 a 28.

117 *Mémoire justificatif...*, pp. 28 a 32.

118 *Mémoire justificatif...*, pp. 32 a 37.

119 *Mémoire justificatif...*, pp. 37 e 38.

120 *Mémoire justificatif...*, pp. 38 a 47.

121 *Mémoire justificatif...*, p. 47.

122 *Réplique du Gouvernement...*, pp. 4 a 6. Na base do cálculo dessa verba é referido na *Mémoire justificatif...*, pp. 47 e 48, que "[l]'indemnité demandée par suite des 154:412 vies perdues est évaluée par rapport aux mobilisés (68:193) selon la valuer capitalisée à la date oú le traité de Versailles est entré en vigueur des pensions respectives sur les bases des tarifs usités en France à la même date, pour l'application de ce qui est établi dans la dernière partie du n.° 5 de l'annexe à l'article 244e du dit Traité; en ce qui concerne des autres morts (86:219), à raison de 1:000 libres sterling pour chacun".

123 Esta indemnização, orçada em dois biliões de marcos-ouro do valor total pedido, pretendia compensar Portugal "de toutes les offenses à sa souveraineté et pour les attentats au Droit International – invasion des frontières de Mozambique et d'Angola, attaque à ses forces militares, propagande contre sa souveraineté, qui provoqua et donna origine à la révolte des indigènes dans ces deux colonies, torpillage de bateux portugais, séquestre, réquisitions illégales et destruction des biens appartenant à des ressortissants portugais, mauvais traitements des prisonniers, etc" (*Mémoire justificatif...*, pp. 50 e 51).

124 *Réplique du Gouvernement...*, pp. 11 a 89.

125 *Réplique du Gouvernement...*, pp. 89 a 93.

no mar[126], indemnização de dois biliões de marcos-ouro por violação do Direito Internacional[127] e despesas da arbitragem[128].

Posteriormente, em 1928, foram publicados, também pela Imprensa Nacional, os *Plaidoiries du délégue du Gouvernement de la République Portugaise. Audiences du Tribunal Arbitral, à Lausanne, les 20, 21, 22, 23 et 24 septembre 1926, pour le jugement du différend portugais-allemand sur les dommages auxquels se rapporte le § 4e de l'annexe à l'article 298e du Traité de Versailles*, correspondentes às intervenções dos representantes portugueses nas sessões da arbitragem que tiveram lugar em Lausanne, entre 20 e 24 de Setembro de 1926. Nessas sessões estiveram presentes: Aloïs de Meuron, Conselheiro Nacional, de nacionalidade suiça, como Árbitro, o Professor Doutor Geux, os representantes do Governo português, Professor Doutor Barbosa de Magalhães e Comandante Costa Dias, e os representantes do Governo alemão, Doutor Marx e Conselheiro superior Hugo Franz.

Nas cerca de 140 páginas de texto, consagradas na quase totalidade à transcrição das intervenções orais do Professor Barbosa de Magalhães, além da clareza na descrição das situações factuais, é de sublinhar o enquadramento que foi feito das questões de Direito Internacional, com recurso à doutrina jusinternacionalista mais relevante e actualizada[129].

4. **Epílogo**

Caso a conversa interrompida com o saudoso Professor Doutor Marques dos Santos sobre a obra jusinternacionalista do Professor Barbosa de Magalhães tivesse tido a oportunidade de prosseguir, tendo em consideração os dados recolhidos entre 2002 e 2004, e a análise a que estes foram sujeitos para a elaboração das presentes notas, é possível que o diálogo entabulado fosse continuando sobre alguns dos seguintes tópicos:

i) a dificuldade em conseguir descobrir a totalidade da obra publicada pelo Professor Barbosa de Magalhães, em particular nas áreas do Direito Internacional Público e do Direito do Mar, tendo em

---

126 *Réplique du Gouvernement...*, pp. 93 a 103.

127 *Réplique du Gouvernement...*, pp. 103 e 104.

128 *Réplique du Gouvernement...*, p. 104.

129 Nesse sentido, *Plaidoiries du Délégué...*, quanto às represálias, pp. 20 e 114 a 119, quanto à responsabilidade internacional dos Estados, pp. 64 a 84, e quanto à neutralidade, pp. 100 e 101.

consideração a sua dispersão por um conjunto muito variado de publicações períodicas, quer nacionais, quer estrangeiras, em relação às quais não existem quaisquer indícios concretos nas bibliografias disponíveis;

ii) a necessidade de pesquisar os documentos existentes no espólio da Biblioteca Nacional ainda não inventariados, de molde a conseguir uma ligação entre o homem e a sua obra jurídica e de intervenção política e cívica, na medida em que são muito interessantes os dados disponibilizados nos elogios históricos que foram feitos à sua memória;

iii) o árduo trabalho de investigação que foi necessário levar a cabo para conseguir encontrar algumas das publicações do Professor Barbosa de Magalhães, em razão da sua dispersão pelas bibliotecas relacionadas com o seu percurso pessoal e da forma como ainda se encontram organizados os ficheiros de algumas bibliotecas onde se podem encontrar obras inacessíveis em outros locais;

iv) a repercussão internacional da obra do Professor Barbosa de Magalhães, durante as décadas de vinte a cinquenta do século XX, em resultado da sua participação no Comité de Peritos para a Codificação Progressiva do Direito Internacional, no âmbito da Sociedade das Nações, e de ter sido membro do Instituto de Direito Internacional, durante mais de vinte e cinco anos;

v) a idade com que iniciou e terminou os estudos de Direito na Faculdade de Direito da Universidade de Coimbra, em face do nível de preparação dos estudantes actuais, o que terá de ser, no entanto, sempre relativizado pela qualificação de "noviço indiferente" que tinha sido dada a Francisco Suárez aquando do início da sua formação;

vi) a forma como a sua aposentação compulsiva em 1941, por razões de natureza estritamente política, exigem uma defesa constante e vigilante da autonomia universitária;

vii) o modo como o trabalho desenvolvido nos domínios do Direito Internacional Público e do Direito do Mar, durante a década de vinte do século XX, é um sério indício de que o poder político da Segunda República desperdiçou um jusinternacionalista de elevadíssimo mérito, num Estado em que não existiam, nem uma doutrina jurídica, nem um numeroso grupo de profissionais práticos com experiência de litigância internacional nas matérias em questão;

viii) a equiparação do Professor Barbosa de Magalhães, em particular durante a década de vinte do século XX, aos mais importantes cultores do Direito Internacional Público, como o demonstra o convite para a elaboração de um parecer pelo Governo da Roménia no caso dos optantes húngaros;

ix) o cuidado que o Professor Barbosa de Magalhães tinha em divulgar, em termos personalizados, os trabalhos internacionais em que estava envolvido, o que representa actualmente uma relevante fonte de dados para os potenciais investigadores da matéria;

x) a profundidade dos conhecimentos jurídicos, a originalidade e a capacidade de domínio das matérias do Direito do Mar reveladas pelo Professor Barbosa de Magalhães nos comentários feitos ao relatório do Professor Schücking sobre as águas territoriais, no âmbito da 2.ª sessão do Comité de Peritos para a Codificação Progressiva do Direito Internacional, em 1926;

xi) a forma como defendia, em 1950, no âmbito do Instituto de Direito Internacional, que a regulamentação da matéria do asilo em direito internacional deveria ter na sua base o princípio inspirador dos Direitos do Homem, em conformidade com a Declaração Universal dos Direitos do Homem;

xii) a especulação de que o interesse pela obra e a vida de Francisco Suárez, de que resultaram dois estudos publicados em 1948 e em 1950, no final da sua vida, poderia ser um reflexo da qualidade da sua personalidade que, mesmo após as perseguições políticas a que tinha sido sujeito, tinha preferido permanecer em Portugal a exilar-se para Estados, como o Brasil, onde a sua presença e actividade profissional seria inquestionavelmente apreciada e honrada.

Apesar do muito que seria possível debater sobre o tema em apreciação, a conversa com o Professor Doutor Marques dos Santos irá, infelizmente, permanecer inacabada. O consolo é saber que, como todos aqueles que produzem obra científica séria e consistente, a sua memória permanece viva e assim se manterá enquanto forem relevantes os valores que orientaram a sua vida.

ANEXO

Bibliografia do Professor Barbosa de Magalhães nas áreas do Direito Internacional Público e do Direito do Mar

1. *Monografias*

- *A obra do espanhol Fray Francisco de Vitória, a fundação do direito das gentes e o actual direito internacional (A-propósito duma missão universitária)*, Tipografia «Minerva», Famalicão, 1928
- *O Padre Francisco Suárez («Doctor Eximius») e o Direito das Gentes*, Lisboa, 1948
- *Rui Barbosa internacionalista. Oração proferida na Sessão Plenária comemorativa do 1.° centenário de Rui Barbosa, 5 de Novembro de 1949*, Lisboa, 1949
- *Algumas palavras sobre a vida e obra do Padre Francisco Suárez (Doctor eximius) no 4.° centenário do seu nascimento,* Lisboa, 1950
- *Os direitos fundamentais do homem sob o ponto de vista internacional,* «Seara Nova», Lisboa, 1950

2. *Artigos publicados em publicações períodicas*

- «Da condição jurídica dos navios de Estado», Gazeta da Relação de Lisboa, Ano 38, 1924-1925, n.° 6, pp. 81-84, n.° 7, pp. 97-102, e n.° 24, pp. 369--371, Ano 39, 1925-1926, n.° 3, pp. 33-35, n.° 6, pp. 81-82, e n.° 19, p. 289, e Ano 41, 1927-1928, n.° 7, pp. 293-294
- «Codificação progressiva do Direito Internacional. Reunião do Comité de Peritos», Gazeta da Relação de Lisboa, Ano 39, 1925-1926, n.° 19, pp. 290--291
- «Observations by M. Barbosa de Magalhaes», Documents from the League of Nations. Committee of Experts for the Progressive Codification of International Law. Supplement to the American Journal of International Law. Oficial Documents. Special numbers, July and October, vol. 20, 1926, pp. 120-134
- «Codificação progressiva do Direito Internacional. Reunião do Comité de Peritos», Gazeta da Relação de Lisboa, Ano 41, 1927-1928, n.° 7, pp. 98-100
- «Observations by Professor Barbosa de Magalhães (Extract from Minutes of the Tenth Meeting, March 28 th, 1927)», Documents from the League of Nations. Committee of Experts for the Progressive Codification of International Law. Projects prepared by the International Commission of Jurists at Rio de Janeiro, 1927. Resolutions of the Institute of International Law adopted at Lausanne, 1927. Supplement to the American Journal of International Law. Special number, vol. 22, January, 1928, pp. 153-156

- «Avis consultatif concernant le différend entre le Roumanie et la Hongrie relativement à la réforme agraire roumaine donné à l'Etat Roumain», in *La réforme agraire en Roumanie et les optants hongrois de Transylvanie devant la Société des Nations,* vol. II, 1928, pp. 218-253
- «Direito marítimo», Gazeta da Relação de Lisboa, Ano 45, 1931-1932, n.° 16, pp. 241-243
- «Institut de Droit International. Sessão de Luxemburgo (30 de Agosto a 4 de Setembro de 1937)», Gazeta da Relação de Lisboa, Ano 51, 1937-1938, n.° 22, pp. 337-338
- «Fundamento jurídico da exploração das riquezas do mar», Gazeta da Relação de Lisboa, Ano 51, 1937-1938, n.° 23, pp. 353-356
- «O Padre Francisco Suárez e o direito das gentes», Revista da Ordem dos Advogados, Ano 8, 1948, pp. 1-45

3. *Contributos para os trabalhos do Instituto de Direito Internacional*

- Première partie: travaux préparatoires. L'asile en droit international public. Observations des membres de la Commission en réponse à la circulaire de M. Perassi du 12 septembre 1949. «Observations de M. Barbosa de Magalhães», *Annuaire de l'Institut de Droit International,* vol. I, 1950, pp. 173--174
- Première partie: travaux préparatoires. L'asile en droit international public. Observations des membres de la Commission en réponse à la circulaire du 2 janvier 1950 et relatives au projet de Résolutions du même jour. «Observations de M. Barbosa de Magalhães», *Annuaire de l'Institut de Droit International,* vol. I, 1950, pp. 200-201
- Première partie: travaux préparatoires. Les immunités des états étrangers. Observations des membres de la première Commission. «Observations de M. Barbosa de Magalhães», *Annuaire de l'Institut de Droit International,* vol. I, 1952, pp. 44-50
- Première partie: travaux préparatoires. Les eaux territoriales et les eaux intérieures. Observations des membres de la dixième Commission au sujet du rapport préliminaire et du Questionnaire du 9 décembre 1949. «Observations de M. Barbosa de Magalhães», *Annuaire de l'Institut de Droit International,* vol. I, 1954, pp. 179-187
- Première partie: travaux préparatoires. Les eaux territoriales et les eaux intérieures. Réponses de membres de la dixième Commission à la circulaire du 20 octobre 1954. «Réponse de M. Barbosa de Magalhães», *Annuaire de l'Institut de Droit International,* 1956, pp. 61-64

4. *Publicações conjuntas com Marcelino Carlos*

- *Observations au projet de convention du Comité de la Neutralité de l'«International Law Association» sur les lois de jurisdiction maritime en temps de paix et sur la neutralité maritime, par les réprésentants de la Commission Permanente de Droit Maritime International (Portugal) a la Conférence de Vienne – 1926 Prof. Dr. Barbosa de Magalhães et Capitaine de Frégate Marcelino Carlos,* Ottoscrafica, Lisboa, 1926
- *Observations by the delegates of the C.P.D.M.I. (Portugal) Professor Dr. Barbosa de Magalhães and Commander Marcelino Carlos concerning the draft conventions entitled respectively "Laws of maritime jurisdiction in time of peace" and "Maritime neutrality" submitted by the Neutrality Committee of the International Law Association for the discussion at the Vienna Conference 1926,* Imprensa da Armada, Lisboa, 1927

5. *Peças processuais da arbitragem internacional entre Portugal e a Alemanha*

- *Mémoire justificatif des réclamations portugaises. Sur les dommages auxquels se rapporte le § 4.° de l'annexe à l'article 298e du Traité de Versailles,* Imprimerie Nationale, Lisbonne, 1923
- *Réplique du Gouvernement Portugais au Mémoire du Government Allemand. Rélatif aux réclamations portugaises sur les dommages auxquels se rapporte le § 4 de l'annexe à l'article 298e du Traité de Versailles,* Imprimerie Nationale, Lisbonne, 1924
- *Plaidoiries du délégue du Gouvernement de la République Portugaise. Audiences du Tribunal Arbitral, à Lausanne, les 20, 21, 22, 23 et 24 septembre 1926, pour le jugement du différend portugais-allemand sur les dommages auxquels se rapporte le § 4e de l'annexe à l'article 298e du Traité de Versailles,* Imprensa Nacional, 1928

PRINCIPAIS ALTERAÇÕES INTRODUZIDAS PELO TRATADO DE NICE:

A ETERNA CATEDRAL INACABADA[1]

MARIA JOÃO PALMA
Assistente da Faculdade de Direito de Lisboa

I. INTRODUÇÃO

A Conferência Intergovernamental de 2000 sobre a Reforma Institucional (adiante, CIG 2000), aberta oficialmente em Fevereiro de 2000 com o propósito de proceder à revisão do Tratado da União Europeia (adiante

---

[1] O presente estudo corresponde, com ligeiras alterações de cunho didáctico, a um Parecer elaborado, em Setembro de 2001, no âmbito do exercício da nossa actividade como consultora jurídica da, então, Direcção-Geral das Relações Económicas Internacionais, Ministério da Economia. Com a sua publicação pretendemos prestar uma singela homenagem ao ilustre e saudoso Professor Doutor António Marquês dos Santos.

Optámos por não introduzir actualizações ao longo do texto para preservar a sua integralidade. Enfatize-se, todavia que, a Irlanda acabaria por referendar favoravelmente o Tratado de Nice em 2002, o que permitiria sair do impasse causado pelo primeiro referendo negativo ocorrido no ano anterior, que referimos na parte final deste estudo. Por outro lado, sublinhe-se que, a 16 de Abril de 2003 assinaram os respectivos Tratados de Adesão, que entraram em vigor em Maio de 2004, o Chipre, a Estónia, a Eslovénia, a Eslováquia, a República Checa, Malta, a Hungria, a Polónia, a Letónia e a Lituânia, o que viria a implicar necessárias adaptações ao Tratados, nomeadamente ao nível da composição dos diversos órgãos, antecipando, assim, as soluções ditadas pelo Protocolo Relativo ao Alargamento da União Europeia, anexo ao Tratado de Nice, *maxime* as regras respeitantes à ponderação de votos no Conselho que foram antecipadas de 1 de Janeiro de 2005 (artigo 3.° do Protocolo) para 1 de Novembro de 2004 (artigo 12.° do Acto relativo às condições de adesão dos novos membros e às adaptações dos Tratados em que se funda a União Europeia, JOUE, 23.9.2003, p. 33 e segs).

TUE), gerou grande controvérsia em torno da questão de saber se a sua agenda deveria ser limitada ao que se generalizou chamar "*legados de Amesterdão*", i.e., as questões que deveriam, necessariamente, ser tratadas para acomodar a União Europeia aos futuros alargamentos – tamanho e composição da Comissão; ponderação de votos no seio do Conselho e aumento do número de casos de deliberação por maioria qualificada[2] – ou se a agenda deveria abranger, também, outro tipo de questões, optando-se, desse modo, por uma *CIG maximalista.* A solução porque se enveredou, como veremos *infra*, acabou por ir além dos pontos anunciados por Amesterdão.

O presente trabalho tem por escopo sumariar as principais alterações introduzidas ao TUE pelo *Tratado de Nice*[3], aprovado na Conferência dos Representantes dos Governos dos Estados-membros, realizada em Nice, em 12 de Dezembro de 2000, Tratado esse que se encontra, presentemente, em fase de ratificação pelos vários Estados-membros[4].

1. Alterações introduzidas ao nível da protecção dos Direitos Fundamentais

Com o *Tratado de Maastricht,* que entrou em vigor em Novembro de 1993[5], a protecção dos Direitos Fundamentais ganharia cobertura constitucional através do, à data, artigo F. O artigo em causa albergava, assim, a

[2] *Vide* o *Protocolo relativo às Instituições na perspectiva do Alargamento da União Europeia*, anexo ao TUE, que, em bom rigor, apenas refere expressamente os dois primeiros legados, embora se tivesse generalizado, à data, referir o terceiro.

[3] Sobre o Tratado de Nice *vide* Jim Cloos – "Nice: une étape obligée", *in Revue du Marché commun et de l'Union européenne,* n.° 444, janvier 2001, p. 5; Stéphane Rodrigues – "Le Traité de Nice et les Coopérations renforcées au sein de l'Union européenne", *in Revue du Marché commun et de l'Union européenne*, n.° 444, janvier 2001, p. 11; Daniel Vignes – "Nice, Une vue apaisée. Réponse à deux questions", *in Revue du Marché commun et de l'Union européenne*, n.° 445, février 2001, p. 81 e Jean Touscoz – "Un large débat. L'avenir de l'Europe aprés la Conférence Intergouvernementale de Nice (CIG – 2000), *in Revue du Marché commun et de l'Union européenne*, n.° 447, avril 2001, p. 225.

[4] A assinatura do Tratado ocorreu a 26 de Fevereiro último. A versão oficial do Tratado pode ser encontrada no JOCE de 10.3.2001, C 80/1.

[5] O Tratado de Maastricht corporiza o que poderemos designar de segunda "grande" revisão dos Tratados institutivos das três Comunidades (*infra*), na sequência do Acto Único Europeu que os veio rever pela primeira vez de modo significativo, e que entrára em vigor em 1987.

jurisprudência do Tribunal de Justiça (adiante TJ) sobre a questão que, desde 1969, com o *Acórdão Stauder*[6] assumira a missão de velar por esses direitos[7].

O *Tratado de Amesterdão*, que entrou em vigor em Maio de 1999[8], introduziu algumas modificações neste domínio: o artigo F passaria a artigo 6.° e a sua redacção seria ligeiramente alterada de modo a fazer-se uma referência mais ampla aos princípios da liberdade, da democracia, do respeito pelos Direitos do Homem e pelas liberdades fundamentais, assim como pelo Estado de Direito. Seria, também, introduzido um novo artigo, o artigo 7.°. Este novo dispositivo veio prever um **procedimento sancionatório** para os Estados-membros que violem tais princípios. Verificada, por decisão unânime do Conselho, uma violação grave e persistente por parte de um Estado-membro de um desses princípios, após ter convidado o Governo desse Estado-membro a apresentar as suas observações, o Conselho poderá decidir, deliberando por maioria qualificada, *"**suspender** alguns dos direitos decorrentes da aplicação do presente Tratado ao Estado-membro em causa, incluindo o **direito de voto** do representante do Governo desse Estado-membro no Conselho"*[9].

O *Tratado de Nice* vem introduzir modificações a este dispositivo. Como mais significativo, saliente-se o facto de, doravante, passar a ser possível que o Conselho, por **maioria de quatro quintos** dos seus membros, **constate a existência de um risco manifesto** de violação grave de

---

[6] Proc. n.° 26/69, Col. 1969, p. 419.

[7] Após uma primeira fase em que o TJ se negava a assumir a protecção dos Direitos Fundamentais por considerar que a Comunidade Económica Europeia era uma Organização de vocação essencialmente económica, o Acórdão *supra* referido iria marcar uma mudança absoluta de atitude por parte do TJ, de certa forma de modo a apaziguar as reacções negativas ao primado supra-constitucional manifestadas por parte de alguns Tribunais Constitucionais (*maxime* o Tribunal Constitucional Alemão e o Tribunal Constitucional Italiano). Ao receber os Direitos Fundamentais previstos nas Constituições dos vários Estados-membros pela via dos princípios gerais de direito, o TJ punha fim a tal resistência conseguindo uma aplicação mais efectiva e uniforme do Direito Comunitário.

[8] Sobre o Tratado de Amesterdão, *vide*, *inter alia*, os estudos coordenados por Yves Lejeune – *Le Traité d'Amsterdam. Espoirs et déceptions*, Bruylant, Bruxelles, 1998. Entre nós, Paulo de Pitta e Cunha – "O Tratado de Amesterdão", *in Revista da Ordem dos Advogados*, Lisboa, ano 58, Dez. 1998, p. 1081 e Maria João Palma – *Desenvolvimentos Recentes na União Europeia: o Tratado de Amesterdão*, ed. AAFDL, 1998.

[9] Este preceito tinha, aparentemente, em mente a diversidade de uma futura Europa alargada. Note-se, porém, que a expulsão não foi prevista, o que deixa transparecer o carácter de irreversibilidade de que, desde sempre, se quis dotar o projecto comunitário.

Direitos Fundamentais, dirigindo a esse Estado as recomendações apropriadas[10]. Tal possibilidade acresce à anterior, que se mantém de, **por unanimidade, verificar a existência** de uma violação grave e persistente e de, por **maioria qualificada,** decidir sobre a suspensão de direitos.

2. A celebração de acordos internacionais nos domínios da Política Externa e de Segurança Comum (PESC) e da Cooperação Policial e Judiciária em Matéria Penal (CPJP)

O TUE, ao instituir a União Europeia estruturou-a em três pilares. Assim, a União Europeia alberga, por um lado, um pilar de integração composto pelas três comunidades: Comunidade Europeia (CE), Comunidade do Carvão e do Aço (CECA) e Euratom (energia nuclear) e, por outro lado, dois pilares de cooperação: a Política Externa e de Segurança Comum (PESC) e a Cooperação no domínio da Justiça e dos Assuntos Internos (CJAI) [11].

Enquanto que, no âmbito do primeiro pilar vigora uma ***lógica integracionista***, sendo manifestações típicas dessa lógica a tomada de deliberações por parte do Conselho de acordo com a regra da maioria qualificada, a existência de políticas comunitárias exclusivas (v.g. as políticas comuns, como a política agrícola comum ou a política comercial comum) e a existência de um poder normativo específico que permite a adopção de actos típicos de integração como o Regulamento ou a Directiva comunitária; no segundo e terceiro pilares, o método e os instrumentos utilizados aproximam-se mais de uma lógica do Direito Internacional Público clássico, dando-se a primazia ao ***método de cooperação***, cujo reflexo máximo será a regra da unanimidade na tomada de decisões[12].

---

[10] A alteração reflecte, assim o parece, o modo pouco ortodoxo como foram aplicadas as recentes sanções bilaterais impostas ao governo austríaco, introduzindo um *procedimento preventivo* também este sujeito ao controle do TJ, tal como sucedia relativamente ao sistema repressivo vigente e onde se prevê, entre outras medidas, que o Estado em causa seja ouvido e que personalidades independentes apresentem um relatório sobre a situação do Estado envolvido.

[11] A CJAI passaria a Cooperação Policial e Judiciária em matéria Penal (CPJP) após a "comunitarização" de algumas matérias inseridas nesse pilar (droga, asilo e imigração) que passariam para o primeiro pilar.

[12] A regra da unanimidade aparece, também, no âmbito do primeiro pilar, só que é, aí, reservada às "*grandes questões*", *maxime,* revisão dos Tratados (artigo 48.° do TUE) e adesão de novos Estados-membros (artigo 49.° do TUE). Por contraposição, também a

Para lá desta estrutura complexa em pilares, coloca-se a questão controvertida de saber se a União Europeia tem ou não **personalidade jurídica**. Relativamente às três comunidades que compõem o primeiro pilar a questão é pacífica, não só porque existem normativos que o afirmam (v.g., o artigo 281.° do TCE, no caso da CE), como tal decorre, de modo linear, das competências atribuídas (*maxime* a celebração de acordos internacionais, *vide* o artigo 133.° do TCE).

No que concerne a União Europeia, a doutrina era unânime em considerar que a mesma era destituída de personalidade jurídica, não só porque o TUE nada dispunha nesse sentido, como das competências atribuídas não se poderia retirar outra conclusão. Com as alterações introduzidas pelo *Tratado de Amesterdão* seria introduzido um novo artigo, o artigo J.14, actual artigo 24.° do TUE, que passaria a prever a possibilidade de a União Europeia poder celebrar, nos domínios cobertos pelo segundo e terceiro pilares (PESC e CPJP) acordos internacionais. Segundo alguma doutrina, tal facto indicaria que a União Europeia passaria, daí em diante, a ser dotada de personalidade jurídica, na medida em que tal *Jus tractuum* consubstancia um dos traços característicos da personalidade jurídica.

O *Tratado de Nice* vem, também, introduzir alterações neste normativo. A anterior redacção deste preceito determinava que a celebração de tais acordos só era possível deliberando o Conselho, em qualquer caso (PESC e CPJP), de acordo com a regra da **unanimidade.** Agora é introduzido o ***princípio do paralelismo das regras de votação,*** de acordo com o qual o Conselho delibera por unanimidade ou por maioria qualificada conforme a regra aplicável para a adopção de decisões internas, quer quando o acordo vise matérias cobertas pelo pilar PESC, quer pelo pilar da CPJP[13].

---

regra da maioria aparece no âmbito dos segundo e terceiro pilares, só que, em regra, aparece a um segundo nível, pressupondo uma prévia tomada de decisão por unanimidade.

[13] Este princípio do paralelismo aparece, também, no revisto artigo 133.° do TCE (Política Comercial Comum).

3. A Cooperação Reforçada

3.1. Introdução

O mecanismo da cooperação reforçada, introduzido pelo *Tratado de Amesterdão*[14], surge para fazer face às inevitáveis assimetrias que o futuro alargamento implicará no âmbito da União Europeia[15].

No fundo, pretendeu-se, de certa forma, instituir um procedimento que regulasse quaisquer fenómenos de integração diferenciada de molde a que as inevitáveis manifestações de uma "Europa a várias velocidades" não mais surgissem à margem de regras previamente estabelecidas pelo Tratado, tal como sucedeu com os *opting out* do Reino Unido e da Dinamarca no que se refere à passagem à terceira fase da União Económica e Monetária, introduzidos no Tratado pela via de Protocolos anexos.

Este mecanismo vem permitir que, no âmbito e relativamente às respectivas matérias do primeiro pilar e do pilar da CPJP, alguns Estados-membros que **não poderão ser em número inferior a 8**, possam avançar mais do que outros, aprovando actos/acções no âmbito desses pilares que apenas a estes sejam aplicáveis[16]. A adesão dos que ficam de fora é prevista e regulada, estabelecendo-se os parâmetros de tal adesão.

Os princípios gerais comuns a ambos os pilares são fixados nos artigos 43.° a 45 do TUE[17], onde se estabelece que a cooperação reforçada apenas deverá ser accionada em **último recurso** quando não seja possível alcançar os objectivos previstos nos Tratados mediante a aplicação dos processos neles previstos[18].

---

14 Para uma análise mais desenvolvida, *vide* Maria João Palma, *op. cit.*, p. 13 e seguintes.

15 Esta é aquela que comummente costuma ser adiantada como explicação para a instituição do mecanismo da cooperação reforçada. Note-se, todavia, que esta não é, quanto a nós, a verdadeira razão para o seu estabelecimento, já que o problema das velocidades diferenciadas que os alargamentos acarretam pode ser contornado, como, de resto, tem sido até aqui, pelo estabelecimento de **períodos de transição,** variáveis (ou seja, acomodáveis) consoante os países em causa ou as matérias em causa, já que os Tratados não pré-definem quaisquer regras *standard* nesta matéria que devam ou tenham de ser aplicáveis a todos os futuros aderentes. Na verdade, o que se pretende é *flexibilizar os caminhos da integração*, sejam ou não os caminhos dos futuros Estados-membros.

16 A cooperação reforçada permite, assim, a aprovação, por exemplo, de um Regulamento ou de uma Directiva aplicáveis a um número restrito de Estados-membros.

17 Dêem-se como exemplo o respeito pelos objectivos dos Tratados e o respeito pelo adquirido comunitário.

18 Na medida em que a cooperação reforçada constitui um procedimento decisório

Tais normas gerais deverão, depois, ser articuladas com os artigos específicos para cada pilar: o artigo 11.° do TCE para o pilar comunitário e o artigo 40.° do TUE para o pilar da CPJP. Relativamente ao primeiro pilar, o artigo 11.° estabelece, *inter alia,* que a cooperação reforçada **não poderá incidir nos domínios da competência exclusiva da Comunidade**[19]**, nem constituir uma discriminação ou uma restrição ao comércio entre os Estados-membros, nem provocar qualquer distorção das condições de concorrência entre estes.**

3.2. A cooperação reforçada com o Tratado de Nice

Omitidos os retoques de pormenor e/ou as meras alterações sistemáticas, as principais alterações introduzidas ao nível da cooperação reforçada podem sumariar-se da seguinte forma[20-21]:

1. Em primeiro lugar, o **âmbito de aplicação** deste mecanismo foi alargado. Na sua versão inicial, a cooperação reforçada via o seu campo

---

especial, enveredar por esta significa pôr de lado os procedimentos decisórios estabelecidos nos Tratados e respectiva distribuição de poderes inter-institucional. A cooperação reforçada significa, afirme-se, uma forma de afectação do equilíbrio institucional pré-estabelecido. Por tal facto, deverá ser, efectivamente, vista como uma medida de *ultima ratio.*

19 Assim, só fará sentido apelar à cooperação reforçada em sede de **competências concorrentes**. Nesse domínio impõe-se, como é sabido, a fundamentação do exercício da competência por parte da Comunidade à luz do **princípio da subsidiariedade**. Nessa medida, segundo cremos, o normativo em causa deveria fazer uma referência expressa a tal fundamentação, uma vez que o mecanismo da cooperação reforçada é um mecanismo meramente procedimental, ou seja, pressupõe que a questão da competência se encontra definida.

20 De um modo genérico, podemos dizer que as alterações apontam no sentido de uma flexibilização dos requisitos de accionamento da cooperação reforçada. Note-se que, até ao presente, as disposições relativas à cooperação reforçada **nunca foram accionadas**, o que explicará as tentativas que ora se empreendem de a flexibilizar. Este foi, de resto, um dos assuntos, para além dos "legados de Amesterdão" (número de Comissários, ponderação de votos no Conselho e a extensão da regra da maioria qualificada) que viria a ser inscrito na agenda da CIG, no Conselho Europeu de Santa Maria da Feira, em Junho de 2000.

21 Criticável é o facto de não se ter previsto qualquer meio de apoio aos *outsiders* de forma a facilitar a sua futura adesão aos actos previamente aprovados, tal como fora sugerido pela Grécia que propôs o estabelecimento de uma **dicotomia cooperação reforçada/solidariedade reforçada**, por altura da negociação do Tratado de Nice.

limitado a dois pilares: o pilar comunitário e o pilar da CPJP. Com o Tratado de Nice, a cooperação reforçada é **alargada à PESC** (*vide* o novo artigo 27.° A do TUE e seguintes);

2. Em segundo lugar, desapareceu a possibilidade de os Estados-membros poderem opor-se à cooperação reforçada através de **veto** no âmbito do primeiro pilar e do pilar da CPJP (artigo 44.° do TUE). Tal possibilidade aparece, contudo, no novo domínio que agora é abrangido pela cooperação reforçada, i.e., na PESC (*vide* o novo artigo 27.° C do TUE, *in fine*), deixando transparecer o facto de se tratar do pilar que mais de perto se identifica com o núcleo duro da soberania dos Estados-membros;

3. Em terceiro lugar, é agora indicado que o Conselho deverá dar início a uma cooperação reforçada apenas quando tenha estabelecido **num prazo razoável** que os seus objectivos não podem ser atingidos através dos normais procedimentos decisórios[22];

4. Em quarto lugar, e trata-se de uma alteração que, enfatize-se, surge, de certa forma, encapuçada, a cooperação reforçada só é possível quando envolva **no mínimo 8 Estados-membros** (artigo 43.°, alínea g) do TUE). Aparentemente, parece que tudo permanece como estava, só que, note-se, a versão anterior referia "a maioria" dos Estados-membros, que era, efectivamente, composta de 8 Estados-membros. Com a nova redacção, e tendo em conta as futuras revisões do Tratado que poderão fazer com que, muito em breve, a União passe a ter 27 Estados-membros, 8 serão apenas 8 e não a maioria;

5. Relativamente ao financiamento, agora é expressamente referido que as despesas com a execução de uma cooperação reforçada ficam a cargo dos Estados-membros participantes, salvo decisão em contrário do Conselho por unanimidade (artigo 44.° do TUE);

6. No âmbito do pilar CPJP, no que se refere ao processo de **instauração de uma cooperação reforçada** foram, em paralelo com o que se verifica no primeiro pilar desde a introdução deste mecanismo e reflectindo uma tendência para uma aproximação do pilar CPJP ao primeiro

---

[22] Pena é que a precisão faça apelo a um conceito indeterminado, ao invés de um prazo temporalmente definido.

pilar[23], dados **maiores poderes à Comissão** que deixa de ter de dar apenas um mero parecer para passar a ser o órgão ao qual os Estados-membros deverão dirigir os **pedidos** de instituição de cooperações reforçadas, cabendo-lhe, depois, se assim o entender, apresentar ao Conselho uma proposta para esse efeito (artigo 40.° A do TUE); estes poderão, então, submeter ao Conselho um pedido no sentido de obter autorização para a cooperação em questão[24].

No que concerne ao pilar da PESC, reflexo do cariz intergovernamental do pilar em causa, os Estados-membros apresentam **directamente o pedido ao Conselho**, sendo o pedido enviado à Comissão para parecer. O pedido de cooperação reforçada é, também, enviado para **informação** ao Parlamento Europeu não sendo solicitado, a este, todavia, qualquer tipo de parecer (artigo 27.° C do TUE);

7. Ainda no que se refere à cooperação reforçada no âmbito do primeiro pilar, quando estejam em causa matérias que devessem ser decididas em sede de **co-decisão**[25] exige-se, agora, que o **Parlamento Europeu** dê o seu **parecer favorável (artigo 11.°, n.° 2 do TCE)**[26];

8. Relativamente à **PESC** são apenas abrangidas cooperações reforçadas que incidam sobre a **execução de acções comuns ou posições**

---

[23] Recorde-se, a este propósito, a passagem de algumas matérias do segundo para o primeiro pilar (asilo, vistos, droga e imigração) por altura do *Tratado de Amesterdão*, sintomática de uma progressiva "comunitarização" das matérias albergadas no seio deste segundo pilar.

[24] Note-se que esta possibilidade é inexistente em sede do primeiro pilar.

[25] O procedimento decisório da co-decisão foi introduzido com o *Tratado de Maastricht,* tendo por objectivo reforçar os poderes legislativos do Parlamento Europeu. No âmbito deste procedimento, o Parlamento não se limita a dar apenas um parecer, tal como sucede no âmbito de outros procedimentos, nomeadamente, no procedimento comum e no procedimento de cooperação – o primeiro estabelecido na versão originária dos Tratados, o segundo oriundo do *Acto Único Europeu* – mas assume as funções de **co-autor** do acto aprovado. O *Tratado de Amesterdão* viria a alargar o leque de matérias abrangidas por este procedimento, tendo permanecido, todavia, por aplicar em sede de *União Económica e Monetária.*

[26] Na medida em que a cooperação reforçada leva a que sejam contornadas as regras previstas nos normais procedimentos decisórios e, tendo em consideração que o processo de co-decisão é um procedimento no qual o Parlamento Europeu assume as vestes de co-autor do acto, a necessidade de obtenção de parecer no caso *supra* referido aparece como uma forma de **reequilibrar as regras do equilíbrio institucional** que norteiam a divisão de poderes entre os vários órgãos comunitários.

comuns, ficando de fora as estratégias comuns decididas pelo Conselho Europeu[27]. São expressamente afastadas as questões que tenham implicações militares ou do domínio da defesa (artigo 27.° B do TUE);

9. No que se refere ao procedimento previsto para permitir a **participação dos outros Estados-membros** no âmbito do primeiro pilar, continua a ser a **Comissão** a decidir sobre a questão (artigo 11.° A). No âmbito do pilar CPJP, o Estado-membro que deseje participar continua a ter de notificar o Conselho e a Comissão, cabendo a esta dar um parecer ao Conselho, a quem continua a caber decidir (artigo 40.° B do TUE). No âmbito da PESC, o Estado-membro que deseja participar notifica o Conselho e informa a Comissão, cabendo a esta dar um parecer ao Conselho, cabendo a este decidir, o que denota, mais uma vez, o cariz marcadamente intergovernamental do pilar em causa (artigo 27.° E do TUE).

Em conclusão, podemos destacar os seguintes pontos:

1. alargamento do instituto com a extensão ao pilar PESC, que doravante se assume, na sua plenitude, como um *mecanismo transversal*, i.e., aplicável aos 3 pilares;

2. aproximação ao nível procedimental dos requisitos de accionamento do mecanismo do pilar CPJP ao primeiro pilar, o que deixa antever, porventura, uma futura comunitarização do pilar CPJP na sua totalidade;

3. flexibilização do procedimento decisório com a supressão do poder de veto (com excepção do pilar PESC);

4. todavia, uma manutenção dos requisitos substanciais, cumulativos e de difícil preenchimento[28];

5. ausência de qualquer tipo de suporte para os *outsiders,* de molde a acelerar as suas condições para poderem aderir ao acto apro-

---

[27] As estratégias comuns são adoptadas pelo Conselho Europeu e especificam os objectivos e a duração de medidas no seio da PESC. As acções comuns são adoptadas pelo Conselho no desenvolvimento das estratégias comuns definidas pelo Conselho Europeu e incidem sobre situações específicas em que se considere necessária uma acção operacional por parte da União.

[28] Temos, efectivamente, alguma dificuldade em conceber como é que um acto que pretenda estabelecer um regime apenas aplicável a alguns Estados-membros não constitui uma discriminação ou não provoca uma distorção das condições de concorrência entre os Estados-membros (*supra*).

vado em sede de cooperação reforçada (binómio cooperação reforçada/solidariedade reforçada, *infra*)[29].

4. A composição da Comissão

Em torno da questão da composição da Comissão, confrontaram-se duas teses opostas: para os grandes Estados, a solução para uma Comissão eficaz perante o futuro alargamento seria a de uma Comissão reduzida (*directório*)[30], com um número inferior ao dos Estados-membros. Os pequenos e médios Estados avançaram com o argumento da legitimidade para defenderem um Comissário por Estado-membro[31]. Em Nice adoptou-se, por ora, a segunda tese, i.e., o princípio de um Comissário por Estado-membro: os países que detêm actualmente dois Comissários[32] deverão renunciar ao segundo a partir de 2005. Após a assinatura do Tratado de Adesão do 27.° Estado-membro, o Conselho fixará, por unanimidade, o número de membros da Comissão, determinando as modalidades de rotação respeitando uma estrita igualdade entre os Estados-membros (*vide* o artigo 4.° do *Protocolo relativo ao Alargamento da União Europeia*).

5. A designação do Presidente e dos membros da Comissão

De acordo com as alterações introduzidas no artigo 214.° do TCE, passa a caber ao **Conselho**, ao invés dos Governos dos Estados-membros, designar o Presidente da Comissão e respectivos membros, o que fará, em ambos os casos, de acordo com a regra da maioria qualificada[33] e, no que

29 Ver nota 21.

30 Contra o qual se manifestaram vivamente a Bélgica e Portugal.

31 A questão da cedência do Comissário "nacional" é uma questão muito sensível, embora não o devesse ser, na medida em que a Comissão representa, supostamente, o interesse comunitário. Conta-se que o primeiro referendo negativo dinamarquês, de Junho de 1992, terá sido causado pelo rumor de que os 3 Estados escandinavos seriam representados, rotativamente, por um só Comissário. A este respeito, Daniel Vignes refere, expressivamente que "*A ideia de que um dinamarquês pudesse ser representado por um sueco ou por um finlandês faria Hamlet revirar-se no seu túmulo*", *op. cit.*, 82, nota 3.

32 Alemanha, França, Reino Unido, Espanha e Itália.

33 Deixa de ser necessário o comum acordo dos Governos dos Estados-membros.

em particular se refere ao primeiro caso, reunido ao mais alto nível, i.e., ao nível de Chefes de Estado e de Governo[34].

6. **O número de deputados no Parlamento Europeu**

O segundo parágrafo do artigo 189.°, n.° 2 do TCE que estipula que "*O número de deputados do Parlamento Europeu não será superior a setecentos*" é alterado, sendo determinado que o seu número não será superior a setecentos e trinta e dois[35].

A distribuição dos 732 deputados numa Europa a 27 é feita na *Declaração respeitante ao Alargamento da União Europeia* incluída como Anexo ao *Protocolo relativo ao Alargamento da União Europeia.*

7. **A Declaração respeitante ao artigo 10.° do TCE**

O artigo 10.° do TCE, albergando o princípio da solidariedade, determina que impende sobre os Estados-membros um estrito dever de cumprimento e aplicação do direito comunitário. Tal dever viria a ser estendido às **instituições comunitárias** através de uma jurisprudência constante do TJ. O *Tratado de Nice* vem constitucionalizar essa jurisprudência através de uma Declaração respeitante a este normativo, estabelecendo, expressamente que, quando seja necessário facilitar a aplicação do disposto no TCE, o Parlamento Europeu, o Conselho da União Europeia e a Comissão podem celebrar **acordos interinstitucionais**, não podendo esses acordos alterar nem completar as disposições do Tratado e **só podendo ser celebrados com o assentimento daquelas três instituições** [36].

[34] Esta modalidade de composição do Conselho reunido ao mais alto nível difere do Conselho Europeu, na medida em que este último inclui o Presidente da Comissão. Atendendo à missão pretendida, compreende-se porque se tenha optado pela modalidade referida.

[35] Actualmente, o Parlamento Europeu tem 626 deputados. Portugal tem, presentemente, 25 deputados.

[36] Tal imposição visa evitar que o Parlamento modifique o equilíbrio institucional por via de acordos ou códigos de conduta unicamente celebrados com a Comissão, como tem vindo a suceder. Neste sentido, Jim Cloos, *op. cit.*, p. 7.

8. A ponderação de votos no Conselho nos casos de votação por maioria qualificada

Nesta matéria a tendência foi a de beneficiar os países mais populosos em contrapartida da sua renúncia ao segundo Comissário, agendada para 2005, na senda do pré-estabelecido em Amesterdão[37].

Duas opções estavam na mesa: ou a reponderação simples dos votos no quadro do sistema actual, ou uma dupla maioria representativa de uma maioria de Estados e de uma maioria da população. A opção que acabaria por ser perfilhada é mais complicada do que as duas inicialmente propostas[38]. Para a compreender é preciso ter em consideração que:

1. A ponderação de votos dos vários Estados-membros é alterada a partir de **Janeiro de 2005**[39] (*vide* o artigo 3.° do *Protocolo relativo ao Alargamento da União Europeia* sobre as alterações a introduzir ao artigo 205.° do TCE)[40];

2. Também a partir da mesma data, para que uma deliberação seja tomada, cumpre distinguir consoante seja ou não necessário obter uma **proposta da Comissão**:

a) nos casos em que é necessário obter uma proposta da Comissão, a deliberação é tomada reunidas duas condições cumulativas: a

---

[37] Cite-se, aqui, a título de exemplo, o controverso caso de Portugal que terá 12 votos, ao passo que a Espanha terá 27 votos. Na versão actual do Tratado, Portugal detém 5 votos e a Espanha 8 votos. **A explicação para esta ausência de proporção na alteração deve-se ao facto, recorde-se, de a Espanha, a partir de 2005, perder o seu segundo Comissário.** De acordo com o *Protocolo Relativo às Instituições na Perspectiva do Alargamento da União Europeia,* anexo ao Tratado de Amesterdão, os Estados-membros que percam o seu segundo comissário devem ser beneficiados ao nível da ponderação de votos no Conselho – fala-se, aqui, da *"cláusula espanhola"*.

[38] De modo crítico, Jim Cloos refere tratar-se de uma opção *"mais complicada, mais arbitrária e menos transparente", op. cit*, p. 7.

[39] Conforme indicámos na nossa nota 1, é de tomar, aqui, em consideração, a antecipação operada pelo Acto de Adesão dos novos membros para 1 de Novembro de 2004 das regras supra indicadas.

[40] Actualmente os votos encontram-se repartidos do seguinte modo: Alemanha: 10; França: 10; Itália: 10; Reino Unido: 10; Espanha: 8; Bélgica: 5; Grécia: 5; Países Baixos: 5; Portugal: 5; Áustria: 4; Suécia: 4; Dinamarca: 3; Irlanda: 3; Finlândia: 3; Luxemburgo: 2. Em 1 de Janeiro de 2005, a ponderação dos votos será **alterada** para: Alemanha: 29; Reino Unido: 29; França: 29; Itália: 29; Espanha: 27; Países Baixos: 13; Grécia: 12; Bélgica: 12; Portugal: 12; Áustria: 10; Suécia: 10; Dinamarca: 7; Irlanda: 7; Finlândia: 7; Luxemburgo: 4.

Assim, de um mínimo de 2 votos para um máximo de 10 votos, passa-se para de 4 a 29 votos. Com o alargamento a 27, passar-se-á para de 3 a 29 votos.

obtenção de pelo menos 169 votos[41] que exprimam, pelo menos, a maioria dos membros[42];

b) nos casos em que não há proposta da Comissão, a deliberação será tomada desde que sejam obtidos 169 votos de, pelo menos, 2/3 dos membros[43];

3. É aditado um novo número 4, para vigorar também na mesma altura, que vem, ainda, estipular que, sempre que o Conselho delibere por maioria qualificada qualquer dos seus membros pode pedir que se verifique se essa maioria compreende, pelo menos, **62% da população total da União**[44].

Em suma, independentemente de se tratar de uma deliberação tomada sob proposta da Comissão, e no caso de ser accionado o número 4 do dispositivo, a adopção da deliberação dependerá de uma ***maioria triplamente qualificada.***

O ponto mais criticável do novo sistema de votação consiste no aumento do patamar de obtenção da maioria qualificada, o que tem como consequência reflexa a **facilitação da obtenção da minoria de bloqueio**, o que é agravado com a possível exigência de que a deliberação corresponda a 62% da população (*infra*).

---

41 Contrariamente aos 87 votos anteriores. A minoria de bloqueio de 26 votos (87-62+1) dará lugar a uma minoria de bloqueio de 69 votos (237-169+1). Em suma, continuam a ser necessários, pelo menos, 3 Estados-membros para bloquear uma decisão. Num cenário de uma União alargada deverá ser tida em consideração a Declaração n.° 21 sobre a minoria de bloqueio.

42 Foi introduzida, aqui, uma situação de dupla maioria que na versão anterior apenas era necessária no caso de não ter havido proposta da Comissão, isto porque se entendia que, havendo proposta da Comissão o interesse comunitário estaria assegurado. Esta nova exigência de que, mesmo havendo proposta da Comissão se verifique se o sentido da votação compreende, para lá dos 169 votos, a maioria dos membros é sintomática das *tensões contraditórias* que marcaram os impulsos por detrás desta revisão (*infra*).

43 Esta exigência de verificação de que o total de votos corresponda à vontade manifestada por 2/3 dos Estados-membros apresenta-se como uma revisão com efeitos *ad futurum*, uma vez que actualmente já se exige que, pelo menos, 10 Estados estejam de acordo, o que corresponde a 2/3 de 15.

44 Este requisito adicional foi apelidado por José Barros Moura de "*filtro demográfico*" no Seminário "A tomada de decisão nas instituições da União Europeia. A coordenação das políticas comunitárias", organizado pelo Diário Económico e pelo Gabinete de Estudos e Planeamento Europeu, em 28 de Março de 2001. Este requisito dá à Alemanha, país mais populoso (82 milhões de habitantes) uma vantagem determinante (*infra*).

A ponderação de votos numa Europa a 27 é feita na *Declaração respeitante ao Alargamento da União Europeia a incluir na acta final da Conferência*, incluída como Anexo ao *Protocolo relativo ao Alargamento da União Europeia.*

8.1. **Concretização prática da aplicação dos critérios de ponderação dos votos, antes e após Nice**

A ponderação dos votos no Conselho, nos casos de deliberação por maioria qualificada, foi calculada para impedir que os pequenos Estados fossem dominados pelos grandes mas, também, para impedir que pudessem impor a estes a sua vontade[45].

Ao **comparar** o regime de votação vigente com o regime introduzido pelo Tratado de Nice, poderemos retirar as seguintes ilações[46]:

---

[45] O sistema de ponderação de votos dos Estados-membros para o cálculo da maioria qualificada, concebido, em 1957, por Paul-Henri Spaak continua a ser aplicado, com adaptações, após cada alargamento. Assim, a Grécia com um número de habitantes análogo ao da Bélgica (10 milhões de habitantes) receberia, em 1980, cinco votos, o mesmo sucedendo a Portugal (9,88 milhões), em 1986. Todavia, após o 4 alargamento, em 1995, os equilíbrios fragilizam-se: a Áustria, menos populosa que estes 3 Estados (8 milhões) recebe 4 votos, o que desencadeou a ira britânica que estaria por detrás da Declaração de Ioanina (*infra,* nota 47). Actualmente, a Alemanha com aproximadamente 82 milhões de habitantes e 10 votos apresenta um diferencial de sub-representação de mais ou menos 55 vezes face ao Luxemburgo, o qual com 441 000 de habitantes tem 2 votos. **No futuro, o fenómeno de sub-representação jogará a favor dos Estados-membros de "população média" que, num total de 21, terão, de acordo com as tendências de aproximação, um total de 74 votos para um número de habitantes de, aproximadamente, 140 milhões, enquanto que os 6 maiores Estados (os 4 actuais mais a Espanha e a Polónia) apenas terão 56 votos ao todo, ao passo que representam 337 milhões de habitantes.** Tal desfazamento explica as reinvindicações apresentadas pelos Estados-membros em Nice, sobretudo pelos 4 grandes mas também pela Espanha face à perda do segundo Comissário, pela Holanda que pretendia que os cerca de 50% de habitantes a mais face à Bélgica lhe dessem um ou dois votos a mais e, em geral, por todos os Estados médios que pretendiam uma maior correspondência entre a população e o número de votos. A reponderação que viria a ser efectuada seria apenas moderada não correspondendo a uma proporção directa entre a população e os votos, o que explica, e tendo em consideração os Estados grandes, a introdução da regra da verificação opcional de correspondência a 62% da população. A analise transcrita é da pena de Daniel Vignes, *op. cit.*, p. 82.

[46] Os cenários são anteriores ao alargamento.

1. *Regime vigente:* Uma deliberação por maioria qualificada exige 62 votos num total de 87; a minoria de bloqueio é de 26 votos[47], para a qual são necessários, pelo menos, 3 Estados-membros;

1. *Tratado de Nice:* Uma deliberação por maioria qualificada requer 169 votos num total de 237 votos; a minoria de bloqueio é de 69 votos [48].

2. *Regime vigente:* Mesmo que os 4 grandes mais a Espanha votem no mesmo sentido totalizam apenas 48 votos, ficando ainda longe dos 62 votos necessários para aprovar o acto;

2. *Tratado de Nice:* Mesmo que os 4 grandes mais a Espanha votem no mesmo sentido totalizam apenas 143 votos, ficando longe dos 169 votos necessários para aprovar o acto;

3. *Regime vigente:* Dois grandes nunca ficam vencidos quando estejam acompanhados de qualquer outro Estado ou conjunto de Estados que totalizem, pelo menos, 6 votos[49] em conjunto. Os Estados maiores não estão sujeitos à força dos mais pequenos.

3. *Tratado de Nice:* Dois grandes nunca ficam vencidos quando estejam acompanhados de qualquer outro Estado ou conjunto de Estados que totalizem, pelo menos, 11 votos[50] em conjunto. Os Estados maiores não estão sujeitos à força dos mais pequenos.

Os 4 grandes nunca ficam vencidos, não só porque a minoria de bloqueio é de 69 votos e totalizam 116 votos mas também porque a sua % de população é de 68% (n.° 4 aditado ao artigo 205.°)[51].

---

[47] A minoria de bloqueio pode ser suavizada se for accionada a *Declaração de Ioanina*. Esta Declaração (Decisão do Conselho, de 29 de Março de 1994, 94/C 105/01, com as alterações introduzidas pela Decisão do Conselho, de 1 de Janeiro de 1995, 95/C 1/01) surgiria por iniciativa do Reino Unido, secundado pela Espanha, tendo por escopo a manutenção da minoria de bloqueio de 23 votos apesar da adesão de 3 novos Estados-membros – Áustria, Finlândia e Suécia. De acordo com esta Declaração, um conjunto de membros do Conselho, representando um total de 23 a 25 votos consegue bloquear uma deliberação em derrogação ao estabelecido no Tratado que determina que apenas com 26 votos tal será possível.

[48] A Declaração n.° 50 anexa ao Tratado de Amesterdão estabelece que a Declaração de Ioanina vigorará até ao primeiro alargamento, pelo que, pela altura da entrada em vigor das novas regras de votação esta não será de aplicar mas sim a Declaração n.° 21, anexa ao Tratado de Nice.

[49] Ou 3 votos ao abrigo de Ioanina (*supra*).

[50] Aqui, pelas razões indicadas, não caberá invocar a *Declaração de Ioanina*.

[51] Num total de 377 milhões de habitantes, 62% da população equivale a 233 milhões de habitantes. A Alemanha tem 82 milhões, o Reino Unido 59 milhões, a França

4. *Regime vigente:* Os Estados do Sul da Europa (Itália, Espanha, Portugal e Grécia) totalizam 28 votos, pelo que podem obstar a qualquer deliberação ditada por interesses específicos dos países do Norte constituindo uma minoria de bloqueio *sui generis* (vimos *supra* que são necessários, no mínimo, 26 votos para bloquear uma decisão do Conselho[52]).

4. *Tratado de Nice:* Os Estados do Sul da Europa continuam a poder funcionar como minoria de bloqueio pois totalizam 80 votos (são necessários 69 votos para bloquear).

8.2. Exemplo de aplicação prática do critério demográfico

De molde a podermos apurar a **utilidade do critério demográfico,** cumpre-nos conceber uma situação em que, pese embora o facto de o acto poder vir a ser aprovado tendo em consideração o número de votos reunidos no Conselho, esses mesmos Estados representam, todavia, uma percentagem de população inferior a 62% da população total da União[53]:

Supondo que todos os Estados-membros aprovam determinado acto, com excepção da Alemanha, França e Áustria que em conjunto totalizam 68 votos. *Prima facie,* tal implicaria que o acto seria **aprovado**, na medida em que seriam necessários 69 votos para impedir a votação (minoria de bloqueio, *supra*). Se o critério demográfico for accionado, imagine-se que pela Alemanha – qualquer Estado-membro o pode fazer *per si* – o conjunto de Estados-membros que são favoráveis à aprovação representa apenas 221, 5 milhões de habitantes, o que é inferior a 233 milhões, equivalentes a 62% da população, o que determinará a **não aprovação do acto.**

também 59 milhões e a Itália tem 57 milhões de habitantes, aproximadamente. Fonte: Eurostast, dados relativos a 1 de Janeiro de 2001.

[52] Ou 23 sendo accionada a *Declaração de Ioanina.*

[53] Vimos *supra* que num total de 377 milhões de habitantes, 62% equivale a 233 milhões de habitantes. São os seguintes os dados relativos a cada um dos 15: Alemanha: 82 milhões; França: 59 milhões; Itália: 57 milhões; Reino Unido: 59 milhões; Espanha: 39 milhões; Bélgica: 10 milhões; Grécia: 10 milhões; Países Baixos: 15 milhões; Portugal: 10 milhões; Áustria: 8 milhões; Suécia: 8 milhões; Dinamarca: 5 milhões; Irlanda: 3 milhões; Finlândia: 5 milhões; Luxemburgo: 441 mil habitantes. Fonte: Eurostat, 1 Jan. 2001.

9. A legitimidade do Parlamento Europeu em sede de recurso de anulação

As alterações introduzidas ao artigo 230.° do TCE vêm dar cobertura a uma reivindicação já antiga do Parlamento Europeu em sede de recurso de anulação, que consiste no facto de este deixar de ser mero recorrente semi-privilegiado, isto é, apenas podendo interpor recursos de anulação contra actos comunitários alegadamente ilegais **quando estejam em causa as suas prerrogativas** (v.g., a não obtenção de um parecer obrigatório), para passar a ser **recorrente privilegiado** a par dos Estados-membros, Conselho e da Comissão, ou seja, podendo interpor recursos de anulação independentemente de qualquer demonstração de interesse em agir.

10. O Tribunal de Primeira Instância e as questões prejudiciais

De modo absolutamente inovador, o *Tratado de Nice* vem prever, na nova redacção dada ao artigo 225.° do TCE, que o Tribunal de Primeira Instância seja **competente para conhecer de questões prejudiciais**[54], o que constituía, até aqui, monopólio exclusivo do TJ. É assegurado, porém, a título excepcional, que "*as decisões proferidas pelo Tribunal de Primeira Instância sobre questões prejudiciais podem ser reanalisadas pelo Tribunal de Justiça, nas condições e limites previstos no Estatuto, caso possam prejudicar gravemente a unidade ou a coerência do direito comunitário*", ou seja, o TJ prescinde de deter a **exclusividade** em sede de questões prejudiciais mas não abdica do seu *papel de guardião da unidade*

[54] Quando instituído em Outubro de 1988, através da Decisão do Conselho n.° 88/591/CECA, CEE, EURATOM, JOCE, L 319, de 25.11.1988, o Tribunal de Primeira Instância (TPI) tinha competência para apreciar as acções relacionadas com a aplicação das **regras de concorrência**. A Decisão de 24 de Outubro seria alterada pela Decisão do Conselho de 8 de Junho de 1993, JOCE, L 144, de 16.6.1993, tendo o TPI passado a ter competência para, em geral, **todas as acções interpostas pelos particulares**, independentemente de estarem relacionadas com a aplicação das regras de concorrência. Os processos que caberiam **em exclusivo** ao TJ seriam: as questões prejudiciais; as acções interpostas <u>por ou</u> <u>contra</u> um Estado-membro e as acções interpostas <u>por</u> um órgão comunitário; não se pode afirmar que o TJCE seja competente para apreciar todas as acções interpostas <u>contra</u> um órgão comunitário, na medida em que se o requerente for um particular, o tribunal competente será o TPI.

e uniformidade na interpretação do Direito Comunitário, condicionando a sua intervenção como segunda instância a tal missão.

11. **A possibilidade de criação de câmaras jurisdicionais**

De acordo com o novo 225.° A do TCE, o Conselho, deliberando por unanimidade, sob proposta da Comissão e após consulta ao Parlamento Europeu e ao TJ, ou a pedido do TJ e após consulta ao Parlamento Europeu e à Comissão, pode criar câmaras jurisdicionais encarregadas de conhecer, em primeira instância, de certas categorias de recursos em matérias específicas. As decisões das câmaras podem ser objecto de recurso para o Tribunal de Primeira Instância.

12. **Os poderes do Parlamento Europeu e a nova redacção dada ao artigo 300.°, n.° 6 do TCE**

De acordo com a nova redacção dada ao artigo 300.°, n.° 6 do TCE, o Parlamento Europeu passa a *primus inter pares* do Conselho e da Comissão no que se refere à possibilidade de obter um parecer do TJ sobre a compatibilidade de um projecto de Acordo Internacional com as disposições do TCE.

13. **O aumento dos casos em que se faz apelo à regra da maioria qualificada**

Os casos em que a regra da unanimidade deu lugar à regra da maioria qualificada não são, com raras excepções, casos de significativa importância. Assim, **continuam resguardados** pela confortável regra da unanimidade as matérias que se prendem com o **domínio social ou a fiscalidade.**

No que se refere à política de coesão económica e social, mais precisamente no que se refere aos **Fundos Estruturais**: Fundo Europeu de Orientação e Garantia Agrícola (FEOGA), Fundo Social Europeu, Fundo Europeu de Desenvolvimento Regional (FEDER), ficou decidido que, a partir de **1 de Janeiro de 2007,** o Conselho decidirá de acordo com a **regra da maioria qualificada,** após parecer favorável do Parlamento Europeu.

O progresso mais assinalável deu-se ao nível da **política comercial comum (artigo 133.° do TCE)**. O número 5 do artigo 133.° do TCE vem estender a aplicação da regra da maioria qualificada aos novos domínios, doravante, abrangidos pela política comercial comum, i.e., a negociação e a celebração de acordos no domínio do comércio de serviços e dos aspectos comerciais da propriedade intelectual.

Ao todo são aproximadamente **trinta artigos** onde a regra da unanimidade dá lugar à regra da maioria qualificada, *v.g*, a definição da representação exterior do Euro prevista no artigo 111.°, n.° 4 do TCE ou a decisão sobre ajuda financeira comunitária em casos de catástrofes naturais, prevista no artigo 100.° do TCE e a aprovação do estatuto dos partidos do Parlamento Europeu, tal como se retira do artigo 190.°, n.° 5 do TCE. Note-se, porém que, por vezes, tal alteração surge **camuflada sob as vestes do processo de co-decisão**, *v.g*. o artigo 13.°, n.° 2 do TCE sobre as medidas contra a discriminação referia a regra da unanimidade, agora remete para o artigo 251.° do TCE (co-decisão), procedimento onde o Conselho delibera de acordo com a regra da maioria qualificada.

A regra da unanimidade mantém-se nos nevrálgicos artigos 308.° do TCE (alargamento das competências comunitárias), 48.° do TUE (revisão do Tratado) e 49.°, também do TUE (adesão de novos Estados-membros).

II. CONSIDERAÇÕES FINAIS

1. **Consequências do "Não" da Irlanda**

A 7 de Junho de 2001, a Irlanda referendou negativamente o Tratado de Nice[55]. Uma maioria rejeitou o Tratado mas, nas palavras do primeiro ministro belga Guy Verhofstadt[56], foi "*uma maioria de entre uma minoria*". Na verdade, 54% dos participantes no referendo rejeitaram o Tratado mas apenas 33% dos que poderiam ter votado o fizeram. Em torno das causas deste "não" muito se tem escrito, ou se salienta a questão da neutralidade política que a Irlanda quer preservar, ou o receio de que o alargamento tenha repercussões negativas ao nível dos benefícios decorrentes

---

[55] *Vide*, Agence Europe – n.° 7984, de 15 de Junho e n.° 7985, de 16 de Junho.

[56] Discurso no 7.° Forum Europeu, Gotemburgo, Junho, 2001, http://premier.fgov.be/topics/speeches.

dos fundos comunitários, ou a crise de identidade que a União Europeia atravessa revelando-se cada vez menos transparente[57], sobretudo ao nível da delimitação de competências entre a UE e os Estados-membros[58] e as questões relativas ao défice democrático.

Nos termos do artigo 48.° do TUE, o processo de revisão dos Tratados tem necessariamente um **duplo patamar**. Passada a "***fase comunitária***", em que cabe ao Presidente do Conselho, após consulta ao Parlamento Europeu e à Comissão e parecer favorável do Conselho, convocar uma **Conferência de representantes dos governos dos Estados-membros** a fim de aprovar, de comum acordo, as alterações a introduzir nos Tratados, tais alterações só entrarão em vigor se forem, já no âmbito de uma "***fase nacional*"**, ratificadas **por todos os Estados-membros**, de acordo com as respectivas normas constitucionais.

Na Irlanda tal segundo patamar determina, de acordo com as normas constitucionais, a realização de um referendo, o qual, como vimos *supra*, teve um resultado negativo. Na medida em que, a entrada em vigor das alterações pressupõe o assentimento de todos os Estados-membros, coloca-se, então, a questão de saber se perante o "não" da Irlanda o processo

[57] Segundo o Parlamento Europeu, o método não transparente utilizado para a revisão do Tratado terá contribuído directamente para o veredicto negativo do povo irlandês (Resolução tendo em vista a Cimeira de Gotemburgo, síntese *in* Agence Europe, n.° 7999, p. 9).

[58] Na verdade, os Tratados não contêm, em lado algum, uma **lista enumerativa e/ou classificativa das competências** comunitárias e nacionais, de forma a ser possível distinguir ou identificar os domínios reservados aos Estados-membros e, por outro lado, também não é feita uma distinção entre as várias formas de competências comunitárias distinguindo consoante se trate de competências exclusivas ou concorrentes (nem sequer o Tratado inclui uma **definição** desses tipos de competências). A distinção é feita de modo residual, i.e., onde não se esteja perante uma competência exclusiva (que se identificam com as políticas comuns, que note-se o Tratado também não enumera), estar-se-á, em princípio, perante uma competência concorrente. Mas esse é apenas o resultado de uma primeira abordagem, porque depois tudo se torna menos claro em virtude de *fenómenos complexos de extensão de competências*, *maxime*, o operado através do **princípio do paralelismo das competências** enunciado pelo Acórdão do TJ de 1971, **Acórdão AETR**. Segundo este aresto, onde estivermos perante uma **competência exclusiva interna** estaremos, também, perante uma **competência exclusiva externa,** o que determina a **preclusão da competência dos Estados-membros** para a celebração de acordos internacionais nessas matérias. Assim, embora actualmente o Tratado apenas refira uma política exclusiva interna em matéria de pescas, ou em matéria agrícola, não podem os Estados *per si* celebrar acordos nessas matérias com terceiros Estados, **sem que exista uma única norma no Tratado que o afirme.**

de ratificação do Tratado de Nice terá sido definitivamente posto em causa. Para que o Tratado de Nice possa ser ratificado sem alterações o referendo deverá ser repetido na Irlanda, opção que constitui, no momento, a posição oficial do governo irlandês[59];

Por seu lado, a Presidência da União Europeia desvalorizou o "*não irlandês*". No ponto 4 das conclusões de Gotemburgo pode ler-se: "*O processo de ratificação do Tratado de Nice prosseguirá por forma a que a União esteja em condições de receber novos Estados-membros a partir do final de 2002. Relativamente ao referendo na Irlanda, o Conselho Europeu confirma as conclusões aprovadas pelo Conselho "Assuntos Gerais" realizado no Luxemburgo em 11 de Junho, incluindo a disponibilidade para contribuir por todos os meios para ajudar o Governo Irlandês a encontrar uma via de saída, e reitera ainda o seu empenho no alargamento e na manutenção do bom ritmo das negociações de adesão*". [60]

Se o referendo não se repetir ou repetindo-se voltar a ser negativo, a solução para sair de tal impasse passa pela convocação de uma nova CIG, voltando os trabalhos de revisão dos Tratados ao início[61]. Não entrando em vigor o Tratado de Nice, a data que este estabelece para a nova CIG (2004) deixa de "condicionar" os Estados, podendo a mesma, por tal facto ser "antecipada"[62].

18. **Conclusão**

À guisa de conclusão, devemos sublinhar o facto de Nice ser, aparentemente, um *Tratado de gestão de tensões contraditórias*. Se, por um

---

[59] Na troca de impressões com o Primeiro Ministro irlandês sobre as consequências do referendo negativo, por altura do Conselho Europeu de Gotemburgo, este terá afirmado que *"importa dar aos irlandeses algum tempo de reflexão"*. O governo irlandês não pensa, todavia, organizar um novo referendo antes das eleições gerais previstas para Junho de 2002.

[60] Quando a manifestação da vontade popular é vista como algo patológico, algo vai mal na Europa ...

[61] Tal é, *inter alia*, o entendimento do Parlamento Europeu expresso na Resolução *supra* referida. Segundo este, a Conferência Intergovernamental deverá ser convocada no segundo semestre de 2003 e finalizar os seus trabalhos no final desse mesmo ano (*Vide* Agence Europe, n.° 7984, p. 6).

[62] Note-se que, a data de 2004 tem mesmo no caso de Nice entrar em vigor **mero valor indicativo,** pois os Estados são livres, nos termos do artigo 48.° do TUE, de submeter ao Conselho projectos de revisão dos Tratados **a todo o tempo**, sendo o Conselho livre, também do mesmo modo, de convocar uma conferência intergovernamental para tal efeito.

lado, *forças centrípetas*, i.e., forças favoráveis à integração deixam antever, aquela que se assumirá, a passo, uma verdadeira *União Federal dos Estados da Europa* (*vide*, os novos poderes dados ao Parlamento Europeu ou o alargamento do âmbito da política comercial), por outro lado, a manifestação de *forças centrífugas* não é despicienda. Umas e outras chegam, por vezes, quase a anular-se. Enfatize-se o paradoxo de, por um lado, terse aumentado o número de casos em que o Conselho delibera de acordo com a regra da maioria qualificada e, por outro lado, ter-se aditado um invocável requisito adicional para esta forma de deliberação (o critério dos 62% da população), assim a dificultando, independentemente de se distinguir se tal requisito se aplica ou não às matérias, doravante, cobertas pela regra da maioria qualificada[63].

Tal como Amesterdão, este novo Tratado auto-considera-se uma obra incompleta agendando para 2004 o próximo encontro e respectivos conteúdos[64]. Farão parte da agenda questões basilares e de fundo tais como: *o estabelecimento e controlo de uma delimitação mais precisa das competências entre a União Europeia e os Estados-membros*,[65]o *Estatuto da Carta dos Direitos Fundamentais da União Europeia* proclamada em Nice, a *simplificação dos Tratados* e o *papel dos Parlamentos nacionais na arquitectura europeia.*

---

[63] Tal requisito, afirma-se, constitui uma forma de dotar de maior legitimidade democrática as decisões do Conselho. Ora tal propósito é à partida, ou **deveria ser**, assegurado pela repartição dos votos no Conselho e respectiva ponderação, a qual atende, em princípio, também, à densidade demográfica dos Estados. A imposição de tal requisito contém, assim, uma *implícita confissão* de que tal repartição poderá não ter salvaguardado, da melhor forma, todos os casos, assumindo-se como uma forma de colmatar qualquer situação menos justa que se coloque no desenrolar da aprovação de determinado acto. Simplesmente, tratando-se de algo que não tem obrigatoriamente de ser verificado, tal requisito encerra aquilo que poderemos designar de *uma mera garantia flutuante*.

[64] *Vide* a *Declaração respeitante ao futuro da União* (Declaração adoptada pela Conferência, n.° 23).

[65] Recordamos que uma das razões que dificulta a distinção dos vários tipos de competências comunitárias se deve ao facto de os Tratados não incluírem qualquer **lista classificativa das mesmas** (*supra*).

A Declaração refere que tal delimitação mais precisa das competências deverá reflectir o princípio da subsidiariedade. Note-se, todavia, que este princípio não foi talhado para resolver as eventuais questões que se coloquem ao nível da **titularidade** das competências mas, apenas, as que se coloquem ao nível do **exercício** das competências cuja titularidade é partilhada, i.e., as competências concorrentes.

Este hodierno método de, antecipadamente, pré-estabelecer as agendas das novas revisões mais do que tranquilizar quanto ao futuro denuncia o carácter incompleto dos trabalhos presentes, condicionando aquilo que caberá fazer futuramente[66]. Ao invés desta *eterna sensação de catedral inacabada*, cujo projecto teima em se auto-condicionar, não seria preferível optar pelo, até aqui, utilizado método de *agenda maximalista* aberta a todas as questões que possam e devam ser discutidas em determinada altura?

Lisboa, Setembro de 2001

[66] Tal como refere Guy Verhofstadt no discurso *supra* citado, deverá abandonar-se a, até aqui, seguida abordagem *step by step* e definir "*o destino final ou o ponto óptimo da divisão de poderes*".

O ESTATUTO DE CIDADÃO DA UNIÃO E A (NÃO) DISCRIMINAÇÃO EM RAZÃO DA ORIENTAÇÃO SEXUAL

MARIA LUÍSA DUARTE
Professora da Faculdade de Direito da Universidade de Lisboa

SUMÁRIO: **1.** O estatuto de cidadão da União: origem e expressão normativa nos Tratados. **2.** O princípio geral da proibição de discriminação em razão da nacionalidade: fundamento e âmbito de aplicação. **3.** O artigo 13.° do Tratado da Comunidade Europeia e o enquadramento de outras formas de discriminação. **4.** A discriminação em razão da orientação sexual e a competência reservada dos Estados-membros no domínio do direito da família. **4.1.** A jurisprudência comunitária. **4.2.** No cenário futuro da Constituição para a Europa: neutralidade ou activismo judicial?

MEMORATIVO

Recordo o Senhor Professor Doutor António Marques dos Santos com um doloroso sentimento de perda. Não fui sua aluna, mas aprendi muito com as palavras que brotavam generosas do seu imenso património de erudição e nos revelavam um espírito em constante demanda. Nos últimos anos, uma das áreas que merecia a sua atenção de investigador era a do Direito da União Europeia e, sob este mote, conversámos amiúde. Sabia ouvir para, logo de seguida, interpelar as nossas certezas. Sabia, com rara vocação, construir o diálogo científico com os colegas mais novos.

A sua presença era constante na vida da Faculdade, prolongando na biblioteca e nos corredores o contacto humano e pedagógico com os seus alunos. Como Homem e como Professor, António Marques dos Santos é um exemplo para todos nós de ilimitada e qualificada entrega à causa pública do ensino do Direito.

1. O estatuto de cidadão da União: origem e expressão normativa nos Tratados

1.1. O Tratado da União Europeia, assinado em 7 de Fevereiro de 1992, na cidade holandesa de Maastricht, transportou para o texto do Tratado da Comunidade Europeia uma importante e fundamental inovação, há muito anunciada por espíritos mais visionários[1] e, a partir da década de 70, com propósitos mais realistas, esboçada em princípios e critérios de interpretação jurisprudencial: o estatuto de cidadania da União.

1.2. No plano político-institucional, a ideia de uma "cidadania europeia" começou a alimentar várias iniciativas a partir da Cimeira de Paris de 1974, cujas conclusões previam a criação de um grupo de trabalho para analisar as condições e prazos de atribuição de direitos especiais aos cidadãos dos Estados-membros. O relatório apresentado em 1975 caracterizava esses direitos especiais como direitos cívicos e políticos, cuja titularidade não estava consagrada nos Tratados, nem resultaria do adquirido comunitário[2].

A eleição do Parlamento Europeu por sufrágio directo e universal dos cidadãos de todos os Estados-membros representou, contudo, o primeiro sinal tangível de uma futura cidadania europeia[3]. A participação directa dos cidadãos contribuiu, decerto, para os aproximar do processo de construção comunitária, sendo, todavia, insuficiente para fazer emergir uma verdadeira identidade europeia. Torna-se mesmo difícil captar os contornos de uma identidade colectiva europeia, de tal modo são variados e diferentes os percursos históricos e as heranças culturais de cada comunidade

---

[1] Já em 1961, Pierre Duclos se interrogava sobre a eventual existência de um estatuto jurídico do cidadão europeu – v. "L'Européen: exploration d'une catégorie juridique naissante", in *Revue Génèrale de Droit International Public*, 1961, Tomo LXV, p. 260.

[2] V. Bull.CE, supl. 71/75 ("Vers l'Europe des citoyens"), p. 23.

[3] V. Claude Blumann, "L'Europe des citoyens", in *Revue du Marché Commun*, 1991, n.° 346, p. 283. Em especial, sobre esta primeira fase da Europa dos cidadãos, v. Mario Sica, *Verso la cittadinanza europea*, Le Mounier, 1979, *passim*.

nacional. Na década de oitenta, os esforços no sentido de materializar essa identidade europeia resumiram-se a medidas esparsas e de cunho simbólico: o passaporte uniforme, a carta de condução comunitária, os corredores nos aeroportos e fronteiras terrestres para cidadãos comunitários, as chapas de matrícula uniformizadas, etc.

O Relatório Adonnino sobre a Europa dos Cidadãos de 1985 recomendava a atribuição do direito de voto e de ser eleito nas eleições municipais do Estado-membro de residência; sublinhava a necessidade de garantir a livre mobilidade territorial das pessoas, através da simplificação dos controlos nas fronteiras e da extensão do direito de residência a todos os cidadãos comunitários[4].

A dinâmica de realização do mercado interno logrou superar a enorme distância entre o discurso político e os resultados concretos ao nível da regulamentação normativa. Certo, a jurisprudência comunitária foi determinante na definição de um direito mais alargado de livre circulação dos cidadãos dos Estados-membros[5]; mas, sob pena de completa subversão do princípio da separação de funções previsto no Tratado, não poderia avançar mais na criação de uma cidadania europeia. Por outro lado, a ausência no Tratado de uma base jurídica específica para fundamentar as propostas da Comissão neste domínio gerou uma permanente tensão institucional entre o Conselho e, do outro lado, a Comissão e o Parlamento Europeu a propósito do recurso necessário ou indispensável ao artigo 235.° do Tratado de Roma (actual artigo 308.° do Tratado da Comunidade Europeia)[6]. Uma qualquer solução de reconhecimento de direitos de recorte político, no quadro de uma concepção de verdadeira cidadania europeia, exigia, pois, uma alteração expressa dos Tratados[7].

---

[4] V. Bull.CE 7/85, p. 9 e segs.

[5] Sobre o alcance deste contributo jurisprudencial, v. Maria Luísa DUARTE, *A liberdade de circulação de pessoas e a ordem pública no Direito Comunitário*, Coimbra Editora, 1992, p. 67 e segs.

[6] A citação dos artigos dos tratados institutivos sem a indicação expressa da sua fonte refere-se ao Tratado da Comunidade Europeia.

[7] Sobre as origens remotas do estatuto de cidadania europeia, bem como as vicissitudes da negociação que precederam a aprovação do Tratado de Maastricht, v. Maria Luísa DUARTE, *A cidadania da União e a responsabilidade dos Estados-membros por violação do Direito Comunitário*, Lisboa, Lex, 1994, p. 15 e segs.; Idem, "A liberdade de circulação de pessoas e o estatuto de cidadania previsto no Tratado da União Europeia", in AA.VV. *A União Europeia na Encruzilhada*, Coimbra, Almedina, 1996, p. 167.

1.3. Consagrado pelo Tratado de Maastricht, o estatuto de cidadania da União conheceu com as revisões acordadas em Amesterdão e em Nice pequenas alterações que não afectaram a unidade e o sentido do modelo originário em vigor desde 1993[8].

O artigo 17.° proclama: "*É instituída a cidadania da União*" e especifica no que respeita à qualidade de cidadão da União: "*É cidadão da União qualquer pessoa que tenha a nacionalidade de um Estado-membro. A cidadania da União é complementar da cidadania nacional e não a substitui*". Anexa ao Tratado de Maastricht, consta uma declaração feita pelos Estados-membros que esclarece: "(...) *a questão de saber se uma pessoa tem a nacionalidade de um determinado Estado-membro é exclu-*

---

[8] Sobre a matriz normativa do estatuto de cidadão da União, v., entre nós, Rui Manuel Moura Ramos, "Maastricht e os direitos do cidadão europeu", in AA.VV., *A União Europeia*, Coimbra, 1994, p. 93; idem, "Nacionalidade, plurinacionalidade, supranacionalidade na União Europeia e na Comunidade dos Países de Língua Portuguesa", in *Boletim da Faculdade de Direito da Universidade de Coimbra*, volume comemorativo, 2003, p. 691; Nuno Piçarra, "Cidadania europeia, Direito Comunitário e Direito Nacional", in *O Direito*, 1994, III-IV, p. 507; Miguel Gorjão-Henriques, "Cidadania e integração", in *Temas de integração*, 1999, n.° 8, p. 65; Maria Luísa Duarte, "Les nouveaux aspects de la libre circulation des personnes. Vers une citoyenneté européenne. Rapport portugais », *XV Congresso FIDE*, Lisboa, 1992, vol. III, p. 345; idem, *A cidadania da União...*, cit.; idem, "A liberdade de circulação de pessoas e o estatuto de cidadania previsto no Tratado da União Europeia", in AA.VV., *A União Europeia na Encruzilhada*, Coimbra, 1996, p. 167; Miguel Poiares Maduro, «Europe's social self: "the sickners unto death"», in Shaw (ed.), *Social law and policy in an evolving EU*, Oxford, Hart, 2000, p. 332.

Na doutrina estrangeira, v., entre vastíssima bibliografia, M. Cartabia, "Cittadinanza europea, in *Enciclopedia giuridica*, Istituti dell'Enciclopedia Italiana, Roma, 1995; L. Díez-Picazo, "Citoyenneté et identité européennes", in *Revue Européenne de Droit Public*, 2003, vol. 15, p. 771; Douglas-Scott, "In search of Union citizenship", in *Yearbook of European Law*, 1998, p. 29; M. J. Garot, *La citoyenneté de l'Union Européenne*, L'Harmattan, Paris/Montréal, 1999; P. Juárez Pérez, *Nacionalidad estatal y ciudadanía europea*, Marcial Pons, Madrid, 1998; M. la Torre (éd.), *European Citizenship (An Institutional Challenge)*, Kluwer, La Haya/Londres/Boston, 1998; V. Lippolis, *La cittadinanza europea*, Il Mulino, Bolonia, 1994; Carole Lyons, "A voyage around article 8: an historical and comparative evaluation of the fact of European Union Citizenship", in *Yearbook of European Law*, 1997, p. 135; S. O'Leary, *The Evolving Concept of European Citizenship*, Kluwer, La Haya/Londres/Boston, 1996; M. Dolores Blásquez Peinado, *La ciudadanía de la Unión*, Valencia, 1998; Elisa Perz Vera, "Citoyenneté de l'Union européenne: Nationalité et condition des étrangers", in *Recueil des Cours de l'Académie de Droit International*, 1996, Tomo 261, p. 245; Joseph H. H. Weiler, "To be an European Citizen", in *Scritti in onore di Giuseppe Federico Mancini*, Milão, 1998, vol. II, p. 1067; C. Withol de Wenden, *La citoyenneté européenne*, Presses de Sciences, Paris, 1997.

sivamente regida pelo direito nacional desse Estado-membro". Na verdade, a afirmação da competência própria e reservada dos Estados-membros em matéria de determinação dos seus próprios nacionais e, indirectamente, dos beneficiários do estatuto de cidadania da União, já resultava da doutrina *Micheletti*, vertida em acórdão do Tribunal de Justiça de 7 de Julho de 1992[9].

1.4. Os artigos 18.° a 21.° enumeram os direitos que integram o estatuto de cidadania da União. O artigo 18.° reconhece o direito de livre circulação no território dos Estados-membros, a exercer no quadro das "*limitações e condições previstas no presente Tratado e nas disposições adoptadas em sua aplicação*". O artigo 19.° consagra verdadeiros direitos políticos, traduzidos na faculdade de participação, como eleitor ou como candidato, nas eleições municipais e nas eleições para o Parlamento Europeu a realizar no Estado-membro de residência. O artigo 20.° institui o direito de protecção diplomática e consular, invocável pelo cidadão da União que resida ou que se encontre em território de país terceiro. O direito de petição ao Parlamento Europeu e o direito de queixa perante o Provedor de Justiça Europeu não são, em rigor, direitos exclusivos do cidadão da União. O artigo 21.° remete, no que respeita às condições de exercício dos referidos direitos de acção cívica, para os artigos 194.° e 195.° e estas disposições alargam o seu exercício a "*qualquer pessoa singular ou colectiva com residência ou sede estatutária num Estado-membro*".

No elenco dos direitos expressamente associados ao estatuto material de cidadania da União cabe, por fim, referir a protecção conferida ao direito de qualquer cidadão de um Estado-membro se dirigir por escrito às

---

[9] V. Proc. C-369/90, Col. 1992, p. 4239 – "*a definição das condições de aquisição e de perda da nacionalidade integram, de acordo com o Direito Internacional, a competência de cada Estado-membro, competência que deve ser exercida no respeito do Direito Comunitário*" (v. consid. 10). Após uma decisão de aparente contradição com o princípio de interpretação definido no caso *Micheletti* (v. Acórdão de 11 de Novembro de 1999, *Mesbah*, Proc. C-179/98, Col. 1999, p. I-7955, com anotação de Rui M. Moura Ramos, in *Revista de Legislação e Jurisprudência*, ano 134.°, n.° 3926, p. 153), o Tribunal de Justiça reiterou o reconhecimento da competência própria dos Estados-membros para definir os critérios de qualificação dos seus nacionais – v. Acórdão de 20 de Fevereiro de 2001, *Kaur*, Proc. C-192/99, Col. 2001, p. I-1929. Sobre o caso *Micheletti* e as suas implicações na interpretação da lei portuguesa da nacionalidade, v. António Marques dos Santos, "Nacionalidade e Efectividade", in *Estudos em Memória do Professor João de Castro Mendes*", Lisboa, p. 450-453.

instituições e órgãos da União numa das línguas oficiais, identificadas no artigo 314.°, e obter uma resposta redigida no mesmo idioma[10].

1.5. O elenco de direitos associados ao estatuto de cidadania da União não se cinge ao previsto nos artigos 18.° a 21.° do Tratado. O artigo 17.°, n.° 2, especifica, com efeito, que "*os cidadãos da União gozam dos direitos e estão sujeitos aos deveres previstos no presente Tratado*". Assim, a exacta determinação do conjunto de direitos e de deveres que beneficiam e vinculam, respectivamente, os cidadãos dos Estados-membros depende de uma leitura sistemática e omnicompreensiva do Tratado. Em particular, destacam-se disposições gerais relativas ao princípio da igualdade de tratamento (v. artigos 12.° e 13.°) e disposições específicas aplicáveis ao acesso e ao exercício de uma actividade económica, como são os artigos 39.° e seguintes, reguladores da condição jurídica de trabalhador comunitário, ou o artigo 141.° sobre a igualdade de tratamento entre homens e mulheres em matéria de remuneração e outros aspectos relevantes da relação jurídico-profissional.

1.6. Segundo o Tribunal de Justiça, o estatuto de cidadão da União "*tende a ser o estatuto fundamental dos nacionais dos Estados-membros*"[11]. Esta afirmação de princípio alicerça duas asserções primordiais no que respeita à autonomia e à "plenitude dos efeitos"[12-13] produzidos pelas disposições relativas ao estatuto de cidadania:

– o cidadão de um qualquer Estado-membro pode invocar os direitos reconhecidos pelo Tratado mesmo na relação com os poderes públicos do seu Estado de nacionalidade para afastar como discriminatório e injustificado um tratamento menos favorável do que aquele de que beneficiaria se não tivesse feito uso dos direitos conferidos

[10] Depois da adesão de dez novos Estados-membros, em 1 de Maio de 2004, o número de línguas oficiais subiu de doze para vinte e uma.

[11] V. Acórdão de 20 de Setembro de 2001, *Grzelczyk*, Proc. C-189/99, Col. 2001, p. I-6193, consid. 31.

[12] V. Acórdão de 11 de Julho de 2002, *D'Hoop*, Proc. C-224/98, col. 2002, p. I--6191, consid. 31.

[13] Sobre a interpretação feita pelo Juiz comunitário das disposições relevantes de definição do estatuto de cidadão da União, v., em especial, Helen TONER, "Judicial interpretation of European Union Citizenship. Transformation or consolidation?", in *Maastricht Journal of Comparative Law*, 2000, n.° 2, p. 158.

pelo Tratado em matéria de livre circulação[14]. Ao exercer os direitos de livre circulação, o cidadão de um Estado-membro passou a beneficiar da "protecção comunitária" que lhe garante o direito a um tratamento jurídico não discriminatório, tanto no Estado-membro de residência quanto no Estado-membro de nacionalidade. Nesta medida, e embora a condição de cidadão da União dependa estritamente da condição de cidadão de um Estado-membro, o regime jurídico associado ao estatuto de cidadania da União ganha autonomia. Na sua relação com o Estado-membro de nacionalidade, o cidadão da União pode invocar direitos que lhe seriam negados enquanto cidadão nacional.

– o artigo 18.°, n.° 1, ao definir a qualidade de cidadão da União, goza de efeito directo, no sentido em que constitui a base normativa que, de modo autónomo e suficiente, fundamenta o exercício de direitos integrantes do estatuto, como seja o direito de residência. A titularidade destes direitos fica unicamente dependente da qualidade de cidadão da União, enquanto o seu exercício depende da observância de princípios gerais de direito, designadamente o princípio da proporcionalidade[15].

2. O princípio geral de proibição de discriminação em razão da nacionalidade: fundamento e âmbito de aplicação

2.1. O artigo 12.° estabelece: "*No âmbito de aplicação do presente Tratado, e sem prejuízo das suas disposições especiais, é proibida toda e qualquer discriminação em razão da nacionalidade*". Inscrita na versão originária do Tratado de Roma, a proibição de discriminação com fundamento na nacionalidade é, pois, muito anterior ao enquadramento normativo de um estatuto de cidadania da União[16], mas não foi, de modo algum,

---

[14] V. Acórdão de 11 de Julho de 2002, caso *D'Hoop*, cit., consid. 30.

[15] V. Acórdão de 7 de Setembro de 2002, *Baumbast*, Proc. C-413/99, Col. 2002, p. I-7091.

[16] Cfr. Michel WYBO, *Discrimination et marché commun*, Paris, LGDJ, 1966. Sobre o papel que a jurisprudência comunitária reservou a este princípio na definição do regime jurídico das liberdades comunitárias, v., em especial, Massimo V. BENEDETTELLI, *Il giudizio di eguaglianza nell'ordinamento giuridico delle Comunità Europee*, Pádua, CEDAM, 1989; Sophie ROBIN-OLIVIER, *Le principe d'égalité en droit communautaire. Étude a partir des libertés économiques*, Presses univ. d'Aix-Marseille, 1999; R. HERNU, *Principe*

alheia à evolução jurisprudencial que, ao longo das décadas de setenta e oitenta, promoveu a afirmação e o constante aprofundamento dos direitos de livre circulação dos cidadãos dos Estados-membros[17].

2.2. O artigo 12.° não impõe aos Estados-membros o reconhecimento de uma equiparação plena entre cidadãos nacionais e cidadãos oriundos de outros Estados-membros, uma vez que circunscreve o âmbito proibido de discriminação ao campo de aplicação do Tratado. A este propósito, importa analisar três questões: a) a discriminação contra os próprios cidadãos nacionais; b) as chamadas "situações puramente internas"; c) matérias de competência exclusiva ou reservada dos Estados-membros.

2.3. a) Em princípio, o Direito Comunitário não proíbe um Estado-membro de reservar para os seus cidadãos nacionais um estatuto jurídico menos favorável do que o tratamento previsto na lei para os cidadãos de outros Estados-membros[18]. A autonomia do decisor nacional no que respeita aos respectivos cidadãos sofre, contudo, a limitação que, de acordo com a posição sustentada pelo Tribunal de Justiça, resulta da necessária consideração dos objectivos de integração. A garantia do efeito útil das disposições que regulam as liberdades comunitárias, *maxime* a livre circulação de pessoas, determina que o cidadão que exerceu os direitos conferidos pelo Tratado não possa sofrer um tratamento menos favorável do que aquele que beneficia os cidadãos de outros Estados membros. Em síntese, o decisor nacional não deve exercer a liberdade de tratamento do cidadão nacional de forma a "penalizar" o exercício do direito de residência ou de formação escolar e profissional noutro Estado-membro, o que constituiria,

---

d'égalité et principe de non-discrimination dans la jurisprudence de la Cour de Justice, Paris, 2003; K. Lenaerts, «L'égalité de traitement en droit communautaire. Un principe unique aux apparences multiples», in *Cahiers de Droit Européen*, 1991, n.°s 1-2, p. 3.

[17] Cfr. Maria Luísa Duarte, *A liberdade de circulação de pessoas e a ordem pública no Direito Comunitário*, Coimbra Editora, 1992, p. 184 e segs.

[18] Cfr. Maria Luísa Duarte, *A liberdade...*, cit., p. 200 e segs.; Miguel Poiares Maduro, «The scope of European remedies : the case purely internal situations and reverse discrimination », in C. Kilpatrick e outros (ed.), *The future of remedies in Europe*, Oxford, 2000, p. 117 e segs.; K. Lenaerts, «L'égalité de traitement en droit communautaire. Un principe unique aux apparences multiples », in *Cahiers de Droit Européen*, 1991, n.°s 1-2, p. 3 (17) ; S. D. Kon, « Aspects of reverse discrimination in Community Law », in *European Law Review*, 1981, p. 75; G. Druesne, «Discrimination à rebours et libre circulation des personnes », in *Revue Trimestrielle de Droit Européen*, 1979, p. 429.

na verdade, um obstáculo à realização plena do objectivo da livre circulação de pessoas entre os Estados-membros[19].

2.4. b) A aplicabilidade das normas comunitárias depende da verificação de um elemento relevante de conexão transnacional. Se não for possível identificar uma ligação com o território de outro Estado-membro, a situação é qualificada como "*puramente interna*" e é regulada pelo direito interno, mesmo que daqui resulte um tratamento menos favorável do que o previsto no normativo comunitário[20].

O Tribunal de Justiça sustenta que a nacionalidade de um Estado-membro diferente da do Estado-membro de residência é elemento suficiente de conexão para fundamentar a aplicação do direito comunitário, mesmo na hipótese de o cidadão da União, nacional de outro Estado-membro, que invoca essas normas nunca ter cruzado as fronteiras do Estado-membro de residência[21]. Para o Juiz comunitário, existe conexão suficiente sempre que se trate de "*nacionais de um Estado-membro a residir legalmente no território de outro Estado-membro*", sendo, para este efeito, irrelevante a questão de saber se exerceram ou não o direito de livre cir-

[19] No caso *Knoors*, as autoridades holandesas exigiam a um cidadão holandês a realização de um estágio profissional que não era imposto aos cidadãos de outros Estados-membros abrangidos por uma directiva comunitária. Dado que o cidadão holandês em causa vivera e trabalhara durante vários anos na Bélgica, onde adquirira a qualificação profissional requerida na directiva comunitária, o Tribunal de Justiça concluiu que aquele se encontrava na sua relação com o Estado-membro de nacionalidade "*numa situação equivalente à de todos os outros indivíduos que beneficiaram dos direitos e liberdades garantidos pelo Tratado*" (v. Acórdão de 7 de Fevereiro de 1979, Proc. 115/78, Rec. 1979, p. 399). Neste contexto, ao cidadão nacional não pode ser reclamado o cumprimento de condições suplementares ou mais exigentes do que as previstas para os cidadãos de outros Estados-membros. Também neste sentido, e tendo como pano de fundo o enquadramento específico do estatuto de cidadania da União, v. Acórdãos de 11 de Julho de 2002, *D'Hoop*, Proc. C-224/98, Col. 2002, p. I-6191, consid. 30; e de 29 de Abril de 2004, *Pusa*, Proc. C-224/02, consid. 20.

[20] Cfr. Maria Luísa DUARTE, *A liberdade...*, cit., p. 202.

[21] No caso *Rutili*, um trabalhador italiano nascido e criado em França, onde trabalhava e exercia actividade sindical, beneficiou da aplicação do estatuto de trabalhador comunitário resultante do artigo 39.° (v. acórdão TJCE, de 28 de Outubro de 1975, Proc. 36/75, Rec. 1975, p. 415). Mais tarde, no caso *Matteucci*, o Tribunal de Justiça reconheceu a uma cidadã italiana, nascida e criada na Bélgica, o direito a não ser discriminada no tocante à concessão de um subsídio à formação profissional (v. acórdão TJCE, de 27 de Setembro de 1988, Proc. 235/87, Col. 1988, p. 5589).

culação previsto, sob diferentes modalidades, no Tratado[22]. Em coerência, o Tribunal de Justiça poderia guiar até às últimas consequências o seu raciocínio baseado na valorização do estatuto de cidadania da União, enquanto alavanca de uma interpretação sistemática e extensiva dos direitos do cidadão da União. A conclusão inevitável a extrair desta construção seria a de reconhecer a natureza comunitária da situação sempre que esta envolva um cidadão da União, mesmo que este se encontre no âmbito de uma relação com o seu Estado de origem e esta relação seja estranha a qualquer ligação específica com a ordem jurídica de outro Estado-membro. Na verdade, o Tribunal esteve muito próximo desta solução integracionista no caso *Garcia Avello*: foi assumida a protecção comunitária do direito ao nome de duas crianças com dupla nacionalidade, belga e espanhola; à luz da legislação do Reino da Bélgica, onde residiam, as duas crianças foram unicamente consideradas como cidadãs belgas e a situação apresentava-se, por consequência, como puramente interna; para o Juiz comunitário, pelo contrário, a nacionalidade espanhola das crianças era relevante e suficiente enquanto elemento de conexão com o direito comunitário[23].

2.5. c) A letra do artigo 12.° é clara ao limitar a operatividade da proibição de discriminação em razão da nacionalidade ao "*âmbito de aplicação do presente Tratado*". Impõe-se, assim, que o eventual tratamento discriminatório se refira a matéria da competência comunitária. Uma tal apreciação revela-se de difícil apuramento, uma vez que os Tratados institutivos em vigor não permitem uma leitura linear sobre os contornos da competência comunitária e a sua articulação com as competências dos Estados-membros[24]. Levado pelo objectivo de garantir a aplicação do direito comunitário, e amparado na vaguidade dos textos normativos, o Tribunal de Justiça segue a tendência para adoptar critérios elásticos de interpretação, claramente favoráveis ao reconhecimento da incidência comunitária sobre a matéria em causa[25]. Não obstante, o Juiz comunitário

---

[22] V., por último, acórdão TJCE, de 2 de Outubro de 2003, caso *Garcia Avello*, Proc. C-148/02,ainda não publicado, consid. 27.

[23] V. Acórdão de 2 de Outubro de 2003, cit., consid. 27 e 32.

[24] Cfr. Maria Luísa Duarte, *A teoria dos poderes implícitos e a delimitação de competências entre a União Europeia e os Estados-membros*, Lisboa, Lex, 1997, p. 213 e segs.

[25] No domínio específico da livre circulação de pessoas, v. Maria Luísa Duarte, *A liberdade...*, cit., p. 148 e segs.

concede que existem domínios da regulação jurídica que, no estádio actual de evolução do direito da União, e tendo em conta outras razões que não apenas aquela que se prende com o intento de assegurar a aplicação da norma comunitária, devem continuar a integrar a esfera própria e reservada de escolha do legislador nacional (v. infra 4).

2.6. Ao Tribunal de Justiça se fica a dever a definição de critérios gerais e de directrizes de aplicação do princípio da proibição de tratamento discriminatório com fundamento na nacionalidade e cuja operatividade se estende, pelo menos em parte, a outras formas proibidas de discriminação[26]:

– no primeiro acórdão proferido sobre o princípio da não discriminação, o Tribunal considerou, em consonância com a concepção aristotélica da exigência de igualdade material, que "*tratamento diferente de situações não comparáveis não permite concluir automaticamente pela existência de uma discriminação (...); a discriminação material consistiria em tratar de maneira diferente situações similares ou tratar de forma idêntica situações diferentes*"[27]. Em suma, o artigo 12.° não exclui as diferenças de tratamento entre nacionais de Estados-membros, desde que justificadas por razões objectivas de distinção e proporcionais à realização do objectivo de interesse geral que aponta a necessidade da diferenciação no plano jurídico;

– a mera eventualidade de tratamento discriminatório constitui violação do Tratado, como aquela que resulta de um regime legal em vigor cuja aplicação esteja suspensa[28];

– o artigo 12.° é uma fonte directa de direitos que os cidadãos dos Estados-membros podem invocar em seu favor junto dos tribunais comunitários e nacionais. Deste modo, o artigo 12.° serve não apenas para reforçar o efeito de protecção que resulta das disposições específicas do Tratado no domínio da igualdade de tratamento, como tem funcionado de modo autónomo para sustentar uma exigência

[26] Cfr. Maria Luísa Duarte, "Direito Comunitário do Trabalho. Tópicos de identificação", in *Estudos de Direito da União e das Comunidades Europeias*, Coimbra Editora, 2000, p. 275 e segs.

[27] V. Acórdão de 17 de Julho de 1963, *Itália c. Comissão*, Proc. 13/63, Rec. 1963, p. 335.

[28] V. Acórdão de 4 de Abril de 1974, *Código do Trabalho Marítimo*, Proc. 167/73, Rec. 1974, p. 359.

de não discriminação como princípio geral de protecção do cidadão da União[29];

– o artigo 12.° é fonte de obrigações para os Estados-membros e para os órgãos comunitários, mas também, em certa medida, para os particulares. No caso *Walrave*, concluiu-se que a proibição de discriminação "*vincula não apenas a actuação dos poderes públicos, mas estende-se também às regulamentações de outra natureza que visem regular, de forma colectiva, o trabalho assalariado e a prestação de serviços*"[30].

3. O artigo 13.° do Tratado da Comunidade Europeia e o enquadramento de outras formas de discriminação

3.1. Com o Tratado de Amesterdão, e como acontece com os instrumentos convencionais e constitucionais de protecção dos direitos fundamentais, o Tratado de Roma passou a ter no artigo 13.° uma cláusula geral em matéria de discriminação:

> "*Sem prejuízo das demais disposições do presente Tratado e dentro dos limites das competências que este confere à Comunidade, o Conselho, deliberando por unanimidade, sob proposta da Comissão e após consulta do Parlamento Europeu, pode tomar as medidas necessárias para combater a discriminação em razão do sexo, raça ou origem étnica, religião ou crença, deficiência, idade ou orientação sexual*".

3.2. O artigo 13.° encerra um paradoxo: por um lado, confere ao princípio da igualdade de tratamento uma dimensão mais ambiciosa no que toca aos fundamentos de diferenciação vedada, ao explicitar pela primeira vez os factores raça, origem étnica, religião, crença, deficiência, idade e orientação sexual; por outro lado, não tem uma relevância jurídica equivalente à das outras cláusulas de não discriminação constantes do Tratado, nomeadamente os artigos 12.° e 141.°. Em rigor, o artigo 13.° não contém uma proibição de discriminação e, muito menos, uma proibição

---

29 V. Acórdão de 26 de Setembro de 1996, *Data Delecta*, Proc. 43/95, Col. 1996, p. I-4661.

30 V. Acórdão de 12 de Setembro de 1974, Proc. 36/74, Rec. 1974, p. 1405.

dotada de eficácia directa e autónoma. Os indivíduos[31] não podem invocar o artigo 13.° para excluir a aplicação de legislação interna discriminatória; tão-pouco a ele poderão apelar para acusar o Conselho de omissão ilegal pelo facto de não adoptar – ou de o fazer apenas em relação a algum dos factores previstos – as medidas necessárias de combate à discriminação. Do ponto de vista da sua função jurídica primária, o artigo 13.° é uma norma de habilitação, fonte de poderes de regulamentação que o Conselho poderá exercer segundo critérios de oportunidade política[32]. Esta é, contudo, uma perspectiva que, em nossa opinião, não esgota o significado jurídico do artigo 13.°, cuja integração no Tratado resulta de uma compreensão mais alargada do princípio da não discriminação como exigência básica e identitária de qualquer sistema jurídico de protecção dos direitos fundamentais. Mesmo na ausência de normas de concretização do artigo 13.°, e dando como assente a insusceptibilidade da sua invocação pelos indivíduos, no quadro de litígios que os envolvam, a não discriminação em função dos motivos enumerados pelo artigo 13.° acaba por ter uma função conformadora das obrigações específicas do legislador e do juiz. O legislador – comunitário ou nacional – não deve aprovar normas que, de modo directo ou indirecto, impliquem tratamento discriminatório. À luz do princípio da lealdade comunitária, vertido no artigo 10.°, e que vincula tanto o decisor comunitário quanto o decisor nacional[33], não são aceitáveis alte-

---

[31] Ao contrário do artigo 12.°, cujos destinatários são os cidadãos da União – e apenas estes, salvo se o princípio da não discriminação em razão da nacionalidade for alargado através da celebração de convénios internacionais a cidadãos de países terceiros –, o artigo 13.° deve beneficiar todas as pessoas submetidas à jurisdição dos Estados-membros, como, em regra, acontece com as prerrogativas associadas à titularidade e ao exercício de direitos fundamentais (cfr. artigo 13.°, n.° 2 e 15.°, n.° 1, da Constituição da República Portuguesa) (v. infra nota 36).

[32] Sobre o artigo 13.°, v. Leo FLYNN, "The implications of article 13 EC – after Amsterdam, will some forms of discrimination be more equal than others?", in *Common Market Law Review*, 1999, vol. 36, p. 1127; Dagmar SCHIEK, "A new framework of equal treatment of persons in EC Law?", in *European Law Review*, 2002, n.° 2, p. 290 (309); S. WHITTE, "Disability discrimination and the Amsterdam Treaty", in *European Law Review*, 1998, n.° 23, p. 50; L. L. CHRISTIANS, *Droit et religion dans le traité d'Amsterdam: une étape décisive? Espoirs et déceptions*, Bruxelas, Bruylant, 1998, p. 195; D. ROSENBERG, «La lutte contre le racisme et la xénophobie dans l'Union européenne», in *Revue Trimestrielle de Droit Européen*, 1999, p. 201 (209) ; Richard WHITTLE, «The framework of directive for equal treatment in employment perspective», in *European Law Review*, 2002, n.° 27, p. 303.

[33] V. Maria Luísa DUARTE, "O artigo 10.° do Tratado da Comunidade Europeia – expressão de uma obrigação de cooperação entre os poderes públicos nacionais e as instituições comunitárias", in *Estudos de Direito da União e das Comunidades Europeias*,

rações legislativas que representem um retrocesso no nível de realização do princípio da igualdade de tratamento. Por seu turno, o Juiz – comunitário ou nacional -, no momento da concreta aplicação da norma, e no caso de se verificarem dúvidas quanto ao seu sentido, deve fazer prevalecer a acepção pressuposta pela proibição de discriminação com fundamento nas razões enunciadas pelo artigo 13.°.

3.3. Tendo por base jurídica o artigo 13.°, o Conselho aprovou duas directivas: 1) a Directiva 2000/43/CE, de 29 de Junho de 2000, *que aplica o princípio da igualdade de tratamento entre as pessoas, sem distinção da origem racial ou étnica*[34]; 2) a Directiva 2000/78/CE, de 27 de Novembro de 2000, *que estabelece um quadro geral de igualdade de tratamento no emprego e na actividade profissional*[35]. A segunda directiva visa combater a discriminação com fundamento na religião, deficiência, crença, idade e orientação sexual, tanto no sector público como no sector privado[36]. A harmonização das legislações nacionais em torno deste objectivo não esgota o âmbito de aplicação do artigo 13.°, cuja incidência extravasa o domínio específico da garantia da igualdade de tratamento no universo das relações de emprego e da actividade profissional. Cumpre, todavia, admitir que se trata de um critério de delimitação cuja expansibilidade deverá potenciar a invocação da directiva na generalidade das situações mais comuns, e também mais graves, de discriminação[37].

3.4. Note-se que a discriminação com fundamento no sexo do indivíduo foi, desde a versão originária do Tratado de Roma, proibida nos seguintes termos: "*Os Estados-membros assegurarão a aplicação do princípio da igualdade de remunerações entre trabalhadores masculinos e*

Coimbra Editora, 2000, p. 81; idem, *Direito da União Europeia e das Comunidades Europeias*, Lisboa, Lex, 2001, vol. I, tomo 1, p. 215.

[34] V. JOCE n.° L 180, de 19.07.2000, p. 26.

[35] V. JOCE n.° L 303, de 2.12.2000, p. 16.

[36] As duas directivas definem o âmbito subjectivo de aplicação pela referência genérica a "*pessoas*", incluindo cidadãos da União e cidadãos de países terceiros. Nos respectivos preâmbulos, pode ler-se: "*A proibição de discriminação deve-se aplicar igualmente aos nacionais de países terceiros, mas não abrange as diferenças de tratamento em razão da nacionalidade* (...)".

[37] O prazo de transposição esgotou-se em 2 de Dezembro de 2003. Portugal garantiu a aplicação interna da Directiva 2000/78/CE através da Lei n.° 99/2003, de 27 de Agosto, que aprovou o Código do Trabalho (v. artigos 22.° e segs.).

femininos, por trabalho igual ou de valor igual". Muito mais tarde, com o Tratado de Amesterdão e na sequência de controvérsia em torno da compatibilidade comunitária de medidas nacionais de promoção da igualdade entre homens e mulheres[38], ao artigo 141.° foi aditado o n.° 4 que reconhece aos Estados-membros o direito de adoptar medidas positivas "*destinadas a facilitar o exercício de uma actividade profissional pelas pessoas do sexo sub-representado, ou a prevenir ou compensar desvantagens na sua carreira profissional*". O âmbito material de aplicação do princípio da igualdade de tratamento entre homens e mulheres foi ainda alargado a todas os aspectos relevantes da relação de emprego e de trabalho que ultrapassam, naturalmente, o problema da remuneração. Por outro lado, e embora a proibição de discriminação em matéria remuneratória goze de eficácia directa e plena[39], o artigo 141.°, n.° 3, passou a constituir uma base jurídica para a aprovação pelo Conselho de medidas adequadas a garantir a aplicação do princípio da igualdade de oportunidades e de tratamento entre homens e mulheres[40].

---

[38] V. Acórdão TJCE de 17 de Outubro de 1995, *Kalanke*, Proc. C-450/93, Col. 1965, p. I-3051; acórdão TJCE, de 11 de Novembro de 1997, Marschall, Proc. C-409/95, Col. 1997, p. I-6363.

[39] No conhecido caso *Defrenne II*, o Tribunal de Justiça interpretou o artigo 141.°, n.° 1, (era, então o artigo 119.°, n.° 1, CEE) como dotado de efeito directo horizontal, o que permitia aos trabalhadores vítimas de discriminação a sua invocação no quadro de litígios que os opunham aos poderes públicos nacionais ou às entidades empregadoras de estatuto privado (v. Acórdão de 8 de Abril de 1976, Proc. 43/75, Rec. 1976, p. 455).

[40] Sobre este princípio e o seu tratamento na jurisprudência comunitária e pelo legislador comunitário, v., entre outros, Maria do Rosário Palma RAMALHO, "Igualdade e não discriminação em razão do género no domínio laboral – situação portuguesa e relação com o direito comunitário" e "Igualdade de tratamento entre trabalhadores e trabalhadoras em matéria remuneratória: a aplicação da Directiva 75/117/CEE em Portugal", in *Estudos de Direito do Trabalho*, Coimbra, Almedina, 2003, vol. I, p. 227 e segs.; Dulce Margarida de Jesus LOPES, "O princípio da não discriminação em razão do sexo na ordem jurídica comunitária", in *Temas de Integração*, 1999, 4.° vol., n.° 8, p. 93; Leo FLYNN, "Equality between men and women in the Court of Justice", in *Yearbook of European Law*, 1998, vol. 18, p. 259; L. BETTEN/V. SCHRUBSSALL, "The concept of positive sex discrimination in Community Law – before and after the Treaty of Amsterdam", in *The International Journal of Comparative Labour Law and Industrial Relations*, 1998, vol. 14; T. K. HERVEY/D. O'KEEFE (eds.), *Sex equality law in the European Union*, Chichester, 1996; J. Cruz VILLALÓN (coord.), *La igualdad de trato en el Derecho Comunitario Laboral*, Pamplona, 1997.

4. A discriminação em razão da orientação sexual e a competência reservada dos Estados-membros no domínio do direito da família

4.1. *A jurisprudência comunitária*

4.1.1. Ao Tribunal de Justiça foram submetidas várias questões relativas à interpretação do princípio da não discriminação em razão do sexo, previsto no artigo 141.° e desenvolvido por legislação comunitária de aplicação, suscitadas por situações de vida que envolviam pessoas cuja identidade sexual ou orientação sexual constituiria, alegadamente, fonte de tratamento discriminatório. A intervenção do Juiz comunitário foi solicitada, por um lado, no âmbito do processo de questões prejudiciais (v. artigo 234.°), a propósito de dúvidas relativas à compatibilidade comunitária de determinada legislação nacional e, por outro lado, no quadro de vias contenciosas directas, accionadas com base no Estatuto dos Funcionários.

4.1.2. No processo nacional que deu origem ao acórdão de 30 de Abril de 1996, proferido sobre o caso *P. c. S.* e *Cornwall Country Council*[41], foi colocado o problema de saber se o despedimento de um trabalhador pelo facto de se ter submetido a uma operação de mudança de sexo poderia ser considerado como uma forma de discriminação proibida pela Directiva 76/207/CEE, do Conselho, de 19 de Fevereiro de 1976, *aplicável à garantia de igualdade de tratamento entre homens e mulheres no que se refere ao acesso ao emprego, à formação e promoção profissionais e às condições de trabalho.*

O Tribunal de Justiça começou por enquadrar a Directiva 76/207/CEE como "*expressão, no domínio em causa, do princípio da igualdade que é um dos princípios fundamentais do direito comunitário*" (consid. 18). Assim justificada uma interpretação centrada no objectivo de excluir as diferenças de tratamento em razão do sexo, prevaleceu o entendimento segundo o qual "*o âmbito de aplicação da directiva não pode reduzir-se apenas às discriminações resultantes da pertença a um ou a outro sexo (...) a directiva tem igualmente por finalidade aplicar-se às discriminações que têm a sua origem, como no caso de figura, na mudança de sexo da interessada*" (consid. 20). Daqui resulta que há tratamento discriminatório no caso de uma pessoa ser despedida porque tem a intenção de se submeter ou porque já se submeteu a uma operação de mudança de sexo.

---

[41] V. Proc. C-13/94, Col. 1996, p. I-2143.

O efeito discriminatório resulta da relação de comparação entre a pessoa que mudou de sexo (transexual) e as pessoas do sexo de que era considerada fazer parte antes da operação (consid. 21). Identificada a discriminação, conclui-se que é injustificada e intolerável à luz do imperativo de respeitar a dignidade e a liberdade da pessoa em causa e que o Tribunal assume que deve proteger (consid. 22).

4.1.3. No caso *Grant*, de 17 de Fevereiro de 1998[42], uma funcionária de uma empresa inglesa de caminhos-de-ferro considerava-se vítima de discriminação, proibida pelo artigo 119.° (actual artigo 141.°), em virtude de ser recusada a concessão de um benefício social à companheira com a qual mantinha uma relação estável quando tal benefício era atribuído ao cônjuge ou ao companheiro(a) de uma união de facto entre pessoas de sexo diferente. O Tribunal de Justiça excluiu o efeito de violação do princípio da não discriminação em razão do sexo do trabalhador, desenvolvendo uma argumentação marcada pela preocupação de travar a intervenção reguladora do Direito Comunitário sobre matéria relativa à orientação sexual. O Tribunal invoca o enquadramento jurídico das uniões de facto homossexuais no direito dos Estados-membros: ["*(...) embora, nalguns deles, a comunidade de vida entre duas pessoas do mesmo sexo seja equiparada ao casamento, ainda que incompletamente, na maior parte dos Estados-membros só é equiparada às relações heterossexuais estáveis sem casamento em relação a um número limitado de direitos ou não é objecto de qualquer reconhecimento particular*" (consid. 32)]; apela ainda à orientação definida pela Comissão Europeia dos Direitos do Homem e pelo Tribunal Europeu dos Direitos do Homem que não consideram contrárias aos artigos 8.° (respeito da vida privada e familiar) e 14.° (proibição da discriminação em razão do sexo) da Convenção Europeia dos Direitos do Homem as legislações nacionais que reservam um tratamento mais favorável às pessoas casadas e às pessoas de sexo oposto que coabitam como marido e mulher do que às pessoas do mesmo sexo com relações estáveis.

Apoiado no direito nacional e nos princípios gerais de direito deduzidos da jurisprudência de Estrasburgo, o Tribunal de Justiça faz sua a seguinte conclusão: "*(...) no estado actual do direito no seio da Comunidade, as relações estáveis entre pessoas do mesmo sexo não são equiparadas a relações entre pessoas casadas nem a relações estáveis entre pessoas do sexo oposto não casadas entre si*" (consid. 35). Só ao legislador

---

[42] V. Proc. C-249/96, Col. 1998, p. I-1621.

nacional compete decidir sobre medidas de reconhecimento de direitos de um companheiro de uma união de facto homossexual, com equiparação total ou parcial ao estatuto jurídico do cônjuge ou do companheiro de uma união de facto entre pessoas de sexo diferente. Embora aludindo à iminente entrada em vigor do artigo 13.°, introduzido no Tratado da Comunidade Europeia pelo Tratado de Amesterdão, o Tribunal de Justiça entendeu que a proibição de discriminação em função do sexo não abrange uma desigualdade de tratamento baseada na orientação sexual.

4.1.4. No caso *D. e Reino da Suécia c. Conselho*, de 31 de Maio de 2001[43], o quadro factual de alegada discriminação era semelhante, porque, também, dizia respeito ao tratamento jurídico de uma união de facto entre pessoas do mesmo sexo. Existia, contudo, uma diferença importante em relação ao caso anterior. No caso *Grant*, o alegado tratamento discriminatório resultava de um regulamento de empresa e, indirectamente, da legislação do Estado-membro em causa que o não proibia. No caso *D. e Reino da Suécia c. Conselho*, discutia-se a interpretação de uma disposição do Estatuto dos Funcionários das Comunidades Europeias, que limitava o reconhecimento do direito ao abono de lar ao *funcionário casado*. No caso concreto, o funcionário afectado por esta limitação invocava o direito da Suécia, seu Estado de nacionalidade, ao abrigo do qual registara a união de facto que mantinha com pessoa do mesmo sexo e que, nos termos do direito sueco, deveria produzir efeitos jurídicos equivalentes aos produzidos pelo casamento.

Como no caso *Grant*, o Tribunal de Justiça centrou a sua indagação na análise das soluções consagradas nas legislações nacionais, o que lhe permitiu traçar o seguinte quadro: 1) o termo "casamento", segundo a definição comummente aceite pelos Estados-membros, designa uma união entre pessoas de sexo diferente; 2) a partir de 1989, vários Estados-membros instituíram regimes legais de reconhecimento de formas de união entre parceiros do mesmo sexo ou de sexo diferente, atribuindo a estas uniões determinados efeitos jurídicos nas relações entre parceiros e nas relações com terceiros; 3) estes regimes legais apresentam acentuadas diferenças no que respeita às condições e ao âmbito da equiparação, mas conservam a distinção entre casamento e união de facto. Uma vez que o legislador nacional se mantém fiel à distinção, tanto no plano conceitual quanto no plano dos efeitos jurídicos, entre casamento e união de facto,

[43] V. Procs. C-122/99 P e C-125/99 P, Col. 2001, p. I-4319.

não compete ao Juiz comunitário a formulação de um raciocínio de analogia entre duas situações que não são comparáveis, com o intuito de assegurar a igualdade de tratamento entre cônjuge e companheiro de facto (v. consid. 38). No desenvolvimento desta ideia da comparação de situações, o Tribunal de Justiça assinala mesmo que o que está em causa não é a orientação sexual do funcionário afectado pela recusa de atribuição do subsídio, mas o facto de não ser casado à luz do direito de um Estado-membro. Um funcionário não casado, parceiro de pessoa de sexo diferente, seria destinatário de idêntica decisão de rejeição. Em suma, a diferença de tratamento invocada resulta, por um lado, da opção do legislador comunitário que, em matéria de regalias estatutárias, decidiu limitá-las aos funcionários casados e, por outro lado, da opção do legislador nacional que, a despeito da heterogeneidade dos regimes legais em vigor, não coloca no mesmo patamar – axiológico e jurídico – o cônjuge e o companheiro de facto[44].

4.1.5. No caso *K. B. c. National Health Service*, de 7 de Janeiro de 2004[45], de novo se colocou a questão relativa ao tratamento jurídico dispensado à pessoa transexual, no contexto do princípio da igualdade de tratamento entre homens e mulheres postulado pelo artigo 141.° e respectiva legislação de aplicação. *K. B.*, mulher, vivia há vários anos uma "*relação afectiva e doméstica*" com *R.*, uma pessoa que nasceu do sexo feminino e inscrita como tal no registo civil. Na sequência de uma operação de mudança de sexo, *R.* assumiu as características de homem, mas a lei britânica não lhe permitiu a alteração do registo de nascimento. Por esta razão, *K. B.*, mulher, e *R.*, homem em virtude de intervenção cirúrgica, não puderam contrair matrimónio. A lei aplicável ao regime britânico de segurança social limita ao cônjuge sobrevivo a atribuição de uma pensão de sobrevivência.

O Tribunal de Justiça começou por clarificar um ponto de particular importância que, de resto, já se podia deduzir da jurisprudência anterior:

---

[44] Em sentido idêntico já fora decidido no caso *Reed*, de 17 de Abril de 1986: "(...) *não existindo qualquer indicação de uma evolução social de ordem geral que justifique uma interpretação extensiva e na ausência de uma indicação contrária no regulamento, impõe-se concluir que, ao utilizar a palavra cônjuge, o artigo 10.° do Regulamento n.° 1612/68 visa apenas a relação baseada no casamento*" (v. Proc. 59/85, Col. 1986, p. 1283, consid. 15).

[45] V. Proc. C-117/01, ainda não publicado (versão disponível no sítio do Tribunal de Justiça – www.curia.eu.int).

"*A decisão de reservar certas vantagens aos casais compostos por pessoas casadas entre si, excluindo todos os que coabitam sem serem casados, é uma questão que depende da opção do legislador ou da interpretação das normas jurídicas de direito interno efectuada pelos órgãos jurisdicionais nacionais, não podendo os particulares invocar nenhuma discriminação em razão do sexo proibida pelo direito comunitário*" (consid. 28). Assertivo sobre o reconhecimento da competência reservada dos Estados-membros em matéria de qualificação jurídica das uniões de facto, o Tribunal de Justiça explora, contudo, uma outra possibilidade de apreciação da legislação nacional na perspectiva do princípio da igualdade de tratamento. Ao proibir a alteração do registo de nascimento em situações como a da mudança de sexo da pessoa, a lei britânica impede a verificação de condição necessária à realização do casamento que, por sua vez, permitiria o acesso ao benefício social reivindicado. O elemento discriminatório, contrário ao artigo 141.°, deriva, por consequência, do impedimento legal ao casamento entre pessoas de sexo diferente, em que uma delas adquiriu nova identidade sexual, insusceptível de inscrição no registo civil. Esta conclusão acompanha a nova orientação jurisprudencial definida pelo Tribunal Europeu dos Direitos do Homem nos casos *Goodwin c. Reino Unido* e *I. c. Reino Unido*[46], assim reproduzida no aresto comunitário: "*Cabe recordar que o Tribunal Europeu dos Direitos do Homem considerou que a impossibilidade de um transexual se casar com uma pessoa do sexo ao qual pertencia antes da operação de mudança de sexo, e que resultou do facto de, tendo em conta o registo civil, serem pessoas do mesmo sexo atendendo a que a legislação do Reino Unido não permite o reconhecimento jurídico da sua nova identidade sexual, constitui uma violação do seu direito de se casar, previsto no artigo 12.° da CEDH*" (v. consid. 33).

4.1.6. Com base na apresentação sumária dos principais casos relacionados com problemas de discriminação em razão do sexo e da orientação sexual das pessoas, podemos colher da jurisprudência definida pelo Tribunal de Justiça os seguintes critérios orientadores:

a) no que toca aos direitos dos transexuais, é assegurada a protecção do direito à identidade sexual, seja proibindo o despedimento em consequência da mudança do sexo do(a) trabalhador(a), seja pela

[46] V. Acórdãos de 11 de Julho de 2002, Procs. n.° 28957/85 e n.° 25680/94, respectivamente.

qualificação de uma legislação nacional que impede o casamento do transexual como contrária ao direito comunitário[47]. O Tribunal de Justiça encontra no princípio da proibição de discriminação em razão do sexo (v. artigo 141.°) o fundamento da relevância comunitária destas situações, cuja regulação compete aos Estados-membros. Diríamos que o Tribunal de Justiça apenas intervém para limitar ou excluir os efeitos discriminatórios das legislações nacionais quando estes se reportam, de modo directo ou indirecto, ao sexo do(a) trabalhador(a). Não está em causa a titularidade da competência reguladora, mas o seu exercício. Embora o princípio da proibição de discriminação em razão do sexo tenha o artigo 141.° como base normativa, logo de aplicação circunscrita às relações de emprego, verifica-se que o Tribunal de Justiça, na parte da fundamentação do acórdão, ultrapassa o âmbito das razões de estrita justificação profissional para invocar, por exemplo, a obrigação a que se considera vinculado de proteger a "*dignidade e a liberdade" da pessoa transexual*"[48].

b) em relação à liberdade de auto-determinação sexual das pessoas e aos múltiplos obstáculos que são erguidos pelas legislações nacionais à aplicação do princípio da igualdade de tratamento, a posição do Tribunal de Justiça é menos doutrinária nos pressupostos e mais cautelosa nas conclusões[49]. Uma tal reserva compreende-se,

---

47 No período anterior ao alargamento de Maio de 2004, treze dos quinze Estados-membros reconheciam o direito dos transexuais ao casamento com pessoas do seu sexo biológico, através de disposição legislativa, de prática administrativa ou de jurisprudência. Por outro lado, na sequência da jurisprudência do Tribunal Europeu dos Direitos do Homem nos casos *Goodwin c. Reino Unido* e *I. c. Reino Unido*, este direito faz parte integrante do âmbito de protecção do artigo 12.°.CEDH e, como tal, vincula todos os Estados-membros.

Em Portugal, não existe legislação específica sobre a matéria, mas o direito à nova identidade sexual, por via da adequada correcção a introduzir no assento de nascimento, já foi reconhecida pelos tribunais portugueses. Sobre a situação em Portugal, v. António Menezes Cordeiro, *Tratado de Direito Civil Português. I Parte Geral. Tomo III. Pessoas*, Coimbra, Almedina, 2004, p. 349 e segs.

48 O Advogado-Geral Colomer refere-se à situação física e psicológica da pessoa transexual como fonte de elevado sofrimento e perturbação (v. Proc. C-117/01, *K. B. c. National Health*, Conclusões de 10 de Junho de 2003, n.° 79).

49 Razões de ordem social e, sobretudo, moral ajudam a perceber o diferente tratamento jurídico dispensado à transexualidade, por um lado, e à homossexualidade, por outro lado – neste sentido, cfr. Dulce Margarida de Jesus Lopes, "O princípio...", cit., p. 129, nota 103; R. Wintemute, "Recognizing new kinds of direct sex discrimination:

desde logo, em virtude da ausência no Tratado de uma disposição que proíba as discriminações com fundamento na orientação sexual[50]; depois, não menos importante, as legislações dos Estados-membros não seguem um padrão uniforme de tratamento destas situações, nomeadamente no que respeita ao reconhecimento da união entre pessoas do mesmo sexo. A variedade das soluções evidencia, afinal, um quadro de referência axiológica e moral próprio de cada Estado--membro.

Tendo como pressuposto a competência reservada dos Estados-membros sobre matérias do direito da família e do estado civil, o Tribunal de Justiça interpreta o adquirido comunitário no sentido de: 1) a definição de *casamento* é uma questão de direito da família, da competência reservada do legislador nacional; 2) o Juiz comunitário não pode substituir o legislador – nacional ou comunitário (no caso do estatuto dos funcionários comunitários)[51] – e decidir na base da equiparação entre casamento e

---

transsexualism, sexual orientation and dress codes", in *The Modern Law Review*, 1997, vol. 60, p. 344. Para Evelyn ELLIS, esta dualidade de critérios resultaria de uma leitura por parte do Tribunal de Justiça sobre o maior impacto social e político de uma concepção favorável aos direitos dos homossexuais, cuja visibilidade nas sociedades modernas já não se pode configurar como a de uma, poderíamos dizer, "minoria colorida" [(in *Common Market Law Review*, 2002, vol. 39, p. 151 (156)].

[50] A entrada em vigor do artigo 13.° é posterior às decisões proferidas pelo Tribunal de Justiça e, de todo o modo, é uma norma não exequível por si mesma, dependente de legislação de aplicação (v. supra n.° 3.2.)

[51] Por ocasião da aprovação do Regulamento (CE, CECA, Euratom) n.° 781/98, do Conselho, de 7 de Abril de 1998, que altera o Estatuto dos Funcionários, em matéria de igualdade de tratamento, o Conselho não acolheu a proposta apresentada pela Suécia no sentido de consagrar a equiparação entre o casamento e a união de facto. Na altura, a Comissão foi convidada a proceder aos estudos necessários relativos ao reconhecimento das situações de união de facto registada e a apresentar qualquer proposta adequada nesse domínio.

O Regulamento (CE, Euratom) n.° 723/2004, do Conselho, de 22 de Março de 2004, *que altera o Estatuto dos Funcionários das Comunidades Europeias e o regime aplicável aos outros agentes das Comunidades Europeias* (v. JOCE n.° L 124, de 27.04.2004, p. 124), enuncia no preâmbulo o dever de observar "*o princípio da não discriminação, tal como consagrado pelo Tratado, o que requer o aperfeiçoamento ulterior de uma política de pessoal que garanta a igualdade de oportunidades para todos, independentemente do sexo, da capacidade física, da idade, da identidade racial ou étnica,* ***da orientação sexual ou do estado civil***" (sublinhado nosso). Neste sentido, o preâmbulo antecipa a solução consagrada no articulado: "*Aos funcionários que sejam parte numa relação não conjugal reconhecida por um Estado-membro como uma parceria estável, mas que não têm acesso legal ao casamento, deve ser concedido o mesmo grau de benefícios que aos funcionários casados*".

outras formas de união afectiva e doméstica entre pessoas, ainda que a estas seja dispensada tutela jurídica específica nas ordens jurídicas de alguns ou mesmo na generalidade dos Estados-membros[52]; 3) igualmente escapa ao âmbito de jurisdição comunitária a avaliação da natureza discriminatória de uma legislação nacional que não reconheça a união de facto entre pessoas do mesmo sexo; 4) a exigência do casamento como condição para o reconhecimento de um direito ou regalia social não constitui discriminação em razão do sexo, porquanto afecta do mesmo modo homens e mulheres[53].

O Tribunal de Justiça percorre um caminho que o conduz à desvalorização da legislação nacional que, dada a situação concreta, ofereceria o elemento relevante de conexão para a identificação do regime material aplicável. Em alternativa, o Tribunal procura uma solução autónoma que supostamente concretiza o denominador comum que é possível extrair das diferentes legislações nacionais[54]. Esta metodologia encerra, contudo, uma incongruência e, em especial, o risco de desagradar a "gregos e troianos". Por um lado, o Juiz comunitário não se considera legitimado para proceder a qualificações valorativas próprias. No caso *Dumay c. Comis-*

---

[52] Especialmente assertivo na afirmação deste critério de *self-restraint*, o Juiz comunitário demonstra, contudo, uma vincada sensibilidade em relação às situações de diferença de tratamento resultantes da não equiparação entre casamento e união de facto quando estas não envolvam problemas de orientação sexual. A título de exemplo, refira-se o Acórdão TJCE, de 22 de Junho de 2000, *Safet Eyup* (Proc. C-65/98, Col. 2000, p. I-4747) e o Acórdão TPI de 30 de Janeiro de 2003, *C. contra Comissão* (Proc. T-307/00, Col. 2003, p. II-221) – ressalvadas as diferenças atinentes aos factos e ao enquadramento normativo, têm em comum uma decisão baseada na interpretação teleológica das regras aplicáveis que acabou por considerar dispensável o requisito formal do vínculo familiar de natureza matrimonial.

[53] No caso *D. e Reino da Suécia c. Conselho* (v. supra nota 43), o Tribunal sustenta que a exigência do vínculo matrimonial também não será discriminatória em razão da orientação sexual, porque o fundamento da diferença de tratamento não seria o sexo do parceiro, mas a natureza jurídica da relação que o une ao funcionário (v. consid. 47). Neste ponto, o Tribunal enreda-se num raciocínio de base puramente formal e ignora a verdadeira causa da discriminação em razão da orientação sexual – o casamento está vedado, por regra, a pessoas do mesmo sexo, pelo que, ao exigi-lo, o legislador nacional ou comunitário está em consequência a excluir as pessoas com orientação sexual diferente da sugerida pela sua matriz biológica (efeito de discriminação indirecta).

[54] Cfr. Rui Manuel Moura Ramos, "O Tribunal de Justiça das Comunidades Europeias e a teoria geral do Direito Internacional Privado. Desenvolvimentos recentes", in *Estudos em homenagem à Professora Isabel Magalhães Collaço*, Coimbra Editora, 2002, vol. I, p. 431 (446).

são, o Tribunal de Primeira Instância decidiu que não devia "*alargar a interpretação jurídica dos termos utilizados no Estatuto, com o objectivo de incluir na noção de "casamento" situações de coabitação ou de concubinato, ou na de "cônjuge" ou de "esposa" a situação de um(a) concubino(a)*"[55]. Mas, por outro lado, ao buscar a solução no paradigma do "denominador comum", o Tribunal parece ignorar o quadro jurídico actualmente em vigor na generalidade dos Estados-membros. Com efeito, quando recusa a equiparação entre casamento e união de facto ou quando rejeita o reconhecimento de efeitos jurídicos às uniões de facto entre pessoas do mesmo sexo, o Tribunal decide na base de considerações valorativas e morais que, porventura, já não correspondem ao quadro de referência que inspira a evolução registada nos últimos anos pelo direito dos Estados-membros neste domínio[56]. O problema que se coloca é o de saber qual a noção relevante de "*família*" e de "*laços familiares*" à qual o Tribunal de Justiça se considera vinculado e qual a base normativa e valorativa que esteia o seu entendimento[57-58].

---

[55] V. Acórdão de 17 de Junho de 1993, Proc. T-65/92, Col. 1993, p. II-597, consid. 30.

[56] São vários os Estados-membros que reconhecem as uniões de facto entre pessoas do mesmo sexo (v.g. Dinamarca, França, Suécia, Espanha – alargando a todo o território uma solução já aplicada nas comunidades autónomas da Catalunha e de Aragão –, a Bélgica, a Alemanha e Portugal – v. Lei n.° 6/2001 e Lei n.° 7/2001, de 11 de Maio de 2001). Nos Países Baixos, a lei vai mais longe ao permitir, desde Abril de 2001, o casamento entre pessoas do mesmo sexo.

[57] A doutrina tem assinalado as inevitáveis implicações do direito comunitário que regula a livre circulação das pessoas sobre o direito da família e a aplicação do processo conflitual típico do Direito Internacional Privado. As "soluções autónomas" do Tribunal de Justiça apelam a um conceito emergente de "ordem pública europeia" que acabaria por ter um efeito de aproximação das legislações nacionais, neutralizando a aplicação de regimes materiais contrários aos valores e princípios comuns – neste sentido, v. Ana Q. ESCAMEZ, "Derecho comunitario, derechos fundamentales y denegación del cambio de sexo y apellidos: un orden público europeo armonizador?", in *Revista de Derecho Comunitario Europeo*, 2004, n.° 18, p. 507(523).

[58] Assinalando o movimento de criação progressiva de um direito privado europeu com implicações directas ao nível do Direito Internacional Privado, v. António Marques dos SANTOS, *Defesa e Ilustração do Direito Internacional Privado,* Revista da Faculdade de Direito da Universidade de Lisboa, separata, 1998, p. 169; Luís de Lima PINHEIRO, *Direito Internacional Privado. Introdução e Direito dos Conflitos. Parte Geral*, Coimbra, Almedina, 2001, p. 162 e segs. e 169 e segs.

4.2. *No cenário futuro da Constituição para a Europa: neutralidade ou activismo judicial?*

4.2.1. O Juiz comunitário não tem sido poupado a críticas, acusado de excessivo apego aos valores morais mais conservadores e de, isolado dos movimentos provocados pelos ventos de mudança, assumir o papel de "*guardião da ortodoxia*"[59]. Em minoria estão as vozes que, embora defendendo soluções mais consentâneas com a autonomia do direito comunitário e a dinâmica do estatuto de cidadania pressuposta pelo princípio geral da igualdade de tratamento, reconhecem que esta evolução não pode ser totalmente garantida pelo Tribunal de Justiça no quadro normativo vigente[60].

As questões jurídicas sobre a matéria em análise que, até ao momento, foram submetidas ao Tribunal de Justiça e ao Tribunal de Primeira Instância arrastam consigo um debate intenso nas sociedades democráticas, alimentado por contributos de origem diferenciada (biologia, medicina, bioética, filosofia, psicologia, religião), mas que, de modo mais ou

[59] A expressão é de Katell BERTHOU e Annick MASSELOT [(in « Le mariage, les partenariats et la CJCE: ménage à trois », in *Cahiers de Droit Européen* », 2003, n.°s 5-6, p. 680 (628)]. Em sentido próximo, v. Tim CONNOR, « Continuity discrimination law : no right to equal treatment in employment in respect of same sex partner », in *European Law Review*, 1998, vol. 23, p. 378 ; C. HEGLYNN, "A Family law of the EU?", in Shaw (ed.), *Social Law and Policy in an Evolving EU*, Oxford, Hart, 2000, p. 223 (229); R. WINTEMUTE, « Liberté et droits fondamentaux des personnes gays, lesbiennes et bisexuelles", in D. Borrillo (dir.), *Homosexualités et droit*, Paris, 1998, p. 180 ; B. GUIGUET, «Le droit communautaire et la reconnaissance des partenaires du même sexe », in *Cahiers de Droit Européen*, 1999, n.° 5-6, p. 563; Lina PAPADOPOULOU, «In(di)visible citizen(hip): same-sex partners in European Union Immigration Law », in *Yearbook of European Law*, 2002, vol. 21, p. 229; M. BELL, «Shifting conceptions of sexual discrimination at the Court of Justice: from Pv. S to Grant», in *European Law Journal*, 1999, vol. 5, p. 78; Ch. DENYS, "Homosexuality: a non-issue in Community law?", in *European Law Review*, 1999, vol. 24, p. 419; G. SCAPPUCCI, "Court of First Instance refuses to recognize swedish "registered partnership" rights and duties", in *European Public Law*, 2000, p. 355; Engenia C. di TORELLA/Emily REID, "The changing shape of the "European family" and fundamental rights", in *European Law Review*, 2002, vol. 27, p. 80.

[60] Neste sentido, v. Rui M. Moura RAMOS, "O Tribunal de Justiça...", ob. cit., p. 431 (447); Norberto REICH, e outro, "Citizenship and family on trial: a fairly optimistic overview of recent court practice with regard to free movement of persons", in *Common Market Law Review*, 2003, vol. 40, p. 615 (638); Ana Q. ESCANEZ, "Derecho comunitario, derechos fundamentales y denegación del cambio de sexo y apelidos: un orden público harmonizador?", in *Revista de Derecho Comunitario Europeo*, 2004, n.° 18, p. 507.

menos assumido, condiciona o nosso olhar sobre os problemas da identidade sexual da pessoa humana e dos seus respectivos direitos. Neste contexto, a actual posição do Juiz comunitário ou qualquer outra que venha a preferir no futuro serão sempre motivo de glosa crítica.

4.2.2. As opiniões são individuais, mas a sua maior ou menor divulgação dependem mais da força do movimento que as impulsiona que da acuidade ou argúcia dos argumentos que as sustentam. O Tribunal de Justiça, e bem assim o Tribunal Europeu dos Direitos do Homem e as jurisdições nacionais, estão sob forte pressão, empurrados, de um lado, pelo pensamento "*politicamente correcto*" que resvala com notável ligeireza para o labéu da homofobia e travados, do outro lado, pela ortodoxia dos valores, solidamente arreigada ao dogma da igualdade formal e da irrelevância do género[61] como factor de diferenciação pelo direito. Sobre esta matéria as posições estão e estarão bem definidas, mesmo extremadas. Não se espera que no futuro o Tribunal de Justiça escolha um caminho de sentido estreito e único: em primeiro lugar, uma opção com este alcance pertence ao decisor político e não ao juiz; em segundo lugar, uma qualquer clarificação sobre a relevância do género na construção de um modelo jurídico que garanta e promova a igualdade material de tratamento entre as pessoas não pode ser desligada, por um lado, da evolução futura do direito da União, em especial no que tange os direitos fundamentais, e, por outro lado, do caminho que vier a ser percorrido pelos legisladores dos Estados-membros nos domínios reservados do direito da família e matérias confinantes.

Não cabendo no objecto desta indagação a análise do problema na óptica das legislações nacionais, importa, contudo, ter presente o tratado que estabelece uma Constituição para a Europa, assinado solenemente na cidade de Roma em 29 de Outubro de 2004. A futura Constituição para a Europa não propõe sobre esta questão uma solução definitiva, tão-pouco poderá fundar uma alteração radical do entendimento actualmente seguido. No entanto, a sua eventual entrada em vigor poderá favorecer uma orientação de base mais integracionista e que, no plano da concreta aplicação do direito, promova decisões que garantam uma protecção mais

[61] O termo "género" tende a substituir o termo "sexo" porque aquele regista não apenas as diferenças biológicas entre homem e mulher, mas também a dimensão sociológica e cultural da pertença ao género feminino ou ao género masculino. Constitui, por isso, um conceito de maior operatividade na identificação de situações de tratamento discriminatório entre as pessoas com base na orientação sexual.

alargada ao princípio da igualdade de tratamento, no sentido de excluir todas as formas de distinção discriminatória em razão da orientação sexual[62]. Entre os factores que poderão pesar na (re)definição da doutrina do Tribunal de Justiça sobre esta matéria, destacamos:

- o artigo 2.° da Parte I, sob a epígrafe "*Valores da União*", afirma o respeito pela dignidade humana e refere a não discriminação como valor comum aos Estados-membros e às respectivas sociedades humanas;
- o artigo 9.° da Parte I formaliza o compromisso da União Europeia no que se refere ao respeito dos direitos fundamentais;
- a Carta dos Direitos Fundamentais da União Europeia, proclamada em Nice, é incorporada na Parte II e alcançará, com a entrada em vigor da Constituição, uma força jurídica própria e directa. São várias as disposições da Carta susceptíveis de invocação no quadro de um litígio que envolva opções ou comportamentos baseados em critérios pessoais de orientação sexual, nomeadamente o artigo 67.° ("*Respeito pela vida privada e familiar*"), o artigo 69.° ("*Direito de contrair casamento e de constituir família*")[63] e o artigo 81.° ("*Não discriminação*"). O artigo 81.° vincula directamente o decisor comunitário e nacional[64] e alarga o elenco de factores de discriminação proibida, mantendo entre estes a "*orientação sexual*" e acrescentando a referência às "*características genéticas*" e ao "*sexo*". Em todo o caso, esta disposição deve ser interpretada em conformidade

[62] Na sequência de uma análise profundamente original, Yota KRAVARITOU chama a atenção para a dimensão afectiva do estatuto de cidadania europeia, com reflexos inevitáveis no tratamento das relações familiares, incluindo as que se estabelecem entre pessoas do mesmo sexo – v. "Droit européen et liens affectifs. La dimension intime de la citoyenneté européenne", in *Mélanges en hommage a Jean-Victor Louis*, Bruxelas, 2003, vol. I, p. 225 (235).

[63] Ao texto do tratado que estabelece a Constituição para a Europa foi anexada uma declaração que incorpora as *anotações relativas à Carta dos Direitos Fundamentais*, elaboradas sob a autoridade do Praesidium da Convenção que redigiu a Carta e actualizadas sob a responsabilidade da Convenção Europeia. Sobre o artigo 69.° pode ler-se: "*Este artigo não proíbe nem impõe a concessão do estatuto de casamento a uniões entre pessoas do mesmo (...) e pode ser alargado sempre que a legislação nacional o preveja*".

[64] Artigo II-81.°, n.° 1: "*É proibida a discriminação em razão, designadamente, do sexo, raça, cor ou origem étnica ou social, características genéticas, língua, religião ou convicções, opiniões políticas ou outras, pertença a uma minoria nacional, riqueza, nascimento, deficiência, idade ou orientação sexual.*"

com o artigo 111.° que condiciona o âmbito de aplicação da Carta ao domínio das atribuições e competências da União e com o artigo 124.° da Parte III que reproduz o actual artigo 13.° do Tratado da Comunidade Europeia[65]. A relação entre, por um lado, uma norma de natureza proibitiva (v. artigo 81.°) e uma norma de habilitação, como é o artigo 124.°, não será fácil de estabelecer[66]. Parece, contudo, razoável supor que o artigo 81.°, e o efeito útil associado à proibição que estabelece, venha a constituir o fundamento de critérios interpretativos mais exigentes no que respeita à eventual justificação de regras discriminatórias com fundamento directo ou indirecto na orientação sexual do indivíduo;

– na Parte III, no âmbito da cooperação judiciária em matéria civil, o artigo 269.°, n.° 3, atribui ao Conselho competência para adoptar medidas relativas ao direito da família com incidência transfronteiriça através de lei ou lei-quadro (actual directiva), exigindo para o efeito uma deliberação por unanimidade. Esta nova base jurídica tornará possível um futuro quadro jurídico de unificação ou, pelo menos, de harmonização do direito da família nas suas múltiplas implicações transnacionais[67].

---

[65] Acrescente-se ainda a referência ao artigo 118.° que, em sede de *disposições de aplicação geral* no domínio das *Políticas e Funcionamento da União,* determina: "*Na definição e execução das políticas e acções previstas na presente Parte, a União tem por objectivo combater a discriminação em razão do sexo, taça ou origem étnica, religião ou crença, deficiência, idade ou orientação sexual*".

[66] Cfr. Anotação sobre o artigo 81.° (21.° da Carta) e 124.°.

[67] Em nome da identidade e diversidade das legislações nacionais no domínio do direito das pessoas e, concretamente, do direito da família, têm sido colocadas sérias reservas à conveniência de um processo de unificação, e mesmo de harmonização de iniciativa comunitária – v. Hélène GAUDEMET-TALLON, "De l'utilité d'une unification du Droit International Privé de la famille dans l'Union Européenne", in *Estudos em homenagem à Professora Isabel Magalhães Collaço*, Coimbra, 2002, vol. I, p. 159 e segs.; Dário Moura VICENTE, "Um Código Civil para a Europa? Algumas reflexões", in *Direito Internacional Privado. Ensaios*, Coimbra, Almedina, 2002, p. 7 e segs.; Marie-Jeanne CAMPANA, "Vers un langage commun en Europe?», in *European Review of Private Law*, 2000, vol. 8, n.° 1, p. 40; Pierre LEGRAND, «Against a European Civil Code», in *The Modern Review*, 1997, p. 44;.

Em sentido favorável à viabilidade e utilidade de um processo de convergência no direito da família, v. Guilherme de OLIVEIRA, "Um Direito da Família Europeu" (Play it again, and again ... Europe), in *Revista de Legislação e de Jurisprudência*, ano 133.°, 2000. n.°s 3915-3914, p. 105; V. VON BAR, "The study group on a European Civil Code", ibidem, p. 67; Vincenzo ZENO-ZENCOVICH, "The European Civil Code, European legal

Uma intervenção do legislador comunitário sobre matérias como a da equivalência das legislações nacionais quanto à regulação do casamento e da união de facto facilitaria, decerto, o reconhecimento do princípio da igualdade de tratamento entre cidadãos da União e, por conseguinte, removeria um dos obstáculos à garantia efectiva e plena de um estatuto de cidadania europeia. A exigência da unanimidade no quadro de uma União alargada a vinte e cinco Estados-membros, cada um deles procurando conservar o respectivo direito da família como expressão valorativa de identidade nacional, tornará difícil, senão mesmo improvável, o esforço de harmonização nesta área.

O (eventual) silêncio do legislador comunitário dificultará, decerto, a missão do Juiz comunitário. Entre a *neutralidade* – inatingível sobre uma matéria cativa de opções valorativas e morais – e o *activismo judicial* – identificado com a precompreensão fundadora de soluções de concreta aplicação do direito –, espera-se do Tribunal de Justiça uma resposta coerente e compatível com o respeito da dignidade da pessoa humana e com o reconhecimento efectivo no plano jurídico das múltiplas diferenças que fortalecem as sociedades plurais e democráticas, elementos estruturantes do modelo social e político que referencia a União Europeia.

Lisboa, 30 de Outubro de 2004

---

traditions and neo-positivism", in *European Review of Private Law*, 1998, vol. 6, n.° 4, p. 354.

Sobre aquele que é considerado o primeiro acto comunitário sobre o direito da família – o Regulamento (CE) n.° 1347/2000 –, v. Haris Tagaras, "Qestions spéciales relatives à l'unification communautaire du droit international privé de la famille", in *Mélanges en hommage à Jean-Victor Louis*, Bruxelas, 2003, p. 454.

VIII
ECONOMIA, FINANÇAS E DIREITO FISCAL

MERCANTILISMO/MERCANTILISMOS*

ANTÓNIO JOSÉ AVELÃS NUNES
Professor da Faculdade de Direito de Coimbra

1. Em regra, os especialistas relacionam os primeiros passos do pensamento económico estruturado em moldes científicos com o arranque e o desenvolvimento do modo de produção capitalista. Segundo este ponto de vista, a ciência económica deu os primeiros passos em finais do séc. XVIII, com a Revolução Industrial e a afirmação do capitalismo como modo de produção autónomo, inicialmente na indústria e depois na agricultura. A ciência económica nasceu com o capitalismo e nasceu, na nossa óptica, como "ciência da burguesia", num tempo, é certo, em que a burguesia, como classe revolucionária, identificava, com fundamento sério, os seus interesses de classe com os interesses de toda a sociedade.

Sabe-se que os escritores gregos abordaram temas de *economia*. Mas a palavra tinha então um conteúdo condizente com o seu significado etimológico. A economia era entendida, fundamentalmente, como a administração (*nomos*) da casa (*oikos*), numa época histórica em que as estruturas sociais se apresentavam substancialmente diferentes daquelas que caracterizam as sociedades humanas (nomeadamente as europeias) a partir dos fins do séc. XVIII.

Na verdade, a actividade produtiva orientava-se no sentido da criação de um fundo comum de bens cuja distribuição era assegurada de acordo

* É com grande emoção que aqui deixo este texto para recordar e homenagear alguém de quem fui amigo e admirador durante quase cinquenta anos. O António Marques dos Santos foi das pessoas mais honestas e mais autênticas que conheci. Sinto-me honrado de o ter contado entre os meus Amigos. Sinto-me honrado por poder homenageá-lo desta forma, com a humildade de quem sabe que ele merecia muito mais. Tenho a certeza de que os seus alunos nunca o esquecerão. Ele sentir-se-á feliz por isso.

com o critério de autoridade: o *pater*, o sacerdote ou o chefe é que determinavam a parte do produto social que caberia a cada indivíduo. As relações comerciais eram incipientes, tal como a actividade industrial (assente em unidades de produção artesanais), e as relações de trabalho – à semelhança do que se passava com as actividades relacionadas com a circulação de bens – representavam prestações de tipo obrigatório, que dispensavam o mercado enquanto mecanismo de circulação e de distribuição dos bens.

Compreende-se, assim, que os problemas económicos fossem abordados pelos escritores da Antiguidade no âmbito de considerações morais e filosóficas, ligadas à problemática do destino e dos fins do homem, do sentido da presença do homem na sociedade e das formas de organização política e social da comunidade. As análises teóricas (científicas) no domínio do que hoje chamamos "Economia" não apareciam nas obras dos autores clássicos. A única excepção poderá ter sido, em certos termos, Aristóteles: ele dedicou alguma atenção aos problemas da troca e do valor, fazendo da sua teoria do valor a base de uma teoria da economia de mercado, a *Crematística*.

Durante a Idade Média, os problemas económicos foram abordados numa perspectiva ético-normativa, do mesmo modo que a vida económica, sobretudo a partir de Carlos Magno, se apresenta fortemente subordinada a valores e normas de natureza religiosa e moral. A discussão da problemática económica decorria nos quadros da doutrina teológica, sobressaindo, entre as questões abordadas, o problema do justo preço (*justum pretium*) e os problemas da legitimidade do comércio e do juro. Inteiramente à margem da preocupação dos autores ficava o estudo das leis reguladoras do processo produtivo e dos mecanismos da distribuição.

A ideologia dominante – veiculada essencialmente pela Igreja Católica – considerava o homem essencialmente como um ser de natureza transcendente, orientado para um destino extraterrestre. Dentro destes parâmetros, o homem deveria preocupar-se fundamentalmente com a sua salvação; os fins económicos consideravam-se sempre subordinados a fins transcendentais: a riqueza material e a acumulação de fortunas eram condenadas em nome de valores morais. Nem sempre a realidade se conformaria com tais concepções, mas eram os cânones da ideologia dominante que inspiravam as leis e o costume e formavam o espírito das pessoas.

O tomismo terá sido a última grande tentativa de harmonizar os sentimentos da Igreja e as exigências da fé com as construções puramente racionais, relativamente aos problemas económico-sociais acima referidos.

Com efeito, a partir do Renascimento foi abandonada esta tentativa de conciliação entre o conhecimento racional e a fé, passando a filosofia económica a desenvolver-se à margem do cristianismo e por vezes contra os seus valores tradicionais.

O início da Idade Moderna coincide com a formação e a consolidação dos estados nacionais na Europa e com o enorme incremento da actividade comercial a partir das Repúblicas Italianas e – após as viagens oceânicas de portugueses e espanhóis – a partir de Lisboa e Cádis, dos Países Baixos, da França e da Inglaterra.

Os sécs. XV e XVI marcam um período de profundas transformações no domínio económico, social e cultural. O Renascimento e a Reforma constituem acontecimentos fundamentais de um processo que, embora por diferentes caminhos, aponta para novas concepções sobre a relação entre o homem e a divindade e para a autonomização do poder do estado relativamente ao poder religioso.

No quadro de um amplo movimento de ideias novas acerca do mundo e da vida, a *ordem económica* começou a ser encarada de modo autónomo, à margem da perspectiva moral e teológica medieval. O contacto com novos mundos e a descoberta de novas verdades vieram deslocar o centro das preocupações humanas do espiritual para o temporal; a ciência laiciza-se; a observação do mundo e da vida ganha primazia sobre a dedução pura como metodologia do conhecimento; as grandes construções de base teológica dão lugar à análise 'realista' dos problemas concretos dos homens concretos.

É nesta óptica que os autores começam a preocupar-se com o estudo dos fenómenos económicos, tentando descobrir entre eles relações de causa a efeito, o que constitui a base da atitude científica. Nos sécs. XVI e XVII surgirão as primeiras obras centradas em questões de natureza económica, relacionadas com o desenvolvimento do capital comercial, com as finanças da monarquia absoluta e com o conjunto de fenómenos que integram o processo da "acumulação primitiva do capital".

2. As Cruzadas proporcionaram aos seus empreendedores somas consideráveis resultantes do saque das cidades e regiões "conquistadas", abriram novas rotas comerciais e marcaram o início de um período de intenso desenvolvimento do comércio, que se consolidou graças a um

clima de maior segurança, à expansão da rede de vias de comunicação, ao desenvolvimento das feiras e à diminuição das barreiras à circulação das pessoas e das mercadorias, e que registou um enorme salto com a mundialização dos mercados na sequência da abertura de novas rotas marítimas por portugueses e espanhóis. Em finais do séc. XV, todo este processo trouxe consigo uma grande acumulação de riqueza por parte de comerciantes e banqueiros, cuja actuação passa a desenvolver-se tendo em vista não a satisfação das necessidades mas a obtenção de um ganho, um ganho por natureza indefinido, ilimitado (quem tem dinheiro, transforma-o em mercadorias para obter, pela venda destas, uma quantidade de dinheiro maior).

Ficava para trás a lógica da actividade económica orientada para a satisfação das necessidades de cada um (quem tem um bem troca-o por dinheiro, para obter, em troca desse dinheiro, outro bem de que necessita) e o ideal medieval de moderação e de desprendimento relativamente à riqueza. O enriquecimento individual passa a ser aceite como finalidade normal (e até louvável) da actividade dos homens, atitude que a Reforma viria legitimar, no plano filosófico-religioso.[1]

3. As viagens atlânticas de portugueses e espanhóis vieram dar nova dimensão a esta realidade, permitindo o desenvolvimento das relações comerciais num mercado que, pela primeira vez na história, adquiria o tamanho do mundo.

Nas épocas anteriores a esta "revolução comercial" e à civilização capitalista, "no centro de todo o esforço e preocupação estava o homem, medida de todas as coisas" (Werner Sombart). Nesta fase da 'economia natural' são múltiplos os fins da actividade económica, que se desenvolve segundo critérios costumeiros, tradicionais.

Com o desenvolvimento da produção de mercadorias para vender no mercado (que Marx sintetizou na fórmula D-M-D'), a actividade produtiva (distinta da actividade para a economia doméstica) passa a prosseguir um objectivo homogéneo, quantificável e mensurável, o *ganho monetário*. Sendo uma grandeza monetária, este ganho é comparável com os custos de produção (D pode comparar-se com D'). Nasce, historicamente, a categoria do *lucro capitalista*. Como diria Sombart, o *homem natural* foi substituído pelo *homem capitalista*, que "busca o lucro racional e sistematica-

[1] Em 1629, um Edito de Luís XIII permite aos nobres de França o exercício do comércio marítimo e da armação, sem risco de perda de títulos.

mente" (Max Weber). E, sobretudo, surgiu a *empresa capitalista* como realidade separada da *economia doméstica* do seu proprietário, o que aconteceu, fundamentalmente, com o desenvolvimento das *manufacturas* e com a difusão das sociedades comerciais.

Só então se realizaram as condições indispensáveis para a aplicação plena do *princípio da racionalidade económica*, que corresponde a um certo estádio de desenvolvimento das relações de produção. Para a empresa capitalista, a maximização do lucro é o *único objectivo* a prosseguir e a adopção dos princípios do *cálculo económico* é uma exigência vital para evitar o perigo último da concorrência entre as empresas (a falência) e para conseguir aquele objectivo. Como Marx observou, o princípio da racionalidade económica surge como "uma força inerente ao capital e como um método próprio e característico do modo de produção capitalista".

Esta abordagem histórica ajuda a compreender que a racionalidade que se associa ao funcionamento do mercado e ao mecanismo dos preços de mercado não é, afinal, a nosso ver, um dado invariante da natureza humana, antes é o produto de um longo processo de desenvolvimento histórico das relações de produção, que culminou com o advento do capitalismo como modo de produção autónomo.

A história das sociedades humanas mostra que o mercado não é um puro *mecanismo natural* de afectação *eficiente* e *neutra* de recursos escassos e de *regulação automática* da economia. O mercado deve antes considerar-se, como o estado, uma *instituição social*, um produto da história, uma *criação histórica* da humanidade (correspondente a determinadas circunstâncias económicas, sociais, políticas e ideológicas), que veio servir (e serve) os interesses de uns (mas não os interesses de todos), uma *instituição política* destinada a regular e a manter determinadas *estruturas de poder* que asseguram a prevalência dos interesses de certos grupos sociais sobre os interesses de outros grupos sociais. Acompanhando David Miliband, entendemos que, "longe de serem 'naturais', os mercados são políticos".[2] Quer dizer: o mercado e o estado são ambos *instituições sociais*, que não só coexistem como são interdependentes, construindo-se e reformando-se um ao outro no processo da sua interacção.

---

[2] Cfr. D. MILIBAND, "the New Politics of Economics", em CROUCH, C. e MARQUAND, D. (Eds.), *Ethics and Markets: Co-operation and Competiton within Capitalist Economies*, Blackwell, Oxford, 1993, 21-30.

4. A história do crédito começou pelo *crédito ao consumo*. Quem emprestava eram os ricos, quem pedia emprestado eram os pobres. Estes viam-se com frequência impossibilitados de saldar em devido tempo as obrigações assumidas, o que, na Antiguidade, levou muitos devedores à escravidão por dívidas.

Este enquadramento é que explicará a condenação do juro (e, portanto, da prática do crédito como actividade económica lucrativa, traduzida no empréstimo de dinheiro a juros), que durante séculos marcou a história económica da humanidade.

No "Tratado da Política" Aristóteles condenava o *comércio de dinheiro* como coisa *odiosa*: "Foi para facilitar as trocas que [o dinheiro] foi inventado. A usura, pelo contrário, faz com que o dinheiro sirva para se aumentar a si próprio (...) género de ganho completamente contrário à natureza".

Nos textos da Igreja Católica transparece, desde o início (Êxodo, Deuteronómio, Evangelho de S. Lucas, v.g.), o mesmo espírito de condenação, patente neste trecho do Deuteronómio: "Não exigirás do teu irmão qualquer juro, nem por dinheiro, nem por alimentos, nem por qualquer coisa que se empresta a juros".

O direito canónico, assinalando a teoria económica da esterilidade do dinheiro (*nummus non facit nummos*), que espreita no trecho citado de Aristóteles, condenou a usura como forma de depravação. E em vários textos papais tinha eco a tese de que *fenus pecuniae fumus est animae* (o proveito da usura é a morte da alma). A partir de Carlos Magno (início do séc. IX), a proibição da usura, até aí fundamentalmente dirigida aos eclesiásticos, generalizou-se aos leigos. Em 1311, o Papa Clemente V veio tornar mais completa e exaustiva a condenação do juro, culminando com a ameaça de excomunhão lançada sobre todas as autoridades temporais que decretassem ou mantivessem leis favoráveis ao juro.

Esta foi a atitude que marcou o pensamento medieval, num tempo em que a actividade económica dominante era a agricultura e em que os empréstimos praticados em mais larga escala eram os empréstimos de bens de consumo de origem agrícola, a que recorriam os mais pobres, que assim ficavam à mercê dos ricos usurários ou dos prestamistas profissionais. "Os juros significavam, pois, as migalhas arrancadas ao pobre para engrossar o supérfluo dos ricos". (J. J. Pizarro Beleza)

Em termos mais gerais, podemos dizer que, nas formações pré-capitalistas, o dinheiro acumulado por alguns comerciantes era emprestado a indivíduos de poucos recursos para financiarem um consumo mínimo que de outro modo seria impossível, ou era emprestado aos pequenos produtores artesanos ou aos proprietários feudais. Os artesanos, dado o baixo rendimento do seu trabalho, dificilmente conseguiriam um aumento de rendimento que lhes permitisse restituir o capital e pagar o juro; os proprietários feudais utilizavam os empréstimos para manter um padrão de consumo que não podiam sustentar, quando já não era praticamente possível exigir mais rendas aos servos e aos colonos, pelo que também eles não conseguiam obter o excedente necessário para pagar o devido e o respectivo juro. Ganha sentido, deste modo, a condenação do juro antes do advento do capitalismo. E ganha sentido também a resistência que ainda hoje continuam a oferecer ao recurso ao crédito os pequenos artesanos, os pequenos comerciantes e os camponeses: a impossibilidade de pagarem as suas dívidas poderá significar a proletarização.

A partir do séc. XII, com as Cruzadas e o desenvolvimento consequente do comércio mediterrânico, lançaram-se as sementes da mudança. O dinheiro começou a circular e as actividades comerciais e especulativas para se ganhar (muito) dinheiro adquiriram grande dinamismo e permitiram o esplendor das cidades italianas. A própria Igreja passou a ter interesses nesse comércio e a participar nos empréstimos a juros, emprestando e pedindo emprestado aos grandes banqueiros que ficaram famosos, principalmente os Medici (sécs. XIV-XV) e os Fugger (Alemanha, sécs. XV-XVI). Muito antes da Reforma, os teólogos cristãos começaram a rever os seus preceitos, com o objectivo de mostrar que o comércio e a usura não eram forçosamente actividades condenáveis. Como comenta W. A. Lewis, "à medida que se acumulava, a riqueza ia-se tornando mais respeitável".

Com o advento do protestantismo ("essencialmente uma religião burguesa", escreveria Marx), criou-se uma nova "teologia da riqueza", sobretudo por influência de Calvino e do puritanismo anglo-saxónico. Invocando-se S. Paulo ("Tudo é para os eleitos"), a riqueza é considerada como um "dom de Deus" e o enriquecimento como um sinal da Graça Divina.

A vida económica ganhava assim a sua própria 'moral', autonomizando-se relativamente aos valores morais da teologia católica. Aos burgueses ricos, que dispunham de capital acumulado, ficava aberto o caminho para a valorização desse capital.

A usura vinha sendo praticada abertamente nos grandes burgos comerciais do sul da Europa e, encapotadamente (a coberto de contratos simulados, como o censo, o penhor, a venda a retro, etc.), um pouco por toda a parte. A Igreja Católica, no entanto, só em 1745, por encíclica do

Papa Bento XIV, abrandou significativamente – em termos equivalentes, na prática, à sua permissão – o rigor da lei canónica que condenava a usura.

No séc. XVIII, com efeito, as necessidades crescentes de crédito para financiar a actividade económica – em montantes que não era pensável obter gratuitamente – vieram tornar insustentável a proibição do juro. O empréstimo de dinheiro a juros conquistou, por essa altura, a sua legitimidade, ao mesmo tempo que o crédito ao consumo perdeu importância, orientando-se o grosso dos empréstimos para o fornecimento de meios financeiros às novas indústrias capitalistas.

5. Por volta dos sécs. XV e XVI assiste-se também na Europa à constituição dos modernos estados unificados, movimento em que os soberanos se apoiaram na burguesia e que a burguesia apoiou de bom grado, pois se tratava de abolir as últimas regalias da feudalidade e o poderio das "cidades corporativas", onde a actividade industrial era realizada por produtores autónomos. A Inglaterra realizou a sua unificação com Henrique VII (1485-1509); a França, com Luís XI (1461-1483); a Espanha, em 1469, com o casamento de Fernando de Aragão e Isabel de Castela. Os Países Baixos só em 1609 se libertaram da Espanha. A Alemanha e a Itália atingiriam a unificação bastante mais tarde, na segunda metade do séc. XIX.

Estes novos estados iriam dar um apoio decisivo ao grande comércio e à indústria capitalista nascente sob a forma das manufacturas, apoiando as burguesias nacionais na luta acesa travada na exploração colonial, criando manufacturas reais e protegendo de vários modos as manufacturas privadas, quer perante as prerrogativas das cidades, quer perante a concorrência dos produtores estrangeiros.

6. Por outro lado, estes novos *estados nacionais* centralizados viram-se muito cedo confrontados com a necessidade de resolver os problemas de financiamento das suas estruturas administrativas e de encontrar os meios indispensáveis à consolidação do poder real, fora dos quadros da sociedade feudal e muitas vezes contra os antigos senhores feudais. Os problemas económicos passam a ser encarados na óptica do estado e os autores que agora escrevem sobre questões económicas já não são os teólogos, mas os homens de negócios, os administradores, os conselheiros do soberano.

A compreensão dos fenómenos económicos é exigida pela (e posta ao serviço da) necessidade de definir políticas económicas capazes de fornecer ao estado e aos seus cidadãos a riqueza e o poderio indispensáveis à consolidação da sua soberania e independência. Os novos estados soberanos assumem-se como *estados activos*, dispostos a organizar e a dirigir a vida económica, no meio das perturbações económicas e sociais geradas pela "revolução dos preços", que os autores da época, com realce para o francês Jean Bodin, relacionaram com o afluxo à Europa de grandes quantidades de ouro e de prata, provenientes do Novo Mundo.[3]

7. Pois bem. Foi neste tempo de profundas transformações, no quadro desta "revolução do séc. XVI" (Jean Marchal), que, entre finais do séc. XVI e meados do séc. XVIII, se desenvolveu na Europa (especialmente na Espanha e em Portugal, na França e na Inglaterra) uma corrente de ideias que ficou conhecida por *mercantilismo*, na sequência da utilização deste termo por autores da Escola Histórica Alemã (2ª metade do séc. XIX). Num período em que o comércio esteve na base do enriquecimento dos estados mais poderosos, não admira que os autores centrassem as suas preocupações e a sua análise na actividade comercial. De "sistema do comércio" ou "sistema mercantil" falou Adam Smith, na esteira dos fisiocratas.[4]

Quando se fala de *mercantilismo* parece que se está a admitir a existência de um "sistema de ideias", um corpo coerente dotado de certo grau de abstracção. A verdade, porém, é que nenhum autor, do séc. XVI ao séc. XVIII, se designou a si mesmo como "mercantilista". Os especialistas nesta matéria destacam a grande dificuldade na interpretação dos textos da época, dada a ausência de uma terminologia comum e de um vocabulário técnico minimamente rigoroso e dado o carácter pré-analítico dessa litera-

---

[3] Sobre o papel e as características do estado neste período da transição do feudalismo para o capitalismo, cfr. J. SCHUMPETER, *Historia..., cit.*, 184-190 e também J. ALMEIDA GARRETT, *ob. cit.*, 26ss.

[4] Entre os mais destacados representantes do pensamento e da política mercantilistas, referiremos: na Espanha, Damian de Olivarez, Santis Ortiz e o jesuíta Mariana; em Portugal, Luís Mendes de Vasconcelos, Duarte Gomes Solis, Manuel Severim de Faria, Alexandre de Gusmão, Duarte Ribeiro de Macedo, D. Luís da Cunha, António Ribeiro Sanches, avultando o Marquês de Pombal como o nosso grande político mercantilista; na Itália, Giovanni Botero e Antonio Serra; na França, Jean Bodin, Antoine de Montchrestien, Sully, Barthélémy de Laffemas, salientando-se Colbert como o político mais representativo; na Inglaterra, John Hales, Thomas Mun, Josiah Child, destacando-se Olivier Cromwell como o grande político do mercantilismo britânico.

tura. Por outro lado, os vários autores que costumam ser apontados como mercantilistas não tiveram qualquer preocupação de dar o seu contributo (ou a consciência de estar a contribuir) para uma determinada corrente do pensamento económico. Antes pelo contrário: é difícil encontrar concordância entre eles, quer quanto aos princípios quer quanto aos instrumentos analíticos utilizados, e é frequente detectarem-se contradições entre os escritos dos "mercantilistas".

É difícil, por isso mesmo, falar de "escola" a respeito dos mercantilistas. Schumpeter entende que o "sistema mercantilista" de que por vezes se fala é uma "entidade imaginária".

Alguns autores defendem abertamente que não pode considerar-se o mercantilismo como uma teoria social minimamente estruturada, porque "nunca existiu uma "escola mercantilista" esclarecida e consciente de si mesma".[5] Outros, como Heckscher, negam mesmo que os autores geralmente considerados "mercantilistas" revelassem nos seus escritos quaisquer potencialidades para a análise teórica e para a compreensão dos mecanismos económicos do seu tempo, vendo no mercantilismo apenas um "sistema de poder" e uma política de unificação nacional.

As medidas preconizadas pelos autores que se preocuparam com os negócios do estado entre o séc. XVI e meados do séc. XVIII têm de entender-se todas, segundo Heckscher, como instrumentos de uma política de unificação e de poder relativamente à qual o estado surge ao mesmo tempo como sujeito e como objecto. Neste quadro de preocupações políticas devem considerar-se as medidas populacionistas; a orientação no sentido da constituição de um tesouro nacional e da auto-suficiência de cada nação no plano da economia; a luta contra os particularismos e a pulverização no âmbito das alfândegas, do sistema de pesos e medidas, da cunhagem e da circulação da moeda.

Se nos colocarmos numa perspectiva mais pragmática, cremos que continua a ter algum sentido aceitar a designação de *mercantilismo* para referenciar um certo período da história e da política económicas e para descrever a tendência marcante do pensamento económico desde finais do séc. XVI até meados do séc. XVIII. Na verdade, como Mark Blaug põe em relevo, apesar da descoordenação dos esforços intelectuais dos "mercantilistas", apesar das divergências e das polémicas entre eles – muitas vezes reflectindo uma grande diversidade de situações concretas –, é possível

[5] Cfr. P. DEYON, *ob. cit.*, 38.

encontrar algumas ideias comuns, susceptíveis de dar sentido à designação corrente de mercantilismo.

Por detrás das propostas doutrinais, das medidas legislativas e das acções políticas referidas na literatura mercantilista, encontra-se uma nova concepção da sociedade e do estado, que se reflecte, por exemplo, na ideia da unificação do mercado nacional e na laicização dos fins últimos da sociedade, aspectos que as revoluções burguesas e o liberalismo subsequente viriam a concluir. Nos escritos e na acção dos mercantilistas ressaltam também a apologia do trabalho; a defesa das actividades manufactureiras, do desenvolvimento do comércio e da expansão colonial; a afirmação da vontade de enriquecimento individual e colectivo, como vias de concretização do poderio nacional e do domínio do estado nacional;[6] a necessidade de pôr de pé uma estrutura de administarção pública e de organizar políticas activas que orientem o "governo da economia".

8. Como vimos, os autores mercantilistas são, em regra, homens de negócios e administradores públicos que discorrem sobre os problemas concretos que se levantam no mundo dos negócios ou no domínio da administração estadual. Os seus trabalhos, longe de serem grandes construções teóricas e especulativas, constituem reflexões, conselhos, programas de acção inspirados pela diferente realidade concreta de cada país.

Compreende-se, por isso, que sejam detectáveis certos traços diferenciadores do pensamento económico dos autores mais destacados em cada um dos países onde os problemas económicos suscitaram uma atenção mais aturada, designadamente a Espanha, a França e a Inglaterra.

8.1. A preocupação dominante dos mercantilistas espanhóis foi a de conservar no país a maior quantidade possível do ouro e da prata prove-

---

[6] Émile James admite que se use o epíteto de mercantilistas – "altamente discutível", segundo ele – relativamente "àqueles autores que, nos sécs. XVII e XVIII, procuraram saber como enriquecer a nação" (*ob. cit.*, 62). Dadas as condições da época, tudo conduzia à exigência de governos fortes. "E os governos fortes – observa SCHUMPETER, *ob. cit.*, 187/188 –, que sofrem cronicamente de ambições políticas situadas fora do alcance dos seus meios económicos, viram-se movidos (...) a conseguir cada vez mais força, mediante o desenvolvimento dos recursos dos seus territórios e a submissão dos referidos recursos ao seu serviço. Isto explica, por sua vez, entre outras coisas, que os impostos tenham tomado não apenas uma importância muito maior mas um significado verdadeiramente novo".

nientes das colónias da América, na convicção de que assim conseguiriam preservar a riqueza e o poderio do estado espanhol.

Para tanto, defendiam a intervenção do estado no sentido de proibir a saída do ouro e da prata (em moeda ou em barras). Em 1480, os Reis Católicos promulgaram uma pragmática que castigava, com penas que iam até à pena de morte, os que fizessem sair o ouro e a prata do reino. Daqui resultou o aumento considerável do 'prémio' cobrado pelos contrabandistas, e a saída do ouro e da prata aumentou a um ritmo de tal modo acelerado que aquele regime acabou por ser abandonado em 1515.[7]

Perante a ineficácia de tal proibição, adiantou-se a ideia de que a saída do ouro resultava das compras feitas no estrangeiro e propôs-se uma outra solução intervencionista: o controlo autoritário dos câmbios e o lançamento de direitos alfandegários que desencorajassem as importações.

Esta política – defendida por Ortiz (1558) e por Olivarez (1621) – foi um desastre, que acompanhou o desastre da economia espanhola. Contra ela (embora considerando a abundância de ouro e prata um objectivo que devia ser perseguido) manifestou-se, na própria Espanha, o jesuíta Mariana (1609) e, sensivelmente na mesma altura, os italianos Botero e Serra. Para estes autores, o melhor caminho para um país obter ouro e prata era o do desenvolvimento da agricultura e da indústria. Esta é também a orientação de outros autores espanhóis. Em 1600, González Cellorigo defende que os males da Espanha radicam, mais do que na saída do ouro e da prata, no declínio da produção nacional. Em 1619, Moncada aponta como causa principal da decadência espanhola a inferioridade da Espanha nas suas relações comerciais com o estrangeiro. Em 1726, Gerónimo de Uztariz considerando ilusórias e ineficazes as regulamentações bulionistas e a proibição da exportação das espécies monetárias, apresenta como política a seguir a industrialização e a adopção de medidas aduaneiras com objectivos proteccionistas.

O que é certo é que, por razões de vária ordem, o estado espanhol não conseguiu evitar que o comércio externo viesse a ser dominado pelos estrangeiros, ao mesmo tempo que o comércio interno continuava asfixiado (más estradas, portagens e alfândegas internas, impostos indirectos gravosos).

8.2. Não dispondo de minas de ouro ou prata, o problema que se colocava à França não era tanto o de conservar o ouro e a prata disponí-

---

[7] Cfr. J. Vicens Vives, *História Económica de España*, 8ª ed., Barcelona, 1981, 283.

veis, mas o de obter esses metais preciosos. Por isso, desde Antoine de Montchrestien (1575-1621), as concepções dos mercantilistas franceses partem da ideia central de *nação* e defendem uma política que a conduza ao mais alto grau de propriedade e de grandeza: "De la France il s'agit de faire à la fois un État et une usine" (*apud* R. Gonnard).

Embora considere como elemento favorável a abundância de metais preciosos no país, Montchrestien defende a necessidade de uma economia nacional completa e autosuficiente, uma vez que não é a abundância de ouro e de prata, só por si, que faz os estados ricos e opulentos, mas sim "l'"accommodement des choses nécessaires à la vie".

Neste entendimento radica a prioridade concedida pela generalidade dos mercantilistas franceses à actuação do estado no sentido de *regulamentar a produção* e de exigir um sistema eficaz de *protecção alfandegária.*

A regulamentação da produção levou o estado a invadir a esfera das organizações corporativas, impondo a todos os produtores a adopção de técnicas de produção mais eficientes e mais aperfeiçoadas. Esta mesma política levou os soberanos a recrutar os serviços de mestres estrangeiros, sobretudo para dirigirem as *manufacturas reais,* criadas fora da alçada das corporações. A estas manufacturas (algumas das quais privadas, como a Saint-Gobain) concederam-se privilégios especiais (isenções fiscais, monopólio temporário de fabrico e de venda, concessão de empréstimos, encomendas estatais, privilégios honoríficos), ao mesmo tempo que foram sujeitas a apertada fiscalização quanto ao cumprimento dos regulamentos de fabrico. Colbert apostou na alta qualidade dos produtos franceses, procurando fazer dela o ponto forte da sua ofensiva comercial nos mercados externos.

A *política proteccionista* traduziu-se, por um lado, na proibição da exportação de matérias-primas nacionais ("denrées crues", na expressão de Jean Bodin) e na importação livre de matérias-primas estrangeiras, sobretudo se destinadas à produção com vista à exportação; e traduziu-se, por outro lado, na proibição ou na pesada tributação das importações de produtos manufacturados e no incentivo à exportação das "ouvrages de mains" (Jean Bodin). Com este último objectivo, promoveu-se a criação de grandes companhias de comércio e de colonização, subvencionadas pelo estado, em coerência com a tese de Colbert, para quem "as companhias de Comércio são os exércitos do Rei e as Manufacturas de França a sua reserva".

Embora Montchrestien insista especialmente na necessidade de reservar o comércio aos nacionais e de impedir os comerciantes estrangeiros de fazerem sair o ouro e a prata do país, poderá dizer-se que o colbertismo procurou promover a prosperidade da nação francesa atraindo os metais preciosos através da venda ao estrangeiro de mais bens do que os que lá se compravam. Este é, aliás, o programa enunciado por Barthélémy de Laffemas (1608), num livro cujo título é, precisamente, «Comment l'on doibt permettre la liberté du transport de l'or et de l'argent hors du royaume et par tel moyen conserver le nostre et attirer celui des étrangers».

Fortalecer as manufacturas, proteger o mercado nacional, desenvolver a marinha e conquistar os mercados coloniais – e outros mercados externos – eis os pilares em que o mercantilismo francês alicerçou a "guerra do dinheiro". A preocupação quase exclusiva com o fomento industrial explica que os mercantilistas franceses tenham defendido uma série de medidas regulamentadoras da actividade agrícola, tendentes a assegurar uma produção e uma oferta de alimentos em quantidades suficientes para garantir preços baixos deste bens essenciais. Assim poderiam pagar-se salários baixos na indústria, o que era considerado importante para permitir custos baixos dos produtos industriais e, daí, a sua exportação em boas condições de competitividade.

Esta prática contrária aos interesses dos agricultores é patente sobretudo no âmbito da chamada *política dos cereais*: por um lado, o estado adopta medidas destinadas a assegurar a produção; por outro lado, proibe a estocagem, o açambarcamento e a especulação com cereais, ao mesmo tempo que proibe certo tipo de consumos dissipadores; finalmente, proibe a exportação de cereais e de outros produtos alimentares.

8.3. À semelhança da Holanda – que enriquecera graças ao comércio, sem dispor de uma indústria forte – também a expansão económica da Inglaterra, no séc. XVII, se operou basicamente a partir do comércio externo.

Daí que os mercantilistas ingleses do séc. XVII, embora considerassem que a indústria podia contribuir para alimentar as exportações, entendessem que ela era apenas um meio, entre outros, de o país enriquecer. Ao contrário dos mercantilistas franceses, os mercantilistas ingleses atribuíram pouca importância à regulamentação da actividade industrial. A sua preocupação fundamental residiu na obtenção de uma *balança comercial excedentária*, vendendo ao estrangeiro bens de valor superior ao das importações, o que se traduziria na entrada líquida de ouro na Inglaterra.

Para tanto, não seria imprescindível reduzir as importações; poderia mesmo ter de se importar muito, se tal fosse necessário para exportar ainda mais. Nesta perspectiva, o importante era assegurar a supremacia naval e conquistar mercados, controlar a navegação e o comércio, actividades nas quais deveria concentrar-se a acção incentivadora e protectora do estado. Assim se compreendem as principais medidas propostas e adoptadas pelos mercantilistas inglesas no séc. XVII:

– *Actos de Navegação*, sob o governo de Cromwell: em 1651, determinou-se que as mercadorias europeias só podiam ser descarregadas na Inglaterra se transportadas em barcos ingleses ou em barcos do país de origem desses produtos, reservando-se aos barcos sob pavilhão britânico o transporte para Inglaterra de produtos coloniais; em 1660, obrigaram-se a registo todos os barcos mandados construir no estrangeiro por cidadãos ingleses, impondo-se aos navios ingleses um comandante inglês e a nacionalidade britânica de 3/4 da tripulação; finalmente, em 1663 o *Staple Act* obrigou os colonos a comprar na Inglaterra os produtos europeus de que carecessem, os quais deveriam ser transportados em barcos sob pavilhão britânico;

– Regime do *pacto colonial*, que proibia a transformação das matérias-primas nas colónias inglesas, convertendo estas em fornecedores de matérias-primas à metrópole e compradoras dos produtos manufacturados ingleses.

Em termos gerais, o regime do *pacto colonial* visava estabelecer circuitos comerciais fechados, transformando os territórios coloniais em "reserva" da metrópole. Para tanto: *a)* proibiam-se as colónias de produzir os bens que a metrópole podia fornecer; *b)* obrigavam-se as colónias a vender os seus produtos exclusivamente à metrópole e a comprar só à metrópole os produtos de que careciam, os quais seriam transportados apenas em navios sob pavilhão da metrópole; *c)* obrigava-se o comércio das colónias com o estrangeiro, quando existisse, a passar por um porto metropolitano, tanto para as exportações como para as importações (era o que se passava, v.g., com o comércio entre o Brasil e a Inglaterra antes do Tratado de Methwen, o que permitia à metrópole portuguesa arrecadar uma certa percentagem por esta intermediação forçada); *d)* reservava-se à metrópole o poder de determinar os preços, a política monetária e os direitos alfandegários.

– Um *regime aduaneiro* que desagravava de impostos a exportação de produtos nacionais e a importação de bens destinados à re-exportação, fazendo incidir taxas elevadas sobre os produtos importados para consumo na Inglaterra;

– Política de *baixa taxa de juro*, prosseguida directamente, através da fixação de um limite máximo para a taxa de juro, e/ou indirectamente, promovendo o aumento da quantidade de moeda em circulação. Visava-se com esta política proporcionar aos produtores e aos comerciantes ingleses condições de custo que lhes dessem vantagem na concorrência nos mercados internacionais.

Os mercantilistas ingleses foram, em geral, mercadores e homens de negócios, alguns deles administradores da Companhia das Índias Orientais (é o caso de Thomas Mun e de Josiah Child). Daí, talvez, o grande realismo das suas propostas, bem recebidas num país onde não existiam os preconceitos contra o comércio e a indústria que permaneciam em outros países (v.g. a Espanha e a França) e onde um estado forte foi capaz de se impor às estruturas corporativas e aos particularismos locais.

Os mercantilistas ingleses souberam proteger a sua agricultura. Quando atingia níveis baixos o preço do trigo inglês, sujeitavam-se as importações de trigo a elevadas taxas alfandegárias; em períodos de produções muito abundantes chegou-se mesmo a conceder prémios à exportação do trigo, para evitar a queda drástica dos preços e a ruína dos agricultores. Quando o preço do trigo inglês atingia níveis elevados, baixavam-se os direitos de importação à medida que o preço ia subindo. Assim se evitavam aos consumidores as situações de penúria acompanhadas de fome e de preços muito elevados da alimentação, ao mesmo tempo que se garantiam aos produtores preços compensadores e relativamente estáveis. Uns e outros poderiam auferir, deste modo, de um poder de compra capaz de alimentar a procura dos produtos manufacturados.

Os mercantilistas ingleses procuraram igualmente diversificar a produção industrial, concedendo privilégios e monopólios de vária ordem e recorrendo mesmo à proibição das importações de produtos industriais ou à sua tributação com elevados direitos alfandegários. No início do séc. XVIII o balanço desta política era claramente favorável (exageradamente, há quem veja aí uma primeira revolução industrial ...), ocupando as indústrias um papel crescente nas exportações britânicas.

Mas os mercantilistas ingleses compreenderam, desde Thomas Mun, que o importante é o saldo da balança dos pagamentos no seu todo, podendo ser enganador ou ilusório o saldo positivo de uma balança particular ou da balança das relações entre dois países apenas. Eles tiveram consciência da importância que deve atribuir-se às compensações triangulares ou mesmo multilaterais e compreenderam a solidariedade que existe entre todas as correntes de tráfego e entre todos os mercados. "Perdemos no comércio com a França – escreve Charles Davenant –, mas, se não fizermos comércio com a França, ela comprará menos à Espanha e à Itália, que, por sua vez, deixarão de nos oferecer as mesmas possibilidades de escoamento."[8]

9. Para além das especificidades que podemos encontrar nos escritores de cada um dos países onde as ideias mercantilistas floresceram e deixaram marcas nas políticas públicas, não será difícil encontrar pontos comuns que poderão legitimar que se fale de *pensamento mercantilista* ou de *mercantilismo* como corrente de pensamento político-económico.

Maquiavel defendera que "num governo bem organizado o estado deve ser rico e os cidadãos pobres". Poderá dizer-se que, ao invés, os mercantilistas compreenderam que a melhor maneira de aumentar a riqueza e o poderio do estado consiste em favorecer o enriquecimento dos cidadãos.

Num período em que na Europa se desenvolvia o chamado "capitalismo comercial", não admira que fosse comum entre os mercantilistas a ideia da supremacia do comércio como meio de obter riqueza. "O comércio – escreveu o francês Montchrestien – é de certo modo o fim principal das diversas artes, das quais a maior parte só através do comércio trabalham para outrem". Daí a sua conclusão de que "os comerciantes são mais que úteis no estado e que a sua busca do lucro faz e causa uma boa parte do bem público".

Por outro lado, os mercantilistas compreenderam que a prosperidade do comércio de uma nação depende muito estreitamente da afirmação do poderio político do soberano e do êxito das suas campanhas militares de expansão, em terra e no mar, uma vez que destas depende a possibilidade de ampliar a dimensão dos territórios coloniais, ou seja, a possibilidade de aumentar a zona de comércio reservado e protegido, em benefício da economia nacional.

Homens do seu tempo, os mercantilistas aceitaram a busca da riqueza individual como fim da actividade humana, pondo em relevo que este fim individual não colide com a ideia de que o alargamento do poderio do estado é o fim supremo das sociedades humanas.

---

[8] Alguns dos mais tardios mercantilistas ingleses aproximavam-se deste modo da noção de liberdade comercial, antecipando as críticas de David Hume à "inveja comercial". É o caso, v.g., de Dudley North e de Ch. Davenant (cfr. P. DEYON, *ob. cit.*, 79-81).

Assim, defendem que a riqueza consiste fundamentalmente nos lucros do comércio e das manufacturas. Mas esses lucros dependem sobretudo das exportações e da actividade das indústrias exportadoras. O desenvolvimento destas, porém, está altamente condicionado, por um lado, pela *abundância de homens no mercado do trabalho* e, por outro lado, pela *abundância de dinheiro* que permita crédito fácil e juro baixo. Convém, por isso, aos particulares, para que possam obter lucros (e, portanto, riqueza), que exista uma *população abundante* e que seja *abundante a moeda em circulação.*

Ora esses são precisamente os fins que o estado prossegue, pois que o seu *poderio* depende da *possibilidade de constituição de um exército* (população abundante) e da *possibilidade de constituição de um tesouro de guerra* (abundância de moeda).

Sendo assim, os fins prosseguidos pelo estado e pelos particulares (comerciantes) ligam-se no interior do processo social. A sociedade orientada para a busca do lucro não contém contradições fundamentais. Haveria antes uma *harmonia económica,* na medida em que o desenvolvimento da indústria e das exportações com vista à obtenção de lucros (que é para os comerciantes o *fim* a atingir), é o *meio* para o estado atingir o seu próprio fim (abundância de homens e de dinheiro); reciprocamente, este *fim* do estado é um *meio* que permite desenvolver a indústria e o comércio com vista à obtenção de lucros (fim dos comerciantes).

Desfeito o sonho medieval de fazer da Cristandade um potência política, qual novo Sacro-Império Romano-Germânico, a política passou a ter como objectivo assegurar a sobrevivência, a expansão, a riqueza e o poderio de cada um dos novos estados. E era corrente a ideia de que este objectivo se poderia conseguir não só pelo reforço do poderio económico de cada país mas também (e porventura mais facilmente) pela via do enfraquecimento económico e político dos países vizinhos.[9]

Considerando-se fixada a quantidade de recursos disponíveis à escala mundial, concluía-se que um país só poderia enriquecer à custa de outro e admitia-se que a própria sobrevivência de um estado dependia de este ser capaz de assegurar o seu desenvolvimento económico e a sua riqueza mais rapidamente que o seu vizinho (e rival). Daí a importância do poderio militar, eventualmente necessário para subjugar outros povos pela via da

[9] John Locke poria em relevo que a riqueza não consiste apenas em mais ouro e prata, mas mais relativamente aos outros países (*apud* M. BLAUG, *ob. cit.*,. 14).

guerra. Daí a rapacidade com que os próprios estados se comprometeram na conquista e na pilhagem dos territórios coloniais e na prática da mais violenta pirataria nos mares.

No contexto desta aceitação do antagonismo entre os interesses económicos das nações se insere também a "guerra do dinheiro" em que os novos estados se empenharam, com o objectivo de obterem mais ouro e prata que os outros países. Se "apenas uma determinada quantidade de dinheiro circula em toda a Europa – escreveu Colbert –, (...) não é possível aumentar o dinheiro em um reino sem o retirar simultaneamente, em quantidade idêntica, dos estados vizinhos".

O capitalismo anunciava-se, nos sécs. XVI e XVII, sob o signo do antagonismo entre os estados nacionais recém-estabelecidos e os autores mercantilistas parece terem-se apercebido desta realidade: "o que convém a uma nação – sublinha Josiah Child – não convém a todas as outras". No terreno económico e ao nível das relações entre os estados, os mercantilistas justificavam a velha máxima de Montaigne: "nul ne gagne qu'un autre ne perde".

A *nação* afirmava-se, assim, como *espaço de poder*, do poder político e do poder económico.

9.1. Ao advogarem uma política populacionista, os escritores mercantilistas buscavam alcançar objectivos que se adequassem aos interesses da economia e aos interesses do estado.

Compreendeu-se que uma população abundante significava a possibilidade de encontrar mão-de-obra abundante e barata, o que convinha ao desenvolvimento do comércio e da indústria, do qual resultariam lucros acrescidos para os particulares. O desenvolvimento das actividades económicas trazia consigo, por sua vez, emprego para um maior número de trabalhadores, factor que favorecia o aumento da população.

Uma população abundante e crescente era importante para que o estado dispusesse da possibilidade de constituir um exército poderoso. Mas era igualmente importante para as manufacturas: com uma população numerosa, os salários não subiriam e os lucros seriam maiores; por outro lado, a prática de salários baixos teria a virtude de obrigar o povo a trabalhar mais, mantendo a sua operosidade e combatendo a *preguiça natural das classes trabalhadoras*, ideia (de pura matriz ideológica) corrente no séc. XVIII, e que hoje não desagradaria a todos os neoliberais que querem fazer andar duzentos anos para trás o relógio da história.

Em certo sentido, poderá dizer-se que os mercantilistas antecipam a concepção, depois mais elaborada teoricamente por Malthus, segundo o qual a desigualdade social e a existência de um grande número de trabalhadores miseráveis constituem uma condição de progresso. Perante a nova situação resultante da revolução industrial, Malthus advogaria uma política anti-populacionista. Os escritores dos sécs. XVII e XVIII, porém, defenderam abertamente políticas populacionistas (que foram efectivamente postas em prática, sobretudo na Inglaterra e na França), convencidos de que uma população numerosa e crescente constituiria a causa principal da riqueza, se não mesmo a própria riqueza, o activo mais sólido de uma nação. E Schumpeter sustenta que, nas condições da época, era manifestamente verdadeiro o entendimento de que o aumento da população aumentaria o rendimento real *per capita*.

9.2. Igualmente marcante é o pensamento mercantilista no que respeita à moeda e à política monetária.

"Facilmente se concordará – escreveu Colbert – que só a abundância de dinheiro num estado constituirá a diferença entre a sua grandeza e o seu poder". E a generalidade dos autores mercantilistas considerava a moeda um autêntico *nervus rerum*, "o espírito vital das trocas", "a vida do comércio"; ou, pelo menos, entendiam que "a moeda estimula o comércio", que o desenvolvimento do comércio exigia um aumento da quantidade de moeda em circulação.

Mas os mercantilistas sublinhavam não bastar que a moeda fosse *abundante*. Consideravam que ela devia também ser *boa*, isto é, as moedas deviam manter um peso constante de metal precioso para que pudessem representar um poder de compra constante. De outro modo, *a má moeda afasta a boa*, de acordo com uma teoria que já vinha de autores do séc. XIV e que hoje se conhece por *lei de Gresham*, do nome do autor inglês que a retomou no séc. XVI.

Os autores mercantilistas consideravam que a abundância de moeda era importante, tanto na perspectiva dos interesses dos comerciantes como na do estado. Grandes quantidades de moeda só poderiam obter-se mediante o desenvolvimento do comércio e das manufacturas, o que significava o enriquecimento dos comerciantes. A abundância de moeda seria benéfica para os comerciantes também porque ela tornaria mais fácil a obtenção de empréstimos e os juros a pagar seriam mais baixos. Os mercantilistas deram muita importância a este aspecto, que Keynes relevaria, mais tarde, entre os mais assinaláveis contributos desses autores. Assim se exprimia Josiah Child: "o preço do juro do dinheiro é para o comércio o que a alma é para o corpo". Por isso, escreveu ele, "para saber se um país é rico ou pobre, não é preciso perguntar mais do que isto: qual é o preço do juro do dinheiro?"

Ainda na esfera monetária, deve referir-se uma outra nota do pensamento mercantilista. Numa época de "revolução de preços", os mercantilistas aceitavam, em regra, a conclusão inscrita na lei enunciada por Jean Bodin em 1568, segundo a qual o poder de compra das moedas de ouro e prata é inversamente proporcional à quantidade de ouro e de prata existente num país. Reconheciam, pois, que o aumento da quantidade de moeda em circulação poderia provocar a subida dos preços.

De todo o modo, num tempo em que abundavam os recursos produtivos por explorar, os mercantilistas pensavam que a abundância de moeda favoreceria o aumento da produção e o desenvolvimento do comércio, sendo reduzido o perigo de inflação acentuada. Por outro lado, a subida dos preços teria, a seu ver, um efeito positivo: o nível de vida dos trabalhadores baixaria, o que os tornaria mais industriosos.

9.3. Os escritores mercantilistas elaboram uma concepção da sociedade que pela primeira vez se desenvolve no *terreno da economia*, pois é um *fim económico* o que se aponta como meta da vida social e são também *meios económicos* os que se propõem para alcançar tais objectivos.

Neles se encontra, de algum modo, a primeira manifestação consciente da ideia de que os homens podem dominar a sua circunstância, podem comandar a sua vida colectiva, podem organizar a sociedade e o estado de modo a proporcionar à comunidade o mais alto grau de bem-estar, através do desenvolvimento económico. "A felicidade dos homens – escreveu Montchrestien – consiste principalmente na riqueza, e a riqueza no trabalho". Num tempo em que os homens "deram novos mundos ao mundo", os ideais do Renascimento vieram colocar o homem no centro do mundo. O homem deixa de ser considerado como "peregrino a caminho do céu" (*viator mundi*) para ser encarado como "criador e senhor do mundo" (*faber mundi*).

A generalidade dos autores considera que só no séc. XVIII se teria ganho a consciência generalizada de que a ordem social pode ser uma causa relevante da felicidade ou infelicidade dos homens. "A ideia de felicidade é nova na Europa", escreveu Saint-Just, um dos expoentes do jacobinismo, em cujo ideário se inscrevia o princípio segundo o qual a felicidade pode construir-se alterando a ordem social.

Ficavam assim para trás as velhas concepções fatalistas e fixistas, que consideravam a ordem social, política e económica algo que os homens não podiam (nem deviam) mudar. A sorte dos pobres e dos oprimidos – segundo a ideologia que manteve durante séculos a rígida estratificação da sociedade medieval – seria o fruto de circunstâncias fortuitas ou inalteráveis (a má sorte, a falta de saúde, as maquinações dos inimigos, a malvadez do senhor ou do patrão, a vontade de Deus...), que nada tinham a ver com a ordem social.

Talvez não seja infundado, porém, pretender que com os mercantilistas esta concepção do mundo e da vida começou a ser posta em causa.

Os escritos dos mercantilistas sobre problemas económicos assumem em regra a forma de comentários e propostas de solução de problemas da actualidade, e não aparecem confundidos com questões de especulação filosófica e teológica, como acontecera em períodos anteriores e mesmo ainda com o pensamento renascentista e a Reforma. A Economia passa a ser encarada como arte empírica, como conjunto de preceitos para uso dos governos, como "máximas de sabedoria prática", na expressão de Keynes.

Na base das concepções fundamentais dos mercantilistas está uma filosofia individualista de busca do máximo lucro a partir do aumento da produção e do comércio. As políticas mercantilistas caracterizaram-se, sem dúvida, pela ajuda prestada às actividades privadas, incentivando-as e protegendo-as nos primeiros passos do seu desenvolvimento em moldes capitalistas. Essas políticas estiveram na origem das primeiras grandes companhias privadas e dos privilégios de que beneficiaram, propiciando condições favoráveis à acumulação de capitais que viria a tornar possível o desenvolvimento da produção capitalista na indústria. Historicamente, o mercantilismo contribuiu, no plano doutrinal e no plano da acção política, para a acumulação de capitais necessária à implantação do capitalismo como modo de produção dominante.

9.4. O "sistema mercantil", escreveu Adam Smith, é, "por natureza e essência", (...) um sistema de restrições e regulamentações". Na verdade, pelo menos desde o *Traité d'Économie Politique* de Montchrestien (1616), que nos escritos dos mercantilistas se reconhece a impossibilidade de separar a economia da política. Este autor defende que é função do estado estimular a produção e as trocas para acrescentar as riquezas e os lucros dos mercadores, dos manufactureiros e dos financeiros. Da acumulação e do reinvestimento desses lucros é que resultariam novas riquezas e lucros suplementares.

Os mercantilistas foram, na verdade, os primeiros a dar-se conta da importância da intervenção do estado na vida económica e a compreender a *dinâmica do desenvolvimento económico.* Os seus escritos reflectem em geral a preocupação de adequar a intervenção do estado ao objectivo de alcançar o mais alto nível de riqueza para a nação, na perspectiva de que o estado só pode ser rico se o forem os seus cidadãos.

Ao contrário do liberalismo do séc. XIX, os mercantilistas não conceberam a ordem económica como algo separado da política; não defenderam que o estado nada tinha a ver com a actividade económica. Antes acentuaram o papel decisivo do estado no desenvolvimento da economia de cada nação. O económico estava, neste sentido, na dependência do político: as questões económicas constituíam a principal preocupação do estado. Por isso elas foram consideradas e estudadas, pelos mercantilistas, no âmbito da problemática relativa à organização do estado. Como salienta Pierre Léon, "a seriedade da vontade mercantilista é função do grau de desenvolvimento do aparelho de estado e da sua autoridade. Não há política mercantilista eficaz a não ser quando existe um poder forte capaz de impor aos particularismos locais ou corporativos o respeito pelas suas decisões".[10]

Desta intervenção do estado na economia resultou o nascimento da burocracia moderna, "facto não menos importante – na opinião de Schumpeter – do que o próprio nascimento da classe dos comerciantes". E resultou uma "economia planificada (...), planificada antes do mais tendo em conta as necessidades militares, a guerra".[11]

Tendo em vista o objectivo de conseguir uma balança de comércio excedentária, na mira de assim alcançar o enriquecimento do estado e dos cidadãos, os escritores mercantilistas definiram um conjunto de medidas que bem podem considerar-se como uma *política económica mercantilista,* assente na acção regulamentadora do estado, mas também na sua acção como organizador da actividade económica e mesmo na sua acção diplomática e militar. Os mercantilistas concebiam o comércio externo como actividade *entre nações* e não entre indivíduos. A economia adqui-

[10] Cfr. P. Léon, *ob. cit.* 193. René Gonnard classifica o mercantilismo de "estatista" e fala, a respeito das economias mercantilistas (em especial a francesa), de *socialismo monárquico*. Cfr. R. Gonnard, *Histoire..., cit.*, 49.

[11] Cfr. J. Schumpeter, *ob. cit.*, 188.

ria um *carácter nacional*, defendendo alguns que a função natural do soberano devia ser a de actuar como "condutor supremo da máquina económica".

Eis alguns pontos da *política económica mercantilista*:

– defesa da liberdade de exportação de produtos manufacturados e de uma política de incentivos à exportação;

– proibição da exportação das matérias-primas e dos capitais necessários à indústria nacional;

– limitação da importação dos produtos estrangeiros, com excepção de certos bens úteis à indústria nacional;

– reserva do comércio aos nacionais, para impedir que os comerciantes estrangeiros fizessem sair ouro e prata do país em causa;

– política de fomento das manufacturas, nomeadamente mediante a criação de *Manufacturas Reais*, dentro do espírito de que «ce travail ne gâtera point le particulier, car il supléera seulement à son défaut et sera introduit à la place de celui de l'étranger qui ne peut être admis qu'au grand préjudice de tous le pays» (Montchrestien);

– liberdade do comércio interno, com o abatimento de barreiras dentro do espaço nacional, tornada possível pelo estabelecimento de governos centrais fortes (a política de *unificação dos mercados internos* é mesmo considerada por alguns autores como a acção mais importante dos regimes mercantilistas)[12];

– conquista de colónias em busca de novos mercados.

Nas novas condições da actividade económica, "produção e venda autonomizam-se como pólos de toda a política: e daí que à situação psicológica medieval, à *fome de bens*, se suceda um *pavor de bens*, dos estoques excessivos de produtos, sentimento cuja compreensão não pode desprender-se das condições sócio-económicas criadas pela revolução capitalista".[13]

---

[12] Esta acção dos mercantilistas no sentido da unificação económica dos espaços nacionais foi particularmente importante na Inglaterra e na França. Neste último país, foi um edito de Colbert que em 1664 criou uma união aduaneira constituída por um grupo de províncias do norte de França (as "cinq grosses fermes"), no seio da qual o comércio passou a ser inteiramente livre e a agricultura começou a desenvolver-se em moldes capitalistas.

[13] Cfr. J. ALMEIDA GARRETT, *ob. cit.*, 13.

Dado o baixo nível de vida dos países europeus e a exiguidade dos respectivos mercados internos, os mercantilistas defenderam que o desenvolvimento das manufacturas exigia a busca de mercados externos. Para os primeiros países a entrar na senda do desenvolvimento industrial, o comércio externo desempenhou, de facto, um papel fundamental como condição prévia do desenvolvimento no quadro do capitalismo nascente, quer no âmbito da "acumulação primitiva do capital", quer depois como mercado de colocação de produtos (condição necessária para a prossecução da actividade produtiva em moldes capitalistas). Os mercantilistas deram-se conta disto mesmo e defenderam a expansão colonial, sustentando que o empenhamento do estado era requisito indispensável ao êxito da "empresa colonial".

10. Talvez possa defender-se que a principal contribuição do pensamento dos mercantilistas e das políticas levadas a cabo pelos estados nacionais que eles influenciaram se relacionam com o desenvolvimento das *manufacturas*.

Elas marcam o início da iniciativa da produção por parte dos próprios capitalistas, fora do âmbito das antigas indústrias corporativas. Com elas veio um novo sistema de produção, que antecipa e cria as bases para as grandes fábricas modernas.

Com Ernest Mandel, poderemos dizer que "a manufactura é a reunião, debaixo do mesmo tecto, de operários que trabalham com meios de produção que lhes são fornecidos e com matérias-primas que lhes são entregues. Mas, em vez de serem pagos pelo valor total do produto acabado, do qual se deduz o preço da matéria-prima adiantada e o preço da locação dos instrumentos de trabalho, como aconteceu na indústria no domicílio, a ficção da venda do produto acabado ao empresário é abandonada. Ao operário cabe apenas aquilo que, de facto, ele já ganhava no sistema da indústria assalariada no domicílio: um simples salário".[14]

E as manufacturas depressa se desenvolveram e se sobrepuseram à *indústria assalariado no domicílio*, dadas as vantagens por elas oferecidas aos novos industriais capitalistas:

1) em primeiro lugar, suprimiram os intermediários que o anterior sistema exigia, para a distribuição das matérias-primas e a recolha dos produtos acabados;

[14] Crf. E. MANDEL, *Traité...*, *cit.*, 141/142.

2) em segundo lugar, reduziram os custos de produção, ao permitirem o controlo directo do patrão relativamente ao uso das matérias-primas e dos instrumentos de produção, evitando 'fugas' e desperdícios;

3) por último – e principalmente –, trouxeram consigo elevados ganhos de produtividade em virtude da *especialização interna* e da sujeição dos trabalhadores a um *ritmo de trabalho* e a um *horário de trabalho* impostos pelo empresário.

O advento da indústria artesana marcara um relativo progresso em relação às economias dos domínios senhoriais, pois tornara possível a especialização em produtores agrícolas e produtores industriais e, nas cidades, a especialização dos artesanos, cada um em seu ofício (*especialização externa*). Cada artesano efectuava, porém, todas as operações atinentes ao processo produtivo dos bens que confeccionava: não havia, pois, especialização no interior de cada ofício ou mester (condições que não se alteraram com a indústria assalariada no domicílio).

Com as manufacturas surgiu a *empresa* como *organização*. Ao concentrar os operários no mesmo local de trabalho, esta forma de organização da produção permitiu a subdivisão do processo produtivo de cada produto numa série de operações parcelares, encarregando-se cada operário de apenas uma destas operações, tarefa que em breve realizará quase automaticamente, com grande rapidez e perfeição, sem ter que perder tempo em deslocações dentro da própria oficina e na adaptação a cada uma das várias tarefas. Esta *especialização interna* veio, sem dúvida, aumentar o "poder produtivo do trabalho", na expressão de Adam Smith.

Mas esta subdivisão do processo produtivo de cada bem em grande número de operações parcelares vem tornar cada uma destas operações muito simples, podendo ser perfeitamente realizada por trabalhadores sem qualquer qualificação. E esta foi outra vantagem da manufactura: permitiu a utilização de mão-de-obra não qualificada, a mão-de-obra barata das mulheres e das crianças e até de pessoas com deficiências mentais. E isto proporcionou uma redução substancial dos custos de produção, uma vez que, durante o período das manufacturas, o trabalho manual continuou a predominar na actividade industrial, constituindo os salários a maior parte das despesas totais da indústria.

As *manufacturas* resultaram em alguns casos do processo de transformação da antiga indústria artesana. Mas surgiram principalmente com a criação de *novas indústrias*, já sob a forma capitalista.

A nova classe burguesa tinha, entretanto, ocupado posições de maior destaque nos países mais avançados e o seu poderio económico foi-lhe propiciando um crescente poder político. Não admira, por isso, que o estado se tenha empenhado em incentivar e proteger a criação e o desenvolvimento das novas manufacturas capitalistas. Umas vezes, o estado criava manufacturas que administrava directamente: as *manufacturas reais*; outras vezes, o estado fomentava a constituição de manufacturas privadas às quais concedia privilégios monopolistas: as *manufacturas privilegiadas*. Foi esta a política desenvolvida por Colbert na França, pelos Stuarts na Inglaterra e, entre nós, pelo Marquês de Pombal.

O *apoio do estado* às *indústrias nacionais* foi, aliás, um factor importantíssimo no arranque da indústria capitalista.

"Os diferentes métodos de acumulação primitiva que a era capitalista criou – escreve Marx[15] – distribuem-se em primeiro lugar, por ordem mais ou menos cronológica, por Portugal, Espanha, Holanda, França e Inglaterra, até que esta os combina todos, no último terço do séc. XVII, num conjunto sistemático que abrange simultaneamente o regime colonial, o crédito público, a finança moderna e o sistema proteccionista. Alguns destes métodos assentam no emprego da força bruta, mas todos sem excepção exploram o poder do estado, a força concentrada e organizada da sociedade, a fim de precipitar violentamente a passagem da ordem económica feudal à ordem económica capitalista e abreviar as fases de transição. E, com efeito, a Força é a parteira de toda a velha sociedade em trabalho de parto. A Força é um agente económico".

O estado concedeu especial protecção aos novos centros (fora das "cidades corporativas') onde se instalavam as manufacturas capitalistas, desejosas de se desenvolverem, livres das restrições impostas pela organização corporativa, à medida e ao ritmo exigido pelo *mercado mundial* criado pela descoberta das rotas atlânticas.

O estado concedeu crédito em boas condições às novas indústrias: o recurso, generalizado, à dívida pública alimentou os fundos das grandes sociedades anónimas, incentivou o comércio de títulos e a especulação e impulsionou a banca moderna (o Banco de Inglaterra foi criado em 1694).

O estado empenhou-se em assegurar mercados às novas indústrias, quer através da celebração de tratados de comércio na Europa, quer através da conquista de territórios coloniais.

---

15 Cfr. K. Marx, *Le Capital*, *cit.*, 557.

Por outro lado, o proteccionismo foi prática generalizada, quer através do lançamento de direitos alfandegários protectores, quer através da concessão de prémios à exportação, quer através da garantia do monopólio de venda no mercado interno e de monopólios coloniais, quer através da "liquidação" das indústrias nos territórios subordinados.

O estado promulgou, em todos os países, legislação que proibia e considerava crimes as coligações operárias, as associações profissionais e o recurso à greve.

O estado – Sombart refere variadíssimos exemplos[16] – obrigou as populações a um verdadeiro *trabalho forçado* nas manufacturas, nomeadamente na Espanha, na França, na Alemanha, na Holanda, na Suíça, na Áustria, na Inglaterra e na Rússia (país onde a servidão ainda subsistia). E sabe-se também como o estado favoreceu o recrutamento de trabalho infantil, num tempo em que multidões de crianças, a partir dos seis anos de idade, trabalhavam nas manufacturas durante 17 e 18 horas em cada dia, em turnos diurnos e nocturnos.[17]

Assim foi ganhando terreno a indústria capitalista, 'matando' os pequenos produtores independentes, que tentaram reagir até ao fim.[18]

---

[16] *Apud* E. MANDEL, *Traité...*, *cit.*, 1, 144.

[17] Em Portugal, o art. 1427.° do Código Civil de 1867 dispunha, a respeito do contrato de aprendizagem: "Nenhum aprendiz, antes dos catorze anos, pode ser obrigado a trabalhar mais de nove horas em cada vinte e quatro, nem, antes dos dezoito, mais de doze".

Recorde-se que, na Inglaterra, John Locke (1632-1704), o teórico da 'revolução' de 1684, propôs um sistema de educação compartimentado: uma *educação superior* para os ricos e o que ele chamava uma "escola de trabalho" para os "filhos dos trabalhadores", salientando que assim "se acostumarão ao trabalho desde a infância, o que não é de pouca importância dentro do objectivo de os tornar parcimoniosos e industriosos durante toda a vida". Na França, Colbert fazia trabalhar nas manufacturas crianças de seis anos, inspirado pela ideia de que "l'oisiveté des premières années est la source des désordres du reste de la vie".

Particularmente desumana foi a situação em que foram colocadas as crianças inglesas recolhidas nas *Workhouses* e depois cedidas aos manufactureiros. Os contramestres das manufacturas inglesas recebiam salários variáveis em função do rendimento obtido nas oficinas, razão por que o chicote era usado com frequência para castigar as crianças que chegavam atrasadas à oficina, depois de longas distâncias percorridas a pé, ou que, exaustas de fome e de sono, adormeciam no trabalho.

[18] Em 1794, esses pequenos produtores de Leeds ainda tiveram força e ânimo para mandarem uma deputação ao Parlamento a pedir que fosse promulgada uma lei que proibisse aos comerciantes tornarem-se fabricantes. Informação colhida em K. MARX, *Le Capital*, *cit.*, 557.

E foram estas transformações, operadas entre o séc. XVI e o séc. XVIII, foi todo este processo evolutivo que originou o aparecimento do *proletariado* moderno, classe de indivíduos aos quais, uma vez desligados da terra enquanto meio de produção da sua subsistência, só restava a alternativa de se deixarem contratar como mão-de-obra assalariada. E capitais não faltavam, que o comércio e a exploração coloniais tinham propiciado a acumulação de lucros fabulosos à burguesia mercantil da Holanda, da França e principalmente da Inglaterra. O capitalismo, porém, só se instalaria como sistema dominante quando a burguesia viesse a tomar o poder e realizasse o enquadramento político e jurídico que lhe permitisse aplicar na produção os capitais acumulados e a mão-de-obra disponível, desenvolvendo a indústria à margem dos obstáculos institucionais do feudalismo. Só então o capitalismo se afirmaria como um modo de produção específico. Tal aconteceria pela primeira vez na Inglaterra.

REFERÊNCIAS BIBLIOGRÁFICAS

BLAUG, *História do Pensamento Económico*, trad. port., Dom Quixote, Lisboa, 1.° Vol., 1989, 43-60.

CASTRO, Armando – *Doutrinas económicas em Portugal (séc. XVI a XVIII)*, Instituto de Cultura Portuguesa, Lisboa, 1978;

– Artigos sobre *fábricas* e *manufacturas*, em *Dicionário de História de Portugal* (Dir. Joel Serrão), Lisboa, Iniciativas Editoriais, s/d.

DENIS, Henri – *Histoire de la Pensée Économique*, PUF, Paris, 2ª ed., 1967, 91-123 (há trad. port., *História do Pensamento Económico*, Lisboa, Ed. Gleba, s/d).

DEYON, Pierre – *O Mercantilismo*, trad. port., Gradiva, Lisboa, 1983.

GARRETT, J. R. Almeida – *Pagamentos Internacionais*, Coimbra Editora, 1959, 15-70.

GONNARD, René – *Histoire des Doctrines Économiques*, Paris, 1930, pp. 45-146;

– «Des Doctrines Mercantilistes au XVIIe Siècle au Portugal», Extrait de la *Revue d'Histoire Économique et Sociale*, Paris, 1935.

JAMES, Émile – *História Sumária do Pensamento Económico*, trad. port., Coimbra Editora, 1970, vol. I, 57-80.

LÉON, Pierre (Dir.) – *História Económica e Social do Mundo*, trad. port., Sá da Costa, Lisboa, 1983, vol. II, tomo I, 183-203.

MACEDO, Jorge Borges de – Artigo sobre *Mercantilismo*, em *Dicionário de História de Portugal* (Dir. Joel Serrão), Lisboa, Iniciativas Editoriais, s/d.

MAGALHÃES, José Calvet de – "História do Pensamento Económico em Portugal", em *Boletim de Ciências Económicas* (Fac. Direito Coimbra), vols. VIII a XI.

MAGNUSSON, Lars (Ed.) – *Mercantilist Economics*, Kluwer Academia Publishers, Boston, 1993.

MANDEL, Ernest – *Traité d'Économie Marxiste*, Paris, Union Génerale d'Éditions, col.10/18, 1969, 4 Vols.

MARCHAL, Jean – *Cours d'Économie Politique*, 4ª ed., Paris, 1955, vol. I, 72-85.
MARX, Karl – *Le Capital*, livro I, trad. Franc., Paris, Garnier-Flammarion, 1969.
SCHUMPETER, Joseph – *Historia del Analisis Económico*, trad. cast., Ariel, Barcelona, 1971.
SELIGMAN. Edwin R.A. – "Bullionists", artigo na *Encyclopaedia of the Social Sciences,* 1948, vol. 3-4, 60-64.
SIDERI, Sandro – *Trade and Power*, Rotterdam University Press, 1970, 69-96. Há trad. port., *Comércio e Poder*, Edições Cosmos, Lisboa, 1978.
VINER, Jacob – "Mercantilist Thought", em *International Encyclopaedia of Social Sciences,* artigo "Economic Thought", 435-443.

FINANÇAS PÚBLICAS E CONTRATOS DA ADMINISTRAÇÃO

EDUARDO PAZ FERREIRA
Professor da Faculdade de Direito da Universidade de Lisboa

1. **Nota Prévia**

ANTÓNIO MARQUES DOS SANTOS faleceu num momento em que muito havia ainda a esperar da sua capacidade científica e dedicação à Universidade. Dele resta a memória, a obra e o exemplo de um universitário de corpo inteiro.

O percurso universitário de MARQUES DOS SANTOS, após a aprovação no concurso para assistentes da Faculdade de Direito de Lisboa em 1977, iniciou-se no grupo de Ciências Jurídico-Económicas, na sequência, aliás, dos seus interesses e experiências profissionais anteriores, e ainda que as vicissitudes da carreira o tenham levado a optar mais tarde por outra área científica, estou certo que o grupo de Jurídico-Económicas o recorda, de forma especial, pela sua colaboração.

Pensei, assim, ser adequado homenageá-lo com um texto que se situa na área das Ciências Jurídico-Económicas, ainda que seja ilustrativo de que não existe uma compartimentação rígida entre as várias áreas científicas leccionadas na Faculdade.

2. **Introdução**

A escolha do tema finanças públicas e contratos públicos correspondeu, de facto, a uma opção deliberada de permitir o encontro entre dois universos que, apesar de viverem em situação de vizinhança ou mesmo de condomínio fechado – para usar uma terminologia que nos remete para as actuais tendências sócio-urbanísticas – raras vezes são convocados para reflexões conjuntas.

Falo naturalmente das finanças públicas ou do direito financeiro e do direito administrativo, temas que se conjugam ao longo do texto, que constitui uma proposta clara no sentido de pôr cobro a uma situação em que duas áreas científicas de tal forma vizinhas se ignoram reciprocamente[1].

Para os fins que nos propomos, parece necessário partir da definição do direito financeiro, que tenho caracterizado como o conjunto de normas que regula as relações entre o Estado e os cidadãos e a actividade da própria Administração Financeira na gestão dos recursos públicos, normas essas dominadas por uma preocupação de garantia dos direitos individuais ou do interesse colectivo justificativa do o aparecimento de soluções específicas[2].

Definido o direito financeiro nestes termos não pode deixar de se sublinhar que, como reconhece a melhor doutrina, direito administrativo e direito financeiro estão, de facto, longe de constituir realidades independentes e que se possam ignorar reciprocamente.

É certo, no entanto, que não só se afirmou – e correctamente – uma autonomia pedagógica das duas disciplinas, como na prática se assiste a uma situação em que o direito administrativo vive estranhamente separado do direito financeiro.

Se é certo que o direito financeiro pode ser considerado um ramo de direito mais antigo e que se estrutura, nos seus aspectos centrais, em torno de questões de ordem constitucional, não se pode, todavia, ignorar que em larga medida ele respeita ao desenvolvimento da actividade da administração pública.

Por isso PAUL MARIE GAUDEMET e JOEL MOLINIER puderam com razão sustentar que «*si, à bien d'égards, le droit des administrations financières et des opérations financières relève du droit administratif, l'agencement des opérations financières influe largement sur le fonctionnement de l'Administration*»[3].

A apreciação das mais recentes evoluções em matéria de Administração Pública leva, no entanto, a verificar que são preocupações de regu-

---

[1] Vd., a este propósito, CHARLES DEBBASCH, «Finances Publiques et Droit Administratif», in *Mélanges Offertes à Louis Trotabas*, LGDJ, Paris, 1970, pp. 111 e segs..

[2] Vd. *Ensinar Finanças Públicas numa Faculdade de Direito*, Coimbra, Almedina, 2005, p. 89.

[3] *Finances Publiques*, Tome 1, 6 édition, Montchrestien, Paris, 1992, p. 10.

laridade na gestão dos dinheiros públicos que vão influenciar decisivamente as opções do gestor público, como notava já em 1970, CHARLES DEBBASCH em «Finances Publiques et Droit Administratif» – um texto precursor de movimentos que ganhariam uma expressão mais forte em anos posteriores[4].

Dir-se-á, em síntese que, se as origens históricas e fundamentos de uma e outra disciplina são bastante diversas, a actuação da Administração Pública não pode ignorar vinculações que lhe sejam impostas por normas de direito financeiro, da mesma forma que as normas de direito financeiro se não podem sobrepor às normas de direito administrativo, em termos de forçar diferentes soluções.

3. **Contratos e legalidade financeira**

Ficou visto como o direito financeiro constitui um ramo do direito que cobre diversas áreas – acompanhando potencialmente toda a actuação pública – interessando-nos, agora, particularmente o segmento correspondente ao direito das despesas públicas, ou seja o conjunto de disposições que regulam o processo de decisão, execução e controlo das despesas públicas.

É neste segmento do direito financeiro que se coloca a problemática em apreciação, na medida em que os contratos públicos, embora contribuindo para a prossecução do interesse geral geram, no imediato, encargos para o Estado ou outras entidades de natureza pública.

É, contudo, forçoso reconhecer que o direito financeiro começou por conhecer um grande desenvolvimento na área das receitas públicas e muito em especial daquelas que poderiam implicar o sacrifício de valores patrimoniais privados ao eventual arbítrio do Estado.

Foi assim que, com o liberalismo, se afirmou um princípio da legalidade financeira que, em primeira linha, se traduzia na exigência de aprovação parlamentar dos impostos e da emissão de empréstimos públicos, como forma de conter o Estado dentro de limites apertados, evitando sacrifícios excessivos aos particulares[5].

---

[4] Vd., por exemplo, YVES WEBER, «Finances Publiques et Contrats de l'Administration», in *Études de Finances Publiques. Mélanges en l'Honneur de Monsieur le Professeur Paul Marie Gaudemet*, Economica, Paris, 1984, pp. 375 e segs..

[5] Vd. EDUARDO PAZ FERREIRA, *Ensinar Finanças Públicas...*, cit. pp. 175 e segs..

Da mesma forma, a matéria da despesa pública apareceu sempre como um parente pobre na área das finanças públicas, objecto de escassos estudos, ainda que a exacta percepção dos seus efeitos económicos, sociais e políticos se apresente como decisiva para a compreensão da realidade financeira.

A ideia de garantia vai, no entanto, ter uma clara expressão no aparecimento da instituição orçamental, que representa não só um limite aos poderes de imposição do Estado, como também à capacidade de realização de despesas públicas.

Em torno do orçamento e da sua execução ir-se-á, consequentemente, desenvolver um conjunto de normas de contabilidade pública que, tal como todos os restantes sub-ramos do direito financeiro, são dominadas por uma preocupação fundamental de respeito pelo princípio da legalidade.

É nesta linha que o artigo 42.°, n.° 6 da Lei de Enquadramento Orçamental (Lei n.° 91/2001, de 20 de Agosto) dispõe que «nenhuma despesa pode ser autorizada ou paga sem que, cumulativamente:

> a) o facto gerador da obrigação da despesa respeite as normas legais aplicáveis;
>
> b) a despesa em causa disponha de inscrição orçamental, tenha cabimento na correspondente dotação, esteja adequadamente classificada e obedeça ao princípio da execução do orçamento por duodécimos, salvas, nesta última matéria, as excepções previstas na lei;
>
> c) a despesa em causa satisfaça o princípio da economia, eficiência e eficácia».

No mesmo sentido, o artigo 44.°, n.° 1 da Lei de Organização e Processo do Tribunal de Contas (Lei n.° 98/97, de 26 de Agosto) estabelece que «a fiscalização prévia tem por fim verificar se os actos, contratos ou outros instrumentos geradores de despesa ou representativos de responsabilidades financeiras directas ou indirectas estão conformes às leis em vigor e se os respectivos encargos têm cabimento em verba orçamental própria».

As normas respeitantes à execução do orçamento de despesa e seu controlo dão, assim, corpo a preocupações de garantia do interesse geral, ainda que se possa admitir que, na medida em que contribuam para travar o aumento da despesa pública, possam igualmente tutelar os interesse individuais dos actuais e futuros contribuintes.

Importa sublinhar que o princípio da legalidade em matéria de despesas públicas está longe de ser unívoco e de ter tido o mesmo entendimento ao longo de todos os períodos históricos, tal como sucede com a própria legalidade administrativa.

Num primeiro momento e quando se entendia que a actuação da Administração era uma actuação de estrita execução da lei, o princípio da legalidade assegurava que só se podiam realizar despesas públicas expressamente previstas na lei.

Com o desenvolvimento das formas contratuais na administração e com a passagem para uma administração de prestação, o princípio da legalidade financeira passa a ser entendido no sentido de que as despesas devem ser efectuadas em conformidade com o disposto na lei.

Perdendo muito do seu rigor inicial, o princípio da legalidade impõe, em qualquer caso que, no momento da decisão de despesa, como no da sua execução, se torna necessário respeitar todas as normas referentes à formação da vontade do Estado.

A afirmação de que as despesas estão sujeitas a um princípio da legalidade deixa, portanto, de corresponder à exigência de que elas resultem directamente da lei, passando a própria Constituição a admitir expressamente que as despesas possam ter origem contratual e até a sujeitar a decisão orçamental ao respeito pelos contratos do Estado (artigo 105.°, n.°2).

Nem por isso se pode ignorar que os contratos públicos representam um desafio à tradicional concepção das finanças públicas ligadas à soberania estadual, como recorda Yves Weber, que só pode ser concebido num contexto de mudança das regras financeiras tradicionais[6].

Na aferição da legalidade financeira, é importante ter em conta o quanto se escreveu no Acórdão n.° 142/94 do Tribunal de Contas (1.ª Secção), onde se explicita que «...a ilegalidade duma despesa pública (financeira) pode decorrer não só da desconformidade da sua assunção ou pagamento com normas orçamentais, da contabilidade pública, ou procedimentais (...), como também da ilegalidade administrativa «tout court, substantiva ou procedimental do acto ou contrato donde a mesma emerge».

Se é certo que o abandono do entendimento do princípio da legalidade financeira como pressupondo a necessidade de todas as despesas estarem previstas na própria lei levantou problemas e se fez com dificuldades, não se pode ignorar a tendência recente para construir um conceito de legalidade financeira ainda mais afastado do sentido inicialmente dado a essa expressão.

---

6 Ob. e loc. cit..

De facto, os desenvolvimentos recentes do direito financeiro, particularmente no que respeita à sua vertente de controlo, têm vindo a acentuar outros condicionalismos que rodeiam a realização de despesas públicas, com relevo para a necessidade de levar em consideração aspectos de economicidade e eficácia.

Aliás, a própria alínea c), do número seis do artigo 42.° da Lei de Enquadramento do Orçamento do Estado subordina também a realização da despesa pública a que a mesma «satisfaça o princípio da economia, eficiência e eficácia», ideia que encontraria igualmente eco no novo regime da administração financeira do Estado (artigo 22.°).

A penetração das ideias de economicidade e eficácia no direito financeiro português fez-se, em larga medida, pela acção do Tribunal de Contas e pela influência das organizações internacionais de órgãos de verificação financeira e pode dizer-se que representa uma significativa alteração no domínio da contabilidade pública, ainda que só esteja parcialmente realizada.

Parte daqui a ideia de construção de um conceito de legalidade financeira, que seria distinto do conceito tradicional de legalidade, abrangendo não só os aspectos de conformidade com a lei e muito em especial com as normas da contabilidade pública, mas também critérios de correcção financeira e de boa gestão.

Importa, todavia, sublinhar que esta construção do princípio da legalidade financeira não vem questionar a sujeição das despesas públicas à exigência de conformidade com a lei, mas apenas alargar o seu âmbito, tornando o princípio mais amplo e exigente.

A legalidade de uma despesa para efeitos de direito financeiro continua, então, necessariamente a ter de ser aferida pela sua conformidade com a lei ou, como escreve Sousa Franco, «...significa conformidade (....) aos critérios definidos pela lei, ou pela ordem jurídica em sentido mais amplo, abrangendo, o que não deixa de ser muito relevante para determinar os limites últimos no caso concreto dos poderes de julgamento do Tribunal de Contas, a legalidade genérica ou conformidade às leis gerais, a legalidade financeira, com conformidade às leis e normas de Direito Financeiro, o cabimento, ou conformidade ao preceito orçamental permissivo em cada ano, no caso específico a despesa, e ainda a regularidade, ou conformidade a regras que não integram o conceito de regularidade, nomeadamente no domínio da contabilidade»[7].

[7] "O Tribunal de Contas na Encruzilhada Legislativa", prefácio a José Tavares – Lídio Magalhães, *Tribunal de Contas. Legislação Anotada*, Coimbra, Almedina, p. 28.

A aceitar-se esta construção, a legalidade financeira importaria sempre dois aspectos distintos: um primeiro que corresponde à verificação da observância das normas jurídicas reguladoras da actividade em apreço e um segundo que pressuporia a apreciação dos aspectos de racionalidade económica e financeira.

Este último aspecto representaria sempre um *plus* em relação ao primeiro, nunca podendo a legalidade financeira identificar-se apenas com racionalidade.

Se a legalidade financeira é, pois, a pedra de toque da realização das despesas não se pode esquecer que esta se reverte de uma forma especialmente limitativa, que corresponde à exigência de respeito pelo cabimento orçamental que condiciona toda a actividade da Administração Pública.

O cabimento orçamental surge como uma consequência das regras da plenitude orçamental e a de especificação, implicando que as despesas que o Estado pretende realizar estejam previstas no Orçamento e que o montante nele previsto seja suficiente para a sua cobertura.

Representa assim o cabimento orçamental um princípio fundamental para a garantia da disciplina orçamental e do respeito pelas funções políticas do Orçamento, assegurando o controlo parlamentar sobre o montante da despesa pública.

4. **O processo de formação da vontade nos contratos públicos**

É, pois, nesse quadro geral da legalidade financeira em matéria de despesas públicas que se vai inserir a problemática dos contratos do Estado.

Independentemente da especificidade do respectivo regime, importa, sobretudo, notar que os contratos públicos estão sujeitos a um processo de formação da vontade pública que é comum à generalidade das despesas públicas.

Encontramos, assim, uma situação em que sempre que é confrontado, com a necessidade de prosseguir as suas políticas, o Governo tem de encarar a decisão em vários planos: em primeiro lugar, no da própria decisão de efectuar ou não a despesa; em segundo, na escolha sobre o recurso à actuação directa ou à via contratual e, em terceiro, na definição das condições concretas do contrato.

Pode, contudo, dizer-se que a responsabilidade assumida pelo Governo quando toma as decisões referentes a cada um desses níveis é profundamente diversa.

Assim, a decisão de realizar a despesa, salvo nos casos de despesas obrigatórias, bem como a de optar pela actuação directa ou pelo contrato, têm uma natureza puramente política, que apenas pode ser sujeita a um controlo do mesmo cariz, expresso designadamente numa eventual sanção ou recompensa eleitoral.

Já quanto ao terceiro destes planos, o Governo é condicionado pela necessidade de respeitar um conjunto de princípios que regulam a sua actividade administrativa e financeira, que se impõem de forma categórica. A definição das condições em que o Estado irá contratar está sujeita, desde logo, à sujeição aos princípios constitucionais norteadores da actividade da administração pública e, nomeadamente, os da igualdade, proporcionalidade, justiça, imparcialidade e boa fé (artigo 266.° da CRP). A concretização de tais princípios vai envolver a opção por formas de negociação que assegurem uma igualdade de oportunidades a todos os potenciais candidatos, aspecto salvaguardado quer pela legislação reguladora da realização das despesas públicas quer pelo próprio Código do Procedimento Administrativo, quer pelas directivas comunitárias de 92[8], quer pelas recentemente publicadas e ainda não transpostas para o direito português[9].

Importa sublinhar estes aspectos específicos da formação da vontade por parte dos entes públicos, na medida em que ela é muito diversa daquela que ocorre na formação da vontade nos contratos privados.

A distinção entre a autonomia pública e a autonomia privada contratual tem de ser equacionada, em virtude das diferentes projecções que daí resultam ao nível da celebração, da execução dos contratos e da própria interpretação dos contratos.

De facto, a autonomia pública contratual, porque *fruto de uma volição ditada pela consideração das exigências do interesse público*[10] é marcada por um conjunto de regras que visam tornar efectiva a imparcialidade da Administração, assegurar a igualdade dos cidadãos e garantir que o interesse público seja satisfeito pelo meio mais idóneo e nas melhores condições económicas.

---

8 Directiva 92/50/CEE, do Conselho de 18 de Junho; Directiva 93/36/CEE, do Conselho de 14 de Junho; Directiva 93/37/CEE, do Conselho de 14 de Junho; Directiva 93/38/CEE, do Conselho de 14 de Junho.

9 Directiva 2004/18/CE, do Parlamento Europeu e do Conselho, de 31 de Março e Directiva 2004/17/CE, do Parlamento Europeu e do Conselho, de 31 de Março.

10 Vd. Sérvulo Correia, *Legalidade e Autonomia Contratual nos Contratos Administrativos*, Coimbra, Almedina, 1987, p. 661.

E porque se exercita no espaço da actividade administrativa, está sujeita aos princípios fundamentais regentes desta área de actividade, para além de pressupor adequação e respeito pelos direitos fundamentais.

Assim, e por força do princípio da legalidade, as liberdades de celebração e de estipulação exercem-se nos limites de um quadro procedimental previamente definido na lei.

Em obediência ao princípio da prossecução do interesse público, a própria decisão de celebração tem de se fundar na indispensabilidade da via negocial para a realização de um objectivo, o qual deve corresponder à satisfação do interesse público.

O mesmo princípio impõe, ainda, que na solução final e nos procedimentos organizados para a encontrar se tenha sempre como referencial a busca da solução que melhor sirva o interesse público, aliando-se a qualidade da resposta ao menor dispêndio de meios.

Por causa do princípio da proporcionalidade as escolhas têm de se revelar pertinentes, adequadas e não excessivas relativamente aos fins que se pretende alcançar.

Em consequência do princípio da justiça, a Administração deverá procurar soluções que optimizem os recursos disponíveis, racionalizando-os e evitando excessos.

Por imposição do princípio da imparcialidade, a Administração deverá agir com neutralidade relativamente ao universo de contratantes que reúna os requisitos estipulados na lei e enunciados no programa do concurso e no caderno de encargos.

O processo de formação da vontade contratual da Administração é, por consequência, não só subordinado aos princípios gerais da actividade administrativa, como juridicamente vinculado, traduzindo-se numa complexa sucessão de actos e procedimentos dotados de coerência e articulação intrínseca, legalmente pré-modelados nos pressupostos, na forma e nos efeitos[11].

Em qualquer processo de contratação pública terá, assim, de ser definido um *iter* que assegure a realização do interesse público, o cumprimento dos princípios gerais da actividade administrativa e o respeito pelos direitos fundamentais.

Essa ideia reúne um consenso generalizado que se estende a todos os Estados de direito e encontra-se bem reflectida nas directivas comunitárias.

---

[11] A este propósito, cfr. MARCELO REBELO DE SOUSA, *O Concurso Público na Formação do Contrato Administrativo*, Lex, Lisboa, 1994.

É, aliás, essa também a preocupação determinante das normas relativas à contracção de despesas com aquisição de bens e serviços pelo Estado, estabelecidas no Decreto-Lei n.° 197/99, de 8 de Junho.

O Decreto-Lei n.° 197/99 substituiu o Decreto-Lei n.° 55/95, ao mesmo tempo que transpôs, para ordem jurídica interna, a Directiva 97/52/CE, do Parlamento Europeu e do Conselho. Esta Directiva embora tenha procedido à alteração das Directivas de 90 em aspectos muitos significativos, manteve o âmbito de aplicação daquelas aos contratos públicos de valor igual ou superior a 200.000 ECU.

Entre as regras de aplicação geral fixadas pelo Decreto-Lei n.° 197/99 destacam-se, pela sua importância.

A publicidade e a proibição das práticas restritivas da concorrência, que asseguram a igualdade de oportunidades e garantem à Administração a maior opção de escolhas dentro do universo pretendido, contribuindo, deste modo, para a realização do interesse público nas melhores condições permitidas pelo mercado;

A diferenciação dos procedimentos pré-contratuais e a obrigatoriedade de redução a escrito em função do valor do contrato, reflexo do princípio da proporcionalidade;

A possibilidade de exclusão, do universo de concorrentes, das entidades a que não seja reconhecida técnica, económica, financeira ou ética e o elenco de impedimentos enunciado no artigo 17.°, que constituem emanação do princípio da prossecução do interesse público.

Os mecanismos de reacção e intervenção assegurados aos particulares nos sucessivos momentos em que se desenrola o procedimento, nomeadamente os pedidos de esclarecimento as reclamações, a audiência e os recursos, que representam, igualmente, concretizações do princípio da justiça e da prossecução do interesse público.

É certo que a alteração das condições em que se desenvolve a actividade económica, caracterizada por uma crescente internacionalização e pela preocupação de dar corpo às ideias de boa-governação, tem levado a que a legislação reguladora da contratação pública inclua normas que procuram responder a outras preocupações, como sejam a da defesa dos princípios do direito da concorrência ou das regras da organização mundial do comércio ou do combate ao branqueamento de dinheiro e ao crime organizado.

Nada disso põe, no entanto, em causa a importância fundamental do respeito por preocupações financeiras, que determinam, aliás, o afastamento de procedimentos mais informais de negociação e conclusão dos contratos que caracterizam o universo privado.

5. **Contratos públicos e desorçamentação**

Traçado o quadro geral da disciplina financeira dos contratos públicos não se pode ignorar que nos últimos tempos se têm vindo a desenvolver formas contratuais que representam um esforço no sentido de iludir essa disciplina através de formas de desorçamentação de certos contratos.

Essa prática começou por surgir em face das dificuldades com que os Executivos se sentiram quando confrontados com os mecanismos de controlo financeiro e traduziu – num primeiro momento por uma fuga para formas organizativas dos serviços públicos que ficassem imunes à fiscalização que acompanha a actividade da Administração Pública, tendência, aliás, contrariada pela extensão de competências do Tribunal de Contas.

Mais recentemente, a prática da desorçamentação parece ser determinada pela dificuldade com que são confrontados os Estados em matéria de finanças públicas, uma vez que o nível de despesa pública atingiu patamares insustentáveis, sobretudo em face da dificuldade em aumentar a carga fiscal, generalizadamente sentida como excessivamente pesada e num contexto em que o processo de globalização reduz sensivelmente a margem de manobra dos decisores financeiros.

Essas dificuldades financeiras foram, por outro lado, reforçadas pelo quadro de disciplina orçamental imposto no quadro da União Económica e Monetária e do Pacto de Estabilidade que aponta no sentido da manutenção de uma situação de equilíbrio orçamental e cuja imperatividade resultou reforçada da decisão do Tribunal de Justiça da Comunidade[12].

Se me parece seguro – e são crescentes as vozes nesse sentido – que o Pacto de Estabilidade deverá ser revisto no sentido de uma maior flexibilização em particular em matéria de despesas de investimento[13], o certo é que neste momento o quadro – cuja lógica tenho contestado desde o início – se apresenta definido em termos extremamente rígidos.

---

[12] Acórdão do Tribunal de Justiça, de 13 de Julho de 2004, Proc. C-27/04, Comissão contra Conselho da União Europeia, in *JO* C 228, de 11 de Setembro de 2004.

[13] Comunicação da Comissão ao Conselho e ao Parlamento Europeu, COM (2004) 581 Final.

Certo é que, apesar de todas as dificuldades e constrangimentos de natureza orçamental, os Estados não têm conseguido reduzir significativamente a sua presença na economia e os anos de recessão ou crescimento lento das economias europeias determinaram a necessidade de uma resposta pública para fazer face à incapacidade demonstrada pelos mercados para superarem a situação.

Em Portugal é, aliás, especialmente de recordar que o Estado se não pode desinteressar da realização de uma série de tarefas na área económica que são, aliás, definidas como prioritárias no artigo 81.° do texto constitucional[14].

Temos por isso assistido, apesar de todas as medidas de contenção orçamental, ao recurso a um conjunto de expedientes para assegurar o equilíbrio orçamental sem comprimir ainda mais o investimento público, cuja apreciação pormenorizada não caberia aqui, mas que tem passado, medidas uma vez esgotado o processo de privatizações, por práticas como a da criação dos hospitais-empresas ou a alienação de património do Estado.

Nesse contexto, aparece como especialmente favorável o quadro criado por uma certa euforia contratualista que vê na cooperação público-privada um novo modelo de contrato social, que se substituiria ao Estado de bem estar, marcadamente unilateral.

Os publicistas têm vindo a prestar uma atenção crescente a este movimento, que se insere no que GOMES CANOTILHO designa por "drama do Estado", explicando a este propósito que "o exercício de tarefas públicas por privados não significa sempre uma verdadeira retirada do Estado, mas tão somente a escolha de uma outra forma de prossecução de tarefas públicas. O Estado permanece "responsável", mas a tarefa pode ser prosseguida e executada com mais efectividade, eficiência e economicidade se se adoptarem novos padrões de organização"[15].

Estaríamos, portanto, perante um Estado que abdica da sua acção directa e unilateral e que favorece a prestação de serviços por terceiros, privados, para tanto recorrendo à forma contratual.

Estes contratos de associação dos privados à realização de objectivos de interesse geral ganham assim uma importância fundamental no quadro da acção pública e no da despesa pública, na sua dupla vertente de fonte de despesa ou de instrumento para a redução da despesa.

---

[14] Vd., a este propósito, EDUARDO PAZ FERREIRA, *Direito da Economia*, Lisboa, AAFDL, sucessivas reedições.

[15] «O Direito Constitucional passa: o Direito Administrativo passa também», in Estudos em homenagem ao Professor Doutor Rogério Soares, Coimbra, 2001, p.709.

Chegados aqui, impõe-se dizer que se não trata de uma solução nova.

Quando a revolução industrial veio exigir dos Estados a construção de infra-estruturas para as quais não dispunham dos necessários meios financeiros, estes lançaram mão em grande medida da forma contratual e em especial dos contratos de concessão.

A concessão de obras públicas foi, de resto, um dos primeiros contratos a associarem o Estado e os particulares, pondo fim ao dogma de que o interesse público apenas poderia ser prosseguido através de actos unilaterais da Administração.

Se um certo gigantismo estatal, associado às formas de intervencionismo e ao consequente recurso maciço ao crédito público, permitiu ao Estado financiar, durante muito tempo, com recursos seus ou por si obtidos, este tipo de obras, exigindo uma menor contrapartida dos particulares, não restam dúvidas que nos últimos tempos se assiste, dentro de um processo geral de redefinição de fronteiras entre o público e o privado, a um novo alento da figura da concessão.

Estamos aqui em presença de um contrato que na definição de MARCELO CAETANO, é *aquele em o Estado ou outra pessoa de direito público legalmente autorizada, transfere para uma empresa particular o poder de executar certos trabalhos, com capitais desta e a seu risco, mediante o privilégio da exploração exclusiva durante um período determinado dos imóveis construídos ou das construções feitas."*[16]

O conteúdo essencial desta definição tem, aliás, uma larga tradição histórica, como realça MARQUES GUEDES, ao citar DELALLEAU, que já dizia ser a concessão *um contrato pelo qual uma ou mais pessoas se obrigam para com a administração a executar à sua custa, riscos e perigos, um trabalho de utilidade pública mediante a fruição de uma portagem ou de quaisquer outras vantagens estipuladas no acto de concessão*[17].

Por essa via conseguem os Estados conter a despesa pública, ao mesmo tempo que asseguram uma maior equidade na distribuição dos encargos públicos, fazendo com que o ónus do financiamento recaía sobre um universo definido de utentes e não sobre a totalidade dos contribuintes.

Naturalmente que o contrato de concessão pode comportar diversas soluções quanto ao prazo, aos ónus a cargo do concessionário e às próprias condições financeiras.

---

[16] *Manual de Direito Administrativo*, vol. II, 10ª edição, 3ª reimpressão, Almedina, Coimbra, 1990, p. 1011.

[17] *A Concessão*, Parte I, Coimbra Editora, Limitada, 1954, p. 61.

Ora, é essa realidade antiga que vai aparecer sobre roupagens novas – as das parcerias público-privadas ou dos contratos de *project finance*, que assumem uma importância decisiva no quadro das finanças públicas modernas – justificando que lhes prestemos uma especial atenção.

A Comissão Europeia, que vinha seguindo a matéria com particular empenho, publicou, de resto, recentemente um livro verde sobre as parcerias público-privadas[18] e o direito comunitário dos mercados públicos e das concessões, no qual salienta expressamente a ligação entre o desenvolvimento destas experiências e os constrangimentos orçamentais.

Reconhecendo que as parcerias público-privadas podem revestir-se de outras motivações como a de beneficiar da maior eficácia do sector privado e se inserem na reformulação do papel do Estado, não deixa a Comissão de alertar para que esta não é uma solução milagrosa e para que exige sempre a sua comparação com outras soluções.

Tal posição da Comissão corresponde largamente à consagrada na legislação portuguesa, promulgada já depois da realização de algumas experiências concretas de parceria.

É a este propósito necessário ter presente que, na medida em que se trata de uma figura de origem essencialmente anglo-saxónica se assiste, por vezes, a dificuldades no seu ajustamento, que justificaram o comentário de um autor italiano de que mais do que uma "importação" se está em presença de um "transplante"[19]. Trata-se, porém, de uma verificação que é pertinente em relação à componente da parceria respeitante ao contrato de financiamento, já que em muitos outros aspectos se está mais próximo dos tradicionais contratos de concessão.

Ao falar-se aqui em parcerias tem-se em vista um conceito restrito, de harmonia com o qual as parcerias são entendidas como formas de colaboração entre o Estado e as empresas privadas em volta de projectos comuns, em que as empresas por regra disponibilizam o seu conhecimento técnico e capacidade financeira, permitindo ao Estado exercer as suas funções com maior eficácia.

As parcerias públicas correspondem, assim, na definição de Vítor Bento, a "investimentos na área das infra-estruturas públicas realizados por recurso ao chamado *project finance*, isto é, através da criação de con-

---

[18] COM (2004) 327 Final.

[19] Gian Luca Rabitti, «Project Finance e Collegamento Contrattuale», *Contratto e Impresa*, ano 12 (1996), n.º 1, p.225.

sórcios empresariais que se encarregam da concretização dos investimentos e da execução do projecto, os quais obtêm o financiamento necessário, pelo qual se responsabilizam e esperam que o projecto gere receitas suficientes para pelo menos e num prazo razoável, ressarcir integralmente as dívidas contraídas"[20].

De qualquer forma, é de sublinhar que as implicações financeiras das parcerias são muito variadas, podendo ir desde situações em que o financiamento é totalmente público até outras em que o investimento e a gestão são privados, o que implica a transferência para o sector privado da construção, manutenção e exploração de uma obra pública durante um determinado período de tempo, após o que voltará para a Administração.

É a este último modelo, normalmente designado por *project finance*, que se tende a prestar maior atenção, ainda que se reconheça a diversidade de soluções que pode envolver e que integram desde escolhas em que a remuneração do investimento é feita apenas através dos próprios recursos gerados pelo projecto, até outras em que o Estado assume responsabilidades financeiras para com a empresa privada envolvida, hipótese que, por sua vez, poderá assumir diversas modalidades.

Naturalmente que, do ponto de vista das finanças públicas, este aspecto é especialmente importante, sendo-o igualmente para o controlo do Tribunal de Contas, que tem vindo a dedicar grande atenção à matéria, em consonância com a orientação da Organização Internacional das Instituições Superiores de Controlo das Finanças Públicas dos Estados membros das Nações Unidas, que aprovaram em reunião realizada em Seoul, em Outubro de 2001, quarenta e sete directivas sobre as melhores práticas para controlar os financiamentos público-privados e as concessões.

No direito português, dispomos actualmente de um diploma – o Decreto-Lei n.° 86/2003, de 26 de Abril – que define o regime geral das parcerias público-privadas, a par com o Decreto-Lei n.° 185/2002, de 20 de Agosto, que veio regular as parcerias na área da saúde.

No que toca ao primeiro daqueles diplomas há que acentuar a sua pretensão em constituir uma lei de enquadramento das parcerias, ao disciplinar os seus principais termos em matéria de concepção, concurso, adjudicação, alteração, fiscalização e acompanhamento.

São, no entanto, questionáveis as vantagens desse tipo de legislação, uma vez que se me afigura que, tratando-se de figuras dotadas de grande

---

[20] Vd. «A desorçamentação das despesas públicas», in *Revista do Tribunal de Contas*, Lisboa, n.° 34 (Julh.-Dez. 2000), p. 23-35.

maleabilidade, seria preferível omitir a legislação genérica de enquadramento, pela sua susceptibilidade de diminuir as potencialidades do recurso às parcerias, sendo suficiente e necessário que em cada operação concreta existisse um diploma legal, fixando os aspectos básicos da operação e as formas de salvaguarda do interesse público.

Tendo vingado a opinião contrária, seria porventura útil a definição de sectores vedados a parcerias público-privadas, recordando-se que, diferentemente do que acontece ente nós, o *FAIR ACT* prevê expressamente a existência de áreas tão directamente ligadas ao interesse público que exigem a presença da Administração Pública, não podendo ser objecto de parcerias com os privados.

É certo que a grande volatilidade dos conceitos e práticas nesse domínio implicariam algum risco em tal fixação mas, ainda assim entendo que deveria ser marcada essa reserva pública.

A apreciação dos casos portugueses de execução de parcerias público-privadas implica a apreciação de uma das experiências que levanta maiores dúvidas – a das SCUT – também ela uma importação de técnicas já ensaiadas noutros países.

De facto, no caso das SCUTS, embora o Estado não realize qualquer investimento para a construção de lances de auto-estrada, que é assegurada por uma empresa privada, terá de ressarcir a empresa, no futuro, através do pagamento de uma importância calculada em função dos valores de tráfego registados.

Está-se, pois, numa área em que se poderá pensar que basicamente se assiste a uma operação de engenharia financeira, conducente a uma situação de desorçamentação, com todos os problemas que levanta em termos técnicos e, sobretudo, éticos.

Para além da publicação de uma lei-quadro, que regula especificamente as parcerias, haverá que sublinhar o modo como a Lei de Enquadramento Orçamental veio disciplinar esta matéria, sob o ponto de vista financeiro, em termos que podem ser considerados rigorosos, ainda que a experiência seja ainda insuficiente para apreciar o seu resultado prático.

Importa salientar que a desorçamentação passa a ser bastante mais difícil do que anteriormente, na medida em que o artigo 18.° exige a inscrição orçamental das despesas resultantes dessas operações, prevendo a alínea d) do n.° 3 dessa disposição, a integração em programas das "despesas correspondentes a contratos de prestação de serviços em regime de financiamento privado ou outra forma de parceria dos sectores público e privado".

A disposição chave é, no entanto, a do artigo 19.°, n.° 2, que determina que "a avaliação da economia, a eficiência e a eficácia de programas com recurso a parcerias do sector público e privado tomará como base um programa alternativo visando a obtenção dos mesmos objectivos com exclusão de financiamentos ou de exploração a cargo de entidades privadas, devendo incluir, sempre que possível, a estimativa da sua incidência orçamental líquida".

Na Lei de Enquadramento Orçamental parece, por outro lado, assumir-se uma posição de princípio neutra em matéria de parcerias, não estimulando o seu aparecimento, contrariamente ao *FAIR ACT*, mas antes sujeitando a um rigoroso escrutínio a sua justificação, que terá de ser encontrada na demonstração da superioridade da solução em termos de economia, eficiência e eficácia.

O Decreto-Lei n.° 86/2003 veio alargar a todas as fases do processo a exigência de confronto do projecto de parceria com o comparador público.

Mas se os contratos de parceria aparecem como aqueles que levantam mais questões e problemas mais interessantes no actual quadro da contratação pública não nos podemos esquecer que eles estão muito longe de esgotar o universo da contratação pública e dos problemas do seu relacionamento com as normas financeiras. Foram aqui convocados apenas pela circunstância de se revestirem de algumas características excepcionais.

Um último ponto que importará levar em consideração nesta matéria é o que se relaciona com a possibilidade de o Governo nos contratos de grande envergadura utilizar com frequência o instrumento fiscal para atracção do investimento, caminhando no sentido de uma certa contratualização fiscal [21].

Essa contratualização fiscal – em casos como o da Ford Volkswagen – aparece como especialmente interessante, na medida em que o Estado português negociou previamente em matérias reservadas à Assembleia da República, chamada depois a legitimar as soluções, através da promulgação de uma lei.

Nesses casos e numa matéria desde sempre especialmente coberta por um princípio da reserva parlamentar encontramos, porventura, a expressão extremada da primazia das formas contratuais, mas obviamente esta é matéria que justifica uma reflexão autónoma.

---

21 José Casalta Nabais, *Contratos fiscais: reflexões acerca da sua admissibilidade*, Coimbra, Coimbra Editora, 1994.

DA TUTELA NEGATIVA DA CONFIANÇA AO «PARADOXO DA INDEMNIZAÇÃO»:

UMA ANÁLISE ECONÓMICA DOS CONTRATOS

FERNANDO ARAÚJO
Professor da Faculdade de Direito de Lisboa

nização». Um segundo esboço de soluções «sofisticadas». 12. Os equilíbrios na tutela da confiança: quem não arrisca... 13. Incentivos à eficiência do devedor. 13. a) «Prevenção óptima» pelo devedor. 14. Incentivos à eficiência do credor. 15. O estatuto da «*reliance*»: Fuller e Perdue. 15. a) Graduação da indemnização: valores discretos ou contínuos? 15. b) A alegada «fragilidade» do interesse contratual positivo. 16. A tutela negativa como solução flexibilizadora. 16. a) Pragmatismo e flexibilização (e «despreocupação semântica»). 16. b) A resistência «ideológica» à flexibilização e a sombra do paternalismo. 17. Custos de oportunidade e lucros cessantes. A relevância dos mercados. 17. a) Indemnização ou prevenção? 17. b) As especialidades da concorrência imperfeita. 18. Efeitos dinâmicos: da prevenção à renegociação. 19. Uma reflexão sobre a legitimidade do método adoptado. Em defesa do «bezerro d'oiro». Fim da primeira parte. Bibliografia.

1. **Introdução.**

A Teoria do Contrato está hoje em larga medida dominada pela análise económica[1]. O estudo que se segue pretende ser um contributo para a compreensão de alguns pontos básicos dessa análise, e para a elucidação, através do instrumental analítico que ela faculta, de alguns recantos que se afiguram particularmente obscurecidos pela sedimentação de uma dogmática muito insensível à matriz analítica da moderna ciência económica.

Como o título sugere, pretende-se neste estudo completar a primeira parte de um díptico, que nos conduzirá da análise da tutela negativa da confiança até à verificação da existência de um «paradoxo da indemnização» – esperando-se completar em breve o segundo «painel», que nos conduzirá desse «paradoxo» até a algumas soluções susceptíveis de incrementarem a eficiência dos regimes da responsabilidade contratual (soluções «sofisticadas» que nos limitaremos a referenciar muito brevemente no presente estudo).

Sejamos claros quanto às premissas de que arrancamos, sublinhando que mais não queremos asseverar do que o facto, aliás facilmente consta-

---

[1] Posner, E.A. (2003), 829. Cfr. Kaplow, L. & S. Shavell (2001), 1102-1164; Kornhauser, L.A. (1986), 683ss..

tável, de que a análise dos contratos fala cada vez mais, intencionalmente ou não, o idioma económico, e que hoje não é possível abordar o tema *a fundo* sem se recorrer a conceitos como o de «custos de transacção», o de «perdas de bem-estar», o de «disposição de pagar», o de «aversão ao risco», o de «optimização», o de «eficiência», o de «estratégia dominante», o de «incentivo», e alguns outros de boa cepa económica, que tendem a substituir anterior terminologia que, talvez porque desligada do plano térreo dos interesses que se agitam na vida dos contratos, era por demais constritora e vaga.

Não queremos de modo algum afirmar, ou sequer sugerir, que a análise económica seja suficiente para recobrir todas as incidências do regime jurídico dos contratos, para espelhar todos os interesses em jogo, para fundamentar todas as soluções ou para perspectivar todas as evoluções doutrinárias e legislativas – e menos ainda queremos pretender que a abordagem económica do tema seja isenta dos seus próprios riscos, vícios e limitações[2].

Relativizando um pouco a perspectiva, digamos que o que se trata é de pagar algum tributo à proeminência da terminologia e do quadro de valores da ciência económica, seja no quadro das ciências sociais, seja mais amplamente no quadro das ideologias reinantes – uma proeminência que não nos cabe aqui discutir nem contestar, devendo admitir apenas, sem daí retirar qualquer argumento, que ela pode vir a revelar-se tão transitória como qualquer outra criação humana, ou como qualquer outro filho de Saturno.

2. **Premissas iniciais. As finalidades da disciplina contratual.**

Dado que o propósito dominante é o da *clarificação*, tentaremos partir das mais simples elementaridades, e procuraremos não nos afastar demasiado delas.

Pode dizer-se que as duas questões básicas que se suscitam na análise económica dos contratos são:

1) Que acordos devem ser validados em termos de exigibilidade plena (em termos de deixarem de ser simples obrigações morais ou obrigações naturais)?

---

[2] Posner, E.A. (2003), 880.

2) Quais devem ser os meios de reacção ao incumprimento de contratos válidos?

Que soluções pode fornecer a análise económica nesta sede? Basicamente, a análise económica aponta para o facto de um regime jurídico adequado poder incrementar a disciplina contratual – especificamente colocando-a ao serviço de seis finalidades especialmente relevantes[3]:

1. Promover a cooperação através da conversão de jogos não-cooperativos em jogos cooperativos.
2. Promover a circulação e partilha da informação entre as partes num contrato.
3. Incentivar a vinculação óptima ao contrato.
4. Incentivar o nível óptimo de confiança.
5. Diminuir custos de transacção através da multiplicação de normas supletivas.
6. Fomentar as interdependências duradouras e diminuir a necessidade de estipulações contratuais explícitas.

Tendo esses objectivos presentes, podemos dizer, ainda muito esquematicamente, que as tarefas básicas que a análise económica pretende ver ser assumidas pelo regime jurídico dos contratos são:

1) A fixação do conteúdo substantivo das regras contratuais;
2) A determinação do grau de flexibilidade e supletividade dessas regras;
3) A regulação da margem de renegociação que permita contornar essas regras[4].

3. Uma abordagem didáctica: Rudimentos da «análise de bem-estar».

A preferência pelo contrato[5] implica que, em regra[6], só são exigíveis as obrigações assumidas no seio de um acordo consensualmente formado

[3] Subscrevamos a enumeração, praticamente «canónica» na Análise Económica do Direito, de: Cooter, R. & T. Ulen (2004), 235.

[4] Aquilo que pode designar-se respectivamente por «*content*», «*contractibility*» e «*opt-out*». Cfr. Ayres, I. (2003), 897; Bebchuk, L. (1989), 1395ss..

[5] Como aquela que é consagrada no art. 457.° do Código Civil. Doravante, as referência normativas são, salvo indicação em contrário, feitas a artigos do Código Civil.

[6] Com excepções bem definidas, como as das situações nas quais a idoneidade e a

entre duas (ou mais) partes, com declarações de vontade distintamente orientadas no sentido da formação de um vínculo, um vínculo que consista na adstrição, unilateral ou bilateral, a uma obrigação: e por isso com os necessários elementos de 1) proposta, 2) aceitação e de 3) um referencial qualquer para o vínculo assumido (o objecto negocial).

Mesmo que do contrato resulte apenas a adstrição de uma das partes a uma conduta, o contrato só se forma se as partes se incentivarem mutuamente – encaminhando funcionalmente as condutas para a realização das vantagens do negócio –, nem que o façam somente através de um encontro de vontades declaradas, que propicie às partes a percepção dos ganhos totais que resultarão, com elevada probabilidade, do cumprimento do contrato, assente na confiança que ambas formarão quanto à idoneidade da intenção revelada pela contraparte[7].

– Por exemplo, numa compra e venda o comprador tem que evidenciar uma disposição de pagar que permita formar um preço superior à disposição mínima de vender; e o vendedor tem que evidenciar que esta disposição mínima permite a formação de um preço inferior à disposição máxima de pagar do comprador (ambos têm que evidenciar reciprocamente uma certa disposição de acordarem num preço aceitável)[8].

– O comprador incentivará o vendedor demonstrando-lhe que, vendida a coisa que é objecto do negócio, ficará melhor com a quantia monetária recebida do que o estava com a coisa por vender, visto que a quantia monetária representa um valor superior ao da coisa alienada – e que, nas circunstâncias em que a troca se dá, ainda teria sido possível ter a troca livremente ocorrido a um preço inferior (o comprador esforçar-se-á por demonstrar ao vendedor o lucro obtido com a troca, ou seja, a diferença entre o preço pago e a sua disposição mínima de vender).

– O vendedor incentivará o comprador demonstrando-lhe que, após a troca, ficará melhor com a coisa adquirida do que o estava com a quantia monetária que pagou por ela, já que a coisa tinha um valor

---

estabilidade das vinculações unilaterais sejam do interesse do próprio declarante (como resulta das situações previstas nos arts. 457.° e seguintes).

[7] Sobre os pressupostos analíticos, e validade, da abordagem que se segue, cfr. Kaplow, L. & S. Shavell (2001), 961ss..

[8] Sobre o conceito de «diposição de pagar» no âmbito da «revelação de preferências», cfr. Araújo, F. (2004), 379ss., 384ss.

superior – o que, novamente nas circunstâncias, significa que a troca poderia ter ocorrido livremente ainda a um preço superior (o vendedor tentará convencer o comprador da existência de um «excedente do consumidor», de uma diferença entre o preço pago e a sua disposição máxima de pagar)[9].

– Bastará, para efeitos desse incentivo mútuo, que as partes reciprocamente se convençam de que, dadas as circunstâncias, os termos da troca poderiam ter sido ainda piores? Bastará, por outras palavras, que haja a consolação do mal menor?

– Talvez sim, visto que, descontada a margem de artifício negocial com que as partes eventualmente procurem tirar vantagem estratégica das assimetrias informativas e das suas habilidades persuasivas, a fria ponderação de vantagens permitirá às partes discernir que a transacção só se dará dentro de uma faixa *do possível*:

a) o comprador bem poderá tentar retorquir que, se podia ter pago um preço mais elevado, podia também ter pago um preço inferior – porque se verá forçado a reconhecer que existe um *limite mínimo de preço*, abaixo do qual ele de bom grado compraria, mas abaixo do qual a contraparte em circunstâncias normais já não venderia, um preço abaixo do qual a transacção ficaria, pois, frustrada;

b) o vendedor bem pode lamentar-se de o preço não ter sido mais elevado ainda, e tentar rejeitar como falacioso o argumento consolador de que o preço poderia ter sido mais baixo do que o foi – porque terá de admitir que, acima de um certo nível de preços, ele estaria disposto a vender mas a contraparte deixaria de estar disposta a comprar, e por isso a transacção não teria lugar[10].

---

[9] Sobre o conceito de «excedente do consumidor», cfr. Araújo, F. (2004), 183, 386ss..

[10] Araújo, F. (2004), 180, 404.

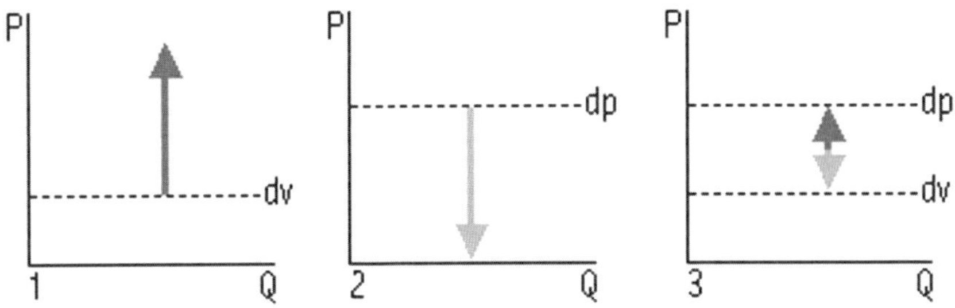

Gráfico 1:
P – preço
Q – quantidade
dv – disposição mínima de vender
dp – disposição máxima de pagar
1 – o vendedor aceita qualquer preço acima de dv
2 – o comprador aceita qualquer preço abaixo de dp
3 – qualquer preço de equilíbrio entre dv e dp é aceitável para ambas as partes

Comecemos com um exemplo numérico:

– Suponha-se que um livreiro, A, tem 20 exemplares do recém-publicado livro X, e que está disposto a vender 19 exemplares de X (o 20.° guarda-o para si mesmo, dado que também é um ávido leitor; se só lhe restasse um exemplar, não o venderia, ou não o venderia imediatamente, ou não o venderia em primeira mão, ou só o venderia se o preço que lhe oferecessem por ele excedesse manifestamente o custo em que incorreria na busca de um exemplar noutras livrarias).

– Feitas as contas, somados todos os custos de aquisição dos livros, de conservação dos livros, de manutenção da livraria, etc., o livreiro conclui que não terá prejuízo se vender cada um dos 19 exemplares ao preço único de 20 euros (embora ele admita subir esse preço, seja se se aperceber que existe intensa procura do livro, seja quando só restarem 2 ou 3 exemplares na livraria, se porventura essa procura intensa se mantiver). A sua disposição mínima de vender é, pois, de 20 euros, e qualquer preço acima de 20 euros lhe é favorável (se alguém der 1000 euros por um exemplar do livro, tanto melhor).

– Suponha-se que B é um leitor muito interessado na compra do livro X; aguardava impacientemente a respectiva publicação e sente que estaria disposto a «exceder-se» para ser o primeiro a adquirir um exemplar do livro. Se de facto só existisse um exemplar, ele estaria disposto a pagar 100 euros pelo livro (suponhamos que mais do que isso implicaria, para B, o sacrifício de outras necessidades que são prioritárias em relação à leitura do livro). A sua disposição máxima de pagar é, pois, de 100 euros, e qualquer preço abaixo dos 100 euros lhe é favorável (se o livreiro lhe doar o livro, tanto melhor).

– Sabemos já, neste contexto, que:

1) qualquer preço entre os 20 e os 100 euros é susceptível de ser aceite por ambas as partes;

2) um preço acima dos 100 euros seria óptimo para A, mas inaceitável para B;

3) um preço abaixo dos 20 euros seria óptimo para B, mas inaceitável para A;

4) se houver troca, seja qual for o preço (entre os 20 e os 100 euros), o bem-estar total (a soma do lucro do lado da oferta e do «excedente do consumidor» do lado da procura) gerado pela troca será sempre de 80 euros.

Ilustremos graficamente estes rudimentos de «análise de bem-estar»:

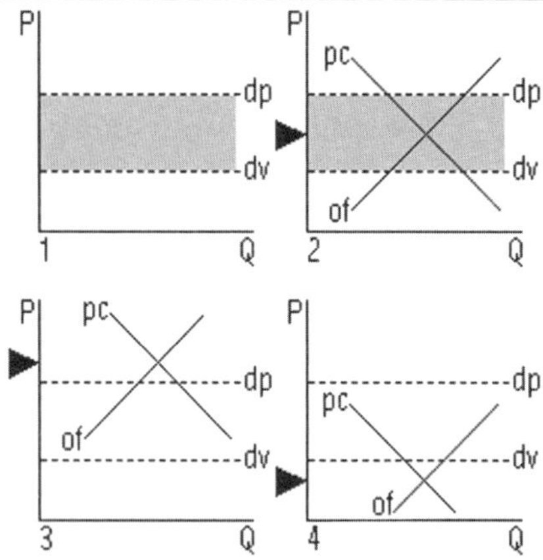

Gráfico 2:
P – preço
Q – quantidade
dv – disposição mínima de vender
dp – disposição máxima de pagar
pc – curva da procura
of – curva da oferta
1 – Área de contrato: *qualquer* preço no intervalo entre dv e dp traz benefícios a ambas as partes
2 – Um preço *dentro* da área de contrato permite que a transacção se realize
3, 4 – Um preço de equilíbrio acima ou abaixo da área de contrato impede que a transacção se realize (uma «perda absoluta de bem-estar»)

3.a) ***A justiça nas trocas e a «captura de bem-estar».***

Todavia, o facto de as partes se incentivarem mutuamente no sentido de facultarem a percepção recíproca da amplitude de ganhos totais resultantes do cumprimento contratual nada significa, como é óbvio, em termos de garantia de justiça nas transacções (entendida essa «justiça» *prima facie* como uma qualquer medida de equilíbrio na repartição do «bem-estar total» entre as partes).

Se as partes têm tudo a ganhar com a atitude de se incentivarem a contratar, já não têm tanto a ganhar com a adstrição prévia a uma atitude de perfeita conformidade com as expectativas geradas com a contratação – especificamente com a vinculação a um padrão qualquer de repartição entre elas dos ganhos totais resultantes da troca, seja o padrão de equilíbrio na onerosidade, seja o padrão do desequilíbrio na gratuitidade, seja todo o contínuo de soluções intermédias.

Com efeito, gerado um total de ganhos numa troca, esse total não é afectado pelas «capturas de bem-estar» a que as partes procedam no seu «braço-de-ferro negocial»[11]: que uma parte obtenha a maior parte do «bolo total» dos ganhos da troca em seu proveito e em detrimento da contraparte – que o vendedor consiga obter um preço próximo da disposição máxima de pagar do comprador, ou que este consiga o preço mais baixo possível, ou seja, o mais próximo da disposição mínima de vender – eis um resultado que, se não extravasar das fronteiras impostas pelas «disposições» (de pagar e de aceitar) das partes, e por isso não destruir a própria troca, não interferirá na eficiência económica do contrato; devendo lembrar-se que, nos termos do Gráfico 2, qualquer preço, *baixo ou alto*, que caia na «área de contrato» será, *ipso facto*, maximizador da eficiência.

Efectivamente, essa eficiência será total se o contrato promover a transferência de um bem económico das mãos de alguém que lhe dá menos valor para as mãos de alguém que lhe dá maior valor (das mãos de alguém que lhe atribui um valor inferior ao do preço de equilíbrio para as mãos de alguém que lhe atribui um valor superior ao do preço de equilíbrio). Pode por isso o preço afigurar-se objectivamente injusto, revelando um marcado desequilíbrio na repartição, entre as partes, das vantagens totais advenientes da transacção; mas, enquanto nenhuma das partes reagir contra essa «injustiça» – por exemplo, modificando a sua disposição de pagar ou de aceitar por forma a excluir «preços injustos» –, a troca dar-se-á e, no pres-

[11] Araújo, F. (2004), 72-73.

suposto de que não ocorreram faltas ou vícios de vontade, ela representará vantagem *objectiva para ambas as partes* (mesmo que uma vantagem desequilibrada)[12].

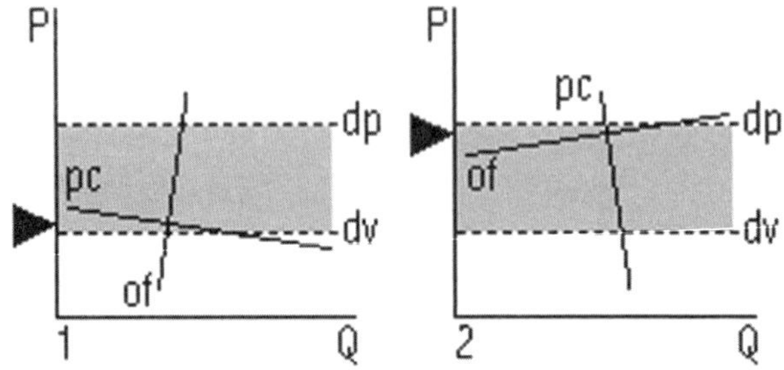

Gráfico 3:
P – preço
Q – quantidade
dv – disposição mínima de vender
dp – disposição máxima de pagar
pc – curva da procura
of – curva da oferta
1: preço eficiente (injustamente baixo?)
2: preço eficiente (injustamente elevado?)

Voltando ao exemplo numérico do livro:

– O bem-estar total gerado pela troca (antes de as partes, ou um supervisor externo, tentarem rectificar os respectivos termos em nome da «justiça») era de 80 euros, a diferença entre a disposição mínima de vender (de A) e a disposição máxima de pagar (de B).

– Esses 80 euros de bem-estar total poderão ser desigualmente repartidos, no «jogo de soma zero» que é a «captura de bem-estar» entre as partes. Por exemplo:

– se o preço for de 60 euros, cada uma das partes obterá uma quota-parte de bem-estar de 40 euros (no caso de A, 40=60-20; no caso de B, 40=100-60);

– se o preço for de 21 euros, A terá lucro de 1 euro (=21-20), B terá um «excedente do consumidor» de 79 euros (=100-21);

– se o preço for de 95 euros, A terá lucro de 75 euros (=95-20), B terá o seu «excedente de consumidor» reduzido a 5 euros (=100-95).

---

12 Araújo, F. (2004), 403ss.

– Nestes casos de repartição desigual, se a troca se fizer ainda, a sua eficiência não é afectada pois ela continua a gerar sempre o mesmo montante de bem-estar total (40+40=1+79=75+5=80).

Se quisermos pôr-nos em consonância com os pressupostos utilitaristas e maximizadores desta «análise de bem-estar», será difícil, sem resvalarmos no paternalismo, interferirmos na liberdade das trocas em nome da justiça, visto que, mesmo que admitamos a proeminência de uma *avaliação subjectiva* quanto à justiça contratual, deveremos respeitar a posição daquele que, apesar de se considerar *relativamente* desfavorecido, faz prevalecer na ponderação as vantagens *absolutas* que lhe advirão do facto de prosseguir a transacção: aquele que recusa uma transacção porque ela geraria para ele um excedente de bem-estar de *apenas* 5 euros, quando ele julgava legítimo um ganho mínimo de 40 euros, é inteiramente livre de não contratar – mas não pode escamotear o facto de perder 5 euros com essa sua atitude de recusa[13].

Com efeito, poderemos perfeitamente admitir, em termos gerais, que as partes «estreitem» as suas disposições de transaccionarem em função de uma «banda de preços» central, revendo as suas atitudes iniciais em pura reacção contra aquilo que percebam ser uma vantagem injusta da contraparte, destruindo até, no limite, o incentivo recíproco a contratarem (preferindo a perda de eficiência à injustiça do resultado)[14].

Assim, se porventura o vendedor subir a sua disposição mínima de aceitar um preço a ponto de ultrapassar a disposição máxima de pagar do comprador, ou este baixar aquela disposição máxima para um nível inferior ao da disposição de vender da contraparte, ou ambos modificarem, do mesmo passo e dessa maneira, as suas «disposições contratuais», a ponto de deixar de haver qualquer preço que satisfaça simultaneamente as duas partes, a transacção deixará pura e simplesmente de ter lugar: podendo então concluir-se, sem muito escândalo da nossa sensibilidade jurídica, que, com esse estreitamento das disposições de transaccionar, é a eficiência das trocas que é parcial ou totalmente sacrificada ao sentido de justiça de que as partes vinham munidas.

---

[13] Para não complicarmos imediatamente esta tão rudimentar abordagem do tema, ignoraremos por ora as vantagens estratégicas que podem estar conexas a uma recusa de contratar, ou a invocações de «justiça».

[14] Isso corresponde aos resultados apurados na experimentação com o «Jogo do Ultimato»: cfr. Araújo, F. (2004), 141ss..

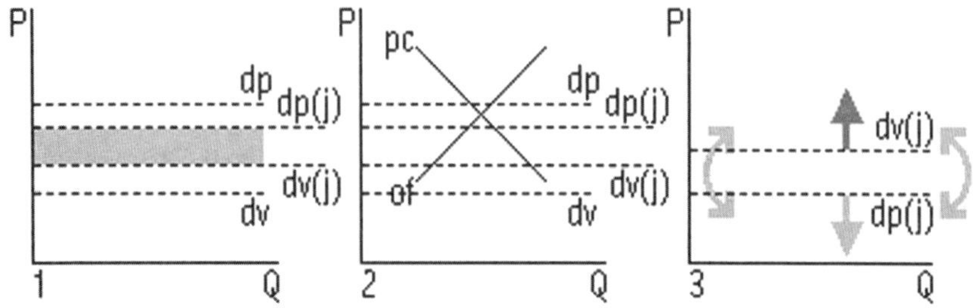

Gráfico 4:
P – preço
Q – quantidade
dv – disposição mínima de vender
dp – disposição máxima de pagar
dv(j) – disposição mínima de vender (revista por imperativos de justiça)
dp(j) – disposição máxima de pagar (revista por imperativos de justiça)
pc – curva da procura
of – curva da oferta
1 – «Estreitamento» da área de contrato
2 – Um preço de equilíbrio que caia na área de contrato já não serve às partes (nomeadamente, ao comprador)
3 – A disposição mínima de vender coloca-se a nível superior à disposição máxima de pagar: nenhuma transacção é possível entre *aquelas* partes, seja a que preço for

Ainda com o exemplo do livreiro:

– Suponha-se que, reagindo a uma proposta inicial que considera muito elevada, o comprador B rejeita qualquer preço acima dos 80 euros (por exemplo, ele passa a afastar a possibilidade de ir até aos 100 euros mesmo em condições mais extremas, por considerar que nessas condições mais extremas seria «injusto» deixar-se ser «vítima» da situação de necessidade e de rigidez em que se veria colocado); na prática, a sua disposição máxima de pagar reduziu-se para os 80 euros.

– Um preço de 95 euros asseguraria anteriormente a transacção, com um bem-estar total de 80 euros: mas o comprador prefere rejeitar o benefício de 5 euros que ainda lhe caberia, por não suportar a «injustiça» que para ele representaria o lucro de 75 euros alcançado pelo livreiro – e o resultado prático pode ser o de que, não baixando o preço, a transacção não se fará, não se transferirá o bem de A para B, não se gerará qualquer ganho imediato para qualquer das partes[15].

[15] Embora obviamente haja ganhos no desvio de recursos para empregos alternativos em relação àquele – ou seja, o «efeito de substituição», que permitirá que a ineficiên-

– Uma situação simétrica ocorrerá se o livreiro passar a rejeitar, por razões de «justiça», qualquer preço inferior a 30 euros, por exemplo.

– Suponhamos até que esse «estreitamento» das disposições de contratar ocorre bilateralmente, e com os valores que acabámos de indicar: nesse caso, as trocas só passariam a ter lugar caso se se chegasse a um preço entre os 30 e os 80 euros, e de antemão ficávamos a saber que, com mais ou menos equilíbrio na repartição do bem-estar entre as partes, passaria a haver menos bem-estar total para repartir, visto que este bem-estar total ficaria limitado aos 50 euros, a diferença entre a nova disposição máxima de pagar e a nova disposição mínima de vender.

– Em suma, ficávamos a saber que, em relação à situação inicial, as preocupações de «justiça» tinham já causado uma perda absoluta de 30 euros[16].

– Como indicámos (3.ª possibilidade no Gráfico 4), pode até ocorrer que a disposição máxima de pagar passe a ser inferior à disposição mínima de vender: por exemplo, A não aceitar menos de 60 euros, e B não achar justo pagar mais de 50 euros pelo livro – caso em que não haverá obviamente qualquer hipótese de ocorrer a transacção.

3.b) ***Falha comutativa e supervisão distributiva.***

Mesmo nestes termos tão simples e esquemáticos, poderá começar a vislumbrar-se já qual o principal inconveniente de uma supervisão «justiceira» sobre os contratos. É que mesmo que fosse possível a um supervisor aferir correctamente os interesses e valores em presença, mesmo que fosse possível dispor da informação com que as partes mutuamente se incentivam a contratar – ou estrategicamente ocultam informação uma à outra para maximizarem a sua própria «captura de bem-estar» sobre o contrato concluído –, mesmo que fosse admitida pelas partes a possibilidade

---

cia superveniente de uma transacção se transforme na eficiência (superveniente) de uma transacção que inicialmente seria sucedânea daquela.

16 «Perda absoluta» no sentido de ninguém beneficiar imediatamente com ela, visto ela bloquear transacções que seriam ainda possíveis nas «margens» da inicial Área de contrato – isto abstraindo, mais uma vez, de considerações estratégicas.

de o supervisor se lhes substituir na aferição e fixação de um «preço justo», ou «intervalo de preços justos», possivelmente uma bissectriz entre as «disposições reveladas» pelas partes, mesmo que tudo isso pudesse alcançar-se a um custo razoável, ainda assim é fácil de perceber que esse «estreitamento» administrativo do preço justo reduziria necessariamente – e reduz sempre que ocorre – o espaço de possibilidade de transacções, a «área de contrato» dentro da qual pode haver transacção eficiente, ou poderá mesmo, colocando o preço acima da disposição máxima de pagar ou abaixo da disposição mínima de vender, inviabilizar imediatamente qualquer possibilidade de transacção: custos elevados, ou mesmo custos extremos, em termos de perdas de eficiência[17].

Quererá isso dizer que toda a supervisão, toda a interferência «justiceira» no equilíbrio comutativo dos contratos, com o seu rasto de «esterilização do bem-estar» nas margens da disponibilidade das partes, é economicamente injustificável? Decerto que não:

a) seja porque, em certas circunstâncias, é só pelos resultados injustos que pode determinar-se que algo viciou a própria formação do contrato, destruindo o pressuposto de ausência de vício ou falta de vontade ou de liberdade, ou mais ambiciosamente o pressuposto de um contrato perfeito celebrado com plena racionalidade e com custos de transacção despiciendos – o pressuposto em que assenta a conclusão de que as transacções *livres* são veículos de promoção da eficiência colectiva[18] (como quando há interesses grave e ostensivamente lesados, quando ocorre uma «lesão enorme» que fere a consciência do julgador, permitindo gerar-se nele a convicção de que as partes não teriam aquelas disposições de transaccionar *se soubessem o que ele sabe*[19]);

b) seja porque a própria repetição de desequilíbrios nos ganhos advenientes das trocas pode agudizar a *desigualdade* a ponto de

---

[17] Sobre o conceito de «perda absoluta de bem-estar», cfr. Araújo, F. (2004), 418ss..

[18] Sobre os equívocos em torno do conceito de «custos de transacção» e respectivo impacto na «teoria do contrato», cfr. Posner, E.A. (2003), 829ss., 846ss..

[19] Daí a doutrina da «*unconscionability*» nos países de *common law*, uma doutrina que tem sido criticada, nos domínios da «*law and economics*», pelos seus pressupostos paternalistas e pelas suas consequências perversas, nomeadamente em matéria de racionamento de crédito aos consumidores, se se limitar, nos contratos, o recurso a estipulações aparentemente lesivas com a alegação de que são usurárias – cfr. Epstein, R. (1975), 293ss..

inviabilizar a continuação das trocas, prejudicando a própria parte «cronicamente ganhadora» com essa dissolução do ambiente contratual por cumulação de efeitos de «insustentabilidade míope» – um pouco como se espera que a «sofreguidão parasitária», destruindo o hospedeiro, acabe por revelar-se uma estratégia insustentável, suicidária, para o próprio parasita (poderia sintetizar-se, mais solenemente, que a acumulação de injustiças nas trocas acaba por revelar-se globalmente ineficiente, ao baixar a frequência das transacções)[20];

c) seja ainda porque, em caso de incumprimento, é preciso suprir a ausência do resultado esperado através de uma reconstrução contrafactual que – desapoiada obviamente nos factos – tem que alcançar, até em nome da preservação da confiança no instrumento jurídico contratual, e por isso também em nome da eficiência económica, um nível qualquer de reparação particular e de prevenção geral que deve assentar fundamentalmente numa avaliação que deixou de estar na disponibilidade das partes (mormente quando não se quadra já numa disposição de renegociar de uma delas, ou de ambas).

Em contrapartida, isso quer dizer, inequivocamente, que qualquer supervisão «justiceira» tem custos sociais não negligenciáveis: que não há nenhuma solução eficiente que seja universalmente tida por justa, e que em contrapartida não há justiça distributiva gratuita, não há justiça distributiva que não demova e inviabilize algumas transacções, que não trave a promoção livre e espontânea de riqueza, que não diminua o volume de transacções, que não empobreça[21].

É essa mesma razão de eficiência que explica também a preferência da teoria económica pela informalidade e consensualidade dos contratos: pela relevância jurídica do mero encontro de vontades que, representando-se as vantagens totais resultantes das transacções, se incentivam mutuamente a assumirem os compromissos relativos à formação e cumprimento dos contratos – um corolário mais da defesa da *liberdade económica*[22], tida agora, se não como a única, ao menos como a mais segura e inequívoca fonte daquela *justiça* que satisfaz os pontos de vista (opostos e complementares) das partes que contratam, e que ao contratarem depositaram

---

[20] Sobre as Teorias da Justiça, cfr. Araújo, F. (2004), 870ss.

[21] Sobre a tensão «eficiência – justiça», cfr. Araújo, F. (2004), 878.

[22] Eisenberg, M.A. (1995), 211ss.; Eisenberg, M.A. (1982), 741ss.; Trebilcock, M.J. (1993).

nesse acordo a esperança de que ele fosse o veículo privilegiado da promoção desse valor[23].

3.c) *O incentivo contratual ao incremento de eficiência.*

O tempo que medeia entre a formação e conclusão dos contratos, por um lado, e a verificação do seu cabal cumprimento, ou incumprimento, por outro, faz aumentar proporcionalmente os riscos – seja as contingências internas e externas susceptíveis de perturbarem o relacionamento das partes, seja os riscos de degeneração oportunista da conduta devida por cada uma das partes à outra – e daí que a juridicidade do vínculo contratual, a exigibilidade judicial do comportamento devido, a susceptibilidade de indemnização por frustração do crédito, estejam correlacionados com a duração dos contratos e com a sedimentação, através deles, dos nexos de interdependência económica[24].

Ora, como a história tem copiosamente demonstrado, a *liberdade* dos mercados não é, nem pode ser, *a-jurídica*: bem pelo contrário, ela está contingentemente dependente de um quadro jurídico estrito e sólido que não apenas facilite a interdependência induzindo uma normalidade de condutas e um ponto focal das expectativas (mormente aí onde essas características não ocorram espontaneamente por falta de conhecimento personalizado entre as partes envolvidas nas trocas – como se esperará que suceda em ambientes de generalizada impessoalidade e de massificação da interdependência)[25], mas forneça ainda normas supletivas que reduzam os custos de negociação de regimes e os ganhos de retenção estratégica de informação privativa, apresentando às partes tentadas pelo seu próprio oportunismo um quadro sancionatório que facilite o alinhamento da sua conduta pelos interesses que sejam objecto das suas estipulações[26].

Numa linguagem que já usámos, a plena força jurídica das obrigações emergentes do contrato, reduzindo o risco, faz aumentar as «disposições de transaccionar» de ambas as partes, aumentando o volume das tro-

---

[23] Craswell, R. (1991), 361ss.; Craswell, R. (2003), 910-911; Coleman, J.L. (1980), 550ss.; Jolls, C. (2000), 223ss..

[24] Sobre o tema da «tutela da confiança» no seio das relações contratuais duradouras, cfr. Frada, M.A.C.P.C. (2004), 559ss..

[25] Araújo, F. (2004), 75, 184-185.

[26] Craswell, R. (1989), 489ss..

cas e a eficiência do mercado na generalização de ganhos para *todos* os envolvidos. A menos que predomine uma avidez muito míope, qualquer pessoa que queira vincular-se livremente através de um contrato terá todo o interesse em que o Direito reforce *objectivamente* a seriedade do seu compromisso – em especial, insistamos, perante aqueles que, não dispondo de um conhecimento directo das suas qualidades pessoais, não o diferenciando de um pano de fundo de anonimato massificado, não podem contar com a fiabilidade do seu carácter ou com a profundidade moral dos seus protestos de boa fé[27].

O apelo ao Direito faz, pois, parte do incentivo mútuo às trocas que decorre entre pessoas que querem obter, de modo impessoal e *objectivo*, vantagens mútuas em contextos mutáveis de interdependência, tanto mais arriscados quanto mais alongados no tempo.

Voltemos ao exemplo do livreiro:

– Suponhamos agora que o comprador B encarrega o livreiro A de procurar um livro raro, Y, e imaginemos que, em atenção à raridade, os valores se alteraram um pouco, e que agora a disposição mínima de aceitar o encargo é de 100 euros, e a disposição máxima de pagar pelo livro Y é de 200 euros.

– Suponhamos ainda que A exige de B a entrega prévia de 150 euros, em pagamento do total – prefigurando-se assim a possibilidade de uma transacção que gerará equilibradamente 50 euros de «excedente de bem-estar» para cada uma das partes.

– Abramos duas hipóteses:

1) Ausência de um contrato válido[28].

– Se B deve confiar em A mas sabe que nada alicerça exteriormente a sua confiança, o mais natural é que B recuse a entrega desses 150 euros, e que por isso a transacção não tenha lugar (perdendose, pois, a hipótese de se gerar 100 euros de bem-estar).

– Porquê essa recusa? É que B, analisando as possibilidades de actuação de A, facilmente descobre que A tem uma vantagem estra-

---

[27] A percepção relativa ao acatamento generalizado do Direito fornece assim às partes, a baixo custo, uma informação que, de outro modo, poderia ser substituída por outro tipo de informação de baixo custo, a «estigmatização» que discriminaria, com maior margem objectiva de arbitrariedade, entre potenciais parceiros contratuais. Cfr. Araújo, F. (2004), 718ss., 817ss..

[28] Por falta de forma, por exemplo, ou por corrupção total do sistema judiciário que torne praticamente inexigíveis as prestações devidas.

tégica em não cumprir, apropriando-se dos 150 euros – solução que, fora de quaisquer outras considerações[29], lhe traz mais vantagens do que os 50 euros com que ficaria caso colaborasse.

– Assim sendo, B, por sua parte, passa a ter vantagem em não entregar o dinheiro a A, visto que é desse modo que minimiza as suas perdas: ainda que fosse a mesma a probabilidade de A entregar e não entregar o livro Y, a probabilidade de ganhos de 50 euros não compensaria a probabilidade de perdas de 150 euros – restando pois, a A, equilibrar perdas e ganhos através da opção da não entrega do dinheiro (opção que lhe garante que nada ganhará mas também nada perderá).

– Se esse «jogo de confiança» for de um só lance, a estratégia dominante aponta, pois, para a não-transacção[30]:

B \ A	Cumprir	Fugir com o dinheiro
Entregar o dinheiro	50 \ 50	-150 \ 150
Não entregar o dinheiro	0 \ 0	0 \ 0

– Como a estratégia dominante de A é «fugir com o dinheiro» caso B lho entregue – desfazendo pois a equiprobabilidade de cumprir e não cumprir –, a estratégia dominante de B passa a ser a de «não entregar o dinheiro», não se dando assim a transacção – apesar de a transacção, insista-se, ser a solução mais *eficiente*, já que geraria um bem-estar total de 100 euros (=50+50), enquanto que a solução da fuga com o dinheiro geraria um bem-estar total de 0 euros (=150-150), o mesmo que é assegurado com a «não-transacção».

2) Existência de um contrato válido.

– Se B sabe que pode recorrer à protecção jurídica para reagir ao incumprimento (no óbvio pressuposto de que esse recurso não será demasiado oneroso em termos de tempo e de recursos), é mais natural que aceite entregar os 150 euros a A, e que por isso a transacção tenha lugar.

– É que, no caso de o cumprimento ser plenamente exigível, tanto no plano jurídico como no plano dos factos:

---

[29] Novamente os ganhos e perdas relativos a relações contratuais longas – as estratégias complexíssimas de jogos «com aprendizagem» e com lances múltiplos.

[30] Sobre «estratégia dominante» e «jogo de lance único», cfr. Araújo, F. (2004), 642ss., 657ss..

– se B entregar os 150 euros e A cumprir, B receberá o livro Y, pelo qual estava disposto a pagar um máximo de 200 euros, averbando assim um excedente do consumidor de 50 euros, e A terá recebido 150 euros por se desincumbir de uma tarefa que teria igualmente desempenhado por 100 euros, averbando assim um lucro de 50 euros;

– se B entregar os 150 euros e A não cumprir, B deverá ser colocado na posição em que estaria se A tivesse cumprido, seja pela entrega de Y, seja pela entrega de uma quantia que seja reparadora da ausência de Y no património de B – por um mecanismo de indemnização que, *prima facie*, será perfeito na medida em que coloque *objectivamente* B numa posição de indiferença entre o cumprimento e o não-cumprimento de A, de certo modo *imunizando-o* contra as opções de A[31].

– Nesses termos, e caso não promova a reconstituição natural a expensas suas, A deverá restituir os 150 euros, e indemnizar B em 50 euros, o «excedente de consumidor» que teria resultado, para B, do cumprimento.

– Se esse «jogo do contrato» for de um só lance, a estratégia dominante passa a apontar, pois, para a transacção, para a colaboração das partes no cumprimento dos vínculos assumidos:

B \ A	Cumprir	Não cumprir
Contratar	50 \ 50	50 \ -50
Não contratar	0 \ 0	0 \ 0

– Passando a estratégia dominante de A a ser a de cumprir, se tal suceder A obterá um lucro de 50 euros (os 150 euros recebidos de B, deduzidos dos 100 euros da sua disposição mínima de aceitar), sendo que, se não cumprir, sofrerá um prejuízo de 50 euros (os 50 euros de indemnização que entregará a B, a acrescer à devolução dos 150 euros recebidos);

– Como a estratégia dominante de A é agora a de «cumprir», a estratégia dominante de B passa a ser a de «contratar», e por isso a transacção dá-se e gera um excedente total de 100 euros (=50+50), no caso igualitariamente repartidos entre A e B.

31 «Objectivamente» e «de certo modo» porque, para simplificarmos, não consideramos aqui factores psicológicos determinantes, de «aversão ao risco», de «efeito de dotação», etc., que levaremos em conta adiante.

Vemos assim como o Direito tem a virtualidade de promover as transacções eficientes, convertendo um jogo não-cooperativo num jogo cooperativo, por simples alteração do quadro de incentivos disponíveis para as partes[32].

Repare-se ainda que, nos dois quadros, só a solução cooperativa era de «soma positiva», sendo todas as outras opções de «soma zero». Poderíamos assim concluir que a promoção de eficiência consistiu no desvio de uma estratégia de soma zero em direcção a uma solução de soma positiva – de soluções improdutivas ou meramente redistributivas para a única solução produtiva, que é a da cooperação contratual.

Julgamos ter tornado claro aquilo que inicialmente designámos como a 1.ª finalidade económica para a disciplina contratual: *promover a cooperação através da conversão de jogos não-cooperativos em jogos cooperativos.*

4. **O risco moral.**

Nas relações contratuais duradouras, no domínio dos contratos «relacionais»[33], a assimetria informativa – o facto de as partes disporem de informação privativa, não-partilhada, que é relevante para o cumprimento das obrigações geradas pelo contrato – dá origem a uma «disfunção oportunista», que consiste essencialmente no facto de uma das partes, ou até ambas reciprocamente, poderem fazer degenerar a prometida conduta de cooperação numa conduta de apropriação de ganhos à custa dos interesses e expectativas da contraparte, sendo que:

– cooperar permitiria alcançar em pleno os objectivos de maximização dos ganhos totais visados através do contrato;

– não cooperar, ou «capturar» ganhos, será uma conduta de escopo redistributivo que na melhor das hipóteses antecipa a distribuição de «excedentes de bem-estar» que se conseguiria através da modulação final do preço, e que na pior das hipóteses se alcança

[32] Podendo acrescentar-se que, se o faz nos próprios jogos de um único lance, também o incentivará nos «jogos» de lances repetidos. Sobre os «jogos com aprendizagem», cfr. Araújo, F. (2004), 666ss..

[33] Macneil, I.R. (1978), 856-861, 886-899, 902-905; Macneil, I.R. (1974), 735-744; Williamson, O.E. (1985), 68-72; Williamson, O.E. (1996), 395-396.

à custa dos ganhos totais, ou seja, com ganhos «predatórios» que não contrabalançam as perdas mais extensas que são abusivamente causadas à contraparte[34].

O problema costuma ser analisado nos termos da «Teoria da Agência», que se centra na análise da interdependência estratégica entre uma parte contratual que comete tarefas ou valores a outra, e por isso tem que confiar (o comitente, o «principal», o mandante, o patrão, o cliente, de certo modo todo o credor), e a contraparte que, protegida por uma assimetria informativa que a beneficia – e que por isso pode dificultar a detecção de abusos ou a reacção a eles – é tentada a defraudar, em proveito próprio, o crédito que nela é depositado, violando a confiança (o comissário, o «agente», o mandatário, o trabalhador, o profissional, até certo ponto todo e qualquer devedor)[35].

Aproximando a abordagem do tema da matriz mais geral da Teoria dos Jogos, dir-se-á que, no contexto de uma relação contratual duradoura, a adstrição a uma conduta devida – o dever ou compromisso contratual – evolui em tensão, e contradição, com a oportunidade de ganho não-cooperativo à custa dos interesses e expectativas da contraparte, em especial na medida em que essa contraparte esteja prisioneira do confinamento da sua informação ou de um entendimento muito estrito (ou «sagrado») da assunção dos seus deveres, ou na medida em que essa contraparte esteja «anestesiada» pela confiança no sistema jurídico ou na espontaneidade do cumprimento das obrigações emergentes do contrato.

Mas como constatámos que é a seriedade do compromisso que evidencia à contraparte as vantagens da cooperação e lhe fornece o decisivo incentivo para contratar, a parte que beneficiaria com o crédito que outrem nela depositasse tem um interesse crucial em desfazer equívocos quanto à sua fiabilidade, quanto à estabilidade e previsibilidade da sua conduta, quanto à seriedade das suas declarações e intenções – sob pena de se ver privado de oportunidades de participar em transacções incrementadoras do seu próprio bem-estar.

---

[34] O que significa, como vimos, que a não-cooperação pode redundar, no final, num improdutivo «jogo de soma zero», de mera transferência, em que os ganhos do «abusador» são as perdas da parte inocente, mas pode também redundar num «jogo de soma negativa» em que as partes retraem a sua «disposição» de negociarem e contratarem, «indispondo-se» a cooperarem a alguns dos possíveis preços de equilíbrio, ou a todos os preços – destruindo as vantagens do «predador» que não sobrevive à própria «vítima».

[35] Araújo, F. (2004), 744ss..

Essa a razão pela qual essa parte presta garantias de cumprimento, constituindo-se refém delas, procurando por essa via sinalizar que, agravados com o seu consentimento os termos do jogo – reduzidos ou eliminados os ganhos de um abuso oportunista, de uma «captura», da sua parte –, a quebra do compromisso será muito evidente e penalizada.

E essa também a razão pela qual o oportunismo, o abuso – o «risco moral»[36] – no cumprimento dos contratos dependem crucialmente de assimetrias informativas que tornam indetectáveis essas patologias, ou tornam difícil a reacção contra aquelas que sejam detectadas.

Entre pessoas que se desconhecem e no entanto necessitam de cooperar, as marcas ostensivas da *boa fé* são um requisito «sinalizador» de credibilidade[37]. E assim diremos que, para que se forme uma relação contratual duradoura susceptível de gerar benefícios bilaterais, a vontade contratual «jurígena» deve orientar-se, do modo menos equívoco possível, para a formação de uma *obrigação*, de um vínculo credível de adstrição a um compromisso – de modo a vencer a desconfiança da parte que ficará duradouramente exposta à predação oportunista no seio do próprio contrato; de modo, em suma, a vencer a não-cooperação como estratégia dominante (e, diríamos, como «estratégia contagiante»).

A existência de assimetria informativa e de «barreiras à transparência» no seio dos contratos explica-se em larga medida pela natureza de «bem público» que amiúde é assumida pela informação[38]: por exemplo, o escrupuloso vendedor de carros que avisa os seus clientes de que os veículos que vende são mais perigosos do que aquilo que eles julgam não só não pode internalizar os benefícios da informação que presta (nenhum cliente lhe pagará por essa informação depois de a ter obtido) como suportará os custos adicionais das vendas perdidas – no fundo, externalizando positivamente também para os vendedores concorrentes, incluindo nestes aqueles que omitem, nas suas negociações contratuais, as informações que ele forneceu[39] – não parecendo que, ao contrário do que sugerem as doutrinas de defesa do consumidor, aqui jogue um grande papel o poder de mercado de que o vendedor disponha.

Isto não é aduzido, note-se, como argumento favorável à supervisão paternalista, até porque, quanto ao impacto do erro na configuração dos

---

[36] Sobre «risco moral», cfr. Araújo, F. (2004), 535ss..

[37] Sobre a «sinalização», cfr. Araújo, F. (2004), 534, 730ss..

[38] Araújo, F. (2004), 707, 722-723.

[39] Beales, H., R. Craswell & S.C. Salop (1981), 505-508.

negócios, não se vê razão para se subestimar a capacidade das partes para racionalmente estipularem entre elas um clausulado que bilateralmente minimize os efeitos de qualquer erro: sabendo elas que podem cometer erros que podem tornar o cumprimento mais custoso para o devedor ou menos valioso para o credor[40], admitir-se-á que possam recobrir muitas das contingências por uma adequada distribuição de riscos, embora em contrapartida se possa admitir que há contingências que elas não são capazes de prever porque, se previssem, não teriam contratado – os erros que atingem pontos «essenciais», a «base do negócio» –, e se deva admitir que os custos de transacção podem ser tão elevados que na prática as partes acabam por se resignar a só resolverem *ex post* essas margens de erro[41].

Isso reforça a noção de que o erro negocial é passível de uma gestão estratégica[42], seja a do devedor que gere o seu conhecimento privilegiado sobre a probabilidade de cumprimento[43], seja o das partes que mutuamente investigam, *ex ante*, as capacidades de cumprimento das potenciais contrapartes contratuais[44].

Regressando agora ao nosso exemplo quantificado:

– Mesmo num contexto de fragilidade dos compromissos contratuais, na ausência de um contrato válido (pelas razões já aduzidas), o livreiro A pode aceitar uma antecipação de pagamento que seja ostensivamente inferior aos lucros que lhe adviriam do cumprimento – mesmo que isso o exponha agora à conduta oportunista da parte do comprador B, visto que passa a existir a possibilidade de B se recusar a entregar o restante da quantia devida, provocando danos a A.

40 Tendo consciência dos riscos semânticos do emprego das expressões «credor» e «devedor» no âmbito dos contratos bilaterais – nos quais por definição cada uma das partes ocupa simultaneamente as duas posições –, mesmo assim corremo-los por interesse de simplicidade, seguindo aliás aquilo que o nosso legislador fez já no próprio Código Civil.

41 Na verdade, nesta segunda hipótese, não tanto um erro mas um intencional «desleixo regulatório», uma variante privatística da «ignorância racional» hoje tão proeminente na análise económica dos fenómenos eleitorais. Especificamente, o que as partes admitem é que o custo para o devedor ultrapassa o valor para o credor (caso em que haverá interesse bilateral na desvinculação), ou que o preço ultrapassa o valor (caso em que interessa ao credor desvincular-se), ou que o custo ultrapassa o preço (caso em que interessa ao devedor desvincular-se). Cfr. Rasmusen, E. & I. Ayres (1993), 315-332; Araújo, F. (2004), 1049ss..

42 Aghion, P. & B. Hermalin (1990), 381ss..

43 Craswell, R. (1989b), 365ss.; Shavell, S. (1994), 20ss..

44 Craswell, R. (1988b), 401ss.; Diamond, P.A. & E. Maskin (1979), 282ss..

– Suponhamos que A aceita receber 25 euros, do total de 150 euros que são convencionados – e deixemos para mais tarde as complicações resultantes de atitudes oportunistas de B.

– Nesse caso, e mesmo na ausência de um contrato válido – e portanto na ausência de regras determinadas quanto ao regime a que obedeceria a devolução do «sinal» –, a estratégia dominante de A é a de cumprir o acordo, e a de B será a de entregar a antecipação do pagamento.

B \ A	Cumprir	Fugir com o dinheiro
Entregar 25 agora, 125 depois	50 \ 50	-25 \ 25
Não entregar 25 agora	0 \ 0	0 \ 0

– É que, nesta nova situação, A ganhará 25 euros se fugir com o dinheiro, mas ganhará 50 euros se cumprir (recebendo de B um total de 150 euros, dos quais deduzirá os 100 euros da sua disposição mínima de aceitar um preço).

– A estratégia dominante de A passa a ser a de cumprir; e, na medida em que se aperceba disso, B também terá por estratégia dominante entregar os 25 euros em antecipação do pagamento, e mais tarde os restantes 125 euros.

– Mesmo sem um contrato válido a vinculá-las, as partes alcançam já, com esse expediente de pagamento, uma via para a cooperação.

O quadro ficará mais claro ainda se passarmos para a hipótese de um contrato válido, por exemplo com uma regra de restituição em dobro da quantia antecipadamente entregue (como a regra do art. 442.°, 2).

– Nesse caso, se A não cumprir terá que devolver a B a quantia recebida e indemnizá-lo noutro tanto, ficando portanto a perder 25 euros, e B a ganhar 25 euros; em contrapartida, já sabemos que se A cumprir tanto ele como B verão o seu bem-estar aumentar em 50 euros cada um – sendo portanto a opção de contratar e cumprir a estratégia claramente dominante.

B \ A	Cumprir	Não cumprir
Contratar	50 \ 50	25 \ -25
Não contratar	0 \ 0	0 \ 0

5. A dimensão da confiança, o «contrato perfeito» e a partilha da informação.

Mais do que constituir, nalgumas circunstâncias, uma estratégia dominante para ambas as partes, o compromisso ainda se afigura mais crucial se ponderarmos o facto de a interdependência contratual ser meramente *instrumental* face à prossecução de finalidades económicas prosseguidas independentemente por cada uma das partes – pelo que cada uma delas pode fazer múltiplas actividades, interesses, projectos, finalidades, dependerem da satisfação dos seus créditos, da verificação das expectativas que depositou *naquela* contraparte (mesmo que inicialmente se tenha limitado a depositar confiança impessoalmente nos mecanismos do comércio e nas salvaguardas do Direito).

– Por exemplo, o comprador B pode depender da entrega do livro para concluir um relatório contra o qual lhe será atribuída uma bolsa de investigação, e contando com o cumprimento de A recusou a oferta de C, que se comprometia a encontrar o livro Y até num prazo mais curto do que aquele a que A se encontrava vinculado.

– Por seu lado, o livreiro A aceitou receber apenas 25 euros para dar início à sua busca do livro Y, mas quando o encontra e o adquire já incorreu em 100 euros de despesas, e se porventura B não cumpre a sua parte – facto apesar de tudo pouco provável, já que não corresponde à estratégia dominante *ex ante*[45] – o livreiro averbará um prejuízo de 125 euros (os 150 euros que deveria receber no total, deduzidos dos 25 euros já entregues).

Esta dimensão da «confiança», do desenvolvimento de planos de realização económica assentes na pressuposição de que o contrato será cumprido e de que os respectivos efeitos poderão integrar-se naquele desenvolvimento – afinal, a tradução pragmática daquela crença num estado de coisas, numa representação da realidade[46] que constituiu a «mola impulsora» da vontade contratual, o incentivo básico para as transacções –, reforça especialmente a necessidade de cuidado na formação dos contra-

[45] B perderia 25 euros a troco de nada, houvesse ou não contrato válido. O quadro não será o mesmo se entretanto se verificar uma alteração das circunstâncias que, modificando a matriz de ganhos e perdas para cada uma das partes, possa destruir *ex post* os incentivos para o cumprimento. Voltaremos de seguida a este ponto.

[46] Frada, M.A.C.P.C. (2004), 592.

tos, e em especial, como já referimos, no esforço de emitir os sinais adequados, os mais idóneos e inequívocos, os mais reveladores da partilha de intenções e de entendimentos quanto aos objectivos prosseguidos através do contrato.

Como é evidente, nem todos os esforços dirigidos à erradicação de vícios e faltas de vontade aquando da formação do contrato impedirão a eclosão de atitudes oportunistas de «captura de bem-estar» e até de «destruição de bem-estar», seja por força de uma bem sucedida sonegação, durante as negociações, de informação estrategicamente relevante[47], seja por alteração das circunstâncias, seja por exploração das clareiras e interstícios que resultam do quadro legal ou das estipulações convencionadas, neste último caso por força da inevitável margem de incompletude contratual – uma incompletude que deriva do facto de as negociações contratuais não poderem eternizar-se, e deverem concluir-se quando não podem estar ainda previstas ou recobertas todas as contingências futuras susceptíveis de interferirem com o cumprimento.

Quanto a este último ponto, adiantemos que, para a teoria económica, um *contrato perfeito* seria aquele que preenchesse dois requisitos:

1) ser *completo*, no sentido de recobrir *ex ante* todas as contingências, e de promover a total partilha de informação e a transparente distribuição do risco contratual entre as partes;

2) ser *eficiente*, no sentido, já nosso conhecido, de permitir a maximização de bem-estar pela transferência de recursos da parte que lhes atribua menos valor para a parte que lhes atribua maior valor, e pela distribuição do risco em função da facilidade de qualquer das partes tenha em suportar esse risco[48].

Já que a «confiança» que pode emergir no seio das relações contratuais depende da distribuição da informação no seio de um contrato, sublinhemos a esse respeito alguns pontos adicionais:

– a eficiência reclama que a informação e o controlo dos bens convirjam, aos menores custos (de transacção), nos mesmos agentes,

---

[47] Uma parte não revela à outra a totalidade dos seus intuitos contratuais, por exemplo a plenitude da sua «disposição» de aceitar termos contratuais eventualmente favoráveis à contraparte, as suas expectativas quanto ao risco ou à duração da relação contratual, ou ainda a sua definição do que seja o núcleo essencial de deveres de cujo cumprimento faz depender, quer a sua satisfação creditícia, quer a sua caracterização do resultado como incumprimento ou como cumprimento defeituoso.

[48] Posner, E.A. (2003), 829ss.; Ayres, I. (2003), 881ss.; Craswell, R. (2003), 903ss..

tornando-se por isso prioritário que, seja por aquisição de informação pela parte menos informada seja por transmissão dos bens para a parte mais informada, o resultado contratual esbata as assimetrias informativas;

– por essa mesma razão, tende a ser eficiente a supervisão, e a repressão exógena, de tudo aquilo que, no seio de uma relação contratual, cause o afastamento da informação face ao controlo, nomeadamente situações inquinadas pelo erro (unilateral ou bilateral), pelo dolo, ou pela reserva mental[49];

– é mais eficiente a partilha de informação «produtiva», isto é, daquela informação que é susceptível de incrementar os valores totais do bem-estar em jogo numa troca económica, aproximando entre eles sujeitos com «disposições negociais» compatíveis, revelando as «disposições» máximas e mínimas entre partes que negoceiam, ou seja a amplitude total da «área de contrato» que se converterá, consumada a transacção, em «bem-estar total» – admitindo-se que exista, na circulação deste tipo de informação, até uma componente «de mérito», ou de «externalização positiva»[50], visto que se trata da geração de «oportunidades de negócio», de fomento das trocas –;

– é menos eficiente (mas ainda é eficiente) a partilha de informação meramente «redistributiva», isto é, daquela que se limita a influir na formação de um preço mais elevado ou mais baixo dentro do «braço-de-ferro» que é a «captura de bem-estar» entre partes que estão empenhadas em transaccionar maximizando o seu próprio bem-estar à custa da minimização do bem-estar da contraparte – admitindo-se também que nem mesmo razões de justiça imponham um padrão muito restritivo de simetria informativa numa área «redistributiva» em que se consente uma margem de exploração estratégica das assimetrias entre as partes (como é espelhado no art. 253.°, 2)[51];

---

[49] Rasmusen, E. & I. Ayres (1993), 309ss.; Kronman, A.T. (1978), 1ss..

[50] Araújo, F. (2004), 797ss..

[51] Assim, por exemplo, por razões de eficiência deveria ser incentivada a partilha de informação sobre uma inovação tecnológica que reduzirá os custos de cumprimento, por cada uma das partes, das suas obrigações contratuais; mas nenhuma razão de eficiência imporá que uma parte revele à outra uma informação que lhe permita alcançar, à custa da outra, meras vantagens especulativas. Todavia, a fronteira esbater-se-á se considerarmos múltiplos exemplos de utilização perversa (por exemplo, de utilização especulativa) de informação «produtiva» publicamente revelada – por absurdo, deverá impor-se, por razões de eficiência, que as partes no contrato disponham precisamente do mesmo grau de

– a eficiência impõe ainda a partilha de informação «de segurança», isto é, daquela que manifestamente contribui para a diminuição da probabilidade de lesão dos interesses das partes, tanto os interesses contratuais como até os interesses extra-contratuais que se adensem pelo aumento da interdependência negocial.

Tudo razões, pois, para o Direito se afadigar na disponibilização de meios que facultem a formação e partilha de informação no momento de formação dos contratos. **Sendo esta, como inicialmente referimos, a 2.ª finalidade económica para a disciplina contratual: *promover a circulação e partilha da informação entre as partes num contrato.***

6. Eficiência no cumprimento, internalização, interesse positivo e vinculação óptima.

Como vimos já, a existência ou inexistência de um contrato válido e de obrigações perfeitas emergentes de um tal contrato faz toda a diferença em termos de incentivos à cooperação – ao menos, insistamos, no que respeita à cooperação entre partes não ligadas por nexos de confiança pessoal –.

Por isso, um dos objectivos económicos do Direito é o da promoção da eficiência através do incentivo à «vinculação óptima» dos devedores – entendendo-se por «vinculação óptima» aquela que maximiza as probabilidades de cumprimento das obrigações contratuais. **Lembremos ser esta a 3.ª finalidade económica que inicialmente apontámos para a disciplina contratual: *incentivar a vinculação óptima ao contrato.***

Se as duas partes não se conheciam antes de encetarem contactos negociais, se não têm conhecimentos comuns (que possam mediar nas negociações ou possam arbitrar os litígios) nem estão sujeitas aos efeitos disciplinadores da pertença a uma «rede de influências» ou da actuação numa pequena comunidade fechada (nas quais possam imperar eficazmente normas extra-jurídicas)[52], e se não tencionam rever-se uma vez ter-

informação relativamente à tecnologia disponível? Será justo que se imponha a uma das partes a obrigação de partilhar com a outra informação que, habilitando essa outra a desempenhar as mesmas funções com o mesmo grau de eficiência, em última análise dispensa a divisão de trabalho, faz colapsar a complementaridade e destrói as trocas? Cfr. Cooter, R. & T. Ulen (2004), 281ss..

[52] Araújo, F. (2004), 758ss..

minada a duração prevista para a relação contratual, é natural que encarem a estratégia da sua relação em termos mais limitados, seja quanto à extensão temporal, seja quanto à multiplicação e adensamento de sucessivos lances em que decorre o seu «jogo».

Podem até, no extremo – sobretudo se a relação contratual não for duradoura – comportar-se de acordo com o paradigma do «jogo de lance único», agindo sem grande consideração estratégica e com visível indiferença pelo quadro de reacções que as suas próprias acções podem provocar na contraparte.

E no entanto, não é realista ocultar-se o peso que as sanções extra-jurídicas podem ter no condicionamento da conduta das partes, desde o primeiro momento, e mesmo nos «jogos de lance único»[53] – pelo que se afigura demasiado restritiva, a maior parte das vezes, a insistência no «*quid pro quo*» das atribuições patrimoniais, na «*consideration*» que complementaria, como um «título» e um «modo»[54], a eficácia meramente obrigacional de alguns contratos – porque há-de convir-se que a primeira motivação de qualquer das partes pode muito bem ser reportada a valores exteriores ao contrato, seja a sua reputação no seu meio ou no seu «mundo dos negócios», seja apenas a exigência moral de ver respeitada a sua vontade de vinculação séria a deveres jurídicos.

Numa situação «de lance único» (seja ela real, seja ela meramente distorcida pela «miopia estratégica» de uma das partes, ou de ambas) é de admitir que o devedor não leve em consideração senão o «custo directo» do incumprimento, o montante indemnizatório que sobre ele recairá, ponderando-o com o custo do cumprimento – e abstraindo de tudo o resto, como por exemplo dos custos que para ele podem decorrer da reacção da contraparte ao seu incumprimento, dos custos advenientes da perda de reputação (da degradação da sinalização de idoneidade), dos custos de oportunidade conexos com a estigmatização subsequente à reacção jurídica ou à ostracização social (o peso das sanções extra-jurídicas), etc.[55].

Nessa forma mais elementar e esquemática do devedor egoísta e «imediatista» num contexto «de lance único», de baixa «densidade estratégica», é de esperar como conduta racional:

A1) o *cumprimento*, se o valor da indemnização por incumprimento for superior aos custos do cumprimento;

---

53 Goetz, C. & R. Scott (1981), 1149-1150.

54 Leitão, L.M.T.M. (2003), 198n391; Leitão, L.M.T.M. (2002b), 21ss..

55 Sobre a relevância dessas considerações num relacionamento longo em que podem adensar-se oportunidades de retaliação, cfr. Araújo, F. (2004), 647ss..

A2) o *incumprimento*, se o valor da indemnização por incumprimento for inferior aos custos do cumprimento.

Independentemente de considerações de justiça, de segurança, de tutela de expectativas, e outras, que necessariamente condicionariam uma análise mais panorâmica do tema, e não deixariam de ditar o critério último da racionalidade económica nas transacções, é possível, ainda a um nível mais «imediatista» e olhando-se agora para os valores em presença de ambos os lados da relação contratual, avaliar as condições daquilo que possa entender-se por «cumprimento eficiente» das obrigações emergentes dos contratos, considerando-se que:

B1) o cumprimento será *eficiente* se os custos para o devedor forem inferiores aos benefícios para o credor;

B2) o cumprimento será *ineficiente* (e o *incumprimento eficiente*) se os custos para o devedor forem superiores aos benefícios para o credor.

Da combinação das proposições precedentes, concluir-se-á que elas serão equivalentes (A1 e B1, A2 e B2) no caso de a indemnização por incumprimento ser igual ao valor dos benefícios que o credor obteria e deixou de obter por força desse incumprimento.

De novo muito esquematicamente, podemos sintetizar:

C1) ocorrerá um *cumprimento eficiente* se os correspondentes custos para o devedor forem inferiores:

a) ao valor da indemnização por incumprimento;

b) aos benefícios que, para o credor, adviriam do cumprimento;

C2) ocorrerá um *incumprimento eficiente* se os custos do cumprimento para o devedor forem superiores:

a) ao valor da indemnização por incumprimento;

b) aos benefícios que, para o credor, adviriam do cumprimento.

A conclusão que de imediato parece impor-se é a de que, para se incentivar sempre o cumprimento e o incumprimento eficientes, bastará fixar-se o valor da indemnização por incumprimento com base no cálculo do «excedente de bem-estar» que, do cumprimento, resultaria para o credor, a contraparte «inocente». A ser assim, o cumprimento e o incumprimento eficientes seriam sempre assegurados por um cálculo de indemnização que se limitasse a assegurar a «internalização» dos custos imediatos do incumprimento para ambas as partes no contrato[56-57].

Em termos um pouco mais técnicos, a eficiência reclamará uma indemnização calculada de acordo com o *interesse contratual positivo*, o interesse que o credor terá em ser colocado na posição em que estaria se a obrigação contratual tivesse sido cumprida, ou em receber um equivalente económico dessa posição: «*a situação que existiria, se não se tivesse verificado o evento que obriga à reparação*», nos termos do art. 562.°[58], uma reconstrução hipotética temperada pelos juízos de probabilidade impostos pelo art. 563.°.[59]

A eficiência reclamará, pois, seja a reconstituição natural, seja um equivalente monetário que incorpore o «incremento de bem-estar» que resultaria 1) da transacção e 2) de uma «captura de bem-estar» entre as partes que redistribuísse o bem-estar total entre elas – sendo que o resultado dessa captura pode já estar fixado no momento do incumprimento, se porventura já existe um preço acordado entre as partes, tendo que admitir-se, no caso de não estar fixado, que a reconstituição hipotética dos danos, de acordo com a «Teoria da Diferença»[60], deva equitativamente reconhecer a possibilidade de o inadimplente ter tido um grau de sucesso nessa «captura»[61].

Recordemos o quadro já utilizado para caracterizar o «jogo» num contrato válido e gerador de obrigações perfeitas:

- Sublinhemos agora que já aí se subentendia que a indemnização se pautaria pelo interesse contratual positivo, colocando o comprador B numa situação de plena indiferença (económica) perante as atitudes do livreiro A, obtendo em ambos os casos um «excedente» de 50 euros;

---

56 Excluindo-se aqui, por razões de simplificação, os efeitos sobre terceiros.

57 Sobre a «óptica pigouviana» da «internalização», cfr. Araújo, F. (2004), 943ss..

58 Leitão, L.M.T.M. (2003), 401ss.; Leitão, L.M.T.M. (2002), 246-247.

59 O argumento da superior eficiência da regra da indemnização do interesse contratual positivo, depois tantas vezes retomado, terá sido formulado pela primeira vez em: Barton, J.H. (1972), 277ss.. Cfr. Goetz, C. & R. Scott (1979), 323ss.; Shavell, S. (1980), 466ss..

60 Sobre a «Teoria da Diferença», cfr. Leitão, L.M.T.M. (2003), 402-403.

61 Daí não apenas a solução equitativa que é reclamada pelo n.° 3 do art. 566.°, mas também a indicação, no n.° 1 do mesmo artigo, de que o sucedâneo monetário pode ser mais justo do que uma reconstituição natural que seja excessivamente onerosa para o devedor (e não apenas porque se tenha supervenientemente tornado mais onerosa).

– Esse resultado só seria possível porque A se veria forçado a «internalizar» completamente os custos do não cumprimento, tendo que devolver o preço de 150 euros e tendo que indemnizar em 50 euros, precisamente a quantia correspondente à «perda de bem-estar» registada por B com o incumprimento.

B \ A	Cumprir	Não cumprir
Contratar	50 \ 50	50 \ -50
Não contratar	0 \ 0	0 \ 0

Assentemos, pois, no princípio geral de que uma indemnização que *internalize perfeitamente* os custos do incumprimento no património do devedor incentiva esse devedor a assumir o compromisso contratual eficiente – especificamente, incentiva-o a cumprir quando o cumprimento é economicamente eficiente, e *incentiva-o a não cumprir* no caso oposto. *Incentiva-o a não cumprir* – sublinhemos.

Mas é porque pode incentivar o devedor a não cumprir que a indemnização pelo interesse contratual positivo pode não bastar para promover a cooperação das partes e o cumprimento dos contratos em todos os casos – mormente nos casos em que essa cooperação e esse cumprimento devam pautar-se pela consideração de valores que alegadamente sejam mais sólidos do que os que resultam da mera consideração dos ganhos imediatos de eficiência: casos como aqueles que veremos de seguida, em que a indemnização se centra na consideração do interesse contratual negativo, na consideração do «dano de confiança»[62].

6.a) ***Pode esperar-se a racionalidade, e qual?***

Antes de prosseguirmos, e antes de nos tornarmos suspeitos de demasiada ingenuidade quanto à esperança depositada na «Teoria dos Jogos» ou em paradigmas que atribuem impecável racionalidade às partes contratuais, advirtamos que a análise económica é hoje suficientemente sofisticada para ter absorvido em pleno as implicações da irracionalidade e da

---

[62] Para uma abordagem genérica, do prisma civilístico (não-económico) das relações entre dano «de confiança», interesse «de cumprimento» e tutela «positiva» e «negativa» dos valores em causa no inadimplemento contratual, cfr. Frada, M.A.C.P.C. (2004), 662ss., 673ss..

«racionalidade limitada», só não as submetendo a uma incorporação explícita em *todos* os seus esquematismos por simples necessidade de simplificação analítica[63].

Um exemplo bastará para ilustrarmos este ponto, o do jogo do «concurso de beleza»[64]:

– Suponha-se que se propõe a cada pessoa, dentro de um grupo, que escolha um número entre 0 e 100 que corresponda a 2/3 da média da escolha de todos os outros, atribuindo-se um prémio à pessoa (ou pessoas) que acertar nesse número.

– Se toda a gente usasse de uma racionalidade impecável e ilimitada, todos escolheriam o zero (2/3 de zero é ainda zero); se todos escolhessem o zero, todos ganhariam o prémio nesse «equilíbrio de Nash», do qual ninguém teria um incentivo para se desviar[65].

– Acontece, porém, que muita gente escolhe números superiores ao zero, seja por irracionalidade, seja por não perceber bem a estrutura do jogo, seja por imaginar a possibilidade de aumento de probabilidades através de um desvio face à «estratégia dominante».

– Nesse caso – e é aqui que o problema ganha uma enorme complexidade –, o que deve uma pessoa *racional* fazer? O que é que a *racionalidade* ditará?

– Escolher o zero como se ainda existisse um equilíbrio de Nash, o que no caso não lhe garantirá a vitória no jogo (pelo contrário, garantir-lhe-á a perda)?

– Escolher um número superior a zero assente numa percepção da distribuição de racionalidade limitada entre os demais jogadores (fugir do próprio «equilíbrio de Nash»)?

– Vê-se como o problema pode ser complicado, intratável até, fugindo a qualquer solução directa e esquemática, como as que associaríamos a uma versão pouco sofisticada da «Teoria dos Jogos».

---

63 Araújo, F. (2004), 41ss..

64 Kreps, D.M., 168ss.; Posner, E.A. (2003), 875ss..

65 Todos os outros números seriam «desequilibrados»: começando por imaginar, por exemplo, que a média dos números escolhidos é 50, cada pessoa escolheria indicar 2/3 desse número, ou seja 34; só que se todo o mundo indicasse o número 34, ganharia aquele que indicasse 2/3 de 34, ou seja 23, e assim sucessivamente até se chegar ao zero. Cfr. Baird, D.G., R.H. Gertner & R.C. Picker (1994), 19-23. Cfr. ainda, sobre o «equilíbrio de Nash», Araújo, F. (2004), 623ss., 646ss..

7. Onerosidade superveniente e incumprimento eficiente face à tutela do interesse positivo.

Poderá causar estranheza que se considere a ponderação dos custos de cumprimento e de incumprimento separadamente do momento inicial de legitimação do compromisso contratual, que é o da própria negociação e estipulação contratual – podendo admitir-se a concepção «absolutista» de que a autonomia contratual só ganha verdadeiro sentido se ela recobrir todas as contingências do cumprimento, constituindo-se em garantia inamovível das expectativas das partes quanto à vinculabilidade das obrigações contratuais, numa sacralização do «*pacta sunt servanda*».

Todavia, um mínimo tributo ao realismo ditará a necessidade de reconhecimento do peso que a alteração das circunstâncias tem no conteúdo *económico* das prestações devidas – ainda quando outros valores do Direito sobrelevem e venham impor a desconsideração jurídica da maior parte dessas variações de conteúdo económico, ao menos em termos de poderem relevar como *justificações* para o incumprimento –[66].

E o mesmo mínimo de realismo levará a reconhecer-se a já aludida incompletude dos contratos, a circunstância que deriva da inviabilidade (temporal, económica) de prolongar indefinidamente as negociações e as estipulações na vã esperança de recobrir *ex ante* todas as contingências futuras – no caso, aquelas que ditem variações sensíveis nos custos do cumprimento das obrigações contratuais –: uma incompletude que torna possíveis considerações estratégicas nos relacionamentos contratuais duradouros[67], seja no já referido sentido de exploração de interstícios na regulação contratual para aí insinuar margens de «risco moral», seja agora no mais imediato e fundamental sentido de levar uma das partes, ou ambas, a ponderar *ex post* os custos e benefícios do cumprimento e do incumprimento das obrigações emergentes do contrato[68-69].

---

66 Cfr. Frada, M.A.C.P.C. (2004), 670-672.

67 O contrato pode ser incompleto não apenas por causa dos custos de transacção ou por razões estratégicas de exploração de assimetrias informativas e de assimetrias de poder económico – a incompletude pode resultar também da baixa probabilidade das circunstâncias que podem interferir no cumprimento, e obviamente também da densidade do regime legal supletivo ou da eficiência dos mecanismos arbitrais e judiciais de adjudicação *ex post*. Cfr. Posner, E.A. (2003), 833.

68 Como é óbvio, o problema agudiza-se se a incompletude do contrato não for contrabalançada por uma qualquer forma de legitimação que assegure a uma das partes a prerrogativa de ir preenchendo supervenientemente as lacunas da estipulação inicial – como

Para lá das lacunas não-intencionais no clausulado contratual, também há lacunas intencionais, dir-se-á mesmo lacunas racionais – ainda dentro da mesma lógica, sempre que os custos de transacção inerentes ao preenchimento de uma lacuna (a afectação dos riscos *ex ante* entre as partes) forem superiores à esperança subjectiva das perdas (ou seja, aos custos de transacção das perdas *ex post* entre as partes, ponderados pela probabilidade de tais perdas ocorrerem). Há, insistamos, um momento óptimo de interrupção das negociações, aquele em que os benefícios marginais de afectação *ex ante* de recursos, de distribuição de riscos, de partilha de informação, de disputa de preços, deixam de ultrapassar os custos marginais advenientes da não-conclusão, os custos de oportunidade do «não-contrato»[70-71].

Por tudo isso, é inevitável encarar-se uma relação contratual duradoura como uma fonte de incertezas e riscos, que atingem a onerosidade e até a bilateralidade dos nexos obrigacionais, reclamando das partes supervisão mútua, reajustamentos, reforço de garantias, revisão de expectativas ou de índices de realização ou de satisfação, eventualmente até renegocia-

---

sucede, seja com as regras do direito de propriedade no seio dos fenómenos empresariais, nos quais os proprietários (ou os que por eles são legitimados) vão preenchendo no dia a dia as lacunas das estipulações constitutivas (no caso, lacunas em grande parte intencionais), seja nas cláusulas de arbitragem com as quais se abreviam as negociações de contratos complexos, remetendo para a afectação *ex post* a maior parte dos riscos e custos associáveis ao contrato.

69 Parecem ter escapado à fina análise de Carneiro da Frada a verdadeira dimensão e implicações dessa figura do «contrato incompleto», pois daí faz decorrer muitas das acesas críticas que dirige à Análise Económica do Direito. Cfr. Frada, M.A.C.P.C. (2004), 547n574.

70 Note-se, com atenção, que se trata de comparar *exclusivamente* custos de transacção da solução *ex ante* e *ex post*, visto que se presume que o momento da solução não impedirá a ocorrência dos danos. Claro que se a solução *ex ante* induzir comportamentos de cautela susceptíveis de reduzir a probabilidade ou o montante do dano, os termos da ponderação ficam alterados, e passa a haver ganhos adicionais de estipulação e de alongamento das negociações.

71 É preciso ainda levar em conta a taxa de desconto: a opção não é apenas entre assumir custos de transacção certos para se distribuir riscos *ex ante* e assumir uma mera probabilidade de custos de transacção futuros na repartição *ex post* dos danos, mas é também a opção entre custos de transacção *actuais* e custos de transacção *futuros* – não sendo de excluir que as partes se revelem insensíveis a elevados, ou muito prováveis, custos de transacção resultantes de lacunas no contrato apenas por considerarem muito remotos tais custos – muito insignificantes por comparação com a «impaciência pelo presente». Cfr. Araújo, F. (2004), 455ss..

ção da base contratual – tudo perturbações que o limite ideal do «contrato completo» teria evitado *a um determinado custo*[72].

Voltemos ao «jogo comitente / comissário» na ausência de um contrato válido[73]:

– Introduzamos agora uma complicação – uma alteração de circunstâncias que torna elevados os custos de cumprimento do acordo: por exemplo, o livreiro A teve agora, da parte de C, um terceiro, uma proposta de compra do livro Y por 300 euros, compra que asseguraria um bem-estar – um lucro – de 200 euros para A, sendo portanto de 150 euros (=50-200) o custo de oportunidade de cumprir o seu acordo com B).

– O aliciamento por C vem supervenientemente perturbar o quadro de incentivos de A, que passa a ter como estratégia dominante não cumprir – e até, numa óptica maximizadora, fugir com o dinheiro que lhe tenha sido já entregue por B[74].

B \ A	Cumprir (com custo)	Fugir com o dinheiro
Entregar o dinheiro	50 \ -150	-150 \ 150
Não entregar o dinheiro	0 \ 0	0 \ 0

– Lembremos que, se não houvesse custos de cumprimento e na ausência de um contrato válido gerador de obrigações perfeitas, a estratégia dominante de A seria já a de fugir com o dinheiro *apesar de não ser essa a solução mais eficiente.*

– Agora, admitindo-se que o custo de cumprir é de 150 euros, a estratégia dominante continua a ser a de fugir com o dinheiro (maximiza-lhe o bem-estar, deixando nas suas mãos 150 euros a troco de nada).

– Mas o que há de novo agora é que *essa passa também a ser a solução mais eficiente* entre A e B: «fugir com o dinheiro» gera um

---

72 Sobre «contrato completo», cfr. Araújo, F. (2004), 1021ss..

73 Recordemos que o quadro de cumprimento sem custos era o seguinte:

B \ A	Cumprir
Entregar o dinheiro	50 \ 50
Não entregar o dinheiro	0 \ 0

74 Na ausência de sanção, isso significaria, para ele, receber 150 euros de B e 300 euros de C, tudo pelo mesmo livro!

bem-estar total de 0 euros (=150-150), enquanto que cumprir passa a gerar um bem-estar total negativo, de -100 (50-150).

Numa situação dessas, a estratégia de incumprimento não apenas é a dominante como também conduz à *solução eficiente* – devendo relevar-se como evidente que a conclusão seria outra se os valores fossem outros também[75]. Mas o que mais interessa no caso é que, na ausência de uma disciplina contratual estrita, a solução do «jogo» é novamente a de não entregar o dinheiro, a de não cooperar.

Passemos agora à hipótese da existência de contrato válido e gerador de obrigações perfeitas (isto é, susceptível de promover uma completa internalização através da indemnização do interesse contratual positivo):

– Admitindo novamente que A recebeu entretanto uma tentadora proposta de vender o livro Y a C por 300 euros, passamos a ter um quadro em que, graças à internalização dos custos do incumprimento, A deixa de obter ganhos directos com o incumprimento – mas continua a averbar custos mais elevados na situação de cumprimento do que na situação de incumprimento:

B \ A	Cumprir (com custo)	Não cumprir
Contratar	50 \ -150	50 \ -50
Não contratar	0 \ 0	0 \ 0

– Neste caso e com estes valores, não só a *estratégia dominante* é não cumprir (minimiza as perdas de A a 50 euros, sendo essas perdas elevadas a 150 euros se cumprisse), como não cumprir é a solução *eficiente* (gera um bem-estar total de 0 euros quando o cumprimento geraria um bem-estar total negativo, de -100 euros).

– Na medida em que B se aperceba da estratégia dominante de A, a sua estratégia dominante será a de não contratar – mais por aversão ao risco, decerto, porque em abstracto a indemnização perfeita do seu interesse contratual positivo faz com que receba 50 euros, quer A

[75] Se C oferecesse apenas 150 euros pelo livro, nada se alteraria em relação ao quadro inicial: seria dominante, para A, a estratégia de fugir com o dinheiro, mas a solução seria ineficiente face à opção da venda a B ou a C (ser-lhe-ia indiferente vender a um ou a outro). Se C oferecesse 200 euros, o custo de oportunidade do cumprimento passaria a ser, para A, de 50 euros, pelo que a opção de fugir com o dinheiro, ainda dominante, passaria a ser tão eficiente, em termos de bem-estar total, como a opção de cumprir (fugir com o dinheiro = 150-150; cumprir = 50-50).

cumpra, quer A não cumpra (veja-se as duas colunas do quadro *supra*), e desse modo, imunizando-o às consequências do incumprimento, deveria torná-lo indiferente a qualquer estratégia.

É uma coincidência entre *estratégia dominante* e *eficiência* que esperávamos já, quando realçámos que a indemnização do interesse contratual positivo incentiva indiferentemente o cumprimento e o incumprimento, na medida em que um ou outro sejam as soluções eficientes em cada caso[76]. Temos, assim, que é sempre a eficiência que predomina na tutela do interesse contratual positivo, e essa tutela desincentiva a celebração de contratos que promovam soluções ineficientes: insistamos que, conhecidos *ex ante* tais custos de cumprimento para A, a estratégia dominante para B será a de «não contratar».

Se a indemnização do interesse contratual positivo tende a promover a eficiência[77], podemos retirar como corolários imediatos o de que, se não se conceder nada acima desse limiar, não se desencorajará o incumprimento eficiente; e o de que se se conceder menos, se encorajará o incumprimento ineficiente[78]. Ilustremo-lo com um outro exemplo:

– Suponhamos que O se compromete a redecorar o restaurante de P por 100 mil euros, mas vem a descobrir que, a esse preço, perderá 5 mil euros com o cumprimento. P, por seu lado, nada investiu ainda *por conta* da redecoração do restaurante, e apenas sabe que, se

[76] Aditemos ainda as seguintes sub-hipóteses no quadro de um contrato válido:

1) Se C oferecesse apenas 150 euros, para A a estratégia dominante seria a de *cumprir*, visto que o cumprimento se faria a custo de oportunidade zero (receberia tanto de C como recebe de B), e por isso com o lucro de 0 euros, enquanto que a opção do não-cumprimento representaria para A a perda de bem-estar de 50 euros; e essa seria a solução mais eficiente, geradora de um bem-estar total de 50 euros (= 50+0), por comparação com a solução do incumprimento, geradora de um bem-estar de zero (= 50-50).

2) Se C oferecesse 200 euros pelo livro Y, o próprio A deixaria de ter uma estratégia dominante, visto que cumprir e não cumprir representariam para ele exactamente o mesmo prejuízo (de 50 euros); e, como seria de esperar, cumprir e não cumprir teriam também exactamente a mesma eficiência económica nesse caso-limite, gerando em ambos os casos um bem-estar total de zero euros (= 50-50).

[77] De certo modo, é como se o sistema eficiente fosse aquele que permite o mais fiel reflexo, nos preços, do risco das transferências que resultam das obrigações contratuais – sendo que a melhoria no funcionamento desse instrumental de preços pode considerar-se «paretiana», ou positiva num sentido Kaldor-Hicks. Cfr. Posner, E.A. (2003), 833n8.

[78] A eficiência pode ser igualmente assegurada, com diferentes efeitos na repartição de bem-estar, pela regra da realização coactiva da prestação – descontadas as diferenças em termos de custos de transacção. Cfr. Macneil, I.R. (1982), 947.

O não cumprir, terá que recorrer aos serviços do decorador Q, que lhe cobrará 115 mil euros pelo mesmo serviço.

– Como nada foi investido por P, se só houvesse a indemnizar o interesse negativo aparentemente nada haveria a indemnizar, e por isso seria mais vantajoso, para O, incumprir.

– Só que essa não é a solução eficiente, dado que O pode cumprir, por 105 mil euros, aquilo que P só poderá obter, de outro modo, por 115 mil euros.

– Assim, se O tiver que indemnizar o interesse positivo entregando 15 mil euros a P, por forma a permitir-lhe obter o serviço junto de Q, para O a indemnização será ainda mais custosa do que o cumprimento, e por isso ele será incentivado a cumprir, gerando um cumprimento eficiente – um cumprimento com o custo de 105 mil euros, susceptível de gerar um valor de 115 mil euros.

– Se porventura fosse possível recorrer aos serviços do decorador R que cobraria 102 mil euros a P, então a mesma regra de indemnização do interesse positivo passaria a incentivar o incumprimento eficiente da parte de O, que em vez de suportar os custos adicionais de 5 mil euros com o seu próprio cumprimento, não cumpriria e indemnizaria P em 2 mil euros, recobrindo os custos do cumprimento por R (mormente por via do regime do art. 828.°).

Podemos agora concluir que as partes que queiram celebrar contratos maximizadores da eficiência, e que queiram cingir-se a esse objectivo, deverão fixar-se na tutela indemnizatória do interesse contratual positivo, como a solução jurídica susceptível de assegurar-lhes a obtenção da sua quota-parte de bem-estar, haja ou não cumprimento da contraparte – a solução susceptível, em suma, de isolá-los da «externalização negativa» que resultará do incumprimento[79].

Isto sem embargo de se reconhecer que uma grande distância pode separar a solução abstracta da sua aplicação judicial – bastando pensar-se na dificuldade ínsita na determinação e medição de duas variáveis essenciais:

1) na aferição precisa de danos emergentes e lucros cessantes que razoavelmente podem ser associados à reconstrução contra-factual da situação que existiria se não tivesse ocorrido o incumprimento – e daí a imposição de juízos de probabilidade no cálculo dos danos,

[79] Sobre externalidades negativas, cfr. Araújo, F. (2004), 936ss..

pelo art. 563.°, e a opção pela solução equitativa, nos termos do n.° 3 do art. 566.°;

2) na medição do «excedente de bem-estar» que do cumprimento do contrato resultaria para cada uma das partes, em especial para a parte adquirente – porque se a diferença entre preço e custos permite uma aproximação ao valor objectivo do bem-estar, do lucro, do fornecedor (do vendedor, do prestador de serviços), é muito mais difusa e equívoca a determinação de um valor objectivo para o bem-estar do adquirente (do comprador, do utente), já que há que comparar o preço com uma «disposição máxima de pagar» de que nem o próprio adquirente muitas vezes terá a mais remota percepção (lembremos que muitas vezes a única percepção do adquirente é a de que poderia ter pago menos, não a de que poderia ter pago *mais ainda*)[80-81].

Presentes essas dificuldades, retenhamos, por ora, que a indemnização que recobre o interesse contratual positivo cria um nível de cooperação contratual, um nível de vinculação contratual, que é *óptimo* do ponto de vista da eficiência: *nem mais, nem menos*.

– *Mais indemnização* deixará os devedores «amarrados» a contratos cujo cumprimento pode ser demasiado oneroso, desincentivando-os de contratarem;

– *Menos indemnização* deixará os credores expostos a demasiado incumprimento, desincentivando-os de contratarem.

Ora o desincentivo à contratação causará perdas absolutas de bem-estar, causará desperdício de oportunidades de negócio – sem a mínima contrapartida no benefício de quem quer que seja –, e dificultará a circulação de recursos económicos em direcção àqueles que mais disposição

---

[80] Uma forma mais intuitiva de nos referirmos à questão será a de dizermos que o que está em causa é a determinação do *valor de uso* do objecto transaccionado, para o adquirente, na medida em que, para adquirir, esse *valor de uso* tem que ser superior ao *valor de troca* que encontrou expressão no preço de equilíbrio. Mas aí transparece ainda mais a complexidade da tarefa – pois como poderá o julgador fixar *objectivamente* esse «valor de uso» sem ficar refém das declarações do próprio adquirente, com toda a possível margem de insinceridade oportunista que pode insinuar-se nessas declarações?

[81] O ponto prende-se com a teoria económica dos leilões, tomados estes por mecanismos eficientes de revelação de disposições máximas de pagar. Cfr. Araújo, F. (2004), 388ss..

de pagar revelem, gerando globalmente um problema de ineficiência «alocativa», de desperdício na afectação colectiva de recursos.

A modulação do regime indemnizatório, repercutindo-se no plano dos incentivos à contratação, revela-se, deste modo, crucial para a promoção de um nível de «vinculação contratual óptima», maximamente *eficiente* para cada conjunto de partes envolvidas em cada relação contratual, e *eficiente*, por essa via, para a promoção do nível óptimo de transacções dentro de um mercado.

Chegado o momento de vencimento das obrigações emergentes do contrato, a determinação e qualificação precisas daquilo que frustra o crédito – a confiança e as expectativas do credor – pode ser crucial para a distribuição do risco entre as partes, devendo lembrar-se que podem ocorrer tanto situações de impossibilidade casual (arts. 790.° e seguintes) como situações de impossibilidade culposa (arts. 798.° e 801.°), estas equiparadas ao incumprimento definitivo (arts. 798.° e 808.°):

– Quando o devedor evidencie maior aversão ao risco do que o credor[82], ou quando o credor tenha mais facilidade em resguardar-se contra o risco do que o devedor, o regime da impossibilidade poderá contribuir para uma reafectação eficiente do risco, já que exonera o devedor, parcial ou totalmente, da sua obrigação[83] – embora também aqui seja de ponderar se esses valores são de fácil determinação para o julgador, e se portanto é praticável uma aplicação «óptima» do regime da impossibilidade[84].

– Mesmo assim, pode não ser eficiente uma completa transferência do risco de um devedor avesso ao risco para um credor indiferente a esse risco – porque, ao colocar-se o devedor numa situação de indiferença entre cumprimento e incumprimento, se lhe destrói o principal incentivo para cumprir, sem que possa dizer-se que estivesse vedado às partes regularem *ex ante* a distribuição do risco que se reporta às contingências que podem tornar economicamente impossível o cumprimento[85-86].

---

[82] Sobre «aversão ao risco», cfr. Araújo, F. (2004), 461ss., 507ss., 527ss..

[83] Posner, R.A. & A.M. Rosenfield (1977), 83ss..

[84] White, M.J. (1988), 360ss..

[85] Sykes, A.O. (1990), 48ss.; White, M.J. (1988), 375; Goldberg, V.P. (1988), 100ss.; Polinsky, A.M. (1983), 427ss.; Triantis, G.G. (1992), 450ss..

[86] Isto já para não falarmos da dúvida, certamente legítima, quanto à possibilidade de serem os sistemas jurídico e judiciário a repararem aquilo que o mecanismo de mercado dos seguros não seja capaz de espontaneamente prevenir ou reparar, a solicitação das partes nos contratos. Cfr. Posner, E.A. (2003), 849.

8. **A tutela do interesse contratual negativo.**

A celebração e o cumprimento do contrato implicam investimento das partes: seja o investimento necessário ao cumprimento dos deveres contratuais por parte de quem esteja a eles adstrito, sejam os diversos investimentos que qualquer das partes pode fazer confiando no cumprimento do contrato pela outra, dessa forma *instrumentalizando* o contrato como um meio que propicia o atingir de finalidades de realização económica que vão para lá dos interesses objecto *daquele* contrato.

De uma forma mais simples, diríamos que um contrato envolve investimento (e custos) da parte daquele que está obrigado a cumprir, mas pode também envolver investimento (e custos) da parte daquele que é credor da obrigação contratual: neste segundo caso, investimento e custos *por conta* da confiança em que o contrato será cumprido – iniciativas, esforços, actividades, dinheiro, oportunidades perdidas que dependem da adstrição à conduta prometida, e que por isso não teriam tido lugar se existissem dúvidas quanto à efectivação do cumprimento.

Esquematicamente, poderemos dizer que, do prisma da análise económica da «*reliance*», um contrato é antes de mais uma forma de «seguro recíproco» entre partes que querem investir num projecto mutuamente benéfico, predomine ou não o egoísmo nas motivações de cada uma[87] – um seguro contra a possibilidade de o devedor, observando o investimento feito pelo credor *por conta* do cumprimento do contrato e tomando o credor por refém desse investimento *específico* (parcial ou totalmente irrecuperável através do mercado[88]), proceder a um «*hold-up*», subindo o preço ou impondo condições ou onerações suplementares por forma a «capturar» o máximo daquele bem-estar que, com o preço de equilíbrio, adviria para o credor[89].

Enquanto que com a protecção positiva da sua confiança o credor vê ressarcida a frustração das suas expectativas quanto ao cumprimento – e portanto recai sobre o inadimplente o encargo de indemnizar tudo aquilo que medeia entre a situação criada e a situação hipotética que provavelmente corresponderia à «captura de bem-estar» por parte do credor –, com a protecção negativa da sua confiança o credor recuperará os custos em que incorreu por ter adoptado uma certa conduta cuja realização plena

87 Posner, E.A. (1997), 567ss..

88 Araújo, F. (2004), 806-807, 1193.

89 Polinsky, A.M. (1983), 427ss..

depende do cumprimento pelo devedor, visando-se essencialmente a reconstituição do estado de coisas anterior ao contrato – recaindo portanto sobre o inadimplente o encargo de recobrir as despesas em que o credor incorreu, e em que não teria provavelmente incorrido se não fosse a confiança depositada na eventualidade do cumprimento do contrato[90].

Como se presume que, por uma elementar lógica de «captura de bem-estar», a parte credora não investirá mais do que aquilo que espera receber com o cumprimento – sob pena de destruir os seus próprios incentivos económicos –, em princípio, salva a patologia do «excesso de confiança», o «interesse negativo» será sempre inferior ao «interesse positivo»; e inferior, portanto, a correspondente indemnização.

Voltando ainda ao nosso exemplo:

– Há coisas que o comprador B poderá fazer e alcançar se A cumprir as suas obrigações e lhe fizer chegar o livro prometido, e coisas que pode ir fazendo em antecipação da entrega do livro (por exemplo, prometer a um terceiro que entregará dentro de um certo prazo um relatório que depende da consulta desse livro);

– Há coisas que o vendedor A poderá já ir fazendo, planeando ou combinando por confiar que, uma vez desincumbido do seu dever, a contraparte honrará os seus próprios compromissos, pagando a quantia devida (por exemplo, pode encomendar mais uma remessa de livros no valor de 150 euros, contando dispor dessa quantia a breve trecho).

Por outras palavras, a «confiança» é uma espécie de efeito dinâmico induzido pelo contrato, correspondendo a uma modificação da posição do credor que faz aumentar, para esse credor, o valor do cumprimento – visto que desencadeia nele uma reacção que o faz colaborar na produção dos efeitos do cumprimento, propiciando meios para amplificar esses efeitos: recorrendo ao exemplo acabado de dar, a pessoa que, contando com a entrega do livro, inicia uma actividade para a qual a consulta do livro será crucial, está a aumentar para ela própria a utilidade do livro, e é nesse sentido que pode dizer-se que procedeu a um «investimento de confiança».

Os exemplos de tais investimentos multiplicar-se-ão facilmente se pensarmos no encadeamento da sub-contratação, podendo múltiplos níveis de sub-contratação apoiar-se em confiança cumulativa a partir do incre-

90 Frada, M.A.C.P.C. (2004), 41-44.

mento de confiança num primeiro contrato. Socorrendo-nos das indicações de Carneiro da Frada, acrescentemos quatro exemplos previstos no Código Civil[91]:

1) O da indemnização das *«legítimas expectativas da outra parte»* por aquele que revoga uma limitação voluntária (e legal) dos seus direitos de personalidade (art. 81.°, 2);

2) O da indemnização a pagar pelo mandante ao mandatário em caso de revogação súbita de um mandato oneroso conferido por certo tempo ou para determinado assunto, ou o da indemnização a pagar pelo mandatário ao mandante, também em caso de revogação súbita (alíneas c) e d) do art. 1172.°);

3) O da indemnização do empreiteiro pelo dono da obra, cobrindo o trabalho executado e as despesas realizadas, em caso de impossibilidade de execução da obra (art. 1227.°);

4) O da indemnização das despesas e obrigações contraídas na previsão do casamento, em caso de ruptura da promessa de casamento (art. 1594.°, 1).

Mas falar de «investimento de confiança» é reconhecer que aumenta o potencial de dano à medida que aumenta a confiança no cumprimento: quanto mais o credor confia e mais investe no pressuposto de que tudo correrá bem, mais perderá se tudo corre mal e vê a sua expectativa ser frustrada – em especial se esses investimentos que fez são irrecuperáveis, por serem específicos daquele contrato e serem inaproveitáveis noutros contextos –. Quanto mais alto sobe na ilusão das suas convicções, no crédito que concede, na confiança que deposita, nos investimentos que faz por conta da representação que faz da normalidade do desfecho contratual, de mais alto cai com a sua desilusão.

Adiantemos por ora que, se a «confiança» faz «subir a parada» dos valores em jogo no contrato – por um lado, do potencial de geração de bem-estar total, por outro, dos danos resultantes do incumprimento – então podemos admitir que outra das funções da disciplina jurídica dos contratos seja a de assegurar um nível óptimo de confiança, facultando à parte «vítima» do incumprimento uma reparação que a compense dos custos em que incorreu por ter confiado, que a coloque na situação em que estaria se não tivesse sido celebrado o contrato e se não tivesse incorrido em custos por causa dele: que tutele, em suma, o interesse contratual negativo, sem

[91] Frada, M.A.C.P.C. (2004), 670n728, 835ss..

deixar em contrapartida que esse interesse negativo seja empolado e se converta num factor de patologias dentro do comércio jurídico. **Esta, aliás, a 4.ª das finalidades económicas inicialmente apontadas para a disciplina contratual: *incentivar o nível óptimo de confiança.***

Os ganhos esperados a que se reporta a «confiança» equivalem ao aumento de valor do cumprimento para o credor, ponderado pela probabilidade do cumprimento.

Voltando uma última vez ao exemplo do livreiro:

– Suponha-se que B adquiriu uma vitrine para expor o livro Y (uma vitrine com as dimensões precisas do livro, e que não servirá para guardar outro): o ganho que advém dessa aquisição equivale ao aumento de bem-estar que para ele resultará da possibilidade de expor o livro Y dentro daquela vitrine, multiplicado pela probabilidade de que A cumpra a sua obrigação.

– Diremos assim, em contrapartida, que a expectativa de danos «de confiança» corresponderá agora à perda do valor do livro e do valor da vitrine, multiplicado pela probabilidade do incumprimento[92].

8.a) ***Probabilidade de cumprimento, baixa e elevada confiança.***

A «confiança eficiente» será aquela que se verifica quando os ganhos esperados ultrapassam as perdas esperadas – seja pelo facto de o adicional de bem-estar proporcionado pela confiança ser muito elevado por comparação com o estado de «não-confiança», seja pelo facto de o cumprimento da contraparte ser mais provável do que o incumprimento.

O princípio básico e racional será o de que, enquanto os ganhos esperados ultrapassarem as perdas esperadas, é eficiente *confiar mais*, sendo eficiente *confiar menos* quando se verifica o inverso. Tudo se joga, portanto, na *probabilidade* do cumprimento, sendo de esperar que o sistema jurídico, no seu desígnio de promoção do «nível óptimo de confiança», procure assegurar um «nível óptimo» para aquela probabilidade.

---

92 Sublinhemos em especial que a situação se agrava porque o «investimento de confiança» poderá revelar-se agora um custo irrecuperável, se por exemplo já não for possível encontrar mais nenhum exemplar do livro Y para substituir aquele que deveria ter sido entregue por A, ou se não for possível revender a vitrine a um possuidor de outro exemplar do livro Y.

Avancemos com um novo exemplo quantificado.

– Suponha-se que F, dono de um bar, contrata E, pianista, para actuar no próximo fim-de-semana, pagando-lhe 1000 euros.

– O pianista já estaria disposto a actuar por 500 euros apenas, pelo que o preço estipulado representa para ele um lucro de 500 euros.

– O dono do bar calcula que, mesmo sem publicidade à actuação do pianista, a sua presença é capaz de gerar receitas que permitiriam ter-lhe pago até 2000 euros, pelo que para ele, ao preço estipulado, o cumprimento representará um acréscimo de bem-estar de 1000 euros.

– Comecemos pela hipótese de não haver um contrato válido gerador de obrigações perfeitas, e distingamos 2 situações *depois de F entregar o dinheiro a E* (deixando já para trás, portanto, a solução, aliás dominante, de F *não entregar o dinheiro* por estrategicamente perceber que a estratégia dominante de E será, nesse caso, a de não actuar e fugir com o dinheiro):

a) a situação de *baixa confiança*, em que F paga mas não incorre em mais despesas, ficando a aguardar passivamente o cumprimento do acordo por parte de E;

b) a situação de *elevada confiança*, em que F, depois de pagar a E, incorre em despesas adicionais que ao mesmo tempo aumentam o valor do cumprimento do acordo: por exemplo, o dono do bar, tendo a convicção de que a publicidade à actuação do pianista aumentará muito as receitas, gerando um adicional de bem-estar de 2000 euros (a somar aos 1000 euros que já contava obter sem publicidade[93]), manda imprimir cartazes, investindo 1000 euros nessa publicidade.

– Nesta situação sem contrato válido, temos pois que:

– A *baixa confiança* associa um bem-estar total de 1500 euros (=1000+500) à hipótese de cumprimento do acordo, e um bem-estar total de zero euros (=1000-1000) à hipótese da «fuga com o dinheiro»;

– A *elevada confiança* associa um bem-estar total de 3500 euros (=3000+500) à hipótese de cumprimento, e um bem-estar total de -1000 euros (=1000-2000) à hipótese da «fuga com o dinheiro»[94].

---

93 E portanto, esclareçamos, uma receita bruta de 4000 euros, a ser deduzida dos 1000 euros pagos a E.

94 Note-se que estamos aqui a ser, por escopo de simplificação, muito restritivos no cômputo das perdas averbadas por F, admitindo que, na ausência de vínculo contratual

F \ E	Cumprir	Fugir com o dinheiro
Baixa confiança	1000 \ 500	-1000 \ 1000
Elevada confiança	3000 \ 500	-2000 \ 1000

Dados estes valores, a solução mais eficiente, em termos absolutos, é a do cumprimento em situação de *elevada confiança*, na qual o bem-estar total é máximo (3500 euros).

Contudo, se, como dissemos, tivermos que comparar os ganhos do cumprimento com as perdas resultantes do incumprimento, ambos ponderados pela respectiva probabilidade, então a nossa conclusão terá que ser recontextualizada, e podemos desde já concluir que:

– se o cumprimento for *altamente provável*, então a elevada confiança é *óptima*, assegurando o resultado mais eficiente; mas

– se o cumprimento for *muito improvável*, então passa a ser *óptima* a baixa confiança, por assegurar o resultado mais eficiente (o menos mau, o que minimiza as perdas).

Em que *nível de probabilidade* (*p*) é que deve passar-se da baixa para a elevada confiança, e vice-versa?

1) No caso da baixa confiança, o somatório de ganhos e perdas esperados é:

$$[p(1000+500)] + [(1-p)\ (1000-1000)]$$

2) No caso da elevada confiança, o somatório de ganhos e perdas esperados é:

$$[p(3000+500)] + [(1-p)\ (1000-2000)]$$

3) Qual é o valor de *p* em os dois somatórios se nivelam?

$$[p(1000+500)] + [(1-p)\ (1000-1000)] = [p(3000+500)] + [(1-p)\ (1000-2000)] \Rightarrow p=33{,}3\%$$

4) Podemos assim concluir que, em termos de confiança óptima, neste caso e com estes valores[95-96]:

---

e em termos de restituição por enriquecimento sem causa, o máximo que seria de exigir a E seria a devolução dos 1000 euros pagos e a compensação dos 1000 euros investidos em publicidade.

95 Claro que, se os valores em jogo fossem diferentes, essa probabilidade que faz fronteira entre as áreas de baixa e elevada confiança também se alteraria. Por exemplo, se os valores de cumprimento com elevada confiança fossem, não (3000 \ 500), mas (2000 \ 500), o valor de *p* seria de 50%; se fossem de (1500 \ 500), o valor de *p* passaria para 66,6%. E se os valores do incumprimento com elevada confiança fossem, não (-2000 \

a) A elevada confiança é óptima se a probabilidade de cumprir ultrapassa os 33,3%;
b) A baixa confiança é óptima se a probabilidade de fugir com o dinheiro ultrapassa os 66,6%.

Fica assim ilustrado o princípio de que, para se promover a confiança óptima, bastará ao sistema jurídico garantir uma adequada probabilidade de cumprimento.

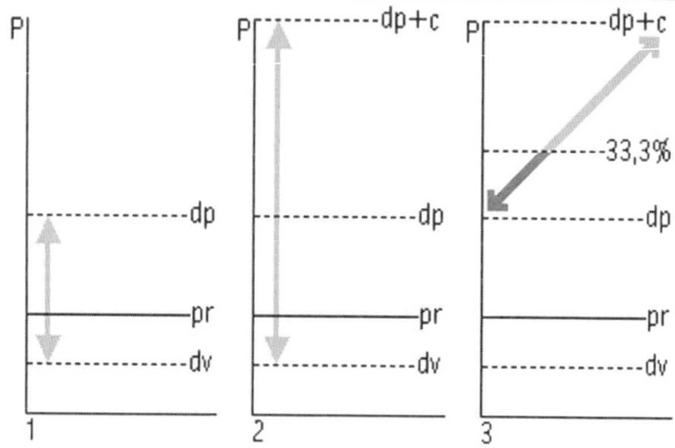

Gráfico 5:
P – nível de preços
pr – preço de equilíbrio (efectivamente pago)
dv – disposição mínima de vender
dp – disposição máxima de pagar
dp+c – disposição máxima de pagar aumentada pela «confiança»
1: bem-estar total antes do «investimento de confiança»
2: bem-estar total depois do «investimento de confiança» e antes de ponderada a probabilidade de cumprimento
3: Ponderação da «confiança óptima» em função da probabilidade de cumprimento

1000), mas (-1500 \ 1000), o valor de *p* passaria a ser de 20%; e se fossem (-1250/1000), o valor de *p* passaria a ser de 11,1%.

96 No caso-limite de os valores de cumprimento com elevada confiança serem (1000 \ 500), sendo portanto iguais aos da baixa confiança, o valor de *p* será obviamente igual a 100%, denotando que *nunca* é eficiente a elevada confiança – ou mais simplesmente que desaparece o problema da confiança, e que o «investimento de confiança» realizado por F foi, por isso, inteiramente inútil, não aumentando, para F, o valor do cumprimento por parte de E. Também no caso limite de os valores de incumprimento com elevada confiança serem (-1000 \ 1000), sendo portanto iguais aos da baixa confiança, o valor de *p* é zero, significando isso que *nunca* é eficiente a baixa confiança – na prática porque F nada tem a perder por aumentar o bem-estar que associa ao cumprimento do acordo.

8.b) ***O «excesso de confiança».***

Procuremos agora ilustrar o fenómeno do «excesso de confiança». Trata-se de um facto há muito conhecido, embora contra-intuitivo, e que consiste no facto de a indemnização *completa* do interesse contratual positivo, provocando a total internalização do dano junto do inadimplente e imunizando a parte «inocente» dos efeitos do incumprimento, poder converter-se numa solução sub-óptima na medida em que gera uma propensão para o sobre-investimento (que é o «*excesso de confiança*») da parte deste credor «inocente» face à probabilidade do incumprimento[97] – já que é a confiança que, ampliando o bem-estar esperado do cumprimento, acabará por ditar o montante da indemnização.

Em última análise, não será sequer de excluir a conduta oportunista, mas racional, do credor que, confiado na regra da indemnização plena do interesse contratual positivo, faz investimentos extraordinários com o único fito de, aumentando a fasquia do «excedente de bem-estar» que presumivelmente resultaria das trocas, «capturar bem-estar» através da indemnização que tudo recobrirá, obtendo através dela, afinal, mais do que aquilo que podia esperar obter através do cumprimento espontâneo do contrato[98-99].

O remédio óbvio para tal «excesso» afigura-se ser o de se limitar a indemnização a um nível inferior ao da indemnização plena do «interesse de cumprimento», o nível que devesse entender-se correspondente a uma «confiança óptima»[100].

Voltando ao exemplo do pianista e do dono do bar, passemos agora à hipótese de existir um contrato válido e gerador de obrigações perfeitas:

– Imaginemos que, no seio do contrato, o dono do bar, F, paga 1000 euros ao pianista, E, e nada mais, esperando um retorno de 2000 euros.

---

[97] Shavell, S. (1980), 472ss.; Rogerson, W.P. (1984), 41ss..

[98] Mais uma vez, um exemplo de «risco moral», ou, em bom rigor, de «duplo risco moral». Cfr. Araújo, F. (2004), 536, 734-735, 1045n2064.

[99] Se quiséssemos mudar do registo da *eficiência* para colocar mais ênfase no da *justiça*, diríamos que se trata aqui de evitar abusos como aqueles que são bloqueados pela não-ressarcibilidade das benfeitorias voluptuárias (art. 1273.°), ou pela limitação da indemnização aos danos emergentes, com exclusão de lucros cessantes e de despesas voluptuárias, na venda de bens alheios ou de bens onerados sem má fé (arts. 899.° e 909.°).

[100] Cooter, R. (1985), 1-2; Cooter, R. & M.A. Eisenberg (1985), 1464ss..

– Se E não cumprir, as regras de indemnização do interesse contratual positivo imporão que E devolva os 1000 euros e que pague outros 1000 euros, de forma a colocar F na posição em que se presume que estaria se o contrato tivesse sido cumprido.

– Imaginemos agora que o dono do bar, F, paga 1000 euros ao pianista, E, e investe ainda 1000 euros em publicidade, contando com isso gerar um excedente de bem-estar de 3000 euros. Caso E não cumpra, terá agora que devolver os 1000 euros, e terá que indemnizar ainda outros 3000 euros – digamos que 1000 euros por conta das despesas de publicidade em que F incorreu, e outros 2000 euros para acabar de colocar F na posição de bem-estar em que F *confiava* ficar colocado com o cumprimento. O quadro passa a ser o seguinte:

F \ E	Cumprir	Não cumprir
Baixa confiança	1000 \ 500	1000 \ -1000
Elevada confiança	3000 \ 500	3000 \ -4000

– Mas *confiava* deveras, ou foi *induzido a confiar* pelas próprias regras da indemnização?

– Repare-se que, com uma indemnização estritamente calculada em termos de interesse contratual positivo, em termos de pura internalização junto do inadimplente, o dono do bar, F, recebe sempre 1000 euros em situações de baixa confiança, e recebe sempre 3000 euros em casos de elevada confiança, faça o devedor o que fizer, *e independentemente da probabilidade do incumprimento.*

Face ao que já sabemos, esse incentivo ao aumento da confiança não será sempre eficiente; sê-lo-á apenas quando a probabilidade de cumprimento do contrato seja superior a um determinado limiar – no contexto e com os valores escolhidos para o exemplo que temos seguido, quando a probabilidade do cumprimento seja superior a 33,3% (o que equivale a dizer: quando a probabilidade do incumprimento for inferior a 66,6%).

Como resolver este problema de excesso de confiança (*overreliance*) – sobretudo se levarmos em conta, como já referimos, que «*o lesado não pode por princípio pretender ficar colocado em melhor posição do que aquela que lhe assistiria se as suas expectativas se tivessem vindo a verificar*»[101] –?

[101] Frada, M.A.C.P.C. (2004), 520.

8.c) ***Custos de transacção, supletividade e integração dos contratos.***

A solução, praticamente consensual na Análise Económica do Direito e que já designámos genericamente, é a de que há que fornecer às partes algumas regras supletivas que ajudem a «focalizar» as suas condutas em torno de expectativas objectivamente adequadas, dados os valores em presença, às probabilidades de cumprimento, incentivando a convergência para um ponto de «confiança óptima» que não destrua, pela via da indemnização, o equilíbrio de bem-estar que provavelmente seria alcançado através do cumprimento espontâneo do contrato.

Complementarmente, sustenta-se que compete ao legislador – ou, em alternativa, ao aplicador do Direito – a substituição de regras supletivas ineficientes por regras supletivas eficientes, de modo a evitar as ineficiências contratuais a custo mínimo, poupando às partes os custos de transacção em que elas incorreriam para prevenirem ou contornarem essas ineficiências se conseguissem discernir adequadamente todo o risco envolvido no contratualmente estipulado[102] – por forma a preservar assim, ou a aumentar, o bem-estar gerado pelos contratos[103], em corolário daquilo que poderá considerar-se como uma formulação *normativa* do «Teorema de Coase»[104-105]. **O que nos traz até à 5.ª finalidade económica inicialmente assinalada para a disciplina contratual: *diminuir custos de transacção através da multiplicação de normas supletivas.***

Não pode subestimar-se o impacto dos custos de transacção no âmbito contratual:

– seja porque eles interferem directamente no cômputo do bem-estar gerado pelas trocas, podendo chegar a inviabilizar trocas pela elementar razão de excederem em valor absoluto o bem-estar total que as trocas gerariam (o caso de todas as «barreiras naturais ao comércio»);

– seja porque, na cooperação que mesmo assim *vale a pena*, os custos de transacção introduzem as mais variadas distorções, bastando referirmos o já aludido problema genérico do «contrato incompleto», o problema da interrupção das negociações a um nível de

[102] Sobre «custos de transacção», cfr. Araújo, F. (2004), 28ss..

[103] Ayres, I. & R. Gertner (1992), 729ss.; Goetz, C. & R. Scott (1985), 261ss.; Johnston, J.S. (1990), 615ss..

[104] Cooter, R. & T. Ulen (2004), 212.

[105] Sobre o «Teorema de Coase», cfr. Araújo, F. (2004), 957ss..

incompletude que pode vir a revelar-se prematuro (as partes que, para não perderem tempo, se contentam com uma estipulação «minimalista» que pouco ou nada previne quanto a danos *ex post*, e quando muito se cinge a estabelecer os meios *adjectivos* de dirimir conflitos e de integrar lacunas);

– ou a limitação das partes a posições de ignorância racional (a parte que repousa na sua credulidade ou nos seus preconceitos estigmatizadores porque não está para empenhar-se numa dispendiosa busca de informação ulterior[106]), susceptíveis de amplificar grandemente os efeitos das assimetrias informativas, das falhas de coordenação e das atitudes oportunistas.

Aliás, o apelo à vontade conjectural das partes, no seio da interpretação dos contratos, não é mera reconstrução psicológica que se limite a reiterar os erros e impasses a que a vontade real conduziu, é já uma reconstrução rectificadora que tenta *ex post* uma distribuição de bem-estar e de riscos que acrescente, ou até complete, aquilo que as partes, dados os custos de transacção, as irracionalidades e deficiências informativas comuns (a miopia partilhada), as assimetrias informativas, as perturbações deliberadas no processo negocial ou as imperfeições de mercado, deixaram em aberto na sua negociação[107] – sendo por isso que as normas supletivas que servem de «ponto focal» às negociações, mais do que servirem de atalho susceptível de minimizar os «atritos transaccionais», podem servir de pontos de referência para o completamento dos contratos, naquelas áreas deixadas em aberto – intencionalmente ou não.

E é também essa a razão pela qual tantas vezes a interpretação e a integração de lacunas nas estipulações contratuais recorre à formulação de princípios gerais, cláusulas e conceitos indeterminados que têm a pretensão de espelhar aquilo que se entende como normal ou predominante em negociações que tenham tido por objecto aqueles pontos que ficaram em branco – a chamadas «*majoritarian default rules*», espécie de sedimentação de «hábitos jurígenas» pelo intermédio de cláusulas gerais, e que encontra eco na regra do art. 239.° – no fundo, a esperança de que se possa traçar uma bissectriz nos «costumes do mercado» e com isso se reduzam os custos de transacção[108], o que, em alternativa[109], poderia porventura ser

---

106 Araújo, F. (2004), 1049ss..

107 Charny, D. (1991), 1815ss..

108 Goetz, C. & R. Scott (1985), 321.

109 Schwartz, A. (1992), 271ss..

alcançado, seja por recurso a «regras penalizadoras» de interpretação *contra proferentum* (e certas presunções norteadas pela defesa do consumidor ou do trabalhador) que fizessem corresponder às ambiguidades e omissões um custo incentivador da internalização do esforço de explicitação dos interesses, reduzindo ao mesmo tempo a margem de oportunismo de retenção estratégica de informação assimétrica[110], seja pelo recurso ao «literalismo» na interpretação dos clausulados contratuais – o postulado da «*plain meaning rule*»[111], com a alegação de que a escolha de regras supletivas pelo julgador é uma tarefa pesada e ineficiente, dadas as limitações informativas do julgador face ao nível informativo imediatamente disponível para as partes contratantes[112].

– Antes de prosseguirmos, observemos que a ênfase na «moldagem prévia» de regimes supletivos gera crescentemente a ideia de que não é a liberdade de conformação que predomina nos domínios contratuais, mas antes a «adesão» ao «*prêt-à-porter*» de normas ancoradas na lei, por ela fornecidas tipificadamente como uma alternativa de baixos custos de transacção à hipótese de negociação detalhada de contratos completos[113].

– A prevalecer este entendimento, o direito dos contratos deixaria de ser um mero «disciplinador» para passar a ser sobretudo um «propiciador» de cooperação a baixos custos de transacção, com uma crescente flexibilidade e «sensibilidade casuística»[114] – mesmo por se reconhecer à tipicidade uma mera eficiência *média*, admitindo-se que não se dá sempre o caso de a regra supletiva representar a alternativa de mais baixos custos de transacção, e de poder discernir-se aí não mais do que uma *tendência*[115].

– A escolha de regras supletivas devidamente adaptadas aos pontos salientes dos interesses em jogo, facilitando o conhecimento pelas partes e fornecendo-lhe «pontos focais» de coordenação, pode-

---

110 Ayres, I. & R. Gertner (1989), 95-101.

111 Cohen, G.M. (1994), 1235-1236; Corbin, A.L. (1919), 741ss.; Zamir, E. (1997), 1728-1733.

112 Schwartz, A. (1993), 416ss.; Schwartz, A. (1998), 280; Scott, R.E. (2000), 875ss..

113 Gordley, J. (1991), 158-160; Orth, J.V. (1998), 51-53; Isaacs, N. (1917), 34-37; Kostritsky, J.P. (2004), 323ss..

114 Rakoff, T.D. (1995), 198-199; Rakoff, T.D. (1993), 27-28.

115 Charny, D. (1991), 1842-1844.

ria assim garantir, sem lesão da autonomia contratual, os ganhos de eficiência normalmente associados ao «*numerus clausus*» dos direitos reais[116].

– Como a complexidade dos contratos tem aumentado à medida do desenvolvimento económico, os «pontos focais» da boa fé, da razoabilidade, da «lesão», seriam supletivamente introduzidos a baixo custo nesses «figurinos contratuais», como forma de se evitar as patologias mais comuns dentro do relacionamento contratual, desde os excessos de confiança até aos «efeitos de boleia», desde o dolo até à litigância frívola[117].

8.d) *Um esboço da indemnização «sofisticada». Assunção eficiente de riscos e «sobre-sofisticação».*

É dentro desse entendimento de regulação supletiva que, em nome da promoção da eficiência, tem sido proposta, por alguns economistas, uma revisão das regras de indemnização por incumprimento contratual, tornando-as mais sofisticadas – no sentido específico de se tornarem menos susceptíveis de induzirem o excesso de confiança, sem no entanto perderem inteiramente o seu papel de tutela do interesse contratual do credor, sem abandonarem totalmente o seu alcance internalizador e disciplinador junto do inadimplente.

No exemplo que temos agora seguido, uma regra sofisticada de indemnização poderia apresentar-se do seguinte modo:

F \ E	Cumprir	Não cumprir
Baixa confiança	1000 \ 500	1000 \ -1000
Elevada confiança	3000 \ 500	-2000 \ -1000

– Neste caso, F seria imunizado face às consequências do incumprimento no caso de se comportar no contrato de acordo com o paradigma da baixa confiança (receberia sempre 1000 euros, houvesse ou não cumprimento), sendo penalizado se evidenciasse excesso de confiança, comportando-se num ambiente de baixa probabilidade de cumprimento como se essa probabilidade estivesse

[116] Dagan, H. (2003), 1565-1570; Merrill, T.W. & H.E. Smith (2000), 1ss..

[117] Kreitner, R. (2004), 452-453; Frada, M.A.C.P.C. (2004), 431ss..

acima do limiar indicado (podendo nesse caso averbar uma perda de bem-estar de 2000 euros no caso de ter confiado *a mais* e de E não ter cumprido).

– Por seu lado, E não sofreria os efeitos do excesso de confiança de F, pois fosse qual fosse o nível de confiança a indemnização que lhe seria exigida pelo incumprimento seria sempre a mesma (1000 euros, a somar aos 1000 euros que teria que devolver a F caso o preço tivesse já sido pago).

– Note-se também que, se a baixa confiança for óptima (porque, no exemplo dado, a probabilidade de cumprimento é inferior a 33,3%), F é incentivado a não se exceder na sua confiança. Mas na medida em que a probabilidade de cumprimento vá aumentando, ultrapasse os 33,3% e nitidamente se afaste deles, menos provável se torna a verificação do quadro negativo do incumprimento que corresponde à elevada confiança, e por isso os ganhos de bem-estar do cumprimento vão sobrelevando, devolvendo a F o incentivo para uma elevada confiança – mas moderada, sem excesso.

Em suma, a abordagem sofisticada limita-se a retirar os incentivos ao excesso de confiança que resultariam da possibilidade de se converter a tutela do interesse contratual positivo numa espécie de prémio ao investimento irrestrito do credor *por conta* do contrato.

Ressalvemos, todavia, que esta «sofisticação» não pode manifestar-se em detrimento da regra de eficiência que faz o risco recair principalmente sobre a parte que é capaz de prevenir ou suportar os danos a mais baixo custo[118] – regra atenuada pela presunção do «mercado eficiente», isto é, a presunção de que, dado um nível informativo minimamente satisfatório e na ausência de outras distorções à formação da vontade contratual, o preço de equilíbrio reflecte já a distribuição de risco entre as partes[119] –.

– Suponha-se que um transportador sabe que existe uma probabilidade de 20% de o preço dos combustíveis nos próximos meses aumentar de tal forma que os custos de cumprir um determinado contrato de entrega de tijolos a um construtor se tornarão proibitivos, subindo por exemplo de 10.000 euros para 15.000 euros, facto que é

[118] A «regra do Juiz Learned Hand», tão proeminente nas considerações de eficiência em matéria de responsabilidade aquiliana.

[119] Sobre o conceito de «mercado eficiente», cfr. Araújo, F. (2004), 500ss..

inteiramente desconhecido pelo construtor, que na sua actividade profissional não tem que estar tão atento às tendências de preço no mercado de combustíveis.

– Se o transportador puder fazer um seguro contra esse risco (por exemplo, pagar 100 euros para cobrir o risco, que é de 1000 euros [= 20%(15.000-10.000)]), será ele obviamente a parte que suporta mais eficientemente os riscos, visto que a outra parte é capaz de nem se aperceber deles e nada fazer, por isso, para se prevenir contra eles – caso em que se dirá que o suporte do incumprimento devido a riscos desconhecidos pelo construtor deveria recair sobretudo, ou mesmo exclusivamente, sobre o transportador; presumindo-se em contrapartida que, no jogo da captura de bem-estar, o preço de equilíbrio reflectirá já o valor do seguro, que por essa via será repercutido pelo transportador sobre o bem-estar do construtor, parcial ou totalmente.

E que esse perigo de «sobre-sofisticação» existe, prova-o a circunstância de qualquer regra de indemnização condicionar a «disposição» de contratar das partes, demarcando-lhes as fronteiras dos seus ganhos de bem-estar e incentivando-os à «captura de bem-estar» na negociação do preço[120].

O incentivo à confiança óptima é, pois, uma espécie de compromisso entre o estímulo ao cumprimento e a repressão da «captura» do devedor pelo credor – reconhecendo-se sofisticadamente que algumas perversões se podem insinuar até na mais estrita e aparentemente rigorosa tutela das expectativas das partes, e que todas essas perversões podem redundar numa diminuição do volume das transacções que acabará por traduzir-se numa perda absoluta de bem-estar, ou seja, num prejuízo para todos – até para aqueles que se satisfaçam com a vitória transitória e pírrica do ganho predatório num número limitado de contratos.

Mas, assim sendo, perguntar-se-á: como definiremos agora, em termos económicos, a indemnização óptima?

---

[120] Basta olharmos para o exemplo de regra indemnizatória que demos: se, para pouparmos E aos efeitos de «excesso de confiança» de F, nivelarmos a sua responsabilidade nas situações baixa e de elevada confiança, não estaremos nós a irresponsabilizar E da sua quota-parte na criação de condições que induzem F em «excesso de confiança», mormente a margem de «risco moral» na sua conduta de devedor? Cabe sublinhar ainda, acompanhando Carneiro da Frada, que as expectativas de uma das partes podem referir-se a condutas não-comunicativas da contraparte – cfr. Frada, M.A.C.P.C. (2004), 216.

Dir-se-á que é aquela que coloca o credor na posição em que estaria se o contrato tivesse sido cumprido, no pressuposto de que confiou optimamente nesse cumprimento – e que portanto se procura tutelar o interesse contratual positivo daquele que não se excedeu na representação do seu próprio interesse contratual negativo.

Na prática, dir-se-á que a regra óptima é a da limitação da responsabilidade contratual – sacrificando a indemnização completa do interesse contratual positivo (e o objectivo da internalização eficiente) quando se perceba que esse interesse positivo foi «empolado» por um «excesso de confiança».

8.e) ***«Excesso de confiança» e cognoscibilidade.***

Vistas as coisas deste prisma, dir-se-á, em suma, que o problema já está difusamente abordado e tratado em todas as soluções jurídicas que limitam os montantes indemnizatórios por incumprimento contratual, vedando a internalização, pelo devedor, dos custos do excesso de confiança do credor, ao menos para lá do limite da cognoscibilidade e da previsibilidade pelo próprio devedor – uma forma de incentivar o credor a gerir prudentemente a sua confiança, forçando-o a assumir uma conduta diligente que se mantenha dentro das fronteiras da «razoabilidade» que possa ser abarcada no conhecimento ou na previsão da contraparte.

No fundo, remeteríamos neste ponto para aquele universo de soluções que permitem a fixação ou flexibilização do contrato e do cumprimento das obrigações contratuais em função da partilha de informação entre as partes, informação reportada ao objecto contratual e ao núcleo dos deveres essenciais assumidos por cada um: seja a «*essencialidade*» ou a «*base do negócio*», ou as «*circunstâncias em que as partes fundaram a decisão de contratar*» que permitem a ponderação do erro sobre os motivos (art. 252.°, 1 e 2) ou a necessidade de resolução ou modificação do vínculo (art. 437.°, 1), ou a própria perda do interesse do credor na prestação (art. 808.°, 1 e 2).

Apenas para ilustrarmos a conexão de modo trivial e com exemplos de escola, diríamos que:

– Se uma mulher encomenda um vestido de noiva para si mesma, indicando um prazo definido, o devedor poderá imaginar que o sucesso da cerimónia do casamento depende crucialmente da entrega do vestido dentro do prazo, sendo assim cognoscível e previsível um valor elevado que, em nome da confiança, é acrescentado ao simples interesse contratual positivo;

– Se um homem entra numa loja e encomenda uma gravata para ser entregue uma semana depois, não pode pedir uma indemnização elevada em nome da tutela da confiança, com a simples alegação de que o incumprimento do contrato comprometeu gravemente o sucesso da sua própria cerimónia de casamento – não sendo razoável presumir-se a cognoscibilidade ou previsibilidade, pelo devedor, da «margem de confiança» acrescentada pelo credor ao simples interesse contratual positivo.

Dir-se-á assim que o entendimento básico é o de que o «excesso de confiança», para lá da sua dimensão *objectiva*, reportada ao sobre-investimento em condições de baixa probabilidade de cumprimento da contraparte, tem uma dimensão *subjectiva* que se afere pela não-correspondência com as expectativas da própria parte inadimplente, com o quadro de valores que ela pode minimamente representar-se como estando em jogo com a sua atitude de incumprimento, a menos que essa expectativa tenha sido modificada por informação para esse efeito prestada pela parte credora – algo que de alguma forma tenha feito sentir ao devedor a especial essencialidade do cumprimento, o valor acrescido que ele passou a representar para o credor –, pois de outro modo deverá sustentar-se que a responsabilidade contratual do incumpridor deve abarcar apenas aquilo que ele poderia razoavelmente assumir com a sua adstrição obrigacional, sendo que todos os custos que excedem esse quadro de cognoscibilidade ou de previsibilidade devem correr por conta do credor (do credor que, insista-se, não notificou o devedor da intensificação da «margem de confiança»)[121-122].

---

121 Isso corresponde à regra de *common law* de *Hadley v. Baxendale* (de 1854), em torno da qual se têm desenvolvido os principais contributos analíticos da doutrina norte-americana nesta matéria. Cfr. Scott, R.E. & D.L. Leslie (1993); Barnett, R.E. (1995); Dawson, J.P., W.B. Harvey & S.D. Henderson (1998); Frada, M.A.C.P.C. (2004), 318n306-320n308; Fuller, L.L. & M.A. Eisenberg (1996).

122 Também se pode considerar que a solução é um afloramento da regra que faz recair a responsabilidade na parte que, em condições de assimetria informativa, reteve informação privativa e assim dificultou a cooperação de que teria emergido o cumprimento contratual – a regra das «*penalty default rules*». Cfr. Ayres, I. & R. Gertner (1989), 87ss..

Em contrapartida, a dissuasão do «excesso de confiança» não deve ser interpretado como comprovação da inutilidade desse valor da «confiança», o que parece ficar demonstrado com o facto de a tutela da confiança se estender até às simples promessas de liberalidades – entendendo-se que a promessa é exigível se o credor dessas liberalidades incorreu em despesas ou prescindiu de condutas lucrativas por confiar no cumprimento da promessa, e na medida em que fosse cognoscível ou previsível, da parte do promitente, que a promessa iria induzir uma tal conduta onerosa no promissário[123].

Na verdade, o que mais parece ressaltar dessa abordagem do «excesso de confiança» é a constatação de que a tutela do interesse positivo pode tornar-se sub-óptima em função da assimetria informativa, nomeadamente em todas aquelas situações em que se suscitem problemas de conhecimento reportados à essencialidade dos interesses lesados[124] – casos em que tal assimetria pode gerar colapsos de «selecção adversa»[125]:

– se o credor revela a importância do interesse, arrisca-se a que o preço do bem ou serviço seja aumentado, visto que revela à contraparte uma sua mais elevada disposição de pagar;

– mas se não revela, arrisca-se a que a indemnização não seja completa caso ocorra o incumprimento;

– em contrapartida, o credor que associa um baixo valor ao cumprimento tem interesse em revelar esse facto à contraparte, pois de outro modo arrisca-se a ter que pagar um preço médio que para ele é desnecessariamente elevado, pois corresponde à cobertura (ponderada pelos riscos) de uma indemnização que excederia muito o dano, caso o incumprimento se verifique;

– só que, a ser assim, o devedor poderá inferir que aqueles que revelam um valor baixo estão de certo modo a exonerá-lo do risco do

123 A doutrina norte-americana, na qual precisamente se coloca mais em dúvida a tutela da confiança por causa das patologias da «*overreliance*», chega à admissão da tutela da confiança nas liberalidades através da extensão dos princípios da «*detrimental reliance*» e do «*promissory estoppel*»; todavia, não se perde de vista que no caso das promessas de liberalidades existem problemas específicos de imponderação que podem onerar o promitente muito para lá da sua expectativa, caso se tornem exigíveis todas as suas promessas, mesmo as mais imponderadas. Cfr. Posner, R.A. (1977), 411ss.; Eisenberg, M.A. (1979), 1ss.; Goetz, C. & R. Scott (1980), 1261ss.; Shavell, S. (1991), 401ss.; Kull, A. (1992), 39ss..

124 Posner, E.A. (2003), 836ss..

125 Sobre a «selecção adversa», cfr. Araújo, F. (2004), 515ss., 530ss..

cumprimento, e que, *a contrario*, aqueles que nada dizem estão a revelar um valor elevado, devendo por isso o preço ser para eles especialmente elevado.

Mas isso por seu lado significa que, na presença de uma maioria de credores que atribuem baixo valor ao cumprimento, a conexão da lesão à «*essencialidade*», à «*base do negócio*» ou às «*circunstâncias em que as partes fundaram a decisão de contratar*» (arts. 252.°, 1 e 2, 437.°, 1 e 808.°, 1 e 2) pode ter por efeito perverso o agravamento drástico dos custos de transacção (de renegociação, de prevenção dos danos da selecção adversa), e por isso ser sub-óptima – afigurando-se que a invocação da «essencialidade dos bens lesados» é preferível, em termos de eficiência, apenas no caso em que existe uma minoria de credores que atribuam ao cumprimento valores muito superiores à média[126].

8.f) *O «excesso de confiança» como um pretexto para a «sobre-responsabilização»?*

Como voltaremos a ver com mais detalhe, hoje tende a relativizar-se a questão do «excesso de confiança» em função da diversidade de contextos contratuais e de investimentos envolvidos[127], reformulando-a, pois, essencialmente como um problema de inadequação dos regimes indemnizatórios face à eficiência ou ineficiência do cumprimento, um problema no qual ainda avultam os interesses de limitar as «perdas de confiança» ou as situações de exposição das partes ao «*hold-up*» contratual[128], mas conjugados agora com considerações relativas à inércia ou dinamismo das partes na sua forma de se livrarem de situações contratuais potencialmente lesivas, ou de predisporem *ex ante* os pontos de apoio (os «*threat points*»)

[126] Adler, B.E. (1999), 1547ss.; Bebchuk, L. & S. Shavell (1999), 1627ss.; Ayres, I. & R. Gertner (1989), 87ss.; Ayres, I. & R. Gertner (1992), 729ss.; Bebchuk, L. & S. Shavell (1991), 284ss.; Goetz, C. & R. Scott (1980), 1299-1300; Johnston, J.S. (1990), 615ss.; Wolcher, L.E. (1989), 9ss..

[127] Aghion, P., M. Dewatripont & P. Rey (1994), 257ss.; Che, Y.-K. & T.-Y. Chung (1999), 84ss.; Che, Y.-K. & D.B. Hausch (1999), 125ss.; Chung, T.-Y. (1991), 1031ss.; MacLeod, W.B. & J.M. Malcomson (1993), 811ss..

[128] Edlin, A.S. (1996), 98ss.; Edlin, A.S. & S. Reichelstein (1996), 478ss..

para a renegociação dos vínculos contratuais quando se torne eficiente o litígio ou a reafectação de onerações e recursos[129].

Deve notar-se, a propósito, que tem sido objecto de preocupação a expansão da responsabilidade contratual, na medida em que se veja nessa extensão um desvirtuamento da matriz privatística e consensual dos contratos[130], e a sua progressiva substituição por uma proliferação de regras que parecem tender irresistivelmente para a imperatividade[131], e para a expansão irrestrita para todos os recantos e minúcias de condições e contingências não previstas pelas partes[132], para a «releitura» dos termos explicitamente acordados pelas partes[133], para a ponderação indiferenciada de factores supervenientes e «relacionais» não inicialmente cobertos pelo acordo[134], para fazerem alastrar a matriz contratual à responsabilidade pré-contratual[135] – tudo expressões, aparentemente, de desconsideração pelo elemento consensual.

Mas o facto é que, mesmo da perspectiva da análise económica, se afigura necessário que o regime contratual extravase amplamente da área restrita da consensualidade explícita – pois senão cairíamos num formalismo com consequências indesejáveis, por exemplo em matéria de restrição drástica da extensão da responsabilidade contratual, numa atitude de reacção àquilo que os formalistas tenderam a caracterizar como a «socialização» da disciplina dos contratos, por sobre-extensão da responsabilidade[136], ou por «contaminação ideológica» de propósitos de redistribuição ou de «justiça substantiva», alegadamente dissolutores das «fronteiras do contrato»[137].

---

129 Curiosamente, de certo modo invertendo os termos do Teorema de Coase, na medida em que, insistindo na necessidade de «remédio externo» para o problema do «excesso de confiança», presumem que (por razões de inverificabilidade, de «viscosidade», ou outras) mesmo a baixos custos de transacção a atribuição inicial de direitos, e até a introdução de normas imperativas, pode constituir um insubstituível incentivo de eficiência. Cfr.Ayres, I. (2003), 895; Ayres, I. & R. Gertner (1992), 762ss.; Ayres, I. & R. Gertner (1999), 1598ss..

130 Kreitner, R. (2004), 429ss..

131 Schwartz, A. (1993), 390-391; Schwartz, A. & R.E. Scott (2003), 547.

132 Kull, A. (1991), 2ss..

133 Scott, R.E. (2000), 848.

134 Bernstein, L. (1999), 710-712.

135 Benson, P. (2001), 118; Barnett, R.E. (2001), 1ss..

136 Kennedy, D. (2000), 108ss.; DiMatteo, L.A. (1999), 267ss..

137 Weinrib, E.J. (1995), 22-25, opondo-se a: Unger, R. (1983), 571ss..

No fundo, trata-se de uma reacção paralela àquela que leva a abordagem formalista a opor-se à integração de contratos lacunares[138] (alegando que não há referências voluntariamente partilhadas numa contraposição objectiva de interesses[139]); em ambos os casos, a visão formalista sustenta que, sendo as partes livres para distribuírem entre elas o risco da transacção, nenhuma delas é obrigada a promover os interesses da outra, ou a sacrificar a ela os seus próprios interesses – e que qualquer modificação desse equilíbrio pressuposto remete para os domínios do extra-contratual quando prescinde da atribuição à vontade explícita ou implícita das partes[140]: razão pela qual se dirá que um aprofundamento da responsabilidade contratual começa por pressupor um estreitamento dessa responsabilidade, o seu confinamento à pura relatividade obrigacional[141].

– Acrescentemos, a propósito, que mesmo numa forma mitigada, «instrumentalista», o formalismo insiste na interpretação literal do clausulado dos contratos[142], e se opõe à integração dos contratos e à multiplicação de normas supletivas – salvo quando estas correspondam já à «despromoção» de regras imperativas[143], insistindo-se muito nos custos em que as partes se verão forçadas a incorrer para se esquivarem a normas imperativas e supletivas que não correspondam aos seus interesses, ou na margem de «risco moral» que pode florescer à sombra de quaisquer «balizas involuntárias» que sejam introduzidas no regime contratual, tendendo a desincentivar as partes do seu esforço de auto-regulação[144], em alegado prejuízo da segurança e da previsibilidade da conduta no comércio jurídico[145].

– É fundamentalmente isso que faz com que o formalismo se tenha tornado no principal adversário da «Análise Económica» e da proeminência das ponderações de eficiência – no fundo, por argu-

[138] Gergen, M.P. (1992), 1081ss.; Goetz, C. & R. Scott (1981), 1149-1150; Goetz, C. & R. Scott (1983), 969-970.

[139] Benson, P. (1995b), 317.

[140] Benson, P. (1995b), 329-332; Coleman, J.L. (1992), 164-173; Barnett, R.E. (1992), 821ss.; Barnett, R.E. (1992b), 783ss..

[141] Eisenberg, M.A. (2002), 654-676; Kreitner, R. (2004), 436.

[142] Schwartz, A. & R.E. Scott (2003), 547; Scott, R.E. (2000), 866ss.; Scott, R.E. (2000b), 162-163.

[143] Scott, R.E. (2003), 1691ss.; Schwartz, A. & R.E. Scott (2003), 618-619.

[144] Schwartz, A. & R.E. Scott (2003), 594-608; Scott, R.E. (2000b), 161; Scott, R.E. (2003), 1645ss..

[145] Kreitner, R. (2004), 437; Scott, R.E. (2000), 869-871.

mentar que a «análise» destrói o objecto analisado, desconsiderando as relações típicas que se desenvolvem no seu seio e privilegiando outras que legitimam a «supervisão externa» das relações contratuais[146], um argumento aliás muito consonante com a tendência que o formalismo constantemente evidencia, mormente na sua vertente mais dogmática, que é a tendência para ver os grandes princípios do Direito em jogo, ou sob ameaça, em todas as soluções que interfiram numa visão «contratualista» do próprio contrato[147].

8.g) *A «geração espontânea» da confiança: o Direito como «propiciador descartável».*

Além do que ficou dito, algum do problema da confiança, e da respectiva tutela, esbate-se nas relações contratuais longas, nos termos hoje esquematizados na teoria dos «jogos com aprendizagem»[148], ou representados pelo paradigma etológico da «evolução da cooperação»[149] – e que, no contexto mais restrito de que nos ocupamos agora, poderíamos referir como a tendência para o alinhamento da conduta do comissário «agente» pelos interesses do comitente «principal»:

– por multiplicação das oportunidades de partilha de informação, por um lado;

– por multiplicação, por outro, das ocasiões para o comitente retaliar contra o oportunismo «capturador», contra o «risco moral», do comissário;

– por outro lado ainda, por aumento das possibilidades de se desfazerem os equívocos em que pode assentar o excesso de confiança.

Isto por se ter por injustificável que, com a passagem do tempo e com a multiplicação dos contactos, o credor não saiba aquilo com que pode contar da parte do devedor, e crescentemente implausível que o devedor

146 Weinrib, E.J. (1995), 48-49; Benson, P. (1995b), 309-311.

147 Weinrib, E.J. (2003), 83-84; Pildes, R.H. (1999), 607ss.; Schauer, F. (1988), 521, 533.

148 Araújo, F. (2004), 666ss..

149 Araújo, F. (2004), 175.

não faça uma ideia dos interesses em jogo que passaram a estar dependentes do cumprimento das obrigações a que ele está adstrito[150].

De certo modo, os frutos da interdependência estável são um remédio ao oportunismo dos jogos de lance único (que, lembremo-lo, tornam a não-cooperação uma estratégia *dominante*, ainda que essa não-cooperação tenha uma solução ineficiente), porventura tão eficaz como a disciplina dos contratos válidos e geradores de obrigações perfeitas, se não mesmo mais eficaz: propiciando o aumento do conhecimento partilhado e abrindo caminho ao instrumento dissuasor da retaliação, a interdependência induz ao empenho das partes mesmo na ausência de uma protecção formal como aquela que é facultada pela celebração de um contrato válido – podendo admitir-se que o que o contrato faz é:

– permitir a cooperação instantânea mesmo entre pessoas que não tiveram tempo de formar laços de interdependência ou nem sequer tencionam vir a formá-los;

– sustentar a continuação da cooperação em contextos de elevados custos de transacção, nos quais pudesse perspectivar-se a ponderação do interesse em prosseguir no contrato;

– evitar atitudes oportunistas em situações terminais de cooperação, nas quais, antevendo-se a dissolução dos elos de confiança e das oportunidades de partilha e de retaliação, as partes podem aproveitar para regressar às estratégias predatórias dominantes nos jogos de um único lance[151].

Retenhamos, contudo, que, à medida que se alongam no tempo as oportunidades e efeitos da interdependência cooperativa, menos necessária se torna a tutela jurídica dos contratos e mais necessário se torna que o Direito abra espaço ao desenvolvimento dos mecanismos espontâneos de interacção – não raro privilegiando soluções equitativas e pacificadoras mais do que soluções de estrita justiça que provocassem a dissolução do cimento de confiança entre as partes nessas relações longas em favor de

---

[150] O economista diria porventura, mais sinteticamente, que a passagem do tempo aumenta a *elasticidade* das partes, tornando-as mais sensíveis à reciprocidade das atitudes e flexibilizando-lhes as respostas. Cfr. Araújo, F. (2004), 312-313, 334-335.

[151] O chamado «*endgame problem*», traduzido no «salve-se quem puder», ou no «quem vier atrás que feche a porta», próprio das situações de colapso iminente. Um exemplo dessa «estratégia de últimos lances» é o «*sniping*» nos leilões sujeitos a uma limitação temporal das licitações: cfr. Araújo, F. (2004), 391-392.

uma exacerbação artificial da litigiosidade, e mais soluções subsidiárias da disciplina espontânea do que soluções imperativas de adjudicação que deferem e indeferem interesses sem especial escopo conciliador. **E esta, afinal, a 6.ª, e última, das finalidades económicas que inicialmente associámos à disciplina contratual: *fomentar as interdependências duradouras e diminuir a necessidade de estipulações contratuais explícitas.***

9. **As reacções ao incumprimento.**

Dado tudo o que já vimos sobre a produtividade da cooperação, do empenho credível das partes, da criação de níveis eficientes de expectativa e de confiança a baixos custos de transacção, não custa a concluir que o regime indemnizatório por incumprimento deve ser configurado como incentivo à cooperação e à interdependência, e que as soluções óptimas serão as que asseguram um alinhamento de interesses e condutas entre as partes por forma a maximizar-se, contrato a contrato, os resultados nos momentos da negociação, da formação de deveres e de direitos, e do cumprimento desses deveres e de satisfação desses direitos de crédito.

Tudo isto sem se perder de vista que essas soluções respondem a um momento patológico na vida do contrato, e que por isso elas devem ser configuradas como complementos apenas do esforço de interpretação, de integração e de regulação da disciplina contratual – do esforço de expurgação de ambiguidades, lacunas ou iniquidades que possam interferir numa saudável e frutífera cooperação económica (ponto no qual a análise económica pode aliar-se, para efeitos de fazer ressaltar os interesses subjacentes e a lógica basilar dos negócios, a diversas «teorias interpretativas»[152] que se concentram na exegese, a partir do «ponto de vista interno» ou «formalista»[153], da terminologia contratual dominante num determinado espaço socio-político[154]).

Isso explica também que tenda a dar-se preferência às reacções especificamente previstas no clausulado contratual (por exemplo, as cláusulas penais), embora possamos já esperar que as razões para a incompletude

[152] Patterson, D. (1993), 235ss.; Benson, P. (2001), 118; Smith, S.A. (2000), 111ss.. Do lado da responsabilidade civil, estas correntes encontram um paralelo em: Coleman, J.L. (2001); Coleman, J.L. (1992), 7-12.

[153] Weinrib, E.J. (1993), 592ss..

[154] Eisenberg, M.A. (2001), 213-222.

dos contratos determinem igualmente uma cobertura sancionatória explícita muito escassa e lacunar.

Mesmo a lenta sedimentação de contratos-tipo e de cláusulas contratuais gerais consegue erradicar apenas uma margem de contingência futura que ultrapassa o âmbito sancionatório, e isso torna inevitável o recurso à via litigiosa, seja no sentido de se chegar à realização coactiva da prestação ou à execução específica, seja no sentido de se encontrar uma reparação, por reconstituição natural ou por sucedâneo pecuniário, para os danos resultantes do incumprimento (ou do cumprimento defeituoso) – uma alternativa muito frequentemente ponderada em puros termos de possibilidade circunstancial (veja-se a formulação do n.° 1 do art. 566.°), embora sugeríssemos já que ela pode também, ou deve talvez, ser ponderada também em termos de *eficiência*, e até nos termos dinâmicos de poder converter-se num referencial sancionatório que sirva de incentivo à conduta das partes – por exemplo, à adopção de atitudes preventivas de danos.

Como vimos já, o incumprimento pode gerar uma indemnização do interesse contratual positivo, o interesse *no cumprimento*, o interesse que a parte «inocente» terá em ser colocada na posição de vantagem, nos valores de bem-estar, que resultariam do cumprimento espontâneo – ou seja, em termos económicos, uma indemnização que propicie ao credor o ganho específico que ele espera do cumprimento ou um ganho equivalente («indiferente», em sentido económico) àquele, por forma a «isolar» o credor dos efeitos negativos do incumprimento imputável ao devedor – o que significa que avulta nesta forma de indemnização a consideração pelos «lucros cessantes», e mais precisamente os «lucros» que o credor obteria com a mera satisfação do seu crédito, o factor «positivo» na interesse contratual *positivo*, e que deverão considerar-se irrestritamente abarcados (ao menos no pressuposto de que não se está a lidar com uma patologia de «excesso de confiança») no conceito de «*benefícios que o lesado deixou de obter em consequência da lesão*», nos termos do n.° 1 do art. 564.°.

Neste caso, há a distinguir, no cálculo da indemnização:

– a situação em que o lesado tem a possibilidade de mitigar alguns dos danos através de uma substituição da prestação prometida por uma vantagem económica sucedânea – caso em que a verdadeira indemnização deverá limitar-se ao custo que essa substituição representou para o lesado, no caso de a substituição ser perfeita (o que poderá suceder, por exemplo, se a satisfação do interesse do credor pode alcançar-se através do recurso a bens fungíveis e homogéneos), ou deverá incidir sobre a diferença entre os níveis de satisfação esperados e alcançados, deduzidos estes dos custos inerentes –;

– a situação em que o lesado não tem à sua disposição meios de alcançar uma satisfação sucedânea, caso em que a indemnização deverá abarcar toda a extensão da desvalorização do objecto infungível do contrato, seja ela parcial (caso em que poderá admitir-se um mero cumprimento defeituoso), seja ela total (caso em que haverá incumprimento e a indemnização pode abarcar a totalidade do bem-estar que o cumprimento geraria para a parte «inocente», sem haver lugar a qualquer dedução).

9.a) *A tutela negativa dos custos de oportunidade.*

Se passarmos ao interesse contratual negativo, do que se trata agora é, lembremo-lo, de colocar a parte «inocente» na posição de «bem-estar» em que estaria se não tivesse confiado no cumprimento do contrato, se não tivesse incorrido em despesas *por conta* do contrato – ou seja, em termos económicos, trata-se de indemnizar de forma a que o lesado acabe por ficar numa posição de «indiferença» entre incumprimento e inexistência do contrato, avultando por isso nesta forma de indemnização a consideração pelos «danos emergentes», e especificamente os «danos» que o credor não teria experimentado se precisamente não tivesse sido induzido a colocar-se nessa posição de credor, de «confiante».

Se perfilharmos este entendimento, diremos que são também danos emergentes, mais do que lucros cessantes, as oportunidades perdidas por força da confiança depositada no cumprimento (podendo adoptar-se uma noção mais restritiva de «lucros cessantes», cingida ao adicional de bem-estar que resultaria da satisfação, pelo cumprimento, do interesse contratual positivo), querendo com isso sugerir-se que as «perdas de oportunidades», na dimensão do contra-factual, devem estar sujeitas à lógica, e aos limites, da «tutela da confiança»[155].

Só que, no entendimento de alguns, a consideração destes custos de oportunidade para efeitos indemnizatórios remete para uma terceira solução, que é a de se colocar a parte «inocente» na posição de bem-estar que para ela resultaria de ter celebrado o contrato que constituía a melhor alternativa ao contrato que celebrou, pressupondo-se que esse contrato

[155] Sobre «custos de oportunidade», cfr. Araújo, F. (2004), 39, 55ss..

«segundo melhor» teria sido cumprido – ou seja, em termos económicos, colocando o lesado numa posição de «indiferença» entre incumprimento do contrato «óptimo» e cumprimento do contrato «sub-óptimo».

Deveremos, pois, incluir ou excluir os custos de oportunidade na tutela negativa dos «danos de confiança»? Tudo parece sugerir que sim, que devemos inclui-los, mas nada obsta a que, por razões didácticas de mera clarificação, refiramos separadamente esses «lucros cessantes». Como o ponto é algo mais complexo, e se enreda com considerações relativas ao tipo de mercado que estejamos a considerar, deixaremos uma indagação mais cabal para mais tarde.

Num quadro, sintetizaríamos os três tipos de indemnização:

Tipo de indemnização	Objectivo de «indiferença» entre
Do incumprimento	Incumprimento e cumprimento
Da confiança	Incumprimento e inexistência do contrato
Do custo de oportunidade	Incumprimento e cumprimento do contrato sucedâneo

Aplicaremos de seguida essa noção de «indiferença», provinda da «teoria do consumidor» na moderna ciência económica[156], para analisarmos o impacto desses vários tipos de indemnização.

Note-se, entretanto, que se a diferença entre interesse contratual positivo e negativo, para efeitos indemnizatórios, se cinge à questão dos lucros cessantes, isso se esbate por força da *indeterminabilidade* desses lucros cessantes – o que leva até vários autores a sugerirem que contrafactualmente se presuma que, a não ter ocorrido o incumprimento, os projectos da parte inocente teriam conduzido meramente a uma situação de «*break-even*», sem lucro nem prejuízo[157-158]: solução que, adequada à perspectiva concorrencial de longo prazo, levaria a que as indemnizações de «*expectations*» e de «*reliance*» passassem a coincidir necessariamente, por definição[159-160].

156 Araújo, F. (2004), 435ss..

157 Birmingham, R. (1985), 229-232; Farnsworth, E.A. (1990), 846; Kelly, M.B. (1992), 1811-1825. O mesmo tem sido defendido até para o enriquecimento sem causa: Kull, A. (1995), 1206-1207.

158 Sobre o conceito de de «*break-even*», cfr. Araújo, F. (2004), 558, 562, 565, 713.

159 Para uma panorâmica dos problemas resultantes das dificuldades de medição do interesse que é objecto da protecção *negativa* da confiança, cfr. Frada, M.A.C.P.C. (2004), 75.

160 A tutela da confiança afigurar-se-á, deste prisma, um sucedâneo, uma salvaguarda para que algumas expectativas não sejam defraudadas, quando não seja de todo possível atribuir um valor ao desfecho que não chegou a ocorrer. Por exemplo, alguém vê ser retirada uma promessa de emprego ou de negócio – mas quanto ganharia com elas?

Esse entendimento é aliás representativo também de uma outra insensibilidade, esta relativa à incompreensão do que sejam «danos patrimoniais puros», de acordo com uma tutela de posições incompletamente «tituladas», a qual reclama uma sofisticação económica de que os ordenamentos positivos, e muito frequentemente a doutrina, se afiguram arredados[161].

E observe-se ainda que, dessa perspectiva pragmática de simples alcance probatório, essa solução é equivalente a outras que não envolvem a invocação da tutela da «confiança»: por exemplo, um abrandamento dos requisitos de prova quanto ao interesse positivo, ou o estabelecimento de presunções na quantificação dos lucros cessantes – ou mais simplesmente a generalização do recurso a cláusulas penais ou à realização coactiva da prestação, soluções que subalternizam o problema da determinação precisa do montante do interesse positivo.

Note-se, de passagem, que se a realização coactiva da prestação parece ser a via preferível de reacção ao incumprimento naqueles casos em que os cálculos do dano sejam especialmente complexos – pense-se no caso de um bem ou serviço infungível[162] –, há em contrapartida quem observe que o cálculo dos danos nunca deixa de ser complexo, e que por isso a premissa é irrelevante, havendo sobretudo quem argumente que deve presumir-se a racionalidade das partes na configuração do equilíbrio patrimonial óptimo através do contrato que aceitaram celebrar – o que fará da realização coactiva da prestação, não um expediente a ser usado por mera falência do cálculo do dano, mas antes a via reparadora principal, a via da reconstituição natural, preferível a remédios sucedâneos que as partes podem não ter ponderado no horizonte das suas finalidades contratuais[163].

9.b) *Indemnizações e «mapas de indiferença».*

Antes de prosseguirmos, sublinhemos ainda um traço característico da análise económica, um expediente que ela usa para fazer ressaltar os

E seria de esperar que as aceitasse no pressuposto de que não atingiria sequer o «*break-even*»? Nestes casos, a indemnização da «confiança» serviria para empolar o montante indemnizatório – que contrafactualmente teria que se concluir que seria nulo, se não fosse colocada uma tel ênfase no «interesse negativo».

161 Sobre este ponto, cfr. Frada, M.A.C.P.C. (2004), 238ss., 250-251.

162 Kronman, A.T. (1978b), 351ss..

163 Schwartz, A. (1979), 271ss.; Ulen, T. (1984), 341ss..

elementos de pura racionalidade no comportamento dos agentes, que é o de deixar de lado quaisquer juízos morais para, neste caso, se aferir o que seja o cumprimento eficiente e o incumprimento eficiente, admitindo que ambos constituam opções racionalmente equivalentes:

– assim, aquele que indemniza *perfeitamente* deve ser livre de cumprir ou não cumprir, se o que pretendemos alcançar é o máximo de eficiência nas transacções;

– se um devedor consegue internalizar completamente no seu património os custos do seu próprio incumprimento e ainda lhe sobra uma margem de acréscimo de bem-estar por fazê-lo, ditará a eficiência (que aqui designaremos adequadamente como «eficiência de Pareto»[164]) que o faça – se bem que pacificamente se possa admitir que prevaleça no seu espírito a solução mais justa de evitar danos mesmo quando possa repará-los completamente, uma solução porventura mais justa de que haverá sempre, em todo o caso, que sublinhar a ineficiência relativa, o custo.

Vamos a um novo exemplo para ilustrarmos a análise económica dos vários tipos de indemnização[165]:

– Suponhamos que F, proprietário de uma baixela de prata de que 50% das peças apresentam defeitos, contrata a respectiva reparação com G, que lhe assegura o resultado de uma reparação a 100%, preferindo-o a H, que lhe garantiria uma reparação de apenas 85% das peças.

– E suponhamos agora que G comete um erro na reparação, submetendo as peças a uma limpeza que, tendo efeitos corrosivos inesperados, acaba por inutilizar 75% dessas peças (deixando-as, pois, num «estado de reparação» de 25%).

– F considera que foi vítima de um dano incalculável, dado que se tratava de uma baixela adquirida por um seu tetravô, e sempre mantida na família, e que o preço convencionado para a reparação de

[164] Araújo, F. (2004), 414ss..

[165] Vamos escolher um exemplo que, reportando-se a bens com valor «estimativo» muito elevado, e portanto com uma elevada disparidade entre valor de uso e valor de troca, poderíamos considerar na margem entre danos patrimoniais e danos não-patrimoniais (abarcando num sentido amplíssimo deste conceito de «não-patrimonialidade» todos aqueles danos que não são computáveis por valores de troca, por preços correntes no mercado, em larga medida apenas porque são infungíveis).

50% das peças nada tem a ver com o valor dessas peças, mormente com o valor perdido na destruição dessas peças.

– Lembremos que os vários tipos de indemnização visam colocar o lesado em situações de «indiferença», e por isso comecemos por desenhar um «mapa de indiferença»[166] com os valores em causa[167]:

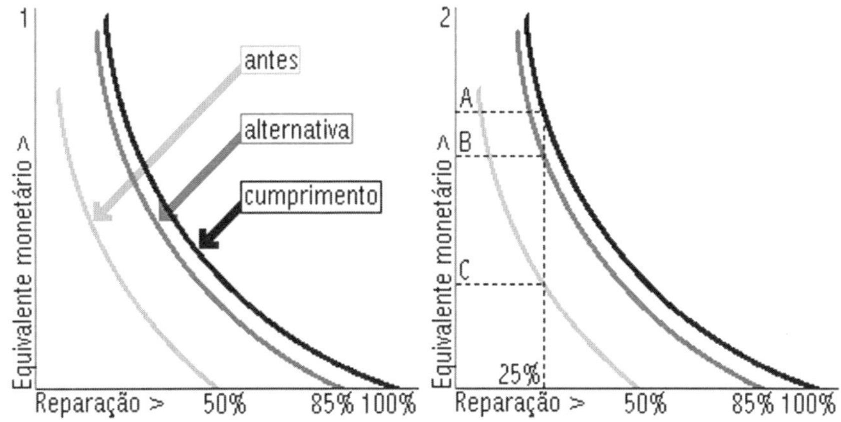

Gráfico 6

1, 2: Curvas de indiferença dos vários tipos de indemnização – do interesse contratual negativo (C – reparação de 50%), do custo de oportunidade (B – reparação de 85%) e do interesse contratual positivo (A – reparação de 100%).

[166] Um mapa de indiferença é um conjunto de curvas de indiferença, cada uma representando um contínuo de pontos que representam o mesmo grau de bem-estar, pontos entre os quais se pode transitar por uma determinada taxa marginal de substituição (no caso, cada ponto representa uma combinação possível de reparação efectiva, «em espécie», e de compensação monetária – admitindo-se que mais reparação específica implique menos reparação monetária, e vice-versa, de acordo com uma determinada taxa marginal de substituição que representa as preferências do sujeito). Cfr. Araújo, F. (2004), 437ss..

[167] Sublinhemos ainda que é porque se prevê que certas pessoas demonstrem instabilidade nas suas preferências, revelando incongruência na ordenação das suas curvas de indiferença, que o Direito estabelece condições de *incapacidade negocial*, temporária ou permanente. E note-se que o princípio do «*least-cost avoider*», subjacente à solução do Juiz Learned Hand, justifica, em termos de *pura eficiência*, a especial responsabilidade que recai sobre a contraparte nos contratos celebrados com incapazes, já que se presume que é a contraparte que, estando mais próxima da situação negocial, mais facilmente detecta a incapacidade – essa incongruência na ordenação das curvas de indiferença – e mais eficientemente previne os seus efeitos.

O dano provocado por G, deixando a baixela num estado de conservação de 25%, significa para F que ele terá que receber:

– a indemnização de A para ficar numa posição monetariamente equivalente («indiferente») à do cumprimento perfeito do contrato por G;

– a indemnização de B para ficar numa posição monetariamente equivalente à do cumprimento do contrato sucedâneo por H;

– a indemnização de C para ficar numa posição monetariamente equivalente à da inexistência do contrato com G (e com H).

Trata-se de um conjunto de indemnizações *perfeitas*, no sentido de que qualquer delas visa deixar o lesado, com a lesão e com a compensação monetária, numa posição equivalente, em termos de bem-estar, àquela em que ele estaria sem a lesão e sem a compensação monetária.

Para esclarecermos um pouco mais as implicações do quadro indemnizatório, notemos, num novo gráfico, que:

– se G tivesse deixado a baixela exactamente no estado em que a encontrou, não haveria lesão da confiança (estamos a pressupor que não ocorreu nenhum «investimento de confiança» por parte de F), mas haveria ainda lugar à indemnização do interesse contratual positivo (x), ou à indemnização do custo de oportunidade (y).

– se G tivesse deixado a baixela num estado de reparação de 85%, não haveria indemnização da confiança ou do custo de oportunidade, subsistindo apenas uma indemnização pelo interesse contratual positivo (z).

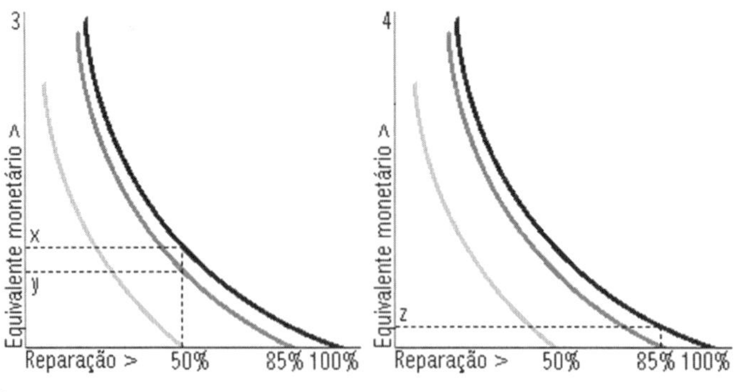

Gráfico 7
3: Indemnização do dano contratual positivo (x) *e* do custo de oportunidade (y)
4: Pura indemnização do dano contratual positivo (z)

Vimos no gráfico que A > B > C, ou seja que a indemnização do interesse contratual positivo é normalmente superior à indemnização pelo custo de oportunidade, e que esta é geralmente superior à indemnização do interesse contratual negativo.

Isso tenderá a ser assim (salvo alguma patologia ou «excesso») porque temos que pressupor a racionalidade das partes:

– aquele que celebra um contrato procurará encontrar através dele a solução maximizadora do seu bem-estar, deixando para segundo lugar um contrato que não seja maximizador; por outras palavras, entre dois contratos possíveis escolherá aquele que apresenta menor custo de oportunidade em termos de maximização de bem-estar[168];

– qualquer dos dois contratos, o «óptimo» e o «sub-óptimo», são desejados porque incrementam o bem-estar por comparação com a opção do «não-contrato», não sendo razoável que alguém se dê ao trabalho de contratar e que incorra nos inerentes custos de transacção se não for para alcançar ganhos superiores aos que lhe adviriam de nada fazer.

Contudo, isso não impede de modo algum que essa ordem seja alterada, mormente pelas já referidas patologias na conduta das partes, a reclamarem limitações à atribuição litigiosa de montantes indemnizatórios. Voltando ao nosso exemplo:

– Suponhamos que os tribunais, por limitação legal ou por juízo de equidade, se recusam a atribuir uma indemnização pelo interesse contratual positivo que eles considerem alicerçada em danos não-patrimoniais, ou em valores diversos do preço corrente no mercado.

– Suponha-se ainda que F, que atribui à baixela um elevadíssimo valor «de estimação» (de uso), incorreu em 15.000 euros de despesa para reparar os móveis em que instala a baixela de prata e em 15.000 euros de despesa na organização de uma festa de apresentação da baixela reparada, sendo que o tribunal determina afinal que, atendendo aos preços de mercado, a baixela inteiramente reparada

[168] Na verdade, em concorrência perfeita a atomicidade e a fluidez deveriam permitir a perfeita fungibilidade de parceiros e de termos negociais, pelo que se esbateria essa diferença entre «óptimo» e «sub-óptimo». Mas como essa situação-limite é improvável, a amplitude dos custos de oportunidade variará na proporção da falta de atomicidade e de fluidez nos mercados. Sobre atomicidade e fluidez, cfr. Araújo, F. (2004), 242ss., 248ss..

não valeria mais do que 25.000 euros, sendo esse o limite máximo da indemnização do interesse contratual positivo (limite que nem chega a ser atingido visto que os danos representam apenas 75% do valor da baixela).

– Nesse caso, a reacção limitadora do sistema jurídico aos «excessos» de F faria com que os danos «de confiança» ultrapassassem os danos «de cumprimento».

Quatro notas ainda sobre esta hipótese:

1) Por um lado, abstraímos da possibilidade de existir uma cláusula penal – quer se admita ou não que o montante possa exceder os danos que efectivamente se verificarão, isto é, quer se admita ou não que haja uma função punitiva e dissuasora combinada com o simples escopo indemnizatório[169-170] –, e desconsiderámos igualmente as incidências de um eventual pacto arbitral.

2) Por outro lado, desta feita deixámos de fora da hipótese a questão do preço pago pelo serviço prestado por G a F, porque nos interessava apenas o cômputo dos danos sem nos ocuparmos, como fizemos já anteriormente, da avaliação do bem-estar total gerado pela transacção, ou dos efeitos da «captura» desse bem-estar pelas partes – é que essa desconsideração do preço poupa-nos às complicações relativas à restituição do que tenha já sido prestado pelas partes em antecipação do cumprimento, embora possamos admitir que normalmente o valor dessas prestações será inferior aos valores, seja do cumprimento, seja do custo de oportunidade, seja mesmo da estrita

---

[169] Sendo que a função punitiva pode ser especialmente eficiente se ela constituir uma espécie de seguro estabelecido pelo devedor em favor do credor, e se o credor for a pessoa susceptível de evitar ou suportar os danos com o mais baixo custo (o «*least-cost avoider*»); sendo por isso que essa função punitiva pode revelar-se também muito eficiente na prevenção e repressão do incumprimento intencional, fraudulento. Cfr. Goetz, C. & R. Scott (1977), 554ss.; Dodge, W.S. (1999), 629ss..

[170] Não pode menosprezar-se ainda o efeito *sinalizador* que advém do facto de se estabelecer cláusulas penais elevadas, eventualmente a troco de um preço igualmente elevado (o que indicia que se está na verdade a pagar um prémio de seguro): é que isso pode servir de atestado da credibilidade, da fiabilidade, do devedor. Além disso, a limitação da cláusula penal ao montante do dano efectivamente gerado pelo incumprimento (defendido, por razões «coaseanas», em Talley, E.L. (1995), 1195ss.) pode ser um gesto inútil, já que o mesmo efeito sinalizador e incentivador pode ser alcançado pelo estabelecimento, entre as partes, de prémios ao cumprimento – como se tem generalizado nos contratos de empreitada. Cfr. Katz, A. (1990), 215ss..

«confiança» (o valor dos «investimentos *por conta* do cumprimento»), não se afigurando racional que suceda de modo diverso.

3) Por outro lado ainda, presumimos que, até por força do objecto contratual, G assumia perante F uma atitude declarativa fortemente indutora de confiança, aquilo que tradicionalmente se designaria por uma *obrigação de resultado* (embora não uma *obrigação de garantia* que cobrisse ilimitadamente qualquer incremento de confiança de F)[171]. A situação seria diversa se G tivesse assumido perante F aquilo que tradicionalmente se designaria como uma mera *obrigação de meios*, o compromisso de fazer o seu melhor, sem fornecer balizas precisas para a aferição da sua diligência de devedor e sem incentivar qualquer anormal incremento de confiança por parte de F; mas mesmo aí não faltariam modos de se alcançar alguma precisão no balizamento de montantes indemnizatórios – por exemplo, olhando para a culpa em concreto, para o distanciamento entre a diligência demonstrada naquela transacção e a diligência habitual do devedor –, além de restarem sempre as salvaguardas do «não locupletamento indevido»[172].

4) As curvas de indiferença implicam também *literalmente* que é indiferente a F que, verificado o dano, G seja compelido a realizar coactivamente a prestação ou a indemnizar por reconstituição natural (no eixo «reparação»), ou por outro lado a indemnizar por pagamento de um montante sucedâneo (no eixo «equivalente monetário»).

– Isso não significa que não intervenham complicações em sede de infungibilidade no cumprimento[173], ou ao contrário compli-

[171] Estas expressões parecem ter caído em desuso na civilística. Cfr. Leitão, L.M.T.M. (2003), 140-141.

[172] Farnsworth, E.A. (1985), 1339ss.; Cooter, R. & B.J. Freedman (1991), 1045ss..

[173] Pense-se novamente no problema de «*hold-up*» contratual, a situação em que uma das partes no contrato, ou ambas, fazem investimentos específicos em função daquele contrato, investimentos «de confiança», por conta da expectativa de cumprimento – investimentos que são *específicos* porque são em larga medida irrecuperáveis, irreconvertíveis para o contexto de uma oportunidade contratual alternativa (exemplos, o jogador de futebol que se tornou indispensável à táctica da sua equipa, e por isso tenta renegociar ameaçando desleixar a sua conduta; a empresa de *software* que fornece um programa insubstituível e agora pressiona os clientes no sentido de um aumento de preço, sob a ameaça de deixar de prestar assistência ou de deixar de fornecer actualizações; os pilotos de uma companhia aérea que ameaçam com greve num período de máxima actividade). O problema não é muito diverso do das «falhas de mercado» resultantes de situações de monopólio, com reflexos próximos em matéria contratual, mormente em tema de contratos de adesão e de cláusulas contratuais gerais – cfr. Kessler, F. (1943), 629ss..

cações relativas à perda de confiança de F na conduta de G (dando origem ao direito à resolução previsto no art. 801.°, 2).

– Apenas significa que se supõe que essas circunstâncias se encontram já reflectidas na forma peculiar das curvas de indiferença – que, como é sabido, pode assumir as mais diversas formas, em função precisamente das preferências subjectivas (no caso, as do lesado) das quais dependa a maior infungibilidade (Gráfico 8.5) ou maior fungibilidade (Gráfico 8.6) do cumprimento, a maior ou menor disposição de aceitar uma indemnização por compensação monetária.

– E isso não significa também que, em casos em que se perceba que existe uma grande disparidade entre o valor «de estimação» e o valor de mercado, entre valor de uso e valor de troca, a lei ou os tribunais, em vez de se aterem a estes últimos, tentem evitar envolver-se nessa aferição de sucedâneos (se é que os há) e prefiram o caminho menos equívoco da simples reconstituição natural do objecto lesado (e daí o carácter sucedâneo da indemnização pecuniária, como resulta do art. 566.°, 1).

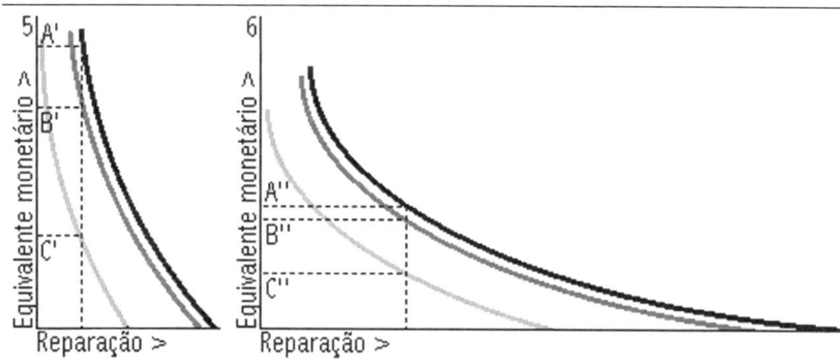

Gráfico 8
Curvas de indiferença representando as preferências distintas de dois credores lesados: um mais disposto a aceitar a realização coactiva ou a reconstituição natural (5), outro menos disposto a aceitá-las (6)

10. **Efeitos dinâmicos: alteração das circunstâncias e «terceiro cúmplice».**

Regressemos um pouco atrás, para nos concentrarmos agora particularmente na questão dos incentivos criados pelo sistema jurídico à conduta estratégica das partes.

Recapitulemos que, entre os inúmeros efeitos que o regime jurídico do incumprimento pode ter na conduta das partes, são especialmente relevantes, para a presente análise, os que dizem respeito às condições de eficiência para o cumprimento e para o incumprimento, por um lado; e por outro, os efeitos relativos aos níveis de investimento que o devedor faz *para* cumprir e que o credor faz *por conta* do cumprimento em que confia[174].

Aludimos já às condições do incumprimento eficiente, que é aquele que ocorrerá sempre que os custos do cumprimento excedam o bem-estar total, o somatório dos benefícios para ambas as partes – o que normalmente resultará, seja de um erro na avaliação dos custos no momento da conclusão do contrato (o erro sobre a base do negócio, previsto no art. 252.°, 2), seja da superveniência, na pendência do contrato, de uma alteração das circunstâncias que torna mais valioso um emprego alternativo dos recursos necessários para o cumprimento daquele contrato (a situação regulada pelo art. 437.°)[175]: em ambos os casos, porque as partes tiveram por altamente provável que o cumprimento envolvesse custos baixos, e excluíram como negligenciável a probabilidade de elevados custos de cumprimento.

Podemos aqui discernir duas situações distintas:

– aquela em que o devedor (o comissário, o «agente») vê os custos directos do cumprimento agravarem-se a ponto de ser preferível limitar as perdas deixando de cumprir e reorientando os recursos disponíveis para outras finalidades que inicialmente eram tidas por inferiores à do cumprimento daquele contrato, geradoras, pois, de

---

[174] É evidente que existem muitos outros efeitos: por exemplo, uma disciplina jurídica «fraca» do incumprimento levará à busca de parceiros das trocas dentro de um universo mais restrito, por exemplo dentro de uma «rede de influências», ou de uma «comunidade empresarial», nas quais seja possível compensar a frouxidão das sanções jurídicas com a severidade de sanções extra-jurídicas; e levará à elaboração de contratos mais completos com mais estritas e pesadas cláusulas penais, com regimes mais detalhados quanto à resolução alternativa de litígios, etc..

[175] Leitão, L.M.T.M. (2002), 174ss..

menos bem-estar total (o livreiro que não entrega o livro raro porque o exemplar que obtivera foi destruído durante o transporte, e não há agora mais nenhum exemplar à venda no mercado, ou à venda por um preço *aceitável*);

– aquela em que surge ao devedor a possibilidade de obter ganhos de bem-estar superiores numa outra transacção que não aquela que o liga ao credor (o comitente, o «principal»), tornando por isso vantajoso para ele não cumprir – visto que o cumprimento passa a ter, para ele, um custo de oportunidade superior ao de uma alternativa contratual (o livreiro que não entrega o livro raro porque entretanto foi aliciado a não cumprir por uma oferta irresistível de um coleccionador milionário).

Voltemos ao exemplo do livreiro:

– Lembremos que o livreiro A fora encarregado pelo comprador B de procurar um livro raro, Y, e revender-lho – o que A aceitaria fazer por um mínimo de 100 euros, estando B disposto a pagar um máximo de 200 euros, mas que ambos acabaram por convencionar que se faria por um preço de 150 euros (logo, com um excedente de bem-estar de 50 euros para cada uma das partes).

– Suponha-se agora que sucedeu uma de duas coisas:

1.°) ou o livreiro A viu destruído o exemplar de que dispunha, e custar-lhe-á agora 300 euros adquirir um novo exemplar para entregá-lo a B;

2.°) ou o livreiro A teve, da parte de um terceiro, uma proposta de compra do livro por 300 euros.

– No primeiro caso, A incorrerá no custo directo de 300 euros, que gerará um prejuízo líquido de 150 euros (= 300-150); no segundo caso, A registará um custo de oportunidade de 150 euros por cumprir o seu acordo com B (= 300-150).

– 1.ª hipótese – o livreiro viu destruído o exemplar de que dispunha

Mais uma vez, comecemos pela matriz de perdas e ganhos na situação em que *não existe contrato válido*, um contrato gerador de obrigações perfeitas. O quadro passará a ser o seguinte:

B \ A	Cumprir (sem custo)	Cumprir (com custo)	Fugir com o dinheiro
Entregar o dinheiro	50 \ 50	50 \ -150	-150 \ 150
Não entregar o dinheiro	0 \ 0	0 \ 0	0 \ 0

Vemos que, dado o montante dos custos envolvidos no cumprimento, as estratégias dominantes (respectivamente «fugir com o dinheiro», para A, e «não entregar o dinheiro», para B) levam à inexistência da transacção, haja ou não custos adicionais no cumprimento.

Passemos para a situação em que *existe um contrato válido*, gerador de obrigações perfeitas e de uma indemnização que internaliza perfeitamente o dano provocado ao interesse contratual positivo:

B \ A	Cumprir (sem custo)	Cumprir (com custo)	Não cumprir
Contratar	50 \ 50	50 \ -150	50 \ -50
Não contratar	0 \ 0	0 \ 0	0 \ 0

Neste caso, a estratégia dominante (e a solução eficiente) será a de *cumprir* quando não haja custos, mas passará a ser a de *não cumprir* ao nível indicado de custos adicionais.

– Dada a indemnização perfeita, B receberá sempre o mesmo no caso de decidir contratar, e será sempre mais do que se decidir não contratar – sendo, pois, que para ele a opção racional será inequivocamente a de contratar.

– Mas para A, contratar só será a opção racional se, no momento da celebração, não forem cognoscíveis ou previsíveis os custos adicionais, visto que com a ocorrência destes e na vigência do contrato a opção entre cumprir e não cumprir passa a ser uma opção entre dois males, dois prejuízos, sendo racional que escolha o mal menor – que é não cumprir.

Isso não significa que o incumprimento, e o pagamento da correspondente indemnização, sejam uma inevitabilidade numa situação dessas, mas apenas que eles passam a ser a solução racional e eficiente, a menos lesiva para o bem-estar total, a menos desincentivadora para a prossecução de condutas contratuais e para a multiplicação das trocas.

O devedor poderá ainda cumprir:

– espontaneamente, seja por motivos irracionais, seja por razões exteriores ao clausulado contratual e ao regime jurídico (por exemplo, tem muito a ganhar, no seu meio empresarial ou na sua «rede de influências», com a reputação de que cumpre os contratos *em todas as circunstâncias*, e de que os compromissos que assume são sempre – para ainda recorrermos à obsoleta mas sugestiva designação – *obrigações de garantia*)[176];

– forçadamente, por lhe ser juridicamente imposta a realização coactiva da prestação (nos termos dos arts. 817.° e seguintes, e 827.°): ou seja, que A entregue um exemplar do livro Y a B, ou que custeie a sua entrega por um terceiro, ou que haja entrega judicial (execução específica) independentemente de se saber se se trata de incorrer em novas despesas de 300 euros porque o livro inicialmente prometido se destruiu, ou se trata apenas de gorar o negócio mediante o qual A se propunha vender a preço mais elevado a um terceiro, sendo que o exemplar do livro está intacto.

De facto, a solução da realização coactiva da prestação surge aqui não apenas como *menos eficiente* do que a da indemnização, *impondo o cumprimento ineficiente*, mas ainda como propiciadora de uma ulterior captura de bem-estar pelo lado do credor, que poderá tentar convencer o devedor a renegociar sob a ameaça dessa realização coactiva, explorando o diferencial de valores, para o devedor, entre a indemnização e o cumprimento coagido: no caso, um diferencial de 100 euros, que B poderá tentar «redistribuir» ameaçando A – propondo-lhe, por exemplo, uma indemnização adicional de 50 euros, a troco de prescindir da acção de cumprimento e execução.

Trata-se de uma solução renegociada que, por mais chocante ou abusiva que possa parecer (sobretudo a quem não esteja familiarizado com a lógica «coaseana»[177]), é ainda mais eficiente do que a da realização coactiva da prestação (gera um bem-estar total de zero, contra uma perda de bem-estar de 100 euros) e é estrategicamente superior para A (reduzindolhe a perda de bem-estar de 150 para 100 euros).

Esse tipo de cálculo tem levado, de resto, à revisão do papel a atribuir à cláusula penal na promoção «dinâmica» da eficiência, abandonando-se a noção elementar de que ela tende apenas a aumentar custos e a entravar a eficiência alocativa (a impedir que os bens cheguem aos adquirentes com mais elevadas disposições máximas de pagar), em favor de um entendimento que encara as cláusulas penais, mesmo as muito elevadas,

[176] É claro que os efeitos sinalizadores dessa atitude «de garantia» podem ser alcançados por meios alternativos – pense-se, por exemplo, no recurso às «cartas de conforto». Cfr. Frada, M.A.C.P.C. (2004), 527ss..

[177] Araújo, F. (2004), 949ss..

como «alavancas» no jogo de «captura de bem-estar» que podem propiciar ao comércio jurídico visíveis incrementos de bem-estar – bastando pensar-se:

– No efeito dissuasor da cláusula penal que, elevando a «fasquia» indemnizatória, eleva também a «disposição mínima de revender» a um terceiro por parte do devedor inadimplente[178], e com isso baixa o custo de oportunidade (e logo a «disposição mínima») de vender ao credor inicial[179-180].

– No efeito incentivador interno em termos de «sinalização», transmitindo cada uma das partes à outra a seriedade do seu compromisso através da aceitação de uma indemnização especialmente pesada, de que o cumprimento dos seus deveres ficará «refém», uma sinalização que furtará as partes aos efeitos corrosivos da selecção adversa[181], a algum do risco moral emergente da deficiente partilha de informação privada – razão pela qual têm sido encontradas até algumas justificações para o fortalecimento da rigidez do regime contratual, ao arrepio das propostas flexibilizadoras, que são predominantes[182].

Aliás, recorrendo ainda à lógica «coaseana», poderemos adiantar que, na ausência de custos de transacção que entravem a renegociação, esta renegociação chegará à solução eficiente, à mais eficiente das soluções possíveis, independentemente da solução indemnizatória que comece por ser inicialmente imposta. Com efeito, se compararmos as situações de «realização coactiva», com bem-estar total negativo, e de «renegociação» e de «indemnização», ambas com bem-estar total de zero, concluiremos que estas duas situações são precisamente equivalentes em termos de eficiência – que não em termos de redistribuição – e que são ambas as situações *mais eficientes*:

Realização Coactiva	Renegociação	Indemnização
50 \ -150	100 \ -100	50 \ -50

178 Spier, K.E. & M.D. Whinston (1995), 180ss.; Edlin, A.S. (1998), 174.

179 Chung, T.-Y. (1992), 282-283; Spier, K.E. & M.D. Whinston (1995), 182-183.

180 Pode retirar-se daqui, de resto, um argumento suplementar a favor da manutenção invariável da «fasquia» da indemnização do interesse contratual positivo, subalternizando os riscos da indução de «excesso de confiança». Cfr. Chung, T.-Y. (1998), 1057ss..

181 Aghion, P. & B. Hermalin (1990), 381; Rothschild, M. & J. Stiglitz (1976), 629ss.; Ayres, I. (1991), 387ss.; Rea Jr., S.A. (1984), 188ss..

182 Bishop, W. (1983), 253ss.; Goetz, C. & R. Scott (1980), 1299-1300.

O que em suma se aduzirá é que, se a indemnização do interesse contratual positivo é *sempre* eficiente, induzindo *sempre* o comportamento maximizador, seja ele o cumprimento, seja o incumprimento, já a realização coactiva da prestação tende a ser ineficiente nestas situações de agravamento de custos do cumprimento, e só não o será na medida em que induza as partes a renegociarem (a baixos custos de transacção).

– Note-se que, se os custos de cumprimento ultrapassarem o valor subjectivo que o credor coloca nesse cumprimento, uma indemnização igual àqueles custos de cumprimento seria superior ao interesse contratual positivo, deixando o credor numa situação melhor do que aquela que seria assegurada pelo cumprimento espontâneo[183] – razão pela qual se entenderá que, num caso desses, a atribuição do recurso à realização coactiva da prestação serve sobretudo, não para consumar uma injustiça (e ineficiência), mas serve antes e sobretudo para conferir ao credor um poder negocial forte, no sentido de lhe propiciar que obtenha do devedor a indemnização integral do interesse contratual positivo – uma quantia inferior ainda ao custo de cumprimento, e que por isso gerará, a ser paga, um novo «excedente de bem-estar» entre as partes, pela diferença entre aquilo que foi pago com a indemnização e aquilo que teria que ser pago pelo cumprimento[184-185].

– A própria solução da «restituição» apresenta, nestes termos, a sua vertente «punitiva»[186], nos casos em que à «parte inocente» é dada a opção entre a indemnização por incumprimento e a resolução com indemnização da confiança – como parece resultar, ainda que de modo não inequívoco, do regime do art. 801.°, 2 –[187]. É que não se

[183] Muris, T.J. (1983), 379ss..

[184] Muris, T.J. (1982), 1063ss..

[185] Isso não quer dizer que a realização coactiva da prestação não seja a maior parte das vezes favorável ao incumpridor, seja porque ela se desvaloriza com aquela passagem do tempo que é implicada na resolução judicial (e até arbitral) dos litígios, seja porque ela, se é deixada como alternativa ao inadimplente, pode servir muito frequentemente – já o dissemos – como «moeda de troca» para este forçar a contraparte à aceitação de uma indemnização mitigada.

[186] Andersen, E.G. (1994), 15-32; Childres, R. & J. Garamella (1969), 433ss.; Cohen, A.B. (1997), 65ss.; Kull, A. (1994), 1465ss.; Mather, H. (1982), 14ss.; Gegan, B.E. (1984), 723ss..

[187] Tratar-se-á de uma alternativa exclusiva, ou uma solução cumulativa? Veja-se a síntese em Leitão, L.M.T.M. (2002), 258-259.

pode perder de vista que a definição dos parâmetros valorativos da «restituição» é sumamente problemática, mesmo que saibamos balizá-la pelos parâmetros do enriquecimento sem causa (como estabelece o art. 759.°) e não hesitemos em associar-lhe efeitos retroactivos (como decorre dos arts. 289.°, 433.° e 434.°):

– Suponhamos que um dono da obra desiste da empreitada quando já está edificado 50% de um prédio urbano – que pode o empreiteiro pedir a título de restituição:

a. a mais-valia para o terreno resultante de ter agora sobre ele um prédio urbano edificado a 50%?
b. o preço corrente que o dono da obra pagará a outro empreiteiro para concluir o prédio?
c. metade do preço total que inicialmente foi acordado para a conclusão das obras?
d. como é sugerido na solução do art. 1229.°, o «investimento de confiança», os custos em que o empreiteiro incorreu para concluir esses 50% do prédio?[188]

– Dependendo das condições iniciais do contrato e das condições supervenientes do mercado, qualquer destas soluções pode conduzir a valores muito diversos, pelo que a simples indicação desse «interesse» nada nos diz quanto à verdadeira natureza da «restituição», quanto ao seu montante – nem sequer se ela é ou não inferior à indemnização do interesse positivo, pois pode excedê-la e converter-se, como alegámos, em veículo «punitivo»[189].

– 2.ª hipótese – o livreiro A teve, da parte de um terceiro, uma proposta de compra do livro por 300 euros

Já não se afigurará tão chocante, mesmo a pessoas não versadas na lógica «coaseana», que o credor possa exercer a ameaça da realização coactiva da prestação, ou possa mesmo recorrer directamente a esta solução extrema, no caso em que o devedor lucra com o incumprimento – pois por essa via se redistribuirá a favor do credor algum do adicional de bem-estar gerado por essa contingência superveniente[190].

---

188 Dobbs, D.B. (1993), 797-798; Palmer, G.E. (1978), 396ss.. Já nos referimos anteriormente à solução do art. 1227.°, para o caso da impossibilidade superveniente.

189 Dawson, J.P. (1981), 563; Kull, A. (1995), 1204-1210; Laycock, D. (1989), 1277ss.; Craswell, R. (2000), 142ss..

190 Afinal, a solução também não soará tão estranha porque els se aproxima da do «*commodum*» de representação, em caso de impossibilidade superveniente (art. 794.°).

– Sabíamos que A atribuía ao livro Y o valor de 100 euros, e que B atribuía ao mesmo livro o valor de 200 euros[191], e que por isso o preço intermédio de 150 euros era vantajoso para ambos, propiciando a troca – que, também já sabíamos, geraria um bem-estar total de 100 euros, a distribuir entre as partes.

– Suponhamos agora que C atribui àquele livro o valor de 500 euros, e por isso oferece 300 euros por ele: a realizar-se esta transacção em detrimento da primeira, gerar-se-á um bem-estar total de 400 euros (200 euros para A, 200 euros para C).

– Se considerarmos o universo destes três agentes económicos, fácil se tornará concluir que a transacção entre A e C é geradora de muito mais bem-estar do que a transacção entre A e B, e que por isso, em termos de pura eficiência na afectação de recursos entre A, B e C – aquilo que já designámos por «eficiência alocativa» –, é aquela transacção, e não esta, que deve prevalecer: porque, por outro prisma, é aquela que directamente assegura que o livro Y irá parar às mãos de quem lhe atribui mais valor[192].

– Antes de haver contrato entre A e B, e se nada tiver sido prestado por B a A em antecipação de pagamento, e ainda se não houver lugar a responsabilidade pré-contratual – se, portanto, A estiver ainda livre de escolher entre B e C, obviamente que ele preferirá, *ceteris paribus*, contratar com C, gerando o bem-estar total de 400 euros (a solução mais eficiente face à que geraria um total de 100 euros), e para si um lucro de 200 euros (a estratégia dominante face àquela que lhe traria 50 euros de lucro).

– Suponhamos agora que já há contrato entre A e B, mas que A é aliciado por C a incumprir com a seguinte argumentação:

– dado que o acordo A-C gera um muito maior excedente de bem-estar do que o acordo A-B, é possível a A indemnizar B e ainda ficar com um apreciável lucro;

– especificamente, se a regra for a da indemnização perfeita do interesse contratual positivo, a regra da perfeita internalização,

[191] Estamos a simplificar, como é óbvio, porque não se trata de «valores», mas sim de meras «disposições» (de pagar, de aceitar) tal como elas são *objectivamente* reveladas *nas trocas* – evitando-se assim atribuições subjectivas mais recônditas e indetermináveis, susceptíveis de perturbar a análise com excessos de sofisticação. Sobre este ponto, cfr. Araújo, F. (2004), 181-182.

[192] Claro que o mesmo efeito se alcançará indirectamente através da venda de A a B, seguida da revenda de B a C – se forem nulos os custos de transacção.

A pagará 50 euros a B (além dos 150 euros que deverá restituir-lhe, caso já tenha havido pagamento) e ficará ainda com um lucro de 150 euros;

– a ser assim, A e C lucram, B não é prejudicado (lembremos que pressupomos a indemnização *perfeita*), e o livro vai parar às mãos de C: há uma clara melhoria «paretiana», um inequívoco incremento de eficiência.

– Ora, num caso destes, a própria realização coactiva da prestação é susceptível de promover uma redistribuição de bem-estar, nomeadamente entre A e B, que poderá não afectar em nada a eficiência «paretiana» das transacções nesse universo de A, B e C.

– Se prevalecer essa opção, A será obrigado a vender a B por 150 euros, gerando um bem-estar de 50 euros para si mesmo e de outros 50 euros para B; por sua vez, B será livre de revender a C, e suponhamos que o faz pelos 300 euros a que A venderia, e sem mais custos de transacção: caso em que obterá 100 euros de lucro pela revenda (a diferença entre o preço obtido de C e o valor que ele próprio, B, atribui ao livro Y), a acrescerem aos 50 euros que alcançara já, num total de 150 euros. Vamos supor que o bem-estar de C não é afectado, sendo-lhe indiferente comprar a A ou a B, desde que o preço seja o mesmo.

Ora, como podemos conferir do quadro *infra*, relativo aos efeitos dos dois regimes no bem-estar, nesta situação ambos podem promover o mesmo bem-estar total (400 euros) e a mesma afectação de recursos (o bem vai parar às mãos de C), apenas se verificando uma redistribuição de bem-estar entre A e B conforme o regime que seja adoptado:

– A ficará com 150 euros de excedente de bem-estar no caso da indemnização, 50 euros no caso da realização coactiva da prestação;

– B ficará com 50 euros de excedente de bem-estar no caso da indemnização, 150 euros no caso da realização coactiva da prestação.

	Valor	Acordo A-B	Acordo A-C	Indemnização	Execução
A	100	50	200	150	50
B	200	50	0	50	150
C	500	0	200	200	200
Totais	---------	100	400	400	400

Quatro notas ainda:

1) Trata-se, nesta situação, de mais uma confirmação do Teorema de Coase, já que, a custos de transacção nulos, os regimes jurídicos alternativos têm efeitos redistributivos mas não afectam a eficiência global.

2) A redistribuição operada pelos regimes jurídicos alternativos (favorecendo o devedor no caso da indemnização, favorecendo o credor no caso da realização coactiva da prestação) abre um espaço de negociação entre as partes: por exemplo, ameaçado com a perspectiva da realização coactiva da prestação, A pode propor a B o aumento da indemnização para 100 euros, permitindo-lhe entrar na partilha das vantagens resultantes do acordo A-C. Ilustremo-lo acrescentando uma coluna ao quadro anterior:

	Indemnização	Execução	Negociação?
A	150	50	100?
B	50	150	100?
C	200	200	200
Totais	400	400	400

3) Deve ainda sublinhar-se que o próprio Teorema de Coase implica, *a contrario*, que se existirem custos de transacção a solução jurídica adoptada já não será neutra do próprio ponto de vista da eficiência – e que em princípio se afigura como mais susceptível de maximizar a eficiência a solução da mera indemnização do interesse contratual positivo, pois é ela que evita a intermediação do credor «vítima» do incumprimento na compra e revenda do bem que chegará àquele que mais valor lhe atribui (no caso, faz o livro Y transitar de A para C sem a intermediação de B, impedindo que os «custos de transacção» dessa intermediação repercutam no preço final a pagar por C, agravando-o).

4) Em contrapartida, a realização coactiva da prestação, favorecendo a negociação entre as partes no primeiro contrato, pode vencer muitas das dificuldades que um intérprete e aplicador da lei enfrentará – por exemplo, no cálculo da disposição máxima de pagar de B[193], um cálculo que apesar das dificuldades é imprescindível

[193] Pelas razões já referidas, relativas à aferição de qual seja a «disposição máxima de pagar» e do que seja, consequentemente, o montante exacto do «excedente do consumidor».

para verdadeiramente se aquilatar a extensão dos ganhos e perdas de bem-estar do lado do credor. Quando a solução é a da realização coactiva da prestação, o que está em jogo é o cumprimento pelo preço querido pelas partes, e não fica excluído que a solução abra caminho, pelas razões já referidas, a uma renegociação na qual o equilíbrio fica entregue à disponibilidade das partes, e não ao critério aferidor dos tribunais[194].

10.a) *Interesse contratual positivo e «contrato incompleto».*

Explorando um pouco mais esta questão, observar-se-á que a preferência tradicional pela tutela do interesse contratual positivo resultou do facto de se considerar que seria óptima a regra indemnizatória que maximizasse o valor *ex ante* do contrato[195]; contudo, essa perspectiva:

– subestima a capacidade das partes para renegociarem na pendência do contrato, mormente se os inerentes custos forem baixos[196];

– subestima a capacidade das partes para estipularem um nível indemnizatório eficiente;

– mais importante ainda, e como temos repetidamente sublinhado, desconta completamente os efeitos colaterais nos incentivos das partes, em especial no «excesso de confiança» induzido pela cobertura integral da indemnização do interesse positivo[197], a aconselhar aquelas formas mais sofisticadas de limitação da responsabilidade a que já aludimos[198].

O esclarecimento deste ponto pode ser especialmente facilitado pelo recurso à abordagem do «contrato incompleto», que é algo divergente face à perspectiva «canónica» da «*law and economics*», visto que aquela incide essencialmente na natureza das transacções privadas e na capacidade destas para gerarem as soluções queridas pelas partes, mais do que propria-

194 Afigura-se assim que o recurso à solução da realização coactiva da prestação, mesmo que se assuma que serve apenas como incentivo à renegociação, deveria ser encarado com especial simpatia em momentos de crise de justiça e de congestionamento do recurso aos tribunais. Cfr. Ulen, T. (1984), 358ss..

195 Barton, J.H. (1972), 277ss.; Birmingham, R. (1970), 273ss..

196 Posner, E.A. (2003), 835.

197 Rogerson, W.P. (1984), 39ss.; Shavell, S. (1984), 121ss..

198 Cooter, R. (1985), 14.

mente na solução de direito positivo ou nos impactos que esta solução normativa possa ter sobre as várias formas contratuais escolhidas pelos sujeitos económicos – a perspectiva do «contrato incompleto» mais no processo interactivo e na fertilidade das soluções estipuladas (e omitidas) no «desenho» do contrato[199], a perspectiva da *«law and economics»* mais no quadro normativo[200-201].

De acordo com a perspectiva paradigmática do «contrato incompleto», a presença de custos de transacção pode ainda implicar que a dimensão dos interesses em presença (ganhos de bem-estar, investimentos, expectativas de resultados)[202] não seja rigorosamente aquilatável senão no confinamento da relatividade das partes, não sendo de esperar que haja um sucedâneo perfeito, vindo de fora desse âmbito de relatividade, para a cobertura integral das contingências através de estipulação discriminada[203].

Como se enfatiza na abordagem do «contrato incompleto», a superveniência de contingências parece poder ser sempre eficientemente mitigada, no seu impacto sobre o «interesse negativo», através de estipulações que, entre outros efeitos, habilitem o credor a fixar ou a rever o preço no momento do cumprimento (nos termos do art. 911.°, por exemplo), com a possibilidade de rejeição pelo devedor, optando-se nesse caso pela indemnização pré-fixada[204].

No fundo, um tal expediente atribui à parte que «investe em confiança» o poder de fixar o preço e, através dessa fixação, confere-lhe o poder de recuperar um pouco a sua posição esperada na «captura de bem-estar» – fornecendo, pois, a essa parte os adequados incentivos para investir, promovendo afinal uma cooperação através da qual é dada simultaneamente a oportunidade ao credor de aumentar o valor subjectivo da transacção, e ao devedor a ocasião de reduzir os custos do seu cumprimento[205].

---

[199] Edlin, A.S. & S. Reichelstein (1996), 495ss..

[200] Hart, O. & J. Moore (1988), 755ss., com raízes em: Williamson, O.E. (1975).

[201] Por isso se poderá também dizer que a teoria do «contrato incompleto» é mais tributária da «Economia Industrial» do que propriamente da Análise Económica do Direito. Cfr. Posner, E.A. (2003), 859.

[202] Posner, E.A. (2003), 857.

[203] Segal, I. (1999), 72-73.

[204] Hermalin, B.E. & M.L. Katz (1993), 230ss..

[205] Na prática, expedientes «integrativos do contrato», como este que descrevemos, conduzem a uma progressiva imunização do contrato às contingências externas que podem afectar-lhe o valor para o credor e o custo para o devedor, criando «válvulas de escape»

11. O «paradoxo da indemnização». Um segundo esboço de soluções «sofisticadas».

Nos termos na noção de «cumprimento (e incumprimento) eficiente», o devedor defronta-se com custos de cumprimento que podem dissuadi-lo de cumprir, se porventura os custos do incumprimento não forem mais elevados ainda – pelo que pode dizer-se que a elevação da indemnização por incumprimento é também o incremento dos incentivos para o devedor cumprir, desempenhando deste modo – por assim dizer – funções de *prevenção geral*[206].

Por seu lado, o credor, como vimos já, pode aumentar o valor do cumprimento se confiar, se investir por conta desse cumprimento, sendo todavia que quanto maior for esse investimento maior será a perda por incumprimento – pelo que também aqui poderemos concluir que a elevação dos montantes indemnizatórios por incumprimento é um incremento dos incentivos do credor para confiar no cumprimento – até porque, em princípio, não havendo «excessos», para lá de puras considerações de eficiência *«parece justo que aquele que rompe censuravelmente um contrato arque com o dano do desperdício do investimento feito por quem tinha direito ao seu acatamento»*[207].

A elevação dos montantes indemnizatórios faz, pois, aumentar os incentivos ao cumprimento, mas simultaneamente aumenta os incentivos à criação de valor que se perderá com o incumprimento – o já aludido problema do «excesso de confiança».

Passemos a um novo exemplo.

– Suponha-se que M, empresário, pretende abrir uma loja especializada na venda de decorações de Natal, e que contrata com o empreiteiro N as obras de rearranjo dos interiores do espaço que adquiriu, por forma a abrir a loja no próximo dia 15 de Novembro, a tempo de começar uma nova «Campanha de Natal».

– Contando que a loja esteja aberta a tempo, M adquirirá a mercadoria a ser transaccionada nessa «Campanha de Natal».

---

para todas as situações em que o custo ultrapasse o valor – ou seja, nos termos já empregues, situações em que a disposição mínima de vender fique colocada acima da disposição máxima de pagar, e por isso deixe de haver «bem-estar total» gerado pelo cumprimento do contrato. Cfr. Aghion, P., M. Dewatripont & P. Rey (1994), 257ss.; Chung, T.-Y. (1991), 1031ss.; Schmidt, K.M. (1998), 432; Che, Y.-K. & D.B. Hausch (1999), 125ss..

206 Araújo, F. (2004), 346ss..

207 Frada, M.A.C.P.C. (2004), 664.

– Ambos, M e N, sabem que uma multiplicidade de factores imprevistos podem interferir no cumprimento atempado do contrato, e por isso ponderam qual será o melhor regime contratual para alinharem perfeitamente os interesses de parte a parte – sabendo já que, em termos gerais, quanto mais elevada for a indemnização por incumprimento, maior incentivo terá N para cumprir, e maior incentivo terá M para confiar no cumprimento (e investir *por conta* dessa confiança).

Contudo, a busca desse regime contratual óptimo faz-nos deparar com o chamado «paradoxo da indemnização». Em que consiste ele?

Lembremos a explicação já dada (e até graficamente ilustrada) para o facto de a indemnização do interesse contratual positivo ser normalmente superior à indemnização pelo custo de oportunidade, e para o facto de esta ser geralmente superior à indemnização do interesse contratual negativo.

Afigura-se assim claro que, sendo (normalmente) a indemnização do interesse contratual positivo a mais elevada e a indemnização do interesse contratual negativo a mais baixa, é aquela que incentivará mais eficientemente o cumprimento de N, o devedor; mas é ao mesmo tempo também a que mais desincentiva a conduta eficiente de M, o credor – um resultado contraditório.

É que se olharmos separadamente para as duas partes do contrato e para aquilo que se espera que elas façam com a máxima eficiência (sem sub – ou sobre-investimento do devedor no cumprimento, sem falta ou excesso de confiança do credor nesse mesmo cumprimento), a ponderação de eficiência global conduz a resultados diversos, e a um resultado que, do lado do credor, poderá surpreender.

Talvez consigamos intuir melhor o que se segue se deixarmos de lado qualquer ideia preconcebida quanto à culpa pelo incumprimento, e admitirmos indiscriminadamente um incumprimento atribuível ao devedor, ao credor, a ambos ou a terceiros (abarcando, afinal, todas as situações de impossibilidade superveniente, seja ela casual, seja ela culposa, nos termos dos arts. 790.°, 798.° e 801.°)[208].

a) para o devedor (comissário, «agente») N, a indemnização do interesse contratual positivo significa a plena *internalização* dos danos causados pelo incumprimento; ora, como as duas outras alter-

[208] Leitão, L.M.T.M. (2002), 113ss., 226ss..

nativas de indemnização (pelo custo de oportunidade, pela «tutela da confiança») são quantitativamente inferiores, em termos práticos isso significa que elas implicam alguma *externalização* dos danos causados por N, que elas permitem uma «escapatória» para alguma da ineficiência gerada pelo incumprimento de N – na prática, é como se estas indemnizações mais baixas impusessem a M a partilha de alguns dos custos do incumprimento, apesar de ele estar «inocente» quanto a esse incumprimento –;

b) para o credor (comitente, «principal») M, a única indemnização *eficiente* é a indemnização nula, de valor zero, aquela que o faz suportar inteiramente os efeitos do incumprimento, *internalizando* plenamente os danos causados pelo incumprimento, dado ser essa a única solução que assegurará sempre o grau eficiente de confiança no cumprimento: com efeito, qualquer indemnização (pela ordem crescente de indemnização do interesse contratual negativo, de indemnização pelo custo de oportunidade e de indemnização do interesse contratual positivo) o vai progressivamente «imunizando» aos efeitos do incumprimento, a ponto de, na forma mais elevada de indemnização, o deixar numa situação de «indiferença» entre o cumprimento e o incumprimento – uma progressiva imunização que mais não é do que uma progressiva possibilidade de *externalização* (sobre o património de N) dos danos averbados por M, incluindo-se neles os danos que ele possa ter gerado com um seu comportamento ineficiente, mormente em resultado de um «excesso de confiança».

O «paradoxo da indemnização» consiste, em síntese, no facto de que, quanto mais elevada for a indemnização, maior é o incentivo de eficiência do devedor, menor o do credor, e que quanto mais baixa for a indemnização, menor é o incentivo de eficiência do devedor e maior o do credor. A eficiência do devedor e do credor são, pois, incentivadas em sentidos opostos por um só regime indemnizatório[209].

---

[209] Algo de similar se passa no Direito Público: se pensarmos na actividade pública que interfere directamente em interesses particulares, aquela actividade que é acompanhada de indemnização (por exemplo, as expropriações) incentiva *eficientemente* a actividade pública, mas incentiva *ineficientemente* os interesses particulares (que por exemplo são induzidos a sobre-investirem nas suas propriedades para «capturarem» indemnizações); e aquela que não é acompanhada de indemnização (por exemplo a regulação) incentiva *eficientemente* os interesses particulares (que suportam a totalidade dos efeitos) mas incentiva *ineficientemente* a actividade pública (que tende, por exemplo, a sobre-regular, dado poder *externalizar* inteiramente os efeitos dessa sobre-regulação). Cfr. Cooter, R. & T. Ulen (2004), 261.

– No caso, se o empreiteiro N for obrigado a internalizar completamente os danos do incumprimento, terá todos os incentivos para cumprir pontualmente, mas estará na prática a segurar o empresário M contra todos os riscos do incumprimento, deixando a M apenas os benefícios do cumprimento.

– Nessa situação, M deixará de ter qualquer incentivo económico para assumir uma conduta eficiente, nomeadamente a promoção pelo seu lado e por sua iniciativa da dissipação dos riscos do incumprimento, nada havendo, pois, a entravar comportamentos de excesso de confiança da sua parte, comportamentos que o regime jurídico fará *externalizar* sobre N.

– Em contrapartida, e no extremo oposto, se o empreiteiro N nada tivesse que indemnizar no caso de incumprimento, podendo portanto externalizar completamente sobre o empresário M, estaria na prática a ser seguro por M contra todos os riscos do incumprimento.

– Essa situação geraria todos os incentivos de eficiência ao credor M, mas nenhuns incentivos de eficiência ao devedor N, que poderia externalizar todos os custos do incumprimento ao mesmo tempo que lhe era possível conservar para si todos os benefícios que adviessem desse incumprimento.

Entre esses dois extremos, insista-se, a indemnização pelo custo de oportunidade ou do interesse contratual negativo promovem internalizações parciais dos danos, repartindo o suporte desses danos e gerando, assim, soluções menos do que óptimas em termos de pura eficiência, mas eventualmente mais próximas do óptimo em termos de compatibilização dos objectivos incentivadores que são colocados em conflito no «paradoxo da indemnização».

Em suma, o «paradoxo da indemnização» abarca as seguintes proposições:

1) a eficiência impõe, para cada parte num contrato, a internalização completa dos custos do incumprimento;

2) a internalização completa implica que a parte que suporta os custos não receba qualquer compensação;

3) a solução de direito privado é a de que a internalização suportada por uma das partes tem por destino exclusivo a indemnização da contraparte, constituindo compensação desta;

4) a solução de direito privado é incapaz de promover a internalização simultânea dos custos do incumprimento junto de ambas as partes, como se exigiria em termos de eficiência óptima.

Podemos avançar para uma representação gráfica deste «paradoxo», novamente escolhendo-se arbitrariamente valores de 100% de internalização para a reparação do interesse contratual positivo, 85% para a compensação do custo de oportunidade e 50% para a indemnização do interesse contratual negativo:

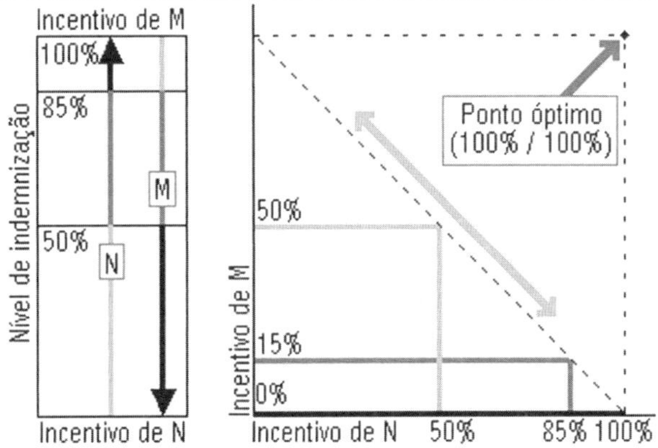

Gráfico 9: O paradoxo da indemnização. O regime indemnizatório incentiva em direcções opostas as partes (M e N) num contrato

É este «paradoxo da indemnização» que explica porque é que a reparação dos danos à parte «inocente» no incumprimento tende a incentivar, junto desta, o «excesso de confiança». Esse «excesso», que é problemático em todas as situações em que não haja a intenção de *garantir* o cumprimento em todas as circunstâncias, pode ser resolvido, ou ao menos mitigado, por alguns expedientes contratuais:

1) seja a já mencionada «indemnização *sofisticada*» que limita a indemnização a receber pelo credor, impondo-lhe pelo menos o suporte, a *internalização*, dos custos marginais da confiança, uma forma de o forçar a partilhar custos com o devedor e de o incentivar a não se exceder em despesas *por conta* do cumprimento[210];

[210] Lembremos, contudo, o que ficou dito quanto aos riscos de «sobre-sofisticação» da regra indemnizatória.

2) seja a indemnização perfeita dos danos «normais», os danos que seriam experimentados por um credor que tivesse depositado no cumprimento um grau óptimo de confiança[211], obrigado o credor a suportar qualquer excesso desse montante, tudo o que fosse para lá desse grau óptimo ou «razoável»[212];

3) seja a limitação do grau de confiança atendível à área de cognoscibilidade ou de previsibilidade disponível para o devedor no momento da conclusão do contrato, entendendo-se como razoável que o devedor não seja onerado com uma externalização com que não poderia contar[213], um entendimento que tem a vantagem de gerar incentivos adicionais à partilha de informação entre as partes[214];

4) seja a pura e simples generalização de cláusulas penais que, desligando o montante indemnizatório do maior ou menor grau de «confiança» e fixando previamente aquele montante (como resulta da nova redacção do art. 811.°)[215], retirem qualquer incentivo ao «excesso de confiança»;

5) seja ainda, mais amplamente – mas também de modo mais difuso – a imposição de mais estritos deveres de cooperação do credor no cumprimento (algo de similar ao que resulta do regime da

---

[211] Admitindo-se a possibilidade de se determinar, em cada caso, esse grau óptimo – recordemos também, no exemplo do dono do bar e do pianista, o nível de probabilidade de 33,3% em que ficaria autorizado o trânsito *eficiente* de um estado de baixa confiança para um estado de elevada confiança.

[212] Admitindo-se que, como sucede frequentemente, a terminologia jurídica recobrisse com uma designação valorativa dessas aquilo que começa por configurar-se como uma solução economicamente eficiente.

[213] Na prática, a tradição da *common law*, na esteira do já referido precedente de *Hadley v. Baxendale*, é a de assimilar os graus «previsível» e «óptimo» de «*reliance*», vedando a indemnização de todo o incognoscível ou imprevisível excesso de confiança – já que se presumirá que só a confiança conhecida no momento da conclusão do contrato poderá ser objecto de transacção e de incorporação no estipulado – ou seja, poderá ser objecto da «captura de bem-estar» através da qual se fixa eficientemente o preço –. Cfr. Bebchuck, L. & S. Shavell (1991), 286ss.; Eisenberg, M.A. (1992), 563ss.; Epstein, R. (1989), 105ss.; Perloff, J.M. (1981), 39ss..

[214] Já que a parte que quer incorrer em despesas *por conta* do cumprimento sabe que só poderá recuperá-las por via da indemnização se der conhecimento delas à contraparte – de acordo com os já aludidos princípios de «essencialidade» e de «base do negócio» que presidem a soluções como as dos arts. 252.°, 437.° e 808.°.

[215] Nova redacção introduzida pelo Dec.-Lei n.° 262/83, de 16 de Junho, e que fez com que o art. 811.° passasse a consagrar um verdadeiro regime de "*liquidated damages*". Cfr. Leitão, L.M.T.M. (2002), 279ss..

mora do credor, arts. 813.° e seguintes), invertendo a influência, no seu comportamento, dos incentivos para o «excesso de confiança»;

6) seja, por fim, um mais sofisticado mecanismo de «anti-seguro» que propicie a internalização perfeita e simultânea – e portanto a internalização *cumulativa* – dos efeitos do incumprimento por parte de ambos os lados do contrato, impedindo que algum deles retire qualquer vantagem de qualquer ineficiência provocada no cumprimento[216].

Deixemos para um ulterior estudo, como nos tínhamos proposto, a análise destas soluções que ficam aqui esboçadas.

12. **Os equilíbrios na tutela da confiança: quem não arrisca...**

Voltemos ao exemplo em que M, empresário que pretende abrir uma loja especializada em decorações de Natal, contrata com o empreiteiro N as obras necessárias para que a loja seja inaugurada no próximo dia 15 de Novembro, a tempo de começar uma nova «Campanha de Natal»; propondo-se M, entretanto, adquirir junto de terceiros a mercadoria com que recheará, nessa data, a loja.

– Comecemos por presumir que a probabilidade do cumprimento por parte de N, o devedor, é função daquilo que o próprio N investe no cumprimento, ou seja, está directamente correlacionada com os custos do cumprimento:

Gráfico 10: Uma correlação entre investimento no cumprimento (por parte do devedor) e probabilidade do cumprimento

[216] Cfr. Cooter, R. & A. Porat (2002), 203ss.; Cooter, R. & A. Porat (2004), 157ss..

Vejamos agora a posição de M, o credor (comitente, «principal»).
– Para ele vamos presumir, muito simplificadamente, que o volume das receitas será tanto maior quanto mais mercadoria puder comprar e instalar na sua loja, e que a compra de mais ou menos mercadoria é a única variável que é relevante entre o momento actual e o próximo dia 15 de Novembro: designemos por «grau de confiança» o volume de mercadoria que M está disposto a adquirir *por conta* do cumprimento tempestivo[217].

Gráfico 11: Uma correlação entre investimento no cumprimento (por parte do credor) e ganhos com o cumprimento

Se N efectivamente cumprir, e cumprir pontualmente, M verá as suas receitas expandirem-se com a «Campanha de Natal», e poderá nessa eventualidade ver confirmada a estratégia de expansão do investimento como via para a maximização dos seus lucros. Se N não cumprir, M terá investido a mais se tiver confiado acima do «grau zero», visto que o que lhe restará agora são as receitas e o nível de lucros que conseguia já obter como empresário antes de abrir a nova loja, na situação em que estaria se não tivesse havido contrato, se o não tivesse celebrado e se não tivesse confiado no respectivo cumprimento[218].

[217] Se quisermos: o volume de mercadoria que N, o devedor, sabe que M, o credor, adquiriu *por confiar* no cumprimento do contrato – e sabe porque M o vai mantendo informado das aquisições de mercadoria que vai fazendo em antecipação da próxima «Campanha de Natal».

[218] Para simplificarmos, não estamos obviamente a considerar o custo de oportunidade na rejeição, por M, da proposta de um outro empreiteiro – por exemplo, P, que prometia terminar as obras no dia 20 de Novembro.

Comparemos graficamente as duas eventualidades:

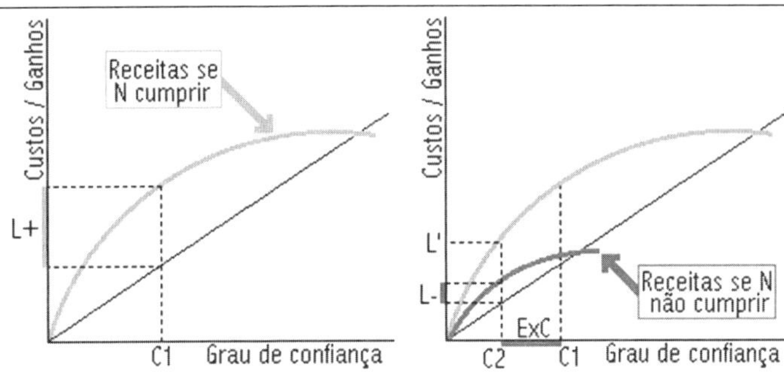

Gráfico 12:
L+: Lucros de M, se N cumprir
L-: Lucros de M, se N não cumprir
L': Lucros de M, se N cumprir e M não tiver confiado
C1: Confiança óptima se o *cumprimento* de N fosse certo (ou se M estiver imunizado contra as consequências desse incumprimento)
C2: Confiança óptima se o *incumprimento* de N fosse certo (ou se N estiver imunizado contra as consequências do seu próprio incumprimento)
ExC: Excesso de confiança, dado o incumprimento

Observemos que:

– se for elevada a probabilidade de cumprimento, é eficiente que M faça os seus cálculos de acordo com a mais elevada das curvas de receitas, que faça um investimento de C1, que é aquele que lhe maximizará o lucro caso ocorra deveras o cumprimento (L+);

– se for baixa a probabilidade de cumprimento, é eficiente que M faça os seus cálculos de acordo com a mais baixa das curvas de receitas, reduzindo o investimento para C2, evitando o «excesso de confiança» e assegurando uma maximização de lucro na eventualidade do incumprimento (L-);

– a uma baixa probabilidade de cumprimento, não é compensador ultrapassar-se o nível C2 de «confiança», dado o risco – a partir de C2, a receita marginal *provável* já é inferior ao custo marginal, fazendo por isso descer progressivamente o valor de L-;

– com elevada probabilidade de cumprimento é compensador chegar-se ao nível de confiança de C1, mas não mais, porque novamente, para lá desse ponto, L+ tende a diminuir;

– é entre C2 e C1 que se joga o risco de confiar, porque quanto mais M se afasta de C2 e se aproxima de C1 mais os seus lucros diminuirão se N não cumprir – mas também mais aumentarão se N cumprir;

– se N cumprir e M tiver investido apenas C2, os seus lucros aumentarão, e poderão aumentar muito significativamente (no gráfico *supra*, poderão aumentar até L'), mas não estarão *maximizados*, como estariam se chegassem ao montante L+.

Uma solução eficiente requererá que se maximize a diferença entre os lucros prováveis de M e os custos de cumprimento para N – sabendo-se por um lado que há um nível de custos para lá do qual o incremento da probabilidade de cumprimento é ínfimo já, e que por outro lado o próprio credor tem uma «escala de eficiência» para lá da qual não investe, mesmo depois de assegurado a 100% o cumprimento da contraparte: não podendo pois concluir-se que a eficiência reclama o aumento irrestrito do investimento de N, porque, como sabíamos já, esse aumento acabaria por ultrapassar os ganhos combinados que, para as partes, podem resultar do cumprimento (o «bem-estar total»).

Por outro lado, e como acabámos de ver, o «grau de confiança» coloca o credor M perante uma espécie de jogo: um jogo de opção entre baixos riscos e lucros reduzidos, por um lado, e elevados riscos e lucros maximizados, por outro – o jogo representado no velho adágio de que «quem não arrisca não petisca».

Assim, combinando todos os valores em presença, concluiremos que a eficiência reclamará que se encontre um nível de investimento de N (no cumprimento) e um nível de investimento de M (na «confiança») que maximize a diferença entre os lucros prováveis de M e os custos de cumprimento para N.

– O nível de investimento de N será eficiente no ponto em que ele seja marginalmente equivalente à susceptibilidade de aumento do lucro provável de M: ou seja, no ponto em que o investimento de mais um euro por parte de N gerará mais um euro de lucro provável a M.

– Do mesmo modo, o nível de investimento de M será eficiente no ponto (entre C2 e C1) em que ele seja marginalmente equivalente à susceptibilidade de aumento do lucro provável de M: ou seja, no ponto em que o investimento de mais um euro por parte de M lhe assegurará mais um euro de lucro provável.

Esse ponto de eficiência óptima, como já sabemos – e já calculámos noutro ponto, recorrendo a uma quantificação[219] – depende da probabilidade do cumprimento. Há um ponto de charneira na probabilidade de cumprimento do contrato, um valor acima do qual é eficiente a «confiança elevada» (compensa a M fazer os seus cálculos de acordo com a mais elevada curva de receitas), um valor abaixo do qual é eficiente a «baixa confiança» (passando a compensar M um cálculo referido à mais baixa das curvas de receitas).

13. **Incentivos à eficiência do devedor.**

No caso em apreço, já sabemos que a indemnização do interesse contratual positivo procurará colocar o credor na situação em que estaria se tivesse havido cumprimento, e por isso corresponderá à diferença entre L+ e L-.

Já a indemnização do interesse contratual negativo é mais subtil e complexa, como sabemos, visto que visa colocar o credor na situação em que ele estaria se não tivesse havido contrato e se não tivesse havido investimentos *por conta* do contrato, devendo reparar, portanto, para ser completa, todo o excesso de confiança que tenha ocorrido. Observemos o Gráfico *infra*.

- Já sabemos que, se não tivesse confiado, M teria investido C2, e teria obtido o lucro L-.
- Mas suponhamos que confiou maximamente e investiu C1 *por conta* do cumprimento: agora que o cumprimento não ocorreu, M fica confrontado com um lucro Lx. Se, no «jogo de risco» que consiste na adopção de uma conduta de confiança eficiente, M tivesse investido um grau intermédio entre a «confiança máxima» e a «confiança mínima», por exemplo investindo C3, ficará agora, verificado o incumprimento, confrontado com o nível de lucro Ly.
- No primeiro caso, a indemnização do interesse contratual negativo consistirá na diferença entre L – e Lx; no segundo caso corresponderá à diferença entre L – e Ly. Em ambos os casos, note-se, a indemnização do interesse contratual negativo será inferior à indem-

[219] Mais uma vez, o caso do dono do bar e do pianista, tendo-se concluído que, dados os valores em presença, o valor de *p* seria de 33,3%.

nização do interesse contratual positivo (que corresponde à diferença entre L+ e L-)[220].

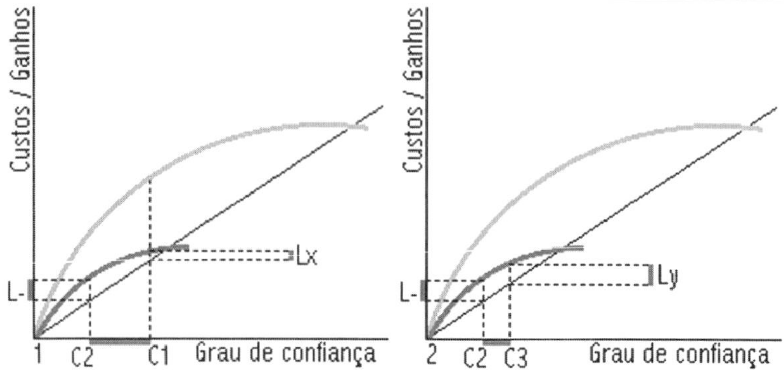

Gráfico 13:
1 – situação de excesso de confiança total
2 – situação de excesso de confiança mitigado
L-: Lucros de M, se N não cumprir e M não tiver confiado (se tiver ficado no grau C2)
Lx: Lucros de M, se N não cumprir e M tiver confiado até C1
Ly: Lucros de M, se N não cumprir e M tiver confiado até C3
C1: Confiança óptima se o *cumprimento* de N fosse certo
C2: Confiança óptima se o *incumprimento* de N fosse certo
C3: Confiança intermédia

A situação será algo diversa em casos próximos da concorrência perfeita, em que o credor tem a opção entre um «lucro normal» que tende para o zero[221] e uma oportunidade de negócio em que confia porque é dela que espera os «lucros extraordinários» (por exemplo, porque acredita que é através dela que alcançará os ganhos da inovação tecnológica «schumpeteriana»[222]). Aí, já não é de lucros que se trata, mas antes de danos causados pelo excesso de confiança, e da forma de limitar esses danos:

[220] Podia não ser assim se fosse outra a configuração da mais baixa das curvas de receitas, fazendo por exemplo com que o nível C1 gerasse, não já um lucro inferior, mas sim um prejuízo em caso de incumprimento.

[221] Araújo, F. (2004), 564ss..

[222] Araújo, F. (2004), 704ss..

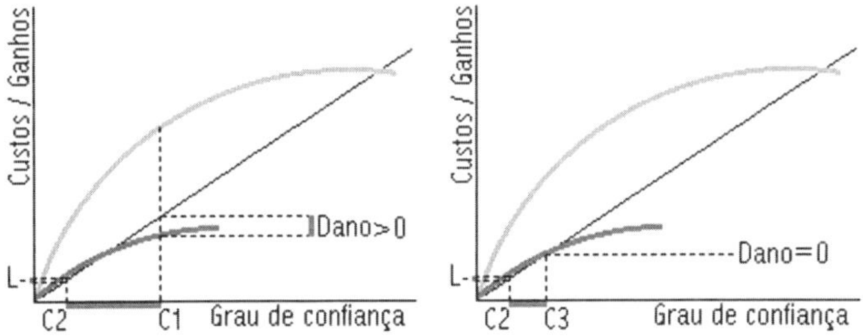

Gráfico 14: o problema do excesso de confiança em situações de concorrência que tendem (no longo prazo) para o «lucro zero»

L-: Lucros de M, se N não cumprir e M não tiver confiado (se tiver ficado no grau C2)

C1: Confiança óptima se o *cumprimento* de N fosse certo (causa a M um dano não-nulo em caso de incumprimento)

C2: Confiança óptima se o *incumprimento* de N fosse certo (preserva o lucro L – em caso de incumprimento)

C3: Confiança intermédia (causa um «dano zero» em caso de incumprimento)

Em rigor, nas situações de concorrência perfeita, existindo já apenas um «lucro normal» que é um lucro económico de zero (ou que «tende» para o zero), o credor já está no ponto de indiferença entre o cumprimento e o incumprimento da contraparte[223] – o que significa que, numa transacção «marginal», tendem a coincidir o seu interesse contratual positivo e negativo[224].

– Por outras palavras, sublinhemos o facto de, num mercado de concorrência perfeita, a coincidência entre resultados das regras alternativas de indemnização tender a verificar-se, a menos que a clivagem entre preço e custo marginal ressurja, não já como manifesta-

[223] Reforçando esta ideia, pode sustentar-se que a indiferença entre os dois danos resulta, em concorrência perfeita, também da circunstância de, nesse mercado, a curva da procura se afigurar, a um vendedor atomístico, como infinitamente elástica (cfr. Araújo, F. (2004), 547) – e por isso ser plausível que, na ausência de uma transacção específica, permaneça sempre acessível ao vendedor uma outra transacção perfeitamente equivalente àquela que deixou de se cumprir. Em termos mais técnicos, dir-se-á que, num ambiente de concorrência perfeita, será de esperar que, para cada probabilidade *p* de incumprimento, exista a probabilidade (1 – *p*) de se celebrar e cumprir um contrato equivalente – resultando a indiferenciação entre danos positivos e negativos da circunstância de *p* tender para o zero naquele ambiente concorrencial. Cfr. Cooter, R. & M.A. Eisenberg (1985), 1434ss..

[224] E só não se dirá que coincidem porque, lembremos, podem intervir aqui diferenças quanto à susceptibilidade de medição dos danos, além das óbvias diferenças no total de custos de transacção.

ção manifestação de poder de mercado, mas por força da incerteza e dispersão de preços – num ambiente em que os preços *médios* façam os lucros tenderem para o zero, mas em que o preço em cada contrato possa determinar uma incerteza quanto aos custos do cumprimento, gerando uma disparidade entre regras indemnizatórias.

– Insistamos, será apenas numa situação de concorrência perfeita, e só numa tal situação e com os seus estritos pressupostos, que se justificará sustentar-se a coincidência entre interesse «de confiança» e interesse «de cumprimento», que alguma doutrina se obstina a sustentar indiscriminadamente[225].

13.a) ***«Prevenção óptima» pelo devedor.***

Devemos ter em atenção ainda que a conduta do devedor implica custos de prevenção de danos, sendo de esperar que haja um balanço entre custos de prevenção (*ex ante*) e montante de danos prevenidos (*ex post*), afinal o *trade-off* subjacente à noção de «prevenção óptima», e o equilíbrio que vimos estar em causa na problemática do «contrato incompleto».

– Se o devedor nada investir em prevenção, os riscos de incumprimento serão muito elevados.

– Se o devedor, em contrapartida, investir demasiado, sair-lhe-á mais caro *prevenir* do que *remediar* o incumprimento.

– Tudo está, pois, em encontrar-se um ponto intermédio, um ponto em que o investimento em mais um euro de prevenção reduzirá menos do que um euro o montante provável de danos.

– O que equivale a dizer-se que se atingiu o ponto mais baixo dos custos totais (o somatório dos custos *ex ante* e *ex post*), o ponto em que os custos marginais de prevenção ultrapassam esses custos totais (no gráfico *infra*, o ponto X, que é o ponto óptimo do nível de segurança).

---

225 Veja-se as referências bibliográficas em que essa obstinação transparece, em: Frada, M.A.C.P.C. (2004), 665n722.

Gráfico 15: o nível de segurança óptimo, para o devedor, dados os custos médios do investimento no cumprimento dos seus deveres contratuais[226]

Já sabemos que a indemnização completa do interesse contratual positivo, porque promove a internalização perfeita de todos os custos e benefícios da prevenção, incentiva o devedor a promover um nível óptimo de segurança quanto ao cumprimento.

Já as indemnizações quantitativamente inferiores, seja a do custo de oportunidade seja a do interesse contratual negativo, promoverão níveis sub-óptimos de segurança, na medida em que determinam uma internalização incompleta dos custos e benefícios da prevenção.

Se, no gráfico seguinte, representarmos pelas curvas A, B e C respectivamente os regimes da indemnização do interesse contratual positivo, dos custos de oportunidade e do interesse contratual negativo, concluiremos que, se o primeiro promove o nível óptimo X, os outros dois promovem os níveis sub-óptimos de prevenção Y e Z (causando as externalizações respectivamente de X-Y e de X-Z)[227].

226 Araújo, F. (2004), 479 (Gráfico 7.5).

227 Craswell, R. (1988b), 401ss..

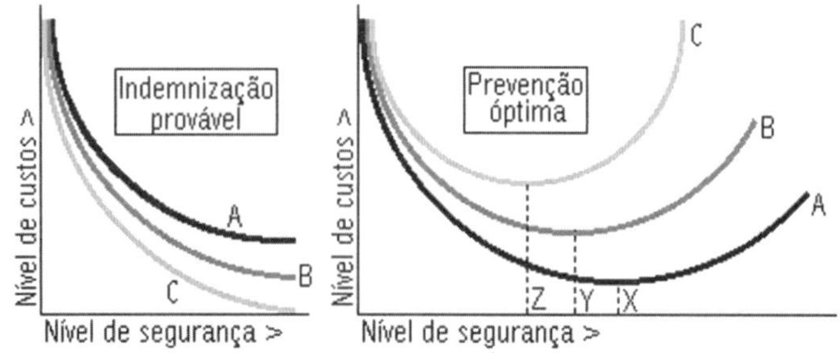

Gráfico 16: incentivos dos regimes de indemnização no investimento do devedor no cumprimento
A – custos, para o devedor, da indemnização do interesse contratual positivo
B – custos, para o devedor, da indemnização dos custos de oportunidade
C – custos, para o devedor, da indemnização do interesse contratual negativo
X – nível óptimo de investimento no cumprimento, pelo devedor, dados os custos de A
Y – nível óptimo de investimento no cumprimento, pelo devedor, dados os custos de B
Z – nível óptimo de investimento no cumprimento, pelo devedor, dados os custos de C

14. **Incentivos à eficiência do credor.**

Do lado do credor – e como tivemos ocasião de enfatizar adequadamente a propósito do «paradoxo da indemnização» –, o regime indemnizatório influencia o nível óptimo de «confiança», já que o credor investirá *por conta* do cumprimento em função da probabilidade de que ocorra o cumprimento, somada à probabilidade de receber uma indemnização em caso de incumprimento.

Em vez de analisarmos os custos e falarmos da minimização dos custos totais, voltemos a encarar o problema do prisma da maximização dos lucros, no Gráfico *infra*.

– Já sabemos que, se o credor não confiar, nada investir em função da sua confiança no cumprimento, ficará limitado aos ganhos que obteria se o contrato nunca tivesse sido celebrado (o lucro L-, que tínhamos utilizado no exemplo das relações entre o empresário M e o empreiteiro N), enquanto que, se investir, poderá retirar benefício da elevação da probabilidade do cumprimento, maximizando o lucro no caso de o cumprimento efectivamente ocorrer (o lucro L+).

– No ponto x, o grau de confiança será óptimo na medida que é que ele que assegura, a uma elevada probabilidade de cumprimento, que será maximizado o lucro do credor.

– No ponto y, o grau de confiança será óptimo na medida que é que ele que assegura, a uma baixa probabilidade de cumprimento, que será maximizado o lucro do credor.

– Se o credor investir menos do que o correspondente ao grau de confiança x, não poderá maximizar o seu lucro (imaginemos que M, com excessos de cautela, não adquire suficiente mercadoria para satisfazer toda a procura na «Campanha de Natal»).

– Mas se investir em excesso, ultrapassando o grau óptimo de confiança x, não maximizará igualmente o lucro (imaginemos que M adquiriu a mercadoria de acordo com um plano de vendas que não admitia um só dia de atraso na conclusão da empreitada, ou que muito simplesmente empolou subjectivamente o cenário do mercado no momento dessa conclusão).

– Sempre que investir mais do que y, o credor arrisca-se a averbar perdas «de confiança» no caso de o devedor não cumprir (seja qual for a probabilidade de que isso aconteça).

Como já repetidamente sublinhámos, a «confiança óptima» não é a «confiança máxima», mas também não é a confiança mínima. Mesmo quando haja a *certeza absoluta* de que o devedor cumprirá (se tal for possível, ou se a isso for equivalente uma indemnização perfeita que imunize o credor), o grau óptimo de confiança é ainda um ponto intermédio – um ponto (o ponto x no gráfico) em que o investimento de mais um euro em «confiança» passará a gerar menos de um euro no montante provável dos ganhos – ou seja, o ponto máximo dos ganhos totais, a partir do qual os ganhos médios entram em declínio porque os ganhos marginais passam a ser-lhes inferiores.

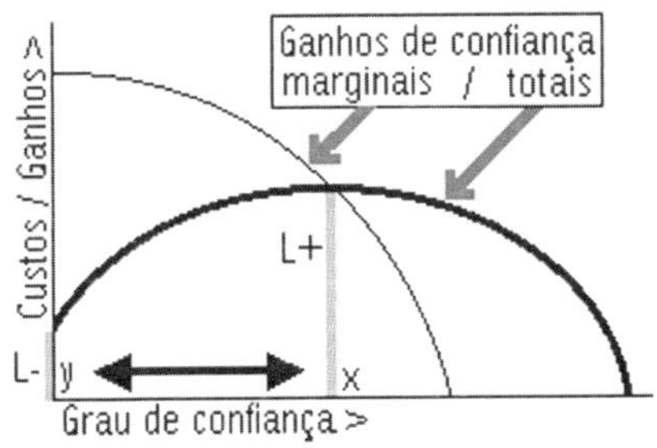

Gráfico 17: o nível de confiança óptima do credor
L-: Lucros de M, se N não cumprir e M não tiver confiado
L+: Lucros de M, se N cumprir e M tiver confiado
x: grau óptimo de confiança, se N cumprir
y: grau óptimo de confiança, se N não cumprir

Ainda quanto ao impacto dos regimes indemnizatórios na eficiência das condutas, limitemo-nos agora a distinguir indemnizações perfeitas e imperfeitas. Quanto às primeiras, já as assimilámos à indemnização do interesse contratual positivo, tendo visto que ela coloca o lesado na posição em que ele se encontraria se o contrato tivesse sido cumprido, *no pressuposto de que se verificou um grau óptimo de confiança* – o que equivale a dizer que se indemniza a diferença entre ganhos esperados e ganhos verificados, dado esse grau óptimo de confiança: significando isso que essa forma de indemnização não recobre os excessos de confiança, e por isso não faz variar o montante indemnizatório em função do grau efectivo de confiança que tenha ultrapassado aquele limiar.

Talvez seja sugestivo dizer-se que a indemnização perfeita é aquela que se apresenta dinamicamente neutra, isto é, que não gera incentivos à modificação das condutas inicialmente reveladas pelas partes.

Vejamo-lo num último gráfico.

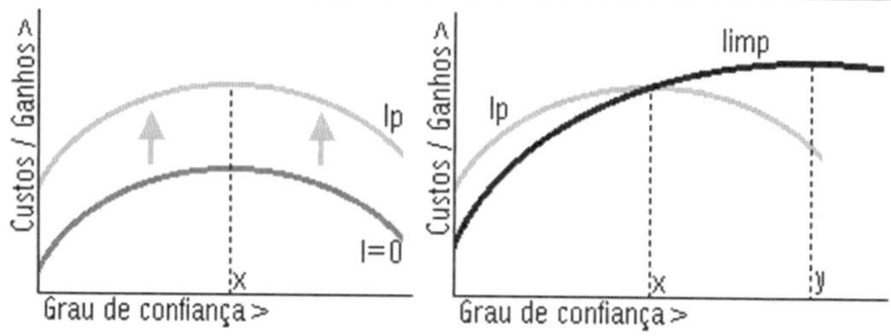

Gráfico 18: impacto da indemnização perfeita e da indemnização imperfeita na confiança do credor
I=0: ausência de indemnização
Ip: indemnização perfeita
Iimp: indemnização imperfeita
x: grau de confiança óptimo
y: excesso de confiança induzido pela indemnização imperfeita

Como a indemnização perfeita (Ip no Gráfico) não altera o cálculo do grau óptimo de confiança que existiria já mesmo em caso de não haver indemnização (I=0 no Gráfico), a curva que representa os ganhos de confiança totais é a mesma em ambos os casos, com o mesmo ponto maximizador (x no Gráfico), distanciadas apenas uma da outra pelo montante da indemnização[228]. Já se existir uma indemnização imperfeita (Iimp no grá-

[228] Já tínhamos visto que a inexistência de indemnização incentiva o credor a uma conduta óptima; o problema é que essa mesma inexistência de indemnização é radi-

fico), o excesso de confiança é ainda indemnizado, e por isso o credor é incentivado a aumentar o grau de confiança, já que isso é ainda coberto e compensado pelo montante indemnizatório – caso em que o novo ponto maximizador (y no Gráfico) denota um grau de confiança que é claramente excessivo.

15. **O estatuto da «*reliance*»: Fuller e Perdue.**

Temos até agora aderido, de modo acrítico, ao cânone analítico de Fuller e Perdue[229], de distinção entre três interesses fundamentais em jogo no cumprimento das obrigações contratuais, e na definição das reparações monetárias em jogo – os interesses de «*restitution*», «*reliance*» e «*expectation*» –, cânone que, tendo sido objecto de variadas críticas[230], nem por isso deixou de se expandir por toda a teoria do contrato[231], tanto nas abordagens não-económicas[232] como sobretudo na abordagem da «*law and economics*»[233], abrindo caminho a sucessivas iniciativas doutrinárias de reordenação da compreensão do fenómeno contratual sob a presidência de grandes princípio directores – por exemplo Eisenberg com o «*bargain principle*» e o «*fairness principle*»[234], ou Farnsworth com o «*dependence principle*» e o «*public-interest principle*»[235].

Muito sumariamente, refiramos que a ideia inovadora de Fuller e Perdue foi a de enfatizarem que outros dois interesses seriam mais sólidos,

---

calmente desincentivadora para o devedor, e daí que tenha que intervir uma indemnização «internalizadora».

229 Fuller, L.L. & W.R. Perdue Jr. (1936), 52ss., 373ss.; em especial, pp. 53-54. Cfr. ainda: Rakoff, T.D. (1991), 216-217; Macaulay, S. (1991), 247ss.; Birmingham, R. (1985), 217-265; Katz, A. (1988), 541ss.; Schwartz, A. (2000), 12ss..

230 Entre elas avultando a de: Craswell, R. (2000), 99-161.

231 Barnett, R.E. (1995), 72; Dawson, J.P., W.B. Harvey & S.D. Henderson (1998), 1; Knapp, C.L. & N.M. Crystal (1993), 892-893; Macaulay, S., J. Kidwell, W. Whitford & M. Galanter (1995), 27ss.; Murray Jr., J.E. (1991), 657ss.; Summers, R.S. & R.A. Hillman (1997), 211ss.; Burton, S.J. (1995), 9ss.; Fuller, L.L. & M.A. Eisenberg (1996), 208ss.; Scott, R.E. & D.L. Leslie (1993), 84ss.; Farnsworth, E.A. & W.F. Young (1995), 486; Murphy, E.J., R.E. Speidel & I. Ayres (1997), 844.

232 Atiyah, P.S. (1979), 1-7; Farnsworth, E.A. (1970), 1147-1149; Pettit Jr., M. (1987), 417ss..

233 Shavell, S. (1980), 466ss.; Kornhauser, L.A. (1983), 691ss..

234 Eisenberg, M.A. (1982), 741ss..

235 Farnsworth, E.A. (1998). Uma crítica em: Posner, E.A. (2000), 1468ss..

mais fundamentados, do que o interesse contratual positivo, a «fasquia» tradicional para a indemnização por incumprimento (um pouco por todo o lado, mas também entre nós, como decorre do art. 562.°) – e que esses interesses seriam, por ordem de dimensão mas também de «solidez», o da «*restitution*» (o valor subjacente ao instituto do enriquecimento sem causa, e que sustentaria o objectivo de se colocar o inadimplente na posição em que estava *antes* do contrato, retirando-lhe qualquer benefício e incentivo *positivo* ao incumprimento) e o da «*reliance*» (a «confiança», o interesse contratual negativo, o valor cuja tutela visaria fundamentalmente o objectivo de colocar a «parte inocente» na posição em que estaria se não tivesse havido contrato): formas mais «mitigadas», mas aparentemente mais sólidas e menos discutíveis, do que a indemnização do interesse positivo (a tutela da «*expectation*», que teria por objectivo básico o de colocar a «parte inocente» na posição em que estaria se tivesse sido cumprido o contrato).

Curiosamente, o Código Civil parece, nos arts. 898.° a 900.° e 908.°-909.°, a propósito da venda de bens alheios e de bens onerados, dar algum apoio a essa noção de «maior solidez de fundamentos» que Fuller e Perdue sustentaram: é que, em caso de incumprimento doloso, o credor vê protegido o interesse positivo ou o interesse negativo, conforme seja ou não sanada a nulidade resultante do dolo (arts. 898.°, 900.°, 908.°); mas o interesse negativo do credor continua a ser protegido mesmo que o inadimplente tenha agido sem dolo nem culpa (arts. 899.° e 909.°), sugerindo assim, precisamente, a superior força da tutela da «confiança»[236].

15.a) *Graduação da indemnização: valores discretos ou contínuos?*

Sendo o objectivo prático principal, nesta sede, o da graduação da indemnização por incumprimento, cabe todavia perguntar se adianta alguma coisa, a esse objectivo, estabelecer-se balizas com «interesses» difíceis de definir ou até mesmo de intuir[237], e se ajuda, mais do que prejudica, sugerir-se que existem valores separados, estanques, a que a indemnização deve atender, quando é possível que do incumprimento surja

[236] O ponto não é pacífico, e Carneiro da Frada manifesta reservas à utilização dos arts. 898.°, 899.°, 908.° e 909.° para se fundamentar a tutela negativa da confiança. Cfr. Frada, M.A.C.P.C. (2004), 681n740.

[237] Craswell, R. (2000), 100ss..

um contínuo de valores para a lesão contratual – cabendo, em suma, perguntar se é essa a maneira de complementar eventuais lacunas de protecção detectáveis na teoria do negócio[238].

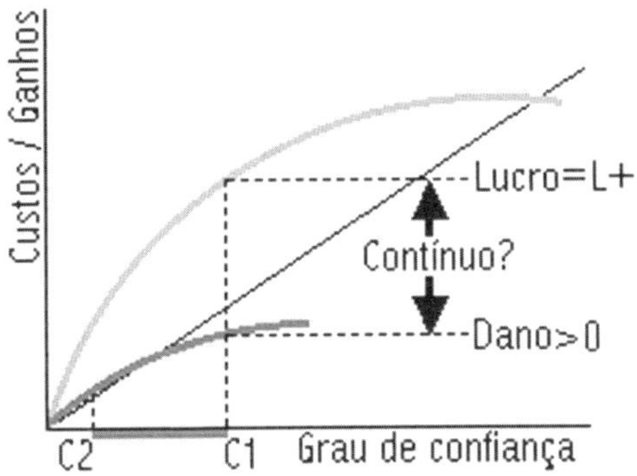

Gráfico 19: Aproveitando-se o ponto a que se tinha chegado no **Gráfico 14**, cabe perguntar se, admitindo-se uma infinidade de situações intermédias entre as receitas extraordinárias que resultariam de o devedor cumprir e as receitas mínimas que, em concorrência perfeita, o credor obteria, não é possível configurar-se um *contínuo* indemnizatório sem «etapas hierárquicas»[239].
L+: Lucros do credor, se o devedor cumprir
C1: Confiança óptima se o *cumprimento* do devedor fosse certo
C2: Confiança óptima se o *incumprimento* do devedor fosse certo

Se o que pragmaticamente interessa é a *função* indemnizatória, legitimamente se duvidará que valha mesmo a pena insistir-se na «hierarquia» sugerida por Fuller e Perdue, se não apenas podem vislumbrar-se muitos outros interesses juridicamente atendíveis que não se enquadram naquela trilogia, mas ainda, e principalmente, se são aqueles mesmos autores que admitem a possibilidade de violações à própria «hierarquia» que sugerem – por exemplo, em casos nos quais, em nome da tutela da confiança (ou do

238 Frada, M.A.C.P.C. (2004), 74.

239 Mas sem desmentir a possibilidade, já analisada, de se encontrar, mesmo face a esse contínuo indemnizatório, um ponto «óptimo» de «confiança». Se quisermos – e parece ser o que está implícito em muitas das conexões que são estabelecidas entre «tutela da confiança» e «flexibilização das respostas» –, também podemos qualificar como «indemnização do interesse de confiança» toda aquela que medeia entre a indemnização do máximo (L+) e a cobertura dos danos emergentes associados ao interesse contratual negativo (as situações em que o dano já é superior a zero).

seu «excesso»), tenha que ultrapassar-se o montante indemnizatório que caberia à reparação do interesse positivo[240].

É verdade que a própria colocação hierárquica dos três «interesses» é muito sugestiva e didacticamente muito proveitosa, parecendo facilitar a compreensão e o próprio cálculo do impacto económico da indemnização – e a modulação de níveis «óptimos» junto de cada uma dessas balizas[241].

Por outro lado, a trilogia parece sugerir algumas relações «de pertença»: por exemplo, que a indemnização do interesse contratual positivo, porque é monetariamente mais ampla (em princípio), há-de englobar a indemnização do interesse contratual negativo, tal como esta há-de englobar os montantes devidos nos termos da «restituição» – permitindo ao julgador vencer pragmaticamente as dificuldades de comprovação e cálculo dos danos através da atribuição de uma indemnização mais elevada que, na prática, não teria outra finalidade do que a de recobrir com mais elevada probabilidade lesões que poderiam injustamente ficar por indemnizar, caso essa indemnização dependesse crucialmente de uma aferição directa e rigorosa[242], ou quando se enredasse nas complicações relativas à previsibilidade dos danos ou da essencialidade do objecto lesado com o incumprimento[243], ou – atendendo-se aos «alçapões conceptuais» da «*culpa in contrahendo*» – quando alguma invalidade verificada na formação do contrato vedasse a atribuição de uma verdadeira indemnização do interesses contratuais relevantes – dada a inexigibilidade do vínculo[244].

15.b) *A alegada «fragilidade» do interesse contratual positivo.*

Para Fuller e Perdue, a «restituição» seria, de todos, o fundamento indemnizatório mais forte porque, anulando o enriquecimento do inadim-

---

240 Basta pensar-se na situação em que, por «excesso de confiança» do credor na pendência do contrato, o cumprimento das obrigações contratuais lhe passaria a trazer prejuízos. Fuller, L.L. & W.R. Perdue Jr. (1936), 75-77.

241 Katz, A. (1988), 541ss..

242 Novamente: como calcular a integralidade do «interesse de cumprimento» sem se medir rigorosamente o «excedente de bem-estar», ou «excedente do consumidor», ou antes deles a «disposição máxima de pagar», do credor lesado? Deveria abandonar-se essa indemnização depois de a ciência económica informar os juristas das dificuldades e nebulosidades que uma tal aferição inevitavelmente comporta?

243 Fuller, L.L. & W.R. Perdue Jr. (1936), 60-62, 84-88, 373-376.

244 Fuller, L.L. & W.R. Perdue Jr. (1936), 386-396, 410-417.

plente e o empobrecimento da «parte inocente»[245], repunha a situação *ex ante*, sem mais, enquanto a indemnização do dano de confiança, se excedesse a restituição, já visaria anular o empobrecimento da «parte inocente», mesmo que isso envolvesse montantes superiores ao enriquecimento do inadimplente – nomeadamente o «investimento de confiança», as despesas do credor *por conta* do cumprimento, as suas «*out-of-pocket losses*»; enquanto que, por fim, a indemnização do interesse contratual positivo, abrangendo os lucros cessantes, visaria abertamente criar uma situação patrimonial nova e desligada do *status quo*, a situação que espelharia o conteúdo da obrigação prometida e projectaria o credor para uma situação muito para lá dos valores directamente afectados ou gerados pelo incumprimento[246] – fundamentos frágeis, que bastariam para converter essa via indemnizatória numa solução «*second best*», «sub-óptima»[247].

De certo modo, sugeria-se que essa indemnização era «postiça», no sentido de se presumir que, entregues a elas mesmas e em pleno uso da sua racionalidade, as partes não forneceriam eficientemente essa mesma solução salvo nos casos limitados em que o devedor tivesse um especial empenho em «garantir» as expectativas do credor com um seguro contra todas as contingências susceptíveis de interferirem no cumprimento[248].

Essa situação *nova* poderia eventualmente fundamentar-se num critério de justiça distributiva – mas mesmo esse poderia revelar-se problemático.

– Por exemplo, justificar-se-ia sempre, porventura, que o inadimplente indemnizasse os lucros cessantes da contraparte, mesmo nos casos em que o devedor é muito mais pobre do que o credor, ou em que o credor iria capturar, naquela transacção, um excedente de bem-estar manifestamente superior àquele que seria capturado pelo devedor inadimplente?[249]

– A aceitar-se um tal argumento, não poderia inverter-se a conclusão no caso de o devedor ser mais rico do que o credor, caso em que a redução do montante indemnizatório se poderia tomar como

---

245 De acordo com a ideia de duplo (ou triplo) limite que domina os cálculos da obrigação de restituir. Cfr. Leitão, L.M.T.M. (2003), 463ss..

246 Fuller, L.L. & W.R. Perdue Jr. (1936), 56-66.

247 Hadfield, G.K. (1990), 927ss.; Janger, T. (2001), 559ss.; Johnston, J.S. (1993), 335ss..

248 Weinrib, E.J. (2003), 62-70; Markovits, D. (2004), 1504-1507.

249 Pettit Jr., M. (1987), 427ss.. Cfr. ainda: Horwitz, M.J. (1977), 186-211; Mensch, E. (1981), 753ss..

um incentivo suplementar para o incumprimento de um devedor economicamente poderoso?[250]

– E substituir-se um puro critério de eficiência por um critério de justiça distributiva não poderia tornar-se pretexto para um outro tipo de injustiça – seja a redução do volume de transacções, com «*deadweight losses*», provocando perdas de bem-estar que podem ser mais agudamente sentidas, em valores marginais, pela parte mais pobre[251], seja a redistribuição de bem-estar, por selecção adversa, de classes de credores com elevados níveis de «confiança» a favor de credores com níveis mais baixos de «confiança», dada a sujeição de todos eles a uma única regra indemnizatória?[252]

Pressentindo as complicações graves que podem acoitar-se nessa fundamentação pretensamente redistributiva[253], Fuller e Perdue tentaram furtar a ela os fundamentos da indemnização do interesse negativo, alegando ao invés que esta não assentaria numa intenção distributiva que procurasse colocar a parte inocente numa posição em que ela nunca estivera e à qual meramente aspirava, mas assentava antes numa simples e mais pacífica intenção correctiva, a de eliminação de um desvio injusto face ao *status quo* pré-contratual, um desvio *provocado* pela margem de crédito inevitavelmente gerado em relações de divisão de trabalho, de interdependência e de complementaridade nas trocas[254].

Só que este artifício argumentativo ajudou a enfatizar a pretensa existência de uma fronteira entre o interesse contratual positivo e o negativo, e respectivas tutelas normativas – como se as perdas «de confiança» fossem uma lesão directa, uma descida abaixo de uma fronteira «garantida», a exigir reparação, e as perdas «de cumprimento» fossem, por contraste, uma simples frustração da esperança de afastar-se para cima dessa fronteira, vagamente assente numa perspectiva dos lucros, dificilmente quan-

---

[250] Contra este género de argumentação, Macaulay, S. (1991), 256; Kelly, M.B. (1992), 1808-1809; Kennedy, D. (1982), 609-620.

[251] Craswell, R. (1991), 366-372.

[252] Abel, R. (1981), 202-206; Priest, G.L. (1981), 1350-1351; Quillen, G.D. (1988), 1129-1132.

[253] Para um panorama das múltiplas incidências da redistribuição, cfr. Araújo, F. (2004), 883ss..

[254] O que, de certo modo, pode ser considerado como um desvio da disciplina contratual rumo à teoria da responsabilidade civil aquiliana: Atiyah, P.S. (1990); Gilmore, G. (1995).

tificáveis, que *provavelmente* resultariam do cumprimento que não se verificou – uma vaga esperança que, ainda quando fundamentadora dos instrumentos da realização coactiva da prestação[255] ou de equivalentes meios de responsabilidade civil[256], verdadeiramente (naturalisticamente) só seria concretizada e palpável nos casos em que existisse eficácia real, translativa, do contrato, mas aí fazendo-se corresponder ao interesse positivo uma protecção de diferente índole, a dos meios de defesa da propriedade[257].

O «efeito de dotação» («*endowment effect*»[258]) ajudaria também a explicar porque é que os investimentos «de confiança» representariam, em caso de incumprimento, perdas mais agudamente sentidas do que quaisquer lucros cessantes – visto que, se aqueles investimentos representaram custos directamente suportados pelo património do credor, os lucros que não chegaram a verificar-se não chegaram, por isso mesmo, a ingressar no património do credor[259] – contribuindo aparentemente para reforçar a intuição de Fuller e Perdue, relativa à maior «consistência» do interesse negativo, reforço que de resto é complementado ainda por alguns costumes de mercado[260] e por alguns hábitos negociais que tendem espontaneamente a fixar níveis indemnizatórios manifestamente abaixo daquilo que corresponderia à tutela do «interesse positivo»[261].

– Contra essa especial «solidez» do «interesse de confiança» depõe, todavia, o facto de ao menos uma parte dos «investimentos de confiança», das despesas *por conta* do cumprimento, ser livremente assumida pelo credor[262], sendo aliás por isso que é possível falar-se em «excesso de confiança» e é possível encarar-se a possibilidade da sua diminuição ou erradicação através do estabelecimento de puros incentivos económicos[263].

---

255 McChesney, F.S. (1999), 152-159; Kronman, A.T. (1978b), 351-353; Friedmann, D. (1989), 13-18; Barnett, R.E. (1986), 297-300; Barnett, R.E. (1986b), 195-196.

256 Calabresi, G.A. & A.D. Melamed (1972), 1089ss.. Cfr. ainda: Ayres, I. & E. Talley (1995), 1027ss.; Kaplow, L. & S. Shavell (1996), 713ss.; Krier, J.E. & S.J. Schwab (1995), 440ss..

257 Hale, R. (1927), 523ss.; Fried, B.H. (1998), 76-89.

258 Araújo, F. (2004), 397n576.

259 Hoffman, E. & M.L. Spitzer (1993), 59ss..

260 Macaulay, S. (1963), 55ss..

261 Epstein, R. (1989), 113-121.

262 Sendo manifestamente assim nos casos em que a bilateralidade sinalagmática deixa nas suas mãos algum controle da situação contratual por meio da reciprocidade – veja-se o regime dos arts. 428.° e 795.°.

263 Barnett, R.E. (1986), 275ss.; Leitzel, J. (1989), 87ss..

– Além disso, há que não perder de vista que, no próprio conceito de Fuller e Perdue, a «confiança» englobava os «custos de oportunidade»[264], por obviamente haver custos de oportunidade ínsitos no afastamento em relação à posição que o credor ocuparia se a relação contratual não tivesse chegado a formar-se (as oportunidades contratuais alternativas e perdidas afastam a situação actual daquela situação que existiria sem a lesão contratual) – o que não impede que os tribunais, insensíveis à perspectiva económica, tendam a desconsiderar os custos de oportunidade e por isso atribuam valores indemnizatórios abaixo do nível correspondente ao sentido mais amplo de «confiança»[265]. Mas aqui releva principalmente que, com esse englobamento dos «custos de oportunidade», o «interesse negativo» teria que reconfigurar-se como um valor muito mais próximo do «mais frágil» interesse de cumprimento[266].

Isso reforça a ideia de que a indemnização do dano «de confiança» é especialmente tributária do regime da responsabilidade aquiliana – como a doutrina faz decorrer do regime de «*promissory estoppel*»[267-268] –, no fundo porque ambos assentam numa intenção retrospectiva, numa intenção puramente reparadora e reconstitutiva, e tornam o dano um pressuposto e um limite do montante indemnizatório[269]: tal como uma acção negligente, na medida em que não lesa ninguém, não deve ser fonte de uma obrigação indemnizatória, também não cabe indemnizar *pela confiança* a quebra de um vínculo contratual não geradora de danos emergentes, e quando muito causadora apenas de lucros cessantes[270-271]. Essa mesma a razão pela qual

[264] Fuller, L.L. & W.R. Perdue Jr. (1936), 55, 60-63, 417-418.

[265] Kelly, M.B. (1992), 1764-1776; Rakoff, T.D. (1991), 213.

[266] Já para não se falar novamente da situação de necessária coincidência dos dois valores no caso-limite da concorrência perfeita.

[267] Snyder, O.C. (1949), 28ss.; Seavey, W.A. (1951), 926ss.. Cfr. ainda: Frada, M.A.C.P.C. (2004), 795ss..

[268] Afinal, o reconhecimento de que o requisito da «*consideration*» entravava mais do que promovia o comércio. Cfr. Posner, E.A. (1999), 61.

[269] Além disso, é a tutela do interesse positivo que claramente excede os limites admissíveis na responsabilidade aquiliana e na responsabilidade «de terceira via», e por isso é ela, e não a tutela da confiança, que demarca a responsabilidade contratual das demais. Cfr. Leitão, L.M.T.M. (2002), 247, 256ss..

[270] Esclareça-se: os lucros que directamente adviriam de alcançar-se a finalidade do contrato, de realizar-se o prometido, não aqueles que resultariam de negócios alternativos, e que teríamos que englobar antes na categoria dos «custos de oportunidade».

o formalismo se opõe à tutela da «confiança»[272], por sustentar que, devendo a responsabilidade contratual ser derivável de uma limitada consideração da vontade directa das partes[273], aquela tutela da «confiança» teria que ser remetida para os puros domínios extra-contratuais[274].

Nesse sentido, talvez possa aceitar-se como apoio adicional da ideia de Fuller e Perdue quanto à diferença de «força» entre as indemnizações do interesse contratual negativo e positivo a sugestão de que aquela resulta mais de uma imperatividade que visa a reposição da situação *ex ante*, pré-contratual, em nome de interesses gerais e objectivos do comércio jurídico, enquanto esta última resultaria antes da extrapolação de uma vontade convencional que, representando-se certas finalidades antecipadas e partilhadas, por isso mesmo se enquadraria melhor num âmbito de disponibilidade das partes, no seio da relatividade dos seus interesses.

16. **A tutela negativa como solução flexibilizadora.**

Fuller e Perdue, como vimos, admitiam pragmaticamente que o patamar da tutela do «interesse do cumprimento», a mais elevada, fosse usado como simples garantia de cobertura dos «danos de confiança», ou até, no limite, do próprio enriquecimento sem causa. Mas, pergunta-se, não deveria essa mesma atitude pragmática aconselhar que se abandonasse tais noções de balizas «discretas» a favor de uma solução indemnizatória puramente gradativa, um contínuo de intensidade indemnizatória? Pois não é precisamente esse elemento de flexibilização que tem vindo a ser enaltecido na tutela negativa da confiança, por parte de eminentes civilistas?[275]

---

[271] Não caiamos, contudo, na tentação de enfatizar ou explorar em demasia essa fronteira entre contratual e extra-contratual nos domínios da responsabilidade – ainda que se saiba que as consequências são muito distintas quanto ao regime jurídico – porque poderia acabar-se na concepção ilegítima de que existe aqui uma outra demarcação possível, entre «voluntariedade» e «involuntariedade» dos regimes indemnizatórios alternativos, quando todos eles têm a mesma força e podem ser igualmente afastados por um regime indemnizatório convencional. Cfr. Fuller, L.L. & W.R. Perdue Jr. (1936), 400.

[272] Ainda que numa posição minoritária. Cfr. Farber, D.A. & J.H. Matheson (1985), 903ss.; Hillman, R.A. (1998), 580ss.; Knapp, C.L. (1998), 1191ss..

[273] Benson, P. (2001), 132-135, 170-174.

[274] Benson, P. (2001), 177; Benson, P. (1995), 450-454; Benson, P. (1995b), 315ss..

[275] Frada, M.A.C.P.C. (2004), 64, 667n724, 669, 697 (referindo a oposição de Menezes Cordeiro quanto a essa dualidade de rigidez/flexibilidade entre os regimes de tutela positiva e negativa da confiança).

Usemos um exemplo para ilustrar como é possível chegar-se a tal flexibilização, mesmo quando se parta do ponto de referência fixo de um «interesse contratual»:

– Qual o nível eficiente do investimento «de confiança», *por conta* do cumprimento?

– Suponha-se que o comprador C e o vendedor V celebram um contrato que implicará a entrega de bens que têm o valor de 1000 euros para C; suponha-se que é possível a C fazer investimentos que aumentam, para ele, o valor do bem – para 1110 caso invista 50, para 1170 caso invista 100.

– Se houver a certeza de que V cumpre, o investimento óptimo de C é de 100, pela elementar razão de que 1170-100 > 1110-50 > 1000-0.

– Se houver apenas a probabilidade de 50% de que V cumpra, então o investimento óptimo já será de 50, porque (50%.1110)-50 > (50%.1000)-0 > (50%.1170)-100.

– E quanto mais a probabilidade do cumprimento se aproximar de zero, mais o investimento óptimo *«de confiança»* se aproximará também do zero – como é óbvio. Não é preciso estabelecer-se aqui uma dicotomia estanque entre estados de elevada e de baixa probabilidade, admitindo-se que a tutela da confiança acompanhe, *pari passu*, o contínuo dos possíveis valores de probabilidade de cumprimento.

Note-se, de passagem, que, ao contrário daquilo que ficava implicitado em Fuller e Perdue[276], são frequentes as situações em que a indemnização fica limitada ao interesse negativo *quando não há dificuldade em calcular-se o interesse positivo*, avançando-se até à indemnização do interesse positivo mesmo em casos, como o do *«promissory estoppel»*, em que seria de antever que se limitaria a indemnização ao interesse negativo[277]. Esclareçamos que esta teoria do *«promissory estoppel»*, na medida em que torna juridicamente exigíveis alguns negócios gratuitos, aumenta claramente a eficiência de algumas trocas – ainda que ao mesmo tempo limite essa eficiência ao estabelecer como *«plafond»* a tutela da confiança, apa-

[276] Fuller, L.L. & W.R. Perdue Jr. (1936), 401-406.

[277] Barnett, R.E. (1996), 518ss.; Becker, M.E. (1987), 131ss.; DeLong, S.W. (1997), 966-970; Farber, D.A. & J.H. Matheson (1985), 909ss.; Feinman, J.M. (1984), 687-688; Hillman, R.A. (1998), 601-602, 609-610; Slawson, W.D. (1990), 202-206; Yorio, E. & S. Thel (1991), 129-151.

rentemente ignorando que o benefício que se visa através do negócio gratuito não está decerto confinado ao grau de confiança que o beneficiário deposite, ou deixe de depositar, com maior ou menor razoabilidade, na promessa[278]: o que novamente suscita o problema da degeneração da protecção eficiente dos «investimentos de confiança»[279] em incentivo ineficiente ao «excesso de confiança»[280].

E mesmo em casos de fraude tem havido a tendência para se respeitar o interesse positivo, colocando o credor na posição em que estaria se fosse verdadeiro o objecto do contrato, e não na posição em que estariam caso não tivesse havido qualquer declaração fraudulenta (portanto, o correspondente ao interesse positivo, e não o correspondente ao interesse negativo)[281-282].

16.a) ***Pragmatismo e flexibilização (e «despreocupação semântica»).***

Essa atitude *flexibilizadora* seria decerto a mais recomendável para a perspectiva pragmática e *consequencialista* da análise económica, sempre mais atenta aos efeitos dos regimes jurídicos e à dimensão *incentivadora* e *desincentivadora* desses regimes do que propriamente a propósitos sistemáticos e «arquitectónicos» de preservação da «pureza dogmática» – e por isso naturalmente sensível, favorável mesmo, à reconfiguração dos regimes indemnizatórios como regras essencialmente supletivas, que facilitam a optimização da eficiência na promoção privada das trocas contratuais[283], que enquadram mais especificamente o âmbito do «incumprimento eficiente»[284]: afigurando-se, pois, ser ideal postular-se um contínuo

---

278 Shavell, S. (1991), 420.

279 Craswell, R. (1996), 489-495; Katz, A. (1996), 1270-1277.

280 Craswell, R. (1996), 499-501, 531-536; Bebchuk, L. & O. Ben-Shahar (2001), 423ss.; Johnston, J.S. (1999), 385ss.; Katz, A. (1998), 429-430.

281 Isso pode também corresponder à vontade de evitar judicialmente as subtilezas das indemnizações «mitigadas», concedendo abertamente sempre o *standard* máximo. Cfr. Barnett, R.E. & M.E. Becker (1987), 470-480.

282 Tal solução desmente o princípio, que pareceria lógico à primeira vista, de que, se a conduta prometida consistir num resultado juridicamente impossível, não será alcançável a tutela positiva, devendo a indemnização confinar-se à tutela negativa da confiança – cfr. Frada, M.A.C.P.C. (2004), 44, 684.

283 Ayres, I. & R. Gertner (1989), 87ss.; Craswell, R. (1989), 489ss..

284 Birmingham, R. (1970), 273ss.; Barton, J.H. (1972), 277ss.; Shavell, S. (1980), 466ss.; Craswell, R. (1988), 629ss..

de possibilidades de optimização de regimes indemnizatórios em função das variáveis relevantes – em vez de se impor um catálogo de soluções estanques ou de «fasquias» fixas, conceptualmente demarcadas e tornadas de certo modo incompatíveis por sobre-elaboração doutrinária, como se os regimes jurídicos fossem fins em si mesmos, ou como se houvesse «interesses contratuais» a gravitar fantasmagoricamente em torno desses regimes.

– Pense-se que, sem uma tal *flexibilização*, não será fácil enquadrar o regime da «indemnização punitiva» – das «*punitive damages*» –, nas quais a «fasquia» indemnizatória poderá ultrapassar a reparação do interesse contratual positivo por puras razões de *eficiência* – por exemplo, como forma de se compensar a baixa probabilidade de detecção ou de reparação judicial dos danos causados no seio do contrato[285-286].

– Pense-se que, sem tal flexibilização, também será difícil justificar-se simetricamente uma limitação de responsabilidade contratual que eficientemente limite excessos de litigância[287], ou a redução dos montantes indemnizatórios em casos de culpa do lesado[288] – na linha daquilo que resulta do art. 570.°[289].

– E pense-se, por fim, que sem essa flexibilização, mais difícil se torna aquilatar a adequação prática de todas as soluções que, com ou sem base explícita na equidade[290], visem o equilíbrio casuístico dos interesses em presença, sejam ou não «típicos» tais interesses[291].

---

285 Polinsky, A.M. & S. Shavell (1998), 869ss.; Farber, D.A. (1980), 1455-1464. Embora se admitam aqui também razões genuinamente *retributivas*, desligadas de considerações mais apropriadamente económicas. Cfr. Chapman, B. & M. Trebilcock (1989), 779-798; Dodge, W.S. (1999), 629ss.; Katz, S.B. (1987), 509ss.; Marschall, P.H. (1982), 733ss.. Quanto a finalidades de *prevenção geral*, cfr. Galanter, M. & D. Luban (1993), 1393ss.; Robinson, P.H. & J.M. Darley (1997), 453ss.

286 Note-se que a noção tem sido posta em causa na prática jurisprudencial norte-americana, que crescentemente recusa uma reacção destas em nome da alegada defesa de um dever de «boa fé» no cumprimento – entendendo-se que o combate à fraude, para ser eficaz e sério, exige meios diversos e mais pesados, com uma lógica menos *privatística* e mais *criminalística*. Cfr. Henderson, R.C. (1995), 1153ss.; Sullivan, T.J. (1977), 207ss..

287 Craswell, R. (1999), 2185ss.; Craswell, R. & J.E. Calfee (1986), 279ss..

288 Fried, C. (1981), 69-73; Harrison, J.L. (1983), 573ss.; Hudec, R.E. (1982), 716-718; Trakman, L.E. (1985), 484-485; Young, W.F. (1981), 19ss.; Cooter, R. & T. Ulen (1991), 1045ss.; Haddock, D. & C. Curran (1985), 49ss..

289 Para o caso português, cfr., por todos, Leitão, L.M.T.M. (2003), 332.

290 Veja-se, por exemplo, os arts. 437.°, 1 e 566.°, 3.

291 Rea Jr., S.A. (1982), 35ss.; Sykes, A.O. (1990), 43ss.; White, M.J. (1988), 353ss..

Insistamos nesta perspectiva pragmática – anti-dogmática – que tende a reduzir os recursos jurídicos à sua mera (e menos significante) instrumentalidade, de acordo com o princípio de que, se uma solução jurídica funciona, a sua qualificação se torna secundária, e mesmo até certo ponto arbitrária. Usando o exemplo que nos fornece Richard Craswell[292], se uma solução de atribuição de uma indemnização correspondente a 63% do valor contratual positivo bastar para satisfazer equilibradamente os objectivos em presença, nada impõe que se «cristalize» um «interesse» em torno desse valor, mas também nada obsta a que isso se faça (chamando-se-lhe, por exemplo, a «indemnização de 63% das expectativas do credor», a «indemnização do interesse contratual X», ou a «indemnização do cumprimento a 63%»)[293].

Adoptada esta perspectiva «semanticamente despreocupada», dentro dela pacificamente se admitirá que o nível de indemnização óptimo coincida com aquele que corresponde aos «interesses» da tripartição de Fuller e Perdue: mas isso sucederá fortuitamente, e não como corolário de um preexistente «interesse» cuja protecção asseguraria automaticamente qualquer tipo de eficiência (nem mesmo um «interesse de 100%», tão arbitrário para esse efeito como o «interesse de 63%»)[294].

Acrescentemos que o pragmatismo económico é essencialmente contratualista[295], no sentido específico de confiar nos incentivos dos agentes para maximizarem o seu bem-estar através das trocas, de tutelarem capazmente os seus interesses, de assegurarem, ao menos em condições ideais de mercado, resultados objectivamente eficientes[296] – embora possa

---

292 Craswell, R. (2000), 100ss..

293 De certo modo, é o que se faz na sustentação do interesse contratual positivo (como o «interesse a 100%») em: Scanlon, T.M. (2001), 86ss.

294 A coincidência tornar-se-á ainda menos provável se a solução se envolver nas complicações do cálculo indemnizatório a partir da «medição» da culpa. Cfr. Hudec, R.E. (1982), 716-718.

295 Scanlon, T.M. (1990), 215ss.; Craswell, R. & A. Schwartz (orgs.) (1994), 170-172.

296 Note-se, uma vez mais (perdoe-se-nos a insistência), que estamos a falar de *eficiência*, exclusivamente, nada havendo a observar quanto à conduta daqueles que preferem pautar a sua conduta por outros valores (de moralidade, de reputação, etc.), ainda que a determinado *custo*; aliás, a própria eficiência é eminentemente relativizável, visto que ela deve ser instrumentalizada a «disposições» das partes que incorporam já nelas objectivos que podem ser «constituintes»: veja-se que qualquer tipo de obrigação, independentemente da intensidade com que o devedor procura assegurar ao credor um determinado resultado, pode ser sempre contratualmente configurada e cumprida com eficiência óptima – não sendo a eficiência um constrangimento para a vontade contratual das partes, e antes

detectar-se alguma circularidade na definição do que seja a eficiência que começa por nortear a conduta das partes[297].

– Advirtamos, porém, que esta proposta não pretende de modo algum significar uma preferência por uma alegada maior flexibilidade da «*common law*», ou significar o repúdio de uma possível rigidez dos sistemas de «*statute law*» – e achamos, pelo contrário, que uma ideia há alguns anos celebrizada por Richard Posner[298], de que o sistema de «*common law*» seria o mais espontaneamente adequado a promover a eficiência económica, é no mínimo muito discutível, apesar de radicada numa «profissão de fé realista»[299], tendo-se cada vez mais como uma questão irrelevante para o debate sobre eficiência[300], e hoje nem mesmo Richard Posner a sustente[301] – parecendo pelo contrário avolumar-se a noção, provinda da «*Public Choice*»[302] e também ela tributária de uma intenção «realista», de que mesmo a área do contrato não é politicamente neutra, reflectindo, tanto nas soluções legislativas como nas judiciais, as pressões dos interesses dominantes[303].

– Em contrapartida, conceda-se que a investigação económica tem sido muito relevante na fixação de algumas dimensões normativas da disciplina dos contratos de acordo com propósitos «adaptativos», por exemplo estabelecendo fronteiras entre imperativo e supletivo, configurando as regras supletivas óptimas, realçando o impacto das possibilidades de renegociação na disciplina dos contratos[304] – coisas que não eram admitidas pela vanguarda doutrinária ainda não há muito, uma vanguarda mais afadigada na assimilação dos princípios contratuais aos princípios da responsabilidade aquiliana, no espartilhamento à imperatividade[305].

---

um cálculo que recobre o desenvolvimento de vontades já expressas e plasmadas num contrato. Cfr. Epstein, R.A. (1989), 106-108; Schwartz, A. (1988), 357-360.

297 Coleman, J.L., D.D. Heckathorn & S.M. Maser (1989), 641-644; Craswell, R. (1992), 805ss..

298 Posner, R.A. (1990), 353-374; Priest, G.L. (1977), 65ss.; Rubin, P.H. (1977), 51ss.; Priest, G.L. (1980), 409-415.

299 Kronman, A.T. (1993), 210-225.

300 Coleman, J.L. (1980), 548-549; Craswell, R. (2003), 903-904.

301 Posner, R.A. (1999), 227-265; Priest, G.L. (1977), 65ss.; Rubin, P.H. (1977), 51ss..

302 Araújo, F. (2004), 1019ss..

303 Segal, J.A. & H.J. Spaeth (1993).

304 Ayres, I. & K. Madison (1999), 106; Ayres, I. (2003), 885.

305 Ayres, I. (1999), 910ss.; Ayres, I. & R. Gertner (1989), 130ss..

– Graças aos contributos da análise económica, afigura-se predominar crescentemente a consideração da flexibilidade e ductilidade da interacção entre normas e estipulações contratuais[306], a forma como as partes contornam os imperativos, os moldam, os subvertem, dinamicamente interagem com eles e os instrumentalizam[307] – não se tratando já de limitar o próprio Direito a tarefas de fundamentação das intervenções no equilíbrio contratual, justificadas ou não por supervisão paternalista sobre as relações entre as partes[308], ou por alegações de necessidade de rectificação de externalidades[309].

Reconhecido tudo isto, dir-se-á que a tripartição de «interesses» contratuais não tem que ser abolida ou ignorada, podendo, em especial se reforçada pela própria formação doutrinária dos juristas, passar a constituir um «ponto focal», um referente semântico que facilitaria supletivamente a formação de um conteúdo obrigacional entre as partes – permitindo habituar o comércio jurídico a uma padronização do regime indemnizatório de acordo com alguma das «fasquias» adoptadas, que serviriam de referencial partilhado, poupando «custos de estipulação» aos contraentes[310].

Só que não se vislumbra que seja a essa subalternização instrumentalizada que a doutrina civilística pretende remeter a consideração dos interesses contratuais em jogos nos regimes indemnizatórios – e não deixará de se reconhecer que esse passo de subalternização seria arriscado se consistisse em não mais do que o derrube de pontos referenciais já adquiridos (e às vezes penosamente adquiridos, dada a complexidade dos interesses e valores cruzados no comércio jurídico) sem a edificação de novos pontos referenciais, tudo acabando numa «entropia referencial» desinformadora e insensibilizadora.

---

306 Adler, B.E. (1999), 1547ss.; Barnett, R.E. (1992), 822ss.; Bebchuk, L. & S. Shavell (1991), 284ss.; Craswell, R. (1989), 503ss.; Craswell, R. (1993), 15ss.; Johnston, J.S. (1990), 615ss..

307 Ayres, I. & R. Gertner (1999), 1591ss..

308 Aghion, P. & B. Hermalin (1990), 381ss.; Kennedy, D. (1982), 565ss.; Kronman, A.T. (1980), 474-475.

309 Ayres, I. & R. Gertner (1989), 88.

310 Afinal, redescobrindo no contrato as funções básicas que são atribuídas ao «mercado». Cfr. Araújo, F. (2004), 234-235.

16.b) *A resistência «ideológica» à flexibilização e a sombra do paternalismo.*

Voltando a um ponto anterior, referente à demarcação dos fundamentos dos regimes indemnizatórios de tutela dos interesses contratuais positivo e negativo, acrescentemos que, num registo mais «retórico», ou mais «ideologicamente carregado», se pode também sustentar que, quanto à adjudicação de interesses pela via do direito privado, a tutela do interesse contratual negativo é mais tributária de um entendimento «individualista», e a do interesse positivo mais consonante com um entendimento «altruísta»[311], embora haja diversas formas de sustentar que a reparação do interesse positivo é estritamente consonante com um entendimento «individualista», bastando enfatizar-se o elemento consensual, do valor das promessas e da tutela das expectativas[312], o carácter «sagrado» das promessas e o interesse que o comércio jurídico tem nessa sacralização[313] – sendo facto que autores com uma propensão menos «individualista» têm favorecido muito o regime da tutela da confiança, do interesse negativo, como travão para a perpetuação de iniquidades através das trocas, ou para a administração de valores de justiça de acordo com uma perspectiva fundamentalmente redistributiva e paternalista[314].

E no entanto, que certezas poderemos nós ter em matéria de fundamentos para a intervenção paternalista?[315] Regressemos um instante à ideia de «lesão enorme», e reconheçamos que, largamente sob o impulso «optimista» de um certo tipo de abordagem económica, ela tem sido revista por forma a admitir-se que há muitos factores que podem determinar arranjos contratuais que à primeira vista se diriam abusivos, mas depois se descobre que podem ser, em certas circunstâncias, perfeitamente eficientes e justos[316]:

---

311 Kennedy, D. (1976), 1713-1722.

312 Fried, C. (1981), 17-18; Barnett, R.E. (1984), 1240-1241. Criticando a posição de Fried, cfr. Craswell, R. (1989), 517-520.

313 Fried, C. (1981). Contra, alegando que há aí um dever moral que não deveria ser convertido em dever jurídico, Weinrib, E.J. (1995).

314 Atiyah, P.S. (1979), 6-7; Atiyah, P.S. (1981), 202-212; Metzger, M.B. & M.J. Phillips (1983), 500-508. Cfr. ainda: Craswell, R. (2001), 19ss..

315 Sobretudo se tivermos presente a aversão congénita do Ciência Económica ao paternalismo – cfr. Araújo, F. (2004), 163.

316 Embora também aqui a diversidade e complexidade das situações possíveis não permitam respostas categóricas. Cfr. Schwartz, A. & L.L. Wilde (1979), 666-671; Hynes, R. & E.A. Posner (2002), 168ss..

– por exemplo, um juro que claramente se qualificaria como «usurário» (de acordo com os parâmetros dos arts. arts. 282.° a 284.°, 559.°-A e 1146.°) pode não ser mais do que uma barreira de «racionamento de crédito»[317] contra riscos extraordinários representados por alguns potenciais devedores, um travão ao colapso do mercado sob o peso da «selecção adversa», uma profilaxia contra a externalização provocada pelas falências[318];

– uma cláusula penal muito pesada pode ser aceite por um devedor de alto risco como compensação ao estabelecimento de juros «razoáveis», uma outra forma de vencer aquele mesmo racionamento de crédito que o privaria em absoluto de recorrer a financiamento alheio[319];

– e cláusulas gerais em contratos de adesão, que à primeira vista se afigurariam abusivas, podem representar evidentes ganhos de eficiência, em termos de abaixamento de custos de transacção[320].

Diremos em suma, quanto a este intuito de simplificação pragmática dos interesses em jogo, que tudo se reduz a aferir os danos pela fasquia máxima do interesse positivo[321], devendo admitir-se o estabelecimento de um contínuo de níveis de indemnização abaixo desse nível máximo, e isso pelas mais diversas razões, que vão das motivações e expectativas das partes até à perspectiva do julgador, passando pelas condições do mercado e pelo enquadramento jurídico, sendo possível distribuir entre as partes o suporte das consequências negativas do incumprimento, umas vezes por objectivo de justiça na redistribuição de riscos, outras na criação de incentivos – como sucede com a ligação à previsibilidade dos danos, que incentiva à partilha de informação entre as partes, reduzindo as assimetrias[322], ou com os incentivos à colaboração do credor no próprio cumprimento, ou ainda com os desincentivos ao «excesso de confiança»[323].

---

317 Araújo, F. (2004), 516-517.

318 Posner, E.A. (1995), 283ss..

319 Epstein, R.A. (1975), 305-306.

320 Schwartz, A. (1977), 1071-1076; Schwartz, A. & L.L. Wilde (1983), 1458ss.; Katz, A. (1993), 90ss..

321 Admitindo a sua superação, lembremo-lo, com um escopo punitivo, ou naqueles casos em que, prevendo-se um prejuízo em resultado do contrato, os danos de confiança ou o enriquecimento sem causa se traduzam em valores superiores ao do interesse positivo.

322 Bebchuk, L. & S. Shavell (1991), 284ss..

323 Cooter, R. (1985), 15-16.

Até se pode admitir novas balizas nesse contínuo de níveis «*sub-expectation*», que por exemplo discriminem danos em função da previsibilidade ou da partilha de um conhecimento da essencialidade dos interesses lesados, em função dos custos de cumprimento, em função da perda de valor corrente do objecto contratual.

Logo, seria pragmaticamente ideal admitir-se, mais do que a variação das balizas de «*expectation*», «*reliance*» e «*restitution*», um contínuo de valores intermédios entre essas balizas, valores que por essa mesma razão destroem o valor referencial de tais balizas, e devolvem aos regimes indemnizatórios a plenitude das suas aptidões promotoras da justiça e da eficiência.

17. Custos de oportunidade e lucros cessantes. A relevância dos mercados.

Num momento anterior, tínhamos já ponderado a questão da inclusão, ou exclusão, dos «custos de oportunidade» e dos «lucros cessantes» na tutela do «interesse negativo». Referimos que nada parece obstar a essa inclusão – embora se corra o risco de se empolar a «tutela da confiança» a ponto de a confundirmos com a tutela do interesse contratual positivo, o que seria, ao menos da perspectiva da dogmática, erro grave. Por cautela e por interesse didáctico, deixámos a questão em aberto: é chegado o momento de a abordarmos.

Sintetizando o que dissemos até aqui, sublinharíamos que, em termos práticos, as questões centrais são estas:

– deve o devedor que não cumpre indemnizar o credor por lucros cessantes?

– em especial no caso de já ter havido pagamento, qual será a medida justa daquilo que o credor pode não devolver e reter a título de compensação?

Deve ele ser indemnizado de modo a ser colocado na posição em que estaria se o contrato tivesse sido cumprido, ou deve ele ser apenas indemnizado pelo montante que o colocará na posição equivalente àquela em que não tivesse chegado a haver contrato – compensado pelos investimentos «de confiança», pelos custos de produção de bens e serviços específicos (à medida) para aquele contrato, e por isso total ou parcialmente irrecuperáveis através do mercado?

Perante esta dicotomia, parece muito nítido que, como dissemos, a mais eficiente é a indemnização do interesse contratual positivo que abarca os lucros cessantes, *«os benefícios que o lesado deixou de obter em consequência da lesão»* (como se dispõe no art. 546.°), que ficarão excluídos, por definição, de uma regra de indemnização do interesse contratual negativo, na qual predomina o escopo de restituição das partes a uma situação em que, se não teriam sido prejudicadas pela confiança reciprocamente depositada uma na outra, também não teriam sido beneficiadas por essa confiança (no fundo, a regra que preside à solução dos arts. 428.°, 1, 795.°, 1 e 801.°, 2).

Mas haverá deveras uma razão de eficiência para se sustentar uma tal dicotomia entre regras indemnizatórias – sobretudo se se demonstrar que, descontados os «efeitos dinâmicos» sobre os incentivos das partes, essas duas regras indemnizatórias podem equivaler-se fundamentalmente, só se distinguindo em função de certos contextos de mercado?[324]

Referimos já anteriormente que, em situações de concorrência perfeita que convergem no longo prazo para a formação de um «lucro normal», tendem a coincidir o interesse contratual positivo e negativo. Mais uma razão para nos concentrarmos nas situações em que, não coincidindo o preço com o custo marginal, podem suscitar-se genuínas questões de custos de oportunidade e de «lucros cessantes».

17.a) *Indemnização ou prevenção?*

Por outro lado, que a regra da indemnização do interesse contratual positivo conduza ao incumprimento eficiente não faz dela própria, por si só, uma regra eficiente, mormente em todas as dimensões que possam estar em jogo de uma perspectiva dinâmica – dimensões preventiva,

---

[324] Atentemos na seguinte equação:

Se tomarmos por *Pos* a indemnização do interesse contratual positivo, por *Neg* a indemnização do interesse contratual negativo e por *p* a probabilidade de *incumprimento*, teremos que:

$$Pos = (1\text{-}p).Neg + p.Pos$$

Equação que pode simplificar-se do seguinte modo:

$$Pos - p.Pos = (1\text{-}p).Neg$$

$$(1\text{-}p).Pos = (1\text{-}p).Neg$$

$$Pos = Neg$$

Cfr. Friedman, D.D. (1989), 281.

repressiva, redistributiva, sinalizadora, promotora da partilha de informação e da afectação de risco –: é que a indemnização do interesse contratual positivo fornece o incentivo adequado *uma vez celebrado o contrato*, na vigência do contrato, mas pode não fornecer o incentivo adequado a evitar-se a celebração de contratos com elevada probabilidade de incumprimento: uma forma de se evitar as lesões geradas pelo incumprimento que, reconheça-se, é em abstracto perfeitamente equivalente à da indemnização, constituindo aliás o próprio referencial «natural» da «tutela da confiança», a situação de «não-contrato» a que, por reconstituição natural, procura regressar-se, destruindo os efeitos produzidos de acordo com o paradigma da resolução[325].

Dada a probabilidade de incumprimento na compra e venda, por exemplo, uma alteração do regime indemnizatório poderá ter tanta influência na curva da procura como uma alteração nos preços: o comprador que sabe que poderão ocorrer circunstâncias em que o incumprimento da sua parte se torna a melhor opção tenderá a comprar mais ou menos em função dos custos associados à indemnização que sobre ele recairá – em função da extensão da internalização de custos de incumprimento a que se verá forçado; também o vendedor que se coloca a hipótese de que o comprador não cumpra a sua parte no contrato verá alterada a sua curva de custos, e em função dela a curva da oferta, conforme o regime indemnizatório o imunize mais ou menos completamente contra as consequências do incumprimento da contraparte (conforme – mais uma vez – haja ou não perfeita *internalização* dos custos do incumprimento no património do inadimplente).

17.b) *As especialidades da concorrência imperfeita.*

Pensemos no caso de um mercado de monopólio – de um monopólio simples que pratica um preço único e não discrimina preços[326], e por isso gera uma «perda absoluta de bem-estar»[327]. Nesse caso, a clivagem entre

[325] Barton, J.H. (1972), 296ss..

[326] Araújo, F. (2004), 624ss..

[327] Uma «*deadweight loss*», uma clivagem entre disposição de pagar e custo marginal de produzir que exclui os consumidores «marginais», aqueles que estariam dispostos a pagar mais do que o custo marginal mas não estão dispostos a pagar o preço monopolista que se situa acima desse custo marginal – fazendo objectivamente perderem-se oportunidades de negócio *eficientes*. Cfr. Araújo, F. (2004), 627 (Gráfico 10.9).

preço e custo marginal, a clivagem que gera a ineficiência do monopólio, é a mesma que determina a diferença de resultados entre as indemnizações dos interesses contratuais positivo e negativo.

– Nessa situação de monopólio simples, suponha-se que, por uma razão qualquer, a disposição máxima de pagar do comprador cai abaixo do preço, e que por isso se torna eficiente, para o comprador, não cumprir; será esta a atitude objectivamente eficiente? Pode não ser, se precisamente estamos numa circunstância em que o comprador foi colocado na posição de consumidor «marginal», que deixou de ter uma disposição máxima de pagar acima do preço mas continua a ter essa mesma disposição máxima de pagar *acima do custo marginal* de produção para o monopolista: nesse caso, a decisão *objectivamente* eficiente seria a de pagar, a de cumprir – ainda que a ineficiência já não seja racionalmente imputável ao comprador[328].

– Deveríamos nós ter por justa uma internalização perfeita dos custos de incumprimento do comprador em tais circunstâncias, abarcando nessa internalização os lucros cessantes do monopolista? É que se formos nortear-nos exclusivamente por um critério de eficiência *dinâmica*, então teríamos que regressar à equivalência entre a decisão de não cumprir e a decisão de não contratar, visto que ambas geram «lucros cessantes» para o vendedor monopolista.

Para elucidarmos um pouco melhor este ponto, vamos supor que o monopolista trabalha por encomenda, e produz bens «à medida» para os seus clientes, envolvendo a sua produção, pois, muito «investimento específico», irrecuperável em caso de incumprimento: envolvendo muito «investimento de confiança» exposto a «*hold-up*», em suma, para empregarmos terminologia que já será compreensível[329].

---

[328] Se o monopolista discriminar perfeitamente os preços, capturando de cada comprador a totalidade do seu «excedente do consumidor», a regra indemnizatória espontaneamente adoptada será a da tutela do interesse contratual positivo, repercutida sobre o comprador até à coincidência com o custo marginal. Como é sabido, a discriminação de preços, se perfeita, faz desaparecer também o problema das «*deadweight losses*». Cfr. Friedman, D.D. (1989), 300-301.

[329] Em bom rigor, os danos «de confiança» abrangem não apenas os custos irrecuperáveis, os «*sunk costs*», como também aquilo que poderíamos designar como «custos de fungibilidade»: o de remodelação de um bem feito por medida de modo a torná-lo aceitável por um terceiro, o da busca de um novo cliente, ou o do próprio aumento de risco resultante da percepção de que alguém incumpriu – custos tanto maiores, presume-se, quanto

Nessa situação, o monopolista enfrenta dois tipos – melhor, duas fases – de custos:

1) uma primeira fase de custos «de confiança», que ocorrem entre a conclusão do contrato e o momento em que se verifica o incumprimento, compostos por despesas suportadas *por conta* do cumprimento e por despesas causadas pelo incumprimento (designemo-los por Cc);

2) uma segunda fase de custos que, combinados com aqueles, compõem os custos marginais (se designarmos os custos marginais por Cm, teremos que esta segunda «fase» de custos corresponde a Cm – Cc).

– Se se procurar indemnizar apenas o interesse contratual negativo, o comprador inadimplente deve reembolsar o vendedor somente pelos «custos de confiança», devendo por isso o vendedor restituir o preço deduzido daqueles custos (Pr – Cc);

– Se se indemnizar o interesse contratual positivo, o comprador suportará a diferença entre o preço e o custo total de cumprimento para o vendedor, vendo-se o vendedor compelido a restituir apenas a diferença entre o custo marginal e os custos «de confiança» relativamente à parte não-cumprida (Cm – Cc).

Suponhamos que, no seio de uma relação contratual duradoura – por exemplo entre um fornecedor e um cliente –, um evento superveniente, uma alteração das circunstâncias, diminui o valor do objecto contratual para o cliente, tanto o seu valor total como o seu valor marginal, reduzindo-lhe a disposição máxima de pagar.

– Se se tratar de indemnizar o interesse contratual negativo, o cliente tem que indemnizar o fornecedor pelos bens produzidos e não transaccionados – colocando-o, em suma, na posição em que ele estaria se a encomenda inicial estivesse confinada ao volume que acabou por ser aceite e cumprido. Na prática, neste regime indemnizatório os ganhos do fornecedor estão dependentes do volume daquilo que foi efectivamente aceite pelo cliente, daquilo que foi cumprido no momento em que se deu a alteração das circunstâncias.

– Se houver que indemnizar o interesse contratual positivo – englobando os «lucros cessantes», portanto –, já sabemos que o for-

mais distante se encontrar o mercado de um paradigma concorrencial (em especial, quanto menor for a atomicidade).

necedor receberá a diferença (Cm – Cc) por cada unidade não aceite (depois de encomendada), e que por isso o ponto óptimo de maximização dos seus ganhos ocorrerá naquele nível de cancelamento de encomendas em que o valor marginal da última unidade «cancelada» for igual ao que lhe for devolvido por ela. Neste segundo regime indemnizatório os ganhos do fornecedor estão dependentes apenas do volume de encomenda inicial, e não daquilo que foi aceite ou rejeitado pelo cliente.

Daqui decorre um princípio que permite relativizar algumas asserções sobre as regras indemnizatórias alternativas:

a) dada uma certa quantia encomendada (apenas encomendada, mas não consumida), a indemnização do interesse positivo, a «*expectation rule*», é mais eficiente na medida em que, pelas razões anteriormente aduzidas, assegura o nível eficiente de cumprimento ou de incumprimento, fazendo incumprir as obrigações cujo custo seja superior ao seu valor marginal;

b) mas dada uma certa quantia consumida, a indemnização do interesse negativo é mais eficiente na medida em que promove uma afectação eficiente entre consumidores com elevada e com baixa utilidade marginal, de forma a equilibrar entre todos eles o valor da última unidade consumida[330].

É que a «*reliance rule*» fornece ao adquirente o incentivo eficiente para incluir nos seus cálculos o custo de encomendar, e o custo da futura revisão da dimensão das suas encomendas, e deste modo bloqueia a discriminação entre consumidores com distintas disposições de pagar. Assim, a indemnização do interesse contratual negativo do monopolista fará com que todos os clientes assegurem um grau óptimo de encomendas que não revela as suas disposições máximas de pagarem (obrigando-os a pagarem aquilo que tenham encomendado e tenha sido produzido), enquanto que a regra da indemnização do interesse contratual positivo deixará transparecer essa disposição máxima de pagar (dissuadindo os clientes com mais baixa «disposição de pagar» de encomendarem tanto como encomendariam se não fossem obrigados a pagarem até as próprias encomendas que não tenho chegado a ser produzidas no momento do incumprimento).

---

330 Friedman, D.D. (1989), 292.

A ser assim, um monopolista pode usar a alternativa entre regimes indemnizatórios como um mecanismo de segmentação da sua clientela, similar ao da discriminação de preços – mesmo quando não incorreu em custos «de confiança» e por isso o incumprimento de um comprador nada lhe custa –, porque na prática essa alternativa de regimes pode ser inserida numa cláusula através da qual o fornecedor monopolista admite que o cliente só venha a vincular-se em definitivo depois de ter a certeza quanto às quantidades pretendidas – uma forma de sinalizar uma vinculação mais «aberta», mais dúctil, que na verdade serve de mecanismo de revelação das «disposições de pagar» da clientela, revelação que opera por reacção dinâmica às regras indemnizatórias que sejam legal ou contratualmente predispostas[331].

Refira-se ainda, por curiosidade, que um comprador de grandes quantidades é marginalmente beneficiado face a um comprador de pequenas quantidades se a regra é a da indemnização do interesse contratual positivo, visto que a sua indemnização é relativamente reduzida, e o reembolso daquilo que tenha pago é elevado[332]; ao invés, a indemnização do interesse contratual negativo não discrimina entre grandes e pequenas encomendas, porque a indemnização é exclusivamente função do volume de «investimentos de confiança» suportados pela parte «inocente»[333].

Estas especialidades do mercado de concorrência imperfeita[334] desmentem a proposição de que a indemnização do interesse contratual positivo é *invariavelmente* superior, em termos paretianos, à indemnização do

---

331 Friedman, D.D. (1989), 297.

332 Não esqueçamos que, se se trata de colocar a parte «inocente» na posição de vantagem em que estaria em virtude do cumprimento, e não para lá dela (sob pena de entrarmos nos domínios do locupletamento indevido), no regime da tutela do interesse contratual positivo o vendedor terá que restituir ao comprador tudo o que tenha poupado por não produzir os bens necessários ao cumprimento da sua parte.

333 Todavia, uma vez posta em marcha a relação contratual, feitas as encomendas, é a regra da indemnização do interesse contratual positivo que se torna eficiente, sendo a tutela da confiança que ineficientemente dá aos «grandes compradores» um incentivo demasiadamente elevado para incumprirem, e aos «pequenos compradores» um incentivo demasiadamente baixo, podendo gerar-se um efeito de selecção adversa que deixa o fornecedor exposto ao oportunismo dos grandes clientes e refém do cumprimento dos pequenos.

334 Que ilustrámos no contexto do monopólio, mas seriam discerníveis, *mutatis mutandis*, nas demais formas de mercado imperfeitamente concorrencial.

«dano de confiança», e é *sempre* a que mais se aproxima do resultado eficiente de um contrato completo[335].

Face a tal desmentido, vemo-nos obrigados a reformular os princípios com maior sensibilidade à contextualização dos mercados, na medida em que se demonstra que não é indiferente o impacto *dinâmico* e «preventivo» das regras de indemnização, isto é, o condicionamento das próprias quantidades adquiridas em função do regime prevalecente – podendo haver um impacto na decisão marginal de contratar ou não contratar (logo, uma geração de *«deadweight losses»*), muito antes de se tornar efectivo o quadro referencial habitual, que é aquele que presume a vigência plena de um contrato válido[336].

E não é só a contextualização às situações do mercado – acrescente-se – que contribui para o incremento de uma certa indeterminação nestes domínios[337], podendo facilmente imaginar-se o tipo de complicações que podem ser acrescentadas pela coexistência e pela sucessão de regimes legais[338], pelas condições de acesso aos tribunais ou à arbitragem[339], pelo regime das falências[340], e por tantas outras variáveis que combinadamente podem contribuir para a definição do limiar do «sub-óptimo», do *«second best»*.

18. **Efeitos dinâmicos: da prevenção à renegociação.**

Como temos ilustrado em sucessivos exemplos, o regime ou medida da indemnização escolhida podem ter consequências muito variadas, mormente no plano dinâmico dos incentivos:

– servindo de barreira (de entrada ou de saída, mas em ambos os casos dissuasora[341]) à contratação[342];

---

[335] Shavell, S. (1980), 482-485. Uma análise mais aprofundada levar-nos-ia a constatar que as assimetrias informativas, tal como a própria variação dos níveis «de confiança», podem também eles contribuir para colocar reservas à afirmação da superior eficiência, em todas as circunstâncias, da indemnização do interesse positivo.

[336] Privilegiando, por isso mesmo, mais a análise da *terapêutica* do que da *profilaxia*. Cfr. Shavell, S. (1984), 123ss..

[337] Kaplow, L. (1992), 557ss..

[338] Craswell, R. (1999), 2185ss..

[339] Polinsky, A.M. & D.L. Rubinfeld (1988), 151ss..

[340] Fried, J.M. (1996), 524-539; Shavell, S. (1986), 45ss..

[341] Araújo, F. (2004), 544ss..

[342] Craswell, R. (1988b), 401ss.; Mezzetti, C. & T. Tsoulouhas (2000), 667-689.

– alongando os períodos de busca de parceiros contratuais e de negociação pré-contratual[343-344];

– aumentando o grau ou investimento em precaução (reduzindo o risco moral, evitando a ocorrência de situações de impossibilidade subjectiva de cumprimento)[345];

– aumentando ou diminuindo o grau de confiança (ou de excesso de confiança)[346];

– motivando o credor a uma maior ou menor reparação espontânea (a expensas suas) de alguns dos danos do incumprimento[347];

– condicionando a disposição das partes a suportarem e distribuírem o risco entre elas[348-349], ou a renegociarem[350].

Tudo efeitos – insista-se – que, num mercado eficiente, se presume que começarão por encontrar reflexo no próprio preço de equilíbrio ao qual se fecha o contrato.

O impacto das regras indemnizatórias sobre a decisão de contratar ou não contratar só poderia eventualmente ser negligenciado se presumíssemos um «ambiente coaseano» de baixos custos de transacção na fase pré-contratual[351]; só que, em bom rigor, o mesmo «ambiente coaseano» tornaria em princípio irrelevantes também os problemas *ex post*, já que viabilizaria sempre a renegociação e através dela a rectificação de todas e quaisquer ineficiências[352] – isto para não mencionarmos o facto de, num

343 Ayres, I. & R. Gertner (1989), 108-112; Aghion, P. & B. Hermalin (1990), 381ss.; Bebchuk, L. & S. Shavell (1991), 284ss.; Diamond, P.A. & E. Maskin (1979), 282ss.; Diamond, P.A. & E. Maskin (1981), 165ss.; Mortensen, D.T. (1982), 968ss..

344 Sobre «custos de busca», cfr. Araújo, F. (2004), 365, 372-373, 629-630.

345 Kornhauser, L.A. (1983), 691ss.; Cooter, R. (1985), 1ss.; Craswell, R. (1988), 650-653.

346 Chung, T.-Y. (1991), 1031ss.; Edlin, A.S. & S. Reichelstein (1996), 478ss..

347 Goetz, C. & R. Scott (1983), 967ss..

348 Polinsky, A.M. (1983), 427ss..

349 Gerando ganhos de eficiência se, por exemplo, a indemnização for máxima e o devedor for mais neutro ao risco do que o credor, ou se a indemnização for mitigada e ambas as partes evidenciarem aversão ao risco. Cfr. Polinsky, A.M. (1983), 434-444; Cook, P.J. & D.A. Graham (1977), 143ss.; Rea Jr., S.A. (1982), 35ss.; Schwartz, A. (1988), 362-367.

350 Craswell, R. (1988), 629ss..

351 Para uma referência ao nexo existente entre «pensamento da confiança» e *culpa in contrahendo*, cfr. Frada, M.A.C.P.C. (2004), 99ss..

352 Enquanto, dados os custos de transacção, a resolução das ineficiências não gerasse um ineficiência procedimental superior ao valor dos interesses em presença. Cfr. Rogerson, W.P. (1984), 39ss..

ambiente de «mercado eficiente», os custos de produção dos bens necessários ao cumprimento de qualquer das partes num contrato se reflectirem nos preços de equilíbrio, tendendo a nivelar o impacto *ex post* dos riscos com o suporte dos custos *ex ante*.

Recordemos a crescente ênfase colocada, por ascendente da análise económica, no tópico da renegociação, a ponto de se sustentar que tudo deveria ser ponderado (ou reponderado) em termos de se oferecer ao devedor uma tripla (e não dupla) opção[353]:

- cumprir;
- não cumprir indemnizando;
- renegociar.

Num exemplo que já esboçamos e que conduz a conclusões contra-intuitivas (sobre quem é favorecido pelo agravamento das indemnizações), confrontado com uma indemnização elevada, superior aos custos do cumprimento, o inadimplente pode ser favorecido porque fica com a possibilidade de ameaçar cumprir como forma de obter do credor o estabelecimento de uma indemnização mais suave – através da renegociação –. Ao invés, se a indemnização for mitigada poderá ser o credor que esteja a ser beneficiado, visto que a limitação da indemnização desincentiva a renegociação e confina o devedor à opção entre cumprir e não cumprir indemnizando.

Essa nova perspectiva da renegociação veio também perturbar as perspectivas clássicas acerca do «excesso de confiança»[354] e dos regimes indemnizatórios em geral[355], enfatizando-se hoje mais o impacto destes na decisão de investir, concebendo que o «investimento de confiança» se pauta indiferentemente pela medida da indemnização esperada e pela margem de renegociação acessível – dentro de uma orientação que já definimos como mais «coaseana», a qual, admitindo eficiência à negociação *ex post*, desvaloriza a essencialidade da contenção dos níveis de «investimento de confiança» *ex ante*[356]; isto tendo ainda em conta as possibilidades de se induzir, face à detecção de erros ou à alteração das circunstâncias que perturbam o equilíbrio de onerosidade, um comportamento mais

[353] Ayres, I. & K. Madison (1999), 106ss..

[354] Birmingham, R. (1970), 285-286; Craswell, R. (1988), 669; Kornhauser, L.A. (1986), 683ss.; Shavell, S. (1980), 466ss..

[355] Craswell, R. (1988), 629ss..

[356] Edlin, A.S. (1998), 175.

generalizado de incentivo à renegociação ou à revogação (distrate) racionais – nos termos amplamente admitidos, em respeito à autonomia privada, pelo art. 406.°, 1.

Dado que a tutela da confiança tende a assegurar eficientemente o grau óptimo de contratação – evitando a contratação seguida de incumprimento – enquanto a indemnização do interesse positivo assegura o nível eficiente de cumprimento uma vez celebrado o contrato, pode mesmo esboçar-se um sugestivo paralelismo entre as regras de indemnização do interesse positivo e do interesse negativo e as medidas correctivas dos fenómenos do risco moral e da selecção adversa:

– é que o risco moral pode combater-se pela internalização perfeita dos danos causados pelo agente, e a selecção adversa tenderá a combater-se fazendo com que a parte que beneficia da assimetria informativa segure a contraparte contra os riscos conexos com a informação assimetricamente distribuída;

– também assim a tutela do interesse de cumprimento recorre a uma forma de internalização dos danos junto do incumpridor, e na tutela da confiança a parte que pode saber mais acerca da probabilidade de incumprimento assegura a outra de que não ficará pior celebrando o contrato, e sofrendo o incumprimento, do que estaria se não celebrasse o contrato sequer.

Em suma, concluir-se-á que a superioridade da regra da indemnização do interesse contratual positivo só se verifica em ambientes de concorrência perfeita e simetria informativa, e que, fora desse contexto:

– a indemnização do interesse contratual *positivo* afigura-se ser uma solução para o *incumprimento* ineficiente;

– a indemnização do interesse contratual *negativo* afigura-se ser uma solução para a *contratação* ineficiente.

Mais amplamente, diríamos que parece ressaltar da análise precedente que cada regime indemnizatório pode ser tido por óptimo apenas em condições muito específicas, havendo por isso, numa pluralidade de circunstâncias, uma variedade de soluções óptimas[357], sem que verdadeiramente se possa asseverar sequer, como pretende a dogmática nas suas propostas de regimes supletivos, que existe um óptimo *de eficiência* para uma «média» das situações contratuais[358].

---

357 Posner, E.A. (2003), 838-839.

358 Goetz, C. & R. Scott (1983), 967ss..

Mais ainda, por propósito de simplificação analítica, deixámos de lado a consideração de factores que em qualquer contexto real poderão evidenciar extrema relevância. Para darmos um único exemplo, não abordámos a questão da definição do momento – na formação, na pendência, na exigibilidade, no cumprimento – em que devem ser analisados os deveres e direitos, as pretensões, das partes, tendo sobretudo em conta a natureza evolutiva e mutável do equilíbrio intra-contratual: um tema que se prende, evidentemente, tanto com o problema da alteração das circunstâncias[359], como com o tema da boa fé na «governação *ex post*»[360], e por essa via novamente conduz à consideração do tema da pertinência da tutela do interesse contratual positivo[361].

19. Uma reflexão sobre a legitimidade do método adoptado. Em defesa do «bezerro d'oiro».

Pesem embora todas as limitações da análise económica[362], ela tem tido ao menos o mérito de tornar claramente visíveis, juntamente com as suas próprias, as insuficiências de todas as abordagens alternativas, tanto as mais modernas como as clássicas[363], desafiando todas elas a um grande incremento de sofisticação no sentido de abarcarem com mais rigor os interesses relevantes e darem resposta aos propósitos pragmáticos nos quais o fenómeno contratual se integra.

Mesmo as abordagens neoclássicas[364] seriam irreconhecíveis no âmbito do dogmatismo ainda há pouco reinante na civilística a nível internacional: tornando-se clara, por exemplo, a fundamental equivalência, em contínuo, de muitas soluções que a dogmática cria serem estanques[365] (tendo nós aplicado a ideia às soluções indemnizatórias), tornando-se igualmente mais claro que toda a variedade de formas contratuais deve a sua sofisticação e complexidade, não tanto à variedade de motivações e

[359] Eisenberg, M.A. (2001b), 5-7; Gergen, M.P. (1995), 51-52; Hillman, R.A. (1987), 1ss.; Macneil, I.R. (1978), 860-861; Speidel, R.E. (1981), 369-370.

[360] Dagan, H. (2000), 151-154; Leslie, M.B. (1999), 622-627.

[361] Benson, P. (2001), 127-138; Weinrib, E.J. (2003), 82-83.

[362] Muito enfatizadas em Frada, M.A.C.P.C. (2004), 450-453n465, crítico daquilo que ele designa como o «bezerro d'oiro» da «Análise Económica do Direito».

[363] Craswell, R. (1989), 489ss..

[364] Fried, C. (1981); Barnett, R.E. (1986), 269ss..

[365] Ayres, I. (2003), 882-883; Epstein, R. (1999), 25ss..

interesses daqueles que contratam – e que seriam recondutíveis a alguns padrões típicos ou «maioritários» –, mas mais à existência de custos de transacção, de custos de informação e de erros sistémicos que obstam a que a negociação seja algo de linear, transparente e irrestritamente eficiente[366], perturbações «estruturais» à inércia contratual[367] – não muito afastados, na sua lógica, dos «teoremas de impossibilidade» da ciência económica[368] –, obstáculos sem os quais seria de antever que tudo se tornasse elementar e banal na disciplina dos contratos, tornando em bom rigor desnecessária, e redundante, toda a disciplina normativa «heterónoma»[369].

Ainda que seriamente se duvide da possibilidade de se ir muito mais longe, ou mais fundo, na moderna Teoria do Contrato sem o auxílio das intuições entretanto adquiridas por via da análise económica[370], tende em contrapartida a admitir-se crescentemente que os modelos explicativos da Economia são demasiado esquemáticos, e por vezes demasiado complexos, para poderem ter uma relevância prática[371], vedando além disso, com muita frequência, a sua própria validação através do canal estabelecido da comprovação empírica-econométrica[372].

Desdramatizaremos essas limitações se lembrarmos que se trata apenas de fornecer referências que contribuam para a optimização, e não de fornecer o algoritmo completo para uma resposta definitiva acerca do que seja invariavelmente, no vasto oceano da complexidade negocial que responde a miríades de interesses[373], «o contrato óptimo»[374] – constatação que, se por um lado aconselha a que não nos afastemos muito de análises parciais e de recomendações fragmentárias sobre as possibilidades de

---

[366] Williamson, O.E. (1975), 21ss..

[367] Ayres, I. & K. Madison (1999), 45ss..

[368] Arrow, K.J. (1951); Ben-Shahar, O. (1999), 781ss.; Shavell, S. (1980b), 1ss.; Araújo, F. (2004), 1052.

[369] Ayres, I. & R. Gertner (1992), 765-766. Mas não se pode enfatizar demasiado o ascendente da racionalidade limitada, sob pena de se concluir que mesmo os incrementos da regulação jurídica seriam impotentes para vencerem hábitos ineficientes ou injustos, esbarrando com a impenetrabilidade dos sujeitos envolvidos nas transacções. Cfr. Maskin, E. & J. Tirole (1999), 84; Segal, I. (1999), 74ss..

[370] Hillman, R.A. (1997); Kraus, J.S. (2002), 687ss..

[371] Posner, E.A. (2003), 854ss..

[372] Há algumas excepções, como o esforço de McChesney, F.S. (1999), 176-184.

[373] Hanson, J.D. & M.R. Hart (1996), 328ss..

[374] Kornhauser, L.A. (1980), 624-627; Kelman, M. (1987), 115-116.

incrementos paulatinos[375], por outro lado reforça a relevância da *análise*, pois é através dela que é possível uma visão destacada e separada de cada particular aspecto, interesse, incentivo que se conjugam, às vezes com demasiada complexidade e muito pouca transparência, na vida real[376], uma vida real que apenas consente as soluções «impuras» e «sub-óptimas» da conciliação de contrários[377].

Encontramos ilustração disso, parcialmente involuntária, neste mesmo artigo: o propósito inicial de nos mantermos apegados às mais simples elementaridades foi traído pela convergência de múltiplas observações que se foram acumulando e que foram adensando, quiçá desnecessariamente, a sofisticação referencial e analítica – há que ter consciência disso.

Mas será a culpa exclusivamente do autor, ou não poderá ela ser parcialmente atribuída ao progresso da Análise Económica do Direito, que parece gerar perspectivas e soluções crescentemente complexas e sofisticadas, tanto que, insistamos, se duvida que verdadeiramente alguém as venha a adoptar, na plenitude da sua pureza teórica, em qualquer situação real[378] – seja, especificamente na matéria de que nos ocupámos, pelas dificuldades de previsão e indução retrospectiva exigidas por uma solução contratual perfeitamente preventiva[379], seja pelas consabidas implicações da «racionalidade limitada»[380-381] –?

Não nos embrenhemos, por causa desta questão, noutras dificuldades ainda, estas mais intratáveis porventura, porque já do foro da epistemologia[382].

Retenhamos antes que, em todo o caso, com todas as suas insuficiências, distorções e peculiaridades, a ponderação de incidências económicas,

---

375 Aghion, P. & B. Hermalin (1990), 381ss.; Hermalin, B.E. & M.L. Katz (1993), 230 ss..

376 Kaplow, L. & S. Shavell (2002), 457-458.

377 Graham, J.D. & J.B. Wiener (orgs.) (1995), 96-101; Sunstein, C.R. (1997), 271-294.

378 Eggleston, K., E.A. Posner & R. Zeckhauser (2000), 122-125.

379 Mailath, G.J. (1998), 1347 ss..

380 Hart, O. (1990), 700-701; Hart, O. & J. Moore (1999), 134-135; Maskin, E. & J. Tirole (1999), 107-108; Segal, I. (1999), 74.

381 Dir-se-á que tudo depende, nessa hipótese, de um aumento de sofisticação psicológica na análise económica: cfr. Korobkin, R.B. & T.S. Ulen (2000), 1051ss.; Hillman, R.A. (2000), 717ss.; Rachlinski, J.J. (2000), 762 ss..

382 Se é que aceitamos a própria legitimidade do «edifício epistemológico», etc., etc.....

mesmo que parcelar, parece fornecer boas luzes – mormente no que respeita à consideração de efeitos pragmáticos dos regimes disponíveis – à ponderação extra-dogmática de possibilidades reais sobre as quais se projectam os interesses e se edificam os valores, à constatação de que qualquer sistema e edifício dogmático está exposto à sua exploração «dinâmica» pelos seus destinatários[383].

Alguns contributos da análise económica têm, nestes domínios contratuais, averbado progressos mais significativos do que outros, e entre os mais bem sucedidos destacaríamos, até pelas suas implicações anti-paternalistas, aquele que tem levado à relativização, e à despromoção, do argumento policiador da «lesão enorme»[384], e aquele que tem levado ao rápido declínio do recurso às *«punitive damages»* por parte de tribunais que aprenderam a identificar os valores próprios da figura do *incumprimento eficiente*[385].

FIM DA PRIMEIRA PARTE.

Paremos por aqui, lembrando que ficou por traçar com mais detalhe o caminho que conduz do «paradoxo da indemnização» até a algumas soluções «sofisticadas» de indemnização susceptíveis de conciliarem os vários valores em presença – capazes, em particular, de limitar o fenómeno do «excesso de confiança». É o que procuraremos fazer em estudo próximo.

Lisboa, Janeiro de 2005, *in memoriam* António Marques dos Santos

> *«Corrigi tanta coisa em mim próprio que perdi o tom de quem sabe tudo* [...] *Acontece também que hoje ponho absolutamente tudo em dúvida. Cada ideia, cada teoria é para mim uma palavra que eu antes de mais considero como tal, não a confundindo com qualquer significado. Sou nominalista 100%, sendo ao mesmo tempo racionalista»* – António José Saraiva[386].

---

383 Kornhauser, L.A. (2000), 87ss., 112ss..

384 Ellinghaus, M.P. (1969), 757ss..

385 Dodge, W.S. (1999), 642-644.

386 Saraiva, António José & Óscar Lopes (2004), *Correspondência* (Leonor Curado Neves, ed.), Lisboa, Gradiva, 79, 102.

BIBLIOGRAFIA.

Abel, Richard (1981), «A Critique of American Tort Law», *British Journal of Law and Society*, 8

Adler, Barry E. (1999), «The Questionable Ascent of *Hadley v. Baxendale*», *Stanford Law Review*, 51

Aghion, Philippe & Benjamin Hermalin (1990), «Legal Restrictions on Private Contracts Can Enhance Efficiency», *Journal of Law, Economics and Organization*, 6

Aghion, Philippe, M. Dewatripont & Patrick Rey (1994), «Renegotiation Design with Unverifiable Information», *Econometrica*, 62

Andersen, Eric G. (1994), «The Restoration Interest and Damages for Breach of Contract», *Maryland Law Review*, 53

Araújo, Fernando (2004), *Introdução à Economia*, 2.ª ed., Coimbra, Almedina

Arrow, Kenneth J. (1951), *Social Choice and Individual Values*, New York, Wiley

Atiyah, P.S. (1979), *The Rise and Fall of Freedom of Contract*, Oxford, Clarendon

Atiyah, P.S. (1981), *Promises, Morals, and Law*, Oxford, Clarendon

Atiyah, P.S. (1990), *Essays on Contract*, Oxford, Clarendon

Ayres, Ian & Eric Talley (1995), «Solomonic Bargaining: Dividing a Legal Entitlement to Facilitate Coasean Trade», *Yale Law Journal*, 104

Ayres, Ian & Kristin Madison (1999), «Threatening Inefficient Performance of Injunctions and Contracts», *University of Pennsylvania Law Review*, 148

Ayres, Ian & Robert Gertner (1989), «Filling Gaps in Incomplete Contracts. An Economic Theory of Default Rules», *Yale Law Journal*, 99

Ayres, Ian & Robert Gertner (1992), «Strategic Contractual Inefficiency and the Optimal Choice of Legal Rules», *Yale Law Journal*, 101

Ayres, Ian & Robert Gertner (1999), «Majoritarian vs. Minoritarian Defaults», *Stanford Law Review*, 51

Ayres, Ian (1991), «The Possibility of Inefficient Corporate Contracts», *Cincinnati Law Review*, 60

Ayres, Ian (1999), «Empire or Residue: Competing Visions of the Contractual Canon», *Florida State University Law Review*, 26

Ayres, Ian (2003), «Valuing Modern Contract Scholarship», *Yale Law Journal*, 112

Baird, Douglas G., Robert H. Gertner & Randal C. Picker (1994), *Game Theory and the Law*, Cambridge MA, Harvard University Press

Barnett, Randy E. & Mary E. Becker (1987), «Beyond Reliance: Promissory Estoppel, Contract Formalities, and Misrepresentations», *Hofstra Law Review*, 15

Barnett, Randy E. (1984), «Contract Scholarship and the Reemergence of Legal Philosophy», *Harvard Law Review*, 97

Barnett, Randy E. (1986), «A Consent Theory of Contract», *Columbia Law Review*, 86

Barnett, Randy E. (1986b), «Contract Remedies and Inalienable Rights», *Social Philosophy & Policy*, 4

Barnett, Randy E. (1992), «The Sound of Silence: Default Rules and Contractual Consent», *Virginia Law Review*, 78

Barnett, Randy E. (1992b), «Rational Bargaining Theory and Contract: Default Rules, Hypothetical Consent, the Duty to Disclose, and Fraud», *Harvard Journal of Law and Public Policy*, 15

Barnett, Randy E. (1995), *Contracts: Cases and Doctrine*, Boston, Little Brown

Barnett, Randy E. (1996), «The Death of Reliance», *Journal of Legal Education*, 46

Barnett, Randy E. (2001), «Foreword: Is Reliance Still Dead?», *San Diego Law Review*, 38

Barton, John H. (1972), «The Economic Basis of Damages for Breach of Contract», *Journal of Legal Studies*, 1

Beales, Howard, Richard Craswell & Steven C. Salop (1981), «The Efficient Regulation of Consumer Information», *Journal of Law and Economics*, 24

Bebchuk, Lucian & Omri Ben-Shahar (2001), «Precontractual Liability», *Journal of Legal Studies*, 30

Bebchuck, Lucian & Steven Shavell (1991), «Information and the Scope of Liability for Breach of Contract. The Rule of *Hadley v. Baxendale*», *Journal of Law, Economics and Organization*, 7

Bebchuk, Lucian & Steven Shavell (1999), «Reconsidering Contractual Liability and the Incentive To Reveal Information», *Stanford Law Review*, 51

Bebchuk, Lucian (1989), «The Debate on Contractual Freedom in Corporate Law», *Columbia Law Review*, 89

Becker, Mary E. (1987), «Promissory Estoppel Damages», *Hofstra Law Review*, 16

Ben-Shahar, Omri (1999), «The Tentative Case Against Flexibility in Commercial Law», *University of Chicago Law Review*, 66

Benson, Peter (1995), «The Basis for Excluding Liability for Economic Loss in Tort Law», *in* Owen, David G. (org.), *Philosophical Foundations of Tort Law*, Oxford, Clarendon

Benson, Peter (1995b), «The Idea of a Public Basis of Justification for Contract», *Osgoode Hall Law Journal*, 33

Benson, Peter (2001), «The Unity of Contract Law», *in* Benson, Peter (org.), *The Theory of Contract Law. New Essays*, Cambridge, Cambridge University Press

Bernstein, Lisa (1999), «The Questionable Empirical Basis of Article 2's Incorporation Strategy: A Preliminary Study», *University of Chicago Law Review*, 66

Birmingham, Robert (1970), «Breach of Contract, Damage Measures, and Economic Efficiency», *Rutgers Law Review*, 24

Birmingham, Robert (1985), «Notes on the Reliance Interest», *Washington Law Review*, 60

Bishop, William (1983), «The Contract-Tort Boundary and the Economics of Insurance», *Journal of Legal Studies*, 12

Burton, Steven J. (1995), *Principles of Contract Law*, St. Paul MN, West

Calabresi, Guido A. & A. Douglas Melamed (1972), «Property Rules, Liability Rules and Inalienability: One View of the Cathedral», *Harvard Law Review*, 85

Chapman, Bruce & Michael Trebilcock (1989), «Punitive Damages: Divergence in Search of a Rationale», *Alabama Law Review*, 40

Charny, David (1991), «Hypothetical Bargains. The Normative Structure of Contract Interpretation», *Michigan Law Review*, 89

Che, Yeon-Koo & Donald B. Hausch (1999), «Cooperative Investments and the Value of Contracting», *American Economic Review*, 89

Che, Yeon-Koo & Tai-Yeong Chung (1999), «Contract Damages and Cooperative Investments», *Rand Journal of Economics*, 30

Childres, Robert & Jack Garamella (1969), «The Law of Restitution and the Reliance Interest in Contract», *Northwestern University Law Review*, 64

Chung, Tai-Yeong (1991), «Incomplete Contracts, Specific Investments, and Risk Sharing», *Review of Economic Studies*, 58

Chung, Tai-Yeong (1992), «On the Social Optimality of Liquidated Damage Clauses: An Economic Analysis», *Journal of Law, Economics and Organization*, 8

Chung, Tai-Yeong (1998), «Commitment Through Specific Investment in Contractual Relationships», *Canadian Journal of Economics*, 31

Cohen, Amy B. (1997), «Reviving *Jacob and Youngs, Inc. v. Kent*: Material Breach Doctrine Reconsidered», *Villanova Law Review*, 42

Cohen, George M. (1994), «The Fault Lines in Contract Damages», *Virginia Law Review*, 80

Coleman, Jules L., Douglas D. Heckathorn & Steven M. Maser (1989), «A Bargaining Theory Approach to Default Provisions and Disclosure Rules in Contract Law», *Harvard Journal of Law and Public Policy*, 12

Coleman, Jules L. (1980), «Efficiency, Utility, and Wealth Maximization», *Hofstra Law Review*, 8

Coleman, Jules L. (1992), *Risks and Wrongs*, Cambridge, Cambridge University Press

Coleman, Jules L. (2001), *The Practice of Principle: In Defence of a Pragmatist Approach to Legal Theory*, Oxford, Oxford University Press

Cook, Philip J. & Daniel A. Graham (1977), «The Demand for Insurance and Protection: The Case of Irreplaceable Commodities», *Quarterly Journal of Economics*, 91

Cooter, Robert & Ariel Porat (2002), «Anti-Insurance», *Journal of Legal Studies*, 31

Cooter, Robert & Ariel Porat (2004), «Decreasing-Liability Contracts», *Journal of Legal Studies*, 33

Cooter, Robert & Bradley J. Freedman (1991), «The Fiduciary Relationship. Its Economic Character and Legal Consequences», *New York University Law Review*, 66

Cooter, Robert & Melvin Aron Eisenberg (1985), «Damages for Breach of Contract», *California Law Review*, 73

Cooter, Robert & Thomas Ulen (1991), «An Economic Case for Comparative Negligence», *New York University Law Review*, 61

Cooter, Robert & Thomas Ulen (2004), *Law and Economics*, 4.ª ed., Boston, Pearson / Addison Wesley

Cooter, Robert (1985), «Unity in Tort, Contract, and Property: The Model of Precaution», *California Law Review*, 73

Corbin, Arthur L. (1919), «Conditions in the Law of Contract», *Yale Law Journal*, 28

Craswell, Richard & Alan Schwartz (orgs.) (1994), *Foundations of Contract Law*, New York, Foundation

Craswell, Richard & John E. Calfee (1986), «Deterrence and Uncertain Legal Standards», *Journal of Law, Economics and Organization*, 2

Craswell, Richard (1988), «Contract Remedies, Renegotiation, and the Theory of Efficient Breach», *Southern California Law Review*, 61

Craswell, Richard (1988b), «Precontractual Investigation as an Optimal Precaution Problem», *Journal of Legal Studies*, 17

Craswell, Richard (1989), «Contract Law, Default Rules, and the Philosophy of Promising», *Michigan Law Review*, 88

Craswell, Richard (1989b), «Performance, Reliance, and One-Sided Information», *Journal of Legal Studies*, 18

Craswell, Richard (1991), «Passing on the Costs of Legal Rules: Efficiency and Distribution in Buyer-Seller Relationships», *Stanford Law Review*, 43

Craswell, Richard (1992), «Efficiency and Rational Bargaining in Contractual Settings», *Harvard Journal of Law and Public Policy*, 15

Craswell, Richard (1993), «Property Rules and Liability Rules in Unconscionability and Related Doctrines», *University of Chicago Law Review*, 6

Craswell, Richard (1996), «Offer, Acceptance, and Efficient Reliance», *Stanford Law Review*, 48

Craswell, Richard (1999), «Deterrence and Damages: The Multiplier Principle and Its Alternatives», *Michigan Law Review*, 97

Craswell, Richard (2000), «Against Fuller and Perdue», *University of Chicago Law Review*, 67

Craswell, Richard (2001), «Two Economic Theories of Enforcing Promises», *in* Benson, Peter (org.), *The Theory of Contract Law. New Essays*, Cambridge, Cambridge University Press

Craswell, Richard (2003), «In that Case What Is the Question? Economics and the Demands of Contract Theory», *Yale Law Journal*, 112

Dagan, Hanoch (2000), «Restitutionary Damages for Breach of Contract: An Exercise in Private Law Theory», *Theoretical Inquiries in Law*, 1

Dagan, Hanoch (2003), «The Craft of Property», *California Law Review*, 91

Dawson, John P. (1981), «Restitution Without Enrichment», *Boston University Law Review*, 61

Dawson, John P., William Burnett Harvey & Stanley D. Henderson (1998), *Contracts: Cases and Comment*, 7.ª ed., New York, Foundation

DeLong, Sidney W. (1997), «The New Requirement of Enforcement Reliance in Commercial Promissory Estoppel: Section 90 as Catch-22», *Wisconsin Law Review*

Diamond, Peter A. & Eric Maskin (1979), «An Equilibrium Analysis of Search and Breach of Contract, I – Steady States», *Bell Journal of Economics*, 10

Diamond, Peter A. & Eric Maskin (1981), «An Equilibrium Analysis of Search and Breach of Contract, II – A Non-Steady State Example», *Journal of Economic Theory*, 25

DiMatteo, Larry A. (1999), «Equity's Modification of Contract: An Analysis of the Twentieth Century's Equitable Reformation of Contract Law», *New England Law Review*, 33

Dobbs, Dan B. (1993), *Law of Remedies: Damages, Equity, Restitution*, 2.ª ed., St. Paul MN, West

Dodge, William S. (1999), «The Case for Punitive Damages in Contracts», *Duke Law Journal*, 48

Edlin, Aaron S. & Stefan Reichelstein (1996), «Holdups, Standard Breach Remedies, and Optimal Investment», *American Economic Review*, 86

Edlin, Aaron S. (1996), «Cadillac Contracts and Up-Front Payments: Efficient Investment Under Expectation Damages», *Journal of Law, Economics and Organization*, 12

Edlin, Aaron S. (1998), «Breach Remedies», *in* Newman, Peter (org.), *The New Palgrave Dictionary of Economics and the Law*, London, Macmillan, I

Eggleston, Karen, Eric A. Posner & Richard Zeckhauser (2000), «The Design and Interpretation of Contracts: Why Complexity Matters», *Northwestern University Law Review*, 95

Eisenberg, Melvin Aron (1979), «Donative Promises», *University of Chicago Law Review*, 47

Eisenberg, Melvin Aron (1982), «The Bargain Principle and Its Limits», *Harvard Law Review*, 95

Eisenberg, Melvin Aron (1992), «The Principle of *Hadley v. Baxendale*», *California Law Review*, 80

Eisenberg, Melvin Aron (1995), «The Limits of Cognition and the Limits of Contract», *Stanford Law Review*, 47

Eisenberg, Melvin Aron (2001), «The Theory of Contracts», *in* Benson, Peter (org.), *The Theory of Contract Law. New Essays*, Cambridge, Cambridge University Press

Eisenberg, Melvin Aron (2001b), «The Emergence of Dynamic Contract Law», *Theoretical Inquiries in Law*, 2

Eisenberg, Melvin Aron (2002), «The Duty to Rescue in Contract Law», *Fordham Law Review*, 71

Ellinghaus, M.P. (1969), «In Defense of Unconscionability», *Yale Law Journal*, 78

Epstein, Richard (1975), «Unconscionability. A Critical Reappraisal», *Journal of Law and Economics*, 18

Epstein, Richard (1989), «Beyond Foreseeability. Consequential Damages in the Law of Contract», *Journal of Legal Studies*, 18

Epstein, Richard (1999), «Contracts Small and Contracts Large: Contract Law Through the Lens of Laissez-Faire», *in* Buckley, F.H. (org.), *The Fall and Rise of Freedom of Contract*, Durham NC, Duke University Press

Farber, Daniel A. & John H. Matheson (1985), «Beyond Promissory Estoppel: Contract Law and the «Invisible Handshake»», *University of Chicago Law Review*, 52

Farber, Daniel A. (1980), «Reassessing the Economic Efficiency of Compensatory Damages for Breach of Contract», Virginia Law Review, 66

Farnsworth, E. Allan & William F. Young (1995), *Contracts: Cases and Materials*, 5.ª ed., Westbury NY, Foundation

Farnsworth, E. Allan (1970), «Legal Remedies for Breach of Contract», *Columbia Law Review*, 70

Farnsworth, E. Allan (1985), «Your Loss or My Gain? The Dilemma of the Disgorgement Principle in Contract Damages», *Yale Law Journal*, 94

Farnsworth, E. Allan (1990), *Contracts*, 2.ª ed., Boston, Little Brown

Farnsworth, E. Allan (1998), *Changing Your Mind: The Law of Regretted Decisions*, New Haven CT, Yale University Press

Feinman, Jay M. (1984), «Promissory Estoppel and Judicial Method», Harvard Law Review, 97

Frada, Manuel António de Castro Portugal Carneiro da (2004), *Teoria da Confiança e Responsabilidade Civil*, Coimbra, Almedina

Fried, Barbara H. (1998), *The Progressive Assault on Laissez-Faire: Robert Hale and the First Law and Economics Movement*, Cambridge MA, Harvard University Press

Fried, Charles (1981), *Contract As Promise: A Theory of Contractual Obligation*, Cambridge MA, Harvard University Press

Fried, Jesse M. (1996), «Executory Contracts and Performance Decisions in Bankruptcy», *Duke Law Journal*, 46

Friedman, David D. (1989), «An Economic Analysis of Alternative Damage Rules for Breach of Contract», *Journal of Law and Economics*, 32

Friedmann, Daniel (1989), «The Efficient Breach Fallacy», *Journal of Legal Studies*, 18

Fuller, Lon L. & Melvin Aron Eisenberg (1996), *Basic Contract Law*, 6.ª ed., St. Paul MN, West

Fuller, Lon L. & William R. Perdue Jr. (1936), «The Reliance Interest in Contract Damages», *Yale Law Journal*, 46

Galanter, Marc & David Luban (1993), «Poetic Justice: Punitive Damages and Legal Pluralism», *American University Law Review*, 42

Gegan, Bernard E. (1984), «In Defense of Restitution: A Comment on Mather», *Southern California Law Review*, 57

Gergen, Mark P. (1992), «The Use of Open Terms in Contract», *Columbia Law Review*, 92

Gergen, Mark P. (1995), «A Defense of Judicial Reconstruction of Contracts», *Indiana Law Journal*, 71

Gilmore, Grant (1995), *The Death of Contract* (Ronald K.L. Collins, ed.), Columbus OH, Ohio State University Press

Goetz, Charles & Robert Scott (1977), «Liquidated Damages and the Just Compensation Principle. Some Notes on an Enforcement Model of Efficient Breach», *Columbia Law Review*, 77

Goetz, Charles & Robert Scott (1979), «Measuring Sellers' Damages. The Lost-Profits Puzzle», *Stanford Law Review*, 31

Goetz, Charles & Robert Scott (1980), «Enforcing Promises. An Examination of the Basis of Contract», *Yale Law Journal*, 89

Goetz, Charles & Robert Scott (1981), «Principles of Relational Contracts», *Virginia Law Review*, 67

Goetz, Charles & Robert Scott (1983), «The Mitigation Principle: Toward a General Theory of Contractual Obligation», *Virginia Law Review*, 69

Goetz, Charles & Robert Scott (1985), «The Limits of Expanded Choice. An Analysis of the Interactions between Express and Implied Contract Terms», *California Law Review*, 75

Goldberg, Victor P. (1988), «Impossibility and Related Excuses», *Journal of Institutional and Theoretical Economics*, 144

Gordley, James (1991), *The Philosophical Origins of Modern Contract Doctrine*, Oxford, Clarendon

Graham, John D. & Jonathan Baert Wiener (orgs.) (1995), *Risk Versus Risk. Tradeoffs in Protecting Health and the Environment*, Cambridge MA, Harvard University Press

Haddock, David & Christopher Curran (1985), «An Economic Theory of Comparative Negligence», *Journal of Legal Studies*, 14

Hadfield, Gillian K. (1990), «Problematic Relations: Franchising and the Law of Incomplete Contracts», *Stanford Law Review*, 42

Hale, Robert (1927), «Value and Vested Rights», *Columbia Law Review*, 27

Hanson, Jon D. & Melissa R. Hart (1996), «Law and Economics», *in* Patterson, Dennis (org.), *A Companion to Philosophy of Law and Legal Theory*, Oxford, Blackwell

Harrison, Jeffrey L. (1983), «A Case for Loss-Sharing», *Southern California Law Review*, 56

Hart, Oliver & John Moore (1988), «Incomplete Contracts and Renegotiation», *Econometrica*, 56

Hart, Oliver & John Moore (1999), «Foundations of Incomplete Contracts», *Review of Economic Studies*, 66

Hart, Oliver (1990), «Is «Bounded Rationality» an Important Element of a Theory of Institutions?», *Journal of Institutional and Theoretical Economics*, 146

Henderson, Roger C. (1995), «The Tort of Bad Faith in First-Party Insurance Transactions After Two Decades», *Arizona Law Review*, 37

Hermalin, Benjamin E. & Michael L. Katz (1993), «Judicial Modification of Contracts Between Sophisticated Parties: A More Complete View of Incomplete Contracts and Their Breach», *Journal of Law, Economics and Organization*, 9

Hillman, Robert A. (1987), «Court Adjustment of Long-Term Contracts: An Analysis under Modern Contract Law», *Duke Law Journal*

Hillman, Robert A. (1997), *The Richness of Contract Law. An Analysis and Critique of Contemporary Theories of Contract Law*, Dordrecht, Kluwer

Hillman, Robert A. (1998), «Questioning the «New Consensus» on Promissory Estoppel: An Empirical and Theoretical Study», *Columbia Law Review*, 98

Hillman, Robert A. (2000), «The Limits of Behavioral Decision Theory in Legal Analysis: The Case of Liquidated Damages», *Cornell Law Review*, 85

Hoffman, Elizabeth & Matthew L. Spitzer (1993), «Willingness to Pay vs. Willingness to Accept: Legal and Economic Implications», *Washington University Law Quarterly*, 71

Horwitz, Morton J. (1977), *The Transformation of American Law, 1780-1860*, Cambridge MA, Harvard University Press

Hudec, Robert E. (1982), «Restating the «Reliance Interest»», *Cornell Law Review*, 67

Hynes, Richard & Eric A. Posner (2002), «The Law and Economics of Consumer Finance», *American Law and Economics Review*, 4

Isaacs, Nathan (1917), «The Standardizing of Contracts», *Yale Law Journal*, 27

Janger, Ted (2001), «Crystals and Mud in Bankruptcy Law: Judicial Competence and Statutory Design», *Arizona Law Review*, 43

Johnston, Jason Scott (1990), «Strategic Bargaining and the Economic Theory of Contract Default Rules», *Yale Law Journal*, 100

Johnston, Jason Scott (1993), «Default Rules / Mandatory Principles: A Game Theoretic Analysis of Good Faith and the Contract Modification Problem», *Southern California Interdisciplinary Law Journal*, 3

Johnston, Jason Scott (1999), «Communication and Courtship: Cheap Talk Economics and the Law of Contract Formation», *Virginia Law Review*, 85

Jolls, Christine (2000), «Accommodation Mandates», *Stanford Law Review*, 53

Kaplow, Louis & Steven Shavell (1996), «Property Rules versus Liability Rules: An Economic Analysis», *Harvard Law Review*, 109

Kaplow, Louis & Steven Shavell (2001), «Fairness Versus Welfare», *Harvard Law Review*, 114

Kaplow, Louis & Steven Shavell (2002), *Fairness Versus Welfare*, Cambridge MA, Harvard University Press

Kaplow, Louis (1992), «Rules Versus Standards: An Economic Analysis», *Duke Law Journal*, 42

Katz, Avery (1988), «Reflections on Fuller and Perdue's *The Reliance Interest in Contract Damages*: A Positive Economic Framework», *University of Michigan Journal of Law Reform*, 21

Katz, Avery (1990), «The Strategic Structure of Offer and Acceptance. Game Theory and the Law of Contract Formation», *Michigan Law Review*, 89

Katz, Avery (1993), «Transaction Costs and the Legal Mechanics of Exchange: When Should Silence in the Face of an Offer Be Construed as Acceptance?», *Journal of Law, Economics and Organization*, 9

Katz, Avery (1996), «When Should an Offer Stick? The Economics of Promissory Estoppel in Preliminary Negotiations», *Yale Law Journal*, 105

Katz, Avery (1998), «Contract Formation and Interpretation», *in* Newman, Peter (org.), *The New Palgrave Dictionary of Economics and the Law*, London, Macmillan, I

Katz, Steven B. (1987), «The California Tort of Bad Faith Breach, the Dissent in *Seaman's v. Standard Oil*, and the Role of Punitive Damages in Contract Doctrine», *Southern California Law Review*, 60

Kelly, Michael B. (1992), «The Phantom Reliance Interest in Contract Damages», *Wisconsin Law Review*

Kelman, Mark (1987), *A Guide to Critical Legal Studies*, Cambridge MA, Harvard University Press

Kennedy, Duncan (1976), «Form and Substance in Private Law Adjudication», *Harvard Law Review*, 89

Kennedy, Duncan (1982), «Distributive and Paternalistic Motives in Contract and Tort Law, With Special Reference to Compulsory Terms and Unequal Bargaining Power», *Maryland Law Review*, 41

Kennedy, Duncan (2000), «From the Will Theory to the Principle of Private Autonomy: Lon Fuller's «Consideration and Form»», *Columbia Law Review*, 100

Kessler, Friedrich (1943), «Contracts of Adhesion. Some Thoughts about Freedom of Contract», *Columbia Law Review*, 43

Knapp, Charles L. & Nathan M. Crystal (1993), *Problems in Contract Law: Cases and Materials*, 3.ª ed., Boston, Little Brown

Knapp, Charles L. (1998), «Rescuing Reliance: The Perils of Promissory Estoppel», *Hastings Law Journal*, 49

Kornhauser, Lewis A. (1980), «A Guide to the Perplexed Claims of Efficiency in the Law», *Hofstra Law Review*, 8

Kornhauser, Lewis A. (1983), «Reliance, Reputation and Breach of Contract», *Journal of Law and Economics*, 26

Kornhauser, Lewis A. (1986), «An Introduction to the Economic Analysis of Contract Remedies», *University of Colorado Law Review*, 57

Kornhauser, Lewis A. (2000), «Constrained Optimization: Corporate Law and the Maximization of Social Welfare», *in* Kraus, Jody S. & Steven D. Walt (orgs.), *The Jurisprudential Foundations of Corporate and Commercial Law*, Cambridge, Cambridge University Press

Korobkin, Russell B. & Thomas S. Ulen (2000), «Law and Behavioral Science: Removing the Rationality Assumption from Law and Economics», *California Law Review*, 88

Kostritsky, Juliet P. (2004), «Taxonomy for Justifying Legal Intervention in an Imperfect World: What To Do When Parties Have Not Achieved Bargains or Have Drafted Incomplete Contracts», *Wisconsin Law Review*

Kraus, Jody S. (2002), «Philosophy of Contract Law», *in* Coleman, Jules & Scott Shapiro (orgs.), *The Oxford Handbook of Jurisprudence and Philosophy of Law*, Oxford, Oxford University Press

Kreitner, Roy (2004), «Fear of Contract», *Wisconsin Law Review*

Kreps, David M., «Bounded Rationality», *in* Newman, Peter (org.), *The New Palgrave Dictionary of Economics and the Law*, London, Macmillan, I

Krier, James E. & Stewart J. Schwab (1995), «Property Rules and Liability Rules: The Cathedral in Another Light», *New York University Law Review*, 70

Kronman, Anthony T. (1978), «Mistake, Disclosure, Information and the Law of Contracts», *Journal of Legal Studies*, 7

Kronman, Anthony T. (1978b), «Specific Performance», *University of Chicago Law Review*, 45

Kronman, Anthony T. (1980), «Contract Law and Distributive Justice», *Yale Law Journal*, 89

Kronman, Anthony T. (1993), *The Lost Lawyer. Failing Ideals of the Legal Profession*, Cambridge MA, Belknap

Kull, Andrew (1991), «Mistake, Frustration, and the Windfall Principle of Contract Remedies», *Hastings Law Journal*, 43

Kull, Andrew (1992), «Reconsidering Gratuitous Promises», *Journal of Legal Studies*, 21

Kull, Andrew (1994), «Restitution as a Remedy for Breach of Contract», *Southern California Law Review*, 67

Kull, Andrew (1995), «Rationalizing Restitution», *California Law Review*, 83

Laycock, Douglas (1989), «The Scope and Significance of Restitution», *Texas Law Review*, 67

Leitão, Luis Manuel Teles de Menezes (2003), *Direito das Obrigações. I – Introdução. Da Constituição das Obrigações*, 3.ª ed., Coimbra, Almedina

Leitão, Luis Manuel Teles de Menezes (2002), *Direito das Obrigações. II – Transmissão e Extinção das Obrigações. Não Cumprimento e Garantias do Crédito*, Coimbra, Almedina

Leitão, Luis Manuel Teles de Menezes (2002b), *Direito das Obrigações. III – Contratos em Especial. Dos Contratos de Alienação. Do Contrato de Sociedade*, Coimbra, Almedina

Leitzel, Jim (1989), «Reliance and Contract Breach», *Law and Contemporary Problems*, 52

Leslie, Melanie B. (1999), «Enforcing Family Promises: Reliance, Reciprocity, and Relational Contract», *North Carolina Law Review*, 77

Macaulay, Stewart (1963), «Non-Contractual Relations in Business: A Preliminary Study», *American Sociological Review*, 28

Macaulay, Stewart (1991), «*The Reliance Interest* and the World Outside the Law Schools' Doors», *Wisconsin Law Review*

Macaulay, Stewart, John Kidwell, William Whitford & Marc Galanter (1995), *Contracts: Law in Action*, Charlottesville VA, Michie

MacLeod, W. Bentley & James M. Malcomson (1993), «Investments, Holdup and the Form of Market Contracts», *American Economic Review*, 83

Macneil, Ian R. (1974), «The Many Futures of Contracts», *Southern California Law Review*, 47

Macneil, Ian R. (1978), «Contracts: Adjustments of Long-Term Economic Relations Under Classical, Neoclassical, and Relational Contract Law», *Northwestern University Law Review*, 72

Macneil, Ian R. (1982), «Efficient Breaches of Contract: Circles in the Sky», *Virginia Law Review*, 68

Mailath, George J. (1998), «Do People Play Nash Equilibrium? Lessons from Evolutionary Game Theory», *Journal of Economic Literature*, 36

Markovits, Daniel (2004), «Contract and Collaboration», *Yale Law Journal*, 113

Marschall, Patricia H. (1982), «Willfulness: A Crucial Factor in Choosing Remedies for Breach of Contract», *Arizona Law Review*, 24

Maskin, Eric & Jean Tirole (1999), «Unforeseen Contingencies and Incomplete Contracts», *Review of Economic Studies*, 66

Mather, Henry (1982), «Restitution as a Remedy for Breach: The Case of the Partially Performing Seller», *Yale Law Journal*, 92

McChesney, Fred S. (1999), «Tortious Interference with Contract versus «Efficient» Breach: Theory and Empirical Evidence», *Journal of Legal Studies*, 28

Mensch, Elizabeth (1981), «Freedom of Contract as Ideology», *Stanford Law Review*, 33

Merrill, Thomas W. & Henry E. Smith (2000), «Optimal Standardization in the Law of Property: The Numerus Clausus Principle», *Yale Law Journal*, 110

Metzger, Michael B. & Michael J. Phillips (1983), «The Emergence of Promissory Estoppel as an Independent Theory of Recovery», *Rutgers Law Review*, 35

Mezzetti, Claudio & Theofanis Tsoulouhas (2000), «Gathering Information Before Signing a Contract with a Privately Informed Principal», *International Journal of Industrial Organization*, 18

Mortensen, Dale T. (1982), «Property Rights and Efficiency in Mating and Racing Games», *American Economic Review*, 72

Muris, Timothy J. (1982), «The Costs of Freely Granting Specific Performance», *Duke Law Journal*

Muris, Timothy J. (1983), «Cost of Completion or Diminution in Market Value: The Relevance of Subjective Value», *Journal of Legal Studies*, 12

Murphy, Edward J., Richard E. Speidel & Ian Ayres (1997), *Studies in Contract Law*, 5.ª ed., Westbury NY, Foundation

Murray Jr., John Edward (1991), *Contracts: Cases and Materials*, 4.ª ed., Charlottesville VA, Michie

Orth, John V. (1998), «Contract and the Common Law», *in* Scheiber, Harry N. (org.), *The State and Freedom of Contract*, Stanford CA, Stanford University Press

Palmer, George E. (1978), *The Law of Restitution*, Boston, Little Brown

Patterson, Dennis (1993), «The Pseudo-Debate over Default Rules in Contract Law», *Southern California Interdisciplinary Law Journal*, 3

Perloff, Jeffrey M. (1981), «Breach of Contract and the Foreseeability Doctrine of *Hadley v. Baxendale*», *Journal of Legal Studies*, 10

Pettit Jr., Mark (1987), «Private Advantage and Public Power: Reexamining the Expectation and Reliance Interest in Contract Damages», *Hastings Law Journal*, 38

Pildes, Richard H. (1999), «Forms of Formalism», *University of Chicago Law Review*, 66

Polinsky, A. Mitchell & Daniel L. Rubinfeld (1988), «The Welfare Implications of Costly Litigation for the Level of Liability», *Journal of Legal Studies*, 17

Polinsky, A. Mitchell & Steven Shavell (1998), «Punitive Damages: An Economic Analysis», *Harvard Law Review*, 111

Polinsky, A. Mitchell (1983), «Risk Sharing Through Breach of Contract Remedies», *Journal of Legal Studies*, 12

Posner, Eric A. (1995), «Contract Law in the Welfare State: A Defense of the Unconscionability Doctrine, Usury Laws, and Related Limitations on the Freedom To Contract», *Journal of Legal Studies*, 24

Posner, Eric A. (1997), «Altruism, Status, and Trust in the Law of Gifts and Gratuitous Promises», *Wisconsin Law Review*

Posner, Eric A. (1999), «The Decline of Formality in Contract Law», *in* Buckley, F.H. (org.), *The Fall and Rise of Freedom of Contract*, Durham NC, Duke University Press

Posner, Eric A. (2000), «Law and Regret», *Michigan Law Review*, 98

Posner, Eric A. (2003), «Economic Analysis of Contract Law After Three Decades: Success or Failure?», *Yale Law Journal*, 112

Posner, Richard A. & Andrew M. Rosenfield (1977), «Impossibility and Related Doctrines in Contract Law: An Economic Analysis», *Journal of Legal Studies*, 6

Posner, Richard A. (1977), «Gratuitous Promises in Economics and Law», *Journal of Legal Studies*, 6

Posner, Richard A. (1990), *The Problems of Jurisprudence*, Cambridge MA, Harvard University Press

Posner, Richard A. (1999), *The Problematics of Moral and Legal Theory*, Cambridge MA, Belknap

Priest, George L. (1977), «The Common Law Process and the Selection of Efficient Rules», *Journal of Legal Studies*, 6

Priest, George L. (1980), «Selective Characteristics of Litigation», *Journal of Legal Studies*, 9

Priest, George L. (1981), «A Theory of the Consumer Product Warranty», *Yale Law Journal*, 90

Quillen, Gwyn D. (1988), «Contract Damages and Cross-Subsidization», *Southern California Law Review*, 61

Rachlinski, Jeffrey J. (2000), «The «New» Law and Psychology: A Reply to Critics, Skeptics, and Cautious Supporters», *Cornell Law Review*, 85

Rakoff, Todd D. (1991), «Fuller and Perdue's *The Reliance Interest* as a Work of Legal Scholarship», *Wisconsin Law Review*

Rakoff, Todd D. (1993), «Social Structure, Legal Structure, and Default Rules: A Comment», *Southern California Interdisciplinary Law Journal*, 3

Rakoff, Todd D. (1995), «The Implied Terms of Contracts: Of «Default Rules» and «Situation Sense»», *in* Beatson, Jack & Daniel Friedmann (orgs.), *Good Faith and Fault in Contract Law*, Oxford, Clarendon

Rasmusen, Eric & Ian Ayres (1993), «Mutual and Unilateral Mistake in Contract Law», *Journal of Legal Studies*, 22

Rea Jr., Samuel A. (1982), «Nonpecuniary Loss and Breach of Contract», *Journal of Legal Studies*, 11

Rea Jr., Samuel A. (1984), «Arm-Breaking, Consumer Credit and Personal Bankruptcy», *Economic Inquiry*, 22

Robinson, Paul H. & John M. Darley (1997), «The Utility of Desert», *Northwestern University Law Review*, 91

Rogerson, William P. (1984), «Efficient Reliance and Damage Measures for Breach of Contract», *Rand Journal of Economics*, 15

Rothschild, Michael & Joseph Stiglitz (1976), «Equilibrium in Competitive Insurance Markets: An Essay on the Economics of Imperfect Information», *Quarterly Journal of Economics*, 90

Rubin, Paul H. (1977), «Why Is the Common Law Efficient?», *Journal of Legal Studies*, 6

Scanlon, T.M. (1990), «Promises and Practices», *Philosophy and Public Affairs*, 19

Scanlon, T.M. (2001), «Promises and Contracts», *in* Benson, Peter (org.), *The Theory of Contract Law. New Essays*, Cambridge, Cambridge University Press

Schauer, Frederick (1988), «Formalism», *Yale Law Journal*, 97

Schmidt, Klaus M. (1998), «Contract Renegotiation and Option Contracts», *in* Newman, Peter (org.), *The New Palgrave Dictionary of Economics and the Law*, London, Macmillan, I

Schwartz, Alan & Louis L. Wilde (1979), «Intervening in Markets on the Basis of Imperfect Information: A Legal and Economic Analysis», *University of Pennsylvania Law Review*, 127

Schwartz, Alan & Louis L. Wilde (1983), «Imperfect Information in Markets for Contract Terms: The Examples of Warranties and Security Interests», *Virginia Law Review*, 69

Schwartz, Alan & Robert E. Scott (2003), «Contract Theory and the Limits of Contract Law», *Yale Law Journal*, 113

Schwartz, Alan (1977), «A Reexamination of Nonsubstantive Unconscionability», *Virginia Law Review*, 63

Schwartz, Alan (1979), «The Case for Specific Performance», *Yale Law Journal*, 89

Schwartz, Alan (1988), «Proposals for Products Liability Reform: A Theoretical Synthesis», *Yale Law Journal*, 97

Schwartz, Alan (1992), «Relational Contracts in the Courts: An Analysis of Incomplete Agreements and Judicial Strategies», *Journal of Legal Studies*, 21

Schwartz, Alan (1993), «The Default Rule Paradigm and the Limits of Contract Law», *Southern California Interdisciplinary Law Journal*, 3

Schwartz, Alan (1998), «Incomplete Contracts», *in* Newman, Peter (org.), *The New Palgrave Dictionary of Economics and the Law*, London, Macmillan, II

Schwartz, Alan (2000), «Karl Llewellyn and the Origins of Contract Theory», *in* Kraus, Jody S. & Steven D. Walt (orgs.), *The Jurisprudential Foundations of Corporate and Commercial Law*, Cambridge, Cambridge University Press

Scott, Robert E. & Douglas L. Leslie (1993), *Contract Law and Theory*, 2.ª ed., Charlottesville VA, Michie

Scott, Robert E. (2000), «The Case for Formalism in Relational Contract», *Northwestern University Law Review*, 94

Scott, Robert E. (2000b), «The Uniformity Norm in Commercial Law: A Comparative Analysis of Common Law and Code Methodologies», in Kraus, Jody S. & Steven D. Walt (orgs.), *The Jurisprudential Foundations of Corporate and Commercial Law*, Cambridge, Cambridge University Press

Scott, Robert E. (2003), «A Theory of Self-Enforcing Indefinite Agreements», *Columbia Law Review*, 103

Seavey, Warren A. (1951), «Reliance upon Gratuitous Contracts or Other Conduct», *Harvard Law Review*, 64

Segal, Ilya (1999), «Complexity and Renegotiation: A Foundation for Incomplete Contracts», *Review of Economic Studies*, 66

Segal, Jeffrey A. & Harold J. Spaeth (1993), *The Supreme Court and the Attitudinal Model*, Cambridge, Cambridge University Press

Shavell, Steven (1980), «Damage Measures for Breach of Contract», *Bell Journal of Economics*, 11

Shavell, Steven (1980b), «Strict Liability Versus Negligence», Journal of Legal Studies, 9

Shavell, Steven (1984), «The Design of Contracts and Remedies for Breach», *Quarterly Journal of Economics*, 99

Shavell, Steven (1986), «The Judgment Proof Problem», *International Review of Law and Economics*, 6

Shavell, Steven (1991), «An Economic Analysis of Altruism and Deferred Gifts», *Journal of Legal Studies*, 20

Shavell, Steven (1994), «Acquisition and Disclosure of Information Prior to Sale», *Rand Journal of Economics*, 25

Slawson, W. David (1990), «The Role of Reliance in Contract Damages», *Cornell Law Review*, 76

Smith, Stephen A. (2000), «Towards a Theory of Contract», *in* Horder, Jeremy (org.), *Oxford Essays in Jurisprudence: Fourth Series*, Oxford, Oxford University Press

Snyder, Orvil C. (1949), «Promissory Estoppel as Tort», *Iowa Law Review*, 35

Speidel, Richard E. (1981), «Court-Imposed Price Adjustments Under Long-Term Supply Contracts», *Northwestern University Law Review*, 76

Spier, Kathryn E. & Michael D. Whinston (1995), «On the Efficiency of Privately Stipulated Damages for Breach of Contract: Entry Barriers, Reliance, and Renegotiation», *Rand Journal of Economics*, 26

Sullivan, Timothy J. (1977), «Punitive Damages in the Law of Contract: The Reality and the Illusion of Social Change», *Minnesota Law Review*, 61

Summers, Robert S. & Robert A. Hillman (1997), *Contract and Related Obligation: Theory, Doctrine and Practice*, 3.ª ed., St. Paul MN, West

Sunstein, Cass R. (1997), *Free Markets and Social Justice*, New York, Oxford University Press

Sykes, Alan O. (1990), «The Doctrine of Commercial Impracticability in a Second-Best World», *Journal of Legal Studies*, 19

Talley, Eric L. (1995), «Contract Renegotiation, Mechanism Design, and the Liquidated Damages Rule», *Stanford Law Review*, 46

Trakman, Louis E. (1985), «Winner Take Some: Loss-Sharing and Commercial Impracticability», *Minnesota Law Review*, 69

Trebilcock, Michael J. (1993), *The Limits of Freedom of Contract*, Cambridge MA, Harvard University Press

Triantis, George G. (1992), «Contractual Allocations of Unknown Risks: A Critique of the Doctrine of Commercial Impracticability», *University of Toronto Law Journal*, 42

Ulen, Thomas (1984), «The Efficiency of Specific Performance. Toward a Unified Theory of Contract Remedies», *Michigan Law Review*, 83

Unger, Roberto (1983), «The Critical Legal Studies Movement», *Harvard Law Review*, 96

Weinrib, Ernest J. (1993), «The Jurisprudence of Legal Formalism», *Harvard Journal of Law and Public Policy*, 16

Weinrib, Ernest J. (1995), *The Idea of Private Law*, Cambridge MA, Harvard University Press

Weinrib, Ernest J. (2003), «Punishment and Disgorgement as Contract Remedies», *Chicago-Kent Law Review*, 78

White, Michelle J. (1988), «Contract Breach and Contract Discharge Due to Impossibility: A Unified Theory», *Journal of Legal Studies*, 17

Williamson, Oliver E. (1975), *Markets and Hierarchies. Analysis and Antitrust Implications. A Study in the Economics of Internal Organization*, New York, Free Press

Williamson, Oliver E. (1985), *The Economic Institutions of Capitalism. Firms, Markets, Relational Contracting*, New York, Free Press

Williamson, Oliver E. (1996), «Revisiting Legal Realism: The Law, Economics, and Organization Perspective», *Industrial and Corporate Change*, 5

Wolcher, Louis E. (1989), «Price Discrimination and Inefficient Risk Allocation Under the Rule of *Hadley v. Baxendale*», *in* Zerbe, Richard O. (org.), *Research in Law and Economics – XII*, Greenwich CN, JAI

Yorio, Edward & Steve Thel (1991), «The Promissory Basis of Section 90», *Yale Law Journal*, 101

Young, William F. (1981), «Half Measures», *Columbia Law Review*, 81

Zamir, Eyal (1997), «The Inverted Hierarchy of Contract Interpretation and Supplementation», *Columbia Law Review*, 97

ARTIGO 16.°, N.° 2 DO CIRS E AS CONVENÇÕES DESTINADAS A EVITAR A DUPLA TRIBUTAÇÃO

MANUEL PIRES
Professor da Universidade Lusíada – Lisboa

1. Os impostos sobre o rendimento das pessoas singulares – aliás, como das entidades colectivas – estabelecem, na sua forma evoluída, uma dupla obrigação

– ilimitada (*mit unbeschränker Haftung*), isto é, o imposto incide sobre o rendimento mundial (*worldwide income*);
– limitada (*mit beschränker Haftung*), isto é, o imposto incide apenas sobre os rendimentos originados no espaço fiscal em questão (*source income*).

A aplicação da primeira ou da segunda destas obrigações depende de se tratar ou não de residentes nesse espaço, o que significa ser fundamental a noção de residente (a noção de fonte, como resulta do que se escreveu, tem interesse unicamente no caso de obrigação limitada, visto ter de se determinar qual o rendimento com origem no espaço fiscal em causa).

Não se afastando das regras enunciadas, o nosso Código do Imposto sobre o Rendimento das Pessoas Singulares (CIRS) estabelece no seu artigo 13.° n.° 1: «Ficam sujeitas a IRS as pessoas singulares que residam em território português e as que, nele não residindo, aqui obtenham rendimentos». Por seu turno, o artigo 15.° do mesmo Código dispõe: «Sendo as pessoas residentes em território português, o IRS incide sobre a totalidade dos seus rendimentos, incluindo os obtidos fora desse território» (n.° 1) e «Tratando-se de não residentes, o IRS incide unicamente sobre os rendimentos obtidos em território português» (n.° 2).

2. A tendência para a definição de residência, no caso de pessoas singulares, é no sentido da sua ampla abrangência, através da inclusão de vários critérios alternativos. Assim e no que ora interessa, o artigo 16.° n.° 1 ainda do mesmo Código dispõe: «São residentes em território português as pessoas que, no ano a que respeitam os rendimentos:

a) Hajam nele permanecido mais de 183 dias, seguidos ou interpolados;

b) Tendo permanecido por menos tempo, aí disponham, em 31 de Dezembro desse ano, de habitação em condições que façam supor a intenção de a manter e ocupar como residência habitual;

c) Em 31 de Dezembro, sejam tripulantes de navios ou aeronaves, desde que aqueles estejam ao serviço de entidades com residência, sede ou direcção efectiva nesse território;

d) Desempenhem no estrangeiro funções ou comissões de carácter público, ao serviço do Estado Português».

Atenta a pluralidade de critérios alternativos, vê-se, pois, o perigo de surgirem duplas tributações, em virtude do elemento conexão residência, visto aquelas poderem tanto resultar de definições diversas nos espaços fiscais em causa como de definições iguais, desde que integradas por uma pluralidade de critérios que se repetem nas legislações desses espaços fiscais sendo a situação enquadrável em critérios diferentes.

3. Mas como possível gerador de duplas tributações apresenta-se ainda o citado artigo 16.° n.° 2, segundo o qual: «São sempre havidas como residentes em território português as pessoas que constituem o agregado familiar, desde que naquele resida qualquer das pessoas a quem incumbe a direcção do mesmo».

Esta disposição tem suscitado dificuldades nomeadamente no âmbito dos emigrantes portugueses. É óbvio que, como potenciadora de duplas tributações, na ausência de convenções de dupla tributação, a disposição é assaz relevante, visto sobrepor aos laços de carácter pessoal com um território, os laços familiares*. Mas no caso de convenções visando evitar as duplas tributações?

---

* A Lei n.° 55-B /2004, de 30 de Dezembro autoriza o Governo a «alterar o conceito de "residência" constante do artigo 16.° do Código do IRS de forma a introduzir a noção de "residência habitual" em território português, redefinindo (...) o âmbito de aplicação do n.° 2, designadamente através da possibilidade de contribuintes habitualmente residentes no estrangeiro cujo cônjuge resida em território português efectuarem a prova da inexistência de uma ligação entre o seu núcleo de actividades ou interesses económicos e o território português» (artigo 29.° n.° 4, alínea a).

4. As convenções do tipo assinalado têm sido, na sua grande maioria, negociadas e celebradas com base no Modelo de Convenção destinada a evitar as duplas tributações sobre o Rendimento e o Património, elaborado pela Organização de Cooperação e Desenvolvimento Económicos (OCDE), cuja última versão condensada publicada é de 2005.

Admitido há muitas décadas que essas convenções pudessem assentar, quanto ao escopo pessoal, na sujeição a imposto nos espaços fiscais envolvidos – o que não significa ter sido esse o único critério admitido –, hoje o critério delimitador é bem uniforme e diverso: a residência num ou em ambos os Estados Contratantes (artigo 1.°), embora em certas convenções – poucas face ao número total – se adopte também a conexão pessoal nacionalidade, resultante de os Estados que as \celebram estabelecerem também a nacionalidade como relevante para a sua tributação.

5. No entanto, as convenções não consagram uma definição autónoma de residência. Assim, o artigo 4.° n.° 1 do Modelo da OCDE estabelece: «Para efeitos da presente Convenção, a expressão "residente de um Estado Contratante" significa qualquer pessoa que, por virtude da legislação desse Estado, está aí sujeita a imposto devido ao seu domicílio, à sua residência, ao local de direcção ou a qualquer outro critério de natureza similar, e aplica-se igualmente a esse Estado e às subdivisões políticas ou autarquias locais. Todavia, esta expressão não inclui qualquer pessoa que está sujeita a imposto nesse Estado apenas relativamente ao rendimento de fontes localizadas nesse Estado ou a património aí situado», excluindo-se, portanto, os obrigados limitadamente.

Contudo, remetendo as convenções para a noção de residência de cada Estado, embora incluindo alguns critérios delimitativos, pode suceder que uma mesma pessoa seja considerada residente em dois espaços fiscais. Nesse caso, o artigo 4.° n.° 2 do mesmo Modelo estabelece critérios para a resolução do "conflito" (colocamos aspas porque não existe qualquer conflito, tal como sucede também com a dupla tributação, ao contrário do frequentemente afirmado): «Quando, por virtude do disposto no n.° 1, uma pessoa singular for residente de ambos os Estados Contratantes, a situação será resolvida como segue:

a) será considerada residente apenas do Estado em que tenha uma habitação permanente à sua disposição. Se tiver uma habitação permanente à sua disposição em ambos os Estados, será considerada residente apenas do Estado com o qual sejam mais estreitas as suas relações pessoais e económicas (centro dos interesses vitais);

b) se o Estado em que tem o centro de interesses vitais não puder ser determinado, ou se não tiver uma habitação permanente à sua disposição em nenhum dos Estados, será considerada residente apenas do Estado em que permaneça habitualmente;

c) se permanecer habitualmente em ambos os Estados, ou se não permanecer habitualmente em nenhum deles, será considerada residente apenas do Estado de que for nacional;

d) se for nacional de ambos os Estados, ou se não for nacional de nenhum deles, as autoridades competentes dos Estados Contratantes resolverão o caso de comum acordo».

Tudo isto significa que alguém – no âmbito de uma convenção – não pode ser considerado residente em dois Estados. Mas também importa desde já relevar que, sendo considerada residente num Estado pela respectiva lei interna, não pode pretender deixar de o ser para efeitos da convenção quando o outro Estado não o considere residente segundo a sua correspondente legislação. A dupla não residência é inadmissível, de outro modo a convenção seria inaplicável, visto exigir-se, pelo menos, a residência num dos Estados Contratantes.

6. E o artigo 16.° n.° 2 do Código do IRS acima transcrito? É óbvio que, por força dele, a pessoa em causa, ainda que não fisicamente no território português, é considerada nele residente pela lei interna portuguesa. Logo, a convenção celebrada pelo nosso País aplica-se-lhe. Mas se for considerada residente no outro Estado Contratante? E aqui, pode não ter sido dada a importância que deveria ter sido dada ao seguinte aspecto: conclui-se ser residente em Portugal, por força da disposição da lei portuguesa, portanto, sujeito à obrigação ilimitada de imposto, e aceita-se, posto que com limitações em virtude da aplicação do método da imputação normal, que, tendo sido tributada no outro Estado Contratante, deve ser-lhe deduzido o imposto neste pago. E não se cuida da questão que consiste em saber se a pessoa em causa é também residente do outro Estado. A indagação nesse sentido deveria integrar o segundo passo, após concluir-se que, pela lei portuguesa, a pessoa em causa é considerada residente. É evidente que, se não for residente do segundo Estado, não se suscita questão de "conflito de residências", mas se o for, como resolver?

Repete-se não se poder ir ao extremo de a não considerar residente em nenhum dos Estados.

7. E, face à aplicação do transcrito artigo 4.° n.° 2, poderia eleger-se como determinante da resolução do «conflito», a existir, a família viver no nosso País?

7.1. O primeiro critério indicado nesse artigo é a disponibilidade de uma habitação permanente (*permanent home*). No entanto, se dispõe de habitação nessas condições nos dois Estados, prevalece o Estado onde se situa o seu centro dos interesses vitais, isto é, o Estado em que se encontram relações mais estreitas de carácter pessoal e económico.

A permanência habitual (*habitual abode*) é o critério quando não se possa determinar o centro de interesses vitais ou não exista habitação permanente (*permanent home*) disponível em qualquer dos Estados. Nos casos de inexistência de permanência habitual (*habitual abode*) ou da sua existência em ambos os Estados, recorre-se à nacionalidade e, por último ao acordo amigável, quando se trata de nacional de ambos os Estados ou não nacional de qualquer dos Estados.

7.2. Se a família continua a residir em Portugal, é óbvio possuir uma habitação (não sendo necessariamente sua propriedade, podendo ser arrendada ou objecto de usufruto) que lhe está disponível e consagrada para uso permanente. Mas, por outro lado, a pessoa em questão também pode dispor – e, no caso de emigrante não sazonal, certamente dispõe – de uma habitação permanente no outro Estado.

Portanto, tem de se recorrer ao critério seguinte indicando, isto é, ao centro dos interesses vitais. Escreve-se no comentário n.° 15 ao artigo 4.° do Modelo da OCDE: «Quando uma pessoa singular possui uma habitação permanente em ambos os Estados Contratantes, *há a necessidade de analisar os factos* no sentido de determinar com qual dos dois Estados as suas relações pessoais e económicas são mais estreitas. Assim, serão tomadas em consideração as relações familiares e sociais do interessado, as suas ocupações, actividades políticas, culturais ou outras, local de exercício de actividade, local a partir do qual administra os seus bens, etc. *As diversas circunstâncias deverão ser examinadas no seu conjunto*; é evidente, porém, que as considerações inferidas a partir do comportamento pessoal do interessado deverão merecer particular atenção. Se uma pessoa que possui uma habitação num Estado estabelecer uma segunda habitação num outro Estado, mantendo a primeira, o facto de o interessado conservar essa primeira habitação no meio em que sempre viveu, onde trabalhou e onde tem a sua família e os seus bens poderá *juntamente com outros elementos*, contribuir para demonstrar que manteve o seu centro de interesses vitais no primeiro Estado» (os sublinhados são nossos). O texto é elucidativo pela prudência com que encara a aplicação do critério, remetendo insistentemente para a análise das circunstâncias concretas, não se limitando a estas ou aquelas, visto apelar à respectiva globalidade. Mesmo na parte final relativa à manutenção do centro de interesses vitais requer «juntamente com outros elementos».

Mas o que são relações pessoais e económicas? É necessário existirem ambas? Neste caso deve estabelecer-se uma hierarquia entre elas?

Nas relações pessoais são incluídas as relações familiares, sociais, politicas e culturais enquanto que nas relações económicas são compreendidas as actividades quer de trabalho quer de gestão da respectiva fortuna. Mas se há dissociação, isto é, se cada uma das categorias está localizada em Estados diferentes?

Resposta – que não é original – dá preferência às relações com o Estado donde derivam os rendimentos, portanto da respectiva fonte, a que importa aditar o lugar de administração do património, não se podendo afirmar sem mais que este critério não coincide com o texto da OCDE, visto ser aplicável a uma situação não contemplada neste texto. De qualquer modo e, conforme se viu, mesmo seguindo o Modelo, deve atender-se ao significado dos diversos actos praticados pelo sujeito passivo em causa, requerendo-se interpretação assaz cuidada.

Aliás, no caso de se chegar à conclusão de não existir prevalência entre as duas categorias de relações, isto é, existindo igualdade de importância das relações pessoais e económicas, então tem de se concluir – dado localizarem-se em Estados diferentes – não ser possível determinar o centro dos interesses vitais – o que pode suceder face a outras circunstâncias – passando-se à permanência habitual (*habitual abode*). Aqui a duração das várias estadias, a consideração do lugar onde normalmente a pessoa vive são fundamentais. No caso dos emigrantes não sazonais, julga-se não ser necessário invocar os outros critérios assinalados no artigo 4.° n.° 2 do Modelo e até aqui não chamados a aplicação.

8. Se este é o discurso de uma perspectiva meramente internacional, o legislador português veio no artigo 17.° do CIRS, relativo à residência em Regiões Autónomas, fornecer uma achega assaz importante para a solução do nosso problema no quadro interno.

Depois de fazer apelo à permanência por mais de 183 dias (n.° 1), exige, para tal, a residência habitual e o seu registo para efeitos fiscais (n.° 2). No caso, porém, de não ser possível determinar a permanência, recorre-se ao principal centro de interesses, considerando-se como tal o local onde se obtenha a maior parte da base tributável. Transcreve-se o n.° 3 da disposição sob referência: «Quando não for possível determinar a permanência a que se referem os números anteriores, são considerados residentes no território de uma Região Autónoma os residentes no território português que ali tenham o seu principal centro de interesses, *considerando-se como tal o local onde se obtenha a maior parte da base tributável* (o sublinhado é nosso), determinada nos seguintes termos:

a) Os rendimentos do trabalho consideram-se obtidos no local onde é prestada a actividade;

b) Os rendimentos empresariais e profissionais consideram-se obtidos no local do estabelecimento ou do exercício habitual da profissão;

c) Os rendimentos de capitais consideram-se obtidos no local do estabelecimento a que deva imputar-se o pagamento;

d) Os rendimentos prediais e incrementos patrimoniais provenientes de imóveis consideram-se obtidos no local onde estes se situam;

e) Os rendimentos de pensões consideram-se obtidos no local onde são pagas ou colocadas à disposição».

É patente ter o legislador dado preferência aos aspectos económicos face aos de carácter pessoal. Deverão ser utilizados critérios diferentes no domínio interno e no domínio internacional, quando a aplicação de uma convenção é feita em Portugal? A resposta deve ser negativa.

9. Atendendo ao que se escreveu, importa concluir que, no caso examinado ao longo deste trabalho, caso em que os nossos emigrantes são considerados residentes em Portugal, em virtude do transcrito artigo 16.° n.° 2 mas sendo também residentes noutro Estado em virtude da respectiva legislação, e face a uma convenção destinada a evitar as duplas tributações com as disposições mencionadas e que, repete-se, são as usuais, Portugal, dado tratar-se de um não residente, perante a convenção que faça prevalecer a outra residência tem apenas a possibilidade de tributar os rendimentos produzidos no seu território (obrigação limitada de imposto), não havendo lugar à dedução do imposto pago no estrangeiro sobre rendimentos que não devem ser aqui tributados (artigos 78.° n.° 1, alínea c) e 80.° CIRS).

IX
DIREITOS EMERGENTES

A REFORMA DA SEGURANÇA SOCIAL EM PORTUGAL

NAZARÉ DA COSTA CABRAL
Assistente da Faculdade de Direito da Universidade de Lisboa

RESUMO: *No presente texto pretende-se retratar o processo de reforma da Segurança Social em Portugal, o qual tem conhecido, na última década, alguns momentos de afirmação. O primeiro momento (1993), de impacto reformador que qualificamos de "minimalista", implicou a introdução de algumas inovações importantes, sobretudo em matéria de enquadramento de certos trabalhadores na Segurança Social e nas regras de cálculo das pensões. O segundo momento correspondeu, na sequência do amplo debate que acompanhou a produção do Livro Branco da Segurança Social, à aprovação de uma nova Lei de Bases da Segurança Social (2000), que teve por principal propósito o de garantir a modernização do sistema de protecção social português e, simultaneamente, a consagração de mecanismos que assegurassem a sua sustentabilidade financeira. Finalmente, a aprovação da actual Lei de Bases, em 2002, a qual veio, em definitivo, romper com o primado do sector público e concretizar um modelo "multi-pilar" de protecção social, onde assume destaque o sistema complementar de raíz eminentemente privada. Paralelamente, esta é uma lei de feição ética "conservadora", nela ganhando destaque a consagração inovadora de um princípio de «subsidiariedade social» e que aponta para novos caminhos de partilha de responsabilidades no domínio da protecção social, entre o Estado e a família, as instituições particulares de solidariedade social e outros corpos intermédios.*

SUMÁRIO: 1. Causas determinantes; 2. Significado da reforma da Segurança Social perante as especificidades do sistema português; 3. O impulso reformador após 1996 e a aprovação da Lei n.° 17/2000, de 8 de Agosto; 3.1. Antecedentes; a produção do Livro Branco da Segurança Social; 3.2. A aprovação da Lei n.° 17/2000 e os seus principais traços inovadores; 4. A actual Lei de Bases da Segurança Social; 4.1. A nova «arquitectura» do sistema; 4.2. Novas características e princípios estruturantes; 4.3. A introdução de um tecto superior contributivo e a complementaridade; a transição para um sistema «multi-pilar» de protecção social; 4.4. Comentário final; Bibliografia.

1. **Causas determinantes**

Em Portugal, à semelhança de outros países da União Europeia, têm sido dados, nos últimos anos, importantes passos no sentido de uma reforma profunda do respectivo sistema de segurança social. Esta – e que para alguns terá tido o seu momento determinante só, com a aprovação da nova Lei de Bases da Segurança Social[1] – não ocorreu, quanto a nós, num momento único, individualizado ou fotografado no tempo, antes foi conhecendo, na última década, alguns momentos de afirmação e parecia vir a culminar, até há pouco tempo, com a introdução de um tecto superior contributivo (um *plafonamento* do tipo horizontal) e com a transição para um sistema *"muti-pilar"*, composto por uma segunda pensão obrigatória, pública ou privada, gerida em regime de capitalização.

As causas deste movimento reformador têm sido muito estudadas e debatidas pela doutrina nacional e estrangeira. Trata-se, em bom rigor, de problemas que ameaçam fazer perigar a sustentabilidade financeira futura dos sistemas de protecção social e que permitem, a alguns, falar em crise da segurança social ou até em crise do próprio *modelo social europeu*, já que se trata de problemas genericamente vividos na maior parte dos países da Europa. A estes somam-se, depois, factores especificamente internos ou sentidos de forma mais premente em cada país. E assim, no caso português, ILÍDIO DAS NEVES identificou dois núcleos distintos de razões: (1) *Causas exógenas da crise da segurança social*, com destaque,

[1] A Lei n.° 32/2002, de 20 de Dezembro.

por um lado, para as pressões da evolução demográfica, traduzida num inquestionável envelhecimento da população e no agravamento do rácio de dependência da população idosa perante a população activa e, por outro, para as incertezas relativas ao crescimento do produto interno bruto, que permitem duvidar da capacidade real da economia para suportar os custos, até aqui sempre crescentes, do sistema de segurança social; (2) *Causas endógenas da crise*, específicas de Portugal e relacionadas sobretudo com a desorganização interna do nosso sistema – até há poucos anos muito evidente – de que resultava uma inadequada gestão e uma desacertada visão da situação verdadeira das finanças da segurança social (Neves, 1996, p. 907-914).

2. Significado da reforma da Segurança Social perante as especificidades do sistema português

Na generalidade dos países europeus, têm sido equacionadas, há já algum tempo, soluções alternativas para fazer face às debilidades financeiras que os respectivos sistemas públicos de pensões, baseados no método da repartição, têm crescentemente revelado, dado o seu *amadurecimento* e perante o agravamento do rácio de dependência da população mais idosa em face da população activa.

Ao que tudo indica, as medidas que desde então se vão adoptando, um pouco por todo o lado, estão essencialmente orientadas quer para a contenção das despesas sociais, quer para a *modernização* dos respectivos sistemas de protecção social. A ideia de modernização tem-se reconduzido, nos tempos que correm, essencialmente, à consagração de soluções *mistas* alternativas que conjuguem respostas várias, testadas ou consagradas em diferentes modelos ou países. E isto, quer no que diz respeito ao exercício dos direitos (conjugação do princípio da universalidade com formas de selectividade e de diferenciação positiva), quer no que respeita às fontes e métodos de financiamento (conjugação da via fiscal e parafiscal, da repartição e capitalização), quer do ponto de vista da gestão (pública e privada). A concretização destes *modelos mistos*, nos quais se tenta ensaiar e aplicar soluções retiradas de contextos legais diferenciados, leva a que se atenuem, cada vez mais, as fronteiras de separação dos três modelos de protecção social identificados e sistematizados por ESPING-ANDERSEN, em 1990[2].

[2] *Three Worlds of Welfare Capitalism*, 1990. Segundo o autor, os modelos de pro-

Este objectivo de concretização de um tal "*welfare mix*" reformador, ensaiado já não apenas internamente nos diferentes países europeus, mas favorecido também pelo debate institucional levado a cabo na União Europeia – e que terá tido o seu maior impulso após a Cimeira de Lisboa, em Março de 2000[3] – passa, em grande medida, pela instituição de medidas de «*re-experimentação*» e de «*re-calibragem*» (Ferrera, Hemerijck e Rhodes, 2000, p.87-96). Concretizando: passa, em primeira linha, por ensaiar ou *re-experimentar* medidas, que hajam provado bem em outros ordenamentos ou sistemas, adaptando-as a novos e diferenciados circunstancialismos nacionais (a troca de experiências entre ordenamentos, as boas práticas, etc., Comissão Europeia, 1999[4]); em segunda linha, tal estratégia assenta numa *re-calibragem* da política social, tarefa complexa e que assume quatro dimensões, funcional, distributiva, normativa e político-institucional.

O sistema português de segurança social conhece, de igual modo, todos estes desafios. De notar, contudo, que este é um sistema que mantém especificidades e debilidades estruturais que o diferenciam de outros sistemas, mesmo dos de raíz continental, com os quais apresenta maiores similitudes. Estas debilidades, apesar de mais visíveis no caso português, marcam um pouco todos os países da Europa do Sul, razão pela qual, aliás, – a da sua incompletude – o modelo de ESPING-ANDERSEN tem merecido alguma crítica e tentativas de aperfeiçoamento (sobre esta discussão, *vide* Matias, 1999, p. 104-106).

A principal diferença / especificidade do sistema português prende-se com o seu menor grau de maturação, sendo certo que, actualmente, as carreiras médias dos pensionistas de velhice andam na ordem dos 20 anos, quando é previsível que elas, num futuro breve, venham a ascender a 30

---

tecção social são os seguintes: (1) o modelo continental, garantindo a protecção sgundo o estatuto profissional e financiado primacialmente por contribuições sociais; (2) o modelo anglo-saxónico, atribuindo basicamente prestações sociais em função da verificação da condição de recursos; (3) o modelo escandinavo, de acesso universal, garantindo prestações igualitárias, financiadas sobretudo pela via fiscal.

[3] Nela, com efeito, se estatuiu a necessidade do estabelecimento de uma «abordagem mais coerente e sistemática», como resposta aos desafios da criação de emprego, da reforma económica e da promoção da coesão social.

[4] Na Comunicação *A concerted strategy for modernising Social Protection* (COM (99) 347 final), 1999.

ou mais anos. Desta imaturidade resulta, naturalmente, um menor grau de protecção social do que aquele que seria desejável e necessário, encontrando-se muito aquém dos níveis de protecção garantidos na generalidade dos outros países da Europa ocidental (Ministério do Trabalho e da Solidariedade, 2002, pp. 6 e 7). Daí que o maior desafio que hoje ainda se coloca, é o de assegurar uma melhoria dos níveis de protecção social, garantindo-se, ao mesmo tempo, a sustentabilidade financeira futura do sistema. A par deste problema, Portugal continua a apresentar uma situação preocupante quer em termos da pobreza e da exclusão social (sobre o assunto, Bruto da Costa, 1998), quer em termos de redistribuição dos rendimentos, noticiando-se o agravamento do fosso entre ricos e pobres (para uma distinção entre o conceito de *pobreza* e de *redistribuição dos rendimentos*, pese a relação entre ambos, veja-se a obra de referência. de Sen, 1981[5]).

Dadas estas especificidades e que são, na verdade, debilidades estruturais do nosso país, já se tem afirmado que «em Portugal – como aliás na generalidade dos países do sul da Europa – o aspecto central da agenda da reforma não tem sido a contenção das despesas, nem o controlo de eventuais usos abusivos – apesar de terem sido dados passos importantes neste sentido, de que o exemplo mais conhecido é, porventura, o combate às baixas fraudulentas (...). Não é correcto falar nem de "contenção de despesas", nem de "remercadorização", sendo que em alguns domínios pode-se mesmo falar de importantes processos de modernização e de ruptura com a "*path dependency*"» (Adão e Silva, 2000).

Estas afirmações não deixam de conter uma boa dose de verdade. Assim, é certo que se assistiu aqui, nos últimos anos, a um processo de modernização, de aprofundamento evidente da protecção social, quer pela criação de um novo direito social – o *Rendimento Mínimo Garantido* (1996) –, encerrando este uma nova lógica de protecção social (a protecção social de cidadania, independente do estatuto sócio-profissional do beneficiário, mas dependente da condição de recursos e subordinada a exigências de contratualização da inserção), quer pelo alargamento do âmbito pessoal e material da protecção (por exemplo, com a criação da prestação social na *dependência* (1999), identificada esta como novo risco social), quer, por último, mas não menos importante, pelo aumento muito significativo dos valores das mais importantes prestações sociais (v.g. das pen-

5 *Poverty and Famines – An essay on Entitlement and Deprivation*, 1981.

sões de reforma), verificando-se designadamente aumentos diferenciados em favor dos mais baixos recursos.

Mas se isto é verdade, não será menos dizer-se que tais medidas – de reforço e melhoria dos padrões de protecção social – têm sido conjugadas com a revelação de (uma de) duas prioridades: a de assegurar o *aumento das receitas* do sistema ou a de garantir, pelo menos com efeitos no longo prazo, a *contenção das despesas*. Ou seja, pretende-se, em última análise, a sustentabilidade financeira futura do sistema. Paralelamente, as deficiências de gestão e a desorganização interna do sistema português ditaram a necessidade de ir assegurando os mecanismos necessários a uma gestão financeira mais rigorosa e transparente que possibilitasse, ao mesmo tempo, dar conta, com maior fidelidade e veracidade, da real situação financeira da Segurança Social.

Poder-se-á, assim e em síntese, dizer que as debilidades estruturais que caracterizam ainda o nosso país (como, aliás, outros do Sul da Europa) impuseram, até à data, um processo de reforma bem mais exigente do que aquele que tem sido seguido em países mais desenvolvidos. Neles, a reforma deve assegurar dois objectivos de muito difícil conciliação: de um lado, a melhoria dos níveis de protecção social e, por consequência, uma aproximação aos níveis garantidos pelos países mais desenvolvidos; de outro, a tomada de medidas destinadas a garantir o equiíbrio financeiro dos referidos sistemas, o que por vezes supõe um crescimento menos acelerado (e às vezes a restrição) dos direitos à protecção.

Foi a partir de 1996, com a feitura do *Livro Branco da Segurança Social* e a aprovação de uma nova Lei de Bases da Segurança Social (2000)[6], que se assumiu a necessidade imperiosa de se avançar com o processo de reforma da Segurança Social. Seja como for, alguns anos antes (1993), haviam sido já aprovadas algumas medidas com cariz reformista, podendo por isso, reconhecer-se, nesta altura, um primeiro momento reformador, ainda que em termos "*minimalistas*", do sistema de protecção social[7].

---

6 A Lei n.º 17/2000, de 8 de Agosto que revogou a primeira Lei de Bases da Segurança Social aprovada em Portugal após a instauração do regime democrático (25 de Abril de 1974), a Lei n.º 28/84, de 14 de Agosto.

7 Este primeiro momento de reforma ocorreu pois na constância da primeira Lei de Bases da Segurança Social e não supôs, na verdade, a sua revogação e substituição por outra – contrariamente ao que sucedeu mais tarde – e nem tão pouco a sua alteração. Também por isto, mas não só, poder-se-á considerar o pacote legislativo de 93 como uma *mini-reforma* do sistema de segurança social português.

E, na verdade, as medidas então aprovadas em muito contribuíram para a sua modernização, ao estabelecerem, por um lado, o enquadramento obrigatório, no sistema de segurança social, de certas categorias de profissionais (trabalhadores independentes e membros dos órgãos estatutários das pessoas colectivas[8]) e, por outro, o alargamento do prazo de acesso à protecção legalmente garantida nas prestações diferidas (por velhice e por invalidez)[9] e o aumento da idade legal de reforma por velhice (nas mulheres, de 62 para 65 anos).

3. O impulso reformador após 1996 e a aprovação da Lei n.° 17/2000, de 8 de Agosto

3.1. *Antecedentes; a produção do Livro Branco da Segurança Social*

O principal impulso reformador do sistema de segurança social português deu-se sobretudo a partir da constituição, em 1996, da Comissão do Livro Branco da Segurança Social[10], com os objectivos de (i) identificar os problemas de índole financeira do sistema, (ii) avaliar a sua capacidade de resposta, presente e futura, em face das necessidades de protecção social sentidas pela população portuguesa (iii) e, bem assim, traçar algumas linhas desejáveis de evolução e de alteração legislativa (reformadora).

Para além da identificação dos factores de ordem demográfica e económica e de alterações relevantes nas estruturas familiares e mentais, condicionadoras de novas atitudes perante o casamento, a família e o trabalho (Comissão do Livro Branco da Segurança Social, 1998, p. 26-53), o *Livro Branco* apontou alguns problemas de gestão financeira e de desorganização interna do nosso sistema.

As propostas apresentadas pelos membros da Comissão tentaram encontrar respostas adequadas para estes problemas evidenciados pela Segurança Social portuguesa. A linha maioritária nela esboçada foi clara-

---

[8] Estes no regime dos trabalhadores por conta de outrem.

[9] Alargando, no caso da reforma por velhice, o prazo de garantia de 120 meses para 15 anos e, no caso da invalidez, de 120 meses para 5 anos.

[10] Esta foi uma Comissão de natureza técnica, ainda que criada por despacho governamental do então Ministro da Solidariedade e Segurança Social e composta por especialistas vários, de diversa formação académica, profissional e política, no domínio das políticas sociais, sendo por isso totalmente independente do Governo.

mente ao encontro das teses mais liberais que vêm preconizando a substituição progressiva da repartição pura pela técnica da capitalização, com o reforço concomitante de esquemas privados complementares de protecção social (Cabral, 2001, p.161). Com efeito, são evidentes as similitudes (ainda que não total coincidência) entre a proposta final nela contida e as soluções anos antes apresentadas pelo Banco Mundial (1994[11]), tendentes à instituição de um sistema "*multi-pilar*", com claro reforço da componente privada na protecção social.

Assim, para a Comissão do Livro Branco, o sistema deveria começar a estruturar-se do seguinte modo: (1) um primeiro elemento corresponderia ao sistema de segurança social *tout court*, equivalente ao *primeiro pilar* da proposta do Banco Mundial, dele fazendo parte dois subsistemas – (i) um subsistema *previdencial* apoiado no autofinanciamento, gerido segundo a técnica da repartição e que deveria caminhar para a diversificação das fontes de financiamento, com vista à desoneração do factor trabalho e à defesa e promoção do emprego e (ii) um subsistema de *solidariedade*, visando garantir a toda a colectividade um conjunto de rendimentos mínimos, assentes na ideia de selectividade e na técnica da condição de recursos, financiado em exclusivo por transferências do OE; (2) um segundo elemento seria o da Acção Social, destinada a fazer face a situações de carência e de exclusão social e de igual modo financiada em exclusivo por transferências do OE; (3) o terceiro elemento correspondente ao da *complementaridade*, abrangendo por sua vez também dois subsistemas – (i) o equivalente ao *segundo pilar* da proposta do Banco Mundial que cobre os regimes complementares de base profissional (convencional ou contratual), de base mutualista (institucional) ou de base pública (legal), assente na técnica financeira da capitalização[12] e o (ii) equivalente ao *terceiro pilar* da proposta do Banco Mundial, constituído por regimes complementares de natureza individual (ainda, Comissão do Livro Branco da Segurança Social, 1998, p. 195-210)[13].

---

[11] No Relatório *Averting the Old Age Crisis, Policies to Protect the Old and Promote Growth*, 1994.

[12] Propõe-se, na verdade, a criação de uma segunda pensão, de natureza obrigatória, gerida em regime de capitalização, sendo, para o efeito, necessária a consagração em Portugal – o que ainda não se verifica - de um *plafonamento* contributivo (sobre esta questão, ainda Campos, 2000, p. 184-189).

[13] De notar ainda que estas propostas apresentadas pela maioria dos elementos da Comissão do Livro Branco foram objecto de crítica por parte de um grupo (minoritário) de outros membros. Em primeiro lugar, o *plafonamento* contributivo, porquanto, no seu

3.2. *A aprovação da Lei n.° 17/2000 e os seus principais traços inovadores*

Na sequência do amplo debate técnico, académico e político, despoletado em grande medida pela preparação do *Livro Branco da Segurança Social*, momento a partir do qual se tratou desta matéria como nunca até aí[14], foi aprovada, em 2000, sob proposta do Governo socialista de então, a nova Lei de Bases do Sistema de Solidariedade e Segurança Social. Desta, importa reter (1) as alterações de estrutura e de sistemática; (2) as alterações quanto aos grandes princípios informadores; (3) as alterações em matéria de financiamento.

(1) *Alterações de estrutura e de sistemática.* Esta Lei veio consagrar o direito à segurança social como um verdadeiro direito de cidadania, dando pleno cumprimento ao disposto no n.° 1 do artigo 63.° da Constituição da República Portuguesa quando estipula que «todos têm direito à

entendimento, este apresenta efeitos negativos que não são de menosprezar. Desde logo, por implicar uma diminuição da solidariedade vertical, descurando as exigências de redistribuição dos rendimentos. Depois, porque contribui para o desiquilíbrio financeiro dos sistemas ao reduzir as receitas, determinando a necessidade de recorrer a outras fontes de receita, *maxime* durante o período de transição. Além do mais, acarreta consequências negativas sobre o emprego, sempre que por causa da introdução do tecto contributivo haja a necessidade de aumentar o valor da taxa contributiva global. Quanto à *complementaridade*, a crítica prende-se sobretudo com a introdução de regimes complementares *obrigatórios*. E esta crítica impõe-se, quer por motivos filosóficos, quer sociológicos. Por motivos filosóficos, porque a introdução de tais mecanismos de mercado na gestão do infortúnio e da insegurança, mesmo que regulados pelo Estado, cria fenómenos de instabilidade nas expectativas legítimas dos trabalhadores e das classes médias resultantes das exigências do lucro dos investimentos. Trata-se de uma "manipulação mercantilista" das incertezas que não deve ser tolerável. Por razões sociológicas também, porquanto o sector privado (no caso, o sector segurador), em Portugal, guarda uma má imagem na gestão de seguros obrigatórios, como sucede, por exemplo, no caso paradigmático dos acidentes de trabalho. Além disso, mesmo por motivos financeiros, a necessidade de criar tais esquemas é questionável, pois que a realidade dos países que os introduziram não acarretou, por causa disso, uma redução tão evidente da despesa social do Estado em face do PIB, quando comparada com a dos países que os não instituíram (assim, Santos, Bento, Gonelha e Bruto da Costa, 1998, p. 289-355).

[14] Foi precisamente por esta altura – Maio de 1997 – que teve lugar, em Lisboa, um importante Seminário internacional, «*Europa Social*», organizado pela Fundação Calouste Gulbenkian e que contou com a presença de reputados especialistas, nacionais e estrangeiros, no domínio das políticas sociais.

segurança social». Em termos de estrutura e de sistemática, a Lei foi profundamente inovadora, rompendo com a divisão tradicional resultante da anterior Lei de 1984, entre «regime contributivo» e «regime não contributivo» da segurança social. De notar ainda que na Lei de 1984, a Segurança Social encontrava-se, por seu turno, separada da Acção Social.

Ora, com a Lei de 2000, o Sistema de Segurança Social[15] passou a ser estruturado segundo três ramos de protecção, identificados como subsistemas – o da «Protecção Social de Cidadania», o da «Protecção à Família» e o «Previdencial» – assumindo particular destaque, em termos de sistemática e de fundo, justamente o primeiro. Tal subsistema, ao abranger a generalidade dos cidadãos, visa assegurar direitos básicos e a igualdade de oportunidades, o direito a mínimos vitais dos cidadãos em situação de carência económica e, bem assim, a prevenção e erradicação de situações de pobreza e de exclusão, com vista à promoção do bem-estar e coesão sociais. Por outro lado, ela passa a incluir o exercício da própria Acção Social, esbatendo-se assim, pela primeira vez, na história da protecção social portuguesa, os contornos de separação desta em face da segurança social propriamente dita. O legislador entendeu, então, que a Acção Social deveria ser concebida como parte integrante da Segurança Social, ainda que socorrendo-se de mecanismos de actuação e valências próprios, tendo em vista a plena concretização do direito (e já não de mera expectativa) à integração social dos cidadãos e à promoção da igualdade de oportunidades.

Inovadora foi também a criação de um novo subsistema de «Protecção à Família», justificando-se o mesmo, não somente pelo reconhecimento da especificidade da eventualidade social «encargos familiares», mas por nele se fazer incluir um conjunto de «novos riscos sociais» (Join-Lambert, 1995, p. 779 ss.), como a deficiência e a dependência (sobre esta última, veja-se a história e problemas de aplicação, Vários Autores, 1998[16] e Inserguet, 1999, p. 42 ss.). Tal subsistema é ainda concebido como tendo uma dimensão claramente redistributiva, nele havendo lugar, como veremos, à *discriminação positiva* em favor dos titulares de mais baixos recursos.

Por último, o subsistema «Previdencial», de carácter segurador e marcado pelo princípio da *contributividade*, surge colocado, na ordem dos três subsistemas, em terceiro lugar e deixa de respeitar, como antes, ape-

---

[15] Que deixa de fora os regimes complementares.

[16] *La prestation spécifique dépendance*, Gérontologie et Sóciété – Cahiers de la Fondation Nationale de Gérontologie, Março de 1998.

nas ao regime de protecção dos trabalhadores por conta de outrém, alargando-se genericamente a toda e qualquer forma de protecção social substitutiva de rendimentos perdidos, provenham eles do trabalho por conta de outrém, do trabalho independente ou de outras formas de obtenção de proventos.

(2) *Alterações quanto aos grandes princípios informadores.* No que toca à concretização dos princípios agora estruturantes do sistema de segurança social, não apenas dos princípios genéricos, mas depois, também, especificamente dos princípios relativos ao financiamento da segurança social, assistiu-se pela primeira vez à assunção inequívoca da necessidade de fazer conjugar soluções retiradas dos diferentes modelos históricos e geográficos de protecção social, que antes pudemos referir. Esta opção pela concretização de soluções *mistas* ou de «convergência para o centro» é visível, por exemplo, no modo como agora se aceitou "dosear" o princípio da *universalidade*, como princípio de base informador, designadamente dos subsistemas «Protecção Social de Cidadania» e «Protecção Social à Família», com o princípio da *selectividade*, no primeiro daqueles subsistemas, pela exigência de verificação da condição de recursos no acesso à protecção nele garantida ou com o princípio da *diferenciação positiva,* neste segundo subsistema, ao fazer-se variar, por exemplo, o montante das prestações familiares, na razão inversa dos rendimentos percebidos pelos agregados familiares (sobre esta conjugação, outros desenvolvimentos, *vide* Cabral, 2000, p. 252). Ou seja, do que se trata é de importar para um modelo tentado pelo princípio da *universalidade* (pelo menos, na intenção programática do nosso legislador constituinte), soluções tão caras sobretudo ao modelo assistencialista anglo-saxónico[17]. Tendo em vista, de novo, uma certa contenção financeira (a selectividade orienta-se, *prima facie*, nesse sentido), o legislador não temeu abdicar de uma certa "purismo conceptual", aplicando conjugadamente princípios à partida inconciliáveis e antagónicos, visando, a um tempo, garantir o tal rigor financeiro, aliado à concretização de uma mais adequada e eficaz (porquanto mais bem direccionada) protecção social.

(3) *Alterações em matéria de financiamento da Segurança Social.* Apreciando as inovações verificadas em matéria de financiamento, verifica-se que a Lei de Bases se afastou, em aspectos essenciais, deliberadamente, das propostas contidas no Livro Branco da Segurança Social e, por conseguinte, da visão *multi-pilar* avançada antes pelo Banco Mundial.

[17] E para muitos considerado um modelo *minimalista* de protecção social.

Desde logo, porque na "arquitectura" do sistema, o Sistema da Segurança Social mantém-se como sistema *público* da segurança social. Os regimes complementares continuam assim a ser *outsiders* do sistema, tendo uma importância muito menos significativa do que o teriam nas referidas propostas, mais *liberalizantes*. Na verdade, eles (quer os regimes complementares profissionais, quer os regimes complementares individuais) mantém uma natureza puramente *facultativa* e, assim, necessariamente, uma expressão e dimensão financeiras de menor relevância. A lei faz questão de acentuar o *primado da gestão pública* como princípio fundamental da organização do sistema, ao mesmo tempo que rodeia de muita cautela – em termos de salvaguarda da sustentabilidade financeira do sistema e de garantia dos direitos adquiridos dos beneficiários – a eventual consagração do *plafonamento* e, por essa via, a transição para a dita complementaridade privada facultativa. Diversamente, é dada a maior relevância ao engrandecimento da capitalização pública (num fundo de estabilização) dos excedentes do subsistema previdencial, sendo esta uma capitalização colectiva e não já do tipo individual, como naquele outro caso (sobre a diferença, Matias, 1999, p. 190). Pretende-se, nomeadamente, que uma parcela de 2 a 4 pontos percentuais das quotizações dos trabalhadores seja, anualmente, destinada ao referido fundo de reserva, com o objectivo de este ser capaz de assegurar, pelo menos, o valor necessário ao pagamento de pensões, por um período mínimo de dois anos.

Paralelamente, foram consagrados dois importantes princípios do domínio do financiamento, o princípio da *adequação selectiva* e o princípio da *diversificação das fontes de financiamento*. O primeiro é, essencialmente, um princípio de rigor e de transparência financeira, da maior importância no sistema português, marcado, durante anos, pela deficiente afectação das diferentes fontes de financiamento aos tipos de despesa a que, legalmente, deveriam ser destinadas (Cabral, 2001, p. 103). Pretende-se, assim, com este significar a determinação das fontes de financiamento e afectação dos recursos financeiros de acordo com a natureza e os objectivos das modalidades de protecção social definidas na lei e com as situações específicas, nomeadamente as relacionadas com as políticas activas de emprego e formação profissional[18].

---

[18] Concretizando este princípio prevêem-se, depois, três formas de financiamento: (1) *Financiamento em exclusivo por transferências do OE* para as despesas com a protecção garantida no âmbito do subistema «Protecção Social de Cidadania» e prestações do subsistema «Protecção à Família» não dependentes da carreira contributiva; (2) *Financia-*

O princípio da *diversificação das fontes de financiamento* intenta a ampliação das bases de obtenção dos recursos financeiros da segurança social, tendo em vista, designadamente, a redução dos custos não salariais da mão-de-obra. O estabelecimento (inovador) deste princípio merece-nos os seguintes comentários.

Em primeiro lugar, ele insere-se de novo na aceitação de soluções *mistas*, desde feita no domínio das fontes de financiamento, pretendendo-se que o sistema possa encontrar uma panóplia diversificada de recursos, conjugando soluções retiradas dos diversos modelos de protecção. Assim, em Portugal tem-se caminhado, nos últimos anos, para a concretização inequívoca desta diversificação, aceitando-se, desde meados da década de 90, a consignação de parte da receita do IVA ao financiamento da segurança social e, agora, com a Lei de Bases de 2000, veio a admitir-se afectar, no futuro, outras receitas fiscais (sem especificar de que tipo) ao seu financiamento.

Esta «convergência para o centro» corresponde, aliás, a uma estratégia aconselhada aos países da União Europeia, pelo menos desde os anos 90, pela Comissão Europeia, num contexto de combate ao desemprego e de promoção do emprego, mediante, nomeadamente, o abaixamento dos custos não-salariais da mão-de-obra (assim, Comissão Europeia, 1995[19]). Tal estratégia passava pela aceitação de que certas receitas fiscais, tais como as provenientes de impostos específicos sobre o consumo, impostos ambientais, impostos especialmente criados para o efeito (à semelhança da *contribuição social generalizada* francesa), fossem destinadas ou até consignadas à realização de despesas com a protecção social.

Em terceiro lugar, este princípio surge directamente ligado a uma outra regra, também ela consagrada nesta Lei, a da diversificação ou *alargamento das bases de incidência* das próprias contribuições sociais, prevendo-se que a legislação ordinária subsequente fixasse novas bases de incidência distintas das remunerações, num contexto de defesa e promoção do emprego. Pretende-se aqui, de igual modo, desonerar o factor de

---

mento bipartido (por contribuições da entidades empregadoras e quotizações dos trabalhadores) para as despesas do subsistema «Previdencial»; (3) *Financiamento tripartido* (por contribuições da entidades empregadoras, quotizações dos trabalhadores e consignação de receitas fiscais (v.g. IVA social)) para as despesas com prestações que tenham forte componente redistributiva, a saber, a generalidade das prestações do subsistema «Protecção à Família» e de medidas inseridas em políticas activas de emprego e formação profisisonal.

[19] No Relatório *A protecção social na Europa*, 1995.

produção trabalho em face, especialmente, do factor de produção capital[20], tendo em vista não apenas o desagravamento tributário de muitos trabalhadores e respectivas empresas, mas também a criação de condições competitivas similares entre empresas intensivas em trabalho e em capital (Cabral, 2001, p. 101)[21].

Importa dizer ainda, neste contexto de diversificação das fontes de financiamento, que a proposta de lei apresentada pelo Governo incluía a previsão da criação de uma *contribuição de solidariedade*, certamente inspirada em institutos afins de outros ordenamentos (v.g. francês e belga), ainda que com contornos não totalmente definidos no respectivo articulado. Remeter-se-ia, por isso, a sua regulamentação e pormenorização para legislação posterior. Seja como for e fruto do debate verificado no Parlamento e das cedências políticas que o Governo – então minoritário – acabou por ter de fazer, considerando desde logo a elevação da carga fiscal daí resultante, a proposta acabou por cair, não vindo pois a constar do texto final da Lei.

De tudo quanto se disse, relativamente a esta Lei n.° 17/2000, importa concluir fazendo as seguintes observações. Antes de mais nada, esta foi claramente uma lei inovadora quer em termos sistemáticos quer de fundo, designadamente ao nível dos princípios genéricos e dos princípios específicos em matéria de financiamento da Segurança Social. Trata-se de uma Lei orientada para a modernização da protecção social em Portugal, reforçando a sua dimensão universalista, ainda que com claras preocupações redistributivas, tendo como *leit motiv* inspirador a intenção de fazer do direito à segurança social um verdadeiro direito de cidadania, independentemente da situação sócio-profissional do beneficiário, destinada a assegurar a todos os cidadãos uma rede básica de segurança, não apenas mediante a instituição de políticas *passivas* de protecção social, mas de verdadeiras medidas *activas* de integração social.

Por outro lado, não há dúvida que esta Lei se afastou, e muito, das propostas contidas quer no *Livro Branco da Segurança Social*, quer das do Banco Mundial. Nisto, assume uma opção político-ideológica menos *libe-*

---

[20] O que se conseguiria, por exemplo, com a tributação do *valor acrescentado líquido*, mediante uma base de incidência muito alargada que incluísse um conjunto de elementos ou rendimentos patrimoniais: salários, encargos financeiros, amortizações e lucros anuais.

[21] De notar, todavia, que esta previsão foi abandonada com a actual Lei de Bases, n.° 32/2002.

ralizante (ou mais *socializante*, como se queira) do sistema de segurança social. E isto, desde logo, porque o *primeiro pilar* do sistema, o sistema público de protecção social, assume uma importância sobredimensionada, incomparavelmente superior à dos demais pilares, os regimes complementares do tipo profissional e individual, contrariamente pois ao que era pressuposto naquelas anteriores propostas. Dir-se-á que aquele primeiro encerra e esgota quase toda a protecção social, quedando uma ínfima parte, inexpressiva, para estes dois últimos. Acresce que a solução contida neste primeiro pilar aparta-se claramente de uma tendência que tem sido desenhada em diversos países da O.C.D.E., nos processos de reforma dos respectivos sistemas de pensões, caracterizada pelo "emagrecimento" do primeiro pilar público universal, com pensões de menor montante, iguais para todos ou proporcionais ao rendimento familiar[22] (Campos, 2000, p. 151). A própria previsão, muito cautelosa, da introdução de um limite de incidência contributiva, indiciava que, a concretizar-se (por legislação posterior), ele seria sempre fixado num valor substancialmente elevado, por forma a evitar perda de receitas que pusesse desde logo em causa o equilíbrio financeiro imediato do sistema[23].

4. **A actual Lei de Bases da Segurança Social**

4.1. ***A nova «arquitectura» do sistema***

A nova Lei de Bases foi uma das primeiras medidas *reformadoras* adoptadas pelo XV Governo constitucional que tomou posse em Abril de 2002.

---

[22] Exemplos: Austrália, Suíça, Dinamarca e Reino Unido.

[23] Tendo em vista, precisamente, a concretização do *plafonamento*, foi celebrado, em sede de concertação social (2001), entre o Governo e os parceiros sociais (excepto a CGTP-IN que o não subscreveu), um *Acordo sobre a Introdução de Limites Opcionais às Contribuições para o Sistema de Repartição*, no qual se aceitou a possibilidade de adoptar um limite contributivo opcional de 12 salários mínimos nacionais para os titulares de salários superiores àquele valor, desde que ficasse assegurada a sustentabilidade financeira do sistema. Ao que tudo indica, embora não tenham sido desenvolvidos estudos mais aprofundados sobre o impacto financeiro desta opção, a sua concretização, por dizer respeito a remunerações muito elevadas, logo relativas a um número reduzido de contribuintes, teria um efeito financeiro despiciendo, no curto prazo e sobretudo no médio/longo prazo.

A sua leitura sugere as seguintes notas. Em primeiro lugar, trata-se de uma Lei que aproveita grande parte das inovações herdada da sua predecessora, nomeadamente no que toca ao "desenho" do sistema (público) de segurança social, mantendo nele a separação entre três subsistemas, o «Previdencial», o de «Solidariedade»[24] e de «Protecção Familiar». Em segundo lugar, a redacção da grande maioria dos preceitos da Lei é igual ou similar à redacção dos preceitos correspondentes da anterior. Por último e em consequência, uma leitura mais superficial do diploma poderia sugerir tratar-se de uma "lei-decalque" da de 2000, apenas com um ou outro ajuste, ditado por exigências políticas do momento. Não nos parece que seja assim. Antes incorpora importantes e significativas alterações.

A primeira novidade desta Lei prende-se exactamente com a "arquitectura" do sistema. Pelas seguintes razões. Desde logo, porque pela primeira vez, o Sistema de Segurança Social inclui, além do «Sistema Público de Segurança Social» e do «Sistema de Acção Social» (separado agora, de novo, da Segurança Social[25]), o «Sistema Complementar». Pela primeira vez, assim, a complementaridade – pública, privada e mutualista – é incluída no Sistema da Segurança Social, o que faz supor, em termos dogmáticos, um entendimento distinto do até aqui consagrado, muito mais amplo, da expressão «Segurança Social» (sobre o conceito de segurança social e sua crescente *publicização,* leia-se as obras de referência, Rodriguez, 1972, p. 50-52 e Dupreyroux, 1980, p. 154 ss..).

No que diz respeito, portanto, ao agora denominado «Sistema *Público* de Segurança Social», manteve-se, como antes apontámos, a separação entre três subsistemas, o «Previdencial», o de «Solidariedade» e de «Protecção Familiar», dando-se agora prevalência, pelo menos em termos de sistemática, ao «Previdencial», contrariamente à prioridade dada pela lei precedente, ao Subsistema «Protecção Social de Cidadania», agora designado de «Solidariedade». Estas alterações não são de pormenor, nem são inocentes. A elas subjaz uma nova ordem de valores e de considerações em torno dos objectivos fundamentais que um sistema de segurança social deve prosseguir: para a Lei 17/2000, a dimensão da universalidade e da cidadania (o direito de todos à protecção social); para a Lei 32/2002,

---

[24] Correspondendo ao anterior Subsistema «Protecção Social de Cidadania», mas sem já incluir a Acção Social.

[25] Adiante tentaremos apontar algumas razões para este facto.

a dimensão seguradora, antes de mais[26] e, em segundo lugar, objectivos solidaristas/caritativos para as franjas carenciadas da população. A própria autonomização e o modo como agora é tratada a Acção Social permitem evidenciá-la, essencialmente, pela sua vocação e destino *assistencialista,* de amparo às camadas vulneráveis e/ou desintegradas. A isto não é alheio, depois, como veremos, o papel proeminente que agora se confere, no desempenho da Acção Social (sobre o conceito, Alfandari, 1974), mais do que ao Estado, a entidades não públicas, de solidariedade ou assistência social, com destaque para a Igreja.

4.2. *Novas características e princípios estruturantes*

Importa, agora, genericamente apontar os traços e opções políticas subjacentes a esta Lei, quer do ponto de vista económico, quer do ponto de vista ético e até, se se quiser, do ponto de vista filosófico.

Em termos económicos, esta é certamente – sobretudo porque comparada com a anterior – uma Lei de feição liberal que aponta claramente para uma *privatização* substancial de parte dos recursos da Segurança Social. E, com efeito, ela aproxima-se muito mais das propostas contidas no mencionado *Livro Branco da Segurança Social* e, sem dúvida, do modelo *multi-pilar* sugerido pelo Banco Mundial.

Do ponto de vista ético e filosófico, ela é uma Lei "conservadora"[27], marcada, essencialmente, pela influência da *doutrina social da Igreja (Católica)* e, em certa medida, por uma visão "corporativa" e "orgânica" da sociedade, como via necessária e adequada à resolução dos conflitos e das tensões sociais:

(1) Assim, desde logo, pelo papel cimeiro que é dado à Família, célula fundamental da sociedade, na concretização e desenvolvimento da protecção social e à necessidade de conjugação do trabalho com as exigências familiares (assim, se consagram diversos preceitos que apontam expressamente nesse sentido);

---

[26] Assegurada, note-se, não apenas pelo sistema público, que é agora "comprimido", mas também, *obrigatoriamente*, pelo sistema complementar.

[27] É preciso não esquecer que o Governo em causa era um Governo de centro-direita, com uma forte influência do partido mais conservador da coligação, o CDS-PP, na área do trabalho e da segurança social.

(2) Depois, o papel social determinante conferido à maternidade (apontando-se para a alteração da legislação da maternidade, no sentido de a favorecer e, para além disso, discriminando-se positivamente, em sede de atribuição de prestações familiares, as famílias numerosas[28]);

(3) Acresce a consagração de um princípio novo, o da *subsidiariedade social,* querendo ele significar, justamente, o reconhecimento do papel essencial das pessoas, das famílias e dos corpos intermédios no desenvolvimento da protecção social (cf. artigo 12.° da Lei n.° 32/2002) e, especificamente, da Acção Social que surge, agora, como seu campo privilegiado de implantação[29].

(4) Ainda, como atrás se apontou, a evidência posta agora no Sistema de Acção Social, agora autonomizado como Sistema especialmente vocacionado para o combate e prevenção de situações de pobreza e de marginalização social, a cargo, não apenas do Estado, mas porventura até, primacialmente, da família, de instituições de solidariedade social, com ênfase para a Igreja, e de outros corpos intermédios. Ora, salvaguardadas as devidas adaptações, ditadas pela evolução dos institutos, o modo como agora é tratada a Acção Social e o papel que nele é conferido à família, às instituições de solidariedade social e a (outros) corpos intermédios apresenta inegáveis similitudes com o tratamento que, durante o Estado Novo, foi sempre dado à Assistência Social, mercê das influências – aí inequivocamente assumidas – da *doutrina social da Igreja* e, em especial, do *catolicismo social* herdado de Leão XIII[30]. A Assistência Social consistia então no «auxílio material, moral, jurídico, médico, ou outro,

---

[28] O que aliás foi concretizado no ano de 2003, com o novo regime das prestações familiares.

[29] No n.° 4 do artigo 86.° da Lei n.° 32/2002, determina-se, com efeito, que «o exercício da acção social rege-se pelo princípio da subsidiariedade, considerando-se prioritária a intervenção das entidades com maior relação de proximidade com as pessoas»..

[30] Muito especialmente com a Encíclica *Rerum Novarum*, de 1891. A *doutrina social da Igreja* foi desde então marcada pela condenação do socialismo, mas ainda pela rejeição de soluções liberais, às quais opôs soluções de tipo *corporativo*, baseadas no propósito de formação ou da reconstituição de corpos intermédios, destinados a assegurar as tarefas que os indivíduos não têm meios de realizar e que a defesa das liberdades aconselha a que não sejam confiadas ao Estado (Martinez, 1989, pp. 294 e 295). E, não restam dúvidas que, no pensamento de Oliveira Salazar, existem fortes influências deste catolicismo social (*ibidem*, p. 299).

a quem experimentasse uma necessidade transitória ou permanente, auxílio que visava dar ao necessitado um simples paliativo ou a reintegrá-lo no seu meio social. Desta feita a resolução da chamada "questão social" era (...) entregue à igreja ou às misericórdias e dirigida muito em especial para a família, como célula fundamental, fenómeno que sucedia de forma geral por toda a Europa. O próprio Serviço Social que se foi estabelecendo sobre a preocupação do caso individual e do apoio à personalidade... encontrava semelhanças profundas... ou até identidade entre ele e a caridade cristã...» (Coutinho, 1999, p. 17)[31].

A esta Lei subjaz, por tudo isto e em suma, uma *visão organicista da sociedade* (por contraponto a uma visão estritamente *individualista*), como forma de melhor enquadrar e resolver a "questão social", a conflitualidade social latente ou real, potenciada pela pobreza, pela marginalização social e pelo agravamento das desigualdades económicas.

4.3. *A introdução de um tecto superior contributivo e a complementaridade; a transição para um sistema «multi-pilar» de protecção social*

Também no domínio da *complementaridade* ocorreram importantes inovações. Desde logo, como vimos, por se instituir um «Sistema Complementar» autónomo, fazendo parte integrante do Sistema da Segurança Social. Depois, porque pela primeira vez, no Capítulo da Lei relativo a este sistema (outrora identificado sob a denominação de «regimes complementares»), ele é ampla e exaustivamente regulado, estabelecendo-se desde já, e sem prejuízo da ulterior regulamentação, regras precisas quer quanto ao tipo, natureza e características dos diferentes regimes complementares e a sua articulação com o sistema público, regras em matéria de transferibilidade ("*portability*") de direitos, de salvaguarda de outros direitos dos trabalhadores, da necessidade do estabelecimento de regras prudenciais e de

[31] E como acrescenta a autora, «a valorização da família – elemento reprodutor das relações sociais – foi a ideia considerada certa, enquanto elemento político primário de conservação da disciplina e progresso do país.» (*idem*, p. 17). Ora, parece claro e como temos apontado, que muitos destes valores perpassam na Lei de Bases da Segurança Social actual e são por ela acolhidos e regulados.

se assegurar a supervisão dos planos de pensões, de instituição de mecanismos de solvência dos planos e de garantia, etc..

Pela primeira vez, portanto, o sistema complementar assume idêntica dignidade e importância em face do sistema público de pensões, consagrando-se, afinal, entre nós, um sistema "*multi-pilar*", no qual a dimensão do primeiro pilar, de natureza pública, é claramente comprimida, em favor da expansão do segundo (os regimes complementares de natureza legal ou contratual).

As razões apontadas para a *privatização* da Segurança Social resultam não apenas das fragilidades financeiras que os sistemas públicos de pensões, geridos segundo a técnica da repartição, deixam já antever em face do envelhecimento da população, mas também dos alegados efeitos económicos negativos deles resultantes (assim, por exemplo, Thompson, 1998, p. 37 ss. e Matias, 1999, p. 141-154). Em confronto, apontam-se as vantagens e ganhos em termos de poupança, acumulação de capital produtivo, eficiência e competitividade, decorrentes da gestão em capitalização, *maxime* em capitalização individual privada (assim, Reynanud, 1998, p. 37-53, Hemming, 1999, p. 9-29 e Arrondel e Masson, 1999, p. 7-10), pesem as críticas já apontadas às suas perversões, sobretudo do ponto de vista social (Saint-Jours, 1996, p. 629 ss.). Outro tanto se tem dito (sobretudo em países como Portugal, onde não existe *plafond* contributivo e onde se prevê a sua introdução) sobre os custos de transição do sistema de repartição para o sistema de capitalização e sobre as formas possíveis, que conjuguem os dois métodos – v.g. um esquema de repartição, apoiado num esquema de capitalização parcial – de atenuar os pesados encargos financeiros que impenderão necessariamente sobre as gerações presentes, obrigadas a suportar tal transição (Quelhas, 2001, p. 120-121).

Diversos autores têm, de igual modo, procurado assegurar a precisão terminológica dos diversos regimes complementares, mediante a identificação de critérios distintivos que permitam classificar regimes que, por vezes, mesmo a nível legislativo, surgem sobrepostos e confundidos (assim, apRoberts, 1995, p. 3 e Neves, 2003, pp. 214 e 215). Por seu turno, tarefa por demais necessária, já se tem tentado clarificar a inclusão de diferentes regimes complementares à luz da *teoria dos três pilares*, constatando-se, apesar disso, as inúmeras dificuldades de qualificação e de integração de certos regimes, já que dotados de alguma hibridez (o caso, por exemplo, dos sistemas A.G.I.R.C. e A.R.R.C.O. franceses[32] e do SERPS

[32] Sobre as características do sistema *vide* ainda Fricotté e Gauthier, 2001. p. 47 ss..

britânico) (assim, Oliveira, 2003, p. 95-98). Por último, e atendendo especificamente ao critério da natureza das *técnicas de cobertura e garantia*, não faltam, de igual modo, estudos sobre o impacto económico da opção entre regimes de *benefícios definidos* e regimes de *contribuições definidas*[33], notando-se uma cada vez maior recondução destes últimos à própria capitalização.

Na Lei de Bases, a distinção fundamental é a que separa, no «Sistema Complementar», os *regimes legais*, os *regimes contratuais* e os *esquemas facultativos*. Os primeiros são de iniciativa estatal ou generalizados pelo Estado a partir de iniciativas particulares colectivas. Os segundos são de iniciativa particular livre e podem, por seu turno, ser convencionais (instituídos em convenções colectivas de trabalho), institucionais (constituídos por via associativa, como acontece com as mutualidades) ou contratuais em sentido estrito (por decisão das empresas promotoras ou em resultado da adesão individual) (Neves, 2003, p. 214). Os últimos, ao que tudo indica, pretende-se que incluam as iniciativas de poupança privada individual e são totalmente livres.

O papel relativo de cada um destes regimes, quer entre si mesmos considerados, quer quando articulados com o sistema público, só é plenamente apreendido com a leitura das disposições atinentes à introdução de uma *tecto superior contributivo* (artigo 46.° da Lei n.° 32/2000). A grande particularidade da Lei de Bases reside, não tanto na previsão do *plafond*, o que já sucedia, como vimos, na Lei anterior, mas na consagração peculiar de dois limites contributivos: (1) um, mais elevado[34], para a isenção da obrigação de contribuir (limite superior contributivo absoluto)[35] e (2) um segundo limite, a fixar entre o limite anterior e um valor indexado a um factor múltiplo do salário mínimo nacional (Neves, 2003, p. 109), no qual, mantendo-se embora a obrigatoriedade de contribuir, há a opção dos beneficiários de o fazerem ou para o sistema público de segurança

---

33 Sendo certo que isto permite ainda retirar conclusões quanto aos efeitos económicos e sociais dos sistemas de repartição, geralmente de *benefícios definidos*, e dos sistemas de capitalização, tendencialmente de *contribuições definidas*, ainda que possamos ter soluções mistas ou híbridas.

34 A fixar, em regulamentação posterior, a um factor múltiplo do valor da remuneração mensal garantida à generalidade dos trabalhadores por conta de outrem.

35 Podendo haver lugar, para lá do *plafond*, a contribuições para esquemas livres, colectivos ou individuais, de protecção social.

social ou para o sistema de protecção complementar (regimes legais ou contratuais)[36].

Poderemos, em suma, afirmar que a actual Lei de Bases avança inequivocamente na concretização das propostas feitas pelo Banco Mundial e, com grande identidade, das propostas da Comissão do Livro Branco da Segurança Social (linha maioritária), ao erigir um sistema "*multi-pilar*", no qual o peso do primeiro pilar, público, é diminuído, em favor do robustecimento do segundo pilar, de natureza complementar (basicamente de natureza privada, sem prejuízo de eventual actuação pública, em concorrência) e ao que tudo indica, também, do próprio terceiro pilar (privado).

Estamos pois perante uma proposta inequívoca de um programa de *liberalização*, se se quiser de *privatização* (ao menos parcial) da Segurança Social portuguesa, o que deixa antever, pela primeira vez, o abandono do *primado da gestão pública* da segurança social (pelo menos, no tocante às pensões) e, em simultâneo, o abandono dos pressupostos universalizantes do sistema, vertidos até hoje, na Constituição Portuguesa[37].

Em todo o caso, a recente mudança governativa pode ditar uma inversão nesse percurso, mesmo no que o actual Governo opte por não revogar a Lei 32/2002 e se limite a introduzir-lhe as novas orientações públicas.

4.4. *Comentário final*

A Lei n.° 32/2002 pareceu querer ultimar o processo de reforma da segurança social. E fê-lo, dando um "golpe" certeiro nas intenções de preservação de um forte sistema público de pensões, para que apontava a Constituição desde 1976 e que havia sido assegurado pela Lei n.° 28/84 e preservado pela Lei n.° 17/2000. Por isso, para muitos – para quem considere que falar em *reformar* a Segurança Social significa falar em *privatizar* a Segurança Social –, só agora, com esta Lei, houve de facto mudanças reformadoras do sistema.

Por nós, consideramos que o processo de reforma é mais longínquo e não se traduziu apenas em intenções liberalizadoras ou até de contenção de custos (o que pode ser conseguido por outras vias, para além da própria

---

36 A previsão deste 2.° tecto contributivo aproxima-se, de certa forma, do esquema complementar britânico (SERPS), sendo que neste as empresas podem optar por estabelecer um fundo de pensões próprio, substitutivo do SERPS (Oliveira, 2003, p. 98).

37 E põe-se justamente a questão de saber se não se justifica ou mesmo impõe, neste ponto, a alteração do texto constitucional.

privatização). Traduziu-se sobretudo, dadas as fragilidades, insuficiências e imaturidade relevadas pela segurança social portuguesa, num processo de *modernização* e de recuperação dos atrasos estruturantes que, também nesta matéria, nos apartavam ainda de outros países mais desenvolvidos.

Seja como for, a nova Lei de Bases é uma lei que pertende ser *reformadora* e tem uma grande peculiaridade: aproveita os aspectos inovadores mais felizes da anterior (quer em termos sistemáticos, quer de fundo), decalcando a grande maioria das suas disposições, mas adaptando-a às suas intenções *liberalizadoras* e formatando-a segundo os seus valores éticos prioritários, completamente distintos dos que enquadravam a Lei de 2000. É, nesta medida, uma lei dotada de coerência interna e de sistematicidade. A questão fundamental que se põe é a de saber se assim estará à altura do maior desafio, perante aquela que é a realidade portuguesa: o da procura da manutenção do equilíbrio financeiro futuro do sistema público, aliado à elevação progressiva dos níveis e da qualidade da protecção social (o que tinha sido preocupação muito evidente aquando da elaboração da Lei 17/2000).

Tudo depende da regulamentação que, afinal, venha a ser dada, de aspectos tão decisivos para o futuro do sistema de segurança social português, tais como: (i) a introdução do *plafonamento* (valor dos limites contributivos, perda de receitas do sistema público e consequências do ponto de vista da realização da despesa social), (ii) a concretização da *complementaridade* privada (iii) e, bem assim, a afirmação da *subsidiariedade social*, princípio que tanto pode contribuir, com ganhos de eficácia e de qualidade, para uma partilha efectiva de responsabilidades entre os diversos *actores sociais*, no domínio da protecção social, como poderá significar, ao fim e ao cabo, a mera *alienação* ou *desresponsabilização* do Estado numa parte muito significativa da sua política social que implique, ao fim e ao cabo, a acentuação – da maior gravidade num país como Portugal – dos níveis de pobreza e de desigualdade económica.

BIBLIOGRAFIA

Ap ROBERTS, Lucy, *Les retraites complémentaires; vers une définition des termes*, in Problèmes Économiques, n.° 2438, 1995, p. 1 ss..

ARRONDEL, Luc e André Masson, *Les transferts entre générations*, in Futuribles, n.° 247, 1999, p. 5 ss..

CABRAL, Nazaré da Costa, *A nova Lei de Bases do Sistema de Solidariedade e Segurança Social (Comentário às suas principais inovações)*, in Cadernos de Política Social, 1999-2000, p. 247 ss..

CABRAL, Nazaré da Costa, *O financiamento da Segurança Social e suas implicações redistributivas*, 2001.

CABRAL, Nazaré da Costa, *A nova Lei de Bases do Sistema de Solidariedade e Segurança Social (Enquadramento e inovações a nível do financiamento)*, in *Estudos de Homenagem a Cunha Rodrigues*, Vol. II, 2001, p. 71 ss..

CAMPOS, António Correia de, *Solidariedade Sustentada – Reformar a Segurança Social*, 2000.

COMISSÃO DO LIVRO BRANCO DA SEGURANÇA SOCIAL, *Livro Branco da Segurança Social*, versão final, 1998.

COMISSÃO EUROPEIA, *A protecção social na Europa*, 1995.

COSTA, Alfredo Bruto da, *Exclusões Sociais*, 1998.

COUTINHO, Maria Manuela, *A Assistência Social em Portugal – 1965/1971: um Período de Charneira*, 1999.

DUPREYROUX, Jean-Jacques, *Droit de La Sécurité Sociale*, 1980 (8.ª ed.).

EUROPEAN COMISSION, *A concerted strategy for modernising Social Protection* (COM (99) 347 final), 1999.

ESPING-ANDERSEN, Gosta, *Three Worlds of Welfare Capitalism*, 1990.

FERRERA, Maurizio, Anton Hemerijck e Martin Rhodes, *The future of Social Europe*, 2000.

FRICOTTÉ, Lisiane e Lucie Gauthier, *La retraite, Assurance Vieillesse, ARRCO-AGIRC, Retraite Complémentaire*, Liaisons Sociales, 2001.

HEMMING, Richard, *Les pensions de retraite publiques devraient-elles être capitalisées?*, in Révue Internationale de Sécurité Sociale, Vol. 52, 1999, p. 3 ss..

INSERGUET, Jean-François, *La prestation spécifique dépendance: difficultés juridiques et enjeux financiers*, in Droit Social, n.° 1, 1999, p. 42 ss..

JOIN-LAMBERT, Marie-Thérèse, *Les "noveaux risques"*, in Droit Social, n.° 9/10, 1995, p. 779 ss..

MARTINEZ, Soares, *Economia Política*, 1989 (3.ª ed.).

MATIAS, Álvaro, *Economia da Segurança Social – Teoria e Prática*, 1999.

MINISTÉRIO DO TRABALHO E DA SOLIDARIEDADE, *A sustentabilidade financeira do Sistema de Solidariedade e Segurança Social*, 2002.

NEVES, Ilídio, *Direito da Segurança Social – princípios fundamentais numa análise prospectiva*, 1996.

NEVES, Ilídio, *Lei de Bases da Segurança Social – Comentada e Anotada*, 2003.

OLIVEIRA, Arnaldo Filipe da Costa, *Fundos de Pensões – Estudo Jurídico*, 2003.

QUELHAS, Ana Paula Santos, *A refundação do papel do Estado nas políticas sociais – a alternativa do movimento mutualista*, 2001.

REYNAUD, Emmanuel, *Les retraites dans l'Union européenne: adaptation aux évolutions économiques et sociales*, in Révue Internationale de Sécurité Sociale, Vol. 51, 1998, p. 37 ss..

RODRÍGUEZ, Antonio Perpigna, *Sociologia de la Seguridad Social*, 1972.

SAINT-JOURS, Yves, *Les retraites supplémentaires par capitalisation: côté pile et côté face*, in Droit Social, n.° 6, 1996, p. 629 ss..

SANTOS, Boaventura Sousa, Maria Bento, Maldonado Gonelha e Bruto da Costa, *Livro Branco da Segurança Social,* versão final, 1998, p. 289-355.

SEN, Amartya, *Poverty and Famines – An essay on Entitlement and Deprivation,* 1981.

SILVA, Pedro Adão e, *O estado providência português num contexto europeu: elementos para uma reflexão,*in Sociedade e Trabalho, n.° 8/9, 2000, p. 49 e ss..

THE WORLD BANK, *Averting the Old Age Crisis, Policies to Protect the Old and Promote Growth,* 1994.

THOMPSON, Lawrence, *Older and Wiser: the Economics of Public Pensions,* 1998.

VÁRIOS AUTORES, *La prestation spécifique dépendance,* 1998.

BIOÉTICA E LEGISLAÇÃO FARMACÊUTICA

A INFLUÊNCIA DA ÉTICA NOS INSTITUTOS DA LEGISLAÇÃO FARMACÊUTICA[1]

PEDRO CARIDADE DE FREITAS
Assistente da Faculdade de Direito da Universidade de Lisboa

§ 1 – ÉTICA E DIREITO FARMACÊUTICO

1. A Bioética pode ser hoje considerada uma nova disciplina no panorama científico. Não apresenta um carácter autónomo, mas serve-se da multidisciplinaridade do conhecimento para integrar o seu conteúdo. Áreas como a medicina, filosofia, teologia, sociologia ou direito fornecem o seu contributo à bioética.

Segundo Cristina Beckert[2] a «encruzilhada em que a Bioética se encontra não lhe permite auferir o estatuto de disciplina exclusivamente científica nem o de uma moral normativas, mas confere-lhe a problematicidade inerente a toda a postura ética.» Desta forma, e em nosso entender, a Bioética pode apresentar quer um cariz moral quer ético. Moral enquanto ordem de convenção social ou modo como as relações no seio da sociedade são regulamentadas por regras e normas de conduta[3]; ética enquanto

---

[1] Conferência proferida, em 14 de Novembro de 2003, no Mestrado em Bioética da Faculdade de Medicina da Universidade de Lisboa.

[2] Cristina Beckert, *O conceito bioético de pessoa: entre o indivíduo biológico e o sujeito ético-jurídico*, in *Contributos para a Bioética em Portugal*, coordenação de João Ribeiro da Silva, António Barbosa e Fernando Martins Vale, Lisboa, Edições Cosmos, 2002, p. 16.

[3] Entende Oliveira Ascensão que a ordem moral se destina ao aperfeiçoamento interno do individuo e não propriamente da organização social. Atente-se nas suas palavras:«Todavia, qualquer que seja a posição que se adopte quanto à fonte da norma moral, esta acaba por se repercutir sobre a ordem social. Surge uma moral positiva, que representa

problema, vivência pessoal ou modo como cada um concebe o sentido da sua própria existência e age de acordo com ele em relação aos outros.

Voltando às palavras de Cristina Beckert, a diferença entre moral e ética «não implica necessariamente uma oposição, mas apenas que a assunção ou rejeição de qualquer norma moral deve ser o resultado de uma decisão prévia proveniente do foro íntimo de cada um»[4].

A ética dirige-se assim a orientar a conduta humana, estabelecendo como esta pode processar-se. Por constituir um dever, a norma ética é caracterizada pela imperatividade, pelo que se pretende de facto realizar.[5]

Tendo como ponto de partida estas premissas podemos afirmar que a Bioética é o estudo das questões morais e éticas nas áreas do tratamento e investigação médica.

2. Na área da Saúde a ética é uma realidade presente. O Homem enquanto sujeito activo e passivo do sistema de Saúde apresenta uma carga biológica e moral imanente.

A área farmacêutica não é alheia a estas realidades. A sua actividade desenvolve-se em dois campos que, sendo diversos na origem, se complementam: por um lado a investigação científica de moléculas que originam medicamentos mais eficazes e seguros para combater as doenças que assolam a humanidade; por outro a disponibilização desses medicamentos a todos aqueles que os necessitam.

No entanto, se a investigação científica em si é um bem, o seu avanço não se deve fazer em detrimento do valor eminente da vida humana e da sua dignidade intrínseca.

3. O Direito Farmacêutica não é um ramo autónomo do Direito, mas uma mescla de normas jurídicas que, servindo-se dos princípios gerais de Direito, regulam uma actividade profissional que nos dias de hoje assume uma importância vital.

---

o conjunto de regras morais, ou aceites como tal, que vigoram numa sociedade. Essas regras determinam comportamentos e relações sociais em medida necessariamente vasta, pois o aperfeiçoamento individual só se realiza na participação social. Assim, também elas compõem a ordem ética da sociedade.», cfr. José de Oliveira Ascensão, *O Direito. Introdução e teoria geral. Uma perspectiva Luso-Brasileira*, Coimbra, Almedina, 1991, p. 29.

[4] Cfr. Cristina Beckert, ob. cit., p. 16.

[5] Pedro Soares Martinez entende que as normas éticas definem, regra geral, deveres de caridade em relação ao semelhante e de respeito por si próprio Cfr. Pedro Soares Martinez, *Filosofia do Direito*, Coimbra, Almedina, 1991, p. 225.

A legislação farmacêutica é vasta e complexa, mercê de regulamentar uma actividade industrial, que tem como missão a investigação, produção e comercialização de medicamentos e uma classe profissional que não só os conhece de raiz, como os vende ao público, aconselhando sempre que possível, e no respeito pelos princípios da prescrição médica, o medicamento mais adequado para cada doença.

Qualquer actividade económica que tenha como missão investigar, produzir e comercializar medicamentos tem de pautar a sua conduta por princípios de defesa da pessoa, da sua integridade e da sua saúde. O que são estes princípios senão corolários da ética? Ou, melhor dizendo, da consideração do Homem como ser moral, com direito à vida, à saúde e à sua integridade física?

O comportamento ético deve acompanhar a vida da indústria farmacêutica desde o estudo preliminar de uma molécula, que pode dar origem a um medicamento, aos ensaios realizados para testar a eficácia e segurança do medicamento e à comercialização do produto acabado.

Todos sabemos que o momento mais crítico da vida de um medicamento é a comercialização. A investigação que dura cerca de 10 anos exige por parte da Indústria Farmacêutica gastos muito elevados que deverão ser ressarcidos durante a fase de comercialização, regra geral os últimos 8 a10 anos do período de vida de um produto patenteado.

O custo de um medicamento não pode estar dissociado da necessidade de compensação dos gastos de investigação, de forma a que se possa investigar mais moléculas e descobrir novos medicamentos.

4. Posicionando desta forma o problema vamos tratar dois institutos específicos onde o comportamento ético deve acompanhar a actividade da indústria farmacêutica: os ensaios clínicos e a publicidade do medicamento.

§ 2 – OS ENSAIOS CLÍNICOS[6]

5. A execução de ensaios clínicos em seres humanos deve assentar nos princípios de protecção da vida humana, de forma a que o Homem não seja considerado como objecto da ciência ou mesmo da técnica.

---

[6] Na data desta conferência a Directiva 2001/20/CE do Parlamento Europeu e do Conselho de 4 de Abril de 2001 não tinha sido transposta, apesar do art. 22.º determinar

Por isso mesmo, o princípio do primado da vida humana deve balizar a legislação sobre ensaios clínicos, no respeito pelo princípio da dignidade da pessoa humana e dos seus direitos fundamentais.[7]

Os ensaios clínicos encontram-se regulamentados em Portugal no Decreto-Lei n.° 97/94, de 9 de Abril, que os define como «todo o estudo sistemático com medicamentos a realizar em seres humanos, saudáveis ou doentes, com o objectivo de investigar ou verificar os efeitos e ou identificar qualquer efeito secundário dos medicamentos e ou estudar a sua absorção, distribuição, metabolismo e excreção, a fim de determinar a sua eficácia e segurança.»

Por outras palavras, o ensaio clínico exige a existência de um ser vivo e de um medicamento para ser testado e estudado, com o fim de curar ou prevenir doenças humanas, estabelecer um diagnóstico médico e restaurar, corrigir e modificar as funções fisiológicas do homem.

Os princípios éticos encontram-se consagrados no actual diploma sobre ensaios clínicos, nomeadamente no art 4.° ao dispor que a «realização de ensaios clínicos deve ter lugar em estrita observância dos princípios científicos reconhecidos e escrupuloso respeito pela integridade física e psíquica das pessoas envolvidas».

Não se excluem, no entanto, do elenco dos ensaios clínicos aqueles que se podem realizar em pessoas sãs, quando não «existam riscos previsíveis para a sua integridade física e psíquica.» (art. 4.°, n.° 3).

6. A Directiva n.° 2001/20/CE do Parlamento Europeu e do Conselho, de 4 de Abril de 2001, consagra no art. 3.°, a protecção dos participantes nos ensaios clínicos, prescrevendo que os ensaios clínicos só podem ser realizados se:

i) tiverem sido avaliados os riscos e inconvenientes previsíveis por comparação com o benefício individual para a pessoa participante no ensaio e para outros pacientes;

---

que a transposição deveria ocorrer até 1 de Maio de 2003, de forma a ser aplicado a partir de 1 de Maio de 2004. Ver sobre este assunto, António Pedro Barbas Homem e Pedro Caridade de Freitas, *Ensaios Clínicos, Livro em Homenagem ao Professor Doutor Inocêncio Galvão Telles*,vol. IV, Coimbra, Almedina, 2003, pp. 341 a 354.

[7] A Directiva 2001/20/CE foi transposta para o Direito interno pela Lei n.° 46/2004, de 19 de Agosto, que, no art. 3.°, consagra o princípio do «*Primado da pessoa*», referindo:«1.*Os ensaios são realizados no estrito respeito pelo princípio da dignidade da pessoa e dos seus direitos fundamentais. 2. Os direitos dos participantes nos ensaios prevalecem sempre sobre os interesses da ciência e da sociedade.*»

ii) o sujeito participante no ensaio após uma entrevista prévia com o investigador ou com um membro da equipa de investigação, tiver compreendido os objectivos do ensaio, os seus riscos e inconvenientes, bem como as condições em que este será realizado;

iii) se assegurar o direito do participante ao respeito da sua integridade física e mental, bem como o seu direito à privacidade e à protecção dos dados;[8]

iv) o sujeito participante no ensaio ou o seu representante, no caso de não ser capaz de dar o seu consentimento esclarecido, tiver dado a sua autorização por escrito, após ter sido informado sobre a natureza, o alcance, as consequências e os riscos do ensaio clínico;

v) os participantes poderem retirar-se, a qualquer momento, do ensaio;

vi) existirem disposições relativas a um seguro ou indemnização que cubra a responsabilidade do promotor e do investigador.

7. Requisito essencial para a realização de ensaios clínicos é o consentimento do sujeito que se vai submeter ao ensaio, o designado consentimento informado.

O art. 10.° do Decreto-Lei n.° 97/94 prevê que o consentimento deva ser:

- livre;
- esclarecido;
- expresso,
- dado por escrito.

Só após o cumprimento dos requisitos expostos o consentimento pode ser considerado esclarecido, e como tal eficaz. Se não se observam estes pressupostos o consentimento considera-se não dado, não podendo o promotor do ensaio clínico ou o investigador incluir essa pessoa no ensaio.

O consentimento é revogável a todo o tempo (n.° 3, do art. 10.°), não incorrendo o sujeito na obrigação de indemnizar os prejuízos daí decorrentes.

---

[8] Os resultados recolhidos na realização dos ensaios clínicos estão sujeitos à protecção de dados, previsto na Lei n.° 67/98, de 26 de Outubro. O Decreto-Lei n.° 97/94 dispõe no art. 11.° que «todos aqueles que participarem em ensaios clínicos ou por qualquer forma tiverem conhecimento da sua realização ficam obrigados a não revelar quaisquer dados pessoais a que tenham tido acesso».

Questão particular prende-se com a realização de ensaios em menores e incapazes. Neste caso só é permitida a realização do ensaio clínico após o consentimento prestado pelos seus representantes legais, sem prejuízo do consentimento dos menores que disponham de capacidade de entendimento e manifestação de vontade (n.° 5). Independentemente do consentimento do representante legal, o ensaio clínico só pode, e por imperativos éticos, ser realizado em menores ou incapazes quando resultar benefício directo para o sujeito.

A Directiva 2001/20/CE dá especial relevo aos ensaios clínicos realizados em menores (art. 4.°) e em adultos incapazes de darem o seu consentimento esclarecido (art. 5.°).

Para a legislação comunitária, o ensaio clínico só se pode realizar após o menor ou o incapaz ser informado de forma adequada à sua capacidade de compreensão sobre o ensaio, respectivos riscos e benefícios.[9]

Deve-se também atender ao «desejo explícito de um menor [incapaz] capaz de formar uma opinião e avaliar as informações, de se recusar a participar no ensaio clínico ou de se retirar dele a qualquer momento ....».

Estes requisitos do consentimento, que de forma genérica se encontram consagrados na legislação nacional, deverão ser transpostos a curto prazo.

7. Como corolário de um princípio ético, a participação em ensaios clínicos não pode ser remunerada, sem prejuízo do reembolso das despesas ou prejuízos sofridos com a participação nos ensaios.[10]

Pretende-se evitar com a não remuneração dos ensaio clínicos uma «profissionalização» dos mesmos por parte dos sujeitos, de forma a salvaguardar a integridade da vida humana e o serviço à sociedade prestado por quem, em situação de doença, se dispõe a participar num ensaio clínico.

8. Outro aspecto que permite aferir a ética envolvente ao ensaio clínico é a necessidade de parecer favorável de uma Comissão de Ética multidisciplinar, constituída por médicos, enfermeiros, farmacêuticos, juristas, teólogos, psicólogos, sociólogos e outros profissionais de áreas das ciências sociais e humanas, num total de 7 membros, conforme o disposto no Decreto-Lei n.° 97/95.

---

[9] A legislação actual, que resulta da transposição da Directiva, conforme nota 7, cumpre com rigor os ditames comunitários em matéria de consentimento. Vide arts. 5.°, 6.°, 7.° e 8.° da Lei n.° 46/2004.

[10] Um dos prejuízos reembolsáveis previstos nos protocolos é constituído pelo pagamento de faltas ao trabalho dadas em consequência do ensaio.

Às Comissões de Ética cabe zelar pela observância de padrões de ética no exercício das ciências médicas «por forma a proteger e garantir a dignidade e integridade humanas, procedendo à análise e reflexão sobre temas da prática médica que envolvam questões de ética.»

A existência de Comissões de Ética nos estabelecimentos onde se pretende realizar os ensaios clínicos é também condição para a sua realização, uma vez a lei (Decreto-Lei n.° 97/94), no art. 7.°, n.° 2, determinar que os estabelecimentos de saúde que não tenham Comissões de Ética não poderem realizar ensaios clínicos.

A lei restringe deste modo a realização de ensaios clínicos aos Hospitais, excluindo-se os Centros de Saúde, as Clínicas privadas e os Consultórios médicos, dada a inexistência de Comissões de ética instaladas. Mais uma vez, e em termos de *ius constituendo*, se reitera a necessidade de alteração da actual legislação, por força da transposição da Directiva, permitindo-se que outras instituições de Saúde, que não os Hospitais, possam desenvolver ensaios clínicos. Esta situação será facilmente ultrapassável com a criação da designada Comissão de Ética de referência.[11]

§ 3. PUBLICIDADE DE MEDICAMENTOS DE USO HUMANO.

9. A publicidade de medicamentos de uso humano é um dos temas centrais, e talvez o mais polémico da legislação farmacêutica.

O medicamento tem como fim último a cura ou a prevenção de doenças no ser humano ou ainda o estabelecimento de um diagnóstico médico para restaurar, corrigir ou modificar as funções fisiológicas no homem.

Estes objectivos de preservação da vida humana nem sempre se coadunam com os interesses das farmacêuticas em venderem medicamentos

[11] A Lei n.° 46/2004, de 19 de Agosto, cria no art. 18.° a Comissão de Ética para a Investigação Clínica (CEIC). Compete à CEIC, nos termos do n.° 5, do art. 18.°, «*a) definir os requisitos materiais e humanos que as comissões de ética para a saúde devem reunir para estarem habilitadas a emitir parecer quando para o efeito designadas pela CEIC; b) emitir o parecer previstos no art. 20.°, sem prejuízo do disposto no art. 19.°* [sempre que não haja no estabelecimento de saúde uma Comissão de Ética para a Saúde]; *c) receber e validar o pedido de parecer apresentado pelo promotor; d) acompanhar a actividade das comissões de ética para a saúde, no que concerne aos ensaios; e) elaborar o relatório anual de actividades e submetê-lo à apreciação do Ministro da Saúde.*»

Com a criação da CEIC os ensaios clínicos podem começar a ser realizados em instituições que não possuam Comissão de Ética para a Saúde.

para auferirem lucro. O lucro é sempre legítimo numa entidade comercial, no entanto, deve ser estabelecida a fronteira entre os interesses comerciais e a defesa da saúde pública, salvaguardada, neste caso, pelos médicos e farmacêuticos.

Para que os interesses superiores de saúde e os das empresas que comercializam medicamentos não colidam foi publicada em 1994 a legislação sobre publicidade do medicamento, na sequência da transposição da Directiva n.° 92/28/CEEE, do Conselho, de 31 de Março de 1992.

Esta legislação visa disciplinar a relação existente entre os médicos, os farmacêuticos e a indústria farmacêutica em defesa de interesses que devemos considerar eticamente superiores por decorrerem do direito fundamental do Homem à preservação da vida.

No entanto, os diplomas sobre publicidade de medicamentos de uso humano não atendem a outro factor não despiciendo – a necessidade das pessoas obterem informação sobre os medicamentos que podem influenciar positivamente a sua doença/saúde.

O Homem, numa sociedade cada vez mais global, quer que o conhecimento venha ter com ele, quer que a informação lhe seja disponibilizada, quase de imediato. Atentemos nos doentes crónicos que esperam ansiosamente por um fármaco que lhes aumente o tempo de vida, diminua a dor ou inverta o percurso impiedoso da doença. Como negar a estas pessoas a informação que desejam? Como evitar que consultem a internet à procura de respostas para os seus problemas?

São estes os desafios que a publicidade de medicamento tem hoje pela frente e, infelizmente, a legislação portuguesa não tem sabido acompanhar a necessidade das Pessoas. O labor legislativo não pode, não deve, fechar os olhos às aspirações da comunidade, porque se o fizer corre o risco de tornar ineficaz o Direito.

10. O Decreto-Lei n.° 100/94, de 19 de Abril, alterado pelo Decreto-Lei n.° 48/99, de 16 de Fevereiro, define publicidade de medicamentos como «qualquer forma de comunicação, de informação, de prospecção ou de incentivo que directa ou indirectamente promova a sua prescrição, dispensa, venda, aquisição ou consumo.»

Estamos perante uma definição complexa e coactora do direito de todos os indivíduos a terem informação sobre produtos que de alguma forma influenciem a sua vida ou o seu bem estar.

Partindo da definição legal considera-se publicidade:

– qualquer forma de comunicação,

- qualquer forma de informação;
- qualquer forma de prospecção;
- qualquer forma de incentivo
- que directa ou indirectamente promova a:
- prescrição,
- dispensa,
- venda,
- aquisição ou
- consumo de medicamentos.

Em bom rigor publicidade no âmbito do medicamento é tudo, quer seja anúncio publicitário, quer uma notícia de jornal, cabendo ao intérprete discernir se é admitida ou proibida.

11. A definição de publicidade não está isenta de críticas. O Decreto-Lei n.° 100/94 transpõe para a ordem jurídica interna a Directiva n.° 92/ /28/CEE, do Conselho, de 31 de Março de 1992.

A Directiva define publicidade de medicamento como «qualquer acção de informação, de prospecção ou de incentivo *destinada a promover* a prescrição, o fornecimento, a venda ou o consumo de medicamentos.»

A definição constante da Directiva e a que foi adoptada na legislação nacional não são coincidentes. Com efeito, o Decreto-Lei n.° 100/94, exclui da definição a frase «destinada a promover» e inclui «directa ou indirectamente promova».

Esta diferença entre o disposto na Directiva e o efectivamente consagrado na legislação nacional implica uma alteração teleológica da publicidade: *é o fim de informação e não o seu resultado que deve determinar o conceito de publicidade.* O legislador português não foi sensível a esta questão.

13. Para se delimitar com rigor o conceito de publicidade é necessário distingui-la de informação.

O fim da informação e da publicidade são diferentes. A informação tem como fim fornecer ao destinatário um conhecimento acrescido sobre a realidade; a publicidade tem como objectivo a comercialização de um produto, bem ou serviço.

14. Os princípios gerais da publicidade de medicamentos de uso humano são:

i) a publicidade só pode incidir em medicamentos a quem tenha sido concedida autorização de introdução no mercado[12];

ii) a publicidade deve promover o uso racional dos medicamentos, fazendo-o de forma objectiva e sem exagerar as suas propriedades;

iii) a publicidade deve ser concebida de maneira que a mensagem publicitária apareça claramente expressa, indicando tratar-se de um medicamento;

iv) a publicidade não pode divergir das informações constantes do RCM – resumo das características do medicamento;

v) a publicidade não pode ser enganosa.

Os princípios enunciados apresentam um carácter objectivo, de fácil controlo por parte da entidade com competência para fiscalizar a publicidade de medicamentos – o Infarmed – Instituto da Farmácia e do Medicamento[13] –, com excepção do princípio disposto em ii) que propugna o uso racional de medicamentos.

Este conceito de «uso racional» se bem que muito propagado pela legislação farmacêutica publicada após 2000[14], apresenta uma carga de abstracção que dificulta a sua integração. Racional pode ser o uso de embalagens adequadas a uma terapêutica[15] ou racional pode ser a utilização dos medicamentos mais baratos[16] que diminuam o encargo do Estado.

No campo da publicidade todos estes elementos podem promover o uso racional dos medicamentos, ou, ao invés, nenhum deles estar na mente do legislador de 1994.

---

[12] Os critérios para a concessão de autorização de introdução no mercado de medicamentos de uso humano encontram-se previstos no Decreto-Lei n.º 72/91, de 8 de Fevereiro, na redacção dada pelo Decreto-Lei n.º 272/95, de 23 de Outubro.

[13] O Instituto Nacional da Farmácia e do Medicamento (INFARMED) foi criado pelo Decreto-lei n.º 10/93, de 15 de Janeiro. A actual orgânica foi aprovada pelo Decreto-Lei n.º 459/99, de 18 de Novembro.

[14] Vide Lei n.º 14/2000, de 8 de Agosto.

[15] Com base nesta premissa iniciou-se em 2001 o designado redimensionamento das embalagens de medicamentos de uso humano.

[16] A reavaliação das comparticipações e o incentivo aos medicamentos genéricos são exemplos destes objectivos.

Decorrente dos princípios gerais de publicidade resultam dois corolários:

1. é permitida fazer junto do grande público publicidade de medicamentos não sujeitos a receita médica;
2. só é permitida publicidade a medicamentos sujeitos a receita médica junto dos profissionais de saúde – médicos, farmacêuticos, enfermeiros.

15. Os medicamentos não sujeitos a receita médica podem ser publicitados junto do público, uma vez serem medicamentos utilizados para patologias menores, pelo que não necessitam para a sua toma de acompanhamento médico, bastando o conselho do farmacêutico.

O art. 4.° dispõe que a publicidade junto do público deve conter as seguintes informações:

i) o nome do medicamento ou a sua denominação comum;
ii) as indicações terapêuticas e precauções especiais a ter;
iii) informações indispensáveis ao uso adequado do medicamento,
iv) aconselhamento ao utente para ler cuidadosamente as informações constantes da embalagem externa ou do folheto informativo e, em caso de dúvida, consultar o médico quando persistam os sintomas.

O art. 5.°, por sua vez, enuncia detalhadamente os elementos que não podem ser publicitados junto do público. Informações como as que sugiram que o efeito do medicamento é garantido, que não comporta efeitos secundários, que a saúde da pessoa pode melhorar através da utilização do medicamento ou, ao invés, que o seu estado de saúde é prejudicado por não tomar o medicamento estão proibidas na publicidade ao grande público.

A publicidade que sugira automedicação em áreas como a tuberculose, doenças transmitidas sexualmente, doenças infecciosas graves, cancro e outras doenças tumorais, insónia crónica, diabetes e outras doenças metabólicas encontra-se proibida.

É também proibida a publicidade junto do público de medicamentos que contenham estupefacientes e psicotrópicos[17], visto se-

[17] Os medicamentos estupefacientes e psicotrópicos encontram-se regulados no Decreto-Lei n.° 15/93, de 22 de Janeiro e Decreto Regulamentar n.° 61/94, de 12 de Outubro.

rem medicamento de estrita utilização mediante receita e acompanhamento médico[18].

É também proibida a distribuição gratuita de medicamentos ao público com fins promocionais.

16. Os medicamentos sujeitos a receita médica só podem ser publicitados junto dos profissionais de saúde, ou seja da pessoa qualificada para prescrever (médicos) e dispensar (farmacêuticos) medicamentos. A publicidade deve incluir:

i) o resumo das características do medicamento,

ii) a classificação do medicamento para efeitos de dispensa;

iii) o preço das várias apresentações;

iv) o regime de comparticipação, com indicação do valor a suportar pelo utente no regime geral e especial.

É admissível a chamada publicidade recordatória, que não exige a indicação dos elementos supra indicados, uma vez o legislador entender que a informação já foi previamente dada aos profissionais de saúde.

A publicidade de medicamentos junto dos profissionais de saúde admite a publicidade comparativa, que é proibida na publicidade junto do público, conforme o disposto no art. 5.°, n.° 3. Com efeito, apenas para a publicidade junto do público se encontra norma proibitiva, não existindo norma semelhante na publicidade junto dos profissionais de saúde. Resulta desta constatação que o legislador quis diferenciar as duas situações, proibindo num caso e admitindo noutro. Percebe-se o porquê desta opção. O legislador dá ao médico, com capacidade de prescrever, toda a informação para que ele possa escolher o medicamento mais adequado à terapêutica.

17. Em 1999 a legislação sobre publicidade de medicamentos de uso humano foi alterada com o objectivo, lê-se no preâmbulo do Decreto-Lei n.° 49/99, de 16 de Fevereiro, de clarificar as regras de «proibição geral da concessão, directa ou indirecta, de benefícios, pecuniários ou em espécie, às pessoas habilitadas a prescrever e a dispensar medicamentos».

Partindo destes objectivos clarificadores definem-se no âmbito da promoção dos medicamentos:

– os custos de acolhimento que podem ser suportados pela empresa titular de autorização de introdução no mercado ou pela empresa promotora do medicamento;

[18] Cfr. al. a) do art. 7.°, do Decreto-Lei n.° 209/94, de 6 de Agosto.

– os prémios e ofertas que podem ser concedidos;

– os registos obrigatórios nas empresas relativamente aos incentivos concedidos no âmbito dos eventos científicos e acções de promoção que promovem ou patrocinam.

18. Os prémios, ofertas e outros benefícios encontram-se consagrados no art. 9.° do Decreto-Lei n.° 48/99.

A regra geral é a proibição do titular de autorização de introdução no mercado ou da empresa responsável pela promoção de medicamentos de *dar ou prometer, directa ou indirectamente*, a pessoas habilitadas a prescrever ou a dispensar medicamentos, prémios, ofertas ou outros benefícios pecuniários.

Esta norma tem como *ratio* impedir que os médicos ou os farmacêuticos possam prescrever ou dispensar medicamentos que não sejam os mais indicados à luz do conhecimento científico para curar ou prevenir doenças. Proíbe-se, assim, a prescrição e dispensa de medicamentos por razões de ordem meramente económica.

Em bom rigor, estamos perante uma norma anti-corrupção dos médicos e farmacêuticos pelas empresas que comercializam ou promovem medicamentos para uso humano.

O n.° 1 do art. 9.° apresenta excepções ao princípio geral:

i) são permitidas ofertas de objectos relacionados com a prática da medicina ou da farmácia de valor intrínseco insignificante;

ii) são permitidos os custos de acolhimento em eventos científicos e acções de formação;

iii) são permitidos pagamentos de honorários por comunicações científicas em congressos ou em acções de formação e de promoção de medicamentos.

A condição para a admissão destas excepções é a inexistência de contrapartidas na prescrição ou dispensa de medicamentos.

19. As ofertas para serem admitidas devem ser relacionadas com a actividade profissional de saúde (é admitida a oferta de esferográficas, canetas, blocos, agendas, luvas cirúrgicas,...). Não se proíbe, também, a oferta de material de carácter formativo ou educacional (ex. livros técnico-científicos) que contribuam para melhorar os cuidados dos doentes ou o funcionamento das instituições integradas no Serviço Nacional de Saúde.

Encontram-se excluídos do leque das ofertas, objectos de uso doméstico e que não sejam utilizados na prática quotidiana da profissão, como trens de cozinha, serviços de jantar, micro-ondas, vouchers de descontos, CD's...

A admissibilidade das ofertas encontra-se sujeita a duas condições:

i) não incentivar a prescrição ou a dispensa de medicamentos;

ii) ter um valor intrínseco insignificante[19].

20. Os custos de acolhimento dizem respeito às inscrições, deslocações e estadas em conferências, congressos e simpósios de carácter estritamente científico.

As acções de formação devem constituir uma mais valia científica ou ganho formativo para os participantes, sejam eles médicos ou farmacêuticos.

Sempre que a participação na reunião implique a deslocação do participante, a empresa titular da autorização de introdução no mercado ou a empresa promotora do medicamento pode suportar as despesas de deslocação e estada, desde que:

– envolvam apenas o dia anterior ao início e o dia seguinte ao termo do evento;

– os benefícios de carácter social apresentem um carácter acessório;

– não haja benefícios prevalecentes sobre o objectivo científico e profissional;

– as deslocações e estadas sejam restringidas aos profissionais de saúde destinatários dos mesmos;

– os custos financeiros suportados pelas empresas sejam de montante equilibrado.

21. O patrocínio pelo titular da autorização de introdução no mercado ou pela empresa responsável pela promoção do medicamento de acções de promoção de medicamentos, de formação e eventos científicos, tais como congressos e simpósios deve constar de documentação promocional relativa aos mesmos, bem como de documentação dos participantes

[19] O valor intrínseco insignificante é um conceito abstracto de difícil integração. É, no entanto, assumido de forma geral que a oferta deve ser avaliada pelo seu preço de venda ao público, não atingindo valores que se aproximem dos cinquenta euros.

e dos trabalhos ou relatórios publicados após a realização dessas acções ou eventos, conforme o estipulado no n.° 1, do art. 9.° A do Decreto-Lei n.° 48/99.

A documentação – programa de acções e eventos; identificação da entidade que realiza, patrocina e organiza as acções e eventos; cópia das comunicações científicas ou profissionais efectuadas; mapa das despesas e eventuais receitas e respectivos documentos justificativos – deve ser guardada pelo prazo de 5 anos, para que as entidades com competência fiscalizadora tenham acesso aos documentos.

Tem competência fiscalizadora em matéria de publicidade de medicamentos de uso humano o Infarmed nos termos do art. 13.° e 14.° do Decreto-Lei n.° 100/94, alterado pelo Decreto-Lei n.° 48/99.

22. Como acima defendemos a publicidade a medicamentos de uso humano defronta-se, hoje, com problemas ditos de civilização. O crescente acesso das pessoas à internet, a possibilidade de acederem a páginas alocadas noutros países, onde a informação sobre medicamentos está sujeita a menores restrições é uma realidade que não pode ser escamoteada.

O medicamento deixou de estar apenas disponível nas farmácias para passar a estar acessível via internet. Basta um computador e um cartão de crédito para que o medicamento chegue às nossas casas, independentemente de estar autorizada a sua introdução em Portugal.

De realidade passámos a problema. Problema que pode apresentar conotações éticas, uma vez o doente poder ter acesso a medicamentos não prescritos pelo seu médico, com consequentes implicações para a saúde.

O Direito tem de ter neste campo um papel interventivo, delimitando a possibilidade dos doentes acederem a páginas, até agora de acesso exclusivo aos profissionais de saúde com informação sobre medicamentos.

23. Enquanto cidadãos não podemos ser contrários ao uso da internet como meio de fornecer informação autêntica e responsável, em benefício dos pacientes e dos profissionais de saúde.

A informação constante da Internet deve ser verdadeira, objectiva, actual, inteligível e garante da utilização correcta do medicamento nos termos das normas previstas no Decreto-Lei n.° 100/94, de 19 de Abril, alterado pelo Decreto-Lei n.° 48/99, de 16 de Fevereiro.

Mesmo a informação de qualidade pode ter riscos para os consumidores, uma vez os serviços prestados pelos médicos e farmacêuticos não estarem disponíveis quando os medicamentos são adquiridos através da internet. O diagnóstico da doença e análise da interacção entre medicamentos não é tido em conta.

Este o desafio que se oferece à próxima regulamentação sobre publicidade de medicamentos de uso humano.

AMBIENTE: UM DIREITO, MAS TAMBÉM UM DEVER[1]

TIAGO ANTUNES
Assistente-estagiário da Faculdade de Direito da Universidade de Lisboa
Advogado

I. O DEVER FUNDAMENTAL DE RESPEITAR O AMBIENTE

O presente estudo versa sobre a tutela constitucional do ambiente, na sua dimensão de *dever fundamental*. Com efeito, o art.° 66.°, n.° 1 (*in fine*) da Constituição Portuguesa de 1976 consagra, de forma muito nítida, um dever fundamental – que impende sobre todos os cidadãos – de proteger e respeitar o ambiente. Trata-se, contudo, de um mecanismo constitucional pouco conhecido e pouco estudado. No âmbito de um regime político e de uma filosofia constitucional que – claramente – privilegiam os direitos, é natural que os (poucos) deveres previstos na Lei Fundamental acabem por passar despercebidos. Só assim se compreende que, até hoje, o enquadramento constitucional do ambiente tenha sido feito – quase exclusivamente – em torno do direito fundamental ao ambiente, deixando o dever fundamental "na sombra".

Em suma, estamos perante uma vertente da Constituição Ambiental que costuma ser esquecida ou, pelo menos, negligenciada e que – frequentemente – surge assimilada ou diluída no âmbito do próprio direito ao ambiente. Porém, o dever fundamental em apreço é algo de distinto e autónomo face ao direito fundamental homónimo: são duas realidades dogmáticas totalmente diferentes, com efeitos jurídicos próprios e consequências

[1] O presente texto corresponde, no essencial, a um capítulo do Relatório de Mestrado que elaborámos, em 2003, no âmbito do Seminário de Direito Constitucional, então sob a regência do Prof. Doutor Marcelo Rebelo de Sousa.

muito diversas. Assim sendo, importa considerar – autonomamente – o "dever fundamental de respeitar o ambiente", estudando as características que o particularizam e atribuindo-lhe todo o relevo que, por si só, merece.

De resto, como teremos ocasião de demonstrar, o dever fundamental em apreço permite compreender e enquadrar algumas realidades que nunca poderiam ser satisfatoriamente sustentadas por via dos direitos fundamentais. Ou seja, o dever fundamental de respeitar o ambiente tem virtualidades explicativas que extravasam em muito e permitem completar o leque de consequências e efeitos (da mais variada ordem) que já decorrem do direito fundamental ao ambiente.

No fundo, o dever de tutela do ambiente acresce, quer à tarefa estadual ou incumbência pública fundamental de protecção da natureza (art.° 9.°, alínea e) da Constituição), quer ao próprio direito de todos os cidadãos "a um ambiente de vida humano, sadio e ecologicamente equilibrado" (art.° 66.°, n.° 1 da Constituição), trazendo novas dimensões e novos contributos – da maior importância – que desenvolvem, completam e aperfeiçoam o tratamento constitucional do ambiente. Daí a importância de se estudar esta figura jus-fundamental.

E daí, também, a estranheza que nos causa o facto de o "dever fundamental de respeitar o ambiente" ser ignorado pela maior parte dos escritos jurídicos sobre matérias ambientais. Aliás, pode até dizer-se que a omissão de qualquer referência – *ex professo* – ao dever de respeitar o ambiente, em muitos artigos e mesmo monografias publicadas nesta área, tem representado uma das maiores e mais graves lacunas da doutrina portuguesa que, recentemente, se tem debruçado sobre o Direito do Ambiente.

Com efeito, ao negligenciar este dever fundamental – enquanto realidade jurídica autónoma, da qual decorrem consequências próprias e efeitos jurídicos muito particulares – a doutrina acaba por passar ao lado de todo um conjunto de dimensões jurídicas do ambiente, que têm um interesse científico e um relevo prático extraordinários (mas que não resultam do direito ao ambiente, antes decorrem do dever de respeitar o ambiente). Ou – o que é pior – essa mesma doutrina acaba por ver-se forçada a explicar determinadas realidades ou efeitos jurídicos com base no referido direito fundamental, quando tais realidades e efeitos se poderiam fundamentar, de forma muito mais perfeita e mais conseguida, no dever fundamental de respeitar o ambiente.

Vejamos, então, que efeitos e realidades jurídicas são essas que se enquadram no âmbito do dever fundamental de respeitar o ambiente.

Antes, porém, convém fazer uma breve precisão terminológica: é que o art.° 66.°, n.° 1 da Constituição refere-se a um "dever de *defender* o ambiente"; nós, pelo contrário, preferimos falar de um dever fundamental de *respeitar* o ambiente. Isto porque, apesar da expressão literal utilizada pelo art.° 66.°, n.° 1, a verdade é que este preceito não contempla apenas uma obrigação de defender o ambiente contra agressões externas, como poderia – à primeira vista – parecer. Mais do que isso, a referida norma consagra um verdadeiro dever de proteger e – sobretudo – de não destruir os bens ambientais. Ou seja, todos nós estamos obrigados a respeitar o ambiente, incluindo-se aí (nesse dever global de respeito) obrigações de defesa, de protecção e de não agressão; isto é, obrigações, tanto de natureza positiva, como negativa.

II. FIGURAS AFINS

De forma a percebermos qual o contributo inovador trazido pelo dever fundamental de respeitar o ambiente, importa – antes de mais – distinguir este dever de outras figuras afins. Com efeito, há uma série de realidades jurídico-dogmáticas próximas (mas distintas) do "dever fundamental" ou, pelo menos, que com ele podem ser confundidas. Assim, para sabermos exactamente aquilo de que estamos a falar e para evitar equívocos ou más interpretações, bem como conclusões erróneas retiradas a partir de premissas falsas, há que delimitar – com rigor – o conceito de dever fundamental, afastando-o e diferenciando-o de outras figuras afins.

Para começar, quando falamos de deveres fundamentais (nomeadamente, do dever fundamental de respeitar o ambiente), não nos estamos a referir aos deveres do Estado e demais entidades públicas; referimo-nos, isso sim, aos deveres constitucionais dos cidadãos. Há uma diferença enorme entre as tarefas fundamentais do Estado ou incumbências públicas traçadas pela Constituição e os deveres fundamentais de cada indivíduo.

É verdade que, em ambos os casos, estamos perante deveres. Mas esses deveres impendem sobre destinatários diversos e têm características muito distintas entre si. Assim, quando a Constituição pretende impor determinados deveres às entidades públicas, cujo cumprimento visa satisfazer as necessidades colectivas da comunidade, fá-lo de forma objectiva, através da consagração de tarefas fundamentais (vd. art.° 9.° da Constituição). Consequentemente, a expressão "deveres fundamentais" fica reservada para os deveres que obrigam a própria comunidade, isto é, cada um de nós. Nestes termos, não há que confundir os deveres fundamentais (que vinculam os cidadãos) com as tarefas fundamentais do Estado (que estabelecem obrigações das entidades públicas para com a colectividade).

Nas palavras de Casalta Nabais, os deveres fundamentais pertencem à "sub-Constituição do indivíduo"[2], isto é, fazem parte do estatuto constitucional das pessoas (a par dos direitos fundamentais). De facto, a Constituição não confere apenas direitos, nem os sujeitos constitucionais são titulares apenas de posições jurídicas activas. Pelo contrário, a Lei Fundamental estabelece também obrigações dos indivíduos, isto é, sujeita-os a determinados deveres para com a colectividade. Ora, é precisamente destes deveres – que integram a esfera jurídica de cada cidadão – que estamos presentemente a cuidar.

Em suma, os "deveres fundamentais" são deveres que a Constituição impõe aos indivíduos, exigindo-lhes o cumprimento de determinadas obrigações que são úteis a toda a comunidade.

Por outro lado, os deveres fundamentais não devem ser vistos como meros limites aos direitos fundamentais. Ou melhor, os deveres até podem funcionar como limites a determinados direitos, mas são muito mais do que isso. A sua relevância, o seu alcance e as respectivas consequências ou implicações de natureza constitucional ultrapassam – em muito – uma eficácia meramente restritiva de certos direitos. Assim, quando a Constituição estabelece um dever fundamental, não está (ou não está apenas) a circunscrever e/ou reduzir o âmbito de aplicação de um ou mais direitos fundamentais; está a consagrar obrigações e vínculos expressos dos indivíduos (cujo incumprimento é juridicamente sancionável). Ou seja, não se trata de restringir ou limitar as posições jurídicas activas dos cidadãos, trata-se – antes – de prever situações jurídicas passivas desses mesmos cidadãos.

É claro que, ao consagrar um dever fundamental, a Constituição poderá – concomitantemente ou em decorrência – acabar por limitar certos direitos conflituantes. Porém, em bom rigor, não estamos perante uma colisão de direitos (a qual, como o próprio nome indica, só ocorrerá entre

---

[2] Cfr. Casalta Nabais, O Dever Fundamental de Pagar Impostos, Coimbra, 1998, p. 37.

dois ou mais direitos)[3]. Poderemos estar, isso sim, em face de um limite imanente ou perante um fundamento de restrição de certos direitos. Passamos a explicar.

A consagração constitucional de certos deveres permite evidenciar que, afinal de contas, os direitos (contrastantes com esses deveres) não têm um conteúdo tão abrangente como inicialmente se pensaria. Ou seja, a previsão expressa de um dever, no próprio texto constitucional, pode ajudar a revelar que certas modalidades de exercício de um determinado direito fundamental (incompatíveis com tal dever) não são constitucionalmente admissíveis. Apesar de o preceito constitucional não o afirmar expressamente, fica a saber-se – por força do dever – que determinadas faculdades não estão abrangidas ou ficam de fora do âmbito de protecção constitucional do direito fundamental em causa. Em tais casos, o dever fundamental acaba por denunciar a existência de um limite imanente relativamente a certo direito fundamental.

Noutros casos, embora o dever fundamental não funcione como um limite imanente, ele ilustra, espelha ou concretiza um determinado valor com dignidade constitucional, que poderá – nos termos do art.° 18.°, n.° 2 da Constituição – vir a servir de suporte e de fundamento para a restrição de certos direitos[4]. Porém, refira-se que, no âmbito do presente estudo, esta dimensão dos deveres fundamentais (enquanto expressão de um determinado valor constitucional) é pouco relevante pois, no caso específico do ambiente, a sua relevância jus-fundamental sempre resultaria da Constituição por outras vias. Ou seja, independentemente da consagração de um dever fundamental, o ambiente sempre seria um interesse constitucionalmente protegido e, enquanto tal, passível de gerar certas restrições aos direitos, liberdades e garantias.

De qualquer forma, o que interessa reter e sublinhar é o seguinte: apesar de os deveres fundamentais (enquanto reveladores de limites imanentes aos direitos ou enquanto demonstrações da dignidade constitucional de determinado valor ou interesse jurídico) poderem, em determinadas circunstâncias, justificar a limitação ou restrição de certos direitos funda-

---

[3] Até porque os conflitos ou colisões de direitos resolvem-se – a mais das vezes – em concreto, por referência directa à Constituição; já os deveres, como teremos oportunidade de explicar, não são directamente aplicáveis, carecendo da intermediação da lei (que define, em abstracto, os respectivos contornos e fronteiras).

[4] No mesmo sentido, cfr. Gomes Canotilho e Vital Moreira, Fundamentos da Constituição, Coimbra, 1991, p. 149.

mentais, não é essa a sua função primária ou primordial. Os deveres visam – isso sim – instituir determinadas obrigações dos cidadãos, determinadas posições jurídicas passivas ou vínculos fundamentais a respeitar por cada um dos indivíduos que compõem a comunidade. Como tal, os deveres em apreço têm implicações que vão muito para além de meros limites aos direitos fundamentais.

Por fim, cabe distinguir os verdadeiros deveres fundamentais (autónomos) dos deveres correspectivos de direitos[5]. O presente estudo versa sobre os deveres que, embora possam estar ligados ou relacionados com certos direitos, apresentam uma relevância jus-dogmática própria (é, precisamente, o caso do dever fundamental de respeitar o ambiente). No entanto, outros deveres existem que são o mero contraponto de um direito, isto é, a situação jurídica passiva correspondente ou simétrica ao direito.

De facto, os direitos relativos – por definição – têm como contrapartida um determinado dever. Por exemplo, se eu tenho um direito sobre alguém, esse alguém terá um dever para comigo. Mas estes deveres correlativos ou correspectivos de direitos não têm qualquer autonomia nem qualquer interesse dogmático próprio. No fundo, são apenas mais uma decorrência ou uma componente do regime jurídico próprio dos direitos e, como tal, a sua relevância jurídica esgota-se na consideração do respectivo direito.

Não são estes deveres, portanto, que aqui nos interessam. Isto é, não são estes os verdadeiros "deveres fundamentais", que a Constituição consagra de forma autónoma, com uma relevância jurídica própria e produzindo consequências ou efeitos jurídicos particulares.

Aliás, isso pode demonstrar-se – de forma muito simples e meridianamente evidente – através do seguinte raciocínio: o principal sujeito passivo dos direitos fundamentais é o Estado (e restantes poderes públicos); assim, se a figura jurídica "dever fundamental" fosse constituída pelos deveres correlativos de direitos, então o respectivo titular (dos deveres) seria, na grande maioria das situações, o Estado; no entanto, já vimos que os verdadeiros deveres fundamentais vinculam os cidadãos e não as entidades públicas.

Por isso, mais uma vez se conclui que os deveres correspectivos de direitos fundamentais (que impendem, sobretudo, sobre os organismos públicos – políticos, legislativos, administrativos e judiciais – competen-

---

[5] Cfr. Gomes Canotilho, Direito Constitucional e Teoria da Constituição, 5.ª edição, Coimbra, 2002, pp. 526 e 527; e Casalta Nabais, ob. cit., pp. 78 e ss..

tes) não são os verdadeiros "deveres fundamentais". Os deveres que constituem objecto da nossa investigação são – isso sim – aqueles que, de forma autónoma, vinculam todos os membros da colectividade.

Contudo, a verdade é que – por vezes – certos particulares são também (ou podem ser) sujeitos passivos dos direitos fundamentais. De facto, os direitos fundamentais, embora tenham quase sempre como destinatário directo o próprio Estado, também vinculam ou podem vincular entidades e sujeitos de natureza privada. É, aliás, o que se prevê – de forma expressa – no art.° 18.°, n.° 1 da nossa Constituição, ao estatuir-se que os preceitos constitucionais respeitantes aos direitos, liberdades e garantias, para além de directamente aplicáveis, vinculam tanto as entidades públicas como as privadas.

Este fenómeno – de vinculação dos particulares aos direitos fundamentais – tem sido muito estudado pela doutrina, quer nacional quer estrangeira. Na Alemanha, um dos países onde a temática tem assumido maior destaque, é comummente reconhecida e afirmada a "*drittwirkung*" dos direitos fundamentais, isto é, a eficácia desses direitos relativamente a terceiros.

Nestes termos, não será possível afirmar que o instrumento jurídico-dogmático "dever fundamental" é composto pelos deveres correspectivos (de direitos), quando estes recaem sobre outros particulares? Isto é, não serão os deveres fundamentais – afinal de contas – a mesma coisa que a eficácia horizontal dos direitos fundamentais (ou *drittwirkung*)? A resposta é – claramente – negativa. Mas é importante que nos detenhamos um pouco nesta questão, tentando explicar por que é que a *drittwirkung* ou vinculação de privados aos direitos fundamentais é uma realidade distinta e perfeitamente autonomizável dos deveres fundamentais.

Ambas as figuras jurídicas em causa representam – é certo – relações horizontais (isto é, relações entre particulares colocados em perfeito pé de igualdade), por oposição às relações verticais que se surpreendem, por exemplo, nos direitos fundamentais (em face das entidades públicas) e, de alguma forma, nas incumbências ou tarefas estaduais fundamentais (embora aqui não haja uma verdadeira relação jurídica). No entanto, a eficácia horizontal dos direitos fundamentais é algo de muito diverso dos deveres fundamentais (também eles horizontais: do indivíduo para com a comunidade em que se insere). Vejamos porquê.

No primeiro caso, um sujeito tem um dever para com outrem, o qual é titular de um direito fundamental. Ou seja, há uma obrigação jurídica horizontal que deriva da previsão constitucional expressa de um direito fundamental e que aí encontra a sua fonte ou a sua razão de ser. No segundo caso, há também uma obrigação jurídica horizontal, mas esta não resulta de qualquer direito. Isto é, o destinatário ou beneficiário do dever não é titular de qualquer direito fundamental. Aqui radica, pois, a diferença estrutural básica entre a *drittwirkung* dos direitos fundamentais e os (verdadeiros) deveres fundamentais.

Podemos, assim, formular a seguinte regra: a figura jurídica "dever fundamental" distingue-se da eficácia horizontal ou *drittwirkung* dos direitos fundamentais, na medida em que ao dever não corresponde qualquer direito. Existem ainda outros factores distintivos (por exemplo, a vinculação dos particulares aos direitos fundamentais é – quase sempre – relativamente ténue, isto é, dotada de uma intensidade jurídica mais fraca), mas a diferença estrutural e verdadeiramente decisiva entre a eficácia horizontal dos direitos fundamentais, por um lado, e os deveres fundamentais, por outro, consiste no carácter autónomo destes últimos. Autónomo, no sentido de que os verdadeiros deveres não dependem da existência de qualquer direito.

Aliás, a este propósito pode (e deve) recordar-se a lição de Santi Romano, o qual – já em tempos remotos – distinguia entre *doveri* e *obligghi*, isto é, entre os deveres (verdadeiros deveres autónomos, que existem por si, não tendo contraponto em qualquer direito) e as obrigações (no fundo, os deveres relativos, decorrentes dos direitos). Assim, a figura dogmática "dever fundamental" é composta, apenas, pelos referidos *doveri*.

Acabámos, portanto, de encontrar aquela que é – no fundo – a grande característica dos deveres fundamentais. A conclusão *supra* enunciada reveste-se de uma importância extraordinária pois, não só permite diferenciar os deveres da chamada *drittwirkung*, como – acima de tudo – nos revela o traço dominante e distintivo do instrumento jurídico em apreço, que permite afirmá-lo como uma realidade dogmática própria, de importância estrutural e com características únicas. Com efeito, é a inexistência de um direito correspectivo que permite falar dos deveres como uma realidade jurídica autónoma. E são estes deveres autónomos que têm relevo e interesse enquanto figura dogmática, porque são algo de diferente das meras obrigações contrapostas ou simétricas aos direitos.

III. CLASSES OU TIPOS DE DEVERES FUNDAMENTAIS

Está, assim, descoberto o substracto dos deveres fundamentais *proprio sensu*. Afastadas que estão as figuras afins, vejamos agora – pela positiva – que tipos de deveres existem e qual o seu regime.

Dentro dos deveres fundamentais (autónomos), é possível encontrar deveres que não estão associados a quaisquer direitos (é o caso, por exemplo, do dever fundamental de pagar impostos ou do dever fundamental de defesa da Pátria) e deveres que – embora sejam verdadeiramente autónomos – se encontram ligados a um determinado direito[6]. Convém frisar que, neste último caso, não estamos perante meros reflexos ou deveres correlativos de um direito. Estamos – isso sim – perante deveres que, embora tenham sido previstos e regulados em estreita articulação com um qualquer direito fundamental, apresentam – em termos dogmáticos e estruturais – uma verdadeira autonomia.

No âmbito destes deveres associados a direitos, é ainda possível distinguir entre aqueles que têm um conteúdo idêntico ao do respectivo direito e aqueles que, pelo contrário, têm um conteúdo distinto do direito fundamental com o qual se encontram relacionados. Vejamos alguns exemplos que permitem ilustrar melhor estas diferentes categorias.

No art.° 36.°, n.° 5, a Constituição refere que "os pais têm o direito e o dever de educação dos filhos". Ou seja, este preceito estabelece – em simultâneo – um direito e um dever fundamentais, que são estruturalmente autónomos (o dever de educar os filhos não é um mero contraponto do direito de os educar, não é a obrigação que corresponde – em termos simétricos – ao direito; pelo contrário, ao dever de educar os filhos não corresponde qualquer direito e, por isso mesmo, se pode falar aqui de um verdadeiro dever fundamental e não de uma mera *drittwirkung* ou eficácia horizontal dos direitos), mas que se encontram – por razões óbvias – associados e, inclusivamente, apresentam o mesmo conteúdo (a saber: a educação dos filhos).

No caso apresentado, o direito e o dever não são contrapostos, não decorrem mutuamente um do outro, mas – pelo contrário – convivem lado a lado, concentrando-se na titularidade da mesma pessoa. Ou seja, são duas figuras jurídicas autónomas (uma não é o reflexo da outra), mas paralelas; duas figuras jurídicas que se cumulam; e – o que é mais interessante – que apresentam um conteúdo em tudo idêntico.

---

[6] Neste sentido, cfr. Gomes Canotilho, Direito Constitucional ..., cit., p. 527.

Desta forma, embora se dirijam ambos exactamente à mesma realidade, o direito consagra-a enquanto faculdade e o dever transforma essa faculdade em obrigação. Ficamos, assim, com um direito-dever, ou um poder-dever de efectuar algo (no caso em apreço, de educar os filhos). Ou seja, quando um direito e um dever – apesar de autónomos – partilham do mesmo conteúdo, ambos dizem respeito ao mesmo tipo de condutas, as quais são – simultaneamente – consagradas como uma possibilidade e como uma obrigação (isto é, tais condutas não só podem, como devem ser exercidas).

Com isto, pretendemos apenas realçar que a associação entre deveres e direitos com o mesmo conteúdo visa, no fundo, excluir a liberdade de exercício que é típica da maior parte dos direitos fundamentais. E isso pode ser bastante grave. Uma dimensão essencial dos direitos fundamentais é, indiscutivelmente, a faculdade de os particulares poderem escolher – livremente – não os exercer. Porém, através da estipulação de um dever fundamental com idêntico conteúdo, essa possibilidade de não-exercício ficará automaticamente excluída, reduzindo-se assim a esfera de liberdade dos cidadãos e transformando os direitos em tarefas ao serviço de interesses comunitários. De facto, se esta técnica (de associação entre direitos e deveres equivalentes) for utilizada de forma muito lata, comportará riscos sérios de funcionalização dos direitos fundamentais.

Existe, no entanto, um outro tipo de deveres autónomos que, embora estejam relacionados com certos direitos fundamentais, não visam excluir a respectiva liberdade de exercício. Trata-se dos deveres fundamentais que, apesar de estarem associados a um direito, não apresentam o mesmo conteúdo que ele (logo, não se limitam a funcionalizar esse direito ou a tornar o seu exercício obrigatório). Pelo contrário, o direito e o dever – embora visem atingir um objectivo comum (que os une) – dirigem-se a realidades distintas entre si. Ambos visam alcançar um determinado resultado, mas fazem-no por vias diversas e reciprocamente complementares. Como tal, estas duas figuras jurídicas completam-se, acrescentando valor uma à outra, na busca de uma finalidade mútua.

É para estes casos que a doutrina reserva o qualificativo de "direitos de solidariedade", "direitos poligonais" ou "direitos circulares", devido à forte articulação entre o direito e o dever e à sua consagração conjunta em função de um interesse comum[7]. De facto, nas situações descritas consegue-se – ao associar o direito e o dever – uma protecção jurídica mais efi-

[7] Cfr. Casalta Nabais, ob. cit,, p. 52.

caz e mais completa de determinados valores comunitários. É, precisamente, o que sucede com o direito / dever de respeitar o ambiente. Senão, vejamos.

IV. O AMBIENTE COMO DIREITO E DEVER

Para começar, o dever de respeitar o ambiente é um dever fundamental *proprio sensu*, ou um dever autónomo, pois não tem contraponto em qualquer direito. De facto, e ao contrário do que se possa pensar, o dever de respeitar o ambiente não é a obrigação que impende sobre os sujeitos passivos do direito ao ambiente[8]. Isto é, o dever fundamental de respeitar o ambiente e o direito fundamental ao ambiente não são realidades simétricas, não são a posição jurídica passiva e a respectiva ou correspondente posição jurídica activa. Pelo contrário, estamos perante realidades que, embora dizendo respeito (tanto uma como outra) ao ambiente, são autónomas.

É um facto que o direito ao ambiente também vincula, em certas circunstâncias, os particulares (no âmbito da chamada *drittwirkung*), impondo-lhes obrigações de respeito pela qualidade de vida ambiental daqueles que os rodeiam. Mas não é destas obrigações que trata o dever fundamental em exame. Este dever engloba outras realidades e outro tipo de condutas – autónomas – que não têm correspondência em qualquer direito, de quem quer que seja.

Teremos oportunidade de comprovar, *infra*, que o dever de respeitar o ambiente vai muito para além dos efeitos horizontais do direito ao ambiente, contemplando determinadas obrigações cujo cumprimento não corresponde à satisfação de qualquer direito (nem, sequer, do direito ao ambiente), mas – apenas e só – à execução de um dever fundamental. E é precisamente o facto de o dever fundamental em apreço ir para além da *drittwirkung* (ou eficácia sobre terceiros) do direito ao ambiente, permitindo englobar realidades que nunca resultariam deste direito, que lhe confere tamanha importância (para uma tutela acrescida e diversificada do ambiente) e relevo dogmático.

Assim, e em suma, o direito e o dever em causa não são o reflexo um do outro, não são correspectivos, não são a situação jurídica activa e a cor-

---

[8] Neste sentido, Marcelo Rebelo de Sousa e José de Melo Alexandrino, Constituição da República Portuguesa – Comentada, Lisboa, 2000, anotação ao art.º 66.º, p. 178.

respondente situação jurídica passiva, são – isso sim – figuras jurídico-constitucionais autónomas, com distintos efeitos.

No entanto, apesar de estruturalmente autónomos, o direito ao ambiente e o dever de respeitar o ambiente estão – indiscutivelmente – associados. Esta associação não visa excluir a liberdade de exercício do direito ao ambiente, ou torná-lo obrigatório. Visa, isso sim, atingir uma protecção mais completa e mais eficaz (por diferentes vias jurídicas) do ambiente. Ou seja, estamos perante a associação entre um direito fundamental e um dever fundamental, os quais têm conteúdos distintos, mas permitem conjugar diferentes realidades e condutas para – globalmente – atingir um fim comum e de interesse geral, que é a salvaguarda do meio-ambiente.

Nestes termos, e atendendo à sua íntima conexão com um dever fundamental (o qual visa satisfazer interesses comunitários), o direito ao ambiente constitui um exemplo típico dos *supra* referidos "direitos de solidariedade", "direitos poligonais" ou "direitos circulares". Vieira de Andrade, por exemplo, refere-se expressamente ao direito ao ambiente como um "direito de solidariedade"[9]. E Casalta Nabais chega mesmo a falar do direito fundamental ao ambiente como um "direito *boomerang*"[10]. Ora, tudo isto resulta – sem sombra de dúvidas – da articulação entre direito e dever[11] que é efectuada pelo art.° 66.° da Constituição. É esta articulação que permite que o direito fundamental ao ambiente deixe de estar apenas ao serviço de interesses individualistas e egoísticos, colocando-se ao serviço da comunidade.

V. CONCRETIZAÇÕES DO DEVER FUNDAMENTAL DE RESPEITAR O AMBIENTE

Vejamos, então, o que é que – em concreto – o dever fundamental de respeitar o ambiente acrescenta face ao direito fundamental homónimo.

---

9 Cfr. Vieira de Andrade, Os Direitos Fundamentais na Constituição Portuguesa de 1976, 2.ª edição, Coimbra, 2001, p. 164.

10 Cfr. ob. cit., p. 53.

11 Referindo-se também a um "direito-dever de utilização racional dos bens ambientais", cfr. Carla Amado Gomes, As Operações Materiais Administrativas e o Direito do Ambiente, Lisboa, 1999, p. 18 e p. 24. A Autora associa – e bem – as duas figuras (direito e dever), acabando – contudo – por não realçar aquilo que é próprio e característico de cada uma delas. Ora, a nosso ver – e atendendo aos distintos efeitos que decorrem do direito ao ambiente, por um lado, e do dever de respeitar o ambiente, por outro – importa autonomizar estas duas realidades, sem prejuízo de ambas surgirem associadas na defesa e promoção dos recursos naturais e do bem-estar ecológico dos cidadãos.

Daquilo que temos vindo a afirmar resulta que a consideração autónoma do dever fundamental em apreço permite enquadrar e compreender melhor uma série de realidades relativas ao ambiente, as quais nunca poderiam caber no âmbito do respectivo direito fundamental. Nestes termos, importa verificar que realidades são essas, que só o dever consegue explicar.

Em primeiro lugar, por via do dever fundamental podem conceber-se determinadas obrigações de respeito e de protecção para com as plantas e/ou os animais, os quais – por não terem personalidade jurídica – nunca poderiam ser titulares do direito ao ambiente, logo, nunca poderiam ser protegidos e juridicamente tutelados por via dos direitos fundamentais.

No fundo, esta questão retoma (e visa ultrapassar) uma antiga querela entre "ecocentrismo" e "antropocentrismo", a qual passava pelo seguinte: a primeira corrente, na sua ânsia radical de proteger – a qualquer custo – os bens ambientais contra a delapidação selvagem da natureza provocada pela actividade humana, chegava a defender que a fauna e a flora tinham um direito próprio ao ambiente, que lhes pertencia (isto é, do qual eram titulares) e que era invocável mesmo contra o próprio Homem; a segunda corrente contra-argumentava que os direitos são uma realidade exclusiva dos sujeitos e, como tal, os objectos (como a água ou as árvores) nunca poderiam ser titulares do direito ao ambiente (isto é, o titular do direito ao ambiente é – única e exclusivamente – o Homem). Pois bem, esta querela pode facilmente ser superada pelo dever fundamental de respeitar o ambiente, pois este prescinde da existência de qualquer direito.

Com efeito, por via dos deveres fundamentais é possível consagrar obrigações de protecção ambiental para com certos destinatários que, por falta de personalidade jurídica, nunca poderiam ser titulares de um direito ao ambiente (e, como tal, nunca poderiam reclamar o cumprimento das obrigações que impendem sobre os sujeitos passivos desse direito), apesar de serem claramente merecedores de tutela ambiental. Ou seja, há determinadas entidades que, embora não possam ser titulares de um direito fundamental ao ambiente, carecem de protecção ambiental. Ora, juridicamente, tal protecção só poderá ser assegurada por via de um dever (fundamental) de respeitar o ambiente. Assim, adoptando a perspectiva dos deveres, é possível tutelar e proteger uma série de realidades ambientais, mesmo aquelas que nunca poderiam ser protegidas por intermédio dos direitos fundamentais.

Um outro exemplo que podemos referir, a este propósito, é o que diz respeito à protecção do ambiente para as gerações vindouras. O art.° 66.° da Constituição, ao consagrar o princípio da solidariedade inter-geracional[12], manifesta uma clara preocupação a este nível: demonstra que o ambiente deverá ser preservado a pensar nos nossos descendentes, ou seja, que é também em nome deles que devemos proteger os recursos naturais, mesmo à custa – se necessário for – de alguns sacrifícios no presente. No entanto, a verdade é que as gerações futuras – precisamente por serem futuras – não são titulares de qualquer direito ao ambiente (isto é, se não existem ainda, não têm personalidade jurídica, logo não podem ser titulares de direitos, nem sequer do direito ao ambiente).

Assim sendo, se o ambiente deve ser preservado para as gerações futuras, e se estas não têm um direito ao ambiente, tal significa que – neste domínio – a tutela jus-ambiental se faz fora do quadro do direito ao ambiente. E se não é por força do direito ao ambiente que temos de proteger a natureza para as gerações vindouras, então terá de ser por força de qualquer outra realidade, como seja – por exemplo – o dever fundamental de respeitar o ambiente. Em suma, não existe um direito dos nossos descendentes ao ambiente, mas existe um dever (nosso) de proteger o ambiente para que tais descendentes o possam gozar (dever esse que, como está mais que provado e aqui mais uma vez se demonstra, não tem contraponto em qualquer direito).

De facto, através do dever fundamental de respeitar o ambiente (e uma vez que se trata de um verdadeiro dever autónomo, que existe por si, isoladamente, não tendo correspondência em qualquer direito) podem consagrar-se obrigações de tutela ambiental sem que exista, da outra parte, um direito. E isto é muito vantajoso, pois permite superar o quadro estrito dos direitos fundamentais, isto é, permite tutelar determinados valores ambientais fora da realidade do direito ao ambiente (situação que, como vimos, em alguns casos se revela absolutamente necessária).

Parece, então, notório que o dever – ao proteger determinadas realidades que nunca caberiam no âmbito de protecção do direito fundamental, isto é, que pela via dos direitos nunca teriam a devida tutela – vem acrescentar algo face ao direito. Como tal, a consagração de um dever fundamental de respeitar o ambiente tem uma importância extraordinária (que, muitas vezes, não é reconhecida e devidamente considerada), uma vez que permite proteger certas situações que, doutra forma, não teriam qualquer tutela constitucional.

---

12 Sobre este princípio, introduzido pela revisão constitucional de 1997, cfr. Alexandre Sousa Pinheiro e Mário João de Brito Fernandes, Comentário à IV Revisão Constitucional, Lisboa, 1999, pp. 197 e 198.

Mas podem ainda ser referidos outros exemplos concretos. Assim, é possível configurar juridicamente um dever fundamental para com os povos de toda a Terra. Mas esses povos nunca poderiam ser titulares do direito fundamental ao ambiente, pois os direitos fundamentais só dizem respeito aos cidadãos (e, nalguns casos, aos estrangeiros e apátridas residentes no país). Ou seja, o dever permite superar as fronteiras do Estado, consagrando obrigações a favor de toda a Humanidade.

Ora, este aspecto é muito importante, sobretudo no que diz respeito ao ambiente, uma vez que muitos dos fenómenos poluentes – a evitar – são transnacionais e produzem as suas consequências a uma escala planetária (logo, as obrigações de defesa do ambiente devem ser para com todo o globo, e não apenas ao nível de cada Estado). A emissão de gases que causam efeito de estufa, por exemplo, é a prova cabal daquilo que estamos a dizer: os gases produzidos em Portugal contribuem para o aquecimento de todo o planeta, cujas consequências se podem vir a revelar em qualquer ponto da Terra. O desaparecimento de uma ilha do Pacífico por efeito da subida do nível do mar, por exemplo, é também consequência dos gases poluentes emitidos no nosso país. O que significa que os fenómenos ambientais não olham a fronteiras, nem se detêm perante as divisões político-administrativas.

Nestes termos, a tutela do ambiente (sobretudo em termos de poluição atmosférica) deve visar atingir todo o globo. E tal só é possível por via dos deveres, nunca por via dos direitos. Isto é, o dever fundamental de respeitar o ambiente pode obrigar – ao mais alto nível – os sujeitos a assumirem as suas responsabilidades planetárias de protecção e promoção do meio-ambiente, adoptando determinadas condutas ecologicamente saudáveis, as quais serão benéficas para todos os povos da Terra.

Por fim, resta ainda considerar uma última (possível) concretização do dever fundamental de respeitar o ambiente, que – mais uma vez – permite adicionar algo face à lógica estrita do direito ao ambiente.

No que diz respeito aos direitos económicos, sociais e culturais, não há qualquer *drittwirkung* ou eficácia horizontal. Ou seja, os direitos sociais só obrigam o Estado. Logo, o direito ao ambiente, na sua dimensão de direito social, não tem qualquer eficácia para com terceiros, nem vincula quaisquer entidades privadas. No entanto, todas as obrigações ambientais que não puderem resultar do direito ao ambiente, por estar em causa a respectiva dimensão de direito social, poderão ser enquadradas no âmbito do dever fundamental de respeitar o ambiente: um dever que, não só contempla obrigações de não destruir ou afectar o ambiente, como também obrigações positivas (que impendem sobre cada um de nós) de protecção e promoção do ambiente, a favor ou em benefício do bem-estar ecológico de toda a comunidade.

VI. OS DEVERES FUNDAMENTAIS E A LEI

Para finalizar, refira-se apenas que os deveres fundamentais (e, portanto, também o dever fundamental de respeitar o ambiente) não são directamente aplicáveis[13]. Significa isto que o cumprimento dos deveres não pode ser, pura e simplesmente, exigido com base numa invocação directa do texto constitucional. Não basta a previsão de um determinado dever fundamental para que este se torne automaticamente eficaz. Ou, noutro prisma, ninguém poderá ser sancionado por não ter cumprido um dever que apenas se encontra previsto, de forma genérica, na Lei Fundamental do Estado. Desde logo, porque essa Lei Fundamental não prevê, na maior parte dos casos, quais as sanções aplicáveis ao incumprimento dos deveres nela consagrados.

Os deveres previstos na Constituição não são, portanto, imediatamente exequíveis. A sua exequibilidade depende da intermediação da lei. Isto é, para que os deveres fundamentais adquiram verdadeira eficácia e operacionalidade, torna-se necessária a existência de uma ou mais leis que definam – de forma precisa e concreta – quais as específicas obrigações decorrentes de um determinado dever fundamental ou que, pelo menos, estipulem quais as sanções aplicáveis a quem se recuse a cumprir tal dever.

Em suma, a coercibilidade dos deveres constitucionais carece de uma intervenção legislativa. O legislador deverá fixar quais os encargos concretos que recaem sobre cada um dos indivíduos que compõem a colectividade, quais os modos de satisfação desses encargos e quais as penalizações aplicáveis a quem não cumpra o seu dever. Só assim os deveres fundamentais se tornarão legal e judicialmente exigíveis. Por outras palavras, os deveres consagrados na Constituição, embora imperativos, só se tornam verdadeiramente cogentes mediante uma lei que estabeleça as formas concretas ou modalidades de exercício desses deveres, o *quantum* das obrigações que impendem sobre cada sujeito e as consequências decorrentes do respectivo incumprimento.

---

[13] Cfr. Casalta Nabais, ob. cit., pp. 148 e ss..

Nestes termos, talvez possamos considerar que os diversos diplomas legais que fixam *standards* de poluição (limites de emissão de gases ou de descarga de efluentes, níveis máximos de ruído, valores aceitáveis de concentração de químicos em certos meios naturais, etc.) e definem as coimas e outras sanções acessórias aplicáveis a quem ultrapassa os referidos *standards*, são – no fundo – leis reguladoras ou concretizadoras dos termos e do *quantum* do dever fundamental de respeitar o ambiente.

Convém, no entanto, alertar para o seguinte: a concretização legislativa de deveres fundamentais deverá sempre ser efectuada em atenção ou por referência ao respectivo preceito constitucional, sob pena de já não nos encontrarmos perante a densificação de um dever constitucional, mas antes perante a criação de um dever de valor meramente legal. De facto, não havendo na Constituição uma "cláusula geral de *deverosidade*" ou uma "cláusula aberta de deveres fundamentais"[14], impõe-se concluir que os deveres (previstos na lei) que não tenham correspondência em qualquer dever fundamental serão – tão somente – "deveres legais" ou de valor ordinário. Ora, os "deveres legais" constituem, na maior parte dos casos, restrições a direitos fundamentais (*maxime* direitos, liberdades e garantias), ficando – consequentemente – sujeitos aos apertados requisitos do art.° 18.°, n.° 2 e 3 da Constituição.

Por outras palavras, existe uma diferença muito significativa entre a densificação legislativa de deveres constitucionais e a mera previsão de deveres legais. No primeiro caso, o legislador estará – no fundo – a concretizar um imperativo constitucional e, portanto, actuará com relativa liberdade ou autonomia, densificando o conteúdo jus-fundamental do dever e abrindo caminho à sua efectiva exequibilidade. No segundo caso, pelo contrário, o legislador estará – com elevada probabilidade – a restringir o conteúdo de um qualquer direito, liberdade e garantia, ficando condicionado a respeitar o chamado "carácter restritivo das restrições".

Noutra perspectiva, poderá ainda afirmar-se que a concretização legislativa de deveres fundamentais permite – quanto muito – revelar ou

[14] Diferentemente do que sucede com os direitos fundamentais, relativamente aos quais o legislador constituinte estabeleceu uma autêntica "cláusula aberta", constante do art.° 16.°, n.° 1 da Constituição. Sobre a inexistência de uma "cláusula aberta de deveres fundamentais", cfr. Casalta Nabais, ob. cit., pp. 87 e ss.. Segundo o Autor, a previsão expressa de deveres fundamentais poderá – inclusivamente – apresentar uma função garantística, com vista – precisamente – a evitar o funcionamento de uma cláusula geral, expressa ou implícita, de deveres (materialmente) fundamentais (ob. cit., p. 38).

denunciar a existência de um limite imanente a certo direito fundamental, ao passo que a criação legal de novos deveres consistirá numa efectiva restrição a direitos fundamentais[15], a qual só poderá ocorrer nos estritos termos em que as restrições são admitidas pelo art.° 18.° da Constituição.

VI. NOTA CONCLUSIVA

Resta-nos uma última palavra, através da qual procuraremos transmitir uma síntese de tudo quanto aqui ficou dito. E essa síntese não pode ser outra senão a constatação (por diversos prismas) da importância dos deveres fundamentais enquanto instrumentos dogmáticos e constitucionais autónomos, dotados de um regime jurídico muito próprio e plenos de consequências ou efeitos que só os deveres conseguem abranger e explicar.

Regressamos, pois, ao ponto por onde começámos: a incredulidade face ao desinteresse que a doutrina constitucionalista (e, no que toca ao dever fundamental de respeitar o ambiente, a doutrina jus-ambientalista) tem demonstrado pela figura dos deveres fundamentais. Trata-se de um domínio que se encontra, em grande medida, por explorar e desenvolver, mas que se apresenta – desde já – bastante promissor como fundamento habilitante ou via explicativa de muitos fenómenos jus-constitucionais.

Esperemos, pois, que se abra uma nova era, onde os deveres deixem de ser ignorados e repudiados, passando – pelo contrário – a ser vistos como um instrumento eficaz e um útil aliado dos direitos na luta por uma protecção acrescida de determinados valores comunitários (*maxime* do ambiente).

[15] Neste sentido, Casalta Nabais, ob. cit., p. 96.

X
HISTÓRIA DO DIREITO

ORATÓRIA DE CORTES: A ARENGA DE 1562

ISABEL GRAES[1]
Assistente da Faculdade de Direito da Universidade de Lisboa

I. APRESENTAÇÃO

Mais do que um mero repositório de queixas ou agravos, mais do que uma mera forma de apresentar os problemas locais ou de determinados grupos sociais, apresenta-se o discurso de cortes como um verdadeiro manual de exposição das ideias políticas, onde são expostas as razões ou motivos que levam à entronização de um determinado monarca, passando pelo elogio ou enaltecimento dos governantes anteriores, a que advinha o culminar com o juramento régio; bem como à apresentação dos problemas de cariz mais prático com que se debatia o Reino.

Tendo por palco uma cerimónia solene, faustosa, formalmente meticulosa, onde predominavam as influências biblícas, fazendo mais uma vez, da Política a serva da Teologia; o aparato ou envolvência majestosa do cerimonial destas assembleias prendia-se com o facto de nelas estar presente o monarca, entidade que as tinha convocado e que a elas presidia.

Retratando o quadro político-social que caracterizava a época em questão, as arengas de cortes traduzem uma lição de boa governação, onde o discurso teológico-jurídico se mescla com os argumentos parenéticos, permitindo não só a apresentação mas sobretudo a criação das grandes teorias do poder político coetâneo. Nelas está espelhada a doutrina política oficial.

Às orações proferidas por alguém sabiamente escolhido pelo monarca respondia sempre, por estilo antigo, um procurador da cidade de Lisboa, normalmente um fidalgo podendo-se destacar as figuras de Gon-

[1] Mestre em Direito.

çalo Vaz [2], Estevão Preto[3] e Manuel de Sousa Pacheco. O discurso era proferido, umas vezes do lugar que o orador ocupava enquanto representante daquela cidade, com assento no primeiro banco; outras vezes do estrado, por ser privilégio desta cidade.

A presente análise terá por objecto o texto da arenga de 1562 da autoria de D. António Pinheiro, bispo de Miranda e de Leiria[4].

O período em questão denota uma situação de algum melindre já que o Reino havia perdido o seu monarca em 1557, enfrentando, por conseguinte, um período de regência o que levava alguns a temerem a *influência* da irmã de Carlos V durante a menoridade de D. Sebastião. Todavia, a aceitação da Declaração[5] do Piedoso, enquanto manifestação de última vontade e que este não chegara sequer a assinar, reflectia por si só uma mudança, caso recordemos os casos que os séculos XIV e XV nos apresentaram, ou seja, contrariamente às situações anteriores agora é permitido o exercício do poder por uma mulher, ainda que se trata de uma regência.

Não obstante a linha de centralização do poder que vinha sendo traçada desde os reinados anteriores, mais uma vez o carácter consultivo e deliberativo das cortes é aqui apresentado, no sentido de não tornar despicienda a reunião desta assembleia, num reino que se pretendia pautar pelo modelo de Justiça. Aliás, D. António Pinheiro, à semelhança do que sucedia com os Concílios assistidos pelo Espírito Santo apresentará esta assembleia como um órgão que assistia ao poder do rei, admitindo mesmo que ainda que este não esteja vinculado àquelas, como defendia o Anjo das Escolas, não lhe poderá ser alheio.

II. ALGUMAS NOTAS BIOGRÁFICAS

De D.António Pinheiro (Porto de Mós,1510?-1582?), diz Inocêncio[6] ter sido mestre do infante D. João, filho de D. João III e de D. Catarina; e,

---

[2] Vide BPE, cod. CIII/2-20, fl. 37v; CIII/2-26, fl. 18.

[3] A resposta à arenga que ora é objecto do nosso estudo responderia Estêvão Preto.

[4] BA, ms. 44-XIII-42, fls 34-43v; BPE, códices CIII2-20, fls. 122-125, CIV 2-1, fls 5 e ss, e CXII 1-21, fls. 61v.

[5] Vide Lopes Praça: *Collecção de Leis e Subsídios para o estudo do Direito Constitucional Português*, Coimbra, Imprensa da Universidade, vol. I, edição fac-simile, Coimbra Editora, 2000, p. 136-138

[6] In Inocêncio Francisco da Silva: *Dicionário Bibliográfico Português*, vol. I, pág. 236-237.

um dos cinquenta bolseiros que em 1527 aquele monarca enviou para o Colégio de Santa Bárbara em Paris, onde estava também Diogo de Gouveia, o Velho. Daí regressa, por volta de 1541, ano que marcaria o início da sua carreira áulica; tendo ainda recebido das mãos do monarca os cargos de capelão, de pregador régio e mestre dos jovens fidalgos (1541). Desempenharia ainda os cargos de Guarda Mor do Arquivo Real, Visitador e Reformador da Universidade de Coimbra[7]. Em 1579, seria nomeado bispo de Leiria e de Miranda.

Distinto aluno e brilhante mestre, notabilizar-se-ia na retórica, na eloquência e na língua latina. O lugar de sucessor de Fernão de Pina foi-lhe supostamente apresentado tendo, ao que parece, o distinto mestre sempre declinado tal cargo, pelo que declinaria ainda o convite que lhe foi, por várias vezes, dirigido para redigir a Crónica de D. João III. Recorde-se que havia também recusado a incumbência em redigir a crónica de D. Manuel.

A sua presença na corte é todavia marcante, destacando-se, desde logo pelas arengas que apresenta nas cerimónias de cortes (Almeirim, 1544 e 1580; e, Tomar, 1581) como pela participação em outros eventos como o que ocorreria por altura da trasladação dos ossos de D. Manuel e da rainha D. Maria para o Mosteiro dos Jerónimos (1551) onde proferiria a oração fúnebre.

D. António Pinheiro tem ainda a responsabilidade de lavrar as exéquias de D. João III e a prática na aclamação de D. Sebastião (1557); bem como a pregação na bênção da bandeira por ocasião da partida de D. António Prior do Crato para Tânger (1574).

Sucedendo a exímios oradores como Vasco Fernandes de Lucena[8], ao Doutor Ayres de Almada, a D. Henrique Coutinho[9]; e, sobretudo a D. Francisco Manuel de Melo[10-11] e a D. Sancho de Noronha[12]; António Pinheiro é, por excelência, o orador de cortes do período de 1544-1581,

---

[7] In Inocêncio Francisco da Silva : *Dicionário Bibliográfico Português*, vol. I, pág.236.

[8] Acerca da arenga das cortes de 1481-82, vide BNL, PBA., ms. 443, fl. 10 v.

[9] Acerca da arenga das cortes de 1498-99, vide BPE, cod. CIII/2-26, fl. 19 v.

[10] Acerca da arenga das cortes de 1525, vide BA, cod. 50-V-21, fls. 30-33v., 51-VI-25/49, fls. 188-191. Acerca da arenga das cortes de 1535, vide BA, cod. 51-VI-25/36, fls. 179-181, 182-184; e BPE, cods. CIII/2-26, fl. 11 e CIII/2-26, fl. 8 v.

[11] Vide Inocêncio Francisco da Silva: *Dicionário Bibliográfico Português*, vol.II, p. 437-446.

[12] Vide Inocêncio Francisco da Silva: *Dicionário Bibliográfico Português*, vol.VII, p. 197-8. Cfr. BPE, cod.CIII/2-26, fls. 331v.

fazendo ouvir a sua voz nos momentos mais importantes da história política nacional.

Prefira-se ainda que por "*sua influencia e conselho concorreu em grande parte para a entrega da monarchia a Filipe II de Castella*", acrescenta Inocêncio[13], uma vez que era conhecida a sua posição face às pretensões de D. António, Prior do Crato. Aliás, são suas as palavras, quando afirma ter-se colocado ao lado do rei espanhol com lealdade, amor e verdade[14].

III. A ARENGA DAS CORTES DE LISBOA DE 1562:

Pretendemos com o presente estudo proceder a uma análise hermenêutica do discurso proferido em cortes pelo Bispo de Leiria.

O tom adoptado por D. António Pinheiro, à semelhança do que sucedia com os demais oradores de cortes é, sem dúvida, eloquente; elitizado; primando pelo recurso às metáforas políticas; de carácter litúrgico e providencialista onde se encontram mescladas algumas das teorias do pensamento político coevo.

A arenga era apresentada, no dia previamente determinado para início dos trabalhos de cortes, logo que se encontravam reunidos o rei, os funcionários régios com especial destaque no reino (a saber, o mordomo mor, o meirinho mor, o escrivão da puridade, os vedores da Fazenda, o Regedor da Suplicação, o Governador da Relação do Porto, dos desembargadores do Paço e demais oficiais da Casa Real), os membros da nobreza e do clero previamente convocados para aquela assembleia; bem como os procuradores dos concelhos com maior destaque no Reino.

Durante a leitura da oração de proposição ou arenga e da subsequente resposta, traçada nos moldes já expostos supra, todos ficavam de pé.

Deste modo, e num quadro em tudo semelhante ao que acabamos de descrever, D. António Pinheiro inicia a sua oração de proposição, dirigindo-se do seu *púlpito*, ao monarca usando para tanto um tom reverencial e adulador.

---

[13] In Inocêncio Francisco da Silva : Dicionário Bibliográfico Português, vol. I, pág. 236.

[14] Cfr. Carta de 21 de Setembro de 1581 (BN, códice 3767, fol. 1v-2); e, Joaquim Veríssimo Serrão: *Fontes de direito para a história da sucessão de Portugal*, in Boletim da FDUC, XXXV, 1960, pp. 195-196.

IV) TEMAS TRATADOS

a) *As doutrinas organicistas e antropomórficas do poder político. A transmissão do poder político*

O discurso de 1562 começa por fazer referência aos aspectos divino e antropomórfico que subjazem a esta reuniões[15]. Recorde-se que, cabia a esta assembleia, inserida num quadro de representação organicista e antropomórfica do poder, decidir os desígnios do Reino, na medida em que ela própria o representava. Em suma, em consonância, com a figura régia, ela era o Reino. Assim, se o termo *corpo* tem por finalidade designar (na perspectiva do Anjo das Escolas) a unidade constituída por todos os membros de uma comunidade, comparando-a, deste modo, ao corpo humano; o vocábulo *místico* visa evidenciar a diferença existente entre o corpo físico e o espiritual pois só neste é possível a unidade perfeita e perpétua.

Assim, defende o bispo de Leiria que tendo o monarca recebido o poder da *Republica, ele* é comparado à cabeça, correspondendo os membros inferiores aos vassalos que como súbditos estavam obrigados a servir e obedecer (*Antre todas as comparações, que os filósofos guiados por razam humana, e os Sagrados Authores inspirados por revelaçam divina acharam pêra reprezentar a forma e qualidade, que toda a Republica bem instituida, e ordenada deve ter pêra conseguir seu fim, foy a semelhança que todo o racional, e legitimo Ajuntamento tem com o corpo verdadeiro, e natural: pelo qual o Rei, em quem a Republica transferio todo o poder, e autoridade de reger, e mandar, he comparado à cabeça; e aos membros inferiores os Vassalos, que como súbditos estam obrigados servir, e obedecer.*).

A posição de D. António Pinheiro ao defender a linha da transmissão do poder político pelo povo (soberania popular) não é um facto novo. Assim, já no quadro português do século XV, os procuradores da cidade de Lisboa, Pedro de Serpa e Vicente Egas a haviam defendido relativamente a D. Afonso V. O palco do ideário político português mesclava a mediação do povo, entenda-se da comunidade política (*hominium consensu; a Deo per populum*) com a intervenção papal, reconhecendo-se sobretudo a estas assembleias uma importância que permitiria e legitima-

---

[15] Cfr. ainda Martim de Albuquerque: *O Poder Político no Renascimento Português*, p. 139-140.

ria actos de ruptura como haviam sido os de 1385 e seriam os de 1641; mas também permitindo o caso de 1581, onde o próprio D. António Pinheiro também interviria.

No entanto, ainda que próximo do modelo parlamentar inglês, o caso português não viabilizaria, a não ser em raros momentos, a adopção e hegemonia política desta assembleia evidenciando a sua natureza deliberativa. A relação era de assistência, de coadjuvação, tal como sucedia nos concílios da Igreja em relação ao Papa e não o inverso.

Recorde-se que a tendência aristotélico-tomista para centrar na comunidade política, isto é, no povo o poder que aquele mais tarde transmitirá ao governante para que o exerça em prol do bem comum surge já com Cícero, o qual definia que a sociedade política havia recebido o nome de *res populi*, além do tradicional *res publica*. Tal doutrina era compatível com a doutrina cristã até porque o povo ao ser a voz de Deus (*vox populi vox Dei est*), sempre que escolhia o seu soberano fazia-o por inspiração divina.

Inúmeros foram os autores que ao longo da História das Ideias Políticas, se destacaram a este respeito, como Santo Isidoro de Sevilha, Irnério, João de Salisbury, Nicolau de Cusa[16] São Tomás de Aquino[17], Belarmino [18]Álvaro Pais[19] e Guilherme de Ockam[20], Lourenço Cáceres[21] Gas-

---

[16] *Concordância católica.*

[17] Cfr. Paulo Mêrea : *Estudos de História do Direito*, p. 230 e seguintes ; L. Cabral de Moncada: Filosofia do Direito e do Estado, Coimbra Editora, 1995, Coimbra ; e Martim de Albuquerque e Ruy de Albuquerque, op. cit., p. 383 e ss.

[18] Belarmino defenderá a doutrina do poder indirecto segundo a qual o Papa não detinha qualquer poder temporal, nem tal lhe havia sido confiado por Deus. Ao Sumo Pontífice cabia, enquanto vigário de Cristo, orientar o poder temporal (*ad finem spiritualem aeternae vitae*), sem que este dependa do poder espiritual. A sua transmissão para o monarca era feita através da comunidade.

[19] Álvaro Pais, que alguns autores sustentam reiterar a media via de Nicolas Iung, defendia que o poder vinha de Deus , só a ele cabendo o governo pois " todo o reino natural é governado por um só(...) no Universo há um só Deus, criador e regedor de todas as coisas "(SR) poder este que passa directamente para o governante (*potestatem immediate a christo habet*) ou por intermédio do povo (*hominium consensu; a Deo per populum*).Defendendo a teoria mediata através do povo acrescenta ainda que o poder régio existe *per ministerium et obsequium* e é espiritualizado pelo facto do rei ter de ser virtuoso e do fim metafísico a que se propõe atingir pelo que os poderes espiritual e temporal se encontram associados.

Todo o poder é bom, pelo simples facto de provir de Deus (*ens et bonum conventuntur)*embora os homens dele possam fazer mau uso (*"potestas regia a Deo : sed diversi mode: quia natura hominium (...) et mediante humana institutione*") cfr. Álvaro Pais – *De*

par Vaz, Diogo de Sá[22], Jerónimo Osório[23]; e, mais tarde, Molina, Martinho de Azpilcueta Navarro e Suarez[24], Barbosa Homem, Frei Serafim de Freitas, João Pinto Ribeiro, Velasco de Gouveia, entre outros.

A escolha e, por conseguinte a entrega do poder por parte do povo ao monarca permitia o estabelecimento de um *pactum* (**pactum subjectio-**

Planctu Ecclesiae, L. I., art. 52º-A, fl. XXXIV, V.O monarca deveria ser o reflexo da divindade, da qual é ministro, ao reger o povo.

Este autor postula ainda como forma de governo a monarquia electiva (embora na prática nunca se tenha oposto à tese da hereditariedade como o revela a exortação ao rei de Castela contra os sarracenos); tomando, todavia, a eleição o sentido de escolha e não de votação popular, podendo aquela ser feita por um grupo determinado, pelo monarca anterior e atendendo a que o povo é cristão parece crer que o SR determine que o Papa também a possa fazer. O povo poderia eleger o seu príncipe dando o Papa o seu acordo tácito, ou antes a comunidade apresentava ao pontífice, o qual desempenhava a função mais digna na Terra; o seu candidato cabendo a eleição definitiva a este (Deuterómio, XVII). Parece ter sido esta a realidade de 1385.

20 Vide *Diálogos*, III, tr. 2, livro I, cap. 27., onde defende que o poder vinha de Deus e dos Homens. Este autor refuta a plenitude *potestatis* papal. O juramento que o imperador presta ao Papa é, tão somente de teor espiritual.

21 *Condições e partes que deve ter um bom Príncipe* .

22 Este autor seguia a linha da teoria da origem pecaminosa do poder, alcançandose este por títulos legítimos e ilegítimos *(Tractado dos estados ecclesiásticos).*

23 Embora defendesse o princípio da hereditariedade, este autor afirmava que, no início, o poder havia sido atribuído pelo povo. A propósito do bispo de Silves, Martim de Albuquerque refere Mangold face ao *pactum* e esclarece que este vínculo jurídico " *longe de nascer tácitamente, como algumas vezes se diz, realiza-se por meio de dois actos distintos : de um lado o juramento de fidelidade dos súbditos; do outro o compromisso do rei de governar segundo a justiça, tomado antes da sua ascensão* " (Marcel David – *La souveraneité et les limites juridiques du pouvoir monarchique du IXe au Xve siècle*, ed. Librairie Dalloz, Paris, 1954, p. 247, in Martim de Albuquerque, op. cit. , p. 35). Para o bispo de Silves a eleição pelo povo sempre que o trono ficasse vago era um direito legítimo. Assim distingue a monarquia electiva daquela que foi criada por eleição e se transmite por eleição hereditária, esta forma era a defendida pelo bispo, ao contrário de Nicolau de Cusa, não obstante a apócrifa carta a favor de Filipe II que se encontra na Biblioteca Nacional de Madrid, conhecendo-se duas versões em Portugal , uma manuscrita devida a Ferreira Gordo, existente na biblioteca da Academia das Ciências de Lisboa e a outra impressa, existente na Biblioteca da Ajuda (cfr. Martim de Albuquerque, op.cit., p. 367).

24 Suarez defenderia que "... *a opinião comum é que Deus, como autor da natureza, dá o poder; de tal sorte que os homens como que dispõem a matéria e formam o sujeito capaz do mesmo poder ; e Deus como que dá a forma ao poder (...) o poder civil , sempre que o encontremos num homem ou Príncipe, dimanou por direito legítimo e ordinário do povo ou comunidade , quer próxima quer remotamente , e que não é possível tê-lo de outra maneira para que seja justo* "(*De legibus* , livro III, capítulos 3 e 4) .

nis[25]). E porque o monarca devia o seu poder àquela entidade política, devia também respeitá-la; esta, por sua vez, porque via naquele o representante de Deus devia-lhe obediência. Daqui resultava o *pacto feudal* o qual permitia que a soberania régia não fosse um direito absoluto exercido pelo rei em seu próprio interesse. Aliás, o monarca governava em prol dos seus súbditos e não para seu próprio benefício.

Saliente-se que a ideia de pacto não é inovadora para os quadros do século XVI, inclusive entre David e as Tribos de Israel também havia sido firmado um *pactum*, de modo a fazer surgir, com base no *ius gentium,* um príncipe. Do mesmo modo, também na Antiguidade clássica vemos nascer com os Sofistas a ideia de contrato, a qual será retomada pelos epicurianos segundo a qual a sociedade política teria tido origem num contrato utilitário entre egoísmos individuais: falamos todavia do *pactum societatis* que Platão traduz no livro III d' As Leis a propósito de um acordo estabelecido entre as cidades de Argos, Messenas e Lacedónia. Mas este *pactum* será diverso daquele que decorre das teorias medievais (*pactum subjectionis*), o qual nasce do contributo das invasões germânicas e do desenvolvimento do regime feudal que domina o carácter das relações vassaláticas.

Assim, uma vez definida a origem e transmissão do poder político, D. António Pinheiro passa a enunciar uma série de metáforas também elas de natureza política recorrendo à imagem ou concepção antropomórfica da sociedade. A visão da sociedade como um corpo orgânico e articulado conduz ainda à ideia de harmonia e perfeição que tem o seu culminar na união entre o Rei e as Cortes. Estas legitimam-no por força do dever de conselho e pelo juramento que reiterava o estabelecimento do *pactum.* Aquele exerce o seu poder em prol da comunidade a elas recorrendo (poder/dever) como outrora em tempos imemoriais se fizera.

Esta imagem de analogia entre a sociedade e o corpo humano traduz como refere Georges Duby o culminar de um processo de laicização da ideia paulina de corpo místico (Romanos, 12, Coríntios, I, 12) através de uma profanação: a transposição da metáfora do corpo da Igreja para a República [26]. Esta linha do pensamento político vem adoptar as doutrinas políticas de Aristóteles e de Cícero, bem como dos estóicos e de Séneca que já se encontravam consagradas em autores como S. Tomás de Aquino,

[25] Frise-se que a entrega do poder reiterada nas cortes de juramento e aclamação de monarcas corresponderá ao momento áureo destas assembleias.

[26] In *As três ordens ou o imaginário do feudalismo*, Lisboa, 1982, p. 289-293.

Ptolomeu de Luca, Egídio Romano, Santo Isidoro de Sevilha e em obras como as Partidas (II, tit. I, lei V; tit. IX, lei I), no Fuero Real (I, II, 2.ª).

Este é, por conseguinte um recurso que já havia caracterizado as arengas de D. Francisco Manuel de Melo em 1525[27], 1535[28], onde procede à descrição o príncipe como a cabeça que tem a difícil tarefa de suster toda o corpo que é a república "*a cabeça de todo este corpo mistico he o principe*" (182 v.), devendo "*sobre seus ombros tomar todos os cargos & trabalhos dos seus pera nelle como em porto seguro anchorarem os perigos e tormentas de seus vassalos.*(183 v). [29]. D. António Pinheiro dirá, por seu turno, na arenga de 1562 que: "... *o Rey em que a republica transferio todo o poder, e authoridade de reger, e mandar, he comparado à cabeça, e aos membros inferiores os Vaſſallos, que como ſubditos eſtão obrigados a ſervir, a obedecer.*" (...) " *Sol he o Rey em ſeu reyno, de ſeus rayos a republica como a Lua, recebem luz e resplendor, e eſclarece ſua formoſura, e em todas ſuas partes recebe huma ſuave, e natural quentura, com que proſpera, e perſervera em ſeu vigor.*" (...) " *O que he a alma no corpo compoſto de quatro elementos, he o Rey no Reyno compoſto de tres Eſtados.*"(...) " *O que no eſpiritual Reyno da igreja Militante ſão os Sagrados Concilios, ſão no temporal Reyno, e humano os Ajuntamentos de Cortes " (...) que não têm o privilégio "da infallivel aſſistencia do Eſpirito Santo(...) todavia em ſeu modo preſide tambem nellas o Eſpirito do Senhor; com ſua providencia aſſiſtem os Anjos da Guarda do Rey, dos Reynos, e das Provincias...*".

Em resumo, a partir do século XIV quer juristas quer os teóricos do poder político concebem o reino por analogia com o corpo humano. Sob a influência das alegorias bíblicas e da retórica greco-romana, a própria sociedade é frequentemente comparada a um corpo animado; identificando o corpo político a um organismo. Tal facto traduzia um recurso constante da metáfora organicista, da ideia de corpo místico.

---

[27] BA, cod. 50-V-21, fls. 30-33v., 51-VI-25/49, fls. 188-191.

[28] BA, cod. 51-VI-25/36, fls. 179-181, 182-184; e BPE, cods. CIII/2-26, fl. 11 e CIII/2-26, fl. 8 v.

[29] Gonçalo Vaz, procurador da cidade de Lisboa, responde (184- 185), segue a linha de D. Francisco de Mello e diz que até Marco Túlio e Demostenes se sentiriam incapazes de falar se o tivessem de fazer para D. João III e " *neste lugar digno de ser temido em cousas detanto peso*" (184 v.)." *Com a virtude da fortaleza nosso amor o dotou nõ consente que deixe mostrar o que he desua natureza cõ que chamou seus povos pera com elles entender no q cumpre a seu reyno & bem comumpublicando o amor que lhes tem* "(184 v.).

Na senda de tese exposta também D. António Pinheiro encontrava uma similitude entre a pessoa humana e a sociedade política evidenciando que a perfeição de tal imagem seria conseguida nas cortes, pois nesta assembleia se conjugavam a cabeça (o rei) e os seus membros (os representantes às cortes) pois só assim se poderiam expurgar os males da sociedade.

Em Portugal é, por conseguinte, adoptada uma consciência juspolítica de tradição cultural escolástica onde se salienta a teoria da origem popular do poder régio, a qual viria a atingir o seu auge nos séculos XVI e XVII.

b) *A similitude entre as Cortes e os Concílios da Igreja*

Na sequência da adopção da tese antropomórfica, D. António Pinheiro apresenta o paralelismo que existe entre os concílios e o Papa e as cortes e o Rei.

Da mesma forma que os primeiros eram assistidos por entidades celestiais e beneficiavam da participação do Espírito Santo; o monarca também podia contar com o auxílio e sábio conselho de uma assembleia que representava qualitativamente o Reino a que também "*presidia (...) o Espírito do Senhor com sua providencia*"de modo a permitir "*não somente o remédio das necessidades, e coisas, a que por mandado de S. Alteza sois chamados; mas também dos abusos, excessos, superfluidades, delicias, corrupções dos bons, e antigos costumes, com a observância dos quais estes reinos floresceram sempre e prosperaram; e por cujo esquecimento vivem carregados e oprimidos de contínuas necessidades, e trabalhos: se se pode dizer, que vive o reino, que como paralítico em seu leito dura há tantos anos, sem dos benefícios, que lhe foram aplicados, sentir saudável e constante melhoria. (...)Pelo que se espera maior reformação de costumes, maiores defensivos contra as superfluidades presentes, e maiores remédios contra as necessidades futuras, e presentes*".

Ainda que a manifestação divina estivesse indirectamente presente nestas assembleias laicas, a elas se impunha legitimarem o monarca, aconselhá-lo, mas nunca sobreporem-se ao poder daquele, defende D. António Pinheiro.

c) *Motivos de convocação*

Apresentada esta assembleia e justificada pelas teorias de transmissão do poder político, passa o orador de 1562 a expor os motivos que conduziram ou explicam a sua convocação.

Os motivos de convocação têm em regra uma natureza muito variada e condicionada pelo enquadramento político e social da época em questão. Refira-se que não era imperativa a sua enumeração ou apresentação, do mesmo modo que também não raras são as vezes que apenas aparecem genericamente mencionados nas cartas de convocação[30].

A arenga de 1562 dá-nos a conhecer aspectos político-filosóficos e causas de cariz mais prático, até porque convinha não esquecer que se tornava necessário senão mesmo esclarecer ou recordar os motivos que haviam conduzido até Lisboa os mais variados súbditos que agora constituíam a assembleia heterogénea perante a qual D. António Pinheiro discursava.

Por outro lado, era ainda necessário justificar a convocação desta assembleia se atentarmos que algumas vozes, como a de D. Francisco Pereira[31], se haviam levantado contra a legitimidade desta assembleia. Compreensível se torna, também neste aspecto, a justificação do orador de 1562.

Convém não esquecer, tal como referimos atrás, que politicamente, o Reino atravessava alguns problemas.

D. Catarina que havia recebido a incumbência da regência, por disposição de D. João III, enfrentava algumas lutas internas, ao nível da corte, que temiam a castelhanofilia da Regente. Recorde-se que depois da morte de D. João III, o Reino não mais se havia reunido em cortes; D. Sebastião, cujo nascimento havia sido todo ele envolto num ambiente de temor e drama; e que apresentava um quadro de saúde reconhecidamente débil; não fora jurado como herdeiro do trono, já que a cerimónia de 1544 havia legitimado e jurado o infante D. João, seu pai. Em sede de sucessão régia, havia apenas algumas indicações verbais deixadas por D. João III ainda que em termos de direito positivo se pudesse recorrer aos monumentos jurídicos da primeira dinastia e que também se haviam repetido no caso de D. João II face a D. Manuel I.

Para além destes factores, convocar cortes em 1562, vinha na sequência do desejo de D. Catarina em afastar-se da regência, entregando-a, por

[30] Por vezes, poderia ocorrer que o monarca não individualizasse ou particularizasse os factores conducentes à reunião de cortes, alegando-se tão somente como havia sido prática no reinado de D. João III, chamarem-se os povos a cortes "sempre que houvesse motivo pelo que decididamente "vos mandou ajuntar".

[31] Carta de D. Francisco Pereira a Lourenço Pires de Távora, datada de 27 de Novembro de 1562, in ANTT, ms. 1110, fl. 51v.

conseguinte, ao Cardeal D. Henrique, objectivo que também era almejado por alguns membros da corte.

Mais do que um mero auscultador de opinião da oitiva de agravos, às cortes se impunha agora deliberar. Ao rei convinha ouvir o Reino, pedir-lhe auxílio, para questões mais práticas como o fazer face a novos gastos com o objectivo de aumentar a defesa das praças africanas; mas, sobretudo, o jovem Rei deveria ouvir as cortes como fizera seu avô.

Entre esta assembleia e o monarca estabelecia-se portanto um elo de fidelidade e dependência fundado no amor facto que é aqui referenciado por D. António Pinheiro ao citar o momento de dor e angústia pelo qual o Reino havia passado antes do nascimento de D. Sebastião. Recorde-se que"... *Ela com orações o concebeu, com suspiros, e intensas dores o pariu. Vossas devoções alcançaram de Nosso senhor esta real planta, cuja sombra nos faz amparo, cuja frescura nos dá contentamento, cujo fruto satisfaz nosso gosto. Vossas procissões ajudaram o felicíssimo parto de Nossa Senhora, sua Mãe: vossas lágrimas a alumiaram; lágrimas não menos verdadeiras testemunhas da saudosa tristeza, que em todos deixou a antecipada morte do muito alto, e muito excelente príncipe D. João seu pai, que da festejada alegria, que causou em todos o glorioso nascimento del rei nosso senhor seu filho."*.

Por este motivo, "...*este desejo de vos ver juntos teve ante SA tanta força pelo amor que vos tem, e o que sabe que lhe tendes, que quando cessaram as urgentes causas, que teve pêra vos mandar ajuntar, ela fora per si razão bastante pêra fazer Cortes, e pêra vos mandar chamar a elas. Próprio foi sempre dos naturais destes Reinos viverem da vida, e vista de seu Rei. Lealdade, e fidelidade nos Portugueses não são qualidades por tempo, e por costume neles adquiridas; mas por nascimento de seus maiores quase herdadas, e por natureza em todos quase impressas....*"

Aliás, mais do que ser temido como senhor, convinha ao rei ser amado como pai, afirmaria o orador de 1562 pois " *próprio foi sempre dos reis destes reinos quererem antes ser seus vassalos amados como pais, que temidos como senhores, pelo que não somente foram sempre os seus vassalos com maior amor servidos, mas também dos estranhos com maior razão temidos"*.

Justificado estava o chamamento a cortes.

d) ***O panegírico régio. Direitos e deveres do monarca***

A devoção que o Reino manifestava para com o monarca e que fazia com que aquele tivesse sido jurado no coração dos homens, é a imagem que inicia a enumeração de qualidades ou virtudes que devem assistir ao rei justo.

Recorrendo, como era hábito, ao enaltecimento dos monarcas anteriores de épocas passadas e com saudade recordados, como cabeça do corpo da República, como havia sido o caso dos reinados de D. Manuel I e de João III, D. António Pinheiro dirige-se ao rei recordando-lhe o zelo, a prudência, a clemência, a benevolência, a justiça[32] e o amor pelos súbditos que caracterizara a governação dos dois monarcas anteriores.

O rei governava não para si mas para o reino; e, por isso, também se verificava o *ajuntamento* de cortes. Frise-se que o pensamento político quinhentista, define que o acto de governação régia se encontra associado ao conceito de *officium,* ideia presente já no Livro da Montaria de D. João I, onde se declara que " *Deus lhe deu a reger tam muyta gente*", o que e " *tam grande encarrego* "e tem de a reger bem[33]. Esse é o "*officio de rey*", do qual terá de dar contas a Deus[34].

Recorde-se ainda o modelo osoriano que determinava que o rei exercia um ofício, enquanto vigário e administrador de Deus, não para governar contra a vontade de todos, mas de acordo com a vontade destes[35].

O rei estava sujeito a Deus e como vigário Deste deveria ter uma conduta irrepreensível e justa, como o referem os oradores de cortes; pois mesmo que não fosse lembrado pelos seus súbditos das suas obrigações terrenas mais cedo ou mais tarde teria de se justificar perante a entidade divina[36]. Mas a sua sujeição não se limitava a esta, ele também deveria ser conforme ou pautar-se segundo o Direito já que esta era a forma que o povo tinha de lhe *delimitar* o poder[37].

---

32 Já presente em S. Tomás: De Regimine Principii, II, 3, Álvaro Pais: Espelhos dos Reis, I, p. 153; D. Duarte: Leal Conselheiro, cap. L. Também João de Barros ao dirigir-se em 1533 a D. João III e à corte invoca a importância da Justiça; o mesmo fazendo António Ferreira num texto datado de 1554 e apresentado por altura do falecimento do príncipe D. João.

33 Livro I, cap. 5, p. 34 e cap. 7, p. 38-39.

34 No mesmo sentido, vide Lourenço de Cáceres: *Tratado Doutrinal*, cap. XIII.

35 In de Regis institutione et disciplina.

36 Cfr. ainda a este respeito Martim de Albuquerque : *O Regimento da Casa da Suplicação*, p. 40-41.

37 A este respeito vide a teoria de Bracton (*De Legibus*, III, 9,3), a qual já vem consignada no Código Visigótico (livro II, tit. I, in *Port. Mon. Hist. – Leges et Const.*). A lei

Note-se que a obrigação de bem governar havia sido imposta por Deus, ao considerar "*sempre que os reynos nom som outorgados pera folgança e deleitaçom, mas pera trabalhar de spritu e corpo mais que todos, pois que tal oficio que o ssenhor nos outorgou he mayor e de muy grande merecimento aos que o bem fezerem, na vyda presente e que speramos. E assy per contrario a quem o mal governar*"[38].

Também Frei António de Beja com o intuito de transmitir ao monarca a imagem do "*fiel e bom rei*" começa por enumerar aquelas que deverão ser as suas principais virtudes: a ciência ou sabedoria, a justiça e a prudência[39]. Quanto a esta última característica, esta (em consonância com a sabedoria) deveria revestir uma dimensão essencialmente política, pois ao contribuir para a manutenção e estabilidade dos reinos permitia que o príncipe não só se tornasse um modelo de conduta para os súbditos; mas também fosse ele próprio a antítese do tirano.

Outras qualidades deveriam caracterizar o monarca, como a fortaleza, a temperança, a clemência, a magnanimidade, a majestade; e, a piedade. Este seria o modelo de conduta que o príncipe cristão deveria seguir no cumprimento do seu *officium*.

Obras anteriores como o *Livro da Ensinança de Bem Cavalgar toda sela* e o *Livro da Virtuosa Benfeitoria* apresentavam já este ideal de perfeição que deveria sempre estar presente na actuação régia. Isabel Buescu refere ainda que são três os modelos de conduta seguidos pelos autores de então, a citar: o bíblico; o aristotélico-medieval; e, o clássico[40] sendo que a propósito do primeiro dirá Saavedra Fajardo que se o príncipe é bom, virtuoso, prudente, e se está repleto de virtudes cristãs, então tudo correrá bem na república: "*Siendo Dios por quien reinan los*

---

cristalizava toda a vivência de uma sociedade não se encontrando esta submetida à vontade daquele que poderia vir a usar despoticamente o seu poder. Quando o Direito Romano atribui ao governante a criação do Direito é dada permissibilidade para a chegada do absolutismo. Note-se que a obrigação de bem governar havia sido imposta por Deus, ao considerar "*sempre que os reynos nom som outorgados pera folgança e deleitaçom , mas pera trabalhar de spritu e corpo mais que todos, pois que tal oficio que o ssenhor nos outorgou he mayor e de muy grande merecimento aos que o bem fezerem, na vyda presente e que speramos. E assy per contrario a quem o mal governar*", cfr. Ana Isabel Buescu: A imagem do príncipe.

[38] *Leal Conselheiro*, cap. 50.

[39] In *Breve Doutrina e Ensinança de Príncipes.*

[40] Cfr. Ana Isabel Buescu, ibidem.

reyes y de quien dependen su grandeza y sus aciertos, nunca podrán errar si tuviesen los ojos en El"[41].

Ao lado destas virtudes outras como a prudência, a fortaleza, a temperança, a clemência, a magnanimidade, a majestade, a magnificência e a piedade deveriam caracterizar o príncipe cristão.

Recordem-se as palavras de D. António Pinheiro:"*...Sol é o rei em seu reino; de seus raios a Republica, como a Lua, recebe luz, e resplendor, e esclarece sua fermosura; e em todas suas partes recebe uma suave, e natural quentura, com que prospera e persevera em seu rigor. Olho é o rei, que para seus vassalos poderem repousar quietos, sempre vela. O que é a alma no corpo composto de quatro elementos, he o rei no reino composto de três estados. A abelha, que sem ter aguilhão com que lastime, preside às outras, semelhança he do rei, cujo ceptro há-de ter severidade sem rigor, autoridade com clemência, suavidade na disposição das coisas, perseverança constante na execução delas. E finalmente assim como a incompreensível infinidade das perfeições Divinas reluz na participação, que delas tem todas as coisas criadas, assim porque o mais expresso retrato, que há na terra da potência, sabedoria, e bondade do senhor Deus, é o rei, que por sua graça é seu temporal ministro, e por sua divina providência dos homens é amado, obedecido e temido, ordenou que muitas das coisas criadas o representassem em suas qualidades, e nelas lhe servissem de lembranças das muitas em que o rei deve ser consumado, e perfeito...*".

Convocar cortes é, por este motivo também sinónimo de uma governação exemplar, como refere o orador de 1562. Aliás, o elogio pela convocação de cortes era um enaltecimento que caracterizava as arengas do século XVI e anteriores. Sublinhando a fidelidade dos monarcas face a exemplos régios anteriores e tendo por parâmetro de comparação a tradição conciliar de Roma é dada especial importância ao acto régio que procura o conselho e ajuda dos povos pois só assim conseguirá governar com justiça, só assim poderá atender ao Bem Comum alcançando a virtude principal: a Justiça[42].

---

41 In Tomas y Valiente, ibidem.

42 A concepção do poder real enquanto ministério divino executado em prol do bem comum estava patente nos demais documentos da época de que é exemplo a carta que o Infante D. Pedro envia de Bruges, mencionando que a dignidade real é recebida das mãos de Deus ("*sempre vos trabalheis de serdes (...) boõ e proveitoso Vigario aos Regnos, e pessoas que vos emcomendou*", Segundo Margarida Garcez Ventura, in op. cit. existem duas versões deste documento, a citada que se encontra na Chronica do Senhor Rey

Face ao exposto, verificamos que é apresentado nas orações de cortes um tipo de discurso hermenêutico do poder real, onde os oradores expõem, ainda que tendenciosamente, as virtudes e alguns dos deveres régios, sendo estes últimos apresentados não enquanto obrigações ou imposições, mas como actos de boa-vontade, misericordiosos e zelosos de um *pai para com os seus filhos*, sempre justo e altruísta por oposição a situações fácticas de tirania[43].

Deste modo, as próprias orações de proposição são, ainda, verdadeiros manuais de pedagogia dos monarcas e da corte em geral paralelamente com os espelhos de príncipes[44].

D. Duarte, de Rui de Pina, cap. IV, p. 495 e ss; e uma segunda, registada no Liv. Cons. (11). Vide ainda Ordenações Afonsinas, Livro I, título 24.

43 Nesta linha seguem também as respectivas respostas a estas orações de proposição. Na resposta, o Doutor Estevão Preto : enaltece as qualidades do monarca; refere o porquê da convocação das cortes (*"como convem ao ferviço de deos, e feu, e ao bom Regimento, e governança da republica, paz e focego , e bem comum de feus Reynos*"; convocar cortes é uma merce do monarca). Mais uma vez, o uso de expressões, como " governo e amor de Pai e senhor" relativo ao monarca . " *... A semelhança que tem todos os Estados de seus Reynos; com os membros inferiores ; neste corpo mixtico da Republica a que V. ª como cabeça que he delles da movimento e sentido lembrança he da comum geral sogeição que os subditos e Vassallos devem a seus Reys por lei humana e divina...*". Em seguida, refere o citado autor o nascimento de D. Sebastião como o " *felicissimo nacimento*" por todos desejado; passando a enaltecer os governos de D. Manuel e D. João III. A resposta termina com a informação acerca da entrega dos capítulos gerais em nome da obediência e sujeição ao monarca : " *... manda que lhe façamos alguas lembranças das cousas mais principaes, e que nos parecerem proveitosas a seu Serviço , e ao bem comum de seus Reynos e a prol de todos os Estados delles. Nos em nome delles com devido acatamento as presentaremos a V. A nos Apontamentos q. nos fará merce açeitar e confiamos na muyta virtude de V. A e do amor que tem a todos os Estados de seus Reynos que os receberá benignamente e provera nelles como vir que convem a prol de seus Reynos e ao bem comum, de seus subditos e Vassalos*".

44 Recorde-se que o enunciar não só das várias qualidades régias como dos deveres que deviam assistir ao governantes constituíam um género literário designado por ***espelhos dos príncipes*** que caracterizaram toda a Idade Média desde Martim de Braga (*Formula honestae vitae*), Santo Isidoro de Sevilha (*Excerpta canonum*, Livro VII: *De honestate vet negotiis principum*), João de Salisbúria (*Polycratus*), S. Tomás de Aquino (*De Regimine principium*), Smaradge (*Via regia*), Jonas de Orleães (*De institutione regia*), Hincmar (*De regis persona et regii ministerio*); marcariam a segunda metade do século XV com Giovanni Pontano (*O Príncipe*, 1450, dedicado ao Duque da Calabria, Afonso e mais tarde rei de Nápoles), Bartolomeu Sacchi (*O Príncipe*, 1470, dedicado aos duques Gonzaga de Mântua), Francesco Patrizi (*El Reino*, dedicado ao Papa Sixto IV) , Diomede Caraja (*O ofício de um bom Príncipe* , dedicado a Fernando de Nápoles) o apogeu deste género literário. Vários são os exemplos onde os autores coevos continuam a enumerar as virtudes

Refira-se ainda que durante o período em que o Reino esperou pela convocação de Cortes, o monarca "*cujo nascimento pareceu a todos desacostumado e divino*" *havia engrandecido as suas qualidades sendo conhecida a viveza do seu engenho, a prontidão de juízo, a certeza de memória, a reverência aos ofícios divinos, a devoção aos sacramentos, o acatamento das coisas sagradas, o amor da justiça, a compaixão pelos miseráveis; e, o respeito e reverência a D. Catarina, sua avó e regente nossa Senhora, em reconhecimento do muito que lhe deve pela diligência com que o criou, pelo cuidado com que lhe escolheu pessoas para o serviço da sua real pessoa, e casa: pelo amor com que não somente aceitou a governança, e defensão de seus reinos, e senhorios; mas perseverou no regimento deles, preferindo o serviço del rei nosso senhor seu neto, ao bem comum, e geral de seus reinos à sua saúde, vida, e consolação particular. o devido respeito, e gracioso acatamento ao muito alto, e muito excelente Príncipe o Reverendíssimo Cardeal legado o infante D. Henrique seu tio, como quem conhece o muito serviço, que lhe fez em ajudar a rainha nossa senhora nos trabalhos da governança de seus reinos com seu santo zelo, prudente conselho, e perseverada diligência...*"

Parecia assim alcançada uma certa tranquilidade política não antevista pelos momentos que antecederam o nascimento do Desejado caracterizado por uma série de árduas perdas, entre as quais se evidencia a de seu pai, jurado como herdeiro do trono nas cortes de 1544 e que motiva-

régias. Assim, citemos as *Ord. Afons.* Prólogo, p. 4, o *Leal Conselheiro*, cap. LII, p. 261, o *Tratado da Virtuosa Benfeitoria*, a *Uzurpação*.. E que mereceriam lugar de destaque na literatura nacional através das obras de Diogo Lopes Rebelo (*De Republica Gubernanda per Regem*, 1496) dedicada a D. Manuel; de Diogo de Teive e D. Jerónimo Osório dedicadas a D. ; de Frei António de Beja (*Breve Doutrina e Ensinança de Principes*, 1525), Lourenço de Cáceres (*Condições e Partes que há-de Ter um Bom Principe*, c. 1528; *Tratado dos Trabalhos do Rei*), Frei Antonio de Guevara (*Relox de Príncipes*, 1529), Francisco de Monçon (*Libro primero del espeio della Princesa Christiana*, c. 1543 que seria destinada à infanta D. Maria por altura do seu casamento com Filipe II de Espanha; *Libro primero del espeio del Principe Christiano*, 1545; *Libro primero del espeio del Principe Christiano*, 1545, que seria publicada em Lisboa em 1544 destinada ao príncipe D. João , filho de D. João III) , Antonio Pinheiro (*Da Creação dos Principes*, c. 1545); D. Sancho de Noronha (*Tractado Moral de Louuores & Perigos dagus Estados seculares*, 1549).

Tratavam-se, em suma, de obras de carácter político, pedagógico e moral que visavam manter a paz, a segurança e a liberdade no reino revelando-se muitas vezes como verdadeiros manuais de administração do reino onde eram dados conselhos sobre a administração, as finanças, o fazer a guerra e conservar a paz, de modo a alcançar a honra e a glória.

riam um certo temor pela descendência régia de D. João III. O receio apenas se tornaria realidade ao fim de duas décadas.

V. CONCLUSÃO:

Perante uma assembleia heterogénea, magnanimemente reunida, todavia, algo temerosa do desenrolar dos factos políticos do Reino, dos quais quer participar; é proferida a arenga ou oração de proposição de 1562, por D. António Pinheiro, Bispo de Miranda e de Leiria e eleito orador de cortes.

Tais peças da oratória política têm por finalidade legitimar e dignificar a imagem régia. É seu propósito traçarem o panegírico régio, realçando aquelas que são as mais evidentes qualidades do príncipe cristão, a citar: a temperança, a justiça, a benevolência, a caridade, a prudência; e, o temor a Deus. Saliente-se que só um monarca virtuoso tornava virtuosa a República, da qual ele era a cabeça.

No entanto, mais do que meros discursos aduladores, as orações de cortes são fontes inequívocas de exposição da ideologia política onde as cortes surgem como conjunção mística entre a cabeça, que é o rei, e os seus membros, que são os representantes dos três estamentos com assento naquelas. Tinham por função auxiliar, assistir o rei no governo do reino (dever de conselho) de modo a inviabilizar a ocorrência de abusos e a permitir ao monarca exercer o *officium* que lhe havia sido conferido com maior justiça.

Deste modo, a partir do século XIV os juristas e teóricos estabelecem a analogia entre o corpo humano e o corpo político numa linha organicista ou antropomórfica.

Na senda da aplicação de tal doutrina, surge ainda o recurso a inúmeras alegorias bíblicas e ainda a inúmeras metáforas quer políticas quer litúrgicas facto que frequentemente conduz, ao estabelecimento de um paralelismo com os concílios da Igreja, os quais comungam da presença do Espírito Santo.

Os motivos da sua convocação são os mais variados, dependendo da conjuntura político-económico e social, assim entre a referência à necessidade do reforço das praças africanas, ou a um pedido de ajuda financeira; estas cerimónias encerram ainda actos de importância fulcral para o Reino, como o eram os juramentos régios e as cerimónias de aclamação.

Todavia, era sobretudo, pela aplicação do princípio de que aos monarcas lhes assistia um poder/dever de as convocar e, porque os povos aí deviam estar representados (de modo a exercerem o seu dever de conselho); que os monarcas a elas recorriam, ainda que nem sempre fossem tomadas e acatadas, as suas decisões, a nível nacional.

VI. BIBLIOGRAFIA:

ABRIL, Ernesto: *Las limitaciones del Soberano*, Biblioteca de Ética, Filosofía del derecho y politica, Distribuciones Fontamara, Mexico, 1998;

AGOSTINHO, Santo: *A Cidade de Deus,* tradução, prefácio,nota biográfica e transcrições de J. Dias Pereira, Fundação Calouste Gulbenkian, Lisboa, 1995.

ALBALADEJO, Pablo Fernandéz: *Cortes y poder real: una perspectiva comparada*, in Actas de la Segunda Etapa del Congreso Científico sobre la Historia de las Cortes de Castilla y León, Cortes de Castilla y León, Valladolid, 1989;

ALBUQUERQUE, Martim: *O poder político no renascimento português*, Instituto Superior de Ciências Sociais e Política Ultramarina, in separata dos Estudos Políticos e Sociais, n.°s 4 (1966) e 5 (1967);

ALBUQUERQUE, Martim de: *Para a história das ideias políticas em Portugal*, Lisboa, Instituto Superior de Ciências Sociais e Política Ultramarina, 1968

ALBUQUERQUE, Martim de: *A consciência nacional portuguesa: ensaio de história das ideias políticas*, s./n., Lisboa,1974;

ALBUQUERQUE, Martim de: *A sombra de Maquiavel e a ética tradicional portuguesa*, Inst. Histórico Infante D. Henrique, Faculdade de Letras da Universidade de Lisboa, Lisboa,1974;

ALBUQUERQUE, Martim de: *O valor politológico do Sebastianismo*, Separata dos Arquivos do Centro Cultural Português, VIII, Paris, Fundação Calouste Gulbenkian, 1974;

ALBUQUERQUE, Martim de: *Jean Bodin na Península Ibérica: ensaio de história das ideias políticas e de direito público,* F. C. Gulbenkian, Colecção Cultura medieval e moderna, XI, Paris, 1978;

ALBUQUERQUE, Ruy de e ALBUQUERQUE, Martim de: *História do Direito Português*, Lisboa, 1983;

ALBUQUERQUE, Martim de: *Estudos de Cultura Portuguesa*, INCM, Lisboa, 1983;

ALBUQUERQUE, Martim de: *As regências na história do direito público e das ideias políticas em Portugal*, separata Portugaliae Historicae, 1;

ALBUQUERQUE, Martim de: *Orações de obediência dos Reis de Portugal aos Sumos Pontífices*, Lisboa, Inapa, 1988;

ALFONSO X: *Las Siete Partidas*, compilação de Francisco Javier Díez de Revenga, Temas de Espanã, Taurus, Madrid, 1985;

– *Algumas leis e capítulos de cortes relativas à Universidade na Idade Média*, Universidade de Coimbra, Coimbra, 1937;

ALLEN, J. W: *A history of political Thought in the Sixteenth century*, London, Methuen and & Co. Ltd., s/d;

ALMEIDA, Carlos Marques de: *História das Instituições*, Manuais da Universidade Portucalense, Infante D. Henrique, Porto, 1994;

ALMEIDA, Francisco José: *Introdução à convocação das cortes debaixo das condições do juramento prestado pela Nação*, Impressão Régia, Lisboa, 1820;

ALMEIDA, Fortunato, de: *História de Portugal*, Coimbra, 1922-1925;

ALMEIDA, Fortunato de: *História da Igreja em Portugal*, oito volumes, Coimbra, Imprensa académica de Coimbra, 1910 / nova ed. De Damião Peres, Porto,-Lisboa, 1971;

ALVAREZ, Fernando Jesús Bouza: *Retórica da imagem real. Portugal e a memória figurada de Filipe II*, in Penélope, fazer e desfazer a História, n.° 4, Edições Cosmos, 1989;

ALVES, Ana Maria: *Iconologia do poder político no período manuelino (à procura de uma linguagem perdida)*, INCM, Lousã, 1985;

AMADO, Maria Teresa: *O pensamento histórico de Francisco Manuel de Melo*, in Penélope, fazer e desfazer a História, n.° 9-10, Edições Cosmos, Lisboa, 1993;

ANDRADE, Abel: *As Cortes portuguesas*, in O Instituto, vol. 40 3.ª Série, Coimbra, (Julho de 1892);

ANDRADE, Abel: *Esboço de uma tentativa scientifica-methodo a seguir nos estudos sobre a evolução política em Portugal*, in O Instituto, n.° 39, Coimbra, 1892;

ANDRADE, Abel Pereira de (1866-1958): *Evolução política em Portugal*, tomo 1 (séculos XII-XVIII), Coimbra, 1895;

ANDRADE, Abel: *O poder real (Séculos XII-XIV)*, in O Instituto, vol. 40, 3.ª Série, Coimbra, Julho de 1892;

ANDRADE, Abel: *O poder real (Séculos XIV-XVIII) – integração do absolutismo*, in O Instituto, vol. 40, 3.ª Série, Coimbra, Julho de 1892;

ANDRADE, Amélia Aguiar: *As cortes de 1481-82: uma abordagem preliminar*, s/n, Porto, 1984;

ANDRADE, António Alberto de: *Antologia do pensamento político português*, separata de estudos Políticos e sociais, vol. III, n.°s 2 e 3, Instituto Superior de Ciências Sociais e Política Ultramarina, s/l, 1965;

ANDRADE, Ayres Vicente de: *Origem da Monarchia Luzitana: Vantagens que o governo monarchico hereditario tem sobre toda, e qualquer outra forma de governo*, Nova Impressão Silviana, Lisboa, 1828;

ANDRADE, Francisco de: *Crónica de D. João III*, Jorge Rodriguez, Lisboa, 1613;

AQUINO, São Tomás de: *Suma Teológica*, tradução de Alexandre Corrêa, direcção de Rovílio Costa e Luís Alberto de Boni, edição bilingue, Escola Superior de Teologia de S. Lourenço de Brindes, Porto Alegre, 1980-81;

ARISTÓTELES: *Tratado da política*, Publicações Europa América, Mem-Martins, 1977;

AZEVEDO, Pedro de: *Doze Cartas do Cardeal-Rei D. Henrique*, in Revista de História, 8.° vol., Livraria Clássica Editora, Lisboa, 1919;

BARBOSA, João Morais: A Teoria Política de Álvaro Pais no Speculum Regnum (esboço duma fundamentação jurídico-filosófica, in BMJ, n.° 211, 212 e 213, 1971;

BARROS, Henrique da Gama: *História da Administração Pública em Portugal nos séculos XII a XV*, 2.ª ed., Tomo 3,Livraria Sá da Costa, Lisboa, 1946;

BERTELLI, Sergio: *Il corpo del re. Sacralità del potere nell' Europa medievale e moderna*, Firenze, Ponte alle Grazie, 1990.

BIGALLI, Davide: *Immagini del principe, ricerche su politica e umanesimo nel Portogallo e nella Spagna del Cinquecento*, Filosofia e Scienza nel Cinquecento e nel Seicento, Franco Angeli Libri, Milano, 1985;

BLUTEAU, Rafael: *Vocabulario Portuguez e Latino*, Real Colégio das Artes, Coimbra, 1713;

BORGES, José Ferreira: *Exame crítico do valor político das expressões soberania do povo e soberania das cortes e outrosim das bases da organização do poder legislativo no systema representativo e da sancção do rei*, Typographia Transmontana, Lisboa, 1837;

BRANDÃO, António: Crónica do conde D. Henrique, de D. Teresa e do Infante D. Afonso, Porto, Civilização, 1944;

BRANDÃO, António: *Crónica de D. Afonso Henriques*, Porto, Civilização, 1945;

BRANDÃO, António: *Crónicas de D. Sancho I e D. Afonso II*, Porto, Livraria Civilização, 1945;

BRANDÃO, António: *Crónicas de D. Sancho II e D. Afonso III*, Porto, Livraria Civilização, 1946;

BRANDÃO, Frei António, e outros: *Monarchia Lusitana*, Impressa em Lisboa em o Mosteiro de S. Bernardo, por Pedro Craesbeck, 1632;

BRANDÃO, Mário: *Documentos de D. João III*, Casa Tipográfica Alves & Mourão, Coimbra, 1937;

BRASÃO, Eduardo: *O Papado e Portugal desde a Conferência de Zamora (1143) até à Bula de Alexandre III " Manifestis Probatum " (1179)*, in Academia Portuguesa da História, 8.° Centenário do reconhecimento de Portugal pela Santa Sé (Bula Manifestis Probatum – 23 de Maio de 1179; Comemoração Académica, Lisboa, 1989;

BUESCU, Ana Isabel: *Memória e poder, ensaios de História cultural (séculos XV-XVIII*, edições Cosmos, Lisboa, 2000;

CAETANO, Marcello: *Subsídios para a história das cortes medievais portuguesas*, RFDL, Lisboa, 1963;

CAETANO, Marcello: *Cortes*, in Enciclopédia Luso Brasileira de Cultura, Lisboa, 1965;

CAETANO, Marcello: *História do Direito Português*, vol. 1, Lisboa, 1981, Verbo;

CAETANO, Marcello: *Manual de Ciência Política e Direito Constitucional*, Almedina, Coimbra, 1983;

CARLYLE, R. W.: *A history of medieval political theorying in the West Europe*, Edinburgh, William Blackwood, 1950;

CARVALHO, Alberto Martins de: *Cortes*, in Dicionário de História de Portugal, vol. 1, (vide Joel Serrão);

CARVALHO, Joaquim de: *O pensamento português da Idade Média e do Renascimento*, Lisboa, Minerva, 1943, Separata da Revista da Faculdade de Letras, vol. 9, 2.ª série;

CASTRO, João de: *Discurso da vida do sempre bemvindo e apparecido rey Dom Sebastiam*, Pariz, Martim Verac, 1602;

CASTRO, P. José de: *Dom Sebastião e Dom Henrique*, Tipografia União Gráfica, Lisboa, 1942;

CASTRO, P. José de: *O Prior do Crato*, União Gráfica, Lisboa, 1942;

CASTRO, P. José de: *A Europa e o domínio filipino em Portugal*, in Anais da Academia Portuguesa de História, Ciclo da Restauração, vol. VIII, Lisboa, 1944;

CASTRO, Luiz Vieira de: *A formação de Portugal*, Typographia Esperança, Funchal, 1938;

CESAR, Eugénio: *Cortes do Reino de Portugal (desde as de Lamego (?) até às de 1698) colligidas por João Pedro Ribeiro*, Officina Tipográfica, Lisboa, 1911;

CHAGAS, Cypriano José Rodrigues das: *As Cortes ou os direitos do povo português que dedica ao exército*,Officina de António Rodrigues Galhardo, Lisboa, 1820;

CHAGAS, Manuel Pinheiro: *História de Portugal*, terceira edição, Empreza da História de Portugal, Lisboa, 1900;

CHÂTELET, François, DUHAMEL, Olivier, PISIER-KOUCHNER, Evelyne: *História das Ideias políticas*, tradução de Carlos Nelson Coutinho, (Histoire des Idées Politiques, PUF, Paris, 1982), Jorge Zahar Editor, Rio de Janeiro, 1997;

CHEVALLIER, Jean-Jacques: *Histoire de la pensée politique*, Grande Bibliothèque Payot, Éditions Payot & Rivages, Paris, 1993;

COELHO, Filipe Nogueira: *Princípios do direito divino, natural, político universal e das gentes adoptados pelas Ordenações, leis, decretos e mais disposições do reino de Portugal com as remissões das leis extravagantes e mais reais determinações e as notas do novo repertório aos respectivos textos da Ordenação e uma relação exacta das leis e mais disposições novíssimas*, Officina de Francisco Borges de Souza, Lisboa, 1773;

COLONA, Egídio (Aegidii Comnae Romani): *De Regimine Principum*, Bernardinum Vercelensem, Venetiis, 1502; *Capitolos de cortes*, Lixboa, 1539;

COSTA, António Domingues de: *Estudos sobre Álvaro Pais*, in Centro de Estudos de Psicologia e de História da Filosofia;

COSTA, Mário Júlio de Almeida: *História do Direito Português*, Almedina, Coimbra, 1996;

CRUZ, António: *As antigas cortes do reino*, in Jornal de Notícias, Porto, 1939 (26 de Agosto);

CRUZ, Bernardo da: *Chronica del rei D. Sebastião*, publicada por A. Herculano e o Dr. A. C. Paiva, Impressão de galhardo e Irmãos, Lisboa, 1837;

CRUZ, Guilherme Braga da: *História do Direito Português*, Coimbra, Faculdade de direito de Coimbra, 1955;

CRUZ, Maria do Rosário de Sampaio Themudo Barata de Azevedo: *As regências na menoridade de D. Sebastião*, temas portugueses, Imprensa Nacional – Casa da Moeda, Lisboa, 1992;

CUNHA, Joaquim Moreira da Silva: *História das Instituições,* Centro de Cópias António Silva Lemos, Porto, 1994;

CUNHA, Luís da: *Terminologia jurídica das Ordenações*, Lisboa, Academia das Ciências, 1938;

CUNHA, Mafalda Soares da: *A Casa de Bragança, 1560-1640*, práticas senhoriais e redes clientelares, Editorial Estampa, Lisboa, 2000;

CUNHA, Paulo Ferreira da: *Para uma História Constitucional do Direito Português*, Almedina, Coimbra, 1995;

DONATO, Ernesto: *Manuscritos de João Pedro Ribeiro, Códice n.° 1 – índice cronológico do livro de provisões e capítulos de cortes da Câmara de Coimbra, 1426-1660*, Coimbra, 1921;

DUARTE, El Rey D.: *Ordenações de D. Duarte*, Lisboa, Fundação Calouste Gulbenkian, Lisboa, 1988;

DUARTE, Luis Miguel: *História das mentalidades (algumas sugestões de leitura)*, separata dos cadernos de Ciências Sociais, n.° 4, Abril, 1986;

DUBY, Georges: *As três ordens ou o imaginário do feudalismo*, Lisboa, 1982;

DUNNING, William Archibald: *A History of Political Theories, Ancient and Mediaeval*, New York, The Macmillan Company, 1902;

EISENMANN, Charles: *Sur la théorie de la monarchie*, in Revue Française de Science Politique, vol. 5, s.l., 1955;

FARINHA, Bento José de Souza: *Filozofia de Principes apanhada das obras de nossos portugueses*, Officina de António Gomes, Lisboa, 1786;
FARO, Jorge de: *A natureza da função das Cortes considerada doutrinariamente*, in Occidente n.° 126, vol. 35;
FARO, Jorge de: *As cortes portuguesas e a problemática da sua publicação*, s/l, s/n, 1948;
FIGUEIREDO, José Anastásio de: *Synopsis chronologica de subsidios ainda os mais raros para a história da legislação portugueza*, tomos I e II, Officina da Academia Real das Sciencias, Lisboa, 1790;
FILIPE, Bartolomeu: *Tractado del conseio y de los consejeros de los principes*, António de Mariz, Coimbra, 1584;
FONSECA, Luis Adão da: *O Condestável D. Pedro de Portugal*, Porto, 1982;
FRANÇA, Eduardo de Oliveira: *O poder real em Portugal e as origens do absolutismo*, in História da civilização Antiga e Medieval, n.° 6, S. Paulo, 1946;
FREIRE, Paschoal José de Mello: *Historiae Iuris Civilis Lusitani,* Coimbra, 1815;
GETTELL, Raymond G.: *História das ideias políticas*, trad. de Eduardo Salgueiro, Lisboa, Inquérito, 1936;
GIBERT, Rafael: Historia general del derecho español, Granada, 1968;
GIERKE, Otto Friedrich von: *Teorias políticas da Idade Média* (Les theories plitiques du moyen age), Recueil Sirey, Paris, 1914;
GILISSEN, John: *Introdução Histórica ao Direito*, 2.ª ed., Fundação Calouste Gulbenkian, Lisboa, 1995;
GODINHO, Vitorino Magalhães: *Estrutura da Antiga Sociedade Portuguesa*, 2.ª edição, Arcádia, Lisboa, 1975;
GOES, Damião de: *Chronica Del Rey Dom Emanuel*, Francisco Corrêa, Lisboa, 1566-67;
GOES, Damião de: *Chronica do Principe Dom Ioam*, Francisco Corrêa, Lisboa, 1567;
GOMES, Rita Costa: *A Corte dos Reis de Portugal no final da Idade Média,* Memória e Sociedade, Difel, Divisão Editorial S A. Linda-a-Velha, 1995;
GONÇALVES, Luis da Cunha: *A construção jurídica de Portugal 1140-1940*, Coimbra, Coimbra Editora, 1940;
GOYARD-FABRE, Simone: *Philosophie politique XVIe-Xxe siècle*, PUF, Paris, 1987;
GUIZOT, François: *Histoire des origines du gouvernement representatif et des instituitions politiques de l'Europe,* Nouvelle Edition, Paris, Didier, 1855;
HERCULANO, Alexandre: *História de Portugal desde o começo da monarquia até ao fim do reinado de D. Afonso III*, vols. I a VIII, Paris / Lisboa, 9.ª edição, Livraria Bertrand, 1981;
HESPANHA, António Manuel*: História das Instituições (época medieval e moderna)*, Coimbra, 1982;
HOMEM, António Pedro Barbas: *Judex Perfectus, função jurisdicional e estatuto judicial em Portugal (1640-1820)*, tese de dissertação de doutoramento, Lisboa, 1999;
HOMEM, António Pedro Barbas: *Introdução histórica à Teoria da Lei – época medieval*, INA, Cadernos de Ciência e Legislação, Separatas n.°s 25 (Abril-Junho) e 26 (Outubro-Dezembro), Lisboa, 1999;
HOMEM, Pedro Barbosa: *Discursos de la juridica y verdadera razon de estado: formados sobre la vida y acciones del Rey Don Juan el II de Portugal contra Machavelo y Bodino y los demas politicos de nuestros tiempos, sus sequazes*, Coimbra, Nicolao Carvallo, 1627;

D. JOÃO I: *Livro da Montaria*, s/l, 1626;

LANGHANS, F. P. de Almeida: *As Cortes de Coimbra de 1385 na História do Direito Público Português*, in BMJn.° 40;

LANGHANS, F. P. de Almeida: *Fundamentos jurídicos da monarquia portuguesa*, Empresa Nacional de Publicidade, Lisboa, 1951;

LEÃO, Duarte Nunes de: *Genealogia verdadera de los reyes de Portugal*, Lisboa, Antonio Aluares, 1590;

LEÃO, Duarte Nunes de: *Descrição do Reino de Portugal*, por Jorge Rodriguez, Lisboa, 1610;

LEÃO, Duarte Nunes de: *Crónicas dos reis de Portugal*, int. e ver. De M. Lopes de Almeida, Lello e Irmão, Porto, 1975;

LEITÃO, Joaquim: *Cortes do Reino de Portugal*, Lisboa, 1940;

LIMA, Augusto César Pires de: *Simbolismo Jurídico*, in BFDC, vol. VII, 1922-23;

– *Livro das leis e Posturas*, Faculdade de Direito da Universidade de Lisboa, Lisboa, 1971;

LOPES, Fernão: *Crónica de D.Pedro I*, Livraria Civilização, Porto, s/d;

LOPES, Fernão: *Crónica de D. Fernando* Livraria Civilização, Porto, s/d;

LOPES, Fernão: *Crónica de D. João I* Livraria Civilização, Porto, s/d;

LYON, Bryce: *A Constitutional and Legal History of medieval England*, Harper & Brothers Publishers, New York, s/d;

MAGALHÃES COLLAÇO, J. T. de: *Ensaio sobre a inconstitucionalidade das leis no direito português*, França e Arménio Editores, Coimbra, s/d.;

MALTEZ, José Adelino: *Princípios de Ciência Política, Introdução à Teoria Política*, 2.ª ed., Universidade Técnica de Lisboa, Lisboa, 1996;

MARRECA, Oliveira: *Antigas Cortes de Portugal*, in O Panorama, 2.ª Série, vols. 2 e 3, Lisboa, Typographia da Sociedade, 1844;

MARQUES, A. H. de Oliveira: *Nova História de Portugal,* (vide Joel Serrão);

MARQUES, A.H. de Oliveira: *História de Portugal*, Palas Editores, Lisboa, 1980;

MARQUES, A.H. de Oliveira: *Cortes portuguesas, reinado de D. Afonso IV*, Lisboa, Instituto Nacional de Investigação Científica, 1982;

MARQUES, A.H. de Oliveira: *Cortes portuguesas, reinado de D. Fernando I (1367-1383)*, Lisboa, Instituto Nacional de Investigação Científica, 1990-93;

MARQUES, A.H. de Oliveira: *Cortes Portuguesas*, in Dicionário de História de Portugal, vol. IV, Livraria Figueirinhas, Porto, 1992;

MENESES, Fernando Teles da Silva e: *Dissertação a favor da monarquia*, Regia Officina Typographica, Lisboa, 1799;

MÊREA, Manuel Paulo: *Desenvolvimento da ideia de soberania popular nos séculos XVI e XVII*, in Revista da Universidade de Coimbra, volume IV, Coimbra, Imprensa da Universidade, 1915;

MÊREA, Paulo: *História do Direito Português*, prelecções ao curso de 1917-1918 compiladas por António de Abreu Lobo, Typografia Popular, Coimbra, 1919;

MÊREA, Paulo: *O poder real e as Cortes*; Coimbra, Coimbra Editora, 1923, ou in O Direito, ano 55;

MÊREA, Paulo: *A ideia da origem popular do poder nos escritores portugueses anteriores à restauração*, in Estudos de História do Direito, Coimbra, 1923;

MÊREA, Paulo: *Teorias políticas medievais no Tratado da Virtuosa Benfeitoria*, in Estudos de História do Direito, Coimbra, 1923, págs. 128; ou in Revista Portuguesa de História, vol. 8, Coimbra, 1919);

MÊREA, Paulo: *Novos Estudos de História do Direito Português*, Barcelos, 1937;

MÊREA, Paulo: *Estudos de direito hispânico medieval*, Coimbra, Tipografia Atlântida, 1952-3

MÊREA, Paulo: *Sobre a aclamação dos nossos reis*, separata da Revista Portuguesa de História, vol. 5, Coimbra, 1962;

MÊREA, Paulo: *A soberania popular nos séculos XVI e XVII*, in Boletim da Faculdade de Direito de Coimbra, vol. 4;

MIRANDA, Jorge: *Manual de Direito Constitucional*, tomos I e II, Coimbra Editora Limitada, Coimbra, 1983;

MONCADA, L. Cabral de: *Filosofia do Direito e do Estado*, Coimbra Editora, Coimbra, 1995;

MOREIRA, Adriano: *Ideologias políticas,* in Instituto Superior de Ciências Sociais e Políticas Ultramarinas, s/d.;

MORENO, Humberto Baquero: *As Cortes de Lisboa de 1448*, Revista Portuguesa de História, tomo XVI, Lisboa, 1976;

MORENO, Humberto Baquero: *História de Portugal medievo*, Lisboa, Universidade Aberta, 1995;

NOGUEIRA, José Artur Duarte: *As instituições e o direito*, in História de Portugal, direcção de José Hermano Saraiva, vols. 4 e 5, Publicações Alfa, Lisboa, 1983;

NOGUEIRA, José Artur Anes Duarte: *Sociedade e Direito em Portugal na Idade Média,* Coimbra, 1994;

NOGUEIRA, Ricardo Raimundo: *Prelecções de Direito Público Interno de Portugal,* in O Instituto, VI, VII, VIII;

– *Ordenações do Reino,* conforme reprodução fac-simile da edição feita na Real Imprensa da Universidade de Coimbra, no anno de 1792, Fundação Calouste Gulbenkian, Lisboa, s/d;

ORTIZ, Antonio Domínguez: *Los estamentos privilegiados*, in Actas de la Segunda Etapa del Congreso Científico sobre la Historia de las Cortes de Castilla y León, Cortes de Castilla y León, Valladolid, 1989;

OSÓRIO, Jerónimo (Bispo de Silves): *De rebus emanuelis da vida e feitos d'el rei D. Manuel, do padre Francisco Manuel do Nascimento*, Antonius Gondisaluus, Olyssipone, 1571;

OSÓRIO, Jerónimo (Bispo de Silves): *De regis instituitione et disciplina, libri octo*, edição de Francisco Corrêa, Lisboa, 1572; e de Officina birckmannica – Arnoldo Mylius, Coloniae, 1588. (tradução em português: *Da instituição real e sua disciplina*, tradução portuguesa do Doutor António Jota Figueiredo e prefácio de Luís de Almeida Braga, Lisboa, 1944.);

OSÓRIO, Jerónimo (Bispo de Silves): *Cartas*, tradução, compilação e notas, A. Guimarães Pinto, C. M. Silves, 1995;

OSÓRIO, Jerónimo (Bispo de Silves): *Tratado da Justiça*, tradução, introdução e anotações de A. Guimarães Pinto, Colecção Pensamento Português, Imprensa Nacional Casa da Moeda, Lisboa, 1999;

PAIS, Álvaro: *Espelho dos Reis*, estabelecimento do texto e tradução de Miguel Pinto Meneses, 2 vols., Lisboa, 1955 e 1963,Instituto de Alta cultura Centro de Estudos de

Psicologia e de História da Filosofia, anexo à Faculdade de Letras da Universidade de Lisboa, Lisboa, 1963.

PAIS, Álvaro (1275-1349): *Álvaro Pais*, Lisboa, Verbo, 1992;

PANIAGUA, José Maria Rodriguez: *Historia del pensamiento juridico*, 5.ª edição ampliada, Universidad Complutense-Facultad de Derecho, Madrid, 1984;

PEDRO, Infante D.: *Tratado da Virtuosa Benfeitoria*, Separata da Revista Biblos, vol. LXIX, Faculdade de Letras de Coimbra, Coimbra, 1993;

PENALVA, Marquês de: *Dissertação a favor da monarquia onde se prova pela razão, autoridade e experiência ser este o melhor e mais justo de todos os governos, e que os nossos reis são os mais absolutos e legitimos senhores dos seus reinos*, Officina Regia Typografica, Lisboa, 1799;

PERES, Damião, CERDEIRA, Eleutério: *História de Portugal*, edição monumental comemorativa do oitavo centenário da fundação da nacionalidade, profusamente ilustrada e colaborada pelos mais eminentes historiadores e artistas portugueses, Portucalense Editora Limitada, Barcelos, 1929 e 1931;

PERES, Damião: *D. João I*, 2.ª ed., Porto, 1983;

PERONNET, Michel: *De la Monarchie*, vol 16, International Commission for the History of representation and Parliamentary Institutions by Variorum, 1996;

PIMENTA, Alfredo: *D. João III*, Livraria Tavares Martins, Porto, 1936;

PIMENTA, Alfredo: *Subsídios para a história de Portugal (textos e juízos críticos)*, Lisboa, 1937;

PINA, Rui de: *Crónica de D. João II*, Alfa, Biblioteca da Expansão Portuguesa, Lisboa, 1989; e in Collecção de Inéditos da História Portuguesa, vol. II, Officina da Academia Real das Sciencias de Lisboa, 1790-1824;

PINA, Rui de: *Crónica de D. Afonso V*, Officina da Academia Real das Sciencias, 1790;

PINA, Rui de: *Crónica de D. Duarte*, Renascença Portuguesa, Porto, 1914;

PINHEIRO, D. António: *Oração nas primeyras cortes que fez Dom Sebastião governando dona Caterina sua avó*, Lixboa, Ioam Alvarez, 1563;

PINHEIRO, D. António: *Svmmario da pregaçam funebre e trasladaçam dos ossos d'el Rey Dom Manuel*, edição fac-similada, Biblioteca Nacional, Lisboa, 1985;

PINTO, Frei Heitor: *Imagem da vida christam ordenada por dialogos como membros de sua composiçam*, Antonio Alvarez, Lisboa, 1592;

PRAÇA, J.J. Lopes: *História da Philosophia em Portugal nas suas relações com o movimento geral da philosophia*, Imprensa Litteraria, Coimbra, 1868;

PRAÇA, J.J. Lopes: Collecção de leis e subsídios para o estudo do direito constitucional português, Coimbra, 1893-1894;

PRAÇA, J.J. Lopes: *Direito Constitucional Português*, Coimbra, 1893;

PRÉLOT, Marcel, LESCUYER, Georges: *Histoire des Idées Politiques*, 13e édition, Dalloz, Paris, 1997;

PRESTAGE, Edgar: *The royal power and the cortes in Portugal*, Watford Typ. Voss and Michael Ltd., Standard Printing Works, 1927;

PRIETO, Fernando: *Manual de Historia de las Teorías Políticas*, Unión Editorial, Madrid, 1996;

PUFFENDORF, Samuel: *An introduction to the history of the principal Kingdoms and States of Europe*, London, J. Knapton, D. Midwinter, 1728;

PULGAR, Hernando del: *Cronica de los Señores Reyes Catolicos Don Fernando y Doña Isabel*, Valencia, Imprenta de Benito Monfort, 1780;

RAPOSO, Hipólito: *Dois nacionalismos*, Ferin, Lisboa, 1929;

REBELO, Diogo Lopes: *De Republica Governanda per regem*, edição fac-símile da edição de 1496, introdução e notas de Arten Moreira de Sá, Instituto para a Alta Cultura, Lisboa, 1951;

REMÉDIOS, Mendes dos: *Chronica do condestabre-Dom Nuno Álvarez Pereira*, França Amado Editora, Coimbra, 1911;

– *Refutação methodica das chamadas bazes da Cosntituição Portugueza da Monarchia Portugueza*, Impressão da Rua Formosa, Lisboa, 1824;

RESENDE, Garcia de: *Cancioneiro Geral*, int. e notas de Andrée Crabé Rocha, 5 tomos, Lisboa, 1973;

RESENDE, Garcia de: *Crónica de D. João II e miscelânea*, INCM, Lisboa, 1991;

REUTER, Abiah Elisabeth: *Chancelarias Medievais Portuguesas*, vol. I (documentos da chancelaria de D. Afonso Henrique), Publicações do Instituto Alemão da Universidade de Coimbra, Coimbra, 1938.

RIBEIRO, João Pedro: *As Cortes do Reino de Portugal, collegidas de Cartorios publicos pelo Lente de Diplomatica, o Desembargador João Pedro Ribeiro,* Coimbra, Imprensa da Universidade,1808;

ROBERT, W. CARLYLE, Alexander: *A History of Mediaeval Political Theory in the West*, vol. III, Londres, 1903-1936;

ROCHA, Manuel António Coelho da: *Ensaios sobre a História do Governo e da legislação de Portugal*, 2.ª edição revista e emendada pelo autor, Coimbra, 1851;

ROCHA, Manuel António Coelho da: *Instituições do Direito Civil Portuguez*, 8.ª edição, Livraria Clássica Editora, Lisboa, 1917;

RODRIGUES, Maria Teresa Campos: *Aspectos da administração municipal de Lisboa no século XV*, separata da revista Municipal, n.°s. 101-109, Lisboa, 1968;

ROMANO, Egídio: *De Regimine Principum*, tradução espanhola de Juan Garcia de Castrojeriz, Meinardo Ungut, Sevilha, 1494;

ROMERO, Maria Paz Alonso: *Las Cortes y la administración de la Justicia*, in Actas de la Segunda Etapa del Congreso Científico sobre la Historia de las Cortes de Castilla y León, Cortes de Castilla y León, Valladolid, 1989;

SÁ, Artur Moreira de: *"A carta de Bruges" do Infante D. Pedro*, in Biblos, XXVIII, 1952;

SALISBÚRIA, João de: *Policratus*, Editora nacional, Madrid, 1984;

SANCHEZ-ALBORNOZ, Claudio Menduina: *La Curia Regia Portuguesa, siglos XII y XIII*, in Anuario de Historia del derecho español, vol. V Madrid, s/n, 1928;

SANCHEZ-ALBORNOZ, Claudio Menduina: *Estudios sobre las instituciones medievales españolas*, Universidad Nacional Autónoma de México, Instituto de Investigaciones Históricas, México, 1965;

SANTOS, António Pedro Ribeiro dos: *A imagem do poder no constitucionalismo português*, ISCSP, Lisboa, 1990;

SANTOS, Frei Manuel dos: *Monarquia Lusitana*, Imprensa Nacional Casa da Moeda, Empresa Pública, Lisboa, 1988;

SÃO PAYO, Francisco Coelho de Sousa: *Prelecções de direito pátrio público*, Real Imprensa da Universidade, Coimbra, s/d;

SÃO PAYO, Francisco Coelho de Sousa: *Febo Moniz, Procurador por Lisboa às cortes de Almeirim* (o braço do povo em 1580), Braga, 1960;

SARAIVA, António José: *História da Cultura em Portugal: Renascimento e Contra-Reforma*, Gradiva, Lisboa, 2000;

SARAIVA, José Hermano: *História de Portugal*, sob a direcção de José Hermano Saraiva, Publicações Alfa, Lisboa, 1983;

SARAIVA, José Hermano: *Dicionário Ilustrado da História de Portugal*, sob a direcção de José Hermano Saraiva, Publicações Alfa, Estella (Navarra), 1985;

SARDINHA, António Maria de Sousa: *A teoria das cortes gerais*, 2.ª edição, Lisboa, s/n;

SANTARÉM, Visconde de: *Memorias para a historia e theoria das cortes geraes, que em Portugal se celebrarão pelos tres estados do reino ordenadas e compostas neste anno de 1824*, Lisboa, Impressão Régia, 1827;

SCHÆFER, Henrique: *História de Portugal, desde a fundação da monarchia até à Revolução de 1820*, vertida fiel, integrada e directamente, continuada, sob o mesmo plano, até aos nossos dias por J. Pereira de Sampaio (Bruno), Escriptorio da Empreza Editora, Porto, 1895;

SERPA, António Ferreira de: *Crónica d'El –Rei Dom Sebastião*, Livraria e Imprensa Civilização – Editora, Porto, 1925;

SERRA, Antonio Truyol y: *Historia da Filosofia do Direito e do Estado*, Colecção Estudo Geral, Instituto de Novas Profissões, Lisboa, 1985;

SERRÃO, Jerónimo Freire: *Discurso político da excellencia, aborrecimento, perseguição, & zelo da verdade*, João Rodriguez Impressor, Officina de Lourenço Anuers, Lisboa, 1647;

SERRÃO, Joaquim Veríssimo: *Fontes de direito para a história da sucessão de Portugal*, Sep. Bol. Direito, 35, s/n, Coimbra,1960;

SERRÃO, Joaquim Veríssimo: *Dicionário de História de Portugal*, Iniciativas Editoriais, Lisboa, 1963;

SERRÃO, Joaquim Veríssimo: *Génese e o valor da monarquia em Portugal*, in Estudos sobre a monarquia, Conferências do Grémio Literário, Lisboa, 1984;

SERRÃO, Joaquim Veríssimo: *Figuras e caminhos do Renascimento em Portugal*, Temas portugueses, Imprensa Nacional Casa da Moeda, Lisboa, 1994;

SERRÃO, Joel: *Cronologia Geral da História de Portugal*, 4.ª edição, Livros Horizonte, Lisboa, 1980;

SERRÃO, Joel: *Nova História de Portugal, Do Renascimento à crise dinástica*, Editorial Presença, Lisboa, 1998;

SILVA, António Luís Cerdeira Coelho e: *Imagens de D. Sebastião no Portugal Contemporâneo*, s/n, Coimbra, 1983;

SILVA, Inocêncio Francisco da: *Dicionário Bibliográfico Portuguez*, Lisboa, Imprensa Nacional, 1859;

SILVA, Nuno Espinosa Gomes da: *O direito subsidiário das Ordenações Filipinas num comentário de António Leitão Homem*, Coimbra, 1917;

SILVA, Nuno J. Espinosa Gomes da: *História do Pensamento Jurídico*, U.C.P.; Lisboa, 1982;

SILVA, Nuno J. Espinosa Gomes da: *História do direito português*, Fundação Calouste Gulbenkian, Lisboa, 1985;

SILVA, Plácido e: *Vocabulário Jurídico*, 11.ª edição, Editora Forense, Rio de Janeiro, 1989;

SOARES, Luis Ribeiro: *A Bula Manifestis Probatum e a legitimidade portuguesa*, in Academia Portuguesa da História, 8.° Centenário do reconhecimento de Portugal pela Santa Sé (Bula Manifestis Probatum – 23 de Maio de 1179), Comemoração Académica, Lisboa, 1989;

SOARES, Torquato de Sousa: *As Cortes Portuguesas*, in Revista Portuguesa de História, tomo II, 1943;

SOARES, Torquato de Sousa: *Antecedentes das cortes reunidas em Guimarães em 1250*, in Revista Portuguesa de História, tomo XX, 1983;

SOARES, Torquato de Sousa: *As primeiras cortes gerais da monarquia portuguesa em Guimarães em 1250* (Barcelos: Comp. Ed. do Minho), Sep. Ver. Guimarães,n.° 93, Guimarães, s/n, 1984;

SOLER, Andrès Giménez: *La edad media en la corona de Aragón*, Editorial Labor, S.A., Barcelona, s/d;

SORIA, José Manuel Nieto: *Orígenes de la Monarquía Hispaníca: Propaganda y Legitimación (Ca. 1400-1520)*, Dykinson, Madrid, 1999;

SOUSA, António Caetano de: *História Genealógica da Casa Real Portuguesa*, Atlântida-Livraria Editora, Lda., Coimbra, 1947-49;

SOUSA, Armindo de: *O discurso político dos concelhos nas cortes de 1385*, Separata da Revista da Faculdade de Letras, História, Porto, Vol. II, 1985;

SOUSA, Armindo de: *As cortes medievais portuguesas*, Instituto Nacional de Investigação Científica, Centro de História da Universidade do Porto, Porto, 1990;

SOUSA, Armindo: *Imagens e utopias em Portugal nos fins da Idade Média: A imagem consentida de rei*, in Revista Portuguesa de História, tomo XXXI, vol. 2, homenagem ao Doutor Salvador Dias Arnaut, Faculdade de Letras da Universidade de Coimbra, Instituto de História Económica e Social, Coimbra, 1996;

SOUSA, Luis de: *Annaes de el rei Dom João Terceiro*, publicados por A. Herculano, Typographia da Sociedade Propagadora dos Conhecimentos Úteis, Lisboa, 1844;

STRAYER, Joseph R.: *On the medieval origins of the modern state*, Princeton University Press, Princeton, 1970;

SUANZES-CARPEGNA, Joaquín Varela: *La teoría del estado en los orígenes del constitucionalismo hispânico*, s/l, 1983;

SUEUR, Philippe: *Histoire du droit public français, XVe-XVIIIe siècle*, PUF, Paris, 1993;

TAROUCA, Carlos da Silva: *Crónica dos sete primeiros reis de Portugal*, Academia Portuguesa de História, Lisboa, 1952-1953;

THEIMER, Walter: *História das Ideias Políticas*, tradução de dinora Freitas e Sampaio Marinho, Círculo de Leitores, Lisboa, 1977;

TOMAS Y VALIENTE: *Manual de Historia del derecho español*, 4.ª ed. Madrid, Technos, 1983;

TORRES, David: *Las Cortes y la creación de Derecho*, in Actas de la Segunda Etapa del Congreso Científico sobre la Historia de las Cortes de Castilla y León, Cortes de Castilla y León, Valladolid, 1989;

TORRES, Ruy d'Abreu – Coimbra, *Cortes de 1385*, in Dicionário de História de Portugal, vol. 1, Lisboa, 1963;

TRUYOL Y SERRA, António: *Súmula da História da Filosofia do Direito*, in Revista da Faculdade de Direito da Universidade de Lisboa, vol. X, Lisboa, 1954;

TOUCHARD, Jean: *História das Ideias Políticas*, Fórum da História, Publicações Europa América, Mem Martins, s/d;

A ADMINISTRAÇÃO ROMANA PENINSULAR

RUI DE FIGUEIREDO MARCOS
Professor da Faculdade de Direito da Universidade de Coimbra

1. **Traços gerais da evolução do sistema administrativo romano**

Para se compreender a romanização da Península Ibérica sob o ponto de vista administrativo, importa relançear as linhas marcantes da administração romana. Começaremos por respigar alguns traços gerais da sua evolução. Focar-se-á, em primeiro lugar, a organização administrativa da Itália e, depois, a organização administrativa das províncias.

2. **A Administração na Península Itálica**

No período anterior ao século I a.C., a Itália não possuía uma organização administrativa uniforme. Este particularismo administrativo resultava da maleabilidade política de Roma que, no intuito de submeter os povos italianos ao seu jugo, seguiu diversas vias. Consideraremos apenas as três principais.

O método de domínio mais antigo e frutuoso foi o sistema de aliança. Sabendo que os povos italianos se constituíam em pequenos agregados do tipo Estado-cidade e não Estados territoriais, uma política de alianças conduzida por uma diplomacia hábil levava a um êxito bem mais seguro e duradouro do que uma sangrenta conquista militar. Os tratados que Roma celebrava com outras cidades, ora se inscreveriam no figurino de tratados equitativos (*foedera aequa*), ora se inscreviam no figurino de tratados iníquos (*foedera iniqua*). No âmbito dos tratados equitativos, Roma colocava-se num plano de igualdade com a cidade aliada, vingando o princípio da reciprocidade de direitos e de obrigações.

Quanto aos *foedera iniqua*, Roma ditava as suas condições, tendo a outra cidade que aderir a esse clausulado[1].

Se, de início, Roma ainda propendeu a subscrever tratados de cariz equitativo, quando se sentiu com força militar e política bastante para impor a sua vontade em letra de tratado, não hesitou em fazer proliferar os acordos iníquos. Os habitantes das cidades italianas aliadas de Roma recebiam a denominação de *socii*. O sistema administrativo da cidade alvo de tratado não obedecia a um padrão único. Variava, casuisticamente, em harmonia com o que preceituavam as cláusulas de cada tratado de paz e de aliança.

Conduziu a uma outra forma de organização administrativa o segundo método gizado por Roma para alcançar o domínio da Itália. Foi ele o da incorporação dos territórios conquistados na *civitas*. Nesta óptica, a cidade conquistada integrava-se no território romano e os habitantes passavam a ser cidadãos romanos, largando a velha condição de *hostes*.

A incorporação pautava-se por dois modelos distintos. O mais frequente consistia na atribuição aos habitantes da urbe de uma cidadania *sine suffragio*. Tratava-se de uma cidadania amputada das prerrogativas jurídicas no domínio do direito público. Os cidadãos viam-se diminuídos, quer do *ius suffragii*, ou seja, o direito de votar nos comícios, quer do *ius honorum*, ou seja, o direito de ingressar nas magistraturas romanas que compunham o *cursus honorum*. De todo o modo, usufruíam dos privilégios inscritos no âmbito do direito privado, a saber: o *ius commercii*, que era o direito de celebrar validamente negócios jurídicos de conteúdo patrimonial; e o *ius connubii*, que era o direito de contrair matrimónio e constituir família legítima.

A outra forma de incorporação, menos vulgar, mas mais ampla, conferia uma cidadania *optimo iure*, em que os beneficiados surgiam como cidadãos de corpo inteiro[2]. Tinham, na esfera publicista, o *ius suffragii* a par da *ius honorum*. Gozavam tanto do *ius commercii* como do *ius connubii*, em matéria de direito privado.

No tocante à organização administrativa, a cidade incorporada passava a representar um *municipium*. Uma palavra que procede de *munere*

---

[1] Por via de regra, as *civitates foederatae* careciam do *ius belli ac praxis* e eram obrigadas a fornecer contingentes militares. *Vide* A. SANTOS JUSTO, *Direito Privado Romano – I. Parte geral*, Coimbra, 2000, pág. 70.

[2] Sobre a condição de *cives optimo iure* e de *cives sine suffragio*, ver, por todos, J. ARIAS RAMOS/J. A. ARIAS BONET, *Derecho Publico Romano e Historia de las Fuentes*, 15ª ed., Valladolid, 1983, pág. 66.

capere que significa cobrar serviços. E, na verdade, Roma cobrava certos impostos às cidades municipais. Realça-se, por último, que o regramento administrativo destes municípios estava longe de ser homogéneo.

A fundação de colónias constituiu o terceiro processo que Roma utilizou para subjugar a Itália. Reconduzia-se à deslocação de cidadãos romanos ou de latinos para um certo lugar, com o objectivo confesso de estabelecer uma nova cidade ou de recompor a população de uma cidade já existente através de um elevado teor de fidelidade dos elementos recém-chegados. Propósitos militares nortearam a fundação das primeiras colónias. Criava-se uma cidade por razões estratégicas ou repovoa-se uma outra quando se julgava necessário reconvertê-la num pólo militar de inteira confiança. Mais tarde, a fundação das colónias serviu ainda para minorar problemas sociais, ao permitir que se distribuíssem terras do *ager publicus* pelos cidadãos mais carenciados, os quais, movidos por essa ânsia, deixavam Roma em direcção a qualquer parte do Império.

No plano administrativo, as colónias, quando constituídas por cidadãos romanos, tomavam a designação de *coloniae civium romanarum* e adoptavam a organização municipal. Por seu turno, já assumia a qualidade de *civitas foederata* aquela colónia que integrasse apenas latinos, ou, simultaneamente, latinos e cidadãos. Denominavam-se, em contraposição às primeiras, *coloniae latinae*.

Assistiu-se, a partir dos começos do século I a. C., a uma transfiguração do panorama descrito quanto à organização administrativa de Itália. Mercê de desenvolvimentos históricos de que não curaremos, a cidadania alargou-se a todos os habitantes de Itália. Uma generalização que implicou o eclipse dos vários tipos de organização administrativa, pois o que os alicerçava era a existência de algumas cidades habitadas por cidadãos romanos e de outras formadas por *socii* ou aliados. Estas, como *civitates foederatae*, exibiam um regime administrativo que divergia consoante as cláusulas inseridas no trabalho de aliança. Aquelas, como cidades incorporadas, assumiam a categoria administrativa de municípios.

Guindados os *socii* à condição de cidadãos, desaparecia a razão das diferenças. As cidades que não o eram já transformaram-se, inevitavelmente, em cidades incorporadas. Não admira, pois, que se difundisse, sem discrepâncias notáveis, a organização administrativa municipal. Havia apenas que dotar o município de uma estrutura uniforme. Cumpriu tal desiderato a reforma de Sila. Cada uma das cidades municipais passou a apresentar um desenho constitucional que incluía, por um lado, o conjunto dos magistrados municipais, os chamados *quattuorviri*, porque eram quatro, por outro lado, o senado municipal mais conhecido por cúria ou conselho dos decuriões e, por fim, as assembleias populares que integravam todos os cidadãos do município. Embora não ostentassem poderes legislativos, detinham certas atribuições de natureza administrativa e financeira.

3. **A Administração Provincial**

A expansão territorial de Roma, do ponto de vista administrativo, ensaiou o regime provincial na sequência da primeira guerra Púnica. A partir de então, o termo província empregou-se para designar as circunscrições territoriais conquistadas ou anexadas fora do solo itálico. Originariamente, *provincia* representava a competência reconhecida a um magistrado, nomeadamente, a um pretor ou a um cônsul, para o exercício do poder de império. Na verdade, constituía um corolário do *imperium militiae* a prerrogativa que legitimava o magistrado a *pro vincere*, isto é, a submeter um determinado território. Percebe-se assim a ambivalência que se veio a conferir à palavra província, entendida, ora como o poder que se exercia num território situado fora de Itália por um magistrado detentor de *imperium*, ora como o próprio território que estava sujeito ao poder de império desse mesmo magistrado.

4. **A Administração Provincial na República**

Ao invés do que sucedera em Itália, os romanos, na sua caminhada extra-peninsular, depararam-se com largas monarquias territoriais e, só por via de excepção, encontraram pequenos Estados-cidade. Quanto a estes últimos, Roma optou por não conceder o direito de cidadania, o que significava recusar-lhes a incorporação na *civitas* e a consequente organização municipal. Algumas cidades mantiveram a sua autonomia através de tratados de aliança, assumindo-se como *civitates foederatae*. Outras conservaram-se autónomas por voto unilateral de Roma, do mesmo passo que se eximiam ao pagamento de impostos. Eram as *civitates liberae*. Por fim, outras houve ainda que, além de não verem respeitada a sua estrutura administrativa, encontravam-se sujeitas a uma pesada tributação. Acolheram, sem glória, o nome de *civitates stipendiariae*.

Já perante as monarquias territoriais, Roma tomou o lugar do rei no exercício de soberania e a *civitas* romana logo se afirmou proprietária plena dos territórios conquistados. Uma medida que surgiu de caso pensado, pois repercutiu estupendos efeitos fiscais. Não podendo o Estado romano lançar impostos sobre os fundos itálicos por respeito ao carácter absoluto do direito de propriedade, o princípio adoptado para os territórios transformados em províncias tornou-se muito valioso em função dos abundantes réditos tributários que proporcionou[3].

A situação dos novos territórios divergia muito da que desfrutavam os povos itálicos. Actuando segundo directrizes previamente fixadas pelo Senado, a autoridade conquistadora tendiam a dotar a província de um primeiro ordenamento administrativo. O quadro normativo provincial, via de regra, ficava vertido na *lex provinciae* outorgada pelo governador e onde se admite que se estabeleceriam os limites geográficos da província, a sua divisão interna, a disciplina jurídica do solo provincial, bem como os diferentes impostos que as cidades deviam satisfazer consoante o seu estatuto jurídico específico.

A época republicana desconheceu uma organização administrativa provincial assente num critério uniforme[4]. A cada província destinava-se a administração que se revelasse mais talhada para servir os propósitos imediatos de Roma. Acima de tudo, importava submeter e pacificar os territórios conquistados, de molde a extrair deles o máximo proveito, quer fosse através do lançamento de impostos, quer fosse pela exploração frenética das suas riquezas. Daí a ausência de um modelo administrativo provincial. Durante a República, esculpia-se a administração provincial, afeiçoando-a, caso a caso, aos interesses cimeiros de Roma.

A princípio, o governo de todos os territórios extra-itálicos era confiado ao próprio general que alcançara a conquista. Era só pelo seu afastamento, que normalmente ocorria por morte ou por exoneração, que se nomeava para tal desempenho um governador provincial. Numa primeira fase, prevaleceu a solução de o Senado fazer recair a escolha num magistrado que dispusesse de *imperium*, cônsul ou pretor. Assim é que surgiram,

---

[3] O solo provincial considerava-se propriedade do erário e, mais tarde, do príncipe, de maneira que os particulares detinham sobre eles apenas uma concessão enquanto simples *possessores*. *Vide* D'ORS, *Derecho Privado Romano*, 9ª ed., Madrid, 1997, pág. 79.

[4] Na perspectiva tradicional que aborda a sucessão das formas de governo na história política de Roma, costuma-se assinalar uma monarquia, desde 753 a. C., a 510 a. C.; uma república, de 510 a. C. a 27 a. C.; um principado, desde 27 a. C. até aos fins do século III d. C., 284; e um dominado, ou monarquia absoluta de cariz heleno-oriental, de 284 até ao século V. *Vide* SEBASTIÃO CRUZ, *Direito Romano*, 4ª ed., Coimbra, 1984, págs. 58 e segs.

sem surpresa, em 227 a. C., duas novas preturas, uma para a Sicília, outra para a Sardenha. Mas cedo os romanos perceberam que não podiam elevar desmedidamente o número de magistrados senhores de *imperium*.

Por isso, ainda na época republicana, delineou-se um sistema diverso[5]. O Senado passou a designar ex-magistrados, no ano seguinte ao termo do seu cargo, prorrogando-lhes a competência como governadores (*praesides*) das províncias, na qualidade de procônsules ou propretores. Convirá esclarecer que estes magistrados não continuavam a ser cônsules ou pretores. Perdiam essa condição, mas, por força do prolongamento do *imperium*, mantinham os respectivos poderes que exercitavam agora *pro consule* ou *pro praetore*. A significar que o faziam em vez do cônsul ou em vez do pretor. Não admira, pois, que os governadores das províncias, ao fim de algum tempo, viessem a ser conhecidos por procônsules ou propretores de acordo com a sua graduação originária em Roma.

Quando o sistema parecia já estar consolidado, foi-se avolumando o problema de carência de magistrados perante o número crescente de províncias[6]. Se o critério não se alterasse, o seu governo arriscava-se a ficar deserto. Em nítido lance de acerto de rota, o Senado optou então por encarregar alguns dos seus próprios membros da importante missão de administrar as províncias.

5. A Administração Provincial no Principado

A República não olhara para as províncias senão como um tesouro que convinha fazer frutificar sem freio. Só, na época do Principado, a perspectiva se deslocou, colocando o acento tónico numa estratégia concertada de romanização das províncias. Neste capítulo, as reformas de Octávio César Augusto desempenharam um papel decisivo. À cabeça da romanização provincial, pode dizer-se que esteve a reforma administrativa de Augusto. Vejamos em que consistiu.

Escorado no seu próprio prestígio, Augusto inaugurara o Principado, uma nova e ambígua forma constitucional que se traduzia num império, mas com vislumbres republicanos e democráticos. Augusto encarnou o

---

[5] A constituição republicana integrava, como é sabido, três elementos fundamentais: as magistraturas, o senado e o povo.

[6] Bastará recordar que, nos fins da República, o número de províncias ascendeu a quinze e, no tempo do Império, subiu ainda muito mais.

paradigma clássico do político hábil que, para ter tudo, fingiu não querer nada[7]. Com enorme argúcia, chamou a si a nomeação directa dos governadores daquelas províncias que, por não se acharem ainda inteiramente pacificadas, requeriam uma presença especial de cariz militar. Estabeleceu assim a importante distinção entre províncias imperiais, *provinciae principis*, e províncias senatoriais, *provinciae senatus*.

Assumiam a natureza de províncias imperiais as que tivessem o respectivo governo e vigilância a cargo do imperador. Normalmente, eram as províncias recém-conquistadas ou cujas populações, pelo seu carácter insubordinado e sempre afeito a revoltas, reclamavam a manutenção, na zona, de legiões romanas[8].

Configuravam províncias senatoriais aquelas províncias que se conservavam, como na época republicana, sob a guarda e administração do Senado. De há muito que exibiam um comportamento submisso aos interesses de Roma e, por conseguinte, não justificavam uma presença militar dissuasora.

Uma reforma administrativa coerente reafirmou a clivagem no seio das províncias, ao determinar que, doravante, as províncias imperiais seriam sempre dirigidas por um propretor e as províncias senatoriais seriam sempre governadas por um procônsul. Ao contrário do que sucedeu na República, tais designações nada tinham a ver com os cargos anteriormente ocupados Daí que, a partir de então, se identificassem os governadores das províncias imperiais como procônsules

Os propretores, nas províncias imperais, não exerciam as suas tarefas administrativas sozinhos. Eram auxiliados por outros funcionários, especialmente pelos *procuratores*. De modo idêntico, os procônsules recebiam ajuda dos *legati*, no âmbito das províncias senatoriais.

Resta acrescentar que Augusto acolheu de bom grado, em 23 a. C., o *imperium pro consulare maius*, o qual conferia ao imperador o poder de fiscalizar e de interferir pessoalmente na administração de todas as províncias, quer imperiais, quer senatoriais. Torna-se evidente que este poder cobrava o seu pleno sentido apenas no que dizia respeito àquelas provín-

---

[7] É conhecido o episódio da habilidosa renúncia de Augusto, em 23 a. C., ao consulado que vinha exercendo desde 27 a. C. Instado, acabou por prosseguir, mas com poderes imensamente reforçados.

[8] Sobre a administração das províncias, ver, entre muitos, JAVIER PARICIO y A. FERNANDEZ BARREIRO, *Historia del Derecho Romano y su Recepción Europea*, 5ª ed., Madrid, 2000, págs. 108 e segs.

cias que não estivessem sujeitas directamente ao *princeps*, o que equivale a dizer, as províncias senatoriais[9]. Fosse como fosse, em última instância, nenhuma das províncias escapava à suprema guarda e administração do imperador.

Na senda da romanização provincial, Augusto empreendeu também uma profícua reforma da administração tributária. No passado, os impostos eram cobrados pelo sistema de arrematação. Apareceram em cena os conhecidos publicanos. No sentido originário, *publicanus* era aquele a quem o Estado adjudicava a cobrança de um imposto, comprometendo-se a pagar aos cofres públicos uma quantia determinada a extrair desse tributo (*vectigal*), cuja arrecadação tinha ficado à sua conta[10]. Surgiram assim os publicanos ligados às vantagens que o sistema de arrendamento de impostos proporcionava ao erário, embora, não raro, deixasse os contribuintes à mercê de homens com poucos escrúpulos e de uma cobiça desmedida[11].

---

[9] Por isso, a expressão *imperium proconsulare maius* deve considerar-se muito bem escolhida, pois significava império máximo entre os procônsules, ou seja, entre os governadores das províncias senatoriais.

[10] Numa acepção mais alargada, os publicanos abrangiam igualmente os adjudicatários de abastecimentos, de obras estaduais a realizar, e da exploração de bens do domínio público, como minas e salinas. Vide JUAN ANTOÑIO ARIAS BONET, *Societas publicanorum*, in «Anuario de Historia del Derecho Español», tomo XIX (1948-49), pág. 219.

[11] Assinale-se que, socialmente, a maioria dos publicanos eram *equites*. Pertenciam à ordem equestre. Ferozes opositores da *nobilitas*, as suas aspirações, cerceadas no horizonte político, viraram-se para a esfera económica. Enriqueceram, sobretudo, à custa do comércio, da cobrança de impostos e da execução de obras públicas. Para estes desempenhos últimos, formaram importantes *societates publicanorum. Vide* ARANGIO-RUIZ, *História del Derecho Romano,* Madrid, 1980, pág. 227; ARIAS BONET, Societas publicanorum, *in loc. cit.,* págs. 226 e segs.; FILIPO CANCELLI, *Società. Diritto Romano,* in «Novissimo Digesto Italiano», vol. XVII (1970), pág. 497; e MARIA ROSA CIMMA, *Ricerche sulle società di publicani*, Milano, 1981, págs. 3 e segs.

Sobre a ordem equestre, ver CARLOS NICOLET, *Les classes dirigeantes romaines sous la République: Ordre sénatorial et ordre équestre*, in «Annales, Économies. Sociétés. Civilisations», année 32(1977), págs. 726 e segs., em especial, págs. 737 e segs.; THÉODORE MOMMSEN, *Le Droit Public Romain*, tomo VI-2, in «Manuel des Antiquités Romaines», tomo VI-2, Paris, 1889, págs. 69 e segs., em particular quanto ao relacionamento entre *ordo publicanorum* e *ordo equester*, págs. 111 e seg.; CESARE SANFILIPPO, *Istituzioni di Diritto, Romano*, Napoli, 1955, pág. 50; RENÉ CAGNAT, *Cours d'Épigraphie Latine*, Paris, 1914, 4ª ed., págs. 112 e segs.; SCARLAT LAMBRINO, *Les inscriptions de São Miguel d'Odrinhas*, in «Bulletin des Études Portugaises et de l'Institut Français au Portugal», tomo XVI (1952), págs. 134 e segs.; em especial quanto ao mais completo *cursus honorum* equestre encontrado entre nós, o de *C. Iulius Celsus*, págs. 145 e segs.; JOSÉ D'ENCARNAÇÃO, *Introdução ao Estudo da Epigrafia Latina*, Coimbra, 1987, pág. 24.

Quanto mais extorquissem, mais ganhariam, descontado o preço da adjudicação do privilégio[12]. O Estado permanecia tranquilo. Rodeando-se das indispensáveis garantias, recebia o dinheiro na data antecipadamente combinada.

Não sofre contestação a tendência associativa dos publicanos. Ainda que o factor político possa ter favorecido essa propensão, sobreelevaram-se razões de ordem económica[13]. Incentivaram as *societates publicanorum* a escassez do capital individual e a necessidade de prevenir riscos, tanto do lado dos adjudicatários, como da parte do Estado. Isto porque o negócio chegava a guindar-se a uma dimensão considerável quando se concediam os *vectigales* de uma província ou classes de vectigales. A *societas publicanorum* chegou mesmo a apresentar uma estrutura interna já reveladora de uma notória complexidade[14].

---

12 Apesar de tudo, no plano jurídico, a actividade dos publicanos e das suas sociedades não escapava a uma fiscalização do Estado. Sobre eles impendia uma acção especial de índole penal, quando, sem justo motivo, usurpassem os contribuintes. *Vide* VINCENZO ARANGIO-RUIZ, *Istituzioni di Diritto Romano*, Napoli, 1983, pág. 379.

13 Até o peso das garantias exigidas pelo Estado podia levar à procura de sócios. *Vide* ARIAS BONET, *Societas publicanorum*, in *loc. cit.*, págs. 231 e seg..

Não causa, pois, estranheza a presença dos *praedes* que eram garantes obrigados pessoalmente e com todos os seus bens. *Vide* LUIGI RODINO, *Societá Civile*, in «Il Digesto Italiano», vol. XXI (1895-1902), pág. 599, também in «Nuovo Digesto Italiano» , vol. XVIII (1940), págs. 411 e seg..

Pelo que respeita aos *praedes* no direito romano, consultar FRANCESCO DE MARTINO, *L'origine delle garanzie personali e il concetto della obligatio*, in «Studia et Documenta Historiae et Iuris», annus VI (1940), págs. 132 e segs., em especial, págs. 138 e seg.; SILVIO PEROZZI, *Le Obbligazioni Romane*, in «Scritti Giuridici», vol. II, Milano, 1948, pág. 447; PAOLO FREZZA, *Le Garanzie delle Obbligazioni. Corso di Diritto Romano*, vol. I, Padova, 1962, págs. 9 e seg.; GIUSEPPE GROSSO, *Schemi Giudici e Societa nella Storia del Diritto Privato Romano. Dall'epoca arcaica alla giurisprudenza classica: diritti reali e obbligazioni,* Torino, 1970, pág. 311; ANTÓNIO A. VIEIRA CURA, *As Garantias Pessoais das Obrigações. (Direito Romano)*, Coimbra, 1988, págs. 14 e segs.; do mesmo autor, *Fiducia cum Creditore.* (*Aspectos Gerais*), Coimbra, 1990, págs. 123 e segs., em particular no tocante à execução dirigida contra os *praedes*, pág. 127.

14 A estrutura da *societas publicanorum* encerrava diversas figuras, com contornos imprecisos em muitos aspectos. Começamos pelo *manceps*. Era, segundo se julga, um sócio que participava nas *licitationes* públicas e aparecia como o adjudicatário formal do arrendamento do imposto. A administração da sociedade estava entregue aos *magistri* e aos *promagistri*. Estes últimos desempenhavam a função de directores subalternos nos lugares por onde se espraiavam os negócios sociais. Para alguns, embora não haja fontes jurídicas concludentes, o *actor* ou *sindicus* encarregava-se da representação da sociedade em juízo. Os que se envolviam na *societas publicanorum* tão-só através das suas entradas

Se os habitantes das províncias já eram alvo de um sistema implacável de cobrança de impostos, o destino das verbas recolhidas coercitivamente também lhes fugia por completo. O dinheiro ingressava no erário e, quase todo, era empregue em benefício de Roma. Esquecidas ficavam as províncias contribuintes, em cujo território apenas se executavam obras de interesse militar ou que se tornassem indispensáveis a uma política voraz de exploração económica. A injustiça soava de tal ordem que poderia levar a descontentamentos revoltosos.

Não insensível à questão, Augusto remodelou o sistema fiscal. Ao lado do tesouro público do povo romano, o conhecido *aerarium populi Romani*, que permanecia confiado ao zelo administrativo do Senado, criou um outro tesouro a que deu o nome de fisco. Este, embora composto de receitas públicas, ficava afectado às despesas pessoais do imperador. Tinha, pois, uma natureza mista[15] o *fiscus Caesaris*, onde iam parar volumosos meios públicos que serviam para financiar a administração do Estado.

Em coerência com a reforma administrativa que gizara para as províncias e apoiado no esquema dualista dos tesouros, Augusto enveredou pelo estabelecimento de duas categorias de impostos. Um deles era o denominado *tributum* que incidia apenas no âmbito das províncias imperiais[16] Ingressava directamente no fisco. Por seu turno, para as províncias senatoriais, reservava-se o pagamento de um outro imposto, designado, *stipendium*, o qual revertia agora a favor do *aerarium*.

A gritante novidade que a reforma tributária de Augusto trouxe consigo residiu precisamente no abandono do vicioso sistema da arrematação,

---

integravam o conjunto dos *socii* que formavam uma assembleia cujas atribuições não se conseguem extrair dos textos. Além dos sócios, surgiam os chamados *adfines* que quinhoavam nos lucros, mas que se deviam achar afastados dos actos de gestão social, quiçá por incapacidades ou proibições. Provavelmente, encontrar-se-iam imunes a perdas, a não ser nos limites das somas realizadas. Ver, entre outros, MARIO. TALAMANCA, *Societá in generale. Diritto romano*, in «Enciclopedia del Diritto», vol. XVII (1990), págs. 831 e seg.; EMILIO COSTA, *Storia del diritto romano privato dalle origine alle compilazioni giustinianee,* Torino, 1911, pág. 382.

[15] Para administrar este importante património fiscal, estabeleceu-se um quadro complexo de *procuratores*, à testa dos quais se encontrava o *procurator a rationibus*, uma espécie de ministro das finanças. Acerca da distinção entre erário e fisco, consultar, entre muitos, ANTONIO FERNANDEZ DE BUJAN, *Derecho Publico Romano y Recepcion del Derecho Romano en Europa*, 3ª ed., Madrid, 1998, págs. 133 e seg., e 210 e seg.

[16] Do tributo provincial deve distinguir-se o *tributum civile*, isto é, aquele que incidia sobre os cidadãos romanos.

erigindo em seu lugar um sistema de cobrança directa de impostos. Para tanto, Augusto instituiu um corpo de funcionários públicos que, nas províncias imperiais, tinha a seu cargo a missão de cobrar os impostos em nome do Estado. Repeliam-se assim velhos abusos e famas odiosas. Volvido algum tempo, a bondade do sistema de cobrança directa dos impostos alargou-se também à arrecadação do *stipendium* nas províncias senatoriais[17].

E, assumindo a romanização como estrela polar da sua hábil política, Augusto reponderou ainda o modo de empregar as receitas provenientes dos impostos das províncias. Estradas e monumentos começaram a surgir por todo o Império. A explicação mostrava-se bem simples. Ao arrepio do passado, uma boa parte dos impostos pagos pelas províncias foi destinado à realização de obras públicas em proveito dessas mesmas províncias. Desenhou-se, em traços definitivos, o rosto da civilização romana nas mais recônditas províncias. Importa reconhecer, porém, que só a concessão da cidadania viria a consumar inteiramente a romanização das províncias. Mas este é assunto que abordaremos adiante, ao tratarmos o tema no âmbito da Península Hispânica.

6. **Os governadores e a provincialização do direito romano**

Examinemos, mais de perto, o estatuto jurídico dos governadores das províncias. Além de usufruirem as prerrogativas soberanas inerentes ao *imperium*, recebiam o poder do *iurisdictio*, com vista à administração da justiça. Precisamente nesta óptica judicial, a província encontrava-se dividida em distritos (*conventus iuridicus*), a cada um dos quais o governador fazia deslocações periódicas. Envergava a condição de visitador itinerante.

Nos pleitos entre romanos, o governador adoptava as normas do *ius romanum*. Já perante contendas entre indígenas da mesma cidade, o governador actuava discricionariamente, não recusando os costumes locais. Por fim, nos litígios entre habitantes de cidades distintas, o governador ou os seus delegados podiam considerar relevantes as normas que melhor conviessem às partes em disputa[18].

---

[17] Sobre a organização provincial romana, consultar MÁRIO CURTIS GIORDANI, *Iniciação ao Direito Romano*, 4ª ed., Rio de Janeiro, 2000, págs. 152 e segs..

[18] *Vide* JUAN IGLESIAS, *Derecho Romano*, Barcelona, 1985, pág. 27.

O governador, no que tocava à aplicação do *ius romanum*, afastou-se do exigente paradigma do direito romano clássico puro[19]. Teve de o afeiçoar às especificidades das províncias, dando origem a um verdadeiro *Povinzialrecht*. O direito provincial não representava senão um autêntico direito oficial, mas adaptado pelos governadores às condições especiais das províncias, sobretudo ao facto decisivo de o processo se concentrar numa única fase, em que o governador surgia na dupla veste de *praetor* e de *iudex*. Ocorreu, por conseguinte, um fenómeno de provincialização do direito romano, que tomou larguíssimas proporções a partir de 212, com a concessão da cidadania a todos os habitantes do Império dada por Antonino Caracala[20].

Se o direito provincial correspondia a um direito romano modificado em função de uma realidade específica, não se julga igualmente fora de propósito assinalar, embora em sentido menos rigoroso, que a *lex provinciae* também era direito provincial. Fosse como fosse, constituiria sempre um direito oficial, posto que de carácter local e cujo conteúdo não se mostrava invariável. Pelo contrário, oscilava de província para província[21].

Quanto ao estatuto remuneratório dos governadores, cumpre esclarecer que obtinham grandes proventos a par de um enorme prestígio[22]. Roma, via de regra, permitia-lhes fartos benefícios que se traduziam em indemnizações e em diversos tributos pagos em géneros. Destaca-se, por exemplo, o *salarium* que configurava um imposto pago em sal.

7. **A administração hispânica sob o domínio romano**

Vencida a resistência que absorveu os primeiros anos da dominação romana, deu-se início à implantação de uma estratégia de índole administrativa. Roma dispunha-se a organizar os territórios hispânicos para a sua

[19] Como não se ignora, verificou-se um corrupção do direito romano, inicialmente nas províncias mais afastadas de Roma, onde não existiam órgãos jurisdicionais à altura e com nível de preparação adequado, para executar, rigorosamente uma *cognitio ordinaria*.

[20] *Vide* SEBASTIÃO CRUZ, Da «Solutio», II-1, Coimbra, 1974, págs. 31 e seg.

[21] Acerca do direito das províncias, veja-se a magnífica síntese de A. D'ORS, *Elementos de Derecho Privado Romano*, 3ª ed., Pamplona, 1992, págs. 19 e seg.

[22] Atente-se no caso da dignidade superlativa do governador do Egipto que se denominava *praefectus Augustalis Aegipti* e que, no fundo, exercia um governo imperial de natureza particular.

exploração. Começou por enviar magistrados com claros intuitos governativos e, em 206 a. C., a província da Hispânia já estava criada.

8. O Regime Provincial Hispânico

Como os territórios romanos da Península atingissem demasiada extensão para permanecerem integrados numa única província, operou-se a sua cisão por ordem do Senado[23]. Assistiu-se, conforme testemunho de Tito Livio no ano 197 a. C., a uma primeira divisão da Hispânia em duas províncias. Uma denominou-se *Hispania citerior*, por se achar mais próxima de Roma. A outra recebeu a designação de *Hispania ulterior*, uma vez que os territórios que a compunham se encontravam mais distantes de Roma[24]. Corresponderiam ao Vale de Guadalquivir. Julga-se que os primeiros pretores destacados para as províncias hispânicas acolheram o encargo de fixar os limites de ambas as províncias. Uma linha divisória que sofreu, aliás, bastantes alterações, à medida que as zonas interiores foram gradualmente dominadas.

Em 27 a.C., Augusto resolveu, em harmonia com o sentido da reforma administrativa que empreendera, desdobrar em duas a velha província da *Hispania ulterior.* Em seu lugar, apareceram as províncias da *Baetica* e da *Lusitania.* A primeira assumiu a categoria de província senatorial e a segunda foi elevada à categoria de província imperial. A razão da diferença de tratamento jurídico–administrativo tem a ver com a realidade diversa que se vivia no seio da *Hispania ulterior.* Comportava duas parcelas bem identificadas. A zona da Andaluzia, inteiramente pacificada, contrastava com a área ocupada pelas tribos lusitanas, sempre insubmissas e sempre atreitas a levantamentos revoltosos. Daí que uma ficasse sob a tutela mais branda do Senado e outra se submetesse à administração severa do imperador. Continuou a subsistir a província da *Hispania citerior*, rebaptizada com o nome de *Tarraconensis.*

---

[23] Sobre o regime provincial hispânico, ver, por todos, JOSE SANCHEZ-ARCILLA BERNAL, *Historia del Derecho. I. Instituciones Politico-Administrativas,* Madrid, 1995, págs. 71 e segs.

[24] No tocante à *Hispania citerior et ulterior*, pode consultar-se, com enorme proveito, JOACHIM MARQUARDT, *Organisation de l'Empire Romain*, tomo II, Paris, 1892, págs. 67 e segs.

A demarcação das três províncias fazia-se agora sem dificuldade. A *Baetica*, com a capital em Córdoba, abrangia toda a área ao Sul do Guadiana. A *Lusitania*, com sede administrativa em Mérida, englobava os territórios situados entre o Douro e o Guadiana. Por fim, a *Tarraconensis* albergava os restantes territórios, na costa oriental da Península.

O mapa administrativo de Augusto manteve-se, quase inalterado, até às reformas de Diocleciano. Registou-se apenas, no tempo de Caracala, uma modificação. Da *Tarraconensis* saiu uma nova província constituída por territórios a Norte do rio Douro e com a capital em *Bracara Augusta*. De início, foi designada por *Hispania Nova Citerior Antoniniana* e, depois, por *Gallaecia*[25].

Os dados sobre a existência de circunscrições territoriais menores, além de escassos, apresentam-se eivados de contradições. Segundo Estrabão, que escreveu pouco antes de romper a nossa Era, a *Tarraconensis* estava dividida em dioceses. Parece que tais circunscrições se relacionavam com critérios militares, não se afastando que pudessem obedecer a ditames administrativos. Plínio, na segunda metade do século I, refere as províncias hispânicas repartidas em *conventus*. Tratava-se de circunscrições de carácter judicial, segundo se supõe, ora respeitando antigas demarcações indígenas, ora concentrando várias de entre elas num único *conventus*.

9. A Administração Local Hispânica e a Reforma Administrativa de Diocleciano

Foi preciso esperar, no crepúsculo do século III, pela colossal reforma de Diocleciano para que vingasse o princípio da uniformidade administrativa à escala do Império. Antes de tudo, Diocleciano estabeleceu uma separação absoluta entre poderes civis e poderes militares. Chegava de confusão promíscua. Os governadores provinciais passaram a ser simples funcionários civis. Além disso, Diocleciano promoveu uma rigorosa hierarquização do funcionalismo. Tanto na administração central, como na administração local, os funcionários inseriam-se numa cadeia de subordinações sucessivas, em cujo elo supremo se situava a pessoa do

[25] Acerca dos diferentes recortes provinciais da Península , consultar, por todos, GUILHERME BRAGA DA CRUZ. *História do Direito Português*, Coimbra, 1955, págs. 100 e segs.

imperador enquanto funcionário máximo. Finalmente, triunfou um plano homogéneo de organização administrativa em que subsistia apenas um tipo único de província[26].

Diocleciano, no âmbito da administração local, operou uma divisão geométrica do Império em diferentes circunscrições que se dispunham, como sublinharam Braga da Cruz e Almeida Costa, numa espécie de círculos concêntricos[27]. No mapa imperial, inscreviam-se agora quatro prefeituras, cindidas num certo número de dioceses, ficando estas subdivididas em províncias e as províncias ainda se repartiam em *civitates*.

À frente de cada uma das prefeituras, estava um prefeito do pretório. Nos novos contornos, o cargo perdia a sua antiga feição militar e os quatro prefeitos do pretório exerciam funções exclusivamente civis, ficando colocados ao leme da circunscrição administrativa. Os vastos poderes de que desfrutavam permitiam-lhes importantes desempenhos de ordem financeira, judicial e administrativa[28].

Abaixo do prefeito, encontrava-se um *vicarius* que mais não era do que um representante do imperador e do prefeito do pretório para a administração de uma diocese. Descendendo na hierarquia, apareciam províncias, subordinadas a um tipo unitário de administração, cujo governador se intitulava, por via de regra, *praesides*.

Convirá, desde já, esclarecer que a Península Ibérica passou a inserir-se na Prefeitura das Gálias, constituindo a chamada Diocese de Espanha, a qual se desdobrou em sete províncias. Eram elas as seguintes: *Baetica, Lusitania, Gallaecia, Tarraconensis, Carthaginensis, Balearica* e *Mauritania-Tingitana*.

Na base da importante reforma de Diocleciano estavam as *civitates*, como simples subdivisão das províncias. Compunham-se do agregado urbano e dos territórios rústicos economicamente dependentes desse agregado. Aprimorou-se a velha orgânica municipal. Continuaram a existir os duóviros e a cúria ou senado municipal. Todavia, passou a impender sobre os senadores municipais o princípio da responsabilidade solidária pela

---

[26] Para uma visão sucinta da obra de reordenamento administrativo do Império levada a cabo por Diocleciano, ver ANTONIO GUARINO, *Storia del Diritto Romano*, 5ª ed., Napoli, 1975, págs. 492 e seg.

[27] *Vide* GUILHERME BRAGA DA CRUZ/MÁRIO JÚLIO DE ALMEIDA COSTA, *Lições de Direito Romano*, Coimbra, 1958, pág. 277.

[28] *Vide* MAX KASER, *Storia del Diritto Romano*, Milano, 1981, págs. 230 e segs.; WOLFGANG KUNKEL, *Historia del Derecho Romano*, Barcelona, 1989, págs. 148 e seg.

cobrança dos impostos. Garantiam assim, com os seus bens pessoais, os ingressos efectivos nos cofres públicos.

Dentro do município, surgiu, como novidade, um representante do imperador. Tratava-se do *curator reipublicae* ou *curator civitatis*, que, na *civitas*, cumpria uma missão análoga àquela que haviam recebido governador, vicário e prefeito nas respectivas circunscrições administrativas hierarquicamente superiores[29]. No século IV, ocorre ainda a criação da interessante magistratura municipal do *defensor plebis*, a quem incumbia proteger os humildes, não só contra vexames inflingidos pelos mais poderosos, mas também contra extorsões injustas praticadas pelos funcionários da administração fiscal na cobrança dos impostos.

A Península Hispânica, no capítulo da administração local, não desconheceu um quadro administrativo tradicional composto por cidades de tipo indígena[30], entre as quais se perfilavam as já descritas no mosaico das cidades federadas, livres e estipendiárias. Durante a primeira fase da dominação romana em que prevaleceu a fúria exploradora, a esmagadora maioria das cidades obedecia ao padrão estipendiário[31].

Com o avanço da romanização, a Península experimentou também o regime das cidades de tipo romano, ou seja, as colónias e os municípios. No ano de 73 ou 74, Vespasiano concedeu o *ius latii* ou latinidade aos habitantes da Península[32]. Isso rapidamente desencadeou o apagamento da organização administrativa de tipo indígena. E, acima de tudo, quando Caracala outorgou, em 212, a cidadania a todos os habitantes do Império, de condição livre, deixou de subsistir motivo para considerar a organização municipal como privilégio apenas de alguns agregados populacionais. Por isso, sem espanto, Diocleciano atribuiu a categoria de *civitates*, como organização administrativa autónoma, a todos os aglomerados urbanos, fosse qual fosse a sua extensão e importância económica. Uma generalização municipalista a que, evidentemente, a Península Ibérica não escapou. Pode mesmo afirmar-se que o desenvolvimento do regime municipal constituiu um factor irradiante da cultura romana na Península.

---

29 *Vide* ANTONIO GUARINO, *Storia del Diritto Romano*, cit., pág. 390.

30 A designação pertence a Guilherme Braga da Cruz. *Vide* G. BRAGA DA CRUZ, *História do Direito Português*, cit., pág. 104.

31 *Vide* J. MARQUARDT, *Organisation de l'Empire Romain*, cit., págs. 75 e seg.

32 Acerca da categoria intermédia dos latinos, em especial dos *latini coloniarii* a que foram equiparados os habitantes da Península, ver PIETRO BONFANTE, *Istituzioni di Diritto Romano*, Milano, 1987, págs. 44 e seg.

XI
VÁRIA

DESCLASSIFICAÇÃO E DESQUALIFICAÇÃO DO PATRIMÓNIO CULTURAL: IDEIAS AVULSAS*

CARLA GOMES
Assistente da Faculdade de Direito da Universidade de Lisboa

SUMÁRIO: Palavras da circunstância. **0.** Introdução; **1.** A classificação de bens culturais: aspectos gerais; **1.1.** Em especial, a margem de livre decisão administrativa no acto de classificação de um bem cultural; **2.** A desclassificação de bens culturais; **2.1.** Figuras afins da desclassificação; **2.2.** Natureza do acto de desclassificação; **3.** A desqualificação de bens incorpóreos de interesse cultural; **3.1.** Um apontamento sobre o "Caso Barrancos"; **3.2.** A desqualificação de tradições culturais desconformes com valores constitucionais fundamentais; **4.** Notas finais

* Este texto constitui o resultado indirecto de uma "maldade" do Sr. Prof. Doutor Vasco Pereira da Silva, que me convidou a dar uma aula sobre *Contencioso da Cultura* na pós-graduação de Contencioso Administrativo que coordena na Faculdade de Direito da Universidade Católica de Lisboa. Na sua preparação, contei com a ajuda: do Prof. Doutor J. Reis Novais, com quem conversei sobre o problema da ponderação de bens; do Dr. Martins Claro, que me despertou para alguns aspectos de uma matéria em que é um absoluto especialista; do Dr. J. M. Meirim, que me forneceu o "historial" das alterações legislativas no "Caso Barrancos"; do Dr. A. Rocha, que me conseguiu obter jurisprudência da Relação de Lisboa, também sobre o "Caso Barrancos", cujo acesso me foi algo dificultado. A todos agradeço a disponibilidade que me dispensaram.

Um agradecimento muito especial é também devido ao Dr. Fernando de Mello Moser, técnico do IPPAR e desde há longos anos a trabalhar no procedimento de classificação de imóveis, pelas indicações práticas que me deu e pela disponibilidade com que correspondeu ao meu interesse.

As opiniões aqui expressas e as posições adoptadas são, naturalmente, da minha exclusiva responsabilidade.

Uma nota de cor, uma palavra de alento, um gesto de carinho
Uma pessoa de generosidade transbordante

Esta é a minha memória impressionista do Prof. Marques dos Santos,
cuja extemporânea partida deixou mais frios as salas e corredores
da Faculdade de Direito,
e em mim uma grande saudade

Este texto foi escrito em sua memória

0. Os temas da protecção e da valorização do património cultural nunca perdem a actualidade. O património cultural é, de alguma sorte, resultado da sedimentação temporal da vivência de um povo, de uma comunidade, de uma raça. Constitui (ou deveria constituir) um retrato depurado das fases de evolução civilizacional da comunidade a que se reporta, o conjunto de marcos simbólicos que permite reconstruir o percurso de realizações, corpóreas e incorpóreas, de um conjunto de pessoas, geográfica ou sociologicamente identificável, ao longo do tempo. Este sedimento cultural representa o legado de memória que lhes/nos devolve um sentimento de pertença e que se opõe à voragem temporal, à massificação dos hábitos, à desertificação de valores.

O apelo desta matéria é, para qualquer jurista, irresistível. O Professor Doutor António Marques dos Santos a ele se rendeu[1]. Nós próprios também tivemos oportunidade de, numas breves linhas escritas a convite do Professor Doutor Jorge Miranda (para integrar a obra colectiva *Nos 20 anos da Constituição de 1976*), abordar o tema de forma sumária[2] – ao qual pontualmente regressámos[3]. Agora, e com o intuito de nos associar-

---

[1] A. Marques dos Santos, *Le statut des biens culturels en Droit international privé*, *in Estudos de Direito Internacional privado e de Direito Processual Civil Internacional*, Coimbra, 1998, pp. 167 segs; *idem*, *A protecção dos bens culturais no ordenamento jurídico português*, *in Estudos em homenagem ao Prof. Doutor M. Gomes da Silva*, Coimbra, 2001, pp. 669 segs.

[2] C. Amado Gomes, *O património cultural na Constituição*, *in Perspectivas constitucionais. Nos 20 anos da Constituição de 1976*, I, org. de Jorge Miranda, Coimbra, 1996, p. 337 segs.

[3] C. Amado Gomes, *Servidões de interesse cultural: cultura, a quanto obrigas!, Anotação ao Acórdão do STA, I, de 18 de Março de 1998*, *in CJA*, nº 11, 1998, pp. 39 segs; *idem*, *Direito do Urbanismo, Direito do Património Cultural e Direito do Ambiente: o que os une e o que os separa*, *in RFDUL*, 2001/1, pp. 353 segs; *idem*, *Um por todos... e todos pela protecção do património cultural, Anotação ao Acórdão do STA, I, de 30 de Setembro de 1999* (por lapso, o título menciona "protecção ambiental"), *in CJA*, nº 31, 2002, pp. 10 segs.

mos à homenagem ao Professor Doutor Marques dos Santos, reincidimos uma vez mais, com o *apetite* aguçado pela entrada em vigor de uma nova Lei de Bases da política e do regime de protecção e valorização do património cultural (Lei 107/2001, de 8 de Setembro = LPVPC).

Não é nossa intenção, desde logo por força das limitações de espaço que a colaboração numa obra de homenagem naturalmente implica, proceder a uma análise exaustiva do regime de classificação consagrado na nova lei – apoiado, de resto, num estudo aprofundado realizado pela comissão encarregada pelo Governo de elaborar a nova lei, presidida pelo Professor Doutor J. M. Sérvulo Correia[4]. *Rectius*: este texto não pretende tanto incidir sobre o instituto da classificação[5], como sobre a sua "sombra": a desclassificação. A par desta figura, cujo âmbito de aplicação se circunscreve aos bens corpóreos, exploraremos a *ideia* de desqualificação do património cultural, no domínio do património cultural incorpóreo.

Para tanto, começaremos por nos referir ao acto/procedimento de classificação (**1.**), para de seguida reflectirmos topicamente sobre a desclassificação (**2.**), para finalmente *descolarmos* para a ideia de desqualificação do património cultural – adiantando, desde já, que aqui se visam as realidades incorpóreas integrantes da noção ampla de património cultural (cfr. os artigos 2.°/4 e 91.° da LPVPC) num contexto de conflito de valores (**3.**). Se e como resistem as tradições culturais à evolução das mentalidades, essa será a questão que esboçaremos em **3.1.**, apelando a um exemplo recente (e recorrente) da realidade portuguesa – a "tradição" das touradas com morte do touro na vila de Barrancos –, tentando encontrar, a seu pretexto, um método de controlo da legitimidade de manutenção de certas práticas e tradições no contexto de Estado de Direito, tão valorativamente pluralista quanto convergentemente unívoco na salvaguarda de um reduto de princípios fundamentais (**3.2.**).

As reflexões enunciadas neste texto não pretendem ser mais do que tentativas de aproximação jurídica a uma temática esquiva a raciocínios jurídicos puros e prenhe de compreensões sociológicas e éticas. A referência final à "identidade europeia", a par das restantes, constitui mais

---

[4] Estudo esse publicado sob o título de *Relatório Intercalar - Proposta de Lei de Bases do Património Cultural*, Lisboa, 1998. Ver também J. A. Melo Alexandrino, *Uma nova lei de bases para o património*, *in Legislação*, n° 24, 1999, pp. 5 segs.

[5] Sobre o procedimento de classificação, ver J. M. Sérvulo Correia, *Procedimento de classificação de bens culturais*, *in Direito do Património Cultural*, INA, 1996, pp. 329 segs (sob a égide da antiga lei).

uma abertura especulativa e não, como o seu posicionamento sugeriria, um encerramento conclusivo (**4.**).

1. A classificação é o acto administrativo que visa individualizar um regime de protecção e valorização específico relativamente a um certo bem, atento o seu interesse cultural. No quadro legislativo actual, os bens susceptíveis de classificação são os bens móveis e imóveis que possuam "um inestimável valor cultural" (artigo 18.°/1), integrando a noção de "bens culturais" (artigo 14.°/1)[6]. Sendo certo que a multiplicação de bens característica da sociedade de consumo, aliada à concepção ampla de cultura que o século XX impôs, ampliou desmesuradamente o âmbito das manifestações culturais, não é menos verdade que a classificação constitui um filtro de selecção do que de mais significativo se produziu em termos de conservação do "testemunho para memória futura". Para atestar o "interesse cultural relevante" (cfr. o artigo 2.°/3), a LPVPC avança critérios de qualificação dos bens culturais, tais como o "génio do respectivo criador", "o interesse do bem como testemunho notável de vivências ou factos históricos", "a importância do bem do ponto de vista da investigação histórica ou científica", entre outros (artigo 17.°[7]).

A LPVPC gradualiza o interesse cultural relevante dos bens móveis e imóveis em interesse nacional, público e municipal (artigo 15.°), explicitando, no n.° 7 do artigo 15.°, que todos os bens imóveis que integrem a lista do património mundial são automaticamente considerados bens de interesse nacional (nomeadamente, "monumentos nacionais" – artigo 15.°/3). Não estabelecendo quaisquer limites à possibilidade de classificação de bens imóveis, a LPVPC, numa expressão de razoabilidade, impôs várias condições à classificação de bens móveis, nas diversas categorias de

[6] Todas as disposições citadas, daqui em diante, sem indicação de fonte, pertencem à LPVPC.

[7] Consideramos útil a iniciativa do legislador no sentido de balizar (não taxativamente) os critérios invocáveis pela Administração do Património Cultural na fundamentação dos actos de classificação. Não podemos deixar de manifestar estranheza, no entanto, relativamente à inclusão neste lote, como critério (ainda que cumulativo) de classificação de um bem cultural, das "circunstâncias susceptíveis de acarretarem diminuição ou perda da perenidade ou da integridade do bem" (al. i) do artigo 17°). Julgamos que a perecibilidade do bem é um fundamento de imposição de medidas de conservação, mas não deveria, salvo melhor opinião, constituir motivo da sua classificação, sob pena da existência de classificações "forçadas" de bens cujo interesse cultural é menor mas cuja salvação da degradação se intenta dessa forma (ou seja, a não existir esta alínea, tenderíamos a considerar que tais classificações enfermam de desvio de poder).

interesse cultural que podem revestir, chegando mesmo a fazer depender a classificação de móveis de interesse municipal do consentimento dos seus proprietários (cfr. o artigo 18.°/2, 3 e 4)[8].

A LPVPC introduziu todo um conjunto de princípios de enquadramento da actuação da Administração do Património Cultural (cfr. os artigos 3.°, 4.° e 6.°) que nos eximimos de referenciar[9]. No que concerne especificamente à classificação e procedimento inerente, relevaríamos, todavia – e sobretudo por confronto com o principal diploma que anteriormente tinha por intenção disciplinar a matéria[10] –, os princípios da eficiência, da inspecção e prevenção, da equidade e da responsabilidade, inscritos nas alíneas d), e), g) e h) do artigo 6.°, que visam operacionalizar, com racionalidade, os desígnios constitucionalmente expressos nos artigos 9.°/e) e 78.° da Constituição da República Portuguesa (= CRP).

Começando pelo princípio da eficiência, a razão por que o evidenciamos prende-se com a novidade em que ele se concretiza e com a melhoria (pelo menos formal) que isso constitui em face da Lei 13/85, de 6 de Julho. Com efeito, uma das insuficiências da antiga lei era a não fixação de um prazo de conclusão, o qual, a partir do início de vigência do Código do Procedimento Administrativo (=CPA), se poderia entender ser (em regra) entre 3 a 6 meses, de acordo com o artigo 58.°/1 e 2. No entanto, nem a aplicação de um prazo tão exiguo a um procedimento tão complexo se afigurava pacífica, nem a prática comportava tão curto lapso temporal. Saúda-se, assim, e como tradução do imperativo da eficiência, a fixação de um prazo (geral) de um ano para a conclusão do procedimento de classificação, e de dezoito meses para a definição da zona especial de protecção

---

[8] Salvo situações excepcionais, a inscrever em diplomas de desenvolvimento, conforme estatui o artigo 56° da LPVPC.

[9] Remetemos para a exposição de J. Casalta Nabais, *Introdução do Direito do Património cultural*, Coimbra, 2004, pp. 98 segs.

[10] Para uma análise da anterior Lei de Bases do Património Cultural (Lei 13/85, de 6 de Julho) — que não eliminou a "manta de retalhos legislativa" que até aí se formara —, v. J. Martins Claro, *Enquadramento e apreciação crítica da Lei nº 13/85, in Direito do Património Cultural*, INA, 1996, pp. 279 segs.

Para um confronto das soluções (ou sua ausência) adoptadas pela Lei 13/85, de 6 de Julho e pela actual LPVPC, veja-se J. Casalta Nabais, *Introdução..., cit.*, pp. 85 segs. V. ainda Fernanda Araújo, *O actual regime jurídico da protecção e salvaguarda do património arquitectónico português. Património/território - interacções, in RJUA*, nº 18/19, 2002, pp. 9 segs, 14 segs.

(do bens imóveis)[11] – artigo 24.°/2 e 3 – sendo que o primeiro, todavia, talvez pudesse ter sido um pouco mais alargado[12].

A fixação deste prazo não tem apenas por virtualidade apelar a uma agilização do procedimento de classificação, cujo acto de abertura determina, desde logo, fortes condicionamentos à capacidade de utilização e disposição dos bens que constituem o seu objecto – os quais passam a estar "em vias de classificação" (artigo 25.°/4[13]). Tal acto provisório[14], que deve ser notificado ao interessado, nos termos do artigo 25.°/5, até 60 dias

---

[11] Enquanto a zona geral de protecção é fixada em 50 metros, decorre automaticamente da abertura de um procedimento de classificação (desde que não de bens de interesse municipal, por força do disposto no artigo 60°/6), e implica a constituição de uma servidão administrativa que impede as autoridades competentes para o licenciamento de construções de emitir actos autorizativos que permitam a realização de trabalhos de construção que alterem a topografia, os alinhamentos e as cérceas, bem como a distribuição de volumes e coberturas ou o revestimento exterior dos edifícios sem o prévio parecer favorável dos serviços da Administração do Património Cultural competentes; já a zona especial de protecção pode ir além dos 50 metros, é fixada por portaria, e pode acarretar a proibição total de edificar — artigo 43° [mas cfr. a excepção aberta pelo artigo 7° do DL 555/99, de 16 de Dezembro, com as alterações introduzidas pelo DL 177/2001, de 4 de Julho (rectificado pela Declaração de rectificação 13-T/2001, de 29 de Julho), que isenta de "licença" as operações urbanísticas promovidas pelas autarquias em zona coberta por planos municipais — dos quais, nos termos do artigo 53°, devem constar as zonas de protecção dos bens classificados e em vias de classificação].

A redacção do preceito citado leva a crer que a fixação de uma zona especial de protecção deve ser ponderada logo a partir do momento da notificação aos interessados da abertura de um procedimento de classificação (cfr. o n° 2). No entanto, e atendendo ao facto de este procedimento poder não terminar com a emissão de um acto de classificação — caducando, então, as restrições impostas —, pensamos nunca ser demais relevar a máxima ponderação que a fixação dos limites de tal zona, bem como a intensidade das restrições a ela inerentes, deve importar. O princípio da proporcionalidade surge, aqui, como indispensável ferramenta de composição de interesses — que o legislador, aliás, se não eximiu de explicitar noutros locais [cfr., por exemplo, os artigos 20°/d), 21°/2/a), 2ª parte, e 50°/1/b)].

[12] É esta, pelo menos, a sensibilidade dos serviços, que consideram o prazo demasiado curto. Se a pressão legislativa pode e deve funcionar no sentido de uma maior eficiência da máquina administrativa, certo é que alterações ao seu funcionamento, sobretudo radicais, não se impõem (pelo menos do ponto de vista material) por decreto. E, na verdade, desde que a nova lei entrou em vigor, ainda nenhum procedimento de classificação, iniciado sob a sua égide, foi concluído.

[13] V. também, mais concretamente, os artigos 42°, 43°, 45°, 46°, 47°/1, 48°, 49°, 57°, 58°, 59°, com a ressalva constante do artigo 60°/6.

[14] Cfr. o nosso *O património cultural...*, *cit.*, pp. 362, 363 (e doutrina aí citada).

após a entrada do pedido de classificação[15], a não ser contestada a sua validade e eventualmente suspensa a sua eficácia, marca o arranque de um procedimento que a Administração deve concluir no prazo estabelecido (com as eventuais prorrogações a que se refere o artigo 24.°/3), sob pena de caducidade, nos termos do n.° 5 do artigo 24.°. O intuito garantista do legislador é evidente: evitar o prolongamento gratuito de uma situação gravosa para o detentor do bem (bem como para outros sujeitos que detenham bens em áreas de protecção, no caso dos imóveis). E não menos patente é o desejo de erradicar classificações tácitas, por força do mero decurso do tempo.

Cumpre, não obstante, observar que após a interpelação do interessado (que não tem que ser, necessariamente, o detentor do bem), e caso a Administração não responda (favorável ou desfavoravelmente) no prazo de 60 dias, o procedimento não caduca imediatamente. Isto porque, nos termos do artigo 69.°/1 do Código de Processo nos Tribunais Administrativos (=CPTA), "em situações de inércia da Administração, o direito de acção caduca no prazo de um ano contado desde o termo do prazo legal estabelecido para a emissão do acto ilegalmente omitido". Ou seja, tratando-se de um caso de omissão da prática de um acto devido (nos termos do artigo 24.°/5) – que, sublinhe-se, não tem que ser um acto de classificação, podendo recusá-la –, após o decurso do prazo de mais 60 dias após a interpelação do interessado, este (ou outro sujeito igualmente interessado, nos termos no artigo 68.°/1 do CPTA[16]) tem um ano para intentar a acção regulada no artigo 67.° do CPTA, só findo este lapso temporal devendo considerar-se o procedimento caduco.

Assinale-se ainda que, em nossa opinião, a norma do artigo 24.°/5 não permite concluir no sentido da existência de casos de caducidade *ope legis*[17]. Na hipótese de nenhum interessado (detentor do bem em vias de

---

[15] Caso se remeta ao silêncio, e ressalvada a hipótese de o interessado lançar mão da acção para condenação na prática de acto devido, nos termos do artigo 67° do CPTA, qualquer acto praticado para além dos 60 dias úteis a que a lei se refere, padecerá de incompetência em razão do tempo, geradora de anulabilidade, contestável, quer pelas vias administrativas, quer pelas vias jurisdicionais, nomeadamente da acção especial, nos termos do artigo 46°/2/a) do CPTA.

[16] Ou seja, qualquer sujeito investido em legitimidade popular ou em legitimidade pública. Cfr. uma situação de defesa do património cultural levada a cabo pelo MP apreciada pelo STJ, por Acórdão de 26 de Janeiro de 1995 (*in BMJ* 113, 1995, pp. 374 segs).

[17] Esta afirmação não é — temos disso consciência — isenta de controvérsia. Se o artigo 24°/2 impõe a conclusão no prazo de um ano, o incumprimento desse prazo de-

classificação; detentor de bens em zona de protecção do imóvel em vias de classificação; entidades e sujeitos investidos em legitimidade popular e Ministério Público – cfr. o artigo 9.°/2 do CPTA[18]) pedir a conclusão do procedimento, fazendo uso do ónus que a lei estabelece em favor do interesse que defende, este não caduca[19], podendo a Administração vir a emitir o acto de classificação ou a recusá-la, bem como a praticar actos de inspecção inerentes ao estatuto do bem. Tais actos, enfermarão, contudo, de incompetência em razão do tempo (geradora de anulabilidade, nos termos do artigo 135.° do CPA)[20], dando eventualmente azo, quer à aplicação de sanções disciplinares aos seus autores, quer à contestação, administrativa e judicial, da sua validade.

Quanto aos princípios da inspecção e prevenção, anotaríamos a inscrição, na LPVPC, de diversas competências relativas ao controlo da boa manutenção dos bens culturais classificados e em vias de classificação, desde a sua inventariação (artigo 19.°/3), passando pela autorização prévia

---

terminaria a caducidade do procedimento, como forma de sancionar o atraso da actuação administrativa. No entanto, e por um lado, a norma não o estabelece expressamente — e poderia fazê-lo (ressalvando a hipótese do n° 5). Por outro lado, a condição potestativa prevista no n° 5 do artigo 24° (interpelação) tem uma natureza claramente subjectiva, que joga a favor do interesse (individual ou colectivo) do interessado, não (pelo menos directamente) a favor do interesse público da celeridade procedimental. O interessado não é um fiscal do bom funcionamento da Administração, mas sim alguém que quer ver correspondida uma pretensão no sentido da clarificação da situação jurídica do bem em vias de classificação. Finalmente, admitir que o procedimento caduca na falta de interpelação do interessado, significa eximir a Administração do cumprimento do dever de decisão que o CPA lhe impõe (artigo 9°/1, com a ressalva prevista no n° 2), que é de interesse público.

Manifestando, também, dúvidas sobre o significado da norma em apreço, J. Casalta Nabais, *Introdução..., cit.*, p. 88, nota 156.

[18] Sob a égide da Lei das Autarquias Locais de 1984 [DL 100/84, de 29 de Março, artigo 2°/1/h)], a comunhão de atribuições entre freguesias e municípios tornava possível que um atentado ao património cultural por parte de uma Câmara Municipal fosse sindicável pela Junta da Freguesia da situação do bem imóvel classificado (e como tal referenciado no PDM), quer ao abrigo da legitimidade tradicional, quer lançando mão do mecanismo da legitimidade popular — cfr. o nosso *Um por todos..., cit.*. Actualmente, a Lei 159/99, de 14 de Setembro, reserva aos municípios a atribuição de tutela do património cultural (local) — artigo 13°/1/e) —, facto que inviabiliza a utilização do instituto da legitimidade tradicional, mas permite agir em juízo ao abrigo de uma legitimidade popular atípica (porque pressupõe a representação dos residentes na circunscrição mas sem mandato), nos termos do artigo 2°/2 da Lei 83/95, de 31 de Agosto.

[19] Neste sentido, Fernanda Araújo, *O actual regime..., cit.*, p. 36.

[20] Sobre esta figura, v. D. Freitas do Amaral, *Curso de Direito Administrativo*, II, Coimbra, 2001, p. 388.

de quaisquer obras ou trabalhos (artigo 45.°)[21], até à expropriação (artigo 50.°), entre outras. A fragilidade dos bens que incorporam uma dimensão imaterial de memória e testemunho de civilização convoca a título principal a máxima da prevenção, que se traduz, não só no envolvimento do bem, por mero efeito da abertura do procedimento, numa espécie de *redoma de intangibilidade* que abarca as suas zonas envolventes (no caso dos imóveis) – a fim de preservar a integridade da sua "aura", da dignidade histórica e estética que o caracteriza –, como também na necessidade de tomar todas as medidas, provisórias e definitivas, susceptíveis de evitar a eclosão de danos irreversíveis (cfr. os artigos 33.°/1 e 46.°/2). Sublinhe-se ainda que a LPVPC prevê a concessão de apoio financeiro e técnico aos detentores de bens em vias de classificação e classificados que se vejam obrigados a levar a cabo operações de restauro e conservação (artigos 33.°/2 e 3 e 99.°), apoio que, pelo menos em certas situações[22], se configura como um imperativo do princípio da justa repartição dos encargos públicos[23].

Expoente deste princípio é também a equidade, a que se reporta a alínea g) do artigo 6.°. O tratamento equitativo dos detentores de bens culturais é especialmente importante nos casos em que a utilização habitual do bem é perturbada de forma relevante, ou mesmo totalmente inviabilizada. As dimensões colectiva e de interesse público da faceta imaterial do bem cultural, que determinam a susceptibilidade de fruição do testemunho de memória que dele emana por todos os membros da comunidade constituem, tendencialmente, um pesado fardo para o titular de direitos sobre o bem, que se deve repercutir na colectividade. Por isso, a LPVPC reco-

[21] No imóvel ou em imóveis contíguos, situados na zona de protecção (geral e/ou especial). Cfr. um caso bem exemplificativo das limitações a que ficam sujeitos os titulares de direitos reais sobre imóveis em zona de protecção de imóveis classificados (Capelas de Ovar) decidido pelo STA, I, por Acórdão de 7 de Dezembro de 1993, *in Ap. DR.*, de 15 de Outubro de 1996, pp. 6877 segs. V. também, mais recentemente, o Acórdão do STA, I, de 22 de Outubro de 2003, proc. 047942.

[22] Nomeadamente, nos casos em que o bem é insusceptível de proporcionar o retorno dos investimentos através de medidas de valorização, tais como visitas ou hospedagem.

[23] Cfr. as considerações de S. TAVARES DA SILVA a propósito deste ponto, desenvolvendo a ideia da rendibilização do património cultural — *Da «contemplação da ruína» ao património sustentável. Contributo para uma compreensão adequada dos bens culturais, in CEDOUA*, 2002/2, pp. 69 segs, 82 segs. Com efeito, uma grande parte dos bens integrantes do património cultural é especialmente susceptível a medidas de valorização, dinamizadoras da componente de fruição que o interesse cultural suscita.

nhece ao titular de direitos reais sobre bens classificados o direito a uma indemnização[24] "sempre que do acto de classificação resultar uma proibição ou uma restrição grave à utilização habitualmente dada ao bem"[25], bem como o direito de requerer a expropriação [artigo 20.°/d) e e)][26].

O último princípio que gostaríamos de destacar é o da responsabilidade, ao qual a LPVPC associa a "prévia e sistemática ponderação das intervenções e dos actos susceptíveis de afectar a integridade ou circulação lícita de elementos integrantes do património cultural" (alínea h) do artigo 6.°). Ganha particular relevo neste contexto o acto de abertura do procedimento de classificação de bens culturais, na medida em que, como já observámos, este acto, ainda que provisório, determina a aplicação de

[24] O que não impede a atribuição de indemnizações a titulares de direitos reais sobre imóveis contíguos, integrados em zona de protecção, caso a intensidade da lesão o justifique (*v.g.*, proibição de construir quando o PDM o permitia, antes da *revelação* do bem de interesse cultural, por força da servidão administrativa constituída nos termos do artigo 43°/3 — sobre uma situação análoga, cfr. o Acórdão do STA, I, de 18 de Março de 1998 (que motivou a nossa anotação *Servidões de interesse cultural..., cit.*).

[25] Cumpre observar que a LPVPC reserva a atribuição de uma indemnização por expropriação de direitos para os casos em que o bem já se encontra classificado, sacrificando, assim, aparentemente, os detentores de bens em vias de classificação gravemente perturbados na utilização habitual dos seus bens (sobre a *vinculação situacional* que se verifica nestes casos, F. ALVES CORREIA, *Propriedade de bens culturais - restrições de utilidade pública, expropriações e servidões administrativas*, *in Direito do Património Cultural*, INA, 1996, pp. 393 segs, 411). Se é verdade que a fixação de um prazo (regra) de conclusão do procedimento de classificação em um ano dá suporte a esta "isenção" (desvalorizando a restrição em função do lapso de tempo em que ela pode ter lugar), não é menos verdade que determinadas situações podem suscitar uma ponderação diversa, obrigando mesmo, em nome dos princípios da proporcionalidade e da justa repartição dos encargos públicos, à atribuição de uma indemnização mesmo sem classificação definitiva do bem (imagine-se que alguém explora um imóvel como estabelecimento comercial e, uma vez descoberto o seu valor cultural, fica impossibilitado de levar a cabo essa exploração nos termos em que o vinha fazendo até então). É, aliás, um argumento similar que está na base da previsão do artigo 8°/2/a) do Código das Expropriações, quando regula a indemnização em virtude da constituição de uma servidão que inviabilize a utilização que vinha sendo dada ao bem, considerado globalmente.

[26] A alínea e) do artigo 20° reconhece o direito de expropriação "desde que a lei o preveja". Fica-nos a dúvida de saber se a lei a que se refere é a própria LPVPC, nomeadamente o artigo 50°/1/c), ou lei especial que discipline os critérios de concessão de indemnizações por expropriação de móveis e imóveis portadores de interesse cultural (ainda inexistente). A segunda hipótese parece-nos mais curial, desde logo pela insuficiência dos parâmetros constantes do artigo 28° do Código das Expropriações (para os bens imóveis) e, mais flagrantemente, do artigo 91° (para os bens móveis).

um conjunto de restrições à utilização do bem cuja necessidade pode não vir a ser confirmada, caso o procedimento termine com um acto de recusa de classificação – ou mesmo antes disso, quando se apure, das diligências instrutórias, que o bem não reveste interesse cultural digno de classificação, a nenhum título.

A letra da lei não permite retirar conclusões firmes, mas a teleologia dos preceitos, aliada à sua interpretação sistemática, permite-nos afirmar que a LPVPC: *i.)* obriga à audiência prévia do interessado (ou interessados[27]) antes da aprovação do *despacho que determina o início do procedimento de classificação*, o qual investe o bem no estatuto de "bem em vias de classificação" – artigo 27.°/1 –; *ii.)* exige que este acto seja "devidamente fundamentado, identificando com rigor o bem ou as partes componentes da universalidade em questão" – artigo 28.°/4 –; e ainda (como já observámos *supra*), *iii.)* impõe um prazo de 60 dias úteis para a emissão do despacho de abertura pelo serviço competente – artigo 25.°/5[28]. O facto de este acto não constituir acto final de um procedimento – antes um acto provisório e condição de desenvolvimento do procedimento de classificação – não impede que ele produza efeitos restritivos, tanto para o titular de direitos reais sobre o bem, como para terceiros que detenham imóveis contíguos, dentro da zona de protecção de 50 metros[29]. Logo, na lógica do artigo 28.°/4, porque constitui um acto que disciplina um determinado quadro de protecção, deve o projecto de decisão ser comunicado ao interessado, fundamentando-se o acto com clareza e rigor e notificando-se o seu conteúdo, em devido tempo[30].

Este dever de diligência procedimental, para além de decorrer directamente dos princípios da imparcialidade e transparência, é fundamental para aferir eventuais responsabilidades por danos causados a proprietários de bens em vias de classificação (e sujeitos detentores de imóveis na zona

---

[27] Se forem mais de 10, proceder-se-á a consulta pública, nos termos do artigo 27°/2.

[28] V. *supra*, nota 15.

[29] O que significa que também estes sujeitos deverão compreender-se no conceito de interessados a que alude o n° 1 do artigo 27°, e não apenas o proprietário ou detentor de quaisquer outros direitos reais sobre o bem (que pode não ser interessado, no sentido de não desejar a classificação) e outras entidades, singulares e colectivas, públicas ou privadas, proponentes da classificação.

[30] É este também o entendimento de S. Santos, P. Martins e F. Mello Moser, *A classificação dos bens imóveis. Enquadramento legal, procedimento e critérios*, in *Património. Estudos*, n° 6, 2004, pp. 50 segs, 51 (no que tange aos bens imóveis).

de protecção), caso se venha a apurar que o despacho de abertura foi lavrado sem que estivessem verificados os requisitos mínimos para a classificação, a qualquer título: existência de um bem de *interesse cultural relevante*, a aferir de acordo com os critérios do artigo 17.°. O serviço competente – Direcção Regional do IPPAR competente em razão do território, nomeadamente através da Divisão de Salvaguarda (artigo 25.°/3/a), do DL 120/97, de 16 de Maio, que aprovou a orgânica do IPPAR)[31] – deverá desenvolver as diligências instrutórias necessárias e suficientes para a caracterização, ainda que indiciária, do valor cultural do bem.

Ou seja, e apelando a uma terminologia própria dos processos cautelares, susceptível de *transplante* para a realidade dos actos provisórios[32], há que aferir dos requisitos mínimos de procedibilidade da pretensão, nomeadamente da existência de uma base de sustentação minimamente provada e credível, e da sua não manifesta ilegalidade. Não nos esqueçamos que o estatuto de bem em vias de classificação pode ser dolosamente aproveitado por quem pretenda onerar o titular, ou mesmo pelo próprio titular, com vista a prejudicar terceiros detentores de bens na zona de protecção do imóvel. E a classificação, por seu turno, confere isenções regis-

[31] A LPVPC reconhece aos municípios a competência para a classificação de bens culturais de interesse municipal, de encontro, aliás, ao artigo 20°/2/b) da Lei 159/99, de 14 de Setembro (esta, por lapso, só refere os bens imóveis). O órgão competente para proceder à classificação é a assembleia municipal, nos termos do artigo 53°/1/q) da Lei 169/99, de 18 de Setembro. Resta saber se o procedimento se deve iniciar directamente junto dos serviços municipais, ou se deverá transitar das Direcções Regionais do IPPAR para os municípios, para que possa ser efectuado um controlo quanto à não inclusão do bem nas categorias de bem de interesse público ou de interesse nacional.

Esta segunda hipótese — que resulta do disposto no artigo 94°/2 e 3 — é preferível, porque não só permite atestar, num contexto comparativo mais amplo, o efectivo valor cultural do bem por uma estrutura tendencialmente mais apta a desenvolver esta competência (mesmo que apenas a título indiciário), como não inviabiliza o exercício da competência de classificação, como bem de interesse municipal, pelo órgão municipal, numa lógica de subsidiariedade. Indo mesmo um pouco mais além, no limite, não nos repugna, e sempre numa lógica de subsidiariedade, que a instrução do procedimento de classificação seja levada a cabo pelo IPPAR, provada a insuficiência dos serviços municipais e a pedido e com a colaboração destes, desde que o acto final de classificação seja da autoria da assembleia municipal.

Ver, sobre a classificação de bens imóveis pelos municípios, H. Silva Marques, *Património cultural imóvel. As novas competências dos órgãos municipais*, in *Património. Estudos*, n° 6, 2004, pp. 57 segs.

[32] Sobre a natureza jurídica do acto provisório, v. F. Urbano Calvão, *Os actos precários e os actos provisórios no Direito Administrativo*, Porto, 1998, pp. 106 segs.

trais e notariais aos actos realizados sobre imóveis (artigo 98.°/1), além de fundamentar pedidos de apoio financeiro e de recurso a formas especiais de crédito (artigo 99.°/1).

Naturalmente que esta *prova indiciária* do interesse cultural relevante do bem não invalida a hipótese de, ainda antes de chegada a fase final do procedimento e na sequência de diligências instrutórias com vista à comprovação dos argumentos históricos, estéticos, científicos, técnicos (e demais referidos no n.° 3 do artigo 2.°), haver fundamento para a *revisão* do despacho de abertura, em virtude da descoberta de elementos que infirmam o factor atributivo de valor cultural (*v.g.*, atribuir-se a autoria do bem a um determinado artista, e a descoberta de dados novos infirmar essa hipótese).

> Utilizamos aqui o termo *revisão* num sentido oposto a revogação (anulatória), querendo com ele identificar a situação de alteração dos pressupostos de facto/da valoração técnica dos pressupostos de facto – numa analogia com a figura do processo de revisão, consagrado no artigo 771.° do Código do Processo Civil, que tem por fundamento a reavaliação extraordinária de uma decisão já transitada em julgado em virtude da descoberta de elementos novos (mas não necessariamente inexistentes à data da prolacção da decisão revista). A revisão seria assim uma figura essencialmente diversa, quer da revogação anulatória (por ausência de ilegalidade), quer da revogação abrogatória (por ausência de reponderação das circunstâncias de interesse público que contextualizam o acto), diferença nitidamente perceptível através da motivação e dos limites à sindicabilidade do acto (a revisão tem fundamentos fácticos e/ou técnicos plenamente revisíveis pelo juiz, ainda que por recurso a peritos; a revogação abrogatória traduz-se em actos de discricionaridade pura, tendencialmente intocáveis ao reexame jurisdicional). A identidade entre as figuras revelar-se-ia, todavia, ao nível do regime, na medida em que os efeitos, quer da revogação abrogatória, quer da revisão, operam apenas a partir do momento da reavaliação dos pressupostos de facto[33].

---

[33] Utilizando o termo amplo "revisão" para cobrir todas as formas de reapreciação negativa ou divergente de um acto administrativo anterior, e reconduzindo a situação que descrevemos a uma das hipóteses de revogação abrogatória, J. C. VIEIRA DE ANDRADE, *A «revisão» dos actos administrativos no direito português*, *in Legislação*, n°s 9/10, 1994, pp. 185 segs, 196.

Distinguindo os casos de reapreciação por motivos de legalidade (anulação administrativa, derivada do exercício de poderes de controlo) dos casos de reapreciação por

A verificação indiciária do interesse cultural do bem não impede, tãopouco, a revogação do despacho com fundamento em ilegalidade (por exemplo, por não audição dos interessados), ou em violação de lei por erro de facto, eventualmente provocado por quem requereu a classificação, com intuitos dolosos (*v.g.*, falsificação de documentos, ou fabricação de testemunhos), ou por mera negligência[34] (cfr. o artigo 30.°).

Os cuidados que a lei – pelo menos na leitura que dela fazemos – dedica ao despacho de abertura do procedimento de classificação, que investe o bem num estatuto de bem em vias de classificação (com as restrições inerentes), são claramente e por maioria de razão aplicáveis ao acto de classificação, cujas comunicação prévia ao interessado (27.°/1), precisa fundamentação (28.°/4)[35], notificação (29.°/1) e publicação (29.°/2), se afiguram imprescindíveis à correcta finalização do *iter* procedimental[36].

Depois desta selectiva descrição de alguns momentos do procedimento de classificação de bens culturais a partir do elenco de princípios enunciado no artigo 6.° da LPVPC, é tempo agora de dedicarmos algumas linhas à natureza do acto de classificação.

---

motivos de conveniência (revogação administrativa, derivada do exercício de poderes dispositivos), PEDRO GONÇALVES, *Revogação*, *in DJAP*, VII, Lisboa, 1996, pp. 303 segs, 307, 308. Esta diferenciação permite, em nossa opinião, um vislumbre mais claro sobre as situações de reapreciação dos pressupostos, de facto e de direito, do acto primário, reservando para a revogação tudo o que é de mérito, para a anulação tudo o que é legalidade (inclusive o erro sobre os pressupostos de facto), e para a revisão (não enunciada pelo Autor citado) tudo o que envolve juízos, de existência ou de ciência, sobre alteração superveniente dos pressupostos de facto.

Sobre a figura da revogação dos actos administrativos, na perspectiva tradicional, J. ROBIN DE ANDRADE, *A revogação dos actos administrativos*, 2ª ed., Coimbra, 1985, *passim*.

[34] Terá sido uma situação de erro sobre os pressupostos de facto que levou à revogação do despacho de abertura do procedimento de classificação de um imóvel onde alegadamente vivera Manuel de Arriaga. No decurso da instrução, as autoridades administrativas aperceberam-se de que estavam a agir sobre uma percepção deturpada da realidade, o que conduziu à revogação do despacho e à conclusão abreviada do procedimento.

[35] Pena é que, por razões certamente ligadas à economia de espaço, as fundamentações dos actos de classificação (e desclassificação) não se encontrem — mesmo em forma de resumo — reproduzidas no Diário da República. A publicação inclui apenas a identificação do bem e, no caso dos imóveis, uma representação gráfica do seu perímetro de protecção.

[36] Neste sentido, quanto ao dever de comunicação prévia ao interessado, e ainda sob a égide da Lei 13/85, de 6 de Julho (cjuo artigo 11° claramente a impunha), o Acórdão do STA, I, de 30 de Março de 2000, *in Ap. DR*, de 8 de Novembro de 2002, pp. 3198 segs.

1.1. O acto de classificação é uma decisão compósita[37]. Parte de uma base não jurídica, constituída por uma apreciação dos aspectos caracterizadores do "interesse cultural relevante" do bem[38], mas não dispensa um juízo sobre a oportunidade da decisão, nomeadamente por confronto entre os benefícios – para a comunidade – por um lado, da salvaguarda da integridade do bem e da promoção da difusão da sua dimensão imaterial de símbolo e memória e, por outro lado, dos custos – para o titular do bem; para a comunidade; para a entidade pública sob cuja tutela fica o bem – da classificação, em termos de restrição de direitos e compressão de valores de interesse público.

A dependência do elemento técnico é grande, na medida em que a decisão de classificar deve assentar num relatório/parecer elaborado por profissionais ligados às ciências envolvidas na apreciação do interesse cultural do bem, em concreto – arquitectura, paleontologia, história, etnografia – que atestem, com base nas informações mais actualizadas e nos estudos mais detalhados, a sua representatividade no contexto civilizacional da comunidade. Não pode, por isso, haver classificação contra um parecer técnico negativo[39], sob pena de nulidade do acto por falta de objecto (cfr.

---

[37] Sobre a natureza do acto de classificação, veja-se J. M. SÉRVULO CORREIA, *Procedimento..., cit.*, pp. 336 segs.

[38] Com vista a uma melhor elucidação dos leitores, reproduzimos um parecer do Conselho Consultivo do IPPAR, aprovado na sessão de 10 de Fevereiro de 1999, que serviu de base à classificação das instalações do jornal "O Século" (actualmente ocupadas pelos serviços do Ministério do Ambiente):

"Constituído por estruturas e espaços arquitectónicos dos séculos XVIII e XIX, o conjunto do antigo "O Século" merece qualificação por várias ordens de razões:

- *inserção num conjunto urbano notável (Bairro Alto) e com edifícios notáveis (Igreja S. Catarina; Palácio Pombal);*
- *qualidade intrínseca (fachada em "arquitectura do ferro", frentes palacianas), também extensível aos interiores (escadaria, espaços de escritório);*
- *significado histórico no campo do jornalismo, do editorialismo e de empresa filantrópica.*

O processo respectivo encontra-se bem documentado sobre todos estes aspectos, pelo que se propõe a classificação desde conjunto como imóvel de interesse público".

[39] O artigo 3º/1 do DL 120/97, de 16 de Maio, que disciplina a orgânica do IPPAR, parece fornecer um argumento no sentido defendido no texto — apesar da sua relativa ambiguidade —, na medida em que impõe a homologação, pelo Ministro da Cultura, de pareceres do Conselho Consultivo do IPPAR que se pronunciem desfavoravelmente à classificação (e desclassificação) de imóveis, dispondo ainda que os pareceres são vinculativos pelo prazo de 3 anos (nº 2).

o artigo 133.°/2/c) do CPA)[40]. Mas também, em contrapartida, não está o órgão competente para a classificação, quando em presença de um parecer no sentido da caracterização do interesse cultural do bem, vinculado a classificar, caso considere, a partir da ponderação dos interesses em jogo, que a decisão não é necessária (por exemplo, por o bem revelar exemplaridade mas não suficiente singularidade[41]), ou que não é equilibrada (por exemplo, em virtude de a classificação do bem importar o sacrifício excessivo de direitos privados ou valores de interesse público, havendo alternativas idóneas[42])[43].

O acto de classificação tem, assim, uma dupla vertente: por um lado, atesta as qualidades de um bem por recurso a ciências extra-jurídicas; por outro lado, e em homenagem a essas características, pode investir o bem num determinado estatuto ou, apesar delas, recusar esse investimento, por força de considerações expendidas à sombra de uma margem de livre decisão administrativa[44]. Esta divisão é de extrema importância para efeitos de

---

[40] Sendo que o "objecto" do acto não é o bem em si, mas o interesse cultural que (não) reveste.

[41] O bem pode constituir um exemplar de uma determinada corrente arquitectónica, mas não ser suficientemente destacável dos já existentes para merecer classificação, com todos os custos que esta implica, para o detentor do bem e para o erário público.

[42] É incontornável aqui a referência às gravuras rupestres de Foz-Côa, cuja preservação *in situ* impediu a projectada construção de uma barragem, com todos os custos, sociais e económicos, que o cancelamento do projecto envolveu. Caracterizando a decisão no caso Foz-Côa como revelando algum "fundamentalismo", J. CASALTA NABAIS, *Introdução..., cit.*, p. 20.

[43] Sintetizando uma tese de Leisner, S. TAVARES DA SILVA enuncia a seguinte fórmula: "mais do que preservar ficticiamente um bem, classificando-o e impondo-lhe um regime de conservação de tal forma oneroso e pouco atractivo para o seu proprietário [que tanto pode ser uma entidade pública como um privado], que o abandonará e deixará chegar à ruína, é importante atender ao efectivo valor cultural do bem e à possibilidade do seu aproveitamento. Se o bem pode ser utilizado ou readaptado a um uso que se coadune com os nossos dias, fará sentido adoptar um conjunto de diligências que permitam a conservação e preservação do bem. (...) Por outro lado, se o bem não puder ser adaptado aos nossos dias, mas for viável e importante do ponto de vista do seu valor cultural intrínseco manter o bem, podemos optar pela sua musealização. Se, por último, o bem não puder ser «reutilizado» e não for viável a sua musealização é preferível não o integrar no património cultural" — *Da «contemplação da ruína»..., cit.*, p. 77.

[44] Um pouco diferentemente, J. M. SÉRVULO CORREIA (*Procedimento..., cit.*, pp. 338, 339) entende que logo no preenchimento do conceito indeterminado "relevante interesse cultural" se manifesta a margem de livre decisão administrativa. Pensamos que, apesar de se registar aqui uma apreciação não circunscrita a elementos de existência, não estamos aqui perante o exercício de valorações típicas do poder administrativo, de equações

sindicabilidade jurisdicional do acto de classificação. É que, se o juízo técnico é revisível ou pelo menos confrontável com um juízo de idêntica natureza mas diverso sentido (juízo valorativo de existência), já o juízo (valorativo de prognose) efectuado pela autoridade administrativa competente para a emissão do acto de classificação só o é nos limites da plausibilidade. Ou, ainda por outras palavras, o controlo jurisdicional da margem de livre decisão administrativa deve traduzir-se na aferição de um mínimo de objectividade exigível[45] por confronto com o *iter* decisório exposto na fundamentação e refazível a partir da consulta aos elementos do procedimento. Mas a margem de irrepetibilidade da decisão, naquilo em que constituir uma equação de interesses, essa, é intocável[46].

Este controlo reduzido é norteado pelo princípio da proporcionalidade – ao cabo e ao resto, o mesmo que suporta a avaliação administrativa da necessidade e adequação das opções enunciadas, bem como, e principalmente, o que deve justificar o equilíbrio da solução final. O juiz não pode refazer o juízo ponderativo da Administração Pública, mas é-lhe assegurada, na sua função de controlo de validade da decisão, a possibilidade de analisar a correcção abstracta de aplicação dos parâmetros referidos. A redução do poder de revisão jurisdicional a um exercício de eliminação das opções manifestamente infundadas é o resultado da auto-contenção imposta pelo princípio da separação de poderes, que impede o juiz de praticar actos de administração activa. A "última palavra" deve ser deixada à Administração, pois é sobre ela que recaem as responsabilidades em caso de lesão de bens jurídicos fundamentais[47].

A dupla dimensão – declarativa e constitutiva – do acto de classificação ficou bem patente numa decisão jurisdicional de 1987[48], na qual o Supremo Tribunal Administrativo foi confrontado com a questão de saber se um acto de classificação de uma ruína de um moinho de maré era inválido por erro sobre os pressupostos de facto. Apoiado num parecer do

---

de interesses. No procedimento de classificação de bens, a margem de livre decisão só surge uma vez estabelecida a avaliação científica do bem, aferindo da oportunidade da cobertura jurídica do juízo de certificação técnica.

[45] Na expressão de AFONSO QUEIRÓ, *Lições de Direito Administrativo*, I, polic. Coimbra, 1976, p. 583.

[46] F. OSSENBÜHL, *Vom unbestimmten Gesetzbegriff zur letztverbindlichen Verwaltungsentscheidung*, *in DVBl*, 1974/8,9, pp. 309 segs, 311 segs.

[47] F. OSSENBÜHL, *Vom unbestimmten...*, *cit.*, p. 313.

[48] Acórdão do STA, I, de 22 de Outubro de 1987, *in AD*, 1989, pp. 129 segs. Sublinhe-se que este caso foi decidido ainda sob o "regime" anterior à Lei 13/85, de 6 de Julho.

então IPPC (Instituto Português do Património Cultural, antecessor do IPPAR) que, apesar do acentuado estado de degradação, considerava (a ruína d') o moinho um dos raros exemplares existentes em Portugal de um tipo de "arquitectura industrial" e por isso merecedor de classificação como "imóvel de interesse público", o Secretário de Estado da Cultura classificou o bem. Em face da alegação de que uma ruína não reveste qualquer interesse cultural, muito menos relevante, o STA afirmou que

> *"(...) saber se determinado imóvel oferece «considerável interesse público sob o ponto de vista artístico, histórico e turístico» envolve a formulação de um juízo de mérito segundo regras técnicas ou científicas que implicam um conhecimento especializado sobre tal assunto. A Administração, ao formular tal juízo exerce, na concretização de conceitos indeterminados, uma actividade de discricionaridade técnica insusceptível, salvo erro grosseiro, de sindicabilidade contenciosa.*
>
> *Foi o que fez a Administração ao declarar o moinho da Quinta da Palmeira de interesse público.*
>
> *(...)*
>
> *Por isso, o Tribunal não pode emitir juízos próprios sobre tal matéria"*[49].

Ressalvada a alusão à discricionaridade técnica – "um erro histórico da doutrina", já o desmascarou GIANNINI[50] –, o STA andou bem ao desatender a pretensão do recorrente. Não que lhe fosse vedado *imiscuir-se* na avaliação dos pressupostos de facto da decisão[51], desde que o fizesse com apoio técnico especializado (cfr. o então vigente artigo 12.°/1 da LPTA). Simplesmente, só deveria levar a cabo tal iniciativa se o problema lhe tivesse sido colocado em termos de o obrigar a dirimir um conflito entre opiniões técnicas divergentes[52]; ora, tal não se verificou, uma vez que a petição de recurso vinha desacompanhada de qualquer juízo técnico divergente do parecer do IPPC. Ao tentar caracterizar um "erro sobre os pressupostos de facto", o recorrente visou a vertente declarativa da decisão de

---

[49] Acórdão do STA, I, de 22 de Outubro de 1987, *cit.*, pp. 140, 141.

[50] M. S. GIANNINI, *Diritto Amministrativo*, II, 3ª ed., Milão, 1993, pp. 55, 56.

[51] Que não se traduzem na aferição da mera existência da ruína mas, e sobretudo, na avaliação dessa ruína como podendo constituir um testemunho irradiante de um valor cultural.

[52] Cfr. os artigos 3º/1 e 513º do Código do Processo Civil.

classificação, que é plenamente revisível pelo juiz com o auxílio de técnicos, mas não forneceu ao julgador os elementos de contraditório essenciais à sua apreciação imparcial.

A posição do STA repetiu-se num caso mais recente, em que estava em causa uma providência cautelar (suspensão da eficácia) de um acto de expropriação urgente na sequência de declaração de utilidade pública, requerida com vista a sustar a construção de um troço de auto-estrada na zona de protecção de um imóvel em vias de classificação, obra que implicaria a sua demolição[53]. Apesar de o bem se encontrar em acentuado estado de degradação, o STA considerou que o interesse da salvaguarda do valor cultural do imóvel primava sobre o interesse público da imediata execução da obra, uma vez que o prejuízo seria irreversível. Em discurso directo,

> *"Com a destruição do imóvel a proteger, considerado de interesse cultural, em caso de provimento do recurso e de anulação ou declaração de nulidade do acto impugnado, será impossível repor a situação jurídica violada pelo acto recorrido, pela própria natureza do imóvel em causa.*
>
> *A alteração da situação jurídica operada pela imediata execução do acto suspendendo será irreversível.*
>
> *Nem se objecte, como faz a autoridade recorrida, apelando para o constante da* «vistoria ad perpetuam rei memoriam», *que o imóvel se encontra em ruínas.*
>
> *O facto de, porventura, se encontrar em ruínas – e resta saber o preciso alcance da expressão utilizada – não colide com o seu interesse de património cultural, nem impede a possibilidade da sua recuperação.*
>
> *De resto, a quasi generalidade do nosso património cultural esteve ou ainda está em «ruínas», antes de ser objecto da necessária conservação e reparação.*
>
> *Se atendêssemos a tal critério, muito poucos seriam hoje, em Portugal, os edifícios de interesse histórico ou cultural. E também não é o facto de não estar ainda classificado que lhe retira interesse"*[54].

[53] Acórdão do STA, I, de 26 de Setembro de 2002, proc. 01344/02.

[54] Acórdão do STA, I, de 26 de Setembro de 2002, *cit.*, ponto 2.2.1..

Anote-se a presença, neste aresto, de um elemento que poderia ser, num primeiro relance, considerado como suficiente para sustentar um contraditório da componente fáctica de decisão: a vistoria *ad perpertuam rei memoriam*. Contudo, este acto certificativo veicula um juízo de existência *tout court* e não um juízo valorativo de existência (de interesse cultural). A convocação de peritos pelo juiz só deve ocorrer quando a lide configure, tal como lhe é apresentada, um contraditório quanto a uma valoração técnica de determinados pressupostos fácticos (e não uma pura invocação de juízos de existência desacompanhados de qualquer revestimento avaliativo) – embora a suscitação da dúvida possa levar o juiz, no limite, a convocar a intervenção de peritos para o esclarecer sobre a relevância cultural do "corpo" em que se encerra o bem cultural, em concreto, em nome do princípio inquisitório (cfr. o artigo 579.° do Código do Processo Civil, subsidiariamente aplicável ao contencioso administrativo por força do disposto no artigo 1.° CPTA).

Já num outro caso, o tribunal evitou a avaliação dos pressupostos metodológico/valorativos da ponderação administrativa ao negar provimento a um pedido de intimação para abstenção de continuação das obras de construção da barragem de Foz-Côa baseado num argumento formal[55]. Teria sido uma boa oportunidade de testar os limites da sindicabilidade jurisdicional deste tipo de decisões, nomeadamente quanto à avaliação da necessidade de classificação das gravuras rupestres[56] no confronto com outros valores de interesse público[57]. A delicadeza da questão terá pesado na atitude do tribunal.

2. A desclassificação de um bem, em sentido estrito, é o acto que desinveste o bem de um estatuto de interesse cultural que lhe fora atribuído por um acto anterior. É uma decisão que traduz um novo juízo sobre os pressupostos de facto que suportaram a classificação, que revê estes pressupostos à luz de novos dados, de existência e/ou de ciência.

A competência para desclassificar tem a sua base no artigo 94.°/7, que prevê a possibilidade da prática de actos "de sentido oposto" aos de

---

[55] Sentença do Tribunal Administrativo de Círculo de Coimbra, de 24 de Outubro de 1995, *in Polis*, n°s 4/5, 1995, pp. 263 segs.

[56] Cfr. o acto de classificação dos sítios arqueológicos do Vale do Rio Côa no Decreto do Ministério da Cultura n° 32/97, de 2 de Julho.

[57] É também a opinião de J. MARTINS CLARO, *Anotação. O caso das gravuras rupestres do Côa*, *in Polis*, n°s 4/5, 1995, pp. 279 segs, 287.

classificação, bem assim como na alínea c) do n.° 2 do artigo 2.°, e na alínea b) do artigo 11.°, ambos da Lei 120/97, de 16 de Maio[58]. Presume-se que o procedimento utilizado é idêntico ao seguido com vista à emissão de actos de classificação, embora a Administração se encontre muito mais vinculada nesta sede. Isto na medida em que, se a comprovação do valor cultural de um bem é fundamento essencial de validade de uma decisão de classificação, o desaparecimento do elemento de identificação dessa dimensão cultural, que coloca o bem sob a alçada de um regime protectivo de interesse público, conduz necessariamente à desclassificação. Ou seja: na ausência de elementos caracterizadores do valor cultural relevante, a Administração deve desclassificar o bem, não gozando nesta hipótese de margem de livre decisão.

O acto de desclassificação pode surgir em virtude de três tipos de situações:

i.) por degradação natural;

ii.) em virtude de conduta danosa, activa ou omissiva, do titular ou de terceiro, com eventual concurso de factores naturais;

iii.) por reavaliação dos pressupostos de facto que sustentaram a caracterização do interesse cultural relevante.

i.) No primeiro caso, a exposição do bem aos elementos da natureza neutraliza a sua dimensão cultural, pelo menos sempre que o dano for irreversível e o atingir nos seus traços de representatividade[59]. Um exemplo real é o da desclassificação do *Forte Novo ou da Armação*, em Quarteira, que havia sido classificado como imóvel de interesse público em 1974[60], por força de destruição provocada pelo mar[61].

ii.) No segundo caso, a degradação do bem opera por acção/omissão humanas. Imagine-se um painel de azulejos do século XIX ao qual é sub-

---

[58] Dispositivos que reconhecem ao IPPAR competência para propor a desclassificação de bens imóveis e à Direcção do IPPAR a competência para propor ao Ministro da Cultura a homologação da desclassificação de bens imóveis na sequência de parecer do Conselho Consultivo, respectivamente.

[59] Colocam-se aqui questões de grande delicadeza, como as de saber se o bem não deve, mesmo em acentuado estado de degradação, ser objecto de medidas de recuperação e, caso tal seja possível, se não deve haver uma ponderação custo-benefício na sua realização. Note-se, contudo, que esta ponderação é prévia à desclassificação.

[60] Artigo 3° do Decreto n° 2/96, de 6 de Março.

[61] Terão sido também causas naturais (humidade provocada pela proximidade do mar) a determinar a desclassificação de um imóvel de interesse público na Nazaré — cfr. o artigo 4° do Decreto n° 45/93, de 30 de Novembro.

traída uma parte essencial, uma capela cujo tecto coberto de frescos originais do século XVIII desaba por falta de conservação, uma escadaria que sucumbe ao desgaste excessivo a que é submetida. Dir-se-ia que a lógica preventiva subjacente à LPVPC anteciparia muitas destas situações: uma vez que incumbe o detentor do bem de notificar a Administração de qualquer ameaça que paire sobre a sua integridade, a que não possa, pelos seus próprios meios, pôr cobro (artigo 32.°); na medida em que impõe às autoridades com poderes de tutela o dever de desencadear a adopção de medidas provisórias com vista à salvaguarda do bem, sempre que tenha conhecimento de causas que possam gerar "risco de destruição, perda, extravio ou deterioração" (artigo 33.°/1); porque estabelece uma obrigação de realização de obras de conservação, por parte de entidades públicas e privadas, com vista à preservação dos elementos caracterizadores do interesse cultural do bem (artigo 46.°).

No entanto, nem esta lógica preventiva, nem a intenção dissuasora inerente à tutela contraordenacional prevista nos artigos 104.° seguintes, nem mesmo a tipificação de crimes contra o património cultural no Código Penal[62] inviabilizam totalmente a ocorrência de situações de degradação irreversível de bens culturais. Note-se que, ainda que a replicação seja tecnicamente possível, pode ser excessivamente onerosa, mesmo para uma entidade pública. E sempre fica a dúvida de saber se, nas situações em que o elemento essencial do acto de classificação ficou gravemente danificado

[62] Cfr. os artigos 204°/2/d) — furto (qualificado) de coisa móvel alheia que possua importante valor científico, artístico ou histórico e se encontre em colecção ou exposição públicas ou acessíveis ao público; 213°/1/b) e d) — crime de dano (qualificado) sobre monumento público e sobre coisa pertencente ao património cultural e legalmente classificada ou em vias de classificação, pelo proprietário; e 213°/2, alíneas b) — dano a coisa alheia, natural ou produzida pelo homem, que se encontre sob protecção oficial da lei; e c) — dano a coisa alheia que possua importante valor científico, artístico ou histórico e se encontre em colecção ou exposição públicas ou acessíveis ao público. Ver ainda o artigo 242° — destruição de monumentos culturais ou históricos em tempo de guerra sem necessidade (todas as disposições referidas integram o Código Penal).

Para um comentário a estas disposições, vejam-se M. Costa Andrade, *Comentário Conimbricense ao Código Penal*, III, org. de J. Figueiredo Dias, Coimbra, 1999; J. Reis Bravo, *A protecção penal do património cultural*, *in SJ*, n°s 268/270, 1997, pp. 237 segs, 252 segs. Uma análise de direito comparado pode ver-se em G. Paolo Demuro, *Techniche sanzionatorie di tutela del patrimonio storico-artistico nei sistemi stranieri: il modello spagnolo e quello tedesco*, *in Rivista Italiana di Diritto e Procedura Penale*, 2001/2, pp. 503 segs.

mas pode ser replicado a um custo economicamente aceitável, deve manter-se a classificação relativamente a uma "cópia"[63].

iii.) Finalmente, no terceiro caso, a desclassificação deve-se a uma *revisão* dos pressupostos de facto que fundamentaram a classificação. Pensamos em hipóteses como a da imputação da autoria de uma peça de mobiliário a um artista nacional, que se vem a descobrir ser de um mestre estrangeiro; como a de uma casa na qual se pensava ter nascido, vivido ou morrido, uma importante figura nacional e de essa informação ser infirmada por nova documentação que situa tal circunstância noutro local; como a de um determinado imóvel ser considerado um exemplar de uma corrente arquitectónica e estudos recentes concluírem em sentido diverso. A base factual/valorativa que deu origem à classificação é substituída por uma nova avaliação, a qual subtrai a causa atributiva de interesse cultural relevante ao bem em presença.

O acto de desclassificação pode ser, quanto ao âmbito espacial, parcial ou total, consoante a degradação do bem o afecte na sua plenitude ou apenas em parte (por exemplo, caso se deva a factores naturais, pode ser total ou parcial; caso se trate de uma revisão dos fundamentos técnicos da classificação, será tendencialmente total). No que concerne ao âmbito temporal, o acto de desclassificação deverá surtir efeitos *ex nunc*, ou seja, a partir da notificação aos interessados. Isto porque não estamos perante um motivo tipicamente invalidante, mas antes em face de uma reapreciação da base factual do acto de classificação por força da superveniência de dados antes desconhecidos, físicos ou científicos.

A decisão de desclassificação deve, à semelhança da de classificação, ser devidamente comunicada, fundamentada e notificada aos interessados, além de dever ser publicada nos mesmos termos que o acto de classificação o foi. Não existe, contudo, qualquer figura análoga à do bem em vias de classificação (seria um *bem em vias de desclassificação*), na medida em que o valor de interesse público cultural se mantém até à comprovação técnica do seu desaparecimento/da sua inexistência. Não faria sentido, parece-nos, admitir uma presunção de valor cultural do bem por força do

---

[63] J.-Marie Pontier avança três formas de protecção do património cultural corpóreo, da mais limitada à mais intervencionista: a simples conservação, o restauro e a reconstituição. Relativamente a esta última, o Autor revela-se muito céptico, uma vez que teria contra ela, além do custo económico, o facto de ser alheia à preservação do "charme e mistério" do bem — *La protection du patrimoine monumental*, *in RFDA*, 1989/5, pp. 757 segs, 765.

início do procedimento de classificação, baseada na protecção constitucional do património cultural como bem de dimensão pública e colectiva (cfr. o artigo 78.° da CRP) e numa *prova indiciária* do seu interesse cultural, e descartar tal presunção no procedimento inverso, não se alterando os pressupostos constitucionais. A tendência será para que a ponderação prevalente do interesse cultural se mantenha até à notificação do acto de desclassificação, sobrevindo então a caducidade das restrições impostas em virtude do estatuto de bem classificado, bem assim como de eventuais actos atributivos de subsídios ao detentor de direitos reais sobre aquele.

Julgamos ainda dever aplicar-se, por analogia, o disposto no artigo 19.°/6: se um bem ao qual vem a ser recusada a classificação deve constar, não obstante, do inventário de bens culturais[64], por maioria de razão um bem desclassificado deve continuar a integrar tal inventário, embora com a menção da desclassificação.

2.1. A desclassificação aproxima-se de um conjunto de figuras que, sendo-lhe embora próximas, com ela se não identificam. Diversas da desclassificação são:

i.) A revogação expressa do acto de classificação;
ii.) A revogação implícita do acto de classificação;
iii.) A caducidade do acto de classificação;
iv.) A reclassificação

i.) A revogação expressa do acto de classificação pode ocorrer a dois títulos: por motivos de legalidade (preterição de formalidade essencial; violação de lei; desvio de poder) – artigo 141.°/1 do CPA –, e por motivos de oportunidade – artigo 140.°/1, 1.ª parte, do CPA. A desclassificação distingue-se da revogação do acto de classificação quanto aos pressupostos: a primeira, traduz uma reavaliação dos pressupostos fácticos e/ou técnicos da classificação; a segunda, consiste, ou na reavaliação dos pressupostos jurídicos do acto, no sentido da sua desconformidade com as regras, substantivas e procedimentais, aplicáveis, ou na reponderação das circunstâncias de interesse público que envolvem o bem classificado, no confronto com outros interesses[65].

---

[64] Salvo, parece-nos, se comprove a total ausência de interesse cultural do bem.

[65] Os efeitos destes dois tipos de "revogação" são diferentes, nos termos do artigo 145° do CPA. No caso da revogação anulatória, os efeitos do acto revogatório retroctraem à data da sua notificação/data do início da produção de efeitos (*ex tunc*) — n° 2; no caso

Esta última hipótese é mais comum sob a forma de revogação implícita[66].

ii.) A revogação implícita faz cessar os efeitos do acto revogando de forma indirecta. Exemplo de revogação implícita de um acto de classificação é o de uma decisão que, ao dispor sobre uma determinada situação jurídica, afecta reflexamente o estatuto do bem classificado no sentido de tornar insustentável este estatuto. Quando a realização de uma obra pública – uma estrada[67]; uma barragem – implica a descaracterização ou destruição, total ou parcial, de um bem de interesse cultural, sem que haja alternativas economicamente viáveis [deslocamento do bem (cfr. o artigo 48.°); alteração da localização da obra], e com observância dos parâmetros de proporcionalidade, a Administração procede a uma reponderação da necessidade da decisão de classificação. O legislador teve em mente, justamente, esta hipótese, ao redigir o n.° 2 do artigo 49.°, onde se lê que "a

---

da revogação abrogatória, os efeitos produzem-se apenas a partir da data de notificação do acto revogatório (*ex nunc*) — n° 1.

No âmbito do procedimento de classificação, convém não esquecer que a decisão de classificar surge na sequência de um procedimento que tem na base um acto autónomo, provisório (despacho de abertura), cujos efeitos se mantêm até à prolacção do acto de classificação — ou da sua recusa. Ao revogar o acto de classificação com base na sua desconformidade com os normativos aplicáveis, a Administração está a constatar uma ilegalidade que se reporta apenas aos efeitos produzidos por este acto e não aos efeitos produzidos desde a notificação/publicação do despacho de abertura do procedimento de classificação (que investe o bem no estattuto de bem em vias de classificação).

[66] Com efeito, não conhecemos nenhum caso de revogação expressa de um acto de classificação por reponderação das circunstâncias de interesse público. Situação similar ocorre quando, com fundamento na "realização de acções de interesse público como tal reconhecido" pelos Ministros competentes em razão da matéria, do Ambiente, do Ordenamento do Território, se dá uma derrogação parcial do regime da Reserva Ecológica Nacional, nos termos do artigo 4°/2/c) do DL 93/90, de 19 de Março, com a redacção que lhe foi dada pelo DL 213/92, de 12 de Outubro.

Ao contrário, em contrapartida, do que sucede com a revogação de um acto de afectação de um imóvel ao domínio público [cfr., por exemplo, a Resolução do Conselho de Ministros n° 22/2004, de 4 de Fevereiro (*in DR*, I-B, de 3 de Março de 2004, pp. 1175, 1176), onde se desafecta do domínio público a Cidadela de Cascais, obra militar que "devido à evolução das técnicas e tácticas de guerra, já não tem interesse para a finalidade para que foi construída", passando a integrar o domínio privado do Estado e sendo o seu uso parcial cedido à Câmara Municipal de Cascais para fins culturais].

[67] Cfr. o Acórdão do STA, I, de 26 de Setembro de 2002, *cit.*, ponto 2.2.2. (ponto em que se confrontam dois argumentos de interesse público no contexto de um processo cautelar: a prossecução da construção de um lanço de auto-estrada e a protecção do património cultural).

autorização de demolição por parte do órgão competente da administração central, regional ou municipal tem como pressuposto obrigatório a existência de ruína[68] ou *a verificação em concreto da primazia de um bem jurídico superior ao que está presente na tutela dos bens culturais*, desde que, em qualquer dos casos, se não mostre viável nem razoável, por qualquer outra forma, a salvaguarda ou o deslocamento do bem" (itálico nosso) (cfr. também o n.° 3).

iii.) A caducidade do acto de classificação resultará do desaparecimento total do bem objecto de classificação (*v.g.*, destruição provocada por um sismo ou uma inundação). O juízo administrativo que eventualmente reconheça esta realidade terá natureza meramente certificativa, não existindo aqui qualquer margem de livre apreciação ou necessidade de avaliação técnica.

iv.) A reclassificação é o acto através do qual a Administração se debruça sobre a categoria de interesse público que o bem reveste, actualizando-a de acordo com critérios jurídicos ou, embora de modo menos usual, técnicos. Por outras palavras, pode existir reclassificação por necessidade de ajustamento a inovações legislativas – caso em que o estatuto do bem se manterá inalterado, apenas se substituindo o título de classificação (por exemplo, de imóvel de interesse público para monumento nacional[69]), ou por reponderação do valor de testemunho do bem em atenção a um determinado contexto (por exemplo, de imóvel de valor concelhio para imóvel de interesse público[70]).

2.2. Depois das considerações expendidas a respeito da vinculação da Administração à reavaliação dos pressupostos puramente objectivos

---

[68] O nº 4 estabelece, contudo, que a autorização de demolição não deve ser concedida quando a situação de ruína seja imputável a incúria do responsável pela conservação do bem, impondo-se-lhe a reposição. Parece-nos que esta norma exige uma certa flexibilidade de leitura, desde logo em virtude da natureza das coisas. Por um lado, porque haverá estados de degradação recuperáveis a um custo economicamente aceitável, enquanto outros o não serão. Por outro lado, pode colocar-se a questão do limite da obrigação de recuperabilidade de um bem cuja estrutura, composição, desenho original são marcas intrinsecamente definitórias do seu valor cultural — ou seja, reconstruir o bem é ainda conservar? (cfr. *supra*, nota 63). Em suma, certas situações demandarão exclusivamente tutela penal e contraordenacional, mas não obrigação de reposição.

[69] Reclassificação do Teatro Nacional de São Carlos, em Lisboa — Decreto nº 2/96, de 6 de Março, artigo 4º.

[70] Reclassificação do Palácio da Graciosa, na Anadia — Decreto nº 67/97, de 31 de Dezembro, artigo 3º/2.

(existência de elementos de facto) e objectivos-subjectivados (valoração dos elementos de facto) no âmbito do procedimento de desclassificação, cumpre apenas concluir, neste ponto, no sentido da natureza declarativa deste acto. Aqui, ao contrário do que se passa na classificação – sede em que chamámos a atenção para a dupla dimensão do acto, declarativa e constitutiva –, não se vislumbra nenhum espaço de livre decisão administrativa, limitando-se a autoridade competente para a emissão do acto de desclassificação a homologar o parecer técnico que atesta a necessidade de "despir" o bem da sua veste.

Assim, e perante uma iniciativa tendente à desclassificação de um bem, a entidade competente para emitir o acto de desclassificação (Ministro da Cultura; assembleia municipal) não terá margem de escolha, caso o parecer dos órgãos consultivos conclua pela degradação dos elementos caracterizadores do interesse cultural, ou reveja os pressupostos técnicos da classificação à luz de novos dados (*v.g.*, históricos, paleontológicos, arqueológicos). A desclassificação afigura-se, em consequência, intrinsecamente diversa da revogação de um acto de classificação, pois enquanto a primeira decorre de uma apreciação isenta de discricionaridade, a segunda – sobretudo quando a ponderação de interesses justifica o sacrifício do pretendido estatuto protectivo do bem cultural – *alimenta-se* da margem de livre decisão administrativa[71]. Esta diferente natureza tem reflexos óbvios no plano da discussão contenciosa da validade de cada um dos actos, encontrando-se o juiz administrativo muito mais limitado na essência do seu poder de apreciação em sede de revogação da classificação do que relativamente a actos de desclassificação.

[71] Como seu observou *supra*, as situações de revogação implícita de um acto de classificação são mais facilmente concebíveis do que as de revogação expressa, por força da presença de um conflito de interesses que força o eventual sacrifício do bem considerado património cultural. Tal circunstância dever-se-á à tendência de consideração do valor "cultura" como prevalente em relação a factores puramente económicos, sendo politicamente difícil tomar posição no sentido da reapreciação do interesse da classificação de um bem que, sem embargo da sua exemplaridade, representa um custo de manutenção e conservação — sobretudo quando se trate de bens de propriedade pública, mas não só, em virtude do direito que o detentor do bem tem de pedir apoio financeiro à Administração do Património Cultural — excessivo em face do "retorno" de vivência cultural que dele flui para a colectividade. Tendo em conta os critérios indicados na nota 43, pensamos que a revogação expressa de um acto de classificação por motivos predominantemente económicos não é de descartar liminarmente.

3. O património cultural incorpóreo identifica-se, nos termos do artigo 91.°/1, com "as realidades que, tendo ou não suporte em coisas móveis ou imóveis, representem testemunhos etnográficos ou antropológicos com valor de civilização ou de cultura com significado para a identidade e memória colectivas", sendo objecto de especial atenção as "expressões orais de transmissão cultural e os modos tradicionais de fazer, nomeadamente as técnicas tradicionais de fazer e os modos de preparar os alimentos" (n.° 2).

A LPVPC, tal como a sua antecessora, exclui as realidades culturais imateriais dos procedimentos de classificação e inventariação (artigos 14.°/1 e 16.°/1). É uma solução criticável, do nosso ponto de vista, pelo menos no que toca à exclusão da inventariação – uma vez que a classificação está intrinsecamente ligada à corporaneidade dos bens[72-73]. O património cultural incorpóreo – terminologia que preferimos, em razão da imaterialidade que caracteriza qualquer bem de interesse cultural[74] – deveria ser objecto de uma acção de preservação tão sistemática quanto a sua intensa rarefacção consinta, a cargo de entidades claramente identificadas. A referência da LPVPC à organização de colectâneas e do "registo adequado" de testemunhos etnográficos e antropológicos (artigo 91.°/4 e 5) é algo lacunosa – se bem que o facto possa imputar-se à sua natureza de lei de bases –, limitando-se o diploma a incumbir o Estado e as Regiões Autónomas de genéricas missões de incentivo de terceiros e de mobilização de meios, além de identificar as autarquias como especiais promotoras da divulgação e valorização "dos bens imateriais mais representativos das comunidades respectivas, incluindo os próprios das minorias étnicas que as integram" (artigo 92.°/2).

O património cultural incorpóreo é a expressão mais autêntica da memória de um povo, na medida em que se *autoqualifica* através da continuidade da prática, mesmo que por um número reduzido de pessoas. A dimensão imaterial das tradições culturais acaba por ser mais palpável neste domínio do que relativamente aos bens culturais corpóreos, no sen-

---

72 De resto, o artigo 91°/3 ressalva a hipótese de tais realidades *encarnarem* num suporte corpóreo, móvel ou imóvel e ficarem, por isso, sujeitas ao regime de protecção dos bens classificados.

73 Facto que não impediu, contudo, a "classificação" da gastronomia portuguesa como "um bem imaterial integrante do património cultural português", através da Resolução do Conselho de Ministros n° 96/2000, de 26 de Junho (ainda sob a égide da Lei 13/85) — no que pode considerar-se um acto juridicamente inócuo.

74 *Vide* M. S. GIANNINI, *I beni culturali*, *in RTDP*, 1976, pp. 1 segs, 31.

tido em que é construída a partir da (con)vivência, ou seja, é simultaneamente causa e efeito do fenémoneo cultural. Isto porque, no plano da fruição cultural de bens corpóreos, a emoção estética, histórica, religiosa que cada bem provoca no interlocutor que o observa e com ele interage, é mais marcadamente individualizada – ainda que não universalmente determinável. Por outras palavras, a tradição qualifica-se pela prática continuada de determinados comportamentos no seio de uma comunidade mais ou menos alargada, prática essa transmitida de geração em geração enquanto realidade vivificamente identitária.

Linearmente identificada a *outra face* dos bens culturais, a interrogação que gostaríamos de enunciar diz respeito à resistência ou sucumbência de determinadas tradições culturais em face da "evolução das mentalidades". Trata-se de uma situação de conflito de direitos e valores, cuja resolução equilibrada, por um lado, ganha crescente importância numa época de coabitação cultural propiciada pelos fluxos migratórios e, por outro lado, demanda especiais cautelas em razão da questão fracturante da convivência entre a cultura ocidental e a cultura islâmica[75].

O problema *enche* várias teses, dependendo das abordagens. A nossa intenção é apenas aflorar o assunto, partindo da equação seguinte: por um lado, a cultura é, não só um campo de actuação do Estado[76], como um espaço de libertação psíquica do indivíduo. A democratização da cultura tem o seu motor principal na criação de condições de acesso à educação (cfr. os artigos 73.°/2 e 3, 74.°, 75.° da CRP), e constitui alicerce da realização do indivíduo no Estado Social de Direito. O estímulo para a vivência cultural reforça o sentimento de identidade, pessoal e nacional, contribuindo activamente para a afirmação e desenvolvimento da personalidade (artigo 26.°/1 da CRP). Neste duplo plano, a cultura é um factor de coesão, de integração.

---

[75] Uma síntese dos principais dados da questão pode ver-se em R. LEVEAU, *Être musulman en Europe*, *in Pouvoirs*, n° 104, 2003, pp. 111 segs.

[76] Cfr. as várias dimensões jurídicas do fenómeno cultural na Constituição em JORGE MIRANDA, *O património cultural na Constituição*, *in Direito do Património Cultural*, INA, 1996, pp. 253 segs; K. STERN, *I valori culturali nel diritto costituzionali tedesco*, *in Diritto Pubblico*, 1998/2, pp. 317 segs; M. VAQUER, *Estado y cultura: la función cultural de los poderes públicos en la Constitución española*, Madrid, 1998, pp. 173 segs; J. TAJADURA TEJADA, *El servicio de la cultura como deber y atribución esencial del Estado*, *in RD Político*, n° 50, 2001, pp. 83 segs; A. PIZZORUSSO, *Diritto della cultura e principi costituzionali*, *in Quaderni Costituzionali*, 2000/2, pp. 317 segs. V. ainda, com um enfoque algo diverso, J.-MARIE PONTIER, *Le service public culturel existe-t-il?*, *in AJDA*, 2000 (n° especial), pp. 8 segs.

Por outro lado, a cultura, porque expressão de uma identidade, é (ou pode ser) um factor de ruptura, de exclusão[77]. A actuação do Estado, porquanto assente no princípio da democracia pluralista (artigo 2.° da CRP), deve respeitar todas as manifestações culturais e assegurar-lhes condições para a sua afirmação e preservação, em termos de tendencial igualdade (cfr. o artigo 13.°/2 da CRP). A diversidade cultural merece da nossa Constituição o respeito que o pluralismo convoca, estabelecendo o artigo 78.°/2/d) o princípio do desenvolvimento (presume-se, internacional) das relações culturais com outros povos, o qual deve começar, quando as circunstâncias de facto assim o exigirem, pela criação de condições de integração das comunidades imigrantes. Sublinhe-se, todavia, que a tolerância da diferença do outro tem os limites que a Constituição afirma, nomeadamente o da dignidade da pessoa humana (artigo 1.°) – pese a permeabilidade aos excessos objectivizantes que ele encerra[78].

Em França, a questão do uso do *shador* por estudantes muçulmanas nas escolas públicas foi recentemente resolvida a favor da prevalência do princípio do laicismo do Estado[79]. Descontando o facto de pensarmos que o princípio do laicismo joga sobretudo de dentro para fora e não tanto no sentido inverso (é sobre o Estado que ele recai prefencialmente, não sobre os utilizadores dos serviços, sob pena de amputação ilegítima, porque excessiva, do direito de liberdade religiosa)[80], a medida parece-nos clara-

---

[77] Cfr. as considerações de J.-MARIE PONTIER sobre o conteúdo jurídico da noção de "identidade cultural" — *Les données juridiques de l'identité culturelle*, *in RDPSP*, 2000/5, pp. 1271 segs, *max*. 1281 segs.

[78] "(...) a construção de uma retórica de restrição aos direitos, liberdades e garantias com base na dignidade da pessoa humana assenta numa base demasiado geral, abstracta e manipulável para poder ser juridicamente operativa de acordo com as exigências de certeza, segurança e controlabilidade que caracterizam o ordenamento jurídico", conforme realçam J. J. GOMES CANOTILHO e JÓNATAS MACHADO, *«Reality shows» e liberdade de programação*, Coimbra, 2003, p. 48.

[79] Recorde-se que a medida já fora submetida à apreciação do *Conseil d'État* em 1989, tendo-se este órgão pronunciado no sentido da não desconformidade do uso do véu com a Constituição, em decisão de 27 de Novembro de 1989. Nessa decisão, todavia, o Alto Tribunal francês chamava a atenção para o dever de respeito, por parte dos frequentadores do estabelecimento de ensino, da liberdade cultural e religiosa dos outros, facto que os impediria de usar símbolos religiosos "ostentatórios e reivindicativos". Cfr. A.-LUÍS MARTÍNEZ-PUJALTE, *Derechos humanos e identidad cultural. Una posible conciliación entre interculturalidad y universalidad*, *in Persona y Derecho*, nº 38, 1998, pp. 119 segs, 140 segs.

[80] Há mesmo quem afirme que o princípio do laicismo, em França, enferma de uma pré-compreensão fortemente redutora do fenómeno religioso, tributária da ideologia iluminista — A. FILALI-ANSARY, *Islam, laïcité, démocratie*, *in Pouvoirs*, nº 104, 2003, pp. 5 segs, 14.

mente inconstitucional por envolver uma compressão desnecessária, desadequada e desiquilibrada do direito ao livre desenvolvimento da personalidade (que tem uma manifestação primacial, sobretudo nas camadas jovens, na escolha do vestuário e na utilização deste num espaço de convívio preferencial: a escola), ou a um direito à identidade cultural (manifestação do primeiro), bem como um atentado ao princípio do pluralismo (cultural).

O exemplo estrangeiro vem apenas como introdução do caso nacional que, na nossa memória, promoveu o paradigma mais recente (e mais publicitado) da pretensa oposição entre defesa do património cultural e defesa de outros valores a que a Constituição daria alegadamente guarida, em particular a protecção dos "direitos dos animais" enquanto vertente da protecção do ambiente (artigos 9.°/e) e 66.° da CRP). Ao excepcionar a tradição de matar o touro após a lide – tendo em mente as festas anuais de Barrancos –, da aplicação de coimas aos prevaricadores, o legislador interveio no sentido de travar aquilo que poderia constituir uma tentativa de desqualificação de uma realidade de interesse cultural promovida por associações ecologistas, por recurso aos tribunais (e aos telejornais).

3.1. As touradas de morte em Barrancos foram "descobertas" em 1999 e prontamente denunciadas por associações de defesa dos animais, em especial, e de defesa do ambiente, em geral, como um exemplo de sobrevivência de uma tradição "bárbara"[81]. Esta ideia já transparecia, curiosamente, num Decreto de 19 de Setembro de 1836, que proibiu (todas) as touradas, considerando-as "um divertimento bárbaro e impróprio das nações civilizadas e que unicamente serve para habituar os homens ao crime e à ferocidade". Esta *desqualificação por decreto* revelou-se "sol de pouca dura", sobrevindo a sua revogação logo no ano seguinte.

A rápida *ressureição* da corrida de touros não impediu, no entanto, que as touradas com morte do touro fossem expressamente proibidas pelo Decreto 15.355, de 14 de Abril de 1928, cujo artigo 1.° estabelecia que

[81] Para uma síntese histórica da prática das touradas com touros de morte em Portugal, veja-se o Parecer do Conselho Consultivo da Procuradoria Geral da República, de 30 de Março de 1992, *in DR-II*, de 3 de Abril de 1993, pp. 3623 segs. Este parecer foi emitido por solicitação da Direcção-Geral dos Espectáculos que, vindo a ser confrontada com pedidos de autorização de realização de touradas com picadores em Vila Franca de Xira e na Moita, questionava a sua legalidade em face do Decreto 15.355, de 14 de Abril de 1928.

"Em todo o território da República Portuguesa ficam absolutamente proibidas as touradas com touros de morte, quer quando realizadas nas praças a esse fim especialmente destinadas, quer em outro recinto para esse fim improvisado". De resto, uma Portaria de 6 de Abril de 1921 já repudiara, no Preâmbulo, tal espectáculo, alegando que "não está enraizado, generalizadamente, na mentalidade do povo português". Acrescente-se ainda que o Decreto de 1928 condenava o matador a pena de prisão até três anos, agravada com multa nunca inferior a 10.000$00 e com sanção acessória de proibição de voltar a actuar em praças nacionais[82].

Em 1995, surgia a Lei 92/95, de 12 de Setembro, cujo artigo 1.°/1 proíbe todas as violências injustificadas contra animais, ressalvando, no entanto, as touradas (artigo 3.°/2). No mesmo ano, o Código Penal era revisto, sendo introduzidos novos tipos penais especialmente dedicados a "crimes ecológicos", ou seja, a condutas lesivas da integridade de bens ambientais naturais independentemente dos seus efeitos para a saúde humana (artigos 278.°, 279.° e 281.°). Na ausência de lei especial fixando as sanções (a que se referia o artigo 9.° da Lei 92/95), deveria aplicar-se o disposto no Decreto 15.355 a quem matasse um touro em arena ou recinto improvisado como praça de touros.

As associações zoófilas, ao abrigo do artigo 10.° da Lei 92/95, moveram acções judiciais tendentes à emissão de providências cautelares com vista à proibição de realização de espectáculos com esse mote[83]. A vila de Barrancos foi palco de manifestações várias contestando a celebração das suas festas tradicionais (que integravam tourada com morte do touro, na praça principal), e alcançou inusitada exposição mediática e debate público, no âmbito do qual se corromperam até à exaustão os argumentos de salvaguarda do património cultural e direito à identidade cultural vs. protecção do ambiente e direitos dos animais. Encostado a uma lei que, nem as forças policiais, nem os juízes conseguiam fazer cumprir, o legislador resolveu, primeiro, degradar a punição penal em contraordenacional (Lei 12-B/2000, de 8 de Julho, que revogou o Decreto 15.355) e, depois, excepcionar de sanção as mortes de touro que traduzam "tradições locais, que se tenham mantido de forma ininterrupta pelo menos nos 50 anos anteriores à entrada em vigor do presente diploma, como expressão de cultura

---

[82] Um exemplo de aplicação deste diploma pode ver-se no Acórdão da Relação de Lisboa de 19 de Maio de 1999, proc. 8013 (3ª Secção).

[83] Cfr. os Acórdãos da Relação de Lisboa, de 24 de Junho de 1999, proc. 3652-C (2ª Secção), e do STJ, de 27 de Setembro de 2001, *in CJ - ASTJ*, 2001/III, pp. 41 segs.

popular, nos dias em que o evento histórico se realize"[84] (artigo 3.°/4 da Lei 92/95, com a redacção que lhe foi dada pela Lei 19/2002, de 31 de Julho)[85].

O legislador saiu aqui em defesa de uma tradição cultural, pese a contradição com a tendência do Direito Penal de criminalizar ofensas a bens ambientais naturais, e sem embargo do desvio relativamente ao lato imperativo constitucional de "promover o respeito pelos valores do ambiente" (artigo 66.°/2/g) da CRP)[86]. Ou seja, inverteu o rumo que traçara desde o século passado, descriminalizando primeiro e *descontravencionando* depois, cedendo ao reconhecimento de um uso manifestamente contrário à tendência crescente, pelo menos no seio das organizações ecologistas, da protecção dos direitos dos animais – como, de resto, a tourada em geral[87].

---

[84] Um paralelo comparado pode encontrar-se na legislação francesa relativamente a touradas e a lutas de galos — A. PEREIRA DA COSTA, *Dos animais (O Direito e os direitos)*, Coimbra, 1998, p. 48. As touradas "à espanhola" são excepcionadas da aplicação das sanções penais relativas ao crime de maus tratos a animais (cfr. o artigo 551/1 do *Code Pénal*), desde que provadamente praticadas de forma ininterrupta, numa determinada localidade (que a jurisprudência tem vindo a entender de uma forma ampla, reportada a um espaço geográfico culturalmente demarcado) — cfr. os arestos publicados na *Semaine Juridique: JCP - Jurisprudence*, nº 37, 1995, pp. 332 segs (*Cassation Criminelle*, 8/06/1994, com anotação de E. DE MONREDON), e JCP, nºs 19/20, 2002, pp. 882 segs (*Cassation Civile*, 22/11/2001, com anotação de X. DAVERAT).

[85] A Região Autónoma dos Açores editou legislação adaptativa deste diploma, que o Tribunal Constitucional declarou inconstitucional por inexistência do requisito do interesse específico (uma vez que as "touradas com sorte de varas" são um fenómeno recente no arquipélago, realizando-se há pouco mais de uma década) — Acórdão 473/2002, *in DR-I*, de 18 de Dezembro de 2002, pp. 7908 segs.

[86] Reconduzindo a morte do touro em arena a uma violação directa do artigo 66º/1 da CRP, vide o Acórdão da Relação de Lisboa de 19 de Maio de 1999, *cit.*, no qual o Tribunal obtemperou, na sequência chamada à colação da disposição citada que, "ressalvando opinião em contrário, e sempre com o devido respeito, o derrame de sangue na arena, de animal que não procura deliberadamente o confronto com o ser humano; que é retirado do seu «habitat» natural, não é factor contributivo de uma formação humana sadia, de respeito pelos direitos dos seres entre si, incluindo os irracionais com quem partilha a existência" (ponto IX).

[87] Cfr., para uma análise da (ausência de) posição da Comunidade Europeia face à tourada — e pese a preocupação crescente no sentido da imposição de deveres de respeito para com os animais (que justificou até a inserção, no Tratado de Maastricht, de uma Declaração — nº 24 — relativa à protecção dos animais) —, veja-se J.-MICHEL LATTES, *À la recherche d'un statut juridique des toreros et cuadrillas: le droit européen, allié ou ennemi?, in Annalles de l'Université des Sciences Sociales de Toulouse*, 1997, pp. 59 segs, *passim*.

A salvaguarda do património cultural local, "elemento vivificador da identidade cultural" dos barranquenhos (artigo 78.°/2/c) da CRP)[88] teria entrado em rota de colisão com do imperativo da promoção dos valores ambientais – num entendimento maximalista deste, em cujo contexto os animais, enquanto seres vivos, se destacam pelas suas características de sensibilidade[89].

O *modus operandi* – e mesmo, no limite, a necessidade – da intervenção legislativa é discutível; a sua legitimidade – e reconhecêmo-lo a contragosto – assenta, todavia, na liberdade de autodeterminação política e circunscreve-se dentro dos limites do constitucionalmente admissível. Isto porque, por um lado, não pode deixar de se reconhecer que o trajecto do legislador se revelou ziguezagueante (e demasiado permeável à pressão dos acontecimentos)[90]. Se o problema era não pôr em causa o princípio do Estado de Direito (observância da legalidade; administração da justiça aos prevaricadores; salvaguarda da ordem pública por parte das forças policiais), então mais valia ter optado, desde o início, pela solução da "excepção cultural" sem a degradação do crime para contraordenação – o que seria mais coerente com a intenção legislativa de punir ofensas ecológicas manifestada nas alterações introduzidas ao Código Penal, a que já se fez referência. Se o problema era não pôr em causa o património cultural barranquenho, então o melhor teria sido deixar que os tribunais se ocupassem de aferir da necessidade de aplicação das penas em face da invocação da tradição, na qual radicaria uma norma costumeira local *contra legem*, derrogadora da lei geral.

---

[88] Para uma abordagem sociológica à tradição barranquenha, A. Paula Fitas, *«Barrancos me mata!» - um olhar interdisciplinar sobre traços culturais e sincretismos regionais*, *in Revista de Administração Local*, nº 189, 2002, pp. 315 segs. Numa perspectiva jurídica, J. Casalta Nabais, *Barrancos e o Estado de Direito*, texto inédito, gentilmente cedido pelo Autor.

[89] Para uma perspectiva jurídica da questão dos "direitos dos animais", v. A. Pereira da Costa, *Dos animais..., cit., max.* 49 segs (negando a existência de "direitos dos animais", mas incumbindo os homens de especiais deveres para com os animais, numa orientação que perfilhamos); S. Costa Ramos, *A protecção dos direitos dos animais*, *in Estudos em homenagem ao Conslheiro J. M. Cardoso da Costa*, Coimbra, 2003, pp. 789 segs. Num plano filosófico, Fernando Araújo, *A hora dos direitos dos animais*, Coimbra, 2003, *passim*.

[90] Reveste especial interesse a consulta do debate na generalidade dos projectos de lei de que resultou a Lei 19/2002, de 31 de Julho — *DAR-I*, 32, de 12 de Julho de 2002, pp. 1305 segs.

Cumpre observar, contudo, que esta última análise é perturbada pela evolução da factualidade subjacente e, muito especialmente, pela mediatização da situação gerada pelos meios de comunicação – *maxime*, das operadoras de televisão, sedentas de polémicas animadas por imagens de choque. Um fenómeno que se desenvolvia localmente ganhou uma exposição de tal dimensão que *subtraiu* a ponderação de bens das mãos dos tribunais – órgãos preferencialmente aptos a compulsar a força da realidade social em face da força da legalidade – e lançou-a nos braços do legislador, que acabou por lhe dar a solução para que os tribunais propendiam mas dotando-a da *chancela* legal e insuflando-a, por isso, de segurança jurídica[91].

Por outro lado, a intervenção legislativa situa-se no limite da aceitabilidade constitucional. Com efeito, não havendo menção constitucional aos "direitos dos animais" e inexistindo, por força desta ausência, qualquer imposição reflexa de proibições de violência desnecessária sobre animais, não nos parece que a "excepção cultural" de touradas com touros de morte, se praticadas ininterruptamente há pelo menos 50 anos, afronte intoleravelmente a previsão constitucional de promoção do respeito pelos valores ambientais (cfr. o artigo 66.°/2/g) da CRP)[92]. O interesse da protecção ambiental, como qualquer outro que a Constituição abrigue, não é abso-

[91] Isto na medida em que "autorizou" expressamente os tribunais a dar preferência à tradição sobre a protecção do ambiente, corporizada na Lei 12-B/2000, de 8 de Julho (que transformou o crime em contraordenação). Não obstante, não eximiu os tribunais de aferir da existência de "tradições locais", manifestações da "cultura popular", bem como de comprovar a sua ininterruptibilidade nos últimos 50 anos...

Aqui se sente especialmente a falta de disciplina desenvolvida do registo dos bens culturais incorpóreos, bem como a ausência de uma listagem indicativa de critérios para a aferição do "relevante interesse cultural" deste tipo de bens, à semelhança do estabelecido na LPVPC no artigo 17°. Tais elementos facilitariam a tarefa do juiz neste tipo de situações.

[92] Mais evidente poderia ser a colisão de valores caso a Constituição tutelasse expressamente direitos dos animais (e aí, relativamente a qualquer tourada). Enquanto, no momento actual, a protecção dos animais, enquanto bens ambientais naturais, só encontra âncora firme na alínea d) do n° 2 do artigo 66°, ou seja, caso se achem em vias de extinção (ou seja, ameaçados na sua capacidade de "renovação e estabilidade ecológica"), a consagração expressa de direitos dos animais, acompanhada de autorização de punição penal de condutas que desrespeitassem a sua dignidade como seres dotados de especial sensibilidade, modificaria sensivelmente (ainda que não de forma decisiva, pois só acentuaria os pólos de conflito) os dados da questão. A nossa sensibilidade levar-nos-ia, nessa hipótese, a preferir a proibição da tourada à "excepção cultural". Mas isso poderia não significar, na prática e no curto prazo, a erradicação do uso.

luto, devendo ser harmonizado com outros, em homenagem a critérios de concordância prática moldados em concreto[93] – aqui, preservando, de forma pontual, manifestações comprovadamente culturais e de pendor identitário, ainda que lesivas de bens ambientais naturais (cfr., aliás, a paridade a que a Constituição submete os valores da preservação da natureza e da protecção do património cultural, na alínea c) do n.° 2 do artigo 66.°).

3.2. Desligando-nos agora do "Caso Barrancos", mas aproveitando a equação fundamental que dele se desprende, a dúvida que nos fica é a seguinte: sendo certo que, em condições normais (de vivência localizada dos usos locais), a resistência das tradições a tentativas de erradicação do legislador terá nos tribunais – e desde que assente em normas costumeiras susceptíveis de comprovação, nos termos do artigo 348.°/2 e 3 do Código Civil – o seu bastião preferencial, qual o limite de tolerância admissível? Parafraseando Vitalino Canas, numa intervenção no debate dos projectos de lei acolhedores da "excepção cultural" das touradas com morte do touro, há que reconhecer que "num mundo globalizado e impessoal, nada como uma boa tradição para nos fazer sentir membros de alguma coisa, de um grupo, de uma comunidade, de um ambiente. É irreprimível sentir simpatia pelas tradições. Todavia, o argumento da tradição requer cautelas. As tradições não podem ser o fundamento ou o pretexto do esvaziamento de valores civilizacionais e constitucionais nucleares"[94].

Julgamos, sem originalidade, que o limite há-de encontrar-se, em abstracto, no quadro valorativo plasmado na Constituição e, em concreto, no poder de apreciação jurisdicional dos factos constitutivos de um uso expressivo de uma tradição enraizada nas comunidades que a praticam, e no poder de aplicação do Direito (legal e costumeiro) em atenção à ponderação de interesses em presença[95]. Não nos esqueçamos que os tribunais

---

[93] Por último, sobre o método de ponderação de bens como técnica de resolução de conflitos de direitos e interesses, J. Reis Novais, *As restrições aos direitos fundamentais não expressamente autorizadas pela Constituição*, Coimbra, 2003, pp. 639 segs, *max.* 693 segs.

[94] *DAR-I*, 32, *cit.*, p. 1310.

[95] Reflectindo sobre os usos da comunidade islâmica no tocante ao respeito dos direitos das mulheres, A.-Luís Martínez-Pujalte (*Derechos humanos..., cit.*, p. 138) escreve (relativamente à prática da excisão) que "la protección, en el seno de una sociedad multicultural, de la identidad cultural de los diversos grupos sociales no exige respetar este tipo de práticas que violan los derechos humanos y se oponen frontalmente a la garantía de igualdad; lo que no excluye, no obstante, que la respuesta jurídico-penal frente a estas acciones pueda ser moderada, en atención al fuerte peso de la tradición y de ciertas convicciones religiosas, que atenúan sin duda el grado de responsabilidad que quienes las realizan".

não podem aplicar normas desconformes com a Constituição – isto sejam elas de fonte legal, convencional ou costumeira (artigo 204.° da CRP)[96]. O facto de o uso ser anterior ao início de vigência da Constituição não pode eximi-lo da sujeição ao filtro da conformidade com os seus parâmetros, sob pena de se consentir na existência de uma zona de para/contra-constitucionalidade não autorizada (pela própria Lei Fundamental), por mais reduzido que seja o seu âmbito – o n.° 2 do artigo 290.° da CRP deve ser chamado à colação, por paridade de razão[97].

O que significa, afinal, que a aplicação (ainda que implícita) de norma costumeira *contra legem, se for simultaneamente contra constitutionem*, pode ser sindicada em fiscalização concreta da constitucionalidade[98]. A parte a quem a aplicação não interessar poderá suscitar a questão de constitucionalidade no decurso do processo e, esgotadas que estejam as instâncias ordinárias de recurso, junto do Tribunal Constitucional (artigos 280.°/1/b) da CRP, e 70.°/1/b), 72.°/1/b) e 72.°/2 da Lei Orgânica do Tribunal Constitucional = LOTC). E não é de descartar, tão-pouco, a possibilidade de tal norma vir a ser declarada inconstitucional com força obrigatória geral, através do mecanismo a que se reporta o artigo 281.°/3 da CRP, concretizado pelo artigo 82.° da LOTC).

> Cumpre observar que, em sede de fiscalização preventiva da constitucionalidade de uma pergunta a formular num referendo local no município de Barrancos, em 2000 ("Concorda que continuem a realizar-se as Festas de Agosto na sua integralidade, tal como é tradição, sem qualquer excepção?"), o Tribunal Constitucional revelou-se cauteloso (e algo positivista) relativamente à questão de saber se um uso local pode criar uma norma derrogatória de lei geral e abstracta, *maxime* de carácter penal. Com efeito, no Acórdão 93/2000[99], o Tribunal afirmou que "(...) à míngua de elementos concretos, não

---

[96] Sublinhe-se que esta questão é diversa da de saber se o costume pode ser fonte de Direito Constitucional — cfr. JORGE MIRANDA, *Manual de Direito Constitucional*, II, 4ª ed., Coimbra, 2000, pp. 113 segs, *max*. 118 segs.

[97] Cfr. PAULO OTERO, *Direitos históricos e não tipicidade pretérita dos direitos fundamentais, in Ab Uno Ad Omnes*, Coimbra, 1995, pp. 1061 segs, *max*. 1080 (na parte em que se pronuncia sobre a sujeição de normas costumeiras anteriores ao início de vigência da Constituição de 1976 ao filtro do artigo 290°/2 da CRP).

[98] Para uma síntese da posição do Tribunal Constitucional sobre o conceito de norma, veja-se o Acórdão 214/94 (*DR-II*, de 19 de Julho de 1994, pp. 7226), de que foi relator António Vitorino (pontos 8 e 9).

[99] Acórdão 93/2000, *in* DR-II, de 30 de Março de 2000, pp. 6051 segs.

poderá o Tribunal, de forma inequívoca, asseverar que a realização de «touradas» com «sorte de morte» no concelho de Barrancos representa um nítido costume local constitutivo de fonte de direito vinculativo para as autoridades (...), costume esse que implicaria a revogação ou derrogação, naquela comunidade local, da proibição de tais eventos (e isto, obviamente, sem qualquer aprofundamento da difícil questão de saber se os usos e costumes poderão, e mais a mais quando se não está perante qualquer lacuna legal, constituir fonte de direito, nomeadamente para efeitos de revogação de legislação de índole criminal e se, face ao artigo 3.° da Constituição, poderia este Tribunal dar atendimento a um tal costume como forma de fonte normativa)"[100].

A atitude do Tribunal denota uma visão algo reducionista do Direito do Estado ao Direito ancorado na Constituição, que a própria Lei Básica desmente, ao consagrar a recepção plena dos princípios de Direito Internacional geral ou comum no ordenamento jurídico português, nos termos do artigo 8.°/1, sejam eles *secundum*, *praeter* ou *contra legem* – logo, por maioria de razão, é concebível a coexistência de normas costumeiras nacionais com o bloco legal positivo que podem, no limite, opôr-se-lhe. O artigo 3.°/3 da Constituição é susceptível, em consequência, da mesma crítica a que se sujeita o artigo 1.° do Código Civil, ao ignorar o costume como fonte de Direito (admitindo-o mais adiante, no artigo 348.°)[101].

A questão não pode resumir-se, assim, à possibilidade de existência de tal uso social, mas antes à conformidade deste em face do referente de validade geral dos actos normativos incorporado na Constituição. Ou seja, o problema não reside em saber se é concebível a formação de normas consuetudinárias contrárias à Lei Fundamental, mas antes em definir os termos da ponderação da sua aceitabilidade no confronto com esta.

A ponderação de valores deve ser, por isso, susceptível de revisão pelo Tribunal Constitucional, intérprete último dos desígnios do legislador constituinte. Naturalmente que, chegados a esse ponto, só há um ponto

---

[100] Acórdão 93/2000, *cit.*, p. 6053.

[101] O argumento da natureza criminal da norma derrogada não seria decisivo, neste caso e atendendo ao princípio da tipicidade, uma vez que estaríamos perante uma situação de não penalização. Inadmissível, parece-nos, seria aceitar a prevalência de uma norma costumeira local incriminadora (*v.g.*, proibição de utilização da água de um fontenário público para animais, punida com isolamento até três dias).

firme: o do artigo 288.° da CRP (e no seu seio, existem uns arrimos mais precisos que outros). Um uso local que determinasse a escolha do Presidente da Câmara por recurso às regras da hereditariedade seria claramente inconstitucional, por violação do princípio republicano [artigos 10.°/1, 113.°/1 e 288.°/b)]. Mas já (algumas) as praxes académicas, desde que não envolvam ofensa à integridade física, da "vítima" ou de terceiros, e/ou violação intolerável da integridade moral, suscita mais dúvidas: os comportamentos degradantes a que os caloiros voluntariamente se submetem podem ser considerados inconstitucionais por desconformidade com o princípio da dignidade da pessoa humana[102]?

Poder-se-á objectar a esta argumentação que ela subverte o sistema de fiscalização da constitucionalidade, transformando o recurso de constitucionalidade num recurso de amparo – aquilo de que se recorreria seria de uma decisão judicial, não da aplicação de uma norma alegadamente inconstitucional. Note-se, contudo, que a nossa solução vale apenas para os casos em que o juiz desaplique a norma legal em favor de uma norma costumeira derrogatória desta, que é *simultaneamente contra constitutionem*[103].

E nem se diga que tal hipótese incumbe o Tribunal Constitucional da tarefa de apreciação de factos (os constitutivos do uso, que justificam a aplicação da norma costumeira derrogatória)[104], na medida em que a sua

---

102 Para além do preenchimento da fórmula "dignidade da pessoa humana" (que levanta as dificuldades enunciadas por J. J. Gomes Canotilho e Jónatas Machado, *«Reality shows»...*, *cit.*, *max.* pp. 44 segs. Veja-se também Benedita Mac Croirie, *O recurso ao princípio da dignidade da pessoa humana na jurisprudência do Tribunal Constitucional*, *in Estudos em comemoração do 10° aniversário da licenciatura em Direito da Universidade do Minho*, Coimbra, 2004, pp. 151 segs, *max.* 165 segs), estamos aqui também perante o problema da admissibilidade da renúncia a direitos de liberdade. Sobre este ponto, ver J. Reis Novais, *Renúncia a direitos fundamentais*, *in DJAP*, 1° Suplemento, Lisboa, 1998, pp. 409 segs, 417 segs.

103 Não se trata, por conseguinte, de um caso de recurso obrigatório, pois nem a norma alegadamente inconstitucional é desaplicada, nem consta de convenção internacional, lei, decreto-lei ou decreto-regulamentar (cfr. os artigos 280°/3 da CRP, e 72°/3 da LOTC) — embora este último "obstáculo" possa ser contornável apelando a uma equiparação da norma costumeira à norma (positiva) que contraria.

104 Possibilidade vedada pelos artigos 280°/6 da CRP, e 71°/1 da LOTC (restrição confirmada pelo próprio Tribunal Constitucional, no Acórdão 94/90). No entanto, há registo de situações em que, ainda que a título excepcional, os juízes do palácio Ratton aceitaram debruçar-se sobre matéria de facto no âmbito do recurso de constitucionalidade (cfr. o Acórdão 529/01), conforme realça C. Blanco de Morais no seu ensino oral da disciplina de Direito Constitucional III.

sindicância se restringe à apreciação da constitucionalidade da norma costumeira utilizada (e cuja existência terá ficado devidamente comprovada nas instâncias), no confronto entre os valores que esta visa salvaguardar e os parâmetros constitucionais que regem a matéria, substantivos e instrumentais (nomeadamente, os critérios que resultam dos n.°s 2 e 3 do artigo 18.° da CRP). Em contrapartida, é admissível assimilar tais situações àquelas a que alude o artigo 80.°/3 da LOTC (decisões interpretativas), domínio em que se atenua, por vezes de forma radical, a diferença entre recurso de constitucionalidade e acção de amparo[105].

Em suma: a desqualificação de bens culturais incorpóreos, ao contrário da revogação da classificação de bens culturais corpóreos (figura da qual constitui paralelo), constitui tarefa, não das entidades administrativas mas, em última análise, dos tribunais. Raras serão as situações em que o legislador intervém directamente no sentido da erradicação de uma tradição (*maxime*, estabelecendo sanções penais para a sua prática) – tendencialmente votadas ao insucesso, como se viu no caso da proibição das touradas, que a Rainha D. Maria II considerava uma prática "bárbara", mas que o povo insistiu em adoptar. A actuação paulatina dos órgãos jurisdicionais, mais sensíveis – porque mais próximos – à realidade social é a via preferencial de desqualificação de uma tradição, não só porque testa os seus pressupostos, como porque valora ponderativamente a sua conformidade com o "bloco legal". A actuação do legislador só se justifica, nesta sede, em situações anormais de conflitualidade social, ou de necessidade inequívoca de afirmação da prevalência de determinados valores considerados, por motivos fundados, superiores.

4. Quando a União Europeia se alarga a Leste, numa manobra de extensão dos seus ideais democráticos e dos seus propósitos de hegemonia comercial, a questão da identidade cultural dos povos surge como último reduto das exauridas soberanias políticas. A diferença nasce, por definição, do confronto com o outro. A identidade cultural nacional, enquanto factor de individualização só pode, por isso, e pelo menos em tese, sair reforçada. Os *(re)founding fathers*, de resto, tiveram essa percepção em

[105] Cfr. C. BLANCO DE MORAIS, *Fiscalização da constitucionalidade e garantia dos direitos fundamentais: apontamentos sobre os passos de uma evolução subjectivista, in Estudos em homenagem ao Prof. Doutor Inocêncio Galvão Telles*, V, Coimbra, 2003, pp. 85 segs, *max.* 105 segs.

1992, ao inscreverem no Preâmbulo do Tratado de Maastricht o desejo da União de "aprofundar a solidariedade entre os seus povos, respeitando a sua História, cultura e tradições" (5.° parágrafo). Esta intenção de coesão foi retomada no artigo 151 do Tratado de Roma, que reafirma o respeito pela diversidade nacional, e a actuação da Comunidade a título de apoio, sem portanto gozar de qualquer parcela de competência nessa área (salvo a título de incentivo da cooperação internacional)[106].

A tutela dos valores culturais dos Estados passou, assim, a ser de importância fundamental para a sua afirmação no espaço europeu, e para a valorização da sua identidade histórica[107]. A absorção política encontra um travão na obrigação de respeito pela identidade nacional do Estado, a qual, no presente, se torna crescentemente mais fáctica do que jurídica (ressalvada a protecção da língua e dos símbolos nacionais)[108]. Com a consagração de uma cidadania europeia, primeiro, e com a proclamação da Carta dos Direitos Fundamentais depois, a União aproximou formalmente os Estados europeus através de um dos vectores identitários (pelo menos no plano internacional) mais fortes: o respeito pelos direitos fundamentais. "A «cultura da liberdade» – escreve STERN – é o fundamento espiritual da Europa"[109].

É este núcleo fundamental que importa preservar, sobretudo no confronto com os novos Estados-membros, cujas expressões de identidade podem ferir as *susceptibilidades,* sociais e constitucionais – mas, sublinhe-se, a "cultura da liberdade" é também a cultura do pluralismo. A liberdade de circulação aproximará inevitavelmente as "culturas", num processo que se pretende enriquecedor, mas que se adivinha difícil. O reforço da identidade europeia, que Portugal se afirma empenhado em apoiar (artigo 7.°/5 da CRP), não pode eliminar os fundamentos do Estado de Direito demo-

---

[106] Sobre a dimensão do fenómeno cultural no Direito Comunitário, M. VAQUER, *Estado y cultura:..., cit.*, pp. 153 segs; J. CASALTA NABAIS, *Introdução..., cit.*, pp. 126 segs.

[107] A. PIZZORUSSO (*Principi..., cit.*, pp. 321 segs) alerta para a necessidade de conciliação do objectivo de respeito pelas expressões culturais dos Estados-membros com a liberdade de circulação de produtos, um dos pilares do mercado interno. Este imperativo de coerência, no entanto, esbater-se-ia no plano das relações externas, no âmbito do qual a invocação da "excepção cultural" seria admissível (o Autor dá o exemplo das reticências à importação de produções cinematográficas e televisivas norte-americanas pelas estações europeias, no intuito de proteger as indústrias nacionais).

[108] Cfr. o nosso *A evolução do conceito de soberania. Tendências recentes, in CCTF*, 2000, pp. 137 segs, *max.* 162 segs.

[109] K. STERN, *I valori culturali..., cit.*, p. 341.

crático (cfr. o n.° 4 do artigo 8.° da CRP)[110]. A integração política há-de encontrar um limite último na proibição da *desqualificação* cultural de cada Estado-membro, no sedimento histórico único que o caracteriza.

Os tribunais, *maxime* o Tribunal Constitucional, são os guardiões últimos dos valores culturais que definem o Estado português em face dos seus companheiros de integração e, eventualmente, contra a imposição da uniformidade de aplicação do Direito Comunitário decorrente – até à entrada em vigor do Tratado que estabelece uma Constituição para a Europa (cfr. o artigo I-5.°) – da observância do princípio da lealdade (artigo 10 do Tratado de Roma). No limite, através do incumprimento de um acórdão do Tribunal de Justiça das Comunidades emitido em sede de reenvio prejudicial (artigo 234 do Tratado de Roma), preferindo a aplicação da norma nacional (positiva ou costumeira) em nome da necessidade de salvaguarda de valores culturais fundamentais. De resto, esta excepção é enquadrável no conceito de *cláusula de salvaguarda* prevista no artigo 30 do Tratado de Roma, na vertente da preservação do que mais genuinamente exprime a identidade nacional de cada Estado.

Lisboa, Janeiro de 2005

---

[110] Para uma aproximação densificadora a este "conceito indeterminado", v. J. REIS NOVAIS, *Os princípios constitucionais estruturantes da República portuguesa*, Coimbra, 2004, pp. 49 segs.

DOUTOR SANTOS – A MULTI FACETED PERSONALITY

CARMO D'SOUZA
Professor da Escola de Direito de Panjim (Goa)

It was the week preceding Easter. Our students were on preparatory holidays for the final exams. As we had nothing important in hand, we were relaxing in our staff room. At this juncture, in walked a couple accompanied by our pretty office in charge. "A Portuguese couple" she announced with pride. She informed me that there was a request from the Principal to take them around the college. She promised in the meanwhile to send for a cup of tea. Our office in charge has high regard for the Portuguese.

The twosome introduced themselves. He was Professor Antonio Marques dos Santos from the Law Faculty of the University of Lisbon accompanied by his French wife Professora Annie Marques dos Santos. I took them to the library. I had yet to verify his claims to the University of Lisbon. Doutor Santos, I soon realized was well versed in law, especially Private International Law.

Casually, I showed him my two volumes on the Legal System in Goa, lying in the Library shelf. He appreciated the books and asked me where they were available. As a habit I usually offer complementaries especially when some one is appreciative, yet on this occasion I refrained from doing so. I realized that if the enthusiasm that Doutor Santos displayed was real, then he would take the trouble to purchase the same. Doutor Santos also spoke of the need for a joint venture with the University of Goa. That is the expected conversation from any European visitor. It would be too good if true.

After exchanging views, Doutor Santos asked us if we were interested in Portuguese books. I asked for the Civil Code in force in Portugal, and one of my colleagues, an activist lady advocate requested him for any work on Feminine Jurisprudence. He could remember a dissertation on a Feminist topic. He promised to send both the books. He scribbled his address on a piece of paper, and that was the end of our interaction. I had forgotten the incident.

Some time later, I was attending a Conference on Civil Law at Cidade de Goa hotel, where to my surprise Doutor Santos was one of the speakers. I met him after the first session. He had not forgotten me. Enthusiastically he introduced me to the other speakers from the Faculties of Law of Universities of Lisbon and Coimbra. He spoke highly to his colleagues about my book. As I realized, he had purchased it. I was convinced that his enthusiasm was genuine. He asked me whether our college had received the books, which he had posted. I didn't quite believe him. In fact we did get them by sea mail a week later.

"Meet me today evening, when you are leaving home", he said. When I did so, he came down with a huge sack of books reminding me of Santa Claus. He had brought a number of books for our college along with him all the way from Portugal. I was stunned. Doutor Santos had a dynamic enthusiasm that was genuine and inspiring. He really was serious in bridging the gap in legal academics between Lisbon and Goa.

On the occasion of the Fifth Century for Discovery, I had my first opportunity to visit Europe. I was invited to Paris for the Conference on Vasco Da Gama. I casually wrote about it to Doutor Santos. "Are you not coming to Lisbon?" he inquired. "It would be a pity to miss Portugal", was his advice. I answered in the negative, simply because it was not provided in my ticket. He would not accept a negative. He arranged a Conference in the University of Lisbon and offered me a ticket, Paris-Lisbon and back, with a week's stay at Le Meredien, Lisbon. The offer was unexpected and too good to refuse. Doutor Santos evidently meant every word that he had said at our first meeting.

In Goa, at the Portuguese consulate, I was informed by an elderly irritated gentleman that the Portuguese of Pre-Liberation days had disappeared. "The present brand of Modern Portuguese is just a prototype of other Europeans," he lamented. I went to Europe with that thought in mind. But on meeting Doutor Santos, I was convinced that the old tribe still survived. Surely the old man at the Consulate would have said: "Here is a Portuguese of bygone days".

I went to the Paris Airport and as directed by Doutor Santos picked up my ticket at the Portuguese Airline counter. Then I flew to Lisbon. I reached on a Sunday afternoon. Doutor Santos and his wife Professora

Annie Santos were there to pick me up after having sacrificed their Sunday afternoon siesta. On refreshing myself in the hotel Le Meridien, they took me round in their car for sight seeing. Besides the information that they doled out, they did their best to keep me comfortable. I realized that Doutor Santos had a large vision for humanity. I watched him emotionally moved when near the Torre de Belem, he showed me the map of Mundo Portugues. I found that he had difficulty in being wrenched from that Portuguese World and dreamt of some kind of modern Commonwealth. In fact all his life he lived, and as later revealed even died to keep the old contacts going and attempting to build new ones with that lost world. In fact he was a real Ambassador of Portugal.

The next day I spent with Doutor Santos at the University of Lisbon. I found that he was very popular indeed with all the staff and the students. I watched him sign the ribbons presented for his signatures. I am sure that the students carry the memories with them in their hearts. "He is a man with the Golden Heart", confided one of his students. Doutor Santos made it a point to introduce me to each and every member of the staff as well as several students that we met. "Be there on Wednesday for the Conference on Evolution of Laws in Goa", was his parting exhortation.

Come Wednesday, and sure the hall was packed. I felt a sense of confidence with the backing of Doutor Santos. I read the prepared text. At the end of the lecture I saw Doutor Santos and his wife Annie Santos on their feet. I received a tremendous ovation that stunned me. "That's a Portuguese ovation," I said to myself. "There is the hand of Doutor Santos behind it". As one guest confided in me, he had been present for my talk just to oblige Doutor Santos. I was sure that most in the hall had come in deference to Doutor Santos.

I had a pleasant stay of a week in Portugal due to arrangements of Doutor Santos. He made it a point to see that I was invited for dinner by some of his contacts. He himself hosted two dinners on that occasion. On every occasion I met, he made it a point to check whether I was comfortable. I visited Portugal for the first time, and had pleasant memories of Lisbon due to the efforts of Doutor Santos. "Thank you, Doutor Santos", I said feebly at the airport, a few minute before I sailed Caravela Class over the River Tejo.

My second visit on a Scholarship by Gulbenkian, was based on my application, recommended and followed by Doutor Santos. I was back in Lisbon. He gave me the necessary contacts for the research project. He constantly brought the topic of ties between Goa and Portugal in the legal field. During my stay, I was able to discover the variety of areas in which our students could carry research in Portugal as well as was able to identify areas that Goa could offer to the Portuguese Scholars. I mentioned it to Doutor Santos. He was enthusiastic about my comments. He exhorted me to finalize the tie up from our end.

For the third time I was back in Portugal, thanks to Cotovias Publishers, Fundação Oriente and Coimbra University. "Enjoy Coimbra", he said as I phoned him that I was on my way to Coimbra. On the way back to Lisbon he invited me for dinner. I excused myself but he insisted that I should make it. The next morning I would be leaving Lisbon. It was a memorable dinner, and my last meeting with Doutor Santos.

I was collecting information on Portugal for my novel. Doutor Santos helped by Dr. Francisco Santa Rita Colaço, nostalgically described their student days at Coimbra. He showed me his ribbons as well as the pasta. Then he played the tune of a march from "Revolução dos Cravos". It was e-mailed to him as a card by a professor from Brazil. Later Doutor Santos e-mailed me the card with the marshal tune. When I sent my novel for reviewing, Doutor Santos together with his wife did a great job.

Doutor Santos did not merely help me but even my students. Whenever any of my students needed a recommendation from Portugal, it was enough for me to drop a few lines, and soon he would e-mail the desired text. On the day he expired, one of my students Mr. Julius Nayak was in Lisbon on a scholarship of Fundação Oriente. Doutor Santos had recommended him for the scholarship. With his death, my students, I and Goa have lost a valuable link with Lisbon that is difficult to replace.

Doutor Santos had a dream for a joint venture between legal academics of Lisbon and Goa. He always exhorted me that I should move things at my end using his characteristic "Pa" at the end of the sentence. He mentioned how researchers from Lisbon could benefit if they could select topics from India, and how useful it would be for our students to have an European exposure. I always insisted that venture had to come on Government-to-Government basis. He would not accept that answer. In fact in a brief contact that we had, he did his outmost to promote the exchange at his level. Till his death he tried to establish the link with the Portuguese World. I learnt that he had been to Moçambique before he expired.

I am sure that his vision of a "*intercambio entre faculdades do direito de Lisboa e Goa*", will materialize soon. I thank God for a friend like Doutor Santos and pray for his soul.

A SHORT TOUR OF AMERICAN ADMINISTRATIVE LAW[1]

MARSHALL J. BREGER
*Professor, Columbus School of Law, Catholic University of America**

My subject today is Administrative Law in the United States. I was told last night that some civil law scholars teach that there is no such subject as administrative law in a common law jurisdiction. My students who are now taking their exams might agree with this view – I will have to read their exam papers.

More seriously, administrative law in the U.S. consists of a number of approaches to the relationship between bureaucracy and the citizen. It consists of at least five elements: the public law of administrative agencies, largely laws related to the structure of government and separation of powers; the "civil procedure" of administration agencies, largely internal agency procedure; political science of agency behavior; the sociology of bureaucracy; and the economics of regulation.

---

* *I want to thank Claire Morisset and Emily Saylor for research assistance and Julie Kendrick for preparation of this manuscript.*

[1] I want to say a word of homage to Prof. Marques dos Santos. He was the sparkplug of the joint U.S.-Portuguese legal exchange held in Lisbon in the Spring of 2003. He was a great scholar and more importantly, a warm human being.

I remember vividly the red scarf he wore at all times – wore I might add with panache – telling me it was a reminder of the generation of 1968 – a time in France when all things seemed possible. He wore it as well as a memory of the 20th of April. My politics were not his own but I could not but be impressed by his commitment to social equality. I am reminded that however much experience we gain in years, it is good to keep in your heart and your spirit the idealism of youth.

We at Catholic University had only begun to know him, but I can understand why his colleagues and his students at the University of Lisbon tell me that he is sorely missed.

All of these perspectives are pinioned on one fundamental point – *Americans distrust bureaucracy.*[2] This distrust of bureaucracy is drawn from the Anglo-American common law experience which itself developed, in part, from a distrust of executive power.

Contrast this view with, for example, France, where the instinctive view is that bureaucracy is good, that administrators possess valued expertise and that a centralized state is the natural approach to organizing society.[3]

This distrust of bureaucracy creates what is the central goal of American administrative law – the quest for legitimacy. Put simply, administrative law and the actions of administrative agencies are not instinctively legitimate – as the administrators do not obviously reflect the will of the people and the administrators in the modern administrative state are given significant discretion raising the question of whether administrative action clearly follows the "rule of law."[4]

This quest for legitimacy has led students of administrative law in the United States to undertake four interrelated projects. I will call them the Accountability Project, the Rationality Project, the Transparency Project, and the Participatory Project. Each, in its own way, is an effort to address the problem of democratic legitimacy in administrative law.

---

[2] Richard H. Pildes & Cass R. Sunstein, *Reinventing the Regulatory State,* 62 U. CHI. L. REV. 1, 40-42 (1995).

[3] *See* John C. Reitz, *Political Economy as a Major Architectural Principle of Public Law,* 75 TUL. L. REV. 1121, 1128 (2001). *See also* EZRA N. SULEIMAN, POLITICS, POWER AND BUREAUCRACY IN FRANCE – THE ADMINISTRATIVE ELITE 17-19 (1974). Although the sweeping decentralization reforms brought about by the Debré laws in 1982 significantly changed France's administrative structure, Law No. 82-213 of March 2, 1982, J.O., March 3, 1982, p.730, codified in the General Code of Territorial Communities (Code Général des Collectivités Territoriales), and recently amended by Law No. 2004-809 of August 13, 2004, J.O., August 17, 2004, p. 14,545. This recent modification expands local authority in fields such as economic development, zoning, tourism, vocational training, infrastructure, environmental protection, ports, solid waste, health, education, culture, sports, heritage, performing arts training, and also offers a number of institutional clarifications. Notwithstanding these changes, it is fair to say that the underlying "instinct" toward centralization remains.

[4] Richard B. Stewart, *The Reformation of American Administrative Law,* 88 HARV. L. REV. 1669, 1672 (1975), noting that, "With the possible exceptions of military and foreign affairs functions and times of national emergency, the Constitution recognizes no inherent administrative powers over persons and property." *See id.* at 1676 ("Vague, general, or ambiguous statutes create discretion and threaten the legitimacy of agency action.").

The **Accountability Project** reflects the long effort of the Anglo-American common law since the Middle Ages to constrain executive authority undertaken outside of or beyond the limits of the law. Its principles were developed in the famous 17th century litigation, styled Dr. Bonham's case,[5] which allowed judicial review of executive decisions. The rationality project is a 20th century effort – really after World War II – to constrain the administrative state by requiring that it act in a rational manner.

As we will see, there is some indication that the **Rationality Project** developed along with the growth of the administrative state, and was an effort to deal with the reality that in the modern world more and more power was being delegated to administrative agencies. This raises obvious problems in democratic accountability. One way to make up for the accountability deficit was to demand that the courts protect the rationality of agency decision-making. To put it otherwise, if we are not in a position to ensure democratic accountability we can create virtual accountability by demanding rationality (the presumption perhaps being that the popular will and the rational thing to do are in some measure largely congruent).

The **Participatory Project** was an effort to increase public participation in the administrative rulemaking process. It was believed that such participation would increase the legitimacy of the rulemaking process by serving a functional substitute for the fact that bureaucrats are not properly elected.

The revolution in participation was not a single, coherent movement. It included many disparate initiatives with widely variable effects. The driving force of the revolution, however, was a lack of faith in the ability of established governmental institutions to understand the popular will and respond appropriately; again a crisis of legitimacy. In the 1960's and 1970's the American people witnessed a transformative struggle for civil rights, unsatisfactorily explained assassinations of revered public figures, an unpopular war, political scandals, and a growing disaffection with government, which appeared unable to accomplish ambitious social objec-

---

[5] 8 Co. Rep. 107a, 113 b, 77 Eng. Rep. 638, 646 (C.P. 1610). For a full examination of the case, analyzing Bonham in terms of English Constitutional Theory (rather than statutory construction), see Raoul Berger, *Dr. Bonham's case: Statutory Construction or Constitutional Theory?*, 117 U. PA. L. REV. 521 (1969). A recent appreciation of Bonham as it came to be understood in the United States can be found in LARRY D. KRAMER, THE PEOPLE THEMSELVES – POPULAR CONSTITUTIONALISM AND JUDICIAL REVIEW 19-24 (2004).

tives.[6] The motives of those seeking to expand public participation ranged from a near-paranoid mistrust of the government's own motives to a technocratic belief that direct input from citizens would improve the quality of the government's decisions. Also prominent was a faith in participation as a means of empowering and involving the disenfranchised and unrepresented which "to its defenders" reflected "a quest to expand the meaning and practice of freedom."[7]

The **Transparency Project** is a post World War II approach that uses transparency – openness in government – as another method of ensuring legitimacy. Transparency is seen as a substitute for accountability – the theory is that if the public is aware of government actions and the reasons and background behind those actions, the government will be likely to make certain its actions are more closely in accord with the public will. Thus transparency, it is thought, will lead to legitimacy.

While this paper will focus on basic paradigms, it will be pointed out that regulation (and indeed administrative activity generally) is "a field of activity that owes more to politics and pragmatism than principles or postulates."[8] Indeed when thinking about administrative law

> Lore can be as important as law. On one level, tradition matters because the evolution of agency custom, and its culmination in established practice, manifests a pragmatic adaptation of law to the needs of individualized administration. On another level, it matters because it reflects the integration of accountability and efficiency. Generally speaking, an evolving practice reflects a consensus (or at least an acceptance) among agency members and staffs, the private sector, and the politically accountable branches of government, of reasonable ways of doing business. Often, agency practice becomes embodied in law.[9]

---

6 *See* TERRY H. ANDERSON, THE SIXTIES (2nd ed. 2004); Leon F. Litwack, *The Times They Are A-Changing, in* THE WHOLE WORLD'S WATCHING: PEACE AND SOCIAL JUSTICE MOVEMENTS OF THE 1960S AND 1970S 5-8 (Berkeley Art Center Association 2001).

7 Sheldon Wolin, *The Destructive Sixties and Postmodern Conservatism, in* REASSESSING THE SIXTIES 129, 132 (Stephen Macedo, ed., 1997).

8 Gary J. Edles, 23 J. POL'Y ANALYSIS & MGMT 635 (2004) (reviewing CINDY SKRZYCKI, THE REGULATORS: ANONYMOUS POWER BROKERS IN AMERICAN POLITICS (2003)).

9 Marshall J. Breger & Gary J. Edles, *Established by Practice: The Theory and Operation of Independent Federal Agencies*, 52 ADMIN L. REV. 1111, 1115 (2000).

1. **The Accountability Project**

The historic project of the English common law judges was to claim jurisdiction over executive action, to regulate when the executive acted outside the powers given to it by law. This was the essential purpose of the five prerogatory, common law writs: mandamus, probation, certiorari, habeas corpus, and quo warranto. The great writ of habeas corpus is designed to review claims that the executive had in some way exceeded its legal authority by its actions or inactions.

The matter is best put in the early 17th century decision, Dr. Bonham's case, decided in 1610.[10] In that case, an Act of Parliament during the reign of King Henry VIII had established a medical licensing board, a "college perpetual of physicians and grave men." Bonham had persisted in a medical practice unlicensed by the board. For this unlicensed practice, he was imprisoned for seven days for contempt of the board. Consequently, Bonham brought an action for false imprisonment against the board members. By that tort action, he sought to gain judicial review of the propriety of the board's action against him.

The Court of Common Pleas took the case. In his opinion for the court, Lord Coke found that the licensing board's determination that Bonham was "insufficient and inexpert in the art of medicine" was reviewable. Explaining that "they [the board] are not made judges nor a court given them," Coke wrote that review by a court was essential if Dr. Bonham was to have an "adequate remedy."[11]

In contrast, "the French thought of judicial review as violating the separation of powers."[12] Indeed, the French revolutionary decree of August 16 and 24, 1790 prohibited judicial review of administrative action, noting that, "[j]udicial functions are distinct and will always remain separate from administrative functions. Judges may not, under pain of forfeiture of their offices, concern themselves in any manner whatsoever with the operation of the administration, nor shall they

---

[10] *See supra* note 5.

[11] Coke also found that the board's action was procedurally deficient inasmuch as its members kept for themselves a portion of the fines they imposed for unlicensed practice. "The censors cannot be (…) parties to have the moiety of the forfeiture…." 8 Co. Rep. at 118a, 77 Eng. Rep. at 652.

[12] GERHARD CASPER, SEPARATING POWER: ESSAYS ON THE FOUNDING PERIOD, 151 (1997).

summon administrators to appear before them on account of their official functions."[13]

To appeal improper administrative action, French citizens had to appeal to specialized tribunals that were themselves part of the executive branch.[14]

Sometimes the question of whether the executive acted beyond the powers afforded him by statute is easy. The statute says do X; the executive should be ordered to do X.

However, this is true only when X is a simple ministerial act, i.e., when the river reaches 10 feet high on a flood marker, open the sluice gates to relieve the pressure on the dam.

Here there is very little discretion involved in the ascertainment of whether the river is 10ft high. The act is ministerial. If the executive fails to follow that statutory directive he can be ordered to do so by a court under the writ in the manner of a *mandamus* action.

Occasionally, it is not so simple. Much depends on whether you understand executive action to be ministerial or a matter of discretion. And if it is a matter of discretion, does this mean that the executive can do whatever it wants, e.g. open the sluice at 2 feet, 12 feet, or wait until 20 feet?

We should note that American courts in the 19th century took a very restricted view of the kinds of actions that were reviewable.[15] Before the Civil War the Supreme Court utilized what one might call a *res judicata* model of judicial review, "reallocat[ing] much final decisional authority to the executive branch" and focusing "on the jurisdiction" of the executive to act.[16] Also, the kind of executive branch action that was reviewable was limited to ministerial acts and not discretionary acts. Furthermore, the concept of discretionary act was extremely broad. Take the famous 1840 case of *Decatur v. Paulding*.[17] In that case, the widow of the famous naval hero, Stephen Decatur, sought a writ of mandamus to compel the Secretary of the Navy to pay her two pensions – one under a general pension law and the other under a special act of Congress passed for her alone. The Court

---

[13] *Id.* at 135 (1997) (*citing* Decree of August 16-24, 1790, title II, art. 13, 363).

[14] L. NEVILLE BROWN & JOHN S. BELL, FRENCH ADMINISTRATIVE LAW 47 (5th ed. 1998).

[15] Frederic P. Lee, *The Origins of Judicial Control of Federal Executive Action,* 36 GEO. L. J. 287, 295 (1948).

[16] Ann Woodhandler, *Judicial Deference to Administrative Action – A Revisionist History,* 43 ADMIN. L. REV 197, 244 (1991).

[17] 39 U.S. (14 Pet.) 497 (1840).

held that the secretary's decision was "discretionary," not "ministerial," because he had to decide (1) whether to reverse a predecessor's decision on the subject, (2) how half-pay should be calculated, and (3) whether there was enough money in the pension fund to satisfy all claims. The Court's attitude is well expressed in its statement that the "interference of the Courts with the performance of the ordinary duties of the executive departments of the government, would be productive of nothing but mischief; and we are quite satisfied that such a power was never intended to be given to them."[18] Thus the principles of *Decatur* left little range for judicial review as it made almost all executive conduct "discretionary."

Even up until 1900 the Court held that "courts have no general supervising power over the proceedings and action of the various administrative departments of the government."[19] However, institutional changes were afoot that would soon affect legal doctrine. In the second half of the 19th Century, the national government faced the challenge of regulating economic monopolies, or oligopolies, in particular the railroads, which were "a central, if not the major, element in the political, economic, and social development of the United States."[20] The administrative commission form of regulation had earlier been employed in Britain[21] and at the state level in the United States.[22] The statutory creation of the Interstate Commerce Commission in 1887 was the natural derivation of these experiments. With

---

[18] *Id.* at 516. *See also* Martin v. Molt, 25 U.S. (12 Wheat.) 19, 32-33 (1827) (stating that statutes conferring discretionary power make the recipient the sole judge of the facts on which such discretion should be exercised).

[19] Keim v. United States, 177 U.S. 290, 292 (1900) (holding that the removal of a clerk by the Secretary of the Department of the Interior for inefficiency is not reviewable).

[20] GABRIEL KOLKO, RAILROADS AND REGULATION 1877-1916 1 (1st ed. 1965).

[21] In discussing regulation in Britain, I have relied on three principal sources suggested to me by Gary Edles at the University of Hull. The first is a book by historian Henry Parris, GOVERNMENT AND THE RAILWAYS IN NINETEENTH-CENTURY BRITAIN (1965). The book is a revised version of Dr. Parris's Ph.D. thesis at the University of Leicester. At the time of writing, he was a Lecturer in Politics at the University of Durham. The second is a book by economist C.D. Foster. C.D. FOSTER, PRIVATIZATION, PUBLIC OWNERSHIP, AND THE REGULATION OF NATURAL MONOPOLY 44-52 (1992). Sir Christopher Foster held a chair at the London School of Economics, was a British civil servant, and is a senior partner of Coopers and Lybrand. At the time of writing during John Major's Administration, he was special advisor to the U.K. Secretary of State for Transport on railway privatization. The third source is an 1886 report by the Senate Committee on Interstate Commerce that preceded passage of the Act to Regulate Commerce of 1887. S. Rep. No 49-46, pt. 1, 54-63 (1886).

[22] *Id.* at 65-66.

the advent of national regulation, the courts began to examine the powers of administrative entities,[23] although the presumption of unreviewability was not reversed until the Supreme Court's 1902 decision in *American School of Magnetic Healing v. McAnnulty*.[24] In that case the Supreme Court found that the presumption was applicable even though Congress had not spoken to the question of judicial review. The Court stated that where an official makes a mistake of law and acts outside the limits of his authority, "the courts... must have power in a proper proceeding to grant relief. Otherwise, the individual is left to the absolutely uncontrolled and arbitrary action of a public and administrative officer, whose action is unauthorized by any law and is in violation of the rights of the individual."[25] In *Magnetic Healing*, the Postmaster General violated the property rights of the plaintiff by withholding delivery of mail, where the facts would not support the Postmaster's determination that there was a fraudulent scheme for the distribution of money.

Since *Magnetic Healing* we live in a world that presumes judicial review of administrative action. Thus, the central theoretical issue for administrative law in the twentieth century has been the drive to curtail agency discretion both through formalized adjudication procedures and judicial review. This fear of empowering bureaucrats with flexibility reflects a traditional concern that the administrative state, if unchecked, would likely act arbitrarily and capriciously.[26] Indeed, the most recent comprehensive regulatory reform bill S. 343 introduced in 1995 by Senator Bob Dole[27] (but never passed by the Senate) looked to the judiciary to provide accountability for bureaucratic decision-making, a somewhat unusual approach for avowed opponents of judicial activism. The various iterations of this bill and its Contract with America analogues offered extensive, some say innumerable, opportunities for judicial review as a way of checking agency action. They provide review, for example, of the subs-

---

[23] *See, e.g.* Interstate Commerce Commission v. Cincinnati, New Orleans and Tex. Pac. Ry. Co., 167 U.S. 479 (1897) (concluding that the ICC's statutory power to determine the reasonableness of rates did not include the power to prescribe rates, and discussing different forms of regulation, by the various states, that pre-dated the creation of the ICC).

[24] 187 U.S. 94 (1902). A presumption of judicial reviewability of agency action was expressly established in Abbott Laboratories v. Gardner, 387 U.S. 136 (1967).

[25] 187 U.S. at 110.

[26] Marshall J. Breger, *Government Accountability in the Twenty-First Century,* 57 U. PITT. L. REV. 423, 434 (1996).

[27] S. 343, 104th Cong. (1995).

tance as well as the form of agency cost/benefit analyses and agency decisions to characterize rules as "major" or not.[28]

The bible of administrative procedure – the 1946 Administrative Procedure Act or APA[29] – considers this principle and courts preclude review only where specifically precluded by statute or when an action is committed to agency discretion by law and therefore is an action not amenable to review.[30] Courts also read statutes that preclude judicial review exceedingly narrowly.[31] Thus, when a statute said that senior citizens cannot appeal a medical benefit determination, courts have determined that the ban may apply to individual benefits but not to an attack on the methodology used to determine awards.[32] And similarly when a statute did *not* allow for judicial review of veterans' educational benefits, courts have found that the preclusion does not apply to a constitutional claim before a federal court. [33]

Indeed, the Supreme Court has even taught that it would be unconstitutional to preclude judicial review of a constitutional claim. In a highly unusual case concerning the hiring practices of the Central Intelligence Agency – the CIA – the Court struggled with the question of whether there were situations in which constitutional claims can be forbidden judicial

[28] *Id.* (proposing 5 U.S.C. §§ 622-25). These legislative proposals also promote accountability of a different sort by requiring an agency to undertake a review of the rules' efficacy within ten years after promulgation, *id.* at § 3 (a), and by enacting "look-back" provisions, by which a member of the regulated community can ask or require an agency to review the efficacy of a particular rule at any time, perhaps even when the rule is about to be enforced on that party. *See id.* at § 4 (a) (including a "look-back" provision as part of the proposed comprehensive Regulatory Reform Act). This ensures that the agency decision does not stray too far from contemporary congressional will. Further, the Dole bill not only allowed for more extensive judicial review of agency action, it would also have required that proposed agency regulation be brought back to Congress and "laid on the table," where Congress would have the opportunity to enact a "two-house" veto, clearly constitutional even under Chadha. *Id.* (proposing U.S.C. § 801). *See* INS v. Chadha, 454 U.S. 812 (1981).

[29] 5 U.S.C. §§ 551, 553-59, 701-06 (2000).

[30] 5 U.S.C. § 701 (a) (2000).

[31] Consider, as example, Zadvydas v. David, 533 U.S. 678 (2001), where the Supreme Court found that statutory measures enacted to limit a deportable alien's right to habeas corpus could not apply in the absence of a specific statute applying to a post-removal-period detention.

[32] Bowen v. Michigan Academy of Family Physicians, 476 U.S. 667, 678 (1986).

[33] Johnson v. Robison, 415 U.S. 361 (1974).

review.[34] The majority found that even in the case of an intelligence agency the idea of judicial review of the constitutional claims cannot be denied.[35] I should point out that Justice O'Connor strongly argued in her dissent that if it were possible to preclude judicial review of administrative decisions when there is a constitutional claim anywhere this might be the case.[36] And Justice Scalia dissented, arguing that there is no right to judicial review of every constitutional claim of due process.[37]

Even when Congress decided that visa revocation decisions are insulated from judicial review[38] such decisions were deemed not discretionary (and therefore reviewable) because other provisions of the Immigration Act provide the Attorney General with objective legal criteria to use in his decision. This means that there is in the APA's language "law to apply" and that "the right or power to act is plainly not *entirely* within the Attorney General's judgment or conscience."[39]

An interesting variant on this is the question of whether *ongoing nonfeasance* can be reviewed as well. Considerable judicial attention has been paid to the question of what institutes agency action. In the 1980's the Court in *Heckler v. Chaney* found that an agency decision refusing to regulate drugs used for lethal injections in executions was not reviewable. The Court referenced the long common law tradition of prosecutional discretion, the agency's need to make resource allocation decisions and the lack of any legal standards (or "law") to apply.[40] They held that the failure to

---

[34] Webster v. Doe, 486 U.S. 592 (1988), concerned a man discharged from the CIA after he voluntarily revealed that he was a homosexual, since the agency viewed his sexual preference as a security risk. Since the Director of the CIA had statutory authority to protect intelligence sources and methods from unauthorized disclosure, Doe's discharge depended on the subjective judgment of the director and there was no law to apply. In contrast, the recent case of Tenet v. Doe, 125 S. Ct. 1230 (2005), concerns two former spies for the United States, now United States citizens, who sued the federal government to enforce its promise to "take care of them" once they came to the United States. The Court found that the United States was insulated from suits based on covert espionage agreements. *See also* Totten v. United States, 92 U.S. 105 (1876).

[35] *Id.* at 603.

[36] *Id.* at 605 (O'Connor, J., concurring in part and dissenting in part).

[37] *Id.* at 613-14.

[38] *See* Illegal Immigration Reform and Immigrant Responsibility Act, Pub. L. 104-208, 110 Stat. 3009-546 (1996).

[39] ANA International, Inc. v. Way, 393 F.3d 886 (9th Cir. 2004).

[40] A similar position was taken in United States v. Bean, 537 U.S. 71 (2002), where the Bureau of Alcohol, Tobacco, and Firearms ("ATF") refused to act on an individual's

regulate in a specific area was not an agency action appropriate for judicial review.[41] Broadening *Heckler*, in *Norton v. Southern Utah Wilderness Alliance*[42] the Supreme Court determined that an allegation that the Bureau of Land Management's (BLM) failed to manage wilderness lands according to requirements of the Federal Land Policy Management Act of 1976 is not subject to judicial review because the BLM was given a great deal of discretion in deciding how to implement its mandate.

The Federal Land Policy and Management Act governed the Department of Interior's Bureau of Land Management's (BLM's) stewardship of public lands. The Act gave BLM wide discretion as to the means to achieve certain broad goals of land management, such as "striking a balance among the many competing uses to which land can be put," and controlling "depleting uses over time, so as to ensure a high level of valuable uses in the future."[43] The question became whether the obligation to meet those goals required specific agency action and whether the failure to undertake such action could then be reviewed.

In *Norton*, Plaintiffs claimed that the BLM failed to designate routes for use by off-road vehicles, effectively impairing the land's wilderness characteristics, and that such a failure to designate was reviewable by law. The Court unanimously found that it was not. Since the relevant statute allowed the agency to choose the means by which to achieve explicit statutory goals, failure to choose any specified means could not be considered agency action and was not reviewable. The kind of agency action (or failure to act) properly reviewable under the APA was "properly understood to be limited… to a *discrete* action."[44] Thus the Court made clear that "[t]he prospect of pervasive oversight by federal courts over the manner and pace of agency compliance with such congressional directives is not contemplated by the APA."[45]

---

request to be relieved of a statutory bar on firearms ownership by felons. ATF had returned Bean's petition without acting on it because Congress had prohibited expenditure of any funds for processing such applications. A unanimous Court held that judicial review was unavailable under either the specific statute or the APA in the absence of an actual decision on the application.

[41] 470 U.S. 821 (1995).

[42] 542 U.S. 55, 124 S. Ct. 2373; 159 L. Ed. 2. 137 (2004).

[43] 124 S. Ct. at 2376.

[44] 124 S. Ct. at 2379.

[45] 124 S. Ct. at 2381.

Some commentators have suggested that the *Norton* court's "analysis cuts against the logic of modern administrative law,"[46] specifically the broad presumption of reviewability. Whether this proves to be the case and we have passed the apogee of judicial review as a method of furthering accountability, requires further exploration.[47]

2. **The Rationality Project**

Another important feature of American administrative law is its focus on rational decision-making as the justification for agency action. This emphasis on rationality is underscored by the judicial development of the informal rulemaking statute in the APA[48] and in the new White House mandates for cost benefit studies prior to issuing "major" regulations.[49]

The concept of informal rulemaking is a unique American contribution to Administrative Law. Indeed Professor Kenneth Culp Davis called it "one of the greatest inventions of modern government."[50] One author has suggested that, "the paradigmatic process for agency formulation of policy – informal rulemaking – is specifically geared to advance the requirements of civic republican theory." Through its use, "the administrative state holds the best promise for achieving the civic republican ideal of inclusive and deliberative lawmaking."[51] Section 553 of the APA requires that all new regulations be published as proposed regulations, that time be

---

[46] William D. Araiza, *Administrative Law Discussion Forum: In Praise of a Skeletal APA: Norton v. Utah Southern Wilderness Alliance, Judicial Remedies for Agency Inaction, and the Questionable Value of Amending the APA,* 56 ADMIN. L. REV. 979, 983 (2004).

[47] It has been suggested that the OIRA review process and other forms of executive and congressional oversight may be replacing, in part, the accountability function of judicial review.

[48] 5 U.S.C. § 553 (2000).

[49] Exec. Order No. 12,866 Sec. 6(a)(3)(B)(ii), 58 Fed. Reg. 51,735 (Oct. 4, 1993), *available at http://frwebgate4.access.gpo.gov/cgi-bin/waisgate.cgi?WAISdocID=7675877878+0+1+0&WAISaction=retrieve.* A major regulation that likely will "have an annual effect on the economy of $100 million or more," adversely affects diverse sectors of the economy, creates inconsistencies with other agencies, alters rights of government entitlement holder, or raises "novel legal or policy issues." *See id.* Sec. 2 (f)(1)-(4).

[50] 1 DAVIS ADMINISTRATIVE LAW TREATISE § 6.15, at 283 (Supp. 1970).

[51] Mark Seidenfeld, *A Civic Republican Justification for the Bureaucratic State,* 105 HARV. L. REV. 1512, 1560 (1992).

afforded for citizen comment, and that the agency respond to and reflect the comments in the final rule which should be accompanied by a concise statement of basis and purpose incorporating those comments. So far, so good. The remarkable feature of this so-called "notice-and-comment" rulemaking is that the public has a chance to comment on the rules *before* they are finalized. But that's not all. The courts have interpreted this notice-and-comment rulemaking requirement by expanding it significantly. The court will take a "hard look" at the rule and the comments to it, looking to see, if the agency responded rationally to the outcomes, whether it used incorrect factors or failed to use correct factors. Most importantly, the agency must give a "reasonable explanation" for making the decision it did. Furthermore, the record on which the agency acted must be available to the public so that we can all test the reasonableness of agency action. Thus the agency must show that it did not act "irrationally," or to use the technical locutions, in an "arbitrary and capricious manner."[52]

Rational analysis, of course, requires knowledge. Thus the Clinton administration through Executive Order 12,866[53] required all rulemaking agencies to "prepare an agenda of all regulations under development or review."[54] This list requires agencies to coordinate the President's regulatory agenda. But it also forces agencies to list (and prioritize) their proposed regulatory actions. Such a justification requirement assists in developing rational analysis for the administrative state.

Another example of the rationality project is the increased use of cost-benefit analysis in rulemaking. The premise of this position is simple – it is unreasonable, indeed it is irrational – to promulgate a rule in which the costs are greater than the benefits. The argument is variously that Congress could not have meant to act so irrationally or at least that we can presume that Congress did not act so irrationally unless they make a "clear statement" that that is their goal. The problem of course is that Congress has on many occasions acted to require regulations without reference to costs. At one point the Senate passed proposed legislation which required cost-benefit analysis as a presentation of agency rulemaking "except

[52] 5 U.S.C. § 706 (2)(A) (2000). Some commentators have suggested that "notice-and-comment rulemaking is to public participation as Japanese Kabuki theatre is to human passions – a highly stylized process for displaying in a formal way the essence of something which in real life takes place in other venues." Frank B. Cross, *Shattering the Fragile Case for Judicial Review of Rulemaking*, 85 VA. L. REV. 1243, 1312 (1999).

[53] *Supra* note 49.

[54] *Id.*

where the enabling statute pursuant to which the agency is acting directs otherwise."[55] Grants of statutory power to the Occupational Safety and Health Administration (OSHA), as example, to protect worker safety are not limited by the cost-benefit calculus.[56] Neither are many of our anti-pollution laws.[57]

In recent years an effort was made by some jurists (most notably in the D.C. Circuit) to develop the notion that the view that benefits must exceed costs is the default position in administrative law – that is to say that cost-benefit analysis is the governing rule of reasonableness unless the statute chooses another rule.[58] This position was rejected by the Supreme Court in *Whitman*[59] but its spirit hovers in the background, creating a climate that suggests that cost-benefit analysis is proof of reasonableness.

Courts aside, the Executive branch (that is to say the President) has since Ronald Reagan supported the idea that agencies should undertake cost-benefit studies before promulgating rules. In a series of Executive orders, recent presidents – Republican and Democratic – have required agencies to undertake cost-benefit studies before promulgating "major" rules that have significant economic impact.[60] President Bush left Clinton's executive order largely intact, including the provisions on cost-benefit analysis.[61] However, President Bush did strengthen the role of the Office of Information and Regulatory Affairs (OIRA), a sub-agency of the Office of Management and Budget (OMB),[62] by more aggressive use of OIRA's

---

55 Regulatory Reform Act, S. 1080, 97th Cong. (1981).

56 Or so the U.S. Supreme Court interpreted the OSHA statute in American Textile Manufacturers Inst. v. Donovan, 452 US 490, 519-20 (1981).

57 *See, e.g.*, Whitman v. American Trucking Association, 531 U.S. 457, 471 (2001) (holding that the Clean Air Act bars the Environmental Protection Agency from considering costs of implementation when setting national ambient air quality standards).

58 *See* UAW v. OSHA, 37 F.3d 665 (D.C. Cir. 1994).

59 *Whitman*, *supra* note 57.

60 Exec. Order No. 12,291, Sec. 3 (d), 46 Fed. Reg. 13,193 (Feb. 19, 1981) (Reagan), revoked by Exec. Order No. 12,866, Sec. 6 (a)(3)(B)(ii), 58 Fed. Reg. 51,735 (Oct. 4, 1993) (Clinton), *supra* note 49.

61 Exec. Order No. 13,258, 67 Fed. Reg. 9,385 (Feb. 28, 2002), *available at http://frwebgate6.access.gpo.gov/cgi-bin/waisgate.cgi?WAISdocID= 767328238984+0+1+0&WAISaction=retrieve*. In this order, President Bush eliminates the role of the Vice-President from the regulatory review process.

62 Robin Kundis Craig, *The Bush Administration's Use and Abuse of Rulemaking, Part I: The Rise of OIRA,* 28:4 ADMIN & REG. L. NEWS 8 (2003), *available at http://www.abanet.org/adminlaw/news/adlaw_summer03.pdf*

oversight function.[63] One manifestation of this is the unprecedented use of "prompt letters," provocative directives from OIRA "suggesting that an agency explore a promising regulatory issue for agency action, accelerate its efforts on an ongoing regulatory matter, or consider rescinding or modifying an existing rule."[64] As of May 12, 2005, twelve prompt letters had been issued.[65]

For its part, Congress has long debated the use of "cost-benefit analysis" in regulatory reform[66] and while it has not instituted it, it generally has required its use in a number of circumstances including the "Unfunded Mandates Reform Act."[67] This is a statute that requires agencies that promulgate regulations that create federal spending requirements for the states to provide a "qualitative and quantitative assessment of the anticipated costs and benefits" of such federal mandates when they result in an aggregated expenditure of 100 million dollars (indexed for inflation).[68]

The effort to ensure that the chosen regulatory approach "maximizes net benefits"[69] has led to the development of risk analysis including a developing variant, risk-risk analysis. Risk-risk analysis suggests that in

---

[63] "Presidential oversight of the regulatory process, though relatively new, has become a permanent part of the institutional design of American government." Richard Pildes & Cass Sunstein, *Reinventing the Regulatory State,* 62 U. CHI. L. REV. 1 (1995). Some commentators have suggested that the goal of OIRA is less ensuring rational administrative activity and more providing ammunition to support an administration's political (often anti-regulatory) policy references. *See* THOMAS MCGARITY, REINVENTING RATIONALITY 271-91 (1991). *See also* Joseph Cooper & William F. West, *Presidential Power & Republican Government*, 50 Jl. of Politics 864 (1998).

[64] Memorandum from John D. Graham, OIRA Administrator, to the President's Management Council (Sept. 20 2001), *available at http://www.whitehouse.gov/omb/inforeg/oira_review-process.html.* All agencies must respond to prompt letters within thirty days. *Id.*

[65] Office of Management and Budget, OIRA Prompt Letters *available at http://www.whitehouse.gov/omb/inforeg/prompt_letter.html.* The last prompt letter issued was November 16, 2004.

[66] See generally, Cass Sunstein, *Congress, Constitutional Moments, and the Cost-Benefit State,* 48 STAN. L. REV., 247, 275-82 (1996).

[67] 2 U.S.C. §§ 1501-1571 (2000).

[68] Another example is the Safe Drinking Water Act Amendments of 1996, Pub. L. No. 104-182, 110 Stat. 1613 (codified as amended at 42 U.S.C. §§ 300f-300j-15 (2005) and in scattered other sections of the U.S. Code (requiring use of cost-benefit analysis in establishing drinking water standards)).

[69] Exec. Order No. 12,866, *supra* note 49.

determining costs one has to look not only at the risks of not acting but also the risks of promulgating a government regulation.

It must be recognized that there are serious issues with implementing the cost-benefit principle. The most salient are laid out in a book generally supportive of the methodology.[70] For example, 1) how you assess costs or benefits to goods like health or beauty, that is to say how you monetize qualitative goods; 2) how you compare different goods – like leisure time and wages – this is the so-called inconsumerability problem; 3) how you take into account the wide magnitude of the range of possible numbers – as example, an Environmental Protection Agency cost-benefit analysis of arsenic in drinking water resulted in figures of benefits that ranged between 13 million dollars and 3.4 billion dollars – this is the so-called inter-determinancy problem; and 4) how you monetize or discount costs and benefits to future generations.

These difficulties aside, the cost-benefit principle is an effort to make the regulatory process more subject to rational analysis. It is part of the rationality project.

3. **The Transparency Project**

If one were to go to a government office in England and most other Western countries, at least until recently, and ask to see the decision documents used in developing a worker safety regulation, the first question you would be asked is, "Why do you want to know?" [71] The prevailing theory

---

[70] *See* CASS SUNSTEIN, THE COST-BENEFIT STATE: THE FUTURE OF REGULATORY PROTECTION 71-87 (2002).

[71] Freedom of Information Act, 2000, ch. 36 (Eng.). The United Kingdom's Act is more limited in scope than the United States' Freedom of Information Act for two reasons. The first is that "a public authority [may] refuse a request for example because further information is required to enable it to comply (…); the cost of compliance would exceed 'the appropriate limit' (…); the request is 'vexatious' or is a repeated request for the same information …." The second is that a public authority is always in the position of deciding "whether the public interest in disclosure is outweighed by the public interest in concealment." O. HOOD PHILLIPS AT AL., CONSTITUTIONAL AND ADMINISTRATIVE LAW 615 (8th ed. 2001). The authors question "whether the Act with its extensive exemptions will ensure that there is more open government [because] there is plenty of opportunity provided by the Act to foster continued secrecy in government." *Id.* at 616. The European Union's Council of Ministers has also made efforts to improve transparency in its proceedings by establishing a rule for the publication of the provisional agendas of meetings in which it would be acting in a legislative capacity. 2000 O.J. (L 009) 22-23.

was that you needed a reason to get information about what the government does. The presumption in America is exactly the opposite. Any person can request information and generally speaking one does not have to show any specific need for the requested information. Indeed, the government needs a reason for not letting citizens have information. Those reasons are linked to specific statutory exemptions which must be construed strictly.[72] In a series of acts starting in the 1960's Congress passed a variety of laws designed to promote transparency in government. These include the Freedom of Information Act,[73] the Federal Advisory Committee Act,[74] and the Government in the Sunshine Act.[75] While the impetus for transparency has stalled somewhat after the tragedy of 9/11 and the resulting war on terror, the thrust remains – a recognition of the need for transparency in the administrative state.[76]

There can be no doubt that the task of maintaining openness in government becomes far easier in the computer age.[77] It should come as no surprise that vast strides have been made in placing information about the regulatory process on the web.[78] For one, twenty-first century technology makes government disclosure easier and more efficient. Thus the 2002 E-Government Act[79] requires that whenever possible government information be made available to people online on the presumption that they possess a kind of "information entitlement" when it comes to the government. Technology makes it simpler for citizens around the country to be aware of agency regulations and to participate in agency rulemakings.

Given that computer tapes are clearly "documents" under the Freedom of Information Act,[80] the possibility of widening the ambit of govern-

[72] "Consistent with the Act's goal of broad disclosure, these exemptions have been consistently given a narrow compass." U.S. Dep't of Justice v. Tax Analysts, 492 U.S. 136, 151 (1989).

[73] 5 U.S.C. § 552 (2000)

[74] 5 U.S.C. app. §§ 1-16 (2000).

[75] 5 U.S.C. § 552(b) (2000).

[76] *See* Mary-Rose Papandrea, *Under Attack: The Public's Right to Know and the War on Terror*, B.C. L. SCH. FAC. PAPERS, 25:35 (2005).

[77] Henry H. Perritt, Jr. *President Clinton's Information Infrastructure Initiative: Community Regained?* 69 CHI-KENT L. REV. 991, 1011-13 (1994).

[78] Federal Register and Code of Federal Regulations, *available at http://www.gpoaccess.gov/fr/index.html* and *http://www.gpoaccess.gov/cfr/index.html* respectively.

[79] Pub. L. 107-347, 116 Stat. 2899 (2002).

[80] *See* Long v. IRS, 596 F.2d 362 (9th Cir. 1979).

ment disclosure inexpensively becomes a real possibility. Furthermore, the Electronic Freedom of Information Act Amendments of 1996[81] create "electronic reading rooms"[82] that offer extensive amounts of information to the public, because there is no point in requiring that agencies allow interested parties to comment on proposed regulations without giving them the necessary data to make informed comments. This raises transparency to a new level. In one scholar's words,

The right to know could be manifest by acts of affirmative dissemination or by passive response to requests for existing documents. Affirmative dissemination by press release or otherwise is one style; another is to await the requests of persons who might have an interest or need for a topic. The trend toward affirmative dissemination means that a large mass of documents is to be placed on the Web without knowing who may use them for what purpose. This goes a step beyond the passive FOIA's permission to any person to make a request, for here, any person can obtain the records, leaving no paper trail to indicate that records on a subject had been downloaded by anyone.[83]

Further, as electronic filing becomes more predominant, such document requests become simple tasks. Not only does ease of access improve, so does the quality of the information accessed. Today, if asked for file references on Jones, a government agency is likely to produce the file on Jones (and specific cross-references) rather than all the instances in which references to Jones appear in a database regardless of file title. This is understandable, as the manpower required to cross-check files in any systematic way would be inordinate. But with existing information retrieval technologies, such reference checks become simple tasks, as the subjects of Nexis database searches often learn to their discomfort. It is now possible to use hypertext to link files and documents that would otherwise

---

[81] Pub. L. 104-231, 110 Stat. 3048 (1996), 5 U.S.C. § 552 (2000).

[82] U.S. DEP'T OF JUSTICE, FREEDOM OF INFORMATION ACT GUIDE (2004), *available at http://www.usdoj.gov/oip/readingroom.htm*

[83] James T. O'Reilly, *'Access to the Records' Versus 'Access to Evil': Should Disclosure Laws Consider Motives as a Barrier to Records Release?* 12 KAN J.L. & PUB. POL'Y 559, 562 (2003)(footnotes omitted). *See also* Malcolm Russell-Einhorn, Jeffrey Lubbers, & Vedat Milor, *Strengthening Access to Information and Public Participation in Transition Countries – Latvia as a Case Study in Administrative Law Reform*, 54 ADMIN. L. REV. 459, 472-475 (2002) (suggesting that the affirmative provision of government information is now a low-cost effective way for transition countries to provide its citizens with the tools for democracy).

take much more time to search and retrieve. Courts have also used the transparency concept in requiring full and robust "records" in rulemaking cases.[84]

Indeed in some statutes like the Community Right to Know Act,[85] the regulatory methodology utilized is the requirement to share information about, for example, hazardous materials. Often information to the public is all that is needed to influence the behavior of the regulated community.

This underlying theory of information as a tool of regulation is that if citizens have the facts they will be better able to make rational choices. Thus it is not necessary in all cases to command that business do x or y. If consumers know, for instance, that certain foods are genetically modified they may not choose to purchase them, thus affecting business behavior. Similarly notices placed on cigarettes warning of the risks of cancer, it is hoped, will reduce the incidence of smoking by affecting consumer behavior.

4. **The Participatory Project**

Participation is a right guaranteed by the Administrative Procedure Act's notice-and-comment provisions for informal rulemaking.[86] Specifically an agency must publish a notice of proposed rulemaking with a draft rule and leave the record open for public comment.[87] The final rule must take these comments into account and agencies must explain in a "concise statement of basis and purpose" that must accompany the final rule how they responded to the public comments.

---

[84] The development of electronic docketing of agency documents also raises knotty problems of privacy, copyright protection, censorship, security concerns as well. *See* Jeffrey S. Lubbers, *The Future of Electronic Rulemaking: A Research Agenda,* 27 ADMIN. & REG. L. NEWS 6 (Summer 2002).

[85] 42 U.S.C. §§ 11001-05; 11021-23; 11041-50 (2000).

[86] 5 U.S.C. § 553 (b)-(c) (2000).

[87] The APA does not tell us how long the public gets to comment. For a discussion of enabling statutes that contain time periods see BENJAMIN W. MINTZ & NANCY G. MILLER, ADMINISTRATIVE CONFERENCE OF THE UNITED STATES, A GUIDE TO FEDERAL AGENCY RULEMAKING, 171-72, 188-90 (2nd ed 1991). E.O. 12,866, *supra* note 49, states that the period should "in most cases" be not less than 60 days, but that recommendation is not judicially enforceable.

As one court has suggested these requirements are "intended to insure that the process of legislative rule-making in administrative agencies is *infused* with openness, explanation, and participatory democracy."[88]

I was once asked to draft a rulemaking statute for use in Peru. The group I prepared it for were amazed at one thing – that citizens had a chance to comment on rules *before* they were promulgated. To them it was fantastic.

In its heyday, the participation project led to a lowering of barriers of access to the courts[89] and to intervention in agency proceedings.[90] For a time, courts were requiring various forms of public hearings through judicially imposed public hearings crafted to meet a backed-up notice and comment requirement in informal rulemaking. In the 1970's the Supreme Court slapped down those efforts, precluding judicially created duties beyond what is called for in the APA or enabling statute.[91] To aid such public participation some statutes, like the Magnuson-Moss Warranty Act[92] required agencies to pay the expenses of citizens to participate in hearings under the Act.[93] Professor Sidney Shapiro has suggested that in recent years (in the last two decades!) the pendulum has swung and we have seen efforts to "limit the participation of interest groups representing regulatory beneficiaries."[94]

---

[88] South Carolina ex rel. Patrick v. Block, 558 F. Supp. 1004, 1015 (D.S.C. 1983) (emphasis added).

[89] *See* Ass'n of Data Processing Serv. Orgs., Inc. v. Camp, 397 U.S. 150 (1970) (opening standing rules); Clarke v. Sec. Indus. Ass'n, 479 U.S. 388 (1987); United States v. SCRAP, 412 U.S. 669 (1973). In Office of Communication of United Church of Christ v. FCC, 359 F.2d 994 (D.C. Cir. 1966), the D.C. Circuit held that that a more inclusive standing requirement could only apply when plaintiffs sought to vindicate the broad public interest, not just private interests.

[90] As the American Bar Association Section of Administrative Law and Regulatory Practice states in its BLACK LETTER STATEMENT OF FEDERAL ADMINISTRATIVE LAW, 54 ADMIN. L. REV. 1, 31 (2002),

> Agencies engaged in informal rulemaking may provide additional procedures beyond those established by the APA, other applicable statutes, and the agencies' own rules, but courts may not require them to do so.

[91] Vermont Yankee Nuclear Power Corp. v. Natural Res. Def. Council, Inc., 435 US 519, 544-49 (1978).

[92] Pub. L. 93-637, 88 Stat. 2183 (1975), also known as the Lemon Law.

[93] *Id.* at Sec. 202 (a), Sec. 18 (h)(1), 88 Stat. 2197-98.

[94] SIDNEY A SHAPIRO, PRAGMATIC ADMINISTRATIVE LAW 1 (Wake Forest Legal Studies Research Paper Series No. 05-02).

In recent years our enthusiasm for maximum public participation has somewhat waned. We have been reminded of one of the basic truths of government taught by our Founding Fathers, that just as *vox populi* has legitimacy when it is sober, it can be dangerous when it is drunk. This recognition that unbridled public enthusiasm or popularism can lead to bad government has led – whatever our democratic rhetoric – to a pulling back of participation as the proof of democratic legitimacy. For good or ill the pressure for participatory democracy that underlay the French street demonstrations of May 1968 and the American student movement of the 1970s has lost some of its allure. Some, but not all. And while the participatory project is no longer seen as conclusive proof of legitimacy in administrative law, it is important nonetheless.

Conclusion

Where does this all leave us? The four projects discussed above offer a useful set of approaches to understanding administrative law. However nostalgic one might be for a more modest government sector, in the end we must live in the modern administrative state. The 21st century, however, will no doubt raise all sorts of new issues for administrative lawyers to consider. They may well include issues as diverse as the role of government corporations; the role of public-private partnerships; the extension of government rules of process to private sector activities that have a large state regulatory context; the movement from command-and-control rules (do this – do that) to performance rules (achieve this result – we don't care how you do it); new efforts to bring arbitration and mediation into the administrative process; the proper treatment of informal adjudication; and new approaches to reinvigorating the arguably "ossified" rulemaking process.

The central problems never change. All of these innovations reflect the same kind of efforts to ensure legitimacy in the modern administrative state as the earlier efforts described here. Whether it be the accountability, rationality, participatory, or the transparency project, the various efforts to ensure the legitimacy of the American administrative state will continue to develop and evolve.

NORMAS ADMINISTRATIVAS DE CONFLITOS:

AS SITUAÇÕES JURÍDICO-ADMINISTRATIVAS TRANSNACIONAIS*

PAULO OTERO
Professor Catedrático da Faculdade de Direito de Lisboa

1. A crescente dinamização de fenómenos transnacionais, envolvendo conexões com duas ou mais ordens jurídicas, e a globalização do relacionamento internacional entre Estados e particulares, comporta também projecção no âmbito da actuação das estruturas da Administração Pública, gerando múltiplas situações jurídico-administrativas transnacionais e, por essa via, conduzindo à discussão sobre a efectiva relevância aplicativa do Direito estrangeiro na disciplina jurídica de certos sectores da actividade administrativa.

Nos termos de uma postura tradicional, o princípio da territorialidade conduzia a que as normas de Direito Administrativo apenas se aplicavam

---

* *O presente estudo, extraído com adaptações e actualizações do nosso Legalidade e Administração Pública – o sentido da vinculação administrativa à juridicidade, traduz uma modesta homenagem à saudosa memória do Prof. Doutor António Marques dos Santos, meu Mestre e Amigo.*

Optou-se por incluir nesta homenagem um pequeno estudo que, versando matérias próximas das que foram o campo preferencial de investigação académica do homenageado, tem a particularidade de ter contado com diversos contributos bibliográficos directamente fornecidos pelo próprio Prof. Marques dos Santos e provenientes da sua biblioteca particular. Aqui se pretende deixar registado o facto, ilustrativo da solidariedade e amizade académica que sempre caracterizou o Prof. António Marques dos Santos.

Verdadeiro símbolo de vida dedicada à universidade, modelo de coragem na assunção das divergências e exemplo perfeito de que as diferenças de pensamento nunca separam académicos empenhados na busca do saber, o Prof. António Marques dos Santos rapidamente conquistou a minha profunda admiração pela sua pessoa e obra, permitindo edificar uma amizade que torna ainda mais sentida a saudade perante a sua ausência temporária do nosso convívio.

no território do Estado que as produziu[1], concretizando a ideia de um isolamento completo de cada Estado relativamente aos restantes[2-3], permitindo afirmar que "em Portugal só se aplica direito administrativo português – e não estrangeiro – mas também que, no estrangeiro, nunca se aplicará o direito administrativo português"[4].

A radicalidade deste entendimento da aplicação territorialista da lei administrativa nunca inviabilizou, todavia, o reconhecimento de excepções[5], isto é, de situações em que o Direito Administrativo português se pode aplicar no estrangeiro e casos em que, paralelamente, também o Direito Administrativo estrangeiro se poderá aplicar em Portugal[6].

É neste contexto que se vai aferir a relevância do Direito estrangeiro na actuação administrativa, circunscrevendo-se a análise à incidência das normas administrativas de conflitos na actuação dos órgãos da Administração Pública portuguesa[7], deixando-se de fora, por consequência, as

---

1 Cfr. Ugo Forti, *Diritto Amministrativo*, I, 2ª ed., Napoli, 1931, pp. 127 ss.; Santi Romano, *Corso di Diritto Amministrativo*, pp. 74-75.

2 Trata-se de aplicar aqui, no que especificamente diz respeito ao Direito Administrativo, de uma ideia formulada por Savigny quanto a certas normas de Direito Público, cfr. Friedrich Carl von Savigny, *System des heutigen Römischen Rechts*, VIII, Berlin, 1849, p. 36.

3 Para uma síntese dos actuais argumentos defensores do primado da *lex fori* na regulação de situações privadas internacionais e sua apreciação crítica, cfr. Dário Moura Vincente, *Método e Fontes do Direito Internacional Privado*, in Idem, *Direito Internacional Privado – Ensaios*, II, Coimbra, 2005, pp. 9 ss.

4 Neste sentido, e para mais desenvolvimentos, cfr. António Marques dos Santos, *As Normas de Aplicação Imediata no Direito Internacional Privado – Esboço de uma teoria geral*, II, Coimbra, 1991, pp. 767 ss., em especial, p. 769.

5 Neste mesmo sentido em termos desenvolvidos, cfr. Afonso Rodrigues Queiró, *Lições de Direito Administrativo*, I, Policop., Coimbra, 1976, pp. 528 ss. Mais sucintamente, falando em territorialidade da aplicação do Direito Administrativo, apesar de admitir excepções, cfr. Marcello Caetano, *Manual de Direito Administrativo*, I, 10ª ed., Coimbra, 1980, pp. 141 ss.; Mário Esteves de Oliveira, *Direito Administrativo*, I, 2ª reimp., Coimbra, 1984, p. 170. Em termos gerais sobre o tema, cfr. Jorge Miranda, *Manual de Direito Constitucional*, III, 5ª ed., Coimbra, 2004, pp. 238 ss.; Idem, *Teoria do Estado e da Constituição*, Coimbra, 2002, pp. 421 ss.

6 Neste último sentido, cfr. António Marques dos Santos, *As Normas...*, II, p. 770.

7 Afasta-se, deste modo, qualquer referência a idêntica temática suscitada junto das Administrações Públicas de outros Estados, tal como não cuidaremos de averiguar fenómeno inverso, isto é, a aplicação do Direito português na actuação de órgãos administrativos estrangeiros.

temáticas referentes à relevância interna dos actos administrativos estrangeiros e dos contratos da Administração Pública que suscitam a aplicação de Direito estrangeiro[8].

2. Não obstante toda a teoria das normas de conflitos ter sido elaborada para a resolução de situações jurídico-privadas "atravessadas por fronteiras"[9], falando-se, por isso mesmo, em Direito Internacional *Privado*, o certo é que não se pode excluir a existência de situações ou relações jurídico-administrativas "atravessadas por fronteiras", isto é, envolvendo conexões com diversas ordens jurídicas, suscitando-se o problema de saber qual será a lei administrativa aplicável entre as várias que se mostram "interessadas" ou em abstracto passíveis de regular a situação, razão pela qual pode aqui emergir um novo tipo de normas de conflitos: as normas administrativas de conflitos[10].

Tendo por objecto a determinação da lei administrativa aplicável à resolução de situações jurídicas que, envolvendo um relacionamento entre estruturas da Administração Pública e particulares, têm elementos de conexão com diversos ordenamentos jurídicos, as normas administrativas de conflitos, sem prejuízo de poderem sempre resultar de convenções internacionais, encontram-se também inseridas na legislação interna.

Neste contexto se desenvolve o "Direito administrativo internacional"[11] ou, também designado, "Direito internacional administrativo"[12-13].

---

[8] Para mais desenvolvimentos do tema, cfr. PAULO OTERO, *Legalidade e Administração Pública: o sentido da vinculação administrativa à juridicidade*, Coimbra, 2003, pp. 487 ss.

[9] Expressão utilizada por ISABEL DE MAGALHÃES COLLAÇO, *Direito Internacional Privado*, I, Policop., AAFDL, Lisboa, 1963, p. 16.

[10] Em sentido contrário, defendo que em matéria de Direito Público não existem normas idênticas às do Direito Internacional Privado, apesar de escrever na primeira metade do século XX e tomando como referencial nuclear a realidade jurídica italiana e francesa, cfr. RICCARDO MONACO, *L'Efficacia della Legge nello Spazio (Diritto Internazionale Privato)*, Torino, 1952, p. 59. Desenvolvendo o infundado da tese que exclui a aplicação directa no Estado do foro de Direito estrangeiro de natureza pública ou política, cfr. ALESSANDRO TOMMASI DI VIGNANO, *Lex Fori e Diritto Straniero*, Padova, 1964, pp. 79 ss., em especial, p. 96. Ainda sobre o tema, cfr. RUI MOURA RAMOS, *Direito Internacional Privado e Constituição*, Coimbra, 1980, pp. 123 ss.; JOSÉ ANTONIO PÉREZ-BEVIÁ, *La Aplicación del Derecho Público Extranjero*, Madrid, 1989, pp. 25 ss.

[11] Para maiores desenvolvimentos sobre o conceito de "direito administrativo internacional", cfr. OTTO MAYER, *Derecho Administrativo Alemán*, IV, 2ª ed., Buenos Aires, 1982, pp. 351 ss.; KARL NEUMEYER, *Internationales Verwaltungsrecht*, IV, Züruch/Leipzig,

3. Um exemplo particularmente importante deste novo tipo de normas de conflitos encontra-se hoje no Direito Administrativo dos Valores Mobiliários: o Código dos Valores Mobiliários determina que a aprovação do prospecto de oferta pública feita em vários Estados-membros da Comunidade Europeia, simultaneamente ou em datas próximas, para valores mobiliários da mesma categoria, seja da competência da autoridade do Estado-membro em que o emitente tem a sua sede[14], salvo se aí não estiver previsto um controlo prévio do prospecto de oferta pública, caso em que o oferente deverá escolher para a aprovação uma autoridade que o preveja de entre as autoridades dos Estados-membros em que a oferta é lançada[15]. Igual solução é, aliás, consagrada para o pedido de admissão à negociação em bolsa de valores mobiliários da mesma categoria que seja apresentado em bolsa situada ou a funcionar em Portugal e em bolsa situada ou a funcionar noutro Estado-membro da Comunidade Europeia[16].

Apesar de tais normas se referirem à determinação da autoridade administrativa competente de entre as diversas dos Estados relativamente

---

1936; FRANCESCO D'ALESSIO, *Istituzioni di Diritto Amministrativo Italiano*, I, Torino, 1932, pp. 21 ss. e 164; GIUSEPPE BISCOTTINI, *Diritto Amministrativo Internazionale*, I, Padova, 1964, pp. 5 ss.; KLAUS VOGEL, *Der räumliche Anwendungsbereich der Verwaltungsrechtsnorm*, Frankfurt am Main/Berlin, 1965, pp. 153 ss.

12 Neste sentido, cfr. GUIDO ZANOBINI, *Corso di Diritto Amministrativo*, I, 8ª ed., Milano, 1958, p. 106; ARMANDO MARQUES GUEDES, *Direito Administrativo*, Policop., AAFDL, Lisboa, 1957, p. 143, nota n.º 2.

Para uma noção algo diferente de Direito Internacional Administrativo e sua diferenciação do Direito Administrativo Internacional, cfr. MARCELLO CAETANO, *Manual...*, I, 10ª ed., pp. 55 e 56; DIOGO FREITAS DO AMARAL, *Curso de Direito Administrativo*, I, 2ª ed., Coimbra, 1994, pp. 176 e 177. Ainda para um recorte do conceito de "Direito internacional administrativo", cfr., por todos, PAULO DE PITTA E CUNHA, *Dos Funcionários Internacionais*, Coimbra, 1964, pp. 9 ss.

13 Para uma discussão da matéria à luz do Direito Internacional Privado, indagando se tais questões internacionais de Direito Administrativo ou de Direito Público se deveriam ou não ainda incluir no âmbito do Direito Internacional Privado, cfr. ISABEL DE MAGALHÃES COLLAÇO, *Direito Internacional...*, I, pp. 54 ss.; LUÍS DE LIMA PINHEIRO, *Contrato de Empreendimento Comum (joint-venture) em Direito Internacional Privado*, Lisboa, 1998, pp. 291 ss.

14 Cfr. artigo 145.º, n.º 1, do Código dos Valores Mobiliários, aprovado pelo Decreto-Lei n.º 486/99, de 13 de Novembro.

15 Cfr. artigo 145.º, n.º 2, do Código dos Valores Mobiliários, aprovado pelo Decreto-Lei n.º 486/99, de 13 de Novembro.

16 Cfr. artigo 237.º, n.º 1, do Código dos Valores Mobiliários, aprovado pelo Decreto-Lei n.º 486/99, de 13 de Novembro.

às quais existe uma conexão com a situação jurídica subjacente, a verdade é que estamos aqui diante de normas de conflitos sobre a potencial competência concorrente, segundo as respectivas leis administrativas, de autoridades portuguesas e de autoridades de vários outros Estados, verificando-se que a solução do conflito poderá conduzir à aplicação de uma lei administrativa estrangeira: a indicação da autoridade competente de um outro Estado-membro envolve, óbvia e necessariamente, a aplicação do respectivo Direito Administrativo.

Por esta via do Direito administrativo de conflitos português, o Direito estrangeiro pode ser chamado a definir a autoridade administrativa competente para a prática de um acto administrativo que produz efeitos em Portugal.

Numa tal hipótese, sem prejuízo de outras possíveis, a validade formal dos actos jurídico-administrativos praticados no estrangeiro, segundo a respectiva lei, e visando a produção de efeitos em Portugal, encontram também numa disposição do Direito português o reconhecimento dos respectivos efeitos, desde que cumpridas as formalidades previstas na lei estrangeira aplicável. É o que se passa, por exemplo, com o registo na Comissão do Mercado de Valores Mobiliários do prospecto de uma oferta pública aprovado por autoridade administrativa estrangeira competente, segundo os termos da norma de conflitos portuguesa[17].

Em qualquer das hipóteses, o Direito português confere relevância ao Direito administrativo estrangeiro, isto a dois níveis:

(i) É na lei estrangeira que se encontra a norma reguladora da autoridade competente ou das formalidades a adoptar no que diz respeito ao acto cujos efeitos são pela lei portuguesa reconhecidos nesses termos;

(ii) É à luz do sistema jurídico em que se encontra integrada a lei estrangeira que se devem encontrar os critérios interpretativos das normas definidoras da autoridade competente e das formalidades do acto em causa, tal como da própria interpretação e integração desse mesmo acto.

4. Se, nos termos acabados de expor, o Direito Administrativo estrangeiro pode ser aplicado directamente por efeito de uma norma do Direito Administrativo português, isto significa, em primeiro lugar, que o

---

[17] Cfr. artigo 147.°, n.° 1, do Código dos Valores Mobiliários, aprovado pelo Decreto-Lei n.° 486/99, de 13 de Novembro.

legislador nacional entendeu, segundo exigências de simplicidade ou de tutela de uma maior proximidade entre a situação jurídica em causa e o Direito estrangeiro, retrair ou "amputar" a competência territorial do Direito Administrativo português sobre a matéria.

A lei portuguesa reconhece, por esta via, que existem possíveis limites ao exercício da competência decisória das autoridades nacionais sobre situações jurídicas transnacionais, consagrando relevância aos actos administrativos praticados por autoridades estrangeiras. Regista-se aqui, deste modo, a emergência de um problema de competência administrativa internacional ou, também designado, competência internacional no domínio administrativo[18].

Por outras palavras, e utilizando os exemplos apresentados (v. *supra*, n.° 3.), em vez de a lei conferir às autoridades administrativas nacionais a competência exclusiva para a aprovação dos prospectos de oferta pública e da admissão à negociação em bolsa de valores mobiliários, sempre que tais situações transnacionais tenham um qualquer elemento de conexão com a ordem jurídica portuguesa, ocorreu aqui um fenómeno de "abdicação" da intervenção do Direito Administrativo português a favor do Direito estrangeiro "melhor posicionado" para regular a matéria.

O mesmo se passa, aliás, no que diz respeito às exigências formais, reconhecendo-se em Portugal efeitos a actos jurídico-administrativos praticados no estrangeiro, segundo os termos formais previstos pela respectiva lei estrangeira. Também aqui ocorre um fenómeno de contracção aplicativa do Direito nacional no que diz respeito a requisitos formais de tais actos jurídico-administrativos, remetendo-se, expressa ou implicitamente, para a lei estrangeira a correspondente disciplina.

Observa-se, segundo uma outra perspectiva, um efectivo processo de delimitação negativa da relevância operativa ou do espaço territorial de aplicação das fontes internas da legalidade administrativa: as normas administrativas de conflitos, podendo conduzir à aplicação em Portugal do Direito estrangeiro na disciplina de certos aspectos de relações jurídico-administrativas transnacionais, comportam um factor limitativo à aplicação integral do Direito Administrativo nacional[19].

---

[18] Neste sentido, e para mais desenvolvimentos, cfr. GIUSEPPE BISCOTTINI, *Diritto Amministrativo...*, I, pp. 92 ss.

[19] Em termos diferentes, traçando as diferenças entre as normas de delimitação do campo de aplicação espacial do Direito Público e as normas de conflitos de leis de Direito Privado, cfr., por todos, KARL NEUMEYER, *Internationales...*, IV, pp. 115 ss.; ANTÓNIO MARQUES DOS SANTOS, *As Normas...*, II, pp. 778 ss.

Cumpre advertir, no entanto, que uma tal retracção aplicativa da legalidade administrativa interna, sendo sempre fruto de uma convenção internacional ou de uma decisão legislativa nacional, nunca pode conduzir a uma integral disciplina pelo Direito estrangeiro da respectiva relação jurídico-administrativa transnacional conexionada com a ordem jurídica portuguesa.

A circunstância de estar sempre em causa o exercício de poderes por parte de uma autoridade administrativa portuguesa nunca pode conduzir, sob pena de inconstitucionalidade da respectiva norma habilitadora, a um fenómeno de "abdicação" integral de aplicação do Direito nacional: se é certo que a lei pode conferir relevância aplicativa a normas de Direito estrangeiro no que diz respeito a certos aspectos de relações jurídico-administrativas "atravessadas por fronteiras" que entram em conexão com a ordem jurídica portuguesa[20], afastando neste domínio a aplicação do Direito Administrativo nacional, a verdade é que isso nunca habilita qualquer hipótese de um determinado procedimento administrativo tramitado em Portugal ser totalmente regulado pelo Direito estrangeiro – ou mesmo nos seus aspectos essenciais –, tal como nunca poderá impedir que os efeitos decorrentes da aplicação das normas de Direito estrangeiro se encontrem sujeitos a um controlo material à luz dos princípios e normas constitucionais portugueses e ainda do Direito Internacional Público e do Direito Comunitário[21].

A tais hipóteses obsta a especial incidência do princípio da soberania do Estado português em matérias reguladas pelo Direito Público, tal como sucede com as relações jurídico-administrativas envolvendo o exercício de poderes de autoridade, e ainda o princípio da constitucionalidade que traduz, por sua vez, a expressão primeira dessa mesma soberania estadual.

A unidade do sistema jurídico português decorrente da aplicação do Direito estrangeiro no âmbito de relações jurídico-administrativas transnacionais garante-se sempre salvaguardando-se a posição do Direito nacional na produção da norma habilitadora de uma tal aplicação, gerando-se

---

20 Em sentido análogo, apresentando um conjunto de situações em que o Direito Administrativo italiano toma em consideração o Direito estrangeiro, cfr. GIOVANNI MIELE, *Principî di Diritto Amministrativo*, I, Padova, 1953, pp. 216 e 217.

21 Neste sentido, aditando ainda o limite decorrente da ordem pública internacional do Estado, cfr. LUÍS LIMA PINHEIRO, *Direito Internacional Privado*, III, Coimbra, 2002, p. 393. Especificamente sobre os efeitos (positivos e negativos) da ordem pública, cfr. GIORGIO BADIALI, *Ordine Pubblico e Diritto Straniero*, Milano, 1962, pp. 271 ss.

aqui um fenómeno parcialmente derrogatório do âmbito aplicativo da legalidade material interna, e na sujeição a um controlo da validade dessa mesma norma habilitadora e dos inerentes resultados finais decorrentes da aplicação do Direito estrangeiro.

Verifica-se aqui um fenómeno de relacionamento intersistemático entre duas ordens jurídicas que se cruzam: o Direito estrangeiro estende a sua eficácia operativa ao território de outro Estado, registando-se que o Direito deste último exerce, num momento subsequente, uma função de controlo sobre os resultados decorrentes da aplicação desse Direito estrangeiro, sujeitando tais resultados a um princípio de adequação com a ordem constitucional, internacional e comunitária vigente no Estado de acolhimento do Direito estrangeiro.

A reciprocidade do fenómeno descrito, permitindo uma inversão do relacionamento intersistemático entre as duas ordens jurídicas em causa, justifica que se afirme suscitar a aplicação do Direito estrangeiro uma zona de intercepção ou de sobreposição entre os respectivos sistemas jurídicos.

5. Não pode deixar de se referir, a título complementar, uma nota sobre a remissão para a competência de uma autoridade administrativa estrangeira efectuada por uma norma do Direito português.

Se do lado português deparamos com uma norma que contrai ou retrai a competência das autoridades administrativas nacionais e do Direito Administrativo português sobre a matéria (v. *supra*, n.º 4.), a verdade é que, segundo o ângulo da lei estrangeira chamada a regular a matéria, observa-se que é uma norma portuguesa que vai ampliar ou alargar a competência da autoridade administrativa estrangeira sobre uma determinada situação jurídico-administrativa transnacional.

Na realidade, aquilo que o artigo 145.º, n.º 1, do Código dos Valores Mobiliários faz é, dentro desta óptica, servir de norma habitadora da competência de uma autoridade estrangeira para a prática de um acto jurídico.

Será admissível, porém, que uma lei estrangeira possa ampliar a esfera de competência de uma autoridade administrativa de outro Estado? Podem os órgãos administrativos de um Estado receber competências decisórias através de lei estrangeira ou, pelo menos, ter o espaço de operatividade da sua competência material alargado por força de uma lei estrangeira?

Importa tomar consciência de que o problema colocado, apesar de partir de uma lei portuguesa relativamente a autoridades administrativas estrangeiras, pode também ter o seu reverso geométrico: será que a competência dos órgãos da Administração Pública portuguesa pode ser alargada no seu âmbito material ou no seu espaço territorial de operatividade por efeito de uma lei estrangeira que, em termos idênticos ao artigo 145.° do Código dos Valores Mobiliários, remeta para as autoridades portuguesas a competência para a prática de um acto administrativo cujos efeitos serão acolhidos por essa mesma ordem jurídica estrangeira?

Por outras palavras: haverá no âmbito das relações jurídico-administrativas transnacionais uma intervenção concorrencial entre a lei interna e a lei estrangeira na definição do espaço de operatividade da competência das autoridades administrativas de cada Estado?

Se a resposta for em sentido afirmativo, tal como nos parece decorrer de um princípio geral de cooperação entre os Estados na resolução de situações jurídicas transnacionais, e sem prejuízo de uma preferência pela solução convencional de tais questões, deverá concluir-se não ser possível negar ao Direito estrangeiro uma palavra na definição do campo de operatividade dos efeitos de actos jurídicos praticados por autoridades administrativas de um outro Estado, desde que os mesmos incidam sobre situações transnacionais envolvendo os Estados em causa.

Não se tratará, todavia, de conferir ao Direito estrangeiro um poder de directa e imediatamente definir normas de competência material de autoridades administrativas de um outro Estado[22]: uma tal configuração interpretativa da função do Direito estrangeiro seria violadora do núcleo da soberania deste último Estado.

Como explicar então o fenómeno?

6. A norma administrativa de conflitos ao indicar a autoridade administrativa competente para a prática de certo acto jurídico não está a ampliar a competência material do órgão administrativo estrangeiro, nem está a indicar se é o órgão **x** ou o órgão **y** da Administração Pública estrangeira que vai praticar o acto em causa. O que existe é, pura e simplesmente, um alargamento do espaço de operatividade dos efeitos de um acto que é da competência dessa autoridade estrangeira, segundo os termos definidos pela respectiva lei administrativa interna, operando-se por via da norma de conflitos um mero reconhecimento interno dos efeitos desse acto jurídico estrangeiro que, deste modo, ganha uma eficácia extraterritorial.

---

[22] Em sentido idêntico, cfr. Luís de Lima Pinheiro, *Contrato de Empreendimento...*, pp. 324 e 332.

Apenas em termos reflexos se poderá afirmar que é por intermédio de uma lei estrangeira que um órgão integrante da Administração Pública de um outro Estado vê os seus actos jurídicos ganharem uma eficácia extraterritorial, razão pela qual também se poderá dizer que é nessa lei estrangeira que se encontra a fonte atribuidora de um tal campo alargado de operatividade dos efeitos jurídicos decorrentes de poderes materiais definidos pela respectiva lei interna.

Neste último sentido, corresponde até à verdade se se disser que reside na lei estrangeira a norma habilitadora da eficácia extraterritorial dos actos praticados por essa autoridade administrativa de um outro Estado.

Sucede, porém, que nunca poderia ser a lei administrativa interna a conferir uma operatividade extraterritorial aos actos praticados pela respectiva Administração Pública nacional: como poderia a lei de um Estado dizer que os actos praticados pelas suas autoridades se aplicavam no território de outro Estado, sem violar a integridade da soberania deste último Estado?

É o princípio geral de respeito pela integridade da soberania dos Estados que, impedindo um Estado de conferir unilateralmente aos seus actos jurídicos uma aplicabilidade no território de outro Estado, permite sempre que um Estado possa reconhecer no seu território efeitos aos actos praticados por autoridades estrangeiras, sem embargo desta última hipótese não ser isenta de reflexos jurídicos sobre a configuração da competência das autoridades administrativas cujos actos gozam de eficácia extraterritorial por decisão unilateral do Estado que reconhece os efeitos de tais actos administrativos estrangeiros.

Estes efeitos reflexos são, pode bem dizer-se, o preço a pagar pela ausência de convenção internacional reguladora da matéria entre os Estados em causa.

O SEGREDO PROFISSIONAL DOS ADVOGADOS[1]

VITALINO CANAS
Assistente da Faculdade de Direito da Universidade de Lisboa

INTRODUÇÃO

A questão da salvaguarda do sigilo profissional dos advogados (e dos solicitadores) tem estado na ordem do dia devido à aprovação em 2001 de uma Directiva da União Europeia que consagra normas sobre a prevenção e a repressão do branqueamento de capitais (Directiva 2001/97/CE, do Parlamento Europeu e do Conselho, de 4 de Dezembro)[2], a qual foi transposta para o ordenamento jurídico português pela Lei n.° 11/2004, de 27 de Março, que condensa o regime de prevenção e repressão do branqueamento.

Esta Directiva e a sua transposição provocou viva polémica e até oposição dos advogados. Interessa, pois, actualizar algumas noções sobre a natureza e regime do sigilo profissional dos advogados.

I. NATUREZA JURÍDICA DO SEGREDO PROFISSIONAL DOS ADVOGADOS

O segredo profissional dos advogados não tem a mesma natureza e significado que o dever de segredo vigente para outras categorias profissionais ou entidades (banqueiros, jornalistas, funcionários de finanças, etc.).

---

[1] Todas as obras são citadas abreviadamente, constando da bibliografia final.

[2] Esta Directiva foi publicada no Jornal Oficial das Comunidades Europeias L 344 de 28 de Dezembro de 2001, tendo dado nova redacção a certas normas da Directiva 91/3087CEE do Conselho, de 10 de Junho de 1991 publicada no Jornal Oficial das Comunidades Europeias L 166 de 28 de Junho de 1991.

Como ensina Augusto Lopes Cardoso, a natureza da obrigação de segredo profissional está intimamente ligada à natureza da própria profissão, sendo a "obrigação de sigilo um dos pilares do Estado de Direito e, logo, da Democracia"[3]. O segredo profissional, diz outro ilustre advogado, António Arnaut, é regra de ouro e um dos mais sagrados princípios deontológicos[4]. Significa isso que o segredo profissional não visa salvaguardar qualquer interesse, mais ou menos disponível, do próprio advogado, mas interesses de outrem (do cliente e de outros cidadãos, incluindo colegas) e os altos interesses da Justiça e do Estado do Direito[5]. Tudo interesses que transcendem manifestamente a pessoa individualizada do advogado. O advogado é, por assim dizer, um mero depositário ou curador de interesses superiores que se encontram à sua guarda.

Coisa diferente sucede com outras categorias. Por exemplo, o segredo bancário é mais tributário da ideia de que "o segredo é a alma do negócio" do que de interesses transcendentais. O segredo bancário visa criar condições para melhores negócios, mais transacções e maior confiança negocial[6]. Coisa diferente, ainda, sucede com o segredo fiscal que visa propiciar uma melhor cobrança dos tributos e não preservar qualquer valor transcendental do Estado de Direito. Quanto a outras profissões, como médicos, jornalistas e sacerdotes, pesam as palavras de António Arnaut que sustenta que em nenhuma delas é tão forte o vínculo de confiança como o que liga o advogado ao cliente[7], sendo certo, todavia, que a lei não confirma inequivocamente esta posição doutrinária. Elucidativo

---

[3] Augusto Lopes Cardoso, «A Directiva sobre o branqueamento de capitais...», cit, pág. 29.

[4] António Arnaut, *Iniciação à Advocacia*, 6.ª ed., Coimbra, 2002, pág. 75; também *Estatuto...*, 93.

[5] Sublinhando o fundamento de interesse público, António Arnaut, *Iniciação...*, 77. O dever de segredo profissional teria, assim, vários fundamentos: o princípio da confiança, o dever de lealdade para com o constituinte, a tradição forense, a dignidade da advocacia e a função social de manifesto interesse público (78).

[6] Manuel António Lopes Rocha, Violação do segredo bancário e exclusão da ilicitude, *in Direito Penal Económico e europeu: textos doutrinários*, vol. II, Coimbra, 1999, cita a opinião de Jiménez de Parga de que o bem jurídico concreto que protege a norma que suporta o segredo bancário é o princípio da defesa de clientela, elemento patrimonial da empresa bancária. Mas logo acrescenta o autor português que o segredo bancário protege também o interesse do correcto funcionamento do sistema bancário, pressuposto elementar e condicionante da organização económica, o que configura uma vertente de natureza pública.

[7] António Arnaut, *Iniciação...*, 75; *Estatuto...*, 93.

sobre isso é o facto de o artigo 135.°, n.° 4, do Código de Processo Penal (CPP) preservar em absoluto apenas o segredo religioso.

Embora a Constituição não dê ao segredo profissional dos advogados relevo semelhante ao que confere ao segredo de justiça, o qual recolheu dignidade de garantia fundamental (art.° 20.°), há motivos que aconselham a conferir ao primeiro idêntica consideração constitucional. Por uma lado, porque os mesmos motivos que levam a salvaguardar constitucionalmente o segredo de justiça aconselham à protecção do segredo profissional. Se o segredo de justiça visa garantir os direitos e a intimidade das pessoas envolvidas no processo[8], bem como uma procura mais eficaz da verdade, a realidade é que o segredo profissional não é indiferente a esses objectivos, acontecendo, aliás, frequentemente, que os mesmos factos e conhecimentos estão simultaneamente protegidos pelo segredo de justiça e pelo segredo profissional por razões confluentes. Por outro lado, o art.° 208.° da CRP garante aos advogados as "imunidades necessárias ao exercício do mandato". O gozo dessas imunidades abrange o segredo profissional, sendo isso reconhecido pela lei (art.° 114.° da Lei 3/99, de 13 de Janeiro, Lei de Organização e Funcionamento dos Tribunais Judiciais)[9].

Por estas razões e outras que poderíamos desenvolver, designadamente as decorrentes do papel que os advogados desempenham no exercício de uma função de soberania, a administração da justiça (o patrocínio forense é elemento essencial à administração da justiça, proclama a Constituição no art. 208.°; os advogados servem a justiça e o direito, lembra o n.° 1 do art.° 76.° do Estatuto da Ordem dos Advogados), não é de excluir que o segredo profissional possa ser considerado objecto ou conteúdo de um direito análogo aos direitos, liberdades e garantias. O facto de se tratar, simultaneamente, de um dever e de um direito – "o direito e o dever primeiro e fundamental do advogado", no dizer do Código Deontológico do *Conseil Consultatif des Barreaux Européens* (CCBE)[10] –, em nada pre-

---

[8] João Luís Gonçalves, «Segredo profissional. Algumas considerações...», cit., 68, nota a estreita associação entre o dever de segredo e as garantias constitucionais de defesa do arguido, designadamente o direito de ser representado por patrono. V. também Carlos da Silva Campos, «O sigilo profissional do advogado», cit., 473-4.

[9] V. António Arnaut, *O Estatuto...*, 97; Orlando Costa, *Direito Profissional...*, cit., 294.

[10] V. Augusto Lopes Cardoso, *Do Segredo Profissional na Advocacia*, Lisboa, 1998, 16 e segs.; António Arnaut, *O Estatuto...*, 97. Em sentido diverso, Rodrigo Santiago, "Considerações acerca do regime estatutário ...», 233-5, pronunciando-se pela natureza de simples *dever*.

judica essa construção. A Constituição alberga vários direitos, liberdades e garantias que são direitos-deveres (o mais notório é o direito e o dever dos pais de educação e manutenção dos filhos, art.° 36.°, n.° 5 da CRP). De ora em diante falaremos, por conseguinte, de direito-dever de segredo profissional.

Deste modo se confirma, também, que o segredo profissional dos advogados não tem origem ou natureza contratual[11]. Ele resulta da Constituição e da lei. Como tal não é potencial objecto de negócio jurídico. Como se verá adiante, isto não obsta a que quem seja beneficiário dele possa desvincular aquele que por ele estiver em concreto onerado. O facto de não ter natureza ou origem contratual não implica que seja absolutamente indisponível.

O direito-dever de segredo profissional dos advogados é um direito particular[12] análogo aos direitos, liberdades e garantias. Como tal, está sujeito ao regime – sobretudo material – a que estes são submetidos pela Constituição. Isto tem implicações, por exemplo, no que toca à interpretação e à introdução de restrições. Essa natureza explica também, em parte, o facto de a sua violação ser objecto de reacção penal[13].

O direito-dever de segredo profissional dos advogados não é absoluto[14]. Mas a sua restrição tem, designadamente, de respeitar o princípio da proibição do excesso ou da proporcionalidade, tem de visar a salvaguarda de direitos ou interesses constitucionalmente protegidos, tem de revestir carácter geral e abstracto, não pode ter efeito retroactivo e não pode diminuir a extensão e o alcance do conteúdo essencial dos preceitos que o consagram.

---

[11] Augusto Lopes Cardoso, *Do Segredo...*, 16; Orlando Costa, *Direito...*, 293.

[12] Reportamo-nos à classificação de Jorge Miranda, *Manual de Direito Constitucional*, tomo IV, 3.ª edição, Lisboa, 2000, pág. 92-3.

[13] Na impossibilidade de desenvolver esta vertente, vale o trabalho de Rodrigo Santiago, *Do crime de violação do segredo profissional no Código Penal de 1982*, Coimbra, 1992.

[14] Assim, Augusto Lopes Cardoso, *Do Segredo...*, cit., 59. Acrescenta o ilustre advogado: trata-se, no entanto de hipóteses restritas, e a melhor política é de as limitar o mais possível, dentro da velha máxima latina de *odiosa restrigenda*. O que se defende no texto é que mais do que uma máxima resultante de um princípio geral, a restrição do sigilo profissional está sujeita a limites constitucionais.

II. REGIME JURÍDICO DE SEGREDO PROFISSIONAL DOS ADVOGADOS

Procederemos a uma breve resenha dos aspectos respeitantes ao âmbito subjectivo e objectivo do direito-dever de segredo profissional, respectivos limites e formas de o fazer cessar previstas na lei portuguesa. Centrais são os art.°s 81.°, 83.°, n.° 1, alínea e) e 86.°, n.° 1, alínea e), do Estatuto da Ordem dos Advogados (importando ter também o art.° 82.° sob vista[15]), bem como o art.° 135.°, n.°s 3 e 5 do Código de Processo Penal (CPP).

Sujeitos e beneficiários do segredo profissional

Cabe, antes do mais, observar quem são os *sujeitos* e os *beneficiários* deste direito-dever.

Como *direito do advogado*, o segredo profissional é uma forma de escudar o advogado de pressões tendentes à revelação de factos, com prejuízo do exercício independente da sua profissão. É outrossim um modo de salvaguardar o ambiente de confiança que deve rodear o exercício profissional da advocacia livre. Por isso é oponível, desde logo, à autoridade pública, nas suas várias configurações, incluindo a Ordem dos Advogados, e a todos os cidadãos em geral, entre os quais os colegas, a parte contrária, os co-réus, co-autores ou co-interessados. O direito ao segredo profissional é, inclusive, um direito perante o próprio cliente, uma vez que este não pode obrigar o advogado a quebrá-lo perante terceiros. Em todo o caso, esta oponibilidade do segredo profissional perante o cliente tem óbvias e inevitáveis limitações, resultantes dos deveres de informação, lealdade e zelo: por exemplo, o advogado não pode ocultar ao seu cliente informações que obteve da outra parte[16] ou esconder-lhe diligências que

---

[15] Sem prejuízo de abundante legislação avulsa que de um modo ou de outro contribui para recortar e concretizar o alcance do segredo profissional dos advogados. V. mais desenvolvidamente ORLANDO COSTA, *Direito...*, 294-6.

[16] AUGUSTO LOPES CARDOSO, *Do segredo...*, 26.; CARLOS SILVA CAMPOS, O sigilo..., 488-9, assinala, porém, que o próprio cliente ficará sujeito ao dever de segredo sobre factos comunicados pela outra parte ao seu advogado – *teoria da extensão da confiança*. Esta teoria deve ser entendida com as devidas cautelas, uma vez que não pode ser um expediente para a parte contrária impedir o advogado e o seu cliente de invocar em juízo factos de que tenham conhecimento por outra via.

promoveu[17]. Por outro lado, a oponibilidade do segredo profissional em relação a colega co-patrocinador também não existe, salvo oposição do cliente[18]. O mesmo se poderá dizer em relação a colega em quem sub-estabeleceu[19].

Como dever, o respeito do advogado pelo segredo profissional tem como beneficiário principal e proeminente o cliente[20]. É também um dever para com co-autor, co-réu ou co-interessado (mesmo que não haja real convergência de interesses[21]) e para com os colegas. O dever existe inclusive perante a outra parte e o seu mandatário, caso exista, sobre factos conhecidos em negociações ou conversações para acordo amigável e relativos à pendência[22], tenham-se aquelas malogrado ou chegado a bom termo[23]. E *last but not the least* é um dever para com a comunidade em geral.

Importa reter que no contexto do Estatuto da Ordem dos Advogados, a designação "cliente" tem um sentido amplo[24], que abrange o consulente fortuito, o patrocinado com mandato forense ou em questão extra-judicial, o mandante na celebração de um contrato, o consulente que recebeu a consulta e aquele a quem foi rejeitada, o cliente que queria ser patrocinado numa causa e não chegou a ser, por recusa do advogado, o que paga honorários e o que não paga, etc. (art.° 81.°, n.° 2).

O dever de segredo profissional não cessa depois de o advogado deixar de patrocinar ou de assistir profissionalmente o cliente (e tão pouco cessa quando o advogado suspende ou cancela a sua inscrição na Ordem dos Advogados[25]). E se houver advogado que suceda a outro, o dever de segredo

---

[17] V. contudo exemplos em que o advogado deve evitar revelar ao seu cliente factos não respeitantes ao exercício do patrocínio em ORLANDO COSTA, *Direito...*, 301.

[18] AUGUSTO LOPES CARDOSO, *Do segredo...*, 27.

[19] V. CARLOS SILVA CAMPOS, O sigilo..., 491 e segs.. O autor nota que há outras categorias de pessoas, que por razões várias, poderão ter de partilhar o segredo, dentro de certos limites: é o caso dos empregados do advogado, de jusperitos ou peritos de outras especialidades

[20] *Idem*, 60.

[21] *Idem*, 39

[22] *Idem*, 40-1.

[23] AUGUSTO LOPES CARDOSO, *Do segredo...*, 44. ORLANDO COSTA, *Direito...*, 291 e 302 e segs.

[24] Cfr. AUGUSTO LOPES CARDOSO, *Do Segredo...*, 32-3. ORLANDO COSTA, *Direito...*, 299. Porém, as partes em si não estão, elas mesmas, sujeitas ao segredo, o que pode criar situações delicadas de quase fraude aos intentos subjacentes ao segredo profissional.

[25] ORLANDO COSTA, *Direito...*, 297.

profissional do novo causídico abrange todos os factos que lhe tenham sido transmitidos que já estivessem sob segredo no passado. O advogado sucessor de um colega num patrocínio está sujeito ao mesmo dever sobre os factos constantes do processo ou que lhe foram transmitidos[26].

O advogado vinculado por contrato de trabalho está sujeito, no que ao segredo profissional concerne, às mesmas regras[27].

Por outro lado, o dever de segredo profissional transmite-se a certas pessoas que se situam no círculo próximo do advogado: os colaboradores (empregados e secretários[28]), colegas de escritório, colegas a quem solicita colaboração, jurisconsultos que prestam parecer, advogados estagiários, todos estão submetidos ao segredo profissional.

Estão também sujeitos ao segredo profissional os titulares de cargos na Ordem dos Advogados em relação a factos comunicados por colega no âmbito e por causa do exercício daqueles cargos, inclusive sobre pedidos de levantamento de sigilo.

Objecto do segredo profissional

Sobre o *objecto* do segredo profissional, a regra geral é que abrange apenas os factos, ainda não públicos ou publicamente revelados[29], conhecidos no exercício profissional e relativos a esse exercício. O que está fora não está sujeito a segredo[30]. Estão sujeitos a segredo factos revelados pelo cliente, por ordem de um cliente ou obtidos sobre um cliente no exercício da profissão ou por causa do exercício profissional, mas também os factos sobre a relação com o cliente[31].

---

26 AUGUSTO LOPES CARDOSO, *Do segredo...*, 28. ORLANDO COSTA, *Direito...*, 297.

27 AUGUSTO LOPES CARDOSO, *Do segredo...*, 45.

28 Sobre a fonte deste dever incidente sobre não advogados há, todavia, controvérsia. V. CARLOS SILVA CAMPOS, O sigilo..., 490; ORLANDO COSTA, *Direito...*, 298. Diversamente, LOPES CARDOSO, *Do Segredo...*, 24-5.

29 CARLOS SILVA CAMPOS, O sigilo..., 482, elabora este conceito, referindo os factos notórios, do conhecimento público, provados em juízo, constantes de documentos autênticos ou autenticados e, em certas circunstâncias, os factos revelados à outra parte.

30 AUGUSTO LOPES CARDOSO, *Do segredo...*, 26.

31 AUGUSTO LOPES CARDOSO, *Do segredo...*, 34. ORLANDO COSTA, *Direito...*, 299-301.

Cessação do segredo profissional

Como já se disse, o direito-dever de segredo profissional dos advogados não é absoluto. Há três tipos de circunstâncias em que cessa[32].

Desde logo, e em primeiro lugar, quando o sigilo existir em concreto no *exclusivo* interesse do cliente e o seu levantamento o beneficiar exclusiva ou parcialmente, o cliente pode desvincular o advogado da sua observância, entendendo-se, porém, que mesmo desvinculado, o advogado não é obrigado a revelar factos anteriormente cobertos pelo segredo[33].

Segundo, *por iniciativa do advogado* e só dele. Para isso prevê-se a possibilidade de cessação do dever de segredo profissional mediante autorização prévia do respectivo presidente do conselho distrital da Ordem dos Advogados, ou, após recurso de decisão negativa, do presidente (Bastonário) da Ordem dos Advogados[34]. Este pedido de cessação do segredo tem fundamentos restritos: defesa da dignidade, direitos e interesses legítimos do próprio advogado ou do cliente ou seus representantes (art.° 81.°, n.° 4 do EOA). Além disso, não pode o pedido de cessação do segredo ser atendido por forma a que alguém possa depor em processo em que interveio como advogado. Sublinhe-se que este preceito do EOA admite que o segredo profissional pode ser dispensado não para defender os interesses do cliente – e até contra os interesses do cliente – mas por ser absolutamente necessário para a defesa da dignidade, direitos e interesses legítimos *do próprio advogado*[35].

Terceiro, *por iniciativa de autoridade judiciária*, quando for utilizado o mecanismo do art.° 135.°, n.°s 3 e 5 do Código de Processo Penal[36],

---

[32] Deixaremos de lado a situação do advogado que, sendo também funcionário na acepção do art.° 386.° do Código Penal, está obrigado a denunciar crimes de que tenha conhecimento no exercício das suas funções (de funcionário) e por causa delas, nos termos do art.° 242.°, n.° 1, alínea b) do CCP. Trata-se de uma situação particular, que suscita delicados problemas específicos insusceptíveis de desenvolvimento no presente quadro.

[33] Augusto Lopes Cardoso, *Do segredo...*, 61; Carlos Silva Campos, O sigilo..., 482; Orlando Costa, *Direito...*, 307. Como nota este último, se a desvinculação beneficiar directa e exclusivamente um terceiro e não o cliente, a questão será menos líquida.

[34] A questão de saber se da decisão final do Bastonário cabe recurso contencioso é controvertida. V. Orlando Costa, *Direito...*, 309; Lopes Cardoso, *Do segredo...*, 74; Rodrigo Santiago, *Do crime...*, 270.

[35] V. sobre isto, marcando embora a grande excepcionalidade, Augusto Lopes Cardoso, *Do Segredo...*, 87-9 e Orlando Costa, *Direito...*, 308 e segs.

[36] O mecanismo do n.° 2 do art.° 135.° do CPP em rigor não tem por objecto a cessação do segredo profissional uma vez que aí está em causa justamente uma situação em

aplicável também ao processo civil, feitas "as adaptações impostas pela natureza dos interesses em causa", por via da remissão dos art.° 519.°, n.° 4 e 618.°, n.° 3, do Código de Processo Civil.

Detenhamo-nos nesta última possibilidade.

A interpretação do artigo 135.°, n.°s 3 e 5, do CPP não é isenta de dúvidas.

Há quem lhe impute um alcance bastante restrito. Por exemplo, para Augusto Lopes Cardoso a quebra do segredo profissional para efeitos de depoimento em processo penal (ou em processo civil) só se poderia processar se, suscitado o incidente perante o tribunal, o presidente do conselho distrital respectivo ou o Bastonário autorizassem a cessação da obrigação de segredo profissional, nos termos do artigo 81.°, n.° 4, do EOA. Seria esse o sentido do n.° 4 do art.° 135.° do CPP, na parte em que estatui que "a decisão (...) do tribunal é tomada ouvido o organismo representativo (...) nos termos e com os efeitos previstos na legislação que a esse organismo seja aplicada". Se a decisão deste fosse negativa, o tribunal teria de se resignar, não podendo ser produzido o depoimento do advogado com quebra de segredo. A autorização da Ordem dos Advogados só poderia ser concedida se fosse necessário para a salvaguarda dos interesses referidos no EOA (do advogado, do cliente ou seus representantes), e não quaisquer outros interesses. Da decisão final não caberia qualquer recurso, nomeadamente para o STA[37].

Esta visão é partilhada, com esta ou aquela *nuance* importante, por outros autores[38].

---

que não se mostram preenchidos os pressupostos da invocação desse segredo. V. ORLANDO COSTA, *Direito...*, 314-5 e 319; CARLOS DA SILVA CAMPOS, O sigilo..., 504-5.

37 Esta argumentação, amplamente desenvolvida, pode ver-se em AUGUSTO LOPES CARDOSO, *Do Segredo...*, 64 e segs. V. também *Implicações da Directiva...*, texto inédito citado anteriormente.

38 Caso de ORLANDO COSTA, *Direito...*, 313-27. Este autor, partindo de uma construção muito idêntica à de Lopes Cardoso, admite, contudo, importantes *nuances*. Por exemplo: a quebra do segredo profissional pode ser autorizada para defesa de interesses de terceiro quando não há dano do cliente ou do advogado, ou quando os interesses de terceiro a favor do qual cessa o segredo são sensivelmente superiores aos interesses lesados do cliente ou do advogado (pág. 323-4); apesar de considerar que os órgãos competentes da Ordem são chamados a proferir uma verdadeira autorização e não um simples parecer, essa autorização "muito limitadamente e por razões muito ponderosas deverá deixar de ser seguida pela autoridade judiciária" que tomou a iniciativa de suscitar o incidente da quebra do segredo (pág. 325); se houver autorização dos órgãos da Ordem e o juiz decidir no sentido da quebra do segredo, o advogado não pode recusar-se a depor, incorrendo, se o

Para quem sustenta esta perspectiva, o art.° 135.° do CPP traduz-se, no que toca aos advogados, numa mera especificação do mecanismo do art.° 81.°, n.° 4, do EOA, no ambiente do processo penal (e, por remissão, do processo civil).

Esta interpretação acautela sem danos de maior o segredo profissional. Mas será ela sufragada pelos tribunais, a quem cabe, em última análise, aplicá-la[39]?

Não sendo este o local próprio para debater exaustivamente a questão e importando apenas recolher uma visão geral sobre o assunto, vale a pena recensear os argumentos que podem ser invocados contra aquela posição mais garantística da independência dos advogados e do seu organismo profissional.

À cabeça poderia alegar-se que se o art.° 135.° pretendesse apenas possibilitar a quebra do segredo nos termos do EOA (ou de outros estatutos profissionais que não nos interessam aqui), a requerimento do advogado ou da autoridade judiciária, bastava remeter sem mais para esse mecanismo, o que não fez. Além disso, o art.° 135.° fala sempre de 'ordem' ou de 'decisão' do juiz. Se este estivesse dependente de uma autorização a lei não poderia utilizar esses termos. Acresce que o mencionado art.° 135.° alude a 'audição' do organismo representativo. Se com isto se quisesse dizer 'autorização' teríamos de concluir que o legislador se expressou de modo altamente imperfeito. A tese da autorização do conselho distrital ou do Bastonário (ou de qualquer outro órgão da Administra-

---

fizer, num crime de desobediência (327). V. também Rodrigo Santiago, *Do crime...*, 261 e segs., igualmente sustentando a posição de princípio enunciada no texto, mas com algumas correcções. Assim: admite que a decisão dos órgãos da Ordem que negue o levantamento do segredo é susceptível de recurso contencioso de anulação interposto nos tribunais administrativos, podendo ser anulada (pág. 270); reconhece que a cessação do segredo pode ser autorizada mesmo quando não seja necessária para a defesa de interesses do cliente ou do advogado, mas sim para acautelar outros interesses (pág. 272). Carlos Silva Campos, O sigilo..., 507, admite a natureza não vinculativa do parecer da Ordem.

39 A resposta a esta inquietação não tem sido muito favorável à interpretação restritiva acima desenvolvida, como dá nota, por exemplo, Rodrigo Santiago, "Considerações...", 243; e António Arnaut, *Estatuto...*, 94, quando sustenta que em caso de conflito entre o *parecer* da Ordem e a *decisão* dos tribunais, o advogado que recuse o depoimento não pratica qualquer crime, nos termos do art.° 31.°, n.° 2 do Código Penal, implicitamente reconhece que a *decisão* do tribunal pode ir além do *parecer* e é vinculativa, embora sem poder constituir o advogado em responsabilidade criminal em caso de reiteração da recusa de depoimento. V. também sobre este mecanismo, em sentido não inequívoco, João Luís Rodrigues Gonçalves, Segredo..., 71-3.

ção, no caso de outras categorias profissionais) mediante solicitação do advogado – ou até mesmo, em última análise, do próprio juiz de julgamento –, colocaria o tribunal numa posição subalterna ou de dependência em relação a decisões exteriores, o que seria incompatível com a posição de independência e de autoridade que a Constituição lhe reserva no contexto do processo[40]. Por último, suscita também muitas dúvidas que se possa sustentar que o depoimento do advogado com quebra do segredo profissional só pode ser suscitado para defesa dos interesses enunciados no art.° 81.°, n.° 4, do EOA. O art.° 135.°, n.° 3, elege como fundamento para a quebra do segredo profissional que "esta se mostre justificada face às normas e princípios aplicáveis da lei penal, nomeadamente face ao princípio da prevalência do interesse preponderante", o que é bastante mais abrangente do que o preceito do EOA.

Em conclusão, há certamente aspectos em que a conjugação entre o art.° 135.°, n.°s 3 e 5 do CPP (bem como os artigos remissivos do CPC) e o EOA produz soluções inequívocas: sabe-se a quem compete pronunciar-se, que a audição é obrigatória, que tem de haver necessidade absoluta de cessação do dever de segredo, que o advogado nunca poderá depor num caso onde tenha sido constituído mandatário ou defensor. Mas nos aspectos essenciais há divergências sérias, mesmo entre aqueles que propugnam uma interpretação mais preocupada com a garantia da independência dos advogados.

Acto de decisão da quebra do segredo como acto discricionário

A decisão de *dispensa* do segredo profissional, por iniciativa do advogado, no âmbito do art.° 81.°, n.° 4 do EOA, ou de *quebra* por iniciativa da autoridade judiciária, no âmbito do art.° 135.°, n.°s 3 e 5 do CPP – qualquer que seja a interpretação deste –, será uma decisão assumida no uso de poderes discricionários[41].

Há algo que parece insofismável: este mecanismo de quebra do segredo profissional é altamente excepcional, só podendo ser utilizado em situações de absoluta necessidade.

---

[40] Como assinala Carlos da Silva Campos, O sigilo…, 507.

[41] Lopes Cardoso, *Do segredo*..., 77, fala de discricionaridade técnica, não sindicável pelos tribunais. Não discutiremos, todavia, o tema da exacta caracterização da discricionaridade em causa.

Renúncia ao patrocínio em caso de quebra de segredo

Embora o tema não respeite directamente ao segredo profissional, está na sua "zona de influência". É oportuno começar por lembrar, com Germano Marques da Silva, que "há um limite externo geral dos poderes-deveres dos advogados que é imposto pelo Estatuto da Ordem dos Advogados e que pode sintetizar-se na fórmula: não advogar conscientemente contra a verdade e o direito"[42].

Reconhece-se que, se interpretarmos o art.° 78.°, alínea c), do Estatuto da Ordem num sentido amplo (que ele admite), de modo a abranger na expressão *patrocínio* todo o tipo de assistência, colaboração ou representação na realização de operações para um cliente e não apenas o patrocínio judiciário, bem como a atribuir à expressão *injustas* um sentido que abranja o conceito de *ilegais*, sempre que um advogado tiver indícios ou for alertado para indícios de branqueamento de capitais, deve de imediato não só abster-se de prosseguir na assistência à operação em acusa como desvincular-se do cliente. Contudo, isso não resulta directamente da quebra do segredo, mas do dever de não advogar contra a verdade e o direito.

Chegados a esta conclusão, não teremos que entrar na apreciação, bastante complexa, das situações em que a quebra do segredo profissional implica necessariamente a cessação do patrocínio. Retenha-se, todavia, a indicação de Augusto Lopes Cardoso: "é, em princípio, inconcebível que o Advogado mantenha o patrocínio quando se propõe revelar factos secretos"[43].

BIBLIOGRAFIA

- Ana Montoya/Madalena Aguiar, Combate ao branqueamento de capitais pode ser o fim do segredo profissional, *Vida Judiciária*, n.° 35, 2000
- António Arnaut, *Iniciação à Advocacia*, 6.ª ed., Coimbra, 2002.
- António Arnaut, *Estatuto da Ordem dos Advogados Anotado*, 7.ª ed., Coimbra, 2002
- Augusto Lopes Cardoso, *Do Segredo Profissional na Advocacia*, Lisboa, 1998
- Augusto Lopes Cardoso, O segredo profissional na advocacia e a proposta da directiva sobre o branqueamento de capitais, *Revista da Ordem dos Advogados,* ano 60, Dezembro de 2000

[42] Germano Marques da Silva, A Responsabilidade Profissional do advogado (Perspectiva Penal), in *Estudos Dedicados ao Prof. Doutor Mário Júlio de Almeida Costa*, Lisboa, 2002 pág. 629.

[43] *Do segredo*..., 84.

- Augusto Lopes Cardoso, A Directiva sobre o branqueamento de capitais e o segredo profissional da advocacia, in *Boletim da Ordem dos Advogados*, n.° 27, Jul/Ago. de 2003, pág. 28-36
- Carlos Silva Campos, O sigilo profissional do advogado e os seus limites, *Revista do Ordem dos Advogados*, ano 48, Setembro de 1988, tomo II, 471-510
- Germano Marques da Silva, A Responsabilidade Profissional do advogado (Perspectiva Penal), in *Estudos Dedicados ao Prof. Doutor Mário Júlio de Almeida Costa*, Lisboa, 2002
- João Luís Rodrigues Gonçalves, Segredo Profissional. Algumas considerações sobre segredo médico e segredo profissional do advogado, *Revista do Ministério Público*, ano 19, n.° 76, Out./Dez. 1998, 67-81
- Jorge Miranda, *Manual de Direito Constitucional*, tomo IV, 3.ª edição, Lisboa, 2000
- Orlando Guedes da Costa, *Direito Profissional do Advogado*, Coimbra, 2003, 294.
- Rodrigo Santiago, *Do crime de violação do segredo profissional no Código Penal de 1982*, Coimbra, 1992
- Rodrigo Santiago, "Considerações acerca do regime estatutário do segredo profissional dos advogados", in Revista da Ordem dos Advogados, ano 57, Jan. 1997

COLABORADORES DA OBRA

Adelaide Menezes Leitão
Alfonso-Luis Calvo Caravaca
Ana Maria Guerra Martins
Anabela de Sousa Gonçalves
António Avelãs Nunes
António Cândido de Oliveira
Antonio Ortiz-Arce de la Fuente
António Menezes Cordeiro
Carla Amado Gomes
Carlos Ferreira de Almeida
Carlos Oliveira Coelho
Carmo D'Souza
Cláudia Lima Marques
Daniela Corrêa Jacques
Dário Moura Vicente
Eduardo dos Santos Júnior
Eduardo Paz Ferreira
Eugénia Galvão Teles
Fernando Araújo
Fernando Loureiro Bastos
Florbela Pires
Helena Mota
Isabel Alexandre
Isabel Graes
Ivo Miguel Barroso
Javier Carrascosa González
João Zenha Martins
Jorge Duarte Pinheiro
Jorge Miranda
José Alberto Vieira
José de Oliveira Ascensão
José João Abrantes

Luís Carvalho Fernandes
Luís de Lima Pinheiro
Luís M. Couto Gonçalves
Luís Manuel Teles de Menezes Leitão
Manuel Januário da Costa Gomes
Manuel Pires
Maria do Rosário Palma Ramalho
Maria Helena Brito
Maria João Palma
Maria Luísa Duarte
Marshall J. Breger
Mercedes Sabido Rodríguez
Miguel Gardeñes Santiago
Miguel Teixeira de Sousa
Nazaré da Costa Cabral
Nuno Gonçalo da Ascensão Silva
Nuno Oliveira
Paula Costa e Silva
Paulo Câmara
Paulo Otero
Pedro Caridade de Freitas
Pedro Delgado Alves
Pedro Romano Martinez
Ricardo Branco
Rui de Figueiredo Marcos
Rui Manuel de Moura Ramos
Rui Pinto
Rute Saraiva
Tiago Antunes
Vitalino Canas